CODE
CRIMINEL
DE POCHE

CODE CRIMINEL DE POCHE

2001

*Comprend les L.R.C. de 1985
et les modifications subséquentes*

CARSWELL

Publications spécialisées Thomson

Catalogage de la Bibliothèque nationale du Canada

Code criminel de poche: comprenant les L.R.C. de 1985 et les modifications subséquentes

Annuel.
1989–
Comprend un index.
Contient le Code criminel et plusieurs autres lois fédérales.
ISSN 1184-7875
ISBN 0-459-26048-1 (édition 2001)

1. Droit pénal — Canada — Législation — Codes — Périodiques.

KE8803.7.A2914 345.71'00632 C91-031966-9

CARSWELL

Publications spécialisées Thomson

One Corporate Plaza
2075 Kennedy Road
Scarborough, Ontario
M1T 3V4

Service à la clientèle:
Au Québec: 1-800-363-3047
Ailleurs au Canada/É.-U.: 1-800-387-5164
Télécopieur: 1-450-263-9256

PRÉFACE

L'édition 2001 du *Code criminel de poche* inclut toutes les modifications apportées au *Code criminel* et aux lois connexes jusqu'au 1er juillet 2000.

Le Projet de loi C-202 (L.C. 2000, ch. 2), intitulé *Loi modifiant le Code criminel (fuite)*, est entré en vigueur le 30 mars 2000. En vertu de ce texte, commet une infraction et est passible d'un emprisonnement maximal de deux ans quiconque conduisant un véhicule à moteur alors qu'il est poursuivi par un agent de la paix, dans le but de fuir, omet d'arrêter son véhicule dès que les circonstances le permettent. Quiconque commet l'infraction mentionnée ci-dessus et cause ainsi des lésions corporelles à un tiers ou la mort d'un tiers est coupable d'un acte criminel et passible respectivement d'un emprisonnement maximal de quatorze ans et de l'emprisonnement à perpétuité.

Le Projet de loi C-6 (L.C. 2000, ch. 5), intitulé *Loi visant à faciliter et à promouvoir le commerce électronique en protégeant les renseignements personnels recueillis, utilisés ou communiqués dans certaines circonstances, en prévoyant l'utilisation de moyens électroniques pour communiquer ou enregistrer de l'information et des transactions et en modifiant la Loi sur la preuve au Canada, la Loi sur les textes réglementaires et la Loi sur la révision des lois* , modifie la *Loi sur la preuve au Canada* pour faciliter l'admissibilité des documents électroniques, pour établir des présomptions relatives aux signatures électroniques sécurisées et pour reconnaître comme élément de preuve les avis, actes et autres documents publiés sur support électronique par l'imprimeur de la Reine.

Le Projet de loi C-3 (L.C. 1998, ch. 37), intitulé *Loi concernant l'identification par les empreintes génétiques et modifiant le Code criminel et d'autres lois en conséquence* et modifiant le *Code criminel* et la *Loi sur le casier judiciaire*, est entré en vigueur le 8 mai 2000 en ce qui concerne les articles 2, 3 et 12, et le 30 juin 2000 en ce qui concerne les autres dispositions de cette loi. Ces modifications prévoient des ordonnances autorisant le prélèvement de substances corporelles à partir desquelles sont établis des profils d'identification génétique destinés à la banque de données. De plus, le prélèvement de substances corporelles sur certaines catégories de contrevenants qui purgent actuellement des peines est autorisé.

Le Projet de loi S-10 (L.C. 2000, ch. 10), intitulé *Loi modifiant la Loi sur la défense nationale, la Loi sur l'identification par les empreintes génétiques et le Code criminel*, est entré en vigueur le 30 juin 2000. Le texte apporte des modifications corrélatives à la *Loi sur l'identification par les empreintes génétiques* et au *Code criminel*. Les modifications à la première loi visent à autoriser l'inclusion, dans la banque de données génétiques, des résultats des prélèvements de substances corporelles ordonnés ou autorisés par un juge militaire, ainsi que des profils génétiques qui en découlent. Les modifications au *Code criminel* ont pour but d'étendre aux substances corporelles prélevées en application de la *Loi sur la défense nationale* l'interdiction de les utiliser ou d'utiliser les résultats des analyses génétiques de celles-ci sans autorisation. On modifie également le *Code criminel* afin de clarifier et de renforcer le régime actuel concernant l'autorisation et la collecte de substances corporelles en vue d'une analyse génétique à des fins médicolégales.

Le Projet de loi C-22 (L.C. 2000, ch. 17), intitulé *Loi visant à faciliter la répression du recyclage financier des produits de la criminalité, constituant le Centre d'analyse des opérations et déclarations financières du Canada et modifiant et abrogeant certaines lois en conséquence*, modifie entre autres le *Code criminel* concernant le privilège des communications entre client et avocat. Les dispositions de ce projet de loi entrent en vigueur le 5 juillet 2000.

Le Projet de loi C-18 (L.C. 2000, ch. 25), intitulé *Loi modifiant le Code criminel (conduite avec facultés affaiblies causant la mort et autres matières)*, modifie principalement le *Code criminel* afin de prévoir l'emprisonnement à perpétuité comme peine maximale à infliger en cas de conduite avec facultés affaiblies ayant causé la mort et d'autoriser le prélèvement d'un échantillon de sang en vue de déceler la présence de drogue. À la date de publication de la présente édition, les dispositions de ce projet de loi n'étaient pas encore entrées en vigueur.

Le Projet de loi C-19 (L.C. 2000, ch. 24), intitulé *Loi concernant le génocide, les crimes contre l'humanité et les crimes de guerres et visant la mise en oeuvre du Statut de Rome de la Cour pénale internationale, et modifiant certaines lois en conséquence*, modifie entre autres le *Code criminel* et la *Loi sur l'extradition*. Il crée les infractions de génocide, de crime contre l'humanité et de crime de guerre, apporte des changements aux lois fédérales portant sur l'extradition et l'entraide juridique afin que soient respectées les obligations de la Cour pénale internationale, et affirme que toute immunité pouvant exister en vertu du droit canadien n'empêchera pas l'extradition vers la Cour pénale internationale ou tout tribunal pénal international établi par résolution du Conseil de sécurité des Nations Unies. À la date de publication de la présente édition, les dispositions de ce projet de loi n'étaient pas encore entrées en vigueur.

Le Projet de loi C-23 (L.C. 2000, ch. 12), intitulé *Loi visant à moderniser le régime d'avantages et d'obligations dans les Lois du Canada*, modifie entre autres le *Code criminel* et la *Loi sur les armes à feu* pour étendre les avantages et les obligations qui dépendent de la relation existant entre une personne et une autre, notamment son époux ou un autre membre de sa famille à tous les couples qui vivent ensemble dans une relation conjugale depuis au moins un an, afin de refléter les valeurs - tolérance, respect, égalité - que favorise la Charte canadienne des droits et libertés. À la date de publication de la présente édition, les dispositions de ce projet de loi n'étaient pas encore entrées en vigueur.

La *Loi sur l'identification par les empreintes génétiques* a été ajoutée à l'édition 2001.

Afin de les distinguer de la législation en vigueur, les modifications conditionnelles et les modifications non encore en vigueur à la date de publication (ainsi que les dates prévues d'entrée en vigueur lorsqu'elles sont connues) apparaissent dans des zones ombrées.

Finalement, une table des matières détaillée et un index exhaustif sont inclus dans le *Code criminel de poche 2001*.

Juillet 2000.

RÉSUMÉ – TABLE DES MATIÈRES

TABLE DES MATIÈRES

CODE CRIMINEL

ix

Table des matières

Table des matières

Infractions relatives à la possession

Infractions relatives au trafic

Infraction relative à l'assemblage

Infractions relatives à l'importation ou l'exportation

Infractions relatives aux armes perdues, volées, trouvées, détruites ou maquillées

Ordonnance d'interdiction

Table des matières

Table des matières

Voies de fait

Enlèvement, prise d'otage et rapt

Table des matières

Avortement

Infractions aux droits conjugaux

Célébration illicite du mariage

Libelle blasphématoire

Libelle diffamatoire

Verdicts

Propagande haineuse

PARTIE IX — INFRACTIONS CONTRE LES DROITS DE PROPRIÉTÉ

Définitions

Table des matières

Vol

Infractions ressemblant au vol

Vol qualifié et extorsion

Taux d'intérêt criminel

Introduction par effraction

Table des matières

Falsification de livres et documents

Supposition de personne

Contrefaçon de marques de commerce et de désignations de fabrique

Épaves

Approvisionnements publics

Violation de contrat, intimidation et distinction injuste envers les syndiqués

Règles de cour

PARTIE XV — PROCÉDURE ET POUVOIRS SPÉCIAUX

Pouvoirs généraux de certains fonctionnaires

Analyse génétique effectuée à des fins médico-légales

Autres dispositions : mandat de perquisition

Confiscation de biens infractionnels

PARTIE XVI — MESURES CONCERNANT LA COMPARUTION D'UN PRÉVENU DEVANT UN JUGE DE PAIX ET LA MISE EN LIBERTÉ PROVISOIRE

Définitions

Arrestation sans mandat et mise en liberté

Comparution du prévenu devant un juge de paix

Dénonciation, sommation et mandat

Table des matières

Mise en liberté provisoire par voie judiciaire

Arrestation d'un prévenu en liberté

Examen de la détention quand le procès est retardé

Procédure en vue d'obtenir la comparution d'un prisonnier

Visa du mandat

Entrée dans une maison d'habitation pour arrestation

PARTIE XVII — LANGUE DE L'ACCUSÉ

PARTIE XVIII — PROCÉDURE À L'ENQUÊTE PRÉLIMINAIRE

Juridiction

Pouvoirs du juge de paix

Table des matières

Procès

Dispositions générales

PART XIX.1 — COUR DE JUSTICE DU NUNAVUT

PARTIE XX — PROCÉDURE LORS D'UN PROCÈS DEVANT JURY ET DISPOSITIONS GÉNÉRALES

Présentation de l'acte d'accusation

Criminal information

Dispositions générales quant aux chefs d'accusation

Dispositions spéciales quant aux chefs d'accusation

Déclarations protégées

Aptitude à subir son procès

Verdict de non-responsabilité criminelle pour cause de troubles mentaux

Commission d'examen

Auditions

Décisions rendues par le tribunal ou la commission d'examen

Modalités des décisions

Table des matières

Mesures de rechange

Objectif et principes

Peines en général

Procédure et règles de preuve

Absolutions inconditionnelles et sous conditions

Probation

Amendes et confiscations

Table des matières

Table des matières

Table des matières

Table des matières

Loi sur les aliments et drogues

ANNEXES A À H

LOI CONCERNANT LES ARMES À FEU ET CERTAINES AUTRES ARMES

Titre abrégé

Table des matières

Table des matières

Table des matières

CHARTE DES DROITS ET LIBERTÉS DE LA PERSONNE

PARTIE I — LES DROITS ET LIBERTÉS DE LA PERSONNE

Chapitre I — Libertés et droits fondamentaux

Table des matières

Chapitre IV — Droits économiques et sociaux

Chapitre V — Dispositions spéciales et interprétatives

PARTIE II — LA COMMISSION DES DROITS DE LA PERSONNE ET DES DROITS DE LA JEUNESSE

Chapitre I — Constitution

Table des matières

Table des matières

Table des matières

PARTIE 3 — DEMANDES D'EXTRADITION DU CANADA

PARTIE 4 — DISPOSITIONS TRANSITOIRES, MODIFICATIONS CORRÉLATIVES ET CONNEXES ET ABROGATIONS

Dispositions transitoires

Abrogations

LOI SUR L'IDENTIFICATION DES CRIMINELS
Titre abrégé

Sa Majesté

Identification des criminels

Destruction des empreintes digitales et des photographies

LOI SUR L'IDENTIFICATION PAR LES EMPREINTES GÉNÉTIQUES
Titre abrégé

Définitions

Objet

Principes

Table des matières

Banque nationale de données génétiques

Règlements

Examen

Rapport au Parlement

LOI D'INTERPRÉTATION

TITRE ABRÉGÉ

DÉFINITIONS ET INTERPRÉTATION

CHAMP D'APPLICATION

FORMULE D'ÉDICTION

EFFET

Sanction royale

Prise et cessation d'effet

Règlement antérieur à l'entrée en vigueur

Portée territoriale

RÈGLES D'INTERPRÉTATION

PROPRIÉTÉ ET DROITS CIVILS

Table des matières

Table des matières

LOI SUR LES JEUNES CONTREVENANTS
Titre abrégé

Table des matières

Droit aux services d'un avocat

Comparution

Rapports médicaux et psychologiques

Application de la Partie XX.1 du Code criminel (Troubles mentaux)

Rapport prédécisionnel

Déssaisissement du juge

Renvoi

Transfert de compétence

Jugement

Décisions

Accord avec les provinces

ANNEXE

LOI SUR LA PROTECTION DE LA JEUNESSE

Chapitre I — Interprétation et application

Chapitre II — Principes généraux et droits des enfants

Chapitre III — Organisme et personnes chargés de la protection de la jeunesse

SECTION I — COMMISSION DES DROITS DE LA PERSONNE ET DES DROITS DE LA JEUNESSE

SECTION II — DIRECTEUR DE LA PROTECTION DE LA JEUNESSE

Table des matières

Chapitre IV — Intervention sociale

SECTION I — SÉCURITÉ ET DÉVELOPPEMENT D'UN ENFANT

SECTION II — MESURES D'URGENCE

SECTION III — ÉVALUATION DE LA SITUATION ET ORIENTATION DE
L'ENFANT

Table des matières

§2 — Décision

Section II — Appel à la Cour supérieure

Table des matières

Table des matières

Table des matières

Table des matières

Table des matières

CODE CRIMINEL
Loi concernant le droit criminel , L.R.C. 1985, ch. C-46

tel que modifié par : L.R.C. 1985, ch. 2 (1er suppl.); L.R.C. 1985, ch. 11 (1er suppl.); L.R.C. 1985, ch. 27 (1er suppl.); L.R.C. 1985, ch. 31 (1er suppl.); L.R.C. 1985, ch. 47 (1er suppl.); L.R.C. 1985, ch. 51 (1er suppl.); L.R.C. 1985, ch. 52 (1er suppl.); L.R.C. 1985, ch. 1 (2e suppl.); L.R.C. 1985, ch. 24 (2e suppl.); L.R.C. 1985, ch. 27 (2e suppl.); L.R.C. 1985, ch. 35 (2e suppl.); L.R.C. 1985, ch. 10 (3e suppl.); L.R.C. 1985, ch. 19 (3e suppl.); L.R.C. 1985, ch. 30 (3e suppl.); L.R.C. 1985, ch. 34 (3e suppl.); L.R.C. 1985, ch. 1 (4e suppl.); L.R.C. 1985, ch. 23 (4e suppl.); L.R.C. 1985, ch. 29 (4e suppl.); L.R.C. 1985, ch. 30 (4e suppl.); L.R.C. 1985, ch. 31 (4e suppl.); L.R.C. 1985, ch. 32 (4e suppl.); L.R.C. 1985, ch. 40 (4e suppl.); L.R.C. 1985, ch. 42 (4e suppl.); L.R.C. 1985, ch. 50 (4e suppl.); L.C. 1989, ch. 2; L.C. 1990, ch. 15; L.C. 1990, ch. 16; L.C. 1990, ch. 17; L.C. 1990, ch. 44; L.C. 1991, ch. 1; L.C. 1991, ch. 4; L.C. 1991, ch. 28; L.C. 1991, ch. 40; L.C. 1991, ch. 43; L.C. 1992, ch. 1; L.C. 1992, ch. 11; L.C. 1992, ch. 20; L.C. 1992, ch. 21; L.C. 1992, ch. 22; L.C. 1992, ch. 27; L.C. 1992, ch. 38; L.C. 1992, ch. 41; L.C. 1992, ch. 47; L.C. 1992, ch. 51; L.C. 1993, ch. 7; L.C. 1993, ch. 25; L.C. 1993, ch. 28; L.C. 1993, ch. 34; L.C. 1993, ch. 37; L.C. 1993, ch. 40; L.C. 1993, ch. 45; L.C. 1993, ch. 46; L.C. 1994, ch. 12; L.C. 1994, ch. 13; L.C. 1994, ch. 38; L.C. 1994, ch. 44; L.C. 1995, ch. 5; L.C. 1995, ch. 19; L.C. 1995, ch. 22; L.C. 1995, ch. 27; L.C. 1995, ch. 29; L.C. 1995, ch. 32; L.C. 1995, ch. 39; L.C. 1995, ch. 42; L.C. 1996, ch. 7; L.C. 1996, ch. 8; L.C. 1996, ch. 16; L.C. 1996, ch. 19; L.C. 1996, ch. 31; L.C. 1996, ch. 34; L.C. 1997, ch. 9; L.C. 1997, ch. 16; L.C. 1997, ch. 17; L.C. 1997, ch. 18; L.C. 1997, ch. 23; L.C. 1997, ch. 30; L.C. 1997, ch. 39; L.C. 1998, ch. 7; L.C. 1998, ch. 9; L.C. 1998, ch. 15; L.C. 1998, ch. 30; L.C. 1998, ch. 34; L.C. 1998, ch. 35; L.C. 1998, ch. 37; L.C. 1999, ch. 2; L.C. 1999, ch. 3; L.C. 1999, ch. 5; L.C. 1999, ch. 7; L.C. 1999, ch. 17; L. C. 1999, ch. 18; L.C. 1999, ch. 25; L.C. 1999, ch. 28; L.C. 1999, ch. 31; L.C. 1999, ch. 32; L.C. 1999, ch. 33; L.C. 1999, ch. 35; L.C. 2000, ch. 2; L.C. 2000, ch. 10; L.C. 2000, ch. 12 [non en vigueur]; L.C. 2000, ch. 17 [non en vigueur]; L.C. 2000, ch. 25 [non en vigueur].

Titre abrégé

1. Titre abrégé — *Code criminel.*

Définitions et interprétation

2. Définitions — Les définitions qui suivent s'appliquent à la présente loi.

« acte d'accusation » Sont assimilés à un acte d'accusation :

     a) une dénonciation ou un chef d'accusation qui y est inclus;

     b) une défense, une réplique ou autre pièce de plaidoirie;

     c) tout procès-verbal ou dossier.

« acte de gangstérisme »

     a) Soit l'acte criminel défini par l'article 467.1 ou tout autre acte criminel défini par la présente loi ou une autre loi fédérale, passible d'un emprisonnement maximal de cinq ans ou plus et commis au profit ou sous la direction d'un gang, ou en association avec lui;

     b) soit le complot ou la tentative de commettre un tel acte, la complicité après le fait à tel égard ou le fait de conseiller de le commettre.

« acte testamentaire » Tout testament, codicille ou autre écrit ou disposition testamentaire, soit du vivant du testateur dont il est censé exprimer les dernières volontés, soit après son décès, qu'il ait trait à des biens meubles ou immeubles, ou à des biens des deux catégories.

« agent de la paix »

     a) Tout maire, président de conseil de comté, préfet, shérif, shérif adjoint, officier du shérif et juge de paix;

     b) tout agent du Service correctionnel du Canada, désigné comme agent de la paix conformément à la partie I de la *Loi sur le système correctionnel et la mise en liberté sous condition*, ainsi que tout directeur, sous-directeur, instructeur, gardien, geôlier, garde et tout autre fonctionnaire ou employé permanent d'une prison qui n'est pas un pénitencier au sens de la partie I de la *Loi sur le système correctionnel et la mise en liberté sous condition*;

     c) tout officier de police, agent de police, huissier ou autre personne employée à la préservation et au maintien de la paix publique ou à la signification ou à l'exécution des actes judiciaires au civil;

     d) tout fonctionnaire ou personne possédant les pouvoirs d'un agent des douanes ou d'un préposé de l'accise lorsqu'il exerce une fonction pour l'application de la *Loi sur les douanes* ou de la *Loi sur l'accise*;

     e) les personnes désignées à titre de gardes-pêche en vertu de la *Loi sur les pêches*, dans l'exercice des fonctions que leur confère cette loi, et celles qui sont désignées à titre d'agents des pêches en vertu de cette loi, dans l'exercice des fonctions que leur confère cette loi ou la *Loi sur la protection des pêches côtières*;

f) le pilote commandant un aéronef :

    (i) soit immatriculé au Canada en vertu des règlements d'application de la *Loi sur l'aéronautique*,

    (ii) soit loué sans équipage et mis en service par une personne remplissant, aux termes des règlements d'application de la *Loi sur l'aéronautique*, les conditions d'inscription comme propriétaire d'un aéronef immatriculé au Canada en vertu de ces règlements,

pendant que l'aéronef est en vol;

g) les officiers et militaires du rang des Forces canadiennes qui sont :

    (i) soit nommés pour l'application de l'article 156 de la *Loi sur la défense nationale*,

    (ii) soit employés à des fonctions que le gouverneur en conseil, dans des règlements pris en vertu de la *Loi sur la défense nationale* pour l'application du présent alinéa, a prescrites comme étant d'une telle sorte que les officiers et les militaires du rang qui les exercent doivent nécessairement avoir les pouvoirs des agents de la paix.

« **approvisionnements publics** » S'entend notamment de tout bien meuble qui est sous les soins, la surveillance, l'administration ou le contrôle d'un ministère public ou d'une personne au service d'un tel ministère.

« **arme** » Toute chose conçue, utilisée ou qu'une personne entend utiliser pour soit tuer ou blesser quelqu'un, soit le menacer ou l'intimider. Sont notamment visées par la présente définition les armes à feu.

« **arme à feu** » Toute arme susceptible, grâce à un canon qui permet de tirer du plomb, des balles ou tout autre projectile, d'infliger des lésions corporelles graves ou la mort à une personne, y compris une carcasse ou une boîte de culasse d'une telle arme ainsi que toute chose pouvant être modifiée pour être utilisée comme telle.

« **arme offensive** » A le même sens que le mot « arme ».

« **avocat** » Avocat ou procureur, à l'égard des matières ou choses que les avocats et procureurs, respectivement, sont autorisés par la loi de la province à faire ou à exécuter quant aux procédures judiciaires.

« **bétail** » Animal de l'espèce bovine, quel que soit le nom technique ou ordinaire sous lequel il est connu. Sont également visés par la présente définition les chevaux, les mulets, les ânes, les porcs, les moutons et les chèvres.

« **bien infractionnel** » Bien situé au Canada ou non — à l'exception des biens immeubles, sauf si ces derniers ont été construits ou ont subi d'importantes modifications en vue de faciliter la perpétration d'un acte de gangstérisme — qui sert ou donne lieu à la perpétration d'un tel acte ou qui est utilisé de quelque manière dans la perpétration d'un tel acte, ou encore qui est destiné à servir à une telle fin.

« biens » ou **« propriété »**

a) Les biens meubles et immeubles de tous genres, ainsi que les actes et instruments concernant ou constatant le titre ou droit à des biens, ou conférant le droit de recouvrer ou de recevoir de l'argent ou des marchandises;

b) des biens originairement en la possession ou sous le contrôle d'une personne, et tous biens en lesquels ou contre lesquels ils ont été convertis ou échangés et tout ce qui a été acquis au moyen de cette conversion ou de cet échange;

c) toute carte postale, tout timbre-poste ou autre timbre émis, ou préparé pour être émis, sous l'autorité du Parlement ou de la législature d'une province en vue du paiement, à la Couronne ou à une personne morale, d'honoraires, de droits ou de taxes, que les susdits soient ou non en la possession de la Couronne ou de quelque personne.

« billets de banque » Tout effet négociable :

a) émis par ou pour une personne qui fait des opérations bancaires au Canada ou à l'étranger;

b) émis sous l'autorité du Parlement ou sous l'autorité légitime du gouvernement d'un État étranger,

destiné à être employé comme argent ou comme équivalent d'argent, dès son émission ou à une date ultérieure. Sont compris parmi les effets négociables le papier de banque et les effets postaux de banque.

« chef d'accusation » Inculpation dans une dénonciation ou un acte d'accusation.

« circonscription territoriale » S'entend d'une province, d'un comté, d'une union de comtés, d'un canton, d'une ville, d'une paroisse ou de toute autre circonscription ou localité judiciaire que vise le contexte.

Non en vigueur — « Conjoint de fait »

« Conjoint de fait » La personne qui vit avec la personne en cause dans une relation conjugale depuis au moins un an.

L.C. 2000, ch. 12, art. 91.

« contrevenant » Personne dont la culpabilité à l'égard d'une infraction a été déterminée par le tribunal, soit par acceptation de son plaidoyer de culpabilité, soit en la déclarant coupable.

« cour d'appel »

a) Dans la province de l'Île-du-Prince-Édouard, la Section d'appel de la Cour suprême;

b) dans les autres provinces, la Cour d'appel.

« cour de juridiction criminelle »

a) Cour de sessions générales ou trimestrielles de la paix, lorsqu'elle est présidée par un juge d'une cour supérieure;

a.1) dans la province de Québec, la Cour du Québec, la Cour municipale de Montréal et la Cour municipale de Québec;

b) juge de la cour provinciale ou juge agissant sous l'autorité de la partie XIX;

c) dans la province d'Ontario, la Cour de justice de l'Ontario.

« cour supérieure de juridiction criminelle »

a) Dans la province d'Ontario, la Cour d'appel ou la Cour supérieure de justice;

b) dans la province de Québec, la Cour supérieure;

c) dans la province de l'Île-du-Prince-Édouard, la Cour suprême;

d) dans les provinces du Nouveau-Brunswick, du Manitoba, de la Saskatchewan et d'Alberta, la Cour d'appel ou la Cour du banc de la Reine;

e) dans les provinces de la Nouvelle-Écosse, de la Colombie-Britannique et de Terre-Neuve, la Cour suprême ou la Cour d'appel;

f) dans le territoire du Yukon, la Cour suprême;

g) dans les Territoires du Nord-Ouest, la Cour suprême;

h) dans le territoire du Nunavut, la Cour de justice du Nunavut.

« écrit » Document de quelque nature qu'il soit et tout mode d'après lequel et toute matière sur laquelle des mots ou chiffres, au long ou en abrégé, sont écrits, imprimés ou autrement énoncés ou sur laquelle une carte ou un plan est inscrit.

« enfant nouveau-né » ou **« nouveau-né »** Personne âgée de moins d'un an.

« épave » Sont assimilés à une épave la cargaison, les approvisionnements, agrès et apparaux d'un navire, ainsi que toutes les parties d'un navire qui en sont séparées, de même que les biens des personnes qui font partie de l'équipage d'un navire naufragé, échoué ou en détresse en quelque endroit du Canada, ou qui en sont à bord d'un tel navire ou l'ont quitté.

« fiduciaire » Personne qui est déclarée fiduciaire par une loi ou qui, en vertu du droit d'une province, est fiduciaire, et, notamment, un fiduciaire aux termes d'une fiducie explicite établie par acte, testament ou instrument écrit, ou verbalement.

« fonctionnaire public » S'entend notamment :

a) d'un agent des douanes ou d'un préposé de l'accise;

b) d'un officier des Forces canadiennes;

c) d'un officier de la Gendarmerie royale du Canada;

d) de tout fonctionnaire pendant qu'il est occupé à faire observer les lois fédérales sur le revenu, les douanes, l'accise, le commerce ou la navigation.

« Forces canadiennes » Les forces armées de Sa Majesté levées par le Canada.

« forces de Sa Majesté » Les forces navales, les forces de l'armée et les forces aériennes de Sa Majesté, où qu'elles soient levées, y compris les Forces canadiennes.

« gang » Groupe, association ou autre organisation d'au moins cinq personnes, constitué de façon formelle ou non et qui remplit les conditions suivantes :

a) l'une de ses principales activités consiste à commettre des actes criminels définis par la présente loi ou une autre loi fédérale et passibles d'un emprisonnement maximal de cinq ans ou plus;

b) ses membres ou certains d'entre eux commettent ou ont commis, au cours des cinq dernières années, une série d'actes criminels passibles d'un emprisonnement maximal de cinq ans ou plus.

« greffier du tribunal » Personne, sous quelque nom ou titre qu'elle puisse être désignée, qui remplit, à l'occasion, les fonctions de greffier du tribunal.

« inaptitude à subir son procès » Incapacité de l'accusé en raison de troubles mentaux d'assumer sa défense, ou de donner des instructions à un avocat à cet effet, à toute étape des procédures, avant que le verdict ne soit rendu, et plus particulièrement incapacité de :

a) comprendre la nature ou l'objet des poursuites;

b) comprendre les conséquences éventuelles des poursuites;

c) communiquer avec son avocat.

« jour » La période comprise entre six heures et vingt et une heures le même jour.

« juge de la cour provinciale » Toute personne qu'une loi de la législature d'une province nomme juge ou autorise à agir comme juge, quel que soit son titre, et qui a les pouvoirs d'au moins deux juges de paix. La présente définition vise aussi les substituts légitimes de ces personnes.

« juge de paix » Juge de paix ou magistrat, y compris deux ou plusieurs juges de paix lorsque la loi exige qu'il y ait deux ou plusieurs juges de paix pour agir ou quand, en vertu de la loi, ils agissent ou ont juridiction.

« lésions corporelles » Blessure qui nuit à la santé ou au bien-être d'une personne et qui n'est pas de nature passagère ou sans importance.

« loi » S'entend notamment :

a) d'une loi fédérale;

b) d'une loi de la législature de l'ancienne province du Canada;

c) d'une loi provinciale;

d) d'une loi ou ordonnance de la législature d'une province, d'un territoire ou d'un endroit, en vigueur au moment où cette province, ce territoire ou cet endroit est devenu une province du Canada.

« loi militaire » Toutes lois, tous règlements ou toutes ordonnances sur les Forces canadiennes.

« magistrat » [Abrogée, L.R.C. (1985), ch. 27 (1er suppl.), art. 2(4).]

« maison d'habitation » L'ensemble ou toute partie d'un bâtiment ou d'une construction tenu ou occupé comme résidence permanente ou temporaire, y compris :

a) un bâtiment qui se trouve dans la même enceinte qu'une maison d'habitation et qui y est relié par une baie de porte ou par un passage couvert et clos;

b) une unité qui est conçue pour être mobile et pour être utilisée comme résidence permanente ou temporaire et qui est ainsi utilisée.

« matériel ferroviaire » Toute machine conçue exclusivement pour le déplacement, autonome ou non, sur les voies ferrées. Y est assimilé tout véhicule pouvant circuler ailleurs que sur ces voies et dont le dispositif permettant le déplacement sur rail est en service.

« militaire » Se rapporte à tout ou partie des Forces canadiennes.

« minéraux précieux » Les minéraux valant au moins cent dollars le kilogramme, les métaux précieux et les diamants et autres gemmes; y sont assimilés les roches ou les minerais en contenant.

« ministère public » Ministère du gouvernement du Canada, ou section d'un tel ministère, ou conseil, office, bureau, commission, personne morale ou autre organisme qui est mandataire de Sa Majesté du chef du Canada.

« municipalité » La personne morale d'une ville, d'un village, d'un comté, d'un canton, d'une paroisse ou d'une autre circonscription territoriale ou locale d'une province, dont les habitants sont constitués en personne morale ou ont le droit de détenir collectivement des biens à une fin publique.

« nuit » La période comprise entre vingt et une heures et six heures le lendemain.

« personne d'esprit faible » [Abrogée, L.C. 1991, ch. 43, art. 9.]

« personne jouissant d'une protection internationale »

a) Tout chef d'État, y compris chaque membre d'un organe collégial remplissant en vertu de la constitution de l'État considéré les fonctions de chef d'État, tout chef de gouvernement ou tout ministre des affaires étrangères, lorsqu'une telle personne se trouve dans un État autre que celui dans lequel elle occupe ces fonctions;

b) tout membre de la famille d'une personne visée à l'alinéa *a)* qui accompagne cette personne dans un État autre que celui dans lequel celle-ci occupe ces fonctions;

c) tout représentant, fonctionnaire ou personnalité officielle d'un État et tout fonctionnaire, personnalité officielle ou agent d'une organisation internationale de type intergouvernemental, pourvu que cette personne bénéficie en vertu du droit international, à la date et au lieu où une infraction visée au paragraphe 7(3) est commise contre sa personne ou contre un bien qu'elle utilise, visé à l'article 431, d'une protection spéciale contre toute atteinte à sa personne, sa liberté ou sa dignité;

d) tout membre de la famille d'un représentant, d'un fonctionnaire, d'une personnalité officielle ou d'un agent visé à l'alinéa *c)* qui fait partie de son ménage, pourvu que ce représentant, ce fonctionnaire, cette personnalité officielle ou cet agent bénéficie en vertu du droit international, à la date et au lieu où une infraction visée au paragraphe 7(3) est commise contre ce membre de sa famille ou contre un bien utilisé par ce dernier et visé à l'article 431, d'une protection spéciale contre toute atteinte à sa personne, sa liberté ou sa dignité.

« plaignant » La victime de l'infraction présumée.

« poursuivant » Le procureur général ou, lorsque celui-ci n'intervient pas, la personne qui intente des poursuites en vertu de la présente loi. Est visé par la présente définition tout avocat agissant pour le compte de l'un ou l'autre.

« prison » Tout endroit où des personnes inculpées ou déclarées coupables d'infractions sont ordinairement détenues sous garde, y compris tout pénitencier, prison commune, prison publique, maison de correction, poste de police ou corps de garde.

« procureur général »

a) À l'égard des poursuites visées par la présente loi, le procureur général ou le solliciteur général de la province où ces poursuites sont intentées et leur substitut légitime;

b) le procureur général du Canada et son substitut légitime, à l'égard :

(i) du territoire du Yukon, des Territoires du Nord-Ouest et du territoire du Nunavut;

(ii) des poursuites intentées à la demande du gouvernement du Canada et menées par ce dernier ou en son nom quant à une contravention à une loi fédérale autre que la présente loi ou à ses règlements d'application, une tentative ou un complot en vue d'y contrevenir ou le fait de conseiller une telle contravention.

« quiconque », « individu », « personne » et **« propriétaire »** Sont notamment visés par ces expressions et autres expressions semblables Sa Majesté et les corps publics, les personnes morales, sociétés, compagnies, ainsi que les habitants de comtés, paroisses, municipalités ou autres districts à l'égard des actes et choses qu'ils sont capables d'accomplir et de posséder respectivement.

« substance explosive » S'entend notamment :

a) de toute chose destinée à être employée dans la fabrication d'une substance explosive;

b) de toute chose, ou partie d'une chose, employée ou destinée à être employée pour causer ou aider à causer, ou adaptée de façon à causer ou à aider à causer, une explosion dans une substance explosive ou avec une telle substance;

c) d'une grenade incendiaire, d'une bombe incendiaire, d'un cocktail molotov ou d'une autre substance ou d'un mécanisme incendiaire semblable ou d'une minuterie ou d'une autre chose utilisable avec l'une de ces substances ou l'un de ces mécanismes.

« titre de bien-fonds » Tout écrit qui constitue ou renferme la preuve du titre, ou d'une partie du titre, à un bien immeuble, ou à un intérêt dans un tel bien, ainsi que toute copie notariée, ou toute copie émise par un régistrateur, d'un tel écrit, de même que le double de tout instrument, mémoire, certificat ou document, autorisé ou exigé par une loi en vigueur dans une partie du Canada concernant l'enregistrement de titres, qui porte sur le titre à un bien immeuble ou à un intérêt dans un tel bien.

« titre de marchandises » Bordereau d'achat et de vente délivré à l'acheteur et au vendeur, connaissement, mandat, certificat ou ordre portant livraison ou transfert de marchandises ou de quelque autre chose ayant de la valeur, et tout autre document employé dans le cours ordinaire des affaires comme preuve de la possession ou du contrôle des marchandises, autorisant, ou étant donné comme autorisant, par endossement ou livraison, la personne ayant la possession du document à transférer ou recevoir toute marchandise représentée par ce titre, ou y mentionnée ou indiquée.

« troubles mentaux » Toute maladie mentale.

« valeur » ou **« effet appréciable »**

a) Ordre, quittance de l'échiquier ou autre valeur donnant droit, ou constatant le titre de quelque personne :

(i) soit à une action ou à un intérêt dans un stock ou fonds public ou dans tout fonds d'une personne morale, d'une compagnie ou société,

(ii) soit à un dépôt dans une institution financière;

b) débenture, titre, obligation, billet, lettre, mandat, ordre ou autre garantie d'argent ou garantie du paiement d'argent;

c) titre de bien-fonds ou de marchandises, où qu'ils se trouvent;

d) timbre ou écrit qui assure ou constate un titre à un bien ou droit mobilier, ou à un intérêt dans ce bien ou droit, ou qui constate la livraison d'un bien ou droit mobilier;

e) décharge, reçu, quittance ou autre instrument constatant le paiement de deniers.

« **véhicule à moteur** » À l'exception du matériel ferroviaire, véhicule tiré, mû ou propulsé par quelque moyen que ce soit.

> **Non en vigueur — « Véhicule à moteur »**
>
> « **véhicule à moteur** » À l'exception du matériel ferroviaire, véhicule tiré, mû ou propulsé par tout moyen autre que la force musculaire.
>
> L.C. 2000, ch. 25, art. 1.

« **victime** »S'entend notamment de la victime d'une infraction présumée.

« **voie publique** » ou « **grande route** » Chemin auquel le public a droit d'accès, y compris les ponts ou tunnels situés sur le parcours d'un chemin.

« **voler** » Le fait de commettre un vol.

L.R.C. 1985, ch. 27 (1er suppl.), art. 2; (1er suppl.), ann. II, n° 2; ch. 11 (1er suppl.), ann., n° 1; ch. 1 (2e suppl.), art. 213(2); ch. 27 (2e suppl.), art. 10; ch. 35 (2e suppl.), art. 34; ch. 32 (4e suppl.), art. 55; ch. 40 (4e suppl.), art. 2; L.C. 1990, ch. 17, art. 7; 1991, ch. 1, art. 28; ch. 40, art. 1; ch. 43, art. 1; 1992, ch. 20, art. 216; ch. 51, art. 32; 1993, ch. 28, ann. III, art. 25; ch. 34, art. 59; 1994, ch. 44, art. 2; 1995, ch. 29, art. 39, 40; ch. 39, art. 138; 1997, ch. 23, art. 1; 1998, ch. 30, art. 14d); 1999, ch. 3, art. 12, 25; ch. 5, art. 1; ch. 25, art. 1; ch. 28, art. 155.

3. Renvois descriptifs — Dans la présente loi, les mots entre parenthèses qui, dans un but purement descriptif d'une matière donnée, suivent un renvoi à une autre disposition de la présente loi ou de toute autre loi ne font pas partie de la disposition où ils apparaissent et sont réputés y avoir été insérés pour la seule commodité de la consultation.

PARTIE I

Dispositions générales

4. (1) Une carte postale est un bien meuble — Pour l'application de la présente loi, une carte postale ou un timbre mentionné à l'alinéa c) de la définition de « **biens** » ou « **propriété** » à l'article 2 est censé un bien meuble et d'une valeur égale au montant du port, de la taxe ou du droit exprimé à sa face.

(2) Valeur d'un effet appréciable — Pour l'application de la présente loi, les règles suivantes s'appliquent en vue de déterminer la valeur d'un effet appréciable lorsque la valeur est essentielle :

a) s'il s'agit d'un effet appréciable mentionné à l'alinéa *a)* ou *b)* de la définition de « **valeur** » ou « **effet appréciable** » à l'article 2, la valeur est celle de l'action, de l'intérêt, du dépôt ou du montant impayé, selon le cas, qui est garanti par l'effet appréciable;

b) s'il s'agit d'un effet appréciable mentionné à l'alinéa *c)* ou *d)* de la définition de « **valeur** » ou « **effet appréciable** » à l'article 2, la valeur est celle des biens-fonds, des marchandises, du bien ou droit mobilier ou de l'intérêt dans ce bien ou droit, selon le cas;

c) s'il s'agit d'un effet appréciable mentionné à l'alinéa *e)* de la définition de « **valeur** » ou « **effet appréciable** » à l'article 2, la valeur est la somme d'argent qui a été payée.

(3) Possession — Pour l'application de la présente loi :

a) une personne est en possession d'une chose lorsqu'elle l'a en sa possession personnelle ou que, sciemment :

(i) ou bien elle l'a en la possession ou garde réelle d'une autre personne,

(ii) ou bien elle l'a en un lieu qui lui appartient ou non ou qu'elle occupe ou non, pour son propre usage ou avantage ou celui d'une autre personne;

b) lorsqu'une de deux ou plusieurs personnes, au su et avec le consentement de l'autre ou des autres, a une chose en sa garde ou possession, cette chose est censée en la garde et possession de toutes ces personnes et de chacune d'elles.

(4) Expressions tirées d'autres lois — Lorsqu'une infraction visée par la présente loi se rattache à un sujet traité dans une autre loi, les termes employés dans la présente loi à l'égard de cette infraction s'entendent, sous réserve des autres dispositions de la présente loi, au sens de cette autre loi.

(5) Rapports sexuels — Pour l'application de la présente loi, les rapports sexuels sont complets s'il y a pénétration même au moindre degré et bien qu'il n'y ait pas émission de semence.

(6) Preuve de signification — Pour l'application de la présente loi, la signification de tout document ou la remise ou l'envoi de tout avis peut être prouvé :

a) oralement sous serment ou par l'affidavit ou la déclaration solennelle de la personne qui l'a effectué;

b) par la déclaration écrite d'un agent de la paix portant qu'il a signifié le document ou remis ou envoyé l'avis, cette déclaration étant réputée être faite sous serment.

(7) Présence pour interrogatoire — Nonobstant le paragraphe (6), le tribunal peut demander à une personne qui semble avoir signé un affidavit, une déclaration solennelle ou une déclaration écrite mentionnés à ce paragraphe d'être présente pour interrogatoire ou contre-interrogatoire sur la preuve de la signification ou de la remise ou de l'envoi de l'avis.

> L.R.C. 1985, ch. 27 (1ᵉʳ suppl.), art. 3; L.C. 1994, ch. 44, art. 3; 1997, ch. 18, art. 2.

5. Aucun effet sur les Forces canadiennes — La présente loi n'a pas pour effet de porter atteinte à l'une des lois relatives à l'administration des Forces canadiennes.

6. (1) Présomption d'innocence — Lorsqu'une disposition crée une infraction et prévoit une peine à son égard :

> a) une personne est réputée ne pas être coupable de l'infraction tant qu'elle n'a pas été déclarée coupable de l'infraction ou tant qu'elle n'en a pas été absoute en vertu de l'article 730;

> b) une personne qui est déclarée coupable d'une telle infraction ou qui en est absoute en vertu de l'article 730 n'encourt à son égard aucune autre peine que celle que prévoit la présente loi ou la disposition qui crée l'infraction.

(2) Infraction commise à l'étranger — Sous réserve des autres dispositions de la présente loi ou de toute autre loi fédérale, nul ne doit être déclaré coupable d'une infraction commise à l'étranger ou absous en vertu de l'article 730 à l'égard de celle-ci.

(3) Définition de « disposition » — Au présent article, **« disposition »** désigne :

> a) une loi fédérale ou un règlement d'application de celle-ci;

> b) une loi de la législature d'une province qui crée une infraction à laquelle s'applique la partie XXVII, ou un règlement d'application de celle-ci.

> L.R.C. 1985, ch. 27 (1ᵉʳ suppl.), art. 4; ch. 1 (4ᵉ suppl.), art. 18; L.C. 1995, ch. 22, art. 10.

7. (1) Infractions commises à bord d'un aéronef — Nonobstant les autres dispositions de la présente loi ou toute autre loi, quiconque :

> a) soit à bord d'un aéronef ou relativement à un aéronef :

>> (i) ou bien immatriculé au Canada en vertu des règlements d'application de la *Loi sur l'aéronautique*,

>> (ii) ou bien loué sans équipage et mis en service par une personne remplissant, aux termes des règlements d'application de la *Loi sur l'aéronautique*, les conditions d'inscription comme propriétaire d'un aéronef immatriculé au Canada en vertu de ces règlements,

> pendant que l'aéronef est en vol;

b) soit à bord d'un aéronef, pendant que celui-ci est en vol, si le vol s'est terminé au Canada,

commet dans les limites du Canada ou à l'étranger une action ou omission qui, si elle était commise au Canada, constituerait une infraction punissable sur acte d'accusation, est réputé avoir commis cette action ou omission au Canada.

(2) Idem — Nonobstant les autres dispositions de la présente loi ou toute autre loi, quiconque commet à l'étranger :

a) soit à bord d'un aéronef pendant qu'il est en vol, une action ou omission qui, si elle était commise au Canada ou à bord d'un aéronef immatriculé au Canada en vertu des règlements d'application de la *Loi sur l'aéronautique*, constituerait une infraction aux termes de l'article 76 ou l'alinéa 77*a*);

b) soit relativement à un aéronef en service, une action ou omission qui, si elle était commise au Canada, constituerait une infraction aux termes de l'alinéa 77*b*), *c*) ou *e*);

c) soit relativement à une installation utilisée pour la navigation aérienne internationale, une action ou omission qui, si elle était commise au Canada, constituerait une infraction aux termes de l'alinéa 77*d*),

d) soit relativement à un aéroport servant à l'aviation civile internationale, une action ou omission qui, si elle était commise au Canada, constituerait une infraction aux termes de l'alinéa 77*b*) ou *f*);

e) soit une action ou omission qui, si elle était commise au Canada, constituerait un conseil à une autre personne de commettre une infraction visée au présent paragraphe ou un cas de complicité après le fait, une tentative ou un complot à l'égard d'une telle infraction,

est réputé avoir commis cette action ou omission au Canada s'il y est trouvé après leur commission.

(2.1) Infractions contre une plate-forme fixe ou la navigation maritime (eaux internationales) — Nonobstant les autres dispositions de la présente loi ou toute autre loi, la personne qui, à l'étranger, commet contre une plate-forme fixe attachée au plateau continental d'un État ou contre un navire qui navigue dans des eaux situées au-delà de la mer territoriale d'un État ou, selon son plan de route, doit naviguer dans ces eaux — ou commet à leur bord — un acte par action ou omission qui, s'il était commis au Canada, constituerait une infraction, un complot, une tentative, un conseil ou une complicité après le fait à l'égard d'une infraction mentionnée à l'article 78.1, est réputée avoir commis cet acte au Canada, lorsqu'il est commis :

a) contre une plate-forme fixe attachée au plateau continental du Canada ou à son bord;

b) contre un navire immatriculé, visé par un permis ou à l'égard duquel un numéro d'enregistrement a été accordé sous le régime d'une loi fédérale ou à bord d'un tel navire;

c) par un citoyen canadien;

d) par une personne qui n'a la citoyenneté d'aucun État et réside habituellement au Canada;

e) par une personne présente au Canada après la commission de l'infraction;

f) de façon à retenir, blesser ou tuer, ou menacer de blesser ou tuer, un citoyen canadien;

g) dans le but de contraindre le gouvernement du Canada à accomplir un acte quelconque ou à s'en abstenir.

(2.2) Infractions contre une plate-forme fixe ou la navigation maritime (eaux intérieures et mer territoriale étrangères) — Nonobstant les autres dispositions de la présente loi ou toute autre loi, la personne qui, à l'étranger, commet contre une plate-forme fixe qui n'est pas attachée au plateau continental d'un État ou contre un navire qui ne navigue pas dans les eaux situées au-delà de la mer territoriale d'un État ou, selon son plan de route, ne doit pas naviguer dans ces eaux — ou commet à leur bord — un acte par action ou omission qui, s'il était commis au Canada, constituerait une infraction, un complot, une tentative, un conseil ou une complicité après le fait à l'égard d'une infraction mentionnée à l'article 78.1, est réputée avoir commis cet acte au Canada si l'acte est commis par une personne ou d'une façon mentionnées aux alinéas (2.1)*b*) à *g*) et si le contrevenant est trouvé sur le territoire d'un État autre que celui où l'acte a été commis et que cet État est partie :

a) soit à la Convention pour la répression d'actes illicites contre la sécurité de la navigation maritime, signée à Rome le 10 mars 1988, dans le cas d'une infraction commise contre un navire ou à son bord;

b) soit au Protocole sur la répression d'actes illicites contre la sécurité des plates-formes fixes situées sur le plateau continental, signé à Rome le 10 mars 1988, dans le cas d'une infraction commise contre une plate-forme fixe ou à son bord.

(2.3) Station spatiale : membre d'équipage canadien — Nonobstant les autres dispositions de la présente loi ou de toute autre loi, le membre d'équipage canadien qui accomplit, hors du Canada au cours d'un vol spatial soit à bord d'un élément de vol de la station spatiale ou relativement à tel élément, soit à bord d'un moyen de transport effectuant la navette avec la station, un fait — acte ou omission — qui, s'il était accompli au Canada, constituerait une infraction punissable par acte d'accusation, est réputé avoir accompli ce fait au Canada.

(2.31) Station spatiale : membre d'équipage d'un État partenaire — Nonobstant les autres dispositions de la présente loi ou de toute autre loi, le membre d'équipage d'un État partenaire qui accomplit, hors du Canada au cours d'un vol spatial soit à bord d'un élément de vol de la station spatiale ou relativement à tel élément, soit à bord d'un moyen de transport spatial effectuant la navette avec la station, un fait — acte ou omission — qui, s'il était accompli au Canada, constituerait une infraction punissable par acte d'accusation, est réputé avoir accompli ce fait au Canada dans les cas suivants :

a) le fait a porté atteinte à la vie ou à la sécurité d'un membre d'équipage canadien;

b) le fait est survenu à bord d'un élément de vol fourni par le Canada, ou relativement à tel élément, ou l'a endommagé.

(2.32) Pouvoirs du procureur général du Canada — Par dérogation à la définition de « procureur général » à l'article 2, le procureur général du Canada peut intenter des poursuites pour une infraction visée aux paragraphes (2.3) ou (2.31). À cette fin, il a tous les pouvoirs et fonctions attribués au procureur général sous le régime de la présente loi.

(2.33) Consentement du procureur général du Canada — Les poursuites pour une infraction visée aux paragraphes (2.3) ou (2.31) ne peuvent être intentées qu'avec le consentement du procureur général du Canada.

(2.34) Définitions — Les définitions qui suivent s'appliquent au présent paragraphe et aux paragraphes (2.3) et (2.31).

« **Accord** » S'entend au sens de la définition de ce terme à l'article 2 de la *Loi de mise en œuvre de l'Accord sur la Station spatiale internationale civile*.

« **élément de vol** » Élément de la station spatiale fourni par le Canada ou un État partenaire dans le cadre de l'Accord et de tout mémorandum d'accord ou arrangement d'exécution conclu pour la mise en œuvre de l'Accord.

« **État partenaire** » Chaque partie contractante, sauf le Canada, pour laquelle l'Accord est entré en vigueur en conformité avec son article 25.

« **membre d'équipage canadien** » Tout membre de l'équipage de la station spatiale qui est :

a) soit un citoyen canadien;

b) soit un citoyen étranger ressortissant d'un État autre qu'un État partenaire qui est habilité par le Canada à agir au cours d'un vol spatial en tant que membre d'équipage à bord d'un élément de vol ou relativement à tel élément.

« **membre d'équipage d'un État partenaire** » Tout membre de l'équipage de la station spatiale qui est :

a) soit un citoyen d'un État partenaire;

b) soit un citoyen ressortissant d'un État autre qu'un État partenaire qui est habilité par celui-ci à agir au cours d'un vol spatial en tant que membre d'équipage à bord d'un élément de vol ou relativement à tel élément.

« **station spatiale** » La Station spatiale internationale civile, une installation polyvalente placée sur orbite terrestre basse et composée d'éléments de vol et d'éléments au sol spécifiques fournis par les États partenaires ou pour leur compte.

« **vol spatial** » La période commençant au moment du lancement d'un membre d'équipage de la station spatiale, se poursuivant pendant son séjour en orbite et se terminant au moment de son retour sur terre.

(3) Infraction contre une personne jouissant d'une protection internationale — Nonobstant les autres dispositions de la présente loi ou toute autre loi, tout acte commis par action ou omission, à l'étranger, contre une personne jouissant d'une protection internationale ou contre un bien qu'elle utilise, visé à l'article 431, et qui, s'il était commis au Canada, constituerait une infraction aux articles 235, 236, 266, 267, 268, 269, 271, 272, 273, 279, 279.1, 280 à 283, 424 ou 431, est réputé commis au Canada dans les cas suivants :

    a) cet acte est commis à bord d'un navire qui est immatriculé en conformité avec une loi fédérale, ou à l'égard duquel un permis ou un numéro d'identification a été délivré en conformité avec une telle loi;

    b) cet acte est commis à bord d'un aéronef :

        (i) soit immatriculé au Canada en vertu des règlements d'application de la *Loi sur l'aéronautique*,

        (ii) soit loué sans équipage et mis en service par une personne remplissant, aux termes des règlements d'application de la *Loi sur l'aéronautique*, les conditions d'inscription comme propriétaire d'un aéronef immatriculé au Canada en vertu de ces règlements;

    c) l'auteur de l'acte ou de l'omission a la citoyenneté canadienne ou se trouve au Canada après la commission de l'acte ou de l'omission;

    d) l'acte est commis :

        (i) soit contre une personne jouissant d'une protection internationale en raison des fonctions qu'elle exerce pour le compte du Canada,

        (ii) soit contre tout membre de la famille d'une personne visée au sous-alinéa (i) remplissant les conditions prévues aux alinéas *b)* ou *d)* de la définition de « **personne jouissant d'une protection internationale** », à l'article 2.

(3.1) Infraction concernant les prises d'otages — Nonobstant les autres dispositions de la présente loi ou toute autre loi, tout acte commis par action ou omission, à l'étranger, et qui, s'il était commis au Canada, constituerait une infraction à l'article 279.1 est réputé commis au Canada dans les cas suivants :

    a) cet acte est commis à bord d'un navire qui est immatriculé en conformité avec une loi fédérale, ou à l'égard duquel un permis ou un numéro d'identification a été délivré en conformité avec une telle loi;

    b) cet acte est commis à bord d'un aéronef :

        (i) soit immatriculé au Canada en vertu des règlements d'application de la *Loi sur l'aéronautique*,

(ii) soit loué sans équipage et mis en service par une personne remplissant, aux termes des règlements d'application de la *Loi sur l'aéronautique*, les conditions d'inscription comme propriétaire d'un aéronef immatriculé au Canada en vertu de ces règlements;

c) l'auteur de l'acte :

(i) soit a la citoyenneté canadienne,

(ii) soit n'a la citoyenneté d'aucun État et réside habituellement au Canada;

d) l'acte est commis avec l'intention d'inciter Sa Majesté du chef du Canada ou d'une province à commettre ou à faire faire un acte par action ou omission;

e) la personne prise en otage à la suite d'un acte commis par action ou omission a la citoyenneté canadienne;

f) l'auteur de l'acte ou de l'omission se trouve au Canada après la commission du geste.

(3.2) Infraction concernant des matières nucléaires — Nonobstant les autres dispositions de la présente loi ou toute autre loi, dans les cas où :

a) d'une part, une personne, à l'étranger, reçoit des matières nucléaires, en a en sa possession, les utilise, en cède la possession, les envoie ou les livre à une personne, les transporte, les modifie, les jette, les disperse ou les abandonne et par ce fait :

(i) soit cause ou est susceptible de causer la mort d'une personne ou des blessures graves à celle-ci,

(ii) soit cause ou est susceptible de causer des dommages importants à un bien ou la destruction de celui-ci;

b) d'autre part, l'acte commis par action ou omission visé à l'alinéa *a)*, s'il était commis au Canada, constituerait une infraction à la présente loi,

cette personne est réputée avoir commis cet acte par action ou omission au Canada si l'alinéa (3.5)*a)*, *b)* ou *c)* s'applique à l'égard de celui-ci.

(3.3) Idem — Nonobstant les autres dispositions de la présente loi ou toute autre loi, la personne qui, à l'étranger, commet un acte par action ou omission qui, s'il était commis au Canada, constituerait :

a) soit un complot ou une tentative dans le but de commettre;

b) soit une complicité après le fait concernant;

c) soit un conseil concernant,

un acte par action ou omission qui constitue une infraction aux termes du paragraphe (3.2), est réputée avoir commis cet acte au Canada si l'alinéa (3.5)*a)*, *b)* ou *c)* s'applique à l'égard de celui-ci.

(3.4) Idem — Nonobstant les autres dispositions de la présente loi ou toute autre loi, la personne qui, à l'étranger, commet un acte, par action ou omission, qui, s'il était commis au Canada, constituerait une infraction, un complot, une tentative, un conseil ou une complicité après le fait à l'égard d'une infraction :

a) à l'article 334, 341, 344 ou 380 ou à l'alinéa 362(1)a) concernant des matières nucléaires;

b) à l'article 346 relativement à la menace de commettre une infraction à l'article 334 ou 344 concernant des matières nucléaires;

c) à l'article 423 relativement à une demande de matières nucléaires;

d) à l'alinéa 264.1(1)a) ou b) relativement à la menace d'utiliser des matières nucléaires,

est réputée avoir commis cet acte par action ou omission au Canada si l'alinéa (3.5)a), b) ou c) s'applique à l'égard de celui-ci.

(3.5) Idem — Pour l'application des paragraphes (3.2) à (3.4), tout acte commis par action ou omission est réputé commis au Canada dans les cas suivants :

a) cet acte est commis à bord d'un navire qui est immatriculé en conformité avec une loi fédérale, ou à l'égard duquel un permis ou un numéro d'identification a été délivré en conformité avec une telle loi;

b) cet acte est commis à bord d'un aéronef :

(i) soit immatriculé au Canada en vertu des règlements d'application de la *Loi sur l'aéronautique*,

(ii) soit loué sans équipage et mis en service par une personne remplissant, aux termes des règlements d'application de la *Loi sur l'aéronautique*, les conditions d'inscription comme propriétaire d'un aéronef immatriculé au Canada en vertu de ces règlements;

c) l'auteur de l'acte a la citoyenneté canadienne ou se trouve au Canada après la commission de l'acte ou de l'omission.

(3.6) Définition de « matières nucléaires » — Pour l'application du présent article, « matières nucléaires » désigne :

a) le plutonium, sauf le plutonium dont la concentration d'isotope de plutonium-238 est supérieure à quatre-vingts pour cent;

b) l'uranium-233;

c) l'uranium contenant de l'uranium-233 ou de l'uranium-235 ou les deux à la fois en quantité telle que le rapport de l'abondance isotopique de la somme de ces isotopes sur l'isotope d'uranium-238 est supérieure à 0,72 pour cent;

d) l'uranium dont la concentration d'isotope est égale à celle qu'on retrouve à l'état naturel;

e) toute substance contenant une des choses visées aux alinéas a) à d).

La présente définition exclut toutefois l'uranium sous la forme de minerai ou de résidu de minerai.

(3.7) Torture — Nonobstant les autres dispositions de la présente loi ou toute autre loi, la personne qui, à l'étranger, commet un acte par action ou omission qui, s'il était commis au Canada, constituerait une infraction, un complot, une tentative, un conseil ou une complicité après le fait à l'égard d'une infraction à l'article 269.1, est réputée avoir commis cet acte au Canada si, selon le cas :

a) l'acte est commis à bord d'un navire qui est immatriculé en conformité avec une loi fédérale ou à l'égard duquel un permis ou un numéro d'identification a été délivré en conformité avec une telle loi;

b) l'acte est commis à bord d'un aéronef :

(i) soit immatriculé au Canada en vertu des règlements d'application de la *Loi sur l'aéronautique*,

(ii) soit loué sans équipage et mis en service par une personne remplissant, aux termes des règlements d'application de la *Loi sur l'aéronautique*, les conditions d'inscription comme propriétaire d'un aéronef au Canada en vertu de ces règlements;

c) l'auteur de l'acte a la citoyenneté canadienne;

d) le plaignant a la citoyenneté canadienne;

e) l'auteur de l'acte se trouve au Canada après la perpétration de celui-ci.

(3.71) Compétence : crimes de guerre et crimes contre l'humanité — Nonobstant les autres dispositions de la présente loi et par dérogation à toute autre loi, l'auteur d'un fait — acte ou omission — commis à l'étranger même avant l'entrée en vigueur du présent paragraphe, constituant un crime de guerre ou un crime contre l'humanité et qui aurait constitué, au Canada, une infraction au droit canadien en son état à l'époque de la perpétration, est réputé avoir commis le fait au Canada à cette époque si l'une des conditions suivantes est remplie :

a) à l'époque :

(i) soit lui-même est citoyen canadien ou employé au service du Canada à titre civil ou militaire,

(ii) soit lui-même est citoyen d'un État participant à un conflit armé contre le Canada ou employé au service d'un tel État à titre civil ou militaire,

(iii) soit la victime est citoyen canadien ou ressortissant d'un État allié du Canada dans un conflit armé;

b) à l'époque, le Canada pouvait, en conformité avec le droit international, exercer sa compétence à cet égard à l'encontre de l'auteur, du fait de sa présence au Canada, et après la perpétration, celui-ci se trouve au Canada.

Non en vigueur — 7(3.71)

(3.71) [Abrogé, L.C. 2000, c. 24, art. 42.]

(3.72) Poursuites et preuve — Les poursuites engagées à l'égard du fait visé au paragraphe (3.71) sont exercées conformément aux règles de preuve et de procédure en vigueur lors du procès.

Non en vigueur — 7(3.72)

(3.72) [Abrogé, L.C. 2000, c. 24, art. 42.]

(3.73) Moyens de défense — Sous réserve du paragraphe 607(6) et bien que le fait visé au paragraphe (3.71) constitue une infraction au droit canadien en son état à l'époque de la perpétration, l'accusé peut, dans le cadre des poursuites intentées à l'égard de ce fait, se prévaloir des justifications, excuses ou moyens de défense reconnus à cette époque ou celle du procès par le droit canadien ou le droit international.

Non en vigueur — 7(3.73)

(3.73) [Abrogé, L.C. 2000, c. 24, art. 42.]

(3.74) Incompatibilité avec le droit interne — Par dérogation au paragraphe (3.73) et à l'article 15, une personne peut être déclarée coupable d'une infraction à l'égard d'un fait visé au paragraphe (3.71), même commis en exécution du droit en vigueur à l'époque et au lieu de la perpétration ou en conformité avec ce droit.

Non en vigueur — 7(3.74)

(3.74) [Abrogé, L.C. 2000, c. 24, art. 42.]

(3.75) Procureur général du Canada — Par dérogation aux autres dispositions de la présente loi, les poursuites à l'égard du fait visé au paragraphe (3.71) ne peuvent être intentées sans le consentement écrit du procureur général ou du sous-procureur général du Canada et menées que par le procureur général du Canada ou en son nom.

Non en vigueur — 7(3.75)

(3.75) [Abrogé, L.C. 2000, c. 24, art. 42.]

(3.76) Définitions — Les définitions qui suivent s'appliquent au présent article.

« **crime contre l'humanité** » Assassinat, extermination, réduction en esclavage, déportation, persécution ou autre fait — acte ou omission — inhumain d'une part, commis contre une population civile ou un groupe identifiable de personnes — qu'il ait ou non constitué un transgression du droit en vigueur à l'époque et au lieu de la perpétration — et d'autre part, soit constituant, à l'époque et dans ce lieu, une transgression du droit international coutumier ou conventionnel, soit ayant un caractère criminel d'après les principes généraux de droit reconnus par l'ensemble des nations.

« **crime de guerre** » Fait — acte ou omission — commis au cours d'un conflit armé international — qu'il ait ou non constitué une transgression du droit en vigueur à l'époque et au lieu de la perpétration — et constituant, à l'époque et dans ce lieu, une transgression du droit international coutumier ou conventionnel applicable à de tels conflits.

« **droit international conventionnel** » Conventions, traités et autres ententes internationales en vigueur auxquels le Canada est partie, ou qu'il a accepté d'appliquer dans un conflit armé auquel il participe.

Non en vigueur — 7(3.76)

(3.76) [Abrogé, L.C. 2000, c. 24, art. 42.]

(3.77) Idem — Sont assimilés à un fait, aux définitions de « **crime contre l'humanité** » et « **crime de guerre** », au paragraphe (3.76), la tentative, le complot, la complicité après le fait, le conseil, l'aide ou l'encouragement à l'égard du fait.

Non en vigueur — 7(3.77)

(3.77) [Abrogé, L.C. 2000, c. 24, art. 42.]

(4) Infractions commises par des employés de la fonction publique — Quiconque, alors qu'il occupe un emploi à titre de fonctionnaire au sens de la *Loi sur l'emploi dans la fonction publique* dans un lieu situé à l'étranger, commet dans ce lieu une action ou omission qui constitue une infraction en vertu des lois de ce lieu et qui, si elle avait été commise au Canada, constituerait une infraction punissable sur acte d'accusation, est censé avoir commis l'action ou l'omission au Canada.

(4.1) Infraction relative aux infractions d'ordre sexuel impliquant des enfants — Nonobstant les autres dispositions de la présente loi ou toute autre loi, la personne qui, à l'étranger, commet un acte par action ou omission qui, s'il était commis au Canada, constituerait une infraction aux articles 151, 152, 153, 155 ou 159, aux paragraphes 160(2) ou (3), aux articles 163.1, 170, 171 ou 173 ou au paragraphe 212(4) est réputée avoir commis cet acte au Canada si elle a la citoyenneté canadienne ou est un résident permanent au sens de la *Loi sur l'immigration*.

(4.2) Demande au ministre de la Justice — Il ne peut être engagé de procédures relativement à un acte commis par action ou omission qui, s'il était commis au Canada, constituerait une infraction aux articles 151, 152, 153, 155 ou 159, aux paragraphes 160(2) ou (3) ou aux articles 163.1, 170, 171 ou 173 que si une demande est présentée au ministre de la Justice du Canada par :

a) tout fonctionnaire consulaire ou agent diplomatique accrédité auprès du Canada par l'État sur le territoire duquel l'infraction a été commise;

b) tout ministre de cet État communiquant avec lui par l'intermédiaire des agents diplomatiques de Sa Majesté dans cet État.

(4.3) Consentement du procureur général — Les procédures visées au paragraphe (4.2) ne peuvent être engagées qu'avec le consentement du procureur général.

(5) Compétence — Lorsqu'il est allégué qu'une personne a commis, par action ou omission, un acte constituant une infraction visée au présent article, des procédures peuvent être engagées à l'égard de cette infraction dans toute circonscription territoriale au Canada que l'accusé soit ou non présent au Canada et il peut subir son procès et être puni à l'égard de cette infraction comme si elle avait été commise dans cette circonscription territoriale.

(5.1) Comparution de l'accusé lors du procès — Les dispositions de la présente loi concernant :

a) l'obligation pour un accusé d'être présent et de demeurer présent lors des procédures;

b) les exceptions à cette obligation,

s'appliquent aux procédures engagées dans une circonscription territoriale en conformité avec le paragraphe (5).

(6) Cas d'un jugement antérieur rendu à l'étranger — Lorsqu'il est allégué qu'une personne a commis, par action ou omission, un acte ou un fait constituant une infraction en raison du présent article et que cette personne a subi son procès et a été traitée à l'étranger à l'égard de l'infraction de manière que, si elle avait subi son procès ou avait été traitée au Canada, elle pourrait invoquer les moyens de défense *d'autrefois acquit, d'autrefois convict* ou de pardon, elle est réputée avoir subi son procès et avoir été traitée au Canada.

(7) Consentement — Il ne peut être engagé de poursuites aux termes du présent article, lorsque l'accusé n'est pas citoyen canadien, sans le consentement du procureur général du Canada.

(8) Définition de « vol » et « voler » — Pour l'application du présent article, de la définition de **« agent de la paix »** à l'article 2 et des articles 76 et 77, **« vol »** et **« voler »** s'entendent du fait où de l'action de se déplacer dans l'air et un aéronef est réputé être en vol depuis le moment où, l'embarquement étant terminé, toutes ses portes extérieures sont fermées jusqu'au moment où se réalise le plus éloigné des événements suivants :

a) une des portes est ouverte en vue du débarquement;

b) lorsque l'aéronef fait un atterrissage forcé dans des circonstances où son propriétaire ou exploitant ou une personne agissant pour leur compte n'a pas le contrôle de l'aéronef, le contrôle de l'aéronef est rendu à son propriétaire ou exploitant ou à une personne agissant pour leur compte.

(9) Définition de « en service » — Pour l'application du présent article et de l'article 77, un aéronef est réputé être en service depuis le moment où le personnel non navigant ou son équipage commence les préparatifs pour un vol déterminé de l'appareil jusqu'au moment où se réalise le plus éloigné des événements suivants :

    a) le vol est annulé avant que l'aéronef ne soit en vol;

    b) vingt-quatre heures se sont écoulées après que l'aéronef, ayant commencé le vol, atterrit;

    c) l'aéronef, ayant commencé le vol, cesse d'être en vol.

(10) Certificat du ministre des Affaires étrangères — Lors de poursuites intentées en vertu de la présente loi, tout certificat en apparence délivré par le ministre des Affaires étrangères ou en son nom est admissible en preuve, sans qu'il soit nécessaire de prouver l'authenticité de la signature qui y est apposée ou la qualité officielle du signataire, et fait foi jusqu'à preuve contraire des faits qu'il énonce et qui ont trait à la question de savoir si une personne a droit, conformément au droit international, à une protection spéciale contre toute atteinte à sa personne, sa liberté ou sa dignité.

(11) Idem — Est admissible en preuve sans qu'il soit nécessaire de prouver l'authenticité de la signature qui y est apposée ou la qualité officielle du signataire, et fait foi de son contenu le certificat censé délivré par le ministre des Affaires étrangères ou en son nom, attestant la participation d'un État à un conflit armé contre le Canada ou son alliance avec celui-ci dans un conflit armé à une époque donnée, l'application ou non au Canada d'une convention, d'un traité ou d'une autre entente internationale à une époque donnée, la participation ou non du Canada à ceux-ci, ou la décision ou non du Canada de les appliquer dans un conflit armé auquel il a participé.

L.R.C. 1985, ch. 27 (1er suppl.), art. 5; ch. 10 (3e suppl.), art. 1; ch. 30 (3e suppl.), art. 1; ch. 1 (4e suppl.), art. 18; L.C. 1992, ch. 1, art. 58; L.C. 1993, ch. 7, art. 1; 1995, ch. 5, art. 25; 1997, ch. 16, art. 1; 1999, ch. 35, art. 11.

8. (1) Application aux territoires — Les dispositions de la présente loi s'appliquent partout au Canada, sauf :

    a) dans le territoire du Yukon, en tant qu'elles sont incompatibles avec la *Loi sur le Yukon*;

    b) dans les Territoires du Nord-Ouest, en tant qu'elles sont incompatibles avec la *Loi sur les Territoires du Nord-Ouest*;

    c) dans le territoire du Nunavut, en tant qu'elles sont incompatibles avec la *Loi sur le Nunavut*.

(2) Application du droit criminel d'Angleterre — Le droit criminel d'Angleterre qui était en vigueur dans une province immédiatement avant le 1er avril 1955 demeure en vigueur dans la province, sauf en tant qu'il est changé, modifié ou atteint par la présente loi ou toute autre loi fédérale.

(3) Principes de la *common law* maintenus — Chaque règle et chaque principe de la *common law* qui font d'une circonstance une justification ou excuse d'un acte, ou un moyen de défense contre une inculpation, demeurent en vigueur et s'appliquent à l'égard des poursuites pour une infraction visée par la présente loi ou toute autre loi fédérale, sauf dans la mesure où ils sont modifiés par la présente loi ou une autre loi fédérale ou sont incompatibles avec l'une d'elles.

L.C. 1993, ch. 28, ann. III, art. 26.

9. Les infractions criminelles doivent tomber sous le coup de la loi canadienne — Nonobstant toute autre disposition de la présente loi ou de quelque autre loi, nul ne peut être déclaré coupable ou absous en vertu de l'article 730 des infractions suivantes :

    a) une infraction en *common law*;

    b) une infraction tombant sous le coup d'une loi du Parlement d'Angleterre ou de Grande-Bretagne, ou du Royaume-Uni de Grande-Bretagne et d'Irlande;

    c) une infraction visée par une loi ou ordonnance en vigueur dans une province, un territoire ou un endroit, avant que cette province, ce territoire ou cet endroit ne devînt une province du Canada.

Toutefois le présent article n'a pas pour effet de porter atteinte au pouvoir, à la juridiction ou à l'autorité qu'un tribunal, juge, juge de paix ou juge de la cour provinciale possédait, immédiatement avant le 1er avril 1955, d'imposer une peine pour outrage au tribunal.

L.R.C. 1985, ch. 27 (1er suppl.), art 6; ch. 1 (4e suppl.), art. 18; L.C. 1995, ch. 22, art. 10.

10. (1) Appel — Lorsqu'un tribunal, juge, juge de paix ou juge de la cour provinciale déclare, par procédure sommaire, une personne coupable d'outrage au tribunal, commis en présence du tribunal, et impose une peine à cet égard, cette personne peut interjeter appel :

    a) soit de la déclaration de culpabilité;

    b) soit de la peine imposée.

(2) Idem — Lorsqu'un tribunal ou un juge déclare, par procédure sommaire, une personne coupable d'un outrage au tribunal, non commis en présence du tribunal, et qu'une peine est imposée à cet égard, cette personne peut interjeter appel :

    a) soit de la déclaration de culpabilité;

    b) soit de la peine imposée.

(3) La partie XXI s'applique — Appel en vertu du présent article peut être interjeté à la cour d'appel de la province où les procédures sont exercées, et, pour l'application du présent article, la partie XXI s'applique, compte tenu des adaptations de circonstance.

L.R.C. 1985, ch. 27 (1er suppl.), art. 203.

11. Recours civil non suspendu — Aucun recours civil pour un acte ou une omission n'est suspendu ou atteint du fait que l'acte ou omission constitue une infraction criminelle.

12. Infraction punissable en vertu de plusieurs lois — Lorsqu'un acte ou une omission constitue une infraction visée par plusieurs lois fédérales, qu'elle soit punissable sur acte d'accusation ou déclaration de culpabilité par procédure sommaire, une personne qui accomplit l'acte ou fait l'omission devient, à moins que l'intention contraire ne soit manifeste, assujettie aux procédures que prévoit l'une ou l'autre de ces lois, mais elle n'est pas susceptible d'être punie plus d'une fois pour la même infraction.

13. Enfant de moins de douze ans — Nul ne peut être déclaré coupable d'une infraction à l'égard d'un acte ou d'une omission de sa part lorsqu'il était âgé de moins de douze ans.

14. Consentement à la mort — Nul n'a le droit de consentir à ce que la mort lui soit infligée, et un tel consentement n'atteint pas la responsabilité pénale d'une personne par qui la mort peut être infligée à celui qui a donné ce consentement.

15. Obéissance aux lois *de facto* — Nul ne peut être déclaré coupable d'une infraction à l'égard d'un acte ou d'une omission en exécution des lois alors édictées et appliquées par les personnes possédant *de facto* le pouvoir souverain dans et sur le lieu où se produit l'acte ou l'omission.

16. (1) Troubles mentaux — La responsabilité criminelle d'une personne n'est pas engagée à l'égard d'un acte ou d'une omission de sa part survenu alors qu'elle était atteinte de troubles mentaux qui la rendaient incapable de juger de la nature et de la qualité de l'acte ou de l'omission, ou de savoir que l'acte ou l'omission était mauvais.

(2) Présomption — Chacun est présumé ne pas avoir été atteint de troubles mentaux de nature à ne pas engager sa responsabilité criminelle sous le régime du paragraphe (1); cette présomption peut toutefois être renversée, la preuve de troubles mentaux se faisant par prépondérance des probabilités.

(3) Charge de la preuve — La partie qui entend démontrer que l'accusé était affecté de troubles mentaux de nature à ne pas engager sa responsabilité criminelle a la charge de le prouver.

L.R.C. 1985, ch. 27 (1ᵉʳ suppl.), art. 185; L.C. 1991, ch. 43, art. 2.

17. Contrainte par menaces — Une personne qui commet une infraction, sous l'effet de la contrainte exercée par des menaces de mort immédiate ou de lésions corporelles de la part d'une personne présente lorsque l'infraction est commise, est excusée d'avoir commis l'infraction si elle croit que les menaces seront mises à exécution et si elle ne participe à aucun complot ou aucune association par laquelle elle est soumise à la contrainte. Toutefois, le présent article ne s'applique pas si l'infraction commise est la haute trahison ou la trahison, le meurtre, la piraterie, la tentative de meurtre, l'agression sexuelle, l'agression sexuelle armée, menaces à une tierce personne ou infliction de lésions corporelles, l'agression sexuelle grave, le rapt, la prise d'otage, le vol qualifié, l'agression armée ou infliction de lésions corporelles, les voies de fait graves, l'infliction illégale de lésions corporelles, le crime d'incendie ou l'une des infractions visées aux articles 280 à 283 (enlèvement et séquestration d'une jeune personne).

L.R.C. 1985, ch. 27 (1er suppl.), art. 40(2).

18. Contrainte d'un conjoint — Il n'y a aucune présomption qu'une personne mariée commettant une infraction agit ainsi par contrainte du seul fait qu'elle la commet en présence de son conjoint.

19. Ignorance de la loi — L'ignorance de la loi chez une personne qui commet une infraction n'excuse pas la perpétration de cette infraction.

20. Certains actes peuvent être validement faits les jours fériés — Un mandat ou une sommation autorisés par la présente loi ou une citation à comparaître, une promesse de comparaître, une promesse ou un engagement délivrés, remis ou contractés en conformité avec les parties XVI, XXI ou XXVII peuvent être décernés, délivrés, exécutés, remis ou contractés, selon le cas, un jour férié.

Participants aux infractions

21. (1) Participants à une infraction — Participent à une infraction :

    a) quiconque la commet réellement;

    b) quiconque accomplit ou omet d'accomplir quelque chose en vue d'aider quelqu'un à la commettre;

    c) quiconque encourage quelqu'un à la commettre.

(2) Intention commune — Quand deux ou plusieurs personnes forment ensemble le projet de poursuivre une fin illégale et de s'y entraider et que l'une d'entre elles commet une infraction en réalisant cette fin commune, chacune d'elles qui savait ou devait savoir que la réalisation de l'intention commune aurait pour conséquence probable la perpétration de l'infraction, participe à cette infraction.

22. (1) Personne qui conseille à une autre de commettre une infraction — Lorsqu'une personne conseille à une autre personne de participer à une infraction et que cette dernière y participe subséquemment, la personne qui a conseillé participe à cette infraction, même si l'infraction a été commise d'une manière différente de celle qui avait été conseillée.

(2) Idem — Quiconque conseille à une autre personne de participer à une infraction participe à chaque infraction que l'autre commet en conséquence du conseil et qui, d'après ce que savait ou aurait dû savoir celui qui a conseillé, était susceptible d'être commise en conséquence du conseil.

(3) Définitions de « conseiller » et de « conseil » — Pour l'application de la présente loi, **« conseiller »** s'entend d'amener et d'inciter, et **« conseil »** s'entend de l'encouragement visant à amener ou à inciter.

L.R.C. 1985, ch. 27 (1ᵉʳ suppl.), art. 7(1).

23. (1) Complice après le fait — Une complice après le fait d'une infraction est celui qui, sachant qu'une personne a participé à l'infraction, la reçoit, l'aide ou assiste en vue de lui permettre de s'échapper.

(2) Quand le conjoint n'est pas complice après le fait — Nulle personne mariée dont le conjoint a participé à une infraction n'est un complice après le fait de cette infraction parce qu'elle reçoit, aide ou assiste le conjoint en vue de lui permettre de s'échapper.

> ### Non en vigueur — 23(2)
>
> **(2)** [Abrogé, L.C. 2000, ch. 12, art. 92.]

23.1 Cas d'immunité d'un coauteur — Il demeure entendu que les articles 21 à 23 s'appliquent à un accusé même si la personne qu'il a aidée, encouragée, conseillée, amenée, reçue ou assistée ne peut être déclarée coupable de l'infraction.

L.R.C. 1985, ch. 24 (2ᵉ suppl.), art. 45.

24. (1) Tentatives — Quiconque, ayant l'intention de commettre une infraction, fait ou omet de faire quelque chose pour arriver à son but est coupable d'une tentative de commettre l'infraction, qu'il fût possible ou non, dans les circonstances, de la commettre.

(2) Question de droit — Est une question de droit la question de savoir si un acte ou une omission par une personne qui a l'intention de commettre une infraction est ou n'est pas une simple préparation à la perpétration de l'infraction, et trop lointaine pour constituer une tentative de commettre l'infraction.

Protection des personnes chargées de l'application et de l'exécution de la loi

25. (1) Protection des personnes autorisées — Quiconque est, par la loi, obligé ou autorisé à faire quoi que ce soit dans l'application ou l'exécution de la loi :

    a) soit à titre de particulier;

    b) soit à titre d'agent de la paix ou de fonctionnaire public;

    c) soit pour venir en aide à un agent de la paix ou à un fonctionnaire public;

    d) soit en raison de ses fonctions,

est, s'il agit en s'appuyant sur des motifs raisonnables, fondé à accomplir ce qu'il lui est enjoint ou permis de faire et fondé à employer la force nécessaire pour cette fin.

(2) Idem — Lorsqu'une personne est, par la loi, obligée ou autorisée à exécuter un acte judiciaire ou une sentence, cette personne ou toute personne qui l'assiste est, si elle agit de bonne foi, fondée à exécuter l'acte judiciaire ou la sentence, même si ceux-ci sont défectueux ou ont été délivrés sans juridiction ou au-delà de la juridiction.

(3) Quand une personne n'est pas protégée — Sous réserve des paragraphes (4) et (5), une personne n'est pas justifiée, pour l'application du paragraphe (1), d'employer la force avec l'intention de causer, ou de nature à causer la mort ou des lésions corporelles graves, à moins qu'elle n'estime, pour des motifs raisonnables, que cette force est nécessaire afin de se protéger elle-même ou de protéger toute autre personne sous sa protection, contre la mort ou contre des lésions corporelles graves.

(4) Usage de la force en cas de fuite — L'agent de la paix, ainsi que toute personne qui l'aide légalement, est fondé à employer contre une personne à arrêter une force qui est soit susceptible de causer la mort de celle-ci ou des lésions corporelles graves, soit employée dans l'intention de les causer, si les conditions suivantes sont réunies :

    a) il procède légalement à l'arrestation avec ou sans mandat;

    b) il s'agit d'une infraction pour laquelle cette personne peut être arrêtée sans mandat;

    c) cette personne s'enfuit afin d'éviter l'arrestation;

    d) lui-même ou la personne qui emploie la force estiment, pour des motifs raisonnables, cette force nécessaire pour leur propre protection ou celle de toute autre personne contre la mort ou des lésions corporelles graves — imminentes ou futures;

    e) la fuite ne peut être empêchée par des moyens raisonnables d'une façon moins violente.

(5) Usage de la force en cas d'évasion d'un pénitencier — L'agent de la paix est fondé à employer contre un détenu qui tente de s'évader d'un péniten-cier — au sens du paragraphe 2(1) de la *Loi sur le système correctionnel et la mise en liberté sous condition* — une force qui est soit susceptible de causer la mort de celui-ci ou des lésions corporelles graves, soit employée dans l'intention de les cau-ser, si les conditions suivantes sont réunies :

a) il estime, pour des motifs raisonnables, que ce détenu ou tout autre détenu représente une menace de mort ou de lésions corporelles graves pour lui-même ou toute autre personne;

b) l'évasion ne peut être empêchée par des moyens raisonnables d'une façon moins violente.

L.C. 1994, c. 12, art. 1.

26. Force excessive — Quiconque est autorisé par la loi à employer la force est criminellement responsable de tout excès de force, selon la nature et la qualité de l'acte qui constitue l'excès.

27. Recours à la force pour empêcher la perpétration d'une infraction — Toute personne est fondée à employer la force raisonnablement nécessaire :

a) pour empêcher la perpétration d'une infraction :

(i) d'une part, pour laquelle, si elle était commise, la personne qui la commet pourrait être arrêtée sans mandat,

(ii) d'autre part, qui serait de nature à causer des blessures immédiates et graves à la personne ou des dégâts immédiats et graves aux biens de toute personne;

b) pour empêcher l'accomplissement de tout acte qui, à son avis, basé sur des motifs raisonnables, constituerait une infraction mentionnée à l'alinéa *a*).

28. (1) Arrestation par erreur — Quiconque, étant autorisé à exécuter un mandat d'arrêt, croit, de bonne foi et pour des motifs raisonnables, que la personne qu'il arrête est celle qui est nommée dans le mandat, possède à cet égard la même protec-tion contre toute responsabilité pénale que si cette personne était celle que nomme le mandat.

(2) Personne qui aide à une arrestation — Lorsqu'une personne est autorisée à exécuter un mandat d'arrêt :

a) quiconque, étant appelé à lui prêter main-forte, croit que la personne à l'arrestation de laquelle il est appelé à aider est celle que nomme le mandat;

b) tout gardien de prison qui est tenu de recevoir et de détenir une personne qu'il croit avoir été arrêtée aux termes du mandat,

possèdent à cet égard la même protection contre toute responsabilité pénale que si cette personne était celle que nomme le mandat.

29. (1) Obligation de la personne qui opère une arrestation — Quiconque exécute un acte judiciaire ou un mandat est tenu de l'avoir sur soi, si la chose est possible, et de le produire lorsque demande lui en est faite.

(2) Avis — Quiconque arrête une personne avec ou sans mandat est tenu de donner à cette personne, si la chose est possible, avis :

a) soit de l'acte judiciaire ou du mandat aux termes duquel il opère l'arrestation;

b) soit du motif de l'arrestation.

(3) Inobservation — L'omission de se conformer au paragraphe (1) ou (2) ne prive pas, d'elle-même, une personne qui exécute un acte judiciaire ou un mandat, ou une personne qui opère une arrestation, ou celles qui lui prêtent main-forte, de la protection contre la responsabilité pénale.

30. Le fait d'empêcher une violation de la paix — Quiconque est témoin d'une violation de la paix est fondé à intervenir pour en empêcher la continuation ou le renouvellement et peut détenir toute personne qui commet cette violation ou se dispose à y prendre part ou à la renouveler, afin de la livrer entre les mains d'un agent de la paix, s'il n'a recours qu'à la force raisonnablement nécessaire pour empêcher la continuation ou le renouvellement de la violation de la paix, ou raisonnablement proportionnée au danger à craindre par suite de la continuation ou du renouvellement de cette violation.

31. (1) Arrestation pour violation de la paix — Un agent de la paix qui est témoin d'une violation de la paix, comme toute personne qui lui prête légalement main-forte, est fondé à arrêter un individu qu'il trouve en train de commettre la violation de la paix ou qu'il croit, pour des motifs raisonnables, être sur le point d'y prendre part ou de la renouveler.

(2) Garde de la personne — Tout agent de la paix est fondé à recevoir en sa garde un individu qui lui est livré comme ayant pris part à une violation de la paix par quelqu'un qui en a été témoin ou que l'agent croit, pour des motifs raisonnables, avoir été témoin de cette violation.

Répression des émeutes

32. (1) Emploi de la force dans la répression d'une émeute — Tout agent de la paix est fondé à employer, ou à ordonner d'employer, la force qu'il croit, de bonne foi et pour des motifs raisonnables :

a) d'une part, nécessaire pour réprimer une émeute;

b) d'autre part, non excessive, eu égard au danger à craindre de la continuation de l'émeute.

(2) Personnes assujetties à la loi militaire — Quiconque est tenu, par la loi militaire, d'obéir au commandement de son officier supérieur est fondé à obéir à tout commandement donné par ce dernier en vue de la répression d'une émeute, à moins que l'ordre ne soit manifestement illégal.

(3) Obéissance à un ordre d'un agent de la paix — Toute personne est fondée à obéir à un ordre d'un agent de la paix lui enjoignant de recourir à la force pour réprimer une émeute si, à la fois :

  a) elle agit de bonne foi;

  b) l'ordre n'est pas manifestement illégal.

(4) Si des conséquences graves sont appréhendées — Quiconque, de bonne foi et pour des motifs raisonnables, croit qu'avant qu'il soit possible d'obtenir la présence d'un agent de la paix une émeute aura des conséquences graves, est fondé à employer la force qu'il croit, de bonne foi et pour des motifs raisonnables :

  a) d'une part, nécessaire pour réprimer l'émeute;

  b) d'autre part, non excessive, eu égard au danger à craindre par suite de la continuation de l'émeute.

(5) Question de droit — Pour l'application du présent article, la question de savoir si un ordre est manifestement illégal ou non constitue une question de droit.

33. (1) Obligation des agents si les émeutiers ne se dispersent pas — Lorsque la proclamation mentionnée à l'article 67 a été faite ou qu'une infraction à l'alinéa 68*a*) ou *b*) a été commise, un agent de la paix et une personne, à qui cet agent enjoint légalement de lui prêter main-forte, sont tenus de disperser ou d'arrêter ceux qui ne se conforment pas à la proclamation.

(2) Protection des agents — Il ne peut être intenté aucune procédure civile ou pénale contre un agent de la paix, ou une personne à qui un agent de la paix a légalement enjoint de lui prêter main-forte, à l'égard de tout décès ou de toute blessure qui, en raison d'une résistance, est causé par suite de l'accomplissement, par l'agent de la paix ou cette personne, d'une obligation qu'impose le paragraphe (1).

(3) Article non restrictif — Le présent article n'a pas pour effet de limiter ni de modifier les pouvoirs ou fonctions que la présente loi confère ou impose relativement à la répression des émeutes.

Intoxication volontaire

33.1 (1) Non-application du moyen de défense — Ne constitue pas un moyen de défense à une infraction visée au paragraphe (3) le fait que l'accusé, en raison de son intoxication volontaire, n'avait pas l'intention générale ou la volonté requise pour la perpétration de l'infraction, dans les cas où il s'écarte de façon marquée de la norme de diligence énoncée au paragraphe (2).

(2) Responsabilité criminelle en raison de l'intoxication — Pour l'application du présent article, une personne s'écarte de façon marquée de la norme de diligence raisonnable généralement acceptée dans la société canadienne et, de ce fait, est criminellement responsable si, alors qu'elle est dans un état d'intoxication volontaire qui la rend incapable de se maîtriser consciemment ou d'avoir conscience de sa conduite, elle porte atteinte ou menace de porter atteinte volontairement ou involontairement à l'intégrité physique d'autrui.

(3) Infractions visées — Le présent article s'applique aux infractions créées par la présente loi ou toute autre loi fédérale dont l'un des éléments constitutifs est l'atteinte ou la menace d'atteinte à l'intégrité physique d'une personne, ou toute forme de voies de fait.

L.C. 1995, ch. 32, art. 1.

Défense de la personne

34. (1) Légitime défense — Toute personne illégalement attaquée sans provocation de sa part est fondée à employer la force qui est nécessaire pour repousser l'attaque si, en ce faisant, elle n'a pas l'intention de causer la mort ni des lésions corporelles graves.

(2) Mesure de la justification — Quiconque est illégalement attaqué et cause la mort ou une lésion corporelle grave en repoussant l'attaque est justifié si :

    a) d'une part, il la cause parce qu'il a des motifs raisonnables pour appréhender que la mort ou quelque lésion corporelle grave ne résulte de la violence avec laquelle l'attaque a en premier lieu été faite, ou avec laquelle l'assaillant poursuit son dessein;

    b) d'autre part, il croit, pour des motifs raisonnables, qu'il ne peut pas autrement se soustraire à la mort ou à des lésions corporelles graves.

L.C. 1992, ch. 1, art. 60.

35. Légitime défense en cas d'agression — Quiconque a, sans justification, attaqué un autre, mais n'a pas commencé l'attaque dans l'intention de causer la mort ou des lésions corporelles graves, ou a, sans justification, provoqué sur lui-même une attaque de la part d'un autre, peut justifier l'emploi de la force subséquemment à l'attaque si, à la fois :

    a) il en fait usage :

        (i) d'une part, parce qu'il a des motifs raisonnables d'appréhender que la mort ou des lésions corporelles graves ne résultent de la violence de la personne qu'il a attaquée ou provoquée,

        (ii) d'autre part, parce qu'il croit, pour des motifs raisonnables, que la force est nécessaire en vue de se soustraire lui-même à la mort ou à des lésions corporelles graves;

b) il n'a à aucun moment avant qu'ait surgi la nécessité de se soustraire à la mort ou à des lésions corporelles graves, tenté de causer la mort ou des lésions corporelles graves;

c) il a refusé de continuer le combat, l'a abandonné ou s'en est retiré autant qu'il lui était possible de le faire avant qu'ait surgi la nécessité de se soustraire à la mort ou à des lésions corporelles graves.

36. Provocation — La provocation comprend, pour l'application des articles 34 et 35, celle faite par des coups, des paroles ou des gestes.

37. (1) Le fait d'empêcher une attaque — Toute personne est fondée à employer la force pour se défendre d'une attaque, ou pour en défendre toute personne placée sous sa protection, si elle n'a recours qu'à la force nécessaire pour prévenir l'attaque ou sa répétition.

(2) Mesure de la justification — Le présent article n'a pas pour effet de justifier le fait d'infliger volontairement un mal ou dommage qui est excessif, eu égard à la nature de l'attaque que la force employée avait pour but de prévenir.

Défense des biens

38. (1) Défense des biens meubles — Quiconque est en paisible possession de biens meubles, comme toute personne lui prêtant légalement main-forte, est fondé :

a) soit à empêcher un intrus de les prendre;

b) soit à les reprendre à l'intrus,

s'il ne le frappe pas ou ne lui inflige aucune lésion corporelle.

(2) Attaque par un intrus — Lorsqu'une personne en possession paisible d'un bien meuble s'empare de ce bien, un intrus qui persiste à vouloir le garder ou à le lui enlever, ou à l'enlever à quiconque prête légalement main-forte à cette personne, est réputé commettre une attaque sans justification ni provocation.

39. (1) Défense en vertu d'un droit invoqué — Quiconque est en possession paisible d'un bien meuble en vertu d'un droit invoqué, de même que celui qui agit sous son autorité, est à l'abri de toute responsabilité pénale en défendant cette possession, même contre une personne qui légalement a droit à la possession du bien en question, s'il n'emploie que la force nécessaire.

(2) Défense sans droit invoqué — Quiconque est en possession paisible d'un bien meuble, mais ne le réclame pas de droit ou n'agit pas sous l'autorité de quiconque prétend y avoir droit, n'est ni justifié ni à l'abri de responsabilité pénale s'il défend sa possession contre une personne qui a légalement droit à la possession de ce bien.

40. Défense d'une maison d'habitation — Quiconque est en possession paisible d'une maison d'habitation, comme celui qui lui prête légalement main-forte ou agit sous son autorité, est fondé à employer la force nécessaire pour empêcher qui que ce soit d'accomplir une effraction ou de s'introduire de force dans la maison d'habitation sans autorisation légitime.

41. (1) Défense de la maison ou du bien immeuble — Quiconque est en possession paisible d'une maison d'habitation ou d'un bien immeuble, comme celui qui lui prête légalement main-forte ou agit sous son autorité, est fondé à employer la force pour en empêcher l'intrusion par qui que ce soit, ou pour en éloigner un intrus, s'il ne fait usage que de la force nécessaire.

(2) Voies de fait par un intrus — Un intrus qui résiste à une tentative, par quiconque est en possession paisible d'une maison d'habitation ou d'un bien immeuble, ou par quiconque prête légalement main-forte à cette personne ou agit sous son autorité, de l'empêcher d'entrer ou de l'éloigner, est réputé avoir commis des voies de fait sans justification ni provocation.

42. (1) Revendication d'un droit à une maison ou à un bien immeuble — Toute personne est fondée à entrer paisiblement de jour dans une maison d'habitation ou sur un bien immeuble pour en prendre possession si elle-même, ou quelqu'un sous l'autorité de qui elle agit, a légalement droit à cette possession.

(2) Voies de fait dans le cas d'une entrée légitime — Lorsqu'une personne qui, selon le cas :

    a) n'a pas la possession paisible d'une maison d'habitation ou d'un bien immeuble en vertu d'un droit invoqué;

    b) n'agit pas sous l'autorité d'une personne ayant la possession paisible d'une maison d'habitation ou d'un bien immeuble en vertu d'un droit invoqué,

se porte à des voies de fait contre quiconque, ayant légalement droit à la possession de cette maison ou de ce bien, y entre paisiblement de jour pour en prendre possession, en vue de l'empêcher d'entrer, les voies de fait sont réputées sans justification ni provocation.

(3) Voies de fait provoquées par l'intrus — Lorsqu'une personne qui, selon le cas :

    a) est en possession paisible d'une maison d'habitation ou d'un bien immeuble, en vertu d'un droit invoqué;

    b) agit sous l'autorité d'une personne ayant la possession paisible d'une maison d'habitation ou d'un bien immeuble en vertu d'un droit invoqué,

se porte à des voies de fait contre une personne qui a légalement droit à la possession de cette maison ou de ce bien et qui y entre paisiblement de jour pour en prendre possession, afin de l'empêcher d'entrer, les voies de fait sont réputées provoquées par la personne qui entre.

Protection des personnes exerçant l'autorité

43. Discipline des enfants — Tout instituteur, père ou mère, ou toute personne qui remplace le père ou la mère, est fondé à employer la force pour corriger un élève ou un enfant, selon le cas, confié à ses soins, pourvu que la force ne dépasse pas la mesure raisonnable dans les circonstances.

44. Discipline à bord d'un navire — Le capitaine, patron ou commandant d'un navire en voyage est fondé à employer la force dans la mesure qu'il croit, pour des motifs raisonnables, nécessaire pour maintenir le bon ordre et la discipline à bord du navire.

45. Opérations chirurgicales — Toute personne est à l'abri de responsabilité pénale lorsqu'elle pratique sur une autre, pour le bien de cette dernière, une opération chirurgicale, si, à la fois :

    a) l'opération est pratiquée avec des soins et une habileté raisonnables;

    b) il est raisonnable de pratiquer l'opération, étant donné l'état de santé de la personne au moment de l'opération et toutes les autres circonstances de l'espèce.

PARTIE II — INFRACTIONS CONTRE L'ORDRE PUBLIC

Trahison et autres infractions contre l'autorité et la personne de la reine

46. (1) Haute trahison — Commet une haute trahison quiconque, au Canada, selon le cas :

    a) tue ou tente de tuer Sa Majesté, ou lui cause quelque lésion corporelle tendant à la mort ou destruction, ou l'estropie ou la blesse, ou l'emprisonne ou la détient;

    b) fait la guerre contre le Canada ou accomplit un acte préparatoire à une telle guerre;

    c) aide un ennemi en guerre contre le Canada, ou des forces armées contre lesquelles les Forces canadiennes sont engagées dans des hostilités, qu'un état de guerre existe ou non entre le Canada et le pays auquel ces autres forces appartiennent.

(2) Trahison — Commet une trahison quiconque, au Canada, selon le cas :

    a) recourt à la force ou à la violence en vue de renverser le gouvernement du Canada ou d'une province;

b) sans autorisation légitime, communique à un agent d'un État étranger, ou met à la disposition d'un tel agent, des renseignements d'ordre militaire ou scientifique ou tout croquis, plan, modèle, article, note ou document de nature militaire ou scientifique alors qu'il sait ou devrait savoir que cet État peut s'en servir à des fins préjudiciables à la sécurité ou à la défense du Canada;

c) conspire avec qui que ce soit pour commettre une haute trahison ou accomplir une chose mentionnée à l'alinéa *a)*;

d) forme le dessein d'accomplir une haute trahison ou d'accomplir une chose mentionnée à l'alinéa *a)* et révèle ce dessein par un acte manifeste;

e) conspire avec qui que ce soit pour accomplir une chose mentionnée à l'alinéa *b)* ou forme le dessein d'accomplir une chose mentionnée à l'alinéa *b)* et révèle ce dessein par un acte manifeste.

(3) Citoyen canadien — Nonobstant les paragraphes (1) ou (2), un citoyen canadien ou un individu qui doit allégeance à Sa Majesté du chef du Canada et qui, se trouvant au Canada ou à l'étranger, accomplit une chose mentionnée :

a) au paragraphe (1), commet une haute trahison;

b) au paragraphe (2), commet une trahison.

(4) Acte manifeste — Lorsqu'une conspiration avec toute personne constitue une trahison, le fait de conspirer est un acte manifeste de trahison.

47. (1) Peine applicable à la haute trahison — Quiconque commet une haute trahison est coupable d'un acte criminel et doit être condamné à l'emprisonnement à perpétuité.

(2) Peine applicable à la trahison — Quiconque commet une trahison est coupable d'un acte criminel et encourt, en cas d'infraction visée :

a) aux alinéas 46(2)*a), c)* ou *d)*, l'emprisonnement à perpétuité;

b) aux alinéas 46(2)*b)* ou *e)*, l'emprisonnement à perpétuité s'il existe un état de guerre entre le Canada et un autre pays;

c) aux alinéas 46(2)*b)* ou *e)*, un emprisonnement maximal de quatorze ans en l'absence d'un tel état de guerre.

(3) Corroboration — Nul ne peut être déclaré coupable de haute trahison sur la déposition d'un seul témoin, à moins que ce témoignage ne soit corroboré, sous quelque rapport essentiel, par une preuve qui implique l'accusé.

(4) Peine minimale — Pour l'application de la partie XXIII, l'emprisonnement à perpétuité prescrit par le paragraphe (1) est une peine minimale.

48. (1) Prescription — Les poursuites à l'égard d'un crime de trahison visé à l'alinéa 46(2)*a)* se prescrivent par trois ans à compter du moment où le crime aurait été commis.

(2) Dénonciation de paroles de trahison — Nulle procédure ne peut être intentée, sous le régime de l'article 47, à l'égard d'un acte manifeste de trahison exprimé ou déclaré au moyen de propos publics et réfléchis, à moins que :

a) d'une part, une dénonciation énonçant l'acte manifeste et les mots par lesquels il a été exprimé ou déclaré ne soit faite sous serment devant un juge de paix dans les six jours à compter du moment où les mots auraient été prononcés;

b) d'autre part, un mandat pour l'arrestation de l'accusé ne soit émis dans les dix jours après que la dénonciation a été faite.

Actes prohibés

49. Actes destinés à alarmer Sa Majesté ou à violer la paix publique — Est coupable d'un acte criminel et passible d'un emprisonnement maximal de quatorze ans quiconque, volontairement, en présence de Sa Majesté :

a) soit accomplit un acte dans l'intention d'alarmer Sa Majesté ou de violer la paix publique;

b) soit accomplit un acte destiné ou de nature à causer des lésions corporelles à Sa Majesté.

50. (1) Aider un ressortissant ennemi à quitter le Canada ou ne pas empêcher la trahison — Commet une infraction quiconque, selon le cas :

a) incite ou volontairement aide un sujet :

(i) soit d'un État en guerre contre le Canada,

(ii) soit d'un État contre les forces duquel les Forces canadiennes sont engagées dans des hostilités, qu'un État de guerre existe ou non entre le Canada et l'État auquel ces autres forces appartiennent,

à quitter le Canada sans le consentement de la Couronne, à moins que l'accusé n'établisse qu'on n'entendait pas aider, par là, l'État mentionné au sous-alinéa (i) ou les forces de l'État mentionné au sous-alinéa (ii), selon le cas;

b) sachant qu'une personne est sur le point de commettre une haute trahison ou une trahison, n'en informe pas avec toute la célérité raisonnable un juge de paix ou un autre agent de la paix ou ne fait pas d'autres efforts raisonnables pour empêcher cette personne de commettre une haute trahison ou une trahison.

(2) Peine — Quiconque commet une infraction visée au paragraphe (1) est coupable d'un acte criminel et passible d'un emprisonnement maximal de quatorze ans.

51. Intimider le Parlement ou une législature — Est coupable d'un acte criminel et passible d'un emprisonnement maximal de quatorze ans quiconque commet un acte de violence en vue d'intimider le Parlement ou la législature d'une province.

52. (1) Sabotage — Est coupable d'un acte criminel et passable d'un emprisonnement maximal de dix ans quiconque commet un acte prohibé dans un dessein préjudiciable :

a) soit à la sécurité, à la sûreté ou à la défense du Canada;

b) soit à la sécurité ou à la sûreté des forces navales, des forces de l'armée ou des forces aériennes de tout État étranger qui sont légitimement présentes au Canada.

(2) Définition de « acte prohibé » — Au présent article, l'expression « **acte prohibé** » s'entend d'un acte ou d'une omission qui, selon le cas :

a) diminue l'efficacité ou gêne le fonctionnement de tout navire, véhicule, aéronef, machine, appareil ou autre chose;

b) fait perdre, endommager ou détruire des biens, quel qu'en soit le propriétaire.

(3) Réserve — Nul ne commet un acte prohibé au sens du présent article par le seul fait, selon le cas :

a) qu'il cesse de travailler par suite du défaut, de la part de son employeur et de lui-même, de s'entendre sur toute question touchant son emploi;

b) qu'il cesse de travailler par suite du défaut, de la part de son employeur et d'un agent négociateur agissant en son nom, de s'entendre sur toute question touchant son emploi;

c) qu'il cesse de travailler par suite de sa participation à une entente d'ouvriers ou employés pour leur propre protection raisonnable à titre d'ouvriers ou employés.

(4) Idem — Nul ne commet un acte prohibé au sens du présent article par le seul fait qu'il se trouve dans un lieu, notamment une maison d'habitation, ou près de ce lieu, ou qu'il s'en approche, aux seules fins d'obtenir ou de communiquer des renseignements.

53. Incitation à la mutinerie — Est coupable d'un acte criminel et passible d'un emprisonnement maximal de quatorze ans quiconque, selon le cas :

a) tente, dans un dessein de trahison ou de mutinerie, de détourner un membre des Forces canadiennes de son devoir et de son allégeance envers Sa Majesté;

b) tente d'inciter ou d'induire un membre des Forces canadiennes à commettre un acte de trahison ou de mutinerie.

54. Aider un déserteur — Quiconque aide, assiste, recèle ou cache un individu qu'il sait être un déserteur ou un absent sans permission des Forces canadiennes, est coupable d'une infraction punissable sur déclaration de culpabilité par procédure sommaire. Aucune poursuite ne peut cependant être intentée aux termes du présent article sans le consentement du procureur général du Canada.

55. Preuves d'actes manifestes — Dans des poursuites pour une infraction visée à l'article 47 ou à l'un des articles 49 à 53, nulle preuve n'est admissible d'un acte manifeste, à moins que celui-ci ne soit mentionné dans l'acte d'accusation ou que la preuve ne soit autrement pertinente comme tendant à prouver un acte manifeste y énoncé.

56. Infractions relatives aux membres de la Gendarmerie royale du Canada — Est coupable d'une infraction punissable sur déclaration de culpabilité par procédure sommaire quiconque, de propos délibéré :

> a) soit conseille à un membre de la Gendarmerie royale du Canada de déserter ou de s'absenter sans permission, ou l'en persuade;

> b) soit aide, assiste, recèle ou cache un membre de la Gendarmerie royale du Canada qu'il sait être un déserteur ou absent sans permission;

> c) soit aide ou assiste un membre de la Gendarmerie royale du Canada à déserter ou à s'absenter sans permission, sachant que ce membre est sur le point de déserter ou de s'absenter sans permission.

L.R.C. 1985, ch. 27 (1er suppl.), art. 8.

Passeports

57. (1) Faux ou usage de faux en matière de passeport — Est coupable d'un acte criminel et passible d'un emprisonnement maximal de quatorze ans quiconque, étant au Canada ou à l'étranger, selon le cas :

> a) fait un faux passeport;

> b) sachant qu'un passeport est faux :

>> (i) soit s'en sert, le traite ou lui donne suite,

>> (ii) soit fait, ou tente de faire, accomplir l'un des actes visés au sous-alinéa (i).

(2) Fausse déclaration relative à un passeport — Quiconque au Canada ou à l'étranger, afin d'obtenir un passeport pour lui-même ou pour une autre personne ou afin d'obtenir une modification ou une addition importante à un tel passeport, fait une déclaration écrite ou orale qu'il sait être fausse ou trompeuse est coupable :

> a) soit d'un acte criminel et passible d'un emprisonnement maximal de deux ans;

> b) soit d'une infraction punissable sur déclaration de culpabilité par procédure sommaire.

(3) Possession d'un passeport faux, etc. — Est coupable d'un acte criminel et passible d'un emprisonnement maximal de cinq ans quiconque, sans une excuse légitime, dont la preuve lui incombe, a en sa possession un faux passeport ou un passeport relativement auquel a été commise une infraction en vertu du paragraphe (2).

(4) Dispositions spéciales applicables — Aux fins des poursuites intentées en vertu du présent article :

a) il n'est pas tenu compte du lieu où un faux passeport a été fait;

b) la définition de **« faux document »** à l'article 321 et l'article 366 s'appliquent avec les adaptations nécessaires.

(5) Définition de « passeport » — Au présent article, **« passeport »** désigne un document émis par le ministre des Affaires étrangères, ou sous son autorité, en vue d'en identifier le titulaire.

(6) Compétence — Lorsqu'il est allégué qu'une personne a commis une infraction au présent article alors qu'elle se trouvait à l'étranger, des procédures peuvent être engagées à l'égard de cette infraction dans toute circonscription territoriale au Canada que l'accusé soit ou non présent au Canada et il peut subir son procès et être puni à l'égard de cette infraction comme si elle avait été commise dans cette circonscription territoriale.

(7) Comparution de l'accusé lors du procès — Il est entendu que s'appliquent aux procédures engagées dans une circonscription territoriale en conformité avec le paragraphe (6) les dispositions de la présente loi concernant :

a) l'obligation pour un accusé d'être présent et de demeurer présent lors des procédures;

b) les exceptions à cette obligation.

L.R.C. 1985, ch. 27 (1er suppl.), art. 9; L.C. 1992, ch. 1, art. 60; 1994, ch. 44, art. 4; 1995, ch. 5, art. 25.

58. (1) Emploi frauduleux d'un certificat de citoyenneté — Est coupable d'un acte criminel et passible d'un emprisonnement maximal de deux ans quiconque, étant au Canada ou à l'étranger, selon le cas :

a) utilise un certificat de citoyenneté ou un certificat de naturalisation pour une fin frauduleuse;

b) étant une personne à qui un certificat de citoyenneté ou un certificat de naturalisation a été accordé, se départ sciemment de ce certificat avec l'intention qu'il soit utilisé pour une fin frauduleuse.

(2) Définition de « certificat de citoyenneté » et de « certificat de naturalisation » — Au présent article, **« certificat de citoyenneté »** et **« certificat de naturalisation »** s'entendent au sens de la *Loi sur la citoyenneté*.

Sédition

59. (1) Paroles séditieuses — Les paroles séditieuses sont des paroles qui expriment une intention séditieuse.

(2) Libelle séditieux — Le libelle séditieux est un libelle qui exprime une intention séditieuse.

(3) Conspiration séditieuse — Une conspiration séditieuse est une entente entre deux ou plusieurs personnes pour réaliser une intention séditieuse.

(4) Intention séditieuse — Sans que soit limitée la généralité de la signification de « **intention séditieuse** », est présumé avoir une intention séditieuse quiconque, selon le cas :

    a) enseigne ou préconise;

    b) publie ou fait circuler un écrit qui préconise,

l'usage, sans l'autorité des lois, de la force comme moyen d'opérer un changement de gouvernement au Canada.

60. Exception — Nonobstant le paragraphe 59(4), nul n'est censé avoir une intention séditieuse du seul fait qu'il entend, de bonne foi :

    a) démontrer que Sa Majesté a été induite en erreur ou s'est trompée dans ses mesures;

    b) signaler des erreurs ou défectuosités dans :

        (i) le gouvernement ou la constitution du Canada ou d'une province,

        (ii) le Parlement ou la législature d'une province,

        (iii) l'administration de la justice au Canada;

    c) amener, par des moyens légaux, des modifications de quelque matière de gouvernement au Canada;

    d) signaler, afin qu'il y soit remédié, des questions qui produisent ou sont de nature à produire des sentiments d'hostilité et de malveillance entre diverses classes de personnes au Canada.

61. Punition des infractions séditieuses — Est coupable d'un acte criminel et passible d'un emprisonnement maximal de quatorze ans quiconque, selon le cas :

    a) prononce des paroles séditieuses;

    b) publie un libelle séditieux;

    c) participe à une conspiration séditieuse.

62. (1) Infractions relatives aux forces militaires — Est coupable d'un acte criminel et passible d'un emprisonnement maximal de cinq ans quiconque, volontairement :

    a) soit entrave ou diminue la fidélité ou la discipline d'un membre d'une force, ou influence sa fidélité ou discipline;

    b) soit publie, rédige, émet, fait circuler ou distribue un écrit qui conseille, recommande ou encourage, chez un membre d'une force, l'insubordination, la déloyauté, la mutinerie ou le refus de servir;

    c) soit conseille, recommande, encourage ou, de quelque manière, provoque, chez un membre d'une force, l'insubordination, la déloyauté, la mutinerie ou le refus de servir.

(2) Définition de « membre d'une force » — Au présent article, **« membre d'une force »** désigne, selon le cas :

    a) un membre des Forces canadiennes;

    b) un membre des forces navales, des forces de l'armée ou des forces aériennes d'un État étranger qui sont légitimement présentes au Canada.

Attroupements illégaux et émeutes

63. (1) Attroupement illégal — Un attroupement illégal est la réunion de trois individus ou plus qui, dans l'intention d'atteindre un but commun, s'assemblent, ou une fois réunis se conduisent, de manière à faire craindre, pour des motifs raisonnables, à des personnes se trouvant dans le voisinage de l'attroupement :

    a) soit qu'ils ne troublent la paix tumultueusement;

    b) soit que, par cet attroupement, ils ne provoquent inutilement et sans cause raisonnable d'autres personnes à troubler tumultueusement la paix.

(2) Quand une assemblée légitime devient un attroupement illégal — Une assemblée légitime peut devenir un attroupement illégal lorsque les personnes qui la composent se conduisent, pour un but commun, d'une façon qui aurait fait de cette assemblée un attroupement illégal si elles s'étaient réunies de cette manière pour le même but.

(3) Exception — Des personnes ne forment pas un attroupement illégal du seul fait qu'elles sont réunies pour protéger la maison d'habitation de l'une d'entre elles contre d'autres qui menacent d'y faire effraction et d'y entrer en vue d'y commettre un acte criminel.

64. Émeute — Une émeute est un attroupement illégal qui a commencé à troubler la paix tumultueusement.

65. Punition des émeutiers — Quiconque prend part à une émeute est coupable d'un acte criminel et passible d'un emprisonnement maximal de deux ans.

66. Punition d'un attroupement illégal — Est coupable d'une infraction punissable sur déclaration de culpabilité par procédure sommaire quiconque participe à un attroupement illégal.

67. Lecture de la proclamation — Un juge de paix, maire ou shérif, l'adjoint légitime d'un maire ou shérif, le directeur d'une prison ou d'un pénitencier, au sens de la *Loi sur le système correctionnel et la mise en liberté sous condition*, ou son substitut, qui reçoit avis que, dans un endroit de son ressort, douze personnes ou plus sont réunies illégalement et d'un façon émeutière, doit se rendre à cet endroit et, après s'en être approché autant qu'il le peut en sécurité, s'il est convaincu qu'une émeute est en cours, ordonner le silence et alors faire ou faire faire, à haute voix, une proclamation dans les termes suivants ou en termes équivalents :

Sa Majesté la Reine enjoint et commande à tous ceux qui sont ici réunis de se disperser immédiatement et de retourner paisiblement à leurs demeures ou à leurs occupations légitimes, sous peine d'être coupables d'une infraction pour laquelle, sur déclaration de culpabilité, ils peuvent être condamnés à l'emprisonnement à perpétuité. DIEU SAUVE LA REINE.

L.C. 1994, ch. 44, art. 5.

68. Infractions relatives à la proclamation — Sont coupables d'un acte criminel et passibles de l'emprisonnement à perpétuité, ceux qui, selon le cas :

    a) volontairement et avec violence gênent, entravent ou attaquent une personne qui commence à faire la proclamation mentionnée à l'article 67, ou est sur le point de commencer à la faire ou est en train de la faire, de telle sorte qu'il n'y a pas de proclamation;

    b) ne se dispersent pas et ne s'éloignent pas, paisiblement, d'un lieu où la proclamation mentionnée à l'article 67 est faite, dans un délai de trente minutes après qu'elle a été faite;

    c) ne quittent pas un lieu dans un délai de trente minutes, lorsqu'ils ont des motifs raisonnables de croire que la proclamation mentionnée à l'article 67 y aurait été faite si quelqu'un n'avait pas, volontairement et avec violence, gêné, entravé ou attaqué une personne qui l'aurait faite.

69. Négligence d'un agent de la paix — Un agent de la paix qui est averti de l'existence d'une émeute dans son ressort et qui, sans excuse valable, ne prend pas toutes les mesures raisonnables pour réprimer l'émeute, est coupable d'un acte criminel et passible d'un emprisonnement maximal de deux ans.

Exercices illégaux

70. (1) Décrets du gouverneur en conseil — Le gouverneur en conseil peut, par proclamation, prendre des décrets :

    a) interdisant des réunions de personnes, sans autorisation légale, dans le dessein :

        (i) soit de s'entraîner ou de faire l'exercice,

        (ii) soit de suivre des séances d'entraînement ou de maniement des armes,

        (iii) soit d'exécuter des manoeuvres militaires;

    b) interdisant à des personnes, assemblées pour quelque fin, de s'entraîner ou de faire l'exercice ou de se faire entraîner ou exercer.

(2) Décret général ou spécial — Un décret pris aux termes du paragraphe (1) peut être en général ou rendu applicable à des localités, des districts ou des réunions particulières, spécifiés par le décret.

(3) Peine — Est coupable d'un acte criminel et passible d'un emprisonnement maximal de cinq ans quiconque contrevient à un décrit pris en vertu du présent article.

L.C. 1992, ch. 1, art. 60.

Duels

71. Duel — Est coupable d'un acte criminel et passible d'un emprisonnement maximal de deux ans quiconque, selon le cas :

    a) défie, ou tente par quelque moyen de provoquer, une autre personne à se battre en duel;

    b) tente de provoquer quelqu'un à défier une autre personne à se battre en duel;

    c) accepte un défi à se battre en duel.

Prise de possession et détention par la force

72. (1) Prise de possession par la force — La prise de possession par la force a lieu lorsqu'une personne prend possession d'un bien immeuble qui se trouve en la possession effective et paisible d'une autre, d'une manière susceptible de causer une violation de la paix ou de faire raisonnablement craindre une violation de la paix.

(1.1) Faits non pertinents — Pour l'application du paragraphe (1), le fait qu'une personne ait ou non le droit de prendre possession d'un bien immeuble ou qu'elle ait ou non l'intention de s'en emparer définitivement n'est pas pertinent.

(2) Détention par la force — La détention par la force a lieu lorsqu'une personne, étant en possession effective d'un bien immeuble sans apparence de droit, le détient d'une manière vraisemblablement propre à causer une violation de la paix ou à faire raisonnablement craindre une violation de la paix, à l'encontre d'une personne qui a un titre légal à cette possession.

(3) Questions de droit — Les questions de savoir si une personne est en possession effective et paisible ou est en possession effective sans apparence de droit, constituent des questions de droit.

L.C. 1992, ch. 1, art. 60.

73. Peine — Quiconque commet une prise de possession par la force ou une détention par la force est coupable :

    a) soit d'une infraction punissable sur déclaration de culpabilité par procédure sommaire;

    b) soit d'un acte criminel et passible d'un emprisonnement maximal de deux ans.

L.R.C. 1985, ch. 27 (1er suppl.), art. 11; L.C. 1992, ch. 1, art. 58.

Piraterie

74. (1) Piraterie d'après le droit des gens — Commet une piraterie, quiconque accomplit un acte qui, d'après le droit des gens, constitue une piraterie.

(2) Peine — Quiconque commet une piraterie, pendant qu'il se trouve au Canada ou à l'étranger, est coupable d'un acte criminel et passible de l'emprisonnement à perpétuité.

75. Actes de piraterie — Quiconque, étant au Canada ou à l'étranger, selon le cas :

    a) vole un navire canadien;

    b) vole ou sans autorisation légale jette par-dessus bord, endommage ou détruit quelque chose qui fait partie de la cargaison, des approvisionnements ou des installations d'un navire canadien;

    c) commet ou tente de commettre un acte de mutinerie à bord d'un navire canadien;

    d) conseille à quelqu'un de commettre un des actes mentionnés aux alinéas *a)*, *b)* ou *c)*, est coupable d'un acte criminel et passible d'un emprisonnement maximal de quatorze ans.

L.R.C. 1985, ch. 27 (1er suppl.), art. 7(3).

Infractions portant atteinte à la sécurité aérienne ou maritime

76. Détournement — Est coupable d'un acte criminel et passible de l'emprisonnement à perpétuité quiconque, illégalement, par violence ou menace de violence ou par tout autre mode d'intimidation, s'empare d'un aéronef ou en exerce le contrôle avec l'intention, selon le cas :

a) de faire séquestrer ou emprisonner contre son gré toute personne se trouvant à bord de l'aéronef;

b) de faire transporter contre son gré, en un lieu autre que le lieu fixé pour l'atterrissage suivant de l'aéronef, toute personne se trouvant à bord de l'aéronef;

c) de détenir contre son gré toute personne se trouvant à bord de l'aéronef en vue de rançon ou de service;

d) de faire dévier considérablement l'aéronef de son plan de vol.

77. Atteinte à la sécurité des aéronefs ou des aéroports — Est coupable d'un acte criminel et passible de l'emprisonnement à perpétuité quiconque, selon le cas :

a) à bord d'un aéronef en vol, commet à l'encontre d'une personne un acte de violence susceptible de porter atteinte à la sécurité de l'aéronef;

b) en utilisant une arme, commet à l'encontre d'une personne qui se trouve à un aéroport servant à l'aviation civile internationale un acte de violence qui cause ou est susceptible de causer des blessures graves ou la mort, et qui porte atteinte ou est susceptible de porter atteinte à la sécurité à l'aéroport;

c) cause à un aéronef en service des dommages qui le mettent hors d'état de voler ou sont susceptibles de porter atteinte à la sécurité de l'aéronef en vol;

d) place ou fait placer à bord d'un aéronef en service toute chose susceptible de causer à l'aéronef des dommages qui le mettront hors d'état de voler ou susceptible de porter atteinte à la sécurité de l'aéronef en vol;

e) cause des dommages à une installation servant à la navigation aérienne, ou nuit à son fonctionnement, d'une manière susceptible de porter atteinte à la sécurité d'un aéronef en vol;

f) en utilisant une arme, une substance ou un dispositif, cause des dommages graves aux installations d'un aéroport servant à l'aviation civile internationale ou à un aéronef qui n'est pas en service et qui s'y trouve, les détruit ou nuit au fonctionnement de l'aéroport d'une façon qui porte atteinte à la sécurité à l'aéroport ou est susceptible d'y porter atteinte;

g) porte atteinte à la sécurité d'un aéronef en vol en communiquant à une autre personne des renseignements qu'il sait être faux.

L.C. 1993, ch. 7, art. 3.

78. (1) Armes offensives et substances explosives — Est coupable d'un acte criminel et passible d'un emprisonnement maximal de quatorze ans quiconque, autre qu'un agent de la paix dans l'exercice de ses fonctions, transporte à bord d'un aéronef civil une arme offensive ou une substance explosive :

a) soit sans le consentement du propriétaire ou de l'exploitant de l'aéronef ou d'une personne dûment autorisée par l'un ou l'autre à donner ce consentement;

b) soit avec le consentement mentionné à l'alinéa *a)* mais sans satisfaire à toutes les conditions auxquelles le consentement était subordonné.

(2) Définition de « aéronef civil » — Pour l'application du présent article, « aéronef civil » désigne tout aéronef autre qu'un aéronef à l'usage des Forces canadiennes, d'une force de police au Canada ou de personnes préposées à l'application de la *Loi sur les douanes* ou de la *Loi sur l'accise*.

L.R.C. 1985, ch. 1 (2e suppl.), art. 213(3).

78.1 (1) Prise d'un navire ou d'une plate-forme fixe — Est coupable d'un acte criminel et passible de l'emprisonnement à perpétuité quiconque, par violence ou menace de violence, s'empare ou exerce un contrôle sur un navire ou une plate-forme fixe.

(2) Acte portant atteinte à la sécurité d'un navire ou d'une plate-forme fixe — Est coupable d'un acte criminel et passible de l'emprisonnement à perpétuité quiconque, d'une façon qui est susceptible de porter atteinte à la navigation sécuritaire d'un navire ou à la sécurité d'une plate-forme fixe, selon le cas :

a) commet un acte de violence contre une personne à bord d'un navire ou d'une plate-forme fixe;

b) endommage ou détruit un navire, sa cargaison ou une plate-forme fixe;

c) endommage gravement, détruit ou nuit au fonctionnement d'une installation de navigation maritime;

d) place ou fait placer à bord d'un navire ou d'une plate-forme fixe une chose susceptible d'endommager le navire, sa cargaison ou la plate-forme.

(3) Communication de faux renseignements — Est coupable d'un acte criminel et passible de l'emprisonnement à perpétuité quiconque porte atteinte à la navigation sécuritaire d'un navire en communiquant des renseignements qu'il sait être faux.

(4) Acte causant la mort ou des blessures, ou menaces — Est coupable d'un acte criminel et passible de l'emprisonnement à perpétuité quiconque, afin de contraindre une personne à accomplir un acte quelconque ou de s'en abstenir, menace de commettre une infraction, prévue aux alinéas (2)*a*), *b*) ou *c*), susceptible de porter atteinte à la navigation sécuritaire d'un navire ou à la sécurité d'une plateforme fixe.

(5) Définitions — Les définitions qui suivent s'appliquent au présent article.

« navire » À l'exclusion des navires de guerre ou de ceux utilisés comme navires de guerre auxiliaires ou à des fins de douanes ou de police ou retirés de la navigation ou désarmés, tout bateau qui n'est pas attaché de façon permanente au fond de la mer.

« plate-forme fixe » Île artificielle ou ouvrage en mer attaché de façon permanente au fond de la mer et destiné à l'exploration, à l'exploitation des ressources ou à d'autres fins économiques.

L.C. 1993, ch. 7, art. 4.

Substances dangereuses

79. Obligation de prendre des précautions à l'égard d'explosifs — Quiconque a une substance explosive en sa possession ou sous ses soins ou son contrôle, est dans l'obligation légale de prendre des précautions raisonnables pour que cette substance explosive ne cause ni blessures corporelles, ni dommages à la propriété, ni la mort de personnes.

80. Manque de précautions — Est coupable d'un acte criminel quiconque, étant dans une obligation légale au sens de l'article 79, manque, sans excuse légitime, à s'acquitter de cette obligation, et s'il en résulte l'explosion d'une substance explosive qui :

a) cause la mort ou est susceptible de causer la mort d'une personne, est passible d'un emprisonnement à perpétuité;

b) cause, ou est susceptible de causer, des blessures corporelles ou des dommages à la propriété, est passible d'un emprisonnement maximal de quatorze ans.

81. (1) Usage d'explosifs — Commet une infraction quiconque, selon le cas :

a) accomplit un acte avec l'intention de causer l'explosion d'une substance explosive, qui est susceptible de causer des lésions corporelles graves ou la mort à des personnes, ou de causer des dommages graves à la propriété;

b) avec l'intention de causer des blessures corporelles à une personne :

(i) soit cause l'explosion d'une substance explosive,

(ii) soit envoie ou livre à une personne ou fait prendre ou recevoir par une personne une substance explosive ou toute autre substance ou chose dangereuse,

(iii) soit place ou lance en quelque lieu que ce soit, vers ou sur une personne, un fluide corrosif, une substance explosive ou toute autre substance ou chose dangereuse;

c) avec l'intention de détruire ou d'endommager des biens sans excuse légitime, place ou lance une substance explosive en quelque lieu que ce soit;

d) fabrique ou a en sa possession ou sous ses soins ou son contrôle une substance explosive avec l'intention, par là :

(i) soit de mettre la vie en danger ou de causer des dommages graves à des biens,

(ii) soit de permettre à une autre personne de mettre la vie en danger ou de causer des dommages graves à des biens.

(2) Peine — Quiconque commet une infraction prévue au paragraphe (1) est coupable d'un acte criminel et passible :

a) pour une infraction prévue à l'alinéa (1)*a)* ou *b)*, de l'emprisonnement à perpétuité;

b) pour une infraction prévue à l'alinéa (1)*c)* ou *d)*, d'un emprisonnement maximal de quatorze ans.

82. (1) Possession sans excuse légitime — Quiconque, sans excuse légitime, dont la preuve lui incombe, fabrique ou a en sa possession ou sous sa garde ou son contrôle une substance explosive est coupable d'un acte criminel et passible d'un emprisonnement maximal de cinq ans.

(2) Possession liée aux activités d'un gang — Quiconque, sans excuse légitime, dont la preuve lui incombe, fabrique ou a en sa possession ou sous sa garde ou son contrôle une substance explosive au profit ou sous la direction d'un gang, ou en association avec lui, est coupable d'un acte criminel et passible d'un emprisonnement maximal de quatorze ans.

L.R.C. 1985, ch. 27 (1er suppl.), art. 12; L.C. 1997, ch. 23, art. 2.

82.1 Peines consécutives — La peine infligée à une personne pour une infraction prévue au paragraphe 82(2) est purgée consécutivement à toute autre peine sanctionnant une autre infraction basée sur les mêmes faits et à toute autre peine en cours d'exécution.

L.C. 1997, ch. 23, art. 2.

Combats concertés

83. (1) Fait de se livrer à un combat concerté — Est coupable d'une infraction punissable sur déclaration de culpabilité par procédure sommaire quiconque, selon le cas :

    a) se livre, comme adversaire, à un combat concerté;

    b) recommande ou encourage un combat concerté, ou en est promoteur;

    c) assiste à un combat concerté en qualité d'aide, second, médecin, arbitre, soutien ou reporter.

(2) Définition de « combat concerté » — Au présent article, « **combat concerté** » s'entend d'un match ou combat, avec les poings ou les mains, entre deux personnes qui se sont rencontrées à cette fin par arrangement préalable conclu par elles, ou pour elles; cependant, n'est pas réputé combat concerté un match de boxe entre des sportifs amateurs, lorsque les adversaires portent des gants de boxe d'une masse minimale de cent quarante grammes chacun, ou un match de boxe tenu avec la permission ou sous l'autorité d'un commission athlétique ou d'un corps semblable établi par la législature d'une province, ou sous son autorité, pour la régie du sport dans la province.

L.R.C. 1985, ch. 27 (1er suppl.), art. 186.

PARTIE III — ARMES À FEU ET AUTRES ARMES

Définitions et interprétation

84. (1) Définitions — Les définitions qui suivent s'appliquent à la présente partie et aux paragraphes 491(1), 515(4.1) et (4.11) et 810(3.1) et (3.11).

« **arbalète** » Dispositif constitué d'un arc monté sur un fût ou autre monture, conçu pour tirer des flèches, viretons, carreaux ou autres projectiles semblables sur une trajectoire guidée par un barillet ou une rainure et susceptible d'infliger des lésions corporelles graves ou la mort à une personne.

« **arme à autorisation restreinte** » Toute arme — qui n'est pas une arme à feu — désignée comme telle par règlement.

« **arme à feu à autorisation restreinte** »

    a) Toute arme de poing qui n'est pas une arme à feu prohibée;

    b) toute arme à feu — qui n'est pas une arme à feu prohibée — pourvue d'un canon de moins de 470 mm de longueur qui peut tirer des munitions à percussion centrale d'une manière semi-automatique;

    c) toute arme à feu conçue ou adaptée pour tirer lorsqu'elle est réduite à une longueur de moins de 660 mm par repliement, emboîtement ou autrement;

d) toute arme à feu désignée comme telle par règlement.

« arme à feu historique » Toute arme à feu fabriquée avant 1898 qui n'a pas été conçue ni modifiée pour l'utilisation de munitions à percussion annulaire ou centrale ou toute arme à feu désignée comme telle par règlement.

« arme à feu prohibée »

a) Arme de poing pourvue d'un canon dont la longueur ne dépasse pas 105 mm ou conçue ou adaptée pour tirer des cartouches de calibre 25 ou 32, sauf celle désignée par règlement pour utilisation dans les compétitions sportives internationales régies par les règles de l'Union internationale de tir;

b) arme à feu sciée, coupée ou modifiée de façon que la longueur du canon soit inférieure à 457 mm ou de façon que la longueur totale de l'arme soit inférieure à 660 mm;

c) arme automatique, qu'elle ait été ou non modifiée pour ne tirer qu'un seul projectile à chaque pression de la détente;

d) arme à feu désignée comme telle par règlement.

« arme automatique » Arme à feu pouvant tirer rapidement plusieurs projectiles à chaque pression de la détente, ou assemblée ou conçue et fabriquée de façon à pouvoir le faire.

« arme de poing » Arme à feu destinée, de par sa construction ou ses modifications, à permettre de viser et tirer à l'aide d'une seule main, qu'elle ait été ou non modifiée subséquemment de façon à requérir l'usage des deux mains.

« arme prohibée »

a) Couteau dont la lame s'ouvre automatiquement par gravité ou force centrifuge ou par pression manuelle sur un bouton, un ressort ou autre dispositif incorporé ou attaché au manche;

b) toute arme — qui n'est pas une arme à feu — désignée comme telle par règlement.

« autorisation » Autorisation délivrée en vertu de la *Loi sur les armes à feu*.

« certificat d'enregistrement » Certificat d'enregistrement délivré en vertu de la *Loi sur les armes à feu*.

« cession » Vente, fourniture, échange, don, prêt, envoi, location, transport, expédition, distribution ou livraison.

« chargeur » Tout dispositif ou contenant servant à charger la chambre d'une arme à feu.

« contrôleur des armes à feu » Le contrôleur des armes à feu au sens du paragraphe 2(1) de la *Loi sur les armes à feu*.

« cour supérieure »

> a) En Ontario, la Cour supérieure de justice dans la région, le district ou le comté ou groupe de comtés où le jugement a été prononcé;

> b) au Québec, la Cour supérieure;

> c) au Nouveau-Brunswick, au Manitoba, en Saskatchewan et en Alberta, la Cour du Banc de la Reine;

> d) en Nouvelle-Écosse, en Colombie-Britannique et dans les territoires, la Cour suprême;

> e) à l'Île-du-Prince-Édouard et à Terre-Neuve, la Section de première instance de la Cour suprême.

« directeur » Le directeur de l'enregistrement des armes à feu nommé en vertu de l'article 82 de la *Loi sur les armes à feu*.

« dispositif prohibé »

> a) Élément ou pièce d'une arme, ou accessoire destiné à être utilisé avec une arme, désignés comme tel par règlement;

> b) canon d'une arme de poing, qui ne dépasse pas 105 mm de longueur, sauf celui désigné par règlement pour utilisation dans des compétitions sportives internationales régies par les règles de l'Union internationale de tir;

> c) appareil ou dispositif propre ou destiné à amortir ou à étouffer le son ou la détonation d'une arme à feu;

> d) chargeur désigné comme tel par règlement;

> e) réplique.

« exporter » Exporter hors du Canada, notamment exporter des marchandises importées au Canada et expédiées en transit à travers celui-ci.

« fausse arme à feu » Tout objet ayant l'apparence d'une arme à feu, y compris une réplique.

« importer » Importer au Canada, notamment importer des marchandises expédiées en transit à travers le Canada et exportées hors de celui-ci.

« munitions » Cartouches contenant des projectiles destinés à être tirés par des armes à feu, y compris les cartouches sans douille et les cartouches de chasse.

« munitions prohibées » Munitions ou projectiles de toute sorte désignés comme telles par règlement.

« ordonnance d'interdiction » Toute ordonnance rendue en application de la présente loi ou de toute loi fédérale interdisant à une personne d'avoir en sa possession des armes à feu, arbalètes, armes prohibées, armes à autorisation restreinte, dispositifs prohibés, munitions, munitions prohibées et substances explosives, ou l'un ou plusieurs de ces objets.

« **permis** » Permis délivré en vertu de la *Loi sur les armes à feu*.

« **préposé aux armes à feu** » Préposé aux armes à feu au sens du paragraphe 2(1) de la *Loi sur les armes à feu*.

« **réplique** » Tout objet, qui n'est pas une arme à feu, conçu de façon à en avoir l'apparence exacte — ou à la reproduire le plus fidèlement possible — ou auquel on a voulu donner cette apparence. La présente définition exclut tout objet conçu de façon à avoir l'apparence exacte d'une arme à feu historique — ou à la reproduire le plus fidèlement possible — ou auquel on a voulu donner cette apparence.

(2) Longueur du canon — Pour l'application de la présente partie, la longueur du canon se mesure :

    a) pour un revolver, par la distance entre la bouche du canon et la tranche de la culasse devant le barillet;

    b) pour les autres armes à feu, par la distance entre la bouche du canon et la chambre, y compris celle-ci.

N'est pas comprise la longueur de tout élément, pièce ou accessoire, notamment tout élément, pièce ou accessoire propre ou destiné à étouffer la lueur de départ ou à amortir le recul.

(3) Armes réputées ne pas être des armes à feu — Pour l'application des articles 91 à 95, 99 à 101, 103 à 107 et 117.03 et des dispositions de la *Loi sur les armes à feu*, sont réputés ne pas être des armes à feu :

    a) les armes à feu historiques;

    b) tout instrument conçu exclusivement pour envoyer un signal, appeler au secours ou tirer des cartouches à blanc ou pour tirer des cartouches d'ancrage, des rivets explosifs ou autres projectiles industriels, et destiné par son possesseur à servir exclusivement à ces fins;

    c) tout instrument de tir conçu exclusivement pour soit abattre des animaux domestiques, soit administrer des tranquillisants à des animaux, soit encore tirer des projectiles auxquels des fils sont attachés, et destiné par son possesseur à servir exclusivement à ces fins;

    d) toute autre arme pourvue d'un canon dont il est démontré qu'elle n'est ni conçue ni adaptée pour tirer du plomb, des balles ou tout autre projectile à une vitesse initiale de plus de 152,4 m par seconde ou pour tirer du plomb, des balles ou tout autre projectile conçus ou adaptés pour atteindre une vitesse de plus de 152,4 m par seconde.

(3.1) Exception — arme à feu historique — Par dérogation au paragraphe (3), une arme à feu historique est une arme à feu pour l'application des règlements pris en application de l'alinéa 117*h)* de la *Loi sur les armes à feu* et le paragraphe 86(2) de la présente loi.

(4) Définition de « titulaire » — Pour l'application de la présente partie, est titulaire :

    a) d'une autorisation ou d'un permis la personne à qui ce document a été délivré, et ce pendant sa durée de validité;

    b) du certificat d'enregistrement d'une arme à feu la personne à qui ce document a été délivré, et ce pendant sa durée de validité, ou quiconque le détient avec la permission de celle-ci pendant cette période.

L.R.C. 1985, ch. 27 (1er suppl.), art. 185 et 186; L.C. 1991, ch. 40, art. 2; 1995, ch. 39, art. 139; 1998, ch. 30, art. 16.

Infractions relatives à l'usage

85. (1) Usage d'une arme à feu lors de la perpétration d'une infraction — Commet une infraction quiconque, qu'il cause ou non des lésions corporelles en conséquence ou qu'il ait ou non l'intention d'en causer, utilise une arme à feu :

    a) soit lors de la perpétration d'un acte criminel qui ne constitue pas une infraction visée aux articles 220 (négligence criminelle entraînant la mort), 236 (homicide involontaire coupable), 239 (tentative de meurtre), 244 (fait de causer intentionnellement des lésions corporelles — arme à feu), 272 (agression sexuelle armée), 273 (agression sexuelle grave), 279 (enlèvement), 279.1 (prise d'otage), 344 (vol qualifié) ou 346 (extorsion);

    b) soit lors de la tentative de perpétration d'un acte criminel;

    c) soit lors de sa fuite après avoir commis ou tenté de commettre un acte criminel.

(2) Usage d'une fausse arme à feu lors de la perpétration d'une infraction — Commet une infraction quiconque, qu'il cause ou non des lésions corporelles en conséquence ou qu'il ait ou non l'intention d'en causer, utilise une fausse arme à feu :

    a) soit lors de la perpétration d'un acte criminel;

    b) soit lors de la tentative de perpétration d'un acte criminel;

    c) soit lors de sa fuite après avoir commis ou tenté de commettre un acte criminel.

(3) Peine — Quiconque commet l'infraction prévue au paragraphe (1) ou (2) est coupable d'un acte criminel passible :

    a) dans le cas d'une première infraction, sauf si l'alinéa b) s'applique, d'un emprisonnement maximal de quatorze ans, la peine minimale étant de un an;

    b) dans le cas d'une première infraction commise par une personne qui, avant le 1er janvier 1978, avait déjà été reconnue coupable d'avoir commis un acte criminel, ou d'avoir tenté de le commettre, en employant une arme à feu lors de cette perpétration ou tentative de perpétration ou lors de sa fuite après la perpétration ou tentative de perpétration, d'un emprisonnement maximal de quatorze ans, la peine minimale étant de trois ans;

c) en cas de récidive, d'un emprisonnement maximal de quatorze ans, la peine minimale étant de trois ans.

(4) Peines consécutives — La peine infligée à une personne pour une infraction prévue aux paragraphes (1) ou (2) est purgée consécutivement à toute autre peine sanctionnant une autre infraction basée sur les mêmes faits et à toute autre peine en cours d'exécution.

L.C. 1995, ch. 39, art. 139.

86. (1) Usage négligent — Commet une infraction quiconque, sans excuse légitime, utilise, porte, manipule, expédie, transporte ou entrepose une arme à feu, une arme prohibée, une arme à autorisation restreinte, un dispositif prohibé, des munitions ou des munitions prohibées d'une manière négligente ou sans prendre suffisamment de précautions pour la sécurité d'autrui.

(2) Contravention des règlements — Commet une infraction quiconque contrevient à un règlement pris en application de l'alinéa 117*h*) de la *Loi sur les armes à feu* régissant l'entreposage, la manipulation, le transport, l'expédition, l'exposition, la publicité et la vente postale d'armes à feu et d'armes à autorisation restreinte.

(3) Peine — Quiconque commet l'infraction prévue au paragraphe (1) ou (2) est coupable :

a) soit d'un acte criminel passible d'un emprisonnement maximal :

(i) de deux ans, dans le cas d'une première infraction,

(ii) de cinq ans, en cas de récidive;

b) soit d'une infraction punissable sur déclaration de culpabilité par procédure sommaire.

L.C. 1991, ch. 40, art. 3; 1995, ch. 39, art. 139.

87. (1) Braquer une arme à feu — Commet une infraction quiconque braque, sans excuse légitime, une arme à feu, chargée ou non, sur une autre personne.

(2) Peine — Quiconque commet l'infraction prévue au paragraphe (1) est coupable :

a) soit d'un acte criminel passible d'un emprisonnement maximal de cinq ans;

b) soit d'une infraction punissable sur déclaration de culpabilité par procédure sommaire.

L.C. 1995, ch. 39, art. 139.

Infractions relatives à la possession

88. (1) Port d'arme dans un dessein dangereux — Commet une infraction quiconque porte ou a en sa possession une arme, une imitation d'arme, un dispositif prohibé, des munitions ou des munitions prohibées dans un dessein dangereux pour la paix publique ou en vue de commettre une infraction.

(2) Peine — Quiconque commet l'infraction prévue au paragraphe (1) est coupable :

     a) soit d'un acte criminel passible d'un emprisonnement maximal de dix ans;

     b) soit d'une infraction punissable sur déclaration de culpabilité par procédure sommaire.

L.C. 1995, ch. 39, art. 139.

89. (1) Port d'arme à une assemblée publique — Commet une infraction quiconque, sans excuse légitime, porte une arme, un dispositif prohibé, des munitions ou des munitions prohibées alors qu'il assiste ou se rend à une assemblée publique.

(2) Peine — Quiconque commet l'infraction prévue au paragraphe (1) est coupable d'une infraction punissable sur déclaration de culpabilité par procédure sommaire.

L.C. 1995, ch. 39, art. 139.

90. (1) Port d'une arme dissimulée — Commet une infraction quiconque porte dissimulés une arme, un dispositif prohibé ou des munitions prohibées sans y être autorisé en vertu de la *Loi sur les armes à feu.*

(2) Peine — Quiconque commet l'infraction prévue au paragraphe (1) est coupable :

     a) soit d'un acte criminel passible d'un emprisonnement maximal de cinq ans;

     b) soit d'une infraction punissable sur déclaration de culpabilité par procédure sommaire.

L.C. 1991, ch. 28, art. 6; ch. 40. art. 4 et 35; 1994, ch. 44, art. 6; 1995, ch. 39, art. 139.

90.1 [Abrogé, L.C. 1995, ch. 39, art. 139]

91. (1) Possession non autorisée d'une arme à feu — Sous réserve des paragraphes (4) et (5) et de l'article 98, commet une infraction quiconque a en sa possession une arme à feu sans être titulaire à la fois d'un permis qui l'y autorise et du certificat d'enregistrement de cette arme.

(2) Possession non autorisée d'armes prohibées ou à autorisation restreinte — Sous réserve du paragraphe (4) et de l'article 98, commet une infraction quiconque a en sa possession une arme prohibée, une arme à autorisation restreinte, un dispositif prohibé — autre qu'une réplique — ou des munitions prohibées sans être titulaire d'un permis qui l'y autorise.

(3) Peine — Quiconque commet l'infraction prévue au paragraphe (1) ou (2) est coupable :

    a) soit d'un acte criminel passible d'un emprisonnement maximal de cinq ans;

    b) soit d'une infraction punissable sur déclaration de culpabilité par procédure sommaire.

(4) Réserve — Les paragraphes (1) et (2) ne s'appliquent pas :

    a) au possesseur d'une arme à feu, d'une arme prohibée, d'une arme à autorisation restreinte, d'un dispositif prohibé ou de munitions prohibées qui est sous la surveillance directe d'une personne pouvant légalement les avoir en sa possession, et qui s'en sert de la manière dont celle-ci peut légalement s'en servir;

    b) à la personne qui entre en possession de tels objets par effet de la loi et qui, dans un délai raisonnable, s'en défait légalement ou obtient un permis qui l'autorise à en avoir la possession, en plus, s'il s'agit d'une arme à feu, du certificat d'enregistrement de cette arme.

(5) Emprunt d'une arme à feu aux fins de subsistance — Le paragraphe (1) ne s'applique pas au possesseur d'une arme à feu — autre qu'une arme à feu prohibée ou une arme à feu à autorisation restreinte — qui, sans être titulaire du certificat d'enregistrement y afférent, à la fois :

    a) l'a empruntée;

    b) est titulaire d'un permis l'autorisant à en avoir la possession;

    c) l'a en sa possession pour chasser, notamment à la trappe, afin de subvenir à ses besoins ou à ceux de sa famille.

    L.C. 1991, ch. 28, art. 7; ch. 40, art. 5 et 36; 1995, ch. 22, art. 10; 1995, ch. 39, art. 139.

91.1 [Abrogé, L.C. 1995, ch. 39, art. 139.]

92. (1) Possession non autorisée d'une arme à feu — infraction délibérée — Sous réserve des paragraphes (4) et (5) et de l'article 98, commet une infraction quiconque a en sa possession une arme à feu sachant qu'il n'est pas titulaire d'un permis qui l'y autorise et du certificat d'enregistrement de cette arme.

(2) Possession non autorisée d'autres armes — infraction délibérée — Sous réserve du paragraphe (4) et de l'article 98, commet une infraction quiconque a en sa possession une arme prohibée, une arme à autorisation restreinte, un dispositif prohibé — autre qu'une réplique — ou des munitions prohibées sachant qu'il n'est pas titulaire d'un permis qui l'y autorise.

(3) Peine — Quiconque commet l'infraction prévue au paragraphe (1) ou (2) est coupable d'un acte criminel passible des peines suivantes :

    a) pour une première infraction, un emprisonnement maximal de dix ans;

    b) pour la deuxième infraction, un emprisonnement maximal de dix ans, la peine minimale étant de un an;

    c) pour chaque récidive subséquente, un emprisonnement maximal de dix ans, la peine minimale étant de deux ans moins un jour.

(4) Réserve — Les paragraphes (1) et (2) ne s'appliquent pas :

    a) au possesseur d'une arme à feu, d'une arme prohibée, d'une arme à autorisation restreinte, d'un dispositif prohibé ou de munitions prohibées qui est sous la surveillance directe d'une personne pouvant légalement les avoir en sa possession, et qui s'en sert de la manière dont celle-ci peut légalement s'en servir;

    b) à la personne qui entre en possession de tels objets par effet de la loi et qui, dans un délai raisonnable, s'en défait légalement ou obtient un permis qui l'autorise à en avoir la possession, en plus, s'il s'agit d'une arme à feu, du certificat d'enregistrement de cette arme.

(5) Emprunt d'une arme à feu aux fins de subsistance — Le paragraphe (1) ne s'applique pas au possesseur d'une arme à feu — autre qu'une arme à feu prohibée ou une arme à feu à autorisation restreinte — qui, sans être titulaire du certificat d'enregistrement y afférent, à la fois :

    a) l'a empruntée;

    b) est titulaire d'un permis l'autorisant à en avoir la possession;

    c) l'a en sa possession pour chasser, notamment à la trappe, afin de subvenir à ses besoins ou à ceux de sa famille.

(6) Preuve d'une condamnation antérieure — Lorsqu'un prévenu est inculpé d'une infraction au paragraphe (1), la preuve que celui-ci a été déclaré coupable d'une infraction prévue au paragraphe 112(1) de la *Loi sur les armes à feu* est admissible à toute étape des procédures et peut être prise en compte en vue d'établir que le prévenu savait qu'il n'était pas titulaire du certificat d'enregistrement.

    L.R.C. 1985, ch. 1 (2ᵉ suppl.), art. 213(3); L.C. 1991, ch. 40, art. 7; 1995, ch. 39, art. 139.

93. (1) Possession dans un lieu non autorisé — Sous réserve du paragraphe (3) et de l'article 98, commet une infraction le titulaire d'une autorisation ou d'un permis qui l'autorise à avoir en sa possession une arme à feu, une arme prohibée, une arme à autorisation restreinte, un dispositif prohibé ou des munitions prohibées, s'il les a en sa possession :

    a) soit dans un lieu où cela lui est interdit par l'autorisation ou le permis;

    b) soit dans un lieu autre que celui où l'autorisation ou le permis l'y autorise;

    c) soit dans un lieu autre que celui où la *Loi sur les armes à feu* l'y autorise.

(2) Peine — Quiconque commet l'infraction prévue au paragraphe (1) est coupable :

    a) soit d'un acte criminel passible d'un emprisonnement maximal de cinq ans;

    b) soit d'une infraction punissable sur déclaration de culpabilité par procédure sommaire.

(3) Réserve — Le paragraphe (1) ne s'applique pas au possesseur d'une réplique.

L.C. 1991, ch. 40, art. 8; 1995, ch. 39, art. 139.

94. (1) Possession non autorisée dans un véhicule automobile — Sous réserve des paragraphes (3) à (5) et de l'article 98, commet une infraction quiconque occupe un véhicule automobile où il sait que se trouvent une arme à feu, une arme prohibée, une arme à autorisation restreinte, un dispositif prohibé — autre qu'une réplique — ou des munitions prohibées sauf si :

    a) dans le cas d'une arme à feu :

        (i) soit celui-ci ou tout autre occupant du véhicule est titulaire à la fois d'une autorisation ou d'un permis qui l'autorise à l'avoir en sa possession — et à la transporter, s'il s'agit d'une arme à feu prohibée ou d'une arme à feu à autorisation restreinte — et du certificat d'enregistrement de cette arme,

        (ii) soit celui-ci avait des motifs raisonnables de croire qu'un autre occupant du véhicule était titulaire à la fois d'une autorisation ou d'un permis autorisant ce dernier à l'avoir en sa possession — et à la transporter, s'il s'agit d'une arme à feu prohibée ou d'une arme à feu à autorisation restreinte — et du certificat d'enregistrement de cette arme,

        (iii) soit celui-ci avait des motifs raisonnables de croire qu'un autre occupant du véhicule ne pouvait pas être reconnu coupable d'une infraction à la présente loi, en raison des articles 117.07 à 117.1 ou des dispositions de toute autre loi fédérale;

    b) dans le cas d'une arme prohibée, d'une arme à autorisation restreinte, d'un dispositif prohibé ou de munitions prohibées :

        (i) soit celui-ci ou tout autre occupant du véhicule est titulaire d'une autorisation ou d'un permis qui l'autorise à les transporter,

        (ii) soit celui-ci avait des motifs raisonnables de croire qu'un autre occupant du véhicule était titulaire d'une autorisation ou d'un permis qui l'autorisait à les transporter ou que ce dernier ne pouvait pas être reconnu coupable d'une infraction à la présente loi, en raison des articles 117.07 à 117.1 ou des dispositions de toute autre loi fédérale.

(2) Peine — Quiconque commet l'infraction prévue au paragraphe (1) est coupable :

    a) soit d'un acte criminel passible d'un emprisonnement maximal de dix ans;

b) soit d'une infraction punissable sur déclaration de culpabilité par procédure sommaire.

(3) Réserve — Le paragraphe (1) ne s'applique pas à l'occupant du véhicule automobile qui, se rendant compte de la présence de l'arme, du dispositif ou des munitions, quitte le véhicule ou tente de le faire dès que les circonstances le permettent.

(4) Réserve — Le paragraphe (1) ne s'applique pas à l'occupant du véhicule automobile lorsque lui-même ou un autre occupant du véhicule est entré en possession de l'arme, du dispositif ou des munitions par effet de la loi.

(5) Emprunt d'une arme à feu aux fins de subsistance — Le paragraphe (1) ne s'applique pas à l'occupant d'un véhicule automobile lorsque celui-ci ou tout autre occupant du véhicule a en sa possession une arme à feu — autre qu'une arme à feu prohibée ou une arme à feu à autorisation restreinte — et que, sans être titulaire du certificat d'enregistrement y afférent, l'occupant visé, à la fois :

a) l'a empruntée;

b) est titulaire d'un permis l'autorisant à en avoir la possession;

c) l'a en sa possession pour chasser, notamment à la trappe, afin de subvenir à ses besoins ou à ceux de sa famille.

L.C. 1995, ch. 39, art. 139.

95. (1) Possession d'une arme à feu prohibée ou à autorisation restreinte avec des munitions — Sous réserve du paragraphe (3) et de l'article 98, commet une infraction quiconque a en sa possession dans un lieu quelconque soit une arme à feu prohibée ou une arme à feu à autorisation restreinte chargées, soit une telle arme non chargée avec des munitions facilement accessibles qui peuvent être utilisées avec celle-ci, sans être titulaire à la fois :

a) d'une autorisation ou d'un permis qui l'y autorise dans ce lieu;

b) du certificat d'enregistrement de l'arme.

(2) Peine — Quiconque commet l'infraction prévue au paragraphe (1) est coupable :

a) soit d'un acte criminel passible d'un emprisonnement maximal de dix ans, la peine minimale étant de un an;

b) soit d'une infraction punissable, sur déclaration de culpabilité par procédure sommaire, d'un emprisonnement maximal de un an.

(3) Réserve — Le paragraphe (1) ne s'applique pas à quiconque utilise une arme à feu sous la surveillance directe d'une personne qui en a la possession légale, de la manière dont celle-ci peut légalement s'en servir.

L.C. 1991, ch. 28, art. 8; ch. 40, art. 9 et 37; 1993, ch. 25, art. 93; 1995, ch. 39, art. 139.

95.1 [Abrogé, L.C. 1995, ch. 39, art. 139]

96. (1) Possession d'une arme obtenue lors de la perpétration d'une infraction — Sous réserve du paragraphe (3), commet une infraction quiconque a en sa possession une arme à feu, une arme prohibée, une arme à autorisation restreinte, un dispositif prohibé ou des munitions prohibées qu'il sait avoir été obtenus par suite soit de la perpétration d'une infraction au Canada, soit d'une action ou omission qui, au Canada, aurait constitué une infraction.

(2) Peine — Quiconque commet l'infraction prévue au paragraphe (1) est coupable :

a) soit d'un acte criminel passible d'un emprisonnement maximal de dix ans, la peine minimale étant de un an;

b) soit d'une infraction punissable, sur déclaration de culpabilité par procédure sommaire, d'un emprisonnement maximal de un an.

(3) Réserve — Le paragraphe (1) ne s'applique pas à la personne qui entre en possession par effet de la loi de tout objet visé à ce paragraphe et qui s'en défait légalement dans un délai raisonnable.

L.C. 1995, ch. 39, art. 139.

97

97. (1) Disposition d'une arbalète sans permis — Commet une infraction quiconque vend, échange ou donne une arbalète à une personne sans que celle-ci ne lui présente, pour examen au moment de la transaction, un permis qu'il n'a aucun motif raisonnable de croire invalide ni délivré à une personne autre que celle qui le lui présente.

(2) Peine — Quiconque commet l'infraction prévue au paragraphe (1) est coupable :

a) soit d'un acte criminel passible d'un emprisonnement maximal de deux ans;

b) soit d'une infraction punissable sur déclaration de culpabilité par procédure sommaire.

(3) Application — Le paragraphe (1) ne s'applique pas à quiconque prête une arbalète à une personne lorsque celle-ci est sous la surveillance directe d'une autre qui peut légalement en avoir la possession.

L.C. 1991, ch. 40, art. 10 et 38; 1995, ch. 39, art. 139.

98. (1) Disposition transitoire — permis — Quiconque, avant l'entrée en vigueur de l'un des paragraphes 91(1), 92(1), 93(1), 94(1) et 95(1), a en sa possession une arme à feu sans autorisation d'acquisition d'armes à feu soit parce qu'il avait l'arme en sa possession avant le 1er janvier 1979, soit parce que son autorisation d'acquisition d'armes à feu a expiré, est réputé, pour l'application de ce paragraphe et ce, jusqu'au 1er janvier 2001 — ou à toute autre date, fixée par règlement, qui est antérieure — , être titulaire d'une autorisation ou d'un permis qui l'y autorise.

(2) Disposition transitoire — permis — Quiconque, avant l'entrée en vigueur de l'un des paragraphes 91(1), 92(1), 93(1), 94(1) et 95(1), a en sa possession une arme à feu tout en étant titulaire d'une autorisation d'acquisition d'armes à feu est réputé, pour l'application de ce paragraphe et ce jusqu'au 1er janvier 2001 — ou à toute autre date, fixée par règlement, qui est antérieure — , être titulaire d'une autorisation ou d'un permis qui l'y autorise.

(3) Disposition transitoire — certificat d'enregistrement — Quiconque, à un moment donné, après l'entrée en vigueur du paragraphe 91(1), 92(1) ou 94(1), mais au plus tard le 1er janvier 1998 ou à une date postérieure fixée par règlement, a en sa possession une arme à feu qui, à ce moment, n'est pas une arme à feu prohibée ou une arme à feu à autorisation restreinte, est réputé, pour l'application de ce paragraphe et ce jusqu'au 1er janvier 2003 — ou à toute autre date, fixée par règlement, qui est antérieure — , être titulaire du certificat d'enregistrement de cette arme.

L.R.C. 1985, ch. 27 (1er suppl.), art. 13; L.C. 1991, ch. 40, art. 11; 1995, ch. 39, art. 139.

Infractions relatives au trafic

99. (1) Trafic d'armes — Commet une infraction quiconque fabrique ou cède, même sans contrepartie, ou offre de fabriquer ou de céder une arme à feu, une arme prohibée, une arme à autorisation restreinte, un dispositif prohibé, des munitions ou des munitions prohibées sachant qu'il n'y est pas autorisé en vertu de la *Loi sur les armes à feu*, de toute autre loi fédérale ou de leurs règlements.

(2) Peine — Quiconque commet l'infraction prévue au paragraphe (1) est coupable d'un acte criminel passible d'un emprisonnement maximal de dix ans, la peine minimale étant de un an.

L.C. 1995, ch. 39, art. 139.

100. (1) Possession en vue de faire le trafic d'armes — Commet une infraction quiconque a en sa possession une arme à feu, une arme prohibée, une arme à autorisation restreinte, un dispositif prohibé, des munitions ou des munitions prohibées en vue de les céder, même sans contrepartie, ou d'offrir de les céder, sachant qu'il n'y est pas autorisé en vertu de la *Loi sur les armes à feu*, de toute autre loi fédérale ou de leurs règlements.

(2) Peine — Quiconque commet l'infraction prévue au paragraphe (1) est coupable d'un acte criminel passible d'un emprisonnement maximal de dix ans, la peine minimale étant de un an.

L.R.C. 1985, ch. 11 (1er suppl.), art. 2; ch. 27 (1er suppl.), art. 14, 203; ch. 27 (2e suppl.), art. 10; ch. 1 (4e suppl.), art. 18; L.C. 1990, ch. 16, art. 2; ch. 17, art. 8; 1991, ch. 40, art. 12;

1992, ch. 51, art. 33; 1993, ch. 28, ann. III, art. 27; 1995, ch. 22, art. 10 et 18, ch. 39, art. 139; 1996, ch. 19, art. 65; 1999, ch. 3, art. 12, 26.

101. (1) Cession illégale — Commet une infraction quiconque cède une arme à feu, une arme prohibée, une arme à autorisation restreinte, un dispositif prohibé, des munitions ou des munitions prohibées à une personne sans y être autorisé en vertu de la *Loi sur les armes à feu*, de toute autre loi fédérale ou de leurs règlements.

(2) Peine — Quiconque commet l'infraction prévue au paragraphe (1) est coupable :

   a) soit d'un acte criminel passible d'un emprisonnement maximal de cinq ans;

   b) soit d'une infraction punissable sur déclaration de culpabilité par procédure sommaire.

L.C. 1991, ch. 40, art. 13; L.C. 1995, ch. 39, art. 139.

Infraction relative à l'assemblage

102. (1) Fabrication d'une arme automatique — Commet une infraction quiconque, sans excuse légitime, modifie ou fabrique une arme à feu de façon à ce qu'elle puisse tirer rapidement plusieurs projectiles à chaque pression de la détente ou assemble des pièces d'armes à feu en vue d'obtenir une telle arme.

(2) Peine — Quiconque commet l'infraction prévue au paragraphe (1) est coupable :

   a) soit d'un acte criminel passible d'un emprisonnement maximal de dix ans, la peine minimale étant de un an;

   b) soit d'une infraction punissable, sur déclaration de culpabilité par procédure sommaire, d'un emprisonnement maximal de un an.

L.R.C. 1985, ch. 27 (1er suppl.), art. 203; L.C. 1991, ch. 28, art. 9; ch. 40, art. 14; 1995, ch. 39, art. 139.

Infractions relatives à l'importation ou l'exportation

103. (1) Importation ou exportation non autorisées — infraction délibérée — Commet une infraction quiconque, sachant qu'il n'y est pas autorisé en vertu de la *Loi sur les armes à feu*, de toute autre loi fédérale ou de leurs règlements, importe ou exporte :

   a) soit une arme à feu, une arme prohibée, une arme à autorisation restreinte, un dispositif prohibé ou des munitions prohibées;

   b) soit quelque élément ou pièce conçu exclusivement pour être utilisé dans la fabrication ou l'assemblage d'armes automatiques.

(2) Peine — Quiconque commet l'infraction prévue au paragraphe (1) est coupable d'un acte criminel passible d'un emprisonnement maximal de dix ans, la peine minimale étant de un an.

(3) Intervention du procureur général du Canada — Le gouvernement du Canada, ou un agent agissant en son nom, peut intenter des poursuites à l'égard de l'infraction visée au paragraphe (1).

L.R.C. 1985, ch. 27 (1er suppl.), art. 203; L.C. 1991, ch. 40, art. 15; 1995, ch. 39, art. 139.

104. (1) Importation ou exportation non autorisées — Commet une infraction quiconque, sans y être autorisé en vertu de la *Loi sur les armes à feu*, de toute autre loi fédérale ou de leurs règlements, importe ou exporte :

a) soit une arme à feu, une arme prohibée, une arme à autorisation restreinte, un dispositif prohibé ou des munitions prohibées;

b) soit quelque élément ou pièce conçu exclusivement pour être utilisé dans la fabrication ou l'assemblage d'armes automatiques.

(2) Peine — Quiconque commet l'infraction prévue au paragraphe (1) est coupable :

a) soit d'un acte criminel passible d'un emprisonnement maximal de cinq ans;

b) soit d'une infraction punissable sur déclaration de culpabilité par procédure sommaire.

(3) Intervention du procureur général du Canada — Le gouvernement du Canada, ou un agent agissant en son nom, peut intenter des poursuites à l'égard de l'infraction visée au paragraphe (1).

L.C. 1991, ch. 40, art. 16; 1995, ch. 39, art. 139.

Infractions relatives aux armes perdues, volées, trouvées, détruites ou maquillées

105. (1) Armes perdues, volées ou trouvées — Commet une infraction quiconque :

a) ayant perdu ou s'étant fait voler une arme à feu, une arme prohibée, une arme à autorisation restreinte, un dispositif prohibé, des munitions prohibées, une autorisation, un permis ou un certificat d'enregistrement, omet de signaler, avec une diligence raisonnable, la perte ou le vol à un agent de la paix, à un préposé aux armes à feu ou au contrôleur des armes à feu;

b) après avoir trouvé une arme à feu, une arme prohibée, une arme à autorisation restreinte, un dispositif prohibé ou des munitions prohibées, qu'il croit pour des motifs raisonnables avoir été perdus ou abandonnés, omet de les remettre, avec une diligence raisonnable, à un agent de la paix, à un préposé aux armes à feu ou au contrôleur des armes à feu ou de signaler à une telle personne qu'il les a trouvés.

(2) Peine — Quiconque commet l'infraction prévue au paragraphe (1) est coupable :

a) soit d'un acte criminel passible d'un emprisonnement maximal de cinq ans;

b) soit d'une infraction punissable sur déclaration de culpabilité par procédure sommaire.

L.C. 1991, ch. 28, art. 10; ch. 40, art. 18 et 39; 1994, ch. 44, art. 7; 1995, ch. 39, art. 139, 164.

106. (1) Destruction — Commet une infraction quiconque après avoir détruit une arme à feu, une arme prohibée, une arme à autorisation restreinte, un dispositif prohibé ou des munitions prohibées ou après s'être rendu compte que de tels objets, auparavant en sa possession, ont été détruits, omet de signaler, avec une diligence raisonnable, leur destruction à un agent de la paix, à un préposé aux armes à feu ou au contrôleur des armes à feu.

(2) Peine — Quiconque commet l'infraction prévue au paragraphe (1) est coupable :

a) soit d'un acte criminel passible d'un emprisonnement maximal de cinq ans;

b) soit d'une infraction punissable sur déclaration de culpabilité par procédure sommaire.

L.R.C. 1985, ch. 27 (1er suppl.), art. 203; L.C. 1991, ch. 40, art. 19; 1995, ch. 22, art. 10; 1995, ch. 39, art. 139.

107. (1) Fausse déclaration — Commet une infraction quiconque fait sciemment une fausse déclaration à un agent de la paix, à un préposé aux armes à feu ou au contrôleur des armes à feu concernant la perte, le vol ou la destruction d'une arme à feu, d'une arme prohibée, d'une arme à autorisation restreinte, d'un dispositif prohibé, de munitions prohibées, d'une autorisation, d'un permis ou d'un certificat d'enregistrement.

(2) Peine — Quiconque commet l'infraction prévue au paragraphe (1) est coupable :

a) soit d'un acte criminel passible d'un emprisonnement maximal de cinq ans;

b) soit d'une infraction punissable sur déclaration de culpabilité par procédure sommaire.

(3) Définition de « déclaration » — Au présent article, « **déclaration** » s'entend d'une assertion de fait, d'opinion, de croyance ou de connaissance, qu'elle soit essentielle ou non et qu'elle soit admissible en preuve ou non.

L.C. 1991, ch. 40, art. 20; 1995, ch. 39, art. 139.

108. (1) Modification du numéro de série — Commet une infraction quiconque, sans excuse légitime dont la preuve lui incombe :

a) soit modifie, maquille ou efface un numéro de série sur une arme à feu;

b) soit a en sa possession une arme à feu sachant que son numéro de série a été modifié, maquillé ou effacé.

(2) Peine — Quiconque commet l'infraction prévue au paragraphe (1) est coupable :

a) soit d'un acte criminel passible d'un emprisonnement maximal de cinq ans;

b) soit d'une infraction punissable sur déclaration de culpabilité par procédure sommaire.

(3) Exception — Nul ne peut être reconnu coupable d'une infraction visée à l'alinéa (1)*b*) du seul fait de la possession d'une arme à feu dont le numéro de série a été modifié, maquillé ou effacé, si ce numéro a été remplacé et qu'un certificat d'enregistrement mentionnant le nouveau numéro de série a été délivré à l'égard de cette arme.

(4) Preuve — Dans toute poursuite intentée dans le cadre du paragraphe (1), la possession d'une arme à feu dont le numéro de série a été effacé en totalité ou en partie autrement que par l'usure normale fait foi, sauf preuve contraire, de la connaissance par le possesseur de l'arme du fait que ce numéro a été modifié, maquillé ou effacé.

L.C. 1991, ch. 40, art. 20; 1995, ch. 39, art. 139.

Ordonnance d'interdiction

109. (1) Ordonnance d'interdiction obligatoire — Le tribunal doit, en plus de toute autre peine qu'il lui inflige ou de toute autre condition qu'il lui impose dans l'ordonnance d'absolution, rendre une ordonnance interdisant au contrevenant d'avoir en sa possession des armes à feu, arbalètes, armes prohibées, armes à autorisation restreinte, dispositifs prohibés, munitions, munitions prohibées et substances explosives pour la période fixée en application des paragraphes (2) ou (3), lorsqu'il le déclare coupable ou l'absout en vertu de l'article 730, selon le cas :

a) d'un acte criminel passible d'une peine maximale d'emprisonnement égale ou supérieure à dix ans et perpétré avec usage, tentative ou menace de violence contre autrui;

b) d'une infraction visée aux paragraphes 85(1) (usage d'une arme à feu lors de la perpétration d'une infraction), 85(2) (usage d'une fausse arme à feu lors de la perpétration d'une infraction), 95(1) (possession d'une arme à feu prohibée ou à autorisation restreinte avec des munitions), 99(1) (trafic d'armes), 100(1) (possession en vue de faire le trafic d'armes), 102(1) (fabrication d'une arme automatique), 103(1) (importation ou exportation non autorisées — infraction délibérée) ou à l'article 264 (harcèlement criminel);

c) d'une infraction aux paragraphes 5(3) ou (4) ou 6(3) ou 7(2) de la *Loi réglementant certaines drogues et autres substances*;

d) d'une infraction relative à une arme à feu, une arbalète, une arme prohibée, une arme à autorisation restreinte, un dispositif prohibé, des munitions, des munitions prohibées ou des substances explosives, perpétrée alors que celui-ci était sous le coup d'une ordonnance, rendue en vertu de la présente loi ou de toute autre loi fédérale, lui en interdisant la possession.

(2) Durée de l'ordonnance — première infraction — En cas de condamnation ou d'absolution du contrevenant pour une première infraction, l'ordonnance interdit au contrevenant d'avoir en sa possession :

a) des armes à feu — autres que des armes à feu prohibées ou des armes à feu à autorisation restreinte — , arbalètes, armes à autorisation restreinte, munitions et substances explosives pour une période commençant à la date de l'ordonnance et se terminant au plus tôt dix ans après sa libération ou, s'il n'est pas emprisonné ni passible d'emprisonnement, après sa déclaration de culpabilité ou son absolution;

b) des armes à feu prohibées, armes à feu à autorisation restreinte, armes prohibées, dispositifs prohibés et munitions prohibées, et ce à perpétuité.

(3) Durée de l'ordonnance — récidives — Dans tous les cas autres que ceux visés au paragraphe (2), l'interdiction est perpétuelle.

(4) Définition de « libération » — À l'alinéa (2)*a)*, « **libération** » s'entend de l'élargissement entraîné par l'expiration de la peine ou le début soit de la libération d'office soit d'une libération conditionnelle.

(5) Application des articles 113 à 117 — Les articles 113 à 117 s'appliquent à l'ordonnance rendue en application du paragraphe (1).

L.R.C. 1985, ch. 27 (1er suppl.), art. 185, ann. III, n° 3; L.C. 1991, ch. 40, art. 21; 1995, ch. 39, art. 139, 188 et 190; 1996, ch. 19, art. 65.1.

109.1 [Abrogé, L.C. 1995, ch. 39, art. 139.]

110. (1) Ordonnance d'interdiction discrétionnaire — Le tribunal doit, s'il en arrive à la conclusion qu'il est souhaitable pour la sécurité du contrevenant ou pour celle d'autrui de le faire, en plus de toute autre peine qu'il lui inflige ou de toute autre condition qu'il lui impose dans l'ordonnance d'absolution, rendre une ordonnance lui interdisant d'avoir en sa possession des armes à feu, arbalètes, armes prohibées, armes à autorisation restreinte, dispositifs prohibés, munitions, munitions prohibées et substances explosives, ou l'un ou plusieurs de ces objets, lorsqu'il le déclare coupable ou l'absout en vertu de l'article 730 :

a) soit d'une infraction, autre que celle visée aux alinéas 109(1)*a)*, *b)* ou *c)*, perpétrée avec usage, tentative ou menace de violence contre autrui;

b) soit d'une infraction relative à une arme à feu, une arbalète, une arme prohibée, une arme à autorisation restreinte, un dispositif prohibé, des munitions, des munitions prohibées ou des substances explosives, perpétrée alors que celui-ci n'est pas sous le coup d'une ordonnance, rendue en vertu de la présente loi ou de toute autre loi fédérale, lui en interdisant la possession.

(2) Durée de l'ordonnance — Le cas échéant, la période d'interdiction — commençant sur-le-champ — expire au plus tard dix ans après la libération du contrevenant ou, s'il n'est pas emprisonné ni passible d'emprisonnement, après sa déclaration de culpabilité ou son absolution.

(3) Motifs — S'il ne rend pas d'ordonnance ou s'il en rend une dont l'interdiction ne vise pas tous les objets visés au paragraphe (1), le tribunal est tenu de donner ses motifs, qui sont consignés au dossier de l'instance.

(4) Définition de « libération » — Au paragraphe (2), **« libération »** s'entend de l'élargissement entraîné par l'expiration de la peine ou le début soit de libération d'office soit d'une libération conditionnelle.

(5) Application des articles 113 à 117 — Les articles 113 à 117 s'appliquent à l'ordonnance rendue en application du paragraphe (1).

L.C. 1991, ch. 40, art. 23 et 40; 1995, ch. 39, art. 139, 190.

111. (1) Demande d'une ordonnance d'interdiction — L'agent de la paix, le préposé aux armes à feu ou le contrôleur des armes à feu peut demander à un juge de la cour provinciale de rendre une ordonnance interdisant à une personne d'avoir en sa possession des armes à feu, arbalètes, armes prohibées, armes à autorisation restreinte, dispositifs prohibés, munitions, munitions prohibées et substances explosives, ou l'un ou plusieurs de ces objets, s'il a des motifs raisonnables de croire qu'il ne serait pas souhaitable pour la sécurité de qui que ce soit que celle-ci soit autorisée à les avoir en sa possession.

(2) Date d'audition et avis — Sur réception de la demande, le juge fixe la date à laquelle il l'entendra et ordonne que la personne visée par l'interdiction demandée en soit avisée de la manière qu'il indique.

(3) Audition de la demande — Sous réserve du paragraphe (4), à l'audition, le juge prend connaissance de tout élément de preuve pertinent que présentent l'auteur de la demande et la personne visée par celle-ci, ou leurs procureurs.

(4) Audition *ex parte* — Il peut entendre *ex parte* la demande et la trancher en l'absence de la personne visée par la demande, dans les cas où les cours des poursuites sommaires peuvent, en vertu de la partie XXVII tenir le procès en l'absence du défendeur.

(5) Ordonnance d'interdiction — Si, au terme de l'audition, il est convaincu de l'existence des motifs visés au paragraphe (1), le juge rend une ordonnance interdisant à la personne visée d'avoir en sa possession des armes à feu, arbalètes, armes prohibées, armes à autorisation restreinte, dispositifs prohibés, munitions, munitions prohibées et substances explosives, ou l'un ou plusieurs de ces objets, pour la période prévue dans l'ordonnance, qui est d'au plus cinq ans à compter de la date où elle est rendue.

(6) Motifs — S'il ne rend pas d'ordonnance ou s'il en rend une dont l'interdiction ne vise pas tous les objets prévus au paragraphe (1), le juge est tenu de donner ses motifs, qui sont consignés au dossier de l'instance.

(7) Application des articles 113 à 117 — Les articles 113 à 117 s'appliquent à l'ordonnance rendue en application du paragraphe (5).

(8) Appel d'une ordonnance — La personne visée par l'ordonnance d'interdiction et le procureur général peuvent en interjeter appel devant la cour supérieure.

(9) Appel du refus de rendre une ordonnance — Lorsque le juge de la cour provinciale ne rend pas l'ordonnance d'interdiction, le procureur général peut interjeter appel de cette décision devant la cour supérieure.

(10) Application de la partie XXVII — La partie XXVII, sauf les articles 785 à 812, 816 à 819 et 829 à 838, s'applique, avec les adaptations nécessaires, aux appels interjetés en application des paragraphes (8) ou (9) et la mention de la cour d'appel dans cette partie vaut celle de la cour supérieure.

(11) Définition de « juge de la cour provinciale » — Au présent article et aux articles 112, 117.011 et 117.012, **« juge de la cour provinciale »** s'entend d'un juge de la cour provinciale compétent dans la circonscription territoriale où réside la personne visée par l'ordonnance demandée.

L.C. 1991, ch. 40, art. 24; 1995, ch. 39, art. 139.

112. Révocation de l'ordonnance prévue au paragraphe 111(5) — Le juge de la cour provinciale peut, sur demande de la personne visée par une ordonnance d'interdiction rendue en application du paragraphe 111(5), révoquer l'ordonnance lorsqu'il est convaincu qu'elle n'est plus justifiée eu égard aux circonstances.

L.R.C. 1985, ch. 27 (1er suppl.), art. 203; L.C. 1991, ch. 40, art. 25 et 26; 1995, ch. 39, art. 139.

113. (1) Levée de l'interdiction — La juridiction compétente peut rendre une ordonnance autorisant le contrôleur des armes à feu ou le directeur à délivrer à une personne qui est ou sera visée par une ordonnance d'interdiction, une autorisation, un permis ou un certificat d'enregistrement, selon le cas, aux conditions qu'elle estime indiquées, si cette personne la convainc :

a) soit de la nécessité pour elle de posséder une arme à feu ou une arme à autorisation restreinte pour chasser, notamment à la trappe, afin d'assurer sa subsistance ou celle de sa famille;

b) soit du fait que l'ordonnance d'interdiction équivaudrait à une interdiction de travailler dans son seul domaine possible d'emploi.

(2) Critères — La juridiction compétente peut rendre l'ordonnance après avoir tenu compte :

a) du casier judiciaire de cette personne, s'il y a lieu;

b) le cas échéant, de la nature de l'infraction à l'origine de l'ordonnance d'interdiction et des circonstances dans lesquelles elle a été commise;

c) de la sécurité de toute personne.

(3) Conséquences de l'ordonnance — Une fois l'ordonnance rendue :

a) la personne visée par celle-ci ne peut se voir refuser la délivrance d'une autorisation, d'un permis ou d'un certificat d'enregistrement du seul fait qu'elle est sous le coup d'une ordonnance d'interdiction ou a perpétré une infraction à l'origine d'une telle ordonnance;

b) l'autorisation ou le permis ne peut être délivré, pour la durée de l'ordonnance, qu'aux seules fins de subsistance ou d'emploi et, s'il y a lieu, qu'en conformité avec les conditions de l'ordonnance, étant entendu qu'il peut être assorti de toute autre condition fixée par le contrôleur des armes à feu, qui n'est pas incompatible avec ces fins et conditions.

(4) Quand l'ordonnance peut être rendue — Il demeure entendu que l'ordonnance peut être rendue lorsque les procédures sont engagées en application des paragraphes 109(1), 110(1), 111(5), 117.05(4) ou 515(2), de l'alinéa 732.1(3)*d*) ou du paragraphe 810(3).

(5) Sens de « juridiction compétente » — Au présent article, **« juridiction compétente »** s'entend de la juridiction qui a rendu l'ordonnance d'interdiction ou a la compétence pour la rendre.

L.C. 1995, ch. 22, art. 10, ch. 39, art. 139, 190.

114. Remise obligatoire — La juridiction qui rend une ordonnance d'interdiction peut l'assortir d'une obligation pour la personne visée de remettre à un agent de la paix, à un préposé aux armes à feu ou au contrôleur des armes à feu :

a) tout objet visé par l'interdiction en sa possession à la date de l'ordonnance;

b) les autorisations, permis et certificats d'enregistrement — dont elle est titulaire à la date de l'ordonnance — afférents à ces objets.

Le cas échéant, l'ordonnance prévoit un délai raisonnable pour remettre les objets et les documents, durant lequel l'article 117.01 ne s'applique pas à cette personne.

L.R.C. 1985, ch. 27 (1er suppl.), art. 203; 1995, ch. 22, art. 10; 1995, ch. 39, art. 139.

115. (1) Confiscation — Sauf indication contraire de l'ordonnance d'interdiction, les objets visés par celle-ci qui, à la date de l'ordonnance, sont en la possession de l'intéressé sont confisqués au profit de Sa Majesté.

(2) Disposition — Le cas échéant, il peut en être disposé selon les instructions du procureur général.

L.C. 1995, ch. 39, art. 139.

116. Révocation ou modification des autorisations ou autres documents — Toute ordonnance d'interdiction emporte sans délai la révocation ou la modification — dans la mesure qu'elle précise — des autorisations, permis et certificats d'enregistrement délivrés à la personne visée par celle-ci et afférents aux objets visés par l'interdiction.

L.C. 1991, ch. 28, art. 11, ch. 40, art. 28 et 41; 1995, ch. 39, art. 139.

117. Restitution au propriétaire — La juridiction qui a rendu l'ordonnance d'interdiction ou qui aurait eu compétence pour le faire doit ordonner que les objets confisqués en application du paragraphe 115(1) ou susceptibles de l'être soient rendus à un tiers qui lui en fait la demande ou que le produit de leur vente soit versé à ce dernier ou, si les objets ont été détruits, qu'une somme égale à leur valeur lui soit versée, si elle est convaincue :

a) que celui-ci est le propriétaire légitime de ces objets et qu'il peut légalement les avoir en sa possession;

b) dans le cas d'une ordonnance rendue en application des paragraphes 109(1) ou 110(1), que celui-ci n'avait aucun motif raisonnable de croire que ces objets seraient ou pourraient être employés pour la perpétration de l'infraction à l'origine de l'ordonnance d'interdiction.

L.C. 1991, ch. 40, art. 29; 1995, ch. 39, art. 139.

117.01 (1) Contravention d'une ordonnance d'interdiction — Sous réserve du paragraphe (4), commet une infraction quiconque a en sa possession une arme à feu, une arbalète, une arme prohibée, une arme à autorisation restreinte, un dispositif prohibé, des munitions, des munitions prohibées ou des substances explosives pendant que cela lui est interdit par une ordonnance rendue sous le régime de la présente loi ou de toute autre loi fédérale.

(2) Défaut de remettre les autorisations ou autres documents — Commet une infraction quiconque sciemment n'exécute pas l'obligation que lui impose une ordonnance rendue sous le régime de la présente loi ou de toute autre loi fédérale de remettre à un agent de la paix, à un préposé aux armes à feu ou au contrôleur des armes à feu une autorisation, un permis ou un certificat d'enregistrement dont il est titulaire.

(3) Peine — Quiconque commet l'infraction prévue au paragraphe (1) ou (2) est coupable :

a) soit d'un acte criminel passible d'un emprisonnement maximal de dix ans;

b) soit d'une infraction punissable sur déclaration de culpabilité par procédure sommaire.

(4) Réserve — Le paragraphe (1) ne s'applique pas à une personne qui, conformément à une autorisation ou un permis qui lui a été délivré en vertu d'une ordonnance rendue en application du paragraphe 113(1), a en sa possession une arme à feu.

L.C. 1995, ch. 39, art. 139.

Ordonnance de restriction

117.011 (1) Demande d'ordonnance — L'agent de la paix, le préposé aux armes à feu ou le contrôleur des armes à feu peut demander à un juge de la cour provinciale de rendre une ordonnance en vertu du présent article s'il a des motifs raisonnables de croire que la personne visée par la demande habite ou a des rapports avec un particulier qui est sous le coup d'une ordonnance, rendue en vertu de la présente loi ou de toute autre loi fédérale, lui interdisant d'avoir en sa possession des armes à feu, arbalètes, armes prohibées, armes à autorisation restreinte, dispositifs prohibés, munitions, munitions prohibées et substances explosives, ou l'un ou plusieurs de ces objets, et qui aurait ou pourrait avoir accès à de tels objets que celle-ci a en sa possession.

(2) Date d'audition et avis — Sur réception de la demande, le juge fixe la date à laquelle il l'entendra et ordonne que la personne visée par la demande en soit avisée de la manière qu'il indique.

(3) Audition de la demande — Sous réserve du paragraphe (4), le juge prend connaissance, à l'audition, de tout élément de preuve pertinent que présentent l'auteur de la demande et la personne visée par celle-ci, ou leurs procureurs.

(4) Audition *ex parte* — Il peut entendre *ex parte* la demande et la trancher en l'absence de la personne visée par la demande dans les cas où les cours des poursuites sommaires peuvent, en vertu de la partie XXVII, tenir le procès en l'absence du défendeur.

(5) Ordonnance — Si, au terme de l'audition, il est convaincu de l'existence des motifs visés au paragraphe (1), le juge rend une ordonnance imposant à la personne visée les conditions qu'il estime indiquées relativement à l'utilisation ou à la possession de tout objet visé à ce paragraphe.

(6) Conditions — Toutefois, compte tenu de l'objet de l'ordonnance, le juge impose des conditions aussi libérales que possible.

(7) Appel d'une ordonnance — La personne visée par l'ordonnance et le procureur général peuvent en interjeter appel devant la cour supérieure.

(8) Appel du refus de rendre une ordonnance — Lorsque le juge de la cour provinciale ne rend pas l'ordonnance, le procureur général peut interjeter appel de cette décision devant la cour supérieure.

(9) Application de la partie XXVII — La partie XXVII, sauf les articles 785 à 812, 816 à 819 et 829 à 838, s'applique, avec les adaptations nécessaires, aux appels interjetés en application des paragraphes (7) ou (8) et la mention de la cour d'appel dans cette partie vaut celle de la cour supérieure.

L.C. 1995, ch. 39, art. 139.

117.012 Révocation de l'ordonnance prévue à l'article 117.011 — Le juge de la cour provinciale peut, sur demande de la personne visée par une ordonnance rendue en application du paragraphe 117.011(5), révoquer l'ordonnance lorsqu'il est convaincu qu'elle n'est plus justifiée eu égard aux circonstances.

L.C. 1995, ch. 39, art. 139.

Perquisition et saisie

117.02 (1) Perquisition et saisie sans mandat en cas d'infraction — Lorsqu'il a des motifs raisonnables de croire à la perpétration d'une infraction avec usage d'une arme, d'une fausse arme à feu, d'un dispositif prohibé, de munitions, de munitions prohibées ou de substances explosives ou d'une infraction à la présente loi relative à une arme à feu, une fausse arme à feu, une arbalète, une arme prohibée, une arme à autorisation restreinte, un dispositif prohibé, des munitions, des munitions prohibées ou des substances explosives et de croire qu'une preuve de celle-ci peut être trouvée sur une personne, dans un véhicule ou en tout lieu, sauf une maison d'habitation, l'agent de la paix, lorsque l'urgence de la situation rend difficilement réalisable l'obtention d'un mandat et que les conditions de délivrance de celui-ci sont réunies, peut, sans mandat, fouiller la personne ou le véhicule, perquisitionner dans ce lieu et saisir tout objet au moyen ou au sujet duquel il a des motifs raisonnables de croire que l'infraction est perpétrée ou l'a été.

(2) Disposition des objets saisis — Il est disposé conformément aux articles 490 et 491 des objets saisis.

L.C. 1995, ch. 39, art. 139.

117.03 (1) Saisie à défaut de présenter les documents — Par dérogation à l'article 117.02, lorsqu'il trouve une personne qui a en sa possession une arme à feu, une arme prohibée, une arme à autorisation restreinte, un dispositif prohibé ou des munitions prohibées et qui est incapable de lui présenter sur-le-champ pour examen une autorisation ou un permis qui l'y autorise, en plus, s'il s'agit d'une arme à feu, du certificat d'enregistrement de l'arme, l'agent de la paix peut saisir ces objets, à moins que la présente partie n'y autorise en l'espèce cette personne ou que celle-ci soit sous la surveillance directe d'une personne pouvant légalement les avoir en sa possession.

(2) Remise des objets saisis sur présentation des documents — Ces objets doivent être remis sans délai au saisi, s'il les réclame dans les quatorze jours et présente à l'agent de la paix qui les a saisis ou en a la garde l'autorisation ou le permis qui l'autorise à en avoir la possession légale, en plus, s'il s'agit d'une arme à feu, du certificat d'enregistrement de l'arme.

(3) Confiscation — L'agent de la paix remet sans délai les objets saisis non restitués à un juge de la cour provinciale qui peut, après avoir donné au saisi — ou au
propriétaire, s'il est connu — l'occasion d'établir son droit de les avoir en sa possession, déclarer qu'ils sont confisqués au profit de Sa Majesté et qu'il en sera disposé conformément aux instructions du procureur général.

L.C. 1995, ch. 39, art. 139.

117.04 (1) Demande de mandat de perquisition — Le juge de paix peut, sur
demande d'un agent de la paix, délivrer un mandat de perquisition autorisant la
saisie des armes, dispositifs prohibés, munitions, munitions prohibées ou substances
explosives en la possession d'une personne, de même que les autorisations, permis
ou certificats d'enregistrement — dont elle est titulaire — afférents à ces objets,
lorsqu'il est convaincu qu'il existe des motifs raisonnables de croire qu'il n'est pas
souhaitable pour la sécurité de cette personne, ou pour celle d'autrui, de lui laisser
ces objets.

(2) Saisie sans mandat — Lorsque les conditions pour l'obtention du mandat
sont réunies mais que l'urgence de la situation, suscitée par les risques pour la sécurité de cette personne ou pour celle d'autrui, la rend difficilement réalisable, l'agent
de la paix peut, sans mandat, perquisitionner et saisir les armes, dispositifs prohibés,
munitions, munitions prohibées ou substances explosives dont une personne a la
possession, de même que les autorisations, permis ou certificats d'enregistrement — dont la personne est titulaire — afférents à ces objets, lorsqu'il est convaincu qu'il existe des motifs raisonnables de croire qu'il n'est pas souhaitable pour
la sécurité de celle-ci, ni pour celle d'autrui, de lui laisser ces objets.

(3) Rapport du mandat au juge de paix — L'agent de la paix présente, immédiatement soit après l'exécution du mandat visé au paragraphe (1), soit après la
saisie effectuée sans mandat en vertu du paragraphe (2), au juge de paix qui a délivré le mandat ou qui aurait eu compétence pour le faire un rapport précisant, outre
les objets ou les documents saisis, le cas échéant, la date d'exécution du mandat ou
les motifs ayant justifié la saisie sans mandat, selon le cas.

(4) Révocation des autorisations, permis et certificats — Les autorisations, permis et certificats d'enregistrement afférents aux objets en cause dont le
saisi est titulaire sont révoqués de plein droit lorsque l'agent de la paix n'est pas en
mesure de les saisir dans le cadre des paragraphes (1) ou (2).

L.C. 1995, ch. 39, art. 139.

**117.05 (1) Demande d'une ordonnance pour disposer des objets sai-
sis** — Lorsque l'agent de la paix sollicite, dans les trente jours suivant la date de
l'exécution du mandat ou de la saisie sans mandat, une ordonnance de disposition
des objets et des documents saisis en vertu des paragraphes 117.04(1) ou (2), le juge
de paix qui l'a délivré, ou celui qui aurait eu compétence pour le faire, peut rendre
une telle ordonnance; il fixe la date d'audition de la demande et ordonne que soient
avisées les personnes qu'il désigne, de la manière qu'il détermine.

(2) Audition *ex parte* — Le juge peut entendre *ex parte* la demande et la trancher en l'absence de la personne visée par l'ordonnance, dans les cas où les cours des poursuites sommaires peuvent, en vertu de la partie XXVII, tenir le procès en l'absence du défendeur.

(3) Audition de la demande — À l'audition de la demande, il prend connaissance de tous les éléments de preuve pertinents, notamment quant à la valeur des objets saisis.

(4) Conclusion et ordonnance du tribunal — Le juge qui, au terme de l'audition de la demande, conclut qu'il n'est pas souhaitable pour la sécurité du saisi, ni pour celle d'autrui, qu'il ait en sa possession des armes, dispositifs prohibés, munitions, munitions prohibées et substances explosives, ou l'un ou plusieurs de ces objets, doit :

    a) ordonner que les objets saisis soient confisqués au profit de Sa Majesté ou qu'il en soit autrement disposé;

    b) lorsqu'il est convaincu que les circonstances le justifient, interdire à celui-ci d'avoir en sa possession de tels objets pour une période d'au plus cinq ans à compter de la date de l'ordonnance.

(5) Motifs — S'il ne rend pas d'ordonnance ou s'il en rend une dont l'interdiction ne vise pas tous les objets visés au paragraphe (4), le juge est tenu de donner ses motifs, qui sont consignés au dossier de l'instance.

(6) Application des articles 113 à 117 — Les article 113 à 117 s'appliquent à l'ordonnance visée au paragraphe (4).

(7) Appel de la personne visée par l'ordonnance — La personne visée par l'ordonnance peut en interjeter appel devant la cour supérieure.

(8) Appel du procureur général — Dans les cas où le juge de paix, après avoir entendu la demande visée au paragraphe (1), ne conclut pas dans le sens indiqué au paragraphe (4) ou, s'il le fait, lorsqu'il ne rend pas l'ordonnance d'interdiction prévue à l'alinéa (4)*b*), le procureur général peut interjeter appel du défaut devant la cour supérieure.

(9) Application de la partie XXVII — La partie XXVII, sauf les articles 785 à 812, 816 à 819 et 829 à 838, s'applique, avec les adaptations nécessaires, aux appels interjetés en application des paragraphes (7) ou (8) et la mention de la cour d'appel dans cette partie vaut celle de la cour supérieure.

L.C. 1995, ch. 39, art. 139.

117.06 (1) Absence de demande ou de conclusion — Les objets ou documents saisis en vertu des paragraphes 117.04(1) ou (2) doivent être remis au saisi dans les cas suivants :

a) aucune demande n'est présentée en vertu du paragraphe 117.05(1) dans les trente jours qui suivent la date d'exécution du mandat ou de la saisie sans mandat, selon le cas;

b) la demande visée au paragraphe 117.05(1) est présentée dans le délai prévu à l'alinéa *a)*, mais le juge de paix ne conclut pas dans le sens indiqué au paragraphe 117.05(4).

(2) Rétablissement des autorisations et autres documents — Le juge de paix visé à l'alinéa (1)*b)* peut renverser la révocation visée au paragraphe 117.04(4) et rétablir la validité d'une autorisation, d'un permis ou d'un certificat d'enregistrement, selon le cas, lorsque, en vertu du paragraphe (1), les objets ont été remis au saisi.

L.C. 1995, ch. 39, art. 139.

Dispenses

117.07 (1) Fonctionnaires publics — Par dérogation aux autres dispositions de la présente loi, mais sous réserve de l'article 117.1, un fonctionnaire public n'est pas coupable d'une infraction à la présente loi ou à la *Loi sur les armes à feu* du seul fait que, dans le cadre de ses fonctions, il :

a) a en sa possession une arme à feu, une arme prohibée, une arme à autorisation restreinte, un dispositif prohibé, des munitions prohibées ou des substances explosives;

b) fabrique, cède ou offre de fabriquer ou de céder une arme à feu, une arme prohibée, une arme à autorisation restreinte, un dispositif prohibé, des munitions ou des munitions prohibées;

c) exporte ou importe une arme à feu, une arme prohibée, une arme à autorisation restreinte, un dispositif prohibé ou des munitions prohibées;

d) exporte ou importe quelque élément ou pièce conçu exclusivement pour être utilisé dans la fabrication ou l'assemblage d'armes automatiques;

e) modifie ou fabrique une arme à feu de façon à ce qu'elle puisse tirer rapidement plusieurs projectiles à chaque pression de la détente ou assemble des pièces d'armes à feu en vue d'obtenir une telle arme;

f) omet de signaler la perte, le vol ou la découverte d'une arme à feu, d'une arme prohibée, d'une arme à autorisation restreinte, d'un dispositif prohibé, de munitions, de munitions prohibées ou de substances explosives, ou la destruction de tels objets;

g) modifie le numéro de série d'une arme à feu.

(2) Définition de « fonctionnaire public » — Pour l'application du présent article, sont des fonctionnaires publics :

a) les agents de la paix;

b) les membres des Forces canadiennes ou des forces armées d'un État étranger sous les ordres de celles-ci;

c) le conservateur ou les employés d'un musée constitué par le chef d'état-major de la défense nationale;

d) les membres des organisations de cadets sous l'autorité et le commandement des Forces canadiennes;

e) les personnes qui reçoivent la formation pour devenir agents de la paix ou officiers de police sous l'autorité et la surveillance soit d'une force policière soit d'une école de police ou d'une autre institution semblable désignées par le procureur général du Canada ou par le lieutenant-gouverneur en conseil d'une province;

f) les membres des forces étrangères présentes au Canada, au sens de l'article 2 de la *Loi sur les forces étrangères présentes au Canada*, qui sont autorisés, en vertu de l'alinéa 14*a)* de cette loi, à détenir et à porter des armes à feu, munitions ou explosifs;

g) les personnes ou catégories de personnes désignées par règlement qui sont des employés des administrations publiques fédérale, provinciales ou municipales;

h) les contrôleurs des armes à feu et les préposés aux armes à feu.

L.C. 1995, ch. 39, art. 139.

117.08 Particulier agissant pour le compte des forces armées ou policières — Par dérogation aux autres dispositions de la présente loi, mais sous réserve de l'article 117.1, un particulier n'est pas coupable d'une infraction à la présente loi ou à la *Loi sur les armes à feu* du seul fait que, sous les ordres et pour le compte des forces policières, des Forces canadiennes, des forces étrangères présentes au Canada — au sens de l'article 2 de la *Loi sur les forces étrangères présentes au Canada* — ou d'un ministre fédéral ou provincial, il :

a) a en sa possession une arme à feu, une arme prohibée, une arme à autorisation restreinte, un dispositif prohibé, des munitions prohibées ou des substances explosives;

b) fabrique, cède ou offre de fabriquer ou de céder une arme à feu, une arme prohibée, une arme à autorisation restreinte, un dispositif prohibé, des munitions ou des munitions prohibées;

c) exporte ou importe une arme à feu, une arme prohibée, une arme à autorisation restreinte, un dispositif prohibé ou des munitions prohibées;

d) exporte ou importe quelque élément ou pièce conçu exclusivement pour être utilisé dans la fabrication ou l'assemblage d'armes automatiques;

e) modifie ou fabrique une arme à feu de façon à ce qu'elle puisse tirer rapidement plusieurs projectiles à chaque pression de la détente ou assemble des pièces d'armes à feu en vue d'obtenir une telle arme;

f) omet de signaler la perte, le vol ou la découverte d'une arme à feu, d'une arme prohibée, d'une arme à autorisation restreinte, d'un dispositif prohibé, de munitions, de munitions prohibées ou de substances explosives, ou la destruction de tels objets;

g) modifie le numéro de série d'une arme à feu.

L.C. 1995, ch. 39, art. 139.

117.09 (1) Employés des titulaires de permis — Par dérogation aux autres dispositions de la présente loi, mais sous réserve de l'article 117.1, un particulier titulaire d'un permis qui l'autorise à acquérir et à avoir en sa possession une arme à feu à autorisation restreinte et dont l'employeur — une entreprise au sens du paragraphe 2(1) de la *Loi sur les armes à feu* — est lui-même titulaire d'un permis l'autorisant à se livrer à des activités particulières relatives aux armes à feu prohibées, armes prohibées, dispositifs prohibés ou munitions prohibées, n'est pas coupable d'une infraction à la présente loi ou à la *Loi sur les armes à feu* du seul fait que, dans le cadre de ses fonctions en rapport à ces activités, il :

a) a en sa possession une arme à feu prohibée, une arme prohibée, un dispositif prohibé ou des munitions prohibées;

b) fabrique, cède ou offre de fabriquer ou de céder une arme prohibée, un dispositif prohibé ou des munitions prohibées;

c) modifie ou fabrique une arme à feu de façon à ce qu'elle puisse tirer rapidement plusieurs projectiles à chaque pression de la détente ou assemble des pièces d'armes à feu en vue d'obtenir une telle arme;

d) modifie le numéro de série d'une arme à feu.

(2) Employés d'une entreprise titulaire d'un permis — Par dérogation aux autres dispositions de la présente loi, mais sous réserve de l'article 117.1, un particulier dont l'employeur est une entreprise — au sens du paragraphe 2(1) de la *Loi sur les armes à feu* — titulaire d'un permis n'est pas coupable d'une infraction à la présente loi ou à cette loi du seul fait que, dans le cadre de ses fonctions, il a en sa possession, fabrique ou cède ou offre de fabriquer ou de céder une arme à feu partiellement fabriquée qui, dans son état incomplet, ne constitue pas une arme pourvue d'un canon permettant de tirer du plomb, des balles ou tout autre projectile et n'est pas susceptible d'infliger des lésions corporelles graves ou la mort à une personne.

(3) Employés des transporteurs — Par dérogation aux autres dispositions de la présente loi, mais sous réserve de l'article 117.1, un particulier dont l'employeur est un transporteur au sens du paragraphe 2(1) de la *Loi sur les armes à feu* n'est pas coupable d'une infraction à la présente loi ou à cette loi du seul fait que, dans le cadre de ses fonctions, il a en sa possession une arme à feu, une arbalète, une arme prohibée, une arme à autorisation restreinte, un dispositif prohibé, des munitions ou des munitions prohibées, ou il cède ou offre de céder de tels objets.

(4) Employés de musées — imitation d'armes à feu historiques utilisables — Par dérogation aux autres dispositions de la présente loi, mais réserve de l'article 117.1, un particulier dont l'employeur est un musée — au sens du paragraphe 2(1) de la *Loi sur les armes à feu* — titulaire d'un permis n'est pas coupable d'une infraction à la présente loi ou à la *Loi sur les armes à feu* du seul fait que, dans le cadre de ses fonctions, il a en sa possession ou cède une arme à feu conçue de façon à avoir l'apparence exacte d'une arme à feu historique — ou à la reproduire le plus fidèlement possible — ou à laquelle on a voulu donner cette apparence, s'il a reçu une formation pour le maniement et l'usage d'une telle arme à feu.

(5) Employés de musées — armes à feu — Par dérogation aux autres dispositions de la présente loi, mais sous réserve de l'article 117.1, un particulier dont l'employeur est un musée — au sens du paragraphe 2(1) de la *Loi sur les armes à feu* — titulaire d'un permis n'est pas coupable d'une infraction à la présente loi ou à la *Loi sur les armes à feu* du seul fait que, dans le cadre de ses fonctions, il a en sa possession ou cède une arme à feu, s'il est nominalement désigné par le ministre provincial visé au paragraphe 2(1) de la *Loi sur les armes à feu*.

(6) Sécurité publique — Le ministre provincial ne procède pas à la désignation d'un particulier visé au paragraphe (5) lorsqu'elle n'est pas souhaitable pour la sécurité de quiconque.

(7) Conditions — Le ministre provincial peut assortir la désignation des conditions raisonnables qu'il estime souhaitables dans les circonstances et en vue de la sécurité de quiconque.

L.C. 1995, ch. 39, art, 139.

117.1 Réserve — Les articles 117.07 à 117.09 ne s'appliquent pas aux personnes qui contreviennent à une ordonnance d'interdiction ou aux conditions d'une autorisation ou d'un permis délivré en vertu d'une ordonnance rendue en application du paragraphe 113(1).

L.C. 1995, ch. 39, art. 139.

Dispositions générales

117.11 Charge de la preuve — Dans toute poursuite intentée dans le cadre des articles 89, 90, 91, 93, 97, 101, 104 et 105, c'est au prévenu qu'il incombe éventuellement de prouver qu'une personne est titulaire d'une autorisation, d'un permis ou d'un certificat d'enregistrement.

L.C. 1995, ch. 39, art. 139.

117.12 (1) Authenticité des documents — Dans toute poursuite intentée en vertu de la présente loi ou de toute autre loi fédérale, un document présenté comme étant une autorisation, un permis ou un certificat d'enregistrement fait foi des déclarations qui y sont contenues.

(2) Copies certifiées conformes — Dans toute poursuite intentée dans le cadre de la présente loi ou de toute autre loi fédérale, toute copie d'une autorisation, d'un permis ou d'un certificat d'enregistrement certifiée conforme à l'original par le directeur ou le contrôleur des armes à feu est admissible en justice et, sauf preuve contraire, a la même force probante que l'original.

L.C. 1995, ch. 39, art. 139.

117.13 (1) Certificat d'analyse — Dans toute poursuite intentée en vertu de la présente loi ou de l'article 19 de la *Loi sur les licences d'exportation et d'importation* en rapport avec le paragraphe 15(2) de cette dernière et relative à une arme, un dispositif prohibé, des munitions, des munitions prohibées ou des substances explosives, ou quelque élément ou pièce de ceux-ci, le certificat d'un analyste où il est déclaré que celui-ci a effectué l'analyse de ces objets et où sont données ses conclusions fait foi de la nature de celle-ci sans qu'il soit nécessaire de prouver la signature ou la qualité officielle du signataire.

(2) Présence requise — La partie contre laquelle le certificat est produit peut, avec l'autorisation du tribunal, exiger que son auteur comparaisse pour qu'elle puisse le contre-interroger.

(3) Avis de production — Le certificat ne peut être admis en preuve que si la partie qui entend le produire a donné un avis raisonnable à la partie contre laquelle il doit servir ainsi qu'une copie de celui-ci.

(4) Preuve de signification — Pour l'application de la présente loi, la signification du certificat peut être prouvée par témoignage sous serment, par affidavit ou par la déclaration solennelle de la personne qui l'a faite.

(5) Présence requise pour interrogatoire — Malgré le paragraphe (4), le tribunal peut exiger la présence de l'auteur de l'affidavit ou de la déclaration solennelle visés à ce paragraphe pour qu'il soit interrogé ou contre-interrogé en rapport avec la signification.

L.C. 1995, ch. 39, art. 139.

117.14 (1) Délai d'amnistie — Le gouverneur en conseil peut, par décret, fixer aux fins visées au paragraphe (2) un délai établissant une amnistie à l'égard d'une arme, d'un dispositif prohibé, de munitions prohibées ou de substances explosives, ou de quelque élément ou pièce conçu exclusivement pour être utilisé dans la fabrication ou l'assemblage d'armes automatiques.

(2) Objet — Le décret peut déclarer une période d'amnistie pour permettre :

a) soit à une personne en possession de tout objet visé par le décret de faire toute chose qui y est mentionnée, notamment le remettre à un agent de la paix, à un préposé aux armes à feu ou au contrôleur des armes à feu, l'enregistrer ou en disposer par destruction ou autrement;

b) soit que des modifications soient apportées à ces objets, de façon à ce qu'ils ne soient plus des armes à feu prohibés, des armes prohibées, des dispositifs prohibés ou des munitions prohibées, selon le cas.

(3) Acte non répréhensible — La personne qui, au cours de la période d'amnistie, agit conformément au décret ne peut, de ce seul fait, être coupable d'une infraction à la présente partie.

(4) Nullité des poursuites — Il ne peut, sous peine de nullité, être intenté de poursuite dans le cadre de la présente partie contre une personne ayant agi en conformité avec le présent article.

L.C. 1995, ch. 39, art. 139.

117.15 (1) Règlements — Sous réserve du paragraphe (2), le gouverneur en conseil peut, par règlement, prendre toute mesure d'ordre réglementaire prévue ou pouvant être prévue par la présente partie.

(2) Restriction — Le gouverneur en conseil ne peut désigner par règlement comme arme à feu prohibée, arme à feu à autorisation restreinte, arme prohibée, arme à autorisation restreinte, dispositif prohibé ou munitions prohibées toute chose qui, à son avis, peut raisonnablement être utilisée au Canada pour la chasse ou le sport.

L.C. 1995, ch. 39, art. 139.

PARTIE IV — INFRACTIONS CONTRE L'APPLICATION DE LA LOI ET L'ADMINISTRATION DE LA JUSTICE

Définitions

118. Définitions — Les définitions qui suivent s'appliquent à la présente partie.

« **charge** » ou « **emploi** » S'entend notamment :

a) d'une charge ou fonction sous l'autorité du gouvernement;

b) d'une commission civile ou militaire;

c) d'un poste ou emploi dans un ministère public.

« fonctionnaire » Personne qui, selon le cas :

    a) détient une charge ou un emploi;

    b) est nommée pour remplir une fonction publique.

« gouvernement » Selon le cas :

    a) le gouvernement du Canada;

    b) le gouvernement d'une province;

    c) Sa Majesté du chef du Canada ou d'une province.

« procédure judiciaire » Procédure :

    a) devant un tribunal judiciaire ou sous l'autorité d'un tel tribunal;

    b) devant le Sénat ou la Chambre des communes ou un de leurs comités, ou devant un conseil législatif, une assemblée législative ou une chambre d'assemblée ou un comité de l'un de ces derniers qui est autorisé par la loi à faire prêter serment;

    c) devant un tribunal, un juge, un juge de paix, un juge de la cour provinciale ou un coroner;

    d) devant un arbitre, un tiers-arbitre ou une personne ou un groupe de personnes autorisé par la loi à tenir une enquête et à y recueillir des témoignages sous serment;

    e) devant tout tribunal ayant le pouvoir d'établir un droit légal ou une obligation légale,

que la procédure soit invalide ou non par manque de juridiction ou pour toute autre raison.

« témoignage », **« déposition »** ou **« déclaration »** Assertion de fait, opinion, croyance ou connaissance, qu'elle soit essentielle ou non et qu'elle soit admissible ou non.

« témoin » Personne qui témoigne oralement sous serment ou par affidavit dans une procédure judiciaire, qu'elle soit habile ou non à être témoin, y compris un enfant en bas âge qui témoigne sans avoir été assermenté parce que, de l'avis de la personne qui préside, il ne comprend pas la nature d'un serment.

L.R.C. 1985, ch. 27 (1er suppl.), art. 15 et 203.

Corruption et désobéissance

119. (1) Corruption de fonctionnaires judiciaires, etc. — Est coupable d'un acte criminel et passible d'un emprisonnement maximal de quatorze ans quiconque, selon le cas :

a) occupant une charge judiciaire ou étant membre du Parlement ou d'une législature provinciale, par corruption :

(i) soit accepte ou obtient,

(ii) soit convient d'accepter,

(iii) soit tente d'obtenir,

de l'argent, une contrepartie valable, une charge, une place ou un emploi pour lui-même ou pour une autre personne à l'égard d'une chose qu'il a faite ou omise ou qu'il doit faire ou omettre en sa qualité officielle;

b) donne ou offre, par corruption, à une personne visée à l'alinéa a), de l'argent, une contrepartie valable, une charge, une place ou un emploi à l'égard d'une chose qu'elle a accomplie ou omise ou qu'elle doit accomplir ou omettre, en sa qualité officielle, pour lui ou toute autre personne.

(2) Consentement du procureur général — Nulle procédure contre une personne qui occupe une charge judiciaire ne peut être intentée sous le régime du présent article sans le consentement écrit du procureur général du Canada.

120. Corruption de fonctionnaires — Est coupable d'un acte criminel et passible d'un emprisonnement maximal de quatorze ans quiconque, selon le cas :

a) étant juge de paix, commissaire de police, agent de la paix, fonctionnaire public ou fonctionnaire d'un tribunal pour enfants, ou étant employé à l'administration du droit criminel, par corruption :

(i) soit accepte ou obtient,

(ii) soit convient d'accepter,

(iii) soit tente d'obtenir,

pour lui-même ou pour une autre personne, de l'argent, une contrepartie valable, une charge, une place ou un emploi, avec l'intention :

(iv) soit d'entraver l'administration de la justice,

(v) soit de provoquer ou faciliter la perpétration d'une infraction,

(vi) soit d'empêcher la découverte ou le châtiment d'une personne qui a commis ou se propose de commettre une infraction;

b) donne ou offre, par corruption, à une personne mentionnée à l'alinéa a), de l'argent, une contrepartie valable, une charge, une place ou un emploi dans le dessein que la personne accomplisse une chose mentionnée au sous-alinéa a)(iv), (v) ou (vi).

121. (1) Fraudes envers le gouvernement — Commet une infraction quiconque, selon le cas :

    a) directement ou indirectement :

        (i) soit donne, offre ou convient de donner ou d'offrir à un fonctionnaire ou à un membre de sa famille ou à toute personne au profit d'un fonctionnaire,

        (ii) soit, étant fonctionnaire, exige, accepte ou offre ou convient d'accepter de quelqu'un, pour lui-même ou pour une autre personne,

    un prêt, une récompense, un avantage ou un bénéfice de quelque nature que ce soit en considération d'une collaboration, d'une aide, d'un exercice d'influence ou d'un acte ou omission concernant :

        (iii) soit la conclusion d'affaires avec le gouvernement ou un sujet d'affaires ayant trait au gouvernement,

        (iv) soit une réclamation contre Sa Majesté ou un avantage que Sa Majesté a l'autorité ou le droit d'accorder,

    que, de fait, le fonctionnaire soit en mesure ou non de collaborer, d'aider, d'exercer une influence ou de faire ou omettre ce qui est projeté, selon le cas;

    b) traitant d'affaires avec le gouvernement, paye une commission ou récompense ou confère un avantage ou un bénéfice de quelque nature à un employé ou fonctionnaire du gouvernement avec lequel il traite, ou à un membre de sa famille ou à toute personne au profit de l'employé ou du fonctionnaire, à l'égard de ces relations d'affaires, à moins d'avoir obtenu, du chef de la division du gouvernement avec laquelle il traite, un consentement écrit dont la preuve lui incombe;

    c) étant fonctionnaire ou employé du gouvernement, exige, accepte ou offre ou convient d'accepter d'une personne qui a des relations d'affaires avec le gouvernement une commission, une récompense, un avantage ou un bénéfice de quelque nature, directement ou indirectement, par lui-même ou par l'intermédiaire d'un membre de sa famille ou de toute personne à son profit, à moins d'avoir obtenu, du chef de la division de gouvernement qui l'emploie ou dont il est fonctionnaire, un consentement écrit dont la preuve lui incombe;

    d) ayant ou prétendant avoir de l'influence auprès du gouvernement ou d'un ministre du gouvernement, ou d'un fonctionnaire, exige, accepte ou offre ou convient d'accepter pour lui-même ou pour une autre personne une récompense, un avantage ou un bénéfice de quelque nature en considération d'une collaboration, d'une aide, d'un exercice d'influence ou d'un acte ou d'une omission concernant :

        (i) soit une chose mentionnée au sous-alinéa *a)*(iii) ou (iv),

        (ii) soit la nomination d'une personne, y compris lui-même, à une charge;

e) donne, offre ou convient de donner ou d'offrir à un ministre du gouvernement ou à un fonctionnaire, une récompense, un avantage ou un bénéfice de quelque nature en considération d'une collaboration, d'une aide, d'un exercice d'influence ou d'un acte ou d'une omission concernant :

(i) soit une chose mentionnée au sous-alinéa *a)*(iii) ou (iv),

(ii) soit la nomination d'une personne, y compris lui-même, à une charge;

f) ayant présenté une soumission en vue d'obtenir un contrat avec le gouvernement :

(i) ou bien donne, offre ou convient de donner ou d'offrir à une autre personne qui a présenté une soumission, ou à un membre de sa famille, ou à une autre personne à son profit, une récompense, un avantage ou un bénéfice de quelque nature en considération du retrait de la soumission de cette personne,

(ii) ou bien exige, accepte ou offre ou convient d'accepter, d'une autre personne qui a présenté une soumission, une récompense, un avantage ou un bénéfice de quelque nature en considération du retrait de sa soumission.

(2) Entrepreneur qui souscrit à une caisse électorale — Commet une infraction quiconque, afin d'obtenir ou de retenir un contrat avec le gouvernement, ou comme condition expresse ou tacite d'un tel contrat, directement ou indirectement souscrit, donne ou convient de souscrire ou de donner à une personne une contrepartie valable :

a) soit en vue de favoriser l'élection d'un candidat ou d'un groupe ou d'une classe de candidats au Parlement ou à une législature provinciale;

b) soit avec l'intention d'influencer ou d'affecter de quelque façon le résultat d'une élection tenue pour l'élection de membres du Parlement ou d'une législature provinciale.

(3) Peine — Quiconque commet une infraction prévue au présent article est coupable d'un acte criminel et passible d'un emprisonnement maximal de cinq ans.

122. Abus de confiance par un fonctionnaire public — Est coupable d'un acte criminel et passible d'un emprisonnement maximal de cinq ans tout fonctionnaire qui, relativement aux fonctions de sa charge, commet une fraude ou un abus de confiance, que la fraude ou l'abus de confiance constitue ou non une infraction s'il est commis à l'égard d'un particulier.

123. (1) Actes de corruption dans les affaires municipales — Est coupable d'un acte criminel et passible d'un emprisonnement maximal de cinq ans quiconque, selon le cas :

a) donne, offre ou convient de donner ou d'offrir à un fonctionnaire municipal;

b) étant un fonctionnaire municipal, exige, accepte ou offre, ou convient d'accepter d'une personne,

un prêt, une récompense, un avantage ou un bénéfice de quelque nature en considération du fait, pour le fonctionnaire :

c) soit de s'abstenir de voter à une réunion du conseil municipal ou d'un de ses comités;

d) soit de voter pour ou contre une mesure, une motion ou une résolution;

e) soit d'aider à obtenir, ou à empêcher, l'adoption d'une mesure, motion ou résolution;

f) soit d'accomplir ou d'omettre d'accomplir un acte officiel.

(2) Influencer un fonctionnaire municipal — Est coupable d'un acte criminel et passible d'un emprisonnement maximal de cinq ans quiconque :

a) soit par la suppression de la vérité, dans le cas d'une personne obligée de révéler la vérité;

b) soit par des menaces ou la tromperie;

c) soit par quelque moyen illégal,

influence ou tente d'influencer un fonctionnaire municipal pour qu'il fasse une chose mentionnée aux alinéas (1)c) à f).

(3) Définition de « fonctionnaire municipal » — Au présent article, « fonctionnaire municipal » désigne un membre d'un conseil municipal ou une personne qui détient une charge relevant d'un gouvernement municipal.

L.R.C. 1985, ch. 27 (1er suppl.), art. 16.

124. Achat ou vente d'une charge — Est coupable d'un acte criminel et passible d'un emprisonnement maximal de cinq ans quiconque, selon le cas :

a) prétend vendre ou convient de vendre une nomination à une charge ou la démission d'une charge, ou un consentement à une telle nomination ou démission, ou reçoit ou convient de recevoir une récompense ou un bénéfice de la prétendue vente en question;

b) prétend acheter une telle nomination, démission ou un tel consentement, ou donne une récompense ou un bénéfice pour le prétendu achat, ou convient ou promet de le faire.

125. Influencer ou négocier une nomination ou en faire commerce — Est coupable d'un acte criminel et passible d'un emprisonnement maximal de cinq ans quiconque, selon le cas :

a) reçoit, convient de recevoir, donne ou obtient que soit donné, directement ou indirectement, une récompense, un avantage ou un bénéfice de quelque nature en considération de la collaboration, de l'aide ou de l'exercice d'influence pour obtenir la nomination d'une personne à une charge;

b) sollicite, recommande ou négocie de quelque manière une nomination à une charge ou une démission d'une charge en prévision d'une récompense, d'un avantage ou d'un bénéfice direct ou indirect;

c) maintient, sans autorisation légitime, dont la preuve lui incombe, un établissement pour la conclusion ou la négociation de toutes affaires concernant :

(i) la nomination de personnes pour remplir des vacances,

(ii) la vente ou l'achat de charges,

(iii) les nominations à des charges ou les démissions de charges.

126. (1) Désobéissance à une loi — À moins qu'une peine ne soit expressément prévue par la loi, quiconque, sans excuse légitime, contrevient à une loi fédérale en accomplissant volontairement une chose qu'elle défend ou en omettant volontairement de faire une chose qu'elle prescrit, est coupable d'un acte criminel et passible d'un emprisonnement maximal de deux ans.

(2) Intervention du procureur général du Canada — Le gouvernement du Canada, ou un agent agissant en son nom, peut intenter des procédures à l'égard d'une infraction à l'une des lois mentionnées au paragraphe (1), à l'exclusion de la présente loi, ou d'un complot pour commettre une telle infraction.

L.R.C. 1985, ch. 27 (1er suppl.), art. 185, ann. III, n° 4.

127. (1) Désobéissance à une ordonnance du tribunal — Quiconque, sans excuse légitime, désobéit à une ordonnance légale donnée par un tribunal judiciaire ou par une personne ou un corps de personnes autorisé par une loi à donner ou décerner l'ordonnance, autre qu'une ordonnance visant le paiement d'argent, est, à moins que la loi ne prévoie expressément une peine ou autre mode de procédure, coupable d'un acte criminel et passible d'un emprisonnement maximal de deux ans.

(2) Intervention du procureur général du Canada — Lorsque l'ordonnance visée au paragraphe (1) a été donnée au cours de procédures intentées à la demande du gouvernement du Canada et dirigées par lui ou par un agent agissant en son nom, toute procédure pour infraction à l'ordonnance ou complot pour commettre une telle infraction à l'ordonnance peut être intentée et dirigée de la même manière.

L.R.C. 1985, ch. 27 (1er suppl.), art. 185, ann. III, n° 5.

128. Prévarication des fonctionnaires dans l'exécution d'actes judiciaires — Est coupable d'un acte criminel et passible d'un emprisonnement maximal de deux ans tout agent de la paix ou coroner qui, étant chargé de l'exécution d'un acte judiciaire, volontairement :

a) soit commet une prévarication dans l'exécution de cet acte;

b) soit présente un faux rapport relativement à cet acte.

129. Infractions relatives aux agents de la paix — Quiconque, selon le cas :

a) volontairement entrave un fonctionnaire public ou un agent de la paix dans l'exécution de ses fonctions ou toute personne prêtant légalement main-forte à un tel fonctionnaire ou agent, ou lui résiste en pareil cas;

b) omet, sans excuse raisonnable, de prêter main-forte à un fonctionnaire public ou à un agent de la paix qui exécute ses fonctions en arrêtant quelqu'un ou en préservant la paix, après un avis raisonnable portant qu'il est requis de le faire;

c) résiste à une personne ou volontairement l'entrave dans l'exécution légitime d'un acte judiciaire contre des terres ou biens meubles ou dans l'accomplissement d'une saisie légale,

est coupable :

d) soit d'un acte criminel et passible d'un emprisonnement maximal de deux ans;

e) soit d'une infraction punissable sur déclaration de culpabilité par procédure sommaire.

130. Prétendre faussement être un agent de la paix — Est coupable d'une infraction punissable sur déclaration de culpabilité par procédure sommaire quiconque, selon le cas :

a) se présente faussement comme agent de la paix ou fonctionnaire public;

b) n'étant pas un agent de la paix ni un fonctionnaire public, emploie un insigne ou article d'uniforme ou équipement de façon à faire croire vraisemblablement qu'il est un agent de la paix ou un fonctionnaire public, selon le cas.

Personnes qui trompent la justice

131. (1) Parjure — Sous réserve du paragraphe (3), commet un parjure quiconque fait, avec l'intention de tromper, une fausse déclaration après avoir prêté serment ou fait une affirmation solennelle, dans un affidavit, une déclaration solennelle, un témoignage écrit ou verbal devant une personne autorisée par la loi à permettre que cette déclaration soit faite devant elle, en sachant que sa déclaration est fausse.

(1.1) Témoin virtuel — Sous réserve du paragraphe (3), commet un parjure la personne visée au paragraphe 46(2) de la *Loi sur la preuve au Canada* ou à l'article 22.2 de la *Loi sur l'entraide juridique en matière criminelle* qui fait, avec l'intention de tromper, une fausse déclaration, la sachant fausse, qu'elle ait été faite ou non en conformité avec le paragraphe (1), pour autant qu'elle ait été faite en conformité avec les formalités prescrites par le droit en vigueur dans le ressort étranger.

(2) Idem — Le paragraphe (1) s'applique que la déclaration qui y est mentionnée soit faite ou non au cours d'une procédure judiciaire.

(3) Application — Les paragraphes (1) et (1.1) ne s'appliquent pas à une déclaration visée dans ces paragraphes faite par une personne n'ayant pas la permission, l'autorisation ou l'obligation de la faire en vertu de la loi.

L.R.C. 1985, ch. 27 (1er suppl.), art. 17; L.C. 1999, ch. 18, art. 92.

132. Peine — Quiconque commet un parjure est coupable d'un acte criminel et passible d'un emprisonnement maximal de quatorze ans.

L.R.C. 1985, ch. 27 (1er suppl.), art. 17; L.C. 1998, ch. 35, art. 119.

133. Corroboration — Nul ne doit être déclaré coupable d'une infraction prévue à l'article 132 sur la déposition d'un seul témoin à moins qu'elle ne soit corroborée sous quelque rapport essentiel par une preuve qui implique l'accusé.

L.R.C. 1985, ch. 27 (1er suppl.), art. 17.

134. (1) Idem — Sous réserve du paragraphe (2), est coupable d'une infraction punissable sur déclaration de culpabilité par procédure sommaire quiconque, n'ayant pas la permission, l'autorisation ou l'obligation d'après la loi de faire une déclaration sous serment ou une affirmation solennelle, fait une telle déclaration dans un affidavit, une déclaration solennelle, un témoignage écrit ou verbal devant une personne autorisée par la loi à permettre que cette déclaration soit faite devant elle, sachant que cette déclaration est fausse.

(2) Application — Le paragraphe (1) ne s'applique pas à une déclaration visée dans ce paragraphe faite dans le cours d'une enquête en matière criminelle.

L.R.C. 1985, ch. 27 (1er suppl.), art. 17.

135. [Abrogé, L.R.C. 1985, ch. 27 (1er suppl.), art. 17.]

136. (1) Témoignages contradictoires — Quiconque, étant témoin dans une procédure judiciaire, témoigne à l'égard d'une question de fait ou de connaissance et, subséquemment, dans une procédure judiciaire, rend un témoignage contraire à sa déposition antérieure est coupable d'un acte criminel et passible d'un emprisonnement maximal de quatorze ans, que la déposition antérieure ou le témoignage postérieur, ou les deux, soient véridiques ou non, mais aucune personne ne peut être déclarée coupable en vertu du présent article à moins que le tribunal, le juge ou le juge de la cour provinciale, selon le cas, ne soit convaincu, hors de tout doute raisonnable, que l'accusé, en témoignant dans l'une ou l'autre des procédures judiciaires, avait l'intention de tromper.

(1.1) Dépositions à distance — Les dépositions faites dans le cadre des articles 714.1 à 714.4, du paragraphe 46(2) de la *Loi sur la preuve au Canada* ou de l'article 22.2 de la *Loi sur l'entraide juridique en matière criminelle* sont, pour l'application du présent article, réputées être faites dans une procédure judiciaire.

(2) Définition de « témoignage » ou « déposition » — Nonobstant la définition de **« témoignage »** ou **« déposition »** à l'article 118, les témoignages non substantiels ne sont pas, pour l'application du présent article, des témoignages ou dépositions.

(2.1) Preuve de procès antérieur — Lorsqu'une personne est inculpée d'une infraction que prévoit le présent article, un certificat, précisant de façon raisonnable la procédure où cette personne aurait rendu le témoignage qui fait l'objet de l'infraction, fait preuve qu'il a été rendu dans une procédure judiciaire, sans qu'il soit nécessaire de prouver l'authenticité de la signature ni la qualité officielle du signataire, si le certificat est apparemment signé par le greffier du tribunal ou autre fonctionnaire ayant la garde du procès-verbal de cette procédure ou par son substitut légitime.

(3) Consentement requis — Aucune procédure ne peut être intentée en vertu du présent article sans le consentement du procureur général.

L.R.C. 1985, ch. 27 (1er suppl.), art. 18 et 203; L.C. 1999, ch. 18, art. 93.

137. Fabrication de preuve — Est coupable d'un acte criminel et passible d'un emprisonnement maximal de quatorze ans quiconque, avec l'intention de tromper, fabrique quoi que ce soit dans le dessein de faire servir cette chose comme preuve dans une procédure judiciaire, existante ou projetée, par tout moyen autre que le parjure ou l'incitation au parjure.

138. Infractions relatives aux affidavits — Est coupable d'un acte criminel et passible d'un emprisonnement maximal de deux ans quiconque, selon le cas :

a) signe un écrit donné comme étant un affidavit ou une déclaration solennelle et comme ayant été fait sous serment ou déclaré devant lui, alors que cet écrit n'a pas été ainsi fait sous serment ou déclaré ou lorsqu'il sait qu'il n'est pas autorisé à faire prêter le serment ou à recevoir la déclaration;

b) emploie ou offre en usage tout écrit donné comme étant un affidavit ou une déclaration solennelle qu'il sait n'avoir pas été fait sous serment ou formulé, selon le cas, par son auteur ou devant une personne autorisée à cet égard;

c) signe comme auteur un écrit donné comme étant un affidavit ou une déclaration solennelle et comme ayant été fait sous serment ou formulé par lui, selon le cas, alors que l'écrit n'a pas été ainsi fait sous serment ou formulé.

139. (1) Entrave à la justice — Quiconque volontairement tente de quelque manière d'entraver, de détourner ou de contrecarrer le cours de la justice dans une procédure judiciaire :

a) soit en indemnisant ou en convenant d'indemniser une caution de quelque façon que ce soit, en totalité ou en partie;

b) soit étant une caution, en acceptant ou convenant d'accepter des honoraires ou toute forme d'indemnité, que ce soit en totalité ou en partie, de la part d'une personne qui est ou doit être mise en liberté ou à l'égard d'une telle personne,

est coupable :

c) soit d'un acte criminel et passible d'un emprisonnement maximal de deux ans;

d) soit d'une infraction punissable sur déclaration de culpabilité par procédure sommaire.

(2) Idem — Est coupable d'un acte criminel et passible d'un emprisonnement maximal de dix ans quiconque volontairement tente de quelque manière, autre qu'une manière visée au paragraphe (1), d'entraver, de détourner ou de contrecarrer le cours de la justice.

(3) Idem — Sans que soit limitée la portée générale du paragraphe (2), est censé tenter volontairement d'entraver, de détourner ou de contrecarrer le cours de la justice quiconque, dans une procédure judiciaire existante ou projetée, selon le cas :

a) dissuade ou tente de dissuader une personne, par des menaces, des pots-de-vin ou autres moyens de corruption, de témoigner;

b) influence ou tente d'influencer une personne dans sa conduite comme juré, par des menaces, des pots-de-vin ou d'autres moyens de corruption;

c) accepte ou obtient, convient d'accepter ou tente d'obtenir un pot-de-vin ou une autre compensation vénale pour s'abstenir de témoigner ou pour faire ou s'abstenir de faire quelque chose à titre de juré.

140. (1) Méfait public — Commet un méfait public quiconque, avec l'intention de tromper, amène un agent de la paix à commencer ou à continuer une enquête :

a) soit en faisant une fausse déclaration qui accuse une autre personne d'avoir commis une infraction;

b) soit en accomplissant un acte destiné à rendre une autre personne suspecte d'une infraction qu'elle n'a pas commise, ou pour éloigner de lui les soupçons;

c) soit en rapportant qu'une infraction a été commise quand elle ne l'a pas été;

d) soit en rapportant, annonçant ou faisant annoncer de quelque autre façon qu'il est décédé ou qu'une autre personne est décédée alors que cela est faux.

(2) Peine — Quiconque commet un méfait public est coupable :

a) soit d'un acte criminel et passible d'un emprisonnement maximal de cinq ans;

b) soit d'une infraction punissable sur déclaration de culpabilité par procédure sommaire.

L.R.C. 1985, ch. 27 (1ᵉʳ suppl.), art. 19.

141. (1) Composition avec un acte criminel — Est coupable d'un acte criminel et passible d'un emprisonnement maximal de deux ans quiconque demande ou obtient, ou convient de recevoir ou d'obtenir, une contrepartie valable, pour lui-même ou quelque autre personne, en s'engageant à composer avec un acte criminel ou à le cacher.

(2) Exception relative aux ententes impliquant une autre solution — Le paragraphe (1) ne s'applique pas dans les cas où une contrepartie valable est reçue ou obtenue ou doit être reçue ou obtenue aux termes d'une entente prévoyant un dédommagement ou une restitution si cette entente est conclue, selon le cas :

a) avec le consentement du procureur général;

b) dans le cadre d'un programme approuvé par le procureur général et visant à soustraire des personnes accusées d'actes criminels à des procédures pénales.

L.R.C. 1985, ch. 27 (1ᵉʳ suppl.), art. 19.

142. Acceptation vénale d'une récompense pour le recouvrement d'effets — Est coupable d'un acte criminel et passible d'un emprisonnement maximal de cinq ans quiconque, par corruption, accepte une contrepartie valable, directement ou indirectement, sous prétexte d'aider une personne à recouvrer une chose obtenue par la perpétration d'un acte criminel, ou au titre d'une telle aide.

143. Offre de récompense et d'immunité — Est coupable d'une infraction punissable sur déclaration de culpabilité par procédure sommaire quiconque, selon le cas :

a) annonce publiquement une récompense pour la remise d'une chose volée ou perdue et se sert, dans l'annonce, de mots indiquant que, si la chose est retournée, il ne sera posé aucune question;

b) se sert, dans une annonce publique, de mots indiquant qu'une récompense sera donnée ou payée pour toute chose volée ou perdue, sans que la personne qui la produit soit gênée ou soit soumise à une enquête;

c) promet ou offre, dans une annonce publique, de rembourser, à une personne qui a avancé de l'argent sous forme de prêt sur une chose volée ou perdue, ou qui a acheté une telle chose, la somme ainsi avancée ou payée ou toute autre somme d'argent pour la remise de cette chose;

d) imprime ou publie toute annonce mentionnée à l'alinéa *a)*, *b)* ou *c)*.

Évasion et délivrance de prisonniers

144. Bris de prison — Est coupable d'un acte criminel et passible d'un emprisonnement maximal de dix ans quiconque, selon le cas :

a) par la force ou la violence, commet un bris de prison avec l'intention de recouvrer sa propre liberté ou de la rendre à une autre personne qui y est enfermée;

b) avec l'intention de s'évader, sort par effraction d'une cellule ou d'un autre endroit d'une prison où il est enfermé, ou y fait quelque brèche.

145. (1) Personne qui s'évade ou qui est en liberté sans excuse — Est coupable d'un acte criminel et passible d'un emprisonnement maximal de deux ans, ou d'une infraction punissable sur déclaration de culpabilité par procédure sommaire, quiconque :

a) soit s'évade d'une garde légale;

b) soit, avant l'expiration d'une période d'emprisonnement à laquelle il a été condamné, est en liberté au Canada ou à l'étranger sans excuse légitime, dont la preuve lui incombe.

(2) Omission de comparaître — Est coupable d'un acte criminel et passible d'un emprisonnement maximal de deux ans, ou d'une infraction punissable sur déclaration de culpabilité par procédure sommaire, quiconque :

a) soit, étant en liberté sur sa promesse remise à un juge de paix ou un juge ou son engagement contracté devant lui, omet, sans excuse légitime, dont la preuve lui incombe, d'être présent au tribunal en conformité avec cette promesse ou cet engagement;

b) soit, ayant déjà comparu devant un tribunal, un juge de paix ou un juge, omet, sans excuse légitime, dont la preuve lui incombe, d'être présent au tribunal comme l'exige le tribunal, le juge de paix ou le juge,

ou de se livrer en conformité avec une ordonnance du tribunal, du juge de paix ou du juge, selon le cas.

(3) Omission de se conformer à une condition d'une promesse ou d'un engagement — Est coupable :

a) soit d'un acte criminel et passible d'un emprisonnement maximal de deux ans;

b) soit d'une infraction punissable sur déclaration de culpabilité par procédure sommaire,

quiconque, étant en liberté sur sa promesse remise ou son engagement contracté devant un juge de paix ou un juge et étant tenu de se conformer à une condition de cette promesse ou de cet engagement fixée par un juge de paix ou un juge, ou étant tenu de se conformer à une ordonnance prise en vertu du paragraphe 515(12) ou 522(2.1), omet, sans excuse légitime, dont la preuve lui incombe, de se conformer à cette condition ou ordonnance.

(4) Omission de comparaître ou de se conformer à une sommation — Est coupable :

a) soit d'un acte criminel et passible d'un emprisonnement maximal de deux ans;

b) soit d'une infraction punissable sur déclaration de culpabilité par procédure sommaire,

quiconque reçoit signification d'une sommation et omet, sans excuse légitime, dont la preuve lui incombe, de comparaître aux lieu et date indiqués pour l'application de la *Loi sur l'identification des criminels* ou d'être présent au tribunal en conformité avec cette sommation.

(5) Omission de comparaître ou de se conformer à une citation à comparaître ou à une promesse de comparaître — Est coupable :

a) soit d'un acte criminel et passible d'un emprisonnement maximal de deux ans;

b) soit d'une infraction punissable sur déclaration de culpabilité par procédure sommaire,

quiconque est nommément désigné dans une citation à comparaître ou une promesse de comparaître ou dans un engagement contracté devant un fonctionnaire responsable ou un autre agent de la paix et qui a été confirmé par un juge de paix en vertu de l'article 508 et omet, sans excuse légitime, dont la preuve lui incombe, de comparaître aux lieu et date indiqués pour l'application de la *Loi sur l'identification des criminels*, ou d'être présent au tribunal en conformité avec ce document.

(5.1) Omission de se conformer à une condition d'une promesse de comparaître — Quiconque omet, sans excuse légitime, dont la preuve lui incombe, de se conformer à une condition d'une promesse remise aux termes des paragraphes 499(2) ou 503(2.1) est coupable :

a) soit d'un acte criminel et passible d'un emprisonnement maximal de deux ans;

b) soit d'une infraction punissable sur déclaration de culpabilité par procédure sommaire.

(6) Idem — Pour l'application du paragraphe (5), le fait qu'une citation à comparaître, une promesse de comparaître ou un engagement indiquent d'une manière imparfaite l'essentiel de l'infraction présumée, ne constitue pas une excuse légitime.

(7) [Abrogé, L.R.C. 1985, ch. 27 (1er suppl.), art. 20.]

(8) Choix du poursuivant : *Loi sur les contraventions* — Pour l'application des paragraphes (3) à (5), constitue une excuse légitime l'omission de se conformer à une condition d'une promesse ou d'un engagement ou l'omission de comparaître aux lieu et date indiqués dans une sommation, une citation à comparaître ou une promesse de comparaître pour l'application de la *Loi sur l'identification des criminels* si, avant cette omission, le procureur général, au sens de la *Loi sur les contraventions*, se prévaut du choix prévu à l'article 50 de cette loi.

(9) Preuve de certains faits par certificat — Dans les procédures prévues aux paragraphes (2), (4) ou (5), tout certificat dans lequel le greffier ou un juge du tribunal ou la personne responsable du lieu où le prévenu est présumé avoir omis de se présenter pour l'application de la *Loi sur l'identification des criminels*, déclare que ce dernier a omis :

a) dans les cas des procédures prévues au paragraphe (2), d'être présent au tribunal conformément à la promesse qu'il a remise ou à l'engagement qu'il a contracté devant un juge de paix ou un juge ou, ayant déjà comparu devant le tribunal, d'être présent au tribunal comme l'exige le tribunal, le juge de paix ou le juge, ou de se livrer en conformité avec une ordonnance de celui-ci;

b) dans le cas des procédures prévues au paragraphe (4), d'être présent au tribunal conformément à la sommation qui lui a été délivrée et signifiée ou de comparaître aux lieu et date indiqués pour l'application de la *Loi sur l'identification des criminels*;

c) dans le cas des procédures prévues au paragraphe (5), d'être présent au tribunal en conformité avec une citation à comparaître, une promesse de comparaître ou un engagement où il a été nommément désigné, contracté devant un fonctionnaire responsable ou un autre agent de la paix et confirmé par un juge de paix en vertu de l'article 508, ou de comparaître aux lieu et date indiqués pour l'application de la *Loi sur l'identification des criminels*, ou, ayant déjà comparu devant le tribunal, d'être présent au tribunal comme l'exige le tribunal, le juge de paix ou le juge,

fait preuve des déclarations contenues dans le certificat sans qu'il soit nécessaire de prouver la signature ou la qualité officielle de la personne l'ayant apparemment signé.

(10) Présence et droit à un contre-interrogatoire — Le prévenu contre lequel est produit le certificat visé au paragraphe (9) peut, avec l'autorisation du tribunal, requérir la présence de son auteur pour le contre-interroger.

(11) Avis de l'intention de produire — L'admissibilité en preuve du certificat prévu au paragraphe (9) est subordonnée à la remise au prévenu, avant le procès, d'un avis raisonnable de l'intention qu'a une partie de le produire, ainsi que d'une copie de ce document.

L.R.C. 1985, ch. 27 (1ᵉʳ suppl.), art. 20; L.C. 1992, ch. 47, art. 68; 1994, ch. 44, art. 8; 1996, ch. 7, art. 38; 1997, ch. 18, art. 3.

146. Permettre ou faciliter une évasion — Est coupable d'un acte criminel et passible d'un emprisonnement maximal de deux ans quiconque, selon le cas :

a) permet à une personne légalement confiée à sa garde de s'évader, en omettant d'accomplir un devoir légal;

b) transporte ou fait transporter dans une prison quoi que ce soit, avec l'intention de faciliter l'évasion d'une personne y incarcérée;

c) ordonne ou obtient, sous le prétexte d'une prétendue autorisation, l'élargissement d'un prisonnier qui n'a pas droit d'être libéré.

147. Délivrance illégale — Est coupable d'un acte criminel et passible d'un emprisonnement maximal de cinq ans quiconque, selon le cas :

a) délivre une personne d'une garde légale ou aide une personne à s'évader ou à tenter de s'évader d'une telle garde;

b) étant un agent de la paix, permet volontairement à une personne confiée à sa garde légale de s'évader;

c) étant fonctionnaire d'une prison ou y étant employé, permet volontairement à une personne de s'évader d'une garde légale dans cette prison.

148. Fait d'aider un prisonnier de guerre à s'évader — Est coupable d'un acte criminel et passible d'un emprisonnement maximal de cinq ans quiconque, sciemment et volontairement :

a) aide un prisonnier de guerre au Canada à s'évader d'un endroit où il est détenu;

b) aide un prisonnier de guerre, auquel il est permis d'être en liberté conditionnelle au Canada, à s'évader de l'endroit où il se trouve en liberté conditionnelle.

149. (1) **Peine d'emprisonnement pour évasion** — Par dérogation à l'article 743.1, le tribunal qui déclare une personne coupable d'évasion commise alors qu'elle purgeait une peine d'emprisonnement peut ordonner que la peine soit purgée dans un pénitencier, même si la période à purger est inférieure à deux ans.

(2) **Définition de « évasion »** — Au présent article, « **évasion** » s'entend du bris de prison, du fait d'échapper à la garde légale ou, sans excuse légitime, de se trouver en liberté avant l'expiration de la période d'emprisonnement à laquelle une personne a été condamnée.

L.R.C. 1985, ch. 27 (1ᵉʳ suppl.), art. 203; L.C. 1992, ch. 20, art. 199; 1995, ch. 22, art. 1 et 10.

PARTIE V — INFRACTIONS D'ORDRE SEXUEL, ACTES CONTRAIRES AUX BONNES MOEURS, INCONDUITE

Définitions

150. Définitions — Les définitions qui suivent s'appliquent à la présente partie.

« **endroit public** » Tout lieu auquel le public a accès de droit ou sur invitation, expresse ou implicite.

« **théâtre** » Tout endroit ouvert au public, où se donnent des divertissements, que l'entrée y soit gratuite ou non.

« **tuteur** » Toute personne qui a, en droit ou de fait, la garde ou le contrôle d'une autre personne.

Infractions d'ordre sexuel

150.1 (1) Inadmissibilité du consentement du plaignant — Lorsqu'une personne est accusée d'une infraction prévue aux articles 151 ou 152, aux paragraphes 153(1), 160(3) ou 173(2), ou d'une infraction prévue aux articles 271, 272 ou 273 à l'égard d'un plaignant âgé de moins de quatorze ans, ne constitue pas un moyen de défense le fait que le plaignant a consenti aux actes à l'origine de l'accusation.

(2) Exception — Par dérogation au paragraphe (1), lorsqu'une personne est accusée d'une infraction prévue aux articles 151 ou 152, au paragraphe 173(2) ou à l'article 271 à l'égard d'un plaignant âgé de douze ans ou plus mais de moins de quatorze ans, le fait que le plaignant a consenti aux actes à l'origine de l'accusation ne constitue un moyen de défense que si l'accusé, à la fois :

a) est âgé de douze ans ou plus mais de moins de seize ans;

b) est de moins de deux ans l'aîné du plaignant;

c) n'est ni une personne en situation d'autorité ou de confiance vis-à-vis du plaignant ni une personne à l'égard de laquelle celui-ci est en situation de dépendance.

(3) Personne âgée de douze ou treize ans — Une personne âgée de douze ou treize ans ne peut être jugée pour une infraction prévue aux articles 151 ou 152 ou au paragraphe 173(2) que si elle est en situation d'autorité ou de confiance vis-à-vis du plaignant ou est une personne à l'égard de laquelle celui-ci est en situation de dépendance.

(4) Inadmissibilité de l'erreur — Le fait que l'accusé croyait que le plaignant était âgé de quatorze ans au moins au moment de la perpétration de l'infraction reprochée ne constitue un moyen de défense contre une accusation portée en vertu des articles 151 ou 152, des paragraphes 160(3) ou 173(2) ou des articles 271, 272 ou 273 que si l'accusé a pris toutes les mesures raisonnables pour s'assurer de l'âge du plaignant.

(5) Idem — Le fait que l'accusé croyait que le plaignant était âgé de dix-huit ans au moins au moment de la perpétration de l'infraction reprochée ne constitue un moyen de défense contre un accusation portée en vertu des articles 153, 159, 170, 171 ou 172 ou des paragraphes 212(2) ou (4) que si l'accusé a pris toutes les mesures raisonnables pour s'assurer de l'âge du plaignant.

L.R.C. 1985, ch. 19 (3e suppl.), art. 1.

151. Contacts sexuels — Est coupable soit d'un acte criminel et passible d'un emprisonnement maximal de dix ans, soit d'une infraction punissable sur déclaration de culpabilité par procédure sommaire toute personne qui, à des fins d'ordre sexuel, touche, directement ou indirectement, avec une partie de son corps ou avec un objet, une partie du corps d'un enfant âgé de moins de quatorze ans.

L.R.C. 1985, ch. 19 (3e suppl.), art. 1.

152. Incitation à des contacts sexuels — Est coupable soit d'un acte criminel et passible d'un emprisonnement maximal de dix ans, soit d'une infraction punissable sur déclaration de culpabilité par procédure sommaire, toute personne qui, à des fins d'ordre sexuel, invite, engage ou incite un enfant âgé de moins de quatorze ans à la toucher, à se toucher ou à toucher un tiers, directement ou indirectement, avec une partie du corps ou avec un objet.

L.R.C. 1985, ch. 19 (3e suppl.), art. 1.

153. (1) Personnes en situation d'autorité — Est coupable soit d'un acte criminel et passible d'un emprisonnement maximal de cinq ans, soit d'une infraction punissable sur déclaration de culpabilité par procédure sommaire, toute personne qui est en situation d'autorité ou de confiance vis-à-vis d'un adolescent ou à l'égard de laquelle l'adolescent est en situation de dépendance et qui, selon le cas :

> a) à des fins d'ordre sexuel, touche, directement ou indirectement, avec une partie de son corps ou avec un objet, une partie du corps de l'adolescent;

> b) à des fins d'ordre sexuel, invite, engage ou incite un adolescent à la toucher, à se toucher ou à toucher un tiers, directement ou indirectement, avec une partie du corps ou avec un objet.

(2) Définition de « adolescent » — Pour l'application du présent article, « adolescent » s'entend d'une personne âgée de quatorze ans au moins mais de moins de dix-huit ans.

L.R.C. 1985, ch. 19 (3e suppl.), art. 1.

153.1 (1) Personnes en situation d'autorité — Est coupable soit d'un acte criminel et passible d'un emprisonnement maximal de cinq ans, soit d'une infraction punissable sur déclaration de culpabilité par procédure sommaire et passible d'un emprisonnement maximal de dix-huit mois, toute personne qui est en situation d'autorité ou de confiance vis-à-vis d'une personne ayant une déficience mentale ou physique ou à l'égard de laquelle celle-ci est en situation de dépendance et qui, à des fins d'ordre sexuel, engage ou incite la personne handicapée à la toucher, à se toucher ou à toucher un tiers, sans son consentement, directement ou indirectement, avec une partie du corps ou avec un objet.

(2) Définition de « consentement » — Sous réserve du paragraphe (3), le consentement consiste, pour l'application du présent article, en l'accord volontaire du plaignant à l'activité sexuelle.

(3) Restriction de la notion de consentement — Le consentement du plaignant ne se déduit pas, pour l'application du présent article, des cas où :

   a) l'accord est manifesté par des paroles ou par le comportement d'un tiers;

   b) il est incapable de le former;

   c) l'accusé l'engage ou l'incite à l'activité par abus de confiance ou de pouvoir;

   d) il manifeste, par ses paroles ou son comportement, l'absence d'accord à l'activité;

   e) après avoir consenti à l'activité, il manifeste, par ses paroles ou son comportement, l'absence d'accord à la poursuite de celle-ci.

(4) Précision — Le paragraphe (3) n'a pas pour effet de limiter les circonstances dans lesquelles le consentement ne peut se déduire.

(5) Exclusion du moyen de défense fondé sur la croyance au consentement — Ne constitue pas un moyen de défense contre une accusation fondée sur le présent article le fait que l'accusé croyait que le plaignant avait consenti à l'activité à l'origine de l'accusation lorsque, selon le cas :

   a) cette croyance provient :

      (i) soit de l'affaiblissement volontaire de ses facultés,

      (ii) soit de son insouciance ou d'un aveuglement volontaire;

   b) il n'a pas pris les mesures raisonnables, dans les circonstances dont il avait alors connaissance, pour s'assurer du consentement.

(6) Croyance de l'accusé quant au consentement — Lorsque l'accusé allègue qu'il croyait que le plaignant avait consenti aux actes sur lesquels l'accusation est fondée, le juge, s'il est convaincu qu'il y a une preuve suffisante et que cette preuve constituerait une défense si elle était acceptée par le jury, demande à ce dernier de prendre en considération, en évaluant l'ensemble de la preuve qui concerne la détermination de la sincérité de la croyance de l'accusé, la présence ou l'absence de motifs raisonnables pour celle-ci.

L.C. 1998, ch. 9, art. 2.

154. [Abrogé, L.R.C. 1985, ch. 19 (3e suppl.), art. 1.]

155. (1) Inceste — Commet un inceste quiconque, sachant qu'une autre personne est, par les liens du sang, son père ou sa mère, son enfant, son frère, sa soeur, son grand-père, sa grand-mère, son petit-fils ou sa petite-fille, selon le cas, a des rapports sexuels avec cette personne.

(2) Peine — Quiconque commet un inceste est coupable d'un acte criminel et passible d'un emprisonnement maximal de quatorze ans.

(3) Contrainte — Nul ne doit être déclaré coupable d'une infraction au présent article si, au moment où les rapports sexuels ont eu lieu, il a agi par contrainte, violence ou crainte émanant de la personne avec qui il a eu ces rapports sexuels.

(4) Définition de « frère » et « soeur » — Au présent article, « frère » et « soeur » s'entendent notamment d'un demi-frère et d'une demi-soeur.

L.R.C. 1985, ch. 27 (1er suppl.), art. 21.

156. à 158. [Abrogés, L.R.C. 1985, ch. 19 (3e suppl.), art. 2.]

159. (1) Relations sexuelles anales — Quiconque a des relations sexuelles anales avec une autre personne est coupable soit d'un acte criminel et passible d'un emprisonnement maximal de dix ans, soit d'une infraction punissable sur déclaration de culpabilité par procédure sommaire.

(2) Exceptions — Le paragraphe (1) ne s'applique pas aux actes commis, avec leur consentement respectif, dans l'intimité par les époux ou par deux personnes âgées d'au moins dix-huit ans.

(3) Idem — Les règles suivantes s'appliquent au paragraphe (2) :

    a) un acte est réputé ne pas avoir été commis dans l'intimité s'il est commis dans un endroit public ou si plus de deux personnes y prennent part ou y assistent;

    b) une personne est réputée ne pas consentir à commettre un acte dans les cas suivants :

        (i) le consentement est extorqué par la force, la menace ou la crainte de lésions corporelles, ou est obtenu au moyen de déclarations fausses ou trompeuses quant à la nature ou à la qualité de l'acte,

(ii) le tribunal est convaincu hors de tout doute raisonnable qu'il ne pouvait y avoir consentement de la part de cette personne du fait de son incapacité mentale.

L.R.C. 1985, ch. 19 (3ᵉ suppl.), art. 3.

160. (1) Bestialité — Est coupable soit d'un acte criminel et passible d'un emprisonnement maximal de dix ans, soit d'une infraction punissable sur déclaration de culpabilité par procédure sommaire, quiconque commet un acte de bestialité.

(2) Usage de la force — Est coupable soit d'un acte criminel et passible d'un emprisonnement maximal de dix ans, soit d'une infraction punissable sur déclaration de culpabilité par procédure sommaire, toute personne qui en force une autre à commettre un acte de bestialité.

(3) Bestialité en présence d'enfants ou incitation de ceux-ci — Par dérogation au paragraphe (1), est coupable soit d'un acte criminel et passible d'un emprisonnement maximal de dix ans, soit d'une infraction punissable sur déclaration de culpabilité par procédure sommaire, toute personne qui commet un acte de bestialité en présence d'un enfant âgé de moins de quatorze ans ou qui incite celui-ci à en commettre un.

L.R.C. 1985, ch. 19 (3ᵉ suppl.), art. 3.

161. (1) Ordonnance d'interdiction — Dans le cas où un contrevenant est déclaré coupable, ou absous sous le régime de l'article 730 aux conditions prescrites dans une ordonnance de probation, d'une infraction visée aux articles 151, 152, 155 ou 159, aux paragraphes 160(2) ou (3) ou aux articles 170, 171, 271, 272, 273 ou 281 à l'égard d'une personne âgée de moins de quatorze ans, le tribunal qui lui inflige une peine ou ordonne son absolution sous condition, en plus de toute autre peine ou de toute autre condition de l'ordonnance d'absolution applicables en l'espèce, sous réserve des conditions ou exemptions qu'il indique, peut interdire au contrevenant

a) de se trouver dans un parc public ou une zone publique où l'on peut se baigner s'il y a des personnes âgées de moins de quatorze ans ou s'il est raisonnable de s'attendre à ce qu'il y en ait, une garderie, un terrain d'école, un terrain de jeu ou un centre communautaire;

b) de chercher, d'accepter ou de garder un emploi — rémunéré ou non — ou un travail bénévole qui le placerait en relation de confiance ou d'autorité vis-à-vis de personnes âgées de moins de quatorze ans.

Le tribunal doit dans tous les cas considérer l'opportunité de rendre une telle ordonnance.

(2) Durée de l'interdiction — L'interdiction peut être perpétuelle ou pour la période que le tribunal juge souhaitable, auquel cas elle prend effet à la date de l'ordonnance ou, dans le cas où le contrevenant est condamné à une peine d'emprisonnement, à celle de sa mise en liberté à l'égard de cette infraction, y compris par libération conditionnelle ou d'office, ou sous surveillance obligatoire.

(3) Modification de l'ordonnance — Le tribunal qui rend l'ordonnance ou, s'il est pour quelque raison dans l'impossibilité d'agir, tout autre tribunal ayant une juridiction équivalente dans la même province peut, à tout moment, sur demande du poursuivant ou du contrevenant, requérir ce dernier de comparaître devant lui et, après audition des parties, modifier les conditions prescrites dans l'ordonnance si, à son avis, cela est souhaitable en raison d'un changement de circonstances depuis que les conditions ont été prescrites.

(4) Infraction — Quiconque ne se conforme pas à l'ordonnance est coupable :

   a) soit d'un acte criminel passible d'un emprisonnement maximal de deux ans;

   b) soit d'une infraction punissable sur déclaration de culpabilité par procédure sommaire.

L.C. 1993, ch. 45, art. 1; 1995, ch. 22, art. 18, ann. IV, no. 26; 1997, ch. 18, art. 4; 1999, ch. 31, art. 67.

162. [Abrogé, L.R.C. 1985, ch. 19 (3ᵉ suppl.), art. 4.]

Infractions tendant à corrompre les moeurs

163. (1) Corruption des moeurs — Commet une infraction quiconque, selon le cas :

   a) produit, imprime, publie, distribue, met en circulation, ou a en sa possession aux fins de publier, distribuer ou mettre en circulation, quelque écrit, image, modèle, disque de phonographe ou autre chose obscène;

   b) produit, imprime, publie, distribue, vend, ou a en sa possession aux fins de publier, distribuer ou mettre en circulation, une histoire illustrée de crime.

(2) Idem — Commet une infraction quiconque, sciemment et sans justification ni excuse légitime, selon le cas :

   a) vend, expose à la vue du public, ou a en sa possession à une telle fin, quelque écrit, image, modèle, disque de phonographe ou autre chose obscène;

   b) publiquement expose un objet révoltant ou montre un spectacle indécent;

   c) offre en vente, annonce ou a, pour le vendre ou en disposer, quelque moyen, indication, médicament, drogue ou article destiné à provoquer un avortement ou une fausse-couche, ou représenté comme une moyen de provoquer un avortement ou une fausse-couche, ou fait paraître une telle annonce;

   d) annonce quelque moyen, indication, médicament, drogue ou article ayant pour objet, ou représenté comme un moyen de rétablir la virilité sexuelle, ou de guérir des maladies vénériennes ou maladies des organes génitaux, ou en publie une annonce.

(3) Moyen de défense fondé sur le bien public — Nul ne peut être déclaré coupable d'une infraction visée au présent article si les actes qui constitueraient l'infraction ont servi le bien public et n'ont pas outrepassé ce qui a servi celui-ci.

(4) Question de droit et question de fait — Pour l'application du présent article, la question de savoir si un acte a servi le bien public et s'il y a preuve que l'acte allégué a outrepassé ce qui a servi le bien public est une question de droit, mais celle de savoir si les actes ont ou n'ont pas outrepassé ce qui a servi le bien public est une question de fait.

(5) Motifs non pertinents — Pour l'application du présent article, les motifs d'un prévenu ne sont pas pertinents.

(6) [Abrogé, L.C. 1993, ch. 46, art. 1(1).]

(7) Définition de « histoire illustrée de crime » — Au présent article, **« histoire illustrée de crime »** s'entend d'un magazine, périodique ou livre comprenant, exclusivement ou pour une grande part, de la matière qui représente, au moyen d'illustrations :

a) soit la perpétration de crimes, réels ou fictifs;

b) soit des événements se rattachant à la perpétration de crimes, réels ou fictifs, qui ont lieu avant ou après la perpétration du crime.

(8) Publication obscène — Pour l'application de la présente loi, est réputée obscène toute publication dont une caractéristique dominante est l'exploitation indue des choses sexuelles, ou de choses sexuelles et de l'un quelconque ou plusieurs des sujets suivants, savoir : le crime, l'horreur, la cruauté et la violence.

L.C. 1993, ch. 46, art. 1.

163.1 (1) Définition de « pornographie juvénile » — Au présent article, **« pornographie juvénile »** s'entend, selon le cas :

a) de toute représentation photographique, filmée, vidéo ou autre, réalisée par des moyens mécaniques ou électroniques :

(i) soit où figure une personne âgée de moins de dix-huit ans ou présentée comme telle et se livrant ou présentée comme se livrant à une activité sexuelle explicite,

(ii) soit dont la caractéristique dominante est la représentation, dans un but sexuel, d'organes sexuels ou de la région anale d'une personne âgée de moins de dix-huit ans;

b) de tout écrit ou de toute représentation qui préconise ou conseille une activité sexuelle avec une personne âgée de moins de dix-huit ans qui constituerait une infraction à la présente loi.

(2) Production de pornographie juvénile — Quiconque produit, imprime ou publie, ou a en sa possession en vue de la publication, de la pornographie juvénile est coupable :

    a) soit d'un acte criminel passible d'un emprisonnement maximal de dix ans;

    b) soit d'une infraction punissable sur déclaration de culpabilité par procédure sommaire.

(3) Distribution ou vente de pornographie juvénile — Quiconque importe, distribue, vend, ou a en sa possession en vue de la distribution ou de la vente, de la pornographie juvénile est coupable :

    a) soit d'un acte criminel passible d'un emprisonnement maximal de dix ans;

    b) soit d'une infraction punissable sur déclaration de culpabilité par procédure sommaire.

(4) Possession de pornographie juvénile — Quiconque a en sa possession de la pornographie juvénile est coupable :

    a) soit d'un acte criminel passible d'un emprisonnement maximal de cinq ans;

    b) soit d'une infraction punissable sur déclaration de culpabilité par procédure sommaire.

(5) Moyen de défense — Le fait pour l'accusé de croire qu'une personne figurant dans une représentation qui constituerait de la pornographie juvénile était âgée d'au moins dix-huit ans ou était présentée comme telle ne constitue un moyen de défense contre une accusation portée sous le régime du paragraphe (2) que s'il a pris toutes les mesures raisonnables, d'une part, pour s'assurer qu'elle avait bien cet âge et, d'autre part, pour veiller à ce qu'elle ne soit pas présentée comme une personne de moins de dix-huit ans.

(6) Idem — Lorsqu'une personne est accusée d'une infraction visée aux paragraphes (2), (3) ou (4), le tribunal est tenu de déclarer cette personne non coupable si la représentation ou l'écrit qui constituerait de la pornographie juvénile a une valeur artistique ou un but éducatif, scientifique ou médical.

(7) Application d'autres dispositions — Les paragraphes 163(3) à (5) s'appliquent, avec les adaptations nécessaires, à une infraction visée aux paragraphes (2), (3) ou (4).

L.C. 1993, ch. 46, art. 2.

164. (1) Mandat de saisie — Le juge peut décerner, sous son seing, un mandat autorisant la saisie des exemplaires d'une publication ou des copies d'une représentation ou d'un écrit s'il est convaincu, par une dénonciation sous serment, qu'il existe des motifs raisonnables de croire :

    a) soit que la publication, dont des exemplaires sont tenus, pour vente ou distribution, dans un local du ressort du tribunal, est obscène ou est une histoire illustrée de crime au sens de l'article 163;

b) soit que la représentation ou l'écrit, dont des copies sont tenues dans un local du ressort du tribunal, constitue de la pornographie juvénile au sens de l'article 163.1.

(2) Sommation à l'occupant — Dans un délai de sept jours après l'émission du mandat, le juge doit lancer une sommation contre l'occupant du local, astreignant cet occupant à comparaître devant le tribunal et à présenter les raisons pour lesquelles la matière saisie ne devrait pas être confisquée au profit de Sa Majesté.

(3) Le propriétaire et l'auteur peuvent comparaître — Le propriétaire ainsi que l'auteur de la matière saisie et qu'on prétend être obscène ou être une histoire illustrée de crime, ou constituer de la pornographie juvénile, peuvent comparaître et être représentés dans les procédures pour s'opposer à l'établissement d'une ordonnance portant confiscation de cette matière.

(4) Ordonnance de confiscation — Si le tribunal est convaincu que la matière est obscène ou est une histoire illustrée de crime, ou constitue de la pornographie juvénile, il doit rendre une ordonnance la déclarant confisquée au profit de Sa Majesté du chef de la province où les procédures ont lieu, pour qu'il en soit disposé conformément aux instructions du procureur général.

(5) Sort de la matière — Si le tribunal n'est pas convaincu que la publication, la représentation ou l'écrit est obscène ou est une histoire illustrée de crime, ou constitue de la pornographie juvénile, il doit ordonner que la matière soit remise à la personne, entre les mains de qui elle a été saisie, dès l'expiration du délai imparti pour un appel final.

(6) Appel — Il peut être interjeté appel d'une ordonnance rendue selon les paragraphes (4) ou (5) par toute personne qui a comparu dans les procédures :

    a) pour tout motif d'appel comportant une question de droit seulement;

    b) pour tout motif d'appel comportant une question de fait seulement;

    c) pour tout motif d'appel comportant une question de droit et de fait,

comme s'il s'agissait d'un appel contre une déclaration de culpabilité ou contre un jugement ou verdict d'acquittement, selon le cas, sur une question de droit seulement en vertu de la partie XXI, et les articles 673 à 696 s'appliquent, compte tenu des adaptations de circonstance.

(7) Consentement — Lorsqu'un juge a rendu une ordonnance, en vertu du présent article, dans une province relativement à un ou plusieurs exemplaires d'une publication ou à une ou plusieurs copies d'une représentation ou d'un écrit, aucune poursuite ne peut être intentée ni continuée dans cette province aux termes des articles 163 ou 163.1, en ce qui concerne ces exemplaires ou d'autres exemplaires de la même publication, ou ces copies ou d'autres copies de la même représentation ou du même écrit, sans le consentement du procureur général.

(8) Définitions — Les définitions qui suivent s'appliquent au présent article.

« **histoire illustrée de crime** » A le sens que lui donne l'article 163.

« **juge** » Juge d'un tribunal.

« **tribunal** »

a) Dans la province de Québec, la Cour du Québec, la Cour municipale de Montréal et la Cour municipale de Québec;

a.1) dans la province d'Ontario, la Cour supérieure de justice;

b) dans les provinces du Nouveau-Brunswick, du Manitoba, de la Saskatchewan et d'Alberta, la Cour du Banc de la Reine;

c) dans les provinces de l'Île-du-Prince-Édouard et de Terre-Neuve, la Section de première instance de la Cour suprême;

c.1) abrogé;

d) dans les provinces de la Nouvelle-Écosse et de la Colombie-Britannique, le territoire du Yukon et les Territoires du Nord-Ouest, la Cour suprême;

e) au Nunavut, la Cour de justice.
L.R.C. 1985, ch. 27 (2ᵉ suppl.), art. 10; ch. 40 (4ᵉ suppl.), art. 2; L.C. 1990, ch. 16, art. 3; ch. 17, art. 9; 1992, ch. 1, art. 58, ann. I, art. 3; ch. 51, art 34; 1993, ch. 28, ann. III, art. 28; ch. 46, art. 3; 1997, ch. 18, art. 5; 1998, ch. 30, art. 14d); 1999, ch. 3, art. 12, 27.

165. Vente spéciale conditionnée — Commet une infraction quiconque refuse de vendre ou fournir à toute autre personne des exemplaires d'une publication, pour la seule raison que cette personne refuse d'acheter ou d'acquérir de lui des exemplaires d'une autre publication qu'elle peut, dans son appréhension, considérer comme obscène ou comme histoire illustrée de crime.

166. [Abrogé, L.C. 1994, ch. 44, art. 9.]

167. (1) Représentation théâtrale immorale — Commet une infraction quiconque, étant le locataire, gérant ou agent d'un théâtre, ou en ayant la charge, y présente ou donne, ou permet qu'y soit présenté ou donné, une représentation, un spectacle ou un divertissement immoral, indécent ou obscène.

(2) Participant — Commet une infraction quiconque participe comme acteur ou exécutant, ou aide en n'importe quelle qualité, à une représentation, à un spectacle ou à un divertissement immoral, indécent ou obscène, ou y figure de la sorte, dans un théâtre.

168. (1) Mise à la poste de choses obscènes — Commet une infraction quiconque se sert de la poste pour transmettre ou livrer quelque chose d'obscène, indécent, immoral ou injurieux et grossier.

(2) Exceptions — Le paragraphe (1) ne s'applique pas à la personne qui, selon le cas :

    a) imprime ou publie une matière destinée à être employée relativement à des procédures judiciaires ou la communique à des personnes qui sont intéressées dans les procédures;

    b) imprime ou publie un avis ou un rapport en conformité avec les instructions d'un tribunal;

    c) imprime ou publie une matière :

        (i) soit dans un volume ou une partie d'une série authentique de rapports judiciaires qui ne font partie d'aucune autre publication et consiste exclusivement dans des procédures devant les tribunaux,

        (ii) soit dans une publication de caractère technique destinée à circuler parmi les gens de loi ou les médecins.

L.C. 1999, ch. 5, art. 2.

169. Peine — Quiconque commet une infraction visée par l'article 163, 165, 167 ou 168 est coupable :

    a) soit d'un acte criminel et passible d'un emprisonnement maximal de deux ans;

    b) soit d'une infraction punissable sur déclaration de culpabilité par procédure sommaire.

L.C. 1999, ch. 5 art. 3.

170. Père, mère ou tuteur qui sert d'entremetteur — Est coupable d'un acte criminel et passible d'un emprisonnement maximal de cinq ans, si l'enfant ou le pupille est âgé de moins de quatorze ans, ou d'un emprisonnement maximal de deux ans, s'il est âgé de quatorze ans au moins mais de moins de dix-huit ans, le père, la mère ou le tuteur qui amène son enfant ou son pupille à commettre des actes sexuels interdits par la présente loi avec un tiers.

L.R.C. 1985, ch. 19 (3e suppl.), art. 5.

171. Maître de maison qui permet des actes sexuels interdits — Est coupable d'un acte criminel et passible d'un emprisonnement maximal de cinq ans, si la personne en question est âgée de moins de quatorze ans, ou d'un emprisonnement maximal de deux ans, si elle est âgée de quatorze ans au moins mais de moins de dix-huit ans, le propriétaire, l'occupant, le gérant ou l'aide-gérant, ou tout autre responsable de l'accès ou de l'utilisation d'un lieu qui sciemment permet qu'une personne âgée de moins de dix-huit ans fréquente ce lieu ou s'y trouve dans l'intention de commettre des actes sexuels interdits par la présente loi.

L.R.C. 1985, ch. 19 (3e suppl.), art. 5.

172. (1) **Corruption d'enfants** — Est coupable d'un acte criminel et passible d'un emprisonnement maximal de deux ans quiconque, là où demeure un enfant, participe à un adultère ou à une immoralité sexuelle, ou se livre à une ivrognerie habituelle ou à toute autre forme de vice, et par là met en danger les moeurs de l'enfant ou rend la demeure impropre à la présence de l'enfant.

(2) [Abrogé.]

(3) Définition de « enfant » — Pour l'application du présent article, « **enfant** » désigne une personne qui est ou paraît être âgée de moins de dix-huit ans.

(4) Qui peut intenter une poursuite — Aucune poursuite ne peut être intentée sous le régime du paragraphe (1) sans le consentement du procureur général, à moins qu'elle ne soit intentée par une société reconnue pour la protection de l'enfance, ou sur son instance, ou par un fonctionnaire d'un tribunal pour enfants.

L.R.C. 1985, ch. 19 (3e suppl.), art. 6.

Inconduite

173. (1) **Actions indécentes** — Est coupable d'une infraction punissable sur déclaration de culpabilité par procédure sommaire quiconque volontairement commet une action indécente :

a) soit dans un endroit public en présence d'une ou de plusieurs personnes;

b) soit dans un endroit quelconque avec l'intention d'ainsi insulter ou offenser quelqu'un.

(2) Exhibitionnisme — Est coupable d'une infraction punissable sur déclaration de culpabilité par procédure sommaire toute personne qui, en quelque lieu que ce soit, à des fins d'ordre sexuel, exhibe ses organes génitaux devant un enfant âgé de moins de quatorze ans.

L.R.C. 1985, ch. 19 (3e suppl.), art. 7.

174. (1) **Nudité** — Est coupable d'une infraction punissable sur déclaration de culpabilité par procédure sommaire quiconque, sans excuse légitime, selon le cas :

a) est nu dans un endroit public;

b) est nu et exposé à la vue du public sur une propriété privée, que la propriété soit la sienne ou non.

(2) Nu — Est nu, pour l'application du présent article, quiconque est vêtu de façon à offenser la décence ou l'ordre public.

(3) Consentement du procureur général — Il ne peut être engagé de poursuites pour une infraction visée au présent article sans le consentement du procureur général.

175. (1) Troubler la paix, etc. — Est coupable d'une infraction punissable sur déclaration de culpabilité par procédure sommaire quiconque, selon le cas :

a) n'étant pas dans une maison d'habitation, fait du tapage dans un endroit public ou près d'un tel endroit :

(i) soit en se battant, en criant, vociférant, jurant, chantant ou employant un langage insultant ou obscène,

(ii) soit en étant ivre,

(iii) soit en gênant ou molestant d'autres personnes;

b) ouvertement étale ou expose dans un endroit public des choses indécentes;

c) flâne dans un endroit public et, de quelque façon, gêne des personnes qui s'y trouvent;

d) trouble la paix et la tranquillité des occupants d'une maison d'habitation en déchargeant des armes à feu ou en causant un autre désordre dans un endroit public ou, n'étant pas un occupant d'une maison d'habitation comprise dans un certain bâtiment ou une certaine construction, trouble la paix et la tranquillité des occupants d'une maison d'habitation comprise dans le bâtiment ou la construction en déchargeant des armes à feu ou en causant un autre désordre dans toute partie d'un bâtiment ou d'une construction, à laquelle, au moment d'une telle conduite, les occupants de deux ou plusieurs maisons d'habitation comprises dans le bâtiment ou la construction ont accès de droit ou sur invitation expresse ou tacite.

(2) Preuve apportée par un agent de la paix — À défaut d'autre preuve, ou sous forme de corroboration d'une autre preuve, la cour des poursuites sommaires peut déduire de la preuve apportée par un agent de la paix sur le comportement d'une personne, même indéterminée, la survenance d'un désordre visé aux alinéas (1)*a)*, *c)* ou *d)*.

L.C. 1997, ch. 18, art. 6.

176. (1) Gêner ou arrêter un ministre du culte, ou lui faire violence — Est coupable d'un acte criminel et passible d'un emprisonnement maximal de deux ans quiconque, selon le cas :

a) par menaces ou violence, illicitement gêne ou tente de gêner un membre du clergé ou un ministre du culte dans la célébration du service divin ou l'accomplissement d'une autre fonction se rattachant à son état, ou l'empêche ou tente de l'empêcher d'accomplir une telle célébration ou de remplir une telle autre fonction;

b) sachant qu'un membre du clergé ou un ministre du culte est sur le point d'accomplir, ou est en route pour accomplir une fonction mentionnée à l'alinéa *a)*, ou revient de l'accomplir :

(i) ou bien se porte à des voies de fait ou manifeste de la violence contre lui,

(ii) ou bien l'arrête sur un acte judiciaire au civil ou sous prétexte d'exécuter un tel acte.

(2) Troubler des offices religieux ou certaines réunions — Est coupable d'une infraction punissable sur déclaration de culpabilité par procédure sommaire quiconque, volontairement, trouble ou interrompt une assemblée de personnes réunies pour des offices religieux ou pour un objet moral ou social ou à des fins de bienfaisance.

(3) Idem — Est coupable d'une infraction punissable sur déclaration de culpabilité par procédure sommaire quiconque, à une assemblée mentionnée au paragraphe (2) ou près des lieux d'une telle assemblée, fait volontairement quelque chose qui en trouble l'ordre ou la solennité.

177. Intrusion de nuit — Quiconque, sans excuse légitime, dont la preuve lui incombe, flâne ou rôde la nuit sur la propriété d'autrui, près d'une maison d'habitation située sur cette propriété, est coupable d'une infraction punissable sur déclaration de culpabilité par procédure sommaire.

178. Substance volatile malfaisante — Est coupable d'une infraction punissable sur déclaration de culpabilité par procédure sommaire quiconque, autre qu'un agent de la paix occupé à l'exercice de ses fonctions, a en sa possession dans un endroit public, ou dépose, jette ou lance, ou fait déposer, jeter ou lancer, en un endroit ou près d'un endroit :

a) soit une substance volatile malfaisante, susceptible d'alarmer, de gêner ou d'incommoder une personne, ou de lui causer du malaise ou de causer des dommages à des biens;

b) soit une bombe ou un dispositif fétide ou méphitique dont une substance mentionnée à l'alinéa *a)* est ou peut être libérée.

179. (1) Vagabondage — Commet un acte de vagabondage toute personne qui, selon le cas :

a) tire sa subsistance, en totalité ou en partie, du jeu ou du crime et n'a aucune profession ou occupation légitime lui permettant de gagner sa vie;

b) ayant été déclarée coupable d'une infraction prévue aux articles 151, 152 ou 153, aux paragraphes 160(3) ou 173(2) ou aux articles 271, 272 ou 273 ou visée par une disposition mentionnée à l'alinéa *b)* de la définition de « **sévices graves à la personne** » à l'article 687 du *Code criminel*, chapitre C-34 des Statuts révisés du Canada de 1970, dans sa version antérieure au 4 janvier 1983 est trouvée flânant sur un terrain d'école, un terrain de jeu, un parc public ou une zone publique où l'on peut se baigner ou à proximité de ces endroits.

(2) Peine — Quiconque commet un acte de vagabondage est coupable d'une infraction punissable sur déclaration de culpabilité par procédure sommaire.

L.R.C. 1985, ch. 27 (1ᵉʳ suppl.), art. 22; ch. 19 (3ᵉ suppl.), art. 8.

Nuisances

180. (1) Nuisance publique — Est coupable d'un acte criminel et passible d'un emprisonnement maximal de deux ans quiconque commet une nuisance publique, et par là, selon le cas :

    a) met en danger la vie, la sécurité ou la santé du public;

    b) cause une lésion physique à quelqu'un.

(2) Définition — Pour l'application du présent article, commet une nuisance publique quiconque accomplit un acte illégal ou omet d'accomplir une obligation légale, et par là, selon le cas :

    a) met en danger la vie, la sécurité, la santé, la propriété ou le confort du public;

    b) nuit au public dans l'exercice ou la jouissance d'un droit commun à tous les sujets de Sa Majesté au Canada.

181. Diffusion de fausses nouvelles — Est coupable d'un acte criminel et passible d'un emprisonnement maximal de deux ans quiconque, volontairement, publie une déclaration, une histoire ou une nouvelle qu'il sait fausse et qui cause, ou est de nature à causer, une atteinte ou du tort à quelque intérêt public.

182. Cadavres — Est coupable d'un acte criminel et passible d'un emprisonnement maximal de cinq ans quiconque, selon le cas :

    a) néglige, sans excuse légitime, d'accomplir un devoir que lui impose la loi, ou qu'il s'engage à remplir, au sujet de l'inhumation d'un cadavre humain ou de restes humains;

    b) commet tout outrage, indécence ou indignité envers un cadavre humain ou des restes humains, inhumés ou non.

PARTIE VI — ATTEINTES À LA VIE PRIVÉE

Définitions

183. Définitions — Les définitions qui suivent s'appliquent à la présente partie.

« **autorisation** » Autorisation d'intercepter une communication privée donnée en vertu de l'article 186 ou des paragraphes 184.2(3), 184.3(6) ou 188(2).

« avocat » Dans la province de Québec, un avocat ou un notaire et, dans les autres provinces, un *barrister* ou un *solicitor*.

« communication privée » Communication orale ou télécommunication dont l'auteur se trouve au Canada, ou destinée par celui-ci à une personne qui s'y trouve, et qui est faite dans des circonstances telles que son auteur peut raisonnablement s'attendre à ce qu'elle ne soit pas interceptée par un tiers. La présente définition vise également la communication radiotéléphonique traitée électroniquement ou autrement en vue d'empêcher sa réception en clair par une personne autre que celle à laquelle son auteur la destine.

« communication radiotéléphonique » S'entend de la radiocommunication, au sens de la *Loi sur la radiocommunication*, faite au moyen d'un appareil servant principalement à brancher la communication à un réseau téléphonique public commuté.

« dispositif électromagnétique, acoustique, mécanique ou autre » Tout dispositif ou appareil utilisé ou pouvant être utilisé pour intercepter une communication privée. La présente définition exclut un appareil de correction auditive utilisé pour améliorer, sans dépasser la normale, l'audition de l'utilisateur lorsqu'elle est inférieure à la normale.

« infraction » Infraction, complot ou tentative de commettre une infraction, complicité après le fait ou le fait de conseiller à une autre personne de commettre une infraction en ce qui concerne : les articles 47 (haute trahison), 51 (intimider le Parlement ou une législature), 52 (sabotage), 57 (faux ou usage de faux, etc.), 61 (infractions séditieuses), 76 (détournement), 77 (atteinte à la sécurité des aéronefs ou des aéroports), 78 (armes offensives, etc. à bord d'aéronef), 78.1 (infractions contre la navigation maritime ou une plate-forme fixe), 80 (manque de précautions), 81 (usage d'explosifs), 82 (possession d'explosifs), 96 (possession d'une arme obtenue lors de la perpétration d'une infraction), 99 (trafic d'armes), 100 (possession en vue de faire le trafic d'armes), 102 (fabrication d'une arme automatique), 103 (importation ou exportation non autorisées — infraction délibérée), 104 (importation ou exportation non autorisées), 119 (corruption, etc.), 120 (corruption, etc.), 121 (fraudes envers le gouvernement), 122 (abus de confiance), 123 (corruption dans les affaires municipales), 132 (parjure), 139 (entrave à la justice), 144 (bris de prison), 163.1 (pornographie juvénile), 184 (interception illégale), 191 (possession de dispositifs d'interception), 235 (meurtre), 264.1 (menaces), 267 (agression armée ou infliction de lésions corporelles), 268 (voies de fait graves), 269 (infliction illégale de lésions corporelles), 271 (agression sexuelle), 272 (agression sexuelle armée, menaces à une tierce personne ou infliction de lésions corporelles), 273 (agression sexuelle grave), 279 (enlèvement), 279.1 (prise d'otage), 280 (enlèvement d'une personne âgée de moins de 16 ans), 281 (enlèvement d'une personne âgée de moins de 14 ans), 282 (enlèvement en contravention avec une ordonnance de garde), 283 (enlèvement), 318 (encouragement au génocide), 327 (possession de moyens permettant d'utiliser des installations ou d'obtenir un service en matière de télécommunication), 334 (punition du vol), 342 (vol etc. de cartes de crédit), 342.1 (utilisation non autorisée d'ordinateur), 342.2 (possession de moyens permettant d'utiliser un service d'ordinateur), 344 (vol qualifié), 346 (extorsion), 347 (usure), 348 (introduction par effraction), 354 (possession de biens criminellement obtenus), 356 (vol de courrier), 367 (faux), 368 (emploi d'un document contrefait), 372 (faux messages), 380 (fraude), 381 (emploi du courrier pour frauder), 382 (manipulations frauduleuses d'opérations boursières), 424 (menaces de commettre une infraction contre une personne jouissant d'une protection internationale), 426 (commissions secrètes), 430 (méfait), 431 (attaque contre les locaux officiels, le logement privé ou les moyens de transport), 433 (crime d'incendie), 434 (incendie criminel), 434.1 (incendie criminel), 435 (incendie criminel : intention frauduleuse), 449 (fabrication de monnaie contrefaite), 450 (possession, etc. de monnaie contrefaite), 452 (mise en circulation, etc. de monnaie contrefaite), 462.31 (recyclage des produits de la criminalité), 467.1 (participation aux activités d'un gang), les paragraphes 145(1) (évasion, etc.), 201(1) (tenancier d'une maison de jeu ou de pari) ou 210(1) (tenue d'une maison de débauche), 212(1) (proxénétisme), 212(2) (proxénétisme), 212(2.1) (infraction grave — vivre des produits de la prostitution d'une personne âgée de moins de dix-huit ans), 212(4) (infraction — prostitution d'une personne âgée de moins de dix-huit ans), 462.33(11) (contravention d'une ordonnance de blocage), les alinéas 163(1)*a*) (documentation obscène) ou 202(1)*e*) (vente de mise collective, etc.) de la présente loi, l'article 45 (complot) de la *Loi sur la concurrence* — en ce qui concerne l'une ou l'autre des matières visées à ses alinéas (4)*a*) à *d*) — , ou l'article 47 (truquage des offres) ou le paragraphe 52.1(3) (télémarketing trompeur) de cette loi, les articles 5 (trafic de substances), 6 (importation et exportation), 7 (production), 8 (possession de biens d'origine criminelle) ou 9 (recyclage du produit de certaines infractions) de la *Loi réglementant certaines drogues et autres substances*, les articles 153 (fausses indications), 159 (contrebande), 163.1 (possession de biens obtenus par la contrebande, etc.) ou 163.2 (recyclage des produits de la contrebande, etc.) de la *Loi sur les douanes*, les articles 94.1 et 94.2 (incitation à entrer au Canada), l'article 94.4 (débarquement de personnes en mer) et l'article 94.5 (incitation à faire une fausse déclaration) de la *Loi sur l'immigration*, les articles 126.1 (possession de biens obtenus par la perpétration d'une infraction à l'accise), 126.2 (recyclage des produits de la criminalité), 158 (distillation illégale de l'eau-de-vie) ou 163 (vente illégale de l'eau-de-vie) ou les paragraphes 233(1) (empaquetage ou estampillage illégal) ou 240(1) (possession ou vente illégale de tabac fabriqué ou de cigares) de la *Loi sur l'accise*, l'article 198 (faillite frauduleuse) de la *Loi sur la faillite et l'insolvabilité*, les articles 3 (corruption d'agents publics étrangers), 4 (possession de biens d'origine criminelle) et 5 (recyclage des produits de la criminalité) de la *Loi sur la corruption d'agents publics étrangers*, l'article 3 (espionnage) de la *Loi sur les secrets officiels*; les articles 13 (exportation ou tentative d'exportation), 14 (importation ou tentative d'importation), 15 (détournement, etc.), 16 (transfert ou autorisation interdits), 17 (faux renseignements) ou 18 (incitation) de la *Loi sur les licences d'exportation et d'importation*, ou toute autre infraction que crée la présente loi et dont l'auteur est passible d'un emprisonnement de cinq ans ou plus, dont il existe des motifs raisonnables de croire qu'elle est reliée à un type d'activité criminelle fomentée et organisée par deux ou plusieurs personnes agissant de concert ou toute autre infraction créée par la présente loi ou une autre loi fédérale, passible d'un emprisonnement de cinq ans ou plus et dont il existe des motifs raisonnables de croire qu'elle a été commise au profit ou sous la direction d'un gang, ou en association avec lui.

Non en vigueur — « Infraction »

Lors de l'entrée en vigueur de l'article 43, L.C. 2000, ch. 24, la définition de « infraction », à l'article 183, sera modifiée par adjonction, après « de la *Loi sur les licences d'exportation et d'importation* », de « , toutes infractions visées à la *Loi sur les crimes contre l'humanité et les crimes de guerre* ».

L.C. 2000, ch. 24, art. 43.

« **intercepter** » S'entend notamment du fait d'écouter, d'enregistrer ou de prendre volontairement connaissance d'une communication ou de sa substance, son sens ou son objet.

« **réseau téléphonique public commuté** » Installation de télécommunication qui vise principalement à fournir au public un service téléphonique par lignes terrestres moyennant contrepartie.

« **vendre** » Sont assimilés à la vente l'offre de vente et le fait d'exposer pour la vente, d'avoir en sa possession pour la vente, de distribuer ou de faire de la publicité pour la vente.

L.R.C. 1985, ch. 27 (1er suppl.), art. 7(2), 23; ch. 1 (2e suppl.), art. 213(1); ch. 1 (4e suppl.), art 13; ch. 29 (4e suppl.), art. 17; ch. 42 (4e suppl.), art. 1; L.C. 1991, ch. 28, art. 12; 1992, ch. 27, art. 90; 1993, ch. 7, art. 5; ch. 25, art. 94; ch. 40, art. 1; ch 46, art. 4; 1995, ch. 39, art. 140; 1996, ch. 19, art. 66; 1997, ch. 18, art. 7; ch. 23, art. 3; 1998, ch. 34, art. 8; L.C. 1999, ch. 2, art. 47; ch. 5, art. 4

183.1 Consentement à l'interception — Pour l'application de la présente partie, dans le cas d'une communication privée ayant plusieurs auteurs ou plusieurs destinataires, il suffit, afin qu'il y ait consentement à son interception, que l'un d'eux y consente.

L.C. 1993, ch. 40, art. 2

Interception des communications

184. (1) Interception — Est coupable d'un acte criminel et passible d'un emprisonnement maximal de cinq ans quiconque, au moyen d'un dispositif électromagnétique, acoustique, mécanique ou autre, intercepte volontairement une communication privée.

(2) Réserve — Le paragraphe (1) ne s'applique pas aux personnes suivantes :

 a) une personne qui a obtenu, de l'auteur de la communication privée ou de la personne à laquelle son auteur la destine, son consentement exprès ou tacite à l'interception;

 b) une personne qui intercepte une communication privée en conformité avec une autorisation ou en vertu de l'article 184.4, ou une personne qui, de bonne foi, aide de quelque façon une autre personne qu'elle croit, en se fondant sur des motifs raisonnables, agir en conformité avec une telle autorisation ou en vertu de cet article;

 c) une personne qui fournit au public un service de communications téléphoniques, télégraphiques ou autres et qui intercepte une communication privée dans l'un ou l'autre des cas suivants :

  (i) cette interception est nécessaire pour la fourniture de ce service,

  (ii) à l'occasion de la surveillance du service ou d'un contrôle au hasard nécessaire pour les vérifications mécaniques ou la vérification de la qualité du service,

  (iii) cette interception est nécessaire pour protéger ses droits ou biens directement liés à la fourniture d'un service de communications téléphoniques, télégraphiques ou autres;

 d) un fonctionnaire ou un préposé de Sa Majesté du chef du Canada chargé de la régulation du spectre des fréquences de radiocommunication, pour une communication privée qu'il a interceptée en vue d'identifier, d'isoler ou d'empêcher l'utilisation non autorisée ou importune d'une fréquence ou d'une transmission.

(3) [Abrogé, L.C. 1993, ch. 40, art. 3(3).]

L.C. 1993, ch. 40, art. 3.

184.1 (1) Interception préventive — L'agent de l'État peut, au moyen d'un dispositif électromagnétique, acoustique, mécanique ou autre, intercepter une communication privée si les conditions suivantes sont réunies :

 a) l'auteur de la communication ou la personne à laquelle celui-ci la destine a consenti à l'interception;

 b) l'agent a des motifs raisonnables de croire qu'il existe un risque de lésions corporelles pour la personne qui a consenti à l'interception;

 c) l'interception vise à empêcher les lésions corporelles.

(2) Admissibilité en preuve des communications interceptées — Le contenu de la communication privée obtenue au moyen de l'interception est inadmissible en preuve, sauf dans les procédures relatives à l'infliction de lésions corporelles ou à la tentative ou menace d'une telle infliction, notamment celles qui se rapportent à une demande d'autorisation visée par la présente partie, un mandat de perquisition ou un mandat d'arrestation.

(3) Destruction des enregistrements et des transcriptions — L'agent de l'État qui intercepte la communication privée doit, dans les plus brefs délais possibles, détruire les enregistrements de cette communication et les transcriptions totales ou partielles de ces enregistrements de même que les notes relatives à la communication prises par lui, si celle-ci ne laisse pas présumer l'infliction — effective ou probable — de lésions corporelles ni la tentative ou menace d'une telle infliction.

(4) Définition de « agent de l'État » — Pour l'application du présent article, « agent de l'État » s'entend :

a) soit d'un agent de la paix;

b) soit d'une personne qui collabore avec un agent de la paix ou agit sous son autorité.

L.C. 1993, ch. 40, art. 4.

184.2 (1) Interception avec consentement — Toute personne peut, au moyen d'un dispositif électromagnétique, acoustique, mécanique ou autre, intercepter une communication privée si l'auteur de la communication ou la personne à laquelle il la destine a consenti à l'interception et si une autorisation a été obtenue conformément au paragraphe (3).

(2) Demande d'autorisation — La demande d'autorisation est présentée, *ex parte* et par écrit, à un juge de la cour provinciale, à un juge de la cour supérieure de juridiction criminelle ou à un juge au sens de l'article 552 soit par l'agent de la paix, soit par le fonctionnaire public nommé ou désigné pour l'application ou l'exécution d'une loi fédérale ou provinciale et chargé notamment de faire observer la présente loi ou toute autre loi fédérale; il doit y être joint un affidavit de cet agent ou de ce fonctionnaire, ou de tout autre agent de la paix ou fonctionnaire public, pouvant être fait sur la foi de renseignements tenus pour véridiques et indiquant ce qui suit :

a) le fait qu'il existe des motifs raisonnables de croire qu'une infraction à la présente loi ou à toute autre loi fédérale a été ou sera commise;

b) les détails relatifs à l'infraction;

c) le nom de la personne qui a consenti à l'interception;

d) la période pour laquelle l'autorisation est demandée;

e) dans le cas où une autorisation a déjà été accordée conformément au présent article ou à l'article 186, les modalités de cette autorisation.

(3) Opinion du juge — L'autorisation peut être donnée si le juge est convaincu :

a) qu'il existe des motifs raisonnables de croire qu'une infraction à la présente loi ou à toute autre loi fédérale a été ou sera commise;

b) que l'auteur de la communication privée ou la personne à laquelle il la destine a consenti à l'interception;

c) qu'il existe des motifs raisonnables de croire que des renseignements relatifs à l'infraction seront obtenus grâce à l'interception.

(4) Contenu et limite de l'autorisation — L'autorisation doit :

a) mentionner l'infraction relativement à laquelle des communications privées peuvent être interceptées;

b) mentionner le genre de communication privée qui peut être interceptée;

c) mentionner, si elle est connue, l'identité des personnes dont les communications privées peuvent être interceptées et donner une description générale du lieu où les communications peuvent être interceptées, s'il est possible de donner une telle description, et une description générale de la façon dont elles peuvent l'être;

d) énoncer les modalités que le juge estime opportunes dans l'intérêt public;

e) être valide pour la période, d'au plus soixante jours, qui y est indiquée.

L.C. 1993, ch. 40, art. 4.

184.3 (1) Demande à l'aide d'un moyen de télécommunication — Par dérogation à l'article 184.2, une demande d'autorisation visée au paragraphe 184.2(2) peut être présentée *ex parte* à un juge de la cour provinciale, à une juge de la cour supérieure de juridiction criminelle ou à un juge au sens de l'article 552 par téléphone ou par tout autre moyen de télécommunication, si les circonstances rendent peu commode pour le demandeur de se présenter en personne devant le juge.

(2) Demande — La demande, à faire sous serment, est accompagnée d'une déclaration qui comporte les éléments visés aux alinéas 184.2(2)*a*) à *e*) et mentionne les circonstances qui rendent peu commode pour le demandeur de se présenter en personne devant le juge.

(3) Enregistrement — Le juge enregistre la demande par écrit ou autrement et, dès qu'une décision est prise à son sujet, fait placer l'enregistrement dans un paquet visé au paragraphe 187(1), qu'il fait sceller; l'enregistrement ainsi placé est traité comme un document pour l'application de l'article 187.

(4) Serment — Pour l'application du paragraphe (2), il peut être prêté serment par téléphone ou par tout autre moyen de télécommunication.

(5) Substitution au serment — Le demandeur qui utilise un moyen de télécommunication capable de rendre la communication sous forme écrite peut, au lieu de prêter serment, faire une déclaration par écrit, énonçant qu'à sa connaissance ou selon sa croyance la demande est véridique. Une telle déclaration est réputée être faite sous serment.

(6) Autorisation — Dans le cas où le juge est convaincu que les conditions visées aux alinéas 184.2(3)*a*) à *c*) sont remplies et que les circonstances visées au paragraphe (2) rendent peu commode pour le demandeur de se présenter en personne devant un juge, il peut, selon les modalités qu'il estime à propos le cas échéant, donner une autorisation par téléphone ou par tout autre moyen de télécommunication pour une période maximale de trente-six heures.

(7) Autorisation accordée — Dans le cas où le juge accorde une autorisation par téléphone ou par tout autre moyen de télécommunication qui ne peut rendre la communication sous forme écrite :

> a) le juge remplit et signe l'autorisation; il y mentionne le lieu, la date et l'heure où elle est accordée;

> b) le demandeur, sur l'ordre du juge, remplit un fac-similé de l'autorisation; il y mentionne le nom du juge qui l'accorde et le lieu, la date et l'heure où elle est accordée;

> c) le juge, dans les plus brefs délais possible après l'avoir accordée, fait placer l'autorisation dans un paquet visé au paragraphe 187(1), qu'il fait sceller.

(8) Autorisation accordée à l'aide d'un moyen de télécommunication qui peut rendre la communication sous forme écrite — Dans le cas où le juge accorde une autorisation à l'aide d'un moyen de télécommunication qui peut rendre la communication sous forme écrite :

> a) le juge remplit et signe l'autorisation; il y mentionne le lieu, la date et l'heure où elle est accordée;

> b) le juge transmet l'autorisation à l'aide du moyen de télécommunication au demandeur et la copie reçue par celui-ci est réputée être un fac-similé visé à l'alinéa (7)*b)*;

> c) le juge, dans les plus brefs délais possible après l'avoir accordée, fait placer l'autorisation dans un paquet visé au paragraphe 187(1), qu'il fait sceller.
>
> L.C. 1993, ch. 40, art. 4.

184.4 Interception dans des circonstances exceptionnelles — L'agent de la paix peut intercepter, au moyen d'un dispositif électromagnétique, acoustique, mécanique ou autre, une communication privée si les conditions suivantes sont réunies :

> a) il a des motifs raisonnables de croire que l'urgence de la situation est telle qu'une autorisation ne peut, avec toute la diligence raisonnable, être obtenue sous le régime de la présente partie;

> b) il a des motifs raisonnables de croire qu'une interception immédiate est nécessaire pour empêcher un acte illicite qui causerait des dommages sérieux à une personne ou un bien;

> c) l'auteur de la communication ou la personne à laquelle celui-ci la destine est soit la victime ou la personne visée, soit la personne dont les actes sont susceptibles de causer les dommages.
>
> L.C. 1993, ch. 40, art. 4.

184.5 (1) Interception de communications radiotéléphoniques — Est coupable d'un acte criminel et passible d'un emprisonnement maximal de cinq ans quiconque intercepte, malicieusement ou aux fins de gain, une communication radiotéléphonique au moyen d'un dispositif électromagnétique, acoustique, mécanique ou autre, si l'auteur de la communication ou la personne à laquelle celui-ci la destine se trouve au Canada.

(2) Autres dispositions applicables — L'article 183.1, le paragraphe 184(2) de même que les articles 184.1 à 190 et 194 à 196 s'appliquent, avec les adaptations nécessaires, à l'interception de la communication radiotéléphonique.

L.C. 1993, ch. 40, art. 4.

184.6 Application de la demande d'autorisation — Il est entendu qu'une demande d'autorisation peut être présentée en vertu de la présente partie à la fois pour une communication privée et pour une communication radiotéléphonique.

L.C. 1993, ch. 40, art. 4.

185. (1) Demande d'autorisation — Pour l'obtention d'une autorisation visée à l'article 186, une demande est présentée *ex parte* et par écrit à un juge d'une cour supérieure de juridiction criminelle, ou à un juge au sens de l'article 552, et est signée par le procureur général de la province ou par le solliciteur général du Canada ou par un mandataire spécialement désigné par écrit pour l'application du présent article par :

a) le solliciteur général du Canada lui-même ou le sous-solliciteur du Canada lui-même, si l'infraction faisant l'objet de l'enquête est une infraction pour laquelle des poursuites peuvent, le cas échéant, être engagées sur l'instance du gouvernement du Canada et conduites par le procureur général du Canada ou en son nom;

b) le procureur général d'une province lui-même ou le sous-procureur général d'une province lui-même, dans les autres cas;

il doit y être joint un affidavit d'un agent de la paix ou d'un fonctionnaire public pouvant être fait sur la foi de renseignements tenus pour véridiques et indiquant ce qui suit :

c) les faits sur lesquels le déclarant se fonde pour justifier qu'à son avis il y a lieu d'accorder une autorisation, ainsi que les détails relatifs à l'infraction;

d) le genre de communication privée que l'on se propose d'intercepter;

e) les noms, adresses et professions, s'ils sont connus, de toutes les personnes dont les communications privées devraient être interceptées du fait qu'on a des motifs raisonnables de croire que cette interception pourra être utile à l'enquête relative à l'infraction et une description générale de la nature et de la situation du lieu, s'il est connu, où l'on se propose d'intercepter des communications privées et une description générale de la façon dont on se propose de procéder à cette interception;

f) le nombre de cas, s'il y a lieu, où une demande a été faite en vertu du présent article au sujet de l'infraction ou de la personne nommée dans l'affidavit conformément à l'alinéa *e)* et où la demande a été retirée ou aucune autorisation n'a été accordée, la date de chacune de ces demandes et le nom du juge auquel chacune a été présentée;

g) la période pour laquelle l'autorisation est demandée;

h) si d'autres méthodes d'enquête ont ou non été essayées, si elles ont ou non échoué, ou pourquoi elles paraissent avoir peu de chance de succès, ou si, étant donné l'urgence de l'affaire, il ne serait pas pratique de mener l'enquête relative à l'infraction en n'utilisant que les autres méthodes d'enquête.

(1.1) Exception dans le cas d'un gang — L'alinéa (1)*h)* ne s'applique pas dans les cas où l'autorisation demandée vise :

a) une infraction prévue à l'article 467.1;

b) une infraction commise au profit ou sous la direction d'un gang, ou en association avec lui.

(2) Prolongation de la période — La demande d'autorisation peut être accompagnée d'une autre demande, signée personnellement par le procureur général de la province où une demande d'autorisation a été présentée ou le solliciteur général du Canada, dans le cas où la demande a été présentée par lui ou en son nom, visant à faire remplacer la période prévue au paragraphe 196(1) par une période maximale de trois ans, tel qu'indiqué dans la demande.

(3) Cas où la prolongation est accordée — Le juge auquel sont présentées la demande d'autorisation et la demande visée au paragraphe (2) considère premièrement celle qui est visée au paragraphe (2) et, s'il est convaincu, sur la base de l'affidavit joint à la demande d'autorisation et de tout autre affidavit qui appuie la demande visée au paragraphe (2), que les intérêts de la justice justifient qu'il accepte cette demande, il fixe une autre période d'une durée maximale de trois ans, en remplacement de celle qui est prévue au paragraphe 196(1).

(4) Cas où la prolongation n'est pas accordée — Lorsque le juge auquel la demande d'autorisation et la demande visée au paragraphe (2) sont présentées refuse de modifier la période prévue au paragraphe 196(1) ou fixe une autre période en remplacement de celle-ci plus courte que celle indiquée dans la demande mentionnée au paragraphe (2), la personne qui comparaît devant lui sur la demande d'autorisation peut alors la retirer; le juge ne doit pas considérer la demande d'autorisation ni accorder l'autorisation et doit remettre à la personne qui comparaît devant lui sur la demande d'autorisation les deux demandes et toutes les pièces et documents qui s'y rattachent.

L.C. 1993, ch. 40, art. 5; 1997, ch. 18, art. 8; ch. 23, art. 4.

186. (1) **Opinion du juge** — Une autorisation visée au présent article peut être donnée si le juge auquel la demande est présentée est convaincu que :

a) d'une part, l'octroi de cette autorisation servirait au mieux l'administration de la justice;

b) d'autre part, d'autres méthodes d'enquête ont été essayées et ont échoué, ou ont peu de chance de succès, ou que l'urgence de l'affaire est telle qu'il ne serait pas pratique de mener l'enquête relative à l'infraction en n'utilisant que les autres méthodes d'enquête.

(1.1) **Exception dans le cas d'un gang** — L'alinéa (1)*b*) ne s'applique pas dans les cas où le juge est convaincu que l'autorisation demandée vise :

a) une infraction prévue à l'article 467.1;

b) une infraction commise au profit ou sous la direction d'un gang, ou en association avec lui.

(2) **Obligation de refuser d'accorder l'autorisation** — Le juge auquel est faite une demande d'autorisation en vue d'intercepter des communications privées au bureau ou à la résidence d'un avocat, ou à tout autre endroit qui sert ordinairement à l'avocat ou à d'autres avocats pour la tenue de consultations avec des clients, doit refuser de l'accorder à moins qu'il ne soit convaincu qu'il existe des motifs raisonnables de croire que l'avocat, un autre avocat qui exerce le droit avec lui, un de ses employés, un employé de cet autre avocat ou une personne qui habite sa résidence a participé à une infraction ou s'apprête à le faire.

(3) **Modalités** — Le juge qui accorde l'autorisation d'intercepter des communications privées à un endroit décrit au paragraphe (2) doit y inclure les modalités qu'il estime opportunes pour protéger les communications sous le sceau du secret professionnel entre l'avocat et son client.

(4) **Contenu et limite de l'autorisation** — Une autorisation doit :

a) indiquer l'infraction relativement à laquelle des communications privées pourront être interceptées;

b) indiquer le genre de communication privée qui pourra être interceptée;

c) indiquer, si elle est connue, l'identité des personnes dont les communications privées doivent être interceptées et donner une description générale du lieu où les communications privées pourront être interceptées, s'il est possible de donner une description générale de ce lieu, et une description générale de la façon dont les communications pourront être interceptées;

d) énoncer les modalités que le juge estime opportunes dans l'intérêt public;

e) être valide pour la période maximale de soixante jours qui y est indiquée.

(5) **Désignation de personnes** — Le solliciteur général du Canada ou le procureur général, selon le cas, peut désigner une ou plusieurs personnes qui pourront intercepter des communications privées aux termes d'autorisations.

(5.1) Installation et enlèvement de dispositifs — Il est entendu que l'autorisation est assortie du pouvoir d'installer secrètement un dispositif électromagnétique, acoustique, mécanique ou autre et de l'entretenir et l'enlever secrètement.

(5.2) Enlèvement après expiration de l'autorisation — Sur demande écrite *ex parte*, accompagnée d'un affidavit, le juge qui a donné l'autorisation visée au paragraphe (5.1) ou un juge compétent pour donner une telle autorisation peut donner une deuxième autorisation permettant que le dispositif en question soit enlevé secrètement après l'expiration de la première autorisation :

a) selon les modalités qu'il estime opportunes;

b) au cours de la période, d'au plus soixante jours, qu'il spécifie.

(6) Renouvellement de l'autorisation — Un juge d'une cour supérieure de juridiction criminelle ou un juge au sens de l'article 552 peut renouveler une autorisation lorsqu'il reçoit une demande écrite *ex parte* signée par le procureur général de la province où la demande est présentée, par le solliciteur général du Canada ou par un mandataire spécialement désigné par écrit pour l'application de l'article 185 par le solliciteur général du Canada ou le procureur général, selon le cas, et à laquelle est joint un affidavit d'un agent de la paix ou d'un fonctionnaire public indiquant ce qui suit :

a) la raison et la période pour lesquelles le renouvellement est demandé;

b) tous les détails, y compris les heures et dates, relatifs aux interceptions, qui, le cas échéant, ont été faites ou tentées en vertu de l'autorisation, et tous renseignements obtenus au cours des interceptions;

c) le nombre de cas, s'il y a lieu, où, à la connaissance du déposant, une demande a été faite en vertu du présent paragraphe au sujet de la même autorisation et où la demande a été retirée ou aucun renouvellement n'a été accordé, la date de chacune de ces demandes et le nom du juge auquel chacune a été présentée,

ainsi que les autres renseignements que le juge peut exiger.

(7) Renouvellement — Le renouvellement d'une autorisation peut être accordé pour une période maximale de soixante jours si le juge auquel la demande est présentée est convaincu que l'une des circonstances indiquées au paragraphe (1) existe encore.

L.C. 1993, ch. 40, art. 6; 1997, ch. 23, art. 5; 1999, ch. 5, art. 5.

186.1 Durée de validité dans les cas des gangs — Par dérogation aux alinéas 184.2(4)*e*) et 186(4)*e*) et au paragraphe 186(7), l'autorisation et le renouvellement peuvent être valides pour des périodes de plus de soixante jours et d'au plus un an chacune dans les cas où l'autorisation vise :

a) une infraction prévue à l'article 467.1;

b) une infraction commise au profit ou sous la direction d'un gang, ou en association avec lui.

L.C. 1997, ch. 23, art. 6.

187. (1) Façon d'assurer le secret de la demande — Tous les documents relatifs à une demande faite en application de la présente partie sont confidentiels et, sous réserve du paragraphe (1.1), sont placés dans un paquet scellé par le juge auquel la demande est faite dès qu'une décision est prise au sujet de cette demande; ce paquet est gardé par le tribunal, en un lieu auquel le public n'a pas accès ou en tout autre lieu auquel le public n'a pas accès ou en tout autre lieu que le juge peut autoriser et il ne peut en être disposé que conformément aux paragraphes (1.2) à (1.5).

(1.1) Exceptions — L'autorisation donnée en vertu de la présente partie n'a pas à être placée dans le paquet sauf si, conformément aux paragraphes 184.3(7) ou (8), l'original est entre les mains du juge, auquel cas celui-ci est tenu de placer l'autorisation dans le paquet alors que le demandeur conserve le fac-similé.

(1.2) Accès dans le cas de nouvelles demandes d'autorisation — Le paquet scellé peut être ouvert et son contenu retiré pour qu'il soit traité d'une nouvelle demande d'autorisation ou d'une demande de renouvellement d'une autorisation.

(1.3) Accès par ordonnance du juge — Un juge de la cour provinciale, un juge de la cour supérieure de juridiction criminelle ou un juge au sens de l'article 552 peut ordonner que le paquet scellé soit ouvert et son contenu retiré pour copie et examen des documents qui s'y trouvent.

(1.4) Accès par ordonnance du juge qui préside le procès — S'il a compétence dans la province où l'autorisation a été donnée, le juge ou le juge de la cour provinciale devant lequel doit se tenir le procès peut ordonner que le paquet scellé soit ouvert et son contenu retiré pour copie et examen des documents qui s'y trouvent si les conditions suivantes sont réunies :

a) une question en litige concerne l'autorisation ou les éléments de preuve obtenus grâce à celle-ci;

b) le prévenu fait une demande à cet effet afin de consulter les documents pour sa préparation au procès.

(1.5) Ordonnance de destruction des documents — Dans le cas où le paquet est ouvert, son contenu ne peut être détruit, si ce n'est en application d'une ordonnance d'un juge de la même juridiction que celui qui a donné l'autorisation.

(2) Ordonnance du juge — Une ordonnance visant les documents relatifs à une demande présentée conformément à l'article 185 ou aux paragraphes 186(6) ou 196(2) ne peut être rendue en vertu des paragraphes (1.2), (1.3), (1.4) ou (1.5) qu'après que le procureur général ou le solliciteur général qui a demandé l'autorisation, ou sur l'ordre de qui cette demande a été présentée, a eu la possibilité de se faire entendre.

(3) Idem — Une ordonnance visant les documents relatifs à une demande présentée conformément au paragraphe 184.2(2) ou à l'article 184.3 ne peut être rendue en vertu des paragraphes (1.2), (1.3), (1.4) ou (1.5) qu'après que le procureur général a eu la possibilité de se faire entendre.

(4) Révision des copies — Dans le cas où une poursuite a été intentée et que le prévenu demande une ordonnance pour copie et examen des documents conformément aux paragraphes (1.3) ou (1.4), le juge ne peut, par dérogation à ces paragraphes, remettre une copie des documents au prévenu qu'après que le poursuivant a supprimé toute partie des copies qui, à son avis, serait de nature à porter atteinte à l'intérêt public, notamment si le poursuivant croit, selon le cas, que cette partie :

a) pourrait compromettre la confidentialité de l'identité d'un informateur;

b) pourrait compromettre la nature et l'étendue des enquêtes en cours;

c) pourrait mettre en danger ceux qui pratiquent des techniques secrètes d'obtention de renseignements et compromettre ainsi la tenue d'enquêtes ultérieures au cours desquelles de telles techniques seraient utilisées;

d) pourrait causer un préjudice à un innocent.

(5) Copies remises au prévenu — Une copie des documents, après avoir été ainsi révisée par le poursuivant, est remise au prévenu.

(6) Original — Une fois que le prévenu a reçu la copie, l'original est replacé dans le paquet, qui est scellé, et le poursuivant conserve une copie révisée des documents et une copie de l'original.

(7) Parties supprimées — Le prévenu à qui une copie révisée a été remise peut demander au juge devant lequel se tient le procès de rendre une ordonnance lui permettant de prendre connaissance de toute partie supprimée par le poursuivant; le juge accède à la demande si, à son avis, la partie ainsi supprimée est nécessaire pour permettre au prévenu de présenter une réponse et défense pleine et entière lorsqu'un résumé judiciaire serait insuffisant.

L.R.C. 1985, ch. 27 (1er suppl.), art. 24; L.C. 1993, ch. 40, art. 7.

188. (1) Demandes à des juges spécialement désignés — Par dérogation à l'article 185, une demande d'autorisation visée au présent article peut être présentée *ex parte* à un juge d'une cour supérieure de juridiction criminelle ou à un juge au sens de l'article 552, désigné par le juge en chef, par un agent de la paix spécialement désigné par écrit, nommément ou autrement, pour l'application du présent article par :

a) le solliciteur général du Canada, si l'infraction faisant l'objet de l'enquête est une infraction pour laquelle des poursuites peuvent, le cas échéant, être engagées sur l'instance du gouvernement du Canada et conduites par le procureur général du Canada ou en son nom;

b) le procureur général d'une province, pour toute autre infraction se situant dans cette province, si l'urgence de la situation exige que l'interception de communications privées commence avant qu'il soit possible, avec toute la diligence raisonnable, d'obtenir une autorisation en vertu de l'article 186.

(2) Autorisation en cas d'urgence — Lorsque le juge auquel une demande est présentée en application du paragraphe (1) est convaincu que l'urgence de la situation exige que l'interception de communications privées commence avant qu'il soit possible, avec toute la diligence raisonnable, d'obtenir une autorisation en vertu de l'article 186, il peut, selon les modalités qu'il estime à propos le cas échéant, donner une autorisation écrite pour une période maximale de trente-six heures.

(3) [Abrogé, L.C. 1993, ch. 40, art. 8(3).]

(4) Définition de « juge en chef » — Au présent article, « **juge en chef** » désigne :

    a) dans la province d'Ontario, le juge en chef de la Cour de l'Ontario;

    b) dans la province de Québec, le juge en chef de la Cour supérieure;

    c) dans les provinces de la Nouvelle-Écosse et de la Colombie-Britannique, le juge en chef de la Cour suprême;

    d) dans les provinces du Nouveau-Brunswick, du Manitoba, de la Saskatchewan et d'Alberta, le juge en chef de la Cour du Banc de la Reine;

    e) dans les provinces de l'Île-du-Prince-Édouard et de Terre-Neuve, le juge en chef de la Cour suprême, Section de première instance;

    f) dans le territoire du Yukon, les Territoires du Nord-Ouest et au Nunavut, le juge principal, au sens du paragraphe 22(3) de la *Loi sur les juges*.

(5) Irrecevabilité de la preuve — Le juge qui préside le procès peut juger irrecevable la preuve obtenue par voie d'interception d'une communication privée en application d'une autorisation subséquente donnée sous le régime du présent article, s'il conclut que la demande de cette autorisation subséquente était fondée sur les mêmes faits et comportait l'interception des communications privées de la même ou des mêmes personnes, ou se rapportait à la même infraction, constituant le fondement de la demande de la première autorisation.

L.R.C. 1985, ch. 27 (1er suppl.), art. 25; ch. 27 (2e suppl.), art. 10; L.C. 1990, ch. 17, art. 10; 1992, ch. 1, art. 58; ch. 51, art. 35; 1993, ch. 28, ann. III, art. 29; ch. 40, art. 8; 1999, ch. 3, art. 12, 28.

188.1 (1) Exécution des actes autorisés — Sous réserve du paragraphe (2), l'interception des communications privées autorisée en vertu des articles 184.2, 184.3, 186 ou 188 peut être exécutée en tout lieu du Canada.

(2) Exécution dans une autre province — Dans le cas où une autorisation visée aux articles 184.2, 184.3, 186 ou 188 est accordée dans une province alors qu'il est raisonnable de croire que l'exécution des actes autorisés se fera dans une autre province et qu'elle obligera à pénétrer dans une propriété privée située dans cette autre province ou à rendre une ordonnance en vertu de l'article 487.02 à l'égard d'une personne s'y trouvant, un juge de cette dernière, selon le cas, peut, sur demande, confirmer l'autorisation. Une fois confirmée, l'autorisation est exécutoire dans l'autre province.

L.C. 1993, ch. 40, art. 9.

188.2 Immunité — Quiconque agit en conformité avec une autorisation ou en vertu des articles 184.1 ou 184.4 ou aide, de bonne foi, une personne qu'il croit, en se fondant sur des motifs raisonnables, agir ainsi bénéficie de l'immunité en matière civile ou pénale pour les actes raisonnablement accomplis dans le cadre de l'autorisation ou de l'article en cause.

L.C. 1993, ch. 40, art. 9.

189. (1) à (4) [Abrogés, L.C. 1993, ch. 40, art. 10(1).]

(5) Admissibilité en preuve des communications privées — Le contenu d'une communication privée obtenue au moyen d'une interception exécutée conformément à la présente partie ou à une autorisation accordée sous son régime ne peut être admis en preuve que si la partie qui a l'intention de la produire a donné au prévenu un préavis raisonnable de son intention de ce faire accompagné :

    a) d'une transcription de la communication privée, lorsqu'elle sera produite sous forme d'enregistrement, ou d'une déclaration donnant tous les détails de la communication privée, lorsque la preuve de cette communication sera donnée de vive voix;

    b) d'une déclaration relative à l'heure, à la date et au lieu de la communication privée et aux personnes y ayant pris part, si elles sont connues.

(6) Exemption de communication d'une preuve — Tout renseignement obtenu par une interception et pour lequel, si ce n'était l'interception, il y aurait eu exemption de communication, demeure couvert par cette exemption et n'est pas admissible en preuve sans le consentement de la personne jouissant de l'exemption.

L.R.C. 1985, ch. 27 (1er suppl.), art. 203; L.C. 1993, ch. 40, art. 10.

190. Détails complémentaires — Lorsqu'un prévenu a reçu un préavis en application du paragraphe 189(5), tout juge du tribunal devant lequel se tient ou doit se tenir le procès du prévenu peut, à tout moment, ordonner que des détails complémentaires soient fournis relativement à la communication privée que l'on a l'intention de présenter en preuve.

191. (1) Possession, etc. — Est coupable d'un acte criminel et passible d'un emprisonnement maximal de deux ans quiconque possède, vend ou achète un dispositif électromagnétique, acoustique, mécanique ou autre ou un élément ou une pièce de celui-ci, sachant que leur conception les rend principalement utiles à l'interception clandestine de communications privées.

(2) Exemptions — Le paragraphe (1) ne s'applique pas aux personnes suivantes :

a) un officier de police ou un agent de police en possession d'un dispositif, d'un élément ou d'une pièce visés au paragraphe (1) dans l'exercice de ses fonctions;

b) une personne en possession d'un dispositif, d'un élément ou d'une pièce visés au paragraphe (1) qu'elle a l'intention d'utiliser lors d'une interception qui est faite ou doit être faite en conformité avec une autorisation;

b.1) une personne en possession d'un dispositif, d'un élément ou d'une pièce d'un dispositif, sous la direction d'un officier de police ou d'un agent de police, afin de l'aider dans l'exercice de ses fonctions;

c) un fonctionnaire ou préposé de Sa Majesté du chef du Canada ou un membre des Forces canadiennes en possession d'un dispositif, d'un élément ou d'une pièce visés au paragraphe (1) dans l'exercice de ses fonctions en tant que fonctionnaire, préposé ou membre, selon le cas;

d) toute autre personne en possession d'un dispositif, d'un élément ou d'une pièce visés au paragraphe (1) en vertu d'un permis délivré par le solliciteur général du Canada.

(3) Modalités d'un permis — Un permis délivré pour l'application de l'alinéa (2)*d*) peut énoncer les modalités relatives à la possession, la vente ou l'achat d'un dispositif, d'un élément ou d'une pièce visés au paragraphe (1) que le solliciteur général du Canada peut prescrire.

L.R.C. 1985, ch. 27 (1ᵉʳ suppl.), art. 26.

192. (1) Confiscation — Lorsqu'une personne est déclarée coupable d'une infraction prévue par l'article 184 ou 191, tout dispositif électromagnétique, acoustique, mécanique ou autre au moyen duquel l'infraction a été commise ou dont la possession a constitué l'infraction peut, après cette déclaration de culpabilité et en plus de toute peine qui est imposée, être par ordonnance confisqué au profit de Sa Majesté, après quoi il peut en être disposé conformément aux instructions du procureur général.

(2) Restriction — Aucune ordonnance de confiscation ne peut être rendue en vertu du paragraphe (1) relativement à des installations ou du matériel de communications téléphoniques, télégraphiques ou autres qui sont la propriété d'une personne fournissant au public un service de communications téléphoniques, télégraphiques ou autres ou qui font partie du service ou réseau de communications téléphoniques, télégraphiques ou autres d'une telle personne et au moyen desquels une infraction à l'article 184 a été commise, si cette personne n'a pas participé à l'infraction.

193. (1) Divulgation de renseignements — Lorsqu'une communication privée a été interceptée au moyen d'un dispositif électromagnétique, acoustique, mécanique ou autre sans le consentement, exprès ou tacite, de son auteur ou de la personne à laquelle son auteur la destinait, quiconque, selon le cas :

    a) utilise ou divulgue volontairement tout ou partie de cette communication privée, ou la substance, le sens ou l'objet de tout ou partie de celle-ci;

    b) en divulgue volontairement l'existence,

sans le consentement exprès de son auteur ou de la personne à laquelle son auteur la destinait, est coupable d'un acte criminel et passible d'un emprisonnement maximal de deux ans.

(2) Exemptions — Le paragraphe (1) ne s'applique pas à une personne qui divulgue soit tout ou partie d'une communication privée, ou la substance, le sens ou l'objet de tout ou partie de celle-ci, soit l'existence d'une communication privée :

    a) au cours ou aux fins d'une déposition lors de poursuites civiles ou pénales ou de toutes autres procédures dans lesquelles elle peut être requise de déposer sous serment;

    b) au cours ou aux fins d'une enquête en matière pénale, si la communication privée a été interceptée légalement;

    c) en donnant le préavis visé à l'article 189 ou en fournissant des détails complémentaires en application d'une ordonnance rendue en vertu de l'article 190;

    d) au cours de l'exploitation :

        (i) soit d'un service de communications téléphoniques, télégraphiques ou autres à l'usage du public,

        (ii) soit d'un ministère, département ou organisme du gouvernement du Canada,

    si la divulgation est nécessairement accessoire à une interception visée aux alinéas 184(2)*c)* ou *d)*;

    e) lorsque la divulgation est faite à un agent de la paix ou à un poursuivant au Canada ou à une personne ou un organisme étranger chargé de la recherche ou de la poursuite des infractions et vise à servir l'administration de la justice au Canada ou ailleurs; ou

    f) lorsque la divulgation est faite au directeur du Service canadien du renseignement de sécurité ou à un employé du Service et vise à permettre au Service d'exercer les fonctions qui lui sont conférées en vertu de l'article 12 de la *Loi sur le Service canadien du renseignement de sécurité.*

(3) Publication d'une divulgation légale antérieure — Le paragraphe (1) ne s'applique pas aux personnes qui rapportent une communication privée, en tout ou en partie, ou qui en divulguent la substance, le sens ou l'objet, ou encore, qui en révèlent l'existence lorsque ce qu'elles révèlent avait déjà été légalement divulgué auparavant au cours d'un témoignage ou dans le but de témoigner dans les procédures visées à l'alinéa (2)*a*).

L.R.C. 1985, ch. 30 (4ᵉ suppl.), art. 45; L.C. 1993, ch. 40, art. 11.

193.1 (1) Divulgation de renseignements obtenus par suite de l'interception d'une communication radiotéléphonique — Est coupable d'un acte criminel et passible d'un emprisonnement maximal de deux ans quiconque utilise ou divulgue volontairement une communication radiotéléphonique, ou en divulgue volontairement l'existence, si :

a) l'auteur de la communication ou la personne à laquelle celui-ci la destinait se trouvait au Canada lorsqu'elle a été faite;

b) la communication a été interceptée au moyen d'un dispositif électromagnétique, acoustique, mécanique ou autre, sans le consentement, exprès ou tacite, de son auteur ou de la personne à laquelle celui-ci la destinait;

c) le consentement, exprès ou tacite, de l'auteur de la communication ou de la personne à laquelle celui-ci la destinait n'a pas été obtenu.

(2) Autres dispositions applicables — Les paragraphes 193(2) et (3) s'appliquent, avec les adaptations nécessaires, à la divulgation de la communication radiotéléphonique.

L.C. 1993, ch. 40, art. 12.

194. (1) Dommages — Sous réserve du paragraphe (2), un tribunal qui déclare un accusé coupable d'une infraction prévue aux articles 184, 184.5, 193 ou 193.1 peut, sur demande d'une personne lésée, ordonner à l'accusé, lors du prononcé de la sentence, de payer à cette personne des dommages-intérêts punitifs n'excédant pas cinq mille dollars.

(2) Pas de dommages-intérêts lorsque des poursuites civiles sont engagées — Nul ne peut être condamné, en vertu du paragraphe (1), à payer une somme quelconque à une personne qui a intenté une action en vertu de la partie II de la *Loi sur la responsabilité de l'État*.

(3) Le jugement peut être enregistré — Lorsqu'une somme dont le paiement est ordonné en vertu du paragraphe (1) n'est pas versée immédiatement, le requérant peut faire enregistrer l'ordonnance à la cour supérieure de la province où le procès a eu lieu comme s'il s'agissait d'un jugement ordonnant le paiement de la somme y indiquée, et ce jugement est exécutoire contre l'accusé comme s'il s'agissait d'un jugement rendu contre lui par ce tribunal dans des poursuites civiles.

(4) Les fonds se trouvant en la possession de l'accusé peuvent être pris — Tout ou partie d'une somme dont le paiement est ordonné en vertu du paragraphe (1) peut être prélevé sur les fonds trouvés en la possession de l'accusé au moment de son arrestation, sauf en cas de contestation de la propriété ou du droit de possession de ces fonds de la part de réclamants autres que l'accusé.

L.C. 1993, ch. 40, art 13.

195. (1) Rapport annuel — Le solliciteur général du Canada établit, chaque année, aussitôt que possible, un rapport relatif :

a) aux autorisations dont lui-même et les mandataires, dont le nom doit apparaître au rapport, spécialement désignés par lui, par écrit, pour l'application de l'article 185 ont fait la demande;

b) aux autorisations données en vertu de l'article 188 qui ont été demandées par des agents de la paix, dont le nom doit apparaître au rapport, spécialement désignés par lui pour l'application de cet article,

et aux interceptions faites en vertu de ces autorisations au cours de l'année précédente.

(2) Renseignements concernant des autorisations — Le rapport mentionné au paragraphe (1) indique, en ce qui concerne les autorisations et les interceptions faites en vertu de celles-ci :

a) le nombre de demandes d'autorisation qui ont été présentées;

b) le nombre de demandes de renouvellement des autorisations qui ont été présentées;

c) le nombre de demandes visées aux alinéas a) et b) qui ont été acceptées, le nombre de ces demandes qui ont été refusées et le nombre de demandes visées à l'alinéa a) qui ont été acceptées sous certaines conditions;

d) le nombre de personnes dont l'identité est indiquée dans une autorisation et contre lesquelles des poursuites ont été intentées sur l'instance du procureur général du Canada relativement :

(i) à une infraction spécifiée dans l'autorisation,

(ii) à une infraction autre qu'une infraction spécifiée dans l'autorisation mais pour laquelle une autorisation peut être donnée,

(iii) à une infraction pour laquelle une autorisation ne peut être donnée;

e) le nombre de personnes dont l'identité n'est pas indiquée dans une autorisation et contre lesquelles des poursuites ont été intentées sur l'instance du procureur général du Canada relativement :

(i) à une infraction spécifiée dans une telle autorisation,

(ii) à une infraction autre qu'une infraction spécifiée dans une telle autorisation mais pour laquelle une autorisation peut être donnée,

(iii) à une infraction autre qu'une infraction spécifiée dans une telle autorisation et pour laquelle aucune autorisation de ce genre ne peut être donnée, lorsque la perpétration ou prétendue perpétration de l'infraction par cette personne est arrivée à la connaissance d'un agent de la paix par suite de l'interception d'une communication privée en vertu d'un autorisation;

f) la durée moyenne de validité des autorisations et des renouvellements de ces autorisations;

g) le nombre d'autorisations qui, en raison d'un ou de plusieurs renouvellements, ont été valides pendant plus de soixante jours, plus de cent vingt jours, plus de cent quatre-vingts jours et plus de deux cent quarante jours;

h) le nombre d'avis donnés conformément à l'article 196;

i) les infractions relativement auxquelles des autorisations ont été données, en spécifiant le nombre d'autorisations données pour chacune de ces infractions;

j) une description de tous les genres de lieux spécifiés dans les autorisations et le nombre d'autorisations dans lesquelles chacun d'eux a été spécifié;

k) une description sommaire des méthodes d'interception utilisées pour chaque interception faite en vertu d'une autorisation;

l) le nombre de personnes arrêtées, dont l'identité est arrivée à la connaissance d'un agent de la paix par suite d'une interception faite en vertu d'une autorisation;

m) le nombre de poursuites pénales engagées sur l'instance du procureur général du Canada, dans lesquelles des communications privées révélées par une interception faite en vertu d'une autorisation ont été produites en preuve et le nombre de ces poursuites qui ont entraîné une condamnation;

n) le nombre d'enquêtes en matière pénale au cours desquelles des renseignements obtenus par suite de l'interception d'une communication privée faite en vertu d'une autorisation ont été utilisés, bien que la communication privée n'ait pas été produite en preuve dans des poursuites pénales intentées sur l'instance du procureur général du Canada par suite des enquêtes.

(3) Autres renseignements — Le rapport mentionné au paragraphe (1) contient, outre les renseignements mentionnés au paragraphe (2) :

a) le nombre de poursuites intentées contre des fonctionnaires ou préposés de Sa Majesté du chef du Canada ou des membres des Forces canadiennes pour des infractions prévues aux articles 184 ou 193;

b) une évaluation d'ensemble de l'importance de l'interception des communications privées pour le dépistage, la prévention et la poursuite des infractions au Canada, et les enquêtes y relatives.

(4) Le rapport est déposé devant le Parlement — Le solliciteur général du Canada fait déposer devant le Parlement une copie de chaque rapport qu'il a établi en vertu du paragraphe (1) dès qu'il est terminé ou, si le Parlement ne siège pas à ce moment-là, dans les quinze premiers jours de séance ultérieurs.

(5) Rapport par les procureurs généraux — Le procureur général de chaque province établit et publie chaque année, aussitôt que possible, ou autrement met à la disposition du public, un rapport relatif :

    a) aux autorisations dont lui-même et les mandataires spécialement désignés par lui, par écrit, pour l'application de l'article 185 ont fait la demande;

    b) aux autorisations données en vertu de l'article 188 qui ont été demandées par des agents de la paix spécialement désignés par lui pour l'application de cet article,

et aux interceptions faites en vertu de ces autorisations au cours de l'année précédente, contenant les renseignements visés aux paragraphes (2) et (3), compte tenu des adaptations de circonstance.

L.R.C. 1985, ch. 27 (1er suppl.), art. 27.

196. (1) Avis à donner par écrit — Le procureur général de la province où une demande a été présentée conformément au paragraphe 185(1) ou le solliciteur général du Canada, dans le cas où la demande a été présentée par lui ou en son nom, avise par écrit, dans les quatre-vingt-dix jours qui suivent la période pour laquelle l'autorisation a été donnée ou renouvelée ou au cours de toute autre période fixée en vertu du paragraphe 185(3) ou du paragraphe (3) du présent article, la personne qui a fait l'objet de l'interception en vertu de cette autorisation et, de la façon prescrite par règlement pris par le gouverneur en conseil, certifie au tribunal qui a accordé l'autorisation que cette personne a été ainsi avisée.

(2) Prolongation du délai — Il y a interruption du délai mentionné au paragraphe (1) jusqu'à ce qu'il soit décidé de toute demande présentée, par le procureur général ou le solliciteur général à un juge d'une cour supérieure de juridiction criminelle ou à un juge au sens de l'article 552, en vue d'une prolongation — initiale ou ultérieure — de la période pour laquelle l'autorisation a été donnée ou renouvelée.

(3) Cas où la prolongation est accordée — Le juge saisi de la demande visée au paragraphe (2) doit, s'il est convaincu par la déclaration sous serment appuyant la demande :

    a) soit que l'enquête au sujet de l'infraction visée par l'autorisation;

    b) soit que toute enquête subséquente à l'égard d'une infraction mentionnée à l'article 183 entreprise en raison de renseignements obtenus lors de l'enquête visée à l'alinéa *a)*,

continue et que les intérêts de la justice justifient qu'il l'accepte, accorder une prolongation — initiale ou ultérieure — de la période, d'une durée maximale de trois ans.

(4) Demande accompagnée d'un affidavit — La demande visée au paragraphe (2) est accompagnée d'un affidavit indiquant ce qui suit :

    a) les faits connus du déclarant ou auxquels il croit et sur lesquels il se fonde pour justifier qu'à son avis il y a lieu d'accorder une prolongation;

    b) le nombre de cas, s'il y a lieu, où une demande, à la connaissance du déclarant ou selon ce qu'il croit, a été faite en vertu de ce paragraphe au sujet de cette autorisation et où la demande a été retirée ou refusée, la date de chacune de ces demandes et le juge auquel chacune a été présentée.

(5) Exception dans le cas d'un gang — Par dérogation aux paragraphes (3) et 185(3), le juge saisi de la demande visée aux paragraphes (2) ou 185(2) doit accorder une prolongation — initiale ou ultérieure — de la période, d'une durée maximale de trois ans, s'il est convaincu par l'affidavit appuyant la demande que l'autorisation vise les éléments suivants et que les intérêts de la justice justifient la prolongation :

    a) une infraction prévue à l'article 467.1;

    b) une infraction commise au profit ou sous la direction d'un gang, ou en association avec lui.

L.R.C. 1985, ch. 27 (1ᵉʳ suppl.), art. 28.; L.C. 1993, ch. 40, art. 14; 1997, ch. 23, art. 7.

PARTIE VII — MAISONS DE DÉSORDRE, JEUX ET PARIS

Définitions et interprétation

197. (1) Définitions — Les définitions qui suivent s'appliquent à la présente partie.

« **endroit public** » Tout lieu auquel le public a accès de droit ou sur invitation, expresse ou implicite.

« **jeu** » Jeu de hasard ou jeu où se mêlent le hasard et l'adresse.

« **local** » ou « **endroit** » Tout local ou endroit :

    a) qu'il soit ou non couvert ou enclos;

    b) qu'il soit ou non employé en permanence ou temporairement;

    c) qu'une personne ait ou non un droit exclusif d'usage à son égard.

« **maison de débauche** » Local qui, selon le cas :

    a) est tenu ou occupé;

    b) est fréquenté par une ou plusieurs personnes,

à des fins de prostitution ou pour la pratique d'actes d'indécence.

« **maison de désordre** » Maison de débauche, maison de pari ou maison de jeu.

« **maison de jeu** » Selon le cas :

    a) local tenu pour fins de gain et fréquenté par des personnes pour se livrer au jeu;

    b) local tenu ou employé pour y pratiquer des jeux et où, selon le cas :

        (i) une banque est tenue par un ou plusieurs joueurs, mais non par tous,

        (ii) la totalité ou une partie des paris sur un jeu, ou du produit d'un jeu, est versée, directement ou indirectement, au tenancier du local,

        (iii) directement ou indirectement, un droit est exigé des joueurs ou versé par eux pour le privilège de jouer à un jeu, ou d'y participer ou d'employer le matériel de jeu,

        (iv) les chances de gagner ne sont pas également favorables à toutes les personnes qui pratiquent le jeu, y compris la personne, s'il en est, qui dirige le jeu.

« **maison de pari** » Local ouvert, gardé ou employé aux fins de permettre :

    a) ou bien aux personnes qui le fréquentent de parier entre elles ou avec le tenancier, ou de les y encourager ou aider;

    b) ou bien à une personne de recevoir, d'enregistrer, d'inscrire, de transmettre ou de payer des paris ou d'en annoncer les résultats.

« **matériel de jeu** » Tout ce qui est ou peut être employé en vue de pratiquer des jeux ou pour le pari.

« **pari** » Pari placé sur une contingence ou un événement qui doit se produire au Canada ou à l'étranger et, notamment, un pari placé sur une éventualité relative à une course de chevaux, à un combat, à un match ou à un événement sportif qui doit avoir lieu au Canada ou à l'étranger.

« **prostitué** » Personne de l'un ou l'autre sexe qui se livre à la prostitution.

« **tenancier** » S'entend notamment d'une personne qui, selon le cas :

    a) est un propriétaire ou occupant d'un local;

    b) aide un propriétaire ou occupant d'un local ou agit pour son compte;

    c) paraît être propriétaire ou occupant d'un local ou paraît lui aider ou agir pour son compte;

    d) a le soin ou l'administration d'un local;

    e) emploie un local, de façon permanente ou temporaire, avec ou sans le consentement du propriétaire ou de l'occupant.

(2) Exception — Un local n'est pas une maison de jeu au sens de l'alinéa *a)* ou du sous-alinéa *b)*(ii) ou (iii) de la définition de « **maison de jeu** » au paragraphe (1) pendant qu'il est occupé et utilisé par un club social authentique constitué en personne morale ou par une succursale d'un tel club, si :

a) d'une part, la totalité ou une partie des paris sur des jeux qui y sont pratiqués ou sur des recettes de ces jeux n'est pas directement ou indirectement payée au tenancier de ce local;

b) d'autre part, aucune cotisation n'est exigée des personnes pour le droit ou privilège de participer aux jeux qui y sont pratiqués autrement que sous l'autorité et en conformité avec les modalités d'un permis délivré par le procureur général de la province où le local est situé ou par telle autre personne ou autorité, dans la province, que peut spécifier le procureur général de cette province.

(3) Preuve — Il incombe à l'accusé de prouver que, d'après le paragraphe (2), un local n'est pas une maison de jeu.

(4) Quand un jeu est pratiqué partiellement sur les lieux — Un local peut être une maison de jeu :

a) même s'il est employé pour y jouer une partie d'un jeu alors qu'une autre partie du jeu est tenue ailleurs;

b) même si l'enjeu pour lequel on joue est en un autre local;

c) même s'il n'est utilisé qu'une seule fois de la façon visée à l'alinéa b) de la définition de « **maison de jeu** » dans le paragraphe (1), si le tenancier ou une autre personne agissant pour son compte ou de concert avec lui, a utilisé un autre endroit dans une autre occasion de la façon visée à cet alinéa.

L.R.C. 1985, ch. 27 (1er suppl.), art. 29.

Présomptions

198. (1) Présomptions — Dans les poursuites engagées en vertu de la présente partie :

a) la preuve qu'un agent de la paix qui était autorisé à pénétrer dans un local en a été volontairement empêché, ou que son entrée a été volontairement gênée ou retardée, constitue, en l'absence de toute preuve contraire, une preuve que le local est une maison de désordre;

b) la preuve qu'un local a été trouvé muni d'un matériel de jeu, ou d'un dispositif pour cacher, enlever ou détruire un tel matériel, constitue, en l'absence de toute preuve contraire, une preuve que le local est une maison de jeu ou une maison de pari, selon le cas;

c) la preuve qu'un matériel de jeu a été découvert dans un local où l'on est entré sous l'autorité d'un mandat émis selon la présente partie, ou sur la personne de tout individu y trouvé, ou auprès de cette personne, constitue, en l'absence de toute preuve contraire, une preuve que le local est une maison de jeu et que les personnes y trouvées pratiquaient des jeux, que celui qui agit sous l'autorité du mandat ait observé ou non des personnes en train d'y pratiquer des jeux;

d) la preuve qu'une personne a été déclarée coupable d'avoir tenu une maison de désordre constitue, aux fins de poursuites contre quiconque est soupçonné d'avoir habité la maison ou d'y avoir été trouvé, au moment où la personne a commis l'infraction dont elle a été déclarée coupable, en l'absence de toute preuve contraire, une preuve que la maison était alors une maison de désordre.

(2) Présomption découlant d'un appareil à sous — Aux fins des poursuites engagées en vertu de la présente partie, un local que l'on trouve muni d'un appareil à sous est de façon concluante présumé une maison de jeu.

(3) Définition de « appareil à sous » — Au paragraphe (2), « **appareil à sous** » désigne toute machine automatique ou appareil à sous :

a) employé ou destiné à être employé pour toute fin autre que la vente de marchandises ou de services;

b) employé ou destiné à être employé pour la vente de marchandises ou de services si, selon le cas :

(i) le résultat de l'une de n'importe quel nombre d'opérations de la machine est une affaire de hasard ou d'incertitude pour l'opérateur,

(ii) en conséquence d'un nombre donné d'opérations successives par l'opérateur, l'appareil produit des résultats différents,

(iii) lors d'une opération quelconque de l'appareil, celui-ci émet ou laisse échapper des piécettes ou jetons.

La présente définition exclut une machine automatique ou un appareil à sous qui ne donne en prix qu'une ou plusieurs parties gratuites.

Perquisition

199. (1) Mandat de perquisition — Un juge de paix convaincu, par une dénonciation sous serment, qu'il existe des motifs raisonnables de croire qu'une infraction visée par l'article 201, 202, 203, 206, 207 ou 210 se commet à quelque endroit situé dans son ressort, peut délivrer un mandat sous sa signature, autorisant un agent de la paix à entrer et perquisitionner dans cet endroit, de jour ou de nuit, et à saisir toute chose y trouvée qui peut constituer une preuve qu'une infraction visée à l'un de ces articles se commet à cet endroit, et à mettre sous garde toutes les personnes trouvées à cet endroit ou dans cet endroit, et requérant que ces personnes soient conduites et ces choses apportées devant lui ou devant un autre juge de paix compétent, afin qu'elles soient traitées selon la loi.

(2) Perquisition sans mandat, saisie et arrestation — Qu'il agisse ou non en vertu d'un mandat émis par application du présent article, un agent de la paix peut mettre sous garde une personne qu'il trouve tenant une maison de jeu et toute personne qu'il y découvre, et saisir toute chose susceptible de constituer une preuve qu'une telle infraction se commet, et il doit conduire ces personnes et apporter ces choses devant un juge de paix compétent, afin qu'elles soient traitées selon la loi.

(3) Disposition des biens saisis — Sauf lorsque la loi prescrit expressément le contraire, un tribunal, juge, juge de paix ou juge de la cour provinciale devant qui une chose saisie aux termes du présent article est apportée peut déclarer que la chose est confisquée, auquel cas il doit en être disposé comme peut l'ordonner le procureur général si personne n'établit par des motifs suffisants pourquoi cette chose ne devrait pas être confisquée.

(4) Quand la déclaration peut être faite ou l'ordonnance rendue — Aucune déclaration ne peut être faite ni aucune ordonnance rendue aux termes du paragraphe (3) à l'égard d'une chose saisie en vertu du présent article :

a) avant que cette chose ait cessé d'être requise comme preuve dans quelque procédure intentée par suite de la saisie;

b) avant l'expiration de trente jours à compter du moment de la saisie, lorsque cette chose n'est pas requise comme preuve dans des procédures.

(5) Réalisation — Le procureur général peut, en vue de réaliser un bien confisqué en vertu du présent article, en disposer à tous égards comme s'il en était le propriétaire.

(6) Téléphones exempts de saisie — Le présent article et l'article 489 n'ont pas pour effet d'autoriser la saisie, la confiscation ou la destruction d'installations ou de matériel de téléphone, télégraphe ou autre moyen de communication, qui peuvent servir à prouver qu'une infraction visée à l'article 201, 202, 203, 206, 207 ou 210 a été commise ou qui peuvent avoir servi à la commettre et qui sont la propriété d'une personne qui assure un service de téléphone, de télégraphe ou autre service de communication offerts au public, ou qui font partie du service ou réseau de téléphone, de télégraphe ou autre service ou réseau de communication d'une telle personne.

(7) Exception — Le paragraphe (6) n'a pas pour effet d'interdire la saisie, pour utilisation à titre de preuve, d'une installation ou de matériel mentionnés à ce paragraphe et qui sont conçus ou adaptés pour enregistrer une communication.

L.R.C. 1985, ch. 27 (1er suppl.), art. 203; L.C. 1994, ch. 44, art. 10.

200. [Abrogé, L.R.C. 1985, ch. 27 (1er suppl.), art. 30.]

Jeux et paris

201. (1) Tenancier d'une maison de jeu ou de pari — Est coupable d'un acte criminel et passible d'un emprisonnement maximal de deux ans quiconque tient une maison de jeu ou une maison de pari.

(2) Personne trouvée dans une maison de jeu ou qui tolère le jeu — Est coupable d'une infraction punissable sur déclaration de culpabilité par procédure sommaire quiconque, selon le cas :

a) est trouvé, sans excuse légitime, dans une maison de jeu ou une maison de pari;

b) en qualité de possesseur, propriétaire, locateur, locataire, occupant ou agent, permet sciemment qu'un endroit soit loué ou utilisé pour des fins de maison de jeu ou de pari.

202. (1) Gageure, bookmaking, etc. — Commet une infraction quiconque, selon le cas :

a) emploie ou sciemment permet qu'on emploie un local sous son contrôle dans le dessein d'inscrire ou d'enregistrer des paris ou de vendre une mise collective;

b) importe, fait, achète, vend, loue, prend à bail ou garde, expose, emploie ou sciemment permet que soit gardé, exposé ou employé, dans quelque endroit sous son contrôle, un dispositif ou appareil destiné à inscrire ou à enregistrer des paris ou la vente d'une mise collective, ou une machine ou un dispositif de jeu ou de pari;

c) a sous son contrôle une somme d'argent ou d'autres biens relativement à une opération qui constitue une infraction visée par le présent article;

d) inscrit ou enregistre les paris ou vend une mise collective;

e) se livre au bookmaking ou à la vente d'une mise collective, ou à l'entreprise ou à la profession de parieur, ou fait quelque convention pour l'achat ou la vente de privilèges de pari ou de jeu, ou par l'achat ou la vente de renseignements destinés à aider au bookmaking, à la vente d'une mise collective ou au pari;

f) imprime, fournit ou offre d'imprimer ou de fournir des renseignements destinés à servir au bookmaking, à la vente d'une mise collective ou au pari sur quelque course de chevaux, combat, jeu ou sport, que cette course, ce combat, jeu ou sport ait lieu au Canada ou à l'étranger, ou qu'il ait eu lieu ou non;

g) importe ou introduit au Canada tout renseignement ou écrit destiné ou de nature à favoriser ou servir le jeu, le bookmaking, la vente d'une mise collective ou les paris sur une course de chevaux, un combat, un jeu ou un sport, et, lorsque le présent alinéa s'applique, il est sans conséquence :

(i) que le renseignement soit publié avant, pendant ou après la course, le combat, le jeu ou le sport,

(ii) que la course, le combat, le jeu ou le sport ait lieu au Canada ou à l'étranger;

toutefois, le présent alinéa ne s'applique pas à un journal, magazine ou autre périodique publié de bonne foi principalement pour un autre objet que la publication de ces renseignements;

h) annonce, imprime, publie, expose, affiche ou autrement fait connaître une offre, invitation ou incitation à parier sur le résultat d'une partie disputée, ou sur un résultat ou une éventualité concernant une partie disputée, ou à conjecturer ce résultat ou à le prédire;

i) volontairement et sciemment envoie, transmet, livre ou reçoit quelque message par la radio, le télégraphe, le téléphone, la poste ou les messageries, donnant quelque renseignement sur le bookmaking, la vente d'une mise collective, les paris ou gageures, ou destiné à aider au bookmaking, à la vente d'une mise collective aux paris ou gageures;

j) aide ou assiste, de quelque façon, à une chose qui constitue une infraction visée par le présent article.

(2) Peine — Quiconque commet une infraction prévue par le présent article est coupable d'un acte criminel et passible :

a) d'un emprisonnement maximal de deux ans pour la première infraction;

b) d'un emprisonnement de quatorze jours à deux ans pour la deuxième infraction;

c) d'un emprisonnement de trois mois à deux ans pour chaque récidive.

203. Placer des paris pour quelqu'un d'autre — Quiconque, selon le cas :

a) place, offre ou convient de placer un pari pour le compte d'une autre personne moyennant paiement d'une contrepartie par elle ou en son nom;

b) se livre à l'activité ou la pratique qui consiste à placer ou à convenir de placer des paris pour le compte d'autres personnes, même sans contrepartie;

c) prétend ou laisse croire qu'il se livre à l'activité ou à la pratique qui consiste à placer ou à convenir de placer des paris pour le compte d'autres personnes, même sans contrepartie,

est coupable d'un acte criminel et passible :

d) d'un emprisonnement maximal de deux ans, pour la première infraction;

e) d'un emprisonnement de quatorze jours à deux ans, pour la deuxième infraction;

f) d'un emprisonnement de trois mois à deux ans, pour chaque récidive.

204. (1) Exemption — Les articles 201 et 202 ne s'appliquent pas :

a) à une personne ou association en raison du fait qu'elle est devenue gardienne ou dépositaire de quelque argent, bien ou chose de valeur, mis en jeu, devant être payés, selon le cas :

(i) au gagnant d'une course, d'un sport, d'un jeu ou d'un exercice légitimes,

(ii) au propriétaire d'un cheval engagé dans une course légitime,

(iii) au gagnant de paris entre dix particuliers au plus;

b) à un pari privé entre des particuliers qui ne se livrent d'aucune façon à l'entreprise de parieurs;

c) aux paris faits ou aux inscriptions de paris faites par l'intermédiaire d'un système de pari mutuel sur des courses de chevaux, des courses de chevaux au trot ou à l'amble si :

(i) d'une part, les paris ou les inscriptions de paris sont faits à l'hippodrome d'une association, relativement à une course tenue à cet hippodrome ou à un autre situé au Canada ou non et, dans le cas d'une course qui se tient à un hippodrome situé à l'étranger, le ministre de l'Agriculture et de l'Agroalimentaire ou la personne qu'il désigne a, en conformité avec le paragraphe (8.1), agréé l'organisme chargé de réglementer la course et permis le pari mutuel au Canada sur cette course,

(ii) d'autre part, les dispositions du présent article et des règlements sont respectées.

(1.1) Exception — Il est entendu que tout acte visé par les articles 201 ou 202 peut s'accomplir dans le cadre du pari mutuel autorisé par la loi.

(2) Présomption — Pour l'application de l'alinéa (1)c), les paris faits soit dans une salle de paris visée à l'alinéa (8)e), soit par téléphone à l'hippodrome d'une association ou à une telle salle de paris, en conformité avec les règlements, sont réputés faits à l'hippodrome de l'association.

(3) Fonctionnement du système de pari mutuel — Aucune personne ou association ne peut utiliser un système de pari mutuel relativement à une course de chevaux, à moins que le système n'ait été approuvé par une fonctionnaire nommé par le ministre de l'Agriculture et de l'Agroalimentaire et que ce système ne soit conduit sous la surveillance de ce fonctionnaire.

(4) Surveillance du système de pari mutuel — La personne ou l'association qui exploite un système de pari mutuel en conformité avec le présent article à l'égard d'une course de chevaux, qu'elle organise ou non la réunion de courses dont fait partie la course en question, paye au receveur général un demi pour cent ou le pourcentage supérieur, jusqu'à concurrence de un pour cent fixé par le gouverneur en conseil, du total des mises de chaque poule et de chaque poule de pari spécial tenues à l'égard de cette course.

(5) Pourcentage qui peut être déduit ou retenu — Lorsqu'une personne ou une association devient gardienne ou dépositaire de quelque argent, pari ou mise en jeu en vertu d'un système de pari mutuel, relativement à une course de chevaux, cette personne ou association ne peut déduire ni retenir aucun montant sur le total de l'argent, des paris ou des mises en jeu à moins qu'elle ne le fasse conformément au paragraphe (6).

(6) Idem — L'association qui exploite un système de pari mutuel en conformité avec le présent article, ou son mandataire, peut déduire et retenir un pourcentage, égal ou inférieur au pourcentage maximal fixé par règlement, du total des mises de chaque poule et de chaque poule de pari spécial tenues à l'égard de chaque course; cette retenue est arrondie au multiple de cinq cents supérieur.

(7) Arrêt du pari — Lorsqu'un fonctionnaire nommé par le ministre de l'Agriculture et de l'Agroalimentaire n'est pas convaincu qu'une personne ou une association observe de bonne foi les dispositions du présent article ou des règlements relativement à une réunion de courses, il peut à tout moment ordonner l'arrêt des paris relatifs à cette réunion de courses pour toute période qu'il juge à propos.

(8) Règlements — Le ministre de l'Agriculture et de l'Agroalimentaire peut, par règlement :

a) fixer, pour chaque hippodrome où se tient une réunion de courses, le nombre maximal de courses pour lequel un système de pari mutuel peut être utilisé pendant toute la réunion ou seulement durant certains jours de celle-ci et déterminer les circonstances où lui-même ou son représentant peut approuver l'utilisation de ce système pour des courses supplémentaires tenues à un hippodrome pendant une réunion de courses déterminée ou une journée déterminée de celle-ci;

b) interdire à toute personne ou association d'utiliser un système de pari mutuel à un hippodrome où se tient une réunion de courses, à l'égard d'une course qui est en sus du nombre maximal de courses fixé en conformité avec l'alinéa *a)* et de toute course supplémentaire, s'il y a lieu, à l'égard de laquelle l'utilisation d'un système de pari mutuel a été approuvée en conformité avec cet alinéa;

c) fixer le pourcentage maximal que peuvent déduire et retenir en vertu du paragraphe (6) les personnes ou les associations — ou leurs mandataires — qui exploitent un système de pari mutuel sur des courses de chevaux en conformité avec le présent article et prendre des mesures concernant la détermination du pourcentage que peut déduire ou retenir une personne ou association en particulier;

d) prendre des mesures concernant le pari mutuel au Canada sur des courses de chevaux qui se tiennent à un hippodrome situé à l'étranger;

e) autoriser et régir, notamment par la délivrance de permis, la tenue de paris mutuels, et déterminer les conditions relatives à la tenue de ces paris, par une association dans une salle de paris lui appartenant, ou louée par elle, dans toute province où le lieutenant-gouverneur en conseil, ou toute personne ou tout organisme provincial désigné par lui, a, à cette fin, délivré à l'association un permis pour la salle.

(8.1) Approbation — Le ministre de l'Agriculture et de l'Agroalimentaire ou la personne qu'il désigne peut, à l'égard d'une course de chevaux qui se tient à l'étranger :

a) agréer, pour l'application du présent article, l'organisme chargé de réglementer la course;

b) permettre le pari mutuel au Canada sur cette course.

(9) Règlements — Le ministre de l'Agriculture et de l'Agroalimentaire peut prendre des règlements concernant :

a) la surveillance et la conduite de systèmes de pari mutuel en rapport avec les réunions de courses et la fixation des dates et des lieux où une association peut tenir de telles réunions;

b) le mode de calcul du montant payable pour chaque dollar parié;

c) la tenue de réunions de courses quant à la surveillance et la conduite de systèmes de pari mutuel, y compris les photos d'arrivée, le contrôle magnétoscopique et les analyses de liquides organiques prélevés sur des chevaux inscrits à une course lors de ces réunions et, dans le cas d'un cheval qui meurt pendant une course à laquelle il participe ou immédiatement avant ou après celle-ci, l'analyse de tissus prélevés sur le cadavre;

d) l'interdiction, la restriction ou la réglementation :

(i) de la possession de drogues ou de médicaments ou de matériel utilisé pour administrer des drogues ou des médicaments aux hippodromes ou près de ceux-ci,

(ii) de l'administration de drogues ou de médicaments à des chevaux qui participent à des courses lors d'une réunion de courses au cours de laquelle est utilisé un système de pari mutuel;

e) la fourniture, l'équipement et l'entretien de locaux, services ou autres installations pour la surveillance et la conduite convenables de systèmes de pari mutuel en rapport avec des réunions de courses par des associations tenant ces réunions ou par d'autres associations.

(9.1) Zone de 900 m — Pour l'application du présent article, le ministre de l'Agriculture et de l'Agroalimentaire peut à l'égard d'un hippodrome désigner une zone qui est assimilée à l'hippodrome lui-même si les conditions suivantes sont réunies :

a) la zone est contiguë à l'hippodrome;

b) chacun des points de la zone est situé à une distance égale ou inférieure à 900 m de la piste de l'hippodrome;

c) la personne ou l'association qui est propriétaire ou locataire de l'hippodrome est aussi propriétaire ou locataire de tous les biens immeubles situés
dans la zone.

(10) Infraction — Est coupable :

a) soit d'un acte criminel et passible d'un emprisonnement maximal de deux
ans;

b) soit d'une infraction punissable sur déclaration de culpabilité par procédure sommaire,

quiconque contrevient au présent article ou à ses règlements d'application ou omet
de s'y conformer.

(11) Définition de « association » — Pour l'application du présent article, « **association** » s'entend d'une association constituée en personne morale sous le régime d'une loi fédérale ou provinciale, qui est propriétaire ou locataire d'un hippodrome, qui organise des courses de chevaux dans le cadre de son activité
commerciale normale et, dans la mesure où la loi applicable l'exige, dont l'un des
buts mentionnés dans son acte constitutif est la tenue de courses de chevaux.

L.R.C. 1985, ch. 47 (1ᵉʳ suppl.), art. 1; L.C. 1989, ch. 2, art. 1; 1994, ch. 38, art. 14, 25.

205. [Abrogé, L.R.C. 1985, ch. 52 (1ᵉʳ suppl.), art. 1.]

206. (1) Loteries et jeux de hasard — Est coupable d'un acte criminel et passible d'un emprisonnement maximal de deux ans quiconque, selon le cas :

a) fait, imprime, annonce ou publie, ou fait faire, imprimer, annoncer ou publier, ou amène à faire, imprimer, annoncer ou publier quelque proposition,
projet ou plan pour céder par avance, prêter, donner, vendre ou de quelque
façon aliéner un bien au moyen de lots, cartes ou billets ou par tout mode de
tirage;

b) vend, troque, échange ou autrement aliène, ou fait vendre, troquer, échanger ou autrement aliéner, ou amène à vendre, troquer, échanger ou autrement
aliéner, ou y aide ou y contribue, ou offre de vendre, de troquer ou d'échanger un lot, une carte, un billet ou autre moyen ou système pour céder par
avance, prêter, donner, vendre ou autrement aliéner quelque bien par lots ou
billets ou par tout mode de tirage;

c) sciemment envoie, transmet, dépose à la poste, expédie, livre ou permet
que soit envoyé, transmis, déposé à la poste, expédié ou livré, ou sciemment
accepte de porter ou transporter, ou transporte tout article qui est employé ou
destiné à être employé dans l'exploitation d'un moyen, projet, système ou
plan pour céder par avance, prêter, donner, vendre ou autrement aliéner
quelque bien par tout mode de tirage;

d) conduit ou administre un plan, un arrangement ou une opération de
quelque genre que ce soit pour déterminer quels individus ou les porteurs de

quels lots, billets, numéros ou chances sont les gagnants d'un bien qu'il est ainsi proposé de céder par avance, prêter, donner, vendre ou aliéner;

e) conduit ou administre un plan, un arrangement ou une opération de quelque genre que ce soit, ou y participe, moyennant quoi un individu, sur paiement d'une somme d'argent ou sur remise d'une valeur ou, en s'engageant lui-même à payer une somme d'argent ou à remettre une valeur, a droit, en vertu du plan, de l'arrangement ou de l'opération, de recevoir de la personne qui conduit ou administre le plan, l'arrangement ou l'opération, ou de toute autre personne, une plus forte somme d'argent ou valeur plus élevée que la somme versée ou la valeur remise ou à payer ou remettre, du fait que d'autres personnes ont payé ou remis, ou se sont engagées à payer ou remettre, quelque somme d'argent ou valeur en vertu du plan, de l'arrangement ou de l'opération;

f) dispose d'effets, de denrées ou de marchandises par quelque jeu de hasard, ou jeu combinant le hasard et l'adresse, dans lequel le concurrent ou compétiteur paye de l'argent ou verse une autre contrepartie valable;

g) décide une personne à risquer ou hasarder de l'argent ou quelque autre bien ou chose de valeur sur le résultat d'un jeu de dés, d'un jeu de bonneteau, d'une planchette à poinçonner, d'une table à monnaie, ou sur le fonctionnement d'une roue de fortune;

h) pour une contrepartie valable, pratique ou joue, ou offre de pratiquer ou de jouer, ou emploie quelqu'un pour pratiquer ou jouer, dans un endroit public ou un endroit où le public a accès, le jeu de bonneteau;

i) reçoit des paris de toute sorte sur le résultat d'une partie de bonneteau;

j) étant le propriétaire d'un local, permet à quelqu'un d'y jouer le jeu de bonneteau.

(2) Définition de « bonneteau » — Au présent article, **« bonneteau »** s'entend du jeu communément appelé **« three-card monte »**; y est assimilé tout autre jeu analogue, qu'il soit joué avec des cartes ou non et nonobstant le nombre de cartes ou autres choses utilisées dans le dessein de jouer.

(3) Exemption pour les foires — Les alinéas (1)*f)* et *g)*, dans la mesure où ils n'ont aucun rapport avec un jeu de dés, un jeu de bonneteau, une planchette à poinçonner ou une table à monnaie, ne s'appliquent pas au conseil d'une foire ou d'une exposition annuelle ni à l'exploitant d'une concession louée auprès du conseil et située sur le terrain de la foire ou de l'exposition et exploitée à cet endroit durant la période de la foire ou de l'exposition.

(3.1) Définition de « foire ou exposition » — Pour l'application du présent article, l'expression **« foire ou exposition »** s'entend d'une manifestation où l'on présente des produits de l'agriculture ou de la pêche ou exerce des activités qui se rapportent à l'agriculture ou à la pêche.

(4) Infraction — Est coupable d'une infraction punissable sur déclaration de culpabilité par procédure sommaire quiconque achète, prend ou reçoit un lot, un billet ou un autre article mentionné au paragraphe (1).

(5) La vente de loterie est nulle — Toute vente, tout prêt, don, troc ou échange d'un bien au moyen de quelque loterie, billet, carte ou autre mode de tirage qui doit être décidé par la chance ou par le hasard ou en dépend, est nul, et tout bien ainsi vendu, prêté, donné, troqué ou échange est confisqué au profit de Sa Majesté.

(6) Exception — Le paragraphe (5) ne porte pas atteinte aux droits ou titres à un bien acquis par un acquéreur de bonne foi à titre onéreux, et qui n'a reçu aucun avis.

(7) Les loteries étrangères sont comprises — Le présent article s'applique à l'impression ou publication ou au fait d'occasionner l'impression ou la publication de quelque annonce, projet, proposition ou plan de loterie étrangère et à la vente ou offre de vente de billets, chances ou parts dans une pareille loterie, ou à l'annonce de vente de ces billets, chances ou parts et à la conduite ou administration d'un plan, arrangement ou opération de cette nature pour déterminer quels sont les gagnants dans une telle loterie.

(8) Réserve — Le présent article ne s'applique pas :

    a) au partage, par le sort ou le hasard, de tous biens par les titulaires d'une tenure conjointe ou en commun, ou par des personnes qui ont des droits indivis dans ces biens;

    b) [abrogé, L.C. 1999, ch. 28, art. 156];

    c) aux obligations, aux débentures, aux stock-obligations ou aux autres valeurs remboursables par tirage de lots et rachetables avec intérêt et pourvoyant au paiement de primes sur rachat ou autrement.

        L.R.C. 1985, ch. 52 (1er suppl.), art. 2; L.C. 1999, ch. 28, art. 156.

207. (1) Loteries autorisées — Par dérogation aux autres dispositions de la présente partie en matière de jeux et de paris, les règles qui suivent s'appliquent aux personnes et organismes mentionnés ci-après :

    a) le gouvernement d'une province, seul ou de concert avec celui d'une autre province, peut mettre sur pied et exploiter une loterie dans la province, ou dans celle-ci et l'autre province, en conformité avec la législation de la province;

    b) un organisme de charité ou un organisme religieux peut, en vertu d'une licence délivrée par le lieutenant-gouverneur en conseil d'une province ou par la personne ou l'autorité qu'il désigne, mettre sur pied et exploiter une loterie dans la province si le produit de la loterie est utilisé à des fins charitables ou religieuses;

    c) le conseil d'une foire ou d'une exposition, ou l'exploitant d'une concession louée auprès du conseil peut mettre sur pied et exploiter une loterie dans une province si le lieutenant-gouverneur en conseil de la province ou la personne ou l'autorité qu'il désigne a, à la fois :

(i) désigné cette foire ou cette exposition comme l'une de celles où une loterie pouvait être mise sur pied et exploitée,

(ii) délivré une licence de mise sur pied et d'exploitation d'une loterie à ce conseil ou à cet exploitant;

d) toute personne peut, en vertu d'une licence délivrée par le lieutenant-gouverneur en conseil d'une province ou par la personne ou l'autorité qu'il désigne, mettre sur pied et exploiter une loterie dans un lieu d'amusement public de la province si :

(i) le montant ou la valeur de chaque prix attribué ne dépasse pas cinq cents dollars,

(ii) le montant ou la contrepartie versée pour obtenir une chance de gagner un prix ne dépasse pas deux dollars;

e) le gouvernement d'une province peut conclure un accord avec celui d'une autre province afin de permettre la vente sur son territoire de lots, cartes ou billets d'une loterie qui, en vertu de l'un des alinéas *a)* à *d)*, est autorisée dans cette autre province;

f) toute personne peut, en vertu d'une licence délivrée par le lieutenant-gouverneur en conseil d'une province ou la personne ou l'autorité qu'il désigne, mettre sur pied et exploiter dans la province une loterie autorisée dans au moins une autre province à la condition que l'autorité qui a autorisé la loterie dans la première province y consente;

g) toute personne peut, dans le cadre d'une loterie autorisée en vertu de l'un des alinéas *a)* à *f)*, soit prendre dans la province, en conformité avec la législation ou les licences applicables, les mesures nécessaires pour mettre sur pied, administrer ou gérer la loterie, soit participer à celle-ci;

h) toute personne peut fabriquer ou imprimer au Canada, seule ou par un intermédiaire, tout moyen de jeu ou de pari à utiliser dans un endroit où son utilisation est permise par la loi ou le serait, à la condition de respecter les conditions que celle-ci prévoit, ou envoyer, transmettre, poster, expédier, livrer — ou permettre ces opérations — ou accepter en vue du transport ou transporter un moyen de jeu ou de pari si son utilisation au lieu de sa destination est permise par la loi ou le serait, à la condition de respecter les conditions que celle-ci prévoit.

(2) Conditions d'une licence — Sous réserve des autres dispositions de la présente loi, une licence délivrée en vertu de l'un des alinéas (1)*b)*, *c)*, *d)* ou *f)* par le lieutenant-gouverneur en conseil d'une province ou par la personne ou l'autorité qu'il désigne peut être assortie des conditions que celui-ci, la personne ou l'autorité en question ou une loi provinciale peut fixer à l'égard de la mise sur pied, de l'exploitation ou de la gestion de la loterie autorisée par la licence ou à l'égard de la participation à celle-ci.

(3) Infraction — Quiconque, dans le cadre d'une loterie, commet un acte non autorisé par une autre disposition du présent article ou en vertu de celle-ci, est coupable :

> a) dans le cas de la mise sur pied, de l'exploitation ou de la gestion de cette loterie :

>> (i) soit d'un acte criminel et est passible d'un emprisonnement maximal de deux ans,

>> (ii) soit d'une infraction punissable sur déclaration de culpabilité par procédure sommaire;

> b) dans le cas de la participation à cette loterie, d'une infraction punissable sur déclaration de culpabilité par procédure sommaire.

(4) Loterie — Pour l'application du présent article, « **loterie** » s'entend des jeux, moyens, systèmes, dispositifs ou opérations mentionnés aux alinéas 206(1)a) à g), qu'ils soient ou non associés au pari, à la vente d'une mise collective ou à des paris collectifs, à l'exception de ce qui suit :

> a) un jeu de bonneteau, une planchette à poinçonner ou une table à monnaie;

> b) le bookmaking, la vente d'une mise collective ou l'inscription ou la prise de paris, y compris les paris faits par mise collective ou par un système de paris collectifs ou de pari mutuel sur une course ou un combat, ou une épreuve ou manifestation sportive;

> c) pour l'application des alinéas (1)b) à f), un jeu de dés ou les jeux, moyens, systèmes, dispositifs ou opérations mentionnés aux alinéas 206(1)a) à g) qui sont exploités par un ordinateur, un dispositif électronique de visualisation, un appareil à sous, au sens du paragraphe 198(3), ou à l'aide de ceux-ci.

(5) Exception à l'égard du pari mutuel — Il est entendu que le présent article n'a pas pour effet de permettre de faire ou d'inscrire des paris sur des courses de chevaux par l'intermédiaire d'un système de pari mutuel, sauf en conformité avec l'article 204.

L.R.C. 1985, ch. 27 (1er suppl.), art. 31; ch. 52 (1er suppl.), art. 3; L.C. 1999, ch. 5, art. 6.

207.1 (1) Exception — loteries sur les navires de croisière internationale — Par dérogation aux autres dispositions de la présente partie en matière de jeux et de paris, le propriétaire d'un navire de croisière internationale ou la personne l'exploitant — ou leur mandataire — sont autorisés à mettre sur pied, gérer ou exploiter une loterie sur celui-ci — et les personnes à bord sont autorisées à y participer — si les conditions suivantes sont remplies :

> a) les personnes y participant se trouvent sur le navire;

> b) il n'existe aucun lien — par quelque moyen de communication que ce soit — entre cette loterie, d'une part, et une autre loterie ou des systèmes de paris, de mises collectives ou de paris collectifs exploités à l'extérieur du navire, d'autre part;

147

c) la loterie n'est pas exploitée dans un rayon de cinq milles marins du port canadien où le navire fait escale ou prévoit faire escale;

d) selon le cas :

> (i) le navire est immatriculé au Canada et il est prévu que tout le voyage aura lieu à l'extérieur du Canada,
>
> (ii) le navire est immatriculé au Canada ou ailleurs et il est prévu qu'une partie du voyage aura lieu à l'intérieur du Canada, auquel cas les exigences suivantes s'appliquent :
>
>> (A) le voyage est d'une durée d'au moins quarante-huit heures, se fait en partie dans les eaux internationales et comporte au moins une escale dans un port non canadien, y compris le port de départ ou de destination,
>>
>> (B) il n'est pas prévu qu'il y aura débarquement dans un port canadien de passagers embarqués dans un autre port canadien, à moins qu'il n'y ait, entre les deux ports, au moins une escale dans un port non canadien.

(2) Application de l'alinéa 207(1)*h*) et du paragraphe 207(5) — Il est entendu que l'alinéa 207(1)*h*) et le paragraphe 207(5) s'appliquent dans le cadre du présent article.

(3) Infraction — Quiconque, dans le cadre d'une loterie, accomplit un acte non autorisé par une autre disposition du présent article est coupable :

a) dans le cas de la mise sur pied, de la gestion ou de l'exploitation de cette loterie :

> (i) soit d'un acte criminel passible d'un emprisonnement maximal de deux ans,
>
> (ii) soit d'une infraction punissable sur déclaration de culpabilité par procédure sommaire;

b) dans le cas de la participation à cette loterie, d'une infraction punissable sur déclaration de culpabilité par procédure sommaire.

(4) Définitions — Les définitions qui suivent s'appliquent au présent article.

« **loterie** » S'entend des jeux, moyens, systèmes, dispositifs ou opérations mentionnés aux alinéas 206(1)*a*) à *g*), qu'ils soient ou non associés au pari, à la vente d'une mise collective ou à des paris collectifs, à l'exception de ce qui suit :

a) un jeu de bonneteau, une planchette à poinçonner ou une table à monnaie;

b) le bookmaking, la vente d'une mise collective ou l'inscription ou la prise de paris, y compris les paris faits par mise collective ou par un système de paris collectifs ou de pari mutuel sur une course ou un combat, ou une épreuve ou manifestation sportive.

« **navire de croisière internationale** » Navire à passagers pouvant effectuer des voyages sur les océans d'une durée d'au moins quarante-huit heures, à l'exclusion de tout navire qui est utilisé ou aménagé avant tout pour le transport de marchandises ou de véhicules.

L.C. 1999, ch. 5, art. 7.

208. [Abrogé, L.R.C. 1985, ch. 27 (1er suppl.), art. 32.]

209. Tricher au jeu — Est coupable d'un acte criminel et passible d'un emprisonnement maximal de deux ans quiconque, avec l'intention de frauder quelqu'un, triche en pratiquant un jeu, ou en tenant des enjeux ou en pariant.

Maisons de débauche

210. (1) Tenue d'une maison de débauche — Est coupable d'un acte criminel et passible d'un emprisonnement maximal de deux ans quiconque tient une maison de débauche.

(2) Propriétaire, habitant, etc. — Est coupable d'une infraction punissable sur déclaration de culpabilité par procédure sommaire quiconque, selon le cas :

    a) habite une maison de débauche;

    b) est trouvé, sans excuse légitime, dans une maison de débauche;

    c) en qualité de propriétaire, locateur, occupant, locataire, agent ou ayant autrement la charge ou le contrôle d'un local, permet sciemment que ce local ou une partie du local soit loué ou employé aux fins de maison de débauche.

(3) Le propriétaire doit être avisé de la déclaration de culpabilité — Lorsqu'une personne est déclarée coupable d'une infraction visée au paragraphe (1), le tribunal fait signifier un avis de la déclaration de culpabilité au propriétaire ou locateur du lieu à l'égard duquel la personne est déclarée coupable, ou à son agent, et l'avis doit contenir une déclaration portant qu'il est signifié selon le présent article.

(4) Devoir du propriétaire sur réception de l'avis — Lorsqu'une personne à laquelle un avis est signifié en vertu du paragraphe (3) n'exerce pas immédiatement tout droit qu'elle peut avoir de résilier la location ou de mettre fin au droit d'occupation que possède la personne ainsi déclarée coupable, et que, par la suite, un individu est déclaré coupable d'une infraction visée au paragraphe (1) à l'égard du même local, la personne à qui l'avis a été signifié est censée avoir commis une infraction visée au paragraphe (1), à moins qu'elle ne prouve qu'elle a pris toutes les mesures raisonnables pour empêcher le renouvellement de l'infraction.

211. Transport de personnes à des maisons de débauche — Est coupable d'une infraction punissable sur déclaration de culpabilité par procédure sommaire quiconque, sciemment, mène ou transporte ou offre de mener ou de transporter une autre personne à une maison de débauche, ou dirige ou offre de diriger une autre personne vers une maison de débauche.

Entremetteurs

212. (1) Proxénétisme — Est coupable d'un acte criminel et passible d'un emprisonnement maximal de dix ans quiconque, selon le cas :

    a) induit, tente d'induire ou sollicite une personne à avoir des rapports sexuels illicites avec une autre personne, soit au Canada, soit à l'étranger;

    b) attire ou entraîne une personne qui n'est pas prostituée vers une maison de débauche aux fins de rapports sexuels illicites ou de prostitution;

    c) sciemment cache une personne dans une maison de débauche;

    d) induit ou tente d'induire une personne à se prostituer, soit au Canada, soit à l'étranger;

    e) induit ou tente d'induire une personne à abandonner son lieu ordinaire de résidence au Canada, lorsque ce lieu n'est pas une maison de débauche, avec l'intention de lui faire habiter une maison de débauche ou pour qu'elle fréquente une maison de débauche, au Canada ou à l'étranger;

    f) à l'arrivée d'une personne au Canada, la dirige ou la fait diriger vers une maison de débauche, l'y amène ou l'y fait conduire;

    g) induit une personne à venir au Canada ou à quitter le Canada pour se livrer à la prostitution;

    h) aux fins de lucre, exerce un contrôle, une direction ou une influence sur les mouvements d'une personne de façon à démontrer qu'il l'aide, l'encourage ou la force à s'adonner ou à se livrer à la prostitution avec une personne en particulier ou d'une manière générale;

    i) applique ou administre, ou fait prendre, à une personne, toute drogue, liqueur enivrante, matière ou chose, avec l'intention de la stupéfier ou de la subjuguer de manière à permettre à quelqu'un d'avoir avec elle des rapports sexuels illicites;

    j) vit entièrement ou en partie des produits de la prostitution d'une autre personne.

(2) Idem — Par dérogation à l'alinéa (1)*j*), est coupable d'un acte criminel et passible d'un emprisonnement maximal de quatorze ans quiconque vit entièrement ou en partie des produits de la prostitution d'une autre personne âgée de moins de dix-huit ans.

(2.1) Infraction grave — vivre des produits de la prostitution d'une personne âgée de moins de dix-huit ans — Par dérogation à l'alinéa (1)*j*) et au paragraphe (2), est coupable d'un acte criminel et passible d'un emprisonnement minimal de cinq ans et maximal de quatorze ans quiconque vit entièrement ou en partie des produits de la prostitution d'une autre personne âgée de moins de dix-huit ans si, à la fois :

> a) aux fins de profit, il l'aide, l'encourage ou la force à s'adonner ou à se livrer à la prostitution avec une personne en particulier ou d'une manière générale, ou lui conseille de le faire;
>
> b) il use de violence envers elle, l'intimide ou la contraint, ou tente ou menace de le faire.

(3) Présomption — Pour l'application de l'alinéa (1)*j*) et des paragraphes (2) et (2.1), la preuve qu'une personne vit ou se trouve habituellement en compagnie d'un prostitué ou vit dans une maison de débauche constitue, sauf preuve contraire, la preuve qu'elle vit des produits de la prostitution.

(4) Infraction — prostitution d'une personne âgée de moins de dix-huit ans — Est coupable d'un acte criminel et passible d'un emprisonnement maximal de cinq ans quiconque, en quelque endroit que ce soit, obtient, moyennant rétribution, les services sexuels d'une personne âgée de moins de dix-huit ans ou communique avec quiconque en vue d'obtenir, moyennant rétribution, de tels services.

(5) [Abrogé, L.C. 1999, ch. 5, art. 8.]

L.R.C. 1985, ch. 19 (3ᵉ suppl.), art. 9; L.C. 1997, ch. 16, art. 2; 1999, ch. 5, art. 8.

Infraction se rattachant à la prostitution

213. (1) Infraction se rattachant à la prostitution — Est coupable d'une infraction punissable sur déclaration de culpabilité par procédure sommaire quiconque, dans un endroit soit public soit situé à la vue du public et dans le but de se livrer à la prostitution ou de retenir les services sexuels d'une personne qui s'y livre :

> a) soit arrête ou tente d'arrêter un véhicule à moteur;
>
> b) soit gêne la circulation des piétons ou des véhicules, ou l'entrée ou la sortie d'un lieu contigu à cet endroit;
>
> c) soit arrête ou tente d'arrêter une personne ou, de quelque manière que ce soit, communique ou tente de communiquer avec elle.

(2) Définition de « endroit public » — Au présent article, « **endroit public** » s'entend notamment de tout lieu auquel le public a accès de droit ou sur invitation, expresse ou implicite; y est assimilé tout véhicule à moteur situé dans un endroit soit public soit situé à la vue du public.

L.R.C. 1985, ch. 51 (1ᵉʳ suppl.), art. 1.

Partie VIII — Infractions contre la personne et la réputation

Définitions

214. Définitions — Les définitions qui suivent s'appliquent à la présente partie.

« **abandonner** » ou « **exposer** » S'entend notamment :

    a) de l'omission volontaire, par une personne légalement tenue de le faire, de prendre soin d'un enfant;

    b) du fait de traiter un enfant d'une façon pouvant l'exposer à des dangers contre lesquels il n'est pas protégé.

« **aéronef** » La présente définition exclut l'appareil conçu pour se maintenir dans l'atmosphère par l'effet de la réaction, sur la surface de la terre, de l'air qu'il expulse.

« **bateau** » Est assimilé au bateau l'appareil conçu pour se maintenir dans l'atmosphère par l'effet de la réaction, sur la surface de la terre, de l'air qu'il expulse.

« **conduire** »

    a) Dans le cas d'un véhicule à moteur, le conduire;

    b) dans le cas de matériel ferroviaire, participer au contrôle immédiat de son déplacement, notamment à titre de cheminot ou de substitut de celui-ci au moyen du contrôle à distance;

    c) dans le cas d'un bateau ou d'un aéronef, notamment les piloter.

« **enfant** » S'entend notamment d'un enfant adoptif et d'un enfant illégitime.

« **formalité de mariage** » S'entend notamment d'une cérémonie de mariage reconnue valide :

    a) soit par la loi du lieu où le mariage a été célébré;

    b) soit par la loi du lieu où un accusé subit son procès, même si le mariage n'est pas reconnu valide par la loi du lieu où il a été célébré.

« **tuteur** » S'entend notamment de la personne qui a, en droit ou de fait, la garde ou le contrôle d'un enfant.

L.R.C. 1985, ch. 27 (1er suppl.), art. 33; ch. 32 (4e suppl.), art. 56.

Devoirs tendant à la conservation de la vie

215. (1) Devoir de fournir les choses nécessaires à l'existence — Toute personne est légalement tenue :

a) en qualité de père ou mère, de parent nourricier, de tuteur ou de chef de famille, de fournir les choses nécessaire à l'existence d'un enfant de moins de seize ans;

b) à titre de personne mariée, de fournir les choses nécessaires à l'existence de son conjoint;

Non en vigueur — 215(1)b)

b) de fournir les choses nécessaires à l'existence de son époux ou conjoint de fait;

L.C. 2000, ch. 12, art. 93.

c) de fournir les choses nécessaires à l'existence d'une personne à sa charge, si cette personne est incapable, à la fois :

(i) par suite de détention, d'âge, de maladie, de troubles mentaux, ou pour une autre cause, de se soustraire à cette charge,

(ii) de pourvoir aux choses nécessaires à sa propre existence.

(2) Infraction — Commet une infraction quiconque, ayant une obligation légale au sens du paragraphe (1), omet, sans excuse légitime, dont la preuve lui incombe, de remplir cette obligation, si :

a) à l'égard d'une obligation imposée par l'alinéa (1)*a*) ou *b*) :

(i) ou bien la personne envers laquelle l'obligation doit être remplie se trouve dans le dénuement ou dans le besoin,

(ii) ou bien l'omission de remplir l'obligation met en danger la vie de la personne envers laquelle cette obligation doit être remplie, ou expose, ou est de nature à exposer, à un péril permanent la santé de cette personne;

b) à l'égard d'une obligation imposée par l'alinéa (1)*c*), l'omission de remplir l'obligation met en danger la vie de la personne envers laquelle cette obligation doit être remplie, ou cause, ou est de nature à causer, un tort permanent à la santé de cette personne.

(3) Peine — Quiconque commet une infraction visée au paragraphe (2) est coupable :

a) soit d'un acte criminel et passible d'un emprisonnement maximal de deux ans;

b) soit d'une infraction punissable sur déclaration de culpabilité par procédure sommaire.

(4) Présomptions — Aux fins des poursuites engagées en vertu du présent article :

a) la preuve qu'une personne a cohabité avec une personne de sexe opposé ou qu'elle l'a de quelque manière reconnue comme son conjoint, constitue, en l'absence de toute preuve contraire, une preuve qu'ils sont légitimement mariés;

Non en vigueur — 215(4)a)

a) [Abrogé, L.C. 2000, ch. 12, art. 93.]

b) la preuve qu'une personne a de quelque façon reconnu un enfant comme son enfant, constitue, en l'absence de toute preuve contraire, une preuve que cet enfant est le sien;

c) la preuve qu'une personne a quitté son conjoint et a omis, pendant une période d'un mois, subséquemment à la date où elle l'a ainsi quitté, de pourvoir à son entretien ou à l'entretien d'un de ses enfants âgé de moins de seize ans, constitue, en l'absence de toute preuve contraire, une preuve qu'elle a omis, sans excuse légitime, de leur fournir les choses nécessaires à l'existence;

Non en vigueur — 215(4)c)

c) la preuve qu'une personne a omis, pendant une période d'un mois, de pourvoir à l'entretien d'un de ses enfants âgé de moins de seize ans constitue, en l'absence de toute preuve contraire, une preuve qu'elle a omis, sans excuse légitime, de lui fournir les choses nécessaires à l'existence;

L.C. 2000, ch. 12, art. 93.

d) le fait qu'un conjoint ou un enfant reçoit ou a reçu les choses nécessaires à l'existence, d'une autre personne qui n'est pas légalement tenue de les fournir, ne constitue pas une défense.

Non en vigueur — 215(4)d)

Lors de l'entrée en vigueur de l'article 95, L.C. 2000, ch. 12, le mot « conjoint » sera remplacé par les mots « époux ou conjoint de fait », avec les adaptations grammaticales nécessaires.

L.C. 2000, ch. 12, art. 95.
L.C. 1991, ch. 43, art. 9.

216. Obligation des personnes qui pratiquent des opérations dangereuses — Quiconque entreprend d'administrer un traitement chirurgical ou médical à une autre personne ou d'accomplir un autre acte légitime qui peut mettre en danger la vie d'une autre personne est, sauf dans les cas de nécessité, légalement tenu d'apporter, en ce faisant, une connaissance, une habileté et des soins raisonnables.

217. Obligation des personnes qui s'engagent à accomplir un acte — Quiconque entreprend d'accomplir un acte est légalement tenu de l'accomplir si une omission de le faire met ou peut mettre la vie humaine en danger.

218. Abandon d'un enfant — Est coupable d'un acte criminel et passible d'un emprisonnement maximal de deux ans quiconque illicitement abandonne ou expose un enfant de moins de dix ans, de manière que la vie de cet enfant soit effectivement mise en danger ou exposée à l'être, ou que sa santé soit effectivement compromise de façon permanente ou exposée à l'être.

Négligence criminelle

219. (1) Négligence criminelle — Est coupable de négligence criminelle quiconque :

     a) soit en faisant quelque chose;

     b) soit en omettant de faire quelque chose qu'il est de son devoir d'accomplir,

montre une insouciance déréglée ou téméraire à l'égard de la vie ou de la sécurité d'autrui.

(2) Définition de « devoir » — Pour l'application du présent article, **« devoir »** désigne une obligation imposée par la loi.

220. Le fait de causer la mort par négligence criminelle — Quiconque, par négligence criminelle, cause la mort d'une autre personne est coupable d'un acte criminel passible :

     a) s'il y a usage d'une arme à feu lors de la perpétration de l'infraction, de l'emprisonnement à perpétuité, la peine minimale étant de quatre ans;

     b) dans les autres cas, de l'emprisonnement à perpétuité.

L.C. 1995, ch. 39, art. 141.

221. Causer des lésions corporelles par négligence criminelle — Est coupable d'un acte criminel et passible d'un emprisonnement maximal de dix ans quiconque, par négligence criminelle, cause des lésions corporelles à autrui.

Homicide

222. (1) Homicide — Commet un homicide quiconque, directement ou indirectement, par quelque moyen, cause la mort d'un être humain.

(2) Sortes d'homicides — L'homicide est coupable ou non coupable.

(3) Homicide non coupable — L'homicide non coupable ne constitue pas une infraction.

(4) Homicide coupable — L'homicide coupable est le meurtre, l'homicide involontaire coupable ou l'infanticide.

(5) Idem — Une personne commet un homicide coupable lorsqu'elle cause la mort d'un être humain :

   a) soit au moyen d'un acte illégal;

   b) soit par négligence criminelle;

   c) soit en portant cet être humain, par des menaces ou la crainte de quelque violence, ou par la supercherie, à faire quelque chose qui cause sa mort;

   d) soit en effrayant volontairement cet être humain, dans le cas d'un enfant ou d'une personne malade.

(6) Exception — Nonobstant les autres dispositions du présent article, une personne ne commet pas un homicide au sens de la présente loi, du seul fait qu'elle cause la mort d'un être humain en amenant, par de faux témoignages, la condamnation et la mort de cet être humain par sentence de la loi.

223. (1) Quand un enfant devient un être humain — Un enfant devient un être humain au sens de la présente loi lorsqu'il est complètement sorti, vivant, du sein de sa mère :

   a) qu'il ait respiré ou non;

   b) qu'il ait ou non une circulation indépendante;

   c) que le cordon ombilical soit coupé ou non.

(2) Fait de tuer un enfant — Commet un homicide quiconque cause à un enfant, avant ou pendant sa naissance, des blessures qui entraînent sa mort après qu'il est devenu un être humain.

224. Lorsque la mort aurait pu être empêchée — Lorsque, par un acte ou une omission, une personne fait une chose qui entraîne la mort d'un être humain, elle cause la mort de cet être humain, bien que la mort produite par cette cause eût pu être empêchée en recourant à des moyens appropriés.

225. Mort découlant du traitement de blessures — Lorsqu'une personne cause à un être humain une blessure corporelle qui est en elle-même de nature dangereuse et dont résulte la mort, elle cause la mort de cet être humain, bien que la cause immédiate de la mort soit un traitement convenable ou impropre, appliqué de bonne foi.

226. Hâter la mort — Lorsqu'une personne cause à un être humain une blessure corporelle qui entraîne la mort, elle cause la mort de cet être humain, même si cette blessure n'a pour effet que de hâter sa mort par suite d'une maladie ou d'un désordre provenant de quelque autre cause.

227. [Abrogé, L.C. 1999, ch. 5, art. 9.]

Disposition transitoire

L'abrogation de l'article 227 s'applique à l'égard de toute infraction visée à cet article si le dernier fait qui a causé la mort ou contribué à causer la mort survient après le 11 mars 1999 ou est survenu au plus tard un an et un jour avant le 11 mars 1999, cette dernière date étant la date de l'entrée en vigueur de L.C. 1999, ch. 5, art. 9.

    L.R.C. 1985, ch. 27 (1ᵉʳ suppl.), art. 34; L.C. 1997, ch. 18, art. 9; 1999, ch. 5, art. 9.

228. Homicide par influence sur l'esprit — Nul ne commet un homicide coupable lorsqu'il cause la mort d'un être humain :

    a) soit par une influence sur l'esprit seulement;

    b) soit par un désordre ou une maladie résultant d'une influence sur l'esprit seulement.

Toutefois, le présent article ne s'applique pas lorsqu'une personne cause la mort d'un enfant ou d'une personne malade en l'effrayant volontairement.

Meurtre, homicide involontaire coupable et infanticide

229. Meurtre — L'homicide coupable est un meurtre dans l'un ou l'autre des cas suivants :

    a) la personne qui cause la mort d'un être humain :

        (i) ou bien a l'intention de causer sa mort,

        (ii) ou bien a l'intention de lui causer des lésions corporelles qu'elle sait être de nature à causer sa mort, et qu'il lui est indifférent que la mort s'ensuive ou non;

    b) une personne, ayant l'intention de causer la mort d'un être humain ou ayant l'intention de lui causer des lésions corporelles qu'elle sait de nature à causer sa mort, et ne se souciant pas que la mort en résulte ou non, par accident ou erreur cause la mort d'un autre être humain, même si elle n'a pas l'intention de causer la mort ou des lésions corporelles à cet être humain;

    c) une personne, pour une fin illégale, fait quelque chose qu'elle sait, ou devrait savoir, de nature à causer la mort et, conséquemment, cause la mort d'un être humain, même si elle désire atteindre son but sans causer la mort ou une lésion corporelle à qui que ce soit.

230. Infraction accompagnée d'un meurtre — L'homicide coupable est un meurtre lorsqu'une personne cause la mort d'un être humain pendant qu'elle commet ou tente de commettre une haute trahison, une trahison ou une infraction mentionnée aux articles 52 (sabotage), 75 (actes de piraterie), 76 (détournement d'aéronef), 144 ou au paragraphe 145(1) ou aux articles 146 à 148 (évasion ou délivrance d'une garde légale), 270 (voies de fait contre un agent de la paix), 271 (agression sexuelle), 272 (agression sexuelle armée, menaces à une tierce personne ou infliction de lésions corporelles), 273 (agression sexuelle grave), 279 (enlèvement et séquestration), 279.1 (prise d'otage), 343 (vol qualifié), 348 (introduction par effraction) ou 433 ou 434 (crime d'incendie), qu'elle ait ou non l'intention de causer la mort d'un être humain et qu'elle sache ou non qu'il en résultera vraisemblablement la mort d'un être humain, si, selon le cas :

a) elle a l'intention de causer des lésions corporelles aux fins de faciliter :

(i) soit la perpétration de l'infraction,

(ii) soit sa fuite après avoir commis ou tenté de commettre l'infraction,

et que la mort résulte des lésions corporelles;

b) elle administre un stupéfiant ou un soporifique à une fin mentionnée à l'alinéa *a)* et que la mort en résulte;

c) volontairement, elle arrête, par quelque moyen, la respiration d'un être humain à une fin mentionnée à l'alinéa *a)* et que la mort en résulte;

d) [abrogé, L.C. 1991, ch. 4, art. 1].

L.R.C. 1985, ch. 27 (1er suppl.), art. 40; L.C. 1991, ch. 4, art. 1.

231. (1) Classification — Il existe deux catégories de meurtres : ceux du premier degré et ceux du deuxième degré.

(2) Meurtre au premier degré — Le meurtre au premier degré est le meurtre commis avec préméditation et de propos délibéré.

(3) Entente — Sans que soit limitée la portée générale du paragraphe (2), est assimilé au meurtre au premier degré quant aux parties intéressées, le meurtre commis à la suite d'une entente dont la contrepartie matérielle, notamment financière, était proposée ou promise en vue d'en encourager la perpétration ou la complicité par fourniture de conseils.

(4) Meurtre d'un officier de police, etc. — Est assimilé au meurtre au premier degré le meurtre, dans l'exercice de ses fonctions :

a) d'un officier ou d'un agent de police, d'un shérif, d'un shérif adjoint, d'un officier de shérif ou d'une autre personne employée à la préservation et au maintien de la paix publique;

b) d'un directeur, d'un sous-directeur, d'un instructeur, d'un gardien, d'un geôlier, d'un garde ou d'un autre fonctionnaire ou employé permanent d'une prison;

c) d'une personne travaillant dans une prison avec la permission des autorités de la prison.

(5) Détournement, enlèvement, infraction sexuelle ou prise d'otage — Indépendamment de toute préméditation, le meurtre que commet une personne est assimilé à un meurtre au premier degré lorsque la mort est causée par cette personne, en commettant ou tentant de commettre une infraction prévue à l'un des articles suivants :

    a) l'article 76 (détournement d'aéronef);

    b) l'article 271 (agression sexuelle);

    c) l'article 272 (agression sexuelle armée, menaces à une tierce personne ou infliction de lésions corporelles);

    d) l'article 273 (agression sexuelle grave);

    e) l'article 279 (enlèvement et séquestration);

    f) l'article 279.1 (prise d'otage).

(6) Harcèlement criminel — Indépendamment de toute préméditation, le meurtre que commet une personne est assimilé à un meurtre au premier degré lorsque celle-ci cause la mort en commettant ou en tentant de commettre une infraction prévue à l'article 264 alors qu'elle avait l'intention de faire craindre à la personne assassinée pour sa sécurité ou celle d'une de ses connaissances.

(6.1) Usage d'explosifs par un gang — Indépendamment de toute préméditation, le meurtre que commet une personne est assimilé à un meurtre au premier degré lorsque la mort est causée au cours de la perpétration ou de la tentative de perpétration d'une infraction prévue à l'article 81 au profit ou sous la direction d'un gang, ou en association avec lui.

(7) Meurtre au deuxième degré — Les meurtres qui n'appartiennent pas à la catégorie des meurtres au premier degré sont des meurtres au deuxième degré.

    L.R.C. 1985, ch. 27 (1er suppl.), art. 7(2)b), 35, 40(2), 185; ch. 1 (4e suppl.), art. 18; L.C. 1997, ch. 16, art. 3; ch. 23, art. 8.

232. (1) Meurtre réduit à un homicide involontaire coupable — Un homicide coupable qui autrement serait un meurtre peut être réduit à un homicide involontaire coupable si la personne qui l'a commis a ainsi agi dans un accès de colère causé par une provocation soudaine.

(2) Ce qu'est la provocation — Une action injuste ou une insulte de telle nature qu'elle suffise à priver une personne ordinaire du pouvoir de se maîtriser, est une provocation pour l'application du présent article, si l'accusé a agi sous l'impulsion du moment et avant d'avoir eu le temps de reprendre son sang-froid.

(3) Questions de fait — Pour l'application du présent article, les questions de savoir :

    a) si une action injuste ou une insulte déterminée équivalait à une provocation;

    b) si l'accusé a été privé du pouvoir de se maîtriser par la provocation qu'il allègue avoir reçue, sont des questions de fait, mais nul n'est censé avoir provoqué un autre individu en faisant quelque chose qu'il avait un droit légal de faire, ou en faisant une chose que l'accusé l'a incité à faire afin de fournir à l'accusé une excuse pour causer la mort ou des lésions corporelles à un être humain.

(4) Mort au cours d'une arrestation illégale — Un homicide coupable qui autrement serait un meurtre n'est pas nécessairement un homicide involontaire coupable du seul fait qu'il a été commis par une personne alors qu'elle était illégalement mise en état d'arrestation; le fait que l'illégalité de l'arrestation était connue de l'accusé peut cependant constituer une preuve de provocation pour l'application du présent article.

233. Infanticide — Une personne du sexe féminin commet un infanticide lorsque, par un acte ou une omission volontaire, elle cause la mort de son enfant nouveau-né, si au moment de l'acte ou de l'omission elle n'est pas complètement remise d'avoir donné naissance à l'enfant et si, de ce fait ou par suite de la lactation consécutive à la naissance de l'enfant, son esprit est alors déséquilibré.

234. Homicide involontaire coupable — L'homicide coupable qui n'est pas un meurtre ni un infanticide constitue un homicide involontaire coupable.

235. (1) Peine pour meurtre — Quiconque commet un meurtre au premier degré ou un meurtre au deuxième degré est coupable d'un acte criminel et doit être condamné à l'emprisonnement à perpétuité.

(2) Peine minimale — Pour l'application de la partie XXIII, la sentence d'emprisonnement à perpétuité prescrite par le présent article est une peine minimale.

236. Punition de l'homicide involontaire coupable — Quiconque commet un homicide involontaire coupable est coupable d'un acte criminel passible :

    a) s'il y a usage d'une arme à feu lors de la perpétration de l'infraction, de l'emprisonnement à perpétuité, la peine minimale étant de quatre ans;

    b) dans les autres cas, de l'emprisonnement à perpétuité.

L.C. 1995, ch. 39, art. 142.

237. Punition de l'infanticide — Toute personne du sexe féminin qui commet un infanticide est coupable d'un acte criminel et passible d'un emprisonnement maximal de cinq ans.

238. (1) Fait de tuer, au cours de la mise au monde, un enfant non encore né — Est coupable d'un acte criminel et passible de l'emprisonnement à perpétuité toute personne qui, au cours de la mise au monde, cause la mort d'un enfant qui n'est pas devenu un être humain, de telle manière que, si l'enfant était un être humain, cette personne serait coupable de meurtre.

(2) Réserve — Le présent article ne s'applique pas à une personne qui, par des moyens que, de bonne foi, elle estime nécessaires pour sauver la vie de la mère d'un enfant, cause la mort de l'enfant.

239. Tentative de meurtre — Quiconque, par quelque moyen, tente de commettre un meurtre est coupable d'un acte criminel passible :

a) s'il y a usage d'une arme à feu lors de la perpétration de l'infraction, de l'emprisonnement à perpétuité, la peine minimale étant de quatre ans;

b) dans les autres cas, de l'emprisonnement à perpétuité.

L.C. 1995, ch. 39, art. 143.

240. Complice de meurtre après le fait — Tout complice de meurtre après le fait est coupable d'un acte criminel et passible de l'emprisonnement à perpétuité.

Suicide

241. Fait de conseiller le suicide ou d'y aider — Est coupable d'un acte criminel et passible d'un emprisonnement maximal de quatorze ans quiconque, selon le cas :

a) conseille à une personne de se donner la mort;

b) aide ou encourage quelqu'un à se donner la mort,

que le suicide s'ensuive ou non.

L.R.C. 1985, ch. 27 (1er suppl.), art. 7(3).

Négligence à la naissance d'un enfant et suppression de part

242. Négligence à se procurer de l'aide lors de la naissance d'un enfant — Est coupable d'un acte criminel et passible d'un emprisonnement maximal de cinq ans une personne du sexe féminin qui, étant enceinte et sur le point d'accoucher, avec l'intention d'empêcher l'enfant de vivre ou dans le dessein de cacher sa naissance, néglige de prendre des dispositions en vue d'une aide raisonnable pour son accouchement, si l'enfant subit, par là, une lésion permanente ou si, par là, il meurt immédiatement avant, pendant ou peu de temps après sa naissance.

243. Suppression de part — Est coupable d'un acte criminel et passible d'un emprisonnement maximal de deux ans quiconque, de quelque manière, fait disparaître le cadavre d'un enfant dans l'intention de cacher le fait que sa mère lui a donné naissance, que l'enfant soit mort avant, pendant ou après la naissance.

Lésions corporelles et actes et omissions qui mettent les personnes en danger

244. Fait de causer intentionnellement des lésions corporelles — arme à feu — Est coupable d'un acte criminel passible d'un emprisonnement maximal de quatorze ans et d'une peine minimale d'emprisonnement de quatre ans quiconque, dans l'intention :

a) soit de blesser, mutiler ou défigurer une personne,

b) soit de mettre en danger la vie d'une personne,

c) soit d'empêcher l'arrestation ou la détention d'une personne,

décharge une arme à feu contre quelqu'un, que cette personne soit ou non celle qui est mentionnée à l'alinéa *a)*, *b)* ou *c)*.

L.C. 1995, ch. 39, art. 144.

244.1 Fait de causer intentionnellement des lésions corporelles — fusil ou pistolet à vent — Est coupable d'un acte criminel passible d'un emprisonnement maximal de quatorze ans quiconque, dans l'intention :

a) soit de blesser, mutiler ou défigurer une personne,

b) soit de mettre en danger la vie d'une personne,

c) soit d'empêcher l'arrestation ou la détention d'une personne,

décharge soit un pistolet à vent ou à gaz comprimé soit un fusil à vent ou à gaz comprimé contre quelqu'un, que cette personne soit ou non celle qui est mentionnée aux alinéa *a)*, *b)* ou *c)*.

L.C. 1995, ch. 39, art. 144.

245. Fait d'administrer une substance délétère — Quiconque administre ou fait administrer à une personne, ou fait en sorte qu'une personne prenne, un poison ou une autre substance destructive ou délétère, est coupable d'un acte criminel et passible :

a) d'un emprisonnement maximal de quatorze ans, s'il a l'intention, par là, de mettre la vie de cette personne en danger ou de lui causer des lésions corporelles;

b) d'un emprisonnement maximal de deux ans, s'il a l'intention, par là, d'affliger ou de tourmenter cette personne.

246. Fait de vaincre la résistance à la perpétration d'une infraction — Est coupable d'un acte criminel et passible de l'emprisonnement à perpétuité quiconque, avec l'intention de permettre à lui-même ou à autrui de commettre un acte criminel, ou d'aider à la perpétration, par lui-même ou autrui, d'un tel acte :

a) soit tente, par quelque moyen, d'étouffer, de suffoquer ou d'étrangler une autre personne, ou, par un moyen de nature à étouffer, suffoquer ou étrangler, tente de rendre une autre personne insensible, inconsciente ou incapable de résistance;

b) soit administre, ou fait administrer à une personne ou tente d'administrer à une personne, ou lui fait prendre ou tente de lui faire prendre une drogue, matière ou chose stupéfiante ou soporifique.

247. (1) Trappes susceptibles de causer des lésions corporelles — Est coupable d'un acte criminel et passible d'un emprisonnement maximal de cinq ans quiconque, avec l'intention de causer la mort ou des lésions corporelles à des personnes, déterminées ou non, tend ou place, ou fait tendre ou placer une trappe, un appareil ou une autre chose de nature à causer la mort ou des lésions corporelles à des personnes.

(2) Permettre des trappes dans un lieu — Quiconque, ayant l'occupation ou étant en possession d'un local où a été tendue ou placée une chose mentionnée au paragraphe (1), sciemment et volontairement permet que cette chose y demeure, est réputé, pour l'application de ce paragraphe, l'avoir tendue ou placée avec l'intention y mentionnée.

248. Fait de nuire aux moyens de transport — Est coupable d'un acte criminel et passible de l'emprisonnement à perpétuité quiconque, avec l'intention de porter atteinte à la sécurité d'une personne, place quelque chose sur un bien employé au transport ou relativement au transport de personnes ou de marchandises par terre, par eau ou par air, ou y fait quelque chose de nature à causer la mort ou des lésions corporelles à des personnes.

Véhicules à moteur, bateaux et aéronefs

249. (1) Conduite dangereuse — Commet une infraction quiconque conduit, selon le cas :

a) un véhicule à moteur d'une façon dangereuse pour le public, eu égard aux circonstances, y compris la nature et l'état du lieu, l'utilisation qui en est faite ainsi que l'intensité de la circulation à ce moment ou raisonnablement prévisible dans ce lieu;

b) un bateau ou des skis nautiques, une planche de surf, un aquaplane ou autre objet remorqué sur les eaux intérieures ou la mer territoriale du Canada ou au-dessus de ces eaux ou de cette mer d'une manière dangereuse pour le public, eu égard aux circonstances, y compris la nature et l'état de ces eaux ou de cette mer et l'usage qui, au moment considéré, en est ou pourrait raisonnablement en être fait;

c) un aéronef d'une façon dangereuse pour le public, eu égard aux circonstances, y compris la nature et l'état de l'aéronef, ou l'endroit ou l'espace dans lequel il est conduit;

d) du matériel ferroviaire d'une façon dangereuse pour le public, eu égard aux circonstances, y compris la nature et l'état du matériel ou l'endroit dans lequel il est conduit.

(2) Peine — Quiconque commet une infraction mentionnée au paragraphe (1) est coupable :

a) soit d'un acte criminel et passible d'un emprisonnement maximal de cinq ans;

b) soit d'une infraction punissable sur déclaration de culpabilité par procédure sommaire.

(3) Conduite dangereuse causant ainsi des lésions corporelles — Quiconque commet une infraction mentionnée au paragraphe (1) et cause ainsi des lésions corporelles à une autre personne est coupable d'un acte criminel et passible d'un emprisonnement maximal de dix ans.

(4) Conduite de façon dangereuse causant ainsi la mort — Quiconque commet une infraction mentionnée au paragraphe (1) et cause ainsi la mort d'une autre personne est coupable d'un acte criminel et passible d'un emprisonnement maximal de quatorze ans.
L.R.C. 1985, ch. 27 (1er suppl.), art. 36; ch. 32 (4e suppl.), art. 57; L.C. 1994, ch. 44, art. 11.

249.1 (1) Fuite — Commet une infraction quiconque conduisant un véhicule à moteur alors qu'il est poursuivi par un agent de la paix conduisant un véhicule à moteur, sans excuse raisonnable et dans le but de fuir, omet d'arrêter son véhicule dès que les circonstances le permettent.

(2) Peine — Quiconque commet une infraction visée au paragraphe (1) est coupable :

a) soit d'un acte criminel passible d'un emprisonnement maximal de cinq ans;

b) soit d'une infraction punissable sur déclaration de culpabilité par procédure sommaire.

(3) Fuite causant des lésions corporelles ou la mort — Commet une infraction quiconque cause des lésions corporelles à une autre personne ou la mort d'une autre personne en conduisant un véhicule à moteur de la façon visée à l'alinéa 249(1)a) dans le cas où il est poursuivi par un agent de la paix conduisant un véhicule à moteur et, sans excuse raisonnable et dans le but de fuir, omet d'arrêter son véhicule dès que les circonstances le permettent.

(4) Peine — Quiconque commet une infraction visée au paragraphe (3) est coupable d'un acte criminel passible :

a) s'il a causé des lésions corporelles à une autre personne, d'un emprisonnement maximal de quatorze ans;

b) s'il a causé la mort d'une autre personne, de l'emprisonnement à perpétuité.

L.C. 2000, ch. 2, art. 1.

250. (1) Omission de surveiller la personne remorquée — Est coupable d'une infraction punissable sur déclaration de culpabilité par procédure sommaire quiconque conduit un bateau qui remorque une personne sur des skis nautiques, une planche de surf, un aquaplane ou autre objet, s'il ne se trouve à bord de ce bateau une autre personne responsable pour surveiller la personne remorquée.

(2) Remorquage d'une personne la nuit — Est coupable d'une infraction punissable sur déclaration de culpabilité par procédure sommaire quiconque conduit un bateau qui remorque une personne sur des skis nautiques, une planche de surf, un aquaplane ou autre objet entre une heure après le coucher du soleil et son lever.

L.R.C. 1985, ch. 27 (1er suppl.), art. 36.

251. (1) Bateau innavigable et aéronef en mauvais état — Est coupable d'un acte criminel et passible d'un emprisonnement maximal de cinq ans quiconque accomplit une des actions suivantes, mettant ainsi en danger la vie d'une personne :

a) envoie sciemment ou étant le capitaine, conduit sciemment un navire innavigable enregistré, immatriculé ou auquel un numéro d'identification a été accordé en vertu d'une loi fédérale :

(i) dans un voyage d'un endroit du Canada à un autre endroit situé soit au Canada ou à l'étranger,

(ii) dans un voyage d'un endroit situé dans les eaux internes des États-Unis à un endroit au Canada;

b) envoie sciemment un aéronef en vol ou conduit sciemment un aéronef qui est en mauvais état de vol;

c) met sciemment en service du matériel ferroviaire qui n'est pas en bon état de marche ou n'est pas sécuritaire ou conduit sciemment ce matériel.

(2) Défense — Un accusé ne peut être déclaré coupable d'une infraction prévue au présent article, s'il prouve :

a) dans le cas d'une infraction prévue à l'alinéa (1)*a*) :

(i) soit qu'il a eu recours à tous les moyens raisonnables pour s'assurer que le bateau était propre à la navigation,

(ii) soit qu'il était raisonnable et justifiable dans les circonstances d'envoyer ou de conduire le bateau dans cet état d'innavigabilité;

b) dans le cas d'une infraction prévue à l'alinéa (1)*b*) :

(i) soit qu'il a eu recours à tous les moyens raisonnables pour s'assurer que l'aéronef était en bon état de vol,

(ii) soit qu'il était raisonnable et justifiable dans les circonstances de conduire un aéronef qui n'était pas en bon état de vol;

c) dans le cas d'une infraction prévue à l'alinéa (1)*c*) :

(i) soit qu'il a eu recours à tous les moyens raisonnables pour s'assurer que le matériel était en bon état de marche,

(ii) soit qu'il était raisonnable et justifiable dans les circonstances de mettre en service le matériel en question ou de le conduire.

(3) Consentement du procureur général — L'exercice de poursuites pour une infraction prévue au présent article à l'égard d'un navire, d'un aéronef ou à l'égard de matériel ferroviaire conduit sur une voie ferrée relevant de la compétence législative du Parlement est subordonné au consentement écrit du procureur général du Canada.

L.R.C. 1985, ch. 27 (1er suppl.), art. 36; ch. 32 (4e suppl.), art. 58.

252. (1) Défaut d'arrêter lors d'un accident — Commet une infraction quiconque, ayant la garde, la charge ou le contrôle d'un véhicule, d'un bateau ou d'un aéronef, omet dans l'intention d'échapper à toute responsabilité civile ou criminelle d'arrêter son véhicule, son bateau ou, si c'est possible, son aéronef, de donner ses nom et adresse, et lorsqu'une personne a été blessée ou semble avoir besoin d'aide, d'offrir de l'aide, dans le cas où ce véhicule, bateau, ou aéronef est impliqué dans un accident :

a) soit avec une autre personne;

b) soit avec un véhicule, un bateau ou un aéronef;

c) soit avec du bétail sous la responsabilité d'une autre personne, dans le cas d'un véhicule impliqué dans un accident.

(1.1) Peine — Est coupable d'un acte criminel et passible d'un emprisonnement maximal de cinq ans ou d'une infraction punissable sur déclaration de culpabilité par procédure sommaire quiconque commet l'infraction prévue au paragraphe (1) dans tout cas non visé aux paragraphes (1.2) ou (1.3).

(1.2) Infraction entraînant des lésions corporelles — Est coupable d'un acte criminel et passible d'un emprisonnement maximal de dix ans quiconque commet l'infraction prévue au paragraphe (1) sachant que des lésions corporelles ont été causées à une personne impliquée dans l'accident.

(1.3) Infraction entraînant des lésions corporelles ou la mort — Est coupable d'un acte criminel et passible de l'emprisonnement à perpétuité la personne qui commet l'infraction prévue au paragraphe (1) si, selon le cas :

a) elle sait qu'une autre personne impliquée dans l'accident est morte;

b) elle sait que des lésions corporelles ont été causées à cette personne et ne se soucie pas que la mort résulte de celles-ci et cette dernière en meurt.

(2) Preuve *prima facie* — Dans les poursuites prévues au paragraphe (1), la preuve qu'un accusé a omis d'arrêter son véhicule, bateau ou aéronef, d'offrir de l'aide, lorsqu'une personne est blessée ou semble avoir besoin d'aide et de donner ses nom et adresse constitue, en l'absence de toute preuve contraire, une preuve de l'intention d'échapper à toute responsabilité civile ou criminelle.

L.R.C. 1985, ch. 27 (1ᵉʳ suppl.), art. 36; L.C. 1994, ch. 44, art. 12; 1999, ch. 32, art. 1.

253. Capacité de conduite affaiblie — Commet une infraction quiconque conduit un véhicule à moteur, un bateau, un aéronef ou du matériel ferroviaire, ou aide à conduire un aéronef ou du matériel ferroviaire, ou a la garde ou le contrôle d'un véhicule à moteur, d'un bateau, d'un aéronef ou de matériel ferroviaire, que ceux-ci soient en mouvement ou non, dans les cas suivants :

a) lorsque sa capacité de conduire ce véhicule, ce bateau, cet aéronef ou ce matériel ferroviaire est affaiblie par l'effet de l'alcool ou d'une drogue;

b) lorsqu'il a consommé une quantité d'alcool telle que son alcoolémie dépasse quatre-vingts milligrammes d'alcool par cent millilitres de sang.

L.R.C. 1985, ch. 27 (1ᵉʳ suppl.), art. 36; ch. 32 (4ᵉ suppl.), art. 59.

254. (1) Définitions — Les définitions qui suivent s'appliquent au présent article et aux articles 255 à 258.

« **alcootest approuvé** » Instrument d'un type destiné à recueillir un échantillon de l'haleine d'une personne et à en faire l'analyse en vue de déterminer l'alcoolémie de cette personne et qui est approuvé pour l'application de l'article 258 par un arrêté du procureur général du Canada.

« **analyste** » Personne désignée comme analyste par le procureur général pour l'application de l'article 258.

« **appareil de détection approuvé** » Instrument d'un genre conçu pour déceler la présence d'alcool dans le sang d'une personne et approuvé pour l'application du présent article par un arrêté du procureur général du Canada.

« **contenant approuvé** » Selon le cas :

a) contenant d'un type destiné à recueillir un échantillon de l'haleine d'une personne pour analyse et qui est approuvé comme contenant approprié pour l'application de l'article 258 par un arrêté du procureur général du Canada;

b) contenant d'un type destiné à recueillir un échantillon de sang d'une personne pour analyse et qui est approuvé pour l'application de l'article 258 par un arrêté du procureur général du Canada.

« **médecin qualifié** » Personne qui a le droit d'exercer la médecine en vertu des lois de la province.

« technicien qualifié »

a) Dans le cas d'un échantillon d'haleine, toute personne désignée par le procureur général comme étant qualifiée pour manipuler un alcootest approuvé;

b) dans le cas d'un échantillon de sang, toute personne désignée par le procureur général, ou qui fait partie d'une catégorie désignée par celui-ci, comme étant qualifiée pour prélever un échantillon de sang pour l'application du présent article et des articles 256 et 258.

(2) Contrôle pour vérifier la présence d'alcool dans le sang — L'agent de la paix qui a des raisons de soupçonner la présence d'alcool dans l'organisme de la personne qui conduit un véhicule à moteur, un bateau, un aéronef ou du matériel ferroviaire, ou aide à conduire un aéronef ou du matériel ferroviaire, ou a la garde ou le contrôle d'un véhicule à moteur, d'un bateau, d'un aéronef, ou de matériel ferroviaire, que ceux-ci soient en mouvement ou non, peut lui ordonner de lui fournir, immédiatement, l'échantillon d'haleine qu'il estime nécessaire pour l'analyser à l'aide d'un appareil de détection approuvé et de le suivre, si nécessaire, pour permettre de prélever cet échantillon.

(3) Prélèvement d'échantillon d'haleine ou de sang lorsqu'il y a motif raisonnable de croire qu'une infraction a été commise — L'agent de la paix qui a des motifs raisonnables de croire qu'une personne est en train de commettre, ou a commis au cours des trois heures précédentes, par suite d'absorption d'alcool, une infraction à l'article 253 peut lui ordonner immédiatement ou dès que possible de lui fournir immédiatement ou dès que possible les échantillons suivants :

a) soit les échantillons d'haleine qui de l'avis d'un technicien qualifié sont nécessaires à une analyse convenable pour permettre de déterminer son alcoolémie;

b) soit les échantillons de sang suivant le paragraphe (4), qui, de l'avis d'un technicien ou d'un médecin qualifiés sont nécessaires à l'analyse convenable pour permettre de déterminer son alcoolémie, dans le cas où l'agent de la paix a des motifs raisonnables de croire qu'à cause de l'état physique de cette personne, une de ces conditions se présente :

(i) celle-ci peut être incapable de fournir un échantillon d'haleine,

(ii) le prélèvement d'un échantillon d'haleine ne serait pas facilement réalisable.

Aux fins de prélever les échantillons de sang ou d'haleine, l'agent de la paix peut ordonner à cette personne de le suivre.

(4) Exception — Les échantillons de sang ne peuvent être prélevés d'une personne à la suite d'un ordre de l'agent de la paix en vertu du paragraphe (3) que par un médecin qualifié ou sous sa direction et à la condition qu'il soit convaincu que ces prélèvements ne risquent pas de mettre en danger la vie ou la santé de cette personne.

(5) Défaut ou refus de fournir un échantillon — Commet une infraction quiconque, sans excuse raisonnable, fait défaut ou refuse d'obtempérer à un ordre que lui donne un agent de la paix en vertu du présent article.

(6) Une seule déclaration de culpabilité pour défaut ou refus d'obtempérer — Une personne déclarée coupable, d'une infraction prévue au paragraphe (5), à la suite du refus ou du défaut d'obtempérer à un ordre donné en vertu du paragraphe (2) ou de l'alinéa (3)*a)* ou *b)*, ne peut être déclarée coupable d'une autre infraction prévue au paragraphe (5) concernant la même affaire.

L.R.C. 1985, ch. 27 (1ᵉʳ suppl.), art. 36; ch. 1 (4ᵉ suppl.), art. 14, 18; ch. 32 (4ᵉ suppl.), art. 60; L.C. 1999, ch. 32, art. 2.

255. (1) Peine — Quiconque commet une infraction prévue à l'article 253 ou 254 est coupable d'une infraction punissable sur déclaration de culpabilité par procédure sommaire ou par mise en accusation et est passible :

    a) que l'infraction soit poursuivie par mise en accusation ou par procédure sommaire, des peines minimales suivantes :

        (i) pour la première infraction, une amende minimale de six cents dollars,

        (ii) pour la seconde infraction, un emprisonnement minimal de quatorze jours,

        (iii) pour chaque infraction subséquente, un emprisonnement minimal de quatre-vingt-dix jours;

    b) si l'infraction est poursuivie par mise en accusation, d'un emprisonnement maximal de cinq ans;

    c) si l'infraction est poursuivie par procédure sommaire, d'un emprisonnement maximal de six mois.

(2) Idem — Quiconque commet une infraction prévue à l'alinéa 253*a)* et cause ainsi des lésions corporelles à une autre personne est coupable d'un acte criminel et passible d'un emprisonnement maximal de dix ans.

(3) Idem — Quiconque commet une infraction prévue à l'alinéa 253*a)* et cause ainsi la mort d'une autre personne est coupable d'un acte criminel et passible d'un emprisonnement maximal de quatorze ans.

Non en vigueur — 255(3)

(3) Conduite avec facultés affaiblies causant la mort — Quiconque commet une infraction prévue à l'alinéa 253*a)* et cause ainsi la mort d'une autre personne est coupable d'un acte criminel et passible de l'emprisonnement à perpétuité.

L.C. 2000, ch. 25, art. 2.

(4) Condamnations antérieures — Une personne déclarée coupable d'une infraction prévue aux alinéas 253a) ou b), ou au paragraphe 254(5), est, pour l'application de la présente loi, réputée être déclarée coupable d'une seconde infraction ou d'une infraction subséquente si elle a déjà été déclarée coupable auparavant d'une infraction prévue :

    a) à l'une de ces dispositions;

    b) aux paragraphes (2) ou (3);

    c) aux articles 250, 251, 252, 253, 259 ou 260 ou au paragraphe 258(4) de la présente loi dans sa version antérieure à l'entrée en vigueur du présent paragraphe.

(5) Absolution conditionnelle — [1]Nonobstant le paragraphe 730(1), un tribunal peut, au lieu de déclarer une personne coupable d'une infraction prévue à l'article 253, l'absoudre en vertu de l'article 730 s'il estime, sur preuve médicale ou autre, que la personne en question a besoin de suivre une cure de désintoxication et que cela ne serait pas contraire à l'ordre public; l'absolution est accompagnée d'une ordonnance de probation dont l'une des conditions est l'obligation de suivre une cure de désintoxication pour abus d'alcool ou de drogue.

L.R.C. 1985, ch. 27 (1er suppl.), art. 36; ch. 1 (4e suppl.), art. 18; L.C. 1995, ch. 22, art. 18;
1999, ch. 32, art. 3.

255.1 Détermination de la peine : circonstances aggravantes — Sans que soit limitée la portée générale de l'article 718.2, lorsqu'un tribunal détermine la peine à infliger à l'égard d'une infraction prévue par la présente loi commise au moyen d'un véhicule à moteur, d'un bateau, d'un aéronef ou de matériel ferroviaire, tout élément de preuve selon lequel la concentration d'alcool dans le sang du contrevenant au moment où l'infraction a été commise était supérieure à cent soixante milligrammes d'alcool par cent millilitres de sang est réputé être une circonstance aggravante liée à la perpétration de l'infraction dont le tribunal doit tenir compte en vertu de l'alinéa 718.2a).

L.C. 1999, ch. 32, art. 4.

256. (1) Télémandats pour obtention d'échantillons de sang — Sous réserve du paragraphe (2), un juge de paix qui est convaincu, à la suite d'une dénonciation faite sous serment suivant la formule 1 ou une dénonciation faite sous serment et présentée par téléphone ou par tout autre moyen de télécommunication qui

---

[1][NOTE : En vigueur dans les provinces de la Nouvelle-Écosse, du Nouveau-Brunswick, du Manitoba, de l'Ile-du-Prince-Édouard, de la Saskatchewan, de l'Alberta et dans le territoire du Yukon et les Territoires du Nord-Ouest, *voir* TR/85-211 et TR/88-24.]

satisfait aux exigences établies à l'article 487.1, qu'il existe des motifs raisonnables de croire que :

    a) d'une part, une personne a commis au cours des quatre heures précédentes une infraction prévue à l'article 253 à la suite de l'absorption d'alcool et que cette personne est impliquée dans un accident ayant causé des lésions corporelles à elle-même ou à un tiers, ou la mort de celui-ci;

    b) d'autre part, un médecin qualifié est d'avis à la fois :

        (i) que cette personne se trouve, à cause de l'absorption d'alcool, de l'accident ou de tout autre événement lié à l'accident, dans un état physique ou psychologique qui ne lui permet pas de consentir au prélèvement de son sang,

        (ii) que le prélèvement d'un échantillon de sang ne risquera pas de mettre en danger la vie ou la santé de cette personne,

peut décerner un mandat autorisant un agent de la paix à exiger d'un médecin qualifié qu'il prélève, ou fasse prélever par un technicien qualifié sous sa direction, les échantillons de sang nécessaires, selon la personne qui les prélève, à une analyse convenable permettant de déterminer l'alcoolémie de cette personne.

Non en vigueur — 256(1)

(1) Télémandats pour obtention d'échantillons de sang — Sous réserve du paragraphe (2), un juge de paix peut décerner un mandat autorisant un agent de la paix à exiger d'un médecin qualifié qu'il prélève, ou fasse prélever par un technicien qualifié sous sa direction, les échantillons de sang nécessaires, selon la personne qui les prélève, à une analyse convenable permettant de déterminer l'alcoolémie d'une personne ou la quantité de drogue dans son sang s'il est convaincu, à la suite d'une dénonciation faite sous serment suivant la formule 1 ou une dénonciation faite sous serment et présentée par téléphone ou par tout autre moyen de télécommunication qui satisfait aux exigences établies à l'article 487.1, qu'il existe des motifs raisonnables de croire :

    a) d'une part, que la personne a commis au cours des quatre heures précédentes une infraction prévue à l'article 253 à la suite de l'absorption d'alcool ou de drogue et qu'elle est impliquée dans un accident ayant causé des lésions corporelles à elle-même ou à un tiers, ou la mort de celui-ci;

    b) d'autre part, qu'un médecin qualifié est d'avis à la fois :

        (i) que cette personne se trouve, à cause de l'absorption d'alcool ou de drogue, de l'accident ou de tout autre événement lié à l'accident, dans un état physique ou psychologique qui ne lui permet pas de consentir au prélèvement de son sang,

        (ii) que le prélèvement d'un échantillon de sang ne risquera pas de mettre en danger la vie ou la santé de cette personne.

L.C. 2000, ch. 25, art. 3.

(2) Formule — Un mandat décerné en vertu du paragraphe (1) peut être rédigé suivant les formules 5 ou 5.1 en les adaptant aux circonstances.

(3) Dénonciation sous serment — Nonobstant les alinéas 487.1(4)*b*) et *c*), une dénonciation sous serment présentée par téléphone ou par tout autre moyen de télécommunication pour l'application du présent article comprend, au lieu des déclarations prévues à ces alinéas, une déclaration énonçant la présumée infraction et l'identité de la personne qui fera l'objet des prélèvements de sang.

(4) Durée du mandat — Une personne visée par un mandat décerné suivant le paragraphe (1) peut subir des prélèvements de sang seulement durant la période évaluée par un médecin qualifié comme étant celle où subsistent les conditions prévues aux sous-alinéas (1)*b*)(i) et (ii).

(5) Fac-similé ou copie à la personne — Après l'exécution d'un mandat décerné suivant le paragraphe (1), l'agent de la paix doit aussitôt que possible en donner une copie à la personne qui fait l'objet d'un prélèvement de sang ou, dans le cas d'un mandat décerné par téléphone ou par tout autre moyen de télécommunication, donner un fac-similé du mandat à cette personne.

L.R.C. 1985, ch. 27 (1er suppl.), art. 36; L.C. 1992, ch. 1, art. 58; 1994, ch. 44, art. 13.

257. (1) Non-culpabilité — Un médecin qualifié ou un technicien qualifié n'est pas coupable d'une infraction uniquement en raison de son refus de prélever un échantillon de sang d'une personne, pour l'application des articles 254 ou 256 ou, dans le cas d'un médecin qualifié, uniquement de son refus de faire prélever par un technicien qualifié un échantillon de sang d'une personne, pour l'application de ces articles.

(2) Immunité — Il ne peut être intenté aucune procédure civile ou criminelle contre un médecin qualifié qui prélève un échantillon de sang ou le fait prélever à la suite d'un ordre donné en vertu du paragraphe 254(3) ou d'un mandat décerné en vertu de l'article 256, ou contre un technicien qualifié qui agit sous la direction d'un médecin qualifié pour tout geste nécessaire posé avec des soins et une habileté raisonnables en prélevant l'échantillon.

L.R.C. 1985, ch. 27 (1er suppl.), art. 36.

258. (1) Poursuites en vertu de l'article 255 — Dans des poursuites engagées en vertu du paragraphe 255(1) à l'égard d'une infraction prévue à l'article 253 ou dans des poursuites en vertu des paragraphes 255(2) ou (3) :

a) lorsqu'il est prouvé que l'accusé occupait la place ou la position ordinairement occupée par la personne qui conduit le véhicule à moteur, le bateau, l'aéronef ou le matériel ferroviaire, ou qui aide à conduire un aéronef ou du matériel ferroviaire, il est réputé en avoir eu la garde ou le contrôle à moins qu'il n'établisse qu'il n'occupait pas cette place ou position dans le but de mettre en marche ce véhicule, ce bateau, cet aéronef ou ce matériel ferroviaire, ou dans le but d'aider à conduire l'aéronef ou le matériel ferroviaire, selon le cas;

b) le résultat d'une analyse d'un échantillon de l'haleine ou du sang de l'accusé — autre qu'un échantillon prélevé conformément à un ordre donné en vertu du paragraphe 254(3) — ou de l'urine ou d'une autre substance corporelle de l'accusé peut être admis en preuve même si, avant de donner l'échantillon, l'accusé n'a pas été averti qu'il n'était pas tenu de le donner ou que le résultat de l'analyse de l'échantillon pourrait servir en preuve;

c) lorsque des échantillons de l'haleine de l'accusé ont été prélevés conformément à un ordre donné en vertu du paragraphe 254(3), la preuve des résultats des analyses fait foi, en l'absence de toute preuve contraire, de l'alcoolémie de l'accusé au moment où l'infraction aurait été commise, ce taux correspondant aux résultats de ces analyses, lorsqu'ils sont identiques, ou au plus faible d'entre eux s'ils sont différents, si les conditions suivantes sont réunies :

> (i) au moment où chaque échantillon a été prélevé, la personne qui le prélevait a offert de remettre à l'accusé, pour son propre usage, un spécimen de son haleine dans un contenant approuvé, et si, sur demande de l'accusé faite à ce moment-là, un tel spécimen lui a été alors remis,
>
> L.R.C. 1985, ch. 27 (1er suppl.), art. 36.

(ii) chaque échantillon a été prélevé dès qu'il a été matériellement possible de le faire après le moment où l'infraction aurait été commise et, dans le cas du premier échantillon, pas plus de deux heures après ce moment, les autres l'ayant été à des intervalles d'au moins quinze minutes,

(iii) chaque échantillon a été reçu de l'accusé directement dans un contenant approuvé ou dans un alcootest approuvé, manipulé par un technicien qualifié,

(iv) une analyse de chaque échantillon a été faite à l'aide d'un alcootest approuvé, manipulé par un technicien qualifié;

d) lorsqu'un échantillon de sang de l'accusé a été prélevé conformément à un ordre donné en vertu du paragraphe 254(3), conformément à un mandat décerné en vertu de l'article 256 ou autrement avec le consentement de l'accusé, la preuve du résultat des analyses ainsi faites fait foi, en l'absence de toute preuve contraire, de l'alcoolémie de l'accusé au moment où l'infraction aurait été commise, ce taux correspondant aux résultats de ces analyses, lorsqu'ils sont identiques ou au plus faible d'entre eux s'ils sont différents, si les conditions suivantes sont réunies :

(i) au moment où l'échantillon a été prélevé, la personne qui le prélevait a pris un échantillon supplémentaire du sang de l'accusé et un échantillon a été gardé pour en permettre l'analyse à la demande de l'accusé et, si celui-ci fait la demande visée au paragraphe (4) dans les six mois du prélèvement, une ordonnance de remise de l'échantillon a été rendue en conformité avec ce paragraphe,

(ii) les échantillons mentionnés au sous-alinéa (i) ont été prélevés le plus tôt possible après le moment de la commission de l'infraction alléguée et dans tous les cas au plus tard deux heures après,

(iii) les échantillons mentionnés au sous-alinéa (i) ont été prélevés par un médecin qualifié ou un technicien qualifié sous la direction d'un médecin qualifié,

(iv) les échantillons mentionnés au sous-alinéa (i) ont été reçus de l'accusé directement, ou ont été placés directement, dans des contenants approuvés et scellés,

(v) l'analyse d'un échantillon placé dans un contenant approuvé a été faite;

d.1) si les analyses visées aux alinéas *c*) ou *d*) montrent une alcoolémie supérieure à quatre-vingts milligrammes d'alcool par cent millilitres de sang, le résultat de l'analyse fait foi, en l'absence de preuve tendant à démontrer que l'alcoolémie de l'accusé au moment où l'infraction aurait été commise ne dépassait pas quatre-vingts milligrammes d'alcool par cent millilitres de sang, d'une alcoolémie supérieure à quatre-vingts milligrammes d'alcool par cent millilitres de sang;

e) le certificat d'un analyste déclarant qu'il a effectué l'analyse d'un échantillon de sang, d'urine, d'haleine ou d'une autre substance corporelle de l'accusé et indiquant le résultat de son analyse fait preuve des faits allégués dans le certificat sans qu'il soit nécessaire de prouver l'authenticité de la signature ou la qualité officielle du signataire;

f) le certificat d'un analyste déclarant qu'il a effectué une analyse d'un échantillon d'un alcool type identifié dans le certificat et conçu pour être utilisé avec un alcootest approuvé, et qu'il s'est révélé que l'échantillon analysé par lui convenait bien pour l'utilisation avec un alcootest approuvé, fait foi de ce que l'alcool type ainsi identifié est convenable pour utilisation avec un alcootest approuvé, sans qu'il soit nécessaire de prouver la signature ou la qualité officielle du signataire;

g) lorsque des échantillons de l'haleine de l'accusé ont été prélevés conformément à une demande faite en vertu du paragraphe 254(3), le certificat d'un technicien qualifié fait preuve des faits allégués dans le certificat sans qu'il soit nécessaire de prouver la signature ou la qualité officielle du signataire, si le certificat du technicien qualifié contient :

(i) la mention que l'analyse de chacun des échantillons a été faite à l'aide d'un alcootest approuvé, manipulé par lui et dont il s'est assuré du bon fonctionnement au moyen d'un alcool type identifié dans le certificat, comme se prêtant bien à l'utilisation avec cet alcootest approuvé,

(ii) la mention des résultats des analyses ainsi faites,

(iii) la mention, dans le cas où il a lui-même prélevé les échantillons :

> (A) qu'au moment où chaque échantillon a été prélevé, il a offert de remettre à l'accusé, pour son propre usage, un spécimen de son haleine, dans un contenant approuvé, et que, à la demande de l'accusé faite à ce moment-là, un tel spécimen lui a été alors remis,
>
> L.R.C. 1985, ch. 27 (1ᵉʳ suppl.), art. 36.

(B) du temps et du lieu où chaque échantillon et un spécimen quelconque mentionné dans la division (A) ont été prélevés,

(C) que chaque échantillon a été reçu directement de l'accusé dans un contenant approuvé ou dans un alcootest approuvé, manipulé par lui;

h) lorsque les échantillons du sang de l'accusé ont été prélevés conformément à un ordre donné en vertu du paragraphe 254(3), conformément à un mandat décerné en vertu de l'article 256 ou autrement avec le consentement de l'accusé, un certificat d'un médecin qualifié ou d'un technicien qualifié fait preuve des faits allégués dans le certificat sans qu'il soit nécessaire de prouver l'authenticité de la signature ou la qualité officielle du signataire dans l'un ou l'autre des cas suivants :

(i) le certificat du médecin qualifié contient :

(A) la mention qu'il a lui-même prélevé les échantillons, qu'il était d'avis, avant les prélèvements, que ces derniers ne mettraient pas en danger la vie ou la santé de l'accusé et qu'il était d'avis, dans le cas d'un ordre donné en vertu d'un mandat délivré en vertu de l'article 256, que l'accusé était incapable de donner un consentement au prélèvement de son sang à cause de son état physique ou psychologique résultant de l'absorption d'alcool, de l'accident ou de tout événement résultant de l'accident ou lié à celui-ci,

(B) la mention qu'au moment du prélèvement de l'échantillon, un autre échantillon du sang de l'accusé a été prélevé pour en permettre une analyse à la demande de celui-ci,

(C) la mention du temps et du lieu où les échantillons mentionnés à la division (B) ont été prélevés,

(D) la mention que les échantillons mentionnés à la division (B) ont été reçus directement de l'accusé ou ont été placés directement dans des contenants approuvés, scellés et identifiés dans le certificat,

(ii) le certificat du médecin qualifié énonce qu'il a fait prélever les échantillons par un technicien qualifié sous sa direction et qu'il était de l'avis mentionné à la division (i)(A),

(iii) le certificat du technicien qualifié énonce les faits mentionnés aux divisions (i)(B) à (D) et qu'il a prélevé les échantillons;

i) le certificat de l'analyste déclarant qu'il a effectué une analyse d'un échantillon du sang de l'accusé présent dans un contenant approuvé, scellé et identifié dans le certificat, indiquant le moment, le lieu de l'analyse et le résultat de celle-ci fait foi des faits énoncés dans le certificat sans qu'il soit nécessaire de prouver l'authenticité de la signature ou la qualité du signataire.

(2) Absence d'obligation de fournir un échantillon — Nul n'est tenu de fournir un échantillon d'urine ou d'une autre substance corporelle pour analyse aux fins du présent article à l'exception des échantillons d'haleine et de sang visés à l'article 254, et la preuve qu'une personne a fait défaut ou refusé de fournir cet échantillon, ou que l'échantillon n'a pas été prélevé, n'est pas admissible; de plus, un tel défaut ou refus ou le fait qu'un échantillon n'a pas été prélevé ne saurait faire l'objet de commentaires par qui que ce soit au cours des procédures.

(3) Preuve du défaut d'obtempérer à l'ordre — Dans toutes poursuites engagées en vertu du paragraphe 255(1) à l'égard d'une infraction prévue à l'alinéa 253*a*) ou en vertu des paragraphes 255(2) ou (3), la preuve que l'accusé, sans excuse raisonnable, a fait défaut ou refusé d'obtempérer à un ordre qui lui a été donné par un agent de la paix en vertu de l'article 254 est admissible et le tribunal peut en tirer une conclusion défavorable à l'accusé.

(4) Accessibilité au spécimen pour analyse — Un juge d'une cour supérieur de juridiction criminelle ou d'une cour de juridiction criminelle peut, à la suite d'une demande sommaire de l'accusé présentée dans les six mois du jour du prélèvement, ordonner qu'un spécimen de son sang lui soit remis pour examen ou analyse de celui-ci sous réserve des conditions qui semblent nécessaires ou souhaitables pour assurer la sécurité du spécimen et sa conservation pour son utilisation lors des procédures en vue desquelles il a été prélevé.

(5) Analyse du sang pour déceler des drogues — Un échantillon de sang d'un accusé prélevé conformément à un ordre donné en vertu du paragraphe 254(3), conformément à un mandat décerné en vertu de l'article 256 ou autrement avec le consentement de l'accusé, peut être analysé afin de déceler la présence de drogues dans le sang de l'accusé.

(6) Présence et droit de contre-interroger — Une partie contre qui est produit un certificat mentionné à l'alinéa (1)*e*), *f*), *g*), *h*) ou *i*) peut, avec l'autorisation du tribunal, exiger la présence de l'analyste, du technicien qualifié ou du médecin qualifié, selon le cas, pour contre-interrogatoire.

(7) Avis de l'intention de produire le certificat — Aucun certificat ne peut être reçu en preuve en conformité avec l'alinéa (1)*e*), *f*), *g*), *h*) ou *i*), à moins que la partie qui a l'intention de le produire n'ait, avant le procès, donné à l'autre partie un avis raisonnable de son intention et une copie du certificat.

L.R.C. 1985, ch. 27 (1er suppl.), art. 36; ch. 32 (4e suppl.), art. 61; L.C. 1992, ch. 1, art. 60; 1994, ch. 44, art. 14; 1997, ch. 18, art. 10.

259. (1) Ordonnance d'interdiction obligatoire — Lorsqu'un contrevenant est déclaré coupable d'une infraction prévue à l'article 253 ou 254 ou absous sous le régime de l'article 730 d'une infraction prévue à l'article 253 et qu'au moment de l'infraction, ou dans les trois heures qui la précèdent dans le cas d'une infraction prévue à l'article 254, il conduisait ou avait la garde ou le contrôle d'un véhicule à moteur, d'un bateau, d'un aéronef ou de matériel ferroviaire, ou aidait à la conduite d'un aéronef ou de matériel ferroviaire, le tribunal qui lui inflige une peine doit, en plus de toute autre peine applicable à cette infraction, rendre une ordonnance lui interdisant de conduire un véhicule à moteur dans une rue, sur un chemin, une grande route ou dans un autre endroit public, un bateau, un aéronef ou du matériel ferroviaire :

a) pour une première infraction, durant une période minimale d'un an et maximale de trois ans, en plus de la période d'emprisonnement à laquelle il est condamné;

b) pour une deuxième infraction, durant une période minimale de deux ans et maximale de cinq ans, en plus de la période d'emprisonnement à laquelle il est condamné;

c) pour chaque infraction subséquente, durant une période minimale de trois ans, en plus de la période d'emprisonnement à laquelle il est condamné.

(1.1) Exception pour le programme d'anti-démarrage avec éthylomètre — Malgré l'alinéa (1)a), dans le cas où le lieutenant-gouverneur en conseil de la province où doit être rendue l'ordonnance d'interdiction visée à cet alinéa a institué un Programme d'utilisation d'antidémarreurs avec éthylomètre qui est offert au contrevenant déclaré coupable de l'infraction faisant l'objet de l'ordonnance, la période minimale d'un an est ramenée à une période minimale de trois mois, si le contrevenant participe au programme durant le reste de la période d'un an.

(2) Ordonnance d'interdiction discrétionnaire — Lorsqu'un contrevenant est déclaré coupable ou absous sous le régime de l'article 730 d'une infraction prévue aux articles 220, 221, 236, 249, 249.1, 250, 251 ou 252, aux paragraphes 255(2) ou (3) ou au présent article commise au moyen d'un véhicule à moteur, d'un bateau, d'un aéronef ou de matériel ferroviaire, le tribunal qui lui inflige une peine peut, en plus de toute autre peine applicable en l'espèce, rendre une ordonnance lui interdisant de conduire un véhicule à moteur dans une rue, sur un chemin, une grande route ou dans un autre endroit public, un bateau, un aéronef ou du matériel ferroviaire :

a) durant toute période que le tribunal considère appropriée, si le contrevenant est passible d'un emprisonnement à perpétuité pour cette infraction;

b) durant toute période maximale de dix ans, en plus de la période d'emprisonnement à laquelle il est condamné, si le contrevenant est passible d'un emprisonnement de plus de cinq ans mais inférieur à l'emprisonnement à perpétuité;

c) durant toute période maximale de trois ans, en plus de la période d'emprisonnement à laquelle il est condamné, dans tout autre cas.

(3) Réserve — Aucune ordonnance rendue en vertu des paragraphes (1) et (2) ne peut empêcher une personne d'agir comme capitaine, lieutenant ou officier mécanicien d'un bateau tenu d'avoir à bord des officiers titulaires d'un certificat de capitaine, lieutenant ou d'officier mécanicien.

(4) Conduite d'un véhicule à moteur, d'un bateau ou d'un aéronef durant l'interdiction — Quiconque conduit un véhicule à moteur, un bateau, un aéronef ou du matériel ferroviaire au Canada pendant qu'il lui est interdit de le faire est coupable :

a) soit d'un acte criminel et passible d'un emprisonnement maximal de cinq ans;

b) soit d'une infraction punissable sur déclaration de culpabilité par procédure sommaire.

(5) Définition de « interdiction » — Pour l'application du présent article, « interdiction » s'entend à la fois :

a) d'une interdiction de conduire un véhicule à moteur, un bateau, un aéronef ou du matériel ferroviaire prononcée en vertu des paragraphes (1) ou (2);

b) dans le cas d'une déclaration de culpabilité ou d'une absolution en vertu de l'article 730 d'une infraction visée au paragraphe (1) ou (2), d'une interdiction ou d'une inaptitude à conduire ou de toute autre forme de restriction légale du droit ou privilège de conduire un véhicule à moteur, un bateau ou un aéronef infligée :

(i) en vertu d'une loi provinciale, dans le cas d'un véhicule à moteur,

(ii) en vertu d'une loi fédérale, dans le cas d'un bateau ou d'un aéronef.

L.R.C. 1985, ch. 27 (1er suppl.), art. 36; ch. 1 (4e suppl.), art. 18; ch. 32 (4e suppl.), art. 62; L.C. 1995, ch. 22, art. 10 et 18; 1997, ch. 18, art. 11; 1999, ch. 32, art. 5; 2000, ch. 2, art. 2.

260. (1) Procédures d'ordonnance d'interdiction — Un tribunal qui rend une ordonnance d'interdiction en vertu du paragraphe 259(1) ou (2) doit s'assurer que les exigences suivantes sont respectées :

a) l'ordonnance est lue au contrevenant ou par celui-ci;

b) une copie de l'ordonnance est remise au contrevenant;

c) le contrevenant est informé des dispositions du paragraphe 259(4).

(2) Signature du contrevenant — Après que les exigences du paragraphe (1) ont été satisfaites, le contrevenant signe l'ordonnance attestant ainsi qu'il en a reçu copie et qu'elle lui a été expliquée.

(3) Validité de l'ordonnance non atteinte — Le défaut de se conformer au paragraphe (2) ne porte pas atteinte à la validité de l'ordonnance.

(4) Fardeau — En l'absence de toute preuve contraire, lorsqu'il est prouvé qu'une personne fait l'objet d'une interdiction en conformité avec l'alinéa 259(5)*b*) et que l'avis de cette interdiction a été envoyé par courrier certifié ou recommandé à cette personne, celle-ci, à compter du sixième jour de la mise à la poste de l'avis, est présumée avoir reçu l'avis et pris connaissance de l'existence de l'interdiction, de sa date d'entrée en vigueur et de sa durée.

(5) Admissibilité du certificat ou preuve — Dans les poursuites engagées en vertu de l'article 259, un certificat constitue la preuve des faits qui y sont allégués sans qu'il soit nécessaire de prouver l'authenticité de la signature ou la qualité officielle du signataire lorsqu'il établit avec détails raisonnables ce qui suit :

    a) il est interdit à la personne visée par le certificat de conduire un véhicule à moteur dans une province et le certificat est censé être signé par le directeur du bureau des véhicules automobiles de cette province;

    b) il est interdit à la personne visée par le certificat de conduire un bateau ou un aéronef, et le certificat est censé être signé par le ministre des Transports ou la personne qu'il désigne à cette fin.

(6) Avis à l'accusé — Le paragraphe (5) ne s'applique à des procédures que si un avis écrit d'au moins sept jours est donné à l'accusé, indiquant l'intention de présenter le certificat en preuve.

(7) Définition de « directeur du bureau des véhicules automobiles » — Au paragraphe (5), **« directeur du bureau des véhicules automobiles »** s'entend de son adjoint et de toute personne ou de tout organisme qui, quel que soit son nom ou son titre, remplit les fonctions de directeur de l'immatriculation de ces véhicules dans une province.

L.R.C. 1985, ch. 27 (1er suppl.), art. 36; ch. 1 (4e suppl.), art. 18.

261. (1) Effet de l'appel sur l'ordonnance — Dans les cas où la déclaration de culpabilité ou l'absolution prévue à l'article 730 d'une infraction aux articles 220, 221, 236, 249 à 255 ou 259 fait l'objet d'un appel, un juge du tribunal qui en est saisi peut décider qu'une ordonnance prévue aux paragraphes 259(1) ou (2) et résultant de cette déclaration de culpabilité ou de cette absolution soit suspendue, aux conditions que lui ou le tribunal impose, jusqu'à ce qu'une décision définitive soit rendue sur l'appel ou jusqu'à ce que le tribunal en décide autrement.

(2) Précision — L'assujettissement, en application du paragraphe (1), de la suspension de l'ordonnance prévue aux paragraphes 259(1) ou (2) à des conditions ne peut pour avoir effet de réduire la période d'interdiction applicable au titre de ces paragraphes.

L.R.C. 1985, ch. 27 (1er suppl), art. 36; ch. 1 (4e suppl.), art. 18; L.C. 1994, ch. 44, art. 15; 1995, ch. 22, art. 10; 1997, ch. 18, art. 12 et 141.

262. Empêcher de sauver une vie — Est coupable d'un acte criminel et passible d'un emprisonnement maximal de dix ans quiconque, selon le cas :

a) empêche ou entrave, ou tente d'empêcher ou d'entraver, une personne qui essaie de sauver sa propre vie;

b) sans motif raisonnable, empêche ou entrave, ou tente d'empêcher ou d'entraver, toute personne qui essaie de sauver la vie d'une autre.

263. (1) Obligation de protéger les ouvertures dans la glace — Quiconque pratique ou fait pratiquer une ouverture dans une étendue de glace accessible au public ou fréquentée par le public, est légalement tenu de la protéger d'une manière suffisante pour empêcher que des personnes n'y tombent par accident et pour les avertir que cette ouverture existe.

(2) Excavations — Quiconque laisse une excavation sur un terrain qui lui appartient, ou dont il a la garde ou la surveillance, est légalement tenu de la protéger d'une manière suffisante pour empêcher que des personnes n'y tombent par accident et pour les avertir que cette excavation existe.

(3) Infractions — Quiconque ne s'acquitte pas d'une obligation imposée par le paragraphe (1) ou (2) est coupable :

a) soit d'homicide involontaire coupable, si la mort d'une personne en résulte;

b) soit de l'infraction prévue à l'article 269, s'il en résulte des lésions corporelles à une personne;

c) soit d'une infraction punissable sur déclaration de culpabilité par procédure sommaire.

264. (1) Harcèlement criminel — Il est interdit, sauf autorisation légitime, d'agir à l'égard d'une personne sachant qu'elle se sent harcelée ou sans se soucier de ce qu'elle se sente harcelée si l'acte en question a pour effet de lui faire raisonnablement craindre — compte tenu du contexte — pour sa sécurité ou celle d'une de ses connaissances.

(2) Actes interdits — Constitue un acte interdit aux termes du paragraphe (1), le fait, selon le cas, de :

a) suivre cette personne ou une de ses connaissances de façon répétée;

b) communiquer de façon répétée, même indirectement, avec cette personne ou une de ses connaissances;

c) cerner ou surveiller sa maison d'habitation ou le lieu où cette personne ou une de ses connaissances réside, travaille, exerce son activité professionnelle ou se trouve;

d) se comporter d'une manière menaçante à l'égard de cette personne ou d'un membre de sa famille.

(3) Peine — Quiconque commet une infraction au présent article est coupable :

a) soit d'un acte criminel passible d'un emprisonnement maximal de cinq ans;

b) soit d'une infraction punissable sur déclaration de culpabilité par procédure sommaire.

(4) Circonstance aggravante — Le tribunal qui détermine la peine à infliger à une personne déclarée coupable d'une infraction prévue au présent article est tenu de considérer comme circonstance aggravante le fait que cette personne, en commettant l'infraction, enfreignait :

a) une condition d'une ordonnance rendue en vertu de l'article 161 ou une condition d'un engagement contracté dans le cadre des articles 810, 810.1 ou 810.2;

b) une condition d'une ordonnance rendue ou une condition d'un engagement contracté au titre de la common law ou en vertu de la présente loi, d'une autre loi fédérale ou d'une loi provinciale, qui a des effets semblables à ceux de l'ordonnance ou de l'engagement visé à l'alinéa *a*).

(5) Motifs — Dans la détermination de la peine, le tribunal qui décide de ne pas tenir compte de la circonstance aggravante prévue au paragraphe (4) est tenu de motiver sa décision.

L.C. 1993, ch. 45, art. 2; 1997, ch. 16, art. 4; ch. 17, art. 9(3).

Voies de fait

264.1 (1) Proférer des menaces — Commet une infraction quiconque sciemment profère, transmet ou fait recevoir par une personne, de quelque façon, une menace :

a) de causer la mort ou des lésions corporelles à quelqu'un;

b) de brûler, détruire ou endommager des biens meubles ou immeubles;

c) de tuer, empoisonner ou blesser un animal ou un oiseau qui est la propriété de quelqu'un.

(2) Peine — Quiconque commet une infraction prévue à l'alinéa (1)*a*) est coupable :

a) soit d'un acte criminel et passible d'un emprisonnement maximal de cinq ans;

b) soit d'une infraction punissable sur déclaration de culpabilité par procédure sommaire et passible d'un emprisonnement maximal de dix-huit mois.

(3) Idem — Quiconque commet une infraction prévue à l'alinéa (1)*b)* ou *c)* est coupable :

a) soit d'un acte criminel et passible d'un emprisonnement maximal de deux ans;

b) soit d'une infraction punissable sur déclaration de culpabilité par procédure sommaire.

L.R.C. 1985, ch. 27 (1er suppl.), art. 38; L.C. 1994, ch. 44, art. 16.

265. (1) Voies de fait — Commet des voies de fait, ou se livre à une attaque ou une agression, quiconque, selon le cas :

a) d'une manière intentionnelle, emploie la force, directement ou indirectement, contre une autre personne sans son consentement;

b) tente ou menace, par un acte ou un geste, d'employer la force contre une autre personne, s'il est en mesure actuelle, ou s'il porte cette personne à croire, pour des motifs raisonnables, qu'il est alors en mesure actuelle d'accomplir son dessein;

c) en portant ostensiblement une arme ou une imitation, aborde ou importune une autre personne ou mendie.

(2) Application — Le présent article s'applique à toutes les espèces de voies de fait, y compris les agressions sexuelles, les agressions sexuelles armées, menaces à une tierce personne ou infliction de lésions corporelles et les agressions sexuelles graves.

(3) Consentement — Pour l'application du présent article, ne constitue pas un consentement le fait pour le plaignant de se soumettre ou de ne pas résister en raison :

a) soit de l'emploi de la force envers le plaignant ou une autre personne;

b) soit des menaces d'emploi de la force ou de la crainte de cet emploi envers le plaignant ou une autre personne;

c) soit de la fraude;

d) soit de l'exercice de l'autorité.

(4) Croyance de l'accusé quant au consentement — Lorsque l'accusé allègue qu'il croyait que le plaignant avait consenti aux actes sur lesquels l'accusation est fondée, le juge, s'il est convaincu qu'il y a une preuve suffisante et que cette preuve constituerait une défense si elle était acceptée par le jury, demande à ce dernier de prendre en considération, en évaluant l'ensemble de la preuve qui concerne la détermination de la sincérité de la croyance de l'accusé, la présence ou l'absence de motifs raisonnables pour celle-ci.

266. Voies de fait — Quiconque commet des voies de fait est coupable :

a) soit d'un acte criminel et passible d'un emprisonnement maximal de cinq ans;

b) soit d'une infraction punissable sur déclaration de culpabilité par procédure sommaire.

267. Agression armée ou infliction de lésions corporelles — Est coupable soit d'un acte criminel et passible d'un emprisonnement maximal de dix ans, soit d'une infraction punissable sur déclaration de culpabilité par procédure sommaire et passible d'un emprisonnement maximal de dix-huit mois quiconque, en se livrant à des voies de fait, selon le cas :

a) porte, utilise ou menace d'utiliser une arme ou une imitation d'arme;

b) inflige des lésions corporelles au plaignant.

L.C. 1994, ch. 44, art. 17.

268. (1) Voies de fait graves — Commet des voies de fait graves quiconque blesse, mutile ou défigure le plaignant ou met sa vie en danger.

(2) Peine — Quiconque commet des voies de fait graves est coupable d'un acte criminel et passible d'un emprisonnement maximal de quatorze ans.

(3) Excision — Il demeure entendu que l'excision, l'infibulation ou la mutilation totale ou partielle des grandes lèvres, des petites lèvres ou du clitoris d'une personne constituent une blessure ou une mutilation au sens du présent article, sauf dans les cas suivants :

a) une opération chirurgicale qui est pratiquée, par une personne qui a le droit d'exercer la médecine en vertu des lois de la province, pour la santé physique de la personne ou pour lui permettre d'avoir des fonctions reproductives normales, ou une apparence sexuelle ou des fonctions sexuelles normales;

b) un acte qui, dans le cas d'une personne âgée d'au moins dix-huit ans, ne comporte pas de lésions corporelles.

(4) Consentement — Pour l'application du présent article et de l'article 265, ne constitue pas un consentement valable le consentement à l'excision, à l'infibulation ou à la mutilation totale ou partielle des grandes lèvres, des petites lèvres ou du clitoris, sauf dans les cas prévus aux alinéas (3)a) et b).

L.C. 1997, ch. 16, art. 5.

269. Lésions corporelles — Quiconque cause illégalement des lésions corporelles à une personne est coupable :

a) soit d'un acte criminel et passible d'un emprisonnement maximal de dix ans;

b) soit d'une infraction punissable sur déclaration de culpabilité par procédure sommaire et passible d'un emprisonnement maximal de dix-huit mois.

L.C. 1994, ch. 44, art. 18.

269.1 (1) Torture — Est coupable d'un acte criminel et passible d'un emprisonnement maximal de quatorze ans le fonctionnaire qui — ou la personne qui, avec le consentement exprès ou tacite d'un fonctionnaire ou à sa demande — torture une autre personne.

(2) Définitions — Les définitions qui suivent s'appliquent au présent article.

« **fonctionnaire** » L'une des personnes suivantes, qu'elle exerce ses pouvoirs au Canada ou à l'étranger :

a) un agent de la paix;

b) un fonctionnaire public;

c) un membre des forces canadiennes;

d) une personne que la loi d'un État étranger investit de pouvoirs qui, au Canada, seraient ceux d'une personne mentionnée à l'un des alinéas *a)*, *b)* ou *c)*.

« **torture** » Acte, commis par action ou omission, par lequel une douleur ou des souffrances aiguës, physiques ou mentales, sont intentionnellement infligées à une personne :

a) soit afin notamment :

(i) d'obtenir d'elle ou d'une tierce personne des renseignements ou une déclaration,

(ii) de la punir d'un acte qu'elle ou une tierce personne a commis ou est soupçonnée d'avoir commis,

(iii) de l'intimider ou de faire pression sur elle ou d'intimider une tierce personne ou de faire pression sur celle-ci;

b) soit pour tout autre motif fondé sur quelque forme de discrimination que ce soit.

La torture ne s'entend toutefois pas d'actes qui résultent uniquement de sanctions légitimes, qui sont inhérents à celles-ci ou occasionnés par elles.

(3) Inadmissibilité de certains moyens de défense — Ne constituent pas un moyen de défense contre une accusation fondée sur le présent article ni le fait que l'accusé a obéi aux ordres d'un supérieur ou d'une autorité publique en commettant les actes qui lui sont reprochés ni le fait que ces actes auraient été justifiés par des circonstances exceptionnelles, notamment un état de guerre, une menace de guerre, l'instabilité politique intérieure ou toute autre situation d'urgence.

(4) Admissibilité en preuve — Dans toute procédure qui relève de la compétence du Parlement, une déclaration obtenue par la perpétration d'une infraction au présent article est inadmissible en preuve, sauf à titre de preuve de cette infraction.
L.R.C. 1985, ch. 10 (3ᵉ suppl.), art. 2.

270. (1) Voies de fait contre un agent de la paix — Commet une infraction quiconque exerce des voies de fait :

 a) soit contre un fonctionnaire public ou un agent de la paix agissant dans l'exercice de leurs fonctions, ou une personne qui leur prête main-forte;

 b) soit contre une personne dans l'intention de résister à une arrestation ou détention légale, la sienne ou celle d'un autre, ou de les empêcher;

 c) soit contre une personne, selon le cas :

  (i) agissant dans l'exécution légale d'un acte judiciaire contre des terres ou des effets, ou d'une saisie,

  (ii) avec l'intention de reprendre une chose saisie ou prise en vertu d'un acte judiciaire.

(2) Peine — Quiconque commet une infraction visée au paragraphe (1) est coupable :

 a) soit d'un acte criminel et passible d'un emprisonnement maximal de cinq ans;

 b) soit d'une infraction punissable sur déclaration de culpabilité par procédure sommaire.

271. (1) Agression sexuelle — Quiconque commet une agression sexuelle est coupable :

 a) soit d'un acte criminel et passible d'un emprisonnement maximal de dix ans;

 b) soit d'une infraction punissable sur déclaration de culpabilité par procédure sommaire et passible d'un emprisonnement maximal de dix-huit mois.

(2) [Abrogé, L.R.C. 1985, ch. 19 (3ᵉ suppl.), art. 10.]
L.R.C. 1985, ch. 19 (3ᵉ suppl.), art. 10; L.C. 1994, ch. 44, art. 19.

272. (1) Agression sexuelle armée, menaces à une tierce personne ou infliction de lésions corporelles — Commet une infraction quiconque, en commettant une agression sexuelle, selon le cas :

 a) porte, utilise ou menace d'utiliser une arme ou une imitation d'arme;

 b) menace d'infliger des lésions corporelles à une autre personne que le plaignant;

 c) inflige des lésions corporelles au plaignant;

d) participe à l'infraction avec une autre personne.

(2) Peine — Quiconque commet l'infraction prévue au paragraphe (1) est coupable d'un acte criminel passible :

a) s'il y a usage d'une arme à feu lors de la perpétration de l'infraction, d'un emprisonnement maximal de quatorze ans, la peine minimale étant de quatre ans;

b) dans les autres cas, d'un emprisonnement maximal de quatorze ans.

L.C. 1995, ch. 39, art. 145.

273. (1) Agression sexuelle grave — Commet une agression sexuelle grave quiconque, en commettant une agression sexuelle, blesse, mutile ou défigure le plaignant ou met sa vie en danger.

(2) Peine — Quiconque commet une agression sexuelle grave est coupable d'un acte criminel passible :

a) s'il y a usage d'une arme à feu lors de la perpétration de l'infraction, de l'emprisonnement à perpétuité, la peine minimale étant de quatre ans;

b) dans les autres cas, de l'emprisonnement à perpétuité.

L.C. 1995, ch. 39, art. 146.

273.1 (1) Définition de « consentement » — Sous réserve du paragraphe (2) et du paragraphe 265(3), le consentement consiste, pour l'application des articles 271, 272 et 273, en l'accord volontaire du plaignant à l'activité sexuelle.

(2) Restriction de la notion de consentement — Le consentement du plaignant ne se déduit pas, pour l'application des articles 271, 272 et 273, des cas où :

a) l'accord est manifesté par des paroles ou par le comportement d'un tiers;

b) il est incapable de le former;

c) l'accusé l'incite à l'activité par abus de confiance ou de pouvoir;

d) il manifeste, par ses paroles ou son comportement, l'absence d'accord à l'activité;

e) après avoir consenti à l'activité, il manifeste, par ses paroles ou son comportement, l'absence d'accord à la poursuite de celle-ci.

(3) Précision — Le paragraphe (2) n'a pas pour effet de limiter les circonstances dans lesquelles le consentement ne peut se déduire.

L.C. 1992, ch. 38, art. 1.

273.2 Exclusion du moyen de défense fondé sur la croyance au consentement — Ne constitue pas un moyen de défense contre une accusation fondée sur les articles 271, 272 ou 273 le fait que l'accusé croyait que le plaignant avait consenti à l'activité à l'origine de l'accusation lorsque, selon le cas :

    a) cette croyance provient :

        (i) soit de l'affaiblissement volontaire de ses facultés,

        (ii) soit de son insouciance ou d'un aveuglement volontaire;

    b) il n'a pas pris les mesures raisonnables, dans les circonstances dont il avait alors connaissance, pour s'assurer du consentement.

L.C. 1992, ch. 38, art. 1.

273.3 (1) Passage d'enfants à l'étranger — Commet une infraction quiconque agit dans le but de faire passer à l'étranger une personne résidant habituellement au Canada et qui :

    a) est âgée de moins de quatorze ans, en vue de permettre la commission d'un acte qui, s'il était commis au Canada, constituerait une infraction visée aux articles 151 ou 152 ou aux paragraphes 160(3) ou 173(2);

    b) est âgée de quatorze ans ou plus mais de moins de dix-huit ans, en vue de permettre la commission d'un acte qui, s'il était commis au Canada, constituerait une infraction visée à l'article 153;

    c) est âgée de moins de dix-huit ans, en vue de permettre la commission d'un acte qui, s'il était commis au Canada, constituerait une infraction visée aux articles 155 ou 159, au paragraphe 160(2) ou aux articles 170, 171, 267, 268, 269, 271, 272 ou 273.

(2) Peine — Quiconque commet l'infraction visée au présent article est coupable :

    a) soit d'un acte criminel passible d'un emprisonnement maximal de cinq ans;

    b) soit d'une infraction punissable sur déclaration de culpabilité par procédure sommaire.

L.C. 1993, ch. 45, art. 3; 1997, ch. 18, art. 13.

274. Non-exigibilité de la corroboration — La corroboration n'est pas nécessaire pour déclarer coupable une personne accusée d'une infraction prévue aux articles 151, 152, 153, 155, 159, 160, 170, 171, 172, 173, 212, 271, 272 ou 273. Le juge ne peut dès lors informer le jury qu'il n'est pas prudent de déclarer l'accusé coupable en l'absence de corroboration.

L.R.C. 1985, ch. 19 (3e suppl.), art. 11.

275. Abolition des règles relatives à la plainte spontanée — Les règles de preuve qui concernent la plainte spontanée sont abolies à l'égard des infractions prévues aux articles 151, 152, 153, 155 et 159, aux paragraphes 160(2) et (3) et aux articles 170, 171, 172, 173, 271, 272 et 273.

L.R.C. 1985, ch. 19 (3e suppl.), art. 11.

276. (1) Preuve concernant le comportement sexuel du plaignant — Dans les poursuites pour une infraction prévue aux articles 151, 152, 153, 155 ou 159, aux paragraphes 160(2) ou (3) ou aux articles 170, 171, 172, 173, 271, 272 ou 273, la preuve de ce que le plaignant a eu une activité sexuelle avec l'accusé ou un tiers est inadmissible pour permettre de déduire du caractère sexuel de cette activité qu'il est :

a) soit plus susceptible d'avoir consenti à l'activité à l'origine de l'accusation;

b) soit moins digne de foi.

(2) Conditions de l'admissibilité — Dans les poursuites visées au paragraphe (1), l'accusé ou son représentant ne peut présenter de preuve de ce que le plaignant a eu une activité sexuelle autre que celle à l'origine de l'accusation sauf si le juge, le juge de la cour provinciale ou le juge de paix décide, conformément aux articles 276.1 et 276.2, à la fois :

a) que cette preuve porte sur des cas particuliers d'activité sexuelle;

b) que cette preuve est en rapport avec un élément de la cause;

c) que le risque d'effet préjudiciable à la bonne administration de la justice de cette preuve ne l'emporte pas sensiblement sur sa valeur probante.

(3) Facteurs à considérer — Pour décider si la preuve est admissible au titre du paragraphe (2), le juge, le juge de la cour provinciale ou le juge de paix prend en considération :

a) l'intérêt de la justice, y compris le droit de l'accusé à une défense pleine et entière;

b) l'intérêt de la société à encourager la dénonciation des agressions sexuelles;

c) la possibilité, dans de bonnes conditions, de parvenir, grâce à elle, à une décision juste;

d) le besoin d'écarter de la procédure de recherche des faits toute opinion ou préjugé discriminatoire;

e) le risque de susciter abusivement, chez le jury, des préjugés, de la sympathie ou de l'hostilité;

f) le risque d'atteinte à la dignité du plaignant et à son droit à la vie privée;

g) le droit du plaignant et de chacun à la sécurité de leur personne, ainsi qu'à la plénitude de la protection et du bénéfice de la loi;

h) tout autre facteur qu'il estime applicable en l'espèce.

L.R.C. 1985, ch. 19 (3ᵉ suppl.), art. 12; L.C. 1992, ch. 38, art. 2.

276.1 (1) Demande d'audition — L'accusé ou son représentant peut demander au juge, au juge de la cour provinciale ou au juge de paix de tenir une audition en application de l'article 276.2 en vue de décider si la preuve est admissible au titre du paragraphe 276(2).

(2) Forme et contenu — La demande d'audition est formulée par écrit et énonce toutes précisions au sujet de la preuve en cause et le rapport de celle-ci avec un élément de la cause; une copie en est expédiée au poursuivant et au greffier du tribunal.

(3) Exclusion du jury et du public — Le jury et le public sont exclus de l'audition de la demande.

(4) Audition — Une fois convaincu que la demande a été établie conformément au paragraphe (2), qu'une copie en a été expédiée au poursuivant et au greffier du tribunal au moins sept jours auparavant ou dans le délai inférieur autorisé par lui dans l'intérêt de la justice et qu'il y a des possibilités que la preuve en cause soit admissible, le juge, le juge de la cour provinciale ou le juge de paix accorde la demande et tient une audition pour décider effectivement de l'admissibilité de la preuve au titre du paragraphe 276(2).

L.C. 1992, ch. 38, art. 2.

276.2 (1) Exclusion du jury et du public — Le jury et le public sont exclus de l'audition tenue pour décider de l'admissibilité de la preuve au titre du paragraphe 276(2).

(2) Incontraignabilité — Le plaignant n'est pas un témoin contraignable à l'audition.

(3) Motifs — Le juge, le juge de la cour provinciale ou le juge de paix est tenu de motiver la décision qu'il rend à la suite de l'audition sur l'admissibilité de tout ou partie de la preuve au titre du paragraphe 276(2), en précisant les points suivants :

    a) les éléments de la preuve retenus;

    b) ceux des facteurs mentionnés au paragraphe 276(3) ayant fondé sa décision;

    c) la façon dont tout ou partie de la preuve à admettre est en rapport avec un élément de la cause.

(4) Forme — Les motifs de la décision sont à porter dans le procès-verbal des débats ou, à défaut, donnés par écrit.

L.C. 1992, ch. 38, art. 2.

276.3 (1) Diffusion interdite — Il est interdit de diffuser dans un journal, au sens de l'article 297, à la radio ou à la télévision le contenu de la demande présentée en application de l'article 276.1 et tout ce qui a été dit ou déposé à l'occasion de cette demande ou aux auditions mentionnées à l'article 276.2. L'interdiction vise aussi, d'une part, la décision rendue sur la demande d'audition au titre du paragraphe 276.1(4) et, d'autre part, la décision et les motifs mentionnés à l'article 276.2, sauf, dans ce dernier cas, lorsque la preuve est déclarée admissible ou, dans les deux cas, si le juge, le juge de la cour provinciale ou le juge de paix rend une ordonnance autorisant la diffusion après avoir pris en considération le droit du plaignant à la vie privée et l'intérêt de la justice.

(2) Infraction — Quiconque contrevient au paragraphe (1) commet une infraction punissable sur déclaration de culpabilité par procédure sommaire.

L.C. 1992, ch. 38, art. 2.

276.4 Instructions données par le juge au jury : utilisation de la preuve — Au procès, le juge doit donner des instructions au jury quant à l'utilisation que celui-ci peut faire ou non de la preuve admise en application de l'article 276.2.

L.C. 1992, ch. 38, art. 2.

276.5 Appel — Pour l'application des articles 675 et 676, la décision rendue en application de l'article 276.2 est réputée constituer une question de droit.

L.C. 1992, ch. 38, art. 2.

277. Preuve de réputation — Dans des procédures à l'égard d'une infraction prévue aux articles 151, 152, 153, 155 ou 159, aux paragraphes 160(2) ou (3) ou aux articles 170, 171, 172, 173, 271, 272 ou 273, une preuve de réputation sexuelle visant à attaquer ou à défendre la crédibilité du plaignant est inadmissible.

L.R.C. 1985, ch. 19 (3e suppl.), art. 13.

278. Inculpation du conjoint — Un conjoint peut être inculpé en vertu des articles 271, 272 ou 273 pour une infraction contre l'autre conjoint, peu importe s'ils cohabitaient ou non au moment où a eu lieu l'activité qui est à l'origine de l'inculpation.

278.1 Définition de « dossier » — Pour l'application des articles 278.2 à 278.9, « dossier » s'entend de toute forme de document contenant des renseignements personnels pour lesquels il existe une attente raisonnable en matière de protection de la vie privée, notamment : le dossier médical, psychiatrique ou thérapeutique, le dossier tenu par les services d'aide à l'enfance, les services sociaux ou les services de consultation, le dossier relatif aux antécédents professionnels et à l'adoption, le journal intime et le document contenant des renseignements personnels et protégé par une autre loi fédérale ou une loi provinciale. N'est pas visé par la présente définition le dossier qui est produit par un responsable de l'enquête ou de la poursuite relativement à l'infraction qui fait l'objet de la procédure.

L.C. 1997, ch. 30, art. 1.

278.2 (1) Communication d'un dossier à l'accusé — Dans les poursuites pour une infraction mentionnée ci-après, ou pour plusieurs infractions dont l'une est une infraction mentionnée ci-après, un dossier se rapportant à un plaignant ou à un témoin ne peut être communiqué à l'accusé que conformément aux articles 278.3 à 278.91 :

    a) une infraction prévue aux articles 151, 152, 153, 153.1, 155, 159, 160, 170, 171, 172, 173, 210, 211, 212, 213, 271, 272 ou 273;

    b) une infraction prévue aux articles 144, 145, 149, 156, 245 ou 246 du *Code criminel*, chapitre C-34 des Statuts revisés du Canada de 1970, dans sa version antérieure au 4 janvier 1983;

    c) une infraction prévue aux articles 146, 151, 153, 155, 157, 166 ou 167 du *Code criminel*, chapitre C-34 des Statuts revisés du Canada de 1970, dans sa version antérieure au 1er janvier 1988.

(2) Application — L'article 278.1, le présent article et les articles 278.3 à 278.91 s'appliquent même si le dossier est en la possession ou sous le contrôle du poursuivant, sauf si le plaignant ou le témoin auquel il se rapporte a expressément renoncé à l'application de ces articles.

(3) Obligation d'informer — Le poursuivant qui a en sa possession ou sous son contrôle un dossier auquel s'applique le présent article doit en informer l'accusé mais il ne peut, ce faisant, communiquer le contenu du dossier.

L.C. 1997, ch. 30, art. 1; L.C. 1998, ch. 9, art. 3.

278.3 (1) Demande de communication de dossier — L'accusé qui veut obtenir la communication d'un dossier doit en faire la demande au juge qui préside ou présidera son procès.

(2) Précision — Il demeure entendu que la demande visée au paragraphe (1) ne peut être faite au juge ou juge de paix qui préside une autre procédure, y compris une enquête préliminaire.

(3) Forme et contenu — La demande de communication est formulée par écrit et donne :

    a) les précisions utiles pour reconnaître le dossier en cause et le nom de la personne qui l'a en sa possession ou sous son contrôle;

    b) les motifs qu'invoque l'accusé pour démontrer que le dossier est vraisemblablement pertinent quant à un point en litige ou à l'habileté d'un témoin à témoigner.

(4) Insuffisance des motifs — Les affirmations ci-après, individuellement ou collectivement, ne suffisent pas en soi à démontrer que le dossier est vraisemblablement pertinent quant à un point en litige ou à l'habileté d'un témoin à témoigner :

    a) le dossier existe;

    b) le dossier se rapporte à un traitement médical ou psychiatrique ou une thérapie suivis par le plaignant ou le témoin ou à des services de consultation auxquels il a recours ou a eu recours;

c) le dossier porte sur l'événement qui fait l'objet du litige;

d) le dossier est susceptible de contenir une déclaration antérieure incompatible faite par le plaignant ou le témoin;

e) le dossier pourrait se rapporter à la crédibilité du plaignant ou du témoin;

f) le dossier pourrait se rapporter à la véracité du témoignage du plaignant ou du témoin étant donné que celui-ci suit ou a suivi un traitement psychiatrique ou une thérapie, ou a recours ou a eu recours à des services de consultation;

g) le dossier est susceptible de contenir des allégations quant à des abus sexuels commis contre le plaignant par d'autres personnes que l'accusé;

h) le dossier se rapporte à l'activité sexuelle du plaignant avec l'accusé ou un tiers;

i) le dossier se rapporte à l'existence ou à l'absence d'une plainte spontanée;

j) le dossier se rapporte à la réputation sexuelle du plaignant;

k) le dossier a été produit peu après la plainte ou l'événement qui fait l'objet du litige.

(5) Signification de la demande — L'accusé signifie la demande au poursuivant, à la personne qui a le dossier en sa possession ou sous son contrôle, au plaignant ou au témoin, selon le cas, et à toute autre personne à laquelle, à sa connaissance, le dossier se rapporte, au moins sept jours avant l'audience prévue au paragraphe 278.4(1) ou dans le délai inférieur autorisé par le juge dans l'intérêt de la justice. Dans le cas de la personne qui a le dossier en sa possession ou sous son contrôle, une assignation à comparaître, rédigée selon la formule 16.1, doit lui être signifiée, conformément à la partie XXII, en même temps que la demande.

(6) Signification à d'autres personnes — Le juge peut ordonner à tout moment que la demande soit signifiée à toute personne à laquelle, à son avis, le dossier se rapporte.

L.C. 1997, ch. 30, art. 1.

278.4 (1) Audience à huis clos — Le juge tient une audience à huis clos pour décider si le dossier devrait être communiqué au tribunal pour que lui-même puisse l'examiner.

(2) Droit de présenter des observations et incontraignabilité — La personne qui a le dossier en sa possession ou sous son contrôle, le plaignant ou le témoin, selon le cas, et toute autre personne à laquelle le dossier se rapporte peuvent comparaître et présenter leurs arguments à l'audience mais ne peuvent être contraints à témoigner.

(3) Dépens — Aucune ordonnance de dépens ne peut être rendue contre une personne visée au paragraphe (2) en raison de sa participation à l'audience.

L.C. 1997, ch. 30, art. 1.

278.5 (1) Ordonnance — Le juge peut ordonner à la personne qui a le dossier en sa possession ou sous son contrôle de le communiquer, en tout ou en partie, au tribunal pour examen par lui-même si, après l'audience, il est convaincu de ce qui suit :

    a) la demande répond aux exigences formulées aux paragraphes 278.3(2) à (6);

    b) l'accusé a démontré que le dossier est vraisemblablement pertinent quant à un point en litige ou à l'habileté d'un témoin à témoigner;

    c) la communication du dossier sert les intérêts de la justice.

(2) Facteurs à considérer — Pour décider s'il doit rendre l'ordonnance prévue au paragraphe (1), le juge prend en considération les effets bénéfiques et préjudiciables qu'entraînera sa décision, d'une part, sur le droit de l'accusé à une défense pleine et entière et, d'autre part, sur le droit à la vie privée et à l'égalité du plaignant ou du témoin, selon le cas, et de toute autre personne à laquelle le dossier se rapporte et, en particulier, tient compte des facteurs suivants :

    a) la mesure dans laquelle le dossier est nécessaire pour permettre à l'accusé de présenter une défense pleine et entière;

    b) sa valeur probante;

    c) la nature et la portée de l'attente raisonnable au respect de son caractère privé;

    d) la question de savoir si sa communication reposerait sur une croyance ou un préjugé discriminatoire;

    e) le préjudice possible à la dignité ou à la vie privée de toute personne à laquelle il se rapporte;

    f) l'intérêt qu'a la société à ce que les infractions d'ordre sexuel soient signalées;

    g) l'intérêt qu'a la société à ce que les plaignants, dans les cas d'infraction d'ordre sexuel, suivent des traitements;

    h) l'effet de la décision sur l'intégrité du processus judiciaire.

L.C. 1997, ch. 30, art. 1.

278.6 (1) Examen du dossier par le juge — Dans les cas où il a rendu l'ordonnance visée au paragraphe 278.5(1), le juge examine le dossier ou la partie en cause en l'absence des parties pour décider si le dossier devrait, en tout ou en partie, être communiqué à l'accusé.

(2) Possibilité d'une audience — Le juge peut tenir une audience à huis clos s'il l'estime utile pour en arriver à la décision visée au paragraphe (1).

(3) Application de certaines dispositions — Les paragraphes 278.4(2) et (3) s'appliquent à toute audience tenue en vertu du paragraphe (2).

L.C. 1997, ch. 30, art. 1.

278.7 (1) Communication du dossier — S'il est convaincu que le dossier est en tout ou en partie vraisemblablement pertinent quant à un point en litige ou à l'habileté d'un témoin à témoigner et que sa communication sert les intérêts de la justice, le juge peut ordonner que le dossier — ou la partie de celui-ci qui est vraisemblablement pertinente — soit, aux conditions qu'il fixe éventuellement en vertu du paragraphe (3), communiqué à l'accusé.

(2) Facteurs à considérer — Pour décider s'il doit rendre l'ordonnance prévue au paragraphe (1), le juge prend en considération les effets bénéfiques et préjudiciables qu'entraînera sa décision, d'une part, sur le droit de l'accusé à une défense pleine et entière et, d'autre part, sur le droit à la vie privée et à l'égalité du plaignant ou du témoin, selon le cas, et de toute autre personne à laquelle le dossier se rapporte et, en particulier, tient compte des facteurs mentionnés aux alinéas 278.5(2)*a*) à *h*).

(3) Conditions — Le juge peut assortir l'ordonnance de communication des conditions qu'il estime indiquées pour protéger l'intérêt de la justice et, dans la mesure du possible, les intérêts en matière de droit à la vie privée et d'égalité du plaignant ou du témoin, selon le cas, et de toute personne à laquelle le dossier se rapporte, notamment :

    a) établissement, selon ses instructions, d'une version révisée du dossier;

    b) communication d'une copie, plutôt que de l'original, du dossier;

    c) interdiction pour l'accusé et son avocat de divulguer le contenu du dossier à quiconque, sauf autorisation du tribunal;

    d) interdiction d'examiner le contenu du dossier en dehors du greffe du tribunal;

    e) interdiction de la production d'une copie du dossier ou restriction quant au nombre de copies qui peuvent en être faites;

    f) suppression de renseignements sur toute personne dont le nom figure dans le dossier, tels l'adresse, le numéro de téléphone et le lieu de travail.

(4) Copie au poursuivant — Dans les cas où il ordonne la communication d'un dossier en tout ou en partie à l'accusé, le juge ordonne qu'une copie du dossier ou de la partie soit donnée au poursuivant, sauf s'il estime que cette mesure serait contraire aux intérêts de la justice.

(5) Restriction quant à l'usage des dossiers — Les dossiers — ou parties de dossier — communiqués à l'accusé dans le cadre du paragraphe (1) ne peuvent être utilisés dans une autre procédure.

(6) Garde des dossiers non communiqués à l'accusé — Sauf ordre contraire d'un tribunal, tout dossier — ou toute partie d'un dossier — dont le juge refuse la communication à l'accusé est scellé et reste en la possession du tribunal jusqu'à l'épuisement des voies de recours dans la procédure contre l'accusé; une fois les voies de recours épuisées, le dossier — ou la partie — est remis à la personne qui a droit à la possession légitime de celui-ci.

L.C. 1997, ch. 30, art. 1.

278.8 (1) Motifs — Le juge est tenu de motiver sa décision de rendre ou refuser de rendre l'ordonnance prévue aux paragraphes 278.5(1) ou 278.7(1).

(2) Forme — Les motifs de la décision sont à porter dans le procès-verbal des débats ou, à défaut, à donner par écrit.

L.C. 1997, ch. 30, art. 1.

278.9 (1) Diffusion interdite — Il est interdit de publier dans un journal, au sens de l'article 297, ou de diffuser à la radio ou à la télévision :

a) le contenu de la demande présentée en application de l'article 278.3;

b) tout ce qui a été dit ou présenté en preuve à l'occasion de toute audience tenue en vertu du paragraphe 278.4(1) ou 278.6(2);

c) la décision rendue sur la demande dans le cadre des paragraphes 278.5(1) ou 278.7(1) et les motifs mentionnés à l'article 278.8, sauf si le juge rend une ordonnance autorisant la publication ou diffusion après avoir pris en considération l'intérêt de la justice et le droit à la vie privée de la personne à laquelle le dossier se rapporte.

(2) Infraction — Quiconque contrevient au paragraphe (1) commet une infraction punissable sur déclaration de culpabilité par procédure sommaire.

L.C. 1997, ch. 30, art. 1.

278.91 Appel — Pour l'application des articles 675 et 676, la décision rendue en application des paragraphes 278.5(1) ou 278.7(1) est réputée constituer une question de droit.

L.C. 1997, ch. 30, art. 1.

Enlèvement, prise d'otage et rapt

279. (1) Enlèvement — Commet une infraction quiconque enlève une personne dans l'intention :

a) soit de la faire séquestrer ou emprisonner contre son gré;

b) soit de la faire illégalement envoyer ou transporter à l'étranger, contre son gré;

c) soit de la détenir en vue de rançon ou de service, contre son gré.

(1.1) Peine — Quiconque commet l'infraction prévue au paragraphe (1) est coupable d'un acte criminel passible :

  a) s'il y a usage d'une arme à feu lors de la perpétration de l'infraction, de l'emprisonnement à perpétuité, la peine minimale étant de quatre ans;

  b) dans les autres cas, de l'emprisonnement à perpétuité.

(2) Séquestration — Quiconque, sans autorisation légitime, séquestre, emprisonne ou saisit de force une autre personne est coupable :

  a) soit d'un acte criminel et passible d'un emprisonnement maximal de dix ans;

  b) soit d'une infraction punissable sur déclaration de culpabilité par procédure sommaire et passible d'un emprisonnement maximal de dix-huit mois.

(3) Non-résistance — Dans les poursuites engagées en vertu du présent article, le fait que la personne à l'égard de laquelle il est allégué que l'infraction a été commise n'a pas offert de résistance, ne constitue une défense que si le prévenu prouve que l'absence de résistance n'a pas été causée par des menaces, la contrainte, la violence ou une manifestation de force.

L.R.C. 1985, ch. 27 (1er suppl.), art. 39; L.C. 1995, ch. 39, art. 147; 1997, ch. 18, art. 14.

279.1 (1) Prise d'otage — Commet une prise d'otage quiconque :

  a) d'une part, séquestre, emprisonne, saisit ou détient de force une personne;

  b) d'autre part, de quelque façon, menace de causer la mort de cette personne ou de la blesser, ou de continuer à la séquestrer, l'emprisonner ou la détenir,

dans l'intention d'amener une autre personne, ou un groupe de personnes, un État ou une organisation internationale ou intergouvernementale à faire ou à omettre de faire quelque chose comme condition, expresse ou implicite, de la libération de l'otage.

(2) Peine — Quiconque commet une prise d'otage est coupable d'un acte criminel passible :

  a) s'il y a usage d'une arme à feu lors de la perpétration de l'infraction, de l'emprisonnement à perpétuité, la peine minimale étant de quatre ans;

  b) dans les autres cas, de l'emprisonnement à perpétuité.

(3) Non-résistance — Le paragraphe 279(3) s'applique aux procédures engagées en vertu du présent article comme si l'infraction que ce dernier prévoit était celle que prévoit l'article 279.

L.R.C. 1985, ch. 27 (1er suppl.), art. 40; 1995, ch. 39, art. 148.

280. (1) Enlèvement d'une personne âgée de moins de 16 ans — Quiconque, sans autorisation légitime, enlève ou fait enlever une personne non mariée, âgée de moins de seize ans, de la possession et contre la volonté de son père ou de sa mère, d'un tuteur ou de toute autre personne qui en a la garde ou la charge légale est coupable d'un acte criminel et passible d'un emprisonnement maximal de cinq ans.

(2) Définition de « tuteur » — Au présent article et aux articles 281 à 283, **« tuteur »** s'entend notamment de toute personne qui en droit ou de fait a la garde ou la surveillance d'une autre personne.

281. Enlèvement d'une personne âgée de moins de 14 ans — Quiconque, n'étant pas le père, la mère, le tuteur ou une personne ayant la garde ou la charge légale d'une personne âgée de moins de quatorze ans, enlève, entraîne, retient, reçoit, cache ou héberge cette personne avec l'intention de priver de la possession de celle-ci le père, la mère, le tuteur ou une autre personne ayant la garde ou la charge légale de cette personne est coupable d'un acte criminel et passible d'un emprisonnement maximal de dix ans.

282. (1) Enlèvement en contravention d'une ordonnance de garde — Quiconque, étant le père, la mère, le tuteur ou une personne ayant la garde ou la charge légale d'une personne âgée de moins de quatorze ans enlève, entraîne, retient, reçoit, cache ou héberge cette personne contrairement aux dispositions d'une ordonnance rendue par un tribunal au Canada relativement à la garde de cette personne, avec l'intention de priver de la possession de celle-ci le père, la mère, le tuteur ou une autre personne ayant la garde ou la charge légale de cette personne, est coupable :

a) soit d'un acte criminel et passible d'un emprisonnement maximal de dix ans;

b) soit d'une infraction punissable sur déclaration de culpabilité par procédure sommaire.

(2) Croyance de l'accusé — Lorsqu'un chef d'accusation vise l'infraction prévue au paragraphe (1) et que celle-ci n'est pas prouvée du seul fait que l'accusé ne croyait pas qu'il existait une ordonnance de garde valide, ce dernier peut cependant être reconnu coupable de l'infraction prévue à l'article 283 s'il y a preuve de cette dernière.

L.C. 1993, ch. 45, art. 4.

283. (1) Enlèvement — Quiconque, étant le père, la mère, le tuteur ou une personne ayant la garde ou la charge légale d'une personne âgée de moins de quatorze ans, enlève, entraîne, retient, reçoit, cache ou héberge cette personne, qu'il y ait ou non une ordonnance rendue par un tribunal au Canada relativement à la garde de cette personne, dans l'intention de priver de la possession de celle-ci le père, la mère, le tuteur ou une autre personne ayant la garde légale ou la charge légale de cette personne est coupable :

a) soit d'un acte criminel passible d'un emprisonnement maximal de dix ans;

b) soit d'une infraction punissable sur déclaration de culpabilité par procédure sommaire.

(2) Consentement du procureur général — Aucune poursuite ne peut être engagée en vertu du paragraphe (1) sans le consentement du procureur général ou d'un avocat qu'il mandate à cette fin.

L.C. 1993, ch. 45, art. 5.

284. Défense — Nul ne peut être déclaré coupable d'une infraction prévue aux articles 281 à 283 s'il démontre que le père, la mère, le tuteur ou l'autre personne qui avait la garde ou la charge légale de la personne âgée de moins de quatorze ans en question a consenti aux actes reprochés.

285. Défense — Nul ne peut être déclaré coupable d'une infraction prévue aux articles 280 à 283 si le tribunal est convaincu que les actes reprochés étaient nécessaires pour protéger la jeune personne en question d'un danger imminent ou si l'accusé fuyait pour se protéger d'un tel danger.

L.C. 1993, ch. 45, art. 6.

286. Défense irrecevable — Dans les procédures portant sur une infraction visée aux articles 280 à 283, ne constitue pas une défense le fait que la jeune personne a consenti aux actes posés par l'accusé ou les a suggérés.

Avortement

287. (1) Procurer un avortement — Est coupable d'un acte criminel et passible de l'emprisonnement à perpétuité quiconque, avec l'intention de procurer l'avortement d'une personne du sexe féminin, qu'elle soit enceinte ou non, emploie quelque moyen pour réaliser son intention.

(2) Femme qui procure son propre avortement — Est coupable d'un acte criminel et passible d'un emprisonnement maximal de deux ans toute personne du sexe féminin qui, étant enceinte, avec l'intention d'obtenir son propre avortement, emploie, ou permet que soit employé quelque moyen pour réaliser son intention.

(3) Définition de « moyen » — Au présent article, « **moyen** » s'entend notamment de :

a) l'administration d'une drogue ou autre substance délétère;

b) l'emploi d'un instrument;

c) toute manipulation.

(4) Exceptions — Les paragraphes (1) et (2) ne s'appliquent pas aux personnes suivantes :

a) un médecin qualifié, autre qu'un membre d'un comité de l'avortement thérapeutique de quelque hôpital, qui emploie de bonne foi, dans un hôpital accrédité ou approuvé, tout moyen pour réaliser son intention de procurer l'avortement d'une personne du sexe féminin;

b) une personne du sexe féminin qui, étant enceinte, permet à un médecin qualifié d'employer, dans un hôpital accrédité ou approuvé, quelque moyen pour réaliser son intention d'obtenir son propre avortement,

si, avant que ces moyens ne soient employés, le comité de l'avortement thérapeutique de cet hôpital accrédité ou approuvé, par décision de la majorité des membres du comité et lors d'une réunion du comité au cours de laquelle le cas de cette personne du sexe féminin a été examiné :

c) a déclaré par certificat qu'à son avis la continuation de la grossesse de cette personne du sexe féminin mettrait ou mettrait probablement en danger la vie ou la santé de cette dernière;

d) a fait remettre une copie de ce certificat au médecin qualifié.

(5) Renseignements requis — Le ministre de la Santé d'une province peut, par arrêté :

a) requérir un comité de l'avortement thérapeutique de quelque hôpital, dans cette province, ou un membre de ce comité, de lui fournir une copie de tout certificat mentionné à l'alinéa (4)*c)* émis par ce comité, ainsi que les autres renseignements qu'il peut exiger au sujet des circonstances entourant l'émission de ce certificat;

b) requérir un médecin qui, dans cette province, a procuré l'avortement d'une personne de sexe féminin nommée dans un certificat mentionné à l'alinéa (4)*c)*, de lui fournir une copie de ce certificat, ainsi que les autres renseignements qu'il peut exiger au sujet de l'obtention de l'avortement.

(6) Définitions — Les définitions qui suivent s'appliquent au présent paragraphe et aux paragraphes (4) et (5).

« comité de l'avortement thérapeutique » Pour un hôpital, comité formé d'au moins trois membres qui sont tous des médecins qualifiés et nommé par le conseil de cet hôpital pour examiner et décider les questions relatives aux arrêts de grossesse dans cet hôpital.

« conseil » Le conseil des gouverneurs, le conseil de direction ou le conseil d'administration ou les fiduciaires, la commission ou une autre personne ou un autre groupe de personnes ayant le contrôle et la direction d'un hôpital accrédité ou approuvé.

« **hôpital accrédité** » Hôpital accrédité par le Conseil canadien d'accréditation des hôpitaux, où sont fournis des services de diagnostic et des traitements médicaux, chirurgicaux et obstétricaux.

« **hôpital approuvé** » Hôpital approuvé pour l'application du présent article par le ministre de la Santé de la province où il se trouve.

« **médecin qualifié** » Personne qui a le droit d'exercer la médecine en vertu des lois de la province où est situé l'hôpital mentionné au paragraphe (4).

« **ministre de la Santé** »

> a) Dans les provinces d'Ontario, de Québec, du Nouveau-Brunswick, de l'Île-du-Prince-Édouard, du Manitoba et de Terre-Neuve, le ministre de la Santé;
>
> b) dans les provinces de la Nouvelle-Écosse et de la Saskatchewan, le ministre de la Santé publique;
>
> c) dans la province de la Colombie-Britannique, le ministre des Services de santé et de l'assurance-hospitalisation;
>
> d) dans la province d'Alberta, le ministre de la Santé (hôpitaux et assurance-maladie);
>
> e) dans le territoire du Yukon, les Territoires du Nord-Ouest et le territoire du Nunavut, le ministre de la Santé.

(7) La nécessité du consentement n'est pas affectée — Le paragraphe (4) n'a pas pour effet de faire disparaître la nécessité d'obtenir une autorisation ou un consentement qui est ou peut être requis, autrement qu'en vertu de la présente loi, avant l'emploi de moyens destinés à réaliser une intention de procurer l'avortement d'une personne du sexe féminin.

L.C. 1993, ch. 28, ann. III, art. 30; 1996, ch. 8, art. 32.

288. Fournir des substances délétères — Est coupable d'un acte criminel et passible d'un emprisonnement maximal de deux ans quiconque illégalement fournit ou procure une drogue ou autre substance délétère, ou un instrument ou une chose, sachant qu'ils sont destinés à être employés ou utilisés pour obtenir l'avortement d'une personne du sexe féminin, que celle-ci soit enceinte ou non.

289. [Abrogé, L.R.C. 1985, ch. 27 (1ᵉʳ suppl.), art. 41.]

Infractions aux droits conjugaux

290. (1) Bigamie — Commet la bigamie quiconque, selon le cas :

a) au Canada :

> (i) étant marié, passe par une formalité de mariage avec une autre personne,

(ii) sachant qu'une autre personne est mariée, passe par une formalité de mariage avec cette personne,

(iii) le même jour ou simultanément, passe par une formalité de mariage avec plus d'une personne;

b) étant un citoyen canadien résidant au Canada, quitte ce pays avec l'intention d'accomplir une chose mentionnée à l'un des sous-alinéas *a*)(i) à (iii) et, selon cette intention, accomplit à l'étranger une chose mentionnée à l'un de ces sous-alinéas dans des circonstances y désignées.

(2) Défense — Nulle personne ne commet la bigamie en passant par une formalité de mariage :

a) si elle croit de bonne foi, et pour des motifs raisonnables, que son conjoint est décédé;

b) si le conjoint de cette personne a été continûment absent pendant les sept années qui ont précédé le jour où elle passe par la formalité de mariage, à moins qu'elle n'ait su que son conjoint était vivant à un moment quelconque de ces sept années;

c) si cette personne a été par divorce libérée des liens du premier mariage;

d) si le mariage antérieur a été déclaré nul par un tribunal compétent.

(3) L'inhabilité ne constitue pas un moyen de défense — Lorsqu'il est allégué qu'une personne a commis la bigamie, le fait que les parties auraient, dans le cas de célibataires, été inhabiles à contracter mariage d'après la loi de l'endroit où l'infraction aurait été commise, ne constitue pas une défense.

(4) Présomption de validité — Pour l'application du présent article, chaque mariage ou formalité de mariage est censé valide à moins que le prévenu n'en démontre l'invalidité.

(5) L'acte ou l'omission d'un accusé — Aucun acte ou omission de la part d'un prévenu qui est inculpé de bigamie n'invalide un mariage ou une formalité de mariage autrement valide.

291. (1) Peine — Est coupable d'un acte criminel et passible d'un emprisonnement maximal de cinq ans quiconque commet la bigamie.

(2) Certificat de mariage — Pour l'application du présent article, un certificat de mariage émis sous l'autorité de la loi fait preuve du mariage ou de la formalité de mariage auquel il a trait, sans preuve de la signature ou de la qualité officielle de la personne qui semble l'avoir signé.

292. (1) Mariage feint — Quiconque obtient ou sciemment aide à obtenir un mariage feint entre lui-même et une autre personne est coupable d'un acte criminel et passible d'un emprisonnement maximal de cinq ans.

(2) Corroboration — Nul ne peut être déclaré coupable d'une infraction visée au présent article sur la déposition d'un seul témoin, à moins que la déposition de ce témoin ne soit corroborée sous un rapport essentiel par une preuve qui implique le prévenu.

293. (1) Polygamie — Est coupable d'un acte criminel et passible d'un emprisonnement maximal de cinq ans quiconque, selon le cas :

a) pratique ou contracte, ou d'une façon quelconque accepte ou convient de pratiquer ou de contracter :

(i) soit la polygamie sous une forme quelconque,

(ii) soit une sorte d'union conjugale avec plus d'une personne à la fois,

qu'elle soit ou non reconnue par la loi comme une formalité de mariage qui lie;

b) célèbre un rite, une cérémonie, un contrat ou un consentement tendant à sanctionner un lien mentionné aux sous-alinéas *a)*(i) ou (ii), ou y aide ou participe.

(2) Preuve en cas de polygamie — Lorsqu'un prévenu est inculpé d'une infraction visée au présent article, il n'est pas nécessaire d'affirmer ou de prouver, dans l'acte d'accusation ou lors du procès du prévenu, le mode par lequel le lien présumé a été contracté, accepté ou convenu. Il n'est pas nécessaire non plus, au procès, de prouver que les personnes qui auraient contracté le lien ont eu, ou avaient l'intention d'avoir, des rapports sexuels.

Célébration illicite du mariage

294. Célébration du mariage sans autorisation — Est coupable d'un acte criminel et passible d'un emprisonnement maximal de deux ans quiconque, selon le cas :

a) célèbre ou prétend célébrer un mariage sans autorisation légale, dont la preuve lui incombe;

b) amène une personne à célébrer un mariage, sachant que cette personne n'est pas légalement autorisée à le célébrer.

295. Mariage contraire à la loi — Est coupable d'un acte criminel et passible d'un emprisonnement maximal de deux ans quiconque, étant légalement autorisé à célébrer le mariage, célèbre sciemment et volontairement un mariage en violation des lois de la province où il est célébré.

Libelle blasphématoire

296. (1) Infraction — Est coupable d'un acte criminel et passible d'un emprisonnement maximal de deux ans quiconque publie un libelle blasphématoire.

(2) Question de fait — La question de savoir si une matière publiée constitue ou non un libelle blasphématoire est une question de fait.

(3) Réserve — Nul ne peut être déclaré coupable d'une infraction visée au présent article pour avoir exprimé de bonne foi et dans un langage convenable, ou cherché à établir par des arguments employés de bonne foi et communiqués dans un langage convenable, une opinion sur un sujet religieux.

Libelle diffamatoire

297. Définition de « journal » — Aux articles 303, 304 et 308, « **journal** » s'entend de tout journal, magazine ou périodique contenant des nouvelles, renseignements ou comptes rendus d'événements d'intérêt public, ou des remarques ou observations à leur sujet, imprimé pour la vente et publié périodiquement ou en parties ou numéros, à des intervalles d'au plus trente et un jours entre la publication de deux journaux, parties ou numéros de ce genre, et de tout journal, magazine ou périodique imprimé pour être mis en circulation et rendu public, hebdomadairement ou plus souvent, ou à des intervalles d'au plus trente et un jours, qui contient des annonces, exclusivement ou principalement.

298. (1) Définition — Un libelle diffamatoire consiste en une matière publiée sans justification ni excuse légitime et de nature à nuire à la réputation de quelqu'un en l'exposant à la haine, au mépris ou au ridicule, ou destinée à outrager la personne contre qui elle est publiée.

(2) Mode d'expression — Un libelle diffamatoire peut être exprimé directement ou par insinuation ou ironie :

    a) soit en mots lisiblement marqués sur une substance quelconque;

    b) soit au moyen d'un objet signifiant un libelle diffamatoire autrement que par des mots.

299. Publication — Une personne publie un libelle lorsque, selon le cas :

    a) elle l'exhibe en public;

    b) elle le fait lire ou voir;

    c) elle le montre ou le délivre, ou le fait montrer ou délivrer, dans l'intention qu'il soit lu ou vu par la personne qu'il diffame ou par toute autre personne.

300. Libelle délibérément faux — Est coupable d'un acte criminel et passible d'un emprisonnement maximal de cinq ans quiconque publie un libelle diffamatoire qu'il sait être faux.

301. Diffamation — Quiconque publie un libelle diffamatoire est coupable d'un acte criminel et passible d'un emprisonnement maximal de deux ans.

302. (1) Extorsion par libelle — Commet une infraction quiconque, avec l'intention :

    a) ou bien d'extorquer de l'argent de quelqu'un;

    b) ou bien d'induire quelqu'un à conférer à une autre personne une charge ou fonction rémunérée ou de confiance, ou à obtenir pour cette autre personne une telle charge ou fonction,

publie ou menace de publier, ou offre de s'abstenir de publier un libelle diffamatoire ou d'en empêcher la publication.

(2) Idem — Commet une infraction quiconque, par suite du refus d'une personne de permettre qu'on extorque de l'argent ou de conférer ou procurer une charge ou fonction rémunérée ou de confiance, publie ou menace de publier un libelle diffamatoire.

(3) Peine — Est coupable d'un acte criminel et passible d'un emprisonnement maximal de cinq ans quiconque commet une infraction visée au présent article.

303. (1) Le propriétaire d'un journal est présumé responsable — Le propriétaire d'un journal est réputé publier une matière diffamatoire qui est insérée et publiée dans ce journal, à moins qu'il ne prouve que la matière diffamatoire a été insérée dans le journal à son insu et sans négligence de sa part.

(2) Négligence dans le cas d'une autorisation générale à un gérant — Lorsque le propriétaire d'un journal donne à quelqu'un une autorisation générale d'administrer ou de diriger le journal à titre de rédacteur en chef ou autrement, l'insertion, par cette personne, d'une matière diffamatoire dans le journal est, pour l'application du paragraphe (1), censée ne pas constituer une négligence de la part du propriétaire, sauf si l'on prouve :

    a) soit qu'il avait l'intention d'inclure dans son autorisation générale le pouvoir d'insérer une matière diffamatoire dans le journal;

    b) soit qu'il a continué à conférer l'autorisation générale après avoir appris qu'elle avait été exercée par l'insertion d'une matière diffamatoire dans le journal.

(3) Vente de journaux — Nul n'est réputé publier un libelle diffamatoire pour la seule raison qu'il vend un numéro ou partie d'un journal renfermant un libelle diffamatoire, sauf s'il sait que le numéro ou la partie contient une matière diffamatoire ou que le journal renferme habituellement une matière diffamatoire.

304. (1) Vente de livres contenant une diffamation — Nul n'est réputé publier un libelle diffamatoire pour la seule raison qu'il vend un livre, un magazine, une brochure ou autre chose, à l'exclusion d'un journal, qui contient une matière diffamatoire, si, au moment de la vente, il ne sait pas que la publication renferme la matière diffamatoire.

(2) Vente par un employé — Lorsqu'un employé, dans le cours de son occupation, vend un livre, un magazine, une brochure ou autre chose, à l'exclusion d'un journal, l'employeur est réputé ne pas publier une matière diffamatoire qui y est contenue, à moins qu'il ne soit prouvé que l'employeur a autorisé la vente sachant :

a) qu'une matière diffamatoire y était contenue;

b) qu'une matière diffamatoire y était habituellement contenue, dans le cas d'un périodique.

305. Publication de comptes rendus judiciaires — Nul n'est réputé publier un libelle diffamatoire du seul fait qu'il rend publique une matière diffamatoire :

a) soit dans une procédure engagée devant un tribunal exerçant un pouvoir judiciaire ou sous l'autorité d'un tel tribunal;

b) soit dans une enquête faite sous l'autorité d'une loi ou sur l'ordre de Sa Majesté, ou sous l'autorité d'un ministère public ou d'un ministère du gouvernement d'une province.

306. Documents parlementaires — Nul n'est réputé publier un libelle diffamatoire pour la seule raison que, selon le cas :

a) il fait connaître, au Sénat ou à la Chambre des communes, ou à une législature provinciale, une matière diffamatoire contenue dans une pétition au Sénat ou à la Chambre des communes, ou à la législature, selon le cas;

b) il publie, sur l'ordre ou sous l'autorité du Sénat ou de la Chambre des communes, ou d'une législature provinciale, un document renfermant une matière diffamatoire;

c) il rend public, de bonne foi et sans malveillance envers la personne diffamée, un extrait ou résumé d'une pétition ou d'un document que mentionne l'alinéa *a)* ou *b)*.

307. (1) Comptes rendus loyaux des délibérations du Parlement et des tribunaux — Nul n'est réputé publier un libelle diffamatoire du seul fait qu'il publie de bonne foi, pour l'information du public, un compte rendu loyal des délibérations du Sénat ou de la Chambre des communes, ou d'une législature provinciale, ou d'un de leurs comités, ou des délibérations publiques devant un tribunal exerçant l'autorité judiciaire, ou publie, de bonne foi, des commentaires honnêtes et loyaux sur l'une ou l'autre de ces délibérations.

(2) Les procédures en matière de divorce constituent une exception — Le présent article ne s'applique pas à une personne qui publie un compte rendu d'une preuve recueillie ou offerte dans toute procédure devant le Sénat ou la Chambre des communes, ou d'un comité du Sénat ou de la Chambre des communes, sur une pétition ou un projet de loi concernant une question de mariage ou de divorce, si le compte rendu est publié sans l'autorisation ou la permission de la chambre où la procédure a lieu, ou est contraire à une règle, un ordre ou une pratique de cette chambre.

308. Comptes rendus loyaux des délibérations des assemblées publiques — Nul n'est réputé publier un libelle diffamatoire pour la seule raison qu'il publie de bonne foi, dans un journal, un compte rendu loyal des délibérations d'une assemblée publique si, à la fois :

a) l'assemblée est légalement convoquée pour un objet légitime et est ouverte au public;

b) le compte rendu est loyal et exact;

c) la publication de la chose faisant l'objet de la plainte est effectuée pour le bien public;

d) il ne refuse pas de publier, dans un endroit bien en vue du journal, une explication ou contradiction raisonnable, par la personne diffamée, au sujet de la matière diffamatoire.

309. Bien public — Nul n'est réputé publier un libelle diffamatoire pour la seule raison qu'il publie une matière diffamatoire que, pour des motifs raisonnables, il croit vraie et qui est pertinente à toute question d'intérêt public, dont la discussion publique a lieu pour le bien public.

310. Commentaires loyaux sur un personnage public ou une oeuvre — Nul n'est réputé publier un libelle diffamatoire pour la seule raison qu'il publie des commentaires loyaux :

a) sur la conduite publique d'une personne qui prend part aux affaires publiques;

b) sur un livre publié ou une autre production littéraire, ou sur une composition ou oeuvre d'art ou représentation publiquement exposée ou donnée, ou sur toute autre communication faite au public concernant un sujet quelconque, si les commentaires se bornent à une critique.

311. Quand la vérité est un moyen de défense — Nul n'est réputé publier un libelle diffamatoire lorsqu'il prouve que la publication de la matière diffamatoire, de la façon qu'elle a été publiée, a été faite pour le bien public au moment où elle a été publiée et que la matière même était vraie.

312. Publication sollicitée ou nécessaire — Nul n'est réputé publier un libelle diffamatoire du seul fait qu'il publie une matière diffamatoire :

> a) sur l'invitation ou le défi de la personne à l'égard de qui elle est publiée;
>
> b) dont la publication s'impose pour réfuter une matière diffamatoire publiée à son égard par une autre personne,

s'il croit que la matière diffamatoire est vraie et qu'elle se rattache à l'invitation, au défi ou à la réfutation nécessaire, selon le cas, et ne dépasse sous aucun rapport ce qui est raisonnablement suffisant dans les circonstances.

313. Réponse à des demandes de renseignements — Nul n'est réputé publier un libelle diffamatoire pour la seule raison qu'il publie, en réponse à des demandes de renseignements qui lui sont faites, une matière diffamatoire sur un sujet concernant lequel la personne par qui, ou pour le compte de qui, les demandes sont adressées, a intérêt à connaître la vérité, ou que, pour des motifs raisonnables, la personne qui publie la matière diffamatoire croit avoir un tel intérêt, si, à la fois :

> a) la matière est publiée de bonne foi dans le dessein de fournir des renseignements en réponse aux demandes;
>
> b) la personne qui publie la matière diffamatoire la croit vraie;
>
> c) la matière diffamatoire se rapporte aux demandes;
>
> d) la matière diffamatoire n'excède, sous aucun rapport, ce qui est raisonnablement suffisant dans les circonstances.

314. Le fait de donner des renseignements à la personne intéressée — Nul n'est réputé publier un libelle diffamatoire pour la seule raison qu'il révèle à une autre personne une matière diffamatoire, dans le dessein de donner à cette personne des renseignements sur un sujet à l'égard duquel elle a, ou, de l'avis raisonnablement motivé de la personne qui les fournit, possède un intérêt à connaître la vérité sur ce sujet, pourvu que, à la fois :

> a) la conduite de la personne qui donne les renseignements soit raisonnable dans les circonstances;
>
> b) la matière diffamatoire se rapporte au sujet;
>
> c) la matière diffamatoire soit vraie ou, si elle ne l'est pas, qu'elle soit faite sans malveillance envers la personne diffamée, et avec la croyance raisonnablement motivée qu'elle est vraie.

315. Publication de bonne foi en vue de redresser un tort — Nul n'est réputé publier un libelle diffamatoire du seul fait qu'il publie une matière diffamatoire de bonne foi dans le dessein de chercher une réparation ou un redressement pour un tort ou grief, privé ou public, auprès d'une personne qui a, ou qu'il croit, pour des motifs raisonnables, avoir le droit ou l'obligation de réparer le tort ou grief ou d'en opérer le redressement, si, à la fois :

a) il croit que la matière diffamatoire est vraie;

b) la matière diffamatoire se rattache à la réparation ou au redressement recherché;

c) la matière diffamatoire n'excède, sous aucun rapport, ce qui est raisonnablement suffisant dans les circonstances.

316. (1) Preuve de publication par ordre d'une législature — Un prévenu qui aurait publié un libelle diffamatoire peut, à toute étape des procédures, produire une preuve pour démontrer que la matière prétendue diffamatoire était contenue dans un document publié par ordre ou sous l'autorité du Sénat ou de la Chambre des communes, ou d'une législature provinciale.

(2) Verdict à rendre — Lorsque, à toute étape des procédures mentionnées au paragraphe (1), le tribunal, juge, juge de paix ou juge de la cour provinciale est convaincu que la matière prétendue diffamatoire était contenue dans un document publié par ordre ou sous l'autorité du Sénat ou de la Chambre des communes, ou d'une législature provinciale, il ordonne que soit enregistré un verdict de non-culpabilité et libère le prévenu.

(3) Certificat de l'ordre — Pour l'application du présent article, un certificat signé par le président ou greffier du Sénat ou de la Chambre des communes, ou d'une législature provinciale, portant que la matière prétendue diffamatoire était contenue dans un document publié par ordre ou sous l'autorité du Sénat, de la Chambre des communes ou de la législature, selon le cas, en constitue une preuve concluante.

L.R.C. 1985, ch. 27 (1er suppl.), art. 203.

Verdicts

317. Verdicts dans les cas de libelle diffamatoire — Si, à l'instruction d'un acte d'accusation d'avoir publié un libelle diffamatoire, il y a plaidoyer de non-culpabilité, le jury assermenté pour juger l'affaire peut rendre un verdict général de culpabilité ou de non-culpabilité sur toute la matière débattue à la suite de l'acte d'accusation; le juge ne peut prescrire ni donner instruction au jury de déclarer le défendeur coupable sur la simple preuve de la publication que ce dernier a faite du prétendu libelle, et du sens y attribué dans l'accusation. Cependant, le juge peut, à sa discrétion, donner au jury des instructions ou une opinion sur la matière en litige, comme dans d'autres procédures pénales, et le jury peut, sur l'affaire, rendre un verdict spécial.

Propagande haineuse

318. (1) Encouragement au génocide — Quiconque préconise ou fomente le génocide est coupable d'un acte criminel et passible d'un emprisonnement maximal de cinq ans.

(2) Définition de « génocide » — Au présent article, « **génocide** » s'entend de l'un ou l'autre des actes suivants commis avec l'intention de détruire totalement ou partiellement un groupe identifiable, à savoir :

    a) le fait de tuer des membres du groupe;

    b) le fait de soumettre délibérément le groupe à des conditions de vie propres à entraîner sa destruction physique.

(3) Consentement — Il ne peut être engagé de poursuites pour une infraction prévue au présent article sans le consentement du procureur général.

(4) Définition de « groupe identifiable » — Au présent article, « **groupe identifiable** » désigne toute section du public qui se différencie des autres par la couleur, la race, la religion ou l'origine ethnique.

319. (1) Incitation publique à la haine — Quiconque, par la communication de déclarations en un endroit public, incite à la haine contre un groupe identifiable, lorsqu'une telle incitation est susceptible d'entraîner une violation de la paix, est coupable :

    a) soit d'un acte criminel et passible d'un emprisonnement maximal de deux ans;

    b) soit d'une infraction punissable sur déclaration de culpabilité par procédure sommaire.

(2) Fomenter volontairement la haine — Quiconque, par la communication de déclarations autrement que dans une conversation privée, fomente volontairement la haine contre un groupe identifiable est coupable :

    a) soit d'un acte criminel et passible d'un emprisonnement maximal de deux ans;

    b) soit d'une infraction punissable sur déclaration de culpabilité par procédure sommaire.

(3) Défenses — Nul ne peut être déclaré coupable d'une infraction prévue au paragraphe (2) dans les cas suivants :

    a) il établit que les déclarations communiquées étaient vraies;

    b) il a, de bonne foi, exprimé une opinion sur un sujet religieux ou tenté d'en établir le bien-fondé par discussion;

c) les déclarations se rapportaient à une question d'intérêt public dont l'examen était fait dans l'intérêt du public et, pour des motifs raisonnables, il les croyait vraies;

d) de bonne foi, il voulait attirer l'attention, afin qu'il y soit remédié, sur des questions provoquant ou de nature à provoquer des sentiments de haine à l'égard d'un groupe identifiable au Canada.

(4) Confiscation — Lorsqu'une personne est déclarée coupable d'une infraction prévue à l'article 318 ou aux paragraphes (1) ou (2) du présent article, le juge de la cour provinciale ou le juge qui préside peut ordonner que toutes choses au moyen desquelles ou en liaison avec lesquelles l'infraction a été commise soient, outre toute autre peine imposée, confisquées au profit de Sa Majesté du chef de la province où cette personne a été reconnue coupable, pour qu'il en soit disposé conformément aux instructions du procureur général.

(5) Installations de communication exemptes de saisie — Les paragraphes 199(6) et (7) s'appliquent, compte tenu des adaptations de circonstance, à l'article 318 et aux paragraphes (1) et (2) du présent article.

(6) Consentement — Il ne peut être engagé de poursuites pour une infraction prévue au paragraphe (2) sans le consentement du procureur général.

(7) Définitions — Les définitions qui suivent s'appliquent au présent article.

« **communiquer** » S'entend notamment de la communication par téléphone, radiodiffusion, ou autres moyens de communication visuelle ou sonore.

« **déclarations** » S'entend notamment des mots parlés, écrits ou enregistrés par des moyens électroniques ou électromagnétiques ou autrement, et des gestes, signes ou autres représentations visibles.

« **endroit public** » Tout lieu auquel le public a accès de droit ou sur invitation, expresse ou tacite.

« **groupe identifiable** » A le sens que lui donne l'article 318.

L.R.C. 1985, ch. 27 (1er suppl.), art. 203.

320. (1) Mandat de saisie — Un juge convaincu, par une dénonciation sous serment, qu'il existe des motifs raisonnables de croire qu'une publication, dont des exemplaires sont gardés aux fins de vente ou de distribution dans un local du ressort du tribunal, est de la propagande haineuse, émet, sous son seing, un mandat autorisant la saisie des exemplaires.

(2) Sommation à l'occupant — Dans un délai de sept jours après l'émission du mandat, le juge adresse à l'occupant du local une sommation lui ordonnant de comparaître devant le tribunal et d'exposer les raisons pour lesquelles il estime que ce qui a été saisi ne devrait pas être confisqué au profit de Sa Majesté.

(3) Le propriétaire et l'auteur peuvent comparaître — Le propriétaire ainsi que l'auteur de ce qui a été saisi et qui est présumé être de la propagande haineuse peuvent comparaître et être représentés dans les procédures pour s'opposer à ce qu'une ordonnance de confiscation soit rendue.

(4) Ordonnance de confiscation — Si le tribunal est convaincu que la publication est de la propagande haineuse, il rend une ordonnance la déclarant confisquée au profit de Sa Majesté du chef de la province où les procédures ont lieu, pour qu'il en soit disposé comme peut l'ordonner le procureur général.

(5) Disposition de ce qui a été saisi — Si le tribunal n'est pas convaincu que la publication est de la propagande haineuse, il ordonne que ce qui a été saisi soit remis à la personne entre les mains de laquelle cela a été saisi, dès l'expiration du délai imparti pour un appel final.

(6) Appel — Il peut être interjeté appel d'une ordonnance rendue aux termes des paragraphes (4) ou (5) par toute personne qui a comparu dans les procédures :

    a) pour tout motif d'appel n'impliquant qu'une question de droit;

    b) pour tout motif d'appel n'impliquant qu'une question de fait;

    c) pour tout motif d'appel impliquant une question mixte de droit et de fait,

comme s'il s'agissait d'un appel contre une déclaration de culpabilité ou contre un jugement ou verdict d'acquittement, selon le cas, sur une question de droit seulement en vertu de la partie XXI, et les articles 673 à 696 s'appliquent, compte tenu des adaptations de circonstance.

(7) Consentement — Il ne peut être engagé de poursuites en vertu du présent article sans le consentement du procureur général.

(8) Définitions — Les définitions qui suivent s'appliquent au présent article.

« **génocide** » A le sens que lui donne l'article 318.

« **juge** » Juge d'un tribunal.

« **propagande haineuse** » Tout écrit, signe ou représentation visible qui préconise ou fomente le génocide, ou dont la communication par toute personne constitue une infraction aux termes de l'article 319.

« **tribunal** » :

    a) Dans la province de Québec, la Cour du Québec;

    a.1) dans la province d'Ontario, la Cour supérieure de justice;

    b) dans les provinces du Nouveau-Brunswick, du Manitoba, de la Saskatchewan et d'Alberta, la Cour du Banc de la Reine;

    c) dans les provinces de l'Île-du-Prince-Édouard et de Terre-Neuve, la Section de première instance de la Cour suprême;

    c.1) abrogé;

d) dans les provinces de la Nouvelle-Écosse et de la Colombie-Britannique, le territoire du Yukon et les Territoires du Nord-Ouest, la Cour suprême.

e) au Nunavut, la Cour de justice.

L.R.C. 1985, ch. 27 (2ᵉ suppl.), art. 10; ch. 40 (4ᵉ suppl.), art. 2; L.C. 1990, ch. 16, art. 4; ch. 17, art. 11; 1992, ch. 1, art. 58; 1992, ch. 51, art. 36; 1993, ch. 28, ann. III, art. 31; 1998, ch. 30, art. 14d); 1999, ch. 3, art. 12, 29.

PARTIE IX — INFRACTIONS CONTRE LES DROITS DE PROPRIÉTÉ

Définitions

321. Définitions — Les définitions qui suivent s'appliquent à la présente partie.

« bon du Trésor » Billet de banque, obligation, billet, débenture ou valeur émise ou garantie par Sa Majesté sous l'autorité du Parlement ou de la législature d'une province.

« carte de crédit » Désigne notamment les cartes, plaquettes ou coupons délivrés afin :

a) soit de procurer à crédit, sur présentation, des fonds, des marchandises, des services ou toute autre chose de valeur;

b) soit de permettre l'accès, par un guichet automatique, un terminal d'un système décentralisé ou un autre service bancaire automatique, aux différents services qu'offrent ces appareils.

« document » Papier, parchemin ou autre matière sur lesquels est enregistré ou marqué quelque chose qui peut être lu ou compris par une personne, un ordinateur ou un autre dispositif, y compris une carte de crédit. La présente définition exclut toutefois les marques de commerce sur des articles de commerce et les inscriptions sur la pierre ou le métal ou autre matière semblable.

« effraction » Le fait :

a) soit de briser quelque partie intérieure ou extérieure d'une chose;

b) soit d'ouvrir toute chose employée ou destinée à être employée pour fermer ou pour couvrir une ouverture intérieure ou extérieure.

« faux document » Selon le cas :

a) document dont la totalité ou une partie importante est donnée comme ayant été faite par ou pour une personne qui :

(i) ou bien ne l'a pas faite ou n'a pas autorisé qu'elle soit faite,

(ii) ou bien, en réalité, n'existait pas;

b) document qui a été fait par ou pour la personne qui paraît l'avoir fait, mais qui est faux sous quelque rapport essentiel;

c) document qui est fait au nom d'une personne existante, par elle-même ou sous son autorité, avec l'intention frauduleuse qu'il passe comme étant fait par une personne, réelle ou fictive, autre que celle qui le fait ou sous l'autorité de qui il est fait.

« **papier de bons du Trésor** » Papier servant à manufacturer des bons du Trésor.

« **papier de revenu** » Papier employé pour faire des timbres, licences ou permis ou à toute fin se rattachant au revenu public.

L.R.C. 1985, ch. 27 (1er suppl.), art. 42.

Vol

322. (1) Vol — Commet un vol quiconque prend frauduleusement et sans apparence de droit, ou détourne à son propre usage ou à l'usage d'une autre personne, frauduleusement et sans apparence de droit, une chose quelconque, animée ou inanimée, avec l'intention :

a) soit de priver, temporairement ou absolument, son propriétaire, ou une personne y ayant un droit de propriété spécial ou un intérêt spécial, de cette chose ou de son droit ou intérêt dans cette chose;

b) soit de la mettre en gage ou de la déposer en garantie;

c) soit de s'en dessaisir à une condition, pour son retour, que celui qui s'en dessaisit peut être incapable de remplir;

d) soit d'agir à son égard de telle manière qu'il soit impossible de la remettre dans l'état où elle était au moment où elle a été prise ou détournée.

(2) Moment où le vol est consommé — Un individu commet un vol quand, avec l'intention de voler une chose, il la déplace ou fait en sorte qu'elle se déplace, ou la fait déplacer, ou commence à la rendre amovible.

(3) Secret — La prise ou le détournement d'une chose peut être entaché d'une fraude, même si la prise ou le détournement a lieu ouvertement ou sans tentative de dissimulation.

(4) But de la soustraction d'une chose — Est sans conséquence, pour l'application de la présente loi, la question de savoir si une chose qui fait l'objet d'un détournement est soustraite en vue d'un détournement ou si elle est alors en la possession légitime de la personne qui la détourne.

(5) Créature sauvage — Pour l'application du présent article, une personne qui a une créature sauvage vivante en captivité est réputée avoir un droit spécial de propriété ou un intérêt spécial dans cette créature pendant que celle-ci est en captivité et après qu'elle s'est échappée de captivité.

323. (1) Huîtres — Lorsque des huîtres et un naissain se trouvent sur des huîtrières ou dans des parcs ou des pêcheries d'huîtres appartenant à une personne et sont suffisamment délimités ou connus comme étant la propriété de cette dernière, celle-ci est censée y avoir un droit spécial de propriété ou un intérêt spécial.

(2) Huîtrière — Un acte d'accusation est suffisant s'il décrit une huîtrière, un parc ou des pêcheries d'huîtres sous un nom ou de toute autre façon sans déclarer qu'ils sont situés dans une circonscription territoriale particulière.

324. Vol par dépositaire de choses frappées de saisie — Quiconque, étant dépositaire d'une chose qui est sous saisie légale par un agent de la paix ou un fonctionnaire public dans l'exercice de ses fonctions, et étant obligé par la loi ou une convention de produire et livrer cette chose à l'agent, au fonctionnaire ou à une autre personne y ayant droit, à une certaine époque et à un certain endroit, ou sur demande, la vole s'il ne la produit ni ne la livre conformément à son obligation, mais il ne la vole pas si son défaut de la produire et de la livrer n'est pas la conséquence d'un acte ou d'une omission volontaire de sa part.

325. Quand la mise en gage par un agent n'est pas un vol — Un facteur ou agent ne commet pas un vol en mettant en gage des marchandises ou des titres de marchandises qui lui sont confiés pour les vendre ou pour toute autre fin, ou en donnant un droit de rétention sur ces marchandises ou titres, si le gage ou droit de rétention représente un montant qui n'excède pas l'ensemble des montants suivants :

  a) le montant que lui doit son commettant au moment où les marchandises ou titres sont gagés ou le droit de rétention donné;

  b) le montant de toute lettre de change acceptée par lui pour son commettant ou pour le compte de ce dernier.

326. (1) Vol de service de télécommunication — Commet un vol quiconque, frauduleusement, malicieusement ou sans apparence de droit :

  a) soit soustrait, consomme ou emploie de l'électricité ou du gaz ou fait en sorte qu'il y ait gaspillage ou détournement d'électricité ou de gaz;

  b) soit se sert d'installations ou obtient un service en matière de télécommunication.

(2) Définition de « télécommunication » — Au présent article et à l'article 327, « **télécommunication** » désigne toute transmission, émission ou réception de signes, de signaux, d'écrits, d'images, de sons ou de renseignements de toute nature par fil, radioélectricité, optique ou autres systèmes électromagnétiques.

327. (1) Possession de moyens permettant d'utiliser des installations ou d'obtenir un service en matière de télécommunication — Quiconque, sans excuse légitime, dont la preuve lui incombe, fabrique, possède, vend ou offre en vente ou écoule des instruments ou des pièces particulièrement utiles pour utiliser des installations ou obtenir un service en matière de télécommunication, dans des circonstances qui permettent raisonnablement de conclure qu'ils ont été utilisés, sont destinés ou ont été destinés à l'être à cette fin, sans acquittement des droits exigibles, est coupable d'un acte criminel et passible d'un emprisonnement maximal de deux ans.

(2) Confiscation — Lorsqu'une personne est déclarée coupable d'une infraction prévue au paragraphe (1) ou à l'alinéa 326(1)*b)*, tout instrument au moyen duquel l'infraction a été commise ou dont la possession a constitué l'infraction peut, après cette déclaration de culpabilité et en plus de toute peine qui est imposée, être par ordonnance confisqué au profit de Sa Majesté, après quoi il peut en être disposé conformément aux instructions du procureur général.

(3) Restriction — Aucune ordonnance de confiscation ne peut être rendue en vertu du paragraphe (2) relativement à des installations ou du matériel de communications téléphoniques, télégraphiques ou autres qui sont la propriété d'une personne fournissant au public un service de communications téléphoniques, télégraphiques ou autres ou qui font partie du service ou réseau de communications téléphoniques, télégraphiques ou autres d'une telle personne et au moyen desquels une infraction prévue au paragraphe (1) a été commise, si cette personne n'a pas participé à l'infraction.

328. Vol par une personne ou d'une personne ayant un droit de propriété ou intérêt spécial — Une personne peut être déclarée coupable de vol, même si la chose qu'on prétend avoir été volée l'a été, selon le cas :

    a) par son propriétaire, d'une personne qui y a un droit de propriété ou un intérêt spécial;

    b) par une personne qui y a un droit de propriété ou un intérêt spécial, de son propriétaire;

    c) par un locataire, de la personne investie du droit de réversion;

    d) par l'un de plusieurs copropriétaires, tenanciers en commun ou associés à l'égard de cette chose ou dans cette chose, des autres personnes qui y ont un intérêt;

    e) par les administrateurs, dirigeants ou membres d'une compagnie, d'une personne morale, d'un organisme non constitué en personne morale ou d'une société formée pour un objet légitime, à l'encontre de la compagnie, de la personne morale, de l'organisme non constitué en personne morale ou de la société, selon le cas.

329. (1) Conjoint — Sous réserve du paragraphe (2), nul ne commet, pendant la cohabitation, le vol d'une chose qui est, par la loi, la propriété de son conjoint.

(2) Vol par un conjoint qui vit séparé — Commet un vol quiconque, voulant abandonner ou en abandonnant son conjoint, ou pendant qu'ils vivent séparément l'un de l'autre, prend ou détourne frauduleusement une chose qui, d'après la loi, appartient à son conjoint, d'une manière qui constituerait un vol, de la part de toute autre personne.

(3) Aide ou recel — Commet un vol, quiconque, pendant la cohabitation d'un mari et d'une femme, sciemment :

    a) soit aide l'un d'entre eux à disposer de toute chose qui, d'après la loi, appartient à l'autre, d'une manière qui, s'ils n'étaient pas mariés, constituerait un vol;

    b) soit reçoit de l'un ou de l'autre une chose qui, d'après la loi, appartient à l'autre et a été obtenue de l'autre en en disposant d'une manière qui, s'ils n'étaient pas mariés, constituerait un vol.

Non en vigueur — 329

329. [Abrogé, L.C. 2000, ch. 12, art. 94.]

330. (1) Vol par une personne tenue de rendre compte — Commet un vol quiconque, ayant reçu d'une personne une chose à des conditions qui l'astreignent à en rendre compte ou à la payer, ou à rendre compte ou faire le versement de la totalité ou d'une partie du produit à cette personne ou à une autre, frauduleusement omet d'en rendre compte ou de la payer, ou de rendre compte ou de faire le versement de la totalité ou d'une partie du produit en conformité avec ces conditions.

(2) Effet d'une inscription à un compte — Si le paragraphe (1) s'applique autrement, mais qu'une des conditions porte que la chose reçue ou la totalité ou la partie de son produit doit constituer un article d'un compte, par doit et avoir, entre celui qui reçoit la chose et celui à qui il doit en rendre compte ou la payer, et que ce dernier se repose seulement sur la responsabilité de l'autre comme son débiteur à cet égard, une inscription régulière, dans ce compte, de la chose reçue ou de la totalité ou de la partie de son produit, selon le cas, constitue une reddition de compte suffisante en l'espèce, et nul détournement frauduleux de la chose ou de la totalité ou de la partie de son produit dont il est ainsi rendu compte, n'est censé avoir eu lieu.

331. Vol par une personne détenant une procuration — Commet un vol quiconque, étant investi, soit seul, soit conjointement avec une autre personne, d'une procuration l'autorisant à vendre, hypothéquer, engager ou autrement aliéner un bien meuble ou immeuble, frauduleusement vend, hypothèque, engage ou aliène autrement ce bien, en totalité ou en partie, ou frauduleusement détourne le produit de la vente, de l'hypothèque, de l'engagement ou autre aliénation de ce bien ou toute partie de ce produit, à d'autres fins que celles pour lesquelles cette procuration lui a été confiée.

332. (1) Distraction de fonds détenus en vertu d'instructions — Commet un vol quiconque, ayant reçu, soit seul, soit conjointement avec une autre personne, de l'argent ou une valeur ou une procuration l'autorisant à vendre des biens meubles ou immeubles, avec instructions d'affecter à une fin ou de verser à une personne que spécifient les instructions la totalité ou une partie de cet argent ou la totalité ou une partie du produit de la valeur ou des biens, frauduleusement et en violation des instructions reçues affecte à une autre fin ou verse à une autre personne l'argent ou le produit, ou toute partie de cet argent ou de ce produit.

(2) Effet d'une inscription à un compte — Le présent article ne s'applique pas lorsqu'une personne qui reçoit une chose mentionnée au paragraphe (1) et celle de qui elle la reçoit traitent l'une avec l'autre de telle manière que tout argent versé à la première serait, en l'absence de telles instructions, régulièrement traité comme un article d'un compte, par doit et avoir, entre elles, à moins que les instructions ne soient données par écrit.

333. Prise de minerais pour des fins scientifiques — Nul ne commet un vol du seul fait qu'il prend, à des fins d'exploration ou d'enquête scientifique, un échantillon de minerai ou de minéraux dans un terrain non enclos et non occupé ni exploité comme mine, carrière ou fouille.

334. Punition du vol — Sauf disposition contraire des lois, quiconque commet un vol :

    a) est coupable d'un acte criminel et passible d'un emprisonnement maximal de dix ans, si le bien volé est un titre testamentaire ou si la valeur de ce qui est volé dépasse cinq mille dollars;

    b) est coupable :

        (i) soit d'un acte criminel et passible d'un emprisonnement maximal de deux ans,

        (ii) soit d'une infraction punissable sur déclaration de culpabilité par procédure sommaire,

si la valeur de ce qui est volé ne dépasse pas cinq mille dollars.

L.R.C. 1985, ch. 27 (1er suppl.), art. 43; L.C. 1994, ch. 44, art. 20.

Infractions ressemblant au vol

335. (1) Prise d'un véhicule à moteur ou d'un bateau sans consentement — Sous réserve du paragraphe (1.1), est coupable d'une infraction punissable sur déclaration de culpabilité par procédure sommaire quiconque, sans le consentement du propriétaire, prend un véhicule à moteur ou un bateau avec l'intention de le conduire ou de l'utiliser ou de le faire conduire ou utiliser ou, sachant que le véhicule ou le bateau a été ainsi pris, se trouve à son bord.

(1.1) Exception — Le paragraphe (1) ne s'applique pas à l'occupant du véhicule à moteur ou du bateau qui, se rendant compte que celui-ci a été pris sans le consentement du propriétaire, quitte le véhicule ou le bateau ou tente de le faire dès que les circonstances le permettent.

(2) Définition de « bateau » — Pour l'application du paragraphe (1), **« bateau »** s'entend au sens de l'article 214 de la présente loi.

L.R.C. 1985, ch. 1 (4ᵉ suppl.), art. 15; L.C. 1997, ch. 18, art. 15.

336. Abus de confiance criminel — Est coupable d'un acte criminel et passible d'un emprisonnement maximal de quatorze ans quiconque, étant fiduciaire d'une chose quelconque à l'usage ou pour le bénéfice, en totalité ou en partie, d'une autre personne, ou pour un objet public ou de charité, avec l'intention de frauder et en violation de sa fiducie, détourne cette chose, en totalité ou en partie, à un usage non autorisé par la fiducie.

337. Employé public qui refuse de remettre des biens — Est coupable d'un acte criminel et passible d'un emprisonnement maximal de quatorze ans quiconque, étant ou ayant été employé au service de Sa Majesté du chef du Canada ou d'une province, ou au service d'une municipalité, et chargé, en vertu de cet emploi, de la réception, de la garde, de la gestion ou du contrôle d'une chose, refuse ou omet de remettre cette chose à une personne qui est autorisée à la réclamer et qui, effectivement, la réclame.

338. (1) Prendre frauduleusement des bestiaux ou enlever les marques — Est coupable d'un acte criminel et passible d'un emprisonnement maximal de cinq ans quiconque, sans le consentement du propriétaire, selon le cas :

    a) frauduleusement prend, détient, garde en sa possession, cache, reçoit, s'approprie, achète ou vend des bestiaux trouvés errants;

    b) frauduleusement, en totalité ou en partie :

        (i) soit efface, altère ou maquille une marque ou empreinte mise sur des bestiaux,

        (ii) soit met sur des bestiaux une empreinte ou marque fausse ou contrefaite.

(2) Vol de bestiaux — Quiconque commet un vol de bestiaux est coupable d'un acte criminel et passible d'un emprisonnement maximal de dix ans.

(3) Preuve de la propriété de bestiaux — Dans toute poursuite engagée en vertu de la présente loi, la preuve que des bestiaux portent une marque ou empreinte inscrite ou enregistrée en conformité d'une loi quelconque, constitue, en l'absence de toute preuve contraire, une preuve que ces animaux appartiennent au propriétaire enregistré de cette empreinte ou marque.

(4) Présomption découlant de la possession — Lorsqu'un prévenu est inculpé d'une infraction visée par les paragraphes (1) ou (2), s'il n'est pas le propriétaire enregistré de l'empreinte ou de la marque que portent les bestiaux, il lui incombe de prouver que les bestiaux sont passés légalement en sa possession ou celle de son employé ou en la possession d'une autre personne, pour son compte, sauf s'il paraît que cette possession, par son employé ou par une autre personne, pour son compte, a eu lieu à son insu ou sans son autorisation.

339. (1) Prise de possession, etc., de bois en dérive — Est coupable d'un acte criminel et passible d'un emprisonnement maximal de cinq ans quiconque, sans le consentement du propriétaire, selon le cas :

    a) frauduleusement prend, détient, garde en sa possession, cache, reçoit, s'approprie, achète ou vend;

    b) enlève, modifie, oblitère ou maquille une marque ou un numéro que porte;

    c) refuse de livrer au propriétaire ou à la personne qui en a la charge pour le compte du propriétaire ou à une personne autorisée par le propriétaire à le recevoir,

du bois ou du matériel d'exploitation forestière trouvé à la dérive, jeté sur le rivage ou reposant sur ou dans le lit ou le fond, ou sur le bord ou la grève d'une rivière, d'un ruisseau ou d'un lac au Canada ou dans un port ou des eaux côtières du Canada.

(2) Fripiers et revendeurs — Est coupable d'une infraction punissable sur déclaration de culpabilité par procédure sommaire quiconque, étant un commerçant d'articles d'occasion de toute sorte, fait le négoce ou le trafic, ou est en possession pour la vente ou le trafic, de matériel d'exploitation forestière portant la marque, le signe, la marque de bois déposée, le nom ou les initiales d'une personne sans le consentement écrit de cette personne.

(3) Recherche du bois illégalement détenu — Un agent de la paix, qui soupçonne, pour des motifs raisonnables, que du bois appartenant à une personne et portant la marque de bois enregistrée de cette personne, est gardé ou détenu dans un endroit quelconque hors de la connaissance ou sans le consentement du propriétaire, peut entrer dans cet endroit pour s'assurer si le bois y est détenu hors de la connaissance ou sans le consentement de cette personne.

(4) Preuve de la propriété du bois — Lorsque du bois ou du matériel d'exploitation forestière porte une marque de bois ou une marque de chaîne d'estacade enregistrée sous le régime de quelque loi, la marque de bois ou marque de chaîne d'estacade constitue, dans toute poursuite engagée sous le régime du paragraphe (1) et en l'absence de toute preuve contraire, une preuve que le bois ou l'outillage est la propriété du propriétaire enregistré de la marque de bois ou de la marque de chaîne d'estacade.

(5) Présomption découlant de la possession — Lorsqu'un prévenu ou ses employés ou agents sont en possession de bois ou de matériel d'exploitation forestière portant la marque, le signe ou la marque de bois enregistrée, le nom ou les initiales d'une autre personne, il incombe au prévenu de prouver, dans toute poursuite engagée sous le régime du paragraphe (1), que le bois ou le matériel est venu légitimement en sa possession ou en la possession de ses employés ou agents.

(6) Définitions — Les définitions qui suivent s'appliquent au présent article.

« **bois** » Bois de toute sorte, y compris du bois d'oeuvre, des mâts, des espars, du bois à bardeaux et du bois en grume.

« **eaux côtières du Canada** » Les eaux côtières du Canada comprennent tout le détroit de la Reine-Charlotte, tout le détroit de Georgie et les eaux canadiennes du détroit de Juan de Fuca.

« **matériel d'exploitation forestière** » S'entend notamment d'une chaîne d'estacade, d'une chaîne, d'une ligne et d'un lien.

340. Destruction de titres — Est coupable d'un acte criminel et passible d'un emprisonnement maximal de dix ans quiconque, à des fins frauduleuses, détruit, efface, cache ou oblitère :

    a) soit un titre de marchandises ou de bien-fonds;

    b) soit une valeur ou un acte testamentaire;

    c) soit un document judiciaire ou officiel.

341. Fait de cacher frauduleusement — Est coupable d'un acte criminel et passible d'un emprisonnement maximal de deux ans quiconque, à des fins frauduleuses, prend, obtient, enlève ou cache quoi que ce soit.

342. (1) Vol, etc., de cartes de crédit — Quiconque, selon le cas :

    a) vole une carte de crédit;

    b) falsifie une carte de crédit ou en fabrique une fausse;

    c) a en sa possession ou utilise une carte de crédit — authentique, fausse ou falsifiée, — ou en fait le trafic, alors qu'il sait qu'elle a été obtenue, fabriquée ou falsifiée :

        (i) soit par suite de la commission d'une infraction au Canada,

        (ii) soit par suite de la commission ou de l'omission, en n'importe quel endroit, d'un acte qui, au Canada, aurait constitué une infraction;

    d) utilise une carte de crédit qu'il sait annulée,

est coupable :

e) soit d'un acte criminel et passible d'un emprisonnement maximal de dix ans;

f) soit d'une infraction punissable sur déclaration de culpabilité par procédure sommaire.

(2) Compétence — Le prévenu qui est inculpé d'une infraction visée au paragraphe (1) peut être jugé et puni par un tribunal compétent pour juger cette infraction à l'endroit où l'infraction est présumée avoir été commise ou à l'endroit où le prévenu est trouvé, arrêté ou gardé; toutefois, si cet endroit se trouve à l'extérieur de la province où l'infraction est présumée avoir été commise, aucune procédure relative à cette infraction ne doit y être engagée sans le consentement du procureur général de cette province.

(3) Utilisation non autorisée de données relatives à une carte de crédit — Quiconque, frauduleusement et sans apparence de droit, a en sa possession ou utilise des données — authentiques ou non — qui permettraient l'utilisation d'une carte de crédit ou l'obtention de services liés à son utilisation, fait le trafic de ces données ou permet à une autre personne de les utiliser est coupable :

a) soit d'un acte criminel et passible d'un emprisonnement maximal de dix ans;

b) soit d'une infraction punissable sur déclaration de culpabilité par procédure sommaire.

(4) Définition de « trafic » — Pour l'application du présent article, « trafic » s'entend, relativement à une carte de crédit ou aux données afférentes, de la vente, de l'exportation du Canada, de l'importation au Canada ou de la distribution, ou de tout autre mode de disposition.

L.R.C. 1985, ch. 27 (1er suppl.), art. 44, 185; L.C. 1997, ch. 18, art. 16.

342.01 (1) Fabrication ou possession d'instruments destinés à fabriquer ou à falsifier des cartes de crédit — Quiconque, sans justification ou excuse légitime, selon le cas :

a) fabrique ou répare,

b) achète ou vend,

c) exporte du Canada ou importe au Canada,

d) a en sa possession,

un instrument, un appareil, une matière ou une chose qu'il sait utilisé pour falsifier des cartes de crédit ou en fabriquer des fausses, ou qu'il sait modifié ou destiné à cette fin est coupable soit d'un acte criminel et passible d'un emprisonnement maximal de dix ans, soit d'une infraction punissable sur déclaration de culpabilité par procédure sommaire.

(2) Confiscation — Lorsqu'une personne est déclarée coupable d'une infraction prévue au paragraphe (1), tout instrument, appareil, matière ou chose au moyen duquel l'infraction a été commise ou dont la possession a constitué l'infraction peut, en plus de toute peine applicable en l'espèce, être par ordonnance confisqué au profit de Sa Majesté, après quoi il peut en être disposé conformément aux instructions du procureur général.

(3) Restriction — Aucune ordonnance de confiscation ne peut être rendue en vertu du paragraphe (2) relativement à une chose qui est la propriété d'une personne qui n'a pas participé à l'infraction.

L.C. 1997, ch. 18, art. 17.

342.1 (1) Utilisation non autorisée d'ordinateur — Quiconque, frauduleusement et sans apparence de droit :

a) directement ou indirectement, obtient des services d'ordinateur;

b) au moyen d'un dispositif électromagnétique, acoustique, mécanique ou autre, directement ou indirectement, intercepte ou fait intercepter toute fonction d'un ordinateur;

c) directement ou indirectement, utilise ou fait utiliser un ordinateur dans l'intention de commettre une infraction prévue à l'alinéa *a)* ou *b)* ou une infraction prévue à l'article 430 concernant des données ou un ordinateur,

d) a en sa possession ou utilise un mot de passe d'ordinateur qui permettrait la perpétration des infractions prévues aux alinéas *a)*, *b)* ou *c)*, ou en fait le trafic ou permet à une autre personne de l'utiliser,

est coupable d'un acte criminel et passible d'un emprisonnement maximal de dix ans ou d'une infraction punissable sur déclaration de culpabilité par procédure sommaire.

(2) Définitions — Les définitions qui suivent s'appliquent au présent article.

« **dispositif électromagnétique, acoustique, mécanique ou autre** » Tout dispositif ou appareil utilisé ou pouvant être utilisé pour intercepter une fonction d'un ordinateur, à l'exclusion d'un appareil de correction auditive utilisé pour améliorer, sans dépasser la normale, l'audition de l'utilisateur lorsqu'elle est inférieure à la normale.

« **données** » Représentations d'informations ou de concepts qui sont préparés ou l'ont été de façon à pouvoir être utilisés dans un ordinateur.

« **fonction** » S'entend notamment des fonctions logiques, arithmétiques, des fonctions de commande et de suppression, des fonctions de mémorisation et de recouvrement ou de relevé des données de même que des fonctions de communication ou de télécommunication de données à destination, à partir d'un ordinateur ou à l'intérieur de celui-ci.

« **intercepter** » S'entend notamment du fait d'écouter ou d'enregistrer une fonction d'un ordinateur ou de prendre connaissance de sa substance, de son sens ou de son sujet.

« **mot de passe** » Donnée permettant d'utiliser un ordinateur ou d'obtenir des services d'ordinateur.

« **ordinateur** » Dispositif ou ensemble de dispositifs connectés ou reliés les uns aux autres, dont l'un ou plusieurs d'entre eux :

    a) contiennent des programmes d'ordinateur ou d'autres données;

    b) conformément à des programmes d'ordinateur :

        (i) soit exécutent des fonctions logiques et de commande,

        (ii) soit peuvent exécuter toute autre fonction.

« **programme d'ordinateur** » Ensemble de données qui représentent des instructions ou des relevés et qui, lorsque traités par l'ordinateur, lui font remplir une fonction.

« **service d'ordinateur** » S'entend notamment du traitement des données de même que de la mémorisation et du recouvrement ou du relevé des données.

« **trafic** » Le fait de vendre, d'exporter du Canada, d'importer au Canada ou de distribuer un mot de passe, ou d'en disposer de quelque autre façon.

L.R.C. 1985, ch. 27 (1er suppl.), art. 45; L.C. 1997, ch. 18, art. 18.

342.2 (1) Possession de moyens permettant d'utiliser un service d'ordinateur — Quiconque, sans justification ou excuse légitime, fabrique, possède, vend, offre en vente ou écoule des instruments, ou des pièces de ceux-ci, particulièrement utiles à la commission d'une infraction prévue à l'article 342.1, dans des circonstances qui permettent de conclure raisonnablement qu'ils ont été utilisés, sont destinés ou étaient destinés à la commission d'une telle infraction, est coupable :

    a) soit d'un acte criminel et passible d'un emprisonnement maximal de deux ans;

    b) soit d'une infraction punissable sur déclaration de culpabilité par procédure sommaire.

(2) Confiscation — Lorsqu'une personne est déclarée coupable d'une infraction prévue au paragraphe (1), tout instrument au moyen duquel l'infraction a été commise ou dont la possession a constitué l'infraction peut, en plus de toute peine applicable en l'espèce, être par ordonnance confisqué au profit de Sa Majesté, après quoi il peut en être disposé conformément aux instructions du procureur général.

(3) Restriction — Aucune ordonnance de confiscation ne peut être rendue en vertu du paragraphe (2) relativement à une chose qui est la propriété d'une personne qui n'a pas participé à l'infraction.

L.C. 1997, ch. 18, art. 19.

Vol qualifié et extorsion

343. Vol qualifié — Commet un vol qualifié quiconque, selon le cas :

a) vole et, pour extorquer la chose volée ou empêcher ou maîtriser toute résistance au vol, emploie la violence ou des menaces de violence contre une personne ou des biens;

b) vole quelqu'un et, au moment où il vole, ou immédiatement avant ou après, blesse, bat ou frappe cette personne ou se porte à des actes de violence contre elle;

c) se livre à des voies de fait sur une personne avec l'intention de la voler;

d) vole une personne alors qu'il est muni d'une arme offensive ou d'une imitation d'une telle arme.

344. Peine — Quiconque commet un vol qualifié est coupable d'un acte criminel passible :

a) s'il y a usage d'une arme à feu lors de la perpétration de l'infraction, de l'emprisonnement à perpétuité, la peine minimale étant de quatre ans;

b) dans les autres cas, de l'emprisonnement à perpétuité.

L.C. 1995, ch. 39, art. 149.

345. Fait d'arrêter la poste avec intention de vol — Est coupable d'un acte criminel et passible de l'emprisonnement à perpétuité quiconque arrête un transport du courrier avec l'intention de le voler ou de le fouiller.

346. (1) Extorsion — Commet une extorsion quiconque, sans justification ou excuse raisonnable et avec l'intention d'obtenir quelque chose, par menaces, accusations ou violence, induit ou tente d'induire une personne, que ce soit ou non la personne menacée ou accusée, ou celle contre qui la violence est exercée, à accomplir ou à faire accomplir quelque chose.

(1.1) Peine — Quiconque commet une extorsion est coupable d'un acte criminel passible :

a) s'il y a usage d'une arme à feu lors de la perpétration de l'infraction, de l'emprisonnement à perpétuité, la peine minimale étant de quatre ans;

b) dans les autres cas, de l'emprisonnement à perpétuité.

(2) Réserve — Une menace d'intenter des procédures civiles n'est pas une menace pour l'application du présent article.

L.R.C. 1985, ch. 27 (1er suppl.), art. 46; L.C. 1995, ch. 39, art. 150.

Taux d'intérêt criminel

347. (1) Taux d'intérêt criminel — Nonobstant toute autre loi fédérale, quiconque, selon le cas :

a) conclut une convention ou une entente pour percevoir des intérêts à un taux criminel;

b) perçoit, même partiellement, des intérêts à un taux criminel,

est coupable :

c) soit d'un acte criminel et passible d'un d'emprisonnement maximal de cinq ans;

d) soit d'une infraction punissable sur déclaration de culpabilité par procédure sommaire et passible d'une amende maximale de vingt-cinq mille dollars et d'un emprisonnement maximal de six mois, ou de l'une de ces peines.

(2) Définitions — Les définitions qui suivent s'appliquent au présent article.

« **capital prêté** » L'ensemble des sommes d'argent et de la valeur pécuniaire globale de tous biens, services ou prestations effectivement prêtés ou qui doivent l'être dans le cadre d'une convention ou d'une entente, déduction faite, le cas échéant, du dépôt de garantie et des honoraires, agios, commissions, pénalités, indemnités et autres frais similaires résultant directement ou indirectement de la convention initiale ou de toute convention annexe.

« **dépôt de garantie** » La somme déterminée ou déterminable dont le dépôt ou le placement par l'emprunteur ou pour son compte est exigé comme une condition de la convention ou de l'entente de prêt, et destinée à revenir au prêteur en cas de défaillance de l'emprunteur.

« **frais d'assurance** » Le coût de l'assurance du risque assumé ou devant être assumé par le prêteur, assurance dont la garantie ne peut dépasser le capital prêté.

« **frais pour découvert de compte** » Les frais, d'un maximum de cinq dollars, payables lorsqu'un compte est à découvert ou lorsqu'il y a aggravation de ce découvert, et perçus soit par une caisse populaire ou *credit union* groupant uniquement ou principalement des personnes physiques, soit par un établissement recevant des fonds en dépôt, lesquels sont entièrement ou partiellement garantis par la Société d'assurance-dépôts du Canada ou par la Régie de l'assurance-dépôts du Québec.

« **intérêt** » L'ensemble des frais de tous genres, y compris les agios, commissions, pénalités et indemnités, qui sont payés ou payables à qui que ce soit par l'emprunteur ou pour son compte, en contrepartie du capital prêté ou à prêter. La présente définition exclut un remboursement de capital prêté, les frais d'assurance, les taxes officielles, les frais pour découvert de compte, le dépôt de garantie et, dans le cas d'un prêt hypothécaire, les sommes destinées à l'acquittement de l'impôt foncier.

« **taux criminel** » Tout taux d'intérêt annuel effectif, appliqué au capital prêté et calculé conformément aux règles et pratiques actuarielles généralement admises, qui dépasse soixante pour cent.

« **taxe officielle** » La taxe perçue, en vertu d'une loi, par une administration pour valider les sûretés consenties dans une convention ou une entente de prêt.

(3) Présomption — Quiconque reçoit paiement, total ou partiel, d'intérêts à un taux criminel est présumé connaître, jusqu'à preuve du contraire, l'objet du paiement et le caractère criminel de celui-ci.

(4) Preuve du taux annuel effectif — Dans toute poursuite intentée en vertu du présent article, l'attestation du taux annuel effectif applicable à un capital prêté, fait foi jusqu'à preuve du contraire si elle est faite par un *Fellow* de l'Institut canadien des actuaires avec chiffres et éléments justificatifs à l'appui; il n'est pas nécessaire de prouver l'authenticité de la signature qui y est apposée ou la qualité officielle du signataire.

(5) Préavis — L'attestation visée au paragraphe (4) n'est admissible en preuve que si la partie qui entend la produire donne de son intention à l'accusé ou au défendeur un préavis suffisant accompagné d'une copie de l'attestation.

(6) Contre-interrogatoire de l'actuaire — L'accusé ou le défendeur contre lequel est produite l'attestation visée au paragraphe (4) peut, sur autorisation du tribunal saisi, exiger la comparution de l'actuaire aux fins du contre-interrogatoire.

(7) Autorisation des poursuites — Il ne peut être engagé de poursuites pour une infraction prévue au présent article sans le consentement du procureur général.

(8) Domaine d'application — Le présent article ne s'applique pas aux opérations régies par la *Loi sur la cession du droit au remboursement en matière d'impôt.*
L.C. 1992, ch. 1, art. 60.

Introduction par effraction

348. (1) Introduction par effraction dans un dessein criminel — Quiconque, selon le cas :

a) s'introduit en un endroit par effraction avec l'intention d'y commettre un acte criminel;

b) s'introduit en un endroit par effraction et y commet un acte criminel;

c) sort d'un endroit par effraction :

(i) soit après y avoir commis un acte criminel,

(ii) soit après s'y être introduit avec l'intention d'y commettre un acte criminel,

est coupable :

d) soit d'un acte criminel passible de l'emprisonnement à perpétuité, si l'infraction est commise relativement à une maison d'habitation;

e) soit d'un acte criminel passible d'un emprisonnement maximal de dix ans ou d'une infraction punissable sur déclaration de culpabilité par procédure sommaire si l'infraction est commise relativement à un endroit autre qu'une maison d'habitation.

(2) Présomptions — Aux fins de poursuites engagées en vertu du présent article, la preuve qu'un accusé :

a) s'est introduit dans un endroit par effraction ou a tenté de le faire constitue, en l'absence de preuve contraire, une preuve qu'il s'y est introduit par effraction ou a tenté de le faire, selon le cas, avec l'intention d'y commettre un acte criminel;

b) est sorti d'un endroit par effraction, fait preuve, en l'absence de toute preuve contraire, qu'il en est sorti par effraction :

(i) soit après y avoir commis un acte criminel,

(ii) soit après s'y être introduit avec l'intention d'y commettre un acte criminel.

(3) Définition de « endroit » — Pour l'application du présent article et de l'article 351, « **endroit** » désigne, selon le cas :

a) une maison d'habitation;

b) un bâtiment ou une construction, ou toute partie de bâtiment ou de construction, autre qu'une maison d'habitation;

c) un véhicule de chemin de fer, un navire, un aéronef ou une remorque;

d) un parc ou enclos où des animaux à fourrure sont gardés en captivité pour fins d'élevage ou de commerce.

L.R.C. 1985, ch. 27 (1er suppl.), art. 47; L.C. 1997, ch. 18, art. 20.

349. (1) Présence illégale dans une maison d'habitation — Est coupable soit d'un acte criminel et passible d'un emprisonnement maximal de dix ans, soit d'une infraction punissable sur déclaration sommaire de culpabilité quiconque, sans excuse légitime, dont la preuve lui incombe, s'introduit ou se trouve dans une maison d'habitation avec l'intention d'y commettre un acte criminel.

(2) Présomption — Aux fins des poursuites engagées en vertu du présent article, la preuve qu'un prévenu, sans excuse légitime, s'est introduit ou s'est trouvé dans une maison d'habitation fait preuve, en l'absence de toute preuve contraire, qu'il s'y est introduit ou s'y est trouvé avec l'intention d'y commettre un acte criminel.

L.C. 1997, ch. 18, art. 21.

350. Introduction — Pour l'application des articles 348 et 349 :

    a) une personne s'introduit dès qu'une partie de son corps ou une partie d'un instrument qu'elle emploie se trouve à l'intérieur de toute chose qui fait l'objet de l'introduction;

    b) une personne est réputée s'être introduite par effraction dans les cas suivants :

        (i) elle a obtenu entrée au moyen d'une menace ou d'un artifice ou de collusion avec une personne se trouvant à l'intérieur,

        (ii) elle s'est introduite sans justification ou excuse légitime, dont la preuve lui incombe, par une ouverture permanente ou temporaire.

351. (1) Possession d'outils de cambriolage — Est coupable d'un acte criminel et passible d'un emprisonnement maximal de dix ans quiconque, sans excuse légitime dont la preuve lui incombe, a en sa possession un instrument pouvant servir à pénétrer par effraction dans un endroit, un véhicule à moteur, une chambre-forte ou un coffre-fort dans des circonstances qui donnent raisonnablement lieu de conclure que l'instrument a été utilisé, est destiné ou a été destiné à être utilisé à cette fin.

(2) Déguisement dans un dessein criminel — Est coupable d'un acte criminel et passible d'un emprisonnement maximal de dix ans quiconque, dans l'intention de commettre un acte criminel, a la figure couverte d'un masque ou enduite de couleur ou est autrement déguisé.

                                      L.R.C. 1985, ch. 27 (1er suppl.), art. 48.

352. Possession d'instruments pour forcer un appareil à sous ou un distributeur automatique de monnaie — Est coupable d'un acte criminel et passible d'un emprisonnement maximal de deux ans quiconque, sans excuse légitime, dont la preuve lui incombe, a en sa possession un instrument pouvant servir à forcer un appareil à sous ou un distributeur automatique de monnaie, dans des circonstances qui permettent raisonnablement de conclure qu'il a été utilisé, est destiné ou a été destiné à être utilisé à cette fin.

353. (1) Fait de vendre, etc., un passe-partout d'automobile — Est coupable d'un acte criminel et passible d'un emprisonnement maximal de deux ans quiconque, selon le cas :

    a) vend, offre en vente ou annonce dans une province un passe-partout d'automobile autrement que sous l'autorité d'une licence émise par le procureur général de cette province;

    b) achète ou a en sa possession dans une province un passe-partout d'automobile autrement que sous l'autorité d'une licence émise par le procureur général de cette province.

(1.1) Exception — N'est pas coupable de l'infraction prévue au paragraphe (1) l'agent de police spécialement autorisé par le chef du service de police dont il fait partie à avoir en sa possession un passe-partout d'automobile pour l'accomplissement de ses fonctions.

(2) Modalités d'une licence — Une licence délivrée par le procureur général d'une province comme l'indiquent les alinéas (1)*a*) ou *b*) peut contenir les modalités que le procureur général de la province peut prescrire, relativement à la vente, à l'offre de vente, à l'annonce, à l'achat, à la possession ou à l'utilisation d'un passe-partout d'automobile.

(2.1) Droits — Le procureur général d'une province peut prescrire les droits à acquitter pour la délivrance ou le renouvellement d'une licence au titre du présent article.

(3) Registre à tenir — Quiconque vend un passe-partout d'automobile :

a) conserve un enregistrement de l'opération indiquant les nom et adresse de l'acheteur et les détails de la licence émise à l'acheteur comme l'indique l'alinéa (1)*b*);

b) présente cet enregistrement pour examen à la demande d'un agent de la paix.

(4) Défaut de se conformer au par. (3) — Est coupable d'une infraction punissable sur déclaration de culpabilité par procédure sommaire quiconque ne se conforme pas au paragraphe (3).

(5) Définitions — Les définitions qui suivent s'appliquent au présent article.

« **licence** » S'entend également de toute autre forme d'autorisation.

« **passe-partout d'automobile** » S'entend notamment d'une clef, d'un crochet, d'une clef à levier ou de tout autre instrument conçu ou adapté pour faire fonctionner l'allumage ou d'autres commutateurs ou des serrures d'une série de véhicules à moteur.

L.C. 1997, ch. 18, art. 22.

Avoir en sa possession

354. (1) Possession de biens criminellement obtenus — Commet une infraction quiconque a en sa possession un bien, une chose ou leur produit sachant que tout ou partie d'entre eux ont été obtenus ou proviennent directement ou indirectement :

a) soit de la perpétration, au Canada, d'une infraction punissable sur acte d'accusation;

b) soit d'un acte ou d'une omission, en quelque endroit que ce soit, qui aurait constitué, si elle avait eu lieu au Canada, une infraction punissable sur acte d'accusation.

(2) Possession d'un véhicule à moteur dont le numéro d'identification a été oblitéré — Dans des poursuites engagées en vertu du paragraphe (1), la preuve qu'une personne a en sa possession un véhicule à moteur, ou toute pièce d'un tel véhicule, dont le numéro d'identification a été totalement ou partiellement enlevé ou oblitéré fait preuve, en l'absence de toute preuve contraire, du fait qu'ils ont été obtenus et de ce que cette personne sait qu'ils ont été obtenus :

a) soit par la perpétration, au Canada, d'une infraction punissable sur acte d'accusation;

b) soit par un acte ou une omission, en quelque endroit que ce soit, qui aurait constitué, si elle avait eu lieu au Canada, une infraction punissable sur acte d'accusation.

(3) Définition de « numéro d'identification » — Pour l'application du paragraphe (2), **« numéro d'identification »** désigne toute marque, notamment un numéro, apposée sur un véhicule à moteur dans le dessein de le distinguer des véhicules semblables.

(4) Exception — N'est pas coupable de l'infraction prévue au présent article l'agent de la paix ou la personne qui agit sous la direction d'un agent de la paix qui a en sa possession le bien ou la chose, ou leur produit, dans le cadre d'une enquête ou dans l'accomplissement de ses autres fonctions.

L.C. 1997, ch. 18, art. 23.

355. Peine — Quiconque commet une infraction visée à l'article 354 :

a) est coupable d'un acte criminel et passible d'un emprisonnement maximal de dix ans, si l'objet de l'infraction est un titre testamentaire ou si la valeur de l'objet de l'infraction dépasse cinq mille dollars;

b) est coupable :

(i) soit d'un acte criminel et passible d'un emprisonnement maximal de deux ans,

(ii) soit d'une infraction punissable sur déclaration de culpabilité par procédure sommaire,

si la valeur de l'objet de l'infraction ne dépasse pas cinq mille dollars.

L.R.C. 1985, ch. 27 (1er suppl.), art. 49; L.C. 1994, ch. 44, art. 21.

356. (1) Vol de courrier — Est coupable d'un acte criminel et passible d'un emprisonnement maximal de dix ans quiconque, selon le cas :

    a) vole :

        (i) soit une chose envoyée par la poste, après son dépôt à un bureau de poste et avant sa livraison,

        (ii) soit un sac ou autre contenant ou couverture dans lequel le courrier est transporté, qu'ils contiennent ou non du courrier,

        (iii) soit une clef correspondant à un cadenas ou à une serrure adoptée pour l'usage de la Société canadienne des postes;

    b) a en sa possession une chose au sujet de laquelle il sait qu'une infraction a été commise aux termes de l'alinéa *a)*.

(2) L'allégation de la valeur n'est pas nécessaire — Dans des poursuites relatives à une infraction visée au présent article, il n'est pas nécessaire d'alléguer dans l'acte d'accusation ni de prouver, lors de l'instruction, qu'une chose à l'égard de laquelle l'infraction a été commise avait quelque valeur.

357. Apporter au Canada des objets criminellement obtenus — Est coupable d'un acte criminel et passible d'un emprisonnement maximal de dix ans quiconque apporte ou a au Canada une chose qu'il a obtenue à l'étranger au moyen d'un acte qui, s'il avait été commis au Canada, aurait constitué l'infraction de vol ou une infraction aux termes des articles 342 ou 354.

L.R.C. 1985, ch. 27 (1er suppl.), art. 50.

358. Possession — Pour l'application des articles 342 et 354 et de l'alinéa 356(1)*b)*, l'infraction consistant à avoir en sa possession est consommée lorsqu'une personne a, seule ou conjointement avec une autre, la possession ou le contrôle d'une chose mentionnée dans ces articles ou lorsqu'elle aide à la cacher ou à en disposer, selon le cas.

L.R.C. 1985, ch. 27 (1er suppl.), art. 50.

359. (1) Preuve — Lorsqu'un prévenu est inculpé d'une infraction visée aux articles 342 et 354 ou à l'alinéa 356(1)*b)*, est admissible, à toute étape des procédures, une preuve établissant que des biens autres que ceux qui font l'objet des procédures :

    a) d'une part, ont été trouvés en la possession du prévenu;

    b) d'autre part, ont été volés dans les douze mois qui ont précédé le commencement des procédures,

et cette preuve peut être considérée pour établir que le prévenu savait que les biens qui font l'objet des procédures étaient des biens volés.

(2) Avis au prévenu — Le paragraphe (1) ne s'applique que dans le cas suivant :

    a) est donné au prévenu un avis écrit d'au moins trois jours que, dans les procédures, on a l'intention de prouver que des biens, autres que ceux qui font l'objet des procédures, ont été trouvés en sa possession;

    b) l'avis indique la nature ou désignation des biens et décrit la personne à qui ils auraient été volés.

                              L.R.C. 1985, ch. 27 (1er suppl.), art. 51.

360. (1) Preuve d'une condamnation antérieure — Lorsqu'un prévenu est inculpé d'une infraction visée à l'article 354 ou à l'alinéa 356(1)*b)* et qu'une preuve est apportée que l'objet qui a occasionné des procédures a été trouvé en sa possession, la preuve que le prévenu a, dans les cinq ans qui précèdent le commencement des procédures, été déclaré coupable d'une infraction comportant vol, ou d'une infraction aux termes de l'article 354, est admissible à toute étape des procédures et peut être considérée en vue d'établir que le prévenu savait que les biens qui font l'objet des procédures avaient été obtenus illégalement.

(2) Avis au prévenu — Le paragraphe (1) ne s'applique que s'il est donné au prévenu un avis écrit d'au moins trois jours que, dans les procédures, on a l'intention de prouver la déclaration antérieure de culpabilité.

Escroquerie

361. (1) Définition de « faux semblant » ou « faux prétexte » — L'expression « **faux semblant** » ou « **faux prétexte** » désigne une représentation d'un fait présent ou passé, par des mots ou autrement, que celui qui la fait sait être fausse, et qui est faite avec l'intention frauduleuse d'induire la personne à qui on l'adresse à agir d'après cette représentation.

(2) Exagération — Une louange ou dépréciation exagérée de la qualité d'une chose n'est pas un faux semblant, à moins qu'elle ne soit poussée au point d'équivaloir à une dénaturation frauduleuse des faits.

(3) Question de fait — Pour l'application du paragraphe (2), la question de savoir si une louange ou dépréciation équivaut à dénaturer frauduleusement les faits est une question de fait.

362. (1) Escroquerie : faux semblant ou fausse déclaration — Commet une infraction quiconque, selon le cas :

    a) par un faux semblant, soit directement, soit par l'intermédiaire d'un contrat obtenu par un faux semblant, obtient une chose à l'égard de laquelle l'infraction de vol peut être commise ou la fait livrer à une autre personne;

    b) obtient du crédit par un faux semblant ou par fraude;

c) sciemment fait ou fait faire, directement ou indirectement, une fausse déclaration par écrit avec l'intention qu'on y ajoute foi, en ce qui regarde sa situation financière ou ses moyens ou sa capacité de payer, ou la situation financière, les moyens ou la capacité de payer de toute personne, maison de commerce ou personne morale dans laquelle il est intéressé ou pour laquelle il agit, en vue d'obtenir, sous quelque forme que ce soit, à son avantage ou pour le bénéfice de cette personne, maison ou personne morale :

    (i) soit la livraison de biens meubles,

    (ii) soit le paiement d'une somme d'argent,

    (iii) soit l'octroi d'un prêt,

    (iv) soit l'ouverture ou l'extension d'un crédit,

    (v) soit l'escompte d'une valeur à recevoir,

    (vi) soit la création, l'acceptation, l'escompte ou l'endossement d'une lettre de change, d'un chèque, d'une traite ou d'un billet à ordre;

d) sachant qu'une fausse déclaration par écrit a été faite concernant sa situation financière, ou ses moyens ou sa capacité de payer, ou la situation financière, les moyens ou la capacité de payer d'une autre personne, maison de commerce ou personne morale dans laquelle il est intéressé ou pour laquelle il agit, obtient sur la foi de cette déclaration, à son avantage ou pour le bénéfice de cette personne, maison ou personne morale, une chose mentionnée aux sous-alinéas c)(i) à (vi).

(2) Peine — Quiconque commet une infraction visée à l'alinéa (1)*a*) :

a) est coupable d'un acte criminel et passible d'un emprisonnement maximal de dix ans, si le bien obtenu est un titre testamentaire ou si la valeur de ce qui est obtenu dépasse cinq mille dollars;

b) est coupable :

    (i) soit d'un acte criminel et passible d'un emprisonnement maximal de deux ans,

    (ii) soit d'une infraction punissable sur déclaration de culpabilité par procédure sommaire,

si la valeur de ce qui est obtenu ne dépasse pas cinq mille dollars.

(3) Idem — Est coupable d'un acte criminel et passible d'un emprisonnement maximal de dix ans quiconque commet une infraction visée à l'alinéa (1)*b*), *c*) ou *d*).

(4) Présomption découlant d'un chèque sans provision — Lorsque, dans des poursuites engagées en vertu de l'alinéa (1)*a*), il est démontré que le prévenu a obtenu une chose au moyen d'un chèque qui, sur présentation au paiement dans un délai raisonnable, a subi un refus de paiement pour le motif qu'il n'y avait pas de provision ou de provision suffisante en dépôt au crédit du prévenu à la banque ou autre institution sur laquelle le chèque a été tiré, il est présumé que la chose a été obtenue par un faux semblant, sauf si la preuve établit, à la satisfaction du tribunal, que lorsque le prévenu a émis le chèque il avait des motifs raisonnables de croire que ce chèque serait honoré lors de la présentation au paiement dans un délai raisonnable après son émission.

(5) Définition de « chèque » — Au présent article, est assimilée à un chèque une lettre de change tirée sur toute institution où il est de pratique commerciale d'honorer les lettres de change de tout genre, tirées sur elle par ses déposants.

L.R.C. 1985, ch. 27 (1er suppl.), art. 52; L.C. 1994, ch. 44, art. 22.

363. Obtention par fraude de la signature d'une valeur — Est coupable d'un acte criminel et passible d'un emprisonnement maximal de cinq ans quiconque, avec l'intention de frauder ou de léser une autre personne, par faux semblant, détermine ou induit une personne :

a) soit à signer, faire, accepter, endosser ou détruire la totalité ou toute partie d'une valeur;

b) soit à écrire, imprimer ou apposer un nom ou sceau sur tout papier ou parchemin afin qu'il puisse ensuite devenir une valeur ou être converti en valeur ou être utilisé ou traité comme valeur.

364. (1) Obtention frauduleuse d'aliments et de logement — Est coupable d'une infraction punissable sur déclaration de culpabilité par procédure sommaire quiconque frauduleusement obtient des aliments, des boissons ou d'autres commodités dans tout établissement qui en fait le commerce.

(2) Présomption — Dans des poursuites engagées en vertu du présent article, la preuve qu'un prévenu a obtenu des aliments, des boissons ou d'autres commodités dans un établissement qui en fait le commerce, n'a pas payé ces choses et, selon le cas :

a) a donné faussement à croire ou a feint qu'il possédait du bagage;

b) avait quelque faux ou prétendu bagage;

c) subrepticement a enlevé ou tenté d'enlever son bagage ou une partie importante de ce bagage;

d) a disparu ou a quitté subrepticement les lieux;

e) sciemment a fait une fausse déclaration afin d'obtenir du crédit ou du délai pour payer;

f) a offert un chèque, une traite ou un titre sans valeur en paiement des aliments, des boissons ou d'autres commodités,

constitue une preuve de fraude, en l'absence de toute preuve contraire.

(3) Définition de « chèque » — Au présent article, est assimilée à un chèque une lettre de change tirée sur toute institution où il est de pratique commerciale d'honorer les lettres de change de tout genre, tirées sur elle par ses déposants.

L.C. 1994, ch. 44, art. 23.

365. Affecter de pratiquer la magie, etc. — Est coupable d'une infraction punissable sur déclaration de culpabilité par procédure sommaire quiconque frauduleusement, selon le cas :

a) affecte d'exercer ou d'employer quelque magie, sorcellerie, enchantement ou conjuration;

b) entreprend, moyennant contrepartie, de dire la bonne aventure;

c) affecte par son habileté dans quelque science occulte ou magique, ou par ses connaissances d'une telle science, de pouvoir découvrir où et comment peut être retrouvée une chose supposée avoir été volée ou perdue.

Faux et infractions similaires

366. (1) Faux — Commet un faux quiconque fait un faux document le sachant faux, avec l'intention, selon le cas :

a) qu'il soit employé ou qu'on y donne suite, de quelque façon, comme authentique, au préjudice de quelqu'un, soit au Canada, soit à l'étranger;

b) d'engager quelqu'un, en lui faisant croire que ce document est authentique, à faire ou à s'abstenir de faire quelque chose, soit au Canada, soit à l'étranger.

(2) Faux document — Faire un faux document comprend :

a) l'altération, en quelque partie essentielle, d'un document authentique;

b) une addition essentielle à un document authentique, ou l'addition, à un tel document, d'une fausse date, attestation, sceau ou autre chose essentielle;

c) une altération essentielle dans un document authentique, soit par rature, oblitération ou enlèvement, soit autrement.

(3) Quand le faux est consommé — Le faux est consommé dès qu'un document est fait avec la connaissance et l'intention mentionnées au paragraphe (1), bien que la personne qui le fait n'ait pas l'intention qu'une personne en particulier s'en serve ou y donne suite comme authentique ou soit persuadée, le croyant authentique, de faire ou de s'abstenir de faire quelque chose.

(4) Le faux est consommé même si le document est incomplet — Le faux est consommé, bien que le document faux soit incomplet ou ne soit pas donné comme étant un document qui lie légalement, s'il est de nature à indiquer qu'on avait l'intention d'y faire donner suite comme authentique.

367. Peine — Quiconque commet un faux est coupable :

a) soit d'un acte criminel et passible d'un emprisonnement maximal de dix ans;

b) soit d'une infraction punissable sur déclaration de culpabilité par procédure sommaire.

L.C. 1994, ch. 44, art. 24; 1997, ch. 18, art. 24.

368. (1) Emploi d'un document contrefait — Quiconque, sachant qu'un document est contrefait, selon le cas :

a) s'en sert, le traite, ou agit à son égard;

b) fait, ou tente de faire, accomplir l'un des actes visés à l'alinéa *a)*,

comme si le document était authentique, est coupable :

c) soit d'un acte criminel et passible d'un emprisonnement maximal de dix ans;

d) soit d'une infraction punissable sur déclaration de culpabilité par procédure sommaire.

(2) Où qu'il soit fabriqué — Aux fins des poursuites engagées en vertu du présent article, l'endroit où un document a été contrefait est sans conséquence.

L.C. 1992, ch. 1, art. 60; 1997, ch. 18, art. 25.

369. Papier de bons du Trésor, sceaux publics, etc. — Quiconque, sans autorisation ni excuse légitime, dont la preuve lui incombe, selon le cas :

a) fait, utilise ou sciemment a en sa possession :

(i) soit du papier de bons du Trésor, papier du revenu ou papier employé pour billets de banque,

(ii) soit tout papier destiné à ressembler à celui mentionné au sous-alinéa (i);

b) fait, offre ou aliène ou sciemment a en sa possession quelque plaque, matrice, appareil, instrument ou autre écrit ou matière adaptés et destinés à servir pour commettre un faux;

c) fait, reproduit ou utilise un sceau public du Canada ou d'une province, ou le sceau d'un organisme public ou d'une autorité publique au Canada, ou d'un tribunal judiciaire,

est coupable d'un acte criminel et passible d'un emprisonnement maximal de quatorze ans.

370. Proclamation contrefaite, etc. — Est coupable d'un acte criminel et passible d'un emprisonnement maximal de cinq ans quiconque sciemment, selon le cas :

a) imprime le texte ou un avis d'une proclamation, d'un décret, d'un arrêté, d'un règlement ou d'une nomination et fait faussement paraître ce texte ou cet avis comme ayant été imprimé par l'imprimeur de la Reine pour le Canada ou l'imprimeur de la Reine pour une province;

b) présente en preuve un exemplaire d'une proclamation, d'un décret, d'un arrêté, d'un règlement ou d'une nomination faussement donné comme ayant été imprimé par l'imprimeur de la Reine pour le Canada ou l'imprimeur de la Reine pour une province.

371. Envoi de télégrammes, etc., sous un faux nom — Est coupable d'un acte criminel et passible d'un emprisonnement maximal de cinq ans quiconque, avec l'intention de frauder, fait en sorte ou obtient qu'un télégramme, un câblogramme ou un message radiophonique soit expédié ou livré comme si l'envoi en était autorisé par une autre personne, sachant que cette autre personne n'en a pas autorisé l'envoi, et dans le dessein qu'il soit donné suite au message comme s'il était expédié avec l'autorisation de cette personne.

372. (1) Faux messages — Est coupable d'un acte criminel et passible d'un emprisonnement maximal de deux ans quiconque, avec l'intention de nuire à quelqu'un ou de l'alarmer, transmet ou fait en sorte ou obtient que soit transmis, par lettre, télégramme, téléphone, câble, radio ou autrement, des renseignements qu'il sait être faux.

(2) Propos indécents au téléphone — Est coupable d'une infraction punissable sur déclaration de culpabilité par procédure sommaire quiconque, avec l'intention d'alarmer ou d'ennuyer quelqu'un, lui tient au cours d'un appel téléphonique des propos indécents.

(3) Appels téléphoniques harassants — Est coupable d'une infraction punissable sur déclaration de culpabilité par procédure sommaire quiconque, sans excuse légitime et avec l'intention de harasser quelqu'un, lui fait ou fait en sorte qu'il lui soit fait des appels téléphoniques répétés.

373. [Abrogé, L.R.C. 1985, ch. 27 (1er suppl.), art. 53.]

374. Rédaction non autorisée d'un document — Est coupable d'un acte criminel et passible d'un emprisonnement maximal de quatorze ans quiconque, selon le cas :

a) avec l'intention de frauder et sans autorisation légitime, fait, souscrit, rédige, signe, accepte ou endosse un document au nom ou pour le compte d'une autre personne, par procuration ou autrement;

b) utilise ou met en circulation un document sachant qu'il a été fait, souscrit, signé, accepté ou endossé avec l'intention de frauder et sans autorisation légitime, au nom ou pour le compte d'une autre personne, par procuration ou autrement.

375. Obtenir, etc., au moyen d'un instrument fondé sur un document contrefait — Est coupable d'un acte criminel et passible d'un emprisonnement maximal de quatorze ans quiconque demande formellement, reçoit ou obtient une chose ou fait livrer ou payer à quelqu'un une chose au moyen ou en vertu d'un instrument émis sous l'autorité de la loi, sachant que l'instrument est fondé sur un document contrefait.

376. (1) Contrefaçon de timbres, etc. — Est coupable d'un acte criminel et passible d'un emprisonnement maximal de quatorze ans quiconque, selon le cas :

a) frauduleusement emploie, mutile, appose, enlève ou contrefait un timbre ou une partie de timbre;

b) sciemment et sans excuse légitime, dont la preuve lui incombe, a en sa possession :

(i) ou bien un timbre contrefait ou un timbre qui a été frauduleusement mutilé,

(ii) ou bien quelque chose portant un timbre dont une partie a été frauduleusement effacée, enlevée ou cachée;

c) sans excuse légitime, dont la preuve lui incombe, fait ou sciemment a en sa possession une matrice ou un instrument capable d'effectuer l'impression d'un timbre ou d'une partie de timbre.

(2) Contrefaçon d'une marque — Est coupable d'un acte criminel et passible d'un emprisonnement maximal de quatorze ans quiconque, sans autorisation légitime, selon le cas :

a) fait une marque;

b) vend ou expose en vente ou a en sa possession une marque contrefaite;

c) appose une marque sur une chose qui, d'après la loi, doit être marquée, estampillée, scellée ou enveloppée, autre que la chose sur laquelle la marque était originairement apposée ou était destinée à l'être;

d) appose une marque contrefaite sur une chose qui, d'après la loi, doit être marquée, estampillée, scellée ou enveloppée.

(3) Définitions — Les définitions qui suivent s'appliquent au présent article.

« **marque** » Marque, signe, sceau, enveloppe ou dessin employé par ou pour :

a) le gouvernement du Canada ou d'une province;

b) le gouvernement d'un État étranger;

c) un ministère, un office, un bureau, un conseil, une commission, un agent ou un mandataire créé par un gouvernement mentionné à l'alinéa *a)* ou *b)* à l'égard du service ou des affaires de ce gouvernement.

« timbre » Timbre imprimé ou gommé employé à des fins de revenu par le gouvernement du Canada ou d'une province ou par le gouvernement d'un État étranger.

377. (1) Documents endommagés — Est coupable d'un acte criminel et passible d'un emprisonnement maximal de cinq ans quiconque illégalement, selon le cas :

a) détruit, maquille ou détériore un registre ou toute partie d'un registre de naissances, baptêmes, mariages, décès ou sépultures que la loi oblige ou autorise à tenir au Canada, ou une copie ou toute partie d'une copie de ce registre que la loi prescrit de transmettre à un registrateur ou autre fonctionnaire;

b) insère ou fait insérer, dans un registre ou une copie que mentionne l'alinéa *a)*, une inscription qu'il sait être fausse au sujet d'une naissance, d'un baptême, d'un mariage, d'un décès ou d'une sépulture, ou efface de ce registre ou de cette copie toute partie essentielle;

c) détruit, endommage ou oblitère, ou fait détruire, endommager ou oblitérer un document d'élection;

d) opère ou fait opérer une rature, une altération ou une interlinéation dans un document d'élection ou sur un tel document.

(2) Définition de « document d'élection » — Au présent article, « **document d'élection** » s'entend de tout document ou écrit émis sous l'autorité d'une loi fédérale ou provinciale relativement à une élection tenue sous l'autorité d'une telle loi.

378. Infractions relatives aux registres — Est coupable d'un acte criminel et passible d'un emprisonnement maximal de cinq ans quiconque, selon le cas :

a) ayant, d'après la loi, l'autorisation ou l'obligation de faire ou d'émettre une copie ou un extrait d'un registre, dossier ou document, ou un certificat y relatif, attestés conformes, sciemment fait ou émet une fausse copie ou un faux extrait ou certificat attestés conformes;

b) n'ayant, d'après la loi, ni l'autorisation ni l'obligation de faire ou d'émettre une copie ou un extrait d'un registre, dossier ou document, ou un certificat y relatif, attestés conformes, frauduleusement fait ou émet une copie, un extrait ou certificat donné comme étant attesté selon une autorisation ou une prescription de la loi;

c) ayant, d'après la loi, l'autorisation ou l'obligation de faire un certificat ou une déclaration concernant tout détail requis pour permettre d'opérer des inscriptions dans un registre, dossier ou document, sciemment et faussement fait le certificat ou la déclaration.

Partie X — Opérations frauduleuses en matière de contrats et de commerce

Définitions

379. Définitions — Les définitions qui suivent s'appliquent à la présente partie.

« **bons-primes** » Toute forme de récépissé d'espèces, reçu, coupon, billet de prime, ou autre objet destiné à être donné à l'acheteur de marchandises par le vendeur ou en son nom, et à représenter un rabais sur le prix des marchandises ou une prime à l'acheteur et qui, selon le cas :

    a) est rachetable par les personnes suivantes :

        (i) toute personne autre que le vendeur, la personne de qui le vendeur a acheté les marchandises, ou le fabricant des marchandises,

        (ii) le vendeur, la personne de qui le vendeur a acheté les marchandises ou le fabricant des marchandises, en espèces ou en marchandises qui ne sont pas en tout ou en partie sa propriété,

        (iii) le vendeur ailleurs que dans le local où les marchandises ont été achetées;

    b) n'indique pas à sa face l'endroit où il est délivré ni sa valeur marchande;

    c) n'est pas rachetable sur demande, à tout moment.

Toutefois, une offre, mentionnée par le fabricant sur une enveloppe ou un contenant dans lequel les marchandises sont vendues, d'une prime ou d'une récompense pour le renvoi au fabricant de cette enveloppe ou de ce contenant, ne constitue pas un bon-prime.

« **marchandises** » Toute chose qui fait l'objet d'un commerce.

Fraude

380. (1) Fraude — Quiconque, par supercherie, mensonge ou autre moyen dolosif, constituant ou non un faux semblant au sens de la présente loi, frustre le public ou toute personne, déterminée ou non, de quelque bien, service, argent ou valeur :

    a) est coupable d'un acte criminel et passible d'un emprisonnement maximal de dix ans, si l'objet de l'infraction est un titre testamentaire ou si la valeur de l'objet de l'infraction dépasse cinq mille dollars;

    b) est coupable :

        (i) soit d'un acte criminel et passible d'un emprisonnement maximal de deux ans,

(ii) soit d'une infraction punissable sur déclaration de culpabilité par procédure sommaire,

si la valeur de l'objet de l'infraction ne dépasse pas cinq mille dollars.

(2) Influence sur le marché public — Est coupable d'un acte criminel et passible d'un emprisonnement maximal de dix ans quiconque, par supercherie, mensonge ou autre moyen dolosif, constituant ou non un faux semblant au sens de la présente loi, avec l'intention de frauder, influe sur la cote publique des stocks, actions, marchandises ou toute chose offerte en vente au public.

L.R.C. 1985, ch. 27 (1ᵉʳ suppl.), art. 54; L.C. 1994, ch. 44, art. 25; 1997, ch. 18, art. 26.

381. Emploi de la poste pour frauder — Est coupable d'un acte criminel et passible d'un emprisonnement maximal de deux ans quiconque se sert de la poste pour transmettre ou livrer des lettres ou circulaires concernant des projets conçus ou formés pour leurrer ou frauder le public, ou dans le dessein d'obtenir de l'argent par de faux semblants.

382. Manipulations frauduleuses d'opérations boursières — Est coupable d'un acte criminel et passible d'un emprisonnement maximal de cinq ans quiconque, par l'intermédiaire des facilités d'une bourse de valeurs, d'un *curb market* ou d'une autre bourse, avec l'intention de créer une apparence fausse ou trompeuse de négociation publique active d'une valeur mobilière, ou avec l'intention de créer une apparence fausse ou trompeuse quant au prix courant d'une valeur mobilière, selon le cas :

a) fait une opération sur cette valeur qui n'entraîne aucun changement dans la propriété bénéficiaire de cette valeur;

b) passe un ordre pour l'achat de la valeur, sachant qu'un ordre sensiblement de même importance, à une époque sensiblement la même et à un prix sensiblement semblable pour la vente de la valeur, a été ou sera passé par ou pour les mêmes personnes ou des personnes différentes;

c) passe un ordre pour la vente de la valeur, sachant qu'un ordre sensiblement de même importance, à une époque sensiblement la même et à un prix sensiblement semblable pour l'achat de la valeur, a été ou sera passé par ou pour les mêmes personnes ou des personnes différentes.

383. (1) Agiotage sur les actions ou marchandises — Est coupable d'un acte criminel et passible d'un emprisonnement maximal de cinq ans quiconque, dans le dessein de réaliser un gain ou profit par la hausse ou la baisse des actions d'une compagnie ou entreprise constituée ou non en personne morale, soit au Canada, soit à l'étranger, ou d'effets, de denrées ou de marchandises, selon le cas :

a) conclut ou signe, ou donne l'autorisation de conclure ou de signer, un marché ou une convention, oral ou écrit, censé porter sur l'achat ou la vente d'actions ou d'effets, de denrées ou de marchandises, sans avoir de bonne foi l'intention d'acquérir ou de vendre, selon le cas, ces actions, effets, denrées ou marchandises;

b) conclut ou signe, ou donne l'autorisation de conclure ou de signer, un marché ou une convention, oral ou écrit, censé porter sur la vente ou l'achat d'actions ou d'effets, de denrées ou de marchandises, à l'égard desquels aucune livraison de la chose vendue ou achetée n'est opérée ou reçue, et sans avoir de bonne foi l'intention de les livrer ou d'en recevoir livraison, selon le cas.

Le présent article ne s'applique pas lorsqu'un courtier, au nom d'un acheteur, reçoit livraison, même si le courtier garde ou engage ce qui est livré, en garantie de l'avance du prix d'achat ou d'une partie de ce prix.

(2) Fardeau de la preuve — Lorsque, dans des poursuites engagées en vertu du présent article, il est établi que le prévenu a conclu ou signé un marché ou une convention pour la vente ou l'achat d'actions ou d'effets, de denrées ou de marchandises, ou qu'il a participé, aidé ou incité à la conclusion ou signature d'un tel marché ou d'une telle convention, la preuve de la bonne foi de son intention d'acquérir ou de vendre ces actions, effets, denrées ou marchandises, ou de les livrer ou d'en recevoir livraison, selon le cas, incombe au prévenu.

384. Courtier réduisant le nombre d'actions en vendant pour son propre compte — Est coupable d'un acte criminel et passible d'un emprisonnement maximal de cinq ans toute personne qui, étant un particulier, ou un membre ou employé d'une société de personnes, ou un administrateur, dirigeant ou employé d'une personne morale, lorsque cette personne ou la société ou personne morale est employée comme courtier, par tout client, en vue d'acheter et de porter sur marge des actions d'une compagnie ou entreprise constituée en personne morale ou non, soit au Canada, soit à l'étranger, par la suite vend ou fait vendre des actions de cette compagnie ou entreprise pour tout compte dans lequel :

a) ou bien cette personne, ou sa firme ou un de ses associés;

b) ou bien la personne morale ou un de ses administrateurs,

a un intérêt direct ou indirect, si cette vente a pour effet, d'une autre manière qu'inintentionnellement, de réduire la quantité de ces actions entre les mains du courtier ou sous son contrôle, dans le cours ordinaire des affaires, au-dessous de la quantité des actions que le courtier devrait porter pour tous les clients.

385. (1) Cacher frauduleusement des titres — Est coupable d'un acte criminel et passible d'un emprisonnement maximal de deux ans quiconque, étant vendeur ou débiteur hypothécaire d'un bien ou d'un droit incorporel, ou un procureur ou agent d'un tel vendeur ou débiteur hypothécaire, et ayant reçu formellement une demande écrite de fournir un extrait de titre par l'acquéreur ou par le créancier hypothécaire, ou au nom de l'acquéreur ou du créancier hypothécaire, avant que l'achat ou l'hypothèque soit complété, selon le cas :

a) avec l'intention de frauder l'acquéreur ou le créancier hypothécaire, et afin de l'induire à accepter le titre qui lui est offert ou présenté, lui cache tout contrat de constitution, acte, testament ou autre pièce essentielle au titre, ou toute charge sur le titre;

b) falsifie toute généalogie dont dépend le titre.

(2) Consentement requis — Il ne peut être engagé de poursuites en vertu du présent article sans le consentement du procureur général.

386. Enregistrement frauduleux de titre — Est coupable d'un acte criminel et passible d'un emprisonnement maximal de cinq ans quiconque, en qualité de commettant ou d'agent, dans une procédure pour enregistrer le titre d'un bien immeuble ou dans une opération relative à un bien immeuble qui est enregistré ou dont l'enregistrement est projeté, sciemment et avec l'intention de tromper, selon le cas :

a) fait une fausse énonciation ou représentation essentielle;

b) supprime, ou cache à un juge ou registrateur ou à un employé ou assistant du registrateur, tout document, fait, matière ou renseignement essentiel;

c) contribue à faire une chose mentionnée à l'alinéa *a)* ou *b)*.

387. Vente frauduleuse d'un bien immeuble — Est coupable d'un acte criminel et passible d'un emprisonnement maximal de deux ans quiconque, étant au fait d'une vente antérieure non enregistrée ou de quelque concession, hypothèque, privilège ou charge existants et non enregistrés, concernant un bien immeuble, frauduleusement vend la totalité ou toute partie de ce bien.

388. Reçu destiné à tromper — Est coupable d'un acte criminel et passible d'un emprisonnement maximal de deux ans quiconque, volontairement, selon le cas :

a) avec l'intention de tromper ou de frauder une personne ou de lui causer un préjudice, que cette personne lui soit connue ou non, donne à quelqu'un un écrit censé un reçu ou un récépissé de biens à lui livrés ou par lui reçus avant que les biens y mentionnés lui aient été livrés ou qu'il les ait reçus;

b) accepte, transmet ou emploie un prétendu reçu ou récépissé auquel s'applique l'alinéa *a)*.

389. (1) Aliénation frauduleuse de marchandises sur lesquelles on a avancé de l'argent — Est coupable d'un acte criminel et passible d'un emprisonnement maximal de deux ans quiconque, selon le cas :

a) ayant expédié ou livré au gardien d'un entrepôt ou à un facteur, agent ou voiturier, une chose sur laquelle le consignataire a avancé des deniers ou donné une valeur, dispose ensuite de cette chose, avec l'intention de tromper, de frauder ou de léser le consignataire, d'une manière différente d'une convention faite à cet égard entre lui et le consignataire, et incompatible avec cette convention;

b) sciemment et volontairement aide ou assiste une personne à disposer d'une chose que vise l'alinéa *a)* dans le dessein de tromper, frauder ou léser le consignataire.

(2) Réserve — Nul n'est coupable d'une infraction aux termes du présent article si, avant de disposer de quelque chose d'une manière différente d'une convention faite à cet égard entre lui et le consignataire, et incompatible avec cette convention, il rembourse ou offre au consignataire le plein montant de la somme d'argent ou de la valeur que ce consignataire a avancée.

390. Reçus frauduleux sous le régime de la *Loi sur les banques* — Est coupable d'un acte criminel et passible d'un emprisonnement maximal de deux ans quiconque, selon le cas :

a) volontairement fait un faux énoncé dans un reçu, certificat ou récépissé pour une chose qui peut servir à une fin mentionnée dans la *Loi sur les banques*;

b) volontairement :

(i) soit après avoir donné à une autre personne,

(ii) soit après qu'une personne par lui employée a donné, d'après sa connaissance, à une autre personne,

(iii) soit après avoir obtenu et endossé ou transporté à une autre personne,

un reçu, certificat ou récépissé pour une chose pouvant servir à une fin mentionnée dans la *Loi sur les banques*, sans le consentement écrit du détenteur ou endossataire ou la production et la livraison du reçu, certificat ou récépissé, aliène le bien mentionné dans le reçu, certificat ou récépissé, ou s'en dessaisit ou ne le livre pas au détenteur ou propriétaire.

391. Réserve — Lorsqu'une infraction est commise, aux termes de l'article 388, 389 ou 390, par une personne qui agit au nom d'une personne morale, d'une firme ou d'une société de personnes, nulle personne autre que celle qui accomplit l'acte au moyen duquel l'infraction est commise ou contribue secrètement à l'accomplissement de cet acte, n'est coupable de l'infraction.

392. Aliénation de biens avec l'intention de frauder des créanciers — Est coupable d'un acte criminel et passible d'un emprisonnement maximal de deux ans quiconque, selon le cas :

a) avec l'intention de frauder ses créanciers :

(i) soit fait ou fait faire quelque don, transport, cession, vente, transfert ou remise de ses biens,

(ii) soit enlève ou cache un de ses biens, ou s'en défait;

b) dans le dessein qu'une personne quelconque fraude ses créanciers, reçoit un bien au moyen ou à l'égard duquel une infraction a été commise aux termes de l'alinéa *a).*

393. (1) Fraude en matière de prix de passage, etc. — Est coupable d'un acte criminel et passible d'un emprisonnement maximal de deux ans quiconque, étant chargé de percevoir un prix de passage, un péage, un billet ou un droit d'entrée, volontairement :

a) omet de le percevoir;

b) perçoit moins que le montant régulièrement payable;

c) accepte une contrepartie valable pour omettre de le percevoir ou pour percevoir moins que le montant régulièrement payable.

(2) Idem — Est coupable d'un acte criminel et passible d'un emprisonnement maximal de deux ans quiconque donne ou offre à une personne chargée de percevoir un prix de passage, un péage, billet ou droit d'entrée, une contrepartie valable :

a) pour qu'elle omette de le percevoir;

b) pour qu'elle perçoive moins que le montant régulièrement payable.

(3) Obtention frauduleuse de transport — Est coupable d'une infraction punissable sur déclaration de culpabilité par procédure sommaire quiconque, par un faux semblant ou une fraude, obtient illégalement le transport par voie de terre, par eau ou par la voie des airs.

394. (1) Fraudes relatives aux minéraux précieux — Le détenteur d'un bail ou d'un permis délivrés soit sous le régime d'une loi concernant l'extraction de minéraux précieux, soit par le propriétaire de terrains censés en contenir :

a) ne peut frustrer ou tenter de frustrer, par fraude ou supercherie, une personne :

(i) de minéraux précieux obtenus ou réservés au titre du bail ou du permis,

(ii) de deniers, choses ou considérations payables à l'égard de minéraux précieux obtenus ou de droits réservés au titre du bail ou du permis;

b) ne peut frauduleusement cacher la quantité de minéraux précieux obtenue au titre du bail ou du permis ou faire une fausse déclaration à cet égard.

(2) Vente de minéraux précieux — Nul ne peut vendre des minéraux précieux non raffinés, partiellement raffinés, non taillés ou non traités, à moins d'en être le propriétaire, d'être l'agent de celui-ci ou d'agir avec une autorisation légitime.

(3) Achat de minéraux précieux — Nul ne peut acheter des minéraux précieux non raffinés, partiellement raffinés, non taillés ou non traités à une personne dont il a des motifs de croire qu'elle n'en est pas le propriétaire, n'est pas l'agent de celui-ci ou n'agit pas avec une autorisation légitime.

(4) Présomption — Dans toute procédure touchant aux paragraphes (2) ou (3) :

a) la personne qui a vendu des minéraux précieux est réputée, en l'absence de preuve contraire soulevant un doute raisonnable, ne pas en avoir été le propriétaire, ne pas avoir été l'agent de celui-ci ou ne pas avoir agi avec une autorisation légitime;

b) la personne qui a acheté des minéraux précieux est réputée, en l'absence de preuve contraire soulevant un doute raisonnable, avoir eu, lors de l'achat, des motifs de croire que le vendeur n'en était pas le propriétaire, n'était pas l'agent de celui-ci ou n'agissait pas avec une autorisation légitime.

(5) Infraction — Quiconque contrevient aux paragraphes (1), (2) ou (3) est coupable d'un acte criminel passible d'un emprisonnement maximal de cinq ans.

(6) Confiscation — Lorsqu'une personne est déclarée coupable d'une infraction visée au présent article, le tribunal peut ordonner que toute chose au moyen ou à l'égard de laquelle l'infraction a été commise soit, sur cette déclaration de culpabilité, confisquée au profit de Sa Majesté.

(7) Restriction — Le paragraphe (6) ne s'applique pas aux biens immeubles, sauf s'ils ont été construits ou ont subi d'importantes modifications en vue de faciliter la perpétration d'une infraction visée au présent article.

L.R.C. 1985, ch. 27 (1er suppl.), art. 186; L.C. 1999, ch. 5, art. 10.

394.1 (1) Possession de minéraux précieux volés ou obtenus illégalement — Nul ne peut avoir en sa possession des minéraux précieux non raffinés, partiellement raffinés, non taillés ou non traités qui ont été volés ou ont fait l'objet d'une infraction visée à l'article 394.

(2) Preuve — Le fait qu'il y ait des motifs raisonnables de croire que des minéraux précieux ont été volés ou ont fait l'objet d'une infraction visée à l'article 394 constitue, en l'absence de preuve contraire soulevant un doute raisonnable, la preuve qu'ils l'ont été ou ont fait l'objet de cette infraction.

(3) Infraction — Quiconque contrevient au paragraphe (1) commet un acte criminel passible d'un emprisonnement maximal de cinq ans.

(4) Confiscation — Lorsqu'une personne est déclarée coupable d'une infraction visée au présent article, le tribunal peut ordonner que toute chose au moyen ou à l'égard de laquelle l'infraction a été commise soit, sur cette déclaration de culpabilité, confisquée au profit de Sa Majesté.

(5) Restriction — Le paragraphe (4) ne s'applique pas aux biens immeubles, sauf s'ils ont été construits ou ont subi d'importantes modifications en vue de faciliter la perpétration de l'infraction visée au paragraphe (3).

L.C. 1999, ch. 5, art. 10.

395. (1) Perquisition pour minéraux précieux — Lorsqu'une dénonciation écrite est faite sous serment devant un juge de paix par un agent de la paix ou un fonctionnaire public nommé ou désigné pour l'application ou l'exécution d'une loi fédérale ou provinciale et chargé notamment de faire observer la présente loi ou toute autre loi fédérale et que le juge de paix est convaincu qu'il existe des motifs raisonnables de croire que des minéraux précieux sont, en contravention de la présente loi ou de toute autre loi fédérale, déposés dans un endroit ou détenus par une personne, celui-ci peut décerner un mandat autorisant un agent de la paix ou le fonctionnaire public qui y est nommé à perquisitionner dans tout endroit ou à fouiller toute personne que mentionne la dénonciation.

L.C. 1999, ch. 5, art. 11.

(2) Pouvoir de saisir — Lorsque la perquisition fait découvrir une chose mentionnée au paragraphe (1), cette chose doit être saisie et apportée devant le juge de paix, qui doit ordonner :

    a) qu'elle soit détenue aux fins d'une enquête ou d'un procès;

    b) si elle n'est pas détenue aux fins d'une enquête ou d'un procès :

        (i) qu'elle soit rendue au propriétaire,

        (ii) qu'elle soit confisquée au profit de Sa Majesté du chef de la province où les procédures ont lieu, si le propriétaire ne peut pas être déterminé.

(3) Appel — Appel peut être interjeté d'une ordonnance rendue sous le régime de l'alinéa (2)*b*) de la manière dont un appel peut être interjeté dans les poursuites en déclaration de culpabilité par procédure sommaire prévues à la partie XXVII, et les dispositions de cette partie relatives aux appels s'appliquent aux appels interjetés en vertu du présent paragraphe.

396. (1) Infractions relatives aux mines — Est coupable d'un acte criminel et passible d'un emprisonnement maximal de dix ans quiconque, selon le cas :

    a) ajoute quoi que ce soit à une mine, un claim minier ou un puits de pétrole existant ou en perspective, ou en soustrait quelque chose, avec l'intention frauduleuse d'influencer le résultat d'un essai, d'une épreuve ou d'une évaluation faite ou à faire au sujet de la mine, du claim minier ou du puits de pétrole;

b) ajoute quoi que ce soit à un échantillon ou une matière qui a été, est ou doit être prélevé d'une mine, d'un claim minier ou d'un puits de pétrole existant ou en perspective, aux fins d'essai, d'épreuve ou autre évaluation, ou en soustrait quelque chose, ou altère cet échantillon ou cette matière, avec l'intention frauduleuse d'influencer le résultat de l'essai, de l'épreuve ou de l'évaluation.

(2) Présomption — Aux fins des poursuites engagées en vertu du paragraphe (1), la preuve, selon le cas :

a) qu'une chose a été ajoutée à l'un des objets visés par le paragraphe (1), ou en a été enlevée;

b) qu'il y a eu altération d'une chose visée par le paragraphe (1),

constitue, en l'absence de toute preuve contraire, une preuve de l'intention frauduleuse d'influencer le résultat d'un essai, d'une épreuve ou d'une évaluation.

Falsification de livres et documents

397. (1) Livres et documents — Est coupable d'un acte criminel et passible d'un emprisonnement maximal de cinq ans quiconque, avec l'intention de frauder, selon le cas :

a) détruit, mutile, altère ou falsifie tout livre, papier, écrit, valeur ou document, ou y fait une fausse inscription;

b) omet un détail essentiel d'un livre, papier, écrit, valeur ou document, ou y altère un détail essentiel.

(2) Pour frauder ses créanciers — Est coupable d'un acte criminel et passible d'un emprisonnement maximal de cinq ans quiconque, avec l'intention de frauder ses créanciers, contribue à l'accomplissement d'une infraction visée au paragraphe (1).

398. Falsifier un registre d'emploi — Est coupable d'une infraction punissable sur déclaration de culpabilité par procédure sommaire quiconque, avec l'intention d'induire en erreur, falsifie un registre d'emploi par un moyen quelconque, y compris le poinçonnage d'une pointeuse.

L.C. 1992, ch. 1, art. 60.

399. Faux relevé fourni par un fonctionnaire public — Est coupable d'un acte criminel et passible d'un emprisonnement maximal de cinq ans quiconque, étant chargé de la réception, garde ou gestion de quelque partie des revenus publics, fournit sciemment un faux état ou relevé :

a) soit de deniers perçus par lui ou confiés à sa garde;

b) soit de tout solde de deniers entre ses mains ou sous son contrôle.

400. (1) Faux prospectus, etc. — Est coupable d'un acte criminel et passible d'un emprisonnement maximal de dix ans quiconque fait, met en circulation ou publie un prospectus, état ou compte, soit écrit, soit oral, qu'il sait être faux en quelque point essentiel, avec l'intention, selon le cas :

a) d'induire des personnes, qu'elles soient particulièrement visées ou non, à devenir actionnaires ou associés d'une compagnie;

b) de tromper ou de frauder les membres, actionnaires ou créanciers d'une compagnie, particulièrement visés ou non;

c) d'induire qui que ce soit, selon le cas :

(i) à confier ou à avancer quelque chose à une compagnie,

(ii) à contracter une garantie pour le bénéfice d'une compagnie.

(2) Définition de « compagnie » — Au présent article, **« compagnie »** désigne un syndicat, une personne morale ou une compagnie, en existence ou dont la création est projetée.

L.C. 1994, ch. 44, art. 26.

401. (1) Obtention de transport par faux connaissement — Est coupable d'une infraction punissable sur déclaration de culpabilité par procédure sommaire quiconque, par une représentation fausse ou trompeuse, sciemment obtient ou tente d'obtenir qu'une personne transporte, dans un pays, une province, un district ou un autre endroit, au Canada ou à l'étranger, une chose dont l'importation ou le transport est illicite dans les circonstances de l'espèce.

(2) Confiscation — Lorsqu'une personne est déclarée coupable d'une infraction visée au paragraphe (1), sur cette déclaration de culpabilité, en sus de toute peine imposée, la chose au moyen ou à l'égard de laquelle l'infraction a été commise est confisquée au profit de Sa Majesté, et il doit en être disposé selon que le tribunal l'ordonne.

402. (1) Omission par un commerçant de tenir des comptes — Est coupable d'un acte criminel et passible d'un emprisonnement maximal de deux ans quiconque, étant commerçant ou en affaires, à la fois :

a) est endetté pour un montant de plus de mille dollars;

b) est incapable de payer intégralement ses créanciers;

c) n'a pas tenu les livres de compte qui, dans le cours ordinaire du commerce ou de l'entreprise qu'il exerce, sont nécessaires pour montrer ou expliquer ses opérations.

(2) Réserve — Nul ne peut être déclaré coupable d'une infraction visée au présent article lorsque, selon le cas :

a) à la satisfaction du tribunal ou du juge :

(i) d'une part, il rend compte de ses pertes,

(ii) d'autre part, il démontre que son omission de tenir des livres n'était pas destinée à frauder ses créanciers;

b) son omission de tenir des livres s'est produite plus de cinq ans avant le jour où il est devenu incapable de payer intégralement ses créanciers.

Supposition de personne

403. Supposition intentionnelle de personne — Est coupable soit d'un acte criminel et passible d'un emprisonnement maximal de dix ans, soit d'une infraction punissable sur déclaration de culpabilité par procédure sommaire quiconque, frauduleusement, se fait passer pour une personne, vivante ou morte :

a) soit avec l'intention d'obtenir un avantage pour lui-même ou pour une autre personne;

b) soit avec l'intention d'obtenir un bien ou un intérêt dans un bien;

c) soit avec l'intention de causer un désavantage à la personne pour laquelle il se fait passer, ou à une autre personne.

L.C. 1994, ch. 44, art. 27.

404. Représenter faussement un autre à un examen — Est coupable d'une infraction punissable sur déclaration de culpabilité par procédure sommaire quiconque, faussement, avec l'intention d'acquérir un avantage pour lui-même ou pour une autre personne, se fait passer pour un candidat à un examen de concours ou d'aptitudes tenu en vertu de la loi ou relativement à une université, un collège ou une école, ou sciemment tire parti du résultat de cette supposition de personne.

405. Reconnaissance d'un instrument sous un faux nom — Est coupable d'un acte criminel et passible d'un emprisonnement maximal de cinq ans quiconque, sans autorisation ou excuse légitime, dont la preuve lui incombe, reconnaît au nom d'un autre devant un tribunal, un juge ou une autre personne autorisée à recevoir une telle reconnaissance, un engagement de caution, une confession de jugement, un consentement à jugement ou un jugement, acte ou autre instrument.

Contrefaçon de marques de commerce et de désignations de fabrique

406. Contrefaçon d'une marque de commerce — Pour l'application de la présente partie, contrefait une marque de commerce quiconque, selon le cas :

a) sans le consentement du propriétaire de la marque de commerce, fait ou reproduit de quelque manière cette marque ou une marque lui ressemblant au point d'être conçue de manière à induire en erreur;

b) falsifie, de quelque manière, une marque de commerce authentique.

407. Infraction — Commet une infraction quiconque contrefait une marque de commerce, avec l'intention de tromper ou de frauder le public ou toute personne, déterminée ou non.

408. Substitution — Commet une infraction quiconque, avec l'intention de tromper ou de frauder le public ou toute personne, déterminée on non, selon le cas :

a) passe d'autres marchandises ou services pour et contre les marchandises et services qui ont été commandés ou requis;

b) utilise, à l'égard de marchandises ou services, une désignation qui est fausse sous un rapport essentiel en ce qui concerne :

(i) soit la nature, la qualité, la quantité ou la composition,

(ii) soit l'origine géographique,

(iii) soit le mode de fabrication, de production ou de réalisation,

de ces marchandises ou services.

L.C. 1992, ch. 1, art. 60.

409. (1) Instruments pour contrefaire une marque de commerce — Commet une infraction quiconque fait, a en sa possession ou aliène tout poinçon, matrice, machine ou autre instrument destiné à être employé pour contrefaire une marque de commerce, ou conçu à cette fin.

(2) Réserve — Nul ne peut être déclaré coupable d'une infraction visée au présent article s'il prouve qu'il a agi de bonne foi dans le cours ordinaire de son commerce ou emploi.

410. Autres infractions relatives aux marques de commerce — Commet une infraction quiconque, avec l'intention de tromper ou de frauder, selon le cas :

a) maquille, cache ou enlève de quelque chose une marque de commerce ou le nom d'une autre personne sans le consentement de cette dernière;

b) étant un fabricant, marchand, négociant ou embouteilleur, remplit de breuvage, lait, sous-produit du lait ou autre produit liquide aux fins de la vente ou du commerce, une bouteille ou un siphon portant la marque de commerce ou le nom d'une autre personne, sans le consentement de cette dernière.

411. Vente de marchandises utilisées sans indication — Commet une infraction quiconque vend, expose ou a en sa possession pour la vente, ou annonce en vente, des marchandises qui ont été utilisées, reconditionnées ou refaites et qui portent la marque de commerce ou le nom commercial d'une autre personne, sans pleinement divulguer que les marchandises ont été reconditionnées, reconstruites ou refaites pour la vente et qu'elles ne sont pas alors dans l'état où elles ont été originairement faites ou produites.

412. (1) Peine — Quiconque commet une infraction visée à l'article 407, 408, 409, 410 ou 411 est coupable :

a) soit d'un acte criminel et passible d'un emprisonnement maximal de deux ans;

b) soit d'une infraction punissable sur déclaration de culpabilité par procédure sommaire.

(2) Confiscation — Lorsqu'une personne est déclarée coupable d'une infraction visée à l'article 407, 408, 409, 410 ou 411, toute chose au moyen ou à l'égard de laquelle l'infraction a été commise est confisquée, à moins que le tribunal n'en ordonne autrement.

413. Se réclamer faussement d'un brevet de fournisseur de Sa Majesté — Est coupable d'une infraction punissable sur déclaration de culpabilité par procédure sommaire quiconque représente faussement que des marchandises sont fabriquées par une personne détenant un brevet royal, ou pour le service de Sa Majesté, d'un membre de la famille royale ou d'un ministère public.

414. Présomption reposant sur le port d'expédition — Lorsque, dans des procédures engagées en vertu de la présente partie, la prétendue infraction concerne des marchandises importées, la preuve que les marchandises ont été expédiées au Canada, de l'étranger, constitue, en l'absence de toute preuve contraire, une preuve que les marchandises ont été faites ou produites dans le pays d'où elles ont été expédiées.

Épaves

415. Infractions relatives aux épaves — Quiconque, selon le cas :

a) cache une épave, ou maquille ou oblitère les marques que porte une épave, ou prend tout moyen pour cacher ou déguiser le fait qu'une chose est une épave, ou de toute manière dissimule le caractère d'épave, à une personne qui a le droit d'enquêter sur l'épave;

b) reçoit une épave, sachant que c'est une épave, d'une personne autre que le propriétaire de cette épave ou un receveur des épaves et n'en informe pas dans les quarante-huit heures le receveur des épaves;

c) offre en vente une épave ou prend à son égard toute autre mesure, sachant que c'est une épave, sans avoir une autorisation légitime pour agir ainsi;

d) garde en sa possession une épave, sachant que c'est une épave, sans autorisation légitime de la garder, pendant plus de temps qu'il n'en faut raisonnablement pour la remettre au receveur des épaves;

e) aborde un navire naufragé, échoué ou en détresse, contre la volonté du capitaine, à moins d'être un receveur des épaves ou une personne agissant sous les ordres d'un receveur des épaves,

est coupable :

f) soit d'un acte criminel et passible d'un emprisonnement maximal de deux ans;

g) soit d'une infraction punissable sur déclaration de culpabilité par procédure sommaire.

Approvisionnements publics

416. Marques distinctives sur approvisionnements publics — Le gouverneur en conseil peut, au moyen d'un avis à publier dans la *Gazette du Canada*, prescrire des marques distinctives propres à être employées sur les approvisionnements publics afin d'indiquer le droit de propriété de Sa Majesté à l'égard de ces approvisionnements, qu'ils appartiennent à Sa Majesté du chef du Canada ou de tout autre chef.

417. (1) Application ou enlèvement de marques sans autorisation — Est coupable d'un acte criminel et passible d'un emprisonnement maximal de deux ans quiconque, selon le cas :

a) sans autorisation légitime, dont la preuve lui incombe, applique sur quoi que ce soit une marque distinctive;

b) avec l'intention de dissimuler le droit de propriété de Sa Majesté sur des approvisionnements publics, enlève, détruit ou oblitère, en totalité ou en partie, une marque distinctive.

(2) Opérations illicites à l'égard d'approvisionnements publics — Quiconque, sans autorisation légitime, dont la preuve lui incombe, reçoit, a en sa possession, garde, vend ou livre des approvisionnements publics qu'il sait porter une marque distinctive, est coupable :

a) soit d'un acte criminel et passible d'un emprisonnement maximal de deux ans;

b) soit d'une infraction punissable sur déclaration de culpabilité par procédure sommaire.

(3) Définition de « marque distinctive » — Pour l'application du présent article, **« marque distinctive »** s'entend d'une marque distinctive propre à être employée sur des approvisionnements publics selon l'article 416.

418. (1) Vente d'approvisionnements défectueux à Sa Majesté — Est coupable d'un acte criminel et passible d'un emprisonnement maximal de quatorze ans quiconque sciemment vend ou livre des approvisionnements défectueux à Sa Majesté ou commet une fraude en ce qui concerne la vente, la location ou la livraison d'approvisionnements à Sa Majesté ou la fabrication d'approvisionnements pour Sa Majesté.

(2) Infractions par dirigeants et employés de personnes morales — Est coupable d'un acte criminel et passible d'un emprisonnement maximal de quatorze ans quiconque, étant administrateur, dirigeant, agent ou employé d'une personne morale qui commet, par fraude, une infraction visée au paragraphe (1) :

a) sciemment participe à la fraude;

b) sait ou a des raisons de soupçonner que la fraude est commise ou l'a été ou est sur le point de l'être, et n'en informe pas le gouvernement responsable de Sa Majesté ou un ministère de ce gouvernement.

419. Emploi illégitime d'uniformes ou certificats militaires — Quiconque, sans autorisation légitime, dont la preuve lui incombe, selon le cas :

a) porte un uniforme des Forces canadiennes ou d'autres forces navales, forces de l'armée ou forces aériennes ou un uniforme qui ressemble à celui de l'une de ces forces au point d'être pris vraisemblablement pour ce dernier;

b) porte une marque distinctive concernant des blessures reçues ou du service accompli dans une guerre, ou une médaille, un ruban, un insigne ou un chevron militaire, ou toute décoration ou ordre accordé pour services de guerre, ou une imitation de ce qui précède, ou toute marque, tout emblème ou toute chose susceptible d'être prise pour l'une de ces distinctions honorifiques;

c) a en sa possession un certificat de libération, un certificat de licenciement, un état de services ou une carte d'identité des Forces canadiennes ou d'autres forces navales, forces de l'armée ou forces aériennes qui ne lui a pas été délivré et ne lui appartient pas;

d) a en sa possession une commission, un brevet ou un certificat de libération, un certificat de licenciement, un état de services ou une carte d'identité émise à un officier ou à une personne qui est ou a été dans les Forces canadiennes ou d'autres forces navales, forces de l'armée ou forces aériennes et portant une altération non attestée par les initiales de l'officier qui l'a émise, ou par les initiales d'un officier légalement autorisé à cet égard, est coupable d'une infraction punissable sur déclaration de culpabilité par procédure sommaire.

420. (1) Approvisionnements militaires — Quiconque achète, reçoit ou détient, d'un membre des Forces canadiennes ou d'un déserteur ou d'un absent sans permission de ces Forces, des approvisionnements militaires qui appartiennent à Sa Majesté ou dont le membre, le déserteur ou l'absent sans permission doit rendre compte à Sa Majesté, est coupable :

a) soit d'un acte criminel et passible d'un emprisonnement maximal de cinq ans;

b) soit d'une infraction punissable sur déclaration de culpabilité par procédure sommaire.

(2) Exception — Nul ne peut être déclaré coupable d'une infraction visée au présent article s'il établit qu'il ne savait pas et n'avait aucune raison de soupçonner que les approvisionnements militaires à l'égard desquels l'infraction a été commise appartenaient à Sa Majesté, ou étaient des approvisionnements militaires dont le membre, le déserteur ou l'absent sans permission devait rendre compte à Sa Majesté.

421. (1) Preuve d'enrôlement — Dans des poursuites engagées en vertu des articles 417 à 420, la preuve qu'une personne, à quelque époque, remplissait des fonctions dans les Forces canadiennes constitue, en l'absence de toute preuve contraire, une preuve que son enrôlement dans les Forces canadiennes avant l'époque en question était régulier.

(2) Présomption dans les cas où un accusé faisait le commerce d'approvisionnements — Un prévenu inculpé d'une infraction visée au paragraphe 417(2) est présumé avoir su que les approvisionnements à l'égard desquels l'infraction aurait été commise portaient une marque distinctive, au sens de ce paragraphe, au moment où l'infraction aurait été commise, si, à cette époque, il était au service ou à l'emploi de Sa Majesté, ou était un commerçant de gréements de marine ou un marchand de vieux métaux.

Violation de contrat, intimidation et distinction injuste envers les syndiqués

422. (1) Violation criminelle de contrat — Quiconque, volontairement, viole un contrat, sachant ou ayant des motifs raisonnables de croire que les conséquences probables de son acte, qu'il agisse seul ou en liaison avec d'autres, seront, selon le cas :

a) de mettre en danger la vie humaine;

b) d'infliger des blessures corporelles graves;

c) d'exposer des biens de valeur, meubles ou immeubles, à une ruine totale ou à de graves dommages;

d) de priver les habitants d'une ville ou localité, ou de toute partie d'une ville ou localité, totalement ou dans une grande mesure, de leur approvisionnement de lumière, d'énergie, de gaz ou d'eau;

e) de retarder ou d'empêcher le service d'une locomotive, d'un tender, d'un convoi ou wagon de marchandises ou de voyageurs sur un chemin de fer qui est un voiturier public,

est coupable :

f) soit d'un acte criminel et passible d'un emprisonnement maximal de cinq ans;

g) soit d'une infraction punissable sur déclaration de culpabilité par procédure sommaire.

(2) Réserve — Nul ne viole volontairement un contrat au sens du paragraphe (1) par le seul fait que, selon le cas :

a) étant au service d'un employeur, il cesse de travailler par suite du défaut, de la part de son employeur et de lui-même, de s'entendre sur une question quelconque touchant son emploi;

b) étant membre d'une organisation d'employés formée en vue de régler les relations entre employeurs et employés, il cesse de travailler par suite du défaut, de la part de l'employeur et d'un agent négociateur agissant au nom de l'organisation, de s'entendre sur une question quelconque touchant l'emploi de membres de l'organisation,

si avant la cessation du travail, toutes les mesures prévues par la loi quant au règlement de conflits industriels sont prises et si toute disposition en vue du règlement définitif de différends, sans cessation du travail, contenue ou censée, en vertu de la loi, être contenue dans une convention collective, est observée et exécutée.

(3) Consentement requis — Il ne peut être engagé de poursuites en vertu du présent article sans le consentement du procureur général.

423. (1) Intimidation — Est coupable d'une infraction punissable sur déclaration de culpabilité par procédure sommaire quiconque, injustement et sans autorisation légitime, dans le dessein de forcer une autre personne à s'abstenir de faire une chose qu'elle a légalement le droit de faire, ou à faire une chose qu'elle peut légalement s'abstenir de faire, selon le cas :

a) use de violence ou de menaces de violence envers cette personne, ou envers son conjoint ou ses enfants, ou endommage ses biens;

Non en vigueur — 423(1)a)

Lors de l'entrée en vigueur de l'article 95, L.C. 2000, ch. 12, le mot « conjoint » sera remplacé par les mots « époux ou conjoint de fait », avec les adaptations grammaticales nécessaires.

L.C. 2000, ch. 12, art. 95.

b) intimide ou tente d'intimider cette personne ou un parent de cette personne par des menaces de violence ou d'un autre mal, ou de quelque peine, à elle ou à l'un de ses parents, ou de dommage aux biens de l'un d'entre eux, au Canada ou à l'étranger;

c) suit avec persistance cette personne de place en place;

d) cache des outils, vêtements ou autres biens, possédés ou employés par cette personne, ou l'en prive ou fait obstacle à l'usage qu'elle en fait;

e) avec un ou plusieurs autres, suit désordonnément cette personne sur une grande route;

f) cerne ou surveille la maison d'habitation ou le lieu où cette personne réside, travaille, exerce son entreprise ou se trouve;

g) bloque ou obstrue une grande route.

(2) Exception — Ne surveille ni ne cerne, au sens du présent article, celui qui se trouve dans un lieu, notamment une maison d'habitation, ou près de ce lieu, ou qui s'en approche, à seule fin d'obtenir ou de communiquer des renseignements.

424. Menaces de commettre une infraction contre une personne jouissant d'une protection internationale — Est coupable d'un acte criminel et passible d'un emprisonnement maximal de cinq ans quiconque menace de commettre, contre une personne jouissant d'une protection internationale, une infraction visée aux articles 235, 266, 279 ou 279.1 ou menace de commettre une infraction visée à l'article 431.

L.R.C. 1985, ch. 27 (1er suppl.), art. 55.

425. Infractions à l'encontre de la liberté d'association — Est coupable d'une infraction punissable sur déclaration de culpabilité par procédure sommaire quiconque, étant un employeur ou l'agent d'un employeur, injustement et sans autorisation légitime, selon le cas :

a) refuse d'employer ou congédie une personne pour la seule raison que la personne est membre d'un syndicat ouvrier légitime ou d'une association ou alliance légitime d'ouvriers ou d'employés formée pour l'avancement licite de leurs intérêts et organisée pour les protéger dans la réglementation des salaires et des conditions de travail;

b) cherche par l'intimidation, par la menace de la perte d'une situation ou d'un emploi, ou en causant la perte réelle d'une situation ou d'un emploi, ou par la menace ou l'imposition d'une peine pécuniaire, à contraindre des ouvriers ou employés de s'abstenir d'être membres d'un syndicat ouvrier ou d'une association ou alliance à laquelle ils ont légitimement le droit d'appartenir;

c) complote, se coalise, conclut une convention ou s'entend avec un autre employeur ou son agent pour accomplir l'un des actes mentionnés à l'alinéa *a)* ou *b)*.

Commissions secrètes

426. (1) Commissions secrètes — Commet une infraction quiconque, selon le cas :

a) par corruption :

(i) donne ou offre, ou convient de donner ou d'offrir, à un agent,

(ii) étant un agent, exige ou accepte ou offre ou convient d'accepter, de qui que ce soit,

une récompense, un avantage ou un bénéfice de quelque sorte à titre de contrepartie pour faire ou s'abstenir de faire, ou pour avoir fait ou s'être abstenu de faire, un acte relatif aux affaires ou à l'entreprise de son commettant ou pour témoigner ou s'abstenir de témoigner de la faveur ou de la défaveur à une personne quant aux affaires ou à l'entreprise de son commettant;

b) avec l'intention de tromper un commettant, donne à un agent de ce commettant, ou étant un agent, emploie avec l'intention de tromper son commettant, quelque reçu, compte ou autre écrit :

(i) dans lequel le commettant a un intérêt,

(ii) qui contient une déclaration ou un énoncé faux ou erroné ou défectueux sous quelque rapport essentiel,

(iii) qui a pour objet de tromper le commettant.

(2) Fait de contribuer à l'infraction — Commet une infraction quiconque contribue sciemment à la perpétration d'une infraction visée au paragraphe (1).

(3) Peine — Est coupable d'un acte criminel et passible d'un emprisonnement maximal de cinq ans quiconque commet une infraction prévue au présent article.

(4) Définitions — Au présent article, « **agent** » s'entend notamment d'un employé, et « **commettant** » s'entend notamment d'un patron.

L.R.C. 1985, ch. 27 (1ᵉʳ suppl.), art. 56.

Bons-primes

427. (1) Émission de bons-primes — Est coupable d'une infraction punissable sur déclaration de culpabilité par procédure sommaire quiconque, en personne ou par son employé ou agent, directement ou indirectement émet, donne, vend ou autrement aliène, ou offre d'émettre, de donner, de vendre ou d'autrement aliéner, des bons-primes à un marchand ou négociant en marchandises pour emploi dans son commerce.

(2) Don à un acheteur de marchandises — Est coupable d'une infraction punissable sur déclaration de culpabilité par procédure sommaire quiconque, étant un marchand ou négociant en marchandises, en personne ou par son employé ou agent, directement ou indirectement donne ou de quelque manière aliène, ou offre de donner ou d'aliéner de quelque manière, des bons-primes à une personne qui lui achète des marchandises.

PARTIE XI — ACTES VOLONTAIRES ET PROHIBÉS CONCERNANT CERTAINS BIENS

Définition et interprétation

428. Définition de « bien » — Dans la présente partie, « bien » s'entend d'un bien corporel immeuble ou meuble.

429. (1) Volontairement — Quiconque cause la production d'un événement en accomplissant un acte, ou en omettant d'accomplir un acte qu'il est tenu d'accomplir, sachant que cet acte ou cette omission causera probablement la production de l'événement et sans se soucier que l'événement se produise ou non, est, pour l'application de la présente partie, réputé avoir causé volontairement la production de l'événement.

(2) Apparence de droit — Nul ne peut être déclaré coupable d'une infraction visée aux articles 430 à 446 s'il prouve qu'il a agi avec une justification ou une excuse légale et avec apparence de droit.

(3) Intérêt — Lorsque la destruction ou la détérioration d'une chose constitue une infraction :

    a) le fait qu'une personne possède un intérêt partiel dans ce qui est détruit ou détérioré ne l'empêche pas d'être coupable de l'infraction si elle a causé la destruction ou la détérioration;

    b) le fait qu'une personne possède un intérêt entier dans ce qui est détruit ou détérioré ne l'empêche pas d'être coupable de l'infraction si elle a causé la destruction ou la détérioration dans le dessein de frauder.

Méfaits

430. (1) Méfait — Commet un méfait quiconque, volontairement, selon le cas :

    a) détruit ou détériore un bien;

    b) rend un bien dangereux, inutile, inopérant ou inefficace;

    c) empêche, interrompt ou gêne l'emploi, la jouissance ou l'exploitation légitime d'un bien;

    d) empêche, interrompt ou gêne une personne dans l'emploi, la jouissance ou l'exploitation légitime d'un bien.

(1.1) Méfait concernant des données — Commet un méfait quiconque, volontairement, selon le cas :

    a) détruit ou modifie des données;

    b) dépouille des données de leur sens, les rend inutiles ou inopérantes;

    c) empêche, interrompt ou gêne l'emploi légitime des données;

    d) empêche, interrompt ou gêne une personne dans l'emploi légitime des données ou refuse l'accès aux données à une personne qui y a droit.

(2) Peine — Est coupable d'un acte criminel et passible de l'emprisonnement à perpétuité quiconque commet un méfait qui cause un danger réel pour la vie des gens.

(3) Idem — Quiconque commet un méfait à l'égard d'un bien qui constitue un titre testamentaire ou dont la valeur dépasse cinq mille dollars est coupable :

    a) soit d'un acte criminel et passible d'un emprisonnement maximal de dix ans;

    b) soit d'une infraction punissable sur déclaration de culpabilité par procédure sommaire.

(4) Idem — Quiconque commet un méfait à l'égard d'un bien, autre qu'un bien visé au paragraphe (3), est coupable :

    a) soit d'un acte criminel et passible d'un emprisonnement maximal de deux ans;

    b) soit d'une infraction punissable sur déclaration de culpabilité par procédure sommaire.

(5) Idem — Quiconque commet un méfait à l'égard de données est coupable :

    a) soit d'un acte criminel et passible d'un emprisonnement maximal de dix ans;

    b) soit d'une infraction punissable sur déclaration de culpabilité par procédure sommaire.

(5.1) Infraction — Quiconque volontairement accomplit un acte ou volontairement omet d'accomplir un acte qu'il a le devoir d'accomplir, si cet acte ou cette omission est susceptible de constituer un méfait qui cause un danger réel pour la vie des gens ou de constituer un méfait à l'égard de biens ou de données est coupable :

a) soit d'un acte criminel et passible d'un emprisonnement maximal de cinq ans;

b) soit d'une infraction punissable sur déclaration de culpabilité par procédure sommaire.

(6) Réserve — Nul ne commet un méfait au sens du présent article par le seul fait que, selon le cas :

a) il cesse de travailler par suite du défaut, de la part de son employeur et de lui-même, de s'entendre sur une question quelconque touchant son emploi;

b) il cesse de travailler par suite du défaut, de la part de son employeur et d'un agent négociateur agissant en son nom, de s'entendre sur une question quelconque touchant son emploi;

c) il cesse de travailler par suite de sa participation à une entente d'ouvriers ou d'employés pour leur propre protection raisonnable à titre d'ouvriers ou d'employés.

(7) Idem — Nul ne commet un méfait au sens du présent article par le seul fait qu'il se trouve dans un lieu, notamment une maison d'habitation, ou près de ce lieu, ou qu'il s'en approche, aux seules fins d'obtenir ou de communiquer des renseignements.

(8) Définition de « données » — Au présent article, « **données** » s'entend au sens de l'article 342.1.

L.R.C. 1985, ch. 27 (1er suppl.), art. 57; L.C. 1994, ch. 44, art. 28.

431. Attaque contre les locaux officiels, le logement privé ou les moyens de transport — Est coupable d'un acte criminel et passible d'un emprisonnement maximal de quatorze ans quiconque attaque les locaux officiels, le logement privé ou les moyens de transport d'une personne jouissant d'une protection internationale, de manière à mettre vraisemblablement la vie ou la liberté de cette personne en danger.

L.R.C. 1985, ch. 27 (1er suppl.), art. 58.

432. [Abrogé, L.R.C. 1985, ch. 27 (1er suppl.), art. 58.]

Crime d'incendie et autres incendies

433. Incendie criminel : danger pour la vie humaine — Est coupable d'un acte criminel et passible de l'emprisonnement à perpétuité toute personne qui, intentionnellement ou sans se soucier des conséquences de son acte, cause par le feu ou par une explosion un dommage à un bien, que ce bien lui appartienne ou non, dans les cas suivants :

      a) elle sait que celui-ci est habité ou occupé, ou ne s'en soucie pas;

      b) le feu ou l'explosion cause des lésions corporelles à autrui.

L.C. 1990, ch. 15, art. 1.

434. Incendie criminel : dommages matériels — Est coupable d'un acte criminel et passible d'un emprisonnement maximal de quatorze ans quiconque, intentionnellement ou sans se soucier des conséquences de son acte, cause par le feu ou par une explosion un dommage à un bien qui ne lui appartient pas en entier.

L.C. 1990, ch. 15, art. 1.

434.1 Incendie criminel : biens propres — Est coupable d'un acte criminel et passible d'un emprisonnement maximal de quatorze ans quiconque, intentionnellement ou sans se soucier des conséquences de son acte, cause par le feu ou par une explosion un dommage à un bien qui lui appartient en tout ou en partie lorsque l'incendie ou l'explosion constitue une menace grave envers la santé ou la sécurité d'autrui ou un risque sérieux pour ses biens.

L.C. 1990, ch. 15, art. 1.

435. (1) Incendie criminel : intention frauduleuse — Est coupable d'un acte criminel et passible d'un emprisonnement maximal de dix ans quiconque cause par le feu ou par une explosion un dommage à un bien, que ce bien lui appartienne en tout ou en partie ou non, avec l'intention de frauder une autre personne.

(2) Détenteur ou bénéficiaire d'une police d'assurance-incendie — Le fait qu'une personne accusée de l'infraction visée au paragraphe (1) était détentrice ou bénéficiaire désignée d'une police d'assurance-incendie sur le bien à l'égard duquel l'infraction aurait été commise est un fait dont le tribunal peut conclure à l'intention de frauder.

L.C. 1990, ch. 15, art. 1.

436. (1) Incendie criminel par négligence — Est coupable d'un acte criminel et passible d'un emprisonnement maximal de cinq ans le responsable d'un bien — ou le propriétaire de la totalité ou d'une partie d'un tel bien — qui, en s'écartant de façon marquée du comportement normal qu'une personne prudente adopterait pour prévoir ou limiter la propagation des incendies ou prévenir les explosions, contribue à provoquer dans ce bien un incendie ou une explosion qui cause des lésions corporelles à autrui ou endommage des biens.

(2) Inobservation des lois et règlements — Le fait qu'une personne accusée de l'infraction visée au paragraphe (1) n'a pas observé une règle de droit concernant la prévention ou la maîtrise des incendies et des explosions ainsi que la limitation des conséquences de ces dernières à l'égard du bien en question est un fait dont le tribunal peut conclure à l'écart de comportement visé à ce paragraphe.

L.C. 1990, ch. 15, art. 1.

436.1 Possession de matières incendiaires — Est coupable d'un acte criminel et passible d'un emprisonnement maximal de cinq ans quiconque a en sa possession des matières incendiaires, des dispositifs incendiaires ou des substances explosives dans l'intention de commettre un acte criminel visé aux articles 433 à 436.

L.C. 1990, ch. 15, art. 1.

Autres interventions concernant des biens

437. Fausse alerte — Est coupable :

a) soit d'un acte criminel et passible d'un emprisonnement maximal de deux ans;

b) soit d'une infraction punissable sur déclaration de culpabilité par procédure sommaire,

quiconque, volontairement, sans cause raisonnable, en criant, en sonnant des cloches, en se servant d'un avertisseur d'incendie, d'un téléphone ou d'un télégraphe, ou de toute autre manière, sonne ou répand ou fait sonner ou répandre une alarme d'incendie.

438. (1) Entrave au sauvetage d'un navire naufragé — Est coupable d'un acte criminel et passible d'un emprisonnement maximal de cinq ans quiconque volontairement empêche ou entrave, ou volontairement cherche à empêcher ou à entraver :

a) soit le sauvetage d'un navire naufragé, échoué, abandonné ou en détresse;

b) soit une personne qui tente de sauver un navire naufragé, échoué, abandonné ou en détresse.

(2) Entrave au sauvetage d'une épave — Est coupable d'une infraction punissable sur déclaration de culpabilité par procédure sommaire quiconque volontairement empêche ou entrave, ou volontairement cherche à empêcher ou à entraver le sauvetage d'une épave.

439. (1) Dérangement des signaux de marine — Est coupable d'une infraction punissable sur déclaration de culpabilité par procédure sommaire quiconque amarre un navire ou un bateau à un signal, une bouée ou un autre amer servant à la navigation.

(2) Idem — Est coupable d'un acte criminel et passible d'un emprisonnement maximal de dix ans quiconque volontairement change, enlève ou cache un signal, une bouée ou un autre amer servant à la navigation.

440. Enlever une barre naturelle sans permission — Est coupable d'un acte criminel et passible d'un emprisonnement maximal de deux ans quiconque volontairement, et sans la permission écrite du ministre des Transports, dont la preuve incombe au prévenu, enlève des roches, du bois, de la terre ou d'autres matières qui constituent une barre naturelle nécessaire à l'existence d'un port public ou une protection naturelle pour cette barre.

441. Occupant qui détériore un bâtiment — Est coupable d'un acte criminel et passible d'un emprisonnement maximal de cinq ans quiconque, volontairement et au préjudice d'un créancier hypothécaire ou d'un propriétaire, abat, démolit ou enlève, en tout ou en partie, une maison d'habitation ou autre bâtiment dont il a la possession ou l'occupation, ou sépare de la propriété foncière toute chose qui y est fixée à demeure ou incorporée.

442. Déplacer des lignes de démarcation — Est coupable d'une infraction punissable sur déclaration de culpabilité par procédure sommaire quiconque volontairement abat, maquille, change ou enlève une chose plantée ou posée comme ligne de démarcation, ou partie de la ligne de démarcation de terrains.

443. (1) Déplacer des bornes internationales, etc. — Est coupable d'un acte criminel et passible d'un emprisonnement maximal de cinq ans quiconque volontairement abat, maquille, change ou enlève :

a) soit une borne licitement placée pour indiquer une frontière ou limite internationale ou provinciale, ou les limites d'un comté ou d'une municipalité;

b) soit une borne licitement placée par un arpenteur pour marquer une limite, ou un angle d'une concession, d'un rang, d'un lot ou d'un lopin de terre.

(2) Réserve — Un arpenteur ne commet pas une infraction visée au paragraphe (1) quand, dans ses opérations d'arpenteur :

a) il enlève, au besoin, une borne mentionnée à l'alinéa (1)*b)* et la replace soigneusement dans la position qu'elle occupait auparavant;

b) il enlève une borne mentionnée à l'alinéa (1)*b)* dans le cours d'un arpentage concernant une voie publique ou autre ouvrage qui, une fois terminé, rendra impossible ou impraticable la remise de la borne à la place qu'elle occupait en premier lieu et qu'il établit un levé permanent suffisamment précis pour permettre d'en déterminer l'emplacement.

Bétail et autres animaux

444. Tuer ou blesser des bestiaux — Est coupable d'un acte criminel et passible d'un emprisonnement maximal de cinq ans quiconque volontairement, selon le cas :

a) tue, mutile, blesse, empoisonne ou estropie des bestiaux;

b) place du poison de telle manière qu'il puisse être facilement consommé par des bestiaux.

445. Tuer ou blesser d'autres animaux — Est coupable d'une infraction punissable sur déclaration de culpabilité par procédure sommaire quiconque volontairement et sans excuse légitime, selon le cas :

a) tue, mutile, blesse, empoisonne ou estropie des chiens, oiseaux ou animaux qui ne sont pas des bestiaux et qui sont gardés pour une fin légitime;

b) place du poison de telle manière qu'il puisse être facilement consommé par des chiens, oiseaux ou animaux qui ne sont pas des bestiaux et qui sont gardés pour une fin légitime.

Cruauté envers les animaux

446. (1) Faire souffrir inutilement un animal — Commet une infraction quiconque, selon le cas :

a) volontairement cause ou, s'il en est le propriétaire, volontairement permet que soit causée à un animal ou un oiseau une douleur, souffrance ou blessure, sans nécessité;

b) par négligence volontaire cause une blessure ou lésion à des animaux ou à des oiseaux alors qu'ils sont conduits ou transportés;

c) étant le propriétaire ou la personne qui a la garde ou le contrôle d'un animal ou oiseau domestique ou d'un animal ou oiseau sauvage en captivité, l'abandonne en détresse ou volontairement néglige ou omet de lui fournir les aliments, l'eau, l'abri et les soins convenables et suffisants;

d) de quelque façon encourage le combat ou le harcèlement d'animaux ou d'oiseaux ou y aide ou assiste;

e) volontairement, sans excuse raisonnable, administre une drogue ou substance empoisonnée ou nocive à un animal ou oiseau domestique ou à un animal ou oiseau sauvage en captivité ou, étant le propriétaire d'un tel animal ou oiseau, volontairement permet qu'une drogue ou substance empoisonnée ou nocive lui soit administrée;

f) organise, prépare, dirige, facilite quelque réunion, concours, exposition, divertissement, exercice, démonstration ou événement au cours duquel des oiseaux captifs sont mis en liberté avec la main ou par une trappe, un dispositif ou autre moyen pour essuyer un coup de feu au moment de leur libération, ou y prend part ou reçoit de l'argent à cet égard;

g) étant le propriétaire ou l'occupant, ou la personne ayant la charge d'un local, permet que ce local soit utilisé en totalité ou en partie pour une fin mentionnée à l'alinéa *f)*.

(2) Peine — Est coupable d'une infraction punissable sur déclaration de culpabilité par procédure sommaire quiconque commet une infraction visée au paragraphe (1).

(3) L'omission d'accorder des soins raisonnables constitue une preuve — Aux fins des poursuites engagées en vertu de l'alinéa (1)*a*) ou *b*), la preuve qu'une personne a omis d'accorder à un animal ou à un oiseau des soins ou une surveillance raisonnables, lui causant ainsi de la douleur, des souffrances, des dommages ou des blessures, fait preuve, en l'absence de toute preuve contraire, que cette douleur, ces souffrances, dommages ou blessures ont été volontairement causés ou permis ou qu'ils ont été causés par négligence volontaire, selon le cas.

(4) La présence du harcèlement d'un animal constitue une preuve — Aux fins des poursuites engagées en vertu de l'alinéa (1)*d*), la preuve qu'un prévenu était présent lors du combat ou du harcèlement d'animaux ou d'oiseaux fait preuve, en l'absence de toute preuve contraire, qu'il a encouragé ce combat ou ce harcèlement ou y a aidé ou assisté.

(5) Ordonnance de prohibition — En cas d'infraction visée au paragraphe (1), le tribunal peut, en plus de toute autre peine imposée pour cette infraction, rendre une ordonnance interdisant au prévenu de posséder un animal ou un oiseau, ou d'en avoir la garde, pour une période maximale de deux ans.

(6) Violation de l'ordonnance — Est coupable d'une infraction punissable sur déclaration de culpabilité par procédure sommaire quiconque est propriétaire d'un animal ou oiseau ou en a la garde ou le contrôle alors que cela lui est interdit du fait d'une ordonnance rendue aux termes du paragraphe (5).

447. (1) Arène pour combats de coq — Est coupable d'une infraction punissable sur déclaration de culpabilité par procédure sommaire quiconque construit, fait, entretient ou garde une arène pour les combats de coqs sur les lieux qu'il possède ou occupe, ou permet qu'une telle arène soit construite, faite, entretenue ou gardée sur ces lieux.

(2) Confiscation — Un agent de la paix qui trouve des coqs dans une arène pour les combats de coqs ou sur les lieux où est située une telle arène doit s'en emparer et les transporter devant un juge de paix qui en ordonnera la destruction.

Partie XII — Infractions relatives à la monnaie

Définitions

448. Définitions — Les définitions qui suivent s'appliquent à la présente partie.

« **courant** » Ayant cours légal au Canada ou à l'étranger en vertu d'une loi, d'une proclamation ou d'un règlement en vigueur au Canada ou à l'étranger, selon le cas.

« **mettre en circulation** » S'entend notamment du fait de vendre, de payer, d'offrir et de mettre en cours.

« **monnaie contrefaite** »

a) Fausse pièce ou fausse monnaie de papier qui ressemble ou est apparemment destinée à ressembler à une pièce courante ou à de la monnaie de papier courante ou destinée à passer pour une telle pièce ou une telle monnaie de papier;

b) faux billet de banque ou faux blanc de billet de banque, qu'il soit complet ou incomplet;

c) pièce de bon aloi ou monnaie de papier authentique qui est préparée ou altérée de façon à ressembler à une pièce courante ou à de la monnaie de papier courante d'une dénomination plus élevée, ou à passer pour une telle pièce ou une telle monnaie de papier;

d) pièce courante dont le cordonnet est enlevé par le limage ou le tranchement des bords et sur laquelle un nouveau cordonnet est fait afin d'en rétablir l'apparence;

e) pièce doublée d'or, d'argent ou de nickel, selon le cas, destinée à ressembler à une pièce d'or, d'argent ou de nickel courante ou à passer pour une telle pièce;

f) pièce de monnaie ou pièce de métal ou de métaux mélangés, lavée ou coloriée de quelque façon au moyen d'une immersion ou d'une matière capable de produire l'apparence de l'or, de l'argent ou du nickel, et destinée à ressembler à une pièce d'or, d'argent ou de nickel courante ou à passer pour une telle pièce.

« **symbole de valeur contrefait** » Timbre d'accise ou timbre-poste contrefait ou une autre attestation contrefaite d'une valeur, sous quelque désignation technique, vulgaire ou trompeuse qu'elle puisse être décrite, y compris une pièce de monnaie de bon aloi ou une monnaie de papier authentique n'ayant aucune valeur comme monnaie.

Fabrication

449. Fabrication — Est coupable d'un acte criminel et passible d'un emprisonnement maximal de quatorze ans quiconque fabrique ou commence à fabriquer de la monnaie contrefaite.

Possession

450. Possession, etc., de monnaie contrefaite — Quiconque, sans justification ou excuse légitime, dont la preuve lui incombe, selon le cas :

    a) achète, reçoit ou offre d'acheter ou de recevoir;

    b) a en sa garde ou possession;

    c) introduit au Canada, de la monnaie contrefaite,

est coupable d'un acte criminel et passible d'un emprisonnement maximal de quatorze ans.

451. Possession de limailles, etc. — Quiconque, sans justification ou excuse légitime, dont la preuve lui incombe, a en sa garde ou possession :

    a) soit des limailles ou rognures d'or ou d'argent;

    b) soit de l'or ou de l'argent en lingots;

    c) soit de l'or ou de l'argent en poudre, en solution ou sous d'autres formes,

produits ou obtenus en affaiblissant, diminuant ou allégeant une pièce courante d'or ou d'argent, sachant qu'ils ont été ainsi produits ou obtenus, est coupable d'un acte criminel et passible d'un emprisonnement maximal de cinq ans.

Mise en circulation

452. Mise en circulation, etc., de monnaie contrefaite — Est coupable d'un acte criminel et passible d'un emprisonnement maximal de quatorze ans quiconque, sans justification ou excuse légitime, dont la preuve lui incombe, selon le cas :

    a) met en circulation ou offre de mettre en circulation de la monnaie contrefaite ou utilise de la monnaie contrefaite comme si elle était de bon aloi;

    b) exporte, envoie ou transporte de la monnaie contrefaite à l'étranger.

453. Pièce mise en circulation — Est coupable d'un acte criminel et passible d'un emprisonnement maximal de deux ans quiconque, avec l'intention de frauder, met sciemment en circulation :

    a) soit une pièce qui n'est pas courante;

    b) soit une pièce de métal ou de métaux mélangés qui ressemble sous le rapport de la dimension, de la forme ou de la couleur, à une pièce courante pour laquelle elle est mise en circulation.

454. Piécettes — Est coupable d'une infraction punissable sur déclaration de culpabilité par procédure sommaire quiconque, sans excuse légitime, dont la preuve lui incombe, selon le cas :

    a) fabrique, produit ou vend;

    b) a en sa possession,

une chose qui est destinée à être utilisée frauduleusement à la place d'une pièce de monnaie ou d'un jeton qu'un appareil automatique fonctionnant au moyen d'une pièce de monnaie ou d'un jeton est destiné à encaisser.

Dégradation ou affaiblissement de la monnaie

455. Rogner une pièce de monnaie — Est coupable d'un acte criminel et passible d'un emprisonnement maximal de quatorze ans quiconque, selon le cas :

    a) affaiblit, diminue ou allège une pièce courante d'or ou d'argent avec l'intention de la faire passer pour une pièce courante d'or ou d'argent;

    b) met une pièce de monnaie en circulation, sachant qu'elle a été affaiblie, diminuée ou allégée contrairement à l'alinéa *a)*.

456. Dégrader une pièce de monnaie courante — Est coupable d'une infraction punissable sur déclaration de culpabilité par procédure sommaire quiconque, selon le cas :

    a) dégrade une pièce courante;

    b) met en circulation une pièce courante qui a été dégradée.

457. (1) Chose ressemblant à un billet de banque — Il est interdit de fabriquer, de publier, d'imprimer, d'exécuter, d'émettre, de distribuer ou de faire circuler, notamment par moyen informatique ou électronique, une chose ayant l'apparence :

    a) soit d'un billet de banque courant;

    b) soit d'une obligation ou d'un titre d'un gouvernement ou d'une banque.

(2) Exception — Sont soustraits à l'application du paragraphe (1) :

    a) la Banque du Canada et, dans le cadre de leurs fonctions, ses employés;

    b) la Gendarmerie royale du Canada et, dans le cadre de leurs fonctions, ses membres et employés;

    c) toute personne agissant au nom de la Banque du Canada ou de la Gendarmerie royale du Canada au titre d'un contrat ou d'une licence.

(3) Infraction — Quiconque contrevient au paragraphe (1) est coupable d'une infraction punissable sur déclaration de culpabilité par procédure sommaire.

(4) Moyens de défense — Nul ne peut être déclaré coupable de l'infraction créée au paragraphe (3) pour avoir reproduit par impression un billet de banque canadien s'il est établi que la longueur ou la largeur de la reproduction équivaut à moins des trois quarts de celle du billet ou à plus d'une fois et demie celle-ci, d'une part, et que soit les seules couleurs employées sont le noir et le blanc, soit un seul côté du billet est reproduit, d'autre part.

L.C. 1999, ch. 5, art. 12.

Instruments ou matières

458. Fabrication, possession ou commerce d'instruments pour contrefaire de la monnaie — Est coupable d'un acte criminel et passible d'un emprisonnement maximal de quatorze ans quiconque, sans justification ou excuse légitime, dont la preuve lui incombe :

　　a) soit fabrique ou répare;

　　b) soit commence ou se met à fabriquer ou réparer;

　　c) soit achète ou vend;

　　d) soit a en sa garde ou possession,

une machine, un engin, un outil, un instrument, une matière ou chose qu'il sait avoir été utilisé à la fabrication de monnaie contrefaite ou de symboles de valeur contrefaits ou qu'il sait y être adapté et destiné.

459. Retirer d'un hôtel de la Monnaie, des instruments, etc. — Est coupable d'un acte criminel et passible d'un emprisonnement maximal de quatorze ans quiconque, sans justification ou excuse légitime, dont la preuve lui incombe, sciemment transporte de l'un des hôtels de la Monnaie de Sa Majesté au Canada :

　　a) soit une machine, un engin, un outil, un instrument, une matière ou une chose utilisé ou employé relativement à la fabrication de pièces de monnaie;

　　b) soit une partie utile d'une des choses mentionnées à l'alinéa a);

　　c) soit quelque monnaie, lingot, métal ou mélange de métaux.

Annonce et trafic de la monnaie contrefaite ou des symboles de valeur contrefaits

460. (1) Faire le commerce de la monnaie contrefaite, etc. — Est coupable d'un acte criminel et passible d'un emprisonnement maximal de cinq ans quiconque, selon le cas :

　　a) par une annonce ou autre écrit, offre de vendre, procurer ou aliéner de la monnaie contrefaite ou des symboles de valeur contrefaites ou de fournir des renseignements sur la manière dont une monnaie contrefaite ou des symboles de valeur contrefaits peuvent être vendus, obtenus ou aliénés, ou sur le moyen de le faire;

b) achète, obtient, négocie ou autrement traite des symboles de valeur contrefaits, ou offre de négocier en vue de les acheter ou obtenir.

(2) Emploi frauduleux de monnaie authentique mais sans valeur — Nul ne peut être déclaré coupable d'une infraction visée au paragraphe (1) à l'égard d'une pièce de bon aloi ou d'une monnaie de papier authentique qui n'a aucune valeur comme monnaie, à moins que, lors de la perpétration de l'infraction alléguée, cette personne n'ait su que la pièce ou la monnaie de papier n'avait aucune valeur comme monnaie et qu'elle n'ait eu une intention frauduleuse dans ses opérations sur la monnaie ou la monnaie de papier, ou la concernant.

Dispositions spéciales relatives à la preuve

461. (1) Quand la contrefaçon est consommée — Chaque infraction relative à la monnaie contrefaite ou aux symboles de valeur contrefaits est réputée consommée, bien que la monnaie ou les symboles de valeur concernant lesquels les poursuites sont engagées ne soient pas terminés ni parfaits ou ne copient pas exactement la monnaie ou les symboles de valeur auxquels ils sont apparemment destinés à ressembler ou pour lesquels ils sont apparemment destinés à passer.

(2) Certificat de l'inspecteur de la contrefaçon — Dans toutes poursuites engagées en vertu de la présente partie, un certificat signé par une personne désignée par le solliciteur général du Canada à titre d'inspecteur de la contrefaçon, déclarant qu'une pièce de monnaie, une monnaie de papier ou un billet de banque décrit dans ce certificat est de la monnaie contrefaite ou qu'une pièce de monnaie, une monnaie de papier ou un billet de banque décrit dans ce certificat est authentique et est ou non, selon le cas, courant au Canada ou à l'étranger, fait preuve des déclarations contenues dans le certificat sans qu'il soit nécessaire de faire la preuve de la signature ou de la qualité officielle de la personne par laquelle il paraît avoir été signé.

(3) Contre-interrogatoire et avis — Les paragraphes 258(6) et (7) s'appliquent, compte tenu des adaptations de circonstance, à un certificat mentionné au paragraphe (2).

L.C. 1992, ch. 1, art. 58.

Confiscation

462. (1) Droit de propriété — Appartiennent à Sa Majesté la monnaie contrefaite, les symboles de valeur contrefaits et toute chose utilisée pour la fabrication d'une monnaie contrefaite ou de symboles de valeur contrefaits, ou destinée à l'être.

(2) Saisie — Un agent de la paix peut saisir et détenir :

a) de la monnaie contrefaite;

b) des symboles de valeur contrefaits;

c) des machines, engins, outils, instruments, matières ou choses qui ont servi à la fabrication d'une monnaie contrefaite ou de symboles de valeur contrefaits, ou qui ont été adaptés et sont destinés à une telle fabrication.

Toute chose saisie est envoyée au ministre des Finances pour qu'il en soit disposé ou qu'elle soit traitée selon qu'il l'ordonne. Cependant, une chose requise comme preuve dans une procédure ne peut être envoyée au ministre que si elle n'est plus nécessaire aux fins de cette procédure.

PARTIE XII.1 — DOCUMENTATION ET INSTRUMENTS POUR L'UTILISATION DE DROGUES ILLICITES

Définitions

462.1 Définitions — Les définitions qui suivent s'appliquent à la présente partie.

« **consommer** » Y est assimilé le fait de fumer, d'inhaler, de mastiquer ou d'injecter dans le corps humain.

« **documentation pour l'utilisation de drogues illicites** » Tout imprimé ou enregistrement magnétoscopique décrivant ou montrant la production, la préparation ou la consommation de drogues illicites et destiné essentiellement ou en l'occurrence à la préconiser, à l'encourager ou à la favoriser.

« **drogue illicite** » Substance désignée ou précurseur dont l'importation, l'exportation, la production, la vente ou la possession est interdite ou restreinte en vertu de la *Loi réglementant certaines drogues et autres substances.*

« **instrument pour l'utilisation de drogues illicites** » Tout ce qui est destiné essentiellement ou en l'occurrence à la consommation d'une drogue illicite ou à la facilitation de sa consommation. N'est toutefois pas visé par la présente définition un « **instrument** » au sens de l'article 2 de la *Loi sur les aliments et drogues.*

« **utilisation de drogues illicites** »Importation, exportation, production, vente ou possession d'une substance désignée ou d'un précurseur contrairement à la *Loi réglementant certaines drogues et autres substances* ou à ses règlements d'application.

« **vendre** » Y sont assimilés la mise en vente, l'étalage en vue de la vente, le fait de posséder en vue de vendre et le fait de distribuer, que la distribution soit faite à titre onéreux ou non.

L.R.C. 1985, ch. 50 (4e suppl.), art 1; L.C. 1996, ch. 19, art. 67.

Infractions et peines

462.2 Infraction — Quiconque, sciemment, importe au Canada, exporte du Canada, fabrique ou vend de la documentation ou des instruments pour l'utilisation de drogues illicites, ou en fait la promotion, est coupable d'une infraction et passible, sur déclaration de culpabilité par procédure sommaire :

a) pour une première infraction, d'une amende maximale de cent mille dollars et d'un emprisonnement maximal de six mois, ou de l'une de ces peines;

b) en cas de récidive, d'une amende maximale de trois cent mille dollars et d'un emprisonnement maximal d'un an, ou de l'une de ces peines.

L.R.C. 1985, ch. 50 (4ᵉ suppl.), art. 1.

PARTIE XII.2 — PRODUITS DE LA CRIMINALITÉ

Définitions

462.3 Définitions — Les définitions qui suivent s'appliquent à la présente partie.

« infraction de criminalité organisée »

a) Une infraction prévue par l'une des dispositions suivantes :

(i) paragraphe 99(1) (trafic d'armes),

(i.1) paragraphe 100(1) (possession en vue de faire le trafic d'armes),

(i.2) paragraphe 102(1) (fabrication d'une arme automatique),

(i.3) paragraphe 103(1) (importation ou exportation non autorisées — infraction délibérée),

(i.4) paragraphe 104(1) (importation ou exportation non autorisées),

(i.5) article 119 (corruption de fonctionnaires judiciaires, etc.),

(ii) article 120 (corruption de fonctionnaires),

(iii) article 121 (fraudes envers le gouvernement),

(iv) article 122 (abus de confiance par un fonctionnaire public),

(iv.1) article 123 (actes de corruption dans les affaires municipales),

(iv.2) article 124 (achat ou vente d'une charge),

(iv.3) article 125 (influencer ou négocier une nomination ou en faire commerce),

(v) article 163 (corruption des moeurs),

(v.1) article 163.1 (pornographie juvénile),

(vi) paragraphe 201(1) (tenancier d'une maison de jeu ou de pari),

(vii) article 202 (gageure, bookmaking, etc.),

(vii.1) alinéa 206(1)*e*) (plans offrant espérance de gains, etc.),

(viii) article 210 (tenue d'une maison de débauche),

(ix) article 212 (proxénétisme),

(x) article 235 (meurtre),

(xi) article 334 (vol),

(xii) article 344 (vol qualifié),

(xiii) article 346 (extorsion),

(xiii.1) article 347 (taux d'intérêt criminel),

(xiv) article 367 (faux),

(xv) article 368 (emploi d'un document contrefait),

(xvi) article 380 (fraude envers le public),

(xvii) article 382 (manipulations frauduleuses d'opérations boursières),

(xvii.1) article 394 (fraudes relatives aux minéraux précieux),

(xvii.2) article 394.1 (possession de minéraux précieux volés ou obtenus illégalement),

(xviii) article 426 (commissions secrètes),

(xix) article 433 (crime d'incendie),

(xx) article 449 (fabrication de monnaie contrefaite),

(xxi) article 450 (possession, etc. de monnaie contrefaite),

(xxii) article 452 (mise en circulation de monnaie contrefaite),

(xxiii) article 462.31 (recyclage des produits de la criminalité),

(xxiv) article 467.1 (participation aux activités d'un gang);

a.1) une infraction constituant un acte criminel défini par la présente loi ou une autre loi fédérale, passible d'un emprisonnement maximal de cinq ans ou plus et commise au profit ou sous la direction d'un gang, ou en association avec lui;

b) l'infraction visée au paragraphe 96(1) (possession d'une arme obtenue lors de la perpétration d'une infraction) ou à l'article 354 (avoir en sa possession des biens criminellement obtenus) lorsqu'elle est commise à l'égard d'un bien, d'une chose ou de leur produit qui ont été obtenus ou qui proviennent directement ou indirectement :

(i) soit de la perpétration au Canada d'une infraction mentionnée aux alinéas *a*) ou *a*.1) ou d'une infraction désignée,

(ii) soit d'un acte ou d'une omission survenu à l'extérieur du Canada qui, au Canada, aurait constitué une infraction visée aux alinéas *a*) ou *a*.1) ou une infraction désignée;

b.1) une infraction visée aux articles 126.1 ou 126.2 ou aux paragraphes 233(1) ou 240(1) de la *Loi sur l'accise*, aux articles 153, 159, 163.1 ou 163.2 de la *Loi sur les douanes*, au paragraphe 52.1(9) de la *Loi sur la concurrence* ou aux articles 3, 4 ou 5 de la *Loi sur la corruption d'agents publics étrangers*;

c) un complot ou une tentative de commettre une infraction visée aux alinéas a), a.1), b) ou b.1) ainsi qu'une complicité après le fait à l'égard d'une telle infraction ou le fait de conseiller à une personne d'en commettre une.

« **infraction désignée** » Soit toute infraction prévue par la partie I, à l'exception du paragraphe 4(1), de la *Loi réglementant certaines drogues et autres substances*, soit le complot ou la tentative de commettre une telle infraction, la complicité après le fait à son égard ou le fait de conseiller de la commettre.

« **infraction désignée en matière de drogue** » [Abrogé, L.C. 1996, ch. 19, art. 68(1)]

« **juge** » Juge au sens de l'article 552 ou un juge d'une cour supérieure de juridiction criminelle.

« **produits de la criminalité** » Bien, bénéfice ou avantage qui est obtenu ou qui provient, au Canada ou à l'extérieur du Canada, directement ou indirectement :

a) soit de la perpétration d'une infraction de criminalité organisée ou d'une infraction désignée;

b) soit d'un acte ou d'une omission qui, au Canada, aurait constitué une infraction de criminalité organisée ou une infraction désignée.

c) [abrogé, L.C. 1993, ch. 37, art. 32b)].

L.R.C. 1985, ch. 42 (4ᵉ suppl.), art. 2; L.C. 1993, ch. 25, art. 95; ch. 37, art. 32; ch. 46, art. 5; 1994, ch. 44, art. 29; 1995, ch. 39, art. 151; 1996, ch. 19, art. 68, 70; 1997, ch. 18, art. 27; ch. 23, art. 9; ch. 34, art. 9, 11; 1999, ch. 5, art. 13, 52.

Infraction

462.31 (1) Recyclage des produits de la criminalité — Est coupable d'une infraction quiconque — de quelque façon que ce soit — utilise, enlève, envoie, livre à une personne ou à un endroit, transporte, modifie ou aliène des biens ou leurs produits — ou en transfère la possession — dans l'intention de les cacher ou de les convertir sachant ou croyant qu'ils ont été obtenus ou proviennent, en totalité ou en partie, directement ou indirectement :

a) soit de la perpétration, au Canada, d'une infraction de criminalité organisée ou d'une infraction désignée;

b) soit d'un acte ou d'une omission survenu à l'extérieur du Canada qui, au Canada, aurait constitué une infraction de criminalité organisée ou une infraction désignée.

(2) Peine — Quiconque commet l'infraction prévue au paragraphe (1) est coupable :

a) soit d'un acte criminel et est passible d'un emprisonnement maximal de dix ans;

b) soit d'une infraction punissable sur déclaration de culpabilité par procédure sommaire.

(3) Exception — N'est pas coupable de l'infraction prévue au paragraphe (1) l'agent de la paix ou la personne qui agit sous la direction d'un agent de la paix qui fait l'un des actes mentionnés à ce paragraphe dans le cadre d'une enquête ou dans l'accomplissement de ses autres fonctions.

L.R.C. 1985, ch. 42 (4ᵉ suppl.), art. 2; L.C. 1996, ch. 19, art. 70; 1997, ch. 18, art. 28.

Perquisitions, fouilles, saisies et détention

462.32 (1) Mandat spécial — Sous réserve du paragraphe (3), le juge qui est convaincu, à la lumière des renseignements qui, à la demande du procureur général, lui sont présentés sous serment selon la formule 1, qu'il existe des motifs raisonnables de croire que des biens pourraient faire l'objet d'une ordonnance de confiscation en vertu du paragraphe 462.37(1) ou 462.38(2) parce qu'ils sont liés à une infraction de criminalité organisée qui aurait été commise dans la province où il est compétent et qu'ils se trouvent dans un bâtiment, contenant ou lieu situé dans cette province ou dans un autre province peut décerner un mandat autorisant la personne qui y est nommée ou un agent de la paix à perquisitionner dans ce bâtiment, contenant ou lieu et à saisir les biens en question ainsi que tout autre bien dont cette personne ou l'agent de la paix a des motifs raisonnables de croire qu'il pourrait faire l'objet d'une telle ordonnance.

(2) Procédure — La demande visée au paragraphe (1) peut être faite *ex parte*; elle est présentée par écrit et indique si d'autres demandes ont déjà été faites au titre du paragraphe (1) en rapport avec les mêmes biens.

(2.1) Exécution au Canada — Sous réserve du paragraphe (2.2), le mandat décerné dans le cadre du paragraphe (1) peut être exécuté partout au Canada.

(2.2) Exécution dans une autre province — Dans le cas où le mandat visé au paragraphe (1) est décerné dans une province alors qu'il est raisonnable de croire que son exécution se fera dans une autre province et qu'il sera nécessaire de pénétrer dans une propriété située dans cette autre province, un juge de cette dernière peut, sur demande *ex parte*, confirmer le mandat. Une fois confirmé, le mandat est exécutoire dans l'autre province.

(3) Exécution dans une autre circonscription territoriale — Les paragraphes 487(2) à (4) et l'article 488 s'appliquent aux mandats décernés en vertu du présent article, compte tenu des adaptations de circonstance.

(4) Rapport d'exécution — La personne qui exécute un mandat décerné en vertu du présent article est tenue de :

    a) détenir — ou faire détenir — les biens saisis en prenant les précautions normales pour garantir leur préservation jusqu'à ce qu'il ait été statué à leur égard conformément à la loi;

    b) dans les meilleurs délais après l'exécution du mandat mais au plus tard le septième jour qui suit celle-ci, faire un rapport, selon la formule 5.3, comportant la désignation des biens saisis et indiquant le lieu où ils se trouvent et le faire déposer auprès du greffier du tribunal;

    c) faire remettre, sur demande, un exemplaire du rapport au saisi et à toute autre personne qui, de l'avis du juge, semble avoir un droit sur les biens saisis.

(5) Avis — Avant de décerner un mandat sous le régime du présent article, le juge peut exiger qu'en soient avisées les personnes qui, à son avis, semblent avoir un droit sur les biens visés; il peut aussi les entendre. Le présent paragraphe ne s'applique toutefois pas si le juge est d'avis que le fait de donner cet avis risquerait d'occasionner la disparition des biens visés, une diminution de leur valeur ou leur dissipation de telle façon qu'il serait impossible de les saisir ou d'en saisir une partie.

(6) Engagements du procureur général — Avant de décerner un mandat sous le régime du présent article, le juge exige du procureur général qu'il prenne les engagements que le juge estime indiqués à l'égard du paiement des dommages et des frais que pourrait entraîner le mandat.

               L.R.C. 1985, ch. 42 (4ᵉ suppl.), art. 2; L.C. 1997, ch. 18, art. 29.

462.33 (1) Demande d'ordonnance de blocage — Le procureur général peut, sous le régime du présent article, demander une ordonnance de blocage de certains biens.

(2) Procédure — La demande d'ordonnance est à présenter à un juge par écrit mais peut être faite *ex parte*; elle est accompagnée de l'affidavit du procureur général ou de toute autre personne comportant les éléments suivants :

    a) désignation de l'infraction ou de l'objet sur lesquels porte l'enquête;

    b) désignation de la personne que l'on croit en possession du bien visé;

    c) exposé des motifs de croire qu'une ordonnance de confiscation pourrait être rendue à l'égard du bien visé en vertu du paragraphe 462.37(1) ou 462.38(2);

    d) description du bien;

    e) mention, le cas échéant, des autres demandes faites en vertu du présent article en rapport avec les mêmes biens.

(3) Ordonnance de blocage — Le juge saisi de la demande peut rendre une ordonnance de blocage s'il est convaincu qu'il existe des motifs raisonnables de croire qu'existent, dans la province où il est compétent ou dans une autre province, des biens qui pourraient faire l'objet, en vertu des paragraphes 462.37(1) ou 462.38(2), d'une ordonnance visant une infraction de criminalité organisée qui aurait été commise dans la province où il est compétent; l'ordonnance prévoit :

a) qu'il est interdit à toute personne de se départir des biens mentionnés dans l'ordonnance ou d'effectuer des opérations sur les droits qu'elle détient sur ceux-ci, sauf dans la mesure où l'ordonnance le prévoit;

b) dans les cas où le juge estime que les circonstances le justifient et si le procureur général le demande :

(i) la nomination d'un administrateur de ces biens et l'ordre à cet administrateur de les prendre en charge — en totalité ou en partie —, de les administrer ou d'effectuer toute autre opération à leur égard conformément aux directives du juge avec le pouvoir de vendre en cours d'instance ceux qui sont périssables ou qui se déprécient rapidement,

(ii) l'ordre à toute personne qui a la possession d'un bien à l'égard duquel un administrateur est nommé de le lui remettre.

(3.01) Exécution dans une autre province — Les paragraphes 462.32(2.1) et (2.2) s'appliquent, avec les adaptations nécessaires, aux ordonnances de blocage.

(3.1) Ministre des Travaux publics et des Services gouvernementaux — Le juge nomme, à la demande du procureur général du Canada, le ministre des Travaux publics et des Services gouvernementaux à titre d'administrateur visé par le sous-alinéa 462.33(3)*b*)(i).

(4) Idem — L'ordonnance de blocage peut être assortie des conditions raisonnables que le juge estime indiquées.

(5) Avis — Avant de rendre une ordonnance de blocage, le juge peut exiger qu'en soient avisées les personnes qui, à son avis, semblent avoir un droit sur les biens visés; il peut aussi les entendre. Le présent paragraphe ne s'applique toutefois pas si le juge estime que le fait de donner cet avis risquerait d'occasionner la disparition des biens visés, une diminution de leur valeur ou leur dissipation de telle façon qu'il serait impossible de rendre à leur égard une ordonnance de confiscation en vertu du paragraphe 462.37(1) ou 462.38(2).

(6) Ordonnance écrite — L'ordonnance de blocage est rendue par écrit.

(7) Engagements du procureur général — Avant de rendre une ordonnance de blocage, le juge exige du procureur général qu'il prenne les engagements que le juge estime indiqués à l'égard du paiement des dommages et des frais que pourrait entraîner l'ordonnance.

(8) Signification — Une copie de l'ordonnance de blocage est signifiée à la personne qu'elle vise; la signification se fait selon les règles du tribunal ou de la façon dont le juge l'ordonne.

(9) Enregistrement — Une copie de l'ordonnance de blocage est enregistrée à l'égard d'un bien conformément aux lois de la province où ce bien est situé.

(10) Validité — L'ordonnance de blocage demeure en vigueur jusqu'à ce que l'une des circonstances suivantes survienne :

a) elle est annulée ou modifiée en conformité avec le paragraphe 462.34(4) ou annulée en conformité avec l'alinéa 462.43*a*);

b) elle cesse d'être en vigueur en conformité avec l'article 462.35;

c) une ordonnance de confiscation ou de restitution des biens est rendue en vertu du paragraphe 462.37(1), 462.38(2) ou 462.41(3) ou d'une autre disposition de la présente loi ou d'une autre loi fédérale.

(11) Infraction — Toute personne à qui une ordonnance de blocage est signifiée en conformité avec le présent article et qui, pendant que celle-ci est en vigueur, contrevient à ses dispositions ou fait défaut de s'y conformer est coupable d'un acte criminel ou d'une infraction punissable sur déclaration de culpabilité par procédure sommaire.

L.R.C. 1985, ch. 42 (4e suppl.), art. 2; L.C. 1993, ch. 37, art. 21; 1996, ch. 16, art. 60; 1997, ch. 18, art. 30.

462.34 (1) Demande de révision — Le détenteur d'un droit sur un bien saisi en vertu d'un mandat délivré sous le régime de l'article 462.32 ou d'un bien visé par une ordonnance de blocage rendue sous le régime du paragraphe 462.33(3) peut en tout temps demander à un juge de rendre une ordonnance en vertu du paragraphe (4) ou de lui accorder l'autorisation d'examiner le bien.

(2) Préavis au procureur général — La demande d'ordonnance prévue au paragraphe (1) ne peut, sans le consentement du procureur général, être entendue par un juge à moins que le demandeur n'en ait remis un préavis de deux jours francs au procureur général; le juge peut exiger que le préavis soit remis aux personnes qui, à son avis, semblent avoir un droit sur les biens visés; il peut aussi les entendre.

(3) Conditions de l'autorisation d'examen — Sur demande présentée en vertu du paragraphe (1), le juge peut, par ordonnance, permettre au demandeur d'examiner le bien visé sous réserve des modalités qu'il juge nécessaires ou souhaitables pour garantir la préservation du bien en question à toutes fins utiles.

(4) Restitution ou modification de l'ordonnance de blocage — Le juge saisi d'une demande d'ordonnance présentée en vertu du paragraphe (1) peut, après avoir entendu le demandeur, le procureur général et, éventuellement, les personnes à qui le préavis mentionné au paragraphe (2) a été remis, ordonner que les biens soient restitués en tout ou en partie au demandeur, annuler ou modifier l'ordonnance de blocage rendue en vertu du paragraphe 462.33(3) de façon à soustraire, en totalité ou en partie, ces biens ou un droit sur ceux-ci à son application, selon le cas, ou rendre l'ordonnance de blocage sujette aux conditions qu'il estime indiquées dans les cas suivants :

> a) le demandeur contracte devant le juge un engagement, avec ou sans caution, d'un montant que celui-ci fixe ou estime indiqué et, si le juge l'estime indiqué, dépose auprès du juge la somme d'argent ou l'autre valeur que celui-ci fixe;
>
> b) les conditions mentionnées au paragraphe (6) sont remplies;
>
> c) afin de permettre :
>
>> (i) au détenteur des biens bloqués ou saisis — ou à toute autre personne qui, de l'avis du juge, a un droit valable sur ces biens — de prélever, sur les biens ou certains de ceux-ci, les sommes raisonnables pour ses dépenses courantes et celles des personnes à sa charge,
>>
>> (ii) à l'une des personnes mentionnées au sous-alinéa (i) de faire face à ses dépenses commerciales courantes et de payer ses frais juridiques dans la mesure où ces dépenses et frais sont raisonnables,
>>
>> (iii) à une personne d'utiliser ces biens pour contracter un engagement sous le régime de la partie XVI,
>
> lorsque le juge est convaincu que l'auteur de la demande ne possède pas d'autres biens ou moyens pour ce faire et que nulle autre personne ne semble être le propriétaire légitime de ces biens ou avoir droit à leur possession légitime.

(5) Audience — Pour déterminer le caractère raisonnable des frais juridiques visés au sous-alinéa (4)c)(ii), le juge tient une audience à huis clos, hors de la présence du procureur général, et tient compte du barème d'aide juridique de la province.

(5.1) Dépenses — Dans le cadre de la détermination du caractère raisonnable des dépenses et des frais juridiques visés à l'alinéa (4)c), le procureur général peut présenter :

> a) à l'audience tenue sur la demande, ses observations sur ce qui peut constituer des dépenses raisonnables;
>
> b) avant ou après l'audience tenue en application du paragraphe (5), ses observations sur ce qui peut constituer des frais juridiques raisonnables pour l'application de sous-alinéa (4)c)(ii).

(5.2) Taxation des frais juridiques — Le juge qui rend l'ordonnance visée à l'alinéa (4)c) peut — et doit sur demande du procureur général — taxer les honoraires qui font partie des frais juridiques visés au sous-alinéa (4)c)(ii), et tient alors compte :

> a) de la valeur de biens pouvant faire l'objet d'une ordonnance de confiscation;

b) de la complexité des procédures qui sont à l'origine des frais juridiques;

c) de l'importance des questions en litige;

d) de la durée des audiences tenues dans le cadre de ces procédures;

e) du fait que des procédures étaient inappropriées ou vexatoires;

f) des observations du procureur général;

g) de tout autre point pertinent.

(6) Conditions — L'ordonnance visée à l'alinéa (4)*b*) peut être rendue si le juge est convaincu qu'on n'a plus besoin de ces biens soit pour une enquête soit à titre d'éléments de preuve dans d'autres procédures et :

a) qu'un mandat de perquisition n'aurait pas dû être délivré en vertu de l'article 462.32 ou qu'une ordonnance de blocage visée au paragraphe 462.33(3) n'aurait pas dû être rendue à l'égard de ces biens, lorsque la demande est présentée par :

(i) soit une personne accusée d'une infraction de criminalité organisée ou d'une infraction désignée,

(ii) soit une personne qui a obtenu un titre ou un droit sur ces biens d'une personne visée au sous-alinéa (i) dans des circonstances telles qu'elles permettent raisonnablement d'induire que l'opération a été effectuée dans l'intention d'éviter la confiscation des biens;

b) dans tous les autres cas, que le demandeur est le propriétaire légitime de ces biens ou a droit à leur possession légitime et semble innocent de toute complicité ou de toute collusion à l'égard de la perpétration d'une infraction de criminalité organisée ou d'une infraction désignée, et que nulle autre personne ne semble être le propriétaire légitime de ces biens ou avoir droit à leur possession légitime;

(7) Réserve — L'article 354 de la présente loi et le paragraphe 8(1) de la *Loi réglementant certaines drogues et autres substances* ne s'appliquent pas à la personne qui obtient la possession d'un bien qui, en vertu d'une ordonnance rendue sous le régime de l'alinéa (4)*c*), a été remis à une personne après avoir été saisi ou a été exclu de l'application d'une ordonnance de blocage rendue en vertu du paragraphe 462.33(3).

(8) Formule — L'engagement visé à l'alinéa (4)*a*) peut être contracté selon la formule 32.

L.R.C. 1985, ch. 42 (4ᵉ suppl.), art. 2; L.C. 1996, ch. 19, art. 69, 70; 1997, ch. 18, art. 31 et 140.

462.341 Application de dispositions en matière de restitution — Le paragraphe 462.34(2), l'alinéa 462.34(4)*c*) et les paragraphes 462.34(5), (5.1) et (5.2) s'appliquent, avec les adaptations nécessaires, au détenteur d'un droit sur de l'argent ou des billets de banque saisis en vertu de la présente loi ou de la *Loi régle-*

mentant certaines drogues et autres substances et qui peuvent faire l'objet des procédures prévues aux paragraphes 462.37(1) ou 462.38(2).

L.C. 1997, ch. 18, art. 32 et 140; 1999, ch. 5, art. 14.

462.35 (1) Expiration des mandats spéciaux et des ordonnances de blocage — Le blocage de certains biens en vertu d'une ordonnance rendue sous le régime de l'article 462.33 ou leur détention après saisie en vertu d'un mandat délivré sous le régime de l'article 462.32 ne peut se poursuivre, sous réserve des autres dispositions du présent article, au-delà de six mois à compter de la date de la saisie ou de l'ordonnance.

(2) Enquête — Le blocage ou la détention peuvent se poursuivre au-delà de six mois si des poursuites sont intentées à l'égard des biens pouvant être confisqués.

(3) Demande de prolongation — Sur demande du procureur général, le juge peut prolonger le blocage ou la détention des biens au-delà de six mois s'il est convaincu qu'ils seront nécessaires après l'expiration de cette période pour l'application des articles 462.37 ou 462.38 ou d'une autre disposition de la présente loi ou d'une autre loi fédérale en matière de confiscation, ou qu'ils seront nécessaires soit pour une enquête soit à titre d'éléments de preuve dans d'autres procédures.

L.R.C. 1985, ch. 42 (4ᵉ suppl.), art. 2;L.C. 1997, ch. 18, art. 33.

462.36 Citation à procès — Le greffier du tribunal dont un juge a décerné un mandat en vertu de l'article 462.32 ou a rendu une ordonnance de blocage en vertu de l'article 462.33 transmet au greffier du tribunal devant lequel un accusé est cité à procès pour une infraction à l'égard de laquelle le mandat a été décerné ou l'ordonnance rendue un exemplaire du rapport qui lui est remis en conformité avec l'alinéa 462.32(4)*b*) ou de l'ordonnance de blocage.

L.R.C. 1985, ch. 42 (4ᵉ suppl.), art. 2.

Confiscation des produits de la criminalité

462.37 (1) Confiscation lors de la déclaration de culpabilité — Sur demande du procureur général, le tribunal qui détermine la peine à infliger à un accusé coupable d'une infraction de criminalité organisée — ou absous en vertu de l'article 730 à l'égard de cette infraction — est tenu, sous réserve des autres dispositions du présent article et des articles 462.39 à 462.41, d'ordonner la confiscation au profit de Sa Majesté des biens dont il est convaincu, selon la prépondérance des probabilités, qu'ils constituent des produits de la criminalité obtenus en rapport avec cette infraction de criminalité organisée; l'ordonnance prévoit qu'il est disposé de ces biens selon les instructions du procureur général ou autrement en conformité avec la loi.

(2) Produits de la criminalité obtenus par la perpétration d'une autre infraction — Le tribunal peut rendre une ordonnance de confiscation au titre du

282

paragraphe (1) à l'égard des biens d'un contrevenant dont il n'est pas prouvé qu'ils ont été obtenus par la perpétration de l'infraction de criminalité organisée dont il a été déclaré coupable — ou à l'égard de laquelle il a été absous sous le régime de l'article 730 — à la condition d'être convaincu, hors de tout doute raisonnable, qu'il s'agit de produits de la criminalité.

(3) Amende — Le tribunal qui est convaincu qu'une ordonnance de confiscation devrait être rendue à l'égard d'un bien — d'une partie d'un bien ou d'un droit sur celui-ci — d'un contrevenant peut, en remplacement de l'ordonnance, infliger au contrevenant une amende égale à la valeur du bien s'il est convaincu que le bien ne peut pas faire l'objet d'une telle ordonnance et notamment dans les cas suivants :

    a) impossibilité, malgré des efforts en ce sens, de retrouver le bien;

    b) remise à un tiers;

    c) situation du bien à l'extérieur du Canada;

    d) diminution importante de valeur;

    e) fusion avec un autre bien qu'il est par ailleurs difficile de diviser.

(4) Incarcération — Le tribunal qui inflige une amende en vertu du paragraphe (3) est tenu :

    a) d'infliger, à défaut du paiement de l'amende, une peine d'emprisonnement :

        (i) maximale de six mois, si l'amende est égale ou inférieure à dix mille dollars,

        (ii) de six mois à un an, si l'amende est supérieure à dix mille dollars mais égale ou inférieure à vingt mille dollars,

        (iii) de un an à dix-huit mois, si l'amende est supérieure à vingt mille dollars mais égale ou inférieure à cinquante mille dollars,

        (iv) de dix-huit mois à deux ans, si l'amende est supérieure à cinquante mille dollars mais égale ou inférieure à cent mille dollars,

        (v) de deux ans à trois ans, si l'amende est supérieure à cent mille dollars mais égale ou inférieure à deux cent cinquante mille dollars,

        (vi) de trois ans à cinq ans, si l'amende est supérieure à deux cent cinquante mille dollars mais égale ou inférieure à un million de dollars,

        (vii) de cinq ans à dix ans, si l'amende est supérieure à un million de dollars;

    b) d'ordonner que la peine d'emprisonnement visée à l'alinéa *a)* soit purgée après toute autre peine d'emprisonnement infligée au contrevenant ou que celui-ci est en train de purger.

(5) Mode facultatif de paiement — L'article 736 ne s'applique pas au contrevenant à qui une amende est infligée en vertu du paragraphe (3).

L.R.C. 1985, ch. 42 (4ᵉ suppl.), art. 2; L.C. 1992, ch. 1, art. 60; 1995, ch. 22, art. 10, 18; 1999, ch. 5, art. 15.

462.371 (1) Définition de « ordonnance » — Pour l'application du présent article, « ordonnance » s'entend d'une ordonnance rendue en vertu des articles 462.37 ou 462.38.

(2) Exécution — Les ordonnances sont exécutoires partout au Canada.

(3) Dépôt dans une autre province — Lorsqu'il reçoit une copie certifiée conforme d'une ordonnance rendue dans une autre province, le procureur général de la province où sont situés les biens visés par celle-ci peut l'homologuer sur dépôt au greffe de la cour supérieure de juridiction criminelle de sa province.

(4) Dépôt par le procureur général du Canada — Lorsqu'il reçoit une copie certifiée conforme d'une ordonnance rendue dans une province et visant des biens situés dans une autre province, le procureur général du Canada peut l'homologuer sur dépôt au greffe de la cour supérieure de juridiction criminelle de la province où ils sont situés.

(5) Effet de l'homologation — Une fois homologuée, l'ordonnance est exécutée comme si elle avait été rendue dans la province d'homologation.

(6) Avis — L'ordonnance homologuée ne peut être exécutée que si un avis a été donné conformément au paragraphe 462.41(2) à toutes les personnes qui, selon le tribunal compétent, semblent avoir un droit sur les biens visés.

(7) Application de l'article 462.42 — L'article 462.42 s'applique, avec les adaptations nécessaires, à la personne qui prétend avoir un droit sur un bien visé par une ordonnance homologuée.

(8) Restriction — Lorsqu'une personne a fait, dans une province, une demande visant des biens faisant l'objet d'une ordonnance homologuée, elle ne peut, en application de l'article 462.42, faire, dans une autre province, une demande visant les mêmes biens.

(9) Caractère obligatoire de certaines conclusions — La cour supérieure de juridiction criminelle où l'ordonnance est homologuée est liée, en ce qui touche le bien visé par l'ordonnance, par les conclusions de la cour de la province en cause sur la question de savoir si le demandeur mentionné au paragraphe 462.42(4) est touché ou non par la confiscation visée à ce paragraphe, ou sur la nature et l'étendue du droit du demandeur.

L.C. 1997, ch. 18, art. 34.

462.38 (1) Demande de confiscation — Le procureur général peut demander à un juge une ordonnance de confiscation, sous le régime du présent article, visant quelque bien que ce soit lorsqu'une dénonciation a été déposée à l'égard d'une infraction de criminalité organisée.

(2) Ordonnance de confiscation — Sous réserve des articles 462.39 à 462.41, le juge saisi de la demande est tenu de rendre une ordonnance de confiscation au profit de Sa Majesté de certains biens s'il est convaincu que les conditions suivantes sont réunies :

> a) ces biens constituent hors de tout doute raisonnable des produits de la criminalité;

> b) des procédures à l'égard d'une infraction de criminalité organisée commise à l'égard de ces biens ont été commencées;

> c) la personne accusée de l'infraction visée à l'alinéa *b)* est décédée ou s'est esquivée.

L'ordonnance prévoit qu'il est disposé de ces biens selon les instructions du procureur général ou autrement en conformité avec la loi.

(3) Définition — Pour l'application du présent article, une personne est réputée s'être esquivée à l'égard d'une infraction de criminalité organisée si les conditions suivantes sont réunies :

> a) une dénonciation a été déposée à l'effet qu'elle aurait perpétré cette infraction;

> b) un mandat d'arrestation, ou une sommation dans le cas d'une personne morale, fondé sur la dénonciation a été délivré à l'égard de cette personne;

> c) il a été impossible malgré des efforts raisonnables en ce sens d'arrêter cette personne ou de signifier la sommation durant la période de six mois qui suit la délivrance du mandat ou de la sommation ou, dans le cas d'une personne qui ne se trouve pas au Canada ou ne s'y est jamais trouvée, il n'a pas été possible de l'amener dans ce délai dans le ressort où le mandat ou la sommation a été délivré.

La personne est alors réputée s'être esquivée le dernier jour de cette période de six mois.

L.R.C. 1985, ch. 42 (4ᵉ suppl.), art. 2; L.C. 1997, ch. 18, art. 35.

462.39 Déduction — Pour l'application des paragraphes 462.37(1) ou 462.38(2), le tribunal peut déduire que des biens ont été obtenus ou proviennent de la perpétration d'une infraction de criminalité organisée lorsque la preuve démontre que la valeur du patrimoine de la personne accusée de cette infraction après la perpétration de l'infraction dépasse la valeur de son patrimoine avant cette perpétration et que le tribunal est convaincu que son revenu de sources non reliées à des infractions de criminalité organisée ou à des infractions désignées ne peut raisonnablement justifier cette augmentation de valeur.

L.R.C. 1985, ch. 42 (4ᵉ suppl.), art. 2; L.C. 1996, ch. 19, art. 70.

462.4 Cessions annulables — Avant d'ordonner la confiscation d'un bien en vertu des paragraphes 462.37(1) ou 462.38(2) et dans le cas d'un bien visé par une ordonnance de blocage rendue sous le régime de l'article 462.33 à la condition que celle-ci ait été signifiée en conformité avec le paragraphe 462.33(8), le tribunal peut écarter toute cession de ce bien survenue après la saisie ou le blocage; le présent article ne vise toutefois pas les cessions qui, pour contrepartie, ont été faites de bonne foi à une personne qui ignorait l'origine criminelle des biens.

L.R.C. 1985, ch. 42 (4e suppl.), art. 2; 1997, ch. 18, art. 36.

462.41 (1) Avis — Avant de rendre une ordonnance en vertu des paragraphes 462.37(1) ou 462.38(2) à l'égard d'un bien, le tribunal doit exiger qu'un avis soit donné à toutes les personnes qui, à son avis, semblent avoir un droit sur le bien; le tribunal peut aussi les entendre.

(2) Idem — L'avis mentionné au paragraphe (1) :

    a) est donné ou signifié de la façon que le tribunal ordonne ou que prévoient les règles de celui-ci;

    b) prévoit le délai que le tribunal estime raisonnable ou que fixent les règles de celui-ci;

    c) mentionne l'infraction de criminalité organisée à l'origine de l'accusation et comporte une description du bien en question.

(3) Ordonnance de restitution — Le tribunal peut ordonner que des biens qui autrement seraient confisqués en vertu des paragraphes 462.37(1) ou 462.38(2) soient restitués en tout ou en partie à une personne — autre que celle qui est accusée d'une infraction de criminalité organisée ou d'une infraction désignée, ou qui a été déclarée coupable d'une de ces infractions, ou celle qui a obtenu un titre ou un droit de possession sur ces biens d'une personne accusée d'une telle infraction dans des circonstances telles qu'elles permettent raisonnablement d'induire que l'opération a été effectuée dans l'intention d'éviter la confiscation des biens — à la condition d'être convaincu que cette personne en est le propriétaire légitime ou a droit à leur possession légitime et semble innocente de toute complicité ou de toute collusion à l'égard de la perpétration de l'infraction.

L.R.C. 1985, ch. 42 (4e suppl.), art. 2; L.C. 1996, ch. 19, art. 70; 1997, ch. 18, art. 37 et 140.

462.42 (1) Demandes des tiers intéressés — Toute personne qui prétend avoir un droit sur un bien confisqué au profit de Sa Majesté en vertu des paragraphes 462.37(1) ou 462.38(2) — à l'exception de celle qui est accusée de l'infraction de criminalité organisée ou de l'infraction désignée commise à l'égard du bien confisqué, ou qui a été déclarée coupable d'une de ces infractions, ou celle qui a obtenu un titre ou un droit sur ce bien d'une personne accusée d'une telle infraction dans des circonstances telles qu'elles permettent raisonnablement d'induire que l'opération a été effectuée dans l'intention d'éviter la confiscation des biens — peut dans les trente jours de la confiscation demander, par écrit, à un juge de rendre en sa faveur une ordonnance en vertu du paragraphe (4).

(2) Date d'audition — Le juge saisi de la demande visée au paragraphe (1) fixe la date d'audition; celle-ci ne peut avoir lieu moins de trente jours après le dépôt de la demande.

(3) Avis — Le demandeur fait signifier un avis de sa demande et de la date d'audition au procureur général au moins quinze jours avant celle-ci.

(4) Ordonnance : protection d'un droit — Le juge qui est convaincu lors de l'audition d'une demande présentée en vertu du paragraphe (1) que le demandeur n'est pas la personne visée à ce paragraphe et semble innocent de toute complicité et de toute collusion à l'égard de l'infraction qui a donné lieu à la confiscation peut rendre une ordonnance portant que le droit du demandeur n'est pas modifié par la confiscation et déclarant la nature et l'étendue de ce droit.

(5) Appel — Le demandeur ou le procureur général peut interjeter appel à la cour d'appel d'une ordonnance rendue en vertu du paragraphe (4) et les dispositions de la partie XXI qui traitent des règles de procédure en matière d'appel s'appliquent, compte tenu des adaptations de circonstance, aux appels interjetés en vertu du présent paragraphe.

(6) Restitution — Le procureur général est tenu, sur demande qui lui est faite par une personne qui a obtenu une ordonnance en vertu du présent article et lorsque les délais d'appel sont expirés et que tout appel interjeté a fait l'objet d'une décision définitive :

    a) soit d'ordonner que les biens ou la partie de ceux-ci sur lesquels porte le droit du demandeur lui soient restitués;

    b) soit d'ordonner qu'une somme d'argent égale à la valeur du droit du demandeur, telle qu'il appert de l'ordonnance, lui soit remise.

    L.R.C. 1985, ch. 42 (4e suppl.), art. 2; L.C. 1996, ch. 19, art. 70; 1997, ch. 18, art. 38 et 140.

462.43 Disposition des biens saisis ou bloqués — Le juge qui, à la demande du procureur général ou du titulaire d'un droit sur le bien en question ou d'office — à la condition qu'un avis soit donné au procureur général et aux personnes qui ont un droit sur le bien en question — , est convaincu qu'on n'a plus besoin d'un bien, saisi en vertu d'un mandat délivré sous le régime de l'article 462.32 ou bloqué en vertu d'une ordonnance rendue sous le régime de l'article 462.33 ou visé par un engagement contracté en vertu de l'alinéa 462.34(4)a), soit pour l'application des articles 462.37 ou 462.38 ou de toute autre disposition de la présente loi ou de toute autre loi fédérale qui traite de confiscation, soit pour une enquête, soit à titre d'élément de preuve dans d'autres procédures est tenu :

    a) dans le cas d'un bien bloqué, d'annuler l'ordonnance de blocage;

    b) dans le cas d'un engagement, d'annuler celui-ci;

c) dans le cas d'un bien saisi ou remis à un administrateur nommé en vertu du sous-alinéa 462.33(3)*b*)(i) :

(i) soit d'en ordonner la restitution au saisi ou à la personne qui l'a remis à l'administrateur, si le saisi ou cette personne en avait la possession légitime,

(ii) soit, si le saisi ou la personne qui l'a remis à l'administrateur n'en avait pas la possession légitime, d'en ordonner la remise à son véritable propriétaire ou à la personne qui a droit à sa possession légitime à la condition que le véritable propriétaire ou cette dernière personne soit connu;

toutefois, si le saisi ou la personne qui l'a remis à l'administrateur n'en avait pas la possession légitime et si le véritable propriétaire ou la personne qui a droit à sa possession légitime est inconnu, le juge peut en ordonner la confiscation au profit de Sa Majesté, l'ordonnance prévoyant qu'il est disposé du bien selon les instructions du procureur général ou autrement en conformité avec la loi.

L.R.C. 1985, ch. 42 (4e suppl.), art. 2.

462.44 Appels de certaines ordonnances — Les personnes qui s'estiment lésées par une ordonnance rendue en vertu des paragraphes 462.38(2) ou 462.41(3) ou de l'article 462.43 peuvent en appeler comme s'il s'agissait d'un appel à l'encontre d'une condamnation ou d'un acquittement, selon le cas, en vertu de la partie XXI; les dispositions de celle-ci s'appliquent à cet appel, avec les adaptations nécessaires.

L.R.C. 1985, ch. 42 (4e suppl.), art. 2; L.C. 1997, ch. 18, art. 39.

462.45 Suspension d'exécution pendant un appel — Par dérogation aux autres dispositions de la présente partie, l'exécution d'une ordonnance de confiscation ou de restitution de certains biens en vertu des paragraphes 462.34(4), 462.37(1), 462.38(2), ou 462.41(3) ou de l'article 462.43 est suspendue jusqu'à :

a) décision définitive à l'égard de toute demande de restitution ou de confiscation de ceux-ci présentée sous le régime de l'une de ces dispositions ou d'une autre disposition de la présente loi ou d'une autre loi fédérale;

b) décision définitive sur un appel à l'égard de l'ordonnance de confiscation ou de restitution de ceux-ci;

c) décision définitive dans toutes autres procédures où le droit de saisie est contesté.

Toutefois, il ne peut être disposé de biens confisqués dans les trente jours qui suivent une ordonnance de confiscation rendue en vertu de l'une de ces dispositions.

L.R.C. 1985, ch. 42 (4e suppl.), art. 2.

462.46 (1) Copies des documents restitués ou confisqués — Le procureur général peut faire et conserver une copie des documents saisis avant de les remettre ou de se conformer à une ordonnance, notamment de confiscation ou de restitution, rendue en vertu des paragraphes 462.34(3) ou (4), 462.37(1), 462.38(2) ou 462.41(3) ou de l'article 462.43.

(2) Valeur probante — Les copies faites en vertu du paragraphe (1) et certifiées conformes par le procureur général sont admissibles en preuve et, en l'absence de preuve contraire, ont la même valeur probante que l'original aurait eue s'il avait été déposé en preuve de la façon normale.

L.R.C. 1985, ch. 42 (4ᵉ suppl.), art. 2.

Restriction du droit d'action

462.47 Nullité des actions contre les informateurs — Il est déclaré pour plus de certitude mais sous réserve de l'article 241 de la *Loi de l'impôt sur le revenu* qu'aucune action ne peut être intentée contre une personne pour le motif qu'elle aurait révélé à un agent de la paix ou au procureur général des faits sur lesquels elle se fonde pour avoir des motifs raisonnables de croire que des biens sont des produits de la criminalité ou pour croire qu'une autre personne a commis une infraction de criminalité organisée ou une infraction désignée ou s'apprête à le faire.

L.R.C. 1985, ch. 42 (4ᵉ suppl.), art. 2; L.C. 1996, ch. 19, art. 70.

462.48 (1) Communication de renseignements fiscaux — Le procureur général peut, en conformité avec le paragraphe (2), demander une ordonnance en vertu du paragraphe (3) aux fins d'une enquête sur :

a) soit une infraction désignée;

b) soit une infraction prévue à l'article 354 ou 462.31 qui aurait été commise à l'égard de biens, objets ou produits qui ont été obtenus ou proviennent directement ou indirectement de la perpétration au Canada d'une infraction désignée ou d'un acte ou d'une omission survenu à l'extérieur du Canada et qui, au Canada, aurait constitué une infraction désignée.

c) soit un acte criminel défini à l'article 467.1 ou le complot ou la tentative de commettre un tel acte, la complicité après le fait à tel égard ou le fait de conseiller de le commettre.

(2) Demande d'ordonnance — La demande d'ordonnance est à présenter à un juge par écrit et doit être faite *ex parte*; elle est accompagnée de l'affidavit du procureur général — ou d'une personne qu'il désigne expressément à cette fin — comportant les éléments suivants :

a) désignation de l'infraction visée par l'enquête ou de l'objet de celle-ci;

b) désignation de la personne visée par les renseignements ou les documents demandés;

c) désignation du genre de renseignements ou de documents — livre, dossier, texte, rapport ou autre document — qu'a obtenus le ministre du Revenu national — ou qui ont été obtenus en son nom — dans le cadre de l'application de la *Loi de l'impôt sur le revenu* et dont la communication ou l'examen est demandé;

d) les faits à l'origine des motifs raisonnables de croire que la personne mentionnée à l'alinéa *b*) a commis une infraction visée aux alinéas (1)*a*), *b*) ou *c*) — ou en a bénéficié — et que les renseignements ou documents demandés ont vraisemblablement une valeur importante, en soi ou avec d'autres éléments, pour l'enquête mentionnée dans la demande.

(3) Ordonnance de communication — Sous réserve des conditions qu'il estime indiquées dans l'intérêt public, le juge saisi de la demande peut ordonner au commissaire des douanes et du revenu — ou à la personne que celui-ci a désignée expressément par écrit pour l'application du présent article — de permettre à un policier nommé dans l'ordonnance d'avoir accès aux renseignements ou documents demandés et de les examiner ou, si le juge l'estime nécessaire dans les circonstances, de les remettre au policier, s'il est convaincu à la fois de l'existence :

a) des faits mentionnés à l'alinéa (2)*d*);

b) de motifs raisonnables de croire qu'il est dans l'intérêt public d'en permettre l'accès, compte tenu des avantages pouvant vraisemblablement en résulter pour l'enquête en question.

L'ordonnance est valide pour la période que précise le juge; elle ne peut toutefois entrer en vigueur avant l'expiration d'un délai de sept jours francs suivant celui où elle est signifiée en conformité avec le paragraphe (4).

(4) Signification — Une copie de l'ordonnance est signifiée à la personne qu'elle vise; la signification se fait selon les règles du tribunal ou de la façon que le juge ordonne.

(5) Prolongation — Le juge qui rend une ordonnance en vertu du paragraphe (3) peut, à la demande du ministre du Revenu national, prolonger la période durant laquelle le destinataire de celle-ci est tenu de s'y conformer.

(6) Opposition à la communication — Le ministre du Revenu national — ou la personne qu'il a désignée expressément par écrit pour l'application du présent article — peut s'opposer à la communication des renseignements ou documents visés par une ordonnance rendue sous le régime du paragraphe (3) en attestant, oralement ou par écrit :

a) soit qu'une entente, une convention ou un autre traité, bilatéraux ou internationaux, en matière d'impôt que le gouvernement du Canada a signés interdisent au ministre du Revenu national de les communiquer;

b) soit que les renseignements ou documents font l'objet d'un privilège reconnu par la loi;

c) soit que ces renseignements ou documents ont été placés dans un contenant scellé en conformité avec la loi ou en vertu d'une ordonnance d'un tribunal compétent;

d) soit que la communication des renseignements ou documents serait, pour toute autre raison, contraire à l'intérêt public.

(7) Juge en chef de la Cour fédérale — La validité d'une opposition fondée sur le paragraphe (6) est décidée, sur demande, conformément au paragraphe (8) par le juge en chef de la Cour fédérale ou tout autre juge de cette cour qu'il charge de l'audition de ce genre de demande.

(8) Décision — Le juge saisi d'une opposition peut examiner les documents ou renseignements dont la communication est demandée, s'il l'estime nécessaire pour rendre sa décision, et doit déclarer l'opposition fondée et interdire la communication s'il constate l'existence d'une des circonstances prévues au paragraphe (6).

(9) Délai — Le délai à l'intérieur duquel la demande visée au paragraphe (7) peut être présentée est de dix jours suivant l'opposition, mais le juge en chef de la Cour fédérale ou le juge de cette cour qu'il charge de l'audition de ce genre de demande peut modifier ce délai s'il l'estime indiqué.

(10) Appel devant la Cour d'appel fédérale — Il y a appel de la décision visée au paragraphe (7) devant la Cour d'appel fédérale.

(11) Délai d'appel — Le délai à l'intérieur duquel l'appel prévu au paragraphe (10) peut être interjeté est de dix jours suivant la date de la décision frappée d'appel, mais la Cour d'appel fédérale peut le proroger si elle l'estime indiqué dans les circonstances.

(12) Règles spéciales — Les demandes visées au paragraphe (7) font, en premier ressort ou en appel, l'objet d'une audition à huis clos; celle-ci a lieu dans la région de la capitale nationale définie à l'annexe de la *Loi sur la capitale nationale* si la personne qui s'oppose à la communication le demande.

(13) Présentation *ex parte* — La personne qui a formulé une opposition qui fait l'objet d'une demande ou d'un appel a, au cours des auditions, en première instance ou en appel et sur demande, le droit de présenter des arguments *ex parte*.

(14) Copies — Lorsque des renseignements ou documents sont remis à une personne en application du paragraphe (3) ou lorsqu'elle est autorisée à les examiner, celle-ci ou un fonctionnaire de l'Agence des douanes et du revenu du Canada peut en faire une copie; toute copie faite en vertu du présent paragraphe fait preuve de la nature et du contenu de l'original et a la même valeur probante que celui-ci aurait eue s'il avait été déposé en preuve de la façon normale.

(15) Communication subséquente — Il est interdit aux personnes à qui des renseignements ou documents ont été communiqués ou remis en vertu du présent paragraphe ou d'une ordonnance rendue sous le régime du paragraphe (3) de les communiquer par la suite à d'autres personnes, sauf dans le cadre de l'enquête qui a donné lieu à l'ordonnance.

(16) Formule — L'ordonnance peut être rendue au moyen de la formule 47.

(17) Définition de « policier » — Au présent article, **« policier »** s'entend d'un officier ou d'un agent de police ou de toute autre personne chargée du maintien de la paix publique.

L.R.C. 1985, ch. 42 (4ᵉ suppl.), art. 2; L.C. 1994, ch. 13, art. 7; 1996, ch. 19, art. 70; 1997, ch. 23, art. 10; 1999, ch. 17, art. 120.

Autres dispositions en matière de confiscation

462.49 (1) Maintien des dispositions spécifiques — La présente partie ne porte pas atteinte aux autres dispositions de la présente loi ou de toute autre loi fédérale qui visent la confiscation de biens.

(2) Priorité aux victimes — Les biens d'un contrevenant ne peuvent être affectés à l'exécution d'une disposition de la présente loi ou d'une autre loi fédérale en matière de confiscation que dans la mesure où ils ne sont pas requis dans le cadre d'une autre disposition de la présente loi ou d'une autre loi fédérale en matière de restitution aux victimes d'infractions criminelles ou de leur dédommagement.

L.R.C. 1985, ch. 42 (4ᵉ suppl.), art. 2.

Règlements

462.5 Règlements — Le procureur général peut prendre des règlements sur la façon dont il peut être disposé des biens confisqués sous le régime de la présente partie.

L.R.C. 1985, ch. 42 (4ᵉ suppl.), art. 2.

PARTIE XIII — TENTATIVES — COMPLOTS — COMPLICES

463. Punition de la tentative et de la complicité — Sauf disposition expressément contraire de la loi, les dispositions suivantes s'appliquent à l'égard des personnes qui tentent de commettre des infractions ou sont complices, après le fait, de la perpétration d'infractions :

> a) quiconque tente de commettre un acte criminel pour lequel, sur déclaration de culpabilité, un accusé est passible de l'emprisonnement à perpétuité, ou est complice, après le fait, de la perpétration d'un tel acte criminel, est coupable d'un acte criminel passible d'un emprisonnement maximal de quatorze ans;

b) quiconque tente de commettre un acte criminel pour lequel, sur déclaration de culpabilité, un accusé est passible d'un emprisonnement de quatorze ans ou moins, ou est complice, après le fait, de la perpétration d'un tel acte criminel, est coupable d'un acte criminel et passible d'un emprisonnement égal à la moitié de la durée de l'emprisonnement maximal encouru par une personne coupable de cet acte;

c) quiconque tente de commettre une infraction punissable sur déclaration de culpabilité par procédure sommaire, ou est complice, après le fait, de la perpétration d'une telle infraction, est coupable d'une infraction punissable sur déclaration de culpabilité par procédure sommaire;

d) quiconque tente de commettre une infraction pour laquelle l'accusé peut être poursuivi par mise en accusation ou punissable sur déclaration de culpabilité par procédure sommaire ou est complice après le fait de la commission d'une telle infraction est coupable :

    (i) soit d'un acte criminel et passible d'une peine d'emprisonnement égale à la moitié de la peine d'emprisonnement maximale dont est passible une personne déclarée coupable de cette infraction,

    (ii) soit d'une infraction punissable sur déclaration de culpabilité par procédure sommaire.

L.R.C. 1985, ch. 27 (1er suppl.), art. 59; L.C. 1998, ch. 35, art. 120.

464. Conseiller une infraction qui n'est pas commise — Sauf disposition expressément contraire de la loi, les dispositions suivantes s'appliquent à l'égard des personnes qui conseillent à d'autres personnes de commettre des infractions :

a) quiconque conseille à une autre personne de commettre un acte criminel est, si l'infraction n'est pas commise, coupable d'un acte criminel et passible de la même peine que celui qui tente de commettre cette infraction;

b) quiconque conseille à une autre personne de commettre une infraction punissable sur déclaration de culpabilité par procédure sommaire est, si l'infraction n'est pas commise, coupable d'une infraction punissable sur déclaration de culpabilité par procédure sommaire.

L.R.C. 1985, ch. 27 (1er suppl.), art. 60.

465. (1) Complot — Sauf disposition expressément contraire de la loi, les dispositions suivantes s'appliquent à l'égard des complots :

a) quiconque complote avec quelqu'un de commettre un meurtre ou de faire assassiner une autre personne, au Canada ou à l'étranger, est coupable d'un acte criminel et passible de l'emprisonnement à perpétuité;

b) quiconque complote avec quelqu'un de poursuivre une personne pour une infraction présumée, sachant qu'elle n'a pas commis cette infraction, est coupable d'un acte criminel et passible :

(i) d'un emprisonnement maximal de dix ans, si la prétendue infraction en est une pour laquelle, sur déclaration de culpabilité, cette personne serait passible de l'emprisonnement à perpétuité ou d'un emprisonnement maximal de quatorze ans,

(ii) d'un emprisonnement maximal de cinq ans, si la prétendue infraction en est une pour laquelle, sur déclaration de culpabilité, cette personne serait passible d'un emprisonnement de moins de quatorze ans;

c) quiconque complote avec quelqu'un de commettre un acte criminel que ne vise pas l'alinéa *a)* ou *b)* est coupable d'un acte criminel et passible de la même peine que celle dont serait passible, sur déclaration de culpabilité, un prévenu coupable de cette infraction;

d) quiconque complote avec quelqu'un de commettre une infraction punissable sur déclaration de culpabilité par procédure sommaire est coupable d'une infraction punissable sur déclaration de culpabilité par procédure sommaire.

(2) [Abrogé, L.R.C. 1985, ch. 27 (1er suppl.), art. 61.]

(3) Complot en vue de commettre une infraction — Les personnes qui, au Canada, complotent de commettre, à l'étranger, des infractions visées au paragraphe (1) et également punissables dans ce pays sont réputées l'avoir fait en vue de les commettre au Canada.

(4) Idem — Les personnes qui, à l'étranger, complotent de commettre, au Canada, les infractions visées au paragraphe (1) sont réputées avoir comploté au Canada.

(5) Compétence — Lorsqu'il est allégué qu'une personne a comploté de faire quelque chose qui est une infraction en vertu des paragraphes (3) ou (4), des procédures peuvent être engagées à l'égard de cette infraction dans toute circonscription territoriale au Canada, que l'accusé soit ou non présent au Canada et il peut subir son procès et être puni à l'égard de cette infraction comme si elle avait été commise dans cette circonscription territoriale.

(6) Comparution de l'accusé lors du procès — Il est entendu que s'appliquent aux procédures engagées dans une circonscription territoriale en conformité avec le paragraphe (5) les dispositions de la présente loi concernant :

a) l'obligation pour un accusé d'être présent et de demeurer présent lors des procédures;

b) les exceptions à cette obligation.

(7) Cas d'un jugement antérieur rendu à l'étranger — Lorsqu'il est allégué qu'une personne a comploté de faire quelque chose qui est une infraction en vertu des paragraphes (3) ou (4) et que cette personne a subi son procès et a été traitée à l'étranger à l'égard de l'infraction de manière que, si elle avait subi son procès ou avait été traitée au Canada, elle pourrait invoquer les moyens de défense *d'autrefois acquit, d'autrefois convict* ou de pardon, elle est réputée avoir subi son procès et avoir été traitée au Canada.

L.R.C. 1985, ch. 27 (1er suppl.), art. 61; L.C. 1998, ch. 35, art. 121.

466. (1) Complot de restreindre le commerce — Un complot en vue de restreindre le commerce est une convention entre deux ou plusieurs personnes pour accomplir ou faire accomplir un acte illégal destiné à restreindre le commerce.

(2) Syndicats exceptés — Les objets d'un syndicat ne sont pas illégaux au sens du paragraphe (1) pour la seule raison qu'ils restreignent le commerce.

L.C. 1992, ch. 1, art. 60.

467. (1) Réserve — Nul ne peut être déclaré coupable de l'infraction de complot, du seul fait que, selon le cas :

a) il refuse de travailler avec un ouvrier ou pour un patron;

b) il accomplit un acte ou fait accomplir un acte aux fins d'une entente industrielle ou coalition industrielle, à moins que cet acte ne constitue une infraction expressément punissable par la loi.

(2) Définition de « entente industrielle » ou « coalition industrielle » — Au présent article, **« entente industrielle »** ou **« coalition industrielle »** désigne toute entente entre patrons ou ouvriers ou d'autres personnes pour réglementer ou changer les rapports entre patrons ou ouvriers ou la conduite d'un patron dans ses affaires ou d'un ouvrier dans son emploi ou contrat de travail ou service, ou concernant ces affaires, emploi, contrat de travail ou service.

467.1 (1) Participation aux activités d'un gang — Est coupable d'un acte criminel et passible d'un emprisonnement maximal de quatorze ans quiconque, à la fois :

a) participe aux activités d'un gang, ou y contribue de façon importante, tout en sachant que les membres de celui-ci ou certains d'entre eux commettent ou ont commis, au cours des cinq dernières années, une série d'actes criminels définis par la présente loi ou une autre loi fédérale et passibles d'un emprisonnement maximal de cinq ans ou plus;

b) est partie à la perpétration d'un acte criminel passible d'un emprisonnement maximal de cinq ans ou plus et commis au profit ou sous la direction du gang, ou en association avec lui.

(2) Peines consécutives — La peine infligée à une personne pour une infraction prévue au paragraphe (1) est purgée consécutivement à toute autre peine sanctionnant une autre infraction basée sur les mêmes faits et à toute autre peine en cours d'exécution.

L.C. 1997, ch. 23, art. 11.

467.2 (1) Pouvoirs du procureur général du Canada — Par dérogation à la définition de « procureur général » à l'article 2, le procureur général du Canada peut intenter des poursuites à l'égard d'un acte de gangstérisme dans les cas où l'infraction présumée découle de comportements constituant en tout ou en partie une présumée contravention à une loi fédérale autre que la présente loi ou aux règlements d'application de cette loi fédérale. À cette fin, il a tous les pouvoirs et fonctions attribués en vertu de la présente loi au procureur général.

(2) Pouvoirs du procureur d'une province — Le paragraphe (1) n'a pas pour effet de porter atteinte à la compétence dont dispose le procureur général d'une province d'intenter des poursuites à l'égard d'une infraction mentionnée au paragraphe 467.1(1) ou d'exercer tous les pouvoirs et fonctions attribués en vertu de la présente loi au procureur général.

L.C. 1997, ch. 23, art. 11.

PARTIE XIV — JURIDICTION

Dispositions générales

468. Cour supérieure de juridiction criminelle — Toute cour supérieure de juridiction criminelle est compétente pour juger un acte criminel.

469. Cour de juridiction criminelle — Toute cour de juridiction criminelle est compétente pour juger un acte criminel autre :

    a) qu'une infraction visée par l'un des articles suivants :

        (i) article 47 (trahison),

        (ii) article 49 (alarmer Sa Majesté),

        (iii) article 51 (intimider le Parlement ou une législature),

        (iv) article 53 (incitation à la mutinerie),

        (v) article 61 (infractions séditieuses),

        (vi) article 74 (piraterie),

        (vii) article 75 (actes de piraterie),

        (viii) article 235 (meurtre);

    b) **Complicité** — que l'infraction d'être complice après le fait d'une haute trahison, d'une trahison ou d'un meurtre;

c) **Corruption de la justice** — qu'une infraction aux termes de l'article 119 (corruption) par le détenteur de fonctions judiciaires;

Non en vigueur — 469c.1)

c.1) **Crimes contre l'humanité** — qu'une infraction visée à l'un des articles 4 à 7 de la *Loi sur les crimes contre l'humanité et les crimes de guerre*;

L.C. 2000, ch. 24, art. 44.

d) **Tentatives** — que l'infraction de tentative de commettre une infraction mentionnée aux sous-alinéas *a)*(i) à (vii);

e) **Complot** — que l'infraction de comploter en vue de commettre une infraction mentionnée à l'alinéa *a)*.

L.R.C. 1985, ch. 27 (1er suppl.), art. 62.

470. Juridiction sur les personnes — Sous réserve des autres dispositions de la présente loi, toute cour supérieure de juridiction criminelle, comme toute cour de juridiction criminelle qui a le pouvoir de juger un acte criminel, est compétente pour juger un accusé à l'égard de cette infraction dans l'un ou l'autre des cas suivants :

a) le prévenu est trouvé, arrêté ou sous garde dans la juridiction territoriale du tribunal;

b) il a été ordonné au prévenu d'être jugé :

(i) devant ce tribunal,

(ii) devant tout autre tribunal dont la juridiction a été, par autorisation légitime, transférée à ce tribunal.

L.R.C. 1985, ch. 27 (1er suppl.), art. 101(3).

471. Quand le procès par jury est obligatoire — Sauf disposition expressément contraire de la loi, tout prévenu inculpé d'un acte criminel doit être jugé par un tribunal composé d'un juge et d'un jury.

472. [Abrogé, L.R.C. 1985, ch. 27 (1er suppl.), art. 63.]

473. (1) Procès sans jury — Nonobstant toute autre disposition de la présente loi, une personne accusée d'une infraction visée à l'article 469 peut être jugée sans jury par un juge d'une cour supérieure de juridiction criminelle si elle-même et le procureur général y consentent.

(1.1) Ordonnance pour réunir plusieurs infractions en un même procès — Le juge d'une cour supérieure de juridiction criminelle qui préside un procès pour une infraction prévue à l'article 469 peut, si les parties y consentent conformément au paragraphe (1), ordonner que l'accusé subisse son procès devant lui à l'égard de toute autre infraction.

(2) Retrait du consentement — Nonobstant toute autre disposition de la présente loi, le consentement accordé par le procureur général et l'accusé conformément au paragraphe (1) ne peut être retiré que si l'accusé et le procureur général y consentent tous deux.

L.R.C. 1985, ch. 27 (1er suppl.), art. 63; L.C. 1994, ch. 44, art. 30.

474. (1) Ajournement lorsque aucun jury n'a été convoqué — Le greffier du tribunal peut, lorsque l'autorité compétente a décidé qu'aucune liste de jurés ne doit être convoquée pour une session du tribunal aux fins d'instruction de causes criminelles dans une circonscription territoriale, le jour de l'ouverture de la session, en l'absence d'un juge pour présider le tribunal ajourner les affaires de celui-ci à une date ultérieure.

(2) Ajournement à la demande du juge — Le greffier du tribunal chargé de l'instruction de causes criminelles dans une circonscription territoriale peut, en tout temps, à la demande d'un juge de ce tribunal, ajourner les affaires de celui-ci à une date ultérieure.

L.C. 1994, ch. 44, art. 31.

475. (1) Absence du prévenu au cours de l'instruction — Nonobstant les autres dispositions de la présente loi, lorsqu'un prévenu, inculpé conjointement ou non, s'esquive au cours de son procès :

    a) ce dernier est réputé avoir renoncé à son droit d'y assister;

    b) le tribunal peut :

        (i) poursuivre le procès et rendre un jugement ou un verdict et, s'il déclare le prévenu coupable, lui imposer une sentence, en son absence,

        (ii) en cas de délivrance d'un mandat d'arrestation rédigé selon la formule 7, ajourner le procès jusqu'à comparution du prévenu.

En cas d'ajournement conformément au sous-alinéa b)(ii), le tribunal peut reprendre et poursuivre le procès dès qu'il estime qu'il est dans l'intérêt de la justice de le faire.

(2) Conclusion défavorable — Le tribunal qui poursuit le procès conformément au paragraphe (1) peut tirer une conclusion défavorable au prévenu du fait qu'il s'est esquivé.

(3) Impossibilité pour le prévenu de faire rouvrir les procédures — Le prévenu qui, après s'être esquivé, comparaît à nouveau à son procès alors que celui-ci se poursuit conformément au paragraphe (1) ne peut faire rouvrir les procédures menées en son absence que si le tribunal est convaincu qu'il est dans l'intérêt de la justice de le faire en raison de circonstances exceptionnelles.

(4) Représentation — Lorsque le prévenu qui s'est esquivé au cours de son procès ne comparaît pas, alors que son procès se poursuit, son avocat conserve le pouvoir de le représenter.

L.R.C. 1985, ch. 27 (1er suppl.), art. 185; ch. 1 (4e suppl.), art. 18.

Juridiction spéciale

476. Juridiction spéciale — Pour l'application de la présente loi :

a) lorsqu'une infraction est commise dans des eaux, sur des eaux, ou sur un pont, entre deux ou plusieurs circonscriptions territoriales, l'infraction est censée avoir été commise dans n'importe laquelle des circonscriptions territoriales;

b) lorsqu'une infraction est commise sur la limite de deux ou plusieurs circonscriptions territoriales, ou dans les cinq cents mètres d'une telle limite, ou si elle est commencée dans l'une de ces circonscriptions et consommée dans une autre, l'infraction est censée avoir été commise en n'importe laquelle des circonscriptions territoriales;

c) lorsqu'une infraction est commise dans ou sur un véhicule employé à faire un voyage, ou à bord d'un navire employé sur une rivière, un canal ou une eau interne navigable, l'infraction est censée avoir été commise dans toute circonscription territoriale à travers laquelle a passé le véhicule ou le navire dans le cours du trajet ou voyage où l'infraction a été commise; si le centre ou toute autre partie de la route ou de la rivière, du canal ou de l'eau interne navigable qu'a suivi le véhicule ou le navire dans le cours du trajet ou voyage, constitue la délimitation de deux circonscriptions territoriales ou plus, l'infraction est censée avoir été commise dans n'importe laquelle des circonscriptions territoriales;

d) lorsqu'une infraction est commise dans un aéronef au cours d'une envolée de cet aéronef, elle est censée avoir été commise :

(i) soit dans la circonscription territoriale où l'envolée a commencé,

(ii) soit dans n'importe laquelle des circonscriptions territoriales que l'aéronef a survolées au cours de son envolée,

(iii) soit dans la circonscription territoriale où l'envolée a pris fin;

e) lorsqu'une infraction est commise à l'égard du courrier pendant sa livraison à domicile, l'infraction est censée avoir été commise dans toute circonscription territoriale à travers laquelle le courrier a été transporté durant cette livraison.

L.R.C. 1985, ch. 27 (1er suppl.), art. 186; L.C. 1992, ch. 1, art. 58.

477. (1) Définition de « navire » — Aux articles 477.1 à 477.4, **« navire »** s'entend de tout genre de bâtiment, bateau ou embarcation conçu, utilisé ou utilisable, exclusivement ou non, pour la navigation maritime, autopropulsé ou non et indépendamment de son mode de propulsion.

(2) Réserve — Les articles 477.1 à 477.4 n'ont pas pour effet de porter atteinte à l'application de toute autre loi fédérale ou de limiter la compétence qu'un tribunal possède indépendamment d'eux.

L.C. 1990, ch. 44, art. 15; 1996, ch. 31, art. 67.

477.1 Infraction commise à l'extérieur du Canada — Le fait — acte ou omission — qui, survenu au Canada, constituerait une infraction au droit fédéral — au sens de l'article 2 de la *Loi sur les océans* — est réputé y avoir été commis s'il est survenu :

   a) dans la zone économique exclusive du Canada et que :

   (i) d'une part, son auteur s'y trouvait aux fins d'exploration ou d'exploitation, de conservation ou de gestion des ressources naturelles, biologiques ou non,

   (ii) d'autre part, il vise un citoyen canadien ou un résident permanent au sens de la *Loi sur l'immigration*;

   b) dans un lieu situé sur le plateau continental du Canada ou dans l'espace marin ou aérien correspondant et constitue une infraction dans ce lieu par application de l'article 20 de la *Loi sur les océans*;

   c) à l'extérieur du Canada, à bord ou au moyen d'un navire immatriculé ou auquel un permis ou un numéro d'enregistrement a été accordé sous le régime d'une loi fédérale;

   d) à l'extérieur du Canada, lors d'une poursuite immédiate;

   e) à l'extérieur du territoire de tout État si son auteur est citoyen canadien.

L.C. 1990, ch. 44, art. 15; 1996, ch. 31, art. 68.

477.2 (1) Consentement du procureur général — Il est mis fin aux poursuites relatives à toute infraction présumée avoir été commise, dans les limites de la mer territoriale du Canada à bord d'un navire immatriculé à l'extérieur du Canada, par une personne n'ayant pas la citoyenneté canadienne, à moins que le procureur général du Canada n'ait donné son consentement au plus tard huit jours après qu'elles ont été intentées.

(1.1) Exception — Le paragraphe (1) ne s'applique pas à la poursuite pour une infraction punissable sur déclaration de culpabilité par procédure sommaire.

(2) Consentement du procureur général — Il est mis fin aux poursuites relatives à une infraction qui, d'une part, est présumée avoir été commise à bord d'un navire immatriculé à l'extérieur du Canada par une personne n'ayant pas la citoyenneté canadienne et qui, d'autre part, ne ressortit aux tribunaux que par application des alinéas 477.1*a*) ou *b*), à moins que le procureur général du Canada n'ait donné son consentement au plus tard huit jours après qu'elles ont été intentées.

(3) Consentement du procureur général — Il est mis fin aux poursuites relatives à une infraction qui ne ressortit aux tribunaux que par application des alinéas 477.1d) ou e), à moins que le procureur général du Canada n'ait donné son consentement au plus tard huit jours après qu'elles ont été intentées.

(4) Dépôt du consentement — Le consentement du procureur général est déposé auprès du greffier du tribunal où sont intentées les poursuites.

L.C. 1990, ch. 44, art. 15; 1994, ch. 44, art. 32; 1996, ch. 31, art. 69.

477.3 (1) Exercice de pouvoirs d'arrestation, d'accès à des lieux, etc. — Tous les pouvoirs — notamment ceux d'arrestation, d'accès à des lieux, de perquisition, de fouille et de saisie — qui peuvent être exercés au Canada à l'égard d'un fait visé à l'article 477.1 peuvent l'être à cet égard et dans les circonstances mentionnées à cet article :

a) à l'endroit ou à bord du navire ou de l'ouvrage en mer — au sens de l'article 2 de la *Loi sur les océans* — où le fait est survenu;

b) au-delà de la mer territoriale d'un autre État, dans les cas de poursuite.

(2) Pouvoirs des tribunaux — Un juge de paix ou un juge de toute circonscription territoriale au Canada a compétence pour autoriser les mesures d'enquête et autres mesures accessoires — notamment en matière d'arrestation, d'accès à des lieux, de perquisition, de fouille et de saisie — à l'égard d'une infraction soit visée à l'article 477.1, soit commise dans les limites de la mer territoriale du Canada ou dans un espace maritime faisant partie des eaux intérieures du Canada, comme si elle avait été perpétrée dans son ressort ordinaire.

(3) Réserve — Dans le cas où un fait qui ne constitue une infraction que par application de l'article 477.1 est présumé survenu à bord d'un navire immatriculé à l'extérieur du Canada, les pouvoirs mentionnés au paragraphe (1) ne peuvent être exercés à l'extérieur du Canada à l'égard de ce fait sans le consentement du procureur général du Canada.

L.C. 1990, ch. 44, art. 15; 1996, ch. 31, art. 70.

477.4 (1) [Abrogé, L.C. 1996, ch. 31, art. 71(1).]

(2) [Abrogé, L.C. 1996, ch. 31, art. 71(1).]

(3) Preuve — Dans toute procédure intentée à l'égard d'une infraction, fait foi de son contenu, de façon concluante, le certificat, selon le cas :

a) visé au paragraphe 23(1) de la *Loi sur les océans*;

b) délivré sous l'autorité du ministre des Affaires étrangères et attestant qu'un lieu se trouvait à un moment donné soit dans une partie d'une zone de pêche non comprise dans les eaux intérieures ou la mer territoriale du Canada, soit à l'extérieur de tout État.

Le certificat est recevable en preuve sans qu'il soit nécessaire de prouver l'authenticité de la signature ou la qualité officielle du signataire.

(4) Non-exigibilité du certificat — Le certificat visé au paragraphe (3) est recevable en preuve dans les procédures que mentionne ce paragraphe, mais sa production n'est pas susceptible de contrainte.

L.C. 1990, ch. 44, art. 15; 1995, ch. 5, art. 25; 1996, ch. 31, art. 71.

478. **(1) Infraction entièrement commise dans une province** — Sous réserve des autres dispositions de la présente loi, un tribunal d'une province ne peut juger une infraction entièrement commise dans une autre province.

(2) Exception — Tout propriétaire, éditeur, rédacteur en chef ou autre individu accusé d'avoir publié un libelle diffamatoire dans un journal, ou d'avoir comploté de publier un libelle diffamatoire dans un journal, doit être traité selon la loi, mis en accusation, jugé et puni dans la province où il réside ou dans laquelle le journal est imprimé.

(3) Idem — Le prévenu inculpé d'une infraction qui aurait été commise au Canada, à l'extérieur de la province dans laquelle il se trouve, peut, si l'infraction n'est pas l'une de celles que mentionne l'article 469, avec le consentement :

    a) du procureur général du Canada dans le cas des poursuites engagées à la demande du gouvernement du Canada et dirigées par ce gouvernement ou pour son compte;

    b) du procureur général de la province où l'infraction aurait été commise, dans les autres cas,

comparaître devant un tribunal ou un juge qui aurait eu juridiction pour connaître de cette infraction si elle avait été commise à l'endroit où le prévenu se trouve, et lorsqu'il signifie qu'il consent à plaider coupable et plaide coupable pour cette infraction, le tribunal ou le juge déclare qu'il a commis l'infraction et inflige la peine autorisée par la loi, mais s'il ne signifie pas qu'il consent à plaider coupable et ne plaide pas coupable, il est, s'il était en détention avant sa comparution, remis en détention et traité selon que le prévoit la loi.

(4) Lorsque le prévenu est renvoyé pour subir son procès — Nonobstant le fait qu'un prévenu mentionné au paragraphe (3) a été renvoyé pour subir son procès ou qu'une accusation a été intentée contre lui relativement à l'infraction pour laquelle il désire plaider coupable, il est censé uniquement être inculpé de cette infraction sans qu'une enquête préliminaire n'ait été faite ou qu'une accusation n'ait été intentée relativement à cette infraction.

(5) Définition de « journal » — Au présent article, **« journal »** a le sens que lui donne l'article 297.

L.R.C. 1985, ch. 27 (1er suppl.), art. 64, 101; L.C. 1994, ch. 44, art. 33.

479. Infraction dans la même province — Le prévenu inculpé d'une infraction qui aurait été commise dans la province où il se trouve peut, si l'infraction n'est pas l'une de celles que mentionne l'article 469, avec le consentement :

a) du procureur général du Canada, dans le cas de poursuites engagées à la demande du gouvernement du Canada et dirigées par ce gouvernement ou pour son compte;

b) du procureur général de la province où l'infraction aurait été commise, dans les autres cas,

comparaître devant un tribunal ou un juge qui aurait eu juridiction pour connaître de cette infraction si elle avait été commise à l'endroit où le prévenu se trouve, et lorsqu'il signifie qu'il consent à plaider coupable et plaide coupable pour cette infraction, le tribunal ou le juge le déclare coupable de l'infraction et inflige la peine autorisée par la loi, mais s'il ne signifie pas qu'il consent à plaider coupable et ne plaide pas coupable, il est, s'il était en détention avant sa comparution, remis en détention et traité conformément à la loi.

L.R.C. 1985, ch. 27 (1er suppl.), art. 65; L.C. 1994, ch. 44, art. 34.

480. (1) Infraction sur un territoire non organisé — Lorsqu'une infraction est commise dans une étendue de pays non organisée d'une province ou sur un lac, une rivière, un fleuve ou autre nappe d'eau qui s'y trouve, non compris dans une circonscription territoriale ou un district judiciaire provisoire, les poursuites en l'espèce peuvent être engagées et un prévenu peut être inculpé, jugé et puni pour cette infraction dans toute circonscription territoriale ou tout district judiciaire provisoire de la province de la même manière que si l'infraction avait été commise dans cette circonscription territoriale ou ce district judiciaire provisoire.

(2) Nouvelle circonscription territoriale — Lorsqu'un district judiciaire provisoire ou une nouvelle circonscription territoriale est constitué dans une étendue non organisée que mentionne le paragraphe (1), la juridiction conférée par ce paragraphe demeure tant que la loi ne pourvoit pas, de façon appropriée, à l'administration de la justice pénale dans ce district judiciaire provisoire ou cette nouvelle circonscription territoriale.

481. Infraction dans un endroit qui ne fait pas partie d'une province — Lorsqu'une infraction est commise en une partie du Canada qui n'est pas dans une province, les poursuites en l'espèce peuvent être engagées et le prévenu peut être inculpé, jugé et puni dans toute circonscription territoriale de n'importe quelle province, de la même manière que si l'infraction avait été commise dans cette circonscription territoriale.

481.1 Infraction commise dans les eaux canadiennes — L'infraction commise dans les limites de la mer territoriale du Canada ou de tout espace maritime faisant partie des eaux intérieures du Canada peut être poursuivie, jugée et punie dans toute circonscription territoriale du Canada comme si l'infraction avait été commise dans cette circonscription, que l'accusé soit présent ou non au Canada.

L.C. 1996, ch. 31, art. 72.

481.2 Infraction commise à l'extérieur du Canada — Sous réserve des autres dispositions de la présente loi et de toute autre loi fédérale, le fait — acte ou omission — survenu à l'extérieur du Canada et constituant, même dans ce cas, une infraction à la présente loi ou à une autre loi fédérale peut être poursuivi, jugé et puni dans toute circonscription territoriale du Canada comme si le fait était survenu au Canada, que l'accusé soit présent ou non au Canada.

L.C. 1996, ch. 31, art. 72.

481.3 Comparution de l'accusé au procès — Il est entendu que les dispositions de la présente loi qui régissent la comparution de l'accusé dans le cadre des procédures le concernant s'appliquent aux poursuites visées par les articles 481, 481.1 et 481.2.

L.C. 1996, ch. 31, art. 72.

Règles de cour

482. (1) Pouvoir d'établir des règles — Toute cour supérieure de juridiction criminelle, ainsi que toute cour d'appel, peut établir des règles de cour non incompatibles avec la présente loi ou toute autre loi fédérale, et les règles ainsi établies s'appliquent à toute poursuite, procédure, action ou tout appel, selon le cas, de la compétence de ce tribunal, intenté à l'égard de toute matière de nature pénale ou découlant de quelque semblable poursuite, procédure, action ou appel, ou s'y rattachant.

(2) Idem — Toute cour de juridiction criminelle dans une province et toute cour d'appel au sens de l'article 812 qui n'est pas un tribunal visé au paragraphe (1) peut, sous réserve de l'approbation du lieutenant-gouverneur en conseil de la province, établir des règles de cour compatibles avec la présente loi et toute autre loi fédérale; ces règles s'appliquent à toute poursuite, procédure, action ou à tout appel, de la compétence de ce tribunal, intenté à l'égard de toute matière de nature pénale ou découlant de quelque semblable poursuite, procédure, action ou appel, ou s'y rattachant.

(3) Objet des règles — Les règles prévues par les paragraphes (1) et (2) peuvent être établies :

a) de façon générale, pour réglementer les fonctions des fonctionnaires du tribunal et toute matière considérée comme opportune pour atteindre les fins de la justice et exécuter les dispositions de la loi;

b) pour réglementer les séances du tribunal ou de l'une de ses divisions, ou de tout juge du tribunal siégeant en chambre, sauf dans la mesure où elles sont réglementées par la loi;

c) pour réglementer, en matière pénale, la plaidoirie, la pratique et la procédure devant le tribunal, y compris les conférences préparatoires tenues en vertu de l'article 625.1 et la mise en liberté provisoire et, dans le cas des règles que prévoit le paragraphe (1), les actes de procédure concernant les *mandamus, certiorari, habeas corpus*, prohibition, *procedendo* et les actes de procédure concernant les appels visés à l'article 830;

d) pour appliquer les dispositions de la présente loi relatives aux appels en matière de déclaration de culpabilité, d'acquittements ou de peines et, sans que soit limitée la portée générale du présent alinéa :

(i) pour fournir les formules et instructions nécessaires, en ce qui regarde les avis d'appel ou les demandes de permission d'interjeter appel, aux fonctionnaires ou autres personnes qui les requièrent ou exigent,

(ii) pour assurer l'exactitude des notes prises au procès et la certification de toute copie ou transcription,

(iii) pour garder des écrits, pièces ou autres choses se rapportant aux procédures lors du procès,

(iv) pour assurer la bonne garde de biens durant la période où l'application d'une ordonnance y relative est suspendue aux termes du paragraphe 689(1),

(v) pour permettre au procureur général et à l'avocat qui a agi pour son compte au procès, d'obtenir des copies certifiées conformes des écrits, pièces et choses concernant les procédures, et requises aux fins de leurs fonctions.

(4) Publication — Les règles de cour établies sous l'autorité du présent article sont publiées dans la *Gazette du Canada*.

(5) Règlements assurant l'uniformité — Nonobstant les autres dispositions du présent article, le gouverneur en conseil peut établir les dispositions qu'il juge opportunes pour assurer l'uniformité des règles de cour en matière pénale, et toutes règles uniformes établies sous l'autorité du présent paragraphe auront cours et seront exécutoires comme si elles étaient édictées par la présente loi.

L.R.C. 1985, ch. 27 (1er suppl.), art. 66; L.C. 1994, ch. 44, art. 35.

Partie XV — Procédure et Pouvoirs Spéciaux

Pouvoirs généraux de certains fonctionnaires

483. Fonctionnaires investis des pouvoirs de deux juges de paix — Chaque juge ou juge de la cour provinciale autorisé, par la loi de la province dans laquelle il est nommé, à accomplir une chose qui doit être faite par deux ou plusieurs juges de paix, peut accomplir seul toute chose que deux ou plusieurs juges de paix sont autorisés à faire en vertu de la présente loi ou de toute autre loi fédérale.

L.R.C. 1985, ch. 27 (1er suppl.), art. 203.

484. Maintien de l'ordre — Chaque juge ou juge de la cour provinciale a le même pouvoir et la même autorité, pour maintenir l'ordre dans un tribunal par lui présidé, que ceux qui peuvent être exercés par la cour supérieure de juridiction criminelle de la province pendant ses séances.

L.R.C. 1985, ch. 27 (1er suppl.), art. 203.

485. (1) Irrégularités de procédure — La compétence d'un tribunal, d'un juge, d'un juge de la cour provinciale ou d'un juge de paix à l'égard d'une infraction n'est pas atteinte par le défaut d'exercice de sa compétence ou du fait que certaines exigences en matière d'ajournement ou de remise n'ont pas été observées.

(1.1) Absence de l'accusé — Le tribunal ne perd pas sa compétence à l'égard de l'accusé qui fait défaut de comparaître en personne pour autant que l'alinéa 537(1)*j*) ou le paragraphe 650(1.1) s'applique et que l'accusé doive comparaître par procureur.

(2) Sommation ou mandat — Lorsque la compétence à l'égard d'un accusé ou d'un défendeur a été perdue, et n'a pas été recouvrée, le tribunal, le juge, le juge de paix ou le juge de la cour provinciale peut dans les trois mois de la perte de compétence décerner une sommation ou, s'il le juge nécessaire dans l'intérêt public, un mandat d'arrestation visant l'accusé ou le défendeur.

(3) Rejet pour défaut de poursuite — Les procédures sont réputées rejetées pour défaut de poursuite et ne peuvent être reprises sauf en application de l'article 485.1 lorsque aucune sommation ou aucun mandat n'est décerné dans la période visée au paragraphe (2).

(4) Ajournement et ordonnance — Si le tribunal, le juge, le juge de la cour provinciale ou le juge de paix estime qu'un prévenu ou un défendeur qui comparaît a été trompé ou a subi un préjudice en raison de l'une des irrégularités visées au paragraphe (1), il peut ajourner les procédures et rendre l'ordonnance qu'il juge à propos.

(5) Application de la partie XVI — Les dispositions de la partie XVI s'appliquent, compte tenu des adaptations de circonstance, aux sommations et mandats décernés en vertu du paragraphe (2).

L.R.C. 1985, ch. 27 (1er suppl.), art. 67 et 203; L.C. 1992, ch. 1, art. 60; 1997, ch. 18, art. 40.

485.1 Nouvelles procédures après défaut de poursuivre — Lorsqu'un acte d'accusation relatif à une affaire est rejeté ou réputé être rejeté en vertu de la présente loi en raison d'un défaut de poursuite, une nouvelle dénonciation ne peut être faite et une nouvelle accusation ne peut être présentée devant un tribunal à l'égard de la même affaire sans :

a) le consentement personnel écrit du procureur général ou du sous-procureur général, dans toute poursuite menée par le procureur général ou dans toute poursuite dans laquelle celui-ci intervient;

b) une ordonnance écrite d'un juge de ce tribunal dans toute poursuite menée par un poursuivant autre que le procureur général ou dans toute poursuite dans laquelle le procureur général n'intervient pas.

L.R.C. 1985, ch. 27 (1er suppl.), art. 67.

486. (1) Procès à huis clos dans certains cas — Les procédures dirigées contre un prévenu ont lieu en audience publique, mais lorsque le juge, le juge de la cour provinciale ou le juge de paix qui préside est d'avis qu'il est dans l'intérêt de la moralité publique, du maintien de l'ordre ou de la bonne administration de la justice, d'exclure de la salle d'audience l'ensemble ou l'un quelconque des membres du public, pour toute ou partie de l'audience, il peut en ordonner ainsi.

(1.1) Protection des témoins de moins de dix-huit ans — Pour l'application des paragraphes (1) et (2.3), il demeure entendu que relève de la bonne administration de la justice le fait de veiller à ce que soit sauvegardé l'intérêt des témoins âgés de moins de dix-huit ans dans les procédures relatives à une infraction soit d'ordre sexuel, soit visée aux articles 271, 272 ou 273, ou encore dans laquelle est alléguée l'utilisation, la tentative ou la menace de violence.

(1.2) Personne de confiance — Dans les procédures visées au paragraphe (1.1), le juge, le juge de la cour provinciale ou le juge de paix qui préside peut, sur demande du poursuivant ou d'un témoin qui, au moment du procès ou de l'enquête préliminaire, est âgé de moins de quatorze ans ou a une déficience physique ou mentale, ordonner qu'une personne de confiance choisie par ce dernier soit présente à ses côtés pendant qu'il témoigne.

(1.3) Exclusion des témoins comme personne de confiance — Le juge, le juge de la cour provinciale ou le juge de paix qui préside ne peut permettre aux témoins d'agir comme personne de confiance dans les procédures visées au paragraphe (1.1) sauf si, à son avis, la bonne administration de la justice l'exige.

(1.4) Interdiction de communiquer pendant le témoignage — Le cas échéant, il peut aussi interdire toute communication entre la personne de confiance et le témoin pendant que celui-ci témoigne.

(2) Motifs — Lorsque l'inculpé est accusé d'une infraction visée à l'article 274 et que le poursuivant ou l'accusé en fait la demande en vertu du paragraphe (1), le juge, le juge de la cour provinciale ou le juge de paix qui préside le procès doit, si aucune ordonnance n'a été rendue à la suite de cette demande, en exposer les motifs en faisant appel aux circonstances de l'espèce.

(2.1) Exclusion — Par dérogation à l'article 650, lorsqu'une personne est accusée d'une infraction prévue aux articles 151, 152, 153, 155 ou 159, aux paragraphes 160(2) ou (3) ou aux articles 163.1, 170, 171, 172, 173, 210, 211, 212, 213, 266, 267, 268, 271, 272 ou 273 et que le plaignant ou un témoin est, au moment du procès ou de l'enquête préliminaire, soit âgée de moins de dix-huit ans, soit capable de communiquer les faits dans son témoignage tout en pouvant éprouver de la difficulté à le faire en raison d'une déficience mentale ou physique, le juge qui préside le procès ou le juge de paix peut ordonner que le témoin ou le plaignant témoigne à l'extérieur de la salle d'audience ou derrière un écran ou un dispositif qui permet au témoin ou au plaignant de ne pas voir l'accusé s'il est d'avis que cela est nécessaire pour obtenir du témoin ou du plaignant qu'il donne un récit complet et franc des faits sur lesquels est fondée l'accusation.

(2.11) Audition du témoin ou du plaignant — Le juge ou le juge de paix est toutefois tenu, s'il estime qu'il lui est nécessaire d'entendre le témoin ou le plaignant pour se faire une opinion, d'utiliser les dispositifs prévus au paragraphe (2.1) pour le témoignage de cette personne.

(2.2) Conditions de l'exclusion — Le témoin ou le plaignant ne peut témoigner à l'extérieur de la salle d'audience en vertu des paragraphes (2.1) ou (2.11) que si la possibilité est donnée à l'accusé ainsi qu'au juge ou au juge de paix et au jury d'assister au témoignage par télévision en circuit fermé ou par un autre moyen et si l'accusé peut communiquer avec son avocat pendant le témoignage.

(2.3) Interdiction du contre-interrogatoire par l'accusé — Sauf si le juge, le juge de la cour provinciale ou le juge de paix qui préside est d'avis que la bonne administration de la justice l'exige, l'accusé ne peut procéder lui-même, dans les procédures visées au paragraphe (1.1), au contre-interrogatoire d'un témoin qui, au moment du procès ou de l'enquête préliminaire, est âgé de moins de dix-huit ans. Le juge nomme un avocat qui procède au contre-interrogatoire.

(3) Ordonnance limitant la publication — Sous réserve du paragraphe (4), le juge ou le juge de paix peut rendre une ordonnance interdisant de publier ou de diffuser de quelque façon que ce soit l'identité d'un plaignant ou celle d'un témoin

ou des renseignements qui permettraient de la découvrir lorsqu'une personne est
accusée :

   a) de l'une des infractions suivantes :

   (i) une infraction prévue aux articles 151, 152, 153, 153.1, 155, 159,
   160, 170, 171, 172, 173, 210, 211, 212, 213, 271, 272, 273, 346 ou 347,

   (ii) une infraction prévue aux articles 144, 145, 149, 156, 245 ou 246
   du *Code criminel*, chapitre C-34 des Statuts revisés du Canada de 1970,
   dans sa version antérieure au 4 janvier 1983,

   (iii) une infraction prévue aux articles 146, 151, 153, 155, 157, 166 ou
   167 du *Code criminel*, chapitre C-34 des Statuts revisés du Canada de
   1970, dans sa version antérieure au 1er janvier 1988;

   b) de deux infractions ou plus dans le cadre d'une même procédure, dont
   l'une est une infraction visée aux sous-alinéas *a*)(i), (ii) ou (iii).

(3.1) Restriction — L'ordonnance prévue au paragraphe (3) ne s'applique pas relativement à la communication de renseignements dans le cours de l'administration
de la justice si la communication ne vise pas à renseigner la collectivité.

(4) Obligations du juge — Le juge ou le juge de paix est tenu :

   a) d'aviser dès que possible les témoins âgés de moins de dix-huit ans et le
   plaignant, dans des procédures engagées à l'égard d'une infraction mentionnée au paragraphe (3), de leur droit de demander une ordonnance en vertu de
   ce paragraphe;

   b) de rendre une ordonnance en vertu de ce paragraphe si le plaignant, le
   poursuivant ou l'un de ces témoins le lui demande.

(4.1) Autres ordonnances limitant la publication — Le juge ou le juge de
paix peut, dans toute procédure à l'égard d'une infraction à la présente loi autre que
celles visées au paragraphe (3), rendre une ordonnance interdisant de publier ou de
diffuser de quelque façon que ce soit l'identité d'une victime ou d'un témoin, ou
des renseignements qui permettraient de la découvrir, s'il est convaincu que la
bonne administration de la justice l'exige.

(4.2) Restriction — L'ordonnance ne s'applique pas relativement à la communication de renseignements dans le cours de l'administration de la justice si la communication ne vise pas à renseigner la collectivité.

(4.3) Demande — L'ordonnance ne peut être rendue que si le poursuivant, la victime ou le témoin présente une demande au juge ou au juge de paix qui préside ou,
si aucun juge ou juge de paix n'a été assigné, à un juge de la cour supérieure de
juridiction criminelle dans le district judiciaire où l'instance se déroulera.

(4.4) Contenu de la demande — La demande est formulée par écrit et énonce
les motifs invoqués pour montrer qu'il relève de la bonne administration de la justice de rendre l'ordonnance.

(4.5) Avis de la demande — Le demandeur donne avis de la demande au poursuivant, au prévenu et à toute autre personne touchée par l'ordonnance selon ce que le juge ou le juge de paix indique.

(4.6) Possibilité d'une audience — Le juge ou le juge de paix peut tenir une audience — à huis clos ou non — pour décider si l'ordonnance doit être rendue.

(4.7) Critères — Pour décider s'il doit rendre l'ordonnance, il prend en compte :

    a) le droit à un procès public et équitable;

    b) le risque sérieux d'atteinte au droit à la vie privée de la victime ou du témoin si leur identité est révélée;

    c) la nécessité d'assurer la sécurité de la victime ou du témoin et leur protection contre l'intimidation et les représailles;

    d) l'intérêt de la société à encourager la dénonciation des infractions et la participation des victimes et des témoins;

    e) l'existence d'autres moyens efficaces permettant de protéger l'identité de la victime ou du témoin;

    f) les effets bénéfiques et préjudiciables de sa décision;

    g) les répercussions de l'ordonnance sur la liberté d'expression des personnes qu'elle touche;

    h) tout autre facteur qu'il estime pertinent.

(4.8) Conditions — Le juge ou le juge de paix peut assortir l'ordonnance de toute condition qu'il estime indiquée.

(4.9) Interdiction de publication ou diffusion — À moins que le juge ou le juge de paix refuse de rendre l'ordonnance, il est interdit à quiconque de publier ou de diffuser :

    a) le contenu de la demande visée au paragraphe (4.3);

    b) tout élément de preuve, renseignement ou observation présentés lors d'une audience tenue en vertu du paragraphe (4.6);

    c) tout autre renseignement qui permettrait de découvrir l'identité de la victime ou du témoin.

(5) Transgression de l'ordonnance — Quiconque transgresse une ordonnance rendue conformément aux paragraphes (3) ou (4.1) est coupable d'une infraction punissable sur déclaration de culpabilité par procédure sommaire.

(6) [Abrogé, L.R.C. 1985, ch. 19 (3ᵉ suppl.), art. 14(2).]

L.R.C. 1985, ch. 27 (1ᵉʳ suppl.), art. 203; ch. 19 (3ᵉ suppl.), art. 14; ch. 23 (4ᵉ suppl.), art. 1; L.C. 1992, ch. 1, art. 60; ch. 21, art. 9; 1993, ch. 45, art. 7; 1997, ch. 16, art. 6; 1999, ch. 25, art. 2.

487. (1) Dénonciation pour mandat de perquisition — Un juge de paix qui est convaincu, à la suite d'une dénonciation faite sous serment suivant la formule 1, qu'il existe un motif raisonnable de croire que, dans un bâtiment, contenant ou lieu, se trouve, selon le cas :

a) une chose à l'égard de laquelle une infraction à la présente loi, ou à toute autre loi fédérale, a été commise ou est présumée avoir été commise;

b) une chose dont on a des motifs raisonnables de croire qu'elle fournira une preuve touchant la commission d'une infraction ou révélera l'endroit où se trouve la personne qui est présumée avoir commis une infraction à la présente loi, ou à toute autre loi fédérale;

c) une chose dont on a des motifs raisonnables de croire qu'elle est destinée à servir aux fins de la perpétration d'une infraction contre la personne, pour laquelle un individu peut être arrêté sans mandat;

c.1) un bien infractionnel,

peut à tout moment décerner un mandat autorisant un agent de la paix ou, dans le cas d'un fonctionnaire public nommé ou désigné pour l'application ou l'exécution d'une loi fédérale ou provinciale et chargé notamment de faire observer la présente loi ou toute autre loi fédérale, celui qui y est nommé :

d) d'une part, à faire une perquisition dans ce bâtiment, contenant ou lieu, pour rechercher cette chose et la saisir;

e) d'autre part, sous réserve de toute autre loi fédérale, dans les plus brefs délais possible, à transporter la chose devant le juge de paix ou un autre juge de paix de la même circonscription territoriale ou en faire rapport, en conformité avec l'article 489.1.

(2) Un mandat de perquisition doit être visé — Lorsque le bâtiment, contenant ou lieu, dans lequel est présumée se trouver une chose mentionnée au paragraphe (1), est situé dans une autre circonscription territoriale, le juge de paix peut décerner son mandat dans la même forme, modifiée selon les circonstances, et le mandat peut être exécuté dans l'autre circonscription territoriale après avoir été visé, suivant la formule 28, par un juge de paix ayant juridiction dans cette circonscription.

(2.1) Usage d'un système informatique — La personne autorisée à perquisitionner des données contenues dans un ordinateur se trouvant dans un lieu ou un bâtiment peut :

a) utiliser ou faire utiliser tout ordinateur s'y trouvant pour vérifier les données que celui-ci contient ou auxquelles il donne accès;

b) reproduire ou faire reproduire des données sous forme d'imprimé ou toute autre forme intelligible;

c) saisir tout imprimé ou sortie de données pour examen ou reproduction;

d) utiliser ou faire utiliser le matériel s'y trouvant pour reproduire des données.

(2.2) Obligation de responsable du lieu — Sur présentation du mandat, le responsable du lieu qui fait l'objet de la perquisition doit faire en sorte que la personne qui procède à celle-ci puisse procéder aux opérations mentionnées au paragraphe (2.1).

(3) Formule — Un mandat de perquisition décerné en vertu du présent article peut être rédigé selon la formule 5 à la partie XXVIII, ajustée selon les circonstances.

(4) Effet du visa — Un visa apposé à un mandat conformément au paragraphe (2) constitue une autorisation suffisante pour les agents de la paix ou fonctionnaires publics à qui il a été d'abord adressé et à tous les agents de la paix qui ressortissent au juge de paix qui l'a visé d'exécuter le mandat et de s'occuper des choses saisies en conformité avec l'article 489.1 ou d'une autre façon prévue par la loi.

L.R.C. 1985, ch. 27 (1er suppl.), art. 68; L.C. 1994, ch. 44, art. 36; 1997, ch. 18, art. 41; ch. 23, art. 12; 1999, ch. 5, art. 16.

487.01 (1) Dénonciation pour mandat général — Un juge de la cour provinciale, un juge de la cour supérieure de juridiction criminelle ou un juge au sens de l'article 552 peut décerner un mandat par écrit autorisant un agent de la paix, sous réserve du présent article, à utiliser un dispositif ou une technique ou une méthode d'enquête, ou à accomplir tout acte qui y est mentionné, qui constituerait sans cette autorisation une fouille, une perquisition ou une saisie abusive à l'égard d'une personne ou d'un bien :

a) si le juge est convaincu, à la suite d'une dénonciation par écrit faite sous serment, qu'il existe des motifs raisonnables de croire qu'une infraction à la présente loi ou à toute autre loi fédérale a été ou sera commise et que des renseignements relatifs à l'infraction seront obtenus grâce à une telle utilisation ou à l'accomplissement d'un tel acte;

b) s'il est convaincu que la délivrance du mandat servirait au mieux l'administration de la justice;

c) s'il n'y a aucune disposition dans la présente loi ou toute autre loi fédérale qui prévoie un mandat, une autorisation ou une ordonnance permettant une telle utilisation ou l'accomplissement d'un tel acte.

(2) Limite — Le paragraphe (1) n'a pas pour effet de permettre de porter atteinte à l'intégrité physique d'une personne.

(3) Fouilles, perquisitions ou saisies raisonnables — Le mandat doit énoncer les modalités que le juge estime opportunes pour que la fouille, la perquisition ou la saisie soit raisonnable dans les circonstances.

(4) Surveillance vidéo — Le mandat qui autorise l'agent de la paix à observer, au moyen d'une caméra de télévision ou d'un autre dispositif électronique semblable, les activités d'une personne dans des circonstances telles que celle-ci peut raisonnablement s'attendre au respect de sa vie privée doit énoncer les modalités que le juge estime opportunes pour s'assurer de ce respect autant que possible.

(5) Autres dispositions applicables — La définition de « **infraction** » à l'article 183 et les articles 183.1, 184.2, 184.3 et 185 à 188.2, le paragraphe 189(5) et les articles 190, 193 et 194 à 196 s'appliquent, avec les adaptations nécessaires, au mandat visé au paragraphe (4) comme si toute mention relative à l'interception d'une communication privée valait mention de la surveillance par un agent de la paix, au moyen d'une caméra de télévision ou d'un dispositif électronique semblable, des activités d'une personne dans des circonstances telles que celle-ci peut raisonnablement s'attendre au respect de sa vie privée.

(5.1) Avis — Le mandat qui autorise l'agent de la paix à perquisitionner secrètement doit exiger, dans le cadre des modalités visées au paragraphe (3), qu'un avis de la perquisition soit donné dans le délai suivant son exécution que le juge estime indiqué dans les circonstances.

(5.2) Prolongation — Le juge qui décerne un mandat dans le cadre du paragraphe (1) ou un juge compétent pour décerner un tel mandat peut accorder une prolongation — initiale ou ultérieure du délai visé au paragraphe (5.1), d'une durée maximale de trois ans, s'il est convaincu par l'affidavit appuyant la demande de prolongation que les intérêts de la justice justifient la prolongation.

(6) Dispositions applicables — Les paragraphes 487(2) et (4) s'appliquent, avec les adaptations nécessaires, au mandat décerné en vertu du paragraphe (1).

(7) Télémandats — Un mandat peut être décerné sous le régime du présent article sur le fondement d'une dénonciation transmise par téléphone ou autre moyen de télécommunication lorsque l'agent de la paix considère qu'il serait peu commode de se présenter en personne devant un juge; l'article 487.1 s'applique alors avec les adaptations nécessaires.

L.C. 1993, ch. 40, art. 15; 1997, ch. 18, art. 42; ch. 23, art. 13.

487.02 Ordonnance d'assistance — Le juge ou le juge de paix qui a accordé une autorisation en vertu des articles 184.2, 184.3, 186 ou 188, décerné un mandat en vertu de la présente loi ou rendu une ordonnance en vertu du paragraphe 492.2(2) peut ordonner à toute personne de prêter son assistance si celle-ci peut raisonnablement être jugée nécessaire à l'exécution des actes autorisés, du mandat ou de l'ordonnance.

L.C. 1993, ch. 40, art. 15; 1997, ch. 18, art. 43.

487.03 (1) Exécution dans une autre province — Dans le cas où un mandat visé aux articles 487.01, 487.05 ou 492.1 ou au paragraphe 492.2(1) est décerné dans une province alors qu'il est raisonnable de croire que l'exécution du mandat se fera dans une autre province et qu'elle obligera à pénétrer dans une propriété privée située dans cette autre province ou à rendre une ordonnance en vertu de l'article

487.02 à l'égard d'une personne s'y trouvant, un juge ou un juge de paix de cette dernière, selon le cas, peut, sur demande, viser le mandat. Une fois visé, le mandat est exécutoire dans l'autre province.

(2) Exécution dans une autre province : prélèvement de substances corporelles — Dans le cas où une ordonnance ou autorisation visée aux articles 487.051, 487.052, 487.055 ou 487.091 est rendue ou délivrée dans une province alors qu'il est raisonnable de croire que son exécution se fera dans une autre province, un juge de la cour provinciale de cette dernière, peut, sur demande, viser l'ordonnance ou autorisation selon la formule 28.1. Une fois visée, elle est exécutoire dans l'autre province.

L.C. 1993, ch. 40, art. 15; 1995, ch. 27, art. 1; L.C. 2000, ch. 10, art. 13.

Analyse génétique effectuée à des fins médico-légales

487.04 Définitions — Les définitions qui suivent s'appliquent au présent article et aux articles 487.05 à 487.09.

« ADN » Acide désoxyribonucléique.

« **adolescent** » S'entend au sens du paragraphe 2(1) de la *Loi sur les jeunes contrevenants*.

« **adulte** » S'entend au sens du paragraphe 2(1) de la *Loi sur les jeunes contrevenants*.

« **analyse génétique** »

a) analyse, à des fins médicolégales, de l'ADN d'une substance corporelle prélevée en exécution du mandat visé à l'article 487.05 et comparaison des résultats de cette analyse avec les résultats de l'analyse de l'ADN de la substance corporelle visée à l'alinéa 487.05(1)b), y compris tout examen utile à cette fin;

b) analyse, à des fins médicolégales, de l'ADN d'une substance corporelle soit visée à l'alinéa 487.05(1)b), soit fournie, à titre volontaire, dans le cadre d'une enquête relative à une infraction désignée, soit prélevée en exécution de l'ordonnance visée aux articles 487.051 ou 487.052 ou en vertu de l'autorisation délivrée au titre des articles 487.055 ou 487.091.

« **infraction désignée** » Infraction primaire ou secondaire.

« **infraction primaire** » Infraction désignée :

a) soit créée par l'une des dispositions suivantes :

(i) article 151 (contacts sexuels),

(ii) article 152 (incitation à des contacts sexuels),

(iii) article 153 (exploitation à des fins sexuelles),

(iv) article 155 (inceste),

(v) paragraphe 212(4) (obtention de services sexuels d'un mineur),

(vi) article 233 (infanticide),

(vii) article 235 (meurtre),

(viii) article 236 (homicide involontaire coupable),

(ix) article 244 (causer intentionnellement des lésions corporelles),

(x) article 267 (agression armée ou infliction de lésions corporelles),

(xi) article 268 (voies de fait graves),

(xii) article 269 (infliction illégale de lésions corporelles),

(xiii) article 271 (agression sexuelle),

(xiv) article 272 (agression sexuelle armée, menace à une tierce personne ou infliction de lésions corporelles),

(xv) article 273 (agression sexuelle grave),

(xvi) article 279 (enlèvement);

b) soit aux dispositions suivantes du *Code criminel*, chapitre C-34 des Statuts revisés du Canada de 1970, dans leurs versions antérieures au 4 janvier 1983 :

(i) article 144 (viol),

(ii) article 146 (rapports sexuels avec une personne du sexe féminin âgée de moins de 14 ans ou âgée de 14 à 16 ans),

(iii) article 148 (rapports sexuels avec une personne faible d'esprit, etc.);

c) soit à l'alinéa 153(1)*a*) (rapports sexuels avec sa belle-fille, etc.) du *Code criminel*, chapitre C-34 des Statuts revisés du Canada de 1970, dans ses versions antérieures au 1er janvier 1988;

d) soit constituée par la tentative ou, sauf pour l'applicati on du paragraphe 487.05(1), le complot de perpétrer l'une ou l'autre des infractions énumérées aux alinéas *a*) à *c*)

« **infraction secondaire** » Infraction désignée :

a) soit créée par l'une des dispositions suivantes :

(i) article 75 (actes de piraterie),

(ii) article 76 (détournement),

(iii) article 77 (atteinte à la sécurité des aéronefs ou des aéroports),

(iv) article 78.1 (prise d'un navire ou d'une plate-forme fixe),

(v) alinéas 81(1)*a*) ou *b*) (usage d'explosifs),

(vi) paragraphe 160(3) (bestialité en présence d'enfants ou incitation de ceux-ci),

(vii) article 163.1 (pornographie juvénile),

(viii) article 170 (père, mère ou tuteur qui sert d'entremetteur),

(ix) article 173 (actions indécentes),

(x) article 220 (causer la mort par négligence criminelle),

(xi) article 221 (causer des lésions corporelles par négligence criminelle),

(xii) paragraphe 249(3) (conduite dangereuse causant des lésions corporelles),

(xiii) paragraphe 249(4) (conduite de façon dangereuse causant la mort),

(xiv) article 252 (défaut d'arrêter lors d'un accident),

(xv) paragraphe 255(2) (conduite avec capacité affaiblie causant des lésions corporelles),

(xvi) paragraphe 255(3) (conduite avec capacité affaiblie causant la mort),

(xvii) article 266 (voies de fait),

(xviii) article 269.1 (torture),

(xix) alinéa 270(1)*a)* (voies de fait contre un agent de la paix),

(xx) article 279.1 (prise d'otage),

(xxi) article 344 (vol qualifié),

(xxii) paragraphe 348(1) (introduction par effraction dans un dessein criminel),

(xxiii) paragraphe 430(2) (méfait qui cause un danger réel pour la vie des gens),;

(xxiv) article 433 (incendie criminel : danger pour la vie humaine),

(xxv) article 434.1 (incendie criminel : biens propres);

b) soit aux dispositions suivantes du *Code criminel*, dans leurs versions antérieures au 1er juillet 1990 :

(i) article 433 (crime d'incendie),

(ii) article 434 (fait de mettre le feu à d'autres substances);

c) soit constituée par la tentative ou, sauf pour l'application du paragraphe 487.05(1), le complot de perpétrer l'une ou l'autre des infractions énumérées aux alinéas *a*) et *b*).

« juge de la cour provinciale » Y est assimilé le juge du tribunal pour adolescents visé au paragraphe 2(1) de la *Loi sur les jeunes contrevenants*, dans le cas où la personne visée par le mandat est un adolescent.

L.C. 1995, ch. 27, art. 1; L.C. 1998, ch. 37, art. 15.

487.05 (1) Mandat relatif aux analyses génétiques — Sur demande *ex parte* présentée selon la formule 5.01, un juge de la cour provinciale peut délivrer un mandat — rédigé selon la formule 5.02 — autorisant le prélèvement, pour analyse génétique, du nombre d'échantillons de substances corporelles d'une personne jugé nécessaire à cette fin, s'il est convaincu, à la suite d'une dénonciation faite sous serment, que cela servirait au mieux l'administration de la justice et qu'il existe des motifs raisonnables de croire :

    a) qu'une infraction désignée a été perpétrée;

    b) qu'une substance corporelle a été trouvée ou recueillie;

        (i) sur le lieu de l'infraction,

        (ii) sur la victime ou à l'intérieur du corps de celle-ci,

        (iii) sur ce qu'elle portait ou transportait lors de la perpétration de l'infraction,

        (iv) sur une personne ou à l'intérieur du corps d'une personne, sur une chose ou à l'intérieur d'une chose ou en des lieux, liés à la perpétration de l'infraction;

    c) que la personne a participé à l'infraction;

    d) que l'analyse génétique de la substance corporelle prélevée apportera des preuves selon lesquelles la substance corporelle visée à l'alinéa *b*) provient ou non de cette personne.

(2) Facteurs à considérer — Pour décider s'il décerne le mandat, le juge tient compte de tous les éléments pertinents, notamment :

    a) de la nature de l'infraction et des circonstances de sa perpétration;

    b) de la possibilité d'avoir un agent de la paix — ou toute personne sous son autorité — qui, de par sa formation ou son expérience, peut effectuer le prélèvement.

(3) Télémandats — Un mandat peut être décerné sous le régime du présent article sur le fondement d'une dénonciation transmise par téléphone ou autre moyen de télécommunication lorsque l'agent de la paix considère qu'il serait peu commode de se présenter en personne devant un juge; l'article 487.1 s'applique alors avec les adaptations nécessaires.

        L.C. 1995, ch. 27, art. 1; 1997, ch. 18, art. 44; L.C. 1998, ch. 37, art. 16(1).

487.051 (1) Ordonnance — Sous réserve de l'article 487.053, lorsqu'il déclare une personne coupable ou, en vertu de l'article 730, l'absout ou déclare un adolescent coupable sous le régime de la *Loi sur les jeunes contrevenants* d'une infraction désignée, le tribunal, selon le cas :

    a) doit, sous réserve du paragraphe (2), dans le cas d'une infraction primaire, rendre une ordonnance — rédigée selon la formule 5.03 — autorisant le prélèvement, pour analyse génétique, du nombre d'échantillons de substances corporelles de l'intéressé jugé nécessaire à cette fin;

b) peut, dans le cas d'une infraction secondaire, rendre une ordonnance au même effet — rédigée selon la formule 5.04 — , s'il est convaincu que cela servirait au mieux l'administration de la justice.

(2) Réserve — Le tribunal n'est pas tenu de rendre l'ordonnance en question dans le cas d'une infraction primaire s'il est convaincu que l'intéressé a établi qu'elle aurait, sur sa vie privée et la sécurité de sa personne, un effet nettement démesuré par rapport à l'intérêt public en ce qui touche la protection de la société et la bonne administration de la justice, que visent à assurer la découverte, l'arrestation et la condamnation rapides des contrevenants.

(3) Critères — Pour décider s'il rend ou non l'ordonnance dans le cas d'une infraction secondaire, le tribunal prend en compte l'effet qu'elle aurait sur la vie privée de l'intéressé et la sécurité de sa personne, son casier judiciaire, la nature de l'infraction et les circonstances de sa perpétration. Il est tenu de motiver sa décision.

L.C. 1998, ch. 37, art. 17.

487.052 (1) Infractions commises avant l'entrée en vigueur de la *Loi sur l'identification par les empreintes génétiques* — Sous réserve de l'article 487.053, lorsqu'il déclare une personne coupable ou, en vertu de l'article 730, l'absout ou déclare un adolescent coupable sous le régime de la *Loi sur les jeunes contrevenants* d'une infraction désignée commise avant l'entrée en vigueur du paragraphe 5(1) de la *Loi sur l'identification par les empreintes génétiques*, le tribunal peut, sur demande du poursuivant, rendre une ordonnance — rédigée selon la formule 5.04 — autorisant le prélèvement, pour analyse génétique, du nombre d'échantillons de substances corporelles de l'intéressé jugé nécessaire à cette fin, s'il est convaincu que cela servirait au mieux l'administration de la justice.

(2) Critères — Pour décider s'il rend ou non l'ordonnance en question, le tribunal prend en compte l'effet qu'elle aurait sur la vie privée de l'intéressé et la sécurité de sa personne, son casier judiciaire, la nature de l'infraction et les circonstances de sa perpétration. Il est tenu de motiver sa décision.

L.C. 1998, ch. 37, art. 17.

487.053 Interdiction — Le tribunal ne peut rendre l'ordonnance visée aux articles 487.051 ou 487.052 s'il a été informé par le poursuivant que la banque nationale de données génétiques, établie sous le régime de la *Loi sur l'identification par les empreintes génétiques*, renferme déjà un profil d'identification génétique - au sens de l'article 2 de cette loi - de l'intéressé.

L.C. 1998, ch. 37, art. 17; L.C. 2000, ch. 10, art. 14.

487.054 Appel — Le contrevenant et le poursuivant peuvent interjeter appel de la décision du tribunal prise au titre des paragraphes 487.051(1) ou 487.052(1).

L.C. 1998, ch. 37, art. 17.

487.055 (1) Contrevenants purgeant une peine — Sur demande *ex parte* présentée selon la formule 5.05, le juge de la cour provinciale peut autoriser par écrit — en utilisant la formule 5.06 — le prélèvement, pour analyse génétique, du nombre d'échantillons de substances corporelles d'une personne jugé nécessaire à cette fin, dans le cas où celle-ci, selon le cas :

a) avant l'entrée en vigueur du présent paragraphe, avait été déclarée délinquant dangereux au sens de la partie XXIV;

b) avant cette entrée en vigueur, avait été déclarée coupable de plusieurs meurtres commis à différents moments;

c) avant cette même entrée en vigueur, avait été déclarée coupable de plus d'une des infractions sexuelles visées au paragraphe (3) et, à la date de la demande, purge une peine d'emprisonnement de deux ans ou plus pour l'une ou plusieurs de ces infractions.

(2) Certificat — La demande doit être accompagnée du certificat visé à l'alinéa 667(1)a) attestant que la personne fait partie de l'une des catégories visées au paragraphe (1). Le certificat est admissible en preuve sans qu'il soit nécessaire de faire parvenir à cette personne l'avis prévu au paragraphe 667(4).

(3) Infractions sexuelles — « Infraction sexuelle » s'entend de toute infraction :

a) créée par l'une des dispositions suivantes :

(i) article 151 (contacts sexuels),

(ii) article 152 (incitation à des contacts sexuels),

(iii) article 153 (exploitation à des fins sexuelles),

(iv) article 155 (inceste),

(v) paragraphe 212(4) (obtention de services sexuels d'un mineur),

(vi) article 271 (agression sexuelle),

(vii) article 272 (agression sexuelle armée, menace à une tierce personne ou infliction de lésions corporelles),

(viii) article 273 (agression sexuelle grave);

b) aux dispositions suivantes du *Code criminel*, chapitre C-34 des Statuts revisés du Canada de 1970, dans leurs versions antérieures au 4 janvier 1983 :

(i) article 144 (viol),

(ii) article 146 (rapports sexuels avec une personne du sexe féminin âgée de moins de 14 ans ou âgée de 14 à 16 ans),

(iii) article 148 (rapports sexuels avec une personne faible d'esprit, etc.);

c) à l'alinéa 153(1)*a*) (rapports sexuels avec sa belle-fille, etc.) du *Code criminel*, chapitre C-34 des Statuts revisés du Canada de 1970, dans ses versions antérieures au 1er janvier 1988;

d) constituée par la tentative de perpétrer l'une ou l'autre des infractions énumérées aux alinéas *a*) à *c*).

(3.1) Critères — Pour décider s'il délivre l'autorisation, le tribunal prend en compte l'effet qu'elle aurait sur la vie privée de l'intéressé et la sécurité de sa personne, son casier judiciaire, la nature de l'infraction et les circonstances de sa perpétration. Il est tenu de motiver sa décision.

(4) Sommation — La personne visée au paragraphe (1) qui est libérée sous conditions doit faire l'objet d'une sommation énonçant les éléments prévus aux alinéas 487.07(1)*b*) à *e*) et exigeant qu'elle se présente aux date, heure et lieu fixés afin de se soumettre au prélèvement autorisé au titre de ce paragraphe.

(5) Signification aux particuliers — La sommation est accompagnée d'une copie de l'autorisation délivrée au titre du paragraphe (1) et est signifiée par un agent de la paix soit à personne, soit, si l'intéressé ne peut commodément être trouvé, à son dernier ou habituel domicile par remise à l'un des occupants du lieu qui paraît être âgé d'au moins seize ans.

(6) Preuve de la signification — La signification peut être prouvée par le témoignage oral, donné sous serment, de l'agent de la paix qui y a procédé ou par affidavit souscrit par lui devant un juge de paix ou une autre personne autorisée à faire prêter serment ou à recevoir les affidavits.

(7) Teneur de la sommation — Le texte du paragraphe (8) doit être reproduit dans la sommation.

(8) Défaut de comparution — Lorsque l'intéressé ne se présente pas aux date, heure et lieu fixés, le juge de paix peut délivrer un mandat d'arrestation afin de permettre que soit effectué le prélèvement autorisé.

(9) Teneur du mandat d'arrestation — Le mandat d'arrestation nomme ou décrit l'intéressé et ordonne son arrestation immédiate aux fins de prélèvement.

(10) Absence de délai — Le mandat demeure en vigueur tant qu'il n'a pas été exécuté, et il n'est pas nécessaire de fixer la date du rapport d'exécution.

L.C. 1998, ch. 37, art. 17; L.C. 2000, ch. 10, art. 15.

487.056 (1) Moment du prélèvement — Le prélèvement d'échantillons visé aux articles 487.051 et 487.052 est effectué au moment où l'intéressé est déclaré coupable ou absous, selon le cas, de l'infraction désignée, ou le plus tôt possible après, même quand un appel a été interjeté.

(2) Prélèvement en vertu d'une autorisation — Le prélèvement visé aux articles 487.055 et 487.091 est effectué le plus tôt possible après la délivrance de l'autorisation.

(3) Personne effectuant le prélèvement — Les prélèvements sont faits par un agent de la paix — ou toute autre personne agissant sous son autorité — capable d'y procéder du fait de sa formation ou de son expérience.

L.C. 1998, ch. 37, art. 17; L.C. 2000, ch. 10, art. 16.

487.057 (1) Rapport — L'agent de la paix qui effectue ou fait effectuer le prélèvement d'échantillons en vertu du mandat visé à l'article 487.05, de l'ordonnance visée aux articles 487.051 ou 487.052 ou de l'autorisation délivrée au titre des articles 487.055 ou 487.091 doit, le plus tôt possible dans les jours qui suivent, rédiger un rapport selon la formule 5.07 et le faire déposer :

a) soit auprès du juge de la cour provinciale qui a délivré le mandat ou l'autorisation ou auprès d'un autre juge de la même cour;

b) soit auprès du tribunal qui a rendu l'ordonnance.

(2) Teneur du rapport — Le rapport précise la date et l'heure du prélèvement de même que les substances qui ont été prélevées.

L.C. 1998, ch. 37, art. 17; L.C. 2000, ch. 10, art. 17.

487.058 Immunité — L'agent de la paix ou toute personne agissant sous son autorité qui prélève des échantillons de substances corporelles en vertu du mandat visé à l'article 487.05, de l'ordonnance visée aux articles 487.051 ou 487.052 ou de l'autorisation délivrée au titre des articles 487.055 ou 487.091 ne peut être poursuivi, ni au civil ni au criminel, pour les actes nécessaires qu'il accomplit à cette fin en prenant les précautions voulues.

L.C. 1998, ch. 37, art. 17; L.C. 2000, ch. 10, art. 18.

487.06 (1) Prélèvements — Le mandat visé à l'article 487.05, l'ordonnance visée aux articles 487.051 ou 487.052 ou l'autorisation délivrée au titre des articles 487.055 ou 487.091 autorise l'agent de la paix - ou toute personne agissant sous son autorité - à obtenir des échantillons de substances corporelles de l'intéressé par prélèvement :

a) de cheveux ou de poils comportant la gaine épithéliale;

b) de cellules épithéliales par écouvillonnage des lèvres, de la langue ou de l'intérieur des joues;

c) de sang au moyen d'une piqûre à la surface de la peau avec une lancette stérilisée.

(2) Modalités — Le mandat, l'ordonnance ou l'autorisation énonce les modalités que le juge de la cour provinciale ou le tribunal, selon le cas, estime indiquées pour assurer le caractère raisonnable du prélèvement dans les circonstances.

(3) Prise des empreintes digitales — Dans le cas de l'ordonnance visée aux articles 487.051 ou 487.052 ou de l'autorisation délivrée au titre des articles 487.055 ou 487.091, l'agent de la paix - ou toute personne agissant sous son autorité - peut également, aux fins de la *Loi sur l'identification par les empreintes génétiques*, prendre les empreintes digitales de l'intéressé.

L.C. 1995, ch. 27, art. 1; L.C. 1998, ch. 37, art. 18; L.C. 2000, ch. 10, art. 19.

487.07 (1) Obligation d'informer l'intéressé — Avant de procéder ou de faire procéder sous son autorité au prélèvement d'échantillons de substances corporelles en vertu du mandat visé à l'article 487.05, de l'ordonnance visée aux articles 487.051 ou 487.052 ou de l'autorisation délivrée au titre des articles 487.055 ou 487.091, l'agent de la paix est tenu d'informer l'intéressé :

a) de la teneur du mandat, de l'ordonnance ou de l'autorisation, selon le cas;

b) de la nature du prélèvement;

c) du but du prélèvement;

d) de son pouvoir — ou de celui de toute personne agissant sous son autorité — d'employer la force nécessaire pour procéder au prélèvement;

d.1) [Abrogé, L.C. 2000, ch. 10, art. 20.]

e) dans le cas où les échantillons sont prélevés en exécution d'un mandat :

(i) de la possibilité que les résultats de l'analyse génétique soient présentés en preuve,

(ii) s'il s'agit d'un adolescent, des droits prévus au paragraphe (4).

(2) Détention — L'intéressé peut, aux fins du prélèvement, être détenu pendant la période que justifient les circonstances et contraint d'accompagner tout agent de la paix.

(3) Respect de la vie privée — L'agent de la paix - ou la personne agissant sous son autorité - qui procède au prélèvement veille à respecter autant que faire se peut la vie privée de l'intéressé.

L.C. 2000, ch. 10, art. 20(3).

(4) Exécution du mandat — adolescent — Si l'intéressé est un adolescent, il a, en plus des droits relatifs à sa détention pour l'exécution du mandat, le droit de se voir donner la possibilité de consulter un avocat et soit son père ou sa mère, soit, en l'absence du père ou de la mère, un parent adulte, soit, en l'absence du père ou de la mère et du parent adulte, tout autre adulte idoine qu'il aura choisi et d'exiger que le mandat soit exécuté en présence d'une telle personne.

(5) Renonciation — L'adolescent peut renoncer aux droits prévus au paragraphe (4); la renonciation doit soit être enregistrée, notamment sur bande audio ou vidéo, soit être faite par écrit et comporter une déclaration signée par l'adolescent, attestant qu'il a été informé des droits auxquels il renonce.

L.C. 1995, ch. 27, art. 1, 3; L.C. 1998, ch. 37, art. 19; L.C. 2000, ch. 10, art. 20.

487.071 (1) Transmission des résultats au commissaire — Doivent être transmis au commissaire de la Gendarmerie royale du Canada pour dépôt au fichier des condamnés de la banque nationale de données génétiques établie sous le régime de la *Loi sur l'identification par les empreintes génétiques* les résultats de l'analyse génétique des substances corporelles prélevées en vertu de l'ordonnance visée aux articles 487.051 ou 487.052 ou d'une autorisation délivrée au titre des articles 487.055 ou 487.091.

(2) Transmission des substances corporelles — Toutes les parties d'échantillons de ces substances corporelles qui ne sont pas utilisées pour analyse génétique sont transmises au commissaire de la Gendarmerie royale du Canada dans le cadre de la *Loi sur l'identification par les empreintes génétiques* .

L.C. 1998, ch. 37, art. 20; L.C. 2000, ch. 10, art. 21.

487.08 (1) Utilisation des substances - mandat — Il est interdit d'utiliser les substances corporelles prélevées en vertu du mandat visé à l'article 487.05 ou de celui visé à l'article 196.12 de la *Loi sur la défense nationale* sauf pour analyse génétique dans le cadre d'une enquête relative à l'infraction désignée.

(1.1) Utilisation des substances - ordonnances ou autorisations — Il est interdit d'utiliser les substances corporelles prélevées en vertu de l'ordonnance visée aux articles 487.051 ou 487.052, de l'autorisation délivrée au titre des articles 487.055 ou 487.091, de l'ordonnance visée aux articles 196.14 ou 196.15 de la *Loi sur la défense nationale* ou de l'autorisation visée à l'article 196.24 de cette loi, sauf :

    a) pour analyse génétique;

    b) pour transmission au commissaire de la Gendarmerie royale du Canada, conformément au paragraphe 487.071(2), de toute partie d'échantillons non utilisée pour analyse génétique.

(2) Utilisation des résultats - mandat — Il est interdit d'utiliser les résultats de l'analyse génétique des substances corporelles prélevées en vertu du mandat visé à l'article 487.05 ou de celui visé à l'article 196.12 de la *Loi sur la défense nationale* sauf dans le cadre d'une enquête relative à l'infraction désignée ou à toute autre infraction désignée visée par un mandat ou à l'égard de laquelle une substance corporelle a été trouvée dans les circonstances précisées à l'alinéa 487.05(1)*b*) ou à l'alinéa 196.12(1)*b*) de la *Loi sur la défense nationale*.

(2.1) Utilisation des résultats de l'analyse génétique - ordonnances et autorisations — Il est interdit d'utiliser les résultats de l'analyse génétique des substances corporelles prélevées en vertu de l'ordonnance visée aux articles 487.051 ou 487.052, de l'autorisation délivrée au titre des articles 487.055 ou 487.091, de l'ordonnance visée aux articles 196.14 ou 196.15 de la *Loi sur la défense nationale* ou de l'autorisation visée à l'article 196.24 de cette loi sauf pour transmission au commissaire de la Gendarmerie royale du Canada.

(3) Infraction — Quiconque contrevient aux paragraphes (1) ou (2) est coupable d'une infraction punissable sur déclaration de culpabilité par procédure sommaire.

(4) Infraction — Quiconque contrevient aux paragraphes (1.1) ou (2.1) est coupable, selon le cas :

    a) d'un acte criminel et passible d'un emprisonnement maximal de deux ans;

    b) d'une infraction punissable sur déclaration de culpabilité par procédure sommaire et passible d'une amende maximale de 2 000 $ et d'un emprisonnement maximal de six mois, ou de l'une de ces peines.

        L.C. 1995, ch. 27, art. 1;L.C. 1998, ch. 37, art. 21; L.C. 2000, ch. 10, art. 22.

487.09 (1) Destruction des substances — mandat — Sous réserve du paragraphe (2), les substances corporelles prélevées sur une personne en exécution du mandat visé à l'article 487.05 et les résultats de l'analyse génétique y afférente sont détruits ou, dans le cas de résultats sur support électronique, rendus inaccessibles une fois pour toutes, selon le cas :

    a) dès que ceux-ci indiquent que la substance visée à l'alinéa 487.05(1)*b*) ne provient pas de cette personne;

    b) dès que celle — ci est acquittée définitivement de l'infraction désignée et de toute autre infraction qui découle de la même affaire;

    c) un an après les faits suivants, s'il n'y a pas de reprise des procédures, de nouvelle dénonciation ou de nouvel acte d'accusation relatif à l'infraction désignée ou à toute autre infraction qui découle de la même affaire au cours de cette année :

        (i) sa libération au terme de l'enquête préliminaire, relative à l'infraction désignée ou à toute autre infraction qui découle de la même affaire,

        (ii) le rejet de la dénonciation relative à l'infraction désignée ou à toute autre infraction qui découle de la même affaire autrement que par acquittement, ou son retrait,

        (iii) la suspension des procédures engagées contre elle relativement à cette affaire en application des articles 572, 579 ou 795.

(2) Exception — Un juge de la cour provinciale peut ordonner le report de la destruction pour la période qu'il estime indiquée, s'il est convaincu que les substances corporelles et les résultats pourraient être nécessaires aux fins d'une enquête ou d'une poursuite relative à la personne visée pour une autre infraction désignée ou relative à une autre personne pour l'infraction désignée ou pour toute autre infraction qui découle de la même affaire.

(3) Destruction des substances fournies volontairement — Les substances corporelles fournies volontairement par une personne et les résultats de l'analyse génétique y afférente sont détruits ou, dans le cas de résultats sur support électronique, rendus inaccessibles une fois pour toutes dès que ceux-ci indiquent que la substance visée à l'alinéa 487.05(1)*b*) ne provient pas de cette personne.

L.C. 1995, ch. 27, art. 1; L.C. 1998, ch. 37, art. 22.

487.091 (1) Prélèvement d'échantillons supplémentaires — Lorsqu'un profil d'identification génétique n'a pu être établi à partir des échantillons de substances corporelles d'une personne prélevés en exécution de l'ordonnance visée aux articles 487.051 ou 487.052 ou en vertu de l'autorisation délivrée au titre de l'article 487.055, un juge de la cour provinciale peut, sur demande ex parte présentée selon la formule 5.08 dans un délai raisonnable suivant le moment où il a été déterminé qu'un profil ne pouvait être établi, autoriser par écrit — en utilisant la formule 5.09 — le prélèvement, pour analyse génétique, du nombre d'échantillons supplémentaires de substances corporelles de la personne jugé nécessaire à cette fin.

(2) Motifs — Le cas échéant, la demande doit énoncer les raisons pour lesquelles le profil d'identification génétique n'a pu être établi.

(3) Personnes non détenues sous garde — Les paragraphes 487.055(4) à (10) s'appliquent, avec les adaptations nécessaires et abstraction faite des mots « visée au paragraphe (1) qui est libérée sous conditions », au paragraphe 487.055(4), aux personnes qui ne sont pas détenues sous garde et à l'égard desquelles un prélèvement est autorisé au titre du présent article.

L.C. 1998, ch. 37, art. 23; L.C. 2000, ch. 10, art. 23.

487.092 (1) Dénonciation — Un juge de paix peut décerner un mandat par écrit autorisant un agent de la paix à accomplir lui-même ou à faire accomplir par une autre personne sous son autorité tout acte qui y est mentionné, pour obtenir les empreintes des mains, des doigts, des pieds ou des dents d'une personne ou toute autre empreinte de son corps si les conditions suivantes sont réunies :

a) le juge de paix est convaincu, à la suite d'une dénonciation par écrit faite sous serment, qu'il existe des motifs raisonnables de croire qu'une infraction à la présente loi ou à toute autre loi fédérale a été commise et que des renseignements relatifs à l'infraction seront obtenus grâce à ces empreintes;

b) il est convaincu que la délivrance du mandat servirait au mieux l'administration de la justice.

(2) Fouilles, perquisitions ou saisies raisonnables — Le mandat doit énoncer les modalités que le juge estime opportunes pour que la fouille, la perquisition ou la saisie soit raisonnable dans les circonstances.

(3) Application des paragraphes 487(2) et (4) — Les paragraphes 487(2) et (4) s'appliquent, avec les adaptations nécessaires, au mandat décerné en vertu du paragraphe (1).

(4) Télémandats — Un mandat peut être décerné sous le régime du présent article sur le fondement d'une dénonciation transmise par téléphone ou autre moyen de télécommunication lorsque l'agent de la paix considère qu'il serait peut commode de se présenter en personne devant un juge; l'article 487.1 s'applique alors avec les adaptations nécessaires.

L.C. 1997, ch. 18, art. 45.

Autres dispositions : mandat de perquisition

487.1 (1) Télémandats — L'agent de la paix qui croit qu'un acte criminel a été commis et considère qu'il serait peu commode de se présenter en personne devant un juge de paix pour y demander un mandat de perquisition en conformité avec l'article 256 ou 487 peut faire, à un juge de paix désigné par le juge en chef de la cour provinciale qui a compétence, une dénonciation sous serment par téléphone ou à l'aide d'un autre moyen de télécommunication.

(2) Dénonciation présentée par certains moyens — La dénonciation présentée par téléphone ou à l'aide d'un autre moyen de communication qui ne peut rendre la communication sous forme écrite est faite sous serment et consignée mot à mot dans un procès-verbal ou enregistrée mécaniquement par le juge de paix qui, dans les plus brefs délais, fait déposer auprès du greffier du tribunal de la circonscription territoriale où le mandat doit être exécuté le procès-verbal ou une transcription de l'enregistrement de la dénonciation; le juge de paix en certifie le contenu, la date et l'heure.

(2.1) Dénonciation présentée par d'autres moyens — Le juge de paix qui reçoit la dénonciation présentée par un moyen de télécommunication qui rend la communication sous forme écrite la fait déposer dans les plus brefs délais auprès du greffier du tribunal de la circonscription territoriale où le mandat doit être exécuté et il certifie la date et l'heure de sa réception.

(3) Serment — Pour l'application du paragraphe (2), une serment peut être prêté par téléphone ou à l'aide d'un autre moyen de télécommunication.

(3.1) Alternative au serment — L'agent de la paix qui présente une dénonciation de la façon prévue au paragraphe (2.1) peut, au lieu de prêter serment, choisir de faire une déclaration par écrit selon laquelle il croit vrais, au meilleur de sa connaissance, les renseignements contenus dans la dénonciation. Sa déclaration est réputée être faite sous serment.

(4) Contenu de la dénonciation — Une dénonciation faite par téléphone ou à l'aide d'un autre moyen de télécommunication comporte les éléments suivants :

    a) un énoncé des circonstances qui rendent peu commode pour l'agent de la paix de se présenter en personne devant le juge de paix;

    b) un énoncé de l'acte criminel présumé, des lieux qui doivent faire l'objet de la perquisition et des objets que l'on prétend pouvoir y saisir;

c) un énoncé des motifs sur lesquels l'agent de la paix se fonde pour croire que des objets saisissables liés à l'infraction présumée se trouveront dans les lieux à perquisitionner;

d) un énoncé des autres demandes de mandat en vertu du présent article ou de tout autre mandat de perquisition qui ont été faites à l'égard de la même affaire et dont l'agent de la paix a connaissance.

(5) Délivrance du mandat — Le juge de paix visé au paragraphe (1) peut décerner à un agent de la paix un mandat lui accordant les mêmes pouvoirs en matière de perquisition et de saisie que lui accorderait un mandat décerné en vertu du paragraphe 256(1) ou 487(1) à la condition d'être convaincu que la dénonciation faite par téléphone ou à l'aide d'un autre moyen de télécommunication remplit les conditions suivantes :

a) elle vise un acte criminel et rencontre les exigences du paragraphe (4);

b) elle démontre l'existence de motifs raisonnables pour exempter l'agent de la paix de se présenter en personne et de soumettre sa dénonciation par écrit;

c) elle démontre l'existence de motifs raisonnables pour décerner un mandat de perquisition à l'égard d'un acte criminel en conformité avec le paragraphe 256(1) ou les alinéas 487(1)a), b) ou c), selon le cas.

Il peut exiger que le mandat soit exécuté dans le délai qu'il fixe.

(6) Formalités — Dans le cas d'un mandat décerné par téléphone ou à l'aide d'un autre moyen de télécommunication qui ne peut rendre la communication sous forme écrite :

a) le juge de paix remplit et signe le mandat suivant la formule 5.1; il y indique l'endroit où le mandat est décerné, la date et l'heure;

b) l'agent de la paix, sur l'ordre du juge de paix, complète en double exemplaire un fac-similé du mandat selon la formule 5.1; il y indique le nom du juge de paix qui décerne le mandat, le lieu où le mandat est décerné, la date et l'heure;

c) le juge de paix, dans les plus brefs délais possible après avoir décerné un mandat, fait déposer le mandat auprès du greffier du tribunal de la circonscription territoriale où le mandat doit être exécuté.

(6.1) Délivrance du mandat en cas de télécommunication écrite — Dans le cas d'un mandat décerné à l'aide d'un moyen de télécommunication qui rend la communication sous forme écrite :

a) le juge de paix remplit et signe le mandat suivant la formule 5.1; il y indique la date, l'heure et l'endroit de sa délivrance;

b) il transmet le mandat à l'agent de la paix qui a présenté la dénonciation; la copie que reçoit l'agent de la paix est réputée être un fac-similé au sens de l'alinéa (6)b);

c) l'agent de la paix produit un autre fac-similé du mandat;

d) le juge de paix, dans les plus brefs délais possible après avoir décerné un mandat, fait déposer celui-ci auprès du greffier du tribunal de la circonscription territoriale où le mandat doit être exécuté.

(7) Fac-similé — L'agent de la paix qui exécute un mandat de perquisition décerné par téléphone ou à l'aide d'un autre moyen de télécommunication, à l'exception d'un mandat décerné en vertu du paragraphe 256(1), doit, avant de pénétrer dans les lieux à perquisitionner ou dans les plus brefs délais possible par la suite, remettre un fac-similé du mandat à toute personne présente et apparemment responsable des lieux.

(8) Affichage d'un fac-similé — L'agent de la paix qui exécute dans des lieux inoccupés un mandat de perquisition décerné par téléphone ou à l'aide d'un autre moyen de télécommunication, à l'exception d'un mandat décerné en vertu du paragraphe 256(1), doit, dès qu'il y pénètre ou dans les plus brefs délais possible par la suite, afficher un fac-similé du mandat dans un endroit bien en vue dans le lieu en question.

(9) Rapport de l'agent de la paix — L'agent de la paix à qui un mandat de perquisition a été décerné par téléphone ou à l'aide d'un autre moyen de télécommunication prépare un rapport dans les plus brefs délais possible mais au plus tard dans les sept jours suivant l'exécution du mandat; il dépose son rapport dans le même délai auprès du greffier du tribunal de la circonscription territoriale où le mandat devait être exécuté; le rapport comporte les éléments suivants :

a) une indication de la date et de l'heure de son exécution ou, si le mandat n'a pas été exécuté, une explication des raisons pour lesquelles il ne l'a pas été;

b) une mention, s'il y a lieu, des choses qui ont été saisies en vertu du mandat et une indication de l'endroit où elles sont gardées;

c) une mention, s'il y a lieu, des choses qui ont été saisies mais qui n'étaient pas mentionnées dans le mandat et une indication de l'endroit où elles sont gardées; dans ce cas, l'agent de la paix donne les motifs sur lesquels il se fondait pour croire que ces objets supplémentaires avaient été obtenus par la perpétration d'une infraction ou utilisés dans le cadre de celle-ci.

(10) Remise au juge de paix — Le greffier du tribunal visé au paragraphe (9) fait remettre dans les plus brefs délais à un juge de paix le rapport, la dénonciation et le mandat qui s'y rattache pour qu'il en soit disposé comme s'il s'agissait d'un mandat décerné par ce juge de paix ou un autre juge de paix de la même circonscription territoriale.

(11) Preuve de l'autorisation — Dans des procédures où il importe au tribunal d'être convaincu qu'une perquisition ou une saisie a été autorisée par un mandat décerné par téléphone ou à l'aide d'un autre moyen de télécommunication, l'absence du mandat original ou de la dénonciation signée par le juge de paix et comportant une mention des date, heure et endroit de sa délivrance est, en l'absence de toute preuve contraire, une preuve que la perquisition ou la saisie n'ont pas été correctement autorisées.

(12) Copies et fac-similés sont acceptés — Les copies ou fac-similés du mandat ou de la dénonciation ont, pour l'application du paragraphe (11), la même force probante que l'original.

> L.R.C. 1985, ch. 27 (1er suppl.), art. 69; L.C. 1992, ch. 1, art. 58 et 60; L.C. 1994, ch. 44, art. 37.

487.11 Cas où le mandat n'est pas nécessaire — L'agent de la paix ou le fonctionnaire public nommé ou désigné pour l'application ou l'exécution d'une loi fédérale ou provinciale et chargé notamment de faire observer la présente loi ou toute autre loi fédérale peut, pour l'accomplissement de ses fonctions, exercer, sans mandat, tous les pouvoirs prévus aux paragraphes 487(1) ou 492.1(1) lorsque l'urgence de la situation rend difficilement réalisable l'obtention du mandat, sous réserve que les conditions de délivrance de celui-ci soient réunies.

> L.C. 1997, ch. 18, art. 46.

487.2 (1) Non-publication — Lorsqu'un mandat de perquisition a été décerné en vertu de l'article 487 ou 487.1, ou qu'une perquisition est effectuée en vertu d'un tel mandat, quiconque publie dans un journal ou diffuse des renseignements concernant :

> a) soit l'endroit où s'est faite ou doit se faire la perquisition;

> b) soit l'identité de la personne qui occupe ou semble occuper cet endroit ou en est ou semble en être responsable ou qui est soupçonnée d'être impliquée dans une infraction à l'égard de laquelle le mandat fut décerné,

sans la permission de chaque personne visée à l'alinéa b), à moins qu'une accusation n'ait été portée à l'égard d'une infraction visée par le mandat, est coupable d'une infraction punissable sur déclaration de culpabilité par procédure sommaire.

(2) Définition de « journal » — Au présent article, **« journal »** s'entend au sens de l'article 297.

> L.R.C. 1985, ch.27 (1er suppl.), art. 69.

487.3 (1) Ordonnance interdisant l'accès aux renseignements donnant lieu au mandat — Le juge ou le juge de paix peut, sur demande présentée lors de la délivrance du mandat, en vertu de la présente loi ou d'une autre loi fédérale, ou lors de la délivrance de l'autorisation prévue aux articles 529 ou 529.4, ou par la suite, interdire, par ordonnance, l'accès à l'information relative au mandat ou à l'autorisation et la communication de celle-ci pour le motif que, à la fois :

> a) la communication, pour les raisons mentionnées au paragraphe (2), serait préjudiciable aux fins de la justice ou l'information pourrait être utilisée à des fins illégitimes;

b) la raison visée à l'alinéa *a*) l'emporte sur l'importance de l'accès à l'information.

(2) Raisons — L'ordonnance interdisant la communication au motif que celle-ci serait préjudiciable aux fins de la justice peut être fondée sur les raisons suivantes :

a) la communication, selon le cas :

(i) compromettrait la confidentialité de l'identité d'un informateur,

(ii) compromettrait la nature et l'étendue des enquêtes en cours,

(iii) mettrait en danger ceux qui pratiquent des techniques secrètes d'obtention de renseignements et compromettrait ainsi la tenue d'enquêtes ultérieures au cours desquelles de telles techniques seraient utilisées,

(iv) causerait un préjudice à un innocent;

b) toute autre raison suffisante.

(3) Procédure — Tous les documents relatifs à une demande faite en application du paragraphe (1) sont, sous réserve des modalités que le juge de paix ou le juge estime indiquées dans les circonstances, notamment quant à la durée de l'interdiction, la communication partielle de tout document, la suppression de certains passages ou la survenance d'une condition, placés dans un paquet scellé par le juge de paix ou le juge auquel la demande est faite dès qu'une décision est prise au sujet de cette demande; ce paquet est gardé par le tribunal, en un lieu auquel le public n'a pas accès ou en tout autre lieu que le juge de paix ou le juge peut autoriser et il ne peut en être disposé que conformément aux modalités fixées par le juge de paix ou le juge dans l'ordonnance ou dans l'ordonnance modifiée conformément au paragraphe (4).

(4) Modification — La demande visant à mettre fin à l'ordonnance ou à en modifier les modalités peut être présentée au juge de paix ou au juge qui l'a rendue ou à un juge du tribunal pouvant être saisi de la poursuite découlant de l'enquête dans le cadre de laquelle le mandat a été délivré.

L.C. 1997, ch. 23, art. 14; L.C. 1997, ch. 39, art. 1.

488. Exécution d'un mandat de perquisition — Un mandat décerné en vertu des articles 487 ou 487.1 est exécuté de jour, à moins que les conditions suivantes ne soient réunies :

a) le juge de paix est convaincu qu'il existe des motifs raisonnables de l'exécuter la nuit;

b) la dénonciation énonce ces motifs raisonnables;

c) le libellé du mandat en autorise l'exécution la nuit.

L.R.C. 1985, ch. 27 (1er suppl.), art. 70; L.C. 1997, ch. 18, art. 47.

488.1 (1) Définitions — Les définitions qui suivent s'appliquent au présent article.

« **avocat** » Dans la province de Québec, un avocat ou un notaire, et dans les autres provinces, un *barrister* ou un *solicitor*.

« **document** » Pour l'application du présent article, s'entend au sens de l'article 321.

« **fonctionnaire** » Agent de la paix ou fonctionnaire public.

« **gardien** » Personne à qui la garde d'un paquet est confiée conformément au paragraphe (2).

« **juge** » Juge d'une cour supérieure de juridiction criminelle de la province où la saisie a été faite.

(2) Examen ou saisie de certains documents lorsque le privilège est invoqué — Lorsqu'un fonctionnaire agissant sous le régime de la présente loi ou de toute autre loi fédérale est sur le point d'examiner, de copier ou de saisir un document en la possession d'un avocat qui prétend qu'un de ses clients, nommément désigné, jouit du privilège des communications entre client et avocat en ce qui concerne ce document, le fonctionnaire doit, sans examiner le document ni le copier :

a) le saisir et en faire un paquet qu'il doit convenablement sceller et identifier;

b) confier le paquet à la garde du shérif du district ou du comté où la saisie a été effectuée ou, s'il existe une entente écrite désignant une personne qui agira en qualité de gardien, à la garde de cette dernière.

(3) Demande à un juge — Lorsqu'un document a été saisi et placé sous garde en vertu du paragraphe (2), le procureur général, le client ou l'avocat au nom de son client, peut :

a) dans un délai de quatorze jours à compter de la date où le document a été placé sous garde, demander à un juge, moyennant un avis de présentation de deux jours adressé à toute autre personne qui pourrait faire une demande, de rendre une ordonnance :

(i) fixant une date, au plus tard vingt et un jours après la date de l'ordonnance, et un endroit, où sera décidée la question de savoir si le document doit être communiqué,

(ii) en outre, exigeant du gardien qu'il présente le document au juge au moment et au lieu fixés;

b) faire signifier une copie de l'ordonnance à toute personne qui pourrait faire une demande et au gardien dans les six jours de la date où elle est rendue;

c) s'il a procédé ainsi que l'alinéa *b)* l'autorise, demander, au moment et au lieu fixés, une ordonnance qui tranche la question.

(4) Décision concernant la demande — Suite à une demande prévue à l'alinéa (3)*c*), le juge :

a) peut examiner le document, s'il l'estime nécessaire, pour établir si le document doit être communiqué;

b) peut, s'il est d'avis que cela l'aidera à rendre sa décision sur le caractère privilégié du document, permettre au procureur général d'examiner le document;

c) doit permettre au procureur général et à toute personne qui s'oppose à la communication du document de lui présenter leurs observations;

d) doit trancher la question de façon sommaire et :

(i) s'il est d'avis que le document ne doit pas être communiqué, s'assurer que celui-ci est remballé et scellé à nouveau et ordonner au gardien de le remettre à l'avocat qui a allégué le privilège des communications entre client et avocat ou à son client,

(ii) s'il est d'avis que le document doit être communiqué, ordonner au gardien de remettre celui-ci au fonctionnaire qui a fait la saisie ou à quelque autre personne désignée par le procureur général, sous réserve des restrictions et conditions qu'il estime appropriées.

Le juge motive brièvement sa décision en décrivant la nature du document sans toutefois en révéler les détails.

(5) Privilège continu — Lorsque le juge décide, conformément à l'alinéa (4)*d*), qu'un privilège des communications entre client et avocat existe en ce qui concerne un document, ce document demeure privilégié et inadmissible en preuve, que le juge ait permis ou non au procureur général de l'examiner, conformément à l'alinéa (4)*b*), à moins que le client n'y consente ou que le privilège ne soit autrement perdu.

(6) Ordonnance enjoignant au gardien de remettre le document — Lorsqu'un document a été saisi et placé sous garde, en vertu du paragraphe (2) et qu'un juge, sur la demande du procureur général, est convaincu qu'aucune demande prévue à l'alinéa (3)*a*) n'a été faite, ou, si elle l'a été, qu'elle n'a pas été suivie d'une autre demande prévue à l'alinéa (3)*c*), il doit ordonner au gardien de remettre le document au fonctionnaire qui a fait la saisie ou à quelque autre personne désignée par le procureur général.

(7) Demandes à un autre juge — Lorsque, pour quelque motif, le juge à qui une demande a été faite selon l'alinéa (3)*c*) ne peut agir ni continuer d'agir en vertu du présent article, des demandes subséquentes faites en vertu de cet alinéa peuvent être faites à un autre juge.

(8) Interdiction — Aucun fonctionnaire ne doit examiner ni saisir un document ou en faire des copies sans donner aux intéressés une occasion raisonnable de formuler une objection fondée sur le privilège des communications entre client et avocat en vertu du paragraphe (2).

(9) Autorisation de faire des copies — En tout temps, lorsqu'un document est entre les mains d'un gardien selon le présent article, un juge peut, sur une demande *ex parte* de la personne qui s'oppose à la divulgation du document alléguant le privilège des communications entre client et avocat, autoriser cette dernière à examiner le document ou à en faire une copie en présence du gardien ou du juge; cependant une telle autorisation doit contenir les dispositions nécessaires pour que le document soit remballé et le paquet scellé à nouveau sans modification ni dommage.

(10) Huis clos — La demande visée à l'alinéa (3)*c)* est entendue à huis clos.

(11) Exception — Le présent article ne s'applique pas lorsque le privilège des communications entre client et avocat peut être invoqué en vertu de la *Loi de l'impôt sur le revenu.*

Non en vigueur — 488.1(11)

(11) Exception — Le présent article ne s'applique pas lorsque peut être invoqué le privilège des communications entre client et avocat en vertu de la *Loi de l'impôt sur le revenu* ou le secret professionnel du conseiller juridique en vertu de la *Loi sur le recyclage des produits de la criminalité.*

L.C. 2000, ch. 17, art. 89.

L.R.C. 1985, ch. 27 (1ᵉʳ suppl.), art. 71.

489. (1) Saisie de choses non spécifiées — Quiconque exécute un mandat peut saisir, outre ce qui est mentionné dans le mandat, toute chose qu'il croit, pour des motifs raisonnables :

a) avoir été obtenue au moyen d'une infraction à la présente loi ou à toute autre loi fédérale;

b) avoir été employée à la perpétration d'une infraction à la présente loi ou à toute autre loi fédérale;

c) pouvoir servir de preuve touchant la perpétration d'une infraction à la présente loi ou à toute autre loi fédérale.

(2) Saisie sans mandat — L'agent de la paix ou le fonctionnaire public nommé ou désigné pour l'application ou l'exécution d'une loi fédérale ou provinciale et chargé notamment de faire observer la présente loi ou toute autre loi fédérale qui se trouve légalement en un endroit en vertu d'un mandat ou pour l'accomplissement de ses fonctions peut, sans mandat, saisir toute chose qu'il croit, pour des motifs raisonnables :

a) avoir été obtenue au moyen d'une infraction à la présente loi ou à toute autre loi fédérale;

b) avoir été employée à la perpétration d'une infraction à la présente loi ou à toute autre loi fédérale;

c) pouvoir servir de preuve touchant la perpétration d'une infraction à la présente loi ou à toute autre loi fédérale.

L.R.C. 1985, ch. 27 (1er suppl.), art. 72; ch. 42 (4e suppl.), art. 3; L.C. 1993, ch. 40, art. 16; 1997, ch. 18, art. 48.

489.1 (1) Remise des biens ou rapports — Sous réserve des autres dispositions de la présente loi ou de toute autre loi fédérale, l'agent de la paix qui a saisi des biens en vertu d'un mandat décerné sous le régime de la présente loi, en vertu des articles 487.11 ou 489 ou autrement dans l'exercice des fonctions que lui confère la présente loi ou une autre loi fédérale doit, dans les plus brefs délais possible :

a) lorsqu'il est convaincu :

(i) d'une part, qu'il n'y a aucune contestation quant à la possession légitime des biens saisis,

(ii) d'autre part, que la détention des biens saisis n'est pas nécessaire pour les fins d'une enquête, d'une enquête préliminaire, d'un procès ou d'autres procédures,

remettre les biens saisis, et en exiger un reçu, à la personne qui a droit à la possession légitime de ceux-ci et en faire rapport au juge de paix qui a décerné le mandat ou à un autre juge de paix de la même circonscription territoriale ou, en l'absence de mandat, à un juge de paix qui a compétence dans les circonstances;

b) s'il n'est pas convaincu de l'existence des circonstances visées aux sous-alinéas a)(i) et (ii) :

(i) soit emmener les biens saisis devant le juge de paix visé à l'alinéa a),

(ii) soit faire rapport au juge de paix qu'il a saisi les biens et qu'il les détient ou veille à ce qu'ils le soient,

pour qu'il en soit disposé selon que le juge de paix l'ordonne en conformité avec le paragraphe 490(1).

(2) Remise des biens ou rapports — Sous réserve des autres dispositions de la présente loi ou d'une autre loi fédérale, la personne qui n'est pas un agent de la paix et qui a saisi des biens en vertu d'un mandat décerné sous le régime de la présente loi, en vertu des articles 487.11 ou 489 ou autrement dans l'exercice des fonctions que lui confère la présente loi ou une autre loi fédérale doit, dans les plus brefs délais possible :

a) soit apporter les biens saisis devant le juge de paix qui a décerné le mandat ou un autre juge de paix de la même circonscription territoriale ou, en l'absence de mandat, devant un juge de paix qui a compétence dans les circonstances;

b) soit faire rapport au juge de paix visé à l'alinéa a) qu'elle a saisi des biens et qu'elle les détient ou veille à ce qu'ils le soient, pour qu'il en soit disposé selon que l'ordonne le juge de paix en conformité avec le paragraphe 490(1).

(3) Formule — Le rapport à un juge de paix visé au présent article est rédigé selon la formule 5.2 à la partie XXVIII, adaptée aux circonstances; sont mentionnées au rapport, dans le cas d'un rapport d'un mandat décerné par téléphone ou par un autre moyen de télécommunication, les indications visées au paragraphe 487.1(9).

L.R.C. 1985, ch. 27 (1er suppl.), art. 72; L.C. 1993, ch. 40, art. 17; 1997, ch. 18, art. 49.

490. (1) Détention de choses saisies — Sous réserve des autres dispositions de la présente loi ou de toute autre loi fédérale, lorsque, en vertu de l'alinéa 489.1(1)*b)* ou du paragraphe 489.1(2), des choses qui ont été saisies sont apportées devant un juge de paix ou lorsqu'un rapport à l'égard de choses saisies est fait à un juge de paix, celui-ci doit :

a) lorsque le propriétaire légitime ou la personne qui a droit à la possession légitime des choses saisies est connu, ordonner qu'elles lui soient remises à moins que le poursuivant, l'agent de la paix ou toute personne qui en a la garde ne le convainque que leur détention est nécessaire aux fins d'une enquête, d'une enquête préliminaire, d'un procès ou de toute autre procédure;

b) lorsque le poursuivant, l'agent de la paix ou la personne qui en a la garde convainc le juge de paix que la chose saisie devrait être détenue pour un motif énoncé à l'alinéa *a)*, détenir cette chose ou en ordonner la détention, en prenant raisonnablement soin d'en assurer la conservation jusqu'à la conclusion de toute enquête ou jusqu'à ce que sa production soit requise aux fins d'une enquête préliminaire, d'un procès ou de toute autre procédure.

(2) Ordonnance de prolongation — Rien ne peut être détenu sous l'autorité de l'alinéa (1)*b)* au-delà soit de l'expiration d'une période de trois mois après la saisie, soit de la date, si elle est postérieure, où il est statué sur la demande visée à l'alinéa *a)*, à moins que :

a) un juge de paix convaincu, à la suite d'une demande sommaire qui lui a été faite après avis de trois jours francs à la personne qui, au moment de la saisie, avait la possession de la chose détenue, que, compte tenu de la nature de l'enquête, la prolongation de sa détention pendant une période spécifiée est justifiée ordonne une telle prolongation;

b) des procédures ont été engagées au cours desquelles la chose détenue peut être requise.

(3) Idem — Il peut être rendu plus d'une ordonnance de prolongation de détention en vertu du sous-alinéa (2)*a)*, mais rien ne peut être détenu pour une durée totale qui dépasse soit un an à compter de la saisie, soit une période plus longue se terminant lorsqu'il est statué sur la demande visée à l'alinéa *a)*, à moins que :

a) un juge d'une cour supérieure de juridiction criminelle ou un juge au sens de l'article 552 convaincu, à la suite d'une demande sommaire qui lui est faite après avis de trois jours francs à la personne qui, au moment de la saisie, avait la possession de la chose détenue, que, compte tenu de la nature complexe de l'enquête, la prolongation de sa détention pendant une période spécifiée est justifiée, sous réserve des conditions qu'il juge indiquées, ordonne une telle prolongation;

b) des procédures ont été engagées au cours desquelles la chose détenue peut être requise.

(3.1) Consentement — Les choses saisies peuvent être détenues sous l'autorité de l'alinéa (1)*b*) pour une période quelconque, qu'une demande soit présentée ou non en vertu des paragraphes (2) ou (3), si leur propriétaire légitime ou la personne qui a droit à leur possession légitime consent par écrit à la détention pendant la période spécifiée.

(4) Lorsque le prévenu est renvoyé pour subir son procès — Lorsqu'un prévenu a été renvoyé pour subir son procès, le juge de paix fait parvenir toute chose détenue en vertu des paragraphes (1) à (3) au greffier du tribunal devant lequel le prévenu a été renvoyé pour subir son procès, afin que ce greffier la détienne et qu'il en soit disposé selon les instructions du tribunal.

(5) Lorsque la détention continue n'est plus requise — Lorsque, à tout moment avant l'expiration des périodes de détention prévues aux paragraphes (1) à (3) ou ordonnées en vertu de ceux-ci à l'égard d'une chose saisie, le poursuivant, l'agent de la paix ou la personne qui en a la garde décide que la détention de la chose saisie n'est plus requise aux fins visées au paragraphe (1) ou (4), il doit présenter une demande :

a) à un juge d'une cour supérieure de juridiction criminelle ou à un juge au sens de l'article 552, lorsqu'un juge a ordonné sa détention en application du paragraphe (3);

b) à un juge de paix, dans tout autre cas.

Le juge ou juge de paix doit, après avoir donné à la personne qui, au moment de la saisie, avait la possession de cette chose, ou à celui qui prétend être son propriétaire légitime ou la personne ayant droit à la possession de celle-ci, s'ils sont connus, l'occasion de démontrer qu'ils ont droit à la possession de cette chose, rendre une ordonnance à l'égard du bien en application du paragraphe (9).

(6) Idem — Lorsque les périodes de détention prévues aux paragraphes (1) à (3) ou ordonnées en application de ceux-ci à l'égard d'une chose saisie sont terminées et qu'aucune procédure pour laquelle elle aurait pu être requise n'a été engagée, le poursuivant, l'agent de la paix ou la personne qui en a la garde doit demander au juge ou au juge de paix visé à l'alinéa (5)*a*) ou *b*), dans les circonstances qui y sont établies, de rendre une ordonnance à l'égard du bien en application du paragraphe (9) ou (9.1).

(7) Demande de remise — La personne qui, au moment de la saisie, avait la possession d'une chose saisie peut, à l'expiration des périodes de détention prévues aux paragraphes (1) à (3) ou ordonnées en application de ceux-ci et en donnant un avis de trois jours francs au procureur général, demander d'une façon sommaire :

a) à un juge d'une cour supérieure de juridiction criminelle ou à un juge au sens de l'article 552, lorsqu'un juge a ordonné la détention de la chose demandée en vertu du paragraphe (3);

b) à un juge de paix, dans tout autre cas,

de rendre une ordonnance conformément à l'alinéa (9)c) à l'effet que la chose saisie lui soit rendue.

(8) Exception — Un juge d'une cour supérieure de juridiction criminelle ou un juge au sens de l'article 552, lorsqu'un juge a ordonné la détention de la chose saisie en vertu du paragraphe (3) ou un juge de paix, dans tout autre cas, peut permettre qu'une demande soit présentée en vertu du paragraphe (7) avant l'expiration des délais qui y sont mentionnés lorsqu'il est convaincu qu'un préjudice sérieux sera causé s'il n'accepte pas qu'une telle demande soit présentée.

(9) Disposition des choses saisies — Sous réserve des autres dispositions de la présente loi ou de toute autre loi fédérale :

a) le juge visé au paragraphe (7), lorsqu'un juge a ordonné la détention d'une chose saisie en application du paragraphe (3);

b) le juge de paix, dans tout autre cas,

qui est convaincu que les périodes de détention prévues aux paragraphes (1) à (3) ou ordonnées en application de ceux-ci sont terminées et que des procédures à l'occasion desquelles la chose détenue peut être requise n'ont pas été engagées ou, si ces périodes ne sont pas terminées, que la détention de la chose saisie ne sera pas requise pour quelque fin mentionnée au paragraphe (1) ou (4), doit :

c) en cas de légalité de la possession de cette chose par la personne entre les mains de qui elle a été saisie, ordonner qu'elle soit retournée à cette personne;

d) en cas d'illégalité de la possession de cette chose par la personne entre les mains de qui elle a été saisie, ordonner qu'elle soit retournée au propriétaire légitime ou à la personne ayant droit à la possession de cette chose, lorsqu'ils sont connus;

en cas d'illégalité de la possession de cette chose par la personne entre les mains de qui elle a été saisie, ou si nul n'en avait la possession au moment de la saisie, et lorsque ne sont pas connus le propriétaire légitime ni la personne ayant droit à la possession de cette chose, le juge peut en outre ordonner qu'elle soit confisquée au profit de Sa Majesté; il en est alors disposé selon les instructions du procureur général, ou de quelque autre façon en conformité avec la loi.

(9.1) Exception — Malgré le paragraphe (9), le juge ou le juge de paix visé aux alinéas 9a) ou b) peut, lorsque les périodes de détention visées aux paragraphes (1) à (3) ou ordonnées en application de ceux-ci sont terminées et que des procédures pour lesquelles la chose détenue peut être requise n'ont pas été engagées, ordonner, s'il est convaincu que les intérêts de la justice le justifient, la prolongation de la détention pour la période qu'il estime nécessaire pour l'application des paragraphes (1) ou (4).

(10) Demande du propriétaire légitime — Sous réserve des autres dispositions de la présente loi ou de toute autre loi fédérale, une personne, autre que celle qui peut faire une demande en vertu du paragraphe (7), qui prétend être le propriétaire légitime ou la personne ayant droit à la possession d'une chose saisie et apportée devant un juge de paix ou dont on a rendu compte aux termes de l'article 489.1 peut, à tout moment, après avis de trois jours francs au procureur général et à la personne qui, au moment de la saisie, en avait la possession, demander d'une manière sommaire :

    a) à un juge visé au paragraphe (7), lorsqu'un juge a ordonné la détention de la chose saisie en vertu du paragraphe (3);

    b) à un juge de paix, dans tout autre cas,

d'ordonner que la chose détenue lui soit rendue.

(11) Ordonnance — Sous réserve des autres dispositions de la présente loi ou de toute autre loi fédérale, lorsqu'une demande lui est faite en vertu du paragraphe (10), un juge ou un juge de paix doit, s'il est convaincu :

    a) d'une part, que le demandeur est le propriétaire légitime ou la personne ayant droit à la possession de la chose saisie;

    b) d'autre part, que les périodes de détention prévues aux paragraphes (1) à (3) ou ordonnées en application de ceux-ci sont terminées et que des procédures à l'occasion desquelles la chose détenue peut être requise n'ont pas été engagées ou, si ces périodes ne sont pas terminées, que la détention de la chose saisie ne sera pas requise pour quelque fin mentionnée au paragraphe (1) ou (4),

ordonner que :

    c) soit la chose saisie soit rendue au demandeur;

    d) soit le produit de la vente ou la valeur de la chose saisie soit remis au demandeur, sauf disposition contraire de la loi, lorsque, en conformité avec le paragraphe (9), la chose saisie a été confisquée, vendue ou qu'il en a été autrement disposé de sorte qu'elle ne peut être rendue au demandeur.

(12) Détention en attendant décision sur l'appel, etc. — Nonobstant les autres dispositions du présent article, aucune chose ne peut être rendue, confisquée ou aliénée sous le régime du présent article en attendant l'issue d'une demande faite ou d'un appel interjeté à l'égard de la chose ou d'une procédure où le droit de saisie est contesté, ou dans les trente jours après qu'une ordonnance relative à la chose a été rendue en vertu du présent article.

(13) Copies des documents remis — Le procureur général, le poursuivant, l'agent de la paix ou la personne qui en a la garde peut, avant d'apporter le document saisi devant un juge de paix ou de se conformer à une ordonnance prise en vertu des paragraphes (1), (9) ou (11), le copier ou le faire copier.

(14) Force probante — Une copie faite en vertu du paragraphe (13) et certifiée conforme par le procureur général, la personne qui l'a faite ou celle en la présence de qui elle a été faite est admissible en preuve et, en l'absence de preuve contraire, a la même force probante qu'aurait l'original s'il avait été prouvé de la façon ordinaire.

(15) Accès à une chose saisie — Lorsqu'une chose est détenue aux termes des paragraphes (1) à (3.1), un juge d'une cour supérieure de juridiction criminelle, un juge de la cour provinciale ou un juge au sens de l'article 552 peut, sur demande sommaire de la part d'une personne qui a un intérêt dans la chose détenue, après un avis de trois jours francs au procureur général, ordonner qu'il soit permis à la personne par qui ou de la part de qui la demande est faite, d'examiner la chose détenue.

(16) Conditions — Une ordonnance rendue en vertu du paragraphe (15) doit être faite aux conditions que le juge estime nécessaires ou souhaitables pour sauvegarder et préserver la chose visée par l'ordonnance pour toute utilisation subséquente.

(17) Appel — Une personne qui s'estime lésée par une ordonnance rendue aux termes du paragraphe (8), (9), (9.1) ou (11) peut en appeler à la cour d'appel, au sens de l'article 812 et, pour les fins de l'appel, les dispositions des articles 814 à 828 s'appliquent avec les adaptations nécessaires.

(18) Discrétion — Le destinataire de l'avis de trois jours francs visé aux alinéas (2)*a*) et (3)*a*) ainsi qu'aux paragraphes (7), (10) et (15) peut accepter que la demande pour laquelle l'avis est donné soit présentée avant la fin de ce délai.

L.R.C. 1985, ch. 27 (1ᵉʳ suppl.), art. 73; L.C. 1994, ch. 44, art. 38; 1997, ch. 18, art. 50.

490.01 Biens périssables — Si des biens périssables ou qui se déprécient rapidement sont saisis en vertu de la présente loi, l'auteur de la saisie ou la personne qui a la garde des biens peut les remettre à leur propriétaire légitime ou à la personne qui est autorisée à en avoir la possession légitime. Le juge de paix peut toutefois, sur demande *ex parte* présentée par l'auteur de la saisie ou la personne qui a la garde des biens, ordonner leur destruction ou autoriser leur aliénation; le produit est alors remis au propriétaire légitime qui n'a pas participé à l'infraction liée aux biens ou, si ce dernier est inconnu, confisqué au profit de Sa Majesté.

L.C. 1997, ch. 18, art. 51; 1999, ch. 5, art. 17

Confiscation de biens infractionnels

490.1 (1) Confiscation lors de la déclaration de culpabilité — Sous réserve des articles 490.3 et 490.4 et sur demande du procureur général, le tribunal qui déclare une personne coupable d'un acte de gangstérisme et qui est convaincu, selon la prépondérance des probabilités, que des biens infractionnels sont liés à la perpétration de cette infraction ordonne que les biens infractionnels soient confisqués au profit :

> a) soit de Sa Majesté du chef de la province où les procédures relatives à l'infraction ont été engagées, si elles l'ont été à la demande du gouvernement de cette province et ont été menées par ce dernier ou en son nom, pour que le procureur général ou le solliciteur général de la province en dispose en conformité avec la loi;

> b) soit de Sa Majesté du chef du Canada pour que le membre du Conseil privé de la Reine pour le Canada chargé par le gouverneur en conseil de l'application du présent alinéa en dispose en conformité avec la loi, dans tout autre cas.

(2) Biens liés à d'autres infractions — Le tribunal peut rendre une ordonnance de confiscation aux termes du paragraphe (1) à l'égard de biens dont il n'est pas convaincu qu'ils sont liés à l'acte de gangstérisme, à la condition toutefois d'être convaincu, hors de tout doute raisonnable, qu'il s'agit de biens infractionnels.

(3) Appel — La personne qui a été reconnue coupable d'un acte de gangstérisme peut, de même que le procureur général, interjeter appel devant la cour d'appel de l'ordonnance rendue aux termes du paragraphe (1) ou de la décision du tribunal de ne pas rendre une telle ordonnance, comme s'il s'agissait d'un appel interjeté à l'encontre de la peine infligée à la personne relativement à l'infraction.

L.C. 1997, ch. 23, art. 15.

490.2 (1) Demande de confiscation réelle — En cas de dépôt d'une dénonciation visant la perpétration d'un acte de gangstérisme, le procureur général peut demander à un juge de rendre une ordonnance de confiscation aux termes du paragraphe (2).

(2) Ordonnance de confiscation — Sous réserve des articles 490.3 et 490.4, le juge saisi de la demande doit rendre une ordonnance de confiscation et de disposition à l'égard des biens en question, conformément au paragraphe (4), s'il est convaincu que les conditions suivantes sont réunies :

> a) les biens sont, hors de tout doute raisonnable, des biens infractionnels;

> b) des procédures ont été engagées relativement à l'acte de gangstérisme ayant trait à ces biens;

> c) la personne accusée de l'infraction est décédée ou s'est esquivée.

(3) Interprétation — Pour l'application du paragraphe (2), une personne est réputée s'être esquivée lorsque les conditions suivantes sont réunies :

> a) elle a fait l'objet d'une dénonciation l'accusant d'un acte de gangstérisme;

> b) un mandat d'arrestation a été délivré contre elle à la suite de la dénonciation;

c) malgré les efforts raisonnables déployés, il n'a pas été possible de l'arrêter au cours des six mois qui ont suivi la délivrance du mandat.

La présomption vaut alors à compter du dernier jour de cette période de six mois.

(4) Disposant — Pour l'application du paragraphe (2), le juge doit ordonner la confiscation des biens infractionnels au profit :

a) soit de Sa Majesté du chef de la province où les procédures visées à l'alinéa (2)b) ont été engagées, si elles l'ont été à la demande du gouvernement de cette province, pour le procureur général ou le solliciteur général de la province en dispose en conformité avec la loi;

b) soit de Sa Majesté du chef du Canada pour que le membre du Conseil privé de la Reine pour le Canada chargé par le gouverneur en conseil de l'application du présent alinéa en dispose en conformité avec la loi, dans tout autre cas.

(5) Définition de « juge » — Au présent article et aux articles 490.5 et 490.8, « juge » s'entend au sens de l'article 552 ou s'entend d'un juge d'une cour supérieure de juridiction criminelle.

L.C. 1997, ch. 23, art. 15.

490.3 Annulation des cessions — Avant d'ordonner la confiscation visée aux paragraphes 490.1(1) ou 490.2(2), le tribunal peut annuler toute cession d'un bien infractionnel survenue après sa saisie ou son blocage; le présent article ne vise toutefois pas les cessions qui ont été faites à titre onéreux à une personne agissant de bonne foi.

L.C. 1997, ch. 23, art. 15.

490.4 (1) Avis — Avant de rendre une ordonnance en vertu des paragraphes 490.1(1) ou 490.2(2) à l'égard d'un bien, le tribunal exige qu'un avis soit donné à toutes les personnes qui lui semblent avoir un droit sur le bien; il peut aussi les entendre.

(2) Modalités — L'avis mentionné au paragraphe (1) :

a) est donné ou signifié de la façon que le tribunal l'ordonne ou que prévoient les règles de celui-ci;

b) prévoit le délai que le tribunal estime raisonnable ou que fixent les règles de celui-ci;

c) mentionne l'acte de gangstérisme à l'origine de l'accusation et comporte une description du bien en question.

(3) Ordonnance de restitution — Le tribunal peut ordonner que des biens qui autrement seraient confisqués en vertu des paragraphes 490.1(1) ou 490.2(2) soient restitués en tout ou en partie à une personne — autre que celle qui est accusée d'un acte de gangstérisme ou celle qui a obtenu un titre ou un droit de possession sur ces biens de la personne accusée d'une telle infraction dans des circonstances telles qu'elles permettent raisonnablement d'induire que l'opération a été effectuée dans l'intention d'éviter la confiscation des biens — à la condition d'être convaincu que cette personne en est le propriétaire légitime ou a droit à leur possession et semble innocente de toute complicité ou collusion à l'égard de l'infraction.

L.C. 1997, ch. 23, art. 15.

490.5 (1) Demandes des tiers intéressés — Quiconque prétend avoir un droit sur un bien infractionnel confisqué au profit de Sa Majesté en vertu des paragraphes 490.1(1) ou 490.2(2) peut, dans les trente jours suivant la confiscation, demander par écrit à un juge de rendre en sa faveur l'ordonnance prévue au paragraphe (4); le présent paragraphe ne s'applique pas aux personnes suivantes :

a) celle qui a été reconnue coupable de l'acte de gangstérisme commis relativement à un bien confisqué aux termes du paragraphe 490.1(1);

b) celle qui a été accusée de l'acte de gangstérisme commis relativement à un bien confisqué aux termes du paragraphe 490.2(2);

c) celle qui a obtenu, de l'une ou l'autre des personnes visées aux alinéas *a*) et *b*), un titre ou un droit de possession sur ce bien dans des circonstances telles qu'elles permettent raisonnablement d'induire que l'opération a été effectuée dans l'intention d'éviter la confiscation du bien.

(2) Date d'audition — Le juge saisi de la demande fixe la date d'audition, laquelle doit être postérieure d'au moins trente jours à celle du dépôt de la demande.

(3) Avis — Le demandeur fait signifier un avis de sa demande et de la date d'audition au procureur général au moins quinze jours avant celle-ci.

(4) Ordonnance protégeant le droit du demandeur — Le juge peut rendre une ordonnance portant que le droit du demandeur n'est pas modifié par la confiscation et précisant la nature et la portée ou la valeur de ce droit, s'il est convaincu lors de l'audition de la demande que l'auteur de celle-ci :

a) d'une part, n'est pas l'une des personnes visées aux alinéas (1)*a*), *b*) ou *c*) et semble innocent de toute complicité ou collusion à l'égard de l'acte de gangstérisme qui a donné lieu à la confiscation;

b) d'autre part, a pris bien soin de s'assurer que le bien en cause n'avait vraisemblablement pas servi à la perpétration d'un acte illicite par la personne à qui il avait permis d'en prendre possession ou de qui il en avait obtenu la possession ou, dans le cas d'un créancier hypothécaire ou d'un titulaire de privilège ou de droit semblable, par le débiteur hypothécaire ou le débiteur assujetti au privilège ou au droit en question.

(5) Appel — Le demandeur ou le procureur général peut interjeter appel à la cour d'appel d'une ordonnance rendue en vertu du paragraphe (4), auquel cas les dispositions de la partie XXI qui traitent des règles de procédure en matière d'appel s'appliquent, avec les adaptations nécessaires.

(6) Restitution — Le procureur général est tenu, à la demande de toute personne à l'égard de laquelle une ordonnance a été rendue en vertu du paragraphe (4) et lorsque les délais d'appel sont expirés et que l'appel interjeté a été tranché, d'ordonner :

    a) soit la restitution, au demandeur, du bien ou de la partie du bien sur laquelle porte le droit de celui-ci;

    b) soit le paiement, au demandeur, d'une somme égale à la valeur de son droit déclarée dans l'ordonnance.

L.C. 1997, ch. 23, art. 15.

490.6 Appels — Les personnes qui s'estiment lésées par une ordonnance rendue en vertu du paragraphe 490.2(2) peuvent en appeler comme s'il s'agissait d'un appel interjeté à l'encontre d'une condamnation ou d'un acquittement, selon le cas, en vertu de la partie XXI, auquel cas les dispositions de celle-ci s'appliquent, avec les adaptations nécessaires.

L.C. 1997, ch. 23, art. 15.

490.7 Suspension d'exécution pendant un appel — Par dérogation aux autres dispositions de la présente loi, l'exécution d'une ordonnance rendue en vertu des paragraphes 490.1(1), 490.2(2) ou 490.5(4) est suspendue jusqu'à l'issue :

    a) de toute demande de restitution ou de confiscation des biens en question présentée aux termes de l'une de ces dispositions ou d'une autre disposition de la présente loi ou d'une autre loi fédérale;

    b) de tout appel interjeté à l'encontre d'une ordonnance de restitution ou de confiscation rendue à l'égard des biens.

En tout état de cause, il ne peut être disposé des biens dans les trente jours qui suivent une ordonnance rendue en vertu de l'une de ces dispositions.

L.C. 1997, ch. 23, art. 15.

490.8 (1) Demande d'ordonnance de blocage — Le procureur général peut, sous le régime du présent article, demander une ordonnance de blocage d'un bien infractionnel.

(2) Procédure — La demande d'ordonnance est à présenter à un juge par écrit mais peut être faite *ex parte*; elle est accompagnée de l'affidavit du procureur général ou de toute autre personne comportant les éléments suivants :

    a) désignation de l'acte de gangstérisme auquel est lié le bien;

    b) désignation de la personne que l'on croit en possession du bien;

    c) description du bien.

(3) Ordonnance de blocage — Le juge saisi de la demande peut rendre une ordonnance de blocage s'il est convaincu qu'il existe des motifs raisonnables de croire que le bien est un bien infractionnel; l'ordonnance prévoit :

a) qu'il est interdit à toute personne de se départir du bien mentionné dans l'ordonnance ou d'effectuer des opérations sur les droits qu'elle détient sur lui, sauf dans la mesure où l'ordonnance le prévoit;

b) dans les cas où le juge estime que les circonstances le justifient et si le procureur général le demande :

(i) la nomination d'un administrateur de ce bien et l'ordre à cet administrateur de le prendre en charge — en totalité ou en partie — , de l'administrer ou d'effectuer toute autre opération à son égard conformément aux directives du juge,

(ii) l'ordre à toute personne qui a la possession du bien à l'égard duquel l'administrateur a été nommé de le lui remettre.

(4) Conditions — L'ordonnance de blocage peut être assortie des conditions raisonnables que le juge estime indiquées.

(5) Ordonnance écrite — L'ordonnance de blocage est rendue par écrit.

(6) Signification — Une copie de l'ordonnance de blocage est signifiée à la personne qu'elle vise; la signification se fait selon les règles du tribunal ou de la façon dont le juge l'ordonne.

(7) Enregistrement — Une copie de l'ordonnance de blocage est enregistrée à l'égard d'un bien conformément aux lois de la province où ce bien est situé.

(8) Validité — L'ordonnance de blocage demeure en vigueur jusqu'à ce que l'une des circonstances suivantes survienne :

a) une ordonnance est rendue à l'égard du bien conformément aux paragraphes 490(9) ou (11);

b) une ordonnance de confiscation du bien est rendue en vertu de l'article 490 ou des paragraphes 490.1(1) ou 490.2(2).

(9) Infraction — Toute personne à qui une ordonnance de blocage est signifiée en conformité avec le présent article et qui, pendant que celle-ci est en vigueur, contrevient à ses dispositions est coupable d'un acte criminel ou d'une infraction punissable sur déclaration de culpabilité par procédure sommaire.

L.C. 1997, ch. 23, art. 15.

490.9 (1) Application des art. 489.1 et 490 — Sous réserve des articles 490.1 à 490.7, les articles 489.1 et 490 s'appliquent, avec les adaptations nécessaires, aux biens infractionnels ayant fait l'objet d'une ordonnance de blocage en vertu de l'article 490.8.

(2) Engagement — Le juge de paix ou le juge qui rend une ordonnance en vertu de l'alinéa 490(9)c) sur une demande — présentée au titre du paragraphe (1) — visant la remise d'un bien infractionnel faisant l'objet d'une ordonnance de blocage prévue à l'article 490.8 peut exiger du demandeur qu'il contracte devant lui, avec ou sans caution, un engagement dont le montant et les conditions sont fixés par lui et, si le juge de paix ou le juge l'estime indiqué, qu'il dépose auprès de lui la somme d'argent ou toute autre valeur que celui-ci fixe.

L.C. 1997, ch. 23, art. 15.

491. (1) Confiscation des armes et munitions — Sous réserve du paragraphe (2), lorsqu'un tribunal décide que des armes, fausses armes à feu, dispositifs prohibés, munitions, munitions prohibées ou substances explosives ont été employés pour la perpétration d'une infraction ou qu'une personne a commis une infraction relative à une arme à feu, une arbalète, une arme prohibée, une arme à autorisation restreinte, un dispositif prohibé, des munitions, des munitions prohibées ou des substances explosives et que les objets en cause sont saisis et retenus, ceux-ci sont confisqués au profit de Sa Majesté et il doit en être disposé selon les instructions du procureur général.

(2) Restitution au propriétaire — Si le tribunal est convaincu que le propriétaire légitime des objets confisqués en application du paragraphe (1) ou susceptibles de l'être n'a pas participé à l'infraction et n'avait aucun motif raisonnable de croire que ces objets seraient ou pourraient être employés pour la perpétration d'une infraction, il ordonne qu'ils soient rendus à leur propriétaire légitime ou que le produit de leur vente soit versé à ce dernier ou, si les objets ont été détruits, qu'une somme égale à leur valeur lui soit versée.

(3) Emploi du produit — Sous réserve du paragraphe (2), le produit de la vente, en vertu du présent article, des objets est versé au procureur général.

L.C. 1991, ch. 40, art. 30; 1995, ch. 39, art. 152.

491.1 (1) Ordonnances à l'égard des biens obtenus criminellement — Lorsqu'un accusé ou un défendeur subit un procès et que le tribunal conclut qu'une infraction a été commise, que l'accusé ou le défendeur ait été déclaré coupable ou absous en vertu de l'article 730 ou non, et qu'au moment du procès, des biens obtenus par la commission de l'infraction :

    a) d'une part, sont devant le tribunal ou sont détenus de façon à être disponibles immédiatement;

    b) d'autre part, ne seront pas nécessaires à titre de preuve dans d'autres procédures,

l'article 490 ne s'applique pas à ces biens et le tribunal rend une ordonnance en vertu du paragraphe (2) à l'égard de ceux-ci.

(2) Idem — Dans les circonstances visées au paragraphe (1), le tribunal rend une ordonnance à l'égard de certains biens, portant :

a) remise de ceux-ci à leur propriétaire légitime ou à la personne qui a droit à leur possession légitime, s'ils sont connus;

b) confiscation au profit de Sa Majesté, si leur propriétaire légitime ou la personne qui a droit à leur possession légitime ne sont pas connus, pour qu'il en soit disposé selon que l'ordonne le procureur général ou autrement en conformité avec la loi.

(3) Restriction — Une ordonnance ne peut être rendue en vertu du paragraphe (2) à l'égard :

a) des poursuites intentées en vertu des articles 330, 331, 332 ou 336 contre un fiduciaire, une banque, un marchand, un fondé de pouvoir, un courtier ou autre mandataire à qui la possession de certains biens ou titres de propriété avait été confiée;

b) des biens suivants :

(i) des biens qu'un tiers qui ignore qu'une infraction a été commise a acquis légitimement de bonne foi pour une contrepartie valable,

(ii) des valeurs qui ont été remboursées ou payées de bonne foi par le débiteur,

(iii) des valeurs négociables qui de bonne foi ont été transférées pour une contrepartie valable par une personne qui ne savait pas et n'avait aucun motif raisonnable de croire qu'une infraction avait été commise,

(iv) des biens dont la propriété ou la possession est contestée par des personnes autres que l'accusé ou le défendeur.

(4) Exécution — L'ordonnance rendue en vertu du présent article est, si le tribunal l'ordonne, exécutée par les agents de la paix chargés habituellement de l'exécution des ordonnances du tribunal.

L.R.C. 1985, ch. 27 (1er suppl.), art. 74; ch. 1 (4e suppl.), art. 18; L.C. 1995, ch. 22, art. 18.

491.2 (1) Preuve photographique — Un agent de la paix — ou une personne qui agit sous la direction d'un agent de la paix — peut photographier des biens qui doivent être restitués — ou qui font l'objet d'une ordonnance de restitution — , confisqués ou dont il doit être disposé en conformité avec les articles 489.1 ou 490, ou qui sont autrement restitués, et qui normalement devraient être déposés à une enquête préliminaire, à un procès ou dans d'autres procédures engagés à l'égard d'une infraction prévue aux articles 334, 344, 348, 354, 362 ou 380; l'agent de la paix ou cette personne est autorisé à conserver les photographies.

(2) Admissibilité de la preuve photographique — Les photographies prises en vertu du paragraphe (1) sont, à la condition d'être accompagnées d'un certificat comportant les renseignements visés au paragraphe (3), admissibles en preuve et, en l'absence de preuve contraire, ont la même force probante que les biens photographiés auraient eue s'ils avaient été déposés en preuve de la façon normale.

(3) Renseignements   Pour l'application du paragraphe (2), est admissible en preuve et, en l'absence de preuve contraire, fait foi de son contenu sans qu'il soit nécessaire de prouver l'authenticité de la signature qui y apparaît le certificat qui indique que :

     a) le signataire a pris la photographie en vertu du paragraphe (1);

     b) le signataire est un agent de la paix ou a agi sous la direction d'un agent de la paix;

     c) la photographie est conforme.

(4) Affidavit de l'agent de la paix — L'affidavit ou la déclaration solennelle de la personne — agent de la paix ou autre — qui affirme avoir saisi et retenu un bien, ou l'avoir fait retenir, et que le bien n'a pas été modifié entre le moment où elle l'a reçu et celui où une photographie en a été prise dans les cas prévus au paragraphe (1) est admissible en preuve et, en l'absence de preuve contraire, fait foi de son contenu sans qu'il soit nécessaire de prouver l'authenticité de la signature ou la qualité officielle du signataire.

(5) Préavis — À moins que le tribunal n'en décide autrement, les photographies, certificats, affidavits ou déclarations solennelles ne sont admissibles en preuve en vertu des paragraphes (2), (3) ou (4) lors d'un procès ou dans d'autres procédures que si, avant le procès ou ces procédures, le poursuivant a remis à l'accusé un préavis raisonnable de son intention de les déposer en preuve accompagné d'une copie du document en question.

(6) Comparution du déclarant — Par dérogation aux paragraphes (3) et (4), le tribunal peut ordonner à la personne dont la signature apparaît au bas du certificat, de l'affidavit ou de la déclaration solennelle visés à ces paragraphes de se présenter devant lui pour être interrogée ou contre-interrogée sur le contenu du certificat, de l'affidavit ou de la déclaration.

(7) Dépôt des biens — Le tribunal peut ordonner que des biens saisis qui ont été restitués en vertu des articles 489.1 ou 490 soient déposés devant le tribunal ou mis à la disposition des parties aux procédures à un lieu et à une date convenables, même si une photographie certifiée de ceux-ci a été déposée en preuve, à la condition d'être convaincu que l'intérêt de la justice l'exige et que cela est possible et réalisable compte tenu des circonstances.

(8) Définition de « photographie » — Au présent article, sont notamment assimilés à une photographie un film fixe, une pellicule ou une plaque photographique, une microphotographie, un cliché de photocopie, une radiographie, un film et un enregistrement magnétoscopique.

L.R.C. 1985, ch. 23 (4ᵉ suppl.), art. 2; L.C. 1992, ch. 1, art. 58.

492. (1) Saisie d'explosifs — Toute personne qui exécute un mandat décerné en vertu des articles 487 ou 487.1 peut saisir une substance explosive qu'elle soupçonne être destinée à servir pour une fin illégale et elle doit, aussitôt que possible, transporter dans un endroit sûr tout ce qu'elle saisit en vertu du présent article et le détenir jusqu'à ce qu'elle reçoive, d'un juge d'une cour supérieure, l'ordre de le livrer à une autre personne ou un ordre rendu en conformité avec le paragraphe (2).

(2) Confiscation — Lorsqu'un prévenu est déclaré coupable d'une infraction concernant une chose saisie en vertu du paragraphe (1), cette chose est confisquée et doit être traitée de la manière qu'ordonne le tribunal prononçant la déclaration de culpabilité.

(3) Emploi du produit — Lorsqu'une chose visée par le présent article est vendue, le produit de la vente est versé au procureur général.

L.R.C. 1985, ch. 27 (1er suppl.), art. 70.

492.1 (1) Dénonciation pour mandat de localisation — Le juge de paix qui est convaincu, à la suite d'une dénonciation par écrit faite sous serment, qu'il existe des motifs raisonnables de soupçonner qu'une infraction à la présente loi ou à toute autre loi fédérale a été ou sera commise et que des renseignements utiles à cet égard, notamment sur le lieu où peut se trouver une personne, peuvent être obtenus au moyen d'un dispositif de localisation peut décerner un mandat autorisant un agent de la paix ou, dans le cas d'un fonctionnaire public nommé ou désigné pour l'application ou l'exécution d'une loi fédérale ou provinciale et chargé notamment de faire observer la présente loi ou toute autre loi fédérale, celui qui y est nommé :

    a) à installer un dispositif de localisation dans ou sur toute chose, notamment une chose transportée, utilisée ou portée par une personne, à l'entretenir et à l'enlever;

    b) à surveiller ou à faire surveiller ce dispositif.

(2) Période de validité du mandat — Le mandat est valide pour la période, d'au plus soixante jours, qui y est indiquée.

(3) Nouveaux mandats — Le juge de paix peut décerner de nouveaux mandats en vertu du présent article.

(4) Définition de « dispositif de localisation » — Pour l'application du présent article, **« dispositif de localisation »** s'entend d'un dispositif qui, lorsqu'il est placé dans ou sur une chose, peut servir à localiser une chose ou une personne par des moyens électroniques ou autres.

(5) Enlèvement après l'expiration du mandat — Sur demande écrite *ex parte*, accompagnée d'un affidavit, le juge de paix qui a décerné le mandat visé aux paragraphes (1) ou (3) ou un juge de paix compétent pour décerner un tel mandat peut permettre que le dispositif de localisation soit enlevé secrètement après l'expiration du mandat :

   a) selon les modalités qu'il estime opportunes;

   b) au cours de la période, d'au plus soixante jours, qu'il spécifie.

L.C. 1993, ch. 40, art. 18; 1999, ch. 5, art. 18

492.2 (1) Dénonciation : enregistreur de numéro — Le juge de paix qui est convaincu, à la suite d'une dénonciation par écrit faite sous serment, qu'il existe des motifs raisonnables de soupçonner qu'une infraction à la présente loi ou à toute autre loi fédérale a été ou sera commise et que des renseignements utiles à l'enquête relative à l'infraction pourraient être obtenus au moyen d'un enregistreur de numéro peut décerner un mandat autorisant un agent de la paix ou, dans le cas d'un fonctionnaire public nommé ou désigné pour l'application ou l'exécution d'une loi fédérale ou provinciale et chargé notamment de faire observer la présente loi ou toute autre loi fédérale, celui qui y est nommé :

   a) à placer sous enregistreur de numéro un téléphone ou une ligne téléphonique, à entretenir l'enregistreur et à les en dégager;

   b) à surveiller ou à faire surveiller l'enregistreur.

(2) Ordonnance : registre de téléphone — Dans les circonstances visées au paragraphe (1), le juge peut ordonner à la personne ou à l'organisme qui possède légalement un registre des appels provenant d'un téléphone ou reçus ou destinés à être reçus à ce téléphone de donner le registre ou une copie de celui-ci à toute personne nommée dans l'ordonnance.

(3) Autres dispositions applicables — Les paragraphes 492.1(2) et (3) s'appliquent, avec les adaptations nécessaires, aux mandats décernés et aux ordonnances rendues en vertu du présent article.

(4) Définition de « enregistreur denuméro » — Pour l'application du présent article, « **enregistreur de numéro** » s'entend d'un dispositif qui peut enregistrer ou identifier le numéro ou la localisation du téléphone d'où provient un appel ou auquel l'appel est reçu ou destiné à être reçu.

L.C. 1993, ch. 40, art. 18; 1999, ch. 5, art. 19.

Partie XVI — Mesures concernant la comparution d'un prévenu devant un juge de paix et la mise en liberté provisoire

Définitions

493. Définitions — Les définitions qui suivent s'appliquent à la présente partie.

« **citation à comparaître** » Citation selon la formule 9, délivrée par un agent de la paix.

« **engagement** » Relativement à un engagement contracté devant un fonctionnaire responsable ou un autre agent de la paix, engagement selon la formule 11; relativement à un engagement contracté devant un juge de paix ou un juge, engagement selon la formule 32.

« **fonctionnaire responsable** » Le fonctionnaire qui, au moment considéré, commande les policiers chargés du poste de police ou autre lieu où un prévenu est conduit après son arrestation ou tout agent de la paix désigné par lui pour l'application de la présente partie et qui est responsable de ce lieu au moment où un prévenu y est conduit pour être détenu sous garde.

« **juge** »

> a) Dans la province d'Ontario, un juge de la cour supérieure de juridiction criminelle de la province;
>
> b) dans la province de Québec, un juge de la cour supérieure de juridiction criminelle de la province ou trois juges de la Cour du Québec;
>
> c) [abrogé, L.C. 1992, ch. 51, art. 37.]
>
> d) dans les provinces de la Nouvelle-Écosse, du Nouveau-Brunswick, du Manitoba, de la Colombie-Britannique, de l'Île-du-Prince-Édouard, de la Saskatchewan, d'Alberta et de Terre-Neuve, un juge de la cour supérieure de juridiction criminelle de la province;
>
> e) dans le territoire du Yukon et dans les Territoires du Nord-Ouest, un juge de la Cour suprême;
>
> f) au Nunavut, un juge de la Cour de justice.

« **mandat** » Relativement à un mandat pour l'arrestation d'une personne, mandat selon la formule 7; relativement à un mandat de dépôt pour l'internement d'une personne, mandat selon la formule 8.

« **prévenu** » S'entend notamment :

> a) d'une personne à laquelle un agent de la paix a délivré une citation à comparaître en vertu de l'article 496;
>
> b) d'une personne arrêtée pour infraction criminelle.

« **promesse** » Promesse selon la formule 11.1 ou 12.

« **promesse de comparaître** » Promesse selon la formule 10.

« **sommation** » Sommation selon la formule 6, décernée par un juge de paix ou un juge.

L.R.C. 1985, ch. 11 (1er suppl.), art. 2; ch. 27 (2e suppl.), art. 10; ch. 40 (4e suppl.), art. 2; L.C. 1990, ch. 16, art. 5; ch. 17, art. 12; 1992, ch. 51, art. 37; 1993, ch. 28, ann.III, art. 33; 1994, ch. 44, art. 39; 1999, ch. 3, art, 12, 30.

Arrestation sans mandat et mise en liberté

494. (1) Arrestation sans mandat par quiconque — Toute personne peut arrêter sans mandat :

    a) un individu qu'elle trouve en train de commettre un acte criminel;

    b) un individu qui, d'après ce qu'elle croit pour des motifs raisonnables :

        (i) d'une part, a commis une infraction criminelle,

        (ii) d'autre part, est en train de fuir des personnes légalement autorisées à l'arrêter et est immédiatement poursuivi par ces personnes.

(2) Arrestation par le propriétaire, etc., d'un bien — Quiconque est, selon le cas :

    a) le propriétaire ou une personne en possession légitime d'un bien;

    b) une personne autorisée par le propriétaire ou par une personne en possession légitime d'un bien,

peut arrêter sans mandat une personne qu'il trouve en train de commettre une infraction criminelle sur ou concernant ce bien.

(3) Personne livrée à un agent de la paix — Quiconque, n'étant pas un agent de la paix, arrête une personne sans mandat doit aussitôt la livrer à un agent de la paix.

495. (1) Arrestation sans mandat par un agent de la paix — Un agent de la paix peut arrêter sans mandat :

    a) une personne qui a commis un acte criminel ou qui, d'après ce qu'il croit pour des motifs raisonnables a commis ou est sur le point de commettre un acte criminel;

    b) une personne qu'il trouve en train de commettre une infraction criminelle;

    c) une personne contre laquelle, d'après ce qu'il croit pour des motifs raisonnables, un mandat d'arrestation ou un mandat de dépôt, rédigé selon une formule relative aux mandats et reproduite à la partie XXVIII, est exécutoire dans les limites de la juridiction territoriale dans laquelle est trouvée cette personne.

(2) Restriction — Un agent de la paix ne peut arrêter une personne sans mandat :

    a) soit pour un acte criminel mentionné à l'article 553;

    b) soit pour une infraction pour laquelle la personne peut être poursuivie sur acte d'accusation ou punie sur déclaration de culpabilité par procédure sommaire;

    c) soit pour une infraction punissable sur déclaration de culpabilité par procédure sommaire, dans aucun cas où :

d) d'une part, il a des motifs raisonnables de croire que l'intérêt public, eu égard aux circonstances y compris la nécessité :

(i) d'identifier la personne,

(ii) de recueillir ou conserver une preuve de l'infraction ou une preuve y relative,

(iii) d'empêcher que l'infraction se poursuive ou se répète, ou qu'une autre infraction soit commise,

peut être sauvegardé sans arrêter la personne sans mandat;

e) d'autre part, il n'a aucun motif raisonnable de croire que, s'il n'arrête pas la personne sans mandat, celle-ci omettra d'être présente au tribunal pour être traitée selon la loi.

(3) Conséquences de l'arrestation sans mandat — Nonobstant le paragraphe (2), un agent de la paix agissant aux termes du paragraphe (1) est censé agir légalement et dans l'exercice de ses fonctions aux fins :

a) de toutes procédures engagées en vertu de la présente loi ou de toute autre loi fédérale;

b) de toutes autres procédures, à moins qu'il n'y soit allégué et établi par la personne qui fait cette allégation que l'agent de la paix ne s'est pas conformé aux exigences du paragraphe (2).

L.R.C. 1985, ch. 27 (1ᵉʳ suppl.), art. 75.

496. Délivrance d'une citation à comparaître par un agent de la paix — Lorsque, en vertu du paragraphe 495(2), un agent de la paix n'arrête pas une personne, il peut délivrer une citation à comparaître à cette personne si l'infraction est :

a) soit un acte criminel mentionné à l'article 553;

b) soit une infraction pour laquelle la personne peut être poursuivie sur acte d'accusation ou punie sur déclaration de culpabilité par procédure sommaire;

c) soit une infraction punissable sur déclaration de culpabilité par procédure sommaire.

497. (1) Mise en liberté par un agent de la paix — Sous réserve du paragraphe (1.1), lorsqu'un agent de la paix arrête une personne sans mandat pour une infraction visée aux alinéas 496a), b) ou c), il doit dès que cela est matériellement possible :

a) soit la mettre en liberté dans l'intention de l'obliger à comparaître par voie de sommation;

b) soit lui délivrer une citation à comparaître et la mettre aussitôt en liberté.

(1.1) Exception — L'agent de la paix ne doit pas mettre la personne en liberté en application du paragraphe (1) s'il a des motifs raisonnables de croire :

a) qu'il est nécessaire, dans l'intérêt public, de détenir la personne sous garde ou de régler la question de sa mise en liberté en vertu d'une autre disposition de la présente partie, eu égard aux circonstances, y compris la nécessité :

(i) d'identifier la personne,

(ii) de recueillir ou conserver une preuve de l'infraction ou une preuve y relative,

(iii) d'empêcher que l'infraction se poursuive ou se répète, ou qu'une autre infraction soit commise,

(iv) d'assurer la sécurité des victimes ou des témoins de l'infraction;

b) que, s'il met la personne en liberté, celle-ci omettra d'être présente au tribunal pour être traitée selon la loi.

(2) Cas où le par. (1) ne s'applique pas — Le paragraphe (1) ne s'applique pas à l'égard d'une personne qui a été arrêtée sans mandat par un agent de la paix pour une infraction visée au paragraphe 503(3).

(3) Conséquences du fait de ne pas mettre une personne en liberté — Un agent de la paix qui a arrêté une personne sans mandat pour une infraction visée au paragraphe (1) et qui ne met pas cette personne en liberté, dès que cela est matériellement possible, de la manière visée à ce paragraphe, est censé agir légalement et dans l'exercice de ses fonctions à l'égard :

a) de toutes procédures engagées en vertu de la présente loi ou de toute autre loi fédérale;

b) de toutes autres procédures, à moins qu'il n'y soit allégué et établi par la personne qui fait cette allégation que l'agent de la paix ne s'est pas conformé aux exigences du paragraphe (1).

L.C. 1999, ch. 25, art. 3.

498. (1) Mise en liberté par un fonctionnaire responsable — Sous réserve du paragraphe (1.1), lorsqu'une personne qui a été arrêtée sans mandat par un agent de la paix est mise sous garde, ou lorsqu'une personne qui a été arrêtée sans mandat et livrée à un agent de la paix en conformité avec le paragraphe 494(3) ou confiée à sa garde en conformité avec le paragraphe 163.5(3) de la *Loi sur les douanes* est détenue sous garde en vertu du paragraphe 503(1) soit pour une infraction visée aux alinéas 496*a*), *b*) ou *c*), soit pour toute autre infraction qui est punissable d'un emprisonnement de cinq ans ou moins, et n'a pas été conduite devant un juge de paix ni mise en liberté en vertu d'une autre disposition de la présente partie, le fonctionnaire responsable ou un autre agent de la paix doit, dès que cela est matériellement possible :

a) soit la mettre en liberté dans l'intention de l'obliger à comparaître par voie de sommation;

b) soit la mettre en liberté pourvu qu'elle remette sa promesse de comparaître;

c) soit la mettre en liberté pourvu qu'elle contracte devant le fonctionnaire responsable ou un autre agent de la paix, sans caution, un engagement d'un montant maximal de 500 $ que fixe le fonctionnaire responsable ou l'agent de la paix, mais sans dépôt d'argent ou d'autre valeur;

d) soit, si elle ne réside pas ordinairement dans la province où elle est sous garde ou dans un rayon de deux cents kilomètres du lieu où elle est sous garde, la mettre en liberté pourvu qu'elle contracte devant le fonctionnaire responsable ou un autre agent de la paix, sans caution, un engagement d'un montant maximal de 500 $ que fixe le fonctionnaire responsable ou l'agent de la paix et, s'il l'ordonne, qu'elle dépose auprès de lui telle somme d'argent ou autre valeur, ne dépassant pas le montant ou la valeur de 500 $, qu'il fixe.

(1.1) Exception — Le fonctionnaire responsable ou l'agent de la paix ne doit pas mettre la personne en liberté en application du paragraphe (1) s'il a des motifs raisonnables de croire :

a) qu'il est nécessaire, dans l'intérêt public, de détenir la personne sous garde ou de régler la question de sa mise en liberté en vertu d'une autre disposition de la présente partie, eu égard aux circonstances, y compris la nécessité :

(i) d'identifier la personne,

(ii) de recueillir ou conserver une preuve de l'infraction ou une preuve y relative,

(iii) d'empêcher que l'infraction se poursuive ou se répète, ou qu'une autre infraction soit commise,

(iv) d'assurer la sécurité des victimes ou des témoins de l'infraction;

b) que, s'il met la personne en liberté, celle-ci omettra d'être présente au tribunal pour être traitée selon la loi.

(2) Cas où le par. (1) ne s'applique pas — Le paragraphe (1) ne s'applique pas à l'égard d'une personne qui a été arrêtée sans mandat par un agent de la paix pour une infraction visée au paragraphe 503(3).

(3) Conséquences du fait de ne pas mettre une personne en liberté — Un fonctionnaire responsable ou un autre agent de la paix qui a la garde d'une personne mise ou détenue sous garde pour une infraction visée au paragraphe (1) et qui ne la met pas en liberté dès que cela est matériellement possible, de la manière visée à ce paragraphe, est censé agir légalement et dans l'exercice de ses fonctions à l'égard :

a) de toutes procédures engagées en vertu de la présente loi ou de toute autre loi fédérale;

b) de toutes autres procédures, à moins qu'il n'y soit allégué et établi par la personne qui fait cette allégation que le fonctionnaire responsable ou l'agent de la paix ne s'est pas conformé aux exigences du paragraphe (1).

L.R.C. 1985, ch. 27 (1er suppl.), art. 186; L.C. 1997, ch. 18, art. 52; 1998, ch. 7, art. 2; 1999, ch. 25, art. 4, 30.

499. (1) Mise en liberté par un fonctionnaire responsable lorsque l'arrestation a été faite aux termes d'un mandat — Le fonctionnaire responsable peut, lorsqu'une personne a été mise sous garde après avoir été arrêtée par un agent de la paix pour une infraction autre que celles prévues à l'article 522 aux termes d'un mandat visé par un juge de paix conformément au paragraphe 507(6) :

a) soit la mettre en liberté pourvu qu'elle remette sa promesse de comparaître;

b) soit la mettre en liberté pourvu qu'elle contracte devant lui, sans caution, un engagement d'un montant maximal de cinq cents dollars qu'il fixe, mais sans dépôt d'argent ou d'autre valeur;

c) soit, si elle ne réside pas ordinairement dans la province où elle est sous garde ou dans un rayon de deux cents kilomètres du lieu où elle est sous garde, la mettre en liberté pourvu qu'elle contracte devant lui, sans caution, un engagement d'un montant d'au plus cinq cents dollars qu'il fixe et, s'il l'ordonne, qu'elle dépose auprès de lui telle somme d'argent ou autre valeur, ne dépassant pas le montant ou la valeur de cinq cents dollars, qu'il fixe.

(2) Autres conditions — En vue de la mettre en liberté, le fonctionnaire responsable peut exiger de la personne, outre les conditions prévues au paragraphe (1), qu'elle remette une promesse suivant la formule 11.1 contenant une ou plusieurs des conditions suivantes :

a) demeurer dans le ressort de la juridiction indiquée dans la promesse;

b) aviser l'agent de la paix ou la personne nommé dans la promesse de tout changement d'adresse, d'emploi ou d'occupation;

c) s'abstenir de communiquer, directement ou indirectement, avec toute personne — victime, témoin ou autre — identifiée dans la promesse ou d'aller dans un lieu qui y est mentionné, si ce n'est en conformité avec les conditions qui y sont prévues;

d) remettre son passeport à l'agent de la paix ou à la personne nommé dans la promesse;

e) s'abstenir de posséder des armes à feu et remettre ses armes à feu et les autorisations, permis et certificats d'enregistrement dont il est titulaire ou tout autre document lui permettant d'acquérir ou de posséder des armes à feu;

f) se présenter, aux moments indiqués dans la promesse, à un agent de la paix ou à une autre personne désignés dans la promesse;

g) s'abstenir de consommer :

(i) de l'alcool ou d'autres substances intoxicantes,

(ii) des drogues, sauf sur ordonnance médicale.

h) observer telles autres conditions indiquées dans la promesse que le fonctionnaire responsable estime nécessaires pour assurer la sécurité des victimes ou des témoins de l'infraction.

(3) Requête au juge de paix — La personne qui a remis la promesse prévue au paragraphe (2) peut, avant sa comparution ou lors de celle-ci, demander au juge de paix de rendre l'ordonnance visée au paragraphe 515(1) pour qu'elle soit substituée à sa promesse. Le cas échéant, l'article 515 s'applique à l'égard de cette personne avec les adaptations nécessaires.

(4) Requête au juge de paix — Dans le cas d'une personne qui a remis la promesse prévue au paragraphe (2), le poursuivant peut, lors de la comparution ou avant celle-ci et à la condition, dans ce dernier cas, d'avoir remis un préavis de 3 jours à cette personne, demander au juge de paix de rendre l'ordonnance visée au paragraphe 515(2) pour qu'elle soit substituée à la promesse. Le cas échéant, l'article 515 s'applique à l'égard de cette personne avec les adaptations nécessaires.

L.R.C. 1985, ch. 27 (1ᵉʳ suppl.), art. 186; L.C. 1994, ch. 44, art. 40; 1997, ch. 18, art. 53; 1999, ch. 25, art. 5.

500. Argent ou autre valeur devant être déposés auprès du juge de paix — Lorsqu'une personne a, en application de l'alinéa 498(1)*d*) ou 499(1)*c*), déposé auprès du fonctionnaire responsable une somme d'argent ou autre valeur, le fonctionnaire responsable fait remettre, aussitôt après ce dépôt, cet argent ou cette autre valeur à un juge de paix pour dépôt auprès de celui-ci.

L.C. 1999, ch. 5, art. 20; 1999, ch. 25, art. 6.

501. (1) Contenu de la citation à comparaître, de la promesse de comparaître et de l'engagement — Une citation à comparaître délivrée par un agent de la paix ou une promesse de comparaître ou un engagement contracté devant un fonctionnaire responsable ou un autre agent de la paix doit :

a) indiquer le nom du prévenu;

b) indiquer l'essentiel de l'infraction que le prévenu est présumé avoir commise;

c) exiger que le prévenu se présente devant le tribunal aux date, heure et lieu qui y sont indiqués et par la suite selon que le tribunal l'exigera afin d'être traité selon la loi.

(2) Idem — Le texte des paragraphes 145(5) et (6) et celui de l'article 502 doivent être reproduits dans une citation à comparaître délivrée par un agent de la paix ou une promesse de comparaître ou un engagement contracté devant un fonctionnaire responsable ou un autre agent de la paix.

(3) Comparution aux fins de la *Loi sur l'identification des criminels* — Une citation à comparaître délivrée par un agent de la paix, une promesse de comparaître ou un engagement contracté devant un fonctionnaire responsable ou un autre agent de la paix peuvent enjoindre au prévenu de comparaître, pour l'application de la *Loi sur l'identification des criminels*, aux temps et lieu y indiqués, lorsque le prévenu est présumé avoir commis un acte criminel et, dans le cas d'une infraction qualifiée de contravention en vertu de la *Loi sur les contraventions*, si le procureur général, au sens de cette loi, ne se prévaut pas du choix prévu à l'article 50 de la même loi.

(4) Signature du prévenu — On doit demander au prévenu de signer en double exemplaire sa citation à comparaître, sa promesse de comparaître ou son engagement et que le prévenu signe ou non, un exemplaire doit lui être remis immédiatement; mais s'il refuse ou fait défaut de signer, l'absence de sa signature ne porte pas atteinte à la validité de la citation à comparaître, de la promesse de comparaître ou de l'engagement, selon le cas.

(5) Preuve de la délivrance de la citation à comparaître — La délivrance d'une citation à comparaître par un agent de la paix peut être prouvée par le témoignage sous serment de l'agent qui l'a délivrée ou par son affidavit fait devant un juge de paix ou une autre personne autorisée à faire prêter serment ou à recevoir les affidavits.

L.R.C. 1985, ch. 27 (1er suppl.), art. 76; L.C. 1992, ch. 47, art. 69; L.C. 1994, ch. 44, art. 41; qq 1996, ch. 7, art. 38.

502. Omission de comparaître — Lorsqu'un prévenu à qui une citation à comparaître, une promesse de comparaître ou un engagement contracté devant un fonctionnaire responsable ou un autre agent de la paix enjoint de comparaître aux temps et lieu y indiqués, pour l'application de la *Loi sur l'identification des criminels*, ne comparaît pas aux temps et lieu ainsi fixés, un juge de paix peut, lorsque la citation à comparaître, la promesse de comparaître ou l'engagement a été confirmé par un juge de paix en vertu de l'article 508, décerner un mandat pour l'arrestation du prévenu pour l'infraction dont il est inculpé.

L.C. 1992, ch. 47, art. 70; 1997, ch. 18, art. 54.

Comparution du prévenu devant un juge de paix

503. (1) Prévenu conduit devant un juge de paix — Un agent de la paix qui arrête une personne avec ou sans mandat, auquel une personne est livrée en conformité avec le paragraphe 494(3) ou à la garde de qui une personne est confiée en conformité avec le paragraphe 163.5(3) de la *Loi sur les douanes* la fait mettre sous garde et, conformément aux dispositions suivantes, la fait conduire devant un juge de paix pour qu'elle soit traitée selon la loi :

    a) si un juge de paix est disponible dans un délai de vingt-quatre heures après qu'elle a été arrêtée par l'agent de la paix ou lui a été livrée, elle est conduite devant un juge de paix sans retard injustifié et, dans tous les cas, au plus tard dans ce délai;

b) si un juge de paix n'est pas disponible dans un délai de vingt-quatre heures après qu'elle a été arrêtée par l'agent de la paix ou lui a été livrée, elle est conduite devant un juge de paix le plus tôt possible,

à moins que, à un moment quelconque avant l'expiration du délai prescrit à l'alinéa *a)* ou *b)* pour la conduire devant un juge de paix :

c) ou bien l'agent de la paix ou le fonctionnaire responsable ne la mette en liberté en vertu de toute autre disposition de la présente partie;

d) ou bien l'agent de la paix ou le fonctionnaire responsable ne soit convaincu qu'elle devrait être mise en liberté soit inconditionnellement, notamment en vertu du paragraphe (4), soit sous condition, et ne la mette ainsi en liberté.

(2) Libération conditionnelle — L'agent de la paix ou le fonctionnaire responsable, convaincu de la nécessité de cette mesure, peut mettre en liberté conditionnelle, conformément au paragraphe (2.1) et aux alinéas 498(1)*b)* à *d)*, une personne visée au paragraphe (1), à moins qu'elle ne soit détenue sous garde pour avoir commis une infraction mentionnée à l'article 522.

(2.1) Promesse — En vue de la mettre en liberté, l'agent de la paix ou le fonctionnaire responsable peut exiger de la personne, outre les conditions prévues au paragraphe (2), qu'elle remette une promesse suivant la formule 11.1 contenant une ou plusieurs des conditions suivantes :

a) demeurer dans le ressort de la juridiction indiquée dans la promesse;

b) aviser l'agent de la paix ou la personne nommé dans la promesse de tout changement d'adresse, d'emploi ou d'occupation;

c) s'abstenir de communiquer, directement ou indirectement, avec toute personne — victime, témoin ou autre — identifiée dans la promesse ou d'aller dans un lieu qui y est mentionné, si ce n'est en conformité avec les conditions qui y sont prévues;

d) remettre son passeport à l'agent de la paix ou à la personne nommé dans la promesse;

e) s'abstenir de posséder des armes à feu et remettre ses armes à feu et les autorisations, permis et certificats d'enregistrement dont il est titulaire ou tout autre document lui permettant d'acquérir ou de posséder des armes à feu;

f) se présenter, aux moments indiqués dans la promesse, à un agent de la paix ou à une autre personne désignés dans la promesse;

g) s'abstenir de consommer :

    (i) de l'alcool ou d'autres substances intoxicantes,

    (ii) des drogues, sauf sur ordonnance médicale.

h) observer telles autres conditions indiquées dans la promesse que l'agent de la paix ou le fonctionnaire responsable estime nécessaires pour assurer la sécurité des victimes ou des témoins de l'infraction.

(2.2) Requête au juge de paix — La personne qui a remis la promesse prévue au paragraphe (2.1) peut, avant sa comparution ou lors de celle-ci, demander au juge de paix de rendre l'ordonnance visée au paragraphe 515(1) pour qu'elle soit substituée à sa promesse. Le cas échéant, l'article 515 s'applique à l'égard de cette personne avec les adaptations nécessaires.

(2.3) Requête au juge de paix — Dans le cas d'une personne qui a remis la promesse prévue au paragraphe (2.1), le poursuivant peut, lors de la comparution ou avant celle-ci et à la condition, dans ce dernier cas, d'avoir remis un préavis de 3 jours à cette personne, demander au juge de paix de rendre l'ordonnance visée au paragraphe 515(2) pour qu'elle soit substituée à la promesse. Le cas échéant, l'article 515 s'applique à l'égard de cette personne avec les adaptations nécessaires.

(3) Mise sous garde pour renvoi à la province où l'infraction est présumée avoir été commise — Lorsqu'une personne a été arrêtée sans mandat en raison d'un acte criminel présumé avoir été commis, au Canada, à l'extérieur de la circonscription territoriale où elle a été arrêtée, elle est conduite, dans le délai prescrit aux alinéas (1)a) ou b), devant un juge de paix ayant compétence à l'endroit où elle a été arrêtée, à moins que, lorsque l'infraction est présumée avoir été commise dans la province où elle a été arrêtée, elle n'ait été conduite devant un juge de paix compétent à l'égard de l'infraction, et le juge de paix ayant compétence à l'endroit où elle a été arrêtée :

a) s'il n'est pas convaincu qu'il y a des motifs raisonnables de croire que la personne arrêtée est la personne présumée avoir commis l'infraction, la met en liberté;

b) s'il est convaincu qu'il y a des motifs raisonnables de croire que la personne arrêtée est la personne présumée avoir commis l'infraction, peut :

(i) soit la renvoyer à la garde d'un agent de la paix en attendant l'exécution d'un mandat pour son arrestation en conformité avec l'article 528, mais si aucun mandat d'arrestation n'est ainsi exécuté dans les six jours qui suivent le moment où elle a été renvoyée à cette garde, la personne qui en a alors la garde la met en liberté,

(ii) soit, dans le cas où l'infraction est présumée avoir été commise dans la province où elle a été arrêtée, ordonner qu'elle soit conduite devant le juge de paix compétent à l'égard de l'infraction.

(3.1) Mise en liberté provisoire — Nonobstant l'alinéa (3)b), un juge de paix peut, avec le consentement du poursuivant, ordonner qu'une personne mentionnée au paragraphe (3) soit, en attendant l'exécution d'un mandat pour son arrestation :

a) soit mise en liberté sans conditions;

b) soit mise en liberté sous réserve des conditions qui suivent auxquelles le poursuivant consent :

(i) ou bien donner une promesse, notamment la promesse de se présenter à une date précise devant le tribunal compétent pour entendre l'accusation de l'acte criminel qui lui est reproché,

(ii) ou bien prendre un engagement visé à l'un des alinéas 515(2)a) à e),

et aux conditions visées au paragraphe 515(4) que le juge de paix considère appropriées et auxquelles le poursuivant consent.

(4) Mise en liberté d'une personne qui était sur le point de commettre un acte criminel — Un agent de la paix ou fonctionnaire responsable ayant la garde d'une personne qui a été arrêtée sans mandat en tant que personne sur le point de commettre un acte criminel la met en liberté inconditionnellement, dès que cela est matériellement possible, à compter du moment où il est convaincu que la continuation de la détention de cette personne sous garde n'est plus nécessaire pour empêcher qu'elle commette un acte criminel.

(5) Conséquences du fait de ne pas mettre une personne en liberté — Nonobstant le paragraphe (4), un agent de la paix ou fonctionnaire responsable ayant la garde d'une personne mentionnée à ce paragraphe qui ne la met pas en liberté avant l'expiration du délai prescrit, à l'alinéa (1)a) ou b), pour la conduire devant le juge de paix, est censé agir légalement et dans l'exercice de ses fonctions aux fins :

a) de toutes procédures engagées en vertu de la présente loi ou de toute autre loi fédérale;

b) de toutes autres procédures, à moins qu'il n'y soit allégué et établi par la personne qui fait cette allégation que l'agent de la paix ou fonctionnaire responsable ne s'est pas conformé aux exigences du paragraphe (4).

L.R.C. 1985, ch. 27 (1er suppl.), art. 77; L.C. 1994, ch. 44, art. 42; 1997, ch. 18, art. 55; 1998, ch. 7, art. 3; 1999, ch. 25, art. 7.

Dénonciation, sommation et mandat

504. Cas où un juge de paix peut recevoir une dénonciation — Quiconque croit, pour des motifs raisonnables, qu'une personne a commis un acte criminel peut faire une dénonciation par écrit et sous serment devant un juge de paix, et celui-ci doit recevoir la dénonciation, s'il est allégué, selon le cas :

a) que la personne a commis, en quelque lieu que ce soit, un acte criminel qui peut être jugé dans la province où réside le juge de paix et que la personne :

(i) ou bien se trouve ou est présumée se trouver,

(ii) ou bien réside ou est présumée résider, dans le ressort du juge de paix;

b) que la personne, en quelque lieu qu'elle puisse être, a commis un acte criminel dans le ressort du juge de paix;

c) que la personne a illégalement reçu, en quelque lieu que ce soit, des biens qui ont été illégalement obtenus dans le ressort du juge de paix;

d) que la personne a en sa possession, dans le ressort du juge de paix, des biens volés.

505. Délai dans lequel la dénonciation doit être faite dans certains cas — Quand :

a) ou bien une citation à comparaître a été délivrée à un prévenu en vertu de l'article 496;

b) ou bien un prévenu a été mis en liberté en vertu de l'article 497 ou 498,

une dénonciation relative à l'infraction que le prévenu est présumé avoir commise, ou relative à une infraction incluse ou autre qu'il est présumé avoir commise, doit être faite devant un juge de paix dès que cela est matériellement possible par la suite et, dans tous les cas, avant le moment indiqué, dans la citation à comparaître délivrée au prévenu, la promesse de comparaître remise par lui ou l'engagement contracté par lui, pour sa présence au tribunal.

506. Formule — Une dénonciation faite sous le régime de l'article 504 ou 505 peut être rédigée selon la formule 2.

507. (1) Le juge de paix entend le dénonciateur et les témoins — Sous réserve du paragraphe 523(1.1), le juge de paix qui reçoit une dénonciation, autre qu'une dénonciation faite devant lui en vertu de l'article 505, doit, sauf lorsqu'un accusé a déjà été arrêté avec ou sans mandat :

a) entendre et examiner, *ex parte* :

(i) les allégations du dénonciateur,

(ii) les dépositions des témoins, s'il l'estime utile;

b) lorsqu'il estime qu'on a démontré qu'il est justifié de le faire, décerner, conformément au présent article, une sommation ou un mandat d'arrestation pour obliger l'accusé à comparaître devant lui ou un autre juge de la même circonscription territoriale pour répondre à l'inculpation.

(2) Mandat obligatoire — Aucun juge de paix ne peut refuser de décerner une sommation ou un mandat pour le seul motif que l'infraction présumée en est une pour laquelle une personne peut être arrêtée sans mandat.

(3) Procédure lorsque des témoins comparaissent — Un juge de paix qui entend les dépositions d'un témoin en application du paragraphe (1) :

a) recueille les dépositions sous serment;

b) fait recueillir les dépositions en conformité avec l'article 540, dans la mesure où cet article est susceptible d'application.

(4) Une sommation est décernée sauf dans certains cas — Lorsque le juge de paix estime qu'on a démontré qu'il est justifié de contraindre le prévenu à être présent devant lui pour répondre à une inculpation d'infraction, il décerne une sommation contre le prévenu, à moins que les allégations du dénonciateur ou les dépositions d'un témoin ou des témoins recueillies en conformité avec le paragraphe (3) ne révèlent des motifs raisonnables de croire qu'il est nécessaire, dans l'intérêt public, de décerner un mandat pour l'arrestation du prévenu.

(5) Aucun mandat en blanc — Un juge de paix ne peut signer une sommation ou un mandat en blanc.

(6) Visa du mandat par le juge de paix — Le juge de paix qui décerne un mandat en vertu du présent article ou de l'article 508 ou 512 peut, sauf si l'infraction est une de celles visées à l'article 522, autoriser la mise en liberté du prévenu en application de l'article 499 en inscrivant sur le mandat un visa selon la formule 29.

(7) La promesse de comparaître ou l'engagement sont réputés avoir été confirmés — Lorsque, en application du paragraphe (6), un juge de paix autorise la mise en liberté d'un prévenu en application de l'article 499, une promesse de comparaître remise par le prévenu ou un engagement contracté par celui-ci en application de cet article est réputé, pour l'application du paragraphe 145(5), avoir été confirmé par un juge de paix en vertu de l'article 508.

(8) Délivrance d'une sommation ou d'un mandat — Lorsque, lors d'un appel ou de la révision d'une décision ou d'une question de compétence, un nouveau procès, une nouvelle audition, la poursuite ou la reprise d'un procès ou d'une audition est ordonnée, un juge de paix peut décerner une sommation ou un mandat pour l'arrestation du prévenu pour le contraindre à être présent au nouveau procès, à la nouvelle audition, à la poursuite ou à la reprise du procès ou de l'audition.

L.R.C. 1985, ch. 27 (1er suppl.), art. 78; L.C. 1994, ch. 44, art. 43.

508. (1) Le juge de paix entend le dénonciateur et les témoins — Un juge de paix qui reçoit une dénonciation faite devant lui en vertu de l'article 505 doit :

a) entendre et examiner, *ex parte* :

(i) les allégations du dénonciateur,

(ii) les dépositions des témoins, s'il l'estime utile;

b) lorsqu'il estime qu'on a démontré qu'il est justifié de le faire, que la dénonciation ait trait à l'infraction alléguée dans la citation à comparaître, la promesse de comparaître ou l'engagement ou à une infraction incluse ou autre :

(i) soit confirmer la citation à comparaître, la promesse de comparaître ou l'engagement, selon le cas, et inscrire sur la dénonciation une mention à cet effet,

(ii) soit annuler la citation à comparaître, la promesse de comparaître ou l'engagement, selon le cas, et décerner, conformément à l'article 507, une sommation ou un mandat d'arrestation pour obliger l'accusé à comparaître devant lui ou un autre juge de la même circonscription territoriale pour répondre à l'inculpation, et inscrire sur la sommation ou le mandat que la citation à comparaître, la promesse de comparaître ou l'engagement, selon le cas, a été annulé;

c) lorsqu'il estime qu'on n'a pas démontré que l'application de l'alinéa *b)* est justifiée, annuler la citation à comparaître, la promesse de comparaître ou l'engagement, selon le cas, et faire notifier immédiatement cette annulation au prévenu.

(2) Procédure à suivre lorsque des témoins comparaissent — Un juge de paix qui entend les dépositions d'un témoin en application du paragraphe (1) :

a) recueille les dépositions sous serment;

b) fait recueillir les dépositions en conformité avec l'article 540 dans la mesure où cet article est susceptible d'application.

L.R.C. 1985, ch. 27 (1er suppl.), art. 79.

508.1 (1) Dénonciation par télécommunication — Pour l'application des articles 504 à 508, un agent de la paix peut également faire une dénonciation à l'aide d'un moyen de télécommunication qui peut rendre la communication sous forme écrite.

(2) Alternative au serment — L'agent de la paix qui présente une dénonciation de la façon prévue au paragraphe (1) doit, au lieu de prêter serment, faire une déclaration par écrit selon laquelle il croit vrais, au meilleur de sa connaissance, les renseignements contenus dans la dénonciation. Sa déclaration est réputée être faite sous serment.

L.C. 1997, ch. 18, art. 56.

509. (1) Sommation — Une sommation décernée en vertu de la présente partie :

a) est adressée au prévenu;

b) énonce brièvement l'infraction dont le prévenu est inculpé;

c) enjoint au prévenu d'être présent au tribunal aux temps et lieu y indiqués et d'être présent par la suite selon les exigences du tribunal afin qu'il soit traité selon la loi.

(2) Signification aux particuliers — Une sommation est signifiée par un agent de la paix, qui la remet personnellement à la personne à qui elle est adressée ou, si cette personne ne peut commodément être trouvée, la remet pour elle à sa dernière ou habituelle résidence, entre les mains d'une personne qui l'habite et qui paraît être âgée d'au moins seize ans.

(3) Preuve de la signification — La signification d'une sommation peut être prouvée par le témoignage oral, donné sous serment, de l'agent de la paix qui l'a signifiée ou par affidavit souscrit par lui devant un juge de paix ou une autre personne autorisée à faire prêter serment ou à recevoir les affidavits.

(4) Contenu de la sommation — Le texte du paragraphe 145(4) et celui de l'article 510 doivent être reproduits dans une sommation.

(5) Comparution aux fins de la *Loi sur l'identification des criminels* — Une sommation peut enjoindre au prévenu de comparaître, pour l'application de la *Loi sur l'identification des criminels*, aux temps et lieu y indiqués lorsqu'il est allégué que le prévenu a commis un acte criminel et, dans le cas d'une infraction qualifiée de contravention en vertu de la *Loi sur les contraventions*, si le procureur général, au sens de cette loi, ne se prévaut pas du choix prévu à l'article 50 de la même loi.

L.R.C. 1985, ch. 27 (1er suppl.), art. 80; L.C. 1992, ch. 47, art. 71; 1996, ch. 7, art. 38.

510. Omission de comparaître — Lorsqu'un prévenu à qui une sommation enjoint de comparaître aux temps et lieu y indiqués pour l'application de la *Loi sur l'identification des criminels* ne comparaît pas aux temps et lieu ainsi indiqués et, dans le cas d'une infraction qualifiée de contravention en vertu de la *Loi sur les contraventions*, si le procureur général, au sens de cette loi, ne se prévaut pas du choix prévu à l'article 50 de la même loi, le juge de paix peut décerner un mandat pour l'arrestation du prévenu pour l'infraction dont il est inculpé.

L.C. 1992, ch. 47, art. 72; 1996, ch. 7, art. 38.

511. (1) Contenu du mandat d'arrestation — Un mandat décerné en vertu de la présente partie :

a) nomme ou décrit le prévenu;

b) indique brièvement l'infraction dont le prévenu est inculpé;

c) ordonne que le prévenu soit immédiatement arrêté et amené devant le juge ou juge de paix qui a décerné le mandat ou devant un autre juge ou juge de paix ayant juridiction dans la même circonscription territoriale, pour y être traité selon la loi.

(2) Aucun jour de rapport prescrit — Un mandat décerné en vertu de la présente partie demeure en vigueur jusqu'à ce qu'il soit exécuté, et il n'est pas nécessaire d'en fixer le rapport à une date particulière.

(3) Période déterminée — Par dérogation à l'alinéa (1)c), le juge ou le juge de paix qui décerne le mandat peut y indiquer une période pendant laquelle l'exécution du mandat est suspendue pour permettre à l'accusé de comparaître volontairement devant un juge ou un juge de paix ayant compétence dans la circonscription territoriale où le mandat a été décerné.

(4) Comparution volontaire du prévenu — Si le prévenu visé par le mandat comparaît volontairement, le mandat est réputé avoir été exécuté.

L.R.C. 1985, ch. 27 (1er suppl.), art. 81; L.C. 1997, ch. 18, art. 57.

512. (1) Certaines mesures n'empêchent pas de décerner un mandat — Un juge de paix peut, lorsqu'il a des motifs raisonnables de croire qu'il est nécessaire d'agir de la sorte dans l'intérêt du public, décerner une sommation ou un mandat pour l'arrestation du prévenu même dans les cas suivants :

a) une citation à comparaître, une promesse de comparaître ou un engagement contracté devant un fonctionnaire responsable ou un autre agent de la paix ont été confirmés ou annulés en vertu du paragraphe 508(1);

b) une sommation a antérieurement été décernée en vertu du paragraphe 507(4);

c) le prévenu a été mis en liberté inconditionnellement ou avec l'intention de l'obliger à comparaître par voie de sommation.

(2) Mandat à défaut de comparution — Un juge de paix peut décerner un mandat pour l'arrestation du prévenu dans l'un ou l'autre des cas suivants :

a) la signification d'une sommation est prouvée et le prévenu omet d'être présent au tribunal en conformité avec la sommation;

b) une citation à comparaître, une promesse de comparaître ou un engagement contracté devant un fonctionnaire responsable ou un autre agent de la paix ont été confirmés en vertu du paragraphe 508(1), et le prévenu omet d'être présent au tribunal en conformité avec la citation, la promesse ou l'engagement pour être traité selon la loi;

c) il paraît qu'une sommation ne peut être signifiée parce que le prévenu se soustrait à la signification.

L.R.C. 1985, ch. 27 (1er suppl.), art. 82; 1997, ch. 18, art. 58.

513. Formalités relatives au mandat — Un mandat en conformité avec la présente partie est adressé aux agents de la paix dans le ressort du juge de paix, du juge ou du tribunal qui le décerne.

514. (1) Exécution du mandat — Un mandat en conformité avec la présente partie peut être exécuté par l'arrestation du prévenu :

a) en quelque lieu qu'il se trouve dans le ressort du juge de paix, du juge ou du tribunal qui a décerné le mandat;

b) en quelque lieu qu'il se trouve au Canada, dans le cas d'une poursuite immédiate.

(2) Qui peut exécuter le mandat — Un mandat en conformité avec la présente partie peut être exécuté par une personne qui est l'un des agents de la paix auxquels il est adressé, que le lieu où le mandat doit être exécuté soit ou non dans le territoire pour lequel cette personne est agent de la paix.

Mise en liberté provisoire par voie judiciaire

515. (1) Mise en liberté sur remise d'une promesse — Sous réserve des autres dispositions du présent article, lorsqu'un prévenu inculpé d'une infraction autre qu'une infraction mentionnée à l'article 469 est conduit devant un juge de paix, celui-ci doit, sauf si un plaidoyer de culpabilité du prévenu est accepté, ordonner que le prévenu soit mis en liberté à l'égard de cette infraction, pourvu qu'il remette une promesse sans condition, à moins que le poursuivant, ayant eu la possibilité raisonnable de le faire, ne fasse valoir à l'égard de cette infraction des motifs justifiant la détention du prévenu sous garde ou des motifs justifiant de rendre une ordonnance aux termes de toute autre disposition du présent article et lorsque le juge de paix rend une ordonnance en vertu d'une autre disposition du présent article, l'ordonnance ne peut se rapporter qu'à l'infraction au sujet de laquelle le prévenu a été conduit devant le juge de paix.

(2) Mise en liberté sur remise d'une promesse assortie de conditions, etc. — Lorsque le juge de paix ne rend pas une ordonnance en vertu du paragraphe (1), il ordonne, à moins que le poursuivant ne fasse valoir des motifs justifiant la détention du prévenu sous garde, que le prévenu soit mis en liberté pourvu que, selon le cas :

a) il remette une promesse assortie des conditions que le juge de paix fixe;

b) il contracte sans caution, devant le juge de paix, un engagement au montant et sous les conditions fixés par celui-ci, mais sans dépôt d'argent ni d'autre valeur;

c) il contracte avec caution, devant le juge de paix, un engagement au montant et sous les conditions fixés par celui-ci, mais sans dépôt d'argent ni d'autre valeur;

d) avec le consentement du poursuivant, il contracte sans caution, devant le juge de paix, un engagement au montant et sous les conditions fixés par celui-ci et dépose la somme d'argent ou les valeurs que ce dernier prescrit;

e) si le prévenu ne réside pas ordinairement dans la province où il est sous garde ou dans un rayon de deux cent kilomètres du lieu où il est sous garde, il contracte, avec ou sans caution, devant le juge de paix un engagement au montant et sous les conditions fixés par celui-ci et dépose la somme d'argent ou les valeurs que ce dernier prescrit.

(2.1) Le juge de paix a le pouvoir de nommer des cautions dans l'ordonnance — Lorsque, en conformité avec le paragraphe (2) ou toute autre disposition de la présente loi, un juge de paix, un juge ou un tribunal ordonne qu'un prévenu soit libéré pourvu qu'il contracte un engagement avec cautions, le juge de paix, le juge ou le tribunal peut, dans l'ordonnance, nommer certaines personnes à titre de cautions.

(2.2) Comparution par télécommunication — Le prévenu tenu par la présente loi de comparaître en vue de la mise en liberté provisoire le fait en personne ou par le moyen de télécommunication, y compris le téléphone, que le juge de paix estime satisfaisant et, sous réserve du paragraphe (2.3), autorise.

(2.3) Consentements — Le consentement du poursuivant et de l'accusé est nécessaire si des témoignages doivent être rendus lors de la comparution et s'il est impossible à l'accusé de comparaître par télévision en circuit fermé ou par tout autre moyen permettant au tribunal et à l'accusé de se voir et de communiquer simultanément.

(3) Idem — Le juge de paix ne peut pas rendre d'ordonnance aux termes de l'un des alinéas (2)b) à e), à moins que le poursuivant ne fasse valoir des motifs justifiant de ne pas rendre une ordonnance aux termes de l'alinéa précédant immédiatement.

(4) Conditions autorisées — Le juge de paix peut ordonner, comme conditions aux termes du paragraphe (2), que le prévenu fasse celle ou celles des choses suivantes que spécifie l'ordonnance :

a) se présenter, aux moments indiqués dans l'ordonnance, à un agent de la paix ou à une autre personne désignés dans l'ordonnance;

b) rester dans la juridiction territoriale spécifiée dans l'ordonnance;

c) notifier à l'agent de la paix ou toute autre personne désignés en vertu de l'alinéa *a)* tout changement d'adresse, d'emploi ou d'occupation;

d) s'abstenir de communiquer, directement ou indirectement, avec toute personne — victime, témoin ou autre — identifiée dans l'ordonnance ou d'aller dans un lieu qui y est mentionné, si ce n'est en conformité avec les conditions qui y sont prévues et qu'il estime nécessaires;

e) lorsque le prévenu est détenteur d'un passeport, déposer son passeport ainsi que le spécifie l'ordonnance;

e.1) observer telles autres conditions indiquées dans l'ordonnance que le juge de paix estime nécessaires pour assurer la sécurité des victimes ou des témoins de l'infraction;

f) observer telles autres conditions raisonnables, spécifiées dans l'ordonnance, que le juge de paix estime opportunes.

(4.1) Conditions additionnelles — Lorsqu'il rend une ordonnance en vertu du paragraphe (2) dans le cas d'une infraction perpétrée avec usage, tentative ou menace de violence contre autrui, de l'infraction visée à l'article 264 (harcèlement criminel), d'une infraction aux paragraphes 5(3) ou (4), 6(3) ou 7(2) de la *Loi réglementant certaines drogues et autres substances* ou d'une infraction relative à une arme à feu, une arbalète, une arme prohibée, une arme à autorisation restreinte, un dispositif prohibé, des munitions, des munitions prohibées ou des substances explosives, le juge de paix doit, s'il en arrive à la conclusion qu'il est souhaitable de le faire pour la sécurité du prévenu, de la victime ou de toute autre personne, assortir l'ordonnance d'une condition lui interdisant, jusqu'à ce qu'il soit jugé conformément à la loi, d'avoir en sa possession de tels objets ou l'un ou plusieurs de ceux-ci.

(4.11) Remise — Le cas échéant, le juge de paix mentionne dans l'ordonnance la façon de remettre, de détenir ou d'entreposer les objets visés au paragraphe (4.1) qui sont en la possession du prévenu, ou d'en disposer, et de remettre les autorisations, permis et certificats d'enregistrement dont celui-ci est titulaire.

(4.12) Motifs — Le juge de paix qui n'assortit pas l'ordonnance rendue en application du paragraphe (2) de la condition prévue au paragraphe (4.1) est tenu de donner ses motifs, qui sont consignés au dossier de l'instance.

(4.2) Opportunité d'assortir l'ordonnance d'une condition additionnelle — Le juge de paix qui rend une ordonnance en vertu du paragraphe (2) dans le cas d'une infraction visée à l'article 264 ou d'une infraction perpétrée avec usage, tentative ou menace de violence doit considérer s'il est souhaitable pour la sécurité de toute personne, en particulier celle des victimes et des témoins de l'infraction, d'imposer au prévenu, dans l'ordonnance, tout ou partie des obligations suivantes :

> a) s'abstenir de communiquer, directement ou indirectement, avec toute personne — victime, témoin ou autre — qui y est identifiée ou d'aller dans un lieu qui y est mentionné;

> b) observer telles autres conditions que le juge de paix estime nécessaires pour assurer la sécurité de ces personnes.

(5) Détention — Lorsque le poursuivant fait valoir des motifs justifiant la détention du prévenu sous garde, le juge de paix ordonne que le prévenu soit détenu sous garde jusqu'à ce qu'il soit traité selon la loi et porte au dossier les motifs de sa décision.

(6) Ordonnance de détention — Nonobstant toute autre disposition du présent article, le juge de paix ordonne la détention sous garde du prévenu inculpé :

> a) soit d'un acte criminel autre qu'une infraction mentionnée à l'article 469 :

>> (i) ou bien qui est présumé avoir été commis alors qu'il était en liberté après avoir été libéré à l'égard d'un autre acte criminel en vertu des dispositions de la présente partie ou des articles 679 ou 680,

>> (ii) ou bien qui est défini par l'article 467.1 ou défini par la présente loi ou une autre loi fédérale et passible d'un emprisonnement maximal de

cinq ans ou plus, et qui est présumé avoir été commis au profit ou sous la direction d'un gang, ou en association avec lui;

b) d'un acte criminel autre qu'une infraction mentionnée à l'article 469 et qui ne réside pas habituellement au Canada;

c) soit d'une infraction visée à l'un des paragraphes 145(2) à (5) et présumée avoir été commise alors qu'il était en liberté après qu'il a été libéré relativement à une autre infraction en vertu des dispositions de la présente partie ou des articles 679, 680 ou 816;

d) soit d'une infraction — passible de l'emprisonnement à perpétuité — aux paragraphes 5(3), 6(3) ou 7(2) de la *Loi réglementant certaines drogues et autres substances* ou d'avoir comploté en vue de commettre une telle infraction,

jusqu'à ce qu'il soit traité selon la loi à moins que celui-ci, ayant eu la possibilité de le faire, ne fasse valoir l'absence de fondement de cette mesure; si le juge de paix ordonne la mise en liberté du prévenu, il porte au dossier les motifs de sa décision.

(7) Ordonnance de mise en liberté — Le juge de paix ordonne la mise en liberté du prévenu visé aux alinéas (6)*a)*, *c)* ou *d)*, qui fait valoir l'absence de fondement de sa détention sous garde, sur remise de la promesse ou de l'engagement visés à l'un des alinéas (2)*a)* à *e)* et assortis des conditions visées aux paragraphes (4) à (4.2) qu'il estime souhaitables notamment, lorsque le prévenu était déjà en liberté sur remise de tels promesse ou engagement, des conditions supplémentaires visées aux paragraphes (4) à (4.2), à moins que celui-ci, ayant eu la possibilité de le faire, ne fasse valoir des motifs excluant l'application des conditions.

(8) Idem — Le juge de paix ordonne la mise en liberté du prévenu visé à l'alinéa (6)*b)*, qui fait valoir l'absence de fondement de sa détention, sur remise de la promesse ou de l'engagement visés à l'un des alinéas (2)*a)* à *e)* et assortis des conditions visées aux paragraphes (4) à (4.2) qu'il estime souhaitables.

(9) Exposé suffisant — Pour l'application des paragraphes (5) et (6), il est suffisant de consigner les raisons en conformité avec les dispositions de la partie XVIII ayant trait à la manière de recueillir les témoignages lors des enquêtes préliminaires.

(10) Motifs justifiant la détention — Pour l'application du présent article, la détention d'un prévenu sous garde n'est justifiée que dans l'un des cas suivants :

a) sa détention est nécessaire pour assurer sa présence au tribunal afin qu'il soit traité selon la loi;

b) sa détention est nécessaire pour la protection ou la sécurité du public, notamment celle des victimes et des témoins de l'infraction, eu égard aux circonstances, y compris toute probabilité marquée que le prévenu, s'il est mis en liberté, commettra une infraction criminelle ou nuira à l'administration de la justice;

c) il est démontré une autre juste cause et, sans préjudice de ce qui précède, sa détention est nécessaire pour ne pas miner la confiance du public envers l'administration de la justice, compte tenu de toutes les circonstances, notamment le fait que l'accusation paraît fondée, la gravité de l'infraction, les circonstances entourant sa perpétration et le fait que le prévenu encourt, en cas de condamnation, une longue peine d'emprisonnement.

(11) Détention pour infraction mentionnée à l'article 469 — Le juge de paix devant lequel est conduit un prévenu inculpé d'une infraction mentionnée à l'article 469 doit ordonner qu'il soit détenu sous garde jusqu'à ce qu'il soit traité selon la loi et décerner à son sujet un mandat rédigé selon la formule 8.

(12) Ordonnance de s'abstenir de communiquer — Le juge de paix qui ordonne la détention du prévenu sous garde en vertu du présent article peut lui ordonner, en outre, de s'abstenir de communiquer, directement ou indirectement, avec toute personne — victime, témoin ou autre — identifiée dans l'ordonnance si ce n'est en conformité avec les conditions qui y sont prévues et qu'il estime nécessaires.

L.R.C. 1985, ch. 27 (1er suppl.), art. 83, 186; L.C. 1991, ch. 40, art. 31; 1993, ch. 45, art. 8; 1994, ch. 44, art. 44; 1995, ch. 39, art. 153 et 188; 1996, ch. 19, art. 71, art 93.3; 1997, ch. 18, art. 59; ch. 23, art. 16; 1999, ch. 5, art. 21; 1999, ch. 25, art. 8.

515.1 Modification de l'engagement ou de la promesse — L'engagement ou la promesse en vertu de laquelle l'accusé a été libéré sous le régime des articles 499, 503 ou 515 peut, si le poursuivant y consent par écrit, être modifié, l'engagement ou la promesse modifié étant alors assimilé à une promesse ou à un engagement contracté sous le régime de l'article 515.

L.C. 1997, ch. 18, art. 60.

516. (1) Renvoi sous garde — Un juge de paix peut, avant le début des procédures engagées en vertu de l'article 515 ou à tout moment au cours de celles-ci, sur demande du poursuivant ou du prévenu, ajourner les procédures et renvoyer le prévenu à la détention dans une prison, par mandat selon la formule 19, mais un tel ajournement ne peut jamais être de plus de trois jours francs sauf avec le consentement du prévenu.

(2) Renvoi sur le cautionnement — S'il renvoie le prévenu à la détention au titre des paragraphes (1) ou 515(11), le juge de paix peut lui ordonner de s'abstenir de communiquer directement ou indirectement avec toute personne — victime, témoin ou autre — identifiée dans l'ordonnance si ce n'est en conformité avec les conditions qui y sont prévues et qu'il estime nécessaires.

L.C. 1999, ch. 5, art. 22; 1999, ch. 25, art. 31(3).

517. (1) Ordonnance enjoignant de ne pas publier certaines choses pendant une période spécifiée — Lorsque le poursuivant ou le prévenu a l'intention de faire valoir des motifs justificatifs aux termes de l'article 515, il le déclare au juge de paix et celui-ci peut et doit, sur demande du prévenu, avant le début des procédures engagées en vertu de cet article ou à tout moment au cours de celles-ci, rendre une ordonnance enjoignant que la preuve recueillie, les renseignements fournis ou les observations faites et, le cas échéant, les raisons données ou devant être données par le juge de paix, ne soient publiés dans aucun journal ni radiodiffusés :

a) si une enquête préliminaire est tenue, tant que le prévenu auquel se rapportent les procédures n'aura pas été libéré;

b) si le prévenu auquel se rapportent les procédures subit son procès ou est renvoyé pour subir son procès, tant que le procès n'aura pas pris fin.

(2) Omission de se conformer — Quiconque, sans excuse légitime, dont la preuve lui incombe, omet de se conformer à une ordonnance rendue en vertu du paragraphe (1), est coupable d'une infraction punissable sur déclaration de culpabilité par procédure sommaire.

(3) Définition de « journal » — Au présent article, **« journal »** a le sens que lui donne l'article 297.

L.R.C. 1985, ch. 27 (1er suppl.), art. 101(2).

518. (1) Enquêtes devant être faites par le juge de paix et preuve — Dans toutes procédures engagées en vertu de l'article 515 :

a) le juge de paix peut, sous réserve de l'alinéa *b)*, faire, auprès du prévenu ou à son sujet, sous serment ou autrement, les enquêtes qu'il estime opportunes;

b) le prévenu ne peut être interrogé par le juge de paix ni par aucune autre personne, sauf son avocat, quant à l'infraction dont il est inculpé; aucune question ne peut lui être posée en contre-interrogatoire relativement à cette infraction à moins qu'il ait déjà témoigné à ce sujet;

c) le poursuivant peut, en sus de toute autre preuve pertinente, présenter une preuve en vue :

(i) soit d'établir que le prévenu a antérieurement été déclaré coupable d'une infraction criminelle,

(ii) soit d'établir que le prévenu a été inculpé d'une autre infraction criminelle et attend son procès à cet égard,

(iii) soit d'établir que le prévenu a antérieurement commis une infraction aux termes de l'article 145,

(iv) soit d'exposer les circonstances de l'infraction présumée, particulièrement en ce qu'elles ont trait à la probabilité de la condamnation du prévenu;

d) le juge de paix peut prendre en considération toutes questions pertinentes sur lesquelles se sont entendus le poursuivant et le prévenu ou son avocat;

d.1) le juge de paix peut admettre en preuve par écrit, de vive voix, ou sous forme d'enregistrement, une communication privée qui a été interceptée au sens de la partie VI, le paragraphe 189(5) ne s'applique pas au présent article;

d.2) le juge de paix prend en considération toute preuve relative au besoin d'assurer la sécurité des victimes ou des témoins de l'infraction qui lui est présentée;

e) le juge de paix peut recevoir toute preuve qu'il considère plausible ou digne de foi dans les circonstances de l'espèce et fonder sa décision sur cette preuve.

(2) Mise en liberté en attendant la peine — Lorsque, avant le début des procédures engagées en vertu de l'article 515 ou à tout moment au cours de celles-ci, le prévenu plaide coupable et que son plaidoyer est accepté, le juge de paix peut rendre toute ordonnance prévue dans la présente partie pour sa mise en liberté jusqu'à ce que sa peine soit prononcée.

L.R.C. 1985, ch. 27 (1er suppl.), art. 84 et 185; L.C. 1994, ch. 44, art. 45; 1999, ch. 25, art. 9.

519. (1) Mise en liberté du prévenu — Lorsqu'un juge de paix rend une ordonnance en vertu des paragraphes 515(1), (2), (7) ou (8) :

a) si le prévenu se conforme à l'ordonnance, le juge de paix ordonne qu'il soit mis en liberté :

(i) soit immédiatement, si sa détention sous garde n'est pas requise pour une autre affaire,

(ii) soit aussitôt que sa détention sous garde n'est plus requise pour une autre affaire;

b) si le prévenu ne se conforme pas à l'ordonnance, le juge de paix qui a rendu l'ordonnance ou un autre juge de paix ayant juridiction décerne un mandat de dépôt pour l'incarcération du prévenu et peut y inscrire une autorisation permettant à la personne ayant la garde du prévenu de le mettre en liberté :

(i) soit immédiatement après qu'il se sera conformé à l'ordonnance, si sa détention sous garde n'est pas requise pour une autre affaire,

(ii) soit aussitôt qu'il se sera conformé à l'ordonnance et que sa détention sous garde ne sera plus requise pour une autre affaire;

et si le juge de paix inscrit sur le mandat l'autorisation visée au présent alinéa, il doit y joindre une copie de l'ordonnance.

(2) Libération — Lorsque le prévenu se conforme à une ordonnance mentionnée à l'alinéa (1)*b*) et que sa détention sous garde n'est pas requise pour une autre affaire, le juge de paix qui a rendu l'ordonnance ou un autre juge de paix ayant juridiction rend, sauf si le prévenu a été ou sera mis en liberté en application d'une autorisation mentionnée dans cet alinéa, une ordonnance de libération selon la formule 39.

(3) Mandat de dépôt — Le juge de paix qui, en vertu des paragraphes 515(5) ou (6), rend une ordonnance de détention à l'égard d'un prévenu, doit délivrer contre lui un mandat de dépôt.

L.R.C. 1985, ch. 27 (1er suppl.), art. 85.

520. (1) Révision de l'ordonnance du juge — Le prévenu peut, en tout temps avant son procès sur l'inculpation, demander à un juge de réviser l'ordonnance rendue par un juge de paix ou un juge de la Cour de justice du Nunavut conformément aux paragraphes 515(2), (5), (6), (7), (8) ou (12), ou rendue ou annulée en vertu de l'alinéa 523(2)*b)*.

(2) Avis au poursuivant — Une demande en vertu du présent article ne peut, sauf si le poursuivant y consent, être entendue par un juge, à moins que le prévenu n'ait donné par écrit au poursuivant un préavis de la demande de deux jours francs au moins.

(3) Le prévenu doit être présent — Si le juge l'ordonne ou si le poursuivant, le prévenu ou son avocat le demande, le prévenu doit être présent à l'audition d'une demande en vertu du présent article et, lorsque le prévenu est sous garde, le juge peut ordonner, par écrit, à la personne ayant la garde du prévenu, de l'amener devant le tribunal.

(4) Ajournement des procédures — Un juge peut, avant le début de l'audition d'une demande en vertu du présent article ou à tout moment au cours de cette audition, ajourner les procédures sur demande du poursuivant ou du prévenu, mais si le prévenu est sous garde, un tel ajournement ne peut jamais être de plus de trois jours francs sauf avec le consentement du prévenu.

(5) Absence du prévenu à l'audition — Lorsqu'un prévenu, autre qu'un prévenu qui est sous garde, a reçu d'un juge l'ordre d'être présent à l'audition d'une demande en vertu du présent article et n'est pas présent à l'audition, le juge peut décerner un mandat pour l'arrestation du prévenu.

(6) Exécution — Un mandat décerné en vertu du paragraphe (5) peut être exécuté n'importe où au Canada.

(7) Preuve et pouvoirs du juge lors de l'examen — Lors de l'audition d'une demande en vertu du présent article, le juge peut examiner :

a) la transcription, s'il en est, des procédures entendues par le juge de paix et par un juge qui a déjà révisé l'ordonnance rendue par le juge de paix;

b) les pièces, s'il en est, déposées au cours des procédures devant le juge de paix;

c) les autres preuves ou pièces que le prévenu ou le poursuivant peuvent présenter,

et il doit :

d) soit rejeter la demande;

e) soit, si le prévenu fait valoir des motifs justifiant de le faire, accueillir la demande, annuler l'ordonnance antérieurement rendue par le juge de paix et rendre toute autre ordonnance prévue à l'article 515, qu'il estime justifiée.

(8) Limitation des demandes subséquentes — Lorsqu'une demande en vertu du présent article ou de l'article 521 a été entendue, il ne doit pas être fait de nouvelle demande ou d'autre demande en vertu du présent article ou de l'article 521 relativement au même prévenu, sauf avec l'autorisation d'un juge, avant l'expiration d'un délai de trente jours à partir de la date de la décision du juge qui a entendu la demande précédente.

(9) Application des art. 517, 518 et 519 — Les articles 517, 518 et 519 s'appliquent, compte tenu des adaptations de circonstance à l'égard d'une demande en vertu du présent article.

L.R.C. 1985, ch. 27 (1ᵉʳ suppl.), art. 86; L.C. 1994, ch. 44, art. 46; 1999, ch. 3, art. 31.

521. (1) Révision de l'ordonnance du juge — Le poursuivant peut, en tout temps avant le procès sur l'inculpation, demander à un juge de réviser l'ordonnance rendue par un juge de paix ou un juge de la Cour de justice du Nunavut conformément aux paragraphes 515(1), (2), (7), (8) ou (12), ou rendue ou annulée en vertu de l'alinéa 523(2)b).

(2) Avis au prévenu — Une demande en vertu du présent article ne peut être entendue par un juge à moins que le poursuivant n'ait donné par écrit au prévenu un préavis de la demande de deux jours francs au moins.

(3) Le prévenu doit être présent — Si le juge l'ordonne ou si le poursuivant, le prévenu ou son avocat le demande, le prévenu doit être présent à l'audition d'une demande en vertu du présent article et, lorsque le prévenu est sous garde, le juge peut ordonner, par écrit, à la personne ayant la garde du prévenu, de l'amener devant le tribunal.

(4) Ajournement des procédures — Un juge peut, avant le début de l'audition d'une demande en vertu du présent article ou à tout moment au cours de cette audition, ajourner les procédures sur demande du poursuivant ou du prévenu, mais si le prévenu est sous garde, un tel ajournement ne peut jamais être de plus de trois jours francs sauf avec le consentement du prévenu.

(5) Absence du prévenu à l'audition — Lorsqu'un prévenu, autre qu'un prévenu qui est sous garde, a reçu d'un juge l'ordre d'être présent à l'audition d'une demande en vertu du présent article et n'est pas présent à l'audition, le juge peut décerner un mandat pour l'arrestation du prévenu.

(6) Mandat en vue de la détention du prévenu — Lorsque, en application de l'alinéa (8)e), le juge rend une ordonnance enjoignant que le prévenu soit détenu sous garde jusqu'à ce qu'il soit traité selon la loi, il décerne, si le prévenu n'est pas sous garde, un mandat de dépôt pour l'internement du prévenu.

(7) Exécution — Un mandat décerné en vertu du paragraphe (5) ou (6) peut être exécuté n'importe où au Canada.

(8) Preuve et pouvoirs du juge lors de l'examen — Lors de l'audition d'une demande en vertu du présent article, le juge peut examiner :

a) la transcription, s'il en est, des procédures entendues par le juge de paix et par un juge qui a déjà révisé l'ordonnance rendue par le juge de paix;

b) les pièces, s'il en est, déposées au cours des procédures devant le juge de paix;

c) les autres preuves ou pièces que le poursuivant ou le prévenu peut présenter,

et il doit :

d) soit rejeter la demande;

e) soit, si le poursuivant fait valoir des motifs justifiant de le faire, accueillir la demande, annuler l'ordonnance antérieurement rendue par le juge de paix et rendre telle autre ordonnance prévue à l'article 515, qu'il estime justifiée.

(9) Limitation des demandes subséquentes — Lorsqu'une demande en vertu du présent article ou de l'article 520 a été entendue, il ne peut être fait de nouvelle demande ou d'autre demande en vertu du présent article ou de l'article 520 relativement au même prévenu, sauf avec l'autorisation d'un juge, avant l'expiration d'un délai de trente jours à partir de la date de la décision du juge qui a entendu la demande précédente.

(10) Application des art. 517, 518 et 519 — Les articles 517, 518 et 519 s'appliquent, compte tenu des adaptations de circonstance, à l'égard d'une demande en vertu du présent article.

L.R.C. 1985, ch. 27 (1er suppl.), art. 87; L.C. 1994, ch. 44, art. 47; 1999, ch. 3, art. 32.

522. (1) Mise en liberté provisoire par un juge — Lorsqu'un prévenu est inculpé d'un infraction mentionnée à l'article 469, aucun tribunal, juge ou juge de paix, autre qu'un juge d'une cour supérieure de juridiction criminelle ou un juge président une telle cour, de la province où le prévenu est inculpé ne peut mettre le prévenu en liberté avant ni après le renvoi aux fins de procès.

(2) Idem — Lorsqu'un prévenu est inculpé d'un infraction mentionnée à l'article 469, un juge d'une cour supérieure de juridiction criminelle ou un juge président une telle cour dans la province où le prévenu est inculpé doit ordonner que ce dernier soit détenu sous garde à moins que le prévenu, après en avoir eu la possibilité, ne démontre que sa détention sous garde au sens du paragraphe 515(10) n'est pas justifiée.

(2.1) Ordonnance de s'abstenir de communiquer — L'ordonnance de détention visée au paragraphe (2) peut en outre ordonner au prévenu de s'abstenir de communiquer, directement ou indirectement, avec toute personne — victime, témoin ou autre — identifiée dans l'ordonnance, si ce n'est en conformité avec les conditions qui y sont prévues et que le juge estime nécessaires.

(3) Mise en liberté du prévenu — Si le juge n'ordonne pas la détention sous garde du prévenu prévue au paragraphe (2), il peut, par ordonnance, faire mettre le prévenu en liberté sur remise de la promesse ou de l'engagement visé aux alinéas 515(2)*a*) à *e*) et à celles des conditions prévues aux paragraphes 515(4), (4.1) et (4.2) qu'il considère souhaitables.

(4) Ordonnance non sujette à révision, sauf en vertu de l'article 680 — Une ordonnance rendue en vertu du présent article n'est sujette à révision que dans le cas prévu à l'article 680.

(5) Application des art. 517, 518 et 519 — Les dispositions des articles 517, 518, à l'exception de son paragraphe (2), et 519 s'appliquent, compte tenu des adaptations de circonstance, à l'égard d'une demande d'ordonnance en vertu du paragraphe (2).

(6) Autre infraction — Lorsqu'un prévenu est inculpé à la fois d'une infraction mentionnée à l'article 469 et d'une autre infraction, un juge agissant en vertu du présent article peut appliquer les dispositions de la présente partie relatives à la mise en liberté provisoire à cette autre infraction.

L.R.C. 1985, ch. 27 (1ᵉʳ suppl.), art. 88; L.C. 1991, ch. 40, art. 32; 1994, ch. 44, art. 48; 1999, ch. 25, art. 10.

523. (1) Période de validité de citation à comparaître, etc. — Lorsqu'un prévenu, à l'égard d'une infraction dont il est inculpé, n'a pas été mis sous garde ou a été mis en liberté aux termes ou en vertu d'une disposition de la présente partie, la sommation ou la citation à comparaître qui lui a été délivrée, la promesse de comparaître ou la promesse qu'il a remise, ou l'engagement qu'il a contracté, demeure en vigueur selon ses termes et s'applique à l'égard d'une nouvelle dénonciation lui imputant la même infraction ou une infraction incluse qui a été reçue après que la sommation ou citation à comparaître lui a été délivrée, la promesse de comparaître ou la promesse a été remise, ou l'engagement a été contracté :

     a) lorsque le prévenu a été mis en liberté en application d'une ordonnance d'un juge rendue en vertu du paragraphe 522(3), tant que son procès n'a pas pris fin;

     b) dans tout autre cas, tant que :

         (i) son procès n'a pas pris fin,

         (ii) lorsque le prévenu est déclaré coupable à son procès, sa peine au sens de l'article 673 n'a pas été prononcée, à moins que, au moment où sa culpabilité est déterminée, le tribunal, le juge ou le juge de paix n'ordonne que le prévenu soit mis sous garde en attendant le prononcé de la peine.

(1.1) Lorsqu'une nouvelle dénonciation impute la même infraction — Lorsque, à l'égard d'une infraction dont il est inculpé, un prévenu n'a pas été mis sous garde ou est détenu ou a été mis en liberté aux termes ou en vertu d'une autre disposition de la présente partie et qu'une nouvelle dénonciation, imputant la même infraction ou une infraction incluse est reçue contre lui après qu'une ordonnance de mise en liberté ou de détention provisoire a été rendue ou après que la sommation ou la citation à comparaître lui a été délivrée ou après que la promesse de comparaître ou la promesse lui a été remise ou que l'engagement a été contracté, l'article 507 ou 508 ne s'applique pas à l'égard de la nouvelle dénonciation et l'ordonnance de mise en liberté ou de détention provisoire du prévenu, ainsi que la sommation ou la citation à comparaître, la promesse de comparaître, la promesse ou l'engagement, s'il en est, s'appliquent à la nouvelle dénonciation.

(2) Ordonnance annulant une ordonnance de mise en liberté ou de détention — Nonobstant les paragraphes (1) et (1.1) :

a) le tribunal, le juge ou le juge de paix devant qui un prévenu subit son procès, à tout moment;

b) le juge de paix, à la fin de l'enquête préliminaire sur toute infraction, non mentionnée à l'article 469, pour laquelle un prévenu est envoyé à son procès;

c) avec le consentement du poursuivant et du prévenu, ou sans ce consentement, lorsque le poursuivant ou le prévenu demande l'annulation d'une ordonnance qui autrement s'appliquerait à une nouvelle dénonciation aux termes du paragraphe (1.1) à tout moment :

(i) lorsque le prévenu est inculpé d'un infraction, autre qu'une infraction mentionnée à l'article 469, le juge de paix qui a rendu une ordonnance en vertu de la présente partie ou tout autre juge de paix,

(ii) lorsque le prévenu est inculpé d'une infraction mentionnée à l'article 469, tout juge d'une cour supérieure de juridiction criminelle de la province, ou tout juge présidant celle-ci,

(iii) le tribunal, le juge ou le juge de paix devant qui un prévenu doit subir son procès,

peut, sur présentation de motifs justificatifs, annuler toute ordonnance de mise en liberté ou de détention provisoire du prévenu rendue antérieurement en vertu de la présente partie et rendre toute autre ordonnance prévue dans la présente partie que le tribunal, le juge ou le juge de paix estime justifiée, relativement à la mise en liberté ou à la détention du prévenu jusqu'à la fin de son procès.

(3) Dispositions applicables aux procédures prévues au paragraphe (2) — Les dispositions des articles 517, 518 et 519 s'appliquent, compte tenu des adaptations de circonstance, à l'égard de toute procédure que prévoit le paragraphe (2), sauf que le paragraphe 518(2) ne s'applique pas à l'égard d'un prévenu qui est inculpé d'une infraction mentionnée à l'article 469.

L.R.C. 1985, ch. 27 (1er suppl.), art. 89.

Arrestation d'un prévenu en liberté

524. (1) Mandat décerné pour l'arrestation d'un prévenu — Lorsqu'un juge de paix est convaincu qu'il y a des motifs raisonnables de croire que, selon le cas :

a) un prévenu a violé ou est sur le point de violer une sommation ou citation à comparaître qui lui a été délivrée, une promesse ou promesse de comparaître qu'il a remise ou un engagement qu'il a contracté;

b) un prévenu a commis un acte criminel après avoir fait l'objet d'une sommation ou d'une citation à comparaître, ou après avoir remis une promesse ou promesse de comparaître ou contracté un engagement,

il peut décerner un mandat pour l'arrestation du prévenu.

(2) Arrestation sans mandat du prévenu — Nonobstant toute autre disposition de la présente loi, un agent de la paix qui a des motifs raisonnables de croire que, selon le cas :

a) un prévenu a violé ou est sur le point de violer une sommation ou citation à comparaître qui lui a été délivrée, une promesse ou promesse de comparaître qu'il a remise ou un engagement qu'il a contracté;

b) un prévenu a commis un acte criminel après avoir fait l'objet d'une sommation ou d'une citation à comparaître, ou après avoir remis une promesse ou promesse de comparaître, ou contracté un engagement,

peut arrêter le prévenu sans mandat.

(3) Audition — Lorsqu'un prévenu qui a été arrêté aux termes d'un mandat décerné en vertu du paragraphe (1), ou qui a été arrêté en vertu du paragraphe (2), est conduit devant un juge de paix, celui-ci doit :

a) lorsque le prévenu a été mis en liberté en application d'une ordonnance rendue, par un juge de la cour supérieure de juridiction criminelle d'une province, en vertu du paragraphe 522(3), ordonner que le prévenu soit conduit devant un juge de cette cour;

b) dans tout autre cas, entendre le poursuivant et ses témoins, s'il en est, ainsi que le prévenu et ses témoins, s'il en est.

(4) Détention du prévenu — Lorsqu'un prévenu visé à l'alinéa (3)*a)* est conduit devant un juge et que celui-ci conclut que, selon le cas :

a) le prévenu a violé ou était sur le point de violer la sommation ou citation à comparaître qui lui a été délivrée, la promesse ou promesse de comparaître qu'il a remise ou l'engagement qu'il a contracté;

b) il existe des motifs raisonnables de croire que le prévenu a commis un acte criminel après avoir fait l'objet d'une sommation ou d'une citation à comparaître, ou après avoir remis une promesse ou promesse de comparaître, ou contracté un engagement, il doit annuler ces divers actes de procédure et ordonner la détention sous garde du prévenu sauf si celui-ci, ayant eu la possibilité de le faire, réussit à faire valoir que sa détention sous garde n'est pas justifiée au sens du paragraphe 515(10).

(5) Mise en liberté du prévenu — Si le juge n'ordonne pas la détention sous garde du prévenu en conformité avec le paragraphe (4), il peut ordonner la mise en liberté du prévenu sur remise de la promesse ou de l'engagement visés à l'un des alinéas 515(2)a) à e) et assortis des conditions que prévoit le paragraphe 515(4) qu'il estime souhaitables notamment, lorsque le prévenu était déjà en liberté sur remise de tels promesse ou engagement, toutes conditions supplémentaires visées au paragraphe 515(4).

(6) Ordonnance non sujette à révision — Une ordonnance rendue en vertu des paragraphes (4) ou (5) n'est sujette à révision que dans le cas prévu à l'article 680.

(7) Mise en liberté du prévenu — Si le juge ne conclut pas dans le sens des alinéas (4)a) ou b), il doit ordonner la libération du prévenu.

(8) Pouvoirs du juge de paix après l'audition — Lorsqu'un prévenu visé au paragraphe (3), autre qu'un prévenu visé par l'alinéa u) de ce paragraphe, est conduit devant le juge de paix et que celui-ci conclut que, selon le cas :

a) le prévenu a violé ou était sur le point de violer la sommation ou citation à comparaître qui lui a été délivrée, la promesse ou promesse de comparaître qu'il a remise ou l'engagement qu'il a contracté;

b) il existe des motifs raisonnables de croire que le prévenu a commis un acte criminel après avoir fait l'objet d'une sommation, ou d'une citation à comparaître, ou après avoir remis une promesse ou promesse de comparaître, ou contracté un engagement,

il doit annuler ces divers actes de procédure et ordonner la détention sous garde du prévenu sauf si celui-ci, ayant eu la possibilité de le faire, réussit à faire valoir que sa détention n'est pas justifiée au sens du paragraphe 515(10).

(9) Mise en liberté du prévenu — Lorsque le prévenu réussit à faire valoir que sa détention sous garde, au sens du paragraphe 515(10), n'est pas justifiée, le juge de paix ordonne la mise en liberté du prévenu sur remise de la promesse ou de l'engagement visés à l'un des alinéas 515(2)a) à e) et assortis des conditions visées au paragraphe 515(4) qu'il estime souhaitables.

(10) Motifs — Lorsque le juge de paix rend une ordonnance en vertu du paragraphe (9), il porte au dossier les motifs de sa décision, et le paragraphe 515(9) s'applique, compte tenu des adaptations de circonstance, à cet égard.

(11) Cas où le juge de paix doit ordonner la mise en liberté — Lorsque le juge de paix ne conclut pas ainsi que le prévoit l'alinéa (8)a) ou b), il doit ordonner que le prévenu soit mis en liberté.

(12) Dispositions applicables aux procédures en vertu du présent article — Les articles 517, 518 et 519 s'appliquent, compte tenu des adaptations de circonstance à cet égard, relativement à toutes procédures engagées en vertu du présent article, sauf que le paragraphe 518(2) ne s'applique pas à l'égard d'un prévenu qui est inculpé d'une infraction mentionnée à l'article 522.

(13) Dispositions applicables aux ordonnances rendues en vertu du présent article — L'article 520 s'applique à l'ordonnance rendue en vertu des paragraphes (8) ou (9) comme s'il s'agissait d'une ordonnance rendue par un juge de paix ou un juge de la Cour de justice du Nunavut en vertu des paragraphes 515(2) ou (5), et l'article 521 s'applique à celle rendue en vertu du paragraphe (9) comme s'il s'agissait d'une ordonnance rendue par un juge de paix ou un juge de la Cour de justice du Nunavut en vertu du paragraphe 515(2).

L.C. 1999, ch. 3, art. 32.

Examen de la détention quand le procès est retardé

525. (1) Délai de présentation d'une demande à un juge — Lorsqu'un prévenu qui a été inculpé d'une infraction autre qu'une infraction mentionnée à l'article 469 et dont la détention sous garde n'est pas requise relativement à une autre affaire est détenu sous garde en attendant son procès pour cette infraction et que le procès n'est pas commencé :

    a) dans le cas d'un acte criminel, dans les quatre-vingt-dix jours :

        (i) à partir du jour où le prévenu a été conduit devant un juge de paix en vertu de l'article 503,

        (ii) lorsqu'une ordonnance enjoignant de détenir le prévenu sous garde a été rendue en vertu des articles 521 ou 524 ou qu'il a été statué sur la demande de révision visée à l'article 520, à partir de la date de mise sous garde ou, si elle est postérieure, de celle de la décision,

    b) dans le cas d'une infraction pour laquelle le prévenu est poursuivi par procédure sommaire, dans les trente jours :

        (i) à partir du jour où le prévenu a été conduit devant un juge de paix en vertu du paragraphe 503(1),

        (ii) lorsqu'une ordonnance enjoignant de détenir le prévenu sous garde a été rendue en vertu des articles 521 ou 524 ou qu'il a été statué sur la demande de révision visée à l'article 520, à partir de la date de mise sous garde ou, si elle est postérieure, de celle de la décision;

la personne ayant la garde du prévenu doit, dès l'expiration de ces quatre-vingt-dix jours ou trente jours, selon le cas, demander à un juge ayant juridiction à l'endroit où le prévenu est sous garde de fixer une date pour une audition aux fins de déterminer si le prévenu devrait être mis en liberté ou non.

(2) Avis d'audition — Sur réception d'une demande en vertu du paragraphe (1), le juge doit :

a) fixer une date pour l'audition visée au paragraphe (1), qui aura lieu dans la juridiction, selon le cas :

(i) où le prévenu est gardé sous garde,

(ii) où le procès doit avoir lieu;

b) ordonner qu'avis de l'audition soit donné à telles personnes, y compris le poursuivant et le prévenu, et de telle manière que le juge peut préciser.

(3) Questions à examiner lors de l'audition — Lors de l'audition visée au paragraphe (1), le juge peut, pour décider si le prévenu devrait être mis en liberté ou non, prendre en considération le fait que le poursuivant ou le prévenu a été responsable ou non de tout délai anormal dans le procès sur l'inculpation.

(4) Ordonnance — Si, à la suite de l'audition visée au paragraphe (1), le juge n'est pas convaincu que la continuation de la détention du prévenu sous garde est justifiée au sens du paragraphe 515(10), il ordonne que le prévenu soit mis en liberté en attendant le procès sur l'inculpation pourvu qu'il remette une promesse ou contracte un engagement visés aux alinéas 515(2)a) à c) et assortis des conditions que prévoit le paragraphe 515(4) et que le juge estime souhaitables.

(5) Mandat d'arrestation décerné par un juge — Lorsqu'un juge ayant juridiction dans la province où a été rendue une ordonnance de mise en liberté d'un prévenu prévue par le paragraphe (4) est convaincu qu'il y a des motifs raisonnables de croire que le prévenu, selon le cas :

a) a violé ou est sur le point de violer la promesse ou l'engagement en raison duquel ou de laquelle il a été mis en liberté;

b) a, après sa mise en liberté sur sa promesse ou son engagement, commis un acte criminel,

il peut décerner un mandat pour l'arrestation du prévenu.

(6) Arrestation sans mandat par un agent de la paix — Nonobstant toute autre disposition de la présente loi, un agent de la paix qui a des motifs raisonnables de croire qu'un prévenu qui a été mis en liberté en vertu du paragraphe (4) :

a) soit a violé ou est sur le point de violer la promesse ou l'engagement en raison duquel ou de laquelle il a été mis en liberté;

b) soit, après sa mise en liberté sur sa promesse ou son engagement, a commis un acte criminel,

peut arrêter le prévenu sans mandat et le conduire ou le faire conduire devant un juge ayant juridiction dans la province où a été rendue l'ordonnance de mise en liberté du prévenu.

(7) Audition et ordonnance — Un juge devant lequel un prévenu est conduit en application d'un mandat décerné en vertu du paragraphe (5) ou en application du paragraphe (6) peut, lorsque le prévenu fait valoir que sa détention sous garde n'est pas justifiée au sens du paragraphe 515(10), ordonner sa mise en liberté sur remise de la promesse ou de l'engagement visés à l'un des alinéas 515(2)*a)* à *e)* et assortis des conditions visées au paragraphe 515(4) qu'il estime souhaitables.

(8) Dispositions applicables aux procédures — Les articles 517, 518 et 519 s'appliquent, compte tenu des adaptations de circonstance, relativement à toutes procédures engagées en vertu du présent article.

(9) Instructions visant à hâter le procès — Lorsqu'un prévenu se trouve devant un juge en vertu d'une disposition du présent article, le juge peut donner des instructions pour hâter le déroulement du procès du prévenu.

L.R.C. 1985, ch. 27 (1er suppl.), art. 90; L.C. 1994, ch. 44, art. 49; 1997, ch. 18, art. 61.

526. Instructions visant à hâter le déroulement des procédures — Sous réserve du paragraphe 525(9), un tribunal, un juge ou un juge de paix devant lequel comparaît un prévenu en conformité avec la présente partie peut donner des instructions pour hâter le déroulement des procédures qui concernent le prévenu.

L.R.C. 1985, ch. 27 (1er suppl.), art. 91.

Procédure en vue d'obtenir la comparution d'un prisonnier

527. (1) Ordonnance d'amener un prisonnier — Un juge d'une cour supérieure de juridiction criminelle, convaincu, à la suite d'une demande exposant les faits de l'espèce dans un affidavit et produisant le mandat, que les fins de la justice l'exigent, peut ordonner par écrit que la personne enfermée dans une prison soit amenée devant le tribunal, le juge, le juge de paix ou le juge de la cour provinciale devant qui sa présence est requise, de jour en jour selon qu'il est nécessaire.

(2) Ordonnance du juge de la cour provinciale — Un juge de la cour provinciale a les mêmes pouvoirs, pour l'application des paragraphes (1) ou (7), que ceux d'un juge en vertu de ces paragraphes, si la personne dont la présence est requise se trouve dans la province où le juge de la cour provinciale a compétence.

(3) Transfèrement du prisonnier — Une ordonnance rendue aux termes du paragraphe (1) ou (2) est adressée à la personne qui a la garde du prisonnier et, sur réception de l'ordonnance, cette personne, selon le cas :

a) livre le prisonnier à toute personne nommée dans l'ordonnance pour le recevoir;

b) amène le prisonnier devant le tribunal, le juge, le juge de paix ou le juge de la cour provinciale, selon le cas, sur paiement de ses frais raisonnables à cet égard.

(4) Détention d'un prisonnier requis comme témoin — Lorsqu'on requiert le prisonnier comme témoin, le juge ou juge de la cour provinciale prescrit, dans l'ordonnance, la manière dont le prisonnier doit être tenu sous garde et renvoyé à la prison d'où il est amené.

(5) Détention dans d'autres cas — Lorsque la comparution du prisonnier est requise aux fins de l'alinéa (1)*a*) ou *b*), le juge ou juge de la cour provinciale donne, dans l'ordonnance, des instructions appropriées sur la manière :

a) dont le prisonnier doit être tenu sous garde, s'il est renvoyé pour subir son procès;

b) dont le prisonnier doit être renvoyé, s'il est libéré lors d'une enquête préliminaire ou s'il est acquitté de l'accusation portée contre lui.

(6) Application d'articles concernant la condamnation — Les articles 718.3 et 743.1 s'appliquent lorsqu'un prisonnier visé par le présent article est déclaré coupable et condamné à l'emprisonnement par le tribunal, le juge, le juge de paix ou le juge de la cour provinciale.

(7) Ordonnance pour le transfèrement du prisonnier — Sur demande du poursuivant, un juge d'une cour supérieure de juridiction criminelle peut, avec le consentement écrit du prisonnier ou de la personne sous la garde d'un agent de la paix, ordonner son transfert à la garde d'un agent de la paix nommé dans l'ordonnance pour la période que celle-ci stipule si le juge est convaincu que cela est nécessaire pour aider un agent de la paix dans l'exercice de ses fonctions.

(8) Transfèrement du prisonnier — Une ordonnance rendue aux termes du paragraphe (7) doit être adressée à la personne qui a la garde du prisonnier, et sur réception de l'ordonnance, cette personne doit livrer le prisonnier à l'agent de la paix habilité dans l'ordonnance à le recevoir.

(9) Retour — Le prisonnier doit être retourné à l'endroit d'où il a été transféré lorsque les buts pour lesquels l'ordonnance rendue en vertu du présent article ont été atteints.

L.R.C. 1985, ch. 27 (1er suppl.), art. 92, 101 et 203; L.C. 1994, ch. 44, art. 50; 1995, ch. 22, art. 10; 1997, ch. 18, art. 62.

Visa du mandat

528. (1) Mandat visé — Lorsqu'un mandat pour l'arrestation d'un prévenu ou un mandat de dépôt, rédigés selon une formule de mandat mentionnée à la partie XXVIII, ne peut être exécuté conformément à l'article 514 ou 703, un juge de paix dans le ressort duquel l'accusé se trouve ou est présumé se trouver doit, sur demande, et sur preuve sous serment ou par affidavit de la signature du juge de paix qui a décerné le mandat, autoriser l'arrestation du prévenu dans les limites de sa juridiction, en apposant à l'endos du mandat un visa selon la formule 28.

(1.1) Copies — Les copies de l'affidavit ou du mandat transmises à l'aide d'un moyen de télécommunication qui rend la communication sous forme écrite ont, pour l'application du paragraphe (1), la même force probante que l'original.

(2) Effet du visa — Un visa apposé sur un mandat d'après le paragraphe (1) constitue une autorisation suffisante, pour les agents de la paix à qui il a été en premier lieu adressé et pour tous les agents de la paix dans la juridiction territoriale du juge de paix qui le vise, d'exécuter le mandat et d'amener le prévenu devant le juge de paix qui a décerné le mandat ou devant tout autre juge de paix pour la même circonscription territoriale.

L.R.C. 1985, ch. 27 (1er suppl.), art. 93; L.C. 1994, ch. 44, art. 51.

Entrée dans une maison d'habitation pour arrestation

529. (1) Autorisation de pénétrer dans une maison d'habitation — Le mandat d'arrestation délivré en vertu de la présente loi ou d'une autre loi fédérale peut, sous réserve du paragraphe (2) et si le juge ou le juge de paix qui le délivre est convaincu, sur la foi d'une dénonciation sous serment écrite, qu'il existe des motifs raisonnables de croire que la personne qui en fait l'objet se trouve ou se trouvera dans une maison d'habitation désignée, autoriser un agent de la paix à y pénétrer afin de procéder à l'arrestation.

(2) Exécution — L'autorisation est délivrée sous réserve de la condition suivante : l'agent de la paix ne peut pénétrer dans la maison d'habitation que si, au moment de le faire, il a des motifs raisonnables de croire que la personne à arrêter s'y trouve.

L.C. 1994, ch. 44, art. 52; L.C. 1997, ch. 39, art. 2.

529.1 Mandat d'entrée — Le juge ou le juge de paix peut délivrer un mandat, selon la formule 7.1, autorisant un agent de la paix à pénétrer dans une maison d'habitation désignée pour procéder à l'arrestation d'une personne que le mandat nomme ou permet d'identifier s'il est convaincu, sur la foi d'une dénonciation sous serment, qu'il existe des motifs raisonnables de croire que cette personne s'y trouve ou s'y trouvera et que, selon le cas :

a) elle fait déjà l'objet au Canada, en vertu de la présente loi ou d'une autre loi fédérale, d'un mandat d'arrestation;

b) il existe des motifs de l'arrêter sans mandat aux termes des alinéas 495(1)a) ou b);

c) il existe des motifs pour l'arrêter sans mandat en vertu d'une autre loi fédérale.

L.C. 1997, ch. 39, art. 2.

529.2 Modalités — Sous réserve de l'article 529.4, le juge ou le juge de paix énonce dans le mandat visé aux articles 529 et 529.1 les modalités qu'il estime indiquées pour que l'entrée dans la maison d'habitation soit raisonnable dans les circonstances.

L.C. 1997, ch. 39, art. 2.

529.3 (1) Pouvoir de pénétrer sans mandat — L'agent de la paix peut, sans que soit restreint ou limité le pouvoir d'entrer qui lui est conféré en vertu de la présente loi ou d'une autre loi ou d'une règle de droit, pénétrer dans une maison d'habitation pour l'arrestation d'une personne sans être muni du mandat visé aux articles 529 ou 529.1 s'il a des motifs raisonnables de croire que la personne s'y trouve, si les conditions de délivrance du mandat prévu à l'article 529.1 sont réunies et si l'urgence de la situation rend difficilement réalisable son obtention.

(2) Situation d'urgence — Pour l'application du paragraphe (1), il y a notamment urgence dans les cas où l'agent de la paix, selon le cas :

a) a des motifs raisonnables de soupçonner qu'il est nécessaire de pénétrer dans la maison d'habitation pour éviter à une personne des lésions corporelles imminentes ou la mort;

b) a des motifs raisonnables de croire que des éléments de preuve relatifs à la perpétration d'un acte criminel se trouvent dans la maison d'habitation et qu'il est nécessaire d'y pénétrer pour éviter leur perte ou leur destruction imminentes.

L.C. 1997, ch. 39, art. 2.

529.4 (1) Omission de prévenir — Le juge ou le juge de paix qui, en vertu des articles 529 ou 529.1, autorise un agent de la paix à pénétrer dans une maison d'habitation, ou tout autre juge ou juge de paix, peut l'autoriser à ne pas prévenir avant d'y pénétrer s'il est convaincu, sur la foi d'une dénonciation sous serment, qu'il existe des motifs raisonnables de croire que le fait de prévenir, selon le cas :

a) exposerait l'agent de la paix ou une autre personne à des lésions corporelles imminentes ou à la mort;

b) entraînerait la perte ou la destruction imminentes d'éléments de preuve relatifs à la perpétration d'un acte criminel.

(2) Exécution de l'autorisation — L'autorisation est délivrée sous réserve de la condition suivante : l'agent de la paix ne peut pénétrer dans la maison d'habitation sans prévenir que si, au moment où il entre, il a des motifs raisonnables, selon le cas :

a) de soupçonner que le fait de prévenir l'exposerait ou exposerait une autre personne à des lésions corporelles imminentes ou à la mort;

b) de croire que le fait de prévenir entraînerait la perte ou la destruction imminentes d'éléments de preuve relatifs à la perpétration d'un acte criminel.

(3) Exception — De même, l'agent de la paix qui pénètre dans une maison d'habitation sans mandat aux termes de l'article 529.3 ne peut y pénétrer sans prévenir que si, au moment où il entre, les motifs raisonnables visés au paragraphe (2) existent.

L.C. 1997, ch. 39, art. 2.

529.5 Télémandat — Si l'agent de la paix considère qu'il serait peu commode dans les circonstances de se présenter en personne devant un juge ou un juge de paix pour lui demander le mandat visé à l'article 529.1 ou l'autorisation visée aux articles 529 ou 529.4, le mandat ou l'autorisation peuvent être délivrés sur une dénonciation faite par téléphone ou à l'aide d'un autre moyen de télécommunication; le cas échéant, l'article 487.1 s'applique, avec les adaptations nécessaires, à l'un ou l'autre.

L.C. 1997, ch. 39, art. 2.

PARTIE XVII — LANGUE DE L'ACCUSÉ

530. (1) Langue de l'accusé — Sur demande d'un accusé dont la langue est l'une des langues officielles du Canada, faite au plus tard :

a) au moment où la date du procès est fixée :

(i) s'il est accusé d'une infraction mentionnée à l'article 553 ou punissable sur déclaration de culpabilité par procédure sommaire,

(ii) si l'accusé doit être jugé sur un acte d'accusation présenté en vertu de l'article 577;

b) au moment de son choix, s'il choisit de subir son procès devant un juge de la cour provinciale en vertu de l'article 536 ou d'être jugé par un juge sans jury et sans enquête préliminaire en vertu de l'article 536.1;

c) au moment où il est renvoyé pour subir son procès :

(i) s'il est accusé d'une infraction mentionnée à l'article 469,

(ii) s'il a choisi d'être jugé par un tribunal composé d'un juge seul ou d'un juge et d'un jury,

(iii) s'il est réputé avoir choisi d'être jugé par une cour composée d'un juge et d'un jury,

un juge de paix, un juge de la cour provinciale ou un juge de la Cour de justice du Nunavut ordonne que l'accusé subisse son procès devant un juge de paix, un juge de la cour provinciale, un juge seul ou un juge et un jury, selon le cas, qui parlent la langue officielle du Canada qui est celle de l'accusé ou, si les circonstances le justifient, qui parlent les deux langues officielles du Canada.

(2) Idem — Sur demande d'un accusé dont la langue n'est pas l'une des langues officielles du Canada, faite au plus tard à celui des moments indiqués aux alinéas (1)*a)* à *c)* qui est applicable, un juge de paix ou un juge de la cour provinciale peut rendre une ordonnance à l'effet que l'accusé subisse son procès devant un juge de paix, un juge de la cour provinciale, un juge seul ou un juge et un jury, selon le cas, qui parlent la langue officielle du Canada qui, de l'avis du juge de paix ou du juge de la cour provinciale, permettra à l'accusé de témoigner le plus facilement ou, si les circonstances le justifient, qui parlent les deux langues officielles au Canada.

(3) L'accusé doit être avisé de ce droit — Le juge de paix ou le juge de la cour provinciale devant qui l'accusé comparaît pour la première fois avise l'accusé, s'il n'est pas représenté par procureur, de son droit de demander une ordonnance en vertu des paragraphes (1) ou (2) et des délais à l'intérieur desquels il doit faire une telle demande.

(4) Renvoi — Lorsqu'un accusé ne présente aucune demande pour une ordonnance en vertu des paragraphes (1) ou (2) et que le juge de paix, le juge de la cour provinciale ou le juge devant qui l'accusé doit subir son procès — appelés « tribunal » dans la présente partie — est convaincu qu'il est dans les meilleurs intérêts de la justice que l'accusé subisse son procès devant un juge de paix, un juge de la cour provinciale, un juge seul ou un juge et un jury qui parlent la langue officielle du Canada qui est celle de l'accusé ou, si la langue de l'accusé n'est pas l'une des langues officielles du Canada, la langue officielle du Canada qui, de l'avis du tribunal, permettra à l'accusé de témoigner le plus facilement, le tribunal peut, par ordonnance, s'il ne parle pas cette langue, renvoyer l'accusé pour qu'il subisse son procès devant un juge de paix, un juge de la cour provinciale, un juge seul ou un juge et un jury qui parlent cette langue ou, si les circonstances le justifient, qui parlent les deux langues officielles du Canada.

(5) Modification de l'ordonnance — Une ordonnance rendue en vertu du présent article, à l'effet qu'un accusé subisse son procès devant un juge de paix, un juge de la cour provinciale, un juge seul ou un juge et un jury qui parlent la langue officielle du Canada qui est celle de l'accusé ou la langue officielle du Canada qui permettra à l'accusé de témoigner le plus facilement peut, si les circonstances le justifient, être modifiée par le tribunal de façon à exiger que l'accusé subisse son procès devant un juge de paix, un juge de la cour provinciale, un juge seul ou un juge et un jury qui parlent les deux langues officielles du Canada.

L.R.C. 1985, ch. 27 (1er suppl.), art. 94 et 203; L.C. 1999, ch. 3, art. 34.

530.1 Précision — Lorsqu'il est ordonné, sous le régime de l'article 530, qu'un accusé subisse son procès devant un juge de paix, un juge de la cour provinciale, un juge seul ou un juge et un jury qui parlent la langue officielle qui est celle de l'accusé ou la langue officielle qui permettra à l'accusé de témoigner le plus facilement :

    a) l'accusé et son avocat ont le droit d'employer l'une ou l'autre langue officielle au cours de l'enquête préliminaire et du procès;

    b) ils peuvent utiliser l'une ou l'autre langue officielle dans les actes de procédure ou autres documents de l'enquête préliminaire et du procès;

c) les témoins ont le droit de témoigner dans l'une ou l'autre langue officielle à l'enquête préliminaire et au procès;

d) l'accusé a droit à ce que le juge présidant l'enquête parle la même langue officielle que lui;

e) l'accusé a droit à ce que le poursuivant — quand il ne s'agit pas d'un poursuivant privé — parle la même langue officielle qui lui;

f) le tribunal est tenu d'offrir des services d'interprétation à l'accusé, à son avocat et aux témoins tant à l'enquête préliminaire qu'au procès;

g) le dossier de l'enquête préliminaire et celui du procès doivent comporter la totalité des débats dans la langue officielle originale et la transcription de l'interprétation, ainsi que toute la preuve documentaire dans la langue officielle de sa présentation à l'audience;

h) le tribunal assure la disponibilité, dans la langue officielle qui est celle de l'accusé, du jugement — exposé des motifs compris — rendu par écrit dans l'une ou l'autre langue officielle.

L.R.C. 1985, ch. 31 (4e suppl.), art. 94.

531. Renvoi devant un autre tribunal — Nonobstant toute autre disposition de la présente loi mais sous réserve des règlements pris en vertu de l'article 533, le tribunal ordonne la tenue du procès dans une autre circonscription territoriale de la même province autre que celle où l'infraction serait autrement jugée si une ordonnance a été rendue à l'effet que l'accusé subisse son procès devant un juge de paix, un juge de la cour provinciale, un juge seul ou un juge et un jury, qui parlent la langue officielle du Canada qui est celle de l'accusé ou la langue officielle du Canada qui permettra à l'accusé de témoigner le plus facilement dans les deux langues officielles et si une telle ordonnance ne peut raisonnablement être respectée dans la circonscription territoriale où l'infraction serait autrement jugée.

L.R.C. 1985, ch. 27 (1er suppl.), art. 94 et 203.

532. Réserve — La présente partie et la *Loi sur les langues officielles* n'affectent en rien les droits qu'accordent les lois d'une province en vigueur au moment de l'entrée en vigueur de la présente partie ou qui entreront en vigueur par après, à l'égard de la langue des procédures ou des témoignages en matière pénale en autant que ces lois ne sont pas incompatibles avec la présente partie ou cette loi.

533. Règlements — Le lieutenant-gouverneur en conseil d'une province peut, par règlement, prendre toute mesure nécessaire à l'application de la présente partie dans la province et les commissaires du territoire du Yukon, des Territoires du Nord-Ouest et du territoire du Nunavut peuvent, par règlement, prendre toute mesure nécessaire à l'application de la présente partie dans leur territoire respectif.

L.C. 1993, ch. 28, ann. III, art. 33.

534. [Abrogé, L.C. 1997, ch. 18, art. 63.]

L.R.C. 1985, ch. 27 (1er suppl.), art. 95; ch. 31 (4e suppl.), art. 95; L.C. 1997, ch. 18, art. 63.

PARTIE XVIII — PROCÉDURE À L'ENQUÊTE PRÉLIMINAIRE

Juridiction

535. Enquête par le juge de paix — Lorsqu'un prévenu inculpé d'un acte criminel est devant lui, le juge de paix doit, en conformité avec la présente partie, enquêter sur l'accusation ainsi que sur tout autre acte criminel qui découle de la même affaire fondé sur les faits révélés par la preuve recueillie conformément à la présente partie.

L.R.C. 1985, ch. 27 (1er suppl.), art. 96.

536. (1) Renvoi par le juge de paix dans certains cas — Lorsqu'un prévenu est, devant un juge de paix autre qu'un juge de la cour provinciale, inculpé d'une infraction à l'égard de laquelle un juge de la cour provinciale possède une juridiction absolue en vertu de l'article 553, le juge de paix renvoie le prévenu pour qu'il comparaisse devant un juge de la cour provinciale ayant juridiction dans la circonscription territoriale où l'infraction aurait été commise.

(2) Choix devant un juge de paix dans certains cas — Lorsqu'un prévenu est inculpé devant un juge de paix d'une infraction autre qu'une infraction mentionnée à l'article 469 et que l'infraction n'en est pas une à l'égard de laquelle un juge de la cour provinciale a juridiction absolue en vertu de l'article 553, le juge de paix, après que la dénonciation a été lue au prévenu, l'appelle à faire son choix dans les termes suivants :

Vous avez le choix d'être jugé par un juge de la cour provinciale sans jury et sans enquête préliminaire; ou vous pouvez choisir d'être jugé par un juge sans jury après une enquête préliminaire; ou encore vous pouvez choisir d'être jugé par un tribunal composé d'un juge et d'un jury après une enquête préliminaire. Si vous ne faites pas ce choix maintenant, vous êtes réputé avoir choisi d'être jugé par un tribunal composé d'un juge et d'un jury après une enquête préliminaire. Comment choisissez-vous d'être jugé ?

(3) Procédure lorsque le prévenu opte pour un procès devant un juge de la cour provinciale — Lorsqu'un prévenu choisit d'être jugé par un juge de la cour provinciale, le juge de paix inscrit sur la dénonciation une mention du choix et :

    a) si le juge de paix n'est pas un juge de la cour provinciale, renvoie le prévenu, pour comparution et plaidoyer relativement à l'inculpation, devant un juge de la cour provinciale ayant juridiction dans la circonscription territoriale où l'infraction est présumée avoir été commise;

b) si le juge de paix est un juge de la cour provinciale, requiert le prévenu de répondre à l'inculpation et, si ce dernier nie sa culpabilité, procède au procès ou fixe une date pour le procès.

(4) Procédure lorsque le prévenu opte pour un procès devant un juge seul ou devant un juge et un jury — Lorsqu'un prévenu choisit d'être jugé, après une enquête préliminaire, par un juge sans jury ou par un tribunal composé d'un juge et d'un jury ou ne fait pas de choix, le juge de paix tient une enquête préliminaire sur l'inculpation et, si le prévenu est renvoyé pour subir son procès, il inscrit sur la dénonciation ou sur le mandat de dépôt, si le prévenu est détenu sous garde, une mention de la nature du choix du prévenu ou du fait que le prévenu n'a pas fait de choix, selon le cas.

(5) Compétence — Lorsqu'un juge de paix devant qui se tient ou doit se tenir une enquête préliminaire n'a pas commencé à recueillir la preuve, tout juge de paix ayant juridiction dans la province où l'infraction dont le prévenu est inculpé est présumée avoir été commise est compétent aux fins du paragraphe (4).

L.R.C. 1985, ch. 27 (1er suppl.), art. 96.

536.1 (1) Renvoi pour comparution : Nunavut — Le juge de paix renvoie pour comparution devant un juge le prévenu inculpé devant lui d'un acte criminel mentionné à l'article 553.

(2) Choix devant un juge de paix : Nunavut — Après lecture de la dénonciation, le juge de paix ou le juge appelle le prévenu inculpé devant lui d'un acte criminel non mentionné aux articles 469 ou 553 à faire son choix dans les termes suivants :

Vous avez le choix d'être jugé par un juge sans jury et sans enquête préliminaire; ou vous pouvez choisir d'être jugé par un juge sans jury après une enquête préliminaire; ou encore vous pouvez choisir d'être jugé par un tribunal composé d'un juge et d'un jury après une enquête préliminaire. Si vous ne faites pas ce choix maintenant, vous êtes réputé avoir choisi d'être jugé par un tribunal composé d'un juge et d'un jury après une enquête préliminaire. Comment choisissez-vous d'être jugé ?

(3) Procès devant un juge sans jury : Nunavut — Est inscrite sur la dénonciation une mention du choix d'être jugé par un juge sans jury et sans enquête préliminaire et, selon le cas :

a) le juge de paix renvoie le prévenu devant un juge pour comparution et plaidoyer relativement à l'inculpation;

b) le juge requiert le prévenu de répondre à l'inculpation et, si celui-ci nie sa culpabilité, procède au procès ou fixe une date pour le procès.

(4) Procès après enquête préliminaire avec ou sans jury : Nunavut — Dans les autres cas, le juge de paix ou le juge procède à l'enquête sur l'inculpation et, en cas de renvoi à procès, inscrit sur la dénonciation et, si le prévenu est sous garde, sur le mandat de dépôt, une mention du choix de celui-ci ou de l'absence de choix.

(5) Compétence des juges de paix : Nunavut — Tout juge de paix ayant compétence au Nunavut peut procéder au titre du paragraphe (4) tant que celui devant qui l'enquête préliminaire se tient ou doit se tenir n'a pas commencé à recueillir la preuve.

(6) Application : Nunavut — Le présent article s'applique, contrairement à l'article 536, aux procédures criminelles au Nunavut.

L.C. 1999, ch. 3, art. 35.

Pouvoirs du juge de paix

537. (1) Pouvoirs du juge de paix — Un juge de paix agissant en vertu de la présente partie peut :

a) ajourner l'enquête de temps à autre et changer le lieu de l'audition, lorsque la chose paraît opportune en raison de l'absence d'un témoin, de l'impossibilité pour un témoin malade d'être présent à l'endroit où le juge de paix siège ordinairement, ou pour tout autre motif suffisant;

b) renvoyer le prévenu à la détention pour l'application de la *Loi sur l'identification des criminels;*

c) sauf lorsque le prévenu est, en application de la partie XVI, autorisé à être en liberté, renvoyer le prévenu à la détention dans une prison, au moyen d'un mandat selon la formule 19;

d) reprendre une enquête avant l'expiration d'une période pour laquelle elle a été ajournée avec le consentement du poursuivant et du prévenu ou de son avocat;

e) ordonner par écrit, selon la formule 30, que le prévenu soit amené devant lui, ou devant tout autre juge de paix pour la même circonscription territoriale, à toute époque avant l'expiration de la période pour laquelle le prévenu a été renvoyé;

f) accorder ou refuser au poursuivant ou à son avocat la permission de lui adresser la parole, à l'appui de l'inculpation, soit pour ouvrir ou résumer l'affaire, soit par voie de réplique sur tout témoignage rendu pour le compte du prévenu;

g) recevoir une preuve de la part du poursuivant ou du prévenu, selon le cas, après avoir entendu les témoignages rendus pour le compte de l'un ou l'autre d'entre eux;

h) ordonner que personne, autre que le poursuivant, le prévenu et leurs avocats, n'ait accès à la salle où se tient l'enquête, ou n'y demeure, lorsqu'il lui paraît que les fins de la justice seront ainsi mieux servies;

i) régler le cours de l'enquête de toute manière qui lui paraît désirable et qui n'est pas incompatible avec la présente loi;

j) avec le consentement du poursuivant et de l'accusé, permettre à ce dernier soit d'utiliser la télévision en circuit fermé ou tout autre moyen permettant au tribunal et à l'accusé de se voir et de communiquer simultanément, soit de permettre à l'avocat représentant l'accusé de comparaître à sa place durant toute l'enquête sauf durant la présentation de la preuve testimoniale;

k) ordonner à l'accusé enfermé dans une prison de comparaître en utilisant la télévision en circuit fermé ou par tout autre moyen permettant, d'une part, au tribunal et à l'accusé de se voir et de communiquer simultanément et, d'autre part, à l'accusé de communiquer en privé avec son avocat, s'il est représenté par un avocat, durant toute l'enquête sauf durant la présentation de la preuve testimoniale.

(2) Changement du lieu d'audition — Lorsque l'audition est transférée en vertu de l'alinéa (1)*a*) dans une autre circonscription territoriale de la même province, le juge de paix compétent dans ce ressort est compétent pour la poursuivre.

(3) et (4) [Abrogés, L.C. 1991, ch. 43, art. 9.]
                    L.C. 1991, ch. 43, art. 9; 1994, ch. 44, art. 53; 1997, ch. 18, art. 64.

538. Personne morale — Lorsqu'un prévenu est une personne morale, les paragraphes 556(1) et (2) s'appliquent, compte tenu des adaptations de circonstance.

Manière de recueillir les témoignages

539. (1) Ordonnances restreignant la publication de la preuve recueillie lors d'une enquête préliminaire — Avant qu'il ne commence à recueillir la preuve lors d'une enquête préliminaire, le juge de paix qui préside l'enquête :

a) peut, à la demande du poursuivant;

b) doit, à la demande d'un prévenu,

rendre une ordonnance portant que la preuve recueillie lors de l'enquête ne doit être publiée dans aucun journal ni être révélée dans aucune émission, en ce qui concerne chacun des prévenus;

c) avant qu'il ne soit libéré;

d) lorsqu'il a été renvoyé pour subir son procès, avant que le procès n'ait pris fin.

(2) Le prévenu doit être averti qu'il a le droit de faire une demande d'ordonnance — Lorsqu'un prévenu n'est pas représenté par avocat lors de l'enquête préliminaire, le juge de paix qui tient l'enquête doit, avant qu'il ne commence à recueillir la preuve à l'enquête, faire part à l'accusé de son droit de faire une demande en vertu du paragraphe (1).

(3) Défaut de se conformer à l'ordonnance — Est coupable d'une infraction punissable sur déclaration de culpabilité par procédure sommaire quiconque fait défaut de se conformer à une ordonnance rendue en conformité du paragraphe (1).

(4) Définition de « journal » — Au présent article, **« journal »** a le sens que lui donne l'article 297.

L.R.C. 1985, ch. 27 (1er suppl.), art. 97.

540. (1) Prise des témoignages — Lorsque le prévenu est devant un juge de paix qui tient une enquête préliminaire, ce juge doit :

a) d'une part, recueillir, en présence du prévenu, les dépositions sous serment des témoins appelés de la part de la poursuite et permettre au prévenu ou à son avocat de les contre-interroger;

b) d'autre part, faire consigner la déposition de chaque témoin :

(i) soit par un sténographe nommé conformément à la loi ou qu'il nomme ou dans une écriture lisible sous forme de déposition d'après la formule 31,

(ii) soit, dans une province où l'utilisation d'un appareil d'enregistrement du son est autorisée par ou selon la loi provinciale dans les causes civiles, au moyen du type d'appareil ainsi autorisé et conformément aux prescriptions de la loi provinciale.

(2) Lecture et signature des dépositions — Lorsqu'une déposition est prise par écrit, le juge de paix, en présence du prévenu et avant de demander à ce dernier s'il désire appeler des témoins :

a) fait lire la déposition au témoin;

b) fait signer la déposition par le témoin;

c) signe lui-même la déposition.

(3) Validation par le juge de paix — Lorsque des dépositions sont prises par écrit, le juge de paix peut signer :

a) soit à la fin de chaque déposition;

b) soit à la fin de plusieurs ou de l'ensemble des dépositions, d'une manière indiquant que sa signature est destinée à authentiquer chaque déposition.

(4) Assermention du sténographe — Lorsque le sténographe désigné pour consigner les témoignages n'est pas un sténographe judiciaire dûment assermenté, il doit jurer qu'il rapportera sincèrement et fidèlement les témoignages.

(5) Attestation de la transcription — Lorsque les témoignages sont consignés par un sténographe nommé par un juge de paix ou conformément à la loi, il n'est pas nécessaire qu'ils soient lus aux témoins ou signés par eux; ils sont transcrits, en totalité ou en partie, par le sténographe à la demande du juge de paix ou de l'une des parties et la transcription est accompagnée :

> a) d'un affidavit du sténographe déclarant qu'elle est un rapport fidèle des témoignages;

> b) d'un certificat déclarant qu'elle est un rapport fidèle des témoignages, si le sténographe est un sténographe judiciaire dûment assermenté.

(6) Transcription des dépositions prises par un appareil d'enregistrement du son — Lorsque, en conformité avec la présente loi, on a recours à un appareil d'enregistrement du son relativement à des procédures aux termes de la présente loi, l'enregistrement ainsi fait est utilisé et transcrit, en totalité ou en partie, à la demande du juge de paix ou de l'une des parties, et la transcription est certifiée et employée, avec les adaptations nécessaires, conformément à la législation provinciale mentionnée au paragraphe (1).

L.R.C. 1985, ch. 27 (1er suppl.), art. 98; L.C. 1997, ch. 18, art. 65.

541. (1) Audition des témoins à décharge — Une fois les dépositions des témoins de la poursuite consignées et, lorsque la présente partie l'exige, lues, le juge de paix entend, sous réserve du présent article, les témoins appelés par l'accusé.

(2) Allocution au prévenu — Avant d'entendre ses témoins, le juge de paix adresse au prévenu qui n'est pas représenté par avocat les paroles suivantes ou d'autres au même effet :

Désirez-vous dire quelque chose en réponse à ces accusations ou à toute autre accusation qui pourrait découler des faits mis en preuve par la poursuite ? Vous n'êtes pas obligé de dire quoi que ce soit, mais tout ce que vous direz peut servir de preuve contre vous lors de votre procès. Aucune promesse de faveur ni aucune menace à votre endroit ne doit vous inciter à faire un aveu ou à vous reconnaître coupable, mais tout ce que vous direz maintenant pourra servir de preuve contre vous à votre procès, malgré la promesse ou la menace.

(3) Déclaration du prévenu — Lorsque le prévenu qui n'est pas représenté par avocat dit quelque chose en réponse aux paroles du juge de paix, sa réponse est prise par écrit. Elle est signée par le juge de paix et conservée avec les dépositions des témoins et traitée selon la présente partie.

(4) Témoins à décharge — Lorsque ont été observés les paragraphes (2) et (3), le juge de paix demande au prévenu qui n'est pas représenté par avocat s'il désire appeler des témoins.

(5) Dépositions de ces témoins — Le juge de paix entend chaque témoin appelé par le prévenu, qui dépose sur toute matière pertinente à l'enquête, et, pour l'application du présent paragraphe, l'article 540 s'applique avec les adaptations nécessaires.

L.R.C. 1985, ch. 27 (1er suppl.), art. 99; L.C. 1994, ch. 44, art. 54.

542. (1) Aveu ou confession de l'accusé — La présente loi n'a pas pour effet d'empêcher un poursuivant de fournir en preuve, à un enquête préliminaire, tout aveu, confession ou déclaration fait à quelque moment que ce soit par le prévenu et qui, d'après la loi, est admissible contre lui.

(2) Restriction visant la publication de rapports sur l'enquête prélimi- naire — Quiconque publie dans un journal ou radiodiffuse un rapport portant qu'un aveu ou une confession a été présenté en preuve à une enquête préliminaire, ou un rapport indiquant la nature de tout semblable aveu ou confession ainsi pré- senté en preuve, sauf :

a) si l'accusé a été libéré;

b) quand l'accusé a été renvoyé pour subir son procès, si le procès a pris fin,

est coupable d'un infraction punissable sur déclaration de culpabilité par procédure sommaire.

(3) Définition de « journal » — Au présent article, « **journal** » a le sens que lui donne l'article 297.

Renvoi lorsque l'infraction a été commise dans une autre juridiction

543. (1) Prévenu se présentant ou conduit devant un juge de paix de l'endroit où l'infraction a été commise — Lorsqu'un prévenu est inculpé d'une infraction présumée avoir été commise à l'extérieur des limites du ressort où il a été inculpé, le juge de paix devant qui il comparaît ou est amené peut, à toute étape de l'enquête, après avoir entendu les deux parties :

a) ordonner au prévenu de comparaître;

b) si le prévenu est sous garde, décerner un mandat rédigé selon la formule 15 pour que le prévenu soit emmené,

devant un juge de paix ayant juridiction à l'endroit où l'infraction est présumée avoir été commise, et ce dernier devra continuer et compléter l'enquête.

(2) Transmission de la transcription et des documents et effet de l'ordonnance ou du mandat — Lorsqu'un juge de paix rend une ordonnance ou décerne un mandat en application du paragraphe (1), il fait transmettre à un juge de paix ayant juridiction à l'endroit où l'infraction est présumée avoir été commise la transcription de tous témoignages rendus devant lui lors de l'enquête et tous les documents qu'il avait alors devant lui et qui se rapportent à l'enquête, et :

a) tout témoignage dont la transcription est ainsi transmise est censé avoir été recueilli par le juge de paix auquel elle est transmise;

b) toute citation à comparaître délivrée au prévenu, toute promesse de compa- raître ou promesse remise par lui, ou tout engagement contracté par lui aux termes de la partie XVI, sont censés l'avoir été dans le ressort où l'infraction est présumée avoir été commise et enjoindre au prévenu de comparaître devant le juge de paix auquel la transcription et les documents sont transmis au moment prévu dans l'ordonnance rendue au sujet du prévenu en vertu de l'alinéa (1)*a*).

Prévenu qui s'esquive

544. (1) Absence du prévenu au cours de l'enquête — Nonobstant toute autre disposition de la présente loi, lorsqu'un prévenu, inculpé conjointement ou non, s'esquive au cours de l'enquête préliminaire :

     a) il est réputé avoir renoncé à son droit d'y assister;

     b) le juge de paix :

         (i) peut la poursuivre et, quand toute la preuve a été recueillie, doit la mener à terme conformément à l'article 548,

         (ii) en cas de délivrance d'un mandat d'arrestation, peut l'ajourner jusqu'à sa comparution.

Le juge de paix peut, dans ce dernier cas, reprendre l'enquête préliminaireet la mener à terme conformément au sous-alinéa *b*)(i), dès qu'il estime qu'il est dans l'intérêt de la justice de le faire.

(2) Conclusion défavorable — Le juge de paix qui poursuit l'enquête préliminaire conformément au paragraphe (1) peut tirer une conclusion défavorable au prévenu du fait qu'il s'est esquivé.

(3) Impossibilité pour le prévenu de faire rouvrir les procédures — Le prévenu qui ne comparaît plus à l'enquête préliminaire alors qu'elle se poursuit conformément au paragraphe (1), ne peut faire rouvrir les procédures menées en son absence que si le juge de paix est convaincu qu'il est dans l'intérêt de la justice de le faire en raison de circonstances exceptionnelles.

(4) L'avocat peut continuer à représenter le prévenu — Lorsque le prévenu s'est esquivé au cours de l'enquête préliminaire et que le juge de paix continue l'enquête, son avocat conserve le pouvoir de le représenter au cours des procédures.

(5) Témoin à décharge — L'avocat du prévenu peut, après la preuve du poursuivant recueillie au cours d'une enquête préliminaire poursuivie conformément au paragraphe (1), même en l'absence du prévenu, appeler des témoins en son nom. Le paragraphe 541(5) s'applique, le cas échéant, avec les adaptations nécessaires.

L.C. 1994, ch. 44, art. 55.

Procédure lorsque le témoin refuse de déposer

545. (1) Un témoin qui refuse d'être interrogé — Lorsqu'une personne, présente à une enquête préliminaire et requise de témoigner par le juge de paix, selon le cas :

a) refuse de prêter serment;

b) après avoir prêté serment, refuse de répondre aux questions qui lui sont posées;

c) omet de produire les écrits qu'il lui est enjoint de produire;

d) refuse de signer sa déposition,

sans offrir une excuse raisonnable de son omission ou refus, le juge de paix peut ajourner l'enquête et peut, par mandat rédigé selon la formule 20, envoyer cette personne en prison pour une période maximale de huit jours francs ou pour la période de l'ajournement de l'enquête, selon la plus courte de ces deux périodes.

(2) Nouvelle incarcération — Lorsqu'une personne visée par le paragraphe (1) est amenée devant le juge de paix à la reprise de l'enquête ajournée et qu'elle refuse encore de faire ce qui est exigé d'elle, le juge de paix peut de nouveau ajourner l'enquête pour une période maximale de huit jours francs et l'envoyer en prison pour la période d'ajournement ou toute partie de cette période, et il peut ajourner l'enquête et envoyer la personne en prison, de temps à autre, jusqu'à ce qu'elle consente à faire ce qui est exigé d'elle.

(3) Réserve — Le présent article n'a pas pour effet d'empêcher le juge de paix d'envoyer la cause en jugement sur toute autre preuve suffisante par lui recueillie.

Dispositions rectificatives

546. Une irrégularité ou une divergence n'atteint pas la validité — La validité d'une procédure à une enquête préliminaire, ou postérieurement à une telle enquête, n'est pas compromise par :

a) une irrégularité ou un défaut dans la substance ou la forme de la sommation ou du mandat;

b) une divergence entre l'inculpation énoncée dans la sommation ou le mandat et celle qui est indiquée dans la dénonciation;

c) une divergence entre l'inculpation énoncée dans la sommation, le mandat ou la dénonciation et la preuve apportée par la poursuite à l'enquête.

547. Ajournement, prévenu induit en erreur — Le juge de paix peut ajourner l'enquête et renvoyer le prévenu en détention ou lui accorder la liberté provisoirement en vertu de la partie XVI dans les cas où il estime que les irrégularités, défauts ou divergences visés à l'article 546 ont trompé le prévenu ou l'ont induit en erreur.

547.1 Incapacité du juge de paix de continuer — Lorsqu'un juge de paix agissant en vertu de la présente partie a commencé à recueillir la preuve et décède ou est incapable de continuer à assumer ses fonctions pour une autre raison, un autre juge de paix peut :

a) continuer à recueillir la preuve là où les procédures se sont arrêtées si la preuve a été enregistrée conformément à l'article 540 et est disponible;

b) commencer à recueillir la preuve comme si aucune n'avait été présentée, lorsque la preuve n'a pas été enregistrée conformément à l'article 540 ou n'est pas disponible.

L.R.C. 1985, ch. 27 (1er suppl.), art. 100.

Décision et engagements

548. (1) Renvoi à procès ou libération — Lorsque le juge de paix a recueilli tous les témoignages, il doit :

a) renvoyer l'accusé pour qu'il subisse son procès, si à son avis la preuve à l'égard de l'infraction dont il est accusé ou de tout autre acte criminel qui découle de la même affaire est suffisante;

b) libérer l'accusé, si à son avis la preuve à l'égard de l'infraction dont il est accusé ou de tout autre acte criminel qui découle de la même affaire n'est pas suffisante pour qu'il subisse un procès.

(2) Mention de l'accusation — Lorsque le juge de paix ordonne que l'accusé soit renvoyé pour subir son procès à l'égard d'un acte criminel différent ou en sus de celui dont il était accusé, il doit mentionner sur la dénonciation quelles sont les accusations à l'égard desquelles l'accusé doit subir son procès.

(2.1) Accusé renvoyé à procès — Le juge de paix qui ordonne le renvoi à procès peut fixer soit la date de celui-ci, soit la date à laquelle l'accusé devra comparaître pour connaître celle de son procès.

(3) Vice de forme — La validité d'un renvoi à procès n'est pas atteinte par un vice de forme apparent à la face même de la dénonciation à l'égard de laquelle l'enquête préliminaire a été tenue ou à l'égard d'une accusation pour laquelle l'accusé est renvoyé pour subir son procès sauf si, de l'avis du tribunal devant lequel une objection à la dénonciation ou à l'accusation est soulevée, l'accusé a été induit en erreur ou a subi un préjudice dans sa défense à cause de ce vice de forme.

L.R.C. 1985, ch. 27 (1er suppl.), art. 101; L.C. 1994, ch. 44, art. 56.

549. (1) Renvoi au procès à tout stade d'une enquête, avec consentement — Nonobstant toute autre disposition de la présente loi, le juge de paix peut, à tout stade d'une enquête préliminaire, avec le consentement du prévenu et du poursuivant, astreindre le prévenu à passer en jugement devant le tribunal ayant juridiction criminelle, sans recueillir ni enregistrer aucune preuve ou preuve supplémentaire.

(2) Procédures — Lorsqu'un prévenu est astreint à passer en jugement aux termes du paragraphe (1), le juge de paix inscrit sur la dénonciation une mention du consentement du prévenu et du poursuivant, et le prévenu est par la suite traité à tous égards comme s'il était astreint à passer en jugement aux termes de l'article 548.

L.R.C. 1985, ch. 27 (1er suppl.), art. 101(3).

550. (1) Engagement de la part de témoins — En cas d'ordonnance adressée au prévenu lui enjoignant de subir son procès, le juge de paix qui a tenu l'enquête préliminaire peut exiger que tout témoin dont la déposition est, d'après lui, essentielle, contracte l'engagement de rendre témoignage au procès de ce prévenu et de se conformer aux conditions raisonnables prévues dans celui-ci que le juge estime souhaitables pour garantir la comparution et le témoignage du témoin lors du procès du prévenu.

(2) Formule — L'engagement peut être rédigé selon la formule 32 et peut être énoncé à la fin d'une déposition ou en être séparé.

(3) Cautions ou dépôt pour la comparution de témoins — Un juge de paix, pour toute raison qu'il estime satisfaisante, peut exiger qu'un témoin qui contracte un engagement aux termes du présent article :

  a) ou bien produise une ou plusieurs cautions au montant qu'il détermine;

  b) ou bien dépose entre ses mains une somme d'argent suffisante, selon lui, pour garantir que le témoin comparaîtra et témoignera.

(4) Témoin refusant de contracter un engagement — Si un témoin n'observe pas le paragraphe (1) ou (3) quand il en est requis par un juge de paix, celui-ci peut, par mandat rédigé selon la formule 24, l'envoyer à une prison de la circonscription territoriale où le procès doit avoir lieu et l'y faire détenir jusqu'à ce qu'il accomplisse ce qui est exigé de lui ou jusqu'à ce que le procès soit terminé.

(5) Libération — Lorsqu'un témoin a été envoyé en prison conformément au paragraphe (4), le tribunal devant lequel il comparaît ou un juge de paix ayant juridiction dans la circonscription territoriale où la prison est située peut, par une ordonnance rédigée selon la formule 39, le libérer de sa détention lorsque le procès est terminé.

L.R.C. 1985, ch. 27 (1er suppl.), art. 101(3).

Transmission du dossier

551. Documentation à transmettre — Le juge de paix qui renvoie un prévenu pour qu'il subisse son procès expédie immédiatement au greffier ou autre fonctionnaire compétent du tribunal qui doit juger le prévenu, la dénonciation, la preuve, les pièces, la déclaration, s'il en est, du prévenu, consignée par écrit conformément à l'article 541, toute promesse de comparaître, toute promesse ou tout engagement remis ou contractés en conformité avec la partie XVI, ou toute la preuve recueillie devant un coroner, qui sont en la possession du juge de paix.

L.R.C. 1985, ch. 27 (1er suppl.), art. 102.

PARTIE XIX — ACTES CRIMINELS — PROCÈS SANS JURY

Définitions

552. Définitions — Les définitions qui suivent s'appliquent à la présente partie.

« juge »

a) Dans la province d'Ontario, un juge de la cour supérieure de juridiction criminelle de la province;

b) dans la province de Québec, un juge de la Cour du Québec;

c) dans la province de la Nouvelle-Écosse, un juge d'une cour supérieure de juridiction criminelle de la province;

d) dans la province du Nouveau-Brunswick, un juge de la Cour du Banc de la Reine;

e) dans la province de la Colombie-Britannique, le juge en chef ou un juge puîné de la Cour suprême;

f) dans les provinces de l'Île-du-Prince-Édouard et de Terre-Neuve, un juge de la Cour suprême;

g) dans la province du Manitoba, le juge en chef ou un juge puîné de la Cour du Banc de la Reine;

h) dans les provinces de Saskatchewan et d'Alberta, un juge de la cour supérieure de juridiction criminelle de la province;

i) dans le territoire du Yukon et dans les territoires du Nord-Ouest, un juge de la Cour suprême;

j) au Nunavut, un juge de la Cour de justice.

L.R.C. 1985, ch. 11 (1er suppl.), art. 2; ch. 27 (1er suppl.), art. 103; ch. 27 (2e suppl.), art. 10; ch. 40 (4e suppl.), art. 2; L.C. 1990, ch. 16, art. 6; ch. 17, art. 13; 1992, ch. 51, art. 38; L.C. 1993, ch. 28, ann. III, art. 34; 1999, ch. 3, art. 12, 36.

Juridiction des juges de la cour provinciale

553. Juridiction absolue — La compétence d'un juge de la cour provinciale et, au Nunavut, de la Cour de justice, pour juger un prévenu est absolue et ne dépend pas du consentement du prévenu, lorsque celui-ci est inculpé, dans une dénonciation :

a) soit d'avoir, selon le cas :

(i) commis un vol, autre qu'un vol de bétail,

(ii) obtenu de l'argent ou des biens par de faux-semblants,

(iii) illégalement en sa possession un bien, une chose ou leur produit sachant que tout ou partie d'entre eux ont été obtenus directement ou indirectement par la perpétration au Canada d'une infraction punissable sur acte d'accusation ou obtenus par une omission ou un acte survenus n'importe où qui, au Canada, auraient été punissables sur acte d'accusation,

(iv) par supercherie, mensonge et autre moyen dolosif, frustré le public ou toute personne, déterminée ou non, de quelque bien, argent ou valeur,

(v) commis un méfait au sens du paragraphe 430(4),

lorsque l'objet de l'infraction n'est pas un titre testamentaire et que sa valeur alléguée ne dépasse pas cinq mille dollars;

b) soit d'avoir conseillé à quelqu'un de commettre une infraction, d'avoir tenté de commettre une infraction, d'avoir comploté en vue de commettre une infraction ou d'avoir été complice après le fait de la perpétration d'une infraction, qu'il s'agisse de l'une ou l'autre des infractions suivantes :

(i) une infraction visée à l'alinéa *a)*, sous réserve des limites quant à la nature et à la valeur de l'objet de l'infraction mentionnées dans cet alinéa,

(ii) soit d'une infraction visée à l'alinéa *c)*;

c) soit d'une infraction prévue par :

(i) l'article 201 (maison de jeu ou de pari),

(ii) l'article 202 (bookmaking),

(iii) l'article 203 (gageure),

(iv) l'article 206 (loteries, etc.),

(v) l'article 209 (tricher au jeu),

(vi) l'article 210 (maison de débauche),

(vii) le paragraphe 259(4) (conduite pendant interdiction),

Non en vigueur — 553c)(vii)

(vii) [Abrogé, L.C. 2000, ch. 25, art. 4.]

(viii) l'article 393 (fraude en matière de prix de passage),

(viii.1) l'article 811 (manquement à l'engagement),

(ix) le paragraphe 733.1(1) (défaut de se conformer à une ordonnance de probation).

(x) l'alinéa 4(4)*a*) de la *Loi réglementant certaines drogues et autres substances*,

(xi) le paragraphe 5(4) de la *Loi réglementant certaines drogues et autres substances*.

L.R.C. 1985, ch. 27 (1er suppl.), art. 104; L.C. 1992, ch. 1, art. 58; 1994, ch. 44, art. 57; 1995, ch. 22, art. 2; 1996, ch. 19, art. 72; 1997, ch. 18, art. 66; L.C. 1999, ch. 3, art. 37.

Juridiction du juge de la cour provinciale avec consentement

554. (1) Choix : procès devant un juge de cour provinciale — Sous réserve du paragraphe (2), lorsqu'un prévenu est inculpé, dans une dénonciation, d'un acte criminel non mentionné à l'article 469, et que l'infraction n'en est pas une sur laquelle un juge de la cour provinciale a juridiction absolue en vertu de l'article 553, un juge de ce tribunal peut juger le prévenu qui choisit d'être jugé par un juge de la cour provinciale.

(2) Nunavut — S'agissant de procédures criminelles au Nunavut, lorsqu'un prévenu est inculpé, dans une dénonciation, d'un acte criminel non mentionné à l'article 469, et que l'infraction n'en est pas une sur laquelle un juge de la Cour de justice a juridiction absolue en vertu de l'article 553, un juge de ce tribunal peut juger le prévenu qui choisit d'être jugé par un juge sans jury et sans enquête préliminaire.

L.R.C. 1985, ch. 27 (1er suppl.), art. 105 et 203; L.C. 1999, ch. 3, art. 38.

555. (1) Le juge de la cour provinciale peut décider de tenir une enquête préliminaire — Lorsque, dans toutes procédures prévues par la présente partie, un accusé est devant un juge de la cour provinciale et qu'il apparaît à celui-ci que, pour une raison quelconque, l'inculpation devrait être poursuivie sur acte d'accusation, le juge de la cour provinciale peut, à tout moment avant que le prévenu ait commencé sa défense, décider de ne pas le juger et doit, dès lors, informer le prévenu de sa décision et continuer les procédures à titre d'enquête préliminaire.

(2) Acte testamentaire ou objet dont la valeur dépasse 5000$ — Si un prévenu est, devant un juge de la cour provinciale, inculpé d'une infraction mentionnée à l'alinéa 553*a*) ou au sous-alinéa 553*b*)(i), et si, à tout moment avant que le juge de la cour provinciale ne rende une décision, la preuve établit que l'objet de l'infraction est un acte testamentaire ou que sa valeur dépasse cinq mille dollars, le juge de la cour provinciale appelle le prévenu à faire son choix en conformité avec le paragraphe 536(2).

(3) Continuation des procédures — Lorsqu'un prévenu est appelé à faire son choix d'après le paragraphe (2), les dispositions suivantes s'appliquent :

    a) si le prévenu choisit d'être jugé par un juge sans jury ou par un tribunal composé d'un juge et d'un jury, ou ne fait pas de choix, le juge de la cour provinciale continue les procédures à titre d'enquête préliminaire selon la partie XVIII et s'il renvoie le prévenu pour subir son procès, il doit se conformer au paragraphe 536(4);

    b) si le prévenu choisit d'être jugé par un juge de la cour provinciale, le juge de la cour provinciale inscrit sur la dénonciation une mention du choix et continue le procès.

L.R.C. 1985, ch. 27 (1er suppl.), art. 106 et 203; L.C. 1994, ch. 44, art. 58.

555.1 (1) Décision sur la tenue d'une enquête préliminaire : Nunavut — Dans une procédure criminelle visée par la présente partie, s'il estime que, pour une raison quelconque, l'inculpation devrait être poursuivie sur acte d'accusation, le juge de la Cour de justice peut, en tout temps avant l'ouverture de la défense du prévenu, décider de ne pas juger; il l'informe alors de sa décision et continue les procédures à titre d'enquête préliminaire.

(2) Acte testamentaire ou objet dont la valeur dépasse 5000 $ — Sur preuve, avant le prononcé de sa décision, que l'objet de l'infraction est un acte testamentaire ou que sa valeur dépasse 5 000 $, le juge de la Cour de justice appelle le prévenu inculpé devant lui d'un acte criminel mentionné à l'alinéa 553a) ou au sous-alinéa 553b)(i) à faire son choix conformément au paragraphe 536.1(2).

(3) Continuation des procédures : Nunavut — Si le prévenu choisit d'être jugé par un juge sans jury après enquête préliminaire ou par un tribunal composé d'un juge et d'un jury, ou ne fait pas de choix, le juge continue les procédures à titre d'enquête préliminaire selon la partie XVIII et, en cas de renvoi à procès, il inscrit sur la dénonciation et, si le prévenu est sous garde, sur le mandat de dépôt, une mention du choix de celui-ci ou de l'absence de choix.

(4) Continuation des procédures : Nunavut — Si le prévenu choisit d'être jugé par un juge sans jury et sans enquête préliminaire, le juge inscrit sur la dénonciation une mention du choix et continue le procès.

(5) Application : Nunavut — Le présent article s'applique, contrairement à l'article 555, aux procédures criminelles au Nunavut.

L.C. 1999, ch. 3, art. 39.

556. (1) Personne morale — Une personne morale inculpée comparaît par avocat ou représentant.

(2) Défaut de comparaître — En cas de défaut de comparution de la personne morale et sur preuve de signification de la sommation à celle-ci, le juge de la cour provinciale ou, au Nunavut, de la Cour de justice :

> a) peut, si l'inculpation en est une sur laquelle il a une juridiction absolue, procéder à l'audition du procès en l'absence de la personne morale inculpée;

> b) doit, si l'inculpation en est une sur laquelle il n'a pas juridiction absolue, tenir une enquête préliminaire conformément à la partie XVIII, en l'absence de la personne morale inculpée.

(3) Absence de choix — Lorsqu'une personne morale inculpée comparaît mais ne fait pas le choix prévu aux paragraphes 536(2) ou 536.1(2), le juge de la cour provinciale ou, au Nunavut, de la Cour de justice tient une enquête préliminaire conformément à la partie XVIII.

L.R.C. 1985, ch. 27 (1er suppl.), art. 107; L.C. 1999, ch. 3, art. 40.

557. Prise des témoignages — Lorsqu'un prévenu est jugé par un juge de la cour provinciale ou, au Nunavut, de la Cour de justice en conformité avec la présente partie, les dépositions des témoins à charge et à décharge sont recueillies selon les dispositions de la partie XVIII relatives aux enquêtes préliminaires.

L.R.C. 1985, ch. 27 (1er suppl.), art. 203; L.C. 1999, ch. 3, art. 41.

Juridiction des juges

Juridiction du juge avec consentement

558. Procès par un juge sans jury — Le prévenu inculpé d'un acte criminel non mentionné à l'article 469 doit, s'il choisit selon les articles 536 ou 536.1 ou s'il choisit à nouveau selon les articles 561 ou 561.1 d'être jugé par un juge sans jury, l'être par un juge sans jury, sous réserve des autres dispositions de la présente partie.

L.R.C. 1985, ch. 27 (1er suppl.), art. 108; L.C. 1999, ch. 3, art. 41.

559. (1) Cour d'archives — Un juge qui tient procès en vertu de la présente partie constitue, aux fins de ce procès et pour les procédures s'y rattachant ou s'y rapportant, une cour d'archives.

(2) Garde des archives — Le dossier d'un procès qu'un juge tient en vertu de la présente partie est gardé au tribunal présidé par le juge.

Choix

560. (1) Devoir du juge — Lorsqu'un prévenu choisit selon les articles 536 ou 536.1 d'être jugé par un juge sans jury et après une enquête préliminaire, un juge fixe les date, heure et lieu du procès :

a) soit sur réception d'un avis écrit du shérif ou d'une autre personne ayant la garde du prévenu déclarant que le prévenu est sous garde et indiquant la nature de l'inculpation formulée contre lui;

b) soit dès que le greffier du tribunal l'a avisé que le prévenu n'est pas sous garde et l'a informé de la nature de l'inculpation formulée contre lui.

(2) Quand le shérif donne avis — Le shérif ou autre personne ayant la garde du prévenu donne l'avis mentionné à l'alinéa (1)*a)* dans les vingt-quatre heures après que le prévenu est renvoyé pour subir son procès, s'il est sous garde en conséquence de ce renvoi ou si, au moment du renvoi, il est sous garde pour tout autre motif.

(3) Obligation du shérif quand la date du procès est fixée — Lorsque, conformément au paragraphe (1), les date, heure et lieu sont fixés pour le procès d'un prévenu qui est sous garde, ce prévenu :

a) est immédiatement avisé, par le shérif ou autre personne ayant la garde du prévenu, des date, heure et lieu ainsi fixés;

b) est amené aux date, heure et lieu ainsi fixés.

(4) Obligation du prévenu qui n'est pas détenu — Lorsqu'un prévenu n'est pas sous garde, il lui incombe de s'assurer, auprès du greffier du tribunal, des date, heure et lieu fixés pour le procès, selon le paragraphe (1), et il doit se présenter pour son procès aux date, heure et lieu ainsi fixés.

(5) [Abrogé, L.R.C. 1985, ch. 27 (1er suppl.), art. 109.]

L.R.C. 1985, ch. 27 (1er suppl.), art. 101(3), 109; L.C. 1999, ch. 3, art. 42.

561. (1) Droit à un nouveau choix — Un prévenu qui a choisi ou qui est réputé avoir choisi d'être jugé autrement que par un juge de la cour provinciale peut choisir :

a) à tout moment avant ou après la fin de son enquête préliminaire avec le consentement écrit du poursuivant, d'être jugé par un juge de la cour provinciale;

b) à tout moment avant la fin de son enquête préliminaire ou avant le quinzième jour suivant celle-ci, de droit, un autre mode de procès qui n'est pas un procès devant un juge de la cour provinciale;

c) à partir du quinzième jour qui suit la conclusion de son enquête préliminaire, tout mode de procès avec le consentement écrit du poursuivant.

(2) Idem — Un prévenu qui a choisi d'être jugé par un juge de la cour provinciale peut, au plus tard quatorze jours avant la date fixée pour son procès, de droit, choisir un autre mode de procès; il ne peut par la suite le faire qu'avec le consentement écrit du poursuivant.

(3) Avis — Lorsqu'un prévenu désire faire un nouveau choix en vertu du paragraphe (1) avant que son enquête préliminaire ne soit terminée, il doit donner un avis écrit de son intention de faire un nouveau choix accompagné du consentement écrit du poursuivant, lorsqu'un tel consentement est requis, au juge de paix présidant l'enquête préliminaire qui, sur réception de cet avis, peut :

a) dans le cas d'un nouveau choix fait en vertu de l'alinéa (1)*b)*, appeler le prévenu à faire son nouveau choix de la manière prévue au paragraphe (7);

b) lorsque l'accusé désire faire un nouveau choix en vertu de l'alinéa (1)*a)* et que le juge de paix n'est pas un juge de la cour provinciale, aviser un juge de la cour provinciale ou un greffier de ce tribunal de l'intention de l'accusé de faire un nouveau choix et faire parvenir au juge de la cour provinciale ou au greffier concerné la dénonciation, toute promesse de comparaître, toute promesse ou tout engagement que le prévenu a pu donner ou contracter en vertu de la partie XVI, ou toute la preuve recueillie devant un coroner, qu'il a en sa possession.

(4) Idem — Lorsqu'un prévenu désire faire un nouveau choix en vertu du paragraphe (2), il doit donner un avis écrit de son intention de ce faire accompagné du consentement écrit du poursuivant, lorsqu'il est requis, au juge de la cour provinciale devant lequel il a comparu ou plaidé, ou au greffier de ce tribunal.

(5) Avis et transmission des dossiers — Lorsque le prévenu désire faire un nouveau choix en vertu du paragraphe (1), une fois son enquête préliminaire terminée, il doit donner un avis écrit de son intention de ce faire accompagné du consentement écrit du poursuivant, lorsque ce consentement est exigé, à un juge ou greffier du tribunal de son premier choix, lequel doit alors aviser le juge ou le juge de la cour provinciale ou le greffier du tribunal qui fait l'objet du nouveau choix du prévenu et lui faire parvenir la dénonciation, la preuve, les pièces, la déclaration s'il en est, qu'a pu faire le prévenu, consignée par écrit en vertu de l'article 541, toute promesse de comparaître, toute promesse ou tout engagement que le prévenu a pu donner ou conclure en vertu de la partie XVI, ou toute la preuve recueillie devant un coroner, qu'il a en sa possession.

(6) Date, heure et lieu du nouveau choix — Lorsqu'un juge de la cour provinciale ou un juge ou un greffier de ce tribunal est avisé en vertu de l'alinéa (3)*b)* ou des paragraphes (4) ou (5) que le prévenu désire faire un nouveau choix, le juge de la cour provinciale ou le juge doit immédiatement fixer les date, heure et lieu où le prévenu pourra faire son nouveau choix et doit faire en sorte qu'un avis soit donné au prévenu et au poursuivant.

(7) Procédures lorsque le choix est fait — Le prévenu se présente ou, s'il est sous garde, est amené aux date, heure et lieu fixés en vertu du paragraphe (6) et, il doit, après que lecture lui a été faite :

a) soit de l'inculpation sur laquelle il a été renvoyé pour subir son procès ou de l'acte d'accusation, s'il en est un, présenté en vertu des articles 566, 574 ou 577, ou déposé auprès du tribunal devant lequel l'acte d'accusation doit être présenté en vertu de l'article 577;

b) soit, dans le cas d'un nouveau choix fait en vertu du paragraphe (1) avant que son enquête préliminaire ne soit terminée, ou dans le cas d'un nouveau choix fait en vertu du paragraphe (2), de la dénonciation,

être appelé à faire son nouveau choix dans les termes suivants ou d'une teneur semblable :

Vous avez donné avis de votre intention de faire un nouveau choix. Vous avez maintenant cette possibilité. Comment choisissez-vous d'être jugé ?

L.R.C. 1985, ch. 27 (1ᵉʳ suppl.), art. 110.

561.1 (1) Nouveau choix sur consentement : Nunavut — Le prévenu qui a choisi ou est réputé avoir choisi un mode de procès peut, en tout temps, choisir un autre mode de procès avec le consentement écrit du poursuivant; toutefois, celui qui a subi une enquête préliminaire ne peut choisir d'être jugé par un juge sans jury sans avoir eu d'enquête préliminaire.

(2) Nouveau choix de droit : Nunavut — Le prévenu qui a choisi d'être jugé par un juge sans jury et sans enquête préliminaire peut, de droit, mais au plus tard quatorze jours avant la date fixée pour son procès, choisir un autre mode de procès.

(3) Nouveau choix de droit : Nunavut — Le prévenu qui a choisi d'être jugé par un juge — avec ou sans jury — après enquête préliminaire peut, de droit, choisir l'autre mode de procès en tout temps avant la fin de l'enquête ou avant le quinzième jour suivant la fin de celle-ci.

(4) Avis : cas des paragraphes (1) ou (3) : Nunavut — S'il a l'intention de faire un nouveau choix avant la fin de l'enquête préliminaire, le prévenu doit en donner un avis écrit, accompagné, le cas échéant, du consentement, au juge de paix ou juge présidant l'enquête qui, sur réception de l'avis, l'appelle à faire son nouveau choix conformément au paragraphe (9).

(5) Avis : cas du paragraphe (1) : Nunavut — Si le prévenu a l'intention de choisir, conformément au paragraphe (1), d'être jugé par un juge sans jury et sans enquête préliminaire, le juge de paix présidant l'enquête en avise un juge ou un greffier de la Cour de justice et lui fait parvenir les dénonciation, promesse de comparaître, promesse ou engagement donné ou conclu en vertu de la partie XVI, ou toute la preuve recueillie devant un coroner, qu'il a en sa possession.

(6) Avis : paragraphes (1) ou (3) : Nunavut — S'il a l'intention de faire un nouveau choix après la fin de son enquête préliminaire ou après avoir choisi un procès devant un juge sans jury et sans qu'il y ait eu d'enquête préliminaire, le prévenu doit en donner un avis écrit, accompagné, le cas échéant, du consentement, au juge devant lequel il a comparu ou plaidé, ou au greffier de la Cour de justice.

(7) Avis : paragraphe (2) : Nunavut — S'il a l'intention de faire un nouveau choix conformément au paragraphe (2), le prévenu doit en donner un avis écrit au juge devant lequel il a comparu ou plaidé, ou au greffier de la Cour de justice.

(8) Date, heure et lieu du nouveau choix : Nunavut — Une fois l'avis reçu, un juge fixe immédiatement les date, heure et lieu où le prévenu pourra faire son nouveau choix et fait en sorte qu'un avis soit donné à celui-ci et au poursuivant.

(9) Procédures lorsque le choix est fait : Nunavut — Le prévenu se présente ou, s'il est sous garde, est amené aux date, heure et lieu fixés. Après que lecture lui a été faite, soit de l'inculpation sur laquelle il a été renvoyé à son procès, soit de l'acte d'accusation — présenté en vertu des articles 566, 574 ou 577 ou déposé auprès du tribunal devant lequel l'acte doit être présenté en vertu de l'article 577 -, soit, dans le cas d'un choix effectué conformément aux paragraphes (1) ou (3), de la dénonciation, il est appelé à faire son nouveau choix dans les termes suivants ou des termes d'une teneur semblable :

Vous avez donné avis de votre intention de faire un nouveau choix. Vous avez maintenant cette possibilité. Comment choisissez-vous d'être jugé ?

(10) Application : Nunavut — Le présent article s'applique, contrairement à l'article 561, aux procédures criminelles au Nunavut.

L.C. 1999, ch. 3, art. 43.

562. (1) Procédures après le nouveau choix — Lorsqu'un prévenu fait un nouveau choix conformément à l'alinéa 561(1)*a*) avant la fin de l'enquête préliminaire ou conformément au paragraphe 561(1) après la fin de l'enquête préliminaire, le juge de la cour provinciale ou le juge, selon le cas, procède au procès ou fixe les date, heure et lieu de celui-ci.

(2) Idem — Lorsqu'un prévenu fait un nouveau choix en vertu de l'alinéa 561(1)b) avant que l'enquête préliminaire ne soit terminée, ou en vertu du paragraphe 561(2), le juge de paix commence ou continue l'enquête préliminaire.

L.R.C. 1985, ch. 27 (1er suppl.), art. 110.

562.1 (1) Procédures après le nouveau choix : Nunavut — Si le prévenu choisit, conformément au paragraphe 561.1(1), d'être jugé par un juge sans jury et sans enquête préliminaire, le juge procède au procès ou fixe les date, heure et lieu de celui-ci.

(2) Procédure après le nouveau choix : Nunavut — Si le prévenu choisit, conformément à l'article 561.1, avant la fin de l'enquête préliminaire, d'être jugé par un juge avec jury ou un juge sans jury après enquête préliminaire, le juge de paix ou juge commence ou continue l'enquête.

(3) Application : Nunavut — Le présent article s'applique, contrairement à l'article 562, aux procédures criminelles au Nunavut.

L.C. 1999, ch. 3, art. 44.

563. Procédures après exercice d'un nouveau choix pour être jugé par un juge de la cour provinciale sans jury — Si un prévenu choisit, selon les dispositions de l'article 561, d'être jugé par un juge de la cour provinciale :

a) le prévenu est jugé sur la dénonciation qui était devant le juge de paix lors de l'enquête préliminaire, sous réserve des modifications à celle-ci que peut permettre le juge de la cour provinciale qui préside le procès du prévenu;

b) le juge de la cour provinciale devant qui le choix est fait inscrit sur la dénonciation la mention du choix.

L.R.C. 1985, ch. 27 (1er suppl.), art. 110.

563.1 (1) Procédure après exercice d'un nouveau choix pour être jugé par un juge sans jury : Nunavut — S'il choisit, conformément à l'article 561.1, d'être jugé par un juge sans jury et sans enquête préliminaire :

a) le prévenu est jugé sur la dénonciation qui était devant le juge de paix ou le juge lors de l'enquête préliminaire, sous réserve des modifications à celle-ci que peut permettre le juge qui préside le procès;

b) le juge devant qui le choix est fait inscrit celui-ci sur la dénonciation.

(2) Application : Nunavut — Le présent article s'applique, contrairement à l'article 563, aux procédures criminelles au Nunavut.

L.C. 1999, ch. 3, art. 45.

564. [Abrogé, L.R.C. 1985, ch. 27 (1er suppl.), art. 110.]

565. (1) Présomption de choix — Sous réserve du paragraphe (1.1), s'il est renvoyé pour subir son procès à l'égard d'une infraction qui, en vertu de la présente partie, peut être jugée par un juge sans jury, le prévenu est, pour l'application des dispositions de celle-ci relatives au choix et au nouveau choix, réputé avoir choisi d'être jugé par un tribunal composé d'un juge et d'un jury dans l'un ou l'autre des cas suivants :

a) il est renvoyé pour subir son procès par un juge de la cour provinciale et celui-ci a, en conformité avec le paragraphe 555(1), continué les procédures dont il était saisi à titre d'enquête préliminaire;

b) le juge de paix, le juge de la cour provinciale ou le juge, selon le cas, a, conformément à l'article 567, refusé d'enregistrer le choix ou le nouveau choix;

c) le prévenu n'a pas fait de choix en vertu de l'article 536.

(1.1) Nunavut — S'agissant de procédures criminelles au Nunavut, le prévenu est, en cas de renvoi à procès pour une infraction qui, en vertu de la présente partie, peut être jugée par un juge sans jury, réputé, pour l'application des dispositions de celle-ci relatives au choix et au nouveau choix, avoir choisi d'être jugé par un tribunal composé d'un juge et d'un jury dans l'un ou l'autre des cas suivants :

> a) il a été renvoyé à procès par un juge qui a, conformément au paragraphe 555.1(1), continué les procédures à titre d'enquête préliminaire

> b) le juge de paix ou le juge a, conformément au paragraphe 567.1(1), refusé d'enregistrer le choix ou le nouveau choix;

> c) le prévenu n'a pas effectué le choix prévu à l'article 536.1.

(2) Lorsqu'un acte d'accusation est présenté — Lorsqu'un prévenu doit subir son procès après qu'un acte d'accusation a été présenté contre lui en vertu d'un consentement donné ou d'une ordonnance rendue en vertu de l'article 577, il est, pour l'application des dispositions de la présente partie relatives au choix et au nouveau choix, réputé avoir choisi d'être jugé par un tribunal composé d'un juge et d'un jury, et il peut choisir de nouveau, avec le consentement écrit du poursuivant, d'être jugé par un juge sans jury.

(3) Avis de choix — Lorsque le prévenu désire faire un nouveau choix en vertu du paragraphe (2), il doit donner un avis écrit de son intention de faire un nouveau choix accompagné du consentement écrit du poursuivant, à un juge ou greffier du tribunal où l'acte d'accusation a été déposé ou présenté, lequel doit sur réception de l'avis aviser un juge ayant compétence ou le greffier du tribunal qui fait l'objet du nouveau choix du prévenu; il doit aussi faire parvenir au juge ou au greffier de ce tribunal l'acte d'accusation, toute promesse de comparaître, toute promesse ou tout engagement que le prévenu a pu donner ou conclure en vertu de la partie XVI, toute sommation ou mandat émis en vertu de l'article 578, ou toute la preuve recueillie devant un coroner, qu'il a en sa possession.

(4) Application — Les paragraphes 561(6) et (7) ou 561.1(8) et (9), selon le cas, s'appliquent au nouveau choix.

L.R.C. 1985, ch. 27 (1er suppl.), art. 111; L.C. 1999, ch. 3, art. 46.

Procès

566. (1) Acte d'accusation — Le procès d'un prévenu accusé d'un acte criminel, à l'exception d'un procès devant un juge de la cour provinciale, exige un acte d'accusation écrit énonçant l'infraction dont il est accusé.

(2) Dépôt d'un acte d'accusation — Lorsqu'un prévenu choisit, lors d'un premier choix en vertu de l'article 536 ou d'un nouveau choix en vertu de l'article 561 d'être jugé par un juge sans jury, un acte d'accusation selon la formule 4 peut être déposé.

(3) Chefs d'accusation qui peuvent être inclus et dépôt de l'acte d'accusation — L'article 574 et le paragraphe 576(1) s'appliquent, avec les adaptations nécessaires, au dépôt d'un acte d'accusation effectué en vertu du paragraphe (2).

L.R.C. 1985, ch. 27 (1er suppl.), art. 111; L.C. 1997, ch. 18, art. 67.

566.1 (1) Acte d'accusation : Nunavut — Le procès d'un prévenu accusé d'un acte criminel non mentionné à l'article 553 ou autre qu'une infraction pour laquelle il a choisi, lors d'un premier ou nouveau choix, d'être jugé par un juge sans jury et sans enquête préliminaire exige un acte d'accusation écrit énonçant l'infraction en cause.

(2) Dépôt d'un acte d'accusation : Nunavut — Lorsqu'un prévenu choisit, conformément aux articles 536.1 ou 561.1, d'être jugé par un juge sans jury après une enquête préliminaire, un acte d'accusation établi en la formule 4 peut être déposé.

(3) Chefs d'accusation qui peuvent être inclus et dépôt de l'acte d'accusation : Nunavut — L'article 574 et le paragraphe 576(1) s'appliquent, avec les adaptations nécessaires, au dépôt de cet acte d'accusation.

(4) Application : Nunavut — Le présent article s'applique, contrairement à l'article 566, aux procédures criminelles au Nunavut.

L.C. 1999, ch. 3, art. 47.

Dispositions générales

567. Mode de procès lorsqu'il y a deux ou plusieurs prévenus — Nonobstant toute autre disposition de la présente partie, lorsque deux ou plusieurs personnes sont inculpées de la même infraction, si toutes ne choisissent pas en premier lieu ou comme second choix ou ne sont pas réputées avoir choisi, selon le cas, le même mode de procès, le juge de paix ou le juge de la cour provinciale ou le juge :

a) peut refuser d'enregistrer le choix, le nouveau choix ou le choix présumé pour être jugé par un juge de la cour provinciale ou par un juge sans jury;

b) s'il refuse de le faire, doit tenir une enquête préliminaire sauf si une enquête préliminaire a été tenue avant le choix, le nouveau choix ou le choix présumé.

L.R.C. 1985, ch. 27 (1er suppl.), art. 111.

567.1 (1) Pluralité de prévenus : Nunavut — Malgré les autres dispositions de la présente partie, lorsque plusieurs personnes sont inculpées du même acte criminel et que toutes n'ont pas retenu, à titre de choix premier, nouveau ou réputé, le même mode de procès, le juge de paix ou le juge :

a) peut refuser d'enregistrer le choix d'être jugé par un juge sans jury, sans ou après enquête préliminaire;

b) le cas échéant, doit tenir une enquête préliminaire, sauf s'il y en a déjà eu une.

(2) Application : Nunavut — Le présent article s'applique, contrairement à l'article 567, aux procédures criminelles au Nunavut.

L.C. 1999, ch. 3, art. 48.

568. Le procureur général peut exiger un procès par jury — Le procureur général peut, même si un prévenu choisit, en vertu de l'article 536 ou fait un nouveau choix en vertu de l'article 561, afin d'être jugé par un juge ou un juge de la cour provinciale, selon le cas, exiger que le prévenu soit jugé par un tribunal composé d'un juge et d'un jury, à moins que l'infraction présumée ne soit punissable d'un emprisonnement de cinq ans ou moins. Lorsque le procureur général l'exige ainsi, un juge ou un juge de la cour provinciale est dépourvu de juridiction pour juger un prévenu selon la présente partie et un juge de paix doit tenir une enquête préliminaire à moins qu'une enquête préliminaire n'ait été tenue avant que le procureur général n'ait exigé que le prévenu soit jugé par un tribunal composé d'un juge et d'un jury.

L.R.C. 1985, ch. 27 (1er suppl.), art. 111.

569. (1) Demande de procès avec jury par le procureur général : Nunavut — Le procureur général peut, même si un accusé choisit, conformément aux articles 536.1 ou 561.1, d'être jugé par un juge sans jury — sans ou après enquête préliminaire — , exiger que celui-ci soit jugé par un tribunal composé d'un juge et d'un jury, à moins que l'infraction en cause ne soit punissable d'un emprisonnement de cinq ans ou moins. Sur demande du procureur général, un juge n'a plus compétence pour juger l'accusé selon la présente partie et un juge ou un juge de paix doit tenir une enquête préliminaire, sauf s'il y en a déjà eu une avant la demande.

(2) Application : Nunavut — Le présent article s'applique, contrairement à l'article 568, aux procédures criminelles au Nunavut.

Abrogé, L.R.C. 1985, ch. 27 (1er suppl.), art. 111 et 203; L.C. 1999, ch. 3, art. 49.

570. (1) Inscription de la déclaration de culpabilité ou de l'ordonnance — Lorsque la culpabilité d'un prévenu qui subit son procès en vertu de la présente partie est déterminée soit par acceptation de son plaidoyer de culpabilité, soit par une déclaration de culpabilité, le juge ou le juge de la cour provinciale, selon le cas, inscrit sur la dénonciation une mention en ce sens et inflige une peine au prévenu ou autrement le traite de la manière autorisée par la loi et, sur demande du prévenu, du poursuivant, d'un agent de la paix ou de toute autre personne, fait rédiger une déclaration de culpabilité selon la formule 35 ainsi qu'une copie certifiée conforme de cette déclaration de culpabilité ou une ordonnance selon la formule 36 ainsi qu'une copie certifiée conforme de celle-ci, et remet la copie certifiée à la personne ayant fait la demande.

(2) Libération et mention de l'acquittement — Lorsqu'un prévenu qui subit son procès en vertu de la présente partie est déclaré non coupable d'une infraction dont il est inculpé, le juge ou le juge de la cour provinciale, selon le cas, l'acquitte immédiatement de cette infraction et fait rédiger une ordonnance selon la formule 37, et, sur demande, établit et remet au prévenu une copie certifiée de l'ordonnance.

(3) Transmission du dossier — Lorsqu'un prévenu choisit d'être jugé par un juge de la cour provinciale aux termes de la présente partie, ce dernier transmet l'inculpation écrite, le procès-verbal de décision et la condamnation, s'il en est, à telle garde que le procureur général peut déterminer.

(4) Preuve de la déclaration de culpabilité ou d'une ordonnance d'acquittement — Une copie d'une déclaration de culpabilité selon la formule 35 ou d'une ordonnance selon les formules 36 ou 37, certifiée conforme par le juge ou par le greffier ou autre fonctionnaire compétent du tribunal, ou par le juge de la cour provinciale, selon le cas, ou avérée copie conforme, constitue, sur preuve de l'identité de la personne qu'elle vise, une attestation suffisante, dans toutes procédures judiciaires, pour établir la condamnation de cette personne, l'établissement d'une ordonnance contre elle ou son acquittement, selon le cas, à l'égard de l'infraction visée dans la copie de la déclaration de culpabilité ou de l'ordonnance.

(5) Mandat de dépôt — Lorsqu'un prévenu, autre qu'une personne morale, est condamné, le juge ou le juge de la cour provinciale, selon le cas, décerne ou fait décerner un mandat de dépôt rédigé selon la formule 21, et l'article 528 s'applique à l'égard d'un mandat de dépôt décerné sous le régime du présent paragraphe.

(6) Copie certifiée — La copie du mandat de dépôt délivré par le greffier du tribunal certifiée conforme par ce dernier est admise en preuve dans toute procédure.
L.R.C. 1985, ch. 27 (1er suppl.), art. 112 et 203; ch. 1 (4e suppl.), art. 18; L.C. 1994, ch. 44, art. 59.

571. Ajournement — Un juge ou juge de la cour provinciale agissant en vertu de la présente partie peut, à l'occasion, ajourner un procès jusqu'à ce qu'il soit définitivement terminé.
L.R.C. 1985, ch. 27 (1er suppl.), art. 203.

572. Application des parties XVI, XVIII, XX et XXIII — Les dispositions de la partie XVI, les dispositions de la partie XVIII relatives à la transmission du dossier par un juge de la cour provinciale, lorsqu'il tient une enquête préliminaire, et les dispositions des parties XX et XXIII, dans la mesure où elles ne sont pas incompatibles avec la présente partie, s'appliquent, compte tenu des adaptations de circonstance, aux procédures prévues à la présente partie.
L.R.C. 1985, ch. 27 (1er suppl.), art. 203.

Part XIX.1 — Cour de justice du Nunavut

573. (1) Attributions — Les juges de la Cour de justice du Nunavut peuvent exercer les pouvoirs et fonctions conférés par la présente loi aux cours de juridiction criminelle, cours des poursuites sommaires, juges, juges de la cour provinciale, juges de paix au sens de l'article 2 et juges de paix.

(2) Exercice des attributions — Ces pouvoirs et fonctions sont exercés par les juges en leur qualité de juges de juridiction supérieure.

(3) Précision — Le paragraphe (2) n'autorise pas les juges, dans le cadre de l'enquête préliminaire qu'ils président, à accorder une réparation au titre de l'article 24 de la *Charte canadienne des droits et libertés*.

Abrogé, L.R.C. 1985, ch. 27 (1er suppl.), art. 113; L.C. 1999, ch. 3, art. 50.

573.1 (1) Demande de révision : Nunavut — Le procureur général, l'accusé ou quiconque est directement touché peut présenter une demande de révision à un juge de la Cour d'appel du Nunavut relativement aux mesures — décisions ou ordonnances — prises par un juge de la Cour de justice du Nunavut :

a) concernant un mandat ou une sommation;

b) concernant la tenue d'une enquête préliminaire, notamment dans le cadre du paragraphe 548(1);

c) concernant une assignation;

d) concernant la communication de renseignements ou l'accès à la salle du tribunal pour tout ou partie des audiences;

e) portant refus d'annuler une dénonciation ou un acte d'accusation;

f) concernant la détention, l'aliénation ou la confiscation de biens au titre d'un mandat ou d'une ordonnance.

(2) Restriction — La mesure ne peut être révisée en vertu du présent article si, dans une province ou un territoire autre que le Nunavut, elle est de celles qui ne peuvent être prises que par une cour supérieure de juridiction criminelle ou par un juge au sens de l'article 552 ou si la loi prévoit un autre recours en révision.

(3) Motifs — La révision ne peut être accordée que si le juge de la Cour d'appel estime que :

a) s'agissant d'une mesure visée au paragraphe (1), soit le juge de la Cour de justice a manqué à un principe de justice naturelle ou a omis ou refusé d'exercer sa compétence, soit elle a été prise pour des considérations non pertinentes ou à des fins irrégulières;

b) s'agissant d'une mesure visée à l'alinéa (1)*a*) :

(i) le juge a enfreint une exigence législative quant à sa prise,

(ii) elle a été prise en l'absence de preuve quant à l'existence d'une exigence législative la justifiant,

(iii) elle a été prise sans souci de la vérité, par la fraude ou au moyen de fausses déclarations intentionnelles ou l'omission intentionnelle de déclarer des faits essentiels,

(iv) le mandat est tellement vague ou présente tant de lacunes qu'il permet une fouille ou perquisition abusive,

(v) il manque une condition pertinente requise en droit pour le mandat;

c) s'agissant d'une mesure visée à l'alinéa (1)*b)*, le juge :

(i) n'a pas respecté une disposition obligatoire de la présente loi en matière d'enquête préliminaire,

(ii) a renvoyé l'accusé à son procès sans preuve qui permette à un jury ayant reçu des instructions valables d'en arriver à un verdict de culpabilité,

(iii) a libéré l'accusé alors qu'il y avait des éléments de preuve pour permettre à un jury ayant reçu des instructions valables d'en arriver à un verdict de culpabilité;

d) s'agissant d'une mesure visée aux alinéas (1)*c)* ou *d)*, le juge a commis une erreur de droit;

e) s'agissant d'une mesure visée à l'alinéa (1)*e)* :

(i) la dénonciation ou l'acte d'accusation ne permet pas à l'accusé de prendre connaissance de l'accusation,

(ii) le juge n'avait pas compétence,

(iii) le texte créant l'infraction reprochée à l'accusé est inconstitutionnel;

f) s'agissant d'une mesure visée à l'alinéa (1)*f)* :

(i) le juge a enfreint une exigence législative quant à sa prise,

(ii) elle a été prise en l'absence de preuve quant à l'existence d'une exigence législative la justifiant,

(iii) elle a été prise sans souci de la vérité, par la fraude ou au moyen de fausses déclarations intentionnelles ou l'omission intentionnelle de déclarer des faits essentiels.

(4) Pouvoirs du juge de la Cour d'appel — À l'audition de la demande, le juge peut :

a) ordonner à un juge de la Cour de justice d'accomplir tout acte que celui-ci ou un autre juge a omis ou refusé d'accomplir ou dont il a retardé l'exécution;

b) prohiber ou encore restreindre toute mesure ou procédure d'un juge de la Cour de justice;

c) la déclarer nulle ou illégale, ou l'infirmer en tout ou en partie;

d) la renvoyer pour décision, conformément aux instructions qu'il estime appropriées;

e) accorder toute réparation au titre du paragraphe 24(1) de la *Charte canadienne des droits et libertés;*

f) refuser d'accorder un recours s'il estime qu'aucun tort n'a été causé, qu'il n'y a pas eu d'erreur judiciaire ou que l'objet de la demande devrait être examiné lors du procès ou de l'appel;

(5) Mesures provisoires — Un juge de la Cour d'appel peut prendre les mesures provisoires qu'il estime indiquées avant la prise de la décision définitive.

(6) Procédure — La demande de révision doit être introduite de la manière et dans les délais, sous réserve de prorogation par un juge de la Cour d'appel, que les règles de cour peuvent prévoir.

(7) Appel — Appel peut être interjeté à la Cour d'appel du Nunavut contre une mesure prise au titre du paragraphe (4), la partie XXI s'appliquant, avec les adaptations nécessaires, à un tel appel.

L.C. 1999, ch. 3, art. 50.

573.2 (1) *Habeas corpus* — Une procédure d'*habeas corpus* peut être engagée devant un juge de la Cour d'appel du Nunavut à l'égard d'une mesure — ordonnance ou mandat — prise par un juge de la Cour de justice, sauf si, selon le cas :

a) dans une province ou un territoire autre que le Nunavut, la mesure est de celles qui ne peuvent être prises que par une cour supérieure de juridiction criminelle ou par un juge au sens de l'article 552

b) la loi prévoit un autre recours en révision ou un appel.

(2) Exception — La procédure peut toutefois être engagée à l'égard d'une mesure prise par un juge de la Cour de justice si elle vise à contester la constitutionnalité de la détention ou de l'incarcération qui en résulte.

(3) Appel — Les paragraphes 784(2) à (6) s'appliquent aux procédures visées aux paragraphes (1) et (2).

L.C. 1999, ch. 3, art. 50.

PARTIE XX — PROCÉDURE LORS D'UN PROCÈS DEVANT JURY ET DISPOSITIONS GÉNÉRALES

Présentation de l'acte d'accusation

574. (1) Le poursuivant peut présenter un acte d'accusation — Sous réserve du paragraphe (3) et de l'article 577, le poursuivant peut présenter un acte d'accusation contre toute personne qui a été renvoyée pour subir son procès à l'égard de :

    a) n'importe quel chef d'accusation pour lequel cette personne a été renvoyée pour subir son procès;

    b) n'importe quel chef d'accusation se rapportant aux infractions dont l'existence a été révélée par la preuve recueillie lors de l'enquête préliminaire, en plus ou en remplacement de toute infraction pour laquelle cette personne a été renvoyée pour subir son procès,

que ces chefs d'accusation aient été ou non compris dans une dénonciation.

(2) Consentement — Un acte d'accusation présenté en vertu du paragraphe (1) peut, avec le consentement de l'accusé, comprendre un chef d'accusation qui n'est pas mentionné à l'alinéa (1)a) ou b); l'infraction visée par ce chef peut être entendue, jugée et punie par le tribunal à tous égards comme si elle en était une pour laquelle l'accusé avait été renvoyé pour subir son procès; cependant s'il s'agit d'une infraction commise entièrement dans une province autre que celle où se déroule le procès, le paragraphe 478(3) s'applique.

(3) Consentement dans le cas de poursuites privées — Dans le cas de poursuites menées par un poursuivant autre que le procureur général ou dans lesquelles le procureur général n'intervient pas, aucun acte d'accusation ne peut être déposé en vertu du paragraphe (1) devant un tribunal sans une ordonnance écrite de ce tribunal ou d'un juge de ce tribunal.

L.R.C. 1985, ch. 27 (1er suppl.), art. 113.

575. [Abrogé, L.R.C. 1985, ch. 27 (1er suppl.), art. 113.]

Criminal information

576. (1) Accusation — Sauf dans les cas prévus par la présente loi, aucun acte d'accusation ne peut être présenté.

(2) Criminal information et projet d'acte d'accusation — Aucune dénonciation dite *criminal information* ne peut être déposée ni décernée et aucun projet d'acte d'accusation ne peut être présenté devant un grand jury.

(3) Aucun procès sur enquête de coroner — Nul ne peut subir de procès sur une enquête de coroner.

L.R.C. 1985, ch. 27 (1er suppl.), art. 114.

577. Actes d'accusation — Lors d'une poursuite :

    a) si une enquête préliminaire n'a pas été tenue, un acte d'accusation ne peut être présenté;

b) si une enquête préliminaire a été tenue et que le prévenu ait été libéré, un acte d'accusation ne peut être présenté et une nouvelle dénonciation ne peut être faite,

devant aucun tribunal sans :

c) le consentement personnel écrit du procureur général ou du sous-procureur général si la poursuite est menée par le procureur général ou s'il y intervient;

d) le consentement écrit d'un juge de ce tribunal si la poursuite n'est pas menée par le procureur général ou s'il n'y intervient pas.

L.R.C. 1985, ch. 27 (1ᵉʳ suppl.), art. 115; ch. 1 (4ᵉ suppl.), art. 18.

578. (1) Sommation ou mandat — Après que l'avis de la reprise des procédures a été donné conformément au paragraphe 579(2), ou après le dépôt de l'acte d'accusation devant le tribunal qui est saisi des procédures, ce dernier, s'il l'estime nécessaire, peut émettre :

a) soit une sommation;

b) soit un mandat d'arrestation,

contre le prévenu ou le défendeur, afin de l'obliger à se présenter devant le tribunal pour répondre à l'inculpation formulée dans l'acte d'accusation.

(2) Application de la partie XVI — La partie XVI s'applique, compte tenu des adaptations de circonstance, lorsque sommations ou mandats sont délivrés conformément au paragraphe (1).

L.R.C. 1985, ch. 27 (1ᵉʳ suppl.), art. 116.

579. (1) Le procureur général peut ordonner un arrêt des procédures — Le procureur général ou le procureur mandaté par lui à cette fin peut, à tout moment après le début des procédures à l'égard d'un prévenu ou d'un défendeur et avant jugement, ordonner au greffier ou à tout autre fonctionnaire compétent du tribunal de mentionner au dossier que les procédures sont arrêtées sur son ordre et cette mention doit être faite séance tenante; dès lors, les procédures sont suspendues en conséquence et tout engagement y relatif est annulé.

(2) Reprise des procédures — Les procédures arrêtées conformément au paragraphe (1) peuvent être reprises sans nouvelle dénonciation ou sans nouvel acte d'accusation, selon le cas, par le procureur général ou le procureur mandaté par lui à cette fin en donnant avis de la reprise au greffier du tribunal où les procédures ont été arrêtées; cependant lorsqu'un tel avis n'est pas donné dans l'année qui suit l'arrêt des procédures ou avant l'expiration du délai dans lequel les procédures auraient pu être engagées, si ce délai expire le premier, les procédures sont réputées n'avoir jamais été engagées.

L.R.C. 1985, ch. 27 (1ᵉʳ suppl.), art. 117.

579.1 (1) Intervention du procureur général du Canada — Le procureur général du Canada ou le procureur mandaté par lui à cette fin peut, si les circonstances suivantes sont réunies, intervenir dans toute procédure :

> a) concernant une contravention à une loi fédérale autre que la présente loi ou à ses règlements d'application, une tentative ou un complot en vue d'y contrevenir ou le fait de conseiller une telle contravention;

> b) qui n'a pas été engagée par un procureur général;

> c) où le jugement n'a pas été rendu;

> d) à l'égard de laquelle n'est pas intervenu le procureur général de la province où les procédures sont engagées.

(2) Application de l'article 579 — L'article 579 s'applique, avec les adaptations nécessaires, aux procédures dans lesquelles le procureur général du Canada intervient en vertu du présent article.

L.C. 1994, ch. 44, art. 60.

580. Forme de l'acte d'accusation — Un acte d'accusation est suffisant s'il est rédigé par écrit selon la formule 4.

L.R.C. 1985, ch. 27 (1er suppl.), art. 117.

Dispositions générales quant aux chefs d'accusation

581. (1) Substance de l'infraction — Chaque chef dans un acte d'accusation s'applique, en général, à une seule affaire; il doit contenir en substance une déclaration portant que l'accusé ou le défendeur a commis l'infraction qui y est mentionnée.

(2) Style de la déclaration — La déclaration mentionnée au paragraphe (1) peut être faite :

> a) en langage populaire sans expressions techniques ni allégations de choses dont le preuve n'est pas essentielle;

> b) dans les termes mêmes de la disposition qui décrit l'infraction ou déclare que le fait imputé est un acte criminel;

> c) en des termes suffisants pour notifier au prévenu l'infraction dont il est inculpé.

(3) Détail des circonstances — Un chef d'accusation doit contenir, à l'égard des circonstances de l'infraction présumée, des détails suffisants pour renseigner raisonnablement le prévenu sur l'acte ou omission à prouver contre lui, et pour identifier l'affaire mentionnée, mais autrement l'absence ou insuffisance de détails ne vicie pas le chef d'accusation.

(4) Accusation de trahison — Lorsqu'un prévenu est accusé d'une infraction visée par l'article 47 ou les articles 49 à 53, tout acte manifeste devant être invoqué doit être indiqué dans l'acte d'accusation.

(5) Mention d'article — Un chef d'accusation peut se référer à tout article, paragraphe, alinéa ou sous-alinéa de la disposition qui crée l'infraction imputée et, pour déterminer si un chef d'accusation est suffisant, il est tenu compte d'un tel renvoi.

(6) Dispositions générales non restreintes — Les dispositions de la présente partie concernant des matières qui ne rendent pas un chef d'accusation insuffisant n'ont pas pour effet de restreindre ou limiter l'application du présent article.

L.R.C. 1985, ch. 27 (1ᵉʳ suppl.), art. 118.

582. Haute trahison et meurtre au premier degré — Seules les personnes inculpées expressément dans l'acte d'accusation de haute trahison ou de meurtre au premier degré peuvent être déclarées coupables de ces infractions.

583. Certaines omissions ne constituent pas des motifs d'opposition — Aucun chef dans un acte d'accusation n'est insuffisant en raison de l'absence de détails lorsque, de l'avis du tribunal, le chef d'accusation répond autrement aux exigences de l'article 581 et, sans que soit limitée la portée générale de ce qui précède, nul chef d'accusation dans un acte d'accusation n'est insuffisant du seul fait que, selon le cas :

    a) il ne nomme pas la personne lésée ou qu'on a eu l'intention ou qu'on a tenté de léser;

    b) il ne nomme pas la personne qui est le propriétaire d'un bien mentionné dans le chef d'accusation, ou qui a un droit de propriété ou intérêt spécial dans ce bien;

    c) il impute une intention de frauder sans nommer ou décrire la personne qu'on avait l'intention de frauder;

    d) il n'énonce aucun écrit faisant le sujet de l'inculpation;

    e) il n'énonce pas les mots employés lorsque ceux qui auraient été employés font le sujet de l'inculpation;

    f) il ne spécifie pas le moyen par lequel l'infraction présumée a été commise;

    g) il ne nomme ni ne décrit avec précision une personne, un endroit ou une chose;

    h) il ne déclare pas, dans le cas où le consentement d'une personne, d'un fonctionnaire ou d'une autorité est requis avant que des procédures puissent être intentées pour une infraction que ce consentement a été obtenu.

Dispositions spéciales quant aux chefs d'accusation

584. (1) Suffisance d'un chef d'accusation pour libelle — Aucun chef d'accusation pour la publication d'un libelle blasphématoire, séditieux ou diffamatoire, ou pour la vente ou l'exposition de tout livre, brochure, journal ou autre matière écrite d'une nature obscène, n'est insuffisant du seul fait qu'il n'énonce pas les mots allégués comme diffamatoires ou l'écrit allégué comme obscène.

(2) Spécification du sens — Un chef d'accusation pour la publication d'un libelle peut porter que la matière publiée a été écrite dans un sens qui, par insinuation, en rendait la publication criminelle, et peut spécifier ce sens sans affirmation préliminaire indiquant comment la matière a été écrite dans ce sens.

(3) Preuve — Lors de l'instruction d'un chef d'accusation pour publication d'un libelle, il suffit de prouver que la matière publiée était libelleuse, avec ou sans insinuation.

585. Suffisance d'un chef d'accusation pour parjure, etc. — Aucun chef d'accusation :

    a) de parjure;

    b) de faux serment ou de fausse déclaration;

    c) de fabrication de preuve;

    d) d'incitation à commettre une infraction mentionnée à l'alinéa *a)*, *b)* ou *c)*,

n'est insuffisant du seul fait qu'il n'énonce pas la nature de l'autorité du tribunal devant lequel le serment a été prêté ou l'assertion faite, ou le sujet de l'enquête, ou les mots employés ou le témoignage fabriqué, ou qu'il ne nie pas formellement la vérité des mots employés.

L.C. 1992, ch. 1, art. 60.

586. Suffisance d'un chef d'accusation pour fraude — Aucun chef d'accusation qui allègue un faux semblant, une fraude, ou une tentative ou un complot par des moyens frauduleux, n'est insuffisant du seul fait qu'il n'expose pas en détail la nature du faux semblant, de la fraude ou des moyens frauduleux.

Détails

587. (1) Ce qui peut être ordonné — Si le tribunal est convaincu que la chose est nécessaire pour assurer un procès équitable, il peut ordonner que le poursuivant fournisse des détails et, sans que soit limitée la portée générale des dispositions précédentes, il peut ordonner que le poursuivant fournisse des détails :

    a) sur les faits allégués pour soutenir une inculpation de parjure, de prestation de faux serment ou d'une fausse déclaration, de fabrication de preuve ou d'avoir conseillé la perpétration de l'une ou l'autre de ces infractions;

b) sur tout faux semblant ou fraude allégué;

c) sur une prétendue tentative ou un prétendu complot par des moyens frauduleux;

d) indiquant les passages d'un livre, brochure, journal ou autre imprimé ou écrit invoqué pour soutenir une inculpation de vente ou d'exhibition d'un livre, brochure, journal, imprimé ou écrit obscène;

e) décrivant davantage un écrit ou les mots qui font le sujet d'une inculpation;

f) décrivant davantage les moyens par lesquels une infraction aurait été commise;

g) décrivant davantage une personne, un endroit ou une chose dont il est question dans un acte d'accusation.

(2) Considération de la preuve — En vue de décider si un détail est requis ou non, le tribunal peut prendre en considération toute preuve qui a été recueillie.

(3) Détail — Lorsqu'un détail est communiqué selon le présent article :

a) copie en est donnée gratuitement à l'accusé ou à son avocat;

b) le détail est porté au dossier de la cause;

c) le procès suit son cours, à tous égards, comme si l'acte d'accusation avait été modifié de façon à devenir conforme au détail.

L.R.C. 1985, ch. 27 (1er suppl.), art. 7(2).

Propriété de biens

588. Droit de propriété — Les biens immeubles et meubles placés en vertu de la loi sous l'administration, le contrôle ou la garde d'une personne sont tenus, aux fins d'un acte d'accusation ou d'une procédure contre toute autre personne pour une infraction commise sur les biens ou à leur égard, pour les biens de la personne qui en a l'administration, le contrôle ou la garde.

Réunion ou séparation de chefs d'accusation

589. Chef d'accusation en cas de meurtre — Aucun chef d'accusation visant un acte criminel autre que le meurtre ne peut être joint, dans un acte d'accusation, à un chef d'accusation de meurtre, sauf dans les cas suivants :

a) les chefs d'accusation découlent de la même affaire;

b) l'accusé consent à la réunion des chefs d'accusation.

L.C. 1991, ch. 4, art. 2.

590. (1) Des infractions peuvent être déclarées dans la forme alternative — Un chef d'accusation n'est pas inadmissible du seul fait que, selon le cas :

a) il impute sous forme alternative plusieurs choses, actions ou omissions différentes énoncées sous cette forme dans une disposition qui désigne comme constituant un acte criminel les choses, actions ou omissions déclarées dans le chef d'accusation;

b) il est double ou multiple.

(2) Demande de modifier ou de diviser un chef d'accusation — Un prévenu peut, à toute étape de son procès, demander au tribunal de modifier ou de diviser un chef d'accusation qui, selon le cas :

a) impute sous la forme alternative diverses choses, actions ou omissions énoncées sous cette forme dans la disposition qui décrit l'infraction ou qui représente les choses, actions ou omissions déclarées, comme constituant un acte criminel;

b) est double ou multiple,

pour la raison qu'il l'embarrasse dans sa défense, tel qu'il est rédigé.

(3) Ordonnance — Lorsqu'il est convaincu que les fins de la justice l'exigent, le tribunal peut ordonner qu'un chef d'accusation soit modifié ou divisé en deux ou plusieurs chefs et, dès lors, un préambule formel peut être inséré avant chacun des chefs en lesquels il est divisé.

591. (1) Réunion des chefs d'accusation — Sous réserve de l'article 589, un acte d'accusation peut contenir plusieurs chefs d'accusation visant plusieurs infractions, mais ils doivent être distingués de la façon prévue par la formule 4.

(2) Chaque chef d'accusation est distinct — Lorsqu'un acte d'accusation comporte plus d'un chef, chaque chef peut être traité comme un acte d'accusation distinct.

(3) Procès distincts pour chaque chef d'accusation ou pour chaque accusé — Lorsqu'il est convaincu que les intérêts de la justice l'exigent, le tribunal peut ordonner :

a) que l'accusé ou le défendeur subisse son procès séparément sur un ou plusieurs chefs d'accusation;

b) s'il y a plusieurs accusés ou défendeurs, qu'ils subissent leur procès séparément sur un ou plusieurs chefs d'accusation.

(4) Ordonnance en vue d'un procès distinct — Une ordonnance visée au paragraphe (3) peut être rendue avant ou pendant le procès, mais dans ce dernier cas, le jury est dispensé de rendre un verdict sur les chefs d'accusation :

a) soit à l'égard desquels le procès ne suit pas son cours;

b) soit concernant l'accusé ou le défendeur appelé à subir un procès séparé.

(5) Procédure subséquente — Les chefs d'accusation au sujet desquels un jury est dispensé de rendre un verdict, selon l'alinéa (4)*a*), peuvent être subséquemment traités à tous égards comme s'ils étaient contenus dans un acte d'accusation distinct.

(6) Idem — lorsqu'une ordonnance est rendue en vertu de l'alinéa (3)*b*), le prévenu ou le défendeur peut être jugé séparément sur les chefs d'accusation visés par l'ordonnance comme s'ils étaient contenus dans un acte d'accusation distinct.

L.R.C. 1985, ch. 27 (1er suppl.), art. 119.

Réunion des accusés dans certains cas

592. Complices après le fait — Tout individu inculpé de complicité, après le fait, d'une infraction quelconque peut être mis en accusation, que l'auteur principal de l'infraction ou tout autre participant à l'infraction ait été ou non mis en accusation ou déclaré coupable, ou qu'il puisse ou non être traduit en justice.

593. (1) Procès de receleurs conjoints — N'importe quel nombre de personnes peuvent être inculpées, dans un même acte d'accusation, d'une infraction visée à l'article 354 ou à l'alinéa 356(1)*b*), même dans l'un ou l'autre des cas suivants :

a) les biens ont été en leur possession en différents temps;

b) la personne qui a obtenu les biens :

(i) soit n'est pas mise en accusation avec elles,

(ii) soit ne se trouve pas sous garde ou ne peut pas être traduite en justice.

(2) Déclaration de culpabilité visant une ou plusieurs personnes — Lorsque, sous le régime du paragraphe (1), deux ou plusieurs personnes sont inculpées, dans un même acte d'accusation, d'une infraction mentionnée à ce paragraphe, l'une ou plusieurs d'entre elles, qui ont séparément commis l'infraction à l'égard des biens, ou d'une partie de ceux-ci, peuvent être déclarées coupables.

594. [Abrogé, L.R.C. 1985, ch. 27 (1er suppl.), art. 120.]

595. [Abrogé, L.R.C. 1985, ch. 27 (1er suppl.), art. 120.]

596. [Abrogé, L.R.C. 1985, ch. 27 (1er suppl.), art. 120.]

Procédure lorsque l'accusé est en liberté

597. (1) Mandat d'arrestation délivré par le tribunal — Lorsqu'un acte d'accusation a été présenté contre une personne qui est en liberté, et que cette personne ne comparaît pas ou ne demeure pas présente pour son procès, le tribunal devant lequel l'accusé aurait dû comparaître ou demeurer présent peut décerner un mandat selon la formule 7 pour son arrestation.

(2) Exécution — Un mandat émis sous le régime du paragraphe (1) peut être exécuté en tout endroit du Canada.

(3) Liberté provisoire — Un juge du tribunal qui lance le mandat d'arrestation prévu au paragraphe (1) peut ordonner la remise en liberté du prévenu qui s'engage à se conformer à l'ordonnance du tribunal lui enjoignant d'accomplir un ou plusieurs des actes suivants :

    a) se présenter, aux moments indiqués dans l'ordonnance, à un agent de la paix ou à une autre personne désignés dans l'ordonnance;

    b) rester dans la juridiction territoriale spécifiée dans l'ordonnance;

    c) notifier à l'agent de la paix ou autre personne désignés en vertu de l'alinéa *a)* tout changement d'adresse, d'emploi ou d'occupation;

    d) s'abstenir de communiquer avec tout témoin ou autre personne expressément nommés dans l'ordonnance si ce n'est en conformité avec telles conditions spécifiées dans l'ordonnance que le juge estime nécessaires;

    e) lorsque le prévenu est détenteur d'un passeport, déposer son passeport ainsi que le spécifie l'ordonnance;

    f) observer telles autres conditions raisonnables, spécifiées dans l'ordonnance, que le juge estime opportunes.

(4) Période déterminée — Le tribunal qui décerne un mandat d'arrestation peut y indiquer une période pendant laquelle l'exécution du mandat est suspendue pour permettre à l'accusé de comparaître volontairement devant le tribunal ayant compétence dans la circonscription territoriale où le mandat a été décerné.

(5) Comparution volontaire du prévenu — Si l'accusé visé par un mandat d'arrestation comparaît volontairement, le mandat est réputé avoir été exécuté.

               L.R.C. 1985, ch. 27 (1er suppl.), art. 121; L.C. 1997, ch. 18, art. 68.

598. (1) Renonciation au choix — Nonobstant toute autre disposition de la présente loi, la personne visée au paragraphe 597(1) qui a ou est réputée avoir choisi d'être jugée par un tribunal composé d'un juge et d'un jury et qui n'a pas choisi à nouveau, avant le moment de son défaut de comparaître ou de son absence au procès, d'être jugée par un tribunal composé d'un juge de la cour provinciale sans jury ne sera jugée selon son premier choix que dans les cas suivants :

    a) elle prouve à la satisfaction d'un juge du tribunal devant lequel elle est mise en accusation l'existence d'excuses légitimes;

    b) le procureur général le requiert, conformément aux articles 568 ou 569.

(2) Présomption de choix — L'accusé qui ne peut pas être jugé par un tribunal composé d'un juge et d'un jury, conformément au paragraphe (1), est réputé avoir choisi, en vertu des articles 536 ou 536.1, d'être jugé sans jury par un juge du tribunal où il est accusé, les articles 561 ou 561.1 ne s'appliquant pas au prévenu.

L.R.C. 1985, ch. 27 (1ᵉʳ suppl.), art. 122, 185 et 203; L.C. 1999, ch. 3, art. 51.

Renvoi de l'affaire devant le tribunal d'une autre circonscription territoriale

599. (1) Motifs de renvoi — Un tribunal devant lequel un prévenu est ou peut être mis en accusation à l'une de ses sessions, ou un juge qui peut tenir ce tribunal ou y siéger, peut, à tout moment avant ou après la mise en accusation, à la demande du poursuivant ou du prévenu ordonner la tenue du procès dans une circonscription territoriale de la même province autre que celle où l'infraction serait autrement jugée, dans l'un ou l'autre des cas suivants :

a) la chose paraît utile aux fins de la justice;

b) une autorité compétente a ordonné qu'un jury ne soit pas convoqué à l'époque fixée dans une circonscription territoriale où le procès aurait lieu autrement, en vertu de la loi.

(2) [Abrogé, L.R.C. 1985, ch. 1 (4ᵉ suppl.), art. 16.]

(3) Conditions quant aux frais — Le tribunal ou un juge peut, dans une ordonnance rendue à la demande du poursuivant sous le régime du paragraphe (1), prescrire les conditions qui lui paraissent appropriées quant au paiement des dépenses additionnelles causées à l'accusé par le renvoi de l'affaire devant un tribunal d'une autre circonscription territoriale.

(4) Transmission du dossier — Lorsqu'une ordonnance est rendue en vertu du paragraphe (1), le fonctionnaire ayant la garde de l'acte d'accusation, s'il en est, et des écrits et pièces se rapportant à la poursuite, les transmet immédiatement au greffier du tribunal devant lequel l'ordonnance prescrit que le procès aura lieu, et toutes les procédures dans la cause sont intentées ou, si elles sont déjà commencées, sont continuées, devant ce tribunal.

(5) Idem — Lorsque les écrits et pièces mentionnés au paragraphe (4) n'ont pas été retournés au tribunal où le procès devait avoir lieu au moment où une ordonnance est rendue pour changer le lieu du procès, la personne qui obtient l'ordonnance en fait signifier une copie conforme à la personne qui a la garde des écrits et pièces, et celle-ci les transmet dès lors au greffier du tribunal où doit avoir lieu le procès.

L.R.C. 1985, ch. 1 (4ᵉ suppl.), art. 16.

600. Une ordonnance permet de transférer le prisonnier — Une ordonnance rendue sous le régime de l'article 599 est un mandat, une justification et une autorisation suffisant à tous shérifs, gardiens de prison et agents de la paix pour transférer et recevoir un accusé et en disposer conformément à la teneur de l'ordonnance, et le shérif peut préposer et autoriser tout agent de la paix à transférer l'accusé à une prison de la circonscription territoriale où il est ordonné que le procès aura lieu.

Modification

601. (1) Modification d'un acte ou d'un chef d'accusation défectueux — Une objection à un acte d'accusation ou à un de ses chefs d'accusation, pour un vice de forme apparent à sa face même, est présentée par requête pour faire annuler l'acte ou le chef d'accusation, avant que le prévenu ait plaidé, et, par la suite, seulement sur permission du tribunal devant lequel se déroulent les procédures, et un tribunal devant lequel une objection est présentée aux termes du présent article peut, si la chose lui paraît nécessaire, ordonner que l'acte ou le chef d'accusation soit modifié afin de remédier au vice indiqué.

(2) Modification en cas de divergence — Sous réserve des autres dispositions du présent article, un tribunal peut, lors du procès sur un acte d'accusation, modifier l'acte d'accusation ou un des chefs qu'il contient, ou un détail fourni en vertu de l'article 587, afin de rendre l'acte ou le chef d'accusation ou le détail conforme à la preuve, s'il y a une divergence entre la preuve et :

    a) un chef de l'acte d'accusation tel que présenté;

    b) un chef de l'acte d'accusation :

        (i) tel que modifié,

        (ii) tel qu'il l'aurait été, s'il avait été modifié en conformité avec tout détail fourni aux termes de l'article 587.

(3) Modification d'un acte d'accusation — Sous réserve des autres dispositions du présent article, un tribunal modifie, à tout stade des procédures, l'acte d'accusation ou un des chefs qu'il contient, selon qu'il est nécessaire, lorsqu'il paraît que, selon le cas :

    a) l'acte d'accusation a été présenté en vertu d'une loi fédérale au lieu d'une autre;

    b) l'acte d'accusation ou l'un de ses chefs :

        (i) n'énonce pas ou énonce défectueusement quelque chose qui est nécessaire pour constituer l'infraction,

        (ii) ne réfute pas une exception qui devrait être réfutée,

        (iii) est de quelque façon défectueux en substance,

et les choses devant être alléguées dans la modification projetée sont révélées par la preuve recueillie lors de l'enquête préliminaire ou au procès;

    c) l'acte d'accusation ou l'un de ses chefs comporte un vice de forme quelconque.

(4) Ce que le tribunal examine — Le tribunal examine, en considérant si une modification devrait ou ne devrait pas être faite :

    a) les faits révélés par la preuve recueillie lors de l'enquête préliminaire;

    b) la preuve recueillie lors du procès, s'il en est;

    c) les circonstances de l'espèce;

    d) la question de savoir si l'accusé a été induit en erreur ou lésé dans sa défense par une divergence, erreur ou omission mentionnée au paragraphe (2) ou (3);

    e) la question de savoir si, eu égard au fond de la cause, la modification projetée peut être apportée sans qu'une injustice soit commise.

(4.1) Divergences mineures — Une divergence entre l'acte d'accusation ou l'un de ses chefs et la preuve recueillie importe peu à l'égard :

    a) du moment où l'infraction est présumée avoir été commise, s'il est prouvé que l'acte d'accusation a été présenté dans le délai prescrit, s'il en est;

    b) de l'endroit où l'objet des procédures est présumé avoir pris naissance, s'il est prouvé qu'il a pris naissance dans les limites de la juridiction territoriale du tribunal.

(5) Ajournement si l'accusé est lésé — Si, de l'avis du tribunal, l'accusé a été induit en erreur ou a subi un préjudice dans sa défense par une divergence, erreur ou omission dans l'acte d'accusation ou l'un de ses chefs, le tribunal peut s'il estime qu'un ajournement ferait disparaître cette impression erronée ou ce préjudice, ajourner les procédures à une date ou à une séance du tribunal qu'il spécifie; il peut aussi rendre l'ordonnance qu'il juge à propos à l'égard des frais que cause la nécessité de la modification.

(6) Question de droit — La question de savoir si doit être accordée ou refusée une ordonnance en vue de la modification d'un acte d'accusation ou de l'un de ses chefs constitue une question de droit.

(7) Mention sur l'acte d'accusation — Une ordonnance qui modifie un acte d'accusation ou l'un de ses chefs est inscrite sur l'acte d'accusation, comme partie du dossier, et les procédures suivent leur cours comme si l'acte d'accusation ou le chef d'accusation avait été originairement présenté selon la modification.

(8) Erreurs non essentielles — Une erreur dans l'en-tête d'un acte d'accusation est corrigée dès qu'elle est découverte, mais il est indifférent qu'elle le soit ou non.

(9) Limitation — Le pouvoir, pour un tribunal, de modifier des actes d'accusation ne l'autorise pas à ajouter aux actes manifestes énoncés dans un acte d'accusation de haute trahison ou de trahison ou d'infraction visée à l'un des articles 49, 50, 51 ou 53.

(10) Définition de « tribunal » — Au présent article, « **tribunal** » s'entend d'un tribunal, d'un juge, d'un juge de paix ou d'un juge d'une cour provinciale agissant dans des procédures sommaires ou des procédures relatives à un acte criminel.

(11) Application — Le présent article s'applique à toutes les procédures, y compris l'enquête préliminaire, compte tenu des adaptations de circonstance.

L.R.C. 1985, ch. 27 (1er suppl.), art. 123.

602. [Abrogé, L.R.C. 1985, ch. 27 (1er suppl.), art. 124.]

Inspection et copies des documents

603. Droit de l'accusé — Un accusé a droit, après qu'il a été renvoyé pour subir son procès ou lors de son procès :

    a) d'examiner sans frais l'acte d'accusation, sa propre déclaration, la preuve et les pièces, s'il en est;

    b) de recevoir, sur paiement d'une taxe raisonnable, déterminé d'après un tarif fixé ou approuvé par le procureur général de la province une copie :

        (i) de la preuve,

        (ii) de sa propre déclaration, s'il en est,

        (iii) de l'acte d'accusation;

    toutefois, le procès ne peut être remis pour permettre à l'accusé d'obtenir des copies, à moins que le tribunal ne soit convaincu que le défaut de l'accusé de les obtenir avant le procès n'est pas attribuable à un manque de diligence de la part de l'accusé.

604. [Abrogé, L.C. 1997, ch. 18, art. 69.]

605. (1) Communication des pièces aux fins d'épreuve ou d'examen — Un juge d'une cour supérieure de juridiction criminelle ou d'une cour de juridiction criminelle peut, sur demande sommaire au nom de l'accusé ou du poursuivant, après un avis de trois jours donné à l'accusé ou au poursuivant, selon le cas, ordonner la communication de toute pièce aux fins d'épreuve ou d'examen scientifique ou autre, sous réserve des conditions estimées utiles pour assurer la protection de la pièce et sa conservation afin qu'elle serve au procès.

(2) Désobéissance à une ordonnance — Quiconque omet de se conformer aux termes d'une ordonnance rendue en vertu du paragraphe (1) est coupable d'outrage au tribunal et peut être traité sommairement par le juge ou le juge de la cour provinciale qui a rendu l'ordonnance ou devant qui le procès du prévenu a lieu.

L.R.C. 1985, ch. 27 (1er suppl.), art. 203.

Plaidoyers

606. (1) Plaidoyers — L'accusé appelé à plaider peut s'avouer coupable ou nier sa culpabilité ou présenter les seuls moyens de défense spéciaux qu'autorise la présente partie.

(2) Refus de plaider — En cas de refus de plaider ou de réponse indirecte de l'accusé, le tribunal ordonne au greffier d'inscrire un plaidoyer de non-culpabilité.

(3) Délai — L'accusé n'est pas admis, de droit, à faire remettre son procès, mais le tribunal, s'il estime qu'il y a lieu de lui accorder un délai plus long pour plaider, proposer l'arrêt des procédures, préparer sa défense ou pour tout autre motif, peut ajourner le procès à une date ultérieure de la session ou à toute session subséquente, aux conditions qu'il juge appropriées.

(4) Infraction incluse ou autre — Nonobstant toute autre disposition de la présente loi, le tribunal peut, avec le consentement du poursuivant, accepter le plaidoyer de culpabilité de l'accusé qui, tout en niant sa culpabilité à l'égard de l'infraction dont il est inculpé, s'avoue coupable d'une autre infraction se rapportant à la même affaire, qu'il s'agisse ou non d'une infraction incluse et, si ce plaidoyer est accepté, le tribunal doit déclarer l'accusé ou le défendeur non coupable de l'infraction dont il est inculpé, déclarer l'accusé ou le défendeur coupable de l'infraction à l'égard de laquelle son plaidoyer de culpabilité a été accepté et consigner ces déclarations au dossier du tribunal.

L.R.C. 1985, ch. 27 (1er suppl.), art. 125.

607. (1) Moyens de défense spéciaux — Un accusé peut invoquer les moyens de défense spéciaux :

    a) d'autrefois acquit;

    b) d'autrefois convict;

    c) de pardon.

(2) En cas de libelle — Un prévenu qui est accusé de libelle diffamatoire peut présenter des moyens de défense conformes aux articles 611 et 612.

(3) Manière de disposer des défenses — Le juge statue sans jury sur les défenses d'autrefois acquit, d'autrefois convict et de pardon, avant que l'accusé soit appelé à plaider davantage.

(4) Fin des plaidoyers — L'accusé contre lequel il a été statué sur les défenses mentionnées au paragraphe (3) peut s'avouer coupable ou nier sa culpabilité.

(5) Déclaration suffisante — Si un accusé invoque la défense d'autrefois acquit ou d'autrefois convict, il suffit :

    a) qu'il déclare avoir été légalement acquitté, reconnu coupable ou absous conformément au paragraphe 730(1), selon le cas, de l'infraction imputée dans le chef d'accusation auquel se rapporte le plaidoyer;

    b) qu'il indique la date et le lieu de l'acquittement, de la déclaration de culpabilité ou de l'absolution conformément au paragraphe 730(1).

(6) Exception : procès à l'étranger — Bien qu'elle soit réputée avoir subi un procès et avoir été traitée au Canada en vertu du paragraphe 7(6), la personne censée avoir commis, à l'étranger, un acte constituant une infraction au Canada en raison des paragraphes 7(2) à (3.4) et 7(3.7) ou un fait visé au paragraphe 7(3.71), et à l'égard duquel elle a subi un procès et a été reconnue coupable à l'étranger, ne peut invoquer la défense d'autrefois convict à l'égard d'un chef d'accusation relatif à cet acte ou ce fait lorsque :

Non en vigueur — 607(6) Préambule

(6) Exception : procès à l'étranger — Bien qu'elle soit réputée avoir subi un procès et avoir été traitée au Canada en vertu du paragraphe 12(1) de la *Loi sur les crimes contre l'humanité et les crimes de guerre* ou du paragraphe 7(6), selon le cas, la personne censée avoir commis, à l'étranger, un acte ou une omission constituant une infraction au Canada en raison des paragraphes 7(2) à (3.4) et (3.7) ou une infraction visée à la *Loi sur les crimes contre l'humanité et les crimes de guerre*, et à l'égard duquel elle a subi un procès et a été reconnue coupable à l'étranger, ne peut invoquer la défense *d'autrefois convict* à l'égard d'un chef d'accusation relatif à cet acte ou cette omission lorsque :

L.C. 2000, ch. 24, art. 45.

---

    a) d'une part, cette personne n'était pas présente au procès ni représentée par l'avocat qu'elle avait mandaté;

    b) d'autre part, la peine infligée à l'égard de l'acte ou du fait n'a pas été purgée.

L.R.C. 1985, ch. 27 (1er suppl.), art. 126; ch. 30 (3e suppl.), art. 2; ch. 1 (4e suppl.), art. 18;
L.C. 1992, ch. 1, art. 60; 1995, ch. 22, art. 10.

608. Preuve de l'identité des accusations — Lorsqu'une contestation sur une défense d'autrefois acquit ou d'autrefois convict est jugée, la preuve et décision et les notes du juge et du sténographe officiel lors du procès antérieur, ainsi que le dossier transmis au tribunal conformément à l'article 551 sur l'accusation pendante devant ce tribunal, sont admissibles en preuve pour établir ou pour réfuter l'identité des inculpations.

609. (1) Ce qui détermine l'identité — Lorsqu'une contestation sur une défense d'autrefois acquit ou d'autrefois convict à l'égard d'un chef d'accusation est jugée et qu'il paraît :

a) d'une part, que l'affaire au sujet de laquelle l'accusé a été remis entre les mains de l'autorité compétente lors du procès antérieur est la même, en totalité ou en partie, que celle sur laquelle il est proposé de le remettre entre les mains de l'autorité compétente;

b) d'autre part, que, lors du procès antérieur, s'il avait été apporté toutes les modifications pertinentes qui auraient pu alors être faites, l'accusé aurait pu avoir été reconnu coupable de toutes les infractions dont il peut être convaincu sous le chef d'accusation en réponse auquel la défense d'autrefois acquit ou d'autrefois convict est invoquée,

le juge rend un jugement libérant l'accusé de ce chef d'accusation.

(2) Moyen de défense spécial permis en partie — Lorsqu'une contestation sur une défense d'autrefois acquit ou d'autrefois convict est jugée, les dispositions suivantes s'appliquent :

a) s'il paraît que l'accusé aurait pu, lors du procès antérieur, avoir été reconnu coupable d'une infraction dont il peut être déclaré coupable sous le chef d'accusation en cause, le juge ordonne que l'accusé ne soit pas déclaré coupable d'une infraction dont il aurait pu être convaincu lors du procès antérieur;

b) s'il paraît que l'accusé peut être déclaré coupable, sous le chef d'accusation en cause, d'une infraction dont il n'aurait pas pu être convaincu lors du procès antérieur, l'accusé doit s'avouer coupable ou nier sa culpabilité à l'égard de cette infraction.

610. (1) Circonstances aggravantes — Lorsqu'un acte d'accusation impute sensiblement la même infraction que celle qui est portée dans un acte d'accusation sur lequel un prévenu a été antérieurement reconnu coupable ou acquitté, mais ajoute un énoncé d'intention ou de circonstances aggravantes tendant, si elles sont prouvées, à accroître la peine, la déclaration antérieure de culpabilité ou l'acquittement antérieur constitue une fin de non-recevoir contre l'acte d'accusation subséquent.

(2) Effet d'une accusation antérieure de meurtre ou d'homicide involontaire coupable — Une déclaration de culpabilité ou un acquittement sur un acte d'accusation de meurtre constitue une fin de non-recevoir contre un acte d'accusation subséquent pour le même homicide l'imputant comme homicide involontaire coupable ou infanticide, et une déclaration de culpabilité ou un acquittement sur un acte d'accusation d'homicide involontaire coupable ou d'un infanticide constitue une fin de non-recevoir contre un acte d'accusation subséquent pour le même homicide l'imputant comme meurtre.

(3) Accusations antérieures de meurtre au premier degré — Une déclaration de culpabilité ou un acquittement sur un acte d'accusation de meurtre au premier degré constitue une fin de non-recevoir contre un acte d'accusation subséquent pour le même homicide l'imputant comme meurtre au deuxième degré et une déclaration de culpabilité ou un acquittement sur un acte d'accusation de meurtre au deuxième degré constitue une fin de non-recevoir contre un acte d'accusation subséquent pour le même homicide l'imputant comme meurtre au premier degré.

(4) Effet d'une accusation antérieure d'infanticide ou d'homicide involontaire coupable — Une déclaration de culpabilité ou un acquittement sur un acte d'accusation d'infanticide constitue une fin de non-recevoir contre un acte d'accusation subséquent pour le même homicide l'imputant comme homicide involontaire coupable, et une déclaration de culpabilité coupable constitue une fin de non-recevoir contre un acte d'accusation subséquent pour le même homicide l'imputant comme infanticide.

611. (1) Plaidoyer de justification en matière de libelle — Un prévenu inculpé de publication de libelle diffamatoire peut invoquer comme défense que la chose diffamatoire par lui publiée était vraie et qu'il était d'intérêt public qu'elle fût publiée de la manière dont elle a été publiée, et à l'époque où elle l'a été.

(2) Lorsque plus d'un sens est allégué — Une défense invoquée en vertu du paragraphe (1) peut justifier la matière diffamatoire dans tout sens où elle est spécifiée dans le chef d'accusation, ou dans le sens que la matière diffamatoire comporte sans être spécifiée, ou des défenses distinctes justifiant la matière diffamatoire dans chacun des sens peuvent être invoquées séparément pour chaque chef d'accusation, comme s'il avait été imputé deux libelles dans des chefs d'accusation séparés.

(3) Plaidoyer par écrit — Une défense prévue par le paragraphe (1) est établie par écrit et expose les faits particuliers en raison desquels il est allégué qu'il fallait, pour le bien public, publier cette chose.

(4) Réplique — Le poursuivant peut, dans sa réplique, nier d'une manière générale la vérité d'une défense invoquée en vertu du présent article.

612. (1) Un plaidoyer de justification est nécessaire — La vérité des matières imputées dans un prétendu libelle ne peut être examinée en l'absence d'un plaidoyer de justification prévu par l'article 611, à moins que le prévenu ne soit accusé d'avoir publié le libelle, sachant qu'il était faux. Dans ce cas, la preuve de la vérité peut être faite afin de réfuter l'allégation selon laquelle le prévenu savait que le libelle était faux.

(2) Plaidoyer de non-culpabilité en plus — L'accusé peut, en plus d'un plaidoyer fait en vertu de l'article 611, nier sa culpabilité, et les plaidoyers sont examinés ensemble.

(3) Effet du plaidoyer sur la peine — Lorsqu'un plaidoyer de justification est invoqué et que l'accusé est déclaré coupable, le tribunal peut, en prononçant la sentence, considérer si la culpabilité de l'accusé est aggravée ou atténuée par le plaidoyer.

613. Plaidoyer de non-culpabilité — Tout motif de défense pour lequel un plaidoyer spécial n'est pas prévu par la présente loi peut être invoqué en vertu du plaidoyer de non-culpabilité.

614. [Abrogé, L.C. 1991, ch. 43, art. 3.]

615. [Abrogé, L.C. 1991, ch. 43, art. 3.]

616. [Abrogé, L.C. 1991, ch. 43, art. 3.]

617. [Abrogé, L.C. 1991, ch. 43, art. 3.]

618. [Abrogé, L.C. 1991, ch. 43, art. 3.]

619. [Abrogé, L.C. 1991, ch. 43, art. 3.]

Personnes morales

620. Comparution par avocat — Toute personne morale contre laquelle une mise en accusation est déposée comparaît et plaide par avocat ou représentant.

L.C. 1997, ch. 18, art. 70.

621. (1) Avis à la personne morale — Le greffier du tribunal ou le poursuivant peut faire signifier un avis de l'acte d'accusation à la personne morale contre laquelle une mise en accusation est déposée.

(2) Contenu de l'avis — L'avis d'un acte d'accusation mentionné au paragraphe (1) indique la nature et la teneur de l'acte d'accusation et fait savoir que, sauf si la personne morale comparaît à la date qui y est spécifiée ou à celle fixée en vertu du paragraphe 548(2.1) et plaide, le tribunal inscrira pour l'accusée un plaidoyer de non-culpabilité et qu'il sera procédé à l'instruction de l'acte d'accusation comme si la personne morale avait comparu et plaidé.

L.C. 1997, ch. 18, art. 71.

622. Procédure à suivre si la personne morale ne comparaît pas — Lorsqu'une personne morale ne se conforme pas à l'avis prévu à l'article 621, le juge qui préside peut, sur preuve de la signification de l'avis, ordonner au greffier du tribunal d'inscrire un plaidoyer de non-culpabilité au nom de la personne morale, et le plaidoyer a la même vigueur et le même effet que si la personne morale avait comparu par son avocat ou représentant et présenté ce plaidoyer.

L.C. 1997, ch. 18, art. 72.

623. Procès d'une personne morale — Lorsque la personne morale comparaît et répond à l'acte d'accusation ou qu'un plaidoyer de non-culpabilité est inscrit sur l'ordre du tribunal conformément à l'article 622, le tribunal procède à l'instruction de l'acte d'accusation et, si la personne morale est déclarée coupable, l'article 735 s'applique.

L.C. 1995, ch. 22, art. 10.

Dossier des procédures

624. (1) Comment il est établi — En établissant le dossier d'une condamnation ou d'un acquittement sur un acte d'accusation, il suffit de copier l'acte d'accusation et le plaidoyer présenté, sans en-tête ou intitulé formel.

(2) Dossier des procédures — Le tribunal tient un dossier de chaque interpellation de l'accusé et des procédures subséquentes à l'interpellation.

625. Forme du dossier en cas de modification — Lorsqu'il est nécessaire d'établir un dossier formel dans le cas de procédures où l'acte d'accusation a été modifié, le dossier est préparé en la forme dans laquelle l'acte d'accusation subsistait après la modification, sans mentionner le fait qu'il a été modifié.

Conférence préparatoire

625.1 (1) Conférence préparatoire — Sous réserve du paragraphe (2), sur demande du poursuivant ou de l'accusé ou de sa propre initiative, le tribunal ou un juge de ce tribunal, le juge, le juge d'une cour provinciale ou le juge de paix devant qui des procédures doivent se dérouler peut, en vue de favoriser une audition rapide et équitable, ordonner qu'une conférence préparatoire entre les parties ou leurs avocats, présidée par le tribunal, juge, juge d'une cour provinciale ou juge de paix, selon le cas, soit tenue afin de discuter des questions qui peuvent être résolues plus efficacement avant le début des procédures et de toute autre question semblable, et des mesures utiles en l'espèce.

(2) Conférences obligatoires dans le cas des procès par jury — Lors d'un procès par jury, un juge du tribunal devant lequel l'accusé doit subir son procès ordonne, avant le procès, la tenue d'une conférence préparatoire entre les parties ou leurs avocats, présidée par un juge de ce tribunal, afin de discuter de ce qui serait de nature à favoriser une audition rapide et équitable; la conférence est tenue en conformité avec les règles de cour établies en vertu de l'article 482.

L.R.C. 1985, ch. 27 (1er suppl.), art. 127; ch. 1 (4e suppl.), art. 45; L.C. 1997, ch. 18, art. 73.

Jurys

626. (1) Aptitude et assignation des jurés — Sont aptes aux fonctions de juré dans des procédures criminelles engagées dans une province les personnes qui remplissent les conditions déterminées par la loi provinciale applicable et sont assignées en conformité avec celle-ci.

(2) Égalité des sexes — Par dérogation aux lois provinciales visées au paragraphe (1), l'appartenance à l'un ou l'autre sexe ne constitue ni une cause d'incapacité d'exercice, ni une cause de dispense, des fonctions de juré dans des procédures criminelles.

L.R.C. 1985, ch. 27 (1er suppl.), art. 128.

627. Aide à un juré — Le juge peut permettre au juré ayant une déficience physique mais qui est capable de remplir d'une manière convenable ses fonctions d'utiliser une aide technique, personnelle ou autre, ou des services d'interprétation.

L.R.C. 1985, ch. 2 (1er suppl.), art. 1; L.C. 1998, ch. 9, art. 4.

Récusation du tableau des jurés

628. [Abrogé, L.R.C. 1985, ch. 27 (1er suppl.), art. 129.]

629. (1) Récusation du tableau — Le poursuivant ou l'accusé ne peut demander la récusation du tableau des jurés que pour l'un des motifs suivants : partialité, fraude ou inconduite délibérée du shérif ou des autres fonctionnaires qui ont constitué le tableau.

(2) Par écrit — Une récusation faite sous le régime du paragraphe (1) se fait par écrit et déclare que celui qui a rapporté la liste a été partial, a agi frauduleusement ou s'est mal conduit volontairement, selon le cas.

(3) Formule — Une récusation prévue par le présent article peut être rédigée selon la formule 40.

L.R.C. 1985, ch. 27 (1er suppl.), art. 130.

630. Vérification des motifs de récusation — Lorsqu'une récusation est faite selon l'article 629, le juge détermine si le motif de récusation allégué est fondé ou non, et lorsqu'il est convaincu que le motif allégué est fondé, il ordonne la présentation d'une nouvelle liste de jurés.

Formation de la liste du jury

631. (1) Inscription sur des cartes — Le nom de chaque juré figurant au tableau, son numéro au tableau et son adresse sont inscrits sur une carte; les cartes sont de format identique.

(2) Déposées dans une boîte — Le shérif ou autre fonctionnaire qui rapporte la liste remet les cartes mentionnées au paragraphe (1) au greffier du tribunal, et ce dernier les fait placer dans une boîte fournie à cette fin et mêler complètement ensemble.

(3) Tirées par le greffier du tribunal — Si :

    a) le tableau des jurés n'est pas récusé;

    b) le tableau des jurés est récusé mais que le juge n'ordonne pas la présentation d'une nouvelle liste,

le greffier du tribunal tire, en pleine audience, l'une après l'autre les cartes mentionnées au paragraphe (1) et appelle les nom et numéro inscrits sur chaque carte au fur et à mesure que les cartes sont tirées, jusqu'à ce que le nombre de personnes ayant répondu à leur nom soit, de l'avis du juge, suffisant pour constituer un jury complet, après qu'il a été pourvu aux dispenses, aux récusations et aux mises à l'écart.

(4) Chaque juré est assermenté — Le greffier du tribunal assermente chaque membre du jury suivant l'ordre dans lequel les noms des jurés ont été tirés ainsi que toute personne qui fournit une aide technique, personnelle ou autre, ou des services d'interprétation, au membre du jury ayant une déficience physique.

(5) Tirage d'autres noms, au besoin — Lorsque le nombre de ceux qui ont répondu à leurs noms ne suffit pas pour constituer un jury complet, le greffier du tribunal procède en conformité avec les paragraphes (3) et (4) jusqu'à ce que douze jurés soient assermentés.

L.R.C. 1985, ch. 27 (1er suppl.), art. 131; L.C. 1992, ch. 41, art. 1; L.C. 1998, ch. 9, art. 5.

632. Dispenses — Le juge peut, avant le début du procès, dispenser un juré, que son nom ait ou non été tiré en application du paragraphe 631(3) ou qu'une demande de récusation ait été ou non présentée à son égard, dans les cas suivants :

    a) intérêt personnel dans l'affaire à être jugée;

    b) liens avec le juge, le poursuivant, l'accusé ou son avocat ou un témoin;

    c) toute raison valable qu'il considère acceptable, y compris un inconvénient personnel sérieux pour le juré.

L.C. 1992, ch. 41, art. 2.

633. Mise à l'écart — Le juge peut ordonner qu'un juré dont le nom a été tiré en application du paragraphe 631(3) se tienne à l'écart pour toute raison valable, y compris un inconvénient personnel sérieux pour le juré.

L.R.C. 1985, ch. 27 (1er suppl.), art. 185; L.C. 1992, ch. 41, art. 2.

634. (1) Récusations péremptoires — Un juré peut faire l'objet d'une récusation péremptoire qu'il ait ou non déjà fait l'objet d'une demande de récusation présentée en application de l'article 638.

(2) Nombre maximal — Sous réserve des paragraphes (3) et (4), le poursuivant et l'accusé ont le droit de récuser péremptoirement le nombre de jurés suivant :

a) vingt, dans le cas où l'accusé est inculpé de haute trahison ou de meurtre au premier degré;

b) douze, dans les cas où l'accusé est inculpé d'une infraction autre que celles mentionnées à l'alinéa *a)* et punissable d'un emprisonnement de plus de cinq ans;

c) quatre, dans le cas où l'accusé est inculpé d'une infraction autre que celles mentionnées aux alinéas *a)* ou *b)*.

(3) Pluralité des chefs d'accusation — Les nombres de récusations péremptoires mentionnés au paragraphe (2) ne s'additionnent pas lorsqu'il y a plusieurs chefs dans un acte d'accusation seul le plus grand est retenu.

(4) Procès conjoint — Lorsque plusieurs accusés subissent leur procès en même temps :

a) chacun a droit au nombre de récusations péremptoires auquel il aurait droit s'il subissait son procès seul;

b) le poursuivant a droit à un nombre de récusations péremptoires égal au total de celles dont peuvent se prévaloir tous les accusés.

L.C. 1992, ch 41, art. 2.

635. (1) Ordre des récusations — C'est d'abord à l'accusé qu'il est demandé s'il procédera à la récusation, pour cause ou péremptoire, du premier juré; par la suite, c'est à tour de rôle au poursuivant et à l'accusé qu'il est demandé en premier de procéder à la récusation pour chacun des autres jurés.

(2) Cas des coaccusés — Dans le cas des coaccusés, chacun d'eux procède successivement — dans l'ordre d'inscription de leur nom sur l'acte d'accusation ou dans celui dont ils sont convenus — à la récusation du premier juré avant le poursuivant et pour les autres jurés, selon l'alternance visée au paragraphe (1).

L.C. 1992, ch. 41, art. 2.

636. [Abrogé, L.C. 1992, ch. 41, art. 2.]

637. [Abrogé, L.C. 1992, ch. 41, art. 2.]

638. (1) Récusation motivée — Un poursuivant ou un accusé a droit à n'importe quel nombre de récusations pour l'un ou l'autre des motifs suivants :

    a) le nom d'un juré ne figure pas sur la liste, mais aucune erreur de nom ou de désignation ne peut être un motif de récusation lorsque le tribunal est d'avis que la description portée sur la liste désigne suffisamment la personne en question;

    b) un juré n'est pas impartial entre la Reine et l'accusé;

    c) un juré a été déclaré coupable d'une infraction pour laquelle il a été condamné à mort ou à un emprisonnement de plus de douze mois;

    d) un juré est un étranger;

    e) un juré est, même avec l'aide technique, personnelle ou autre, ou avec les services d'interprétation qui pourraient lui être fournis en vertu de l'article 627, physiquement incapable de remplir d'une manière convenable les fonctions de juré;

    f) un juré ne parle pas la langue officielle du Canada qui est celle de l'accusé ou la langue officielle du Canada qui permettra à l'accusé de témoigner le plus facilement ou les deux langues officielles du Canada, lorsque l'accusé doit, conformément à une ordonnance en vertu de l'article 530, subir son procès devant un juge et un jury qui parlent la langue officielle du Canada qui est celle de l'accusé ou la langue officielle du Canada qui permettra à l'accusé de témoigner le plus facilement ou qui parlent les deux langues officielles du Canada, selon le cas.

(2) Nul autre motif — Nulle récusation motivée n'est admise pour une raison non mentionnée au paragraphe (1).

(3) et (4) [Abrogés, L.C. 1997, ch. 18, art. 74.]
    L.R.C. 1985, ch. 27 (1ᵉʳ suppl.), art. 132; ch. 31 (4ᵉ suppl.), art. 96; L.C. 1997, ch. 18, art. 74; L.C. 1998, ch. 9, art. 6.

639. (1) Récusation par écrit — Lorsqu'une récusation est faite pour un motif mentionné à l'article 638, le tribunal peut, à sa discrétion, exiger que la partie qui fait la récusation la présente par écrit.

(2) Formule — Une récusation peut être rédigée selon la formule 41.

(3) Dénégation — Une récusation peut être repoussée par l'autre partie dans les procédures pour le motif qu'elle n'est pas fondée.

640. (1) Objection fondée sur l'absence d'un nom dans la liste — Lorsque le motif d'une récusation est que le nom d'un juré ne figure pas sur la liste, la question est décidée par le juge sur *voir-dire* par consultation de la liste et d'après telle autre preuve qu'il juge à propos de recevoir.

(2) Autres motifs — Lorsque le motif d'une récusation en est un que ne mentionne pas le paragraphe (1), les deux derniers jurés assermentés ou, si aucun juré n'a encore été assermenté, deux personnes présentes que le tribunal peut nommer à cette fin, sont assermentées pour vérifier si le motif de récusation est fondé.

(3) Si la récusation n'est pas maintenue, ou est maintenue — Lorsque la conclusion obtenue selon le paragraphe (1) ou (2) est que le motif de récusation n'est pas fondé, le juré est assermenté, mais si la conclusion est que le motif de récusation est fondé, le juré n'est pas assermenté.

(4) Si les vérificateurs ne s'entendent pas — Si, après ce que le tribunal estime un délai raisonnable, les deux personnes assermentées pour décider si le motif de récusation est fondé ne peuvent pas s'entendre, le tribunal peut les dispenser de rendre un verdict et peut ordonner que deux autres personnes soient assermentés pour vérifier si le motif de la récusation est fondé.

641. (1) Appel des jurés mis à l'écart — Lorsqu'un jury complet n'a pas été assermenté et qu'il ne reste plus de noms à appeler, les noms de ceux à qui il a été ordonné de se tenir à l'écart sont de nouveau appelés suivant l'ordre dans lequel ils ont été tirés; ces jurés sont assermentés à moins qu'ils ne soient dispensés par le juge ou récusés par le prévenu ou le poursuivant.

(2) Autres jurés devenant disponibles — Si, avant qu'un juré soit assermenté selon le paragraphe (1), d'autres jurés figurant sur la liste deviennent disponibles, le poursuivant peut demander que leurs noms soient déposés dans la boîte et en soient tirés conformément à l'article 631; ils sont dispensés, récusés, mis à l'écart ou assermentés avant que les noms des jurés mis à l'écart en premier lieu soient appelés de nouveau.

L.C. 1992, ch. 41, art. 3.

642. (1) Autres jurés assignés en cas d'épuisement de la liste — Lorsqu'un jury complet ne peut pas être constitué malgré l'observation des dispositions pertinentes de la présente partie, le tribunal peut, à la demande du poursuivant, ordonner au shérif ou autre fonctionnaire compétent d'assigner immédiatement le nombre de personnes, habiles à agir comme jurés ou non, que le tribunal détermine aux fins d'assurer la constitution d'un jury complet.

(2) Oralement — Les jurés peuvent être assignés d'après le paragraphe (1) de vive voix, si c'est nécessaire.

(3) Noms ajoutés à la liste — Les noms des personnes assignées en vertu du présent article sont ajoutés à la liste générale pour les fins du procès, et les mêmes procédures ont lieu, concernant l'appel, la dispense et la récusation de ces personnes et leur mise à l'écart, que celles que prévoit la présente partie à l'égard des personnes nommées dans la première liste.

L.C. 1992, ch. 41, art. 4.

643. (1) Qui forme le jury — Les douze jurés dont les noms sont tirés et qui sont assermentés en conformité avec la présente partie constituent le jury aux fins de juger les points de l'acte d'accusation; leurs noms sont gardés à part jusqu'à ce que le jury ait rendu son verdict ou ait été libéré, sur quoi ils sont replacés dans la boîte aussi souvent que l'occasion se présente tant qu'il reste une affaire à juger devant un jury.

(2) Instruction par le même jury — Le tribunal peut instruire un procès avec le même jury, en totalité ou en partie, qui a déjà jugé ou qui a été tiré pour juger une autre affaire, sans que les jurés soient assermentés de nouveau; toutefois, si le poursuivant ou l'accusé a des objections contre l'un des jurés, ou si le tribunal en excuse un ou plusieurs, le tribunal ordonne à ces personnes de se retirer et demande que le nombre de noms requis pour former un jury complet soit tiré et, sous réserve des autres dispositions de la présente partie relatives aux dispenses, récusations et mises à l'écart, les personnes dont les noms sont tirés sont assermentées.

(3) Vice de procédure — Le non-respect du présent article ou des articles 631, 635 ou 641 n'atteint pas la validité d'une procédure.

L.C. 1992, ch. 41, art. 5.

644. (1) Libération d'un juré — Lorsque, au cours d'un procès, le juge est convaincu qu'un juré ne devrait pas, par suite de maladie ou pour une autre cause raisonnable, continuer à siéger, il peut le libérer.

(1.1) Remplacement d'un juré — Il peut le remplacer si le jury n'a encore rien entendu de la preuve en lui substituant un autre juré qu'il choisit parmi les personnes dont le nom figure au tableau et qui sont présentes au tribunal ou qu'il assigne conformément à l'article 642.

(2) Le procès peut continuer — Lorsque, au cours d'un procès, un membre du juré décède ou est libéré au titre du paragraphe (1), le jury est considéré, à toutes les fins du procès, comme demeurant régulièrement constitué, à moins que le juge n'en ordonne autrement et à condition que le nombre des jurés ne soit pas réduit à moins de dix; le procès se continuera et un verdict pourra être rendu en conséquence.

L.C. 1992, ch. 41, art. 6; 1997, ch. 18, art. 75.

Procès

645. (1) Instruction continue — Le procès d'un accusé se poursuit continûment, sous réserve d'ajournement par le tribunal.

(2) Ajournement — Le juge peut ajourner le procès de temps à autre au cours d'une même session.

(3) Ajournement formel non nécessaire — À cette fin, aucun ajournement formel du procès n'est requis, et il n'est pas nécessaire d'en faire une inscription.

(4) Questions réservées pour décision — Le juge, dans une cause entendue sans jury, peut réserver sa décision définitive sur toute question soulevée au procès ou lors d'une conférence préparatoire, et sa décision, une fois donnée, est censée l'avoir été au procès.

(5) Questions en l'absence du jury — Dans le cas d'un procès par jury, le juge peut, avant que les candidats-jurés ne soient appelés en vertu du paragraphe 631(3) et en l'absence de ceux-ci, décider des questions qui normalement ou nécessairement feraient l'objet d'une décision en l'absence du jury, une fois celui-ci constitué.

L.R.C. 1985, ch. 27 (1er suppl.), art. 133; L.C. 1997, ch. 18, art. 76.

646. Prise des témoignages — Lors du procès d'une personne accusée d'un acte criminel, les dépositions des témoins pour le poursuivant et l'accusé ainsi que les exposés du poursuivant et de l'accusé ou de l'avocat de l'accusé, par voie de résumé, sont recueillis en conformité avec les dispositions de la partie XVIII relatives à la prise des témoignages aux enquêtes préliminaires.

647. (1) Jurés autorisés à se séparer — Le juge peut, à tout moment avant que le jury se retire pour délibérer, autoriser les membres du jury à se séparer.

(2) Sous surveillance — Lorsque la permission de se séparer ne peut pas être donnée, ou n'est pas donnée, le jury est confié à la charge d'un fonctionnaire du tribunal selon que le juge l'ordonne, et ce fonctionnaire empêche les jurés de communiquer avec quiconque, autre que lui-même ou un membre du jury, sans la permission du juge.

(3) Réserve — Le défaut de se conformer aux dispositions du paragraphe (2) n'atteint pas la validité des procédures.

(4) Constitution d'un nouveau jury dans certains cas — Lorsque le fait qu'il y a eu inobservation du présent article ou de l'article 648 est découvert avant que le verdict du jury soit rendu, le juge peut, s'il estime que cette inobservation pourrait entraîner une erreur judiciaire, dissoudre le jury et, selon le cas :

a) ordonner que l'accusé soit jugé avec un nouveau jury pendant la même session du tribunal;

b) différer le procès aux conditions que la justice peut exiger.

(5) Rafraîchissements et logement — Le juge ordonne au shérif de fournir aux jurés assermentés des rafraîchissements, des vivres et un logement convenables et suffisants pendant qu'ils sont ensemble et tant qu'ils n'ont pas rendu leur verdict.

648. (1) Publication interdite — Lorsque la permission de se séparer est donnée aux membres d'un jury en vertu du paragraphe 647(1), aucun renseignement concernant une phase du procès se déroulant en l'absence du jury ne peut être, après que la permission est accordée, publié dans un journal, ni révélé dans une émission radiodiffusée avant que le jury ne se retire pour délibérer.

(2) Infraction — Quiconque omet de se conformer au paragraphe (1) est coupable d'une infraction punissable sur déclaration de culpabilité par procédure sommaire.

(3) Définition de « journal » — Au présent article, « **journal** » a le sens que lui donne l'article 297.

649. Divulgation des délibérations d'un jury — Est coupable d'une infraction punissable sur déclaration de culpabilité par procédure sommaire tout membre d'un jury ou toute personne qui fournit une aide technique, personnelle ou autre, ou des services d'interprétation, à un membre du jury ayant une déficience physique et qui, sauf aux fins :

> a) soit d'une enquête portant sur une infraction visée au paragraphe 139(2) dont la perpétration est alléguée relativement à un juré;

> b) soit de témoigner dans des procédures engagées en matière pénale relativement à une telle infraction,

divulgue tout renseignement relatif aux délibérations du jury, alors que celui-ci ne se trouvait pas dans la salle d'audience, qui n'a pas été par la suite divulgué en plein tribunal.

L.C. 1998, ch. 9, art. 7.

650. (1) Présence de l'accusé — Sous réserve des paragraphes (1.1) et (2), un accusé, autre qu'une personne morale, doit être présent au tribunal pendant tout son procès.

(1.1) Présence à distance — Le tribunal peut, avec le consentement du poursuivant et de l'accusé, permettre à ce dernier soit d'utiliser la télévision en circuit fermé ou tout autre moyen permettant au tribunal et à l'accusé de se voir et de communiquer simultanément, soit de permettre à l'avocat représentant l'accusé de comparaître à sa place durant tout le procès, sauf durant la présentation de la preuve testimoniale.

(1.2) Présence à distance — Le tribunal peut ordonner à l'accusé enfermé dans une prison de comparaître en utilisant la télévision en circuit fermé ou tout autre moyen permettant, d'une part, au tribunal et à l'accusé de se voir et de communiquer simultanément et, d'autre part, à l'accusé de communiquer en privé avec son avocat, s'il est représenté par un avocat, durant toute l'enquête sauf durant la présentation de la preuve testimoniale.

(2) Exceptions — Le tribunal peut, selon le cas :

a) faire éloigner l'accusé et le faire garder à l'extérieur du tribunal lorsqu'il se conduit mal en interrompant les procédures, au point qu'il serait impossible de les continuer en sa présence;

b) permettre à l'accusé d'être à l'extérieur du tribunal pendant la totalité ou toute partie de son procès, aux conditions qu'il juge à propos;

c) faire éloigner et garder l'accusé hors du tribunal pendant l'examen de la question de savoir si l'accusé est inapte à subir son procès, lorsqu'il est convaincu que l'omission de ce faire pourrait avoir un effet préjudiciable sur l'état mental de l'accusé.

(3) Droit de présenter sa défense — Un accusé a droit, après que la poursuite a terminé son exposé, de présenter, personnellement ou par avocat, une pleine réponse et défense.

L.C. 1991, ch. 43, art. 9; 1994, ch. 44, art. 61; 1997, ch. 18, art. 77.

650.1 Discussion préalable aux instructions — Le juge présidant un procès devant jury peut, avant de faire son exposé au jury, discuter avec l'accusé — ou son procureur — et le poursuivant des questions qui feront l'objet d'explications au jury et du choix des instructions à lui donner.

L.C. 1997, ch. 18, art. 78.

651. (1) Résumé par le poursuivant — Lorsqu'un accusé, ou l'un quelconque de plusieurs accusés jugés ensemble, est défendu par un avocat, celui-ci déclare, à la fin de l'exposé de la poursuite, s'il a l'intention d'offrir ou non des témoignages au nom de l'accusé pour lequel il comparaît, et s'il n'annonce pas alors son intention d'offrir des témoignages, le poursuivant peut s'adresser au jury par voie de résumé.

(2) Résumé par l'accusé — L'avocat de l'accusé ou l'accusé, s'il n'est pas défendu par avocat, a le droit, s'il le juge utile, d'exposer la cause pour la défense, et après avoir fini cet exposé, d'interroger les témoins qu'il juge à propos, et lorsque tous les témoignages ont été reçus, d'en faire un résumé.

(3) Droit pour l'accusé de répliquer — Lorsque aucun témoin n'est interrogé pour un accusé, celui-ci ou son avocat est admis à s'adresser au jury en dernier lieu, mais autrement l'avocat de la poursuite a le droit de s'adresser au jury le dernier.

(4) Droit du poursuivant de répliquer lorsqu'il y a plus d'un accusé — Lorsque deux ou plusieurs accusés subissent leur procès conjointement et que des témoins sont interrogés pour l'un d'entre eux, tous les accusés, ou leurs avocats respectifs, sont tenus de s'adresser au jury avant que le poursuivant le fasse.

652. (1) Visite des lieux — Lorsque la chose paraît être dans l'intérêt de la justice, le juge peut, à tout moment après que le jury a été assermenté et avant qu'il rende son verdict, ordonner que le jury visite tout lieu, toute chose ou personne, et donne des instructions sur la manière dont ce lieu, cette chose ou cette personne doivent être montrés et par qui ils doivent l'être, et il peut à cette fin ajourner le procès.

(2) Instructions pour empêcher de communiquer avec les jurés — Lorsqu'une visite des lieux est ordonnée en vertu du paragraphe (1), le juge donne les instructions qu'il estime nécessaires pour empêcher toute communication indue par quelque personne avec les membres du jury; le défaut de se conformer aux instructions données sous le régime du présent paragraphe n'atteint pas la validité des procédures.

(3) Qui doit être présent — Lorsqu'une visite des lieux est ordonnée en vertu du paragraphe (1), l'accusé et le juge doivent être présents.

653. (1) Lorsque le jury ne s'entend pas — Lorsque le juge est convaincu que le jury ne peut s'entendre sur son verdict, et qu'il serait inutile de le retenir plus longtemps, il peut, à sa discrétion, le dissoudre et ordonner la constitution d'un nouveau jury pendant la session du tribunal, ou différer le procès aux conditions que la justice peut exiger.

(2) Aucune révision — La discrétion exercée par un juge en vertu du paragraphe (1) ne peut faire l'objet d'une révision.

654. Procédure le dimanche, etc., non invalide — La réception du verdict d'un jury, ainsi que toute procédure s'y rattachant, n'est pas invalide du seul fait qu'elle a lieu le dimanche ou un jour férié.

Preuve au procès

655. Aveux au procès — Lorsqu'un accusé subit son procès pour un acte criminel, lui-même ou son avocat peut admettre tout fait allégué contre l'accusé afin de dispenser d'en faire la preuve.

656. Présomption — vol de minéraux précieux — Dans toute procédure relative au vol ou à la possession de minéraux précieux non raffinés, partiellement raffinés, non taillés ou non traités par une personne activement employée aux travaux d'exploitation d'une mine, s'il est établi qu'elle en avait la possession, elle est réputée, en l'absence de preuve contraire soulevant un doute raisonnable, les avoir volés ou possédés illégalement.

L.C. 1999, ch. 5, art. 24.

657. Emploi d'une déclaration de l'accusé — Une déclaration faite par un accusé aux termes du paragraphe 541(3) et censément signée par le juge de paix devant qui elle a été faite, peut être fournie en preuve contre l'accusé à son procès, sans qu'il soit nécessaire de prouver la signature du juge de paix, à moins qu'il ne soit prouvé que ce dernier ne l'a pas signée.

L.C. 1994, ch. 44, art. 62.

657.1 (1) Preuve du droit de propriété et de la valeur d'un bien — Dans toute procédure, l'affidavit ou la déclaration solennelle soit du prétendu propriétaire légitime d'un bien qui a fait l'objet de l'infraction, soit de la personne qui prétend avoir droit à sa possession légitime, soit de toute personne ayant une connaissance particulière de ce bien ou de ce type de biens, comportant les renseignements visés au paragraphe (2) est admissible en preuve et, en l'absence de preuve contraire, fait foi de son contenu sans qu'il soit nécessaire de prouver l'authenticité de la signature qui y apparaît.

(2) Renseignements — Pour l'application du paragraphe (1), l'affidavit ou la déclaration solennelle comporte les éléments suivants :

   a) déclaration du signataire selon laquelle il est le propriétaire légitime du bien, la personne qui a droit à sa possession légitime ou une personne ayant une connaissance particulière de ce bien ou de ce type de biens;

   b) mention de la valeur du bien;

   c) déclaration du propriétaire légitime ou de la personne qui a droit à sa possession légitime selon laquelle il a été privé du bien d'une façon frauduleuse ou autrement sans son consentement;

   c.1) dans le cas de procédures concernant l'infraction visée à l'article 342, déclaration selon laquelle la carte de crédit en cause ne correspond à aucune des cartes délivrées par le déclarant, a été annulée ou est un faux document au sens de l'article 321;

   d) faits dont le signataire a personnellement connaissance et sur lesquels il se fonde pour motiver les affirmations visées aux alinéas *a*) à *c*.1).

(3) Préavis — À moins que le tribunal n'en décide autrement, un affidavit ou une déclaration solennelle n'est admissible en preuve en vertu du paragraphe (1) que si, avant le procès ou le début des procédures, le poursuivant a remis à l'accusé un préavis raisonnable de son intention de le déposer en preuve accompagné d'une copie de l'affidavit ou de la déclaration.

(4) Comparution du déclarant — Par dérogation au paragraphe (1), le tribunal peut ordonner à la personne dont la signature apparaît au bas de l'affidavit ou de la déclaration solennelle visés à ce paragraphe de se présenter devant lui pour être interrogée ou contre-interrogée sur le contenu de l'affidavit ou de la déclaration.

L.R.C. 1985, ch. 23 (4ᵉ suppl.), art. 3; L.C. 1994, ch. 44, art. 63; 1997, ch. 18, art. 79.

657.2 (1) Possession d'objet volé — L'absolution ou la condamnation d'une personne à la suite d'un vol est admissible en preuve contre toute autre personne inculpée de possession de l'objet volé; sauf preuve contraire, l'absolution ou la condamnation établit que l'objet a été volé.

(2) Complicité après le fait — L'absolution ou la condamnation d'une personne à la suite d'une infraction est admissible contre toute autre personne qui est inculpée de complicité après le fait relativement à cette infraction; sauf preuve contraire, l'absolution ou la condamnation établit l'existence de l'infraction.

L.C. 1997, ch. 18, art. 80.

657.3 (1) Témoignage de l'expert — Le témoignage de l'expert peut se faire par remise d'un rapport accompagné de l'affidavit ou de la déclaration solennelle de celui-ci faisant état notamment de ses compétences, si les conditions suivantes sont réunies :

a) le tribunal reconnaît sa qualité d'expert;

b) la partie qui entend déposer le témoignage a remis à l'autre partie un préavis raisonnable de son intention de le déposer accompagné d'une copie de l'affidavit ou de la déclaration solennelle et du rapport.

(2) Présence pour interrogatoire — Par dérogation au paragraphe (1), le tribunal peut ordonner à la personne qui semble avoir signé l'affidavit ou la déclaration solennelle visés à ce paragraphe d'être présente pour interrogatoire ou contre-interrogatoire sur le contenu de l'affidavit ou de la déclaration, ou sur celui du rapport.

L.C. 1997, ch. 18, art. 80.

Enfants et jeunes personnes

658. (1) Témoignage portant sur la date de naissance — Le témoignage d'une personne sur sa date de naissance est admissible en preuve dans les poursuites intentées sous le régime de la présente loi.

(2) Témoignage d'un parent — Le témoignage du père ou de la mère quant à l'âge de leur enfant est admissible en preuve dans les poursuites intentées sous le régime de la présente loi.

(3) Preuve de l'âge par certificat ou mention — Font foi de l'âge de la personne, dans les poursuites intentées sous le régime de la présente loi, soit le certificat de naissance ou de baptême ou la copie de ceux-ci certifiée conforme par le préposé à la conservation des actes de naissance ou de baptême qui y est mentionné, soit l'inscription ou la mention consignée par un organisme doté de la personnalité morale ayant pris en charge l'enfant ou l'adolescent au moment de son entrée au Canada, ou vers cette époque, pourvu que l'inscription ou la mention soit antérieure à la perpétration des faits reprochés.

(4) Autres éléments de preuve — Un jury, un juge, un juge de la cour provinciale ou un juge de paix peut, soit à défaut des documents mentionnés au paragraphe (3), soit en vue de les corroborer, accepter et prendre en considération tous autres renseignements relatifs à l'âge qu'il estime dignes de foi.

(5) Déduction d'après l'apparence — À défaut d'autre preuve, ou sous forme de corroboration d'autre preuve, un jury, un juge, un juge de la cour provinciale ou un juge de paix, selon le cas, peut déduire l'âge d'un enfant ou d'une jeune personne d'après son apparence.

L.R.C. 1985, ch. 27 (1er suppl.), art. 203; L.C. 1994, ch. 44, art. 64.

Corroboration

659. Témoignage d'enfants — Est abolie l'obligation pour le tribunal de mettre en garde le jury contre une éventuelle déclaration de culpabilité fondée sur le témoignage d'un enfant.

L.C. 1993, ch. 45, art. 9.

Verdicts

660. Lorsque la consommation d'infraction n'est pas prouvée — Lorsque la consommation d'une infraction imputée n'est pas prouvée, mais que la preuve établit une tentative de commettre l'infraction, l'accusé peut être déclaré coupable de la tentative.

661. (1) Tentative imputée, preuve de consommation d'infraction — Lorsqu'une tentative de commettre une infraction fait l'objet d'une inculpation, mais que la preuve établit que l'infraction a été consommée, l'accusé n'a pas le droit d'être acquitté, mais le jury peut le déclarer coupable de la tentative, à moins que le juge qui préside le procès, à sa discrétion, ne dispense le jury de rendre un verdict et n'ordonne que le prévenu soit mis en accusation pour l'infraction consommée.

(2) La déclaration de culpabilité est une fin de non-recevoir — Un prévenu qui est déclaré coupable en vertu du présent article ne peut pas être poursuivi de nouveau pour l'infraction qu'il a été accusé d'avoir tenté de commettre.

662. (1) Partiellement prouvée — Un chef dans un acte d'accusation est divisible et lorsque l'accomplissement de l'infraction imputée, telle qu'elle est décrite dans la disposition qui la crée ou telle qu'elle est portée dans le chef d'accusation, comprend la perpétration d'une autre infraction, que celle-ci soit punissable sur acte d'accusation ou sur déclaration de culpabilité par procédure sommaire, l'accusé peut être déclaré coupable :

a) ou bien d'une infraction ainsi comprise qui est prouvée, bien que ne soit pas prouvée toute l'infraction imputée;

b) ou bien d'une tentative de commettre une infraction ainsi comprise.

(2) Inculpation de meurtre au premier degré — Il demeure entendu que, sans préjudice de la portée générale du paragraphe (1), lorsqu'un chef d'accusation inculpe de meurtre au premier degré et que les témoignages ne prouvent pas le meurtre au premier degré, mais prouvent le meurtre au deuxième degré ou une tentative de commettre un meurtre au deuxième degré, le jury peut déclarer l'accusé non coupable de meurtre au premier degré, mais coupable de meurtre au deuxième degré ou de tentative de commettre un meurtre au deuxième degré, selon le cas.

(3) Condamnation pour infanticide ou homicide involontaire coupable sur une accusation de meurtre — Sous réserve du paragraphe (4), lorsqu'un chef d'accusation inculpe de meurtre et que les témoignages prouvent un homicide involontaire coupable ou un infanticide, mais ne prouvent pas un meurtre, le jury peut déclarer l'accusé non coupable de meurtre mais coupable d'homicide involontaire coupable ou d'infanticide. Cependant, il ne peut sur ce chef d'accusation le déclarer coupable d'une autre infraction.

(4) Verdict de suppression de part sur accusation de meurtre ou d'infanticide — Lorsqu'un chef d'accusation inculpe du meurtre d'un enfant ou d'infanticide et que les témoignages prouvent la perpétration d'une infraction visée à l'article 243, mais non le meurtre ou l'infanticide, le jury peut déclarer l'accusé non coupable de meurtre ou d'infanticide, selon le cas, mais coupable d'une infraction visée à l'article 243.

(5) Déclaration de culpabilité pour conduite dangereuse, prise d'un véhicule sans consentement, etc. — Lorsqu'un chef d'accusation vise une infraction prévue aux articles 220, 221 ou 236 et découlant de la conduite d'un véhicule à moteur ou de l'utilisation ou de la conduite d'un bateau ou d'un aéronef et que la preuve n'établit pas la commission de cette infraction, mais plutôt celle d'une infraction visée à l'article 249 ou paragraphe 249.1(3), l'accusé peut être déclaré coupable de cette dernière.

(6) Déclaration de culpabilité pour introduction par effraction dans un dessein criminel — Lorsqu'un chef d'accusation vise une infraction prévue à l'alinéa 348(1)*b*) et que la preuve n'établit pas la commission de cette infraction mais plutôt celle d'une infraction visée à l'alinéa 348(1)*a*), l'accusé peut être déclaré coupable de cette dernière.

L.R.C. 1985, ch. 27 (1er suppl.), art. 134; 2000, ch. 2, art. 3.

663. Aucun acquittement à moins que l'acte ou omission n'ait été involontaire — Lorsqu'une personne du sexe féminin est accusée d'infanticide et que la preuve démontre qu'elle a causé la mort de son enfant, mais n'établit pas que, au moment de l'acte ou omission par quoi elle a causé la mort de l'enfant :

    a) elle ne s'était pas complètement remise d'avoir donné naissance à l'enfant ou de la lactation consécutive à la naissance de l'enfant;

    b) son esprit était alors déséquilibré par suite de la naissance de l'enfant ou de la lactation consécutive à la naissance de l'enfant, elle peut être déclarée coupable, à moins que la preuve n'établisse que l'acte ou omission n'était pas volontaire.

Condamnations antérieures

664. Aucune mention de condamnation antérieure — Aucun acte d'accusation à l'égard d'une infraction pour laquelle, en raison de condamnations antérieures, il peut être imposé une plus forte peine, ne peut contenir une mention de condamnations antérieures.

665. [Abrogé, L.C. 1995, ch. 22, art. 3.]

666. Preuve de moralité — Quand, au cours d'un procès, l'accusé fournit des preuves de son honorabilité, le poursuivant peut, en réponse, avant qu'un verdict soit rendu, fournir une preuve de la condamnation antérieure de l'accusé pour toute infraction, y compris toute condamnation antérieure en raison de laquelle une plus forte peine peut être imposée.

667. (1) Preuve de condamnation antérieure — Dans toutes procédures :

    a) un certificat énonçant de façon raisonnablement détaillée la déclaration de culpabilité, l'absolution en vertu de l'article 730 ou la déclaration de culpabilité et la peine infligée au Canada à un contrevenant, signé :

        (i) soit par la personne qui a prononcé la déclaration de culpabilité ou rendu l'ordonnance d'absolution,

        (ii) soit par le greffier du tribunal devant lequel la déclaration de culpabilité a été prononcée ou l'ordonnance d'absolution a été rendue,

        (iii) soit par un préposé aux empreintes digitales,

sur preuve que l'accusé ou le défendeur est le contrevenant visé dans le certificat fait preuve que l'accusé ou le défendeur a été ainsi déclaré coupable, absous ou déclaré coupable et condamné sans qu'il soit nécessaire de prouver l'authenticité de la signature ou la qualité officielle du signataire;

    b) la preuve que les empreintes digitales de l'accusé ou du défendeur sont identiques aux empreintes digitales du contrevenant dont les empreintes digitales sont reproduites dans un certificat délivré en vertu du sous-alinéa a)(iii) ou qui y sont jointes fait preuve, en l'absence de toute preuve contraire, que l'accusé ou le défendeur est le contrevenant mentionné dans ce certificat;

    c) un certificat d'un préposé aux empreintes digitales déclarant qu'il a comparé les empreintes digitales qui y sont reproduites ou jointes avec les empreintes digitales qui sont reproduites dans un certificat délivré en vertu du sous-alinéa a)(iii) ou qui y sont jointes, et qu'elles sont celles de la même personne, fait preuve des déclarations contenues dans le certificat sans qu'il soit nécessaire de prouver l'authenticité de la signature ou la qualité officielle du signataire;

d) un certificat en vertu du sous-alinéa *a)*(iii) peut être rédigé selon la formule 44 et un certificat en vertu de l'alinéa *c)* peut être rédigé selon la formule 45.

(2) Idem — Dans toute procédure, une copie de la déclaration de culpabilité par procédure sommaire ou de l'absolution en vertu de l'article 730 d'un contrevenant, prononcée au Canada, signée par la personne qui a prononcé la déclaration de culpabilité ou qui a rendu l'ordonnance d'absolution, ou par le greffier du tribunal devant lequel la déclaration de culpabilité ou l'absolution a été prononcée fait foi, sur la preuve que l'accusé ou le défendeur est le contrevenant mentionné dans la copie de la déclaration de culpabilité, de la déclaration de culpabilité, ou de l'absolution en vertu de l'article 730 de l'accusé ou du défendeur, sans qu'il soit nécessaire de prouver l'authenticité de la signature ou la qualité officielle du signataire.

(2.1) Preuve de l'identité — Dans toute procédure sommaire, lorsque le nom d'un défendeur est semblable à celui du contrevenant mentionné dans un certificat fait en vertu du sous-alinéa (1)*a)*(i) ou (ii) à l'égard d'une déclaration de culpabilité par procédure sommaire ou dans une copie d'une déclaration de culpabilité par procédure sommaire visée au paragraphe (2), la ressemblance fait foi, en l'absence de preuve contraire, du fait que le défendeur est le contrevenant mentionné dans le certificat ou dans la copie de la déclaration de culpabilité par procédure sommaire.

(3) Présence et droit de contre-interroger — Un accusé contre qui est produit un certificat délivré en vertu du sous-alinéa (1)*a)*(iii) ou de l'alinéa (1)*c)* peut, avec l'autorisation du tribunal, exiger la présence, pour contre-interrogatoire, de la personne qui a signé le certificat.

(4) Avis de l'intention de produire un certificat — Un certificat délivré en vertu du sous-alinéa (1)*a)*(iii) ou de l'alinéa (1)*c)* n'est admissible en preuve que si la partie qui se dispose à le produire a donné à l'accusé un avis raisonnable de son intention de le faire, avec une copie du certificat.

(5) Définition de « inspecteur des empreintes digitales » — Au présent article, **« inspecteur des empreintes digitales »** s'entend d'une personne désignée à ce titre pour l'application du présent article par le solliciteur général du Canada.
L.R.C. 1985, ch. 27 (1er suppl.), art. 136; ch. 1 (4e suppl.), art. 18; L.C. 1995, ch. 22, art. 10.

668. [Abrogé, L.C. 1995, ch. 22, art. 4.]

669. [Abrogé, L.C. 1995, ch. 22, art. 4.]

Juridiction

669.1 (1) Juridiction — Lorsqu'un juge de la cour provinciale, un juge ou un tribunal qui a reçu le plaidoyer du prévenu ou du défendeur à l'égard d'une infraction n'a pas commencé l'audition de la preuve, tout juge de la cour provinciale, juge ou tribunal ayant juridiction pour juger le prévenu ou le défendeur sont compétents aux fins de l'audition et de la décision.

(2) Ajournement — Un tribunal, un juge, un juge de la cour provinciale ayant juridiction pour juger le prévenu ou le défendeur, un greffier ou autre fonctionnaire du tribunal qui sont compétents ou un juge de paix dans le cas d'une infraction punissable sur déclaration de culpabilité par procédure sommaire peuvent ajourner les procédures, à tout moment, avant que le plaidoyer du prévenu ou du défendeur ne soit reçu ou après qu'il l'a été.

L.R.C. 1985, ch. 27 (1er suppl.), art. 137.

669.2 (1) Continuation des procédures — Sous réserve des autres dispositions du présent article, lorsqu'un accusé ou un défendeur subit son procès devant, selon le cas :

    a) un juge ou un juge de la cour provinciale;

    b) un juge de paix ou une autre personne qui constitue une cour des poursuites sommaires ou en est membre;

    c) un tribunal composé d'un juge et d'un jury,

et que le juge, le juge de la cour provinciale, le juge de paix ou l'autre personne décède ou pour une autre raison devient incapable d'assumer ses fonctions, les procédures peuvent se poursuivre devant un autre juge, un juge de la cour provinciale, un juge de paix ou une autre personne, selon le cas, qui est compétent pour juger l'accusé ou le défendeur.

(2) Lorsqu'une décision a été rendue — Lorsqu'un verdict a été rendu par le jury ou qu'une décision a été rendue par le juge, le juge de la cour provinciale, le juge de paix ou l'autre personne devant qui le procès a débuté, le juge, le juge de la cour provinciale, le juge de paix ou l'autre personne devant qui les procédures se poursuivent doit, sans nouveau choix de la part de l'accusé, infliger une peine ou rendre l'ordonnance que la loi autorise dans les circonstances.

(3) Lorsque aucune décision n'a été rendue — Sous réserve des paragraphes (4) et (5), lorsque le procès a débuté et qu'aucune décision ni aucun verdict n'a été rendu, le juge, le juge de la cour provinciale, le juge de paix ou l'autre personne devant qui les procédures se poursuivent doit, sans nouveau choix de la part de l'accusé, recommencer le procès comme si aucune preuve n'avait été présentée.

(4) Pouvoir du juge — Lorsque le procès a débuté devant un tribunal composé d'un juge et d'un jury et qu'aucune décision ni aucun verdict n'a été rendu, le juge devant qui les procédures se poursuivent peut, sans nouveau choix de la part de l'accusé, continuer les procédures ou recommencer le procès comme si aucune preuve n'avait été présentée.

(5) Administration de la preuve — La preuve présentée devant le juge visé à l'alinéa (1)c) est réputée avoir été présentée au juge devant qui se poursuivent les procédures, à moins que les parties ne consentent à la présenter de nouveau, en tout ou en partie.

L.R.C. 1985, ch. 27 (1er suppl.), art. 137; L.C. 1994, ch. 44, art. 65.

669.3 Le juge garde compétence — Le juge ou le juge de la cour provinciale nommé à un autre tribunal conserve sa compétence à l'égard du procès qu'il préside, en présence d'un jury ou non, jusqu'à son terme.

L.C. 1994, ch. 44, art. 66.

Vices de forme dans la convocation des jurés

670. Il n'est pas sursis au jugement pour certains motifs — Aucun jugement ne peut être suspendu ni infirmé après verdict rendu sur un acte d'accusation :

a) soit en raison d'une irrégularité dans l'assignation ou la constitution du jury;

b) soit parce qu'une personne qui a servi parmi le jury n'a pas été mise au nombre des jurés désignés par un shérif ou un autre fonctionnaire.

671. Les prescriptions quant au jury ou jurés sont directrices — Aucune inobservation des prescriptions contenues dans une loi en ce qui regarde les qualités requises, le choix, le ballotage ou la répartition des jurés, la préparation du registre des jurés, le choix des listes des jurys ou l'appel du corps des jurés d'après ces listes, ne constitue un motif suffisant pour attaquer ou annuler un verdict rendu dans des procédures pénales.

672. Pouvoirs des tribunaux sauvegardés — La présente loi n'a pas pour effet de modifier, de restreindre ou d'atteindre un pouvoir ou une autorité qu'un tribunal ou un juge possédait immédiatement avant le 1er avril 1955, ni une pratique ou formalité qui existait immédiatement avant le 1er avril 1955, en ce qui concerne les procès par jury, la convocation du jury, les jurys ou jurés, sauf dans le cas où ce pouvoir ou cette autorité, cette pratique ou formalité est expressément modifié par la présente loi ou est incompatible avec ses dispositions.

PARTIE XX.1 — TROUBLES MENTAUX

Définitions

672.1 Définitions — Les définitions qui suivent s'appliquent à la présente partie.

« accusé » S'entend notamment d'un défendeur dans des poursuites par voie de procédure sommaire et d'un accusé à l'égard duquel un verdict de non-responsabilité criminelle pour cause de troubles mentaux a été rendu.

« commission d'examen » À l'égard d'une province, la commission d'examen constituée ou désignée en vertu du paragraphe 672.38(1).

« contrevenant à double statut » Contrevenant qui doit purger une peine d'emprisonnement à l'égard d'une infraction et fait l'objet d'une décision de détention rendue en vertu de l'alinéa 672.54*c)* à l'égard d'une autre.

« décision » Décision rendue par un tribunal ou une commission d'examen en vertu de l'article 672.54 ou décision rendue par un tribunal en vertu de l'article 672.58.

« évaluation » Évaluation de l'état mental d'un accusé par un médecin en conformité avec une ordonnance d'évaluation rendue en vertu de l'article 672.11; y sont assimilés l'observation et l'examen qui en découlent.

« hôpital » Lieu d'une province désigné par le ministre de la santé de la province en vue de la garde, du traitement ou de l'évaluation d'un accusé visé par une décision ou une ordonnance d'évaluation ou de placement.

« médecin » Personne autorisée par le droit d'une province à exercer la médecine.

« ordonnance de placement » Ordonnance d'une commission d'examen rendue en vertu du paragraphe 672.68(2) portant sur le lieu de détention d'un contrevenant à double statut.

« parties » Les parties au processus de détermination ou de révision de la décision qui doit être prise par un tribunal ou une commission d'examen, c'est-à-dire :

a) l'accusé;

b) le responsable de l'hôpital où l'accusé est détenu ou doit se présenter en conformité avec une ordonnance d'évaluation ou une décision;

c) un procureur général désigné par le tribunal ou la commission d'examen en vertu du paragraphe 672.5(3);

d) toute autre personne intéressée qui est désignée par le tribunal ou la commission d'examen, en vertu du paragraphe 672.5(4);

e) le poursuivant responsable de l'accusation portée contre l'accusé lorsque la décision doit être rendue par un tribunal.

« président » S'entend également du président-délégué que le président désigne pour le remplacer.

« tribunal » S'entend notamment d'une cour des poursuites sommaires au sens de l'article 785, d'un juge, d'un juge de paix et d'un juge de la cour d'appel au sens de l'article 673.

« verdict de non-responsabilité criminelle pour cause de troubles mentaux » Verdict à l'effet que l'accusé a commis l'acte ou l'omission qui a donné lieu à l'accusation mais était atteint de troubles mentaux dégageant sa responsabilité criminelle.

L.C. 1991, ch. 43, art. 4.

Ordonnance d'évaluation de l'état mental

672.11 Évaluation — Le tribunal qui a compétence à l'égard d'un accusé peut rendre une ordonnance portant évaluation de l'état mental de l'accusé s'il a des motifs raisonnables de croire qu'une preuve concernant son état mental est nécessaire pour :

a) déterminer l'aptitude de l'accusé à subir son procès;

b) déterminer si l'accusé était atteint de troubles mentaux de nature à ne pas engager sa responsabilité criminelle en application du paragraphe 16(1) au moment de la perpétration de l'infraction reprochée;

c) déterminer si l'accusée inculpée d'une infraction liée à la mort de son enfant nouveau-né était mentalement déséquilibrée au moment de la perpétration de l'infraction;

d) dans le cas où un verdict d'inaptitude à subir son procès ou de non-responsabilité criminelle pour cause de troubles mentaux a été rendu à l'égard de l'accusé, déterminer la décision qui devrait être prise;

e) lorsque l'accusé a été déclaré coupable, déterminer si une ordonnance en vertu du paragraphe 747.1(1) devrait être rendue à son égard.

L.C. 1991, ch. 43, art. 4; 1995, ch. 22, art. 10.

672.12 (1) Pouvoir du tribunal — Le tribunal peut rendre une ordonnance d'évaluation à toute étape des procédures intentées contre l'accusé, d'office, à la demande de l'accusé ou, sous réserve des paragraphes (2) et (3), à la demande du poursuivant.

(2) Limite des droits du poursuivant — Si l'accusé est poursuivi par procédure sommaire, le tribunal ne peut rendre une ordonnance de détermination de l'aptitude de l'accusé à subir son procès à la demande du poursuivant que si l'accusé a soulevé la question ou si le poursuivant lui démontre qu'il existe des motifs raisonnables de mettre en doute l'aptitude de l'accusé à subir son procès.

(3) Idem — Le tribunal ne peut rendre une ordonnance d'évaluation en vue de déterminer si l'accusé était atteint de troubles mentaux de nature à ne pas engager sa responsabilité criminelle au moment de la perpétration de l'infraction reprochée que si l'accusé a mis en doute sa capacité mentale à former l'intention criminelle nécessaire ou si le poursuivant lui démontre, qu'en raison de troubles mentaux, il existe des motifs raisonnables de mettre en doute la responsabilité criminelle de l'accusé à l'égard de l'infraction reprochée.

L.C. 1991, ch. 43, art. 4.

672.13 (1) Contenu de l'ordonnance — L'ordonnance d'évaluation :

a) désigne la personne ou le service chargé de l'évaluation ou l'hôpital où celle-ci doit être faite;

b) précise si l'accusé doit demeurer sous garde pendant que l'ordonnance est en cours de validité;

c) fixe la période durant laquelle l'évaluation doit avoir lieu, notamment celle de l'évaluation elle-même et celle des déplacements nécessaires.

(2) Formule — L'ordonnance peut être rendue selon la formule 48.

L.C. 1991, ch. 43, art. 4.

672.14 (1) Durée : règle générale — Une ordonnance d'évaluation ne peut être en vigueur pendant plus de trente jours.

(2) Exception — L'ordonnance de détermination de l'aptitude de l'accusé à subir son procès ne peut être rendue pour une période supérieure à cinq jours, compte non tenu des jours fériés ou du temps nécessaire pour se rendre au lieu désigné pour l'évaluation et en revenir, que si l'accusé et le poursuivant consentent à une période plus longue, celle-ci ne pouvant toutefois jamais être supérieure à trente jours.

(3) Soixante jours — Par dérogation aux paragraphes (1) et (2), le tribunal peut rendre une ordonnance d'évaluation pour une période de soixante jours s'il est convaincu que des circonstances exceptionnelles l'exigent.

L.C. 1991, ch. 43, art. 4.

672.15 (1) Prolongation — Sous réserve du paragraphe (2), le tribunal peut, d'office ou à la demande de l'accusé ou du poursuivant présentée pendant que l'ordonnance est en cours de validité ou à la fin de la période de validité de celle-ci, prolonger l'ordonnance pour la période qu'il juge nécessaire à l'évaluation de l'état mental de l'accusé.

(2) Durée maximale des prolongations — Une prolongation de l'ordonnance ne peut dépasser trente jours et l'ensemble de l'ordonnance et de ses prolongations, soixante jours.

L.C. 1991, ch. 43, art. 4.

672.16 (1) Priorité à la mise en liberté — Sous réserve du paragraphe (3), l'accusé n'est détenu en conformité avec une ordonnance d'évaluation que dans les cas suivants :

a) le tribunal est convaincu que, compte tenu des éléments de preuve présentés, la détention de l'accusé est nécessaire pour évaluer son état mental ou que, à la lumière du témoignage d'un médecin, la détention est souhaitable pour évaluer l'état mental de l'accusé et que l'accusé y consent;

b) l'accusé doit être détenu pour une autre raison ou en vertu d'une autre disposition de la présente loi;

c) le poursuivant, après qu'on lui a donné la possibilité raisonnable de le faire, a démontré que la détention de l'accusé est justifiée au sens du paragraphe 515(10).

(2) Rapport écrit — Pour l'application de l'alinéa (1)*a)*, le témoignage d'un médecin peut, si l'accusé et le poursuivant y consentent, être présenté sous la forme d'un rapport écrit.

(3) Détention obligatoire — L'accusé doit être détenu en conformité avec une ordonnance d'évaluation dans les cas et sous réserve des conditions énumérés aux paragraphes 515(6) ou 522(2), sauf s'il démontre que sa détention n'est pas justifiée aux termes de celui de ces paragraphes qui s'applique.

L.C. 1991, ch. 43, art. 4.

672.17 Primauté du renvoi sur le cautionnement — Pendant la période de validité d'une ordonnance d'évaluation d'une personne accusée d'une infraction, aucune ordonnance de mise en liberté provisoire ou de détention de l'accusé ne peut être rendue en vertu de la partie XVI ou de l'article 679 à l'égard de cette infraction ou d'une infraction incluse.

L.C. 1991, ch. 43, art. 4.

672.18 Demande de modification — Lorsque la nécessité lui en est démontrée par le poursuivant ou l'accusé, le tribunal peut, pendant que l'ordonnance d'évaluation est en cours de validité, modifier les modalités de celle-ci qui portent sur la mise en liberté provisoire de l'accusé ou sa détention, de la façon que le tribunal juge indiquée dans les circonstances.

L.C. 1991, ch. 43, art. 4.

672.19 Traitement — L'ordonnance d'évaluation ne peut autoriser le traitement, notamment le traitement psychiatrique, de l'accusé ou ordonner que celui-ci s'y soumette, sans son consentement.

L.C. 1991, ch. 43, art. 4.

672.191 Fin de l'évaluation — L'accusé qui a fait l'objet d'une ordonnance d'évaluation doit comparaître devant le tribunal qui a rendu l'ordonnance dans les plus brefs délais suivant la fin de l'évaluation mais avant l'expiration de la période de validité de l'ordonnance.

L.C. 1997, ch. 18, art. 81.

Rapports d'évaluation

672.2 (1) Rapport — L'ordonnance d'évaluation peut exiger que la personne responsable de l'évaluation de l'état mental de l'accusé présente un rapport écrit des résultats de celle-ci.

(2) Dépôt auprès du tribunal — Le rapport est déposé auprès du tribunal dans le délai qu'il fixe.

(3) Transmission à la commission d'examen — Le tribunal transmet sans délai à la commission d'examen le rapport déposé en conformité avec le paragraphe (2) afin d'aider à la détermination de la décision à prendre à l'égard de l'accusé.

(4) Copies à l'accusé et au poursuivant — Sous réserve du paragraphe 672.51(3), des copies du rapport déposé auprès d'un tribunal sont envoyées sans délai au poursuivant, à l'accusé et à l'avocat qui, le cas échéant, représente celui-ci.

L.C. 1991, ch. 43, art. 4.

Déclarations protégées

672.21 (1) Définition de « déclaration protégée » — Au présent article, « déclaration protégée » s'entend de la déclaration faite par l'accusé dans le cadre de l'évaluation ou du traitement prévu par une décision à la personne désignée dans l'ordonnance d'évaluation ou la décision ou à un préposé de cette personne.

(2) Inadmissibilité en preuve des déclarations protégées — Les déclarations protégées ou la mention d'une déclaration protégée faite par l'accusé ne sont pas admissibles en preuve sans le consentement de l'accusé dans toute procédure devant un tribunal, une cour, un organisme ou une personne qui a compétence pour ordonner la production d'éléments de preuve.

(3) Exceptions — Par dérogation au paragraphe (2), une preuve d'une déclaration protégée est admissible pour :

a) déterminer l'aptitude de l'accusé à subir son procès;

b) rendre une décision ou une ordonnance de placement à l'égard de l'accusé;

c) déterminer si l'accusé est un accusé dangereux atteint de troubles mentaux au sens de l'article 672.65;

d) déterminer si l'accusée inculpée d'une infraction liée à la mort de son enfant nouveau-né était mentalement déséquilibrée au moment de la perpétration de l'infraction;

e) déterminer si l'accusé était atteint de troubles mentaux ou d'automatisme de nature à ne pas engager sa responsabilité criminelle sous le régime du paragraphe 16(1) au moment de la perpétration de l'infraction reprochée, à la condition que l'accusé ait lui-même mis en doute sa capacité mentale à former l'intention criminelle nécessaire ou que le poursuivant soulève la question après le verdict;

f) mettre en doute la crédibilité de l'accusé lorsque le témoignage qu'il rend dans des procédures est incompatible sur un point important avec une déclaration protégée qu'il a déjà faite;

g) prouver le parjure d'une personne accusée de parjure en raison d'une déclaration faite au cours de quelques procédures que ce soit.

L.C. 1991, ch. 43, art. 4.

Aptitude à subir son procès

672.22 Présomption — L'accusé est présumé apte à subir son procès sauf si le tribunal, compte tenu de la prépondérance des probabilités, est convaincu de son inaptitude.

L.C. 1991, ch. 43, art. 4.

672.23 (1) Troubles mentaux durant les procédures — Le tribunal qui a, à toute étape des procédures avant que le verdict ne soit rendu, des motifs raisonnables de croire que l'accusé est inapte à subir son procès peut, d'office ou à la demande de l'accusé ou du poursuivant, ordonner que cette aptitude soit déterminée.

(2) Charge de la preuve — Lorsqu'une demande est présentée en vertu du paragraphe (1) par le poursuivant ou l'accusé, la charge de prouver l'inaptitude de l'accusé à subir son procès incombe à l'auteur de la demande.

L.C. 1991, ch. 43, art 4.

672.24 (1) Désignation d'un avocat — Le tribunal, s'il a des motifs raisonnables de croire qu'un accusé est inapte à subir son procès, est tenu, si l'accusé n'est pas représenté par avocat, de lui en désigner un.

(2) Honoraires et dépenses — Dans le cas où l'accusé ne bénéficie pas de l'aide juridique prévue par un régime provincial, le procureur général en cause paie les honoraires et les dépenses de l'avocat désigné au titre du paragraphe (1) dans la mesure où l'accusé ne peut les payer lui-même.

(3) Taxation des honoraires et des dépenses — Dans le cas de l'application du paragraphe (2), le registraire peut, sur demande du procureur général ou de l'avocat, taxer les honoraires et les dépenses de l'avocat si le procureur général et ce dernier ne s'entendent pas sur leur montant.

L.C. 1991, ch. 43, art. 4; 1997, ch. 18, art. 82.

672.25 (1) Remise — Dans le cas d'une infraction qui peut être poursuivie par voie d'acte d'accusation ou de procédure sommaire, le tribunal est tenu de différer d'ordonner la détermination de l'aptitude de l'accusé à subir son procès jusqu'à ce que le poursuivant ait choisi le mode de poursuite.

(2) Idem — Le tribunal peut différer d'ordonner la détermination de l'aptitude de l'accusé à subir son procès :

a) soit jusqu'au moment où l'accusé est appelé à répondre à l'accusation, lorsque la question est soulevée avant que la poursuite n'ait terminé son exposé lors d'une enquête préliminaire;

b) soit jusqu'au moment où la défense commence son exposé ou, sur demande de l'accusé, jusqu'à tout autre moment ultérieur, lorsque la question se pose avant la fin de l'exposé de la poursuite lors du procès.

L.C. 1991, ch. 43, art. 4.

672.26 Détermination par un juge et un jury — Lorsque le procès se tient ou doit se tenir devant un tribunal composé d'un juge et d'un jury :

a) si le juge ordonne que la question soit déterminée avant que l'accusé ne soit confié à un jury en vue d'un procès sur l'acte d'accusation, un jury composé du nombre de jurés nécessaire pour décider des questions que soulève l'acte d'accusation dans la province où le procès se tient ou doit se tenir doit être assermenté pour décider de cette question et, avec le consentement de l'accusé, des questions que soulève l'acte d'accusation;

b) si le juge ordonne que la question soit déterminée après que l'accusé a été confié à un jury en vue d'un procès sur l'acte d'accusation, le jury doit être assermenté pour déterminer cette question en plus de celles pour lesquelles il a déjà été assermenté.

L.C. 1991, ch. 43, art. 4.

672.27 Détermination par le tribunal — Lorsque le procès se tient ou doit se tenir devant un tribunal autre qu'un tribunal composé d'un juge et d'un jury ou que la question se soulève devant le tribunal à l'enquête préliminaire ou à toute autre étape des procédures, le tribunal doit déterminer la question et rendre un verdict.

L.C. 1991, ch. 43, art. 4.

672.28 Verdict d'aptitude à subir son procès — Lorsqu'il est décidé que l'accusé est apte à subir son procès, les procédures se poursuivent comme si la question n'avait pas été soulevée.

L.C. 1991, ch. 43, art. 4.

672.29 Maintien en détention — Lorsque l'accusé est détenu au moment où est rendu le verdict d'aptitude à subir son procès, le tribunal peut ordonner que l'accusé soit détenu dans un hôpital jusqu'à la fin du procès s'il a des motifs raisonnables de croire qu'il deviendra inapte à subir son procès s'il est mis en liberté.

L.C. 1991, ch. 43, art. 4.

672.3 Acquittement — Lorsque le tribunal a différé l'étude de la question en conformité avec le paragraphe 672.25(2) et que l'accusé est acquitté ou libéré avant qu'un verdict ne soit rendu à l'égard de la question, le tribunal est dessaisi de la question.

L.C. 1991, ch. 43, art. 4.

672.31 Verdict d'inaptitude — Lorsqu'il est décidé que l'accusé est inapte à subir son procès, les plaidoyers sont mis de côté et le jury est libéré.

L.C. 1991, ch. 43, art. 4.

672.32 (1) Procédures subséquentes — Un verdict d'inaptitude à subir son procès n'empêche pas l'accusé de subir un procès par la suite lorsqu'il devient apte à le subir.

(2) Charge de la preuve — La partie qui entend démontrer que l'accusé est devenu apte à subir son procès a la charge de le prouver, la preuve se faisant selon la prépondérance des probabilités.

L.C. 1991, ch. 43, art. 4.

672.33 (1) Preuve *prima facie* à tous les deux ans — Lorsqu'un verdict d'inaptitude à subir son procès a été rendu, le tribunal qui a compétence à l'égard de l'infraction reprochée à l'accusé doit tenir une audition, au plus tard deux ans après le verdict et tous les deux ans par la suite jusqu'à ce que l'accusé soit acquitté en vertu du paragraphe (6) ou subisse son procès, pour déterminer s'il existe toujours suffisamment d'éléments de preuve pour ordonner que l'accusé subisse son procès.

(2) Ordonnance de tenue de l'audition — S'il est d'avis, en se fondant sur la demande et les documents écrits que lui présente l'accusé, qu'il y a des motifs de douter qu'il existe toujours suffisamment d'éléments de preuve pour ordonner que l'accusé subisse son procès, le tribunal peut, à tout moment, ordonner la tenue d'une audition sous le régime du présent article.

(3) Charge de la preuve — Le poursuivant a la charge de prouver, lors de l'audition, qu'il existe suffisamment d'éléments de preuve pour ordonner que l'accusé subisse son procès.

(4) Éléments de preuve admissibles — Est admissible à l'audition l'affidavit dont le contenu correspond aux déclarations qui, si elles étaient faites par le signataire à titre de témoin devant un tribunal, seraient admissibles en preuve; sont également admissibles les copies conformes des témoignages déjà recueillis lors d'auditions semblables ou à l'occasion de procédures judiciaires portant sur l'infraction reprochée à l'accusé.

(5) Enquête préliminaire — Le tribunal détermine la façon de tenir l'audition et peut ordonner qu'elle se tienne en conformité avec les dispositions de la partie

XVIII applicables aux enquêtes préliminaires s'il conclut que l'intérêt de la justice l'exige.

(6) Absence de preuve *prima facie* — Le tribunal acquitte l'accusé s'il est convaincu que le poursuivant n'a pas démontré, à l'audition tenue en conformité avec le paragraphe (1), qu'il existe toujours suffisamment d'éléments de preuve pour ordonner que l'accusé subisse son procès.

L.C. 1991, ch. 43, art. 4.

Verdict de non-responsabilité criminelle pour cause de troubles mentaux

672.34 Verdict de non-responsabilité criminelle — Le jury ou, en l'absence de jury, le juge ou le juge de la cour provinciale, qui détermine que l'accusé a commis l'acte ou l'omission qui a donné lieu à l'accusation mais était atteint, à ce moment, de troubles mentaux dégageant sa responsabilité criminelle par application du paragraphe 16(1) est tenu de rendre un verdict de non-responsabilité criminelle pour cause de troubles mentaux.

L.C. 1991, ch. 43, art. 4.

672.35 Conséquence du verdict de non-responsabilité criminelle pour cause de troubles mentaux — L'accusé qui fait l'objet d'un verdict de non-responsabilité criminelle pour cause de troubles mentaux n'est pas déclaré coupable de l'infraction ou condamné à l'égard de celle-ci; toutefois, les règles suivantes s'appliquent :

a) l'accusé peut plaider autrefois acquit relativement à toute accusation subséquente relative à l'infraction;

b) un tribunal peut prendre en considération le verdict lors de l'étude d'une demande de mise en liberté provisoire ou des mesures à prendre ou de la peine à infliger à l'égard de toute autre infraction;

c) la Commission nationale des libérations conditionnelles ou une commission provinciale des libérations conditionnelles peut prendre en considération le verdict lors de l'étude d'une demande de libération conditionnelle ou de réhabilitation à l'égard de toute autre infraction commise par l'accusé.

L.C. 1991, ch. 43, art. 4.

672.36 Nature du verdict — Un verdict de non-responsabilité criminelle pour cause de troubles mentaux ne constitue pas une condamnation antérieure à l'égard de toute infraction prévue par une loi fédérale pour laquelle une peine plus élevée peut être infligée en raison de telles condamnations.

L.C. 1991, ch. 43, art. 4.

672.37 (1) **Définition de « demande d'emploi relevant d'une autorité fédérale »** — Au présent article, **« demande d'emploi relevant d'une autorité fédérale »** s'entend de l'un des documents suivants :

a) une demande d'emploi dans un ministère au sens de la *Loi sur la gestion des finances publiques*;

b) une demande d'emploi dans une société d'État au sens du paragraphe 83(1) de la *Loi sur la gestion des finances publiques*;

c) une demande d'enrôlement dans les Forces canadiennes;

d) une demande présentée en vue d'un emploi exercé dans une entreprise qui relève de la compétence législative du Parlement ou lié à une telle entreprise.

(2) **Demande d'emploi** — Il est interdit d'inscrire dans une demande d'emploi relevant d'une autorité fédérale une question qui exige du demandeur de révéler qu'il a fait l'objet d'un verdict de non-responsabilité criminelle pour cause de troubles mentaux ou d'une accusation ayant donné lieu à un tel verdict si le demandeur a été libéré sans condition ou ne fait plus l'objet d'une décision rendue à son égard au titre de cette infraction.

(3) **Peine** — Toute personne qui utilise ou permet que soit utilisé un formulaire qui contrevient aux dispositions du paragraphe (2) est coupable d'une infraction punissable par procédure sommaire.

L.C. 1991, ch. 43, art. 4.

Commission d'examen

672.38 (1) **Constitution des commissions d'examen** — Une commission d'examen est constituée ou désignée pour chaque province; elle est constituée d'un minimum de cinq membres nommés par le lieutenant-gouverneur en conseil de la province et est chargée de rendre ou de réviser des décisions concernant les accusés qui font l'objet d'un verdict de non-responsabilité criminelle pour cause de troubles mentaux ou qui ont été déclarés inaptes à subir leur procès.

(2) **Présomption** — La commission est réputée avoir été constituée en vertu du droit provincial.

(3) **Responsabilité personnelle** — Les membres d'une commission d'examen ne peuvent être tenus personnellement responsables des actes accomplis de bonne foi dans l'exercice de leurs pouvoirs ou fonctions ou des manquements ou négligences survenus de bonne foi dans cet exercice.

L.C. 1991, ch. 43, art. 4; 1997, ch. 18, art. 83.

672.39 Membres — Doivent faire partie d'une commission d'examen au moins une personne autorisée par le droit d'une province à exercer la psychiatrie et, s'il n'y a qu'un seul psychiatre, au moins une personne dont la formation et l'expérience relèvent de la santé mentale et qui est autorisée par le droit d'une province à exercer la médecine ou la profession de psychologue.

L.C. 1991, ch. 43, art. 4.

672.4 (1) Président — Sous réserve du paragraphe (2), le président de la commission d'examen d'une province est un juge — ou un juge à la retraite — de la cour fédérale, d'une cour supérieure d'une province ou d'une cour de district ou de comté ou une personne qui remplit les conditions de nomination à un tel poste.

(2) Disposition transitoire — Le président de la commission d'examen d'une province constituée avant l'entrée en vigueur du présent article qui ne satisfait pas aux exigences du paragraphe (1) peut continuer à exercer ses fonctions jusqu'à la fin de son mandat si au moins un membre de la commission d'examen est un membre du barreau de la province ou une personne visée au paragraphe (1).

L.C. 1991, ch. 43, art. 4.

672.41 (1) Quorum — Sous réserve du paragraphe (2), le quorum d'une commission d'examen est constitué du président, d'un membre qui est autorisé par le droit d'une province à exercer la psychiatrie et d'un autre membre.

(2) Idem — Lorsque le président de la commission d'examen d'une province constituée avant l'entrée en vigueur du présent article ne satisfait pas aux exigences du paragraphe 672.4(1), l'autre membre qui permet d'atteindre le quorum doit être membre du barreau de la province ou satisfaire aux exigences de ce paragraphe.

L.C. 1991, ch. 43, art. 4.

672.42 Majorité — Les décisions d'une commission d'examen se prennent à la majorité des membres de la commission qui sont présents et votent.

L.C. 1991, ch. 43, art. 4.

672.43 Pouvoirs du président de la commission — Lors d'une audition de la commission d'examen, le président de la commission est investi des pouvoirs que les articles 4 et 5 de la *Loi sur les enquêtes* accordent aux commissaires nommés en vertu de la partie I de cette loi.

L.C. 1991, ch. 43, art. 4.

672.44 (1) Règles — Une commission d'examen peut, sous réserve de l'approbation du lieutenant-gouverneur en conseil de la province, prendre des règles concernant la procédure à suivre devant elle.

(2) Application et publication — Les règles d'une commission d'examen s'appliquent à toute procédure qui relève de sa compétence et sont publiées dans la *Gazette du Canada*.

(3) Règlements — Par dérogation aux autres dispositions du présent article, le gouverneur en conseil peut prendre des règlements concernant la procédure à suivre devant les commissions d'examen, notamment en vue d'uniformiser les règles prises par les commissions; les règlements prévalent alors sur ces règles.

L.C. 1991, ch. 43, art. 4.

Auditions

672.45 (1) Décision judiciaire — Lorsqu'un verdict d'inaptitude à subir son procès ou de non-responsabilité criminelle pour cause de troubles mentaux est rendu à l'égard d'un accusé, le tribunal peut d'office, et doit, à la demande de l'accusé ou du poursuivant, tenir une audition pour déterminer la décision à rendre.

(2) Idem — Lors de l'audition, le tribunal rend une décision à l'égard de l'accusé s'il est convaincu qu'il est en mesure de rendre une décision à son égard sans difficulté et qu'une telle décision devrait être rendue sans délai.

L.C. 1991, ch. 43, art. 4.

672.46 (1) Maintien intérimaire du statu quo — Lorsque le tribunal ne rend pas de décision à l'égard de l'accusé lors de l'audition, toute ordonnance de mise en liberté provisoire ou de détention de l'accusé ou toute citation à comparaître, sommation, promesse de comparaître, promesse ainsi que tout engagement en vigueur au moment où le verdict d'inaptitude à subir son procès ou de non-responsabilité criminelle pour cause de troubles mentaux est rendu continue d'être en vigueur sous réserve de ses dispositions jusqu'à ce que la commission d'examen rende sa décision.

(2) Modification — Par dérogation au paragraphe (1), le tribunal peut, avant que la commission d'examen rende sa décision, si la nécessité lui en est démontrée, annuler l'ordonnance mentionnée au paragraphe (1) qui a déjà été rendue à l'égard de l'accusé ou la citation à comparaître, la sommation, la promesse de comparaître, la promesse ou l'engagement qui est toujours en vigueur à son égard et rendre à l'égard de l'accusé une ordonnance de mise en liberté provisoire ou de détention dans la mesure où il le juge indiqué; il peut notamment ordonner que l'accusé soit détenu dans un hôpital.

L.C. 1991, ch. 43, art. 4.

672.47 (1) Décision de la commission d'examen — Dans le cas où un verdict d'inaptitude à subir son procès ou de non-responsabilité criminelle pour cause de troubles mentaux est rendu à l'égard d'un accusé, la commission d'examen, sauf si un tribunal a rendu une décision à l'égard de l'accusé, doit, dans les meilleurs délais après le verdict mais au plus tard quarante-cinq jours après le prononcé de celui-ci, tenir une audition et rendre une décision à l'égard de l'accusé.

(2) Prolongation — Le tribunal, s'il est convaincu qu'il existe des circonstances exceptionnelles le justifiant, peut prolonger le délai préalable à la tenue d'une audition visée au paragraphe (1) jusqu'à un maximum de quatre-vingt-dix jours après le prononcé de celui-ci.

(3) Restriction — La commission doit tenir l'audition et rendre sa décision au plus tard à la fin de la période de validité de la décision qui a été rendue par le tribunal en vertu de l'article 672.54 mais dans tous les cas avant l'expiration de la période de quatre-vingt-dix jours qui suit cette décision, sauf dans le cas où le tribunal a ordonné la libération inconditionnelle de l'accusé.

L.C. 1991, ch. 43, art. 4.

672.48 (1) Détermination de l'aptitude à subir son procès par la commission — Lors de l'audition tenue en vue de rendre ou de réviser une décision à l'égard d'un accusé qui a fait l'objet d'un verdict d'inaptitude à subir son procès, la commission d'examen détermine si, à son avis, celui-ci est, au moment de l'audition, devenu apte à le subir.

(2) Renvoi devant le tribunal — La commission d'examen, si elle détermine qu'au moment de l'audition l'accusé est apte à subir son procès, ordonne son renvoi devant le tribunal afin que celui-ci décide de son aptitude à subir son procès.

(3) Pouvoirs du président — Le président de la commission d'examen peut, si l'accusé et le responsable de l'hôpital où il est détenu y consentent, ordonner le renvoi de l'accusé devant le tribunal afin que celui-ci décide de son aptitude à subir son procès s'il est d'avis que les conditions suivantes sont réunies :

    a) l'accusé est apte à le subir;

    b) la commission d'examen ne tiendra pas d'audition dans un délai raisonnable.

L.C. 1991, ch. 43, art. 4.

672.49 (1) Détention à l'hôpital — La commission d'examen ou le président de celle-ci, selon le cas, peut, dans la décision rendue en vertu de l'article 672.47, prévoir que l'accusé continue à être détenu dans un hôpital jusqu'à ce que le tribunal détermine son aptitude à subir son procès à la condition d'avoir des motifs raisonnables de croire que l'accusé deviendra inapte à subir son procès s'il est mis en liberté.

(2) Transmission d'une copie de l'ordonnance — La commission ou le président qui rend une ordonnance de renvoi en vertu de l'article 672.47 en fait parvenir sans délai une copie au tribunal qui a compétence à l'égard de l'accusé et au procureur général de la province où l'accusé doit subir son procès.

L.C. 1991, ch. 43, art. 4.

672.5 (1) Procédure lors de l'audition — Les règles qui suivent s'appliquent à l'audition que tient un tribunal ou une commission d'examen en vue de déterminer la décision qui devrait être prise à l'égard d'un accusé.

(2) Audition informelle — L'audition peut être aussi informelle que possible, compte tenu des circonstances.

(3) Statut de partie des procureurs généraux — Le tribunal ou la commission d'examen est tenu d'accorder le statut de partie au procureur général de la province où se tient l'audition et, dans le cas d'un transfèrement interprovincial, à celui de la province d'origine, s'ils en font la demande.

(4) Statut de partie des intéressés — S'il est d'avis que la justice l'exige, le tribunal ou la commission d'examen peut accorder le statut de partie à toute personne qui possède un intérêt substantiel dans les procédures afin de protéger les intérêts de l'accusé.

(5) Avis d'audition — Un avis de l'audition est donné à toutes les parties et au procureur général de la province où elle se tient ainsi que, en cas de transfèrement interprovincial, au procureur général de la province d'origine dans le délai et de la façon réglementaires ou prévus par les règles du tribunal ou de la commission.

(6) Huis clos — L'audition peut, en totalité ou en partie, avoir lieu à huis clos si le tribunal ou la commission d'examen considère que cela est dans l'intérêt de l'accusé et n'est pas contraire à l'intérêt public.

(7) Droit à un avocat — L'accusé et toutes les parties ont le droit d'être représentés par avocat.

(8) Avocat d'office — Si l'intérêt de la justice l'exige ou lorsque l'accusé a été déclaré inapte à subir son procès, le tribunal ou la commission est tenu, dans le cas où l'accusé n'est pas représenté par avocat, de lui en désigner un.

(8.1) Honoraires et dépenses — Dans le cas où l'accusé ne bénéficie pas de l'aide juridique prévue par un régime provincial, le procureur général en cause paie les honoraires et les dépenses de l'avocat désigné au titre du paragraphe (8) dans la mesure où l'accusé ne peut les payer lui-même.

(8.2) Taxation des honoraires et des dépenses — Dans le cas de l'application du paragraphe (8.1), le registraire peut, sur demande du procureur général ou de l'avocat, taxer les honoraires et les dépenses de l'avocat si le procureur général et ce dernier ne s'entendent pas sur leur montant.

(9) Présence de l'accusé — Sous réserve du paragraphe (10), l'accusé a le droit d'être présent durant toute l'audition.

(10) Exclusion ou absence de l'accusé — Le tribunal ou le président de la commission peut :

    a) permettre à l'accusé d'être absent pendant la totalité ou une partie de l'audition aux conditions qu'il juge indiquées;

b) exclure l'accusé pendant la totalité ou une partie de l'audition dans les cas suivants :

(i) l'accusé se conduit mal en interrompant les procédures au point qu'il serait difficilement réalisable de les continuer en sa présence,

(ii) le tribunal ou le président est convaincu que sa présence pourrait mettre en danger la vie ou la sécurité d'un tiers ou avoir un effet préjudiciable sur le traitement ou la guérison de l'accusé,

(iii) pour entendre des éléments de preuve, faire des observations, oralement ou par écrit, ou contre-interroger des témoins, afin de pouvoir décider des questions visées au sous-alinéa (ii).

(11) Droits des parties à l'audition — Toute partie peut présenter des éléments de preuve, faire des observations, oralement ou par écrit, appeler des témoins et contre-interroger les témoins que les autres parties ont appelés et, si un rapport d'évaluation a été présenté par écrit au tribunal ou à la commission d'examen, peut après en avoir demandé l'autorisation en contre-interroger l'auteur.

(12) Témoins — Une partie ne peut ordonner la présence d'un témoin à l'audition mais peut demander au tribunal ou au président de la commission de le faire.

(13) Télécomparution — Le tribunal ou le président de la commission d'examen peut, si l'accusé y consent, autoriser l'accusé à être présent par télévision en circuit fermé ou par tout autre moyen permettant au tribunal ou à la commission et à l'accusé de se voir et de communiquer simultanément durant toute partie de l'audition.

(14) Déclaration de la victime — La victime peut rédiger et déposer auprès du tribunal ou de la commission d'examen une déclaration écrite qui décrit les dommages ou les pertes qui lui ont été causés par la perpétration de l'infraction.

(15) Copie de la déclaration — Dans les meilleurs délais possible suivant le verdict de non-responsabilité criminelle pour cause de troubles mentaux, le tribunal ou la commission d'examen veille à ce qu'une copie de la déclaration déposée conformément au paragraphe (14) soit fournie au poursuivant et à l'accusé ou son avocat.

(16) Définition de « victime » — Au paragraphe (14), **« victime »** s'entend au sens du paragraphe 722(4).

L.C. 1991, ch. 43, art. 4; 1997, ch. 18, art. 84; 1999, ch. 25, art. 11.

672.51 (1) Définition de « renseignements décisionnels » — Au présent article, **« renseignements décisionnels »** s'entend de la totalité ou d'une partie du rapport d'évaluation remis au tribunal ou à la commission d'examen et de tout autre document écrit dont ils sont saisis, qui concerne l'accusé et qui est pertinent dans le cadre de la décision à rendre.

(2) Communication des renseignements décisionnels — Sous réserve des autres dispositions du présent article, les renseignements décisionnels sont à la disposition des autres parties et de l'avocat qui, le cas échéant, représente l'accusé; le tribunal ou la commission leur en fait parvenir une copie.

(3) Exception à la communication de renseignements décisionnels — Le tribunal ou la commission d'examen est tenu de retenir les renseignements décisionnels et de ne pas les communiquer à l'accusé, dans le cas où il est convaincu, après les avoir étudiés, que, à la lumière du témoignage ou du rapport du médecin chargé de l'évaluation ou du traitement de l'accusé, cette communication risquerait de mettre en danger la vie ou la sécurité d'un tiers ou nuirait sérieusement au traitement ou à la guérison de l'accusé.

(4) Idem — Par dérogation au paragraphe (3), le tribunal ou la commission d'examen peut communiquer la totalité ou une partie des renseignements décisionnels à l'accusé, s'il est d'avis que cette communication est essentielle dans l'intérêt de la justice.

(5) Idem — Le tribunal ou la commission d'examen est tenu de retenir les renseignements décisionnels et de ne pas les communiquer à une partie autre que l'accusé ou le procureur général, dans le cas où il est d'avis que la communication n'est pas nécessaire dans le cadre des procédures et pourrait causer un préjudice à l'accusé.

(6) Exclusion de certaines personnes — Lorsque des renseignements décisionnels n'ont pas été communiqués à l'accusé ou à une partie en conformité avec les paragraphes (3) ou (5), le tribunal ou la commission exclut l'accusé ou cette partie de l'audition pendant :

a) soit la présentation orale de ces renseignements;

b) soit l'interrogatoire fait par le tribunal ou la commission ou le contre-interrogatoire d'une personne à l'égard de leur contenu.

(7) Interdiction de communication dans certains cas — Les renseignements décisionnels ne peuvent être communiqués à une autre personne qui n'est pas partie aux procédures ou mis à sa disposition lorsque :

a) soit, ils n'ont pas été communiqués à l'accusé ou à une autre partie, en vertu des paragraphes (3) ou (5);

b) soit, le tribunal ou la commission d'examen est d'avis que leur communication causerait un préjudice sérieux à l'accusé et que, dans les circonstances, ce préjudice l'emporte sur l'intérêt public à la communication de tout le dossier.

(8) Idem — La partie du procès-verbal des procédures qui correspond à la partie de l'audition durant laquelle l'accusé avait été exclu en vertu des sous-alinéas 672.5(10)*b)*(ii) ou (iii) ne peut être remise ni à l'accusé ni à toute autre personne qui n'était pas partie aux procédures et son contenu ne peut leur être communiqué.

(9) Communication sélective — Par dérogation aux paragraphes (7) et (8), le tribunal ou la commission d'examen peut, sur demande, mettre des renseignements décisionnels ou une copie de ceux-ci à la disposition des personnes ou catégories de personnes qui, selon le cas :

a) possèdent un intérêt valable du point de vue de la recherche ou des statistiques, à la condition que le tribunal ou la commission soit convaincu que cette communication est d'intérêt public;

b) possèdent un intérêt valable du point de vue de l'administration de la justice;

c) y sont autorisées par écrit par l'accusé ou à l'intention de qui celui-ci fait une demande en ce sens si le tribunal ou la commission est convaincu que ces documents ou les renseignements qu'ils contiennent ne seront pas communiqués à celui-ci lorsque leur communication a déjà été interdite en vertu du paragraphe (3) ou qu'il s'agit de la partie du procès-verbal visée au paragraphe (8), ou si le tribunal ou la commission est convaincu qu'il n'y a plus raison d'en interdire la communication à l'accusé.

(10) Recherches et statistiques — Les personnes qui, en vertu de l'alinéa (9)*a*), ont accès à des renseignements décisionnels peuvent les communiquer, aux fins mentionnées à cet alinéa, mais non sous une forme normalement susceptible de permettre l'identification des personnes concernées.

(11) Interdiction de publication — Il est interdit de publier dans un journal au sens de l'article 297 ou de radiodiffuser :

a) les renseignements décisionnels qui ne peuvent être communiqués en application du paragraphe (7);

b) la partie du procès-verbal qui concerne la partie de l'audition durant laquelle l'accusé avait été exclu en vertu des sous-alinéas 672.5(10)*b*)(ii) ou (iii).

(12) Pouvoirs des tribunaux — Sous réserve des autres dispositions du présent article, celui-ci ne porte pas atteinte aux pouvoirs qu'un tribunal peut exercer indépendamment de lui.

L.C. 1991, ch. 43, art. 4; 1997, ch. 18, art. 85.

672.52 (1) Procès-verbal — Le tribunal ou la commission d'examen tient un procès-verbal des auditions tenues à l'égard d'une décision; est notamment versé au procès-verbal, le rapport d'évaluation qui lui est soumis.

(2) Transmission des documents à la commission d'examen — Le tribunal qui rend une décision est tenu de faire parvenir sans délai le procès-verbal de l'audition ainsi que tous les renseignements et toutes les pièces qui s'y rapportent et qui sont en sa possession à la commission d'examen compétente.

(3) Motifs et copies — Le tribunal ou la commission d'examen inscrit ses motifs au procès-verbal et fait parvenir à toutes les parties un exemplaire de sa décision accompagnée des motifs.

L.C. 1991, ch. 43, art. 4.

672.53 Validité des procédures — Sauf en cas de préjudice sérieux porté à l'accusé, une irrégularité procédurale ne porte pas atteinte à la validité des procédures.

L.C. 1991, ch. 43, art. 4.

Décisions rendues par le tribunal ou la commission d'examen

Modalités des décisions

672.54 Décisions — Pour l'application du paragraphe 672.45(2) ou de l'article 672.47, le tribunal ou la commission d'examen rend la décision la moins sévère et la moins privative de liberté parmi celles qui suivent, compte tenu de la nécessité de protéger le public face aux personnes dangereuses, de l'état mental de l'accusé et de ses besoins, notamment de la nécessité de sa réinsertion sociale :

a) lorsqu'un verdict de non-responsabilité criminelle pour cause de troubles mentaux a été rendu à l'égard de l'accusé, une décision portant libération inconditionnelle de celui-ci si le tribunal ou la commission est d'avis qu'il ne représente pas un risque important pour la sécurité du public;

b) une décision portant libération de l'accusé sous réserve des modalités que le tribunal ou la commission juge indiquées;

c) une décision portant détention de l'accusé dans un hôpital sous réserve des modalités que le tribunal ou la commission juge indiquées.

L.C. 1991, ch. 43, art. 4.

672.541 Déclaration de la victime — En cas de verdict de non-responsabilité criminelle pour cause de troubles mentaux, le tribunal ou la commission d'examen doit, à l'audience tenue conformément aux articles 672.45 ou 672.47 et dans le cadre des critères énoncés à l'article 672.54, prendre en compte toute déclaration déposée en conformité avec le paragraphe 672.5(14) en vue de rendre une décision ou de fixer des modalités au titre de l'article 672.54.

L.C. 1999, ch. 25, art. 12.

672.55 (1) Traitement — La décision visée à l'article 672.54 ne peut prescrire de traitement, notamment un traitement psychiatrique, pour l'accusé ou ordonner que celui-ci s'y soumette; elle peut toutefois comporter une condition relative à un traitement que le tribunal ou la commission d'examen estime raisonnable et nécessaire aux intérêts de l'accusé et à laquelle celui-ci consent.

(2) Période de validité — La décision que rend un tribunal en vertu de l'alinéa 672.54c) ne peut demeurer en vigueur pendant plus de quatre-vingt-dix jours.

L.C. 1991, ch. 43, art. 4; 1997, ch. 18, art. 86.

672.56 (1) Délégation — La commission d'examen qui rend une décision à l'égard d'un accusé en vertu des alinéas 672.54b) ou c) peut déléguer au responsable de l'hôpital le pouvoir d'assouplir ou de resserrer les privations de liberté de l'accusé à l'intérieur des limites prévues par l'ordonnance et sous réserve des modalités de celle-ci; toute modification qu'ordonne ainsi cette personne est, pour l'application de la présente loi, réputée être une décision de la commission d'examen.

(2) Avis à la commission d'examen — La personne qui, en conformité avec le pouvoir qui lui est délégué en vertu du paragraphe (1), décide de resserrer d'une façon importante les privations de liberté de l'accusé est tenue de porter cette décision au dossier de l'accusé; elle est tenue, dès que cela est réalisable, d'en aviser l'accusé et, si le resserrement des privations demeure en vigueur pendant plus de sept jours, la commission d'examen.

L.C. 1991, ch. 43, art. 4.

672.57 Mandat de dépôt — Le tribunal ou la commission qui rend une décision à l'égard d'un accusé en conformité avec l'alinéa 672.54c) fait émettre un mandat de dépôt selon la formule 49.

L.C. 1991, ch. 43, art. 4.

672.58 Décision prévoyant un traitement — Dans le cas où un verdict d'inaptitude à subir son procès a été rendu à l'égard de l'accusé et à la condition que le tribunal n'ait rendu aucune décision à son égard en vertu de l'article 672.54, le tribunal peut, sur demande du poursuivant, rendre une décision prévoyant le traitement de l'accusé pour une période maximale de soixante jours, sous réserve des modalités que le tribunal fixe et, si celui-ci n'est pas détenu, lui enjoignant de s'y soumettre et de se présenter à la personne ou à l'hôpital indiqué.

L.C. 1991, ch. 43, art. 4.

672.59 (1) Critères — Aucune décision ne peut être rendue en vertu de l'article 672.58 à moins que le tribunal ne soit convaincu, à la lumière du témoignage d'un médecin, qu'un traitement particulier devrait être donné à l'accusé afin de le rendre apte à subir son procès.

(2) Preuve nécessaire — Pour l'application du paragraphe (1), le témoignage comporte une déclaration portant que le médecin a évalué l'état mental de l'accusé et que, selon son avis motivé :

   a) au moment de l'évaluation, l'accusé était inapte à subir son procès;

   b) le traitement psychiatrique et tout autre traitement médical connexe qu'il précise le rendront vraisemblablement apte à subir son procès dans un délai maximal de soixante jours et que, en l'absence de ce traitement, l'accusé demeurera vraisemblablement inapte à subir son procès;

c) le traitement psychiatrique et tout autre traitement médical connexe qu'il précise n'entraînent pas pour l'accusé un risque démesuré, compte tenu des bénéfices espérés;

d) le traitement psychiatrique et tout autre traitement médical connexe qu'il précise sont les moins sévères et les moins privatifs de liberté qui, dans les circonstances, pourraient être prescrits pour l'application du paragraphe (1), compte tenu des alinéas *b)* et *c)*.

L.C. 1991, ch. 43, art. 4.

672.6 (1) Avis obligatoire — Le tribunal ne peut rendre une décision en vertu de l'article 672.58 que si le poursuivant a informé l'accusé par écrit et dans les plus brefs délais du dépôt de la demande.

(2) Contestation par l'accusé — L'accusé visé par une demande mentionnée au paragraphe (1) peut la contester et présenter des éléments de preuve à ce sujet.

L.C. 1991, ch. 43, art. 4; 1997, ch. 18, art. 87.

672.61 (1) Exception — Le tribunal ne peut autoriser un traitement par psychochirurgie ou par sismothérapie ou tout autre traitement interdit désigné par règlement; une décision rendue en vertu de l'article 672.58 ne peut pas autoriser ou être réputée avoir autorisé un tel traitement.

(2) Définitions — Les définitions qui suivent s'appliquent au présent article.

« psychochirurgie » Opération qui, par un accès direct ou indirect au cerveau, enlève ou détruit des cellules cérébrales ou entraîne un bris de continuité dans le tissu histologiquement normal ou qui consiste à implanter dans le cerveau des électrodes en vue d'obtenir par stimulation électrique une modification du comportement ou le traitement de maladies psychiatriques; toutefois, la présente définition ne vise pas des procédures neurologiques utilisées pour diagnostiquer ou traiter des conditions cérébrales organiques ou pour diagnostiquer ou traiter les douleurs physiques irréductibles ou l'épilepsie lorsque l'une de ces conditions existent réellement.

« sismothérapie » Procédure médicale utilisée dans le traitement des troubles mentaux qui consiste en des séries de convulsions généralisées qui sont induites par stimulation électrique du cerveau.

L.C. 1991, ch. 43, art. 4.

672.62 (1) Consentement obligatoire de l'hôpital — Le tribunal ne peut rendre une décision en vertu de l'article 672.58 sans le consentement du responsable de l'hôpital où l'accusé doit subir le traitement, ou de la personne que le tribunal charge de ce traitement.

(2) Consentement de l'accusé non obligatoire — Le tribunal peut ordonner le traitement de l'accusé en conformité avec une décision rendue en vertu de l'article 672.58 sans le consentement de celui-ci ou de la personne qui, selon le droit de la province où la décision est rendue, est autorisée à donner ce consentement au nom de l'accusé.

L.C. 1991, ch. 43, art. 4.

672.63 Date d'entrée en vigueur — La décision entre en vigueur le jour où elle est rendue ou à la date ultérieure que fixe le tribunal ou la commission et le demeure jusqu'à ce que la commission tienne une audition en vertu des articles 672.47 ou 672.81.

L.C. 1991, ch. 43, art. 4.

Non en vigueur — 672.64 - 672.66

Durée maximale

672.64 (1) Définitions — Les définitions qui suivent s'appliquent au présent article ainsi qu'aux articles 672.65, 672.79, 672.8.

« **durée maximale** » Période maximale, calculée à compter du moment où le verdict est rendu, durant laquelle un accusé fait l'objet d'une ou de plusieurs décisions rendues à l'égard d'une infraction.

« **infraction désignée** » Une infraction mentionnée à l'annexe de la présente partie ou une infraction à la *Loi sur la défense nationale* visée au paragraphe (2), ainsi que le complot ou la tentative d'en commettre une et la complicité après le fait à l'égard d'une telle infraction ou le fait de conseiller à une personne de la commettre.

(2) Infractions désignées additionnelles — *Loi sur la défense nationale* — Sont des infractions désignées les infractions aux dispositions suivantes de la *Loi sur la défense nationale* :

a) article 73 (manquement au devoir face à l'ennemi — commandants), si l'accusé a agi par lâcheté;

b) articles 74 (manquement au devoir en général face à l'ennemi), 75 (infractions en matière de sécurité) et 76 (infractions à l'égard des prisonniers de guerre), si l'accusé ne s'est pas conduit en traître;

c) article 77 (infractions relatives aux opérations), si l'accusé a commis l'infraction en service actif;

d) articles 107 (actes dommageables relatifs aux aéronefs) et 127 (négligence dans la manutention de matières dangereuses), si l'accusé a agi volontairement;

e) article 130 (procès militaire pour infractions civiles), s'il s'agit d'une infraction mentionnée à l'annexe de la présente partie;

f) article 132 (infractions à l'étranger), si une cour martiale a déterminé que l'infraction est sensiblement comparable à une infraction mentionnée à l'annexe de la présente partie.

(3) Durée maximale — Lorsqu'un verdict d'inaptitude à subir son procès ou de non-responsabilité criminelle pour cause de troubles mentaux est rendu à l'égard d'un accusé, la durée maximale est :

a) la perpétuité, dans les cas suivants :

(i) haute trahison visée au paragraphe 47(1) ou meurtre au premier ou au deuxième degré visé à l'article 229,

(ii) infractions visées à l'article 73 (manquement au devoir en général face à l'ennemi — commandants), 74 (manquement au devoir en général face à l'ennemi), 75 (infractions en matière de sécurité) ou 76 (infractions à l'égard des prisonniers de guerre) de la *Loi sur la défense nationale* si l'accusé s'est conduit en traître, ainsi que le meurtre au premier ou au deuxième degré punissable en vertu de l'article 130 de cette loi,

(iii) toute autre infraction prévue par une loi fédérale à l'égard de laquelle la peine minimale prévue est l'emprisonnement à perpétuité;

b) dix ans ou la période maximale d'emprisonnement dont l'auteur de l'infraction est passible si elle est plus courte, dans le cas de l'accusation d'avoir commis une infraction désignée, poursuivie par voie de mise en accusation;

c) deux ans ou la période maximale d'emprisonnement dont l'auteur de l'infraction est passible si elle est plus courte, dans le cas d'une accusation d'avoir commis une infraction prévue par la présente loi ou une autre loi fédérale autre qu'une infraction visée aux alinéas *a*) ou *b*).

(4) Calcul de la période maximale — Sous réserve du paragraphe (5), si l'accusé a fait l'objet d'un verdict à l'égard de plusieurs infractions, provenant ou non des mêmes événements, la période maximale est calculée en prenant en compte la peine la plus sévère dont l'accusé est passible.

(5) Infractions postérieures à la décision — Lorsqu'un verdict d'inaptitude à subir son procès ou de non-responsabilité criminelle pour cause de troubles mentaux est rendue à l'égard de l'accusé alors qu'il fait l'objet d'une décision autre qu'une libération inconditionnelle rendue à l'égard d'une infraction antérieure, le tribunal peut ordonner que toute décision qui est rendue à l'égard de la deuxième infraction soit consécutive à la décision antérieure même si

la durée totale de toutes les décisions est supérieure à la période maximale calculée à l'égard de ces infractions en conformité avec les paragraphes (3) et (4).

L.C. 1991, ch. 43, art. 4.

Accusés dangereux atteints de troubles mentaux

672.65 (1) Définition d'« infraction grave contre la personne » — Au
présent article, **« infraction grave contre la personne »** s'entend :

a) d'une infraction ou de la tentative de commettre une infraction mentionnée à l'article 271 (agression sexuelle), 272 (agression sexuelle armée,
menaces à une tierce personne ou infliction de lésions corporelles) ou 273
(agression sexuelle grave);

b) d'une infraction désignée poursuivie par voie d'acte d'accusation pour
laquelle l'accusé est passible d'une peine d'emprisonnement de dix ans ou
plus et mettant en cause :

(i) la violence contre une personne ou la tentative d'utiliser la
violence,

(ii) un comportement mettant en danger ou qui est susceptible de
mettre en danger la vie ou la sécurité d'une autre personne ou qui
inflige ou est susceptible d'infliger des dommages psychologiques
graves à une autre personne.

**(2) Demande de détermination du statut d'accusé dangereux atteint
de troubles mentaux** — Lorsqu'un verdict de non-responsabilité criminelle
pour cause de troubles mentaux est rendu à l'égard de l'accusé, le poursuivant
peut, avant qu'une décision ne soit rendue, demander au tribunal qui a rendu le
verdict ou à une cour supérieure de juridiction criminelle de déclarer que l'accusé est un accusé dangereux atteint de troubles mentaux.

(3) Motifs — Le tribunal saisi d'une demande présentée en vertu du présent article peut déclarer que l'accusé est un accusé dangereux atteint de troubles mentaux s'il est convaincu que :

a) l'infraction qui a donné lieu au verdict est une infraction grave contre la
personne visée à l'alinéa (1)b) et que l'accusé constitue une menace envers la vie, la sécurité ou le bien-être physique ou mental des autres personnes, compte tenu de la preuve qui démontre, selon le cas :

(i) un type de comportement répétitif chez l'accusé qui a donné lieu
à la perpétration de l'infraction à l'origine du verdict et qui démontre une incapacité de sa part à contrôler son comportement et la
possibilité vraisemblable qu'il causera la mort ou des blessures à
d'autres personnes ou leur infligera des dommages psychologiques
graves de ce fait,

(ii) un type de comportement agressif chez l'accusé qui a donné lieu notamment à l'infraction à l'origine du verdict,

(iii) un comportement de l'accusé, lié à l'infraction qui a donné lieu au verdict, qui est tellement brutal qu'il force à conclure que le comportement de l'accusé à l'avenir ne pourra se contrôler par les normes habituelles de comportement;

b) l'infraction qui a donné lieu au verdict est une infraction grave contre la personne visée à l'alinéa (1)*a*) et l'accusé a démontré, par son comportement en matière sexuelle, notamment lors de la perpétration de l'infraction qui a donné lieu au verdict, une incapacité à contrôler ses pulsions et la possibilité vraisemblable qu'il causera des blessures, douleurs ou dommages à d'autres personnes en raison de cette incapacité.

(4) Augmentation de la durée des décisions — Le tribunal qui détermine qu'un accusé est un accusé dangereux atteint de troubles mentaux sous le régime du présent article peut augmenter la durée maximale applicable à l'infraction jusqu'à la perpétuité.

L.C. 1991, ch. 43, art. 4.

672.66 (1) Application des articles 754 à 758 — Les articles 754 à 758 s'appliquent, avec les adaptations nécessaires, à la demande présentée en vertu de l'article 672.65 comme si elle était présentée en vertu de la partie XXIV et comme si l'accusé était un contrevenant.

(2) Transmission de la transcription à la commission d'examen — Le tribunal qui détermine qu'un accusé est un accusé dangereux atteint de troubles mentaux fait parvenir sans délai à la commission d'examen qui a compétence à l'égard de la question une transcription de l'audition de la demande, les documents ou renseignements qu'il a en sa possession à cet égard et toutes les pièces qui ont été déposées auprès du tribunal ou une copie de celles-ci.

L.C. 1991, ch. 43, art. 4.

Contrevenants à double statut

672.67 (1) Décision de détention rendue par le tribunal — Lorsque le tribunal inflige une peine à un contrevenant qui est ou devient ainsi à double statut, la peine prévaut sur toute autre ordonnance de détention antérieure jusqu'à ce que la commission d'examen rende une ordonnance de placement à son égard.

(2) Décision de détention du tribunal — Lorsque le tribunal rend une décision de détention à l'égard d'un accusé qui est ou devient ainsi à double statut, la décision prévaut sur toute peine d'emprisonnement antérieure à l'exception d'une ordonnance de détention dans un hôpital au sens de l'article 747 jusqu'à ce que la commission d'examen rende une ordonnance de placement à l'égard du contrevenant.

L.C. 1991, ch. 43, art. 4; 1995, ch. 22, art. 10.

672.68 (1) Définition de « ministre » — Au présent article et aux articles 672.69 et 672.7, « **ministre** » s'entend du solliciteur général du Canada ou du ministre responsable des services correctionnels dans la province où le contrevenant à double statut peut être incarcéré en vertu d'une peine d'emprisonnement.

(2) Ordonnance de placement de la commission d'examen — À la demande du ministre, ou de sa propre initiative — à la condition de donner un préavis raisonnable de son intention au contrevenant ainsi qu'au ministre, s'il y a lieu — , la commission d'examen doit décider s'il y a lieu de placer le contrevenant à double statut sous garde dans un hôpital ou dans une prison si elle est d'avis que le lieu de détention du contrevenant en conformité avec une peine d'emprisonnement ou une décision de détention rendue par le tribunal est inadéquat compte tenu des besoins en matière de santé mentale du contrevenant ou de la nécessité de protéger le bien-être des autres.

(3) Idem — Pour rendre une ordonnance de placement, la commission d'examen prend en compte les facteurs suivants :

    a) la nécessité de protéger le public face aux personnes dangereuses;

    b) les besoins en traitement du contrevenant et la disponibilité des installations et des personnes affectées au traitement;

    c) le consentement du contrevenant au traitement et sa capacité à bien réagir à celui-ci;

    d) les observations que le contrevenant ou toute autre partie a présentées à la commission d'examen et les rapports d'évaluation écrits qui lui ont été remis;

    e) les autres facteurs qu'elle juge pertinents.

(4) Délai — La commission d'examen est tenue de rendre sa décision de placement dès que cela est réalisable et au plus tard trente jours après avoir été saisi de la demande dans ce sens que lui présente le ministre ou après avoir envoyé le préavis mentionné au paragraphe (2), sauf si le ministre et la commission conviennent d'une période plus longue qui ne peut cependant être supérieure à soixante jours.

(5) Conséquences — Lorsque la commission d'examen rend une décision de placement portant que le contrevenant soit détenu dans une prison, le ministre est responsable de la surveillance et du contrôle du contrevenant.

L.C. 1991, ch. 43, art. 4.

672.69 (1) Idem — Le ministre et la commission d'examen ont droit d'accès au contrevenant à double statut qui fait l'objet d'une ordonnance de placement dans le cadre de la révision de la peine ou de la décision rendue à son égard.

(2) Révision des ordonnances de placement — La commission d'examen tient une audition le plus tôt possible pour réviser une ordonnance de placement à la demande du ministre ou du contrevenant qui en fait l'objet si elle est convaincue qu'un changement important est survenu dans les circonstances.

(3) Idem — La commission d'examen peut de sa propre initiative tenir une audition en vue de réviser une ordonnance de placement après avoir donné un préavis raisonnable au ministre et au contrevenant.

(4) Statut de partie accordé au ministre — Le ministre est partie aux procédures qui portent sur le placement d'un contrevenant à double statut.

L.C. 1991, ch. 43, art. 4.

672.7 (1) Avis de libération — Le ministre et la commission d'examen sont tenus de s'informer mutuellement par écrit de leur intention de libérer un contrevenant à double statut qui est détenu sous garde, l'avis portant une indication de l'heure, du lieu et des modalités de la mise en liberté.

(2) Mandat de dépôt — La commission d'examen qui rend une ordonnance de placement délivre un mandat de dépôt de l'accusé selon le formulaire 50.

L.C. 1991, ch. 43, art. 4.

672.71 (1) Présomption — Le contrevenant à double statut qui est détenu en conformité avec une ordonnance de placement ou une décision de détention est réputé purger la peine d'emprisonnement qui lui a été infligée et est réputé légalement détenu dans une prison.

(2) Primauté sur les ordonnances de probation — Lorsqu'un contrevenant à double statut est déclaré coupable ou libéré en conformité avec les modalités d'une ordonnance de probation rendue en vertu de l'article 730 à l'égard d'une infraction mais n'est pas condamné à une peine d'emprisonnement, l'ordonnance de placement rendue à son égard entre en vigueur et, par dérogation au paragraphe 732.2(1), prévaut sur toute ordonnance de probation rendue à l'égard de l'infraction.

L.C. 1991, ch. 43, art. 4; 1995, ch. 22, art. 10.

Appels

672.72 (1) Motifs d'appel — Toute partie aux procédures peut interjeter appel à la cour d'appel de la province où elles sont rendues d'une décision d'un tribunal ou d'une commission d'examen, ou d'une ordonnance de placement rendue par cette dernière pour tout motif de droit, de fait ou mixte de droit et de fait.

(2) Délai d'appel — L'appelant doit donner un avis d'appel, de la façon prévue par les règles de la cour d'appel, dans les quinze jours suivant la date à laquelle il a reçu une copie de la décision ou de l'ordonnance dont appel et des motifs ou dans le délai supérieur que la cour d'appel ou l'un de ses juges fixe.

(3) Priorité de l'appel — L'appel visé au paragraphe (1) est entendu dans les meilleurs délais possible suivant la remise de l'avis d'appel — pendant une session de la cour d'appel ou non — dans le délai que fixe la cour d'appel ou un juge de celle-ci ou que prévoient les règles de la cour.

L.C. 1991, ch. 43, art. 4; 1997, ch. 18, art. 88.

672.73 (1) Appel sur le fondement du dossier — L'appel est fondé sur la transcription déposée auprès de la cour d'appel et sur les autres éléments de preuve dont la cour d'appel accepte la présentation lorsqu'elle estime que la justice l'exige.

(2) Éléments de preuve supplémentaires — Pour l'application du présent article, les paragraphes 683(1) et (2) s'appliquent, avec les adaptations nécessaires.

L.C. 1991, ch. 43, art. 4.

672.74 (1) Dépôt du dossier en cas d'appel — Lorsqu'un avis d'appel a été donné, le greffier de la cour d'appel en informe le tribunal ou la commission d'examen qui a rendu la décision ou l'ordonnance de placement dont appel.

(2) Transmission des dossiers à la cour d'appel — Sur réception de l'avis, le tribunal ou la commission d'examen transmet à la cour d'appel, avant la date où l'appel doit être entendu, ou dans tel délai supplémentaire que la cour d'appel ou un juge de cette cour peut fixer :

    a) une copie de la décision ou de l'ordonnance de placement;

    b) toutes les pièces — ou une copie de celles-ci — qui ont été déposées;

    c) tous les autres documents en sa possession concernant l'audition.

(3) Dossiers de la cour d'appel — Le greffier de la cour d'appel conserve les documents reçus en conformité avec le paragraphe (2) aux archives de la cour d'appel.

(4) Remise de la transcription par l'appelant — Si les dépositions présentées au tribunal ou à la commission d'examen ont été recueillies par un sténographe, ou au moyen d'un appareil d'enregistrement du son, l'appelant doit, sauf décision de la cour d'appel ou disposition des règles de celle-ci à l'effet contraire, faire fournir à la cour d'appel et à l'intimé une transcription de ces dépositions, certifiée par le sténographe ou en conformité avec le paragraphe 540(6), pour qu'elle serve lors de l'appel.

(5) Réserve — La cour d'appel ne peut rejeter un appel du seul fait qu'une personne autre que l'appelant n'a pas observé les dispositions du présent article.

L.C. 1991, ch. 43, art. 4.

672.75 Suspension d'application — Le dépôt d'un avis d'appel interjeté à l'égard d'une décision rendue en vertu de l'alinéa 672.54*a)* ou de l'article 672.58 suspend l'application de la décision jusqu'à la décision de l'appel.

L.C. 1991, ch. 43, art. 4.

672.76 (1) Demandes — Toute partie qui en donne avis à chacune des autres parties peut, dans le délai et de la manière réglementaires, demander à un juge de la cour d'appel de rendre une ordonnance sous le régime du présent article à l'égard d'une décision ou d'une ordonnance de placement qui font l'objet d'un appel.

(2) Pouvoir discrétionnaire en matière de suspension des décisions — Un juge de la cour d'appel saisi de la demande peut, s'il est d'avis que l'état mental de l'accusé le justifie :

    a) rendre une ordonnance portant que l'application d'une décision rendue en vertu de l'alinéa 672.54*a)* ou de l'article 672.58 ne soit pas suspendue tant que l'appel est en instance, par dérogation à l'article 672.75;

    b) rendre une ordonnance portant suspension de l'application de toute décision rendue en vertu des alinéas 672.54*b)* ou *c)* ou d'une ordonnance de placement qui font l'objet de l'appel;

    c) lorsque l'application d'une décision est suspendue en vertu de l'article 672.75 ou d'une ordonnance visée à l'alinéa *b)*, rendre à l'égard de l'accusé toute autre décision applicable — à l'exception d'une décision visée à l'alinéa 672.54*a)* ou à l'article 672.58 — qu'il estime justifiée dans les circonstances tant que l'appel est en instance;

    d) lorsque l'application d'une ordonnance de placement est suspendue en vertu de l'alinéa *b)*, rendre l'ordonnance de placement indiquée, compte tenu des circonstances, tant que l'appel est en instance;

    e) donner les directives qui sont à son avis nécessaires pour que l'appel soit entendu.

(3) Copies aux parties — Le juge de la cour d'appel qui rend une décision sous le régime du présent article en fait parvenir sans délai une copie à toutes les parties.

L.C. 1991, ch. 43, art. 4.

672.77 Conséquences de la suspension — Lorsque l'application d'une décision ou d'une ordonnance de placement dont appel est suspendue, toute décision ou, en l'absence d'une décision, toute ordonnance de mise en liberté provisoire ou de détention de l'accusé qui était en vigueur immédiatement avant la prise d'effet de la décision ou de l'ordonnance de placement reste en vigueur pendant que l'appel est en instance, sous réserve de toute décision qui peut être rendue en vertu de l'alinéa 672.76(2)*c)*.

L.C. 1991, ch. 43, art. 4.

672.78 (1) Pouvoirs de la cour d'appel — La cour d'appel peut accueillir l'appel interjeté à l'égard d'une décision ou d'une ordonnance de placement et annuler toute ordonnance rendue par le tribunal ou la commission d'examen si elle est d'avis que, selon le cas :

> a) la décision ou l'ordonnance est déraisonnable ou ne peut pas s'appuyer sur la preuve;
>
> b) il s'agit d'une erreur de droit;
>
> c) il y a eu erreur judiciaire.

(2) Idem — La cour d'appel peut rejeter l'appel, dans l'un ou l'autre des cas suivants :

> a) les alinéas (1)a), b) et c) ne s'appliquent pas;
>
> b) l'alinéa (1)b) peut s'appliquer, mais elle est d'avis qu'aucun tort important ou aucune erreur judiciaire ne s'est produit.

(3) Idem — La cour d'appel, si elle accueille l'appel, peut :

> a) rendre la décision en vertu de l'article 672.54 ou l'ordonnance de placement que la commission d'examen aurait pu rendre;
>
> b) renvoyer l'affaire au tribunal ou à la commission d'examen pour une nouvelle audition, complète ou partielle, en conformité avec les instructions qu'elle lui donne;
>
> c) rendre toute autre ordonnance que la justice exige.

L.C. 1991, ch. 43, art. 4; 1997, ch. 18, art. 89.

672.79 (1) Appel interjeté par les accusés dangereux atteints de troubles mentaux — Lorsqu'un tribunal détermine qu'un accusé est un accusé dangereux atteint de troubles mentaux et, en vertu de l'article 672.65, augmente la durée maximale qui s'applique à l'accusé, celui-ci peut interjeter appel à la cour d'appel de la détermination ou de l'augmentation pour tout motif de droit ou de fait ou mixte de droit et de fait.

(2) Décision sur l'appel — La cour d'appel, saisie d'un appel interjeté au titre du paragraphe (1), peut :

> a) annuler l'augmentation de la durée maximale et la remplacer par une autre à l'égard de l'infraction ou ordonner une nouvelle audition;
>
> b) rejeter l'appel.

L.C. 1991, ch. 43, art. 4.

672.8 (1) Appel interjeté par le procureur général — Le procureur général peut interjeter appel du rejet de sa demande de détermination qu'un accusé est un accusé dangereux atteint de désordre mental pour tout motif de droit.

(2) Décision sur l'appel — La cour d'appel saisie de l'appel interjeté au titre du paragraphe (1), peut :

    a) accueillir l'appel, déclarer que l'accusé est un accusé dangereux atteint de troubles mentaux et augmenter la durée maximale applicable à l'accusé jusqu'à la perpétuité ou ordonner une nouvelle audition;

    b) rejeter l'appel.

(3) Application de la partie XXI — Les dispositions de la partie XXI qui traitent de la procédure applicable aux appels s'appliquent, avec les adaptations nécessaires, aux appels interjetés en vertu du présent article ou de l'article 672.79.

L.C. 1991, ch. 43, art. 4.

Révisions des décisions

672.81 (1) Révisions — La commission d'examen qui a rendu une décision à l'égard d'un accusé tient une nouvelle audition au plus tard douze mois après la décision et à l'intérieur de chaque période de douze mois suivante si la décision rendue en vertu de ces alinéas est toujours en vigueur, à l'exception d'une libération inconditionnelle prononcée en vertu de l'alinéa 672.54a).

(2) Révisions supplémentaires obligatoires en cas de détention — La commission d'examen tient une audition pour réviser toute décision rendue en vertu des alinéas 672.54b) ou c) le plus tôt possible après qu'elle est avisée que la personne responsable du lieu où l'accusé est détenu ou doit se présenter :

    a) soit a procédé à un resserrement important des privations de liberté de celui-ci pendant une période supérieure à sept jours;

    b) soit demande la révision de l'ordonnance.

(3) Idem — La commission d'examen doit tenir une audition de révision de la décision rendue en vertu de l'alinéa 672.54c) et portant détention de l'accusé dès que possible après qu'elle est informée qu'une peine d'emprisonnement lui a été infligée à l'égard d'une autre infraction.

L.C. 1991, ch. 43, art. 4.

672.82 (1) Révisions supplémentaires facultatives — La commission d'examen peut, en tout temps, tenir une audition à la demande de l'accusé ou de toute autre partie.

(2) Abandon de l'appel — Lorsqu'une révision d'une décision visée par un appel interjeté par une partie en vertu de l'article 672.72 commence à la demande de cette partie, l'appel est réputé avoir été abandonné.

L.C. 1991, ch. 43, art. 4.

672.83 (1) Révision de la décision — À l'audition tenue en conformité avec les articles 672.81 ou 672.82, la commission d'examen, sauf dans le cas où il a été déterminé en vertu du paragraphe 672.48(1) que l'accusé est apte à subir son procès, révise la décision et rend toute décision indiquée dans les circonstances.

(2) Révision de la décision — Le paragraphe 672.52(3) et les articles 672.64 et 672.71 à 672.82 s'appliquent, avec les adaptations nécessaires, à la décision rendue en vertu du présent article.

L.C. 1991, ch. 43, art. 4; 1997, ch. 18, art. 90.

672.84 Procédure de réexamen — La commission d'examen tient une audition en vue de réviser la décision prise en vertu des articles 672.81 ou 672.82 en conformité avec les règles de procédure visées à l'article 672.5.

L.C. 1991, ch. 43, art. 4.

672.85 Présence de l'accusé devant la commission — Afin de s'assurer de la présence de l'accusé visé par une audition tenue en vertu de l'article 672.81, le président de la commission d'examen :

a) si l'accusé visé par l'audition est détenu, ordonne que la personne responsable de sa garde l'amène devant la commission d'examen à l'heure, à la date et au lieu fixés pour l'audition;

b) dans les autres cas peut, par sommation ou mandat, contraindre l'accusé à comparaître devant la commission d'examen à l'heure, à la date et au lieu fixés pour l'audition.

L.C. 1991, ch. 43, art. 4.

Transfèrements interprovinciaux

672.86 (1) Transfèrements interprovinciaux — L'accusé qui est détenu sous garde ou qui doit se présenter dans un hôpital en conformité avec une décision rendue par un tribunal ou une commission d'examen sous le régime de l'alinéa 672.54c) ou un tribunal sous le régime de l'article 672.58 peut, sur recommandation de la commission d'examen de la province où il est détenu ou de celle de l'endroit où il doit se présenter, être transféré, à des fins de réinsertion sociale, de guérison, de garde ou de traitement dans tout autre lieu au Canada à la condition que le procureur général de la province d'origine et celui de la province d'arrivée y consentent.

(2) Transfèrement d'un accusé en détention — Pour effectuer le transfèrement d'un accusé en détention il est nécessaire qu'un mandat soit signé par le fonctionnaire que le procureur général de la province d'origine désigne à cette fin; le mandat doit indiquer le nouveau lieu de détention.

(3) Transfèrement d'un accusé en liberté — Pour effectuer le transfèrement d'un accusé en liberté, la commission d'examen de la province où se trouve l'établissement où il doit se présenter rend une ordonnance :

     a) soit pour prévoir la détention de l'accusé et son transfèrement sous le régime du paragraphe (2);

     b) soit pour lui enjoindre de se présenter au lieu désigné sous réserve des modalités qu'elle peut fixer.

L.C. 1991, ch. 43, art.4.

672.87 Transfèrement — Le mandat visé au paragraphe 672.86(2) constitue une autorisation suffisante :

     a) pour le responsable de la garde de l'accusé de le faire amener sous garde et de le remettre à la garde du responsable de l'autre lieu où il doit être détenu;

     b) pour la personne désignée dans le mandat de le détenir sous garde en conformité avec l'ordonnance rendue à son égard en vertu de l'alinéa 672.54c) qui est en cours de validité.

L.C. 1991, ch. 43, art. 4.

672.88 (1) Compétence de la commission d'examen de la province du transfèrement — La commission d'examen de la province dans laquelle est transféré l'accusé en vertu de l'article 672.86 a compétence exclusive à son égard et peut exercer toutes les attributions mentionnées aux articles 672.5 et 672.81 à 672.83 comme si elle avait rendu la décision à l'égard de l'accusé.

(2) Entente — Par dérogation au paragraphe (1), le procureur général de la province dans laquelle l'accusé est transféré peut conclure une entente, sous réserve des autres dispositions de la présente loi, avec le procureur général de la province d'origine permettant à la commission d'examen de cette province d'exercer les attributions mentionnées au paragraphe (1) à l'égard de l'accusé dans les circonstances et sous réserve des modalités mentionnées dans l'entente.

L.C. 1991, ch. 43, art. 4.

672.89 (1) Autres transfèrements interprovinciaux — Lorsqu'un accusé détenu en vertu d'une décision d'une commission d'examen est transféré dans une autre province dans un cas non visé à l'article 672.86, la commission d'examen de la province d'origine a compétence exclusive à son égard et peut continuer à exercer les attributions mentionnées aux articles 672.5 et 672.81 à 672.83.

(2) Entente — La présente loi ne porte pas atteinte au pouvoir des procureurs généraux de la province d'origine et de la province d'arrivée d'un accusé visé au paragraphe (1) de conclure, après le transfèrement, une entente permettant à la commission d'examen de la province d'arrivée d'exercer, sous réserve de la présente loi et de l'entente, à l'égard de l'accusé les attributions mentionnées dans ce paragraphe.

L.C. 1991, ch. 43, art. 4.

Exécution des ordonnances et des règlements

672.9 Exécution en tout lieu au Canada — Le mandat délivré à l'égard d'un accusé visé par une décision ou une ordonnance ou tout acte de procédure qui se rattache à celle-ci peut être exécuté ou signifié en tout lieu au Canada à l'extérieur de la province où la décision ou l'ordonnance a été rendue comme s'il avait été délivré dans cette province.

L.C. 1991, ch. 43, art. 4; 1997, ch. 18, art. 91.

672.91 Arrestation sans mandat — L'agent de la paix peut arrêter un accusé sans mandat en tout lieu au Canada s'il a des motifs raisonnables de croire que l'accusé a contrevenu ou a fait volontairement défaut de se conformer aux conditions prévues dans l'ordonnance ou est sur le point de le faire.

L.C. 1991, ch. 43, art. 4.

672.92 (1) Comparution devant le juge de paix — L'accusé arrêté en vertu de l'article 672.91 doit être conduit devant un juge de paix ayant compétence dans la circonscription territoriale où a eu lieu l'arrestation sans retard injustifié et dans tous les cas dans les vingt-quatre heures qui suivent celle-ci.

(2) Idem — Si le juge de paix compétent n'est pas disponible dans le délai de vingt-quatre heures qui suit l'arrestation, l'accusé doit être conduit devant un juge de paix le plus tôt possible.

L.C. 1991, ch. 43, art. 4.

672.93 (1) Ordonnance intérimaire du juge de paix — Le juge de paix devant qui est conduit un accusé en conformité avec l'article 672.92 est tenu de le remettre en liberté s'il n'est pas convaincu qu'il y a des motifs raisonnables de croire qu'il a contrevenu ou a fait défaut de se conformer à une décision.

(2) Idem — Le juge de paix peut, dans le cas contraire, rendre à son égard l'ordonnance qu'il considère indiquée dans les circonstances en attendant l'audition de la commission d'examen qui a rendu la décision; il fait parvenir un avis de cette ordonnance à la commission.

L.C. 1991, ch. 43, art. 4.

672.94 Pouvoir de la commission — La commission qui reçoit l'avis mentionné au paragraphe 672.93(2) peut exercer à l'égard de l'accusé les attributions mentionnées aux articles 672.5 et 672.81 à 672.83 comme s'il s'agissait de la révision d'une décision.

L.C. 1991, ch. 43, art. 4.

672.95 Règlements — Le gouverneur en conseil peut, par règlement :

    a) prendre toute mesure d'ordre réglementaire prévue par la présente partie;

b) d'une façon générale, prendre toute mesure d'application de la présente partie.

L.C. 1991, ch. 43, art. 4.

Annexe de la Partie XX.1

(paragraphe 672.64(1))

Infractions désignées

Code Criminel

1. Article 49 — actes destinés à alarmer Sa Majesté ou à violer la paix publique

2. Article 50 — aider à la trahison

3. Article 51 — intimider le Parlement ou une Législature

4. Article 52 — sabotage

5. Article 53 — incitation à la mutinerie

6. Article 75 — piraterie

7. Article 76 — détournement d'aéroncf

8. Article 77 — mise en danger d'un aéronef

9. Article 78 — armes offensives et substances explosives

10. Article 80 — manque de précautions (explosifs)

11. Article 81 — usage d'explosifs

12. Article 82 — possession d'explosifs sans excuse légitime

13. Paragraphe 85(1) — usage d'une arme à feu lors de la perpétration d'une infraction

13.1 Paragraphe 85(2) — usage d'une fausse arme à feu lors de la perpétration d'une infraction

14. Paragraphe 86(1) — usage négligent

15. Paragraphe 87(1) — braquer une arme à feu

16. Paragraphe 88(1) — port d'arme dans un dessein dangereux

17. Article 151 — contacts sexuels

18. Article 152 — incitation à des contacts sexuels

19. Article 153 — personnes en situation d'autorité

20. Article 155 — inceste

21. Article 159 — relations sexuelles anales

22. Paragraphe 160(2) — usage de la force (bestialité)

23. Paragraphe 160(3) — bestialité en présence d'enfants ou incitation de ceux-ci

24. Article 220 — causer la mort par négligence criminelle

25. Article 221 — causer des lésions corporelles par négligence criminelle

26. Article 223 — tuer un enfant

27. Article 236 — homicide involontaire coupable

28. Article 238 — tuer au cours de l'accouchement un enfant non encore né

29. Article 239 — tentative de meurtre

30. Article 241 — conseiller le suicide ou y aider

31. Article 244 — causer intentionnellement des lésions corporelles

32. Alinéa 245a) — administrer une substance délétère

33. Article 246 — vaincre la résistance à la perpétration d'une infraction

34. Article 247 — trappes susceptibles de causer la mort ou des lésions corporelles

35. Article 248 — nuire aux moyens de transport

36. Paragraphe 249(3) — conduite dangereuse causant des lésions corporelles

37. Paragraphe 249(4) — conduite dangereuse causant la mort

38. Paragraphe 255(2) — conduite avec capacité affaiblie causant des lésions corporelles

39. Paragraphe 255(3) — conduite avec capacité affaiblie causant la mort

40. Article 262 — empêcher de sauver une vie

41. Alinéa 265(1)a) — voies de fait

42. Article 267 — agression armée ou infliction de lésions corporelles

43. Article 268 — voies de fait graves

44. Article 269 — infliction illégale de lésions corporelles

45. Paragraphe 269.1(1) — torture

46. Alinéa 271(1)a) — agression sexuelle

47. Article 272 — agression sexuelle armée, etc.

48. Article 273 — agression sexuelle grave

49. Paragraphe 279(1) — enlèvement

50. Paragraphe 279(2) — séquestration

51. Article 279.1 — prise d'otage

52. Article 280 — enlèvement d'une personne de moins de seize ans

53. Article 281 — enlèvement d'une personne de moins de quatorze ans

54. Alinéa 282a) — enlèvement en contravention avec une ordonnance de garde

55. Alinéa 283(1)a) — enlèvement en l'absence d'ordonnance de garde

56. Article 344 — vol qualifié

57. Article 345 — arrêter la poste avec l'intention de voler

58. Article 346 — extorsion

59. Article 348 — introduction par effraction dans un dessein criminel

60. Paragraphe 349(1) — présence illégale dans une maison d'habitation

61. Paragraphe 430(2) — méfait qui cause un danger réel pour la vie des gens

62. Article 431 — attaque contre les locaux, etc., des personnes jouissant d'une protection internationale

63. Article 433 — incendie criminel : danger pour la vie humaine

64. Article 434 — incendie criminel : dommages matériels

65. Article 434.1 — incendie criminel : biens propres

66. Article 435 — incendie criminel : intention frauduleuse L.C. 1995, ch. 19, art. 154

67. [Abrogé, L.C. 1997, ch. 9, art. 124.]

Loi sur les mesures d'urgence

68. Sous-alinéa 8(1)j)(ii) — contravention des décrets en cas de déclaration de sinistre

69. Sous-alinéa 19(1)e)(ii) — contravention des décrets en cas de déclaration d'état d'urgence

70. Sous-alinéa 30(1)l)(ii) — contravention des décrets en cas de déclaration d'état de crise internationale

71. Alinéa 40(3)b) — contravention des décrets en cas de déclaration d'état de guerre

Loi Canadienne sur la protection de l'environnement

72. Article 274 — dommages à l'environnement et mort ou blessures L.C. 1999, ch. 33, art. 346.

Loi réglementant certaines drogues et autres substances

73. Paragraphes 4(3) et (4) — possession

74. Paragraphes 5(3) et (4) — trafic

75. Paragraphe 6(3) — importation et exportation

76. Paragraphe 7(2) — production

77. [Abrogé, L.C. 1996, ch. 19, art. 73.]

Loi sur la défense nationale

78. Article 78 — espionnage au service de l'ennemi

79. Article 79 — mutinerie avec violence

80. Article 80 — mutinerie sans violence

Loi sur la sûreté et la réglementation nucléaires

Loi sur les secrets officiels

PARTIE XXI — APPELS — ACTES CRIMINELS

Définitions

673. Définitions — Les définitions qui suivent s'appliquent à la présente partie.

« acte d'accusation » Est assimilée à l'acte d'accusation toute dénonciation ou inculpation à l'égard de laquelle une personne a été jugée pour un acte criminel selon la partie XIX.

« cour d'appel » La cour d'appel, définie à l'article 2, pour la province ou le territoire où se tient le procès d'une personne sur acte d'accusation.

« registraire » Le registraire ou greffier de la cour d'appel.

« sentence », « peine » ou **« condamnation »** Y est assimilée :

a) la déclaration faite en vertu du paragraphe 199(3);

b) l'ordonnance rendue en vertu des paragraphes 109(1) ou 110(1), de l'article 161, des paragraphes 194(1) ou 259(1) ou (2), des articles 261 ou 462.37, des paragraphes 491.1(2), 730(1) ou 737(3) ou (5) ou des articles 738, 739, 742.1, 742.3, 743.6, 745.4 ou 745.5;

c) la décision prise en vertu des articles 731 ou 732 ou des paragraphes 732.2(3) ou (5), 742.4(3) ou 742.6(9).

d) d'une ordonnance rendue en vertu du paragraphe 16(1) de la *Loi réglementant certaines drogues et autres substances*.

« **tribunal de première instance** » Le tribunal par lequel un accusé a été jugé, y compris un juge ou un juge de la cour provinciale agissant selon la partie XIX.
L.R.C. 1985, ch. 27 (1er suppl.), art. 138 et 203; ch. 23 (4e suppl.), art. 4; ch. 42 (4e suppl.), art. 4; 1992, ch. 1, art. 58; 1993, ch. 45, art. 10; 1995, ch. 22, art. 5, 12; 1995, ch. 39, art. 155, 190; 1996, ch. 19, art. 74; 1999, ch. 5, art. 25; 1999, ch. 25, art. 13, 31.

Droit d'appel

674. Procédure abolie — Nulle procédure autre que celles qui sont autorisées par la présente partie et la partie XXVI ne peut être intentée par voie d'appel dans des procédures concernant des actes criminels.

675. (1) Une personne condamnée a le droit d'interjeter appel — Une personne déclarée coupable par un tribunal de première instance dans des procédures sur acte d'accusation peut interjeter appel, devant la cour d'appel :

a) de sa déclaration de culpabilité :

(i) soit pour tout motif d'appel comportant une simple question de droit,

(ii) soit pour tout motif d'appel comportant une question de fait, ou une question de droit et de fait, avec l'autorisation de la cour d'appel ou de l'un de ses juges ou sur certificat du juge de première instance attestant que la cause est susceptible d'appel,

(iii) soit pour tout motif d'appel non mentionné au sous-alinéa (i) ou (ii) et jugé suffisant par la cour d'appel, avec l'autorisation de celle-ci;

b) de la sentence rendue par le tribunal de première instance, avec l'autorisation de la cour d'appel ou de l'un de ses juges, à moins que cette sentence ne soit de celles que fixe la loi.

(1.1) Appel d'une déclaration de culpabilité par procédure sommaire — Si la cour d'appel ou un de ses juges l'y autorise, une personne peut, conformément au paragraphe (1), interjeter appel d'une déclaration de culpabilité par procédure sommaire ou de la peine qui a été infligée à l'égard de celle-ci, comme s'il s'agissait d'une déclaration de culpabilité par voie de mise en accusation, si les conditions suivantes sont réunies :

a) l'infraction de procédure sommaire ne fait pas déjà l'objet d'un appel;

b) l'infraction de procédure sommaire a été jugée en même temps qu'un acte criminel;

c) l'acte criminel fait déjà l'objet d'un appel.

(2) Appel de tout délai préalable supérieur à 10 ans — Le condamné à l'emprisonnement à perpétuité pour meurtre au deuxième degré peut interjeter appel, devant la cour d'appel, de tout délai préalable à sa libération conditionnelle supérieur à dix ans.

(2.1) Appel de l'ordonnance prévue à l'article 741.2 — La personne qui a fait l'objet de l'ordonnance prévue à l'article 741.2 peut interjeter appel de celle-ci.

(2.2) Personnes âgées de moins de dix-huit ans — La personne âgée de moins de dix-huit ans au moment de la perpétration de l'infraction et condamnée à l'emprisonnement à perpétuité pour meurtre au premier degré ou au deuxième degré peut interjeter appel, devant la cour d'appel, de tout délai préalable à sa libération conditionnelle — fixé par le juge qui préside le procès — qui est supérieur au nombre d'années minimal applicable en pareil cas.

(3) Appels des verdicts de troubles mentaux — Lorsqu'un verdict d'inaptitude à subir son procès ou de non-responsabilité criminelle pour cause de troubles mentaux est rendu à l'égard d'une personne, celle-ci peut interjeter appel de ce verdict devant la cour d'appel pour tout motif d'appel mentionné aux sous-alinéas (1)a)(i), (ii) ou (iii) et sous réserve des conditions qui y sont prescrites.

(4) Demande d'appel rejetée par le juge — Lorsqu'un juge de la cour d'appel refuse d'autoriser l'appel en vertu du présent article autrement qu'aux termes de l'alinéa (1)b), l'appelant peut, en produisant un avis écrit à la cour d'appel dans les sept jours qui suivent un tel refus, faire statuer par la cour d'appel sur sa demande d'autorisation d'appel.

L.C. 1991, ch. 43, art. 9; 1995, ch. 42, art. 73; 1997, ch. 18, art. 92; 1999, ch. 31, art. 68.

676. (1) Le procureur général peut interjeter appel — Le procureur général ou un avocat ayant reçu de lui des instructions à cette fin peut introduire un recours devant la cour d'appel :

a) contre un jugement ou verdict d'acquittement ou un verdict de non-responsabilité criminelle pour une cause de troubles mentaux prononcé par un tribunal de première instance à l'égard de procédures sur acte d'accusation pour tout motif d'appel qui comporte une question de droit seulement;

b) contre une ordonnance d'une cour supérieure de juridiction criminelle qui annule un acte d'accusation ou refuse ou omet d'exercer sa compétence à l'égard d'un acte d'accusation;

c) contre une ordonnance d'un tribunal de première instance qui arrête les procédures sur un acte d'accusation ou annule un acte d'accusation;

d) avec l'autorisation de la cour d'appel ou de l'un de ses juges, contre la peine prononcée par un tribunal de première instance à l'égard de procédures par acte d'accusation, à moins que cette peine ne soit de celles que fixe la loi.

(1.1) Appel d'une déclaration de culpabilité par procédure sommaire — Si la cour d'appel ou un de ses juges l'y autorise, le procureur général ou son substitut sur ses instructions peut, conformément au paragraphe (1), interjeter appel d'une déclaration de culpabilité par procédure sommaire ou de la peine qui a été infligée à l'égard de celle-ci, comme s'il s'agissait d'une déclaration de culpabilité par voie de mise en accusation, si les conditions suivantes sont réunies :

    a) l'infraction de procédure sommaire ne fait pas déjà l'objet d'un appel;

    b) l'infraction de procédure sommaire a été jugée en même temps qu'un acte criminel;

    c) l'acte criminel fait déjà l'objet d'un appel.

(2) Acquittement — Pour l'application du présent article, est assimilé à un jugement ou verdict d'acquittement un acquittement à l'égard d'une infraction spécifiquement mentionnée dans l'acte d'accusation lorsque l'accusé a, lors du procès, été déclaré coupable ou absous en vertu de l'article 730 de toute autre infraction.

(3) Appel d'un verdict d'inaptitude à subir son procès — Le procureur général ou le procureur constitué par lui à cette fin peut interjeter appel devant la cour d'appel d'un verdict portant qu'un accusé est inapte à subir son procès pour tout motif d'appel qui comporte une question de droit seulement.

(4) Appel en matière de délai préalable à la libération conditionnelle — Le procureur général ou un avocat ayant reçu de lui des instructions à cette fin peut interjeter appel, devant la cour d'appel, de tout délai préalable à la libération conditionnelle inférieur à vingt-cinq ans, en cas de condamnation pour meurtre au deuxième degré.

(5) Appel relatif à l'ordonnance prévue à l'article 741.2 — Le procureur général ou un avocat ayant reçu de lui des instructions à cette fin peut interjeter appel, devant la cour d'appel, de la décision du tribunal de ne pas rendre l'ordonnance prévue à l'article 741.2.

    L.R.C. 1985, ch. 27 (1er suppl.), art. 139; ch. 1 (4e suppl.), art. 18; L.C. 1991, ch. 43, art. 9; 1995, ch. 22, art. 10; ch. 42, art. 74; 1997, ch. 18, art. 93.

676.1 Appel quant aux frais — La partie à qui il est ordonné d'acquitter les frais peut appeler à la cour d'appel, avec son autorisation ou celle de l'un de ses juges, de l'ordonnance ou du montant en cause.

    L.C. 1997, ch. 18, art. 94.

677. Énoncé des motifs de dissidence — Le jugement de la cour d'appel énonce, le cas échéant, les motifs de toute dissidence fondée en tout ou en partie sur une question de droit.

    L.C. 1994, ch. 44, art. 67.

Procédures en appel

678. (1) Avis d'appel — Un appelant qui se propose d'introduire un recours devant la cour d'appel ou d'obtenir de ce tribunal l'autorisation d'interjeter appel, donne avis d'appel ou avis de sa demande d'autorisation d'appel, de la manière et dans le délai que les règles de cour peuvent prescrire.

(2) Prolongation du délai — La cour d'appel ou l'un de ses juges peut proroger le délai de l'avis d'appel ou de l'avis d'une demande d'autorisation d'appel.

678.1 Signification quand l'intimé est introuvable — Un avis d'appel ou un avis d'une demande d'autorisation d'appel peut être signifié à un intimé conformément à une ordonnance d'un juge de la cour d'appel lorsqu'il est impossible de retrouver l'intimé après des tentatives raisonnables en ce sens.

L.R.C. 1985, ch. 27 (1er suppl.), art. 140; L.C. 1992, ch. 1, art. 60.

679. (1) Mise en liberté en attendant la décision de l'appel — Un juge de la cour d'appel peut, en conformité avec le présent article, mettre en liberté un appelant en attendant la décision de son appel :

a) si, dans le cas d'un appel d'une déclaration de culpabilité interjeté devant la cour d'appel, l'appelant a donné un avis d'appel ou, lorsqu'une autorisation est requise, a donné un avis de sa demande d'autorisation d'appel en application de l'article 678;

b) si, dans le cas d'un appel d'une sentence seulement interjeté devant la cour d'appel, l'autorisation d'appel a été accordée à l'appelant;

c) si, dans le cas d'un appel ou d'une demande d'autorisation d'appel devant la Cour suprême du Canada, l'appelant a déposé et signifié son avis d'appel ou, lorsqu'une autorisation est requise, sa demande d'autorisation d'appel.

(2) Avis de demande de mise en liberté — Lorsqu'un appelant demande à un juge de la cour d'appel d'être mis en liberté en attendant la décision de son appel, il donne un avis écrit de la demande au poursuivant ou à toute autre personne qu'un juge de la cour d'appel indique.

(3) Circonstances dans lesquelles l'appelant peut être mis en liberté — Dans le cas d'un appel mentionné à l'alinéa (1)*a*) ou *c*), le juge de la cour d'appel peut ordonner que l'appelant soit mis en liberté en attendant la décision de son appel, si l'appelant établit à la fois :

a) que l'appel ou la demande d'autorisation d'appel n'est pas futile;

b) qu'il se livrera en conformité avec les termes de l'ordonnance;

c) que sa détention n'est pas nécessaire dans l'intérêt public.

(4) Idem — Dans le cas d'un appel mentionné à l'alinéa (1)*b*), le juge de la cour d'appel peut ordonner que l'appelant soit mis en liberté en attendant la décision de son appel ou jusqu'à ce qu'il en soit autrement ordonné par un juge de la cour d'appel, si l'appelant établit à la fois :

a) que l'appel est suffisamment justifié pour que, dans les circonstances, sa détention sous garde constitue une épreuve non nécessaire;

b) qu'il se livrera en conformité avec les termes de l'ordonnance;

c) que sa détention n'est pas nécessaire dans l'intérêt public.

(5) Conditions dont est assortie l'ordonnance — Lorsque le juge de la cour d'appel ne refuse pas la demande de l'appelant, il ordonne que l'appelant soit mis en liberté pourvu que, selon le cas :

a) il remette au juge une promesse, sans condition ou aux conditions que le juge fixe, de se livrer en conformité avec l'ordonnance;

b) il contracte un engagement :

(i) avec une ou plusieurs cautions,

(ii) avec un dépôt d'argent ou d'une autre valeur,

(iii) avec cautions et dépôt,

(iv) sans cautions ni dépôt,

pour un montant, aux conditions, s'il en est, et devant le juge de paix que le juge indique.

Lorsque l'appelant se conforme à l'ordonnance, la personne ayant la garde de l'appelant le met immédiatement en liberté.

(5.1) Conditions d'une promesse ou d'un engagement — Sont comprises parmi les conditions d'une promesse ou d'un engagement que le juge peut fixer aux termes du paragraphe (5) les conditions visées aux paragraphes 515(4), (4.1) et (4.2) qu'il estime souhaitables.

(6) Application de certaines dispositions de l'art. 525 — Les paragraphes 525(5), (6) et (7) s'appliquent, compte tenu des adaptations de circonstance, à l'égard d'une personne qui a été mise en liberté en vertu du paragraphe (5) du présent article.

(7) Mise en liberté ou détention en attendant l'audition du renvoi — Lorsque le ministre de la Justice prend une ordonnance ou fait un renvoi, en vertu de l'article 690, le présent article s'applique à la mise en liberté ou à la détention de la personne visée en attendant l'audition du renvoi et la décision y relative comme si cette personne était l'appelant visé à l'alinéa (1)a).

(7.1) Mise en liberté ou détention en attendant le nouveau procès ou la nouvelle audition — Lorsque la cour d'appel ou la Cour suprême du Canada ordonne un nouveau procès, le régime de mise en liberté ou de détention provisoire prévu par les articles 515 et 522 s'applique comme si elle était accusée pour la première fois, et le juge de la cour d'appel dispose pour l'appliquer des pouvoirs conférés au juge de paix et au juge par ces articles.

(8) Application aux appels dans les procédures sommaires — Le présent article s'applique aux demandes d'autorisation d'appel et aux appels devant la Cour suprême du Canada dans les procédures par déclaration de culpabilité par procédure sommaire.

(9) Forme de la promesse ou de l'engagement — Une promesse en vertu du présent article peut être rédigée selon la formule 12 et un engagement en vertu du présent article peut être rédigé selon la formule 32.

(10) Instructions pour hâter l'appel, le nouveau procès, etc. — Lorsque, à la suite de la demande de l'appelant, il ne rend pas une ordonnance prévue par le paragraphe (5) ou lorsqu'il annule une ordonnance rendue auparavant en vertu du présent article, un juge de la cour d'appel ou, dans le cas d'un appel interjeté devant la Cour suprême du Canada, un juge de ce tribunal, sur demande d'un appelant, peut donner les instructions qu'il estime nécessaires pour hâter l'audition de l'appel de l'appelant ou pour hâter le nouveau procès ou la nouvelle audition ou l'audition du renvoi, selon le cas.

L.R.C. 1985, ch. 27 (1er suppl.), art. 141; L.C. 1997, ch. 18, art. 95; 1999, ch. 25, art. 14.

680. (1) Révision par la cour d'appel — Une décision rendue par un juge en vertu de l'article 522 ou des paragraphes 524(4) ou (5) ou une décision rendue par un juge de la cour d'appel en vertu des articles 261 ou 679 peut, sur l'ordre du juge en chef ou du juge en chef suppléant de la cour d'appel, faire l'objet d'une révision par ce tribunal et celui-ci peut, s'il ne confirme pas la décision :

a) ou bien modifier la décision;

b) ou bien substituer à cette décision telle autre décision qui, à son avis, aurait dû être rendue.

(2) Un seul juge — Les pouvoirs de la cour d'appel prévus au paragraphe (1) peuvent être exercés par un juge de cette cour si les parties y consentent.

(3) Exécution de la décision — Une décision telle que modifiée ou rendue en vertu du présent article peut être exécutée à tous égards comme s'il s'agissait de la décision originale.

L.R.C. 1985, ch. 27 (1er suppl.), art. 142; L.C. 1994, ch. 44, art. 68.

681. [Abrogé, L.C. 1991, ch. 43, art. 9.]

682. (1) Rapport du juge — Lorsque, sous le régime de la présente partie, un appel est interjeté ou une demande d'autorisation d'appel est faite, le juge ou juge de la cour provinciale qui a présidé au procès doit, à la demande de la cour d'appel ou de l'un de ses juges, en conformité avec les règles de cour, fournir à ce tribunal ou à ce juge, un rapport portant sur la cause ou sur toute matière s'y rattachant que la demande spécifie.

(2) Transcription de la preuve — Une copie ou transcription :

a) de la preuve recueillie au procès;

b) de l'exposé du juge au jury ainsi que des oppositions soulevées à son encontre;

c) des motifs du jugement, s'il en est;

d) des exposés et des plaidoiries du poursuivant et de l'accusé, si un motif d'appel repose sur l'un ou l'autre de ceux-ci,

est fournie à la cour d'appel, sauf dans la mesure où dispense en est accordée par ordonnance d'un juge de ce tribunal.

(3) [Abrogé, L.C. 1997, ch. 18, art. 96.]

(4) Copies aux parties intéressées — Une partie à l'appel a le droit de recevoir, sur paiement des frais fixés par les règles de cour, une copie ou une transcription de tout élément préparé en vertu des paragraphes (1) et (2).

(5) Copie pour le ministre de la Justice — Le ministre de la Justice a le droit de recevoir, sur demande, une copie ou une transcription de tout élément préparé en vertu des paragraphes (1) et (2).

L.R.C. 1985, ch. 27 (1er suppl.), art. 143 et 203; L.C. 1997, ch. 18, art. 96.

683. (1) Pouvoirs de la cour d'appel — Aux fins d'un appel prévu par la présente partie, la cour d'appel peut, lorsqu'elle l'estime dans l'intérêt de la justice :

a) ordonner la production de tout écrit, pièce ou autre chose se rattachant aux procédures;

b) ordonner qu'un témoin qui aurait été un témoin contraignable lors du procès, qu'il ait été appelé ou non au procès :

(i) ou bien comparaisse et soit interrogé devant la cour d'appel,

(ii) ou bien soit interrogé de la manière prévue par les règles de cour devant un juge de la cour d'appel, ou devant tout fonctionnaire de la cour d'appel ou un juge de paix ou autre personne nommée à cette fin par la cour d'appel;

c) admettre, comme preuve, un interrogatoire recueilli aux termes du sous-alinéa *b*)(ii);

d) recevoir la déposition, si elle a été offerte, de tout témoin, y compris l'appelant, qui est habile à témoigner mais non contraignable;

e) ordonner que toute question surgissant à l'occasion de l'appel et qui, à la fois :

(i) comporte un examen prolongé d'écrits ou comptes, ou des recherches scientifiques ou locales,

(ii) ne peut, de l'avis de la cour d'appel, être examinée commodément devant la cour d'appel, soit déférée pour enquête et rapport, de la manière prévue par les règles de cour, à un commissaire spécial nommé par la cour d'appel;

f) donner suite au rapport d'un commissaire nommé en vertu de l'alinéa *e)* dans la mesure où la cour d'appel estime opportun de le faire;

g) modifier l'acte d'accusation, à moins qu'elle ne soit d'avis que l'accusé a été induit en erreur ou qu'il a subi un préjudice dans sa défense ou son appel.

(2) Droit des parties de fournir des témoignages et d'être entendues — Dans des procédures visées au présent article, les parties ou leurs avocats ont droit d'interroger ou de contre-interroger les témoins et, dans une enquête visée par l'alinéa (1)*e)*, ont droit d'être présents à l'enquête, d'apporter des témoignages et d'être entendus.

(3) Autres pouvoirs — Une cour d'appel peut exercer, relativement aux procédures devant elle, tout pouvoir non mentionné au paragraphe (1) qui peut être exercé par elle lors d'appels en matière civile, et elle peut décerner tout acte judiciaire nécessaire pour l'exécution de ses ordonnances ou sentences, mais aucuns frais ne peuvent être accordés à l'appelant ou à l'intimé sur l'audition et la décision d'un appel, ou à l'occasion de procédures préliminaires ou accessoires à cet appel.

(4) Exécution d'un acte judiciaire — Tout acte judiciaire décerné par la cour d'appel aux termes du présent article peut être exécuté à tout endroit au Canada.

(5) Pouvoir de suspendre l'exécution — Lorsqu'un appel ou une demande d'autorisation d'appel ont été déposés, la cour d'appel ou un de ses juges peut, si elle est convaincue que l'intérêt de la justice l'exige, ordonner de suspendre jusqu'à décision définitive sur l'appel :

a) le paiement de l'amende;

b) l'ordonnance de confiscation ou de disposition de biens confisqués;

c) l'ordonnance de dédommagement visée aux articles 738 ou 739;

d) le paiement de la suramende compensatoire visée à l'article 737;

e) les conditions inscrites dans l'ordonnance de probation visée aux paragraphes 732.1(2) et (3).

(6) Révocation de l'ordonnance — La cour d'appel peut révoquer une ordonnance rendue en vertu du paragraphe (5) lorsqu'elle le juge dans l'intérêt de la justice.
L.R.C. 1985, ch. 27 (1er suppl.), art. 144; ch. 23 (4e suppl.), art. 5; L.C. 1995, ch. 22, art. 10; 1997, ch. 18, art. 97 et 141; 1999, ch. 25, art. 15.

684. (1) Assistance d'un avocat — Une cour d'appel, ou l'un de ses juges, peut à tout moment désigner un avocat pour agir au nom d'un accusé qui est partie à un appel ou à des procédures préliminaires ou accessoires à un appel, lorsque, à son avis, il paraît désirable dans l'intérêt de la justice que l'accusé soit pourvu d'un avocat et lorsqu'il appert que l'accusé n'a pas les moyens requis pour obtenir l'assistance d'un avocat.

(2) Honoraires et dépenses — Dans le cas où l'accusé ne bénéficie pas de l'aide juridique prévue par un régime provincial, le procureur général en cause paie les honoraires et les dépenses de l'avocat désigné au titre du paragraphe (1).

(3) Taxation des honoraires et des dépenses — Dans le cas de l'application du paragraphe (2), le registraire peut, sur demande du procureur général ou de l'avocat, taxer les honoraires et les dépenses de l'avocat si le procureur général et ce dernier ne s'entendent pas sur leur montant.

L.R.C. 1985, ch. 34 (3e suppl.), art. 9.

685. Décision sommaire des appels futiles — Lorsqu'il apparaît au registraire qu'un avis d'appel d'une condamnation, donné comme reposant sur un motif d'appel qui comporte une simple question de droit, n'énonce pas un motif d'appel sérieux, le registraire peut renvoyer l'appel devant la cour d'appel en vue d'une décision sommaire, et, lorsqu'un appel est renvoyé devant la cour d'appel en vertu du présent article, celle-ci peut, si elle considère l'appel comme futile ou vexatoire et susceptible d'être jugé sans qu'il soit nécessaire de l'ajourner pour une audition complète, rejeter sommairement l'appel sans assigner de personnes à l'audition ou sans les y faire comparaître pour l'intimé.

Pouvoirs de la cour d'appel

686. (1) Pouvoir — Lors de l'audition d'un appel d'une déclaration de culpabilité ou d'un verdict d'inaptitude à subir son procès ou de non-responsabilité criminelle pour cause de troubles mentaux, la cour d'appel :

    a) peut admettre l'appel, si elle est d'avis, selon le cas :

        (i) que le verdict devrait être rejeté pour le motif qu'il est déraisonnable ou ne peut pas s'appuyer sur la preuve,

        (ii) que le jugement du tribunal de première instance devrait être écarté pour le motif qu'il constitue une décision erronée sur une question de droit,

        (iii) que, pour un motif quelconque, il y a eu erreur judiciaire;

    b) peut rejeter l'appel, dans l'un ou l'autre des cas suivants :

        (i) elle est d'avis que l'appelant, bien qu'il n'ait pas été régulièrement déclaré coupable sur un chef d'accusation ou une partie de l'acte d'accusation, a été régulièrement déclaré coupable sur un autre chef ou une autre partie de l'acte d'accusation,

        (ii) l'appel n'est pas décidé en faveur de l'appelant pour l'un des motifs mentionnés à l'alinéa *a)*,

(iii) bien qu'elle estime que, pour un motif mentionné au sous-alinéa *a)*(ii), l'appel pourrait être décidé en faveur de l'appelant, elle est d'avis qu'aucun tort important ou aucune erreur judiciaire grave ne s'est produit;

(iv) nonobstant une irrégularité de procédure au procès, le tribunal de première instance était compétent à l'égard de la catégorie d'infractions dont fait partie celle dont l'appelant a été déclaré coupable et elle est d'avis qu'aucun préjudice n'a été causé à celui-ci par cette irrégularité;

c) peut refuser d'admettre l'appel lorsqu'elle est d'avis que le tribunal de première instance en est venu à une conclusion erronée quant à l'effet d'un verdict spécial, et elle peut ordonner l'inscription de la conclusion que lui semble exiger le verdict et prononcer, en remplacement de la sentence rendue par le tribunal de première instance, une sentence justifiée en droit;

d) peut écarter une déclaration de culpabilité et déclarer l'appelant inapte à subir son procès ou non responsable criminellement pour cause de troubles mentaux et peut exercer les pouvoirs d'un tribunal de première instance que l'article 672.45 accorde à celui-ci ou auxquels il fait renvoi, de la façon qu'elle juge indiquée dans les circonstances.

e) [abrogé, L.C. 1991, ch. 43, art. 9.]

(2) Ordonnance à rendre — Lorsqu'une cour d'appel admet un appel en vertu de l'alinéa (1)*a)*, elle annule la condamnation et, selon le cas :

a) ordonne l'inscription d'un jugement ou verdict d'acquittement;

b) ordonne un nouveau procès.

(3) Substitution de verdict — Lorsqu'une cour d'appel rejette un appel aux termes du sous-alinéa (1)*b)*(i), elle peut substituer le verdict qui, à son avis, aurait dû être rendu et :

a) soit confirmer la peine prononcée par le tribunal de première instance;

b) soit imposer une peine justifiée en droit ou renvoyer l'affaire au tribunal de première instance en lui ordonnant d'infliger une peine justifiée en droit.

(4) Appel d'un acquittement — Lorsqu'un appel est interjeté d'un acquittement ou d'un verdict d'inaptitude à subir un procès ou de non-responsabilité criminelle pour cause de troubles mentaux rendu à l'égard de l'appelant ou l'intimé, la cour d'appel peut :

a) rejeter l'appel;

b) admettre l'appel, écarter le verdict et, selon le cas :

(i) ordonner un nouveau procès,

(ii) sauf dans le cas d'un verdict rendu par un tribunal composé d'un juge et d'un jury, consigner un verdict de culpabilité à l'égard de l'infraction dont, à son avis, l'accusé aurait dû être déclaré coupable, et prononcer une peine justifiée en droit ou renvoyer l'affaire au tribunal de première instance en lui ordonnant d'infliger une peine justifiée en droit.

(5) Procès aux termes de la partie XIX — Sous réserve du paragraphe (5.01), lorsqu'un appel est porté à l'égard de procédures prévues par la partie XIX et que la cour d'appel ordonne un nouveau procès aux termes de la présente partie, les dispositions suivantes s'appliquent :

a) si l'accusé, dans son avis d'appel ou avis de demande d'autorisation d'appel, a demandé que le nouveau procès, s'il est ordonné, soit instruit devant un tribunal composé d'un juge et d'un jury, le nouveau procès s'instruit en conséquence;

b) si l'accusé, dans son avis d'appel ou avis de demande d'autorisation d'appel, n'a pas demandé que le nouveau procès, s'il est ordonné, soit instruit devant un tribunal composé d'un juge et d'un jury, le nouveau procès s'instruit, sans nouveau choix par l'accusé, devant un juge ou un juge de la cour provinciale, selon le cas, agissant en vertu de la partie XIX, autre qu'un juge ou juge de la cour provinciale qui a jugé l'accusé en première instance, à moins que la cour d'appel n'ordonne que le nouveau procès ait lieu devant le juge ou juge de la cour provinciale qui a jugé l'accusé en première instance;

c) si la cour d'appel ordonne que le nouveau procès soit instruit devant un tribunal composé d'un juge et d'un jury, le nouveau procès doit commencer par un acte d'accusation écrit énonçant l'infraction à l'égard de laquelle le nouveau procès a été ordonné;

d) nonobstant l'alinéa *a)*, si la déclaration de culpabilité dont l'accusé a interjeté appel visait une infraction mentionnée à l'article 553 et a été prononcée par un juge de la cour provinciale, le nouveau procès s'instruit devant un juge de la cour provinciale agissant en vertu de la partie XIX, autre que celui qui a jugé l'accusé en première instance, sauf si la cour d'appel ordonne que le nouveau procès s'instruise devant le juge de la cour provinciale qui a jugé l'accusé en première instance.

(5.01) Nunavut — S'agissant de procédures criminelles au Nunavut, lorsqu'un appel est porté à l'égard de procédures prévues par la partie XIX et que la Cour d'appel du Nunavut ordonne un nouveau procès aux termes de la partie XXI, les dispositions suivantes s'appliquent :

a) si l'accusé, dans son avis d'appel ou de demande d'autorisation d'appel, a demandé que le nouveau procès, s'il est ordonné, soit instruit devant un tribunal composé d'un juge et d'un jury, le nouveau procès s'instruit en conséquence;

b) sauf ordonnance contraire de la cour d'appel, si l'accusé, dans son avis d'appel ou de demande d'autorisation d'appel, n'a pas demandé que le nouveau procès, s'il est ordonné, soit instruit par un tribunal composé d'un juge et d'un jury, le nouveau procès s'instruit, sans possibilité d'autre choix ni enquête préliminaire, devant un juge agissant en vertu de la partie XIX autre que celui de première instance;

c) si la Cour d'appel ordonne que le nouveau procès soit instruit devant un tribunal composé d'un juge et d'un jury, le nouveau procès doit commencer par un acte d'accusation écrit énonçant l'infraction à l'égard de laquelle le nouveau procès a été ordonné;

d) malgré l'alinéa *a*), si la déclaration de culpabilité attaquée visait un acte criminel mentionné à l'article 553, le nouveau procès s'instruit, sauf ordonnance contraire de la Cour d'appel, devant un juge agissant en vertu de la partie XIX autre que celui de première instance.

(5.1) Nouveau choix pour nouveau procès — Sous réserve du paragraphe (5.2), l'accusé à qui la Cour d'appel ordonne de subir un nouveau procès devant juge et jury peut néanmoins, avec le consentement du poursuivant, choisir d'être jugé par un juge sans jury ou un juge. Son choix est réputé être un nouveau choix au sens du paragraphe 561(5), lequel s'applique avec les adaptations nécessaires.

(5.2) Procès : Nunavut — L'accusé à qui la Cour d'appel ordonne de subir un nouveau procès devant juge et jury peut néanmoins, avec le consentement du poursuivant, choisir d'être jugé par un juge sans jury. Son choix est réputé être un nouveau choix au sens du paragraphe 561.1(1), le paragraphe 561.1(6) s'appliquant avec les adaptations nécessaires.

(6) Admission de l'appel d'un verdict d'inaptitude à subir son procès — Lorsqu'une cour d'appel admet un appel d'un verdict d'inaptitude à subir son procès, elle ordonne un nouveau procès, sous réserve du paragraphe (7).

(7) Annulation du verdict et acquittement — Lorsque le verdict portant que l'accusé est inapte à subir son procès a été prononcé après que la poursuite a terminé son exposé, la cour d'appel peut, bien que le verdict soit indiqué, si elle est d'avis que l'accusé aurait dû être acquitté au terme de l'exposé de la poursuite, admettre l'appel, annuler le verdict et ordonner de consigner un jugement ou un verdict d'acquittement.

(8) Pouvoirs supplémentaires — Lorsqu'une cour d'appel exerce des pouvoirs conférés par le paragraphe (2), (4), (6) ou (7), elle peut en outre rendre toute ordonnance que la justice exige.

L.R.C. 1985, ch. 27 (1er suppl.), art. 145 et 203; L.C. 1991, ch. 43, art. 9; 1997, ch. 18, art. 98; 1999, ch. 3, art. 52; 1999, ch. 5, art. 26.

687. (1) Pouvoirs de la cour concernant un appel d'une sentence — S'il est interjeté appel d'une sentence, la cour d'appel considère, à moins que la sentence n'en soit une que détermine la loi, la justesse de la sentence dont appel est interjeté et peut, d'après la preuve, le cas échéant, qu'elle croit utile d'exiger ou de recevoir :

  a) soit modifier la sentence dans les limites prescrites par la loi pour l'infraction dont l'accusé a été déclaré coupable;

  b) soit rejeter l'appel.

(2) Effet d'un jugement — Un jugement d'une cour d'appel modifiant la sentence d'un accusé qui a été déclaré coupable a la même vigueur et le même effet que s'il était une sentence prononcée par la cour de première instance.

688. (1) Droit de l'appelant d'être présent — Sous réserve du paragraphe (2), un appelant qui est sous garde a droit, s'il le désire, d'être présent à l'audition de l'appel.

(2) Appelant représenté par avocat — Un appelant qui est sous garde et qui est représenté par un avocat n'a pas le droit d'être présent :

  a) à l'audition de l'appel, lorsque l'appel porte sur un motif comportant une question de droit seulement;

  b) lors d'une demande d'autorisation d'appel;

  c) à l'occasion de procédures préliminaires ou accessoires à un appel,

à moins que les règles de cour ne déclarent qu'il a droit d'être présent ou que la cour d'appel ou un de ses juges ne l'autorise à être présent.

(3) Plaidoirie orale ou écrite — Un appelant peut présenter sa cause en appel et sa plaidoirie par écrit plutôt qu'oralement; la cour d'appel doit prendre en considération toute cause ou plaidoirie ainsi présentée.

(4) Sentence en l'absence d'un appelant — Le pouvoir d'une cour d'appel d'imposer une sentence peut être exercé même si l'appelant n'est pas présent.

689. (1) Restitution de biens — Lorsqu'une ordonnance d'indemnisation ou de restitution de biens est rendue par le tribunal de première instance en vertu de l'article 738 ou 739 ou qu'une ordonnance de confiscation est rendue en vertu du paragraphe 462.37(1), l'application de l'ordonnance est suspendue :

  a) jusqu'à l'expiration de la période prescrite par les règles de cour pour donner avis d'appel ou avis de demande d'autorisation d'appel, à moins que l'accusé ne renonce à un appel;

  b) jusqu'à ce qu'il ait été statué sur l'appel ou sur la demande d'autorisation d'appel, si appel est interjeté ou si demande d'autorisation en est faite.

(2) Annulation ou modification de l'ordonnance — La cour d'appel peut par ordonnance annuler ou modifier une ordonnance rendue par le tribunal de première instance relativement à l'indemnisation ou à la restitution de biens dans les limites prescrites par la disposition d'après laquelle le tribunal de première instance a rendu l'ordonnance, que la déclaration de culpabilité soit cassée ou non.

L.R.C. 1985, ch. 42 (4ᵉ suppl.), art. 5; L.C. 1995, ch. 22, art. 10.

Pouvoirs du ministre de la Justice

690. Pouvoirs du ministre de la Justice — Sur une demande de clémence de la Couronne, faite par ou pour une personne qui a été condamnée à la suite de procédures sur un acte d'accusation ou qui a été condamnée à la détention préventive en vertu de la partie XXIV, le ministre de la Justice peut :

a) prescrire, au moyen d'une ordonnance écrite, un nouveau procès ou, dans le cas d'une personne condamnée à la détention préventive, une nouvelle audition devant tout tribunal qu'il juge approprié si, après enquête, il est convaincu que, dans les circonstances, un nouveau procès ou une nouvelle audition, selon le cas, devrait être prescrit;

b) à tout moment, renvoyer la cause devant la cour d'appel pour audition et décision comme s'il s'agissait d'un appel interjeté par la personne déclarée coupable ou par la personne condamnée à la détention préventive, selon le cas;

c) à tout moment, renvoyer devant la cour d'appel, pour connaître son opinion, toute question sur laquelle il désire son assistance, et la cour d'appel donne son opinion en conséquence.

Appels à la Cour suprême du Canada

691. (1) Appel d'une déclaration de culpabilité — La personne déclarée coupable d'un acte criminel et dont la condamnation est confirmée par la cour d'appel peut interjeter appel à la Cour suprême du Canada :

a) sur toute question de droit au sujet de laquelle un juge de la cour d'appel est dissident;

b) sur toute question de droit, si l'autorisation d'appel est accordée par la Cour suprême du Canada.

(2) Appel lorsque l'acquittement est annulé — La personne qui est acquittée de l'accusation d'un acte criminelle — sauf dans le cas d'un verdict de non-responsabilité criminelle pour cause de troubles mentaux — et dont l'acquittement est annulé par la cour d'appel peut interjeter appel devant la Cour Suprême du Canada :

a) sur toute question de droit au sujet de laquelle un juge de la cour d'appel est dissident;

b) sur toute question de droit, si la cour d'appel a consigné un verdict de culpabilité;

c) sur toute question de droit, si l'autorisation d'appel est accordée par la Cour suprême du Canada.

L.R.C. 1985, ch. 34 (3ᵉ suppl.), art. 10; L.C. 1991, ch. 43, art. 9; 1997, ch. 18, art. 99.

692. (1) Appel d'une confirmation d'un verdict de non-responsabilité criminelle pour cause de troubles mentaux — Une personne qui a été déclarée non responsable criminellement pour cause de troubles mentaux, et selon le cas :

a) dont le verdict est confirmé par la cour d'appel pour ce motif,

b) contre laquelle un verdict de culpabilité est consigné par la cour d'appel en vertu du sous-alinéa 686(4)*b)*(ii),

peut interjeter appel devant la Cour suprême du Canada.

(2) Appel d'une confirmation d'un verdict d'inaptitude à subir son procès — Une personne qui est trouvée inapte à subir son procès et à l'égard de laquelle ce verdict est confirmé par la cour d'appel peut interjeter appel devant la Cour suprême du Canada.

(3) Motifs d'appel — Un appel interjeté en vertu du paragraphe (1) ou (2) peut porter :

a) sur toute question de droit au sujet de laquelle un juge de la cour d'appel est dissident;

b) sur toute question de droit, si l'autorisation d'appel est accordée par la Cour suprême du Canada.

L.R.C. 1985, ch. 34 (3ᵉ suppl.), art. 11; L.C. 1991, ch. 43, art. 9.

693. (1) Appel par le procureur général — Lorsqu'un jugement d'une cour d'appel annule une déclaration de culpabilité par suite d'un appel interjeté aux termes de l'article 675 ou rejette un appel interjeté aux termes de l'alinéa 676(1)*a)*, *b)* ou *c)* ou du paragraphe 676(3), le procureur général peut interjeter appel devant la Cour suprême du Canada :

a) sur toute question de droit au sujet de laquelle un juge de la cour d'appel est dissident;

b) sur toute question de droit, si l'autorisation d'appel est accordée par la Cour suprême du Canada.

(2) Conditions — Lorsque l'autorisation d'appel est accordée aux termes de l'alinéa (1)*b)*, la Cour suprême du Canada peut imposer les conditions qu'elle estime appropriées.

L.R.C. 1985, ch. 27 (1ᵉʳ suppl.), art. 146; ch. 34 (3ᵉ suppl.), art. 12.

694. Avis d'appel — Il n'est ouvert aucun appel à la Cour suprême du Canada à moins que l'appelant ne signifie à l'intimé un avis d'appel par écrit, conformément à la *Loi sur la Cour suprême du Canada*.

L.R.C. 1985, ch. 34 (3ᵉ suppl.), art. 13.

694.1 (1) Assistance d'un avocat — La Cour suprême du Canada, ou l'un de ses juges, peut à tout moment désigner un avocat pour agir au nom d'un accusé qui est partie à un appel ou à des procédures préliminaires ou accessoires à un appel devant elle, lorsque, à son avis, il paraît désirable dans l'intérêt de la justice que l'accusé soit pourvu d'un avocat et lorsqu'il appert que l'accusé n'a pas les moyens requis pour obtenir l'assistance d'un avocat.

(2) Honoraires et dépenses — Dans le cas où l'accusé ne bénéficie pas de l'aide juridique prévue par un régime provincial, le procureur général en cause paie les honoraires et les dépenses de l'avocat désigné au titre du paragraphe (1).

(3) Taxation des honoraires et des dépenses — Dans le cas de l'application du paragraphe (2), le registraire de la Cour suprême du Canada peut, sur demande du procureur général ou de l'avocat, taxer les honoraires et les dépenses de l'avocat si le procureur général et ce dernier ne s'entendent pas sur leur montant.

L.R.C. 1985, ch. 34 (3ᵉ suppl.), art. 13; L.C. 1992, ch. 1, art. 60.

694.2 (1) Droit de l'appelant d'être présent — Sous réserve du paragraphe (2), l'appelant qui est sous garde a droit, s'il le désire, d'être présent à l'audition de l'appel devant la Cour suprême du Canada.

(2) Appelant représenté par avocat — L'appelant qui est sous garde et qui est représenté par un avocat n'a pas le droit d'être présent devant la Cour suprême du Canada :

a) lors de la demande d'autorisation d'appel,

b) lors des procédures préliminaires ou accessoires à l'appel,

c) lors de l'audition de l'appel,

à moins que les règles de la Cour ne déclarent qu'il a droit d'être présent ou que la Cour suprême ou un de ses juges ne l'autorise à être présent.

L.R.C. 1985, ch. 34 (3ᵉ suppl.), art. 13.

695. (1) Ordonnance de la Cour suprême du Canada — La Cour suprême du Canada peut, sur un appel aux termes de la présent partie, rendre toute ordonnance que la cour d'appel aurait pu rendre et peut établir toute règle ou rendre toute ordonnance nécessaire pour donner effet à son jugement.

(2) [Abrogé, L.C. 1999, ch. 5, art. 27.]

L.C. 1999, ch. 5, art. 27.

Appels par le procureur général du Canada

696. Droit, pour le procureur général du Canada, d'interjeter appel — Le procureur général du Canada a les mêmes droits d'appel dans les procédures intentées sur l'instance du gouvernement du Canada et dirigéees par ou pour ce gouvernement, que ceux que possède le procureur général d'une province aux termes de la présente partie.

PARTIE XXII — ASSIGNATION

Application

697. Application — Sauf dans les cas où l'article 527 s'applique, la présente partie s'applique lorsqu'une personne est tenue d'être présente afin de témoigner dans une procédure visée par la présente loi.

L.R.C. 1985, ch. 27 (1er suppl.), art. 147.

Assignation ou mandat

698. (1) Assignation — Lorsqu'une personne est susceptible de fournir quelque preuve substantielle dans une procédure visée par la présente loi, une assignation peut être lancée conformément à la présente partie lui enjoignant d'être présente afin de témoigner.

(2) Mandat selon la formule 17 — Lorsqu'il paraît qu'une personne susceptible de fournir une preuve substantielle :

    a) ne se présentera pas en réponse à l'assignation, si une assignation est lancée;

    b) se soustrait à la signification d'une assignation,

un tribunal, un juge de paix ou un juge de la cour provinciale ayant le pouvoir de lancer une assignation pour enjoindre à cette personne d'être présente afin de témoigner, peut décerner un mandat rédigé selon la formule 17 en vue de la faire arrêter et de la faire amener pour témoigner.

(3) Une assignation est d'abord émise — Sauf lorsque l'alinéa (2)*a)* s'applique, un mandat rédigé selon la formule 17 ne peut être décerné que si une assignation a d'abord été lancée.

L.R.C. 1985, ch. 27 (1er suppl.), art. 203.

699. (1) Convocation des témoins par le tribunal — L'assignation d'un témoin devant une cour supérieure de juridiction criminelle, une cour d'appel ou une cour de juridiction criminelle autre qu'un juge de la cour provinciale agissant sous le régime de la partie XIX doit émaner du tribunal devant lequel sa présence est requise.

(2) Qui peut convoquer un témoin dans certains cas — L'assignation d'un témoin devant un juge de la cour provinciale agissant sous le régime de la partie XIX ou une cour des poursuites sommaires sous le régime de la partie XXVII ou dans des procédures sur lesquelles un juge de paix a juridiction doit être délivrée :

(a) si la personne se trouve dans la province où les procédures ont été engagées, par un juge de la cour provinciale ou un juge de paix;

(b) si la personne ne se trouve pas dans la province où les procédures ont été engagées, par une cour supérieure de juridiction criminelle ou un juge de la cour provinciale de la province où elles ont été engagées.

(3) Ordonnance d'un juge — Une convocation ne peut être émise par une cour supérieure de juridiction criminelle aux termes de l'alinéa (2)*b)*, sauf en conformité avec une ordonnance d'un juge du tribunal, rendue à la demande d'une partie à la procédure.

(4) Sceau — Une assignation ou un mandat décerné par un tribunal aux termes de la présente partie porte le sceau du tribunal et la signature d'un juge du tribunal ou du greffier du tribunal.

(5) Signature — Une assignation ou un mandat décerné par un juge de paix ou un juge de la cour provinciale en vertu de la présente partie porte la signature du juge de paix ou du juge de la cour provinciale.

(5.1) Infractions d'ordre sexuel — Par dérogation aux paragraphes (1) à (5), dans le cas des infractions visées au paragraphe 278.2(1), l'assignation à comparaître requérant un témoin d'apporter un dossier dont la communication est régie par les articles 278.1 à 278.91 doit être émise et signée par un juge.

(6) Formule — Sous réserve du paragraphe (7), une assignation lancée en vertu de la présente partie peut être rédigée selon la formule 16.

(7) Formule dans le cas des infractions d'ordre sexuel — Dans le cas des infractions visées au paragraphe 278.2(1), l'assignation à comparaître requérant un témoin d'apporter quelque chose doit être rédigée selon la formule 16.1.

L.R.C. 1985, ch. 27 (1ᵉʳ suppl.), art. 203; L.C. 1994, ch. 44, art. 69; 1997, ch. 30, art. 2; 1999, ch. 5, art. 28.

700. (1) Contenu de l'assignation — Une assignation requiert la personne à qui elle est adressée d'être présente aux date, heure et lieu indiqués dans l'assignation, de témoigner et, si la chose est nécessaire, d'apporter avec elle toute chose qu'elle a en sa possession ou sous son contrôle, quant à l'objet des procédures.

(2) Le témoin doit comparaître et demeurer présent — Une personne à qui est signifiée une assignation émise en vertu de la présente partie doit être et demeurer présente pendant toute la durée des procédures, à moins qu'elle n'en soit excusée par le juge, le juge de paix ou le juge de la cour provinciale qui préside.

L.R.C. 1985, ch. 27 (1er suppl.), art. 148 et 203.

700.1 (1) Virtuellement présent — Le tribunal visé aux paragraphes 699(1) ou (2) enjoint au témoin de se présenter en tout lieu situé dans son ressort où il pourra témoigner grâce aux moyens de retransmission prévus aux articles 714.1 ou 714.3, au paragraphe 46(2) de la *Loi sur la preuve au Canada* ou à l'article 22.2 de la *Loi sur l'entraide juridique en matière criminelle*.

(2) Modalités — L'assignation est faite selon les modalités prévues aux articles 699, 700 et 701 à 703.2, avec les adaptations nécessaires.

L.C. 1999, ch. 18, art. 94.

Exécution ou signification

701. (1) Signification — Sous réserve du paragraphe (2), l'assignation est signifiée dans une province par un agent de la paix ou par toute personne habilitée par cette province à ce faire en matière civile, en conformité avec le paragraphe 509(2) et avec les adaptations nécessaires.

(2) Signification personnelle — Une assignation lancée d'après l'alinéa 699(2)*b)* est signifiée personnellement à la personne à qui elle est adressée.

(3) Preuve de la signification — La signification d'une assignation peut être prouvée par l'affidavit de la personne qui l'a effectuée.

L.C. 1994, ch. 44, art. 70.

701.1 Signification en vertu des lois provinciales — Par dérogation à l'article 701, la signification et la preuve de la signification d'une assignation, d'une sommation ou de tout autre document peut se faire en conformité avec le droit provincial applicable à la signification des actes judiciaires liés à la poursuite des infractions provinciales.

L.C. 1997, ch. 18, art. 100.

702. (1) Assignation valable partout au Canada — L'assignation qui émane d'un juge de la cour provinciale, d'une cour supérieure de juridiction criminelle, d'une cour d'appel, d'un tribunal siégeant en appel ou d'une cour de juridiction criminelle est valable partout au Canada, selon ses termes.

(2) Assignation valable partout dans la province — L'assignation qui émane d'un juge de paix est valable partout dans la province où elle est émise.

L.R.C. 1985, ch. 27 (1er suppl.), art. 203; L.C. 1994, ch. 44, art. 71.

703. (1) Mandat valable partout au Canada — Par dérogation aux autres dispositions de la présente loi, un mandat d'arrestation ou de dépôt qui émane d'une cour supérieure de juridiction criminelle, d'une cour d'appel, d'une cour d'appel au sens de l'article 812 ou d'une cour de juridiction criminelle autre qu'un juge de la cour provinciale agissant en vertu de la partie XIX, peut être exécuté partout au Canada.

(2) Mandat valable partout dans la province — Par dérogation aux autres dispositions de la présente loi, mais sous réserve du paragraphe 705(3), un mandat d'arrestation ou de dépôt décerné par un juge de paix ou un juge de la cour provinciale peut être exécuté partout dans la province où il est décerné.

L.R.C. 1985, ch. 27 (1er suppl.), art. 149.

703.1 Sommation valable partout au Canada — Une sommation peut être signifiée n'importe où au Canada, et, une fois signifiée, la juridiction territoriale des autorités qui ont délivré la sommation n'importe pas.

L.R.C. 1985, ch. 27 (1er suppl.), art. 149.

703.2 Signification des actes judiciaires aux municipalités et aux personnes morales — Lorsqu'une sommation, un avis ou autre acte judiciaire doit ou peut être signifié à une municipalité ou à une personne morale, et qu'aucun autre mode de signification n'est prévu, cette signification peut être effectuée en la ou le remettant :

a) dans le cas d'une municipalité, au maire, au préfet ou autre fonctionnaire en chef de la municipalité, ou au secrétaire, au trésorier ou au greffier de celle-ci;

b) dans le cas d'une personne morale, au gérant, au secrétaire ou autre dirigeant de celle-ci ou d'une de ses succursales.

L.R.C. 1985, ch. 27 (1er suppl.), art. 149.

Témoin qui fait défaut ou qui s'esquive

704. (1) Mandat contre un témoin qui s'esquive — Lorsqu'une personne est tenue, par engagement, de témoigner dans des procédures, un juge de paix, convaincu sur dénonciation faite devant lui par écrit et sous serment que cette personne est sur le point de s'esquiver ou s'est esquivée, peut émettre un mandat selon la formule 18 ordonnant à un agent de la paix d'arrêter cette personne et de l'amener devant le tribunal, le juge, le juge de paix ou le juge de la cour provinciale en présence de qui elle est tenue de comparaître.

(2) Visa d'un mandat — L'article 528 s'applique, compte tenu des adaptations de circonstance, à un mandat décerné aux termes du présent article.

(3) Copie de la dénonciation — Une personne arrêtée en vertu du présent article a le droit de recevoir, sur demande, une copie de la dénonciation à la suite de laquelle le mandat ordonnant son arrestation a été émis.

L.R.C. 1985, ch. 27 (1er suppl.), art. 203.

705. (1) Mandat lorsqu'un témoin ne comparaît pas — Lorsqu'une personne assignée à comparaître pour témoigner dans des procédures n'est pas présente ou ne demeure pas présente, le tribunal, le juge, le juge de paix ou le juge de la cour provinciale devant qui elle était tenue de comparaître peut, s'il est établi :

a) d'une part, que l'assignation a été signifiée en conformité avec la présente partie,

b) d'autre part, que vraisemblablement cette personne rendra un témoignage important,

émettre ou faire émettre un mandat rédigé selon la formule 17 pour l'arrestation de cette personne.

(2) Mandat lorsqu'un témoin est lié par un engagement — Lorsqu'une personne qui a pris l'engagement de se présenter pour témoigner dans des procédures n'est pas présente ou ne demeure pas présente, le tribunal, le juge, le juge de paix ou le juge de la cour provinciale devant qui cette personne était tenue de comparaître peut émettre ou faire émettre un mandat rédigé selon la formule 17 pour l'arrestation de cette personne.

(3) Mandat valable partout au Canada — Un mandat émis par un juge de paix ou un juge de la cour provinciale selon le paragraphe (1) ou (2) peut être exécuté partout au Canada.

L.R.C. 1985, ch. 27 (1er suppl.), art. 203.

706. Ordonnance lorsqu'un témoin est arrêté en vertu d'un mandat — Lorsqu'une personne est amenée devant un tribunal, un juge, un juge de paix ou un juge de la cour provinciale sous l'autorité d'un mandat décerné en conformité avec le paragraphe 698(2), ou l'article 704 ou 705, le tribunal, le juge, le juge de paix ou le juge de la cour provinciale peut ordonner que cette personne :

a) soit détenue sous garde;

b) soit libérée sur engagement selon la formule 32, avec ou sans caution,

pour comparaître et témoigner au besoin.

L.R.C. 1985, ch. 27 (1er suppl.), art. 203.

707. (1) Durée maximale de la détention d'un témoin — Nul ne peut être détenu sous garde sous l'autorité de l'une des dispositions de la présente loi, aux seules fins de comparaître et de déposer comme témoin selon les exigences, pour une période de plus de trente jours, à moins que, avant l'expiration de ces trente jours, il n'ait été conduit devant un juge d'une cour supérieure de juridiction criminelle dans la province où il est détenu.

(2) Demande du témoin au juge — Lorsque, à tout moment avant l'expiration des trente jours mentionnés au paragraphe (1), un témoin détenu sous garde comme l'indique ce paragraphe demande d'être conduit devant un juge d'un tribunal mentionné dans ce paragraphe, le juge auquel la demande est faite fixe, pour l'audition de la demande, une date antérieure à l'expiration de ces trente jours et fait donner avis de la date ainsi fixée au témoin, à la personne ayant la garde du témoin et aux autres personnes que le juge peut spécifier, et, à la date ainsi fixée pour l'audition de la demande, la personne ayant la garde du témoin fait conduire le témoin, à cette fin, devant un juge du tribunal.

(3) Décision du juge sur la détention — Si le juge devant lequel un témoin est conduit en vertu du présent article n'est pas convaincu que la continuation de la détention du témoin est justifiée, il ordonne que ce dernier soit libéré, ou qu'il soit relâché sur engagement, pris selon la formule 32, avec ou sans caution, de comparaître et témoigner selon les exigences. Toutefois, si le juge est convaincu que la continuation de la détention du témoin est justifiée, il peut ordonner que la détention continue jusqu'à ce que le témoin fasse ce qui est exigé de lui en conformité avec l'article 550 ou que le procès soit terminé, ou jusqu'à ce que le témoin comparaisse et témoigne selon les exigences, selon le cas, sauf que la durée totale de la détention du témoin à compter de la date où il a été pour la première fois placé en détention sous garde ne peut en aucun cas dépasser quatre-vingt-dix jours.

708. (1) Outrage au tribunal — Est coupable d'outrage au tribunal quiconque, étant requis par la loi d'être présent ou de demeurer présent pour témoigner, omet, sans excuse légitime, d'être présent, ou de demeurer présent en conséquence.

(2) Peine — Un tribunal, un juge de paix ou un juge de la cour provinciale peut traiter par voie sommaire une personne coupable d'un outrage au tribunal en vertu du présent article, et cette personne est passible d'une amende maximale de cent dollars ou d'un emprisonnement maximal de quatre-vingt-dix jours, ou de l'une de ces peines et il peut lui être ordonné de payer les frais résultant de la signification de tout acte judiciaire selon la présente partie et de sa détention, s'il en est.

(3) Formule — Une condamnation sous le régime du présent article peut être rédigée selon la formule 38 et un mandat de dépôt à l'égard d'une condamnation prévue par le présent article peut être dressé selon la formule 25.

L.R.C. 1985, ch. 27 (1er suppl.), art. 203.

Copies transmises par voie électronique

708.1 Copies transmises par moyen électronique — La copie d'une sommation, d'un mandat ou d'une assignation transmise à l'aide d'un moyen de communication qui rend la communication sous forme écrite a, pour l'application de la présente loi, la même force probante que l'original.

L.C. 1997, ch. 18, art. 101.

Témoignage par commission

709. (1) Ordonnance nommant un commissaire — Une partie à des procédures par voie de mise en accusation ou par procédure sommaire peut demander une ordonnance nommant un commissaire pour recueillir la déposition d'un témoin qui, selon le cas :

   a) en raison :

   (i) soit d'une incapacité physique résultant d'une maladie,

   (ii) soit de toute autre cause valable et suffisante,

   se trouvera vraisemblablement dans l'impossibilité d'être présent au moment du procès;

   b) est à l'étranger.

(2) Idem — La décision prise en vertu du paragraphe (1) est réputée avoir été prise au procès auquel se rapportent les procédures qui y sont visées.

L.R.C. 1985, ch. 27 (1er suppl.), art. 150; L.C. 1994, ch. 44, art. 72.

710. (1) Demande lorsqu'un témoin est malade — La demande prévue par l'alinéa 709(1)*a*) est faite :

   a) soit à un juge d'une cour supérieure de la province;

   b) soit à un juge d'une cour de comté ou de district de la circonscription territoriale où les procédures sont engagées;

   c) soit à un juge de la cour provinciale, dans l'un ou l'autre des cas suivants :

   (i) au moment où la demande est faite, l'accusé est devant un juge de la cour provinciale qui préside une enquête préliminaire en vertu de la partie XVIII,

   (ii) l'accusé ou le défendeur doit subir son procès devant un juge de la cour provinciale agissant sous l'autorité des parties XIX ou XXVII.

(2) Témoignage d'un médecin — La demande prévue par le sous-alinéa 709(1)*a*)(i) peut être accordée sur le témoignage d'un médecin inscrit.

L.R.C. 1985, ch. 27 (1er suppl.), art. 151; L.C. 1994, ch. 44, art. 73.

711. Déposition d'un témoin malade — Lorsque la déposition d'un témoin mentionné à l'alinéa 709(1)*a*) est recueillie par un commissaire nommé en application de l'article 710, elle peut être admise en preuve dans les procédures lorsque sont réunies les conditions suivantes :

a) il est établi par témoignage oral ou par affidavit que le témoin est incapable d'être présent, par suite de décès ou d'incapacité physique résultant de la maladie ou par suite de toute autre cause valable et suffisante;

b) la transcription de la déposition est signée par le commissaire par qui ou devant qui elle semble avoir été recueillie;

c) il est établit à la satisfaction du tribunal qu'un avis raisonnable du moment de la prise de la déposition a été donné à l'autre partie et que l'accusé ou son avocat, ou le poursuivant ou son avocat, selon le cas, a eu ou aurait pu avoir l'occasion voulue de contre-interroger le témoin.

L.R.C. 1985, ch. 27 (1er suppl.), art. 152; L.C. 1994, ch. 44, art. 74; 1997, ch. 18, art. 102.

712. (1) Demande d'une ordonnance lorsque le témoin est hors du Canada — La demande faite en vertu de l'alinéa 709(1)*b*) est adressée :

a) soit à un juge d'une cour supérieure de juridiction criminelle ou d'une cour de juridiction criminelle devant laquelle l'accusé doit subir son procès;

b) soit à un juge de la cour provinciale, lorsque l'accusé ou le défendeur doit subir son procès devant un juge de la cour provinciale agissant sous l'autorité des parties XIX ou XXVII.

(2) Admission de la déposition d'un témoin à l'étranger — Lorsque la déposition d'un témoin est recueillie par un commissaire nommé sous le régime du présent article, elle peut être admise en preuve dans les procédures.

(3) [Abrogé, L.R.C. 1985, ch. 27 (1er suppl.), art. 153(2).]

L.R.C. 1985, ch. 27 (1er suppl.), art. 153; L.C. 1994, ch. 44, art. 75; 1997, ch. 18, art. 103.

713. (1) Présence de l'avocat de l'accusé — Un juge ou un juge de la cour provinciale qui nomme un commissaire peut, dans l'ordonnance, établir les dispositions nécessaires pour permettre à un accusé d'être présent ou d'être représenté par un avocat au moment où le témoignage est recueilli, mais le fait que l'accusé n'est pas présent ou n'est pas représenté par avocat en conformité avec l'ordonnance ne porte pas atteinte à l'admissibilité de la déposition au cours des procédures, pourvu que cette déposition ait autrement été recueillie en conformité avec l'ordonnance et la présente partie.

(2) Rapport des dépositions — Une ordonnance pour la prise d'une déposition par commission indique le fonctionnaire du tribunal à qui la déposition recueillie en vertu de l'ordonnance doit être rapportée.

L.R.C. 1985, ch. 27 (1er suppl.), art. 203; L.C. 1997, ch. 18, art. 104.

713.1 Admission de la preuve recueillie — La preuve recueillie par un commissaire nommé sous le régime de l'article 712 ne peut être écartée pour le motif que la procédure suivie était différente de celle suivie au Canada si cette procédure est conforme, d'une part, au droit en vigueur dans le pays où elle a été recueillie et, d'autre part, aux principes de justice fondamentale.

L.C. 1994, ch. 44, art. 76.

714. Mêmes règles et pratique que dans les causes civiles — Sauf disposition contraire de la présente partie ou des règles de cour, la pratique et la procédure concernant la nomination de commissaires sous le régime de la présente partie, la prise de dépositions par des commissaires, l'attestation et le rapport de ces dépositions, et leur emploi dans des procédures sont, autant que possible, les mêmes que celles qui régissent des matières similaires dans des procédures civiles devant la cour supérieure de la province où les procédures sont intentées.

Déposition à distance

714.1 Témoin au Canada — Le tribunal peut, s'il l'estime indiqué dans les circonstances — compte tenu du lieu où se trouve le témoin, de sa situation personnelle, des coûts que sa présence impliquerait et de la nature de sa déposition — ordonner au témoin qui se trouve au Canada de déposer au moyen d'un instrument qui retransmet sur le vif, ailleurs au Canada, au juge et aux parties, son image et sa voix et qui permet de l'interroger.

L.C. 1999, ch. 18, art. 95.

714.2 (1) Témoin à l'étranger — À moins qu'une partie n'établisse la satisfaction du tribunal que ce serait contraire aux principes de justice fondamentale, le tribunal reçoit la déposition de la personne qui se trouve à l'étranger faite au moyen d'un instrument qui retransmet sur le vif, au Canada, au juge et aux parties, son image et sa voix et qui permet de l'interroger.

(2) Préavis — La partie qui entend se prévaloir du paragraphe (1) donne un préavis d'au moins dix jours au tribunal qui recevra la déposition et aux parties.

L.C. 1999, ch. 18, art. 95.

714.3 Voix seule : témoin au Canada — S'il l'estime indiqué dans les circonstances — compte tenu du lieu où se trouve le témoin, de sa situation personnelle, des coûts que sa présence impliquerait, de la nature de sa déposition et du risque d'effet préjudiciable à une partie en raison de l'impossibilité de le voir — , le tribunal peut ordonner au témoin qui se trouve au Canada de déposer au moyen d'un instrument qui retransmet, sur le vif, ailleurs au Canada, au juge et aux parties, sa voix et qui permet de l'interroger.

L.C. 1999, ch. 18, art. 95.

714.4 Voix seule : témoin à l'étranger — S'il l'estime indiqué dans les circonstances — compte tenu de la nature de la déposition du témoin et du risque d'effet préjudiciable à une partie en raison de l'impossibilité de le voir — , le tribunal peut recevoir la déposition d'un témoin qui se trouve à l'étranger faite au moyen d'un instrument qui retransmet, sur le vif, au juge et aux parties, sa voix et qui permet de l'interroger.

L.C. 1999, ch. 18, art. 95.

714.5 Serment ou affirmation solennelle — Avant de déposer conformément aux articles 714.2 ou 714.4, le témoin qui se trouve à l'étranger doit, au moyen de l'instrument utilisé pour sa déposition, prêter serment ou faire une affirmation solennelle conformément soit au droit canadien, soit au droit du lieu of où il se trouve. Il peut aussi déposer de toute autre façon prouvant qu'il comprend l'obligation de dire la vérité.

L.C. 1999, ch. 18, art. 95.

714.6 Présomption — Le témoin qui dépose conformément aux articles 714.2 ou 714.4 à partir de l'étranger est réputé le faire au Canada — sous serment ou après avoir fait une affirmation solennelle conformément au droit canadien — aux fins du droit relatif à la preuve, à la procédure, au parjure ou à l'outrage au tribunal.

L.C. 1999, ch. 18, art. 95.

714.7 Frais — La partie qui fait entendre le témoin en conformité avec les articles 714.1, 714.2, 714.3 ou 714.4 supporte les coûts ainsi exposés.

L.C. 1999, ch. 18, art. 95.

714.8 Consentement des parties — Les articles 714.1 à 714.7 n'ont pas pour effet d'empêcher le tribunal, si les parties y consentent, de recevoir en preuve le témoignage rendu au moyen d'un instrument qui retransmet sur le vif son image ou sa voix, ou les deux, et qui permet de l'interroger.

L.C. 1999, ch. 18, art. 95.

Témoignages antérieurement recueillis

715. (1) Dans certains cas, la preuve recueillie à l'enquête préliminaire peut être lue au procès — Lorsque, au procès d'un accusé, une personne qui a témoigné au cours d'un procès antérieur sur la même inculpation ou qui a témoigné au cours d'un examen de l'inculpation contre l'accusé ou lors de l'enquête préliminaire sur l'inculpation, refuse de prêter serment ou de témoigner, ou si sont établis sous serment des faits dont il est raisonnablement permis de conclure que la personne, selon le cas :

    a) est décédée;

    b) est depuis devenue aliénée et est aliénée;

    c) est trop malade pour voyager ou pour témoigner;

d) est absente du Canada,

et s'il est établi que son témoignage a été reçu en présence de l'accusé, ce témoignage peut être admis en preuve dans les procédures, sans autre preuve, à moins que l'accusé n'établisse qu'il n'a pas eu l'occasion voulue de contre-interroger le témoin.

(2) Dans certains cas, la preuve recueillie à l'enquête préliminaire peut être lue au procès — Les dépositions prises lors de l'enquête préliminaire ou autre examen portant sur une inculpation d'un accusé peuvent être admises en preuve lors de la poursuite de l'accusé pour tout autre infraction, sur la même preuve et de la même manière, à tous égards, qu'elles pourraient être légalement admises en preuve lors de la poursuite de l'infraction dont l'accusé était inculpé lorsque ces dépositions ont été prises.

(3) Accusé réputé présent — Pour l'application du présent article, lorsque la preuve a été recueillie lors d'un procès antérieur, d'une enquête préliminaire ou de toute autre procédure à l'égard de l'accusé, en son absence parce qu'il s'est esquivé, ce dernier est réputé avoir été présent et avoir eu l'occasion voulue de contre-interroger le témoin.

L.C. 1994, ch. 44, art. 77; 1997, ch. 18, art. 105.

Enregistrement magnétoscopique

715.1 Témoignages — Dans des poursuites pour une infraction prévue aux articles 151, 152, 153, 155 ou 159, aux paragraphes 160(2) ou (3) ou aux articles 163.1, 170, 171, 172, 173, 210, 211, 212, 213, 266, 267, 268, 271, 272 ou 273 et qui aurait été commise à l'encontre d'un plaignant ou d'un témoin, selon le cas, alors âgé de moins de dix-huit ans, un enregistrement magnétoscopique réalisé dans un délai raisonnable après la perpétration de l'infraction reprochée et le montant en train de décrire les faits à l'origine de l'accusation est admissible en preuve s'il confirme dans son témoignage le contenu de l'enregistrement.

L.R.C. 1985, ch. 19 (3ᵉ suppl.), art. 16; L.C. 1997, ch. 16, art. 7.

715.2 (1) Témoignage du plaignant — Dans des poursuites pour une infraction prévue aux articles 151, 152, 153, 153.1, 155 ou 159, aux paragraphes 160(2) ou (3), à l'article 163.1 ou aux articles 170, 171, 172, 173, 210, 211, 212, 213, 266, 267, 268, 271, 272 ou 273 lorsque le plaignant ou un témoin est capable de communiquer les faits dans son témoignage mais éprouve de la difficulté à le faire en raison d'une déficience mentale ou physique, un enregistrement magnétoscopique réalisé dans un délai raisonnable après la perpétration de l'infraction reprochée et montrant le plaignant ou le témoin, selon le cas, en train de décrire les faits à l'origine de l'accusation est admissible en preuve si celui-ci confirme dans son témoignage le contenu de l'enregistrement.

(2) Ordonnance d'interdiction — Le juge du procès peut interdire toute autre forme d'utilisation de l'enregistrement visé au paragraphe (1).

L.C. 1998, ch. 9, art. 8.

PARTIE XXIII — DÉTERMINATION DE LA PEINE

Définitions

716. Définitions — Les définitions qui suivent s'appliquent à la présente partie.

« **accusé** » Est assimilé à l'accusé le défendeur.

« **amende** » Peine pécuniaire ou autre somme d'argent, à l'exclusion du dédommagement.

« **mandat d'incarcération** » Est assimilé au mandat d'incarcération le mandat de dépôt.

« **mesures de rechange** » Mesures prises à l'endroit d'une personne de dix-huit ans et plus à qui une infraction est imputée plutôt que le recours aux procédures judiciaires prévues par la présente loi.

« **tribunal** »

    a) Une cour supérieure de juridiction criminelle;

    b) une cour de juridiction criminelle;

    c) un juge de paix ou un juge d'une cour provinciale agissant à titre de cour des poursuites sommaires en vertu de la partie XXVII;

    d) un tribunal qui entend un appel.

L.R.C. 1985, ch. 27 (1er suppl.), art. 154, 203; L.C. 1995, ch. 22, art. 6.

Mesures de rechange

717. (1) Application — Compte tenu de l'intérêt de la société, le recours à des mesures de rechange à l'endroit d'une personne à qui une infraction est imputée plutôt qu'aux procédures judiciaires prévues par la présente loi peut se faire si les conditions suivantes sont réunies :

    a) ces mesures font partie d'un programme de mesures de rechange autorisé soit par le procureur général ou son délégué, soit par une personne appartenant à une catégorie de personnes désignée par le lieutenant-gouverneur en conseil d'une province;

    b) la personne qui envisage de recourir à ces mesures est convaincue qu'elles sont appropriées, compte tenu des besoins du suspect et de l'intérêt de la société et de la victime;

c) le suspect, informé des mesures de rechange, a librement manifesté sa ferme volonté de collaborer à leur mise en oeuvre;

d) le suspect, avant de manifester sa volonté de collaborer à leur mise en oeuvre, a été avisé de son droit aux services d'un avocat;

e) le suspect se reconnaît responsable de l'acte ou de l'omission à l'origine de l'infraction qui lui est imputée;

f) le procureur général ou son représentant estiment qu'il y a des preuves suffisantes justifiant des poursuites relatives à l'infraction;

g) aucune règle de droit ne fait obstacle à la mise en oeuvre de poursuites relatives à l'infraction.

(2) Restrictions — Le suspect ne peut faire l'objet de mesures de rechange dans les cas suivants :

a) il a nié toute participation à la perpétration de l'infraction;

b) il a manifesté le désir de voir déférer au tribunal toute accusation portée contre lui.

(3) Non-admissibilité des aveux — Les aveux de culpabilité ou les déclarations par lesquels le suspect se reconnaît responsable d'un acte ou d'une omission déterminés ne sont pas, lorsqu'il les a faits pour pouvoir bénéficier de mesures de rechange, admissibles en preuve dans les actions civiles ou les poursuites pénales dirigées contre lui.

(4) Possibilité de mesures de rechange et poursuites — Le recours aux mesures de rechange à l'endroit d'une personne à qui une infraction est imputée n'empêche pas la mise en oeuvre de poursuites dans le cadre de la présente loi; toutefois, dans le cas où une accusation est portée contre elle pour cette infraction et lorsque le tribunal est convaincu, selon la prépondérance des probabilités, que cette personne :

a) a entièrement accompli les modalités des mesures de rechanges, il rejette l'accusation;

b) a partiellement accompli les modalités des mesures de rechange, il peut, s'il estime que la poursuite est injuste eu égard aux circonstances, rejeter l'accusation; le tribunal peut, avant de rendre une décision, tenir compte du comportement de cette personne dans l'application des mesures de rechange.

(5) Dénonciation — Sous réserve du paragraphe (4), le présent article n'a pas pour effet d'empêcher quiconque de faire une dénonciation, d'obtenir un acte judiciaire ou la confirmation d'un tel acte ou de continuer des poursuites, conformément à la loi.

L.C. 1995, ch. 22, art. 6.

[L'article 106 de L.C. 1997, ch. 18 vise à modifier l'article 717 du Code criminel tel qu'il existait avant les modifications apportées par L.C. 1995, ch. 22 . Les amendements prévus à l'article 106 se retrouvent à l'article 718.3 puisqu'en vertu de

l'annexe IV de L.C. 1995, ch. 22, toute référence à « l'article 717 » dans une loi du Parlement doit être lue comme une référence à « l'article 718.3 ».]

717.1 Dossier des suspects — Les articles 717.2 à 717.4 ne s'appliquent qu'aux personnes qui ont fait l'objet de mesures de rechange, peu importe qu'elles observent ou non les modalités de ces mesures.

L.C. 1995, ch. 22, art. 6.

717.2 (1) Dossier de police — Le dossier relatif à une infraction imputée à une personne et comportant, notamment, l'original ou une reproduction des empreintes digitales ou de toute photographie de la personne peut être tenu par le corps de police qui a mené l'enquête à ce sujet ou qui a participé à cette enquête.

(2) Communication par un agent de la paix — Un agent de la paix peut communiquer à toute personne les renseignements contenus dans un dossier tenu en application du présent article dont la communication s'impose pour la conduite d'une enquête relative à une infraction.

(3) Communication à une société d'assurances — Un agent de la paix peut communiquer à une société d'assurances les renseignements contenus dans un dossier tenu en application du présent article pour l'investigation d'une réclamation découlant d'une infraction commise par la personne visée par le dossier ou qui est imputée à celle-ci.

L.C. 1995, ch. 22, art. 6.

717.3 (1) Dossiers gouvernementaux — Tout ministère ou organisme public canadien peut conserver en sa possession le dossier des éléments d'information :

   a) aux fins d'enquête sur une infraction imputée à une personne;

   b) aux fins d'utilisation dans le cadre des poursuites intentées contre une personne sous le régime de la présente loi;

   c) à la suite de l'utilisation de mesures de rechange à l'endroit d'une personne.

(2) Dossiers privés — Toute personne ou tout organisme peut conserver les dossiers contenant des éléments d'information qui sont en sa possession à la suite de la mise en oeuvre de mesures de rechange à l'endroit d'une personne à laquelle une infraction est imputée.

L.C. 1995, ch. 22, art. 6.

717.4 (1) Accès au dossier — Les personnes suivantes ont accès à tout dossier tenu en application des articles 717.2 ou 717.3 :

   a) tout juge ou tribunal pour des fins liées à des poursuites relatives à des infractions commises par la personne visée par le dossier ou qui lui sont imputées;

b) un agent de la paix :

    (i) dans le cadre d'une enquête portant sur une infraction que l'on soupçonne, pour des motifs raisonnables, avoir été commise, ou relativement à laquelle la personne a été arrêtée ou inculpée,

    (ii) à des fins liées à l'administration de l'affaire visée par le dossier;

c) tout membre du personnel ou mandataire d'un ministère ou d'un organisme public canadien chargé :

    (i) de l'administration de mesures de rechange concernant la personne,

    (ii) de la préparation d'un rapport concernant la personne en application de la présente loi;

d) toute autre personne, ou personne faisant partie d'une catégorie de personnes, que le juge d'un tribunal estime avoir un intérêt valable dans le dossier selon la mesure qu'il autorise s'il est convaincu que la communication est :

    (i) souhaitable, dans l'intérêt public, aux fins de recherche ou d'établissement de statistiques,

    (ii) souhaitable dans l'intérêt de la bonne administration de la justice.

(2) Révélation postérieure — La personne qui, aux termes du sous-alinéa (1)*d*)(i), a accès à un dossier peut postérieurement communiquer les renseignements qui y sont contenus; toutefois cette communication ne peut se faire d'une manière qui permettrait normalement d'identifier la personne en cause.

(3) Communication de renseignements et de copies — Les personnes à qui l'accès à un dossier peut, en application du présent article, être accordé peuvent obtenir tous renseignements contenus dans le dossier ou tout extrait de celui-ci.

(4) Production en preuve — Le présent article n'autorise pas la production en preuve des pièces d'un dossier qui, autrement, ne seraient pas admissibles en preuve.

(5) Idem — Tout dossier tenu en application des articles 717.2 ou 717.3 ne peut être produit en preuve après l'expiration d'une période de deux ans suivant la fin de la période d'application des mesures de rechange, sauf si le dossier est produit à l'égard des éléments mentionnés à l'alinéa 721(3)*c*).

L.C. 1995, ch. 22, art. 6.

Objectif et principes

718. Objectif — Le prononcé des peines a pour objectif essentiel de contribuer, parallèlement à d'autres initiatives de prévention du crime, au respect de la loi et au maintien d'une société juste, paisible et sûre par l'infliction de sanctions justes visant un ou plusieurs des objectifs suivants :

a) dénoncer le comportement illégal;

b) dissuader les délinquants, et quiconque, de commettre des infractions;

c) isoler, au besoin, les délinquants du reste de la société;

d) favoriser la réinsertion sociale des délinquants;

e) assurer la réparation des torts causés aux victimes ou à la collectivité;

f) susciter la conscience de leurs responsabilités chez les délinquants, notamment par la reconnaissance du tort qu'ils ont causé aux victimes et à la collectivité.

L.R.C. 1985, ch. 27 (1er suppl.), art. 155; L.C. 1995, ch. 22, art. 6.

718.1 Principe fondamental — La peine est proportionnelle à la gravité de l'infraction et au degré de responsabilité du délinquant.

L.R.C. 1985, ch. 27 (1er suppl.), art. 156; L.C. 1995, ch. 22, art. 6.

718.2 Principes de détermination de la peine — Le tribunal détermine la peine à infliger compte tenu également des principes suivants :

a) la peine devrait être adaptée aux circonstances aggravantes ou atténuantes liées à la perpétration de l'infraction ou à la situation du délinquant; sont notamment considérées comme des circonstances aggravantes des éléments de preuve établissant :

(i) que l'infraction est motivée par des préjugés ou de la haine fondés sur des facteurs tels que la race, l'origine nationale ou ethnique, la langue, la couleur, la religion, le sexe, l'âge, la déficience mentale ou physique ou l'orientation sexuelle,

(ii) que l'infraction perpétrée par le délinquant constitue un mauvais traitement de son conjoint ou de ses enfants,

Non en vigueur — 718.2a)(ii)

Lors de l'entrée en vigueur de l'article 95, L.C. 2000, ch. 12, le mot « conjoint » sera remplacé par les mots « époux ou conjoint de fait », avec les adaptations grammaticales nécessaires.

L.C. 2000, ch. 12, art. 95.

(iii) que l'infraction perpétrée par le délinquant constitue un abus de la confiance de la victime ou un abus d'autorité à son égard,

(iv) que l'infraction a été commise au profit ou sous la direction d'un gang, ou en association avec lui;

b) l'harmonisation des peines, c'est-à-dire l'infliction de peines semblables à celles infligées à des délinquants pour des infractions semblables commises dans des circonstances semblables;

c) l'obligation d'éviter l'excès de nature ou de durée dans l'infliction de peines consécutives;

d) l'obligation, avant d'envisager la privation de liberté, d'examiner la possibilité de sanctions moins contraignantes lorsque les circonstances le justifient;

e) l'examen de toutes les sanctions substitutives applicables qui sont justifiées dans les circonstances, plus particulièrement en ce qui concerne les délinquants autochtones.

L.C. 1995, ch. 22, art. 6; 1997, ch. 23, art. 17.

Peines en général

718.3 (1) Degré de la peine — Lorsqu'une disposition prescrit différents degrés ou genres de peine à l'égard d'une infraction, la punition à infliger est, sous réserve des restrictions contenues dans la disposition, à la discrétion du tribunal qui condamne l'auteur de l'infraction.

(2) Appréciation du tribunal — Lorsqu'une disposition prescrit une peine à l'égard d'une infraction, la peine à infliger est, sous réserve des restrictions contenues dans la disposition, laissée à l'appréciation du tribunal qui condamne l'auteur de l'infraction, mais nulle peine n'est une peine minimale à moins qu'elle ne soit déclarée telle.

(3) Emprisonnement à défaut de paiement d'une amende — Lorsque l'accusé est déclaré coupable d'une infraction punissable à la fois d'une amende et d'un emprisonnement et qu'une période d'emprisonnement à défaut de paiement de l'amende n'est pas spécifiée dans la disposition qui prescrit la peine à infliger, l'emprisonnement pouvant être infligé à défaut de paiement ne peut dépasser l'emprisonnement prescrit à l'égard de l'infraction.

(4) Peines cumulatives — Le tribunal peut ordonner que soient purgées consécutivement les périodes d'emprisonnement qu'il inflige à l'accusé ou qui sont infligées à celui-ci en application du paragraphe 734(4) lorsque l'accusé, selon le cas :

a) est, au moment de l'infliction de la peine, sous le coup d'une peine et une période d'emprisonnement lui est infligée pour défaut de paiement d'une amende ou pour une autre raison;

b) est déclaré coupable d'une infraction punissable d'une amende et d'un emprisonnement, et les deux lui sont infligés;

c) est déclaré coupable de plus d'une infraction et, selon le cas :

(i) plus d'une amende est infligée,

(ii) des périodes d'emprisonnement sont infligées pour chacune;

(iii) une période d'emprisonnement est infligée pour une et une amende est infligée pour une autre.

L.C. 1995, ch. 22, art. 6; 1997, ch. 18, art. 106 et 141; 1999, ch. 5, art. 30.

719. (1) Début de la peine — La peine commence au moment où elle est infligée, sauf lorsque le texte législatif applicable y pourvoit de façon différente.

(2) Exclusion de certaines périodes — Les périodes durant lesquelles une personne déclarée coupable est illégalement en liberté ou est légalement en liberté à la suite d'une mise en liberté provisoire accordée en vertu de la présente loi ne sont pas prises en compte dans le calcul de la période d'emprisonnement infligée à cette personne.

(3) Infliction de la peine — Pour fixer la peine à infliger à une personne déclarée coupable d'une infraction, le tribunal peut prendre en compte toute période que la personne a passée sous garde par suite de l'infraction.

(4) Début de l'emprisonnement — Malgré le paragraphe (1), une période d'emprisonnement, infligée par un tribunal de première instance ou par le tribunal saisi d'un appel, commence à courir ou est censée reprise, selon le cas, à la date où la personne déclarée coupable est arrêtée et mise sous garde aux termes de la sentence.

(5) Période antérieure d'emprisonnement — Malgré le paragraphe (1), lorsque la peine infligée est une amende avec un emprisonnement à défaut de paiement, aucune période antérieure à la date de l'exécution du mandat d'incarcération ne compte comme partie de la période d'emprisonnement.

(6) Demande d'autorisation d'appel — Une demande d'autorisation d'appel constitue un appel pour l'application du présent article.

L.R.C. 1985, ch. 27 (1er suppl.), art. 157; L.C. 1995, ch. 22, art. 6.

Procédure et règles de preuve

720. Règle générale — Dans les meilleurs délais possibles suivant la déclaration de culpabilité, le tribunal procède à la détermination de la peine à infliger au délinquant.

L.C. 1995, ch. 22, art. 6.

721. (1) Rapport de l'agent de probation — Sous réserve des règlements d'application du paragraphe (2), lorsque l'accusé, autre qu'une personne morale, plaide coupable ou est reconnu coupable d'une infraction, l'agent de probation est tenu, s'il est requis de le faire par le tribunal, de préparer et de déposer devant celui-ci un rapport écrit concernant l'accusé afin d'aider le tribunal à infliger une peine ou à décider si l'accusé devrait être absous en application de l'article 730.

(2) Règlements de la province — Le lieutenant-gouverneur en conseil d'une province peut, par règlement, déterminer les sortes d'infractions qui peuvent faire l'objet d'un rapport présenciel et régir la forme et le contenu du rapport.

(3) Contenu du rapport — Sauf détermination contraire du tribunal, les renseignements suivants figurent dans le rapport, si possible :

a) l'âge, le degré de maturité, le caractère et le comportement du délinquant et son désir de réparer le tort;

b) les antécédents du délinquant en ce qui concerne les décisions rendues en application de la *Loi sur les jeunes contrevenants* ou les déclarations de culpabilité prononcées en application de la présente loi ou d'une autre loi fédérale;

c) les antécédents du délinquant en ce qui concerne les mesures de rechange qui lui ont été appliquées et leurs effets sur lui;

d) les autres renseignements qui doivent figurer dans le rapport aux termes des règlements d'application du paragraphe (2).

(4) Autres renseignements — Sous réserve des règlements d'application du paragraphe (2), figurent dans le rapport les autres renseignements exigés par le tribunal après avoir entendu le poursuivant et le délinquant.

(5) Copie du rapport — Dans les meilleurs délais possible suivant le dépôt auprès du tribunal du rapport, le greffier en fait parvenir une copie au poursuivant et, sous réserve des instructions du tribunal, au délinquant ou à son avocat.

L.R.C. 1985, ch. 27 (1ᵉʳ suppl.), art. 203; L.C. 1995, ch. 22, art. 6; 1999, ch. 25, art. 16.

722. (1) Déclaration de la victime — Pour déterminer la peine à infliger ou pour décider si un délinquant devrait être absous en vertu de l'article 730, le tribunal prend en considération la déclaration de la victime, rédigée en conformité avec le paragraphe (2), sur les dommages — corporels ou autres — ou les pertes causées à celle-ci par la perpétration de l'infraction.

(2) Procédure — La déclaration visée au paragraphe (1) est à rédiger selon la forme et en conformité avec les règles prévues par le programme désigné par le lieutenant-gouverneur en conseil de la province où siège le tribunal et doit être déposée auprès de celui-ci.

(2.1) Présentation de la déclaration — Si la victime en fait la demande, le tribunal lui permet de lire la déclaration rédigée et déposée auprès du tribunal en conformité avec le paragraphe (2) ou d'en faire la présentation de toute autre façon qu'il juge indiquée.

(3) Appréciation du tribunal — Qu'il y ait ou non rédaction et dépôt d'une déclaration en conformité avec le paragraphe (2), le tribunal peut prendre en considération tout élément de preuve qui concerne la victime afin de déterminer la peine à infliger au délinquant ou de décider si celui-ci devrait être absous en vertu de l'article 730.

(4) Définition de « victime » — Pour l'application du présent article et de l'article 722.2, la victime est :

a) la personne qui a subi des pertes ou des dommages — matériels, corporels ou moraux — par suite de la perpétration d'une infraction;

b) si la personne visée à l'alinéa *a)* est décédée, malade ou incapable de faire la déclaration prévue au paragraphe (1), soit son conjoint, soit un parent, soit quiconque en a la garde, en droit ou en fait, soit toute personne aux soins de laquelle elle est confiée ou qui est chargée de son entretien, soit une personne à sa charge.

> ### Non en vigueur — 722(4)b)
>
> Lors de l'entrée en vigueur de l'article 95, L.C. 2000, ch. 12, le mot « conjoint » sera remplacé par les mots « époux ou conjoint de fait », avec les adaptations grammaticales nécessaires.
>
> L.C. 2000, ch. 12, art. 95.

L.C. 1995, ch. 22, art. 6; 1999, ch. 25, art. 17.

722.1 Copie de la déclaration de la victime — Dans les meilleurs délais possible suivant la déclaration de culpabilité, le greffier fait parvenir au poursuivant et au délinquant ou à son avocat, une copie de la déclaration visée au paragraphe 722(1).

L.C. 1995, ch. 22, art. 6; 1999, ch. 25, art. 18.

722.2 (1) Obligation de s'enquérir — Dans les meilleurs délais possible suivant la déclaration de culpabilité et, en tout état de cause, avant la détermination de la peine, le tribunal est tenu de s'enquérir auprès du poursuivant ou de la victime — ou de toute personne la représentant — si elle a été informée de la possibilité de rédiger une déclaration visée au paragraphe 722(1).

(2) Ajournement — Le tribunal peut, de sa propre initiative ou à la demande de la victime ou du poursuivant, ajourner les procédures pour permettre à celle-ci de rédiger sa déclaration ou de présenter tout élément de preuve en conformtié avec le paragraphe 722(3), s'il est convaincu que cela ne nuira pas à la bonne administration de la justice.

L.C. 1999, ch. 25, art. 18.

723. (1) Observations des parties — Avant de déterminer la peine, le tribunal donne aux parties — le délinquant ou son avocat, selon le cas, et le poursuivant — la possibilité de lui présenter des observations sur tous faits pertinents liés à la détermination de la peine.

(2) Éléments de preuve — Le tribunal prend connaissance des éléments de preuve pertinents que lui présentent les parties.

(3) Production d'éléments de preuve — Le tribunal peut exiger d'office, après avoir entendu le poursuivant et le délinquant, la présentation des éléments de preuve qui pourront l'aider à déterminer la peine.

(4) Comparution — Le tribunal peut exiger, dans l'intérêt de la justice et après avoir consulté les parties, la comparution de toute personne contraignable pouvant lui fournir des renseignements utiles à la détermination de la peine.

(5) Ouï-dire — Le ouï-dire est admissible mais le tribunal peut, s'il le juge dans l'intérêt de la justice, contraindre à témoigner la personne :

a) qui a eu une connaissance directe d'un fait;

b) qui est normalement disponible pour comparaître;

c) qui est contraignable.

L.C. 1995, ch. 22, art. 6.

724. (1) Acceptation des faits — Le tribunal peut, pour déterminer la peine, considérer comme prouvés les renseignements qui sont portés à sa connaissance lors du procès ou dans le cadre des procédures de détermination de la peine et les faits sur lesquels le poursuivant et le délinquant s'entendent.

(2) Jury — Le tribunal composé d'un juge et d'un jury :

a) considère comme prouvés tous les faits, exprès ou implicites, essentiels au verdict de culpabilité qu'a rendu le jury;

b) à l'égard des autres faits pertinents qui ont été révélés lors du procès, peut les accepter comme prouvés ou permettre aux parties d'en faire la preuve.

(3) Faits contestés — Les règles suivantes s'appliquent lorsqu'un fait pertinent est contesté :

a) sauf s'il est convaincu que des éléments de preuve suffisants ont été présentés lors du procès, le tribunal exige que le fait soit établi en preuve;

b) la partie qui a l'intention de se fonder sur le fait pertinent, notamment si celui-ci figure au rapport présentenciel, a la charge de l'établir en preuve;

c) chaque partie est autorisée à contre-interroger les témoins convoqués par l'autre partie;

d) sous réserve de l'alinéa e), le tribunal doit être convaincu, par une preuve prépondérante, de l'existence du fait contesté sur lequel il se fonde pour déterminer la peine;

e) le poursuivant est tenu de prouver hors de tout doute raisonnable tout fait aggravant ou toute condamnation antérieure du délinquant.

L.C. 1995, ch. 22, art. 6.

725. (1) Autres infractions — Pour la détermination de la peine, le tribunal :

a) est tenu, s'il est possible et opportun de le faire, de prendre en considération toutes les infractions dont le délinquant a été déclaré coupable par le même tribunal et de déterminer la peine à infliger pour chacune;

b) est tenu, si le procureur général et le délinquant y consentent, de prendre en considération toutes autres accusations, relevant de sa compétence, portées contre le délinquant à l'égard desquelles celui-ci consent à plaider coupable et plaide coupable et de déterminer la peine à infliger pour chacune, à l'exception de celle qui, à son avis, devrait, pour l'intérêt public, faire l'objet d'une nouvelle poursuite;

b.1) est tenu de prendre en considération chacune des autres accusations portées contre le délinquant — à l'exception de celle qui, à son avis, devrait, pour l'intérêt public, faire l'objet d'une nouvelle poursuite — si les conditions suivantes sont remplies :

(i) le procureur général et le délinquant y consentent,

(ii) l'accusation relève de sa compétence,

(iii) la procédure s'est déroulée dans le cadre d'une audience publique,

(iv) le délinquant reconnaît la véracité des faits en cause,

(v) le délinquant reconnaît avoir commis l'infraction en cause;

c) peut prendre en considération les faits liés à la perpétration de l'infraction sur lesquels pourrait être fondée une accusation distincte.

(1.1) Consentement du procureur général — Pour l'application des alinéas (1)*b*) et *b.1*), le procureur général ne peut donner son consentement qu'après avoir tenu compte de l'intérêt public.

(2) Aucune autre poursuite — Sont notés sur la dénonciation ou l'acte d'accusation :

a) les accusations prises en considération au titre de l'alinéa (1)*b.1*);

b) les faits pris en considération au titre de l'alinéa (1)*c*).

Aucune autre poursuite ne peut être prise relativement à une infraction mentionnée dans ces accusations ou fondée sur ces faits, sauf si la déclaration de culpabilité pour laquelle la peine est infligée est écartée ou annulée en appel.

L.R.C. 1985, ch. 23 (4ᵉ suppl.), art. 6; L.C. 1995, ch. 22, art. 6, 11; 1999, ch. 5, art. 31.

726. Observations du délinquant — Avant de déterminer la peine, le tribunal donne au délinquant, s'il est présent, la possibilité de lui présenter ses observations.

L.R.C. 1985, ch. 27 (1ᵉʳ suppl.), art. 159; ch. 1 (4ᵉ suppl.), art. 18(F); ch. 23 (4ᵉ suppl.) art. 6; L.C. 1995, ch. 22, art. 6, 11.

726.1 Renseignements pertinents — Pour déterminer la peine, le tribunal prend en considération les éléments d'information pertinents dont il dispose, notamment les observations et les arguments du poursuivant et du délinquant ou de leur représentant.

L.C. 1995, ch. 22, art. 6.

726.2 Motifs — Lors du prononcé de la peine, le tribunal donne ses motifs et énonce les modalités de la peine; les motifs et les modalités sont consignés au dossier de la poursuite.

L.C. 1995, ch. 22, art. 6.

727. (1) Condamnations antérieures — Sous réserve des paragraphes (3) et (4), lorsque le délinquant est déclaré coupable d'une infraction pour laquelle une peine plus sévère peut être infligée du fait de condamnations antérieures, aucune peine plus sévère ne peut lui être infligée de ce fait à moins que le poursuivant ne convainque le tribunal que le délinquant, avant d'enregistrer son plaidoyer, a reçu avis qu'une peine plus sévère serait demandée de ce fait.

(2) Procédure — Lorsque le délinquant est déclaré coupable d'une infraction pour laquelle une peine plus sévère peut être infligée en raison de condamnations antérieures, le tribunal, à la demande du poursuivant et lorsqu'il est convaincu que le délinquant a reçu l'avis prévu au paragraphe (1), demande à ce dernier s'il a été condamné antérieurement et, s'il n'admet pas avoir été condamné antérieurement, la preuve de ces condamnations antérieures peut être présentée.

(3) Auditions *ex parte* — La cour des poursuites sommaires qui tient un procès en conformité avec le paragraphe 803(2) et qui déclare le délinquant coupable peut faire des enquêtes et entendre des témoignages au sujet des condamnations antérieures, que le délinquant ait ou non reçu avis qu'une peine plus sévère serait demandée de ce fait et, dans le cas où une telle condamnation est prouvée, elle peut infliger une peine plus sévère de ce fait.

(4) Cas d'une personne morale — Lorsque, en conformité avec l'article 623, le tribunal procède au procès d'une personne morale accusée qui n'a pas comparu ni enregistré de plaidoyer, le tribunal peut faire enquête et entendre des preuves au sujet des condamnations antérieures, que l'accusée ait ou non reçu avis qu'une peine plus sévère serait demandée de ce fait et, dans le cas où de telles condamnations sont prouvées, il peut infliger une peine plus sévère de ce fait.

(5) Exception — Le présent article ne s'applique pas à une personne visée à l'alinéa 745*b*).

L.R.C. 1985, ch. 27 (1er suppl.), art. 160; ch. 23 (4e suppl.), art. 6; L.C. 1995, ch. 22, art. 6, 11.

728. Peine justifiée par un chef d'accusation — Lorsqu'une seule peine est prononcée à la suite d'un verdict de culpabilité sur deux ou plusieurs chefs contenus dans un acte d'accusation, elle est valable si l'un des chefs l'eût justifiée.

L.C. 1995, ch. 22, art. 6.

729. (1) Preuve du certificat de l'analyste — Dans les poursuites pour manquement à une ordonnance de probation ou à l'audience tenue pour statuer sur le manquement à une ordonnance de sursis — ordonnances intimant au délinquant de ne pas consommer de drogues ou de ne pas en avoir en sa possession — , le certificat, censé signé par l'analyste, déclarant qu'il a analysé ou examiné telle substance et donnant ses résultats est admissible en preuve et, sauf preuve contraire, fait foi de son contenu sans qu'il soit nécessaire de prouver l'authenticité de la signature ou la qualité officielle du signataire.

(2) Définition de « analyste » — Dans le présent article, **« analyste »** s'entend au sens de la *Loi réglementant certaines drogues et autres substances.*

(3) Préavis — Le certificat n'est recevable en preuve que si la partie qui entend le produire donne à la partie adverse, dans un délai raisonnable avant le procès ou l'audience, selon le cas, un préavis de son intention de produire le certificat et une copie de celui-ci.

(4) Preuve de signification — La signification d'un certificat visé au paragraphe (1) peut être prouvée par témoignage sous serment, par affidavit ou par déclaration solennelle de la personne qui a effectué la signification.

(5) Présence pour interrogatoire — Malgré le paragraphe (4), le tribunal peut exiger que la personne qui a signé l'affidavit ou la déclaration solennelle se présente devant lui pour interrogatoire ou contre-interrogatoire en ce qui concerne la preuve de la signification.

(6) Présence de l'analyste — La partie contre laquelle est produit le certificat peut, avec l'autorisation du tribunal, exiger la comparution de l'analyste pour le contre-interroger.

L.C. 1995, ch. 22, art. 6; 1999, ch. 31, art. 69.

Absolutions inconditionnelles et sous conditions

730. (1) Absolutions inconditionnelles et sous conditions — Le tribunal devant lequel comparaît un accusé, autre qu'une personne morale, qui plaide coupable ou est reconnu coupable d'une infraction pour laquelle la loi ne prescrit pas de peine minimale ou qui n'est pas punissable d'un emprisonnement de quatorze ans ou de l'emprisonnement à perpétuité peut, s'il considère qu'il y va de l'intérêt véritable de l'accusé sans nuire à l'intérêt public, au lieu de le condamner, prescrire par ordonnance qu'il soit absous inconditionnellement ou aux conditions prévues dans une ordonnance rendue aux termes du paragraphe 731(2).

(2) Effet de la sommation, de la citation à comparaître, etc. — Sous réserve de la partie XVI, lorsque l'accusé qui n'a pas été mis sous garde ou qui a été mis en liberté aux termes ou en vertu de la partie XVI plaide coupable ou est reconnu coupable d'une infraction mais n'est pas condamné, la sommation ou citation à comparaître à lui délivrée, la promesse de comparaître ou promesse remise par lui ou l'engagement contracté par lui demeure en vigueur, sous réserve de ses dispositions, jusqu'à ce qu'une décision soit rendue à son égard en vertu du paragraphe (1) à moins que, au moment où il plaide coupable ou est reconnu coupable, le tribunal, le juge ou le juge de paix n'ordonne qu'il soit mis sous garde en attendant cette décision.

(3) Conséquence de l'absolution — Le délinquant qui est absous en conformité avec le paragraphe (1) est réputé ne pas avoir été condamné à l'égard de l'infraction; toutefois, les règles suivantes s'appliquent :

a) le délinquant peut interjeter appel du verdict de culpabilité comme s'il s'agissait d'une condamnation à l'égard de l'infraction à laquelle se rapporte l'absolution;

b) le procureur général ou, dans le cas de poursuites sommaires, le dénonciateur ou son mandataire peut interjeter appel de la décision du tribunal de ne pas condamner le délinquant à l'égard de l'infraction à laquelle se rapporte l'absolution comme s'il s'agissait d'un jugement ou d'un verdict d'acquittement de l'infraction ou d'un rejet de l'accusation portée contre lui;

c) le délinquant peut plaider *autrefois convict* relativement à toute inculpation subséquente relative à l'infraction.

(4) Déclaration de culpabilité d'une personne soumise à une ordonnance de probation — Lorsque le délinquant soumis aux conditions d'une ordonnance de probation rendue à une époque où son absolution a été ordonnée en vertu du présent article est déclaré coupable d'une infraction, y compris une infraction visée à l'article 733.1, le tribunal qui a rendu l'ordonnance de probation peut, en plus ou au lieu d'exercer le pouvoir que lui confère le paragraphe 732.2(5), à tout moment où il peut prendre une mesure en vertu de ce paragraphe, annuler l'absolution, déclarer le délinquant coupable de l'infraction à laquelle se rapporte l'absolution et infliger toute peine qui aurait pu être infligée s'il avait été déclaré coupable au moment de son absolution; il ne peut être interjeté appel d'une déclaration de culpabilité prononcée en vertu du présent paragraphe lorsqu'il a été fait appel de l'ordonnance prescrivant que le délinquant soit absous.

L.C. 1995, ch. 22, art. 6; 1997, ch. 18, arts. 107 et 141.

Probation

731. (1) Prononcé de l'ordonnance de probation — Lorsqu'une personne est déclarée coupable d'une infraction, le tribunal peut, vu l'âge et la réputation du délinquant, la nature de l'infraction et les circonstances dans lesquelles elle a été commise :

a) dans le cas d'une infraction autre qu'une infraction pour laquelle une peine minimale est prévue par la loi, surseoir au prononcé de la peine et ordonner que le délinquant soit libéré selon les conditions prévues dans une ordonnance de probation;

b) en plus d'infliger une amende au délinquant ou de le condamner à un emprisonnement maximal de deux ans, ordonner que le délinquant se conforme aux conditions prévues dans une ordonnance de probation.

(2) Cas d'absolution — Le tribunal peut aussi rendre une ordonnance de probation qui s'applique à l'accusé absous aux termes du paragraphe 730(1).

L.C. 1992, ch. 1, art. 58; ch. 20, art. 200; 1995, ch. 22, art. 6.

731.1 (1) Armes à feu — Avant de rendre une ordonnance de probation, le tribunal vérifie l'applicabilité de l'article 100.

(2) Application de l'article 100 — Il est entendu que l'adjonction de la condition visée à l'alinéa 732.1(3)*d*) à une ordonnance de probation ne porte pas atteinte à l'application de l'article 100.

L.C. 1992, ch. 20; art. 201; 1995, ch. 22, art. 6.

732. (1) Peines discontinues — Le tribunal qui déclare le délinquant coupable d'une infraction et le condamne à un emprisonnement maximal de quatre-vingt-dix jours pour défaut de paiement d'une amende ou pour un autre motif, peut, compte tenu de l'âge et de la réputation du délinquant, de la nature de l'infraction, des circonstances dans lesquelles elle a été commise et de la disponibilité d'un établissement adéquat pour purger la peine, ordonner :

a) que la peine soit purgée de façon discontinue aux moments prévus par l'ordonnance;

b) au délinquant de se conformer aux conditions prévues par l'ordonnance pendant toute période où il purge sa peine hors de la prison et de s'y conformer dès sa sortie de prison.

(2) Demande de l'accusé — À la condition d'en informer au préalable le poursuivant, le délinquant qui purge une peine à exécution discontinue peut demander au tribunal qui a infligé la peine de lui permettre de la purger de façon continue.

(3) Modification de la peine discontinue — Lorsque le tribunal inflige une peine d'emprisonnement au délinquant purgeant déjà une peine discontinue pour une autre infraction, la partie non purgée de cette peine est, sous réserve d'une ordonnance du tribunal au contraire, purgée de façon continue.

L.C. 1995, ch. 22, art. 6.

732.1 (1) Définitions — Les définitions qui suivent s'appliquent au présent article et à l'article 732.2.

« **conditions facultatives** » Les conditions prévues au paragraphe (3).

« **modification** » Comprend, en ce qui concerne les conditions facultatives, les suppressions et les adjonctions.

(2) Conditions obligatoires — Le tribunal assortit l'ordonnance de probation des conditions suivantes, intimant au délinquant :

    a) de ne pas troubler l'ordre public et d'avoir une bonne conduite;

    b) de répondre aux convocations du tribunal;

    c) de prévenir le tribunal ou l'agent de probation de ses changements d'adresse ou de nom et de les aviser rapidement de ses changements d'emploi ou d'occupation.

(3) Conditions facultatives — Le tribunal peut assortir l'ordonnance de probation de l'une ou de plusieurs des conditions suivantes, intimant au délinquant :

    a) de se présenter à l'agent de probation :

        (i) dans les deux jours ouvrables suivant l'ordonnance, ou dans le délai plus long fixé par le tribunal,

        (ii) par la suite, selon les modalités de temps et de forme fixées par l'agent de probation;

    b) de rester dans le ressort du tribunal, sauf permission écrite d'en sortir donnée par le tribunal ou par l'agent de probation;

    c) de s'abstenir de consommer :

        (i) de l'alcool ou d'autres substances toxiques,

        (ii) des drogues, sauf sur ordonnance médicale;

    d) de s'abstenir d'être propriétaire, possesseur ou porteur d'une arme;

    e) de prendre soin des personnes à sa charge et de subvenir à leurs besoins;

    f) d'accomplir au plus deux cent quarante heures de service communautaire au cours d'une période maximale de dix-huit mois;

    g) si le délinquant y consent et le directeur du programme l'accepte, de participer activement à un programme de traitement approuvé par la province;

    g.1) si le lieutenant–gouverneur en conseil de la province où doit être rendue l'ordonnance de probation a institué un programme de traitement curatif pour abus d'alcool ou de drogue, de subir, à l'établissement de traitement désigné par celui-ci, l'évaluation et la cure de désintoxication pour abus d'alcool ou de drogue qui sont recommandées dans le cadre de ce programme;

    g.2) si le lieutenant–gouverneur en conseil de la province où est rendue l'ordonnance de probation a institué un programme visant l'utilisation par le délinquant d'un antidémarreur avec éthylomètre et s'il accepte de participer au programme, de se conformer aux modalités du programme;

    h) d'observer telles autres conditions raisonnables que le tribunal considère souhaitables, sous réserve des règlements d'application du paragraphe 738(2), pour assurer la protection de la société et faciliter la réinsertion sociale du délinquant.

(4) Forme et période de validité de l'ordonnance — L'ordonnance de probation peut être rédigée selon la formule 46 et le tribunal qui rend l'ordonnance y précise la durée de son application.

(5) Procédure — Le tribunal qui rend l'ordonnance de probation :

    a) fait donner au délinquant :

        (i) une copie de l'ordonnance,

        (ii) une explication du contenu des paragraphes 732.2(3) et (5) et de l'article 733.1,

        (iii) une explication des modalités de présentation de la demande de modification des conditions facultatives prévue au paragraphe 732.2(3);

    b) prend les mesures voulues pour s'assurer que le délinquant comprend l'ordonnance et les explications qui lui ont été fournies en application de l'alinéa *a*).

L.C. 1995, ch. 22, art. 6; 1999, ch. 32, art. 6.

732.2 (1) Entrée en vigueur de l'ordonnance — L'ordonnance de probation entre en vigueur :

    a) à la date à laquelle elle est rendue;

    b) dans le cas où le délinquant est condamné à l'emprisonnement en vertu de l'alinéa 731(1)*b*), ou a été condamné antérieurement à l'emprisonnement pour une autre infraction, dès sa sortie de prison, ou, s'il est libéré sous condition, à la fin de sa période d'emprisonnement;

    c) lorsque le délinquant a été condamné avec sursis, à la fin de la période de sursis.

(2) Durée de l'ordonnance et limite de sa validité — Sous réserve du paragraphe (5) :

    a) lorsque le délinquant soumis à une ordonnance de probation est déclaré coupable d'une infraction, y compris une infraction visée à l'article 733.1, ou est emprisonné aux termes de l'alinéa 731(1)*b*) pour défaut de paiement d'une amende, l'ordonnance reste en vigueur, sauf dans la mesure où la peine met temporairement le délinquant dans l'impossibilité de se conformer à l'ordonnance;

    b) la durée d'application maximale d'une ordonnance de probation est de trois ans.

(3) Modification de l'ordonnance — Le tribunal qui a rendu une ordonnance de probation peut, à tout moment, sur demande du délinquant, de l'agent de probation ou du poursuivant, ordonner au délinquant de comparaître devant lui et, après audition du délinquant d'une part et du poursuivant et de l'agent de probation, ou de l'un de ceux-ci, d'autre part :

    a) apporter aux conditions facultatives de l'ordonnance les modifications qu'il estime justifiées eu égard aux modifications des circonstances survenues depuis qu'elle a été rendue;

    b) relever le délinquant, soit complètement, soit selon les modalités ou pour la période qu'il estime souhaitables, de l'obligation d'observer une condition facultative;

    c) abréger la durée d'application de l'ordonnance.

Dès lors, le tribunal vise l'ordonnance de probation en conséquence et, s'il modifie les conditions facultatives, il en informe le délinquant et lui remet une copie de l'ordonnance ainsi visée.

(4) Juge en chambre — Les attributions conférées au tribunal par le paragraphe (3) peuvent être exercées par le juge en chambre.

(5) Cas de perpétration d'une infraction — Lorsque le délinquant soumis à une ordonnance de probation est déclaré coupable d'une infraction, y compris une infraction visée à l'article 733.1, et que, selon le cas :

    a) le délai durant lequel un appel de cette déclaration de culpabilité peut être interjeté est expiré ou le délinquant n'a pas interjeté appel,

    b) il a interjeté appel de cette déclaration de culpabilité et l'appel a été rejeté,

    c) il a donné avis écrit au tribunal qui l'a déclaré coupable qu'il a choisi de ne pas interjeter appel de cette déclaration de culpabilité ou d'abandonner son appel, selon le cas,

en sus de toute peine qui peut être infligée pour cette infraction, le tribunal qui a rendu l'ordonnance de probation peut, à la demande du poursuivant, ordonner au délinquant de comparaître devant lui et, après audition du poursuivant et du délinquant :

    d) lorsque l'ordonnance de probation a été rendue aux termes de l'alinéa 731(1)*a*), révoquer l'ordonnance et infliger toute peine qui aurait pu être infligée si le prononcé de la peine n'avait pas été suspendu;

    e) apporter aux conditions facultatives les modifications qu'il estime souhaitables ou prolonger la durée d'application de l'ordonnance pour la période, d'au plus un an, qu'il estime souhaitable.

Dès lors, le tribunal vise l'ordonnance de probation en conséquence et, s'il modifie les conditions facultatives de l'ordonnance ou en prolonge la durée d'application, il en informe le délinquant et lui remet une copie de l'ordonnance ainsi visée.

(6) Comparution forcée de la personne soumise à l'ordonnance — Les dispositions des parties XVI et XVIII relatives à la comparution forcée d'un accusé devant un juge de paix s'appliquent, avec les adaptation nécessaires, aux procédures prévues aux paragraphe (3) et (5).

L.C. 1995, ch. 22, art. 6.

733. **(1) Transfert d'une ordonnance** — Lorsque le délinquant soumis à une ordonnance de probation devient résident d'une circonscription territoriale autre que celle où l'ordonnance a été rendue, ou y est déclaré coupable ou absous en vertu de l'article 730 d'une infraction, y compris une infraction visée à l'article 733.1, le tribunal qui a rendu l'ordonnance peut, sous réserve du paragraphe (1.1), à la demande de l'agent de probation transférer l'ordonnance à un tribunal de cette autre circonscription territoriale qui aurait, étant donné la forme du procès du délinquant, eu compétence pour rendre l'ordonnance dans cette autre circonscription territoriale si le délinquant y avait subi son procès et y avait été déclaré coupable de l'infraction au sujet de laquelle l'ordonnance a été rendue; le tribunal auquel l'ordonnance a été transférée peut, dès lors, statuer sur l'ordonnance et l'appliquer à tous égards comme s'il l'avait rendue.

(1.1) Consentement du procureur général — L'ordonnance ne peut être transférée :

a) qu'avec le consentement du procureur général de la province où elle a été rendue, si les deux circonscriptions territoriales ne sont pas situées dans la même province;

b) qu'avec le consentement du procureur général du Canada, si les procédures à l'origine de l'ordonnance ont été engagées par celui-ci ou en son nom.

(2) Incapacité d'agir du tribunal — Lorsque le tribunal qui a rendu une ordonnance de probation ou à qui une ordonnance de probation a été transférée en vertu du paragraphe (1) est pour quelque raison dans l'incapacité d'agir, les pouvoirs de ce tribunal concernant cette ordonnance peuvent être exercés par tout autre tribunal ayant une compétence équivalente dans la même province.

L.R.C. 1985, ch. 24 (2e suppl.), art. 46.; L.C. 1995, ch. 22, art. 6; 1999, ch. 5, art. 32.

733.1 (1) Défaut de se conformer à une ordonnance — Le délinquant qui, sans excuse raisonnable, omet ou refuse de se conformer à l'ordonnance de probation à laquelle il est soumis est coupable :

a) soit d'un acte criminel et passible d'un emprisonnement maximal de deux ans;

b) soit d'une infraction punissable sur déclaration de culpabilité par procédure sommaire et passible d'un emprisonnement maximal de dix-huit mois et d'une amende maximale de deux mille dollars, ou de l'une de ces peines.

(2) Tribunal compétent — Le délinquant qui est inculpé d'une infraction aux termes du paragraphe (1) peut être jugé et condamné par tout tribunal compétent au lieu où l'infraction est présumée avoir été commise, ou au lieu où il est trouvé, est arrêté ou est sous garde, mais si ce dernier lieu est situé à l'extérieur de la province où l'infraction est présumée avoir été commise, aucune poursuite concernant cette infraction ne peut être engagée en ce lieu sans le consentement du procureur général de la province.

L.C. 1995, ch. 22, art. 6.

Amendes et confiscations

734. (1) **Imposition des amendes** — Sous réserve du paragraphe (2), le tribunal qui déclare une personne, autre qu'une personne morale, coupable d'une infraction peut :

a) si celle-ci n'est pas punissable d'une période minimale d'emprisonnement, lui infliger une amende par ordonnance rendue en vertu de l'article 734.1, en sus ou au lieu de toute autre peine qu'il peut infliger;

b) si elle est punissable d'une période minimale d'emprisonnement, lui infliger une amende par ordonnance rendue en vertu de l'article 734.1, en sus de toute autre peine qu'il peut infliger.

(2) **Capacité de payer** — Sauf dans le cas d'une amende minimale ou de celle pouvant être infligée au lieu d'une ordonnance de confiscation, le tribunal ne peut infliger l'amende prévue au présent article que s'il est convaincu que le délinquant a la capacité de la payer ou de s'en acquitter en application de l'article 736.

(3) **Défaut de paiement** — Pour l'application du présent article et des articles 734.1 à 737, est en défaut de paiement d'une amende la personne qui ne s'en est pas acquittée intégralement à la date prévue par l'ordonnance rendue en vertu de l'article 734.1.

(4) **Emprisonnement pour défaut de paiement** — Est réputée infligée, pour défaut de paiement intégral de l'amende infligée aux termes du présent article, la période d'emprisonnement déterminée conformément au paragraphe (5).

(5) **Durée de l'emprisonnement** — Le nombre de jours de la période d'emprisonnement visée au paragraphe (4) est le moins élevé des nombres suivants :

a) une fraction — arrondie à l'unité inférieure — dont :

(i) le numérateur est la somme du montant impayé de l'amende et des frais et dépens de l'envoi et de la conduite en prison de la personne en défaut de paiement d'une amende calculés conformément aux règlements pris en vertu du paragraphe (7),

(ii) le dénominateur est égal à huit fois le taux horaire du salaire minimum en vigueur, à l'époque du défaut, dans la province où l'amende a été infligée;

b) le nombre maximal de jours d'emprisonnement que le tribunal peut infliger.

(6) Somme trouvée sur le délinquant — Le tribunal peut ordonner que toute somme d'argent trouvée en la possession du délinquant au moment de son arrestation soit, en tout ou en partie, affectée au versement des sommes d'argent payables en application du présent article, s'il est convaincu que personne d'autre que le délinquant n'en réclame la propriété ou la possession.

(7) Règlements provinciaux — Le lieutenant-gouverneur en conseil d'une province peut prendre des règlements concernant le calcul des frais et dépens visés au sous-alinéa (5)*a*)(i) et à l'alinéa 734.8(1)*b*).

(8) Application à d'autres lois — Le présent article et les articles 734.1 à 734.8 et 736 s'appliquent à toute amende imposée sous le régime d'une loi fédérale. Toutefois, les paragraphes (4) et (5) ne s'appliquent pas si le texte en cause prévoit relativement à la peine d'emprisonnement en cas de défaut de paiement de l'amende :

    a) soit d'autres modalités de calcul;

    b) soit une peine d'emprisonnement minimale ou maximale.

L.R.C. 1985, ch. 27 (1er suppl.), art. 161; L.C. 1995, ch. 22, art. 6; 1999, ch. 5, art. 33.

734.1 Contenu de l'ordonnance — Le tribunal qui inflige l'amende prévue à l'article 734 rend une ordonnance établissant clairement, en ce qui concerne l'amende :

    a) le montant;

    b) les modalités du paiement;

    c) l'échéance du paiement;

    d) les autres conditions du paiement que le tribunal estime indiquées.

L.C. 1995, ch. 22, art. 6.

734.2 Procédure — Le tribunal qui rend l'ordonnance prévue à l'article 734.1 :

    a) fait donner au délinquant :

        (i) une copie de l'ordonnance,

        (ii) une explication du contenu des articles 734 à 734.8 et de l'article 736,

        (iii) une explication des programmes visés à l'article 736 et des modalités d'admission à ceux-ci,

        (iv) une explication des modalités de présentation de la demande de modification des conditions de l'ordonnance prévue à l'article 734.3;

    b) prend les mesures voulues pour s'assurer que le délinquant comprend l'ordonnance et les explications qui lui ont été fournies aux termes de l'alinéa *a*).

L.C. 1995, ch. 22, art. 6.

734.3 Modification des conditions de l'ordonnance — Le tribunal qui rend l'ordonnance prévue à l'article 734.1 ou la personne désignée — par son nom ou par son titre — par celui-ci peut, sur demande présentée par le délinquant ou pour son compte, sous réserve des règles établies par le tribunal aux termes de l'article 482, modifier une condition de l'ordonnance autre que le montant de l'amende, et la mention d'une ordonnance au présent article et aux articles 734, 734.1, 734.2 et 734.6 vaut mention de l'ordonnance modifiée aux termes du présent article.

L.C. 1995, ch. 22, art. 6.

734.4 (1) Attribution du produit au Trésor provincial — Lorsqu'une amende ou une confiscation est infligée ou qu'un engagement est confisqué et qu'aucune disposition autre que le présent article n'est prévue par la loi pour l'application de son produit, celui-ci est attribué à Sa Majesté du chef de la province où l'amende ou la confiscation a été infligée ou l'engagement confisqué et est versé par la personne qui le reçoit au Trésor de cette province.

(2) Attribution du produit au receveur général — Le produit d'une amende, d'une confiscation ou d'un engagement est attribué à Sa Majesté du chef du Canada et est versé au receveur général par la personne qui le reçoit lorsque :

    a) l'amende ou la confiscation est infligée :

        (i) soit pour violation d'une loi fiscale fédérale,

        (ii) soit pour abus de fonction ou prévarication de la part d'un fonctionnaire ou d'un employé du gouvernement du Canada,

        (iii) soit à l'égard de toute poursuite intentée sur l'instance du gouvernement du Canada et dans laquelle ce gouvernement supporte les frais de la poursuite;

    b) l'engagement relatif à des poursuites visées à l'alinéa *a)* est confisqué.

(3) Attribution du produit à une autorité locale — Lorsqu'une autorité provinciale, municipale ou locale supporte en tout ou en partie les frais d'application de la loi qui prévoit une amende ou une confiscation ou la confiscation d'un engagement dans le cadre d'une poursuite :

    a) le lieutenant-gouverneur en conseil de la province peut ordonner que le produit de l'amende, de la confiscation ou de l'engagement attribué à Sa Majesté du chef de la province soit versé à cette autorité;

    b) le gouverneur en conseil peut ordonner que le produit de l'amende, de la confiscation ou de l'engagement attribué à Sa Majesté du chef du Canada soit versé à cette autorité.

L.C. 1995, ch. 22, art. 6.

734.5 Licences, permis, etc. — Lorsque le délinquant est en défaut de paiement d'une amende :

a) dans le cas où le produit de l'amende est attribué à Sa Majesté du chef d'une province en application du paragraphe 734.4(1), la personne responsable, sous le régime d'une loi de la province, de la délivrance, du renouvellement ou de la suspension d'un document — licence ou permis — en ce qui concerne le délinquant peut refuser de délivrer ou de renouveler tel document ou peut le suspendre jusqu'au paiement intégral de l'amende, dont la preuve incombe au délinquant;

b) dans le cas où le produit de l'amende est attribué à Sa Majesté du chef du Canada en application du paragraphe 734.4(2), la personne responsable, sous le régime d'une loi fédérale, de la délivrance ou du renouvellement d'un document — licence ou permis — en ce qui concerne le délinquant peut refuser de délivrer ou de renouveler tel document ou peut le suspendre jusqu'au paiement intégral de l'amende, dont la preuve incombe au délinquant.

L.C. 1995, ch. 22, art. 6; 1999, ch. 5, art. 34.

734.6 (1) Exécution civile — Lorsque le délinquant est en défaut de paiement d'une amende ou lorsqu'une confiscation est imposée par la loi, le procureur général de la province ou le procureur général du Canada, selon l'autorité à laquelle le produit de l'amende ou de la confiscation est attribué, peut, en plus des autres recours prévus par la loi, par le dépôt du jugement infligeant l'amende ou de l'ordonnance de confiscation, faire inscrire ce produit, ainsi que les frais éventuels, au tribunal civil compétent.

(2) Conséquences du dépôt de l'ordonnance — L'inscription vaut jugement exécutoire contre le délinquant comme s'il s'agissait d'un jugement rendu contre lui, devant ce tribunal, au terme d'une action civile au profit du procureur général de la province ou du procureur général du Canada, selon le cas.

L.C. 1995, ch. 22, art. 6.

734.7 (1) Mandat d'incarcération — Lorsqu'un délai de paiement a été accordé, l'émission d'un mandat d'incarcération par le tribunal à défaut du paiement de l'amende est subordonné aux conditions suivantes :

a) le délai accordé pour le paiement intégral de l'amende est expiré;

b) le tribunal est convaincu que l'application des articles 734.5 et 734.6 n'est pas justifiée dans les circonstances ou que le délinquant a, sans excuse raisonnable, refusé de payer l'amende ou de s'en acquitter en application de l'article 736.

(2) Motifs d'incarcération — Si aucun délai de paiement n'a été accordé et qu'un mandat ordonnant l'incarcération du délinquant à défaut du paiement de l'amende est délivré, le tribunal énonce dans le mandat le motif de l'incarcération immédiate.

(2.1) Période d'emprisonnement — Le mandat d'incarcération délivré au titre des paragraphes (1) ou (2) précise la période d'emprisonnement en cas de défaut de paiement de l'amende.

(3) Comparution forcée de la personne soumise à l'ordonnance — Les dispositions des parties XVI et XVIII relatives à la comparution forcée d'un accusé devant un juge de paix s'appliquent, avec les adaptations nécessaires, aux procédures prévues à l'alinéa (1)*b*).

(4) Effet de l'emprisonnement — L'emprisonnement du délinquant pour défaut de paiement d'une amende met fin à l'application des articles 734.5 et 734.6 à cette amende.

L.C. 1995, ch. 22, art. 6; 1999, ch. 5, art. 35.

734.8 (1) Définition de « peine » — Au présent article, **« peine »** s'entend de la somme des montants suivants :

a) les amendes;

b) les frais et dépens de l'envoi et de la conduite en prison de la personne en défaut de paiement d'une amende calculés conformément aux règlements d'application du paragraphe 734(7).

(2) Réduction de l'emprisonnement en cas de paiement partiel — L'emprisonnement infligé pour défaut de paiement d'une amende est réduit, sur paiement d'une partie de la peine, que le paiement ait été fait avant ou après l'exécution du mandat d'incarcération, du nombre de jours ayant le même rapport avec la durée de l'emprisonnement qu'entre le paiement partiel et la peine globale.

(3) Paiement minimal — Aucune somme offerte en paiement partiel d'une peine ne peut être acceptée après l'exécution du mandat d'incarcération, à moins qu'elle ne soit suffisante pour assurer une réduction de peine d'un nombre entier de jours et que les frais afférents au mandat ou à son exécution n'aient été acquittés.

(4) Destinataire du paiement — Le paiement prévu au présent article peut être effectué à la personne que désigne le procureur général ou, si le délinquant est détenu en prison, à la personne qui en a la garde légale ou à celle que désigne le procureur général.

(5) Affectation de la somme versée — Le paiement prévu au présent article est d'abord affecté au paiement intégral des frais et dépens, ensuite au paiement intégral de la suramende compensatoire infligée en vertu de l'article 737 et enfin au paiement de toute partie de l'amende demeurant non acquittée.

L.C. 1995, ch. 22, art. 6; 1999, ch. 5, art. 36; 1999, ch. 25, art. 19.

735. (1) Amendes infligées aux personnes morales — Sauf disposition contraire de la loi, la personne morale déclarée coupable d'une infraction est passible, au lieu de toute peine d'emprisonnement prévue pour cette infraction, d'une amende :

    a) dont le montant est fixé par le tribunal, si l'infraction est un acte criminel;

    b) maximale de vingt-cinq mille dollars, si l'infraction est punissable sur déclaration de culpabilité par procédure sommaire.

(1.1) Contenu de l'ordonnance — Le tribunal qui inflige une amende au titre du paragraphe (1) ou d'une autre loi fédérale rend une ordonnance établissant clairement, en ce qui touche l'amende :

    a) le montant;

    b) les modalités de paiement;

    c) l'échéance de tout paiement;

    d) les autres modalités de paiement que le tribunal estime indiquées.

(2) Exécution civile — L'article 734.6 s'applique, avec les adaptations nécessaires, à la personne morale qui fait défaut de payer l'amende selon les modalités de l'ordonnance.

    L.R.C. 1985, ch. 1 (4ᵉ suppl.), art. 18; ch. 23 (4ᵉ suppl.), art. 7; L.C. 1995, ch. 22, art. 6; 1999, ch. 5, art. 37.

736. (1) Mode facultatif de paiement d'une amende — Le délinquant condamné au paiement d'une amende au terme de l'article 734, qu'il purge ou non une peine d'emprisonnement pour défaut de paiement de celle-ci, peut s'acquitter de l'amende en tout ou en partie par acquisition de crédits au titre de travaux réalisés, sur une période maximale de deux ans, dans le cadre d'un programme, auquel il est admissible, établi à cette fin par le lieutenant-gouverneur en conseil :

    a) soit de la province où l'amende a été infligée;

    b) soit de la province de résidence du délinquant, lorsque le gouvernement de celle-ci et celui de la province où la peine a été infligée ont conclu un accord en vigueur à cet effet.

[L'article 107 de L.C. 1997, ch. 18 vise à modifier l'article 736(1) du Code criminel *tel qu'il existait avant les modifications apportées par L.C. 1995, ch. 22 . Les amendements prévus à l'article 107 se retrouvent à l'article 730(1) puisqu'en vertu de l'annexe IV de L.C. 1995, ch. 22, toute référence à « l'article 736 » dans une loi du Parlement doit être lue comme une référence à « l'article 730 ».]*

(2) Taux, crédits, etc. — Le programme visé au paragraphe (1) détermine le taux auquel les crédits sont acquis et peut prévoir la manière de créditer les sommes gagnées à l'acquittement de l'amende ainsi que toute autre mesure nécessaire ou accessoire à sa réalisation.

(3) Présomption — Les crédits visés au paragraphe (1) sont, pour l'application de la présente loi, réputés constituer le paiement de l'amende.

(4) Entente fédéro-provinciale — Dans le cas où, en application du paragraphe 734.4(2), le produit d'une amende est attribué à Sa Majesté du chef du Canada, le délinquant peut s'acquitter de l'amende en tout ou en partie dans le cadre d'un programme provincial visé au paragraphe (1) lorsque le gouvernement de la province et celui du Canada ont conclu un accord en vigueur à cet effet.

L.R.C. 1985, ch. 27, (1er suppl.), art. 162; ch. 1 (4e suppl.), art. 18; L.C. 1992, ch. 1, art. 60; 1995, ch. 22, art. 6.

736.1 à 736.18 [Abrogés, L.C. 1995, ch. 22, art. 12.]

737. (1) Suramende compensatoire — Dans le cas où il est condamné — ou absous aux termes de l'article 730 — à l'égard d'une infraction prévue à la présente loi ou à la *Loi réglementant certaines drogues et autres substances*, le contrevenant est tenu, sous réserve du paragraphe (5), de verser une suramende compensatoire, en plus de toute autre peine qui lui est infligée.

(2) Montant de la suramende — Sous réserve du paragraphe (3), le montant de la suramende compensatoire représente :

    a) quinze pour cent de l'amende infligée pour l'infraction;

    b) si aucune amende n'est infligée :

        (i) 50 $ pour une infraction punissable sur déclaration de culpabilité par procédure sommaire,

        (ii) 100 $ pour une infraction punissable sur déclaration de culpabilité par mise en accusation.

(3) Montant supérieur — Le tribunal peut, s'il estime que les circonstances le justifient et s'il est convaincu que le contrevenant a la capacité de payer, ordonner à celui-ci de verser une suramende compensatoire supérieure à celle prévue au paragraphe (2).

(4) Échéance de paiement — La suramende compensatoire est payable à la date d'échéance du paiement de l'amende ou, dans le cas où aucune amende n'est infligée, à la date fixée, pour le paiement de telles suramendes, par le lieutenant-gouverneur en conseil de la province où la suramende est infligée.

(5) Exception — Le tribunal peut ordonner qu'aucune suramende compensatoire ne soit infligée aux termes du paragraphe (1), si le contrevenant en fait la demande et lui démontre que cela lui causerait — ou causerait aux personnes à sa charge — un préjudice injustifié.

(6) Motifs — Le tribunal qui rend l'ordonnance visée au paragraphe (5) consigne ses motifs au dossier du tribunal.

(7) Affectation des suramendes compensatoires — Les suramendes compensatoires sont affectées à l'aide aux victimes d'actes criminels en conformité avec les instructions du lieutenant-gouverneur en conseil de la province où elles sont infligées.

(8) Avis — Le tribunal fait donner au contrevenant un avis écrit établissant, en ce qui concerne la suramende compensatoire :

    a) le montant;

    b) les modalités du paiement;

    c) l'échéance du paiement;

    d) la procédure à suivre pour présenter une demande visant à modifier les conditions prévues aux alinéas *b*) et *c*) en conformité avec l'article 734.3.

(9) Exécution — Les paragraphes 734(3) à (7) et les articles 734.3, 734.5, 734.7 et 734.8 s'appliquent, avec les adaptations nécessaires, aux suramendes compensatoires infligées aux termes du paragraphe (1) et, pour l'application de ces dispositions :

    a) à l'exception du paragraphe 734.8(5), la mention de « amende » vaut mention de « suramende compensatoire »;

    b) l'avis donné conformément au paragraphe (8) est réputé être une ordonnance rendue par le tribunal en application de l'article 734.1.

(10) Non-applicabilité de l'article 736 — Il demeure entendu que tout mode facultatif de paiement d'une amende prévu à l'article 736 n'est pas applicable à la suramende compensatoire.

    L.C. 1995, ch. 22, art. 6; L.C. 1996, ch. 19, art. 75; 1999, ch. 5, art. 38; 1999, ch. 25, art. 20.

Dédommagement

738. (1) Dédommagement — Lorsque le délinquant est condamné ou absous sous le régime de l'article 730, le tribunal qui inflige la peine ou prononce l'absolution peut, en plus de toute autre mesure, à la demande du procureur général ou d'office, lui ordonner :

    a) dans le cas où la perte ou la destruction des biens d'une personne — ou le dommage qui leur a été causé — est imputable à la perpétration de l'infraction ou à l'arrestation ou à la tentative d'arrestation du délinquant, de verser à cette personne des dommages-intérêts non supérieurs à la valeur de remplacement des biens à la date de l'ordonnance moins la valeur — à la date de la restitution — de la partie des biens qui été restituée à celle-ci, si cette valeur peut être facilement déterminée;

    b) dans le cas où les blessures corporelles infligées à une personne sont imputables à la perpétration de l'infraction ou à l'arrestation ou à la tentative d'arrestation du délinquant, de verser à cette personne des dommages-intérêts non supérieurs à la valeur des dommages pécuniaires, notamment la perte de revenu, imputables aux blessures corporelles, si ces dommages peuvent être facilement déterminés;

c) dans le cas où les blessures corporelles ou la menace de blessures corporelles infligées par le délinquant à une personne demeurant avec lui, notamment son conjoint ou un de ses enfants, sont imputables à la perpétration de l'infraction ou à l'arrestation ou à la tentation d'arrestation du délinquant, de verser, indépendamment des versements prévus aux alinéas *a)* ou *b)*, des dommages-intérêts non supérieurs aux frais d'hébergement, d'alimentation, de transport et de garde d'enfant qu'une telle personne a réellement engagés pour demeurer ailleurs provisoirement, si ces dommages peuvent être facilement déterminés.

Non en vigueur — 738(1)c)

Lors de l'entrée en vigueur de l'article 95, L.C. 2000, ch. 12, le mot « conjoint » sera remplacé par les mots « époux ou conjoint de fait », avec les adaptations grammaticales nécessaires.

L.C. 2000, ch. 12, art. 95.

(2) Règlements du lieutenant-gouverneur — Le lieutenant-gouverneur en conseil d'une province peut, par règlement, interdire l'insertion, dans une ordonnance de probation ou une ordonnance de sursis, d'une condition facultative prévoyant l'exécution forcée d'une ordonnance de dédommagement.

L.C. 1995, ch. 22, art. 6.

739. Dédommagement des parties de bonne foi — Lorsque le délinquant est condamné ou absous sous le régime de l'article 730 et qu'il a transféré ou remis moyennant contrepartie des biens obtenus criminellement à un tiers agissant de bonne foi et ignorant l'origine criminelle des biens ou qu'il a emprunté en donnant ces biens en garantie auprès d'un créancier agissant de bonne foi et ignorant l'origine criminelle des biens, le tribunal peut, si ceux-ci ont été restitués à leur propriétaire légitime ou à la personne qui avait le droit à leur possession légitime au moment de la perpétration, ordonner au délinquant de verser au tiers ou au créancier des dommages-intérêts non supérieurs à la contrepartie versée par le tiers pour le bien ou au solde du prêt.

L.R.C. 1985, ch. 27 (1er suppl.), art. 163; ch. 1, (4e suppl.), art. 18; L.C. 1995, ch. 22, art. 6.

740. Priorité au dédommagement — Le tribunal estimant que les circonstances justifient l'ordonnance de dédommagement prévue aux articles 738 ou 739 à l'égard d'un délinquant rend d'abord cette ordonnance et étudie ensuite la possibilité, compte tenu des circonstances :

a) soit de rendre une ordonnance de confiscation prévue par la présente loi ou une autre loi fédérale à l'égard des biens visés par l'ordonnance de dédommagement;

b) soit d'infliger une amende au délinquant s'il estime que celui-ci a les moyens, à la fois, de se conformer à l'ordonnance de dédommagement et de payer l'amende.

L.C. 1995, ch. 22, art. 6.

741. (1) Exécution civile — Faute par le délinquant de payer immédiatement la somme d'argent dont le paiement est ordonné en application des articles 738 ou 739, le destinataire de cette somme peut, par le dépôt de l'ordonnance, faire inscrire la somme d'argent au tribunal civil compétent. L'inscription vaut jugement exécutoire contre le délinquant comme s'il s'agissait d'un jugement rendu contre lui, devant ce tribunal, au terme d'une action civile au profit du destinataire.

(2) Somme trouvée sur le délinquant — Le tribunal peut ordonner que toute somme d'argent trouvée en la possession du délinquant au moment de son arrestation soit, en tout ou en partie, affectée au versement des sommes d'argent payables en application des articles 738 ou 739, s'il est convaincu que personne d'autre que le délinquant n'en réclame la propriété ou la possession.

L.R.C. 1985, ch. 27 (1er suppl.), art. 164; L.C. 1995, ch. 22, art. 6.

741.1 Notification — Le tribunal qui rend une ordonnance en vertu des articles 738 ou 739 est tenu d'en faire notifier le contenu ou une copie à la personne qui en est le bénéficiaire.

L.R.C. 1985, ch. 24 (2e suppl.), art. 47; L.C. 1992, ch. 11, art. 14; ch. 20, art. 202; 1995, ch. 19, art. 37; ch. 22, art. 6.

741.2 Recours civil non atteint — L'ordonnance de dédommagement rendue aux termes des articles 738 ou 739 en ce qui concerne un acte ou une omission ne porte pas atteinte au recours civil fondé sur cet acte ou cette omission.

L.C. 1992, ch. 20, art. 203; 1995, ch. 42, art. 75; ch. 22, art. 6.

Condamnations à l'emprisonnement avec sursis

742. Définitions — Les définitions qui suivent s'appliquent aux articles 742.1 à 742.7.

« agent de surveillance » La personne désignée par le procureur général, par son nom ou par son titre, comme agent de surveillance pour l'application des articles 742.1 à 742.7.

« conditions facultatives » Les conditions prévues au paragraphe 742.3(2).

« modification » Comprend, en ce qui concerne les conditions facultatives, les suppressions et les adjonctions.

L.R.C. 1985, ch. 27 (1er suppl.), art. 165; L.C. 1992, ch. 11, art. 15; ch. 22, art. 6.

742.1 Octroi du sursis — Lorsqu'une personne est déclarée coupable d'une infraction — autre qu'une infraction pour laquelle une peine minimale d'emprisonnement est prévue — et condamnée à un emprisonnement de moins de deux ans, le tribunal peut, s'il est convaincu que le fait de purger la peine au sein de la collectivité ne met pas en danger la sécurité de celle-ci et est conforme à l'objectif et aux principes visés aux articles 718 à 718.2, ordonner au délinquant de purger sa peine dans la collectivité afin d'y surveiller le comportement de celui-ci, sous réserve de l'observation des conditions qui lui sont imposées en application de l'article 742.3.

L.C. 1992, ch. 11, art. 16; 1995, ch. 19, art. 38; ch. 22, art. 6; 1997, ch. 18, art. 107.1.

742.2 (1) Armes à feu — Avant d'octroyer le sursis, le tribunal vérifie l'applicabilité de l'article 100.

(2) Application de l'article 100 — Il est entendu que l'adjonction de la condition visée à l'alinéa 742.3(2)*b)* à une ordonnance de sursis ne porte pas atteinte à l'application de l'article 100.

L.C. 1995, ch. 22, art. 6.

742.3 (1) Conditions obligatoires — Le tribunal assortit l'ordonnance de sursis des conditions suivantes, intimant au délinquant :

    a) de ne pas troubler l'ordre public et d'avoir une bonne conduite;

    b) de répondre aux convocations du tribunal;

    c) de se présenter à l'agent de surveillance :

        (i) dans les deux jours ouvrables suivant la date de l'ordonnance, ou dans le délai plus long fixé par le tribunal,

        (ii) par la suite, selon les modalités de temps et de forme fixées par l'agent de surveillance;

    d) de rester dans le ressort du tribunal, sauf permission écrite d'en sortir donnée par le tribunal ou par l'agent de surveillance;

    e) de prévenir le tribunal ou l'agent de surveillance de ses changements d'adresse ou de nom et de les aviser rapidement de ses changements d'emploi ou d'occupation.

(2) Conditions facultatives — Le tribunal peut assortir l'ordonnance de sursis de l'une ou de plusieurs des conditions suivantes, intimant au délinquant :

    a) de s'abstenir de consommer :

        (i) de l'alcool ou d'autres substances toxiques,

        (ii) des drogues, sauf sur ordonnance médicale;

    b) de s'abstenir d'être propriétaire, possesseur ou porteur d'une arme;

    c) de prendre soin des personnes à sa charge et de subvenir à leurs besoins;

d) d'accomplir au plus deux cent quarante heures de service communautaire au cours d'une période maximale de dix-huit mois;

e) de suivre un programme de traitement approuvé par la province;

f) d'observer telles autres conditions raisonnables que le tribunal considère souhaitables, sous réserve des règlements d'application du paragraphe 738(2), pour assurer la bonne conduite du délinquant et l'empêcher de commettre de nouveau la même infraction ou de commettre d'autres infractions.

(3) Procédure — Le tribunal qui rend l'ordonnance prévue au présent article :

a) fait donner au délinquant :

(i) une copie de l'ordonnance,

(ii) une explication du contenu des articles 742.4 et 742.6,

(iii) une explication des renseignements concernant la procédure de la demande de modification des conditions facultatives prévue à l'article 742.4;

b) prend les mesures voulues pour s'assurer que le délinquant comprend l'ordonnance et les renseignements qui lui ont été fournis en application de l'alinéa *a)*.

L.C. 1995, ch. 22, art. 6.

742.4 (1) Modification des conditions facultatives — L'agent de surveillance qui estime que l'évolution des circonstances justifie la modification des conditions facultatives notifie par écrit les modifications proposées et les motifs à leur appui au délinquant, au poursuivant et au tribunal.

(2) Audience — Dans les sept jours suivant la notification, le délinquant ou le poursuivant peuvent demander au tribunal la tenue d'une audience pour étudier les modifications proposées, ou le tribunal peut d'office ordonner la tenue d'une audience à cette fin; l'audience a lieu dans les trente jours suivant la réception de la notification par le tribunal.

(3) Décision — À l'audience, le tribunal rejette ou approuve les modifications proposées et peut apporter aux conditions facultatives toute autre modification qu'il estime indiquée.

(4) Absence de demande d'audience — Dans le cas où la demande d'audience n'est pas présentée dans le délai prévu au paragraphe (2), les modifications proposées prennent effet dans les quatorze jours suivant la réception par le tribunal de la notification prévue au paragraphe (1); l'agent de surveillance avise alors le délinquant et dépose la preuve de la notification au tribunal.

(5) Modifications proposées par le délinquant ou le poursuivant — Les paragraphes (1) et (3) s'appliquent, avec les adaptations nécessaires, aux propositions de modification des conditions facultatives effectuées par le délinquant ou le poursuivant; l'audience est alors obligatoire et est tenue dans les trente jours suivant la réception par la tribunal de la notification prévue au paragraphe (1).

(6) Juge en chambre — Les attributions conférées au tribunal par le présent article peuvent être exercées par le juge en chambre.

L.C. 1995, ch. 22, art. 6; 1999, ch. 5, art. 39.

742.5 (1) Transfert d'une ordonnance — Lorsqu'un délinquant soumis à une ordonnance de sursis devient résident d'une circonscription territoriale autre que celle où l'ordonnance a été rendue, le tribunal qui a rendu l'ordonnance peut, sous réserve du paragraphe (1.1), à la demande de l'agent de surveillance, transférer l'ordonnance à un tribunal de cette autre circonscription territoriale qui aurait, étant donné la forme du procès du délinquant, eu compétence pour rendre l'ordonnance dans cette autre circonscription territoriale si le délinquant y avait subi son procès et y avait été déclaré coupable de l'infraction au sujet de laquelle l'ordonnance a été rendue; le tribunal auquel l'ordonnance a été transférée peut, dès lors, statuer sur l'ordonnance et l'appliquer à tous égards comme s'il l'avait rendue.

(1.1) Consentement du procureur général — L'ordonnance ne peut être transférée :

a) qu'avec le consentement du procureur général de la province où elle a été rendue, si les deux circonscriptions territoriales ne sont pas situées dans la même province;

b) qu'avec le consentement du procureur général du Canada, si les procédures à l'origine de l'ordonnance ont été engagées par celui-ci ou en son nom.

(2) Incapacité d'agir du tribunal — Lorsque le tribunal qui a rendu une ordonnance de sursis ou à qui une ordonnance de sursis a été transférée en application du paragraphe (1) est pour quelque raison dans l'incapacité d'agir, les pouvoirs de ce tribunal concernant cette ordonnance peuvent être exercés par tout autre tribunal ayant une juridiction équivalente dans la même province.

L.C. 1995, ch. 22, art. 6; 1999, ch. 5, art. 40.

742.6 (1) Mesures en cas de manquement — En ce qui touche les procédures visées au présent article :

a) les dispositions des parties XVI et XVIII concernant la comparution forcée d'un prévenu devant un juge de paix s'appliquent avec les adaptations nécessaires, toute mention, dans ces parties, de la perpétration d'une infraction valant mention d'un manquement aux conditions d'une ordonnance de sursis;

b) les pouvoirs d'arrestation en cas de manquement à une condition d'une ordonnance de sursis sont, avec les adaptations nécessaires, les pouvoirs d'arrestation pour les actes criminels, le paragraphe 495(2) étant inapplicable;

c) malgré l'alinéa *a*), la procédure en cas de prétendu manquement est engagée :

    (i) soit par la délivrance du mandat pour l'arrestation du délinquant pour le prétendu manquement,

    (ii) soit par l'arrestation sans mandat du délinquant pour le prétendu manquement,

    (iii) soit par le fait d'obliger le délinquant à comparaître au titre de l'alinéa *d*);

d) si le délinquant est déjà détenu ou devant le tribunal, sa comparution peut être obtenue par application des dispositions de l'alinéa *a*);

e) si le délinquant a été arrêté pour le prétendu manquement, l'agent de la paix qui a procédé à l'arrestation, le fonctionnaire responsable, un juge ou un juge de paix peut le mettre en liberté et sa comparution peut être obtenue par application des dispositions de l'alinéa *a*);

f) le mandat d'arrestation peut être délivré par un juge d'une cour supérieure de juridiction criminelle, un juge d'une cour de juridiction criminelle ou un juge de paix, quel que soit par ailleurs le juge, tribunal ou juge de paix qui a prononcé la peine, et les dispositions en matière de délivrance de télémandats s'appliquent avec les adaptations nécessaires, le manquement à une condition d'une ordonnance de sursis étant assimilé à un acte criminel.

(2) Mise en liberté provisoire — Pour l'application de l'article 515, le paragraphe 515(6) s'applique à la mise en liberté du délinquant détenu pour un prétendu manquement à une condition d'une ordonnance de sursis.

(3) Audience — L'audience sur le prétendu manquement commence dans les trente jours suivant soit l'arrestation du délinquant, soit le fait de l'obliger à comparaître au titre de l'alinéa (1)*d*), ou dans les plus brefs délais par la suite.

(3.1) Compétence du tribunal — Peut être saisi du prétendu manquement tout tribunal compétent au lieu où le manquement est présumé avoir été commis, ou au lieu où le délinquant est trouvé, arrêté ou sous garde.

(3.2) Consentement du procureur général de la province — Si le lieu où le délinquant est trouvé, arrêté ou sous garde est situé à l'extérieur de la province où le manquement est présumé avoir été commis, on ne peut procéder devant le tribunal de ce lieu :

a) qu'avec le consentement du procureur général de la province où le manquement est présumé avoir été commis;

b) qu'avec le consentement du procureur général du Canada, si les procédures à l'origine de l'ordonnance de sursis ont été engagées par celui-ci ou en son nom.

(3.3) Ajournement — Un juge peut, à tout moment au cours de l'audience, ajourner celle-ci pour une période raisonnable.

(4) Rapport de l'agent de surveillance — Le prétendu manquement est établi sur le fondement du rapport écrit de l'agent de surveillance, où figurent, le cas échéant, les déclarations signées des témoins.

(5) Préavis — Le rapport n'est recevable en preuve que si la partie qui entend le produire donne à la partie adverse, dans un délai raisonnable avant l'audience, une copie du rapport et un préavis de son intention de produire celui-ci.

(6) Preuve de signification — La signification du rapport peut être prouvée par témoignage sous serment, par affidavit ou par déclaration solennelle de la personne qui a effectué la signification.

(7) Présence pour interrogatoire — Malgré le paragraphe (6), le tribunal peut exiger que la personne qui a signé l'affidavit ou la déclaration solennelle se présente devant lui pour interrogatoire ou contre-interrogatoire portant sur la preuve de la signification.

(8) Présence de l'agent de surveillance ou du témoin — Le délinquant peut, avec l'autorisation du tribunal, exiger la comparution, pour fin de contre-interrogatoire, de l'agent de surveillance ou de tout témoin dont la déclaration signée figure au rapport.

(9) Pouvoir du tribunal — Le tribunal peut, s'il est convaincu, par une preuve prépondérante, que le délinquant a enfreint, sans excuse raisonnable dont la preuve lui incombe, une condition de l'ordonnance de sursis :

    a) ne pas agir;

    b) modifier les conditions facultatives;

    c) suspendre l'ordonnance et ordonner :

        (i) d'une part, au délinquant de purger en prison une partie de la peine qui reste à courir,

        (ii) d'autre part, que l'ordonnance s'applique à compter de la libération du délinquant, avec ou sans modification des conditions facultatives;

    d) mettre fin à l'ordonnance de sursis et ordonner que le délinquant soit incarcéré jusqu'à la fin de la peine d'emprisonnement.

(10) Arrestation en cas de manquement — L'exécution de l'ordonnance de sursis en ce qui touche sa durée est suspendue pendant la période comprise entre la première des éventualités ci-après à se produire et la décision du tribunal sur le prétendu manquement :

    a) la délivrance du mandat pour l'arrestation du délinquant pour le prétendu manquement;

    b) l'arrestation sans mandat du délinquant pour le prétendu manquement;

c) le fait d'obliger le délinquant à comparaître au titre de l'alinéa (1)*d*).

(11) Application des conditions de l'ordonnance — Lorsque le délinquant n'est pas détenu sous garde au cours de la période visée au paragraphe (10), les conditions de l'ordonnance de sursis continuent de s'appliquer, y compris les modifications apportées au titre de l'article 742.4, le présent article s'appliquant par ailleurs à tout prétendu manquement subséquent.

(12) Détention au titre du par. 515(6) — La suspension visée au paragraphe (10) cesse dès qu'une ordonnance de détention sous garde est rendue en vertu du paragraphe 515(6) et, sauf application de l'article 742.7, il y a exécution de l'ordonnance de sursis en ce qui touche sa durée pendant la période où le délinquant est détenu au titre de l'ordonnance.

(13) Réduction de peine méritée non applicable — L'article 6 de la *Loi sur les prisons et les maisons de correction* ne s'applique pas à la période de détention sous garde visée au paragraphe 515(6).

(14) Exécution du mandat dans un délai non raisonnable — Par dérogation au paragraphe (10), si le mandat n'a pas été exécuté dans un délai raisonnable, le tribunal peut, à tout moment, ordonner que tout ou partie de la période comprise entre la délivrance du mandat et son exécution dont, à son avis, il devrait être tenu compte dans l'intérêt de la justice soit réputé valoir comme temps écoulé au titre de l'ordonnance de sursis, sauf s'il en a été tenu compte au titre du paragraphe (15).

(15) Procédure abandonnée ou excuse raisonnable — Si la procédure sur le prétendu manquement est abandonnée ou rejetée ou si le tribunal conclut que le délinquant avait une excuse raisonnable pour enfreindre l'ordonnance de sursis, sont réputées valoir comme temps écoulé au titre de l'ordonnance :

a) toute période de suspension de l'exécution de l'ordonnance en ce qui touche sa durée;

b) une période équivalant à la moitié de la période pendant laquelle il a été détenu au titre de l'ordonnance visée au paragraphe (12) et il y avait exécution de l'ordonnance en ce qui touche sa durée.

(16) Pouvoir du tribunal — S'il est convaincu, par une preuve prépondérante, que le délinquant a enfreint, sans excuse raisonnable dont la preuve lui incombe, une condition de l'ordonnance de sursis, le tribunal peut, dans les cas exceptionnels et dans l'intérêt de la justice, ordonner que tout ou partie de la période de suspension visée au paragraphe (10) soit réputé valoir comme temps écoulé au titre de l'ordonnance.

(17) Critères — Pour l'application du paragraphe (16), le tribunal tient compte des éléments suivants :

a) les circonstances et la gravité du manquement;

b) la question de savoir si le fait de ne pas rendre l'ordonnance causerait un préjudice injustifié au délinquant, compte tenu de sa situation;

c) la période pendant laquelle les conditions de l'ordonnance de sursis ont continué de s'appliquer au délinquant tandis qu'il y avait suspension de l'exécution de celle-ci en ce qui touche sa durée et le fait qu'il s'y soit conformé ou non au cours de cette période.

L.C. 1995, ch. 22, art. 6; 1999, ch. 5, art. 41.

742.7 (1) Nouvelle infraction — Lorsque le délinquant faisant l'objet d'une ordonnance de sursis est emprisonné en raison d'une peine infligée pour une autre infraction, quelle que soit l'époque de la perpétration de celle-ci, l'exécution de l'ordonnance en ce qui touche sa durée est suspendue pendant la période d'emprisonnement.

(2) Manquement à une condition d'une ordonnance de sursis — Si une ordonnance de détention est rendue en vertu des alinéas 742.6(9)c) ou d), la période de détention est purgée consécutivement à toute autre période d'emprisonnement que le délinquant purge alors, sauf si le tribunal est d'avis que cela ne serait pas dans l'intérêt de la justice.

(3) Autre peine d'emprisonnement — La période de détention visée au paragraphe (2) et toute autre période d'emprisonnement sont réputées, pour l'application de l'article 743.1 et de l'article 139 de la *Loi sur le système correctionnel et la mise en liberté sous condition*, être une seule peine d'emprisonnement.

(4) Fin de la suspension — La suspension de l'exécution de l'ordonnance de sursis en ce qui touche sa durée cesse dès que le délinquant soumis à une surveillance au sein de la collectivité est libéré de prison au titre d'une libération conditionnelle ou d'office ou d'une réduction de peine méritée, ou à l'expiration de sa peine d'emprisonnement.

L.C. 1995, ch. 22, art. 6; 1999, ch. 5, art. 42.

Emprisonnement

743. Absence de peine — Quiconque est déclaré coupable d'un acte criminel pour lequel il n'est prévu aucune peine est passible d'un emprisonnement maximal de cinq ans.

L.C. 1992, ch. 11, art. 16; 1995, ch. 22, art. 6.

743.1 (1) Emprisonnement à perpétuité ou pour plus de deux ans — Sauf disposition contraire de la présente loi ou de toute autre loi fédérale, une personne doit être condamnée à l'emprisonnement dans un pénitencier si elle est condamnée, selon le cas :

a) à l'emprisonnement à perpétuité;

553

b) à un emprisonnement de deux ans ou plus;

c) à l'emprisonnement pour deux ou plusieurs périodes de moins de deux ans chacune, à purger l'une après l'autre et dont la durée totale est de deux ans ou plus.

(2) Période postérieure de moins de deux ans — Lorsqu'une personne condamnée à l'emprisonnement dans un pénitencier est, avant l'expiration de cette peine, condamnée à un emprisonnement de moins de deux ans, elle purge cette dernière peine dans un pénitencier. Toutefois, si la peine antérieure d'emprisonnement dans un pénitencier est annulée, elle purge la dernière conformément au paragraphe (3).

(3) Emprisonnement de moins de deux ans — Lorsqu'une personne est condamnée à l'emprisonnement et qu'elle n'est pas visée par les paragraphes (1) ou (2), elle est, sauf si la loi prévoit une prison spéciale, condamnée à l'emprisonnement dans une prison ou un autre lieu de détention de la province où elle est déclarée coupable, où la peine d'emprisonnement peut être légalement exécutée, à l'exclusion d'un pénitencier.

(3.1) Surveillance de longue durée — Malgré le paragraphe (3), lorsque le délinquant soumis à une ordonnance de surveillance aux termes du paragraphe 753.1(3) est condamné pour une autre infraction pendant la période de surveillance, il doit être condamné à l'emprisonnement dans un pénitencier.

(4) Condamnation au pénitencier d'une personne purgeant une peine ailleurs — Lorsqu'une personne est condamnée à l'emprisonnement dans un pénitencier pendant qu'elle est légalement emprisonnée dans un autre endroit qu'un pénitencier, elle doit, sauf lorsqu'il y est autrement pourvu, être envoyée immédiatement au pénitencier et y purger la partie non expirée de la période d'emprisonnement qu'elle purgeait lorsqu'elle a été condamnée au pénitencier, ainsi que la période d'emprisonnement pour laquelle elle a été condamnée au pénitencier.

(5) Transfèrement dans un pénitencier — La personne qui est détenue dans une prison ou un autre lieu de détention qu'un pénitencier et qui doit purger de façon consécutive plusieurs peines d'emprisonnement dont chacune est inférieure à deux ans est transférée dans un pénitencier si la durée totale à purger est égale ou supérieure à deux ans; toutefois, si l'une des peines est annulée ou si sa durée est réduite de telle façon que la période d'emprisonnement restant à purger à la date du transfert devient inférieure à deux ans, cette personne purge sa peine en conformité avec le paragraphe (3).

(6) Terre-Neuve — Pour l'application du paragraphe (3), « **pénitencier** » ne vise pas, avant la date à fixer par décret du gouverneur en conseil, l'établissement mentionné au paragraphe 15(2) de la *Loi sur le système correctionnel et la mise en liberté sous condition*.

L.C. 1992, ch. 11, art. 16; 1995, ch. 19, art. 39; ch. 22, art. 6; 1997, ch. 17, art. 1.

743.2 Rapport au Service correctionnel — Le tribunal qui condamne ou envoie une personne au pénitencier transmet au Service correctionnel du Canada ses motifs et recommandations relatifs à la mesure, ainsi que tous rapports pertinents qui lui ont été soumis et tous renseignements concernant l'administration de la peine.

L.C. 1995, ch. 22, art. 6.

743.3 Peine purgée conformément aux règlements — Une peine d'emprisonnement est purgée conformément aux dispositions et règles qui régissent l'établissement où le prisonnier doit purger sa peine.

L.C. 1995, ch. 22, art. 6.

743.4 (1) Transfèrement à un lieu de garde — Lorsqu'un adolescent a été condamné à l'emprisonnement en vertu de la présente loi ou de toute autre loi fédérale, il peut, avec le consentement du directeur provincial, être transféré à un lieu de garde pour toute fraction de sa peine d'emprisonnement, mais il ne peut être maintenu en ce lieu après qu'il a atteint l'âge de vingt ans.

(2) Retrait du lieu de garde — Lorsque le directeur provincial atteste que l'adolescent transféré à un lieu de garde en application du paragraphe (1) ne peut plus y rester sans risque sérieux d'évasion ou sans que ne soit compromise la réinsertion sociale ou l'amélioration de la conduite des autres adolescents qui s'y trouvent, l'adolescent peut être emprisonné pour le reste de sa peine à un endroit où, compte non tenu du paragraphe (1), il aurait pu la purger.

(3) Terminologie — Pour l'application du présent article, « **adolescent** » et « **directeur provincial** » ont le sens que leur donne le paragraphe 2(1) de la *Loi sur les jeunes contrevenants*, et « **lieu de garde** » s'entend de « **garde en milieu ouvert** » ou de « **garde en milieu fermé** » au sens que leur donne le paragraphe 24.1(1) de cette loi.

L.C. 1995, ch. 22, art. 6.

743.5 (1) Transfert de compétence — Lorsqu'une personne assujettie à une décision rendue au titre des alinéas 20(1)*j*), *k*) ou *k*.1) de la *Loi sur les jeunes contrevenants* est ou a été condamnée pour une infraction, la cour de juridiction criminelle peut, sur demande du procureur général ou de son représentant, ordonner que le reste de la peine prononcée en vertu de cette loi soit purgé, pour l'application de la présente loi ou de toute autre loi fédérale, comme si elle avait été prononcée en vertu de la présente loi sauf si telle ordonnance est susceptible de déconsidérer l'administration de la justice.

(2) Concurrence ou cumul des peines — Le reste de la peine à purger conformément à une ordonnance rendue en vertu du paragraphe (1), relativement à une décision rendue en vertu de l'alinéa 20(1)*k*) ou *k*.1) de la *Loi sur les jeunes contrevenants*, doit être purgé concurremment avec la peine résultant de la condamnation visée à ce paragraphe, s'il s'agit d'une peine d'emprisonnement, à moins que le tribunal ne prévoie dans l'ordonnance qu'il doit être purgé consécutivement à celle-ci.

(3) Peine distincte — Il demeure entendu que le reste de la peine visé au paragraphe (2) est réputé, pour l'application de l'article 139 de la *Loi sur le système correctionnel et la mise en liberté sous condition* et de l'article 743.1 de la présente loi, être une seule peine d'emprisonnement.

L.C. 1995, ch. 22, art. 6, 19, 20.

Admissibilité à la libération conditionnelle

743.6 (1) Pouvoir judiciaire d'augmentation du temps d'épreuve — Par dérogation au paragraphe 120(1) de la *Loi sur le système correctionnel et la mise en liberté sous condition*, le tribunal peut, s'il est convaincu, selon les circonstances de l'infraction, du caractère et des particularités du délinquant, que la réprobation de la société à l'égard de l'infraction commise ou l'effet dissuasif de l'ordonnance l'exige, ordonner que le délinquant condamné, après le 1er novembre 1992 ou par la suite, sur déclaration de culpabilité par mise en accusation, à une peine d'emprisonnement d'au moins deux ans — y compris une peine d'emprisonnement à perpétuité à condition que cette peine n'ait pas constitué un minimum en l'occurrence — pour une infraction mentionnée aux annexes I et II de cette loi, purge, avant d'être admissible à la libération conditionnelle totale, le moindre de la moitié de sa peine ou dix ans.

(1.1) Exception dans le cas d'un gang — Par dérogation au paragraphe 120(1) de la *Loi sur le système correctionnel et la mise en liberté sous condition*, le tribunal peut ordonner que le délinquant condamné pour un acte de gangstérisme, sur déclaration de culpabilité, à une peine d'emprisonnement de deux ans ou plus — y compris une peine d'emprisonnement à perpétuité à condition que cette peine n'ait pas constitué un minimum en l'occurrence — purge, avant d'être admissible à la libération conditionnelle totale, le moindre de la moitié de sa peine ou dix ans.

(2) Principes devant guider le tribunal — Il demeure entendu que les principes suprêmes qui doivent guider le tribunal dans l'application du présent article sont la réprobation de la société et l'effet dissuasif, la réadaptation du délinquant étant, dans tous les cas, subordonnée à ces principes suprêmes.

L.C. 1995, ch. 22, art. 6; 1995, ch. 42, art. 86b); 1997, ch. 23, art. 18.

Remise du délinquant au gardien de prison

744. Exécution du mandat d'incarcération — L'agent de la paix ou toute autre personne à qui est adressé le mandat d'incarcération autorisé par la présente loi ou tout autre loi fédérale arrête, si nécessaire, la personne y nommée ou décrite, la conduit à la prison mentionnée dans le mandat et la remet, en même temps que le mandat, entre les mains du gardien de la prison, lequel donne alors à l'agent de la

paix ou à l'autre personne qui remet le prisonnier un reçu, selon la formule 43, indiquant l'état et la condition du prisonnier lorsqu'il a été remis sous sa garde.
L.R.C. 1985, ch. 27 (1er suppl.), art. 166; ch. 1 (4e suppl.), art. 18; L.C. 1992, ch. 11, art. 16; 1995, ch. 22, art. 6.

744.1 [Abrogé, L.C. 1995, ch. 22, art. 6.]

Emprisonnement à perpétuité

745. Emprisonnement à perpétuité — Sous réserve de l'article 745.1, le bénéfice de la libération conditionnelle est subordonné, en cas de condamnation à l'emprisonnement à perpétuité :

a) pour haute trahison ou meurtre au premier degré, à l'accomplissement d'au moins vingt-cinq ans de la peine;

b) pour meurtre au deuxième degré, dans le cas d'une personne qui a été reconnue coupable d'avoir causé la mort et qui a déjà été condamnée pour homicide coupable équivalant à meurtre, peu importe sa qualification dans la présente loi, à l'accomplissement d'au moins vingt-cinq ans de la peine;

Non en vigueur — 745b.1)

b.1) pour meurtre au deuxième degré, dans le cas où l'accusé a déjà été reconnu coupable d'une infraction visée aux articles 4 ou 6 de la *Loi sur les crimes contre l'humanité et les crimes de guerre* qui avait à son origine le meurtre intentionnel, prémédité ou non, à l'accomplissement d'au moins vingt-cinq ans de la peine;

L.C. 2000, ch. 24, art. 46.

c) pour meurtre au deuxième degré, à l'accomplissement d'au moins dix ans de la peine, délai que le juge peut porter à au plus vingt-cinq ans en vertu de l'article 745.4;

d) pour toute autre infraction, à l'application des conditions normalement prévues.
L.R.C. 1985, ch. 27 (2e suppl.), art. 10; L.C. 1990, ch. 17, art. 14; 1992, ch. 51, art. 39; 1993, ch. 28, ann. III, art. 35; 1995, ch. 22, art. 6.

745.01 Déclaration relative à la mise en liberté — Sauf dans le cas où le paragraphe 745.6(2) s'applique, le juge qui préside le procès est tenu, au moment de prononcer la peine conformément aux alinéas 745a), b) ou c), de faire la déclaration suivante :

Le contrevenant a été déclaré coupable de (*mentionner l'infraction*) et condamné à l'emprisonnement à perpétuité. Il ne peut bénéficier de la libération conditionnelle avant (*mentionner la date*). Cependant, en vertu de l'article 745.6 du *Code criminel*, il peut, après avoir purgé au moins quinze ans de sa peine, demander la réduction du délai préalable à sa libération conditionnelle. Dans le cas où le jury qui entend la demande accorde la réduction du délai préalable à sa libération conditionnelle, le contrevenant peut présenter une demande de libération conditionnelle en vertu de la *Loi sur le système correctionnel et la mise en liberté sous condition* dès l'expiration du délai ainsi réduit.

L.C. 1999, ch. 25, art. 21.

745.1 Mineurs — En cas de condamnation à l'emprisonnement à perpétuité d'une personne qui avait moins de dix-huit ans à la date de l'infraction pour laquelle elle a été déclarée coupable de meurtre au premier ou au deuxième degré, le bénéfice de la libération conditionnelle est subordonné à l'accomplissement, selon le cas :

a) de cinq ans de la peine lorsque cette personne avait moins de seize ans au moment de la perpétration de l'infraction, délai que le juge qui préside le procès peut porter à au plus de sept ans;

b) de dix de la peine lorsque cette personne a été déclarée coupable de meurtre au premier degré et qu'elle avait seize ou dix-sept ans au moment de la perpétration de l'infraction;

c) de sept ans de la peine lorsque cette personne a été déclarée coupable de meurtre au deuxième degré et qu'elle avait seize ou dix-sept ans au moment de la perpétration de l'infraction.

L.C. 1995, ch. 22, art. 6, 21b).

745.2 Recommandation du jury — Sous réserve de l'article 745.3, le juge qui préside le procès doit, avant de dissoudre le jury qui a déclaré un accusé coupable de meurtre au deuxième degré, lui poser la question suivante :

Vous avez déclaré l'accusé coupable de meurtre au deuxième degré et la loi exige que je prononce maintenant contre lui la peine d'emprisonnement à perpétuité. Souhaitez-vous formuler, comme vous avez la faculté de le faire, quant au nombre d'années qu'il doit purger avant de pouvoir bénéficier de la libération conditionnelle, une recommandation dont je tiendrai compte en examinant la possibilité de porter à au plus vingt-cinq ans ce délai qui, aux termes de la loi, s'élève normalement à dix ans ?

L.C. 1995, ch. 22, art. 6.

745.3 Mineurs — Le juge qui préside le procès doit, avant de dissoudre le jury qui a déclaré un accusé ayant moins de seize ans à la date de l'infraction coupable de meurtre au premier ou au deuxième degré, lui poser la question suivante :

Vous avez déclaré l'accusé coupable de meurtre au premier (ou au deuxième) degré, et la loi exige que je prononce maintenant contre lui la peine d'emprisonnement à perpétuité. Souhaitez-vous formuler, comme vous avez la faculté de le faire, quant à la période d'emprisonnement qu'il doit purger avant de pouvoir bénéficier de la libération conditionnelle, une recommandation dont je tiendrai compte en fixant ce délai, conformément à la loi, à au moins cinq ans et à au plus sept ans ?

L.C. 1995, ch. 22, art 6, 22b).

745.4 Libération conditionnelle — Sous réserve de l'article 745.5, au moment de prononcer la peine conformément à l'article 745, le juge qui préside le procès du délinquant déclaré coupable de meurtre au deuxième degré — ou en cas d'empêchement, tout juge du même tribunal — peut, compte tenu du caractère du délinquant, de la nature de l'infraction et des circonstances entourant sa perpétration ainsi que de toute recommandation formulée en vertu de l'article 745.2, porter, par ordonnance, le délai préalable à sa libération conditionnelle au nombre d'années, compris entre dix et vingt-cinq, qu'il estime indiqué dans les circonstances.

L.C. 1995, ch. 22, art. 6.

745.5 Idem — Au moment de prononcer la peine conformément à l'article 745.1, le juge qui préside le procès du délinquant déclaré coupable de meurtre au premier ou au deuxième degré et qui avait moins de seize au moment de la commission de l'infraction — ou en cas d'empêchement, tout juge du même tribunal — peut, compte tenu de l'âge et du caractère du délinquant, de la nature de l'infraction et des circonstances entourant sa perpétration, ainsi que de toute recommandation formulée en vertu de l'article 745.3, fixer, par ordonnance, le délai préalable à sa libération conditionnelle à la période, comprise entre cinq et sept ans, qu'il estime indiquée dans les circonstances.

L.C. 1995, ch. 22, art. 6, 23b).

745.6 (1) Demande de révision judiciaire — Sous réserve du paragraphe (2), une personne peut demander, par écrit, au juge en chef compétent de la province où a eu lieu sa déclaration de culpabilité la réduction du délai préalable à sa libération conditionnelle si :

    a) elle a été déclarée coupable de haute trahison ou de meurtre;

    b) elle a été condamnée à l'emprisonnement à perpétuité avec délai préalable à sa libération conditionnelle de plus de quinze ans;

    c) elle a purgé au moins quinze ans de sa peine.

(2) Exception — auteurs de meurtres multiples — La personne déclarée coupable de plus d'un meurtre ne peut présenter une demande en vertu du paragraphe (1), que des procédures aient ou non été engagées à l'égard d'un des meurtres au moment de la commission d'un autre meurtre.

N.D.L.R. : Le paragraphe 745.6(2) du Code criminel, *édicté par l'article 2 de L.C. 1996, ch. 34, ne s'applique à une personne que si au moins un des meurtres dont elle a été déclarée coupable a été commis après le 9 janvier 1997.*

(3) Définition de « juge en chef compétent » — Pour l'application du présent article et des articles 745.61 à 745.64, **« juge en chef compétent »** désigne :

a) dans la province d'Ontario, le juge en chef de la Cour de l'Ontario;

b) dans la province de Québec, le juge en chef de la Cour supérieure;

c) dans les provinces de l'Île-du-Prince-Édouard et de Terre-Neuve, le juge en chef de la Section de première instance de la Cour suprême;

d) dans les provinces du Nouveau-Brunswick, du Manitoba, de la Saskatchewan et d'Alberta, le juge en chef de la Cour du Banc de la Reine;

e) dans les provinces de la Nouvelle-Écosse et de la Colombie-Britannique, le juge en chef de la Cour suprême;

f) dans les territoires du Yukon et les Territoires du Nord-Ouest, le juge en chef de la Cour d'appel.

L.C. 1995, ch. 22, art. 6; L.C. 1996, ch. 34, art. 2(2).

745.61 (1) Sélection — Sur réception de la demande prévue au paragraphe 745.6(1), le juge — juge en chef compétent ou juge de la cour supérieure de juridiction criminelle qu'il désigne à cette fin — décide, en se fondant sur les documents suivants, si le requérant a démontré, selon la prépondérance des probabilités, qu'il existe une possibilité réelle que la demande soit accueillie :

a) la demande;

b) tout rapport fourni par le Service correctionnel du Canada ou une autre autorité correctionnelle;

c) tout autre document que le procureur général ou le requérant présente au juge.

(2) Critères — Le juge prend la décision visée au paragraphe (1) en fonction des critères énoncés aux alinéas 745.63(1)*a)* à *e)*, compte tenu des adaptations nécessaires.

(3) Décision quant à la nouvelle demande — S'il décide que le requérant n'a pas démontré qu'il existe une possibilité réelle que la demande soit accueillie, le juge peut soit fixer un délai d'au moins deux ans — suivant la date de la décision — à l'expiration duquel il sera loisible au requérant de présenter une nouvelle demande en vertu du paragraphe 745.6(1), soit décider que celui-ci ne pourra pas présenter une telle demande.

(4) Aucune décision quant à la nouvelle demande — Si le juge décide que le requérant n'a pas démontré qu'il existe une possibilité réelle que la demande soit accueillie, sans toutefois fixer le délai prévu au paragraphe (3) ni décider qu'aucune nouvelle demande ne pourra être présentée, il sera loisible au requérant de présenter une nouvelle demande au plus tôt deux ans après la date de la décision.

(5) Juge chargé de constituer un jury — Si le juge décide que le requérant a démontré qu'il existe une possibilité réelle que la demande soit accueillie, le juge en chef charge un juge de la cour supérieure de juridiction criminelle de constituer un jury pour entendre la demande.

L.C. 1996, ch. 34, art. 2(2).

Note : Les articles 745.61 à 745.63 du Code criminel *— à l'exception de l'alinéa 745.63(1)d) —, édictés par l'article 2 de L.C. 1996, ch. 34, s'appliquent à toute demande de révision judiciaire présentée après le 9 janvier 1997 à l'égard des crimes commis avant ou après cette date, sauf si, avant cette date, le requérant a présenté une demande en vertu du paragraphe 745.6(1) du* Code criminel *dans sa version antérieure à cette date et qu'aucune décision à l'égard de cette demande n'a été rendue. Voir L.C. 1996, ch. 34, art. 7.*

745.62 (1) Appel — Le requérant ou le procureur général peuvent interjeter appel à la cour d'appel d'une décision rendue en vertu de l'article 745.61 sur toute question de droit ou de fait ou toute question mixte de droit et de fait.

(2) Document — Il est statué sur l'appel sur le fondement des documents présentés au juge qui a rendu la décision, des motifs de celle-ci et de tout autre document que la cour d'appel exige.

(3) Articles applicables — Les articles 673 à 696 s'appliquent avec les adaptations nécessaires.

L.C. 1996, ch. 34, art. 2.

Note: Voir la note reproduite sous l'article 745.61.

745.63 (1) Audience — Le jury constitué en vertu du paragraphe 745.61(5) pour entendre la demande du requérant décide s'il y a lieu de réduire le délai préalable à la libération conditionnelle de celui-ci, en fonction des critères suivants :

    a) le caractère du requérant;

    b) sa conduite durant l'exécution de sa peine;

    c) la nature de l'infraction pour laquelle il a été condamné;

    d) tout autre renseignement fourni par la victime au moment de l'infliction de la peine ou lors de l'audience prévue au présent article;

    e) tout autre renseignement que le juge estime utile dans les circonstances.

(1.1) Renseignements fournis par la victime — Les renseignements fournis aux termes de l'alinéa (1)d) peuvent l'être oralement ou par écrit, à la discrétion de la victime, ou de toute autre manière que le juge estime indiquée.

(2) Définition de « victime » — À l'alinéa (1)d), « **victime** » s'entend au sens du paragraphe 722(4).

(3) Réduction — Le jury peut décider qu'il y a lieu de réduire le délai préalable à la libération conditionnelle du requérant. La décision est prise à l'unanimité.

(4) Aucune réduction — Le délai préalable à la libération conditionnelle du requérant n'est pas réduit si, selon le cas :

a) le jury décide qu'il n'y a pas lieu de le réduire;

b) il conclut qu'il n'est pas en mesure de décider à l'unanimité qu'il y a lieu de le réduire;

c) le juge qui préside conclut que le jury, après une période suffisante de délibérations, n'est pas en mesure de décider à l'unanimité qu'il y a lieu de le réduire.

(5) Décision de réduire le délai — Le jury, s'il décide qu'il y a lieu de réduire le délai préalable à la libération conditionnelle du requérant, peut, par décision des deux tiers au moins de ses membres, en ce qui concerne ce délai :

a) en réduire le nombre d'années;

b) le supprimer.

(6) Nouvelle demande — Si le délai préalable à la libération conditionnelle du requérant n'est pas réduit, le jury peut soit fixer un délai d'au moins deux ans — suivant la date de la décision ou de la conclusion visées au paragraphe (4) — à l'expiration duquel il sera loisible au requérant de présenter une nouvelle demande en vertu du paragraphe 745.6(1), soit décider que celui-ci ne pourra pas présenter une telle demande.

(7) Majorité des deux tiers — Le jury fixe le délai visé au paragraphe (6) ou prend la décision qui y est visée à la majorité des deux tiers au moins de ses membres.

(8) Aucune décision quant à la nouvelle demande — Si le jury ne fixe pas le délai à l'expiration duquel il sera loisible au requérant de présenter une nouvelle demande ou ne décide pas qu'aucune telle demande ne pourra être présentée, il sera loisible au requérant de présenter cette demande au plus tôt deux ans après la date de la décision ou de la conclusion visées au paragraphe (4).

L.C. 1996, ch. 34, art. 2(2); 1999, ch. 25, art. 22.

Note : Voir la note reproduite sous l'article 745.61. De plus, l'alinéa 745.63(1)d) du Code criminel, *édicté par l'article 2 de L.C. 1996, ch. 34, s'applique à toute demande de révision judiciaire présentée après le 9 janvier 1997 à l'égard des crimes commis après cette date. Voir L.C. 1996, ch. 34, art. 8.*

745.64 (1) Règles — Le juge en chef compétent de chaque province ou territoire peut établir les règles applicables pour l'application des articles 745.6 à 745.63.

(2) Territoires — Le juge en chef compétent peut charger un juge de la Cour d'appel, de la Cour suprême du Yukon ou des Territoires du Nord-Ouest ou de la Cour de justice du Nunavut, selon le cas, de prendre la décision visée au paragraphe 745.61(1) ou de constituer, en vertu du paragraphe 745.61(5), un jury qui entendra les demandes relatives aux déclarations de culpabilité prononcées dans ces territoires.

L.C. 1996, ch. 34, art. 2(2); 1999, ch. 3, art. 53.

746. Détention sous garde — Pour l'application des articles 745, 745.1, 745.4, 745.5 et 745.6, est incluse dans le calcul de la période d'emprisonnement purgée toute période passée sous garde entre la date d'arrestation et de mise sous garde pour l'infraction pour laquelle la personne a été condamnée et celle, dans le cas d'une condamnation à l'emprisonnement à perpétuité :

a) postérieure au 25 juillet 1976, de la condamnation;

b) consécutive à la commutation réelle ou présumée d'une peine de mort, de cette commutation.

L.C. 1995, ch. 19, art. 41; ch. 22, art. 6, 24b).

746.1 (1) Libération conditionnelle interdite — Sauf dérogation expresse au présent article prévue par une autre loi fédérale, il est interdit de libérer les condamnés à l'emprisonnement à perpétuité conformément aux modalités d'une libération conditionnelle ou d'examiner leur dossier en vue de leur accorder une telle libération sous le régime d'une loi fédérale, notamment de la *Loi sur le système correctionnel et la mise en liberté sous condition*, avant que ne soit expiré ou terminé le délai préalable à toute libération conditionnelle qui s'applique dans son cas conformément à la présente loi.

(2) Permissions de sortir et semi-liberté — Sous réserve du paragraphe (3), en cas de condamnation à l'emprisonnement à perpétuité assortie, conformément à la présente loi, d'un délai préalable à la libération conditionnelle, il ne peut être accordé, sauf au cours des trois années précédant l'expiration de ce délai :

a) de semi-liberté en application de la *Loi sur le système correctionnel et la mise en liberté sous condition*;

b) de permission de sortir sans escorte sous le régime de cette loi ou de la *Loi sur les prisons et les maisons de correction*;

c) de permission de sortir avec escorte, sous le régime d'une de ces lois, sauf pour des raisons médicales ou pour comparution dans le cadre de procédures judiciaires ou d'enquêtes du coroner, sans l'agrément de la Commission nationale des libérations conditionnelles.

(3) Sorties sans ou sous surveillance ou semi-liberté — La personne qui commet, avant l'âge de dix-huit ans, un meurtre au premier ou au deuxième degré et qui fait l'objet d'une condamnation d'emprisonnement à perpétuité assortie, conformément à la présente loi, d'un délai préalable à la libération conditionnelle ne peut, sauf au cours du dernier cinquième de ce délai, être admissible :

a) à la semi-liberté prévue par la *Loi sur le système correctionnel et la mise en liberté sous condition*;

b) à la permission de sortir sans escorte prévue par cette loi ou la *Loi sur les prisons et les maisons de correction*;

c) à la permission de sortir avec escorte, prévue par l'une de ces lois, sauf pour des raisons médicales ou pour comparution dans le cadre de procédures judiciaires ou d'enquêtes du coroner, sans l'agrément de la Commission nationale des libérations conditionnelles.

L.C. 1995, ch. 22, art. 6; ch. 42, art. 87b); 1997, ch. 17, art. 2.

747. - 747.8

Troubles mentaux

747. Définitions — Les définitions qui suivent s'appliquent au présent article et aux articles 747.1 à 747.8.

« centre de soins » Lieu de traitement des délinquants atteints de troubles mentaux, notamment un hôpital, désigné — ou qui fait partie d'une catégorie de lieux désignés — par le gouverneur en conseil, par le lieutenant-gouverneur en conseil de la province où la peine est infligée ou par la personne à qui l'un ou l'autre a délégué par écrit expressément le pouvoir de procéder à cette désignation.

« médecin » Personne autorisée par le droit d'une province à exercer la médecine.

« ordonnance de détention dans un hôpital » Ordonnance que rend un tribunal en vertu de l'article 747.1 et prévoyant la détention d'un délinquant dans un centre de soins.

« rapport d'évaluation » Rapport écrit fait en conformité avec une ordonnance d'évaluation rendue en vertu de l'article 672.11 par un psychiatre autorisé en vertu des lois d'une province à exercer la psychiatrie ou, si aucun psychiatre n'est disponible, par un médecin.

L.C. 1992, ch. 11, art. 17; ch. 20, art. 228; 1995, ch. 22, art. 6; ch. 42, art. 71, 72 et 76.

747.1 (1) Ordonnance de détention dans un hôpital — Le tribunal, s'il conclut, au moment d'infliger une peine d'emprisonnement à un délinquant, que celui-ci est atteint de troubles mentaux en phase aiguë peut, s'il est convaincu, à la lumière du rapport d'évaluation préparé à l'égard du délinquant et de tous les autres éléments de preuve qui ont été présentés, que le traitement immédiat de celui-ci s'impose d'urgence pour empêcher soit que ne survienne une détérioration sérieuse de sa santé physique ou mentale, soit qu'il n'inflige à d'autres des lésions corporelles graves, ordonner que la peine d'emprisonnement commence par une période de détention dans un centre de soins.

(2) Modalités — Une ordonnance de détention dans un hôpital ne peut être rendue que pour une seule période de traitement d'une durée maximale de soixante jours, sous réserve des modalités que le tribunal juge indiquées.

(3) Formule — L'ordonnance de détention dans un hôpital peut être rendue selon la formule 51.

(4) Mandat d'incarcération — Le tribunal qui rend une ordonnance de détention dans un hôpital délivre un mandat d'incarcération à l'égard du délinquant lequel peut être rédigé selon la formule 8.

L.C. 1995, ch. 22, art. 6.

747.2 (1) Établissement recommandé — Si l'administration centrale du pénitencier, de la prison ou de tout autre établissement où le délinquant a été condamné à purger sa peine d'emprisonnement recommande, pour l'exécution d'une ordonnance de détention dans un hôpital, que le délinquant soit détenu dans un centre de soins particulier pour y purger la première partie de sa peine, le tribunal est tenu d'ordonner la détention du délinquant dans cet établissement sauf si le témoignage d'un médecin le convainc que les transfèrements du délinquant vers ce établissement ou les délais qui en résulteront risquent de causer un dommage grave à la santé physique ou mentale du délinquant.

(2) Choix du tribunal — S'il ne retient pas la recommandation qui lui est faite en vertu du paragraphe (1), le tribunal ordonne que le délinquant soit détenu dans un centre de soins plus facile d'accès, à partir du tribunal ou du lieu de sa détention au moment où l'ordonnance est rendue.

L.C. 1995, ch. 22, art. 6.

747.3 Condition — L'ordonnance de détention dans un hôpital ne peut être rendue à l'égard d'un délinquant que si celui-ci et le centre de soins où il doit être détenu y consentent et en acceptent les modalités; toutefois le présent article ne porte pas atteinte à l'obligation d'obtenir les autorisations ou consentements au traitement requis ou pourrait être requis par ailleurs.

L.C. 1995, ch. 22, art. 6.

747.4 Exception — Il ne peut être rendu d'ordonnance de détention dans un hôpital à l'égard d'un délinquant :

a) qui a été condamné à une peine infligée à la suite d'une condamnation pour une infraction pour laquelle la loi impose l'emprisonnement à perpétuité à titre de peine minimale, ou qui purge une telle peine;

b) qui a été déclaré, conformément à l'article 753, être un délinquant dangereux;

c) lorsque la peine d'emprisonnement que le délinquant doit purger ne dépasse pas soixante jours;

d) lorsque la peine d'emprisonnement est infligée en raison du défaut de paiement d'une amende ou de la suramende compensatoire infligée en vertu du paragraphe 737(1);

Modification conditionnelle — 747.4d)

À l'entrée en vigueur de l'alinéa 747.4d) du *Code criminel*, édicté par l'article 6 de la *Loi modifiant le Code criminel (détermination de la peine) et d'autres lois en conséquence*, chapitre 22 des Lois du Canada (1995), ou à l'entrée en vigueur de la *Loi modifiant le Code criminel (victimes d'actes criminels) et une autre loi en conséquence*, chapitre 25 des Lois du Canada (1999) [entrée en vigueur le 1ᵉʳ décembre 1999], la dernière en date étant à retenir, l'alinéa d) sera remplacé par ce qui suit :

d) lorsque la peine d'emprisonnement est infligée en raison du défaut de paiement d'une amende ou de la suramende compensatoire infligée en vertu de l'article 737;

L.C. 1999, ch. 25, art. 29(1).

e) lorsqu'il est ordonné en vertu de l'alinéa 732(1)*a)* que la peine soit purgée de façon discontinue.

L.C. 1995, ch. 22, art. 6.

747.5 (1) Retrait du consentement — Le délinquant doit être envoyé dans une prison pour y purger le reste de sa peine à la fin de la période de validité de l'ordonnance de détention dans un hôpital si elle se termine avant l'expiration prévue de sa peine ou si le délinquant ou le responsable du centre de soin retire le consentement qu'il avait donné.

(2) Transfèrement d'un établissement à un autre — Pendant la période de validité de l'ordonnance de détention dans un hôpital, le délinquant peut être transféré du centre de soins où il est détenu vers un autre centre de soins où il pourra être traité, à la condition que le tribunal l'autorise par écrit et que le responsable du centre y consente.

L.C. 1995, ch. 22, art. 6.

747.6 Calcul du temps passé en détention — Le délinquant condamné à une peine d'emprisonnement qui est détenu en conformité avec une ordonnance de détention dans un hôpital est réputé purger sa peine et détenu légalement dans une prison pendant toute la durée de sa détention.

L.C. 1995, ch. 22, art. 6.

747.7 Application de l'article 12 de la *Loi sur le système correctionnel et la mise en liberté sous condition* — Par dérogation à l'article 12 de la *Loi sur le système correctionnel et la mise en liberté sous condition*, le délinquant qui fait l'objet d'une ordonnance de détention dans un hôpital et qui a été condamné au pénitencier peut, pendant la période de validité de l'ordonnance, être écroué dans un pénitencier avant l'expiration du délai légal d'appel et est détenu au centre de soins désigné dans l'ordonnance durant cette période de validité.

L.C. 1995, ch. 22, art. 6.

747.8 Copie du mandat à la prison et au centre de soins — Lorsqu'il rend une ordonnance de détention dans un hôpital à l'égard d'un délinquant, le tribunal doit veiller à ce qu'une copie de l'ordonnance et du mandat d'incarcération délivré en vertu de l'article 747.1 soit remise à l'administration centrale du pénitencier, de la prison ou de tout autre établissement où la peine d'emprisonnement infligée au délinquant doit être purgée et au centre de soins où il doit être détenu pour traitement.

L.C. 1995, ch. 22, art. 6.

Pardon et remises

748. (1) À qui le pardon peut être accordé — Sa Majesté peut accorder la clémence royale à une personne condamnée à l'emprisonnement sous le régime d'une loi fédérale, même si cette personne est emprisonnée pour omission de payer une somme d'argent à une autre personne.

(2) Pardon absolu ou conditionnel — Le gouverneur en conseil peut accorder un pardon absolu ou un pardon conditionnel à toute personne déclarée coupable d'une infraction.

(3) Effet du pardon absolu — Lorsque le gouverneur en conseil accorde un pardon absolu à une personne, celle-ci est par la suite réputée n'avoir jamais commis l'infraction à l'égard de laquelle le pardon est accordé.

(4) Peine pour infraction subséquente — Aucun pardon absolu ou conditionnel n'empêche ni ne mitige la punition à laquelle la personne en cause pourrait autrement être légalement condamnée sur une déclaration de culpabilité subséquente pour une infraction autre que celle concernant laquelle le pardon a été accordé.

L.C. 1992, ch. 22, art. 12; 1995, ch. 22, art. 6.

748.1 (1) Remise par le gouverneur en conseil — Le gouverneur en conseil peut ordonner la remise intégrale ou partielle d'une amende ou d'une confiscation infligée en vertu d'une loi fédérale, quelle que soit la personne à qui elle est payable ou la manière de la recouvrer.

(2) Conditions de la remise — Une ordonnance portant remise aux termes du paragraphe (1) peut comprendre la remise de frais subis dans les poursuites, mais non les frais auxquels un poursuivant privé a droit.

L.C. 1995, ch. 22, art. 6.

749. Prérogative royale — La présente loi n'a pas pour effet de limiter, de quelque manière, le prérogative de clémence que possède Sa Majesté.

L.C. 1995, ch. 22, art. 6.

Incapacité

750. (1) Vacance — Tout emploi public, notamment une fonction relevant de la Couronne, devient vacant dès que son titulaire a été déclaré coupable d'un acte criminel et condamné en conséquence à un emprisonnement de deux ans ou plus.

(2) Durée de l'incapacité — Tant qu'elle n'a pas subi la peine qui lui est infligée ou la peine y substituée par une autorité compétente ou qu'elle n'a pas reçu de Sa Majesté un pardon absolu, une personne visée par le paragraphe (1) est incapable d'occuper une fonction relevant de la Couronne ou un autre emploi public, ou d'être élue, de siéger ou de voter comme membre du Parlement ou d'une législature, ou d'exercer un droit de suffrage.

(3) Incapacité contractuelle — Nulle personne déclarée coupable d'une infraction visée à l'article 121, 124 ou 418 n'a qualité, après cette déclaration de culpabilité, pour passer un contrat avec Sa Majesté, pour recevoir un avantage en vertu d'un contrat entre Sa Majesté et toute autre personne ou pour occuper une fonction relevant de Sa Majesté.

(4) Demande de rétablissement des droits — La personne visé au paragraphe (3) peut, avant que lui soit octroyée la réhabilitation prévue à l'article 4.1 de la *Loi sur le casier judiciaire*, demander au gouverneur en conseil d'être rétablie dans les droits dont elle est privée en application de ce paragraphe.

(5) Ordre de rétablissement — Sur demande présentée conformément au paragraphe (4), le gouverneur en conseil peut ordonner que le demandeur soit rétabli dans tout ou partie des droits dont il est privé en application du paragraphe (3) aux conditions qu'il estime souhaitables dans l'intérêt public.

(6) Disparition de l'incapacité — L'annulation d'une condamnation par une autorité compétente fait disparaître l'incapacité imposée par le présent article.

L.C. 1995, ch. 22, art. 6.

Dispositions diverses

751. Attribution des frais en matière de libelle — La personne en faveur de qui jugement est rendu dans des poursuites par acte d'accusation pour libelle diffamatoire a le droit de recouvrer de la partie adverse en remboursement de ses frais, une somme raisonnable dont le montant est fixé par ordonnance du tribunal.

L.C. 1995, ch. 22, art. 6.

751.1 Exécution civile — Faute de paiement immédiat des frais fixés en application de l'article 751, la partie en faveur de qui le jugement est rendu peut, par le dépôt du jugement, faire inscrire celui-ci pour le montant des frais au tribunal civil compétent; l'inscription vaut jugement exécutoire contre la partie adverse, comme s'il s'agissait d'un jugement rendu contre elle, devant ce tribunal, au terme d'une action civile.

L.C. 1995, ch. 22, art. 6.

PARTIE XXIV — DÉLINQUANTS DANGEREUX ET DÉLINQUANTS À CONTRÔLER

Définitions

752. Définitions — Les définitions qui suivent s'appliquent à la présente partie.

« **sévices graves à la personne** » Selon le cas :

a) les infractions — la haute trahison, la trahison, le meurtre au premier degré ou au deuxième degré exceptés — punissables, par mise en accusation, d'un emprisonnement d'au moins dix ans et impliquant :

(i) soit l'emploi, ou une tentative d'emploi, de la violence contre une autre personne,

(ii) soit une conduite dangereuse, ou susceptible de l'être, pour la vie ou la sécurité d'une autre personne ou une conduite ayant infligé, ou susceptible d'infliger, des dommages psychologiques graves à une autre personne;

b) les infractions ou tentatives de perpétration de l'une des infractions visées aux articles 271 (agression sexuelle), 272 (agression sexuelle armée, menaces à une tierce personne ou infliction de lésions corporelles) ou 273 (agression sexuelle grave).

« **tribunal** » Le tribunal qui a condamné le délinquant qui fait l'objet d'une demande en vertu de la présente partie ou une cour supérieure de juridiction criminelle.

Délinquants dangereux et délinquants à contrôler

752.1 (1) Renvoi pour évaluation — Sur demande faite par la poursuite, le tribunal peut, avant d'imposer une peine au délinquant qui a commis des sévices graves à la personne ou une infraction visée à l'alinéa 753.1(2)*a)* et lorsqu'il a des motifs raisonnables de croire que celui-ci pourrait être déclaré délinquant dangereux ou délinquant à contrôler en vertu respectivement des articles 753 et 753.1, le renvoyer, par une ordonnance écrite et pour une période maximale de soixante jours, à la garde de la personne qu'il désigne, laquelle effectue ou fait effectuer par des experts une évaluation qui sera utilisée comme preuve lors de l'examen de la demande visée aux articles 753 ou 753.1.

(2) Rapport — La personne qui a la garde du délinquant doit, au plus tard quinze jours après l'expiration de la période d'évaluation, déposer auprès du tribunal un rapport d'évaluation et mettre des copies de celui-ci à la disposition de la poursuite et de l'avocat du délinquant.

L.C. 1997, ch. 17, art. 4.

753. (1) Demande de déclaration — délinquant dangereux — Sur demande faite, en vertu de la présente partie, postérieurement au dépôt du rapport d'évaluation visé au paragraphe 752.1(2), le tribunal peut déclarer qu'un délinquant est un délinquant dangereux, s'il est convaincu que, selon le cas :

a) l'infraction commise constitue des sévices graves à la personne, aux termes de l'alinéa *a*) de la définition de cette expression à l'article 752, et que le délinquant qui l'a commise constitue un danger pour la vie, la sécurité ou le bien-être physique ou mental de qui que ce soit, en vertu de preuves établissant, selon le cas :

(i) que, par la répétition de ses actes, notamment celui qui est à l'origine de l'infraction dont il a été déclaré coupable, le délinquant démontre qu'il est incapable de contrôler ses actes et permet de croire qu'il causera vraisemblablement la mort de quelque autre personne ou causera des sévices ou des dommages psychologiques graves à d'autres personnes,

(ii) que, par la répétition continuelle de ses actes d'agression, notamment celui qui est à l'origine de l'infraction dont il a été déclaré coupable, le délinquant démontre une indifférence marquée quant aux conséquences raisonnablement prévisibles que ses actes peuvent avoir sur autrui,

(iii) un comportement, chez ce délinquant, associé à la perpétration de l'infraction dont il a été déclaré coupable, d'une nature si brutale que l'on ne peut s'empêcher de conclure qu'il y a un peu de chance pour qu'à l'avenir ce comportement soit inhibé par les normes ordinaires de restriction du comportement;

b) l'infraction commise constitue des sévices graves à la personne, aux termes de l'alinéa *b*) de la définition de cette expression à l'article 752, et que la conduite antérieure du délinquant dans le domaine sexuel, y compris lors de la perpétration de l'infraction dont il a été déclaré coupable, démontre son incapacité à contrôler ses impulsions sexuelles et laisse prévoir que vraisemblablement il causera à l'avenir de ce fait des sévices ou autres maux à d'autres personnes.

(2) Moment de la présentation de la demande — La demande visée au paragraphe (1) doit être présentée avant que la peine soit imposée au délinquant, sauf si les conditions suivantes sont réunies :

a) avant cette imposition, la poursuite avise celui-ci de la possibilité qu'elle présente une demande en vertu de l'article 752.1 et une demande en vertu du paragraphe (1) au plus tard six mois après l'imposition;

b) à la date de la présentation de cette dernière demande — au plus tard six mois après l'imposition — , il est démontré que la poursuite a à sa disposition des éléments de preuve pertinents qui n'étaient pas normalement accessibles au moment de l'imposition.

(3) Demande présentée après l'imposition de la peine — Malgré le paragraphe 752.1(1), la demande visée à ce paragraphe peut être présentée après l'imposition de la peine ou après que le délinquant a commencé à purger sa peine dans les cas où les conditions visées aux alinéas (2)a) et b) sont réunies.

(4) Délinquant déclaré délinquant dangereux — S'il déclare que le délinquant est un délinquant dangereux, le tribunal lui impose une peine de détention dans un pénitencier pour une période indéterminée.

(4.1) Cas où la demande est présentée après l'imposition de la peine — Si la demande est présentée après que le délinquant a commencé à purger sa peine dans les cas où les conditions visées aux alinéas (2)a) et b) sont réunies, la peine de détention dans un pénitencier pour une période indéterminée remplace la peine qui lui a été imposée pour l'infraction dont il a été déclaré coupable.

(5) Délinquant non déclaré délinquant dangereux — S'il ne déclare pas que le délinquant est un délinquant dangereux, le tribunal peut, selon le cas :

a) considérer la demande comme une demande de déclaration portant que le délinquant est un délinquant à contrôler, auquel cas l'article 753.1 s'applique, et soit déclarer que le délinquant est un délinquant à contrôler, soit tenir une autre audience à cette fin;

b) lui imposer une peine pour l'infraction dont il a été déclaré coupable.

(6) Éléments de preuve fournis par la victime — Tout élément de preuve fourni, au moment de l'audition de la demande visée au paragraphe (1), par la victime d'une infraction dont le délinquant a été déclaré coupable est réputé avoir également été fourni au cours de toute audience tenue au titre de l'alinéa (5)a) à l'égard du délinquant.

L.C. 1997, ch. 17, art. 4.

753.1 (1) Demande de déclaration — délinquant à contrôler — Sur demande faite, en vertu de la présente partie, postérieurement au dépôt du rapport d'évaluation visé au paragraphe 752.1(2), le tribunal peut déclarer que le délinquant est un délinquant à contrôler, s'il est convaincu que les conditions suivantes sont réunies :

a) il y a lieu d'imposer au délinquant une peine minimale d'emprisonnement de deux ans pour l'infraction dont il a été déclaré coupable;

b) celui-ci présente un risque élevé de récidive;

c) il existe une possibilité réelle que ce risque puisse être maîtrisé au sein de la collectivité.

(2) Risque élevé de récidive — Le tribunal est convaincu que le délinquant présente un risque élevé de récidive si :

a) d'une part, celui-ci a été déclaré coupable d'une infraction visée aux articles 151 (contacts sexuels), 152 (incitation à des contacts sexuels) ou 153 (exploitation sexuelle), au paragraphe 173(2) (exhibitionnisme) ou aux articles 271 (agression sexuelle), 272 (agression sexuelle armée) ou 273 (agression sexuelle grave), ou a commis un acte grave de nature sexuelle lors de la perpétration d'une autre infraction dont il a été déclaré coupable;

b) d'autre part :

(i) soit le délinquant a accompli des actes répétitifs, notamment celui qui est à l'origine de l'infraction dont il a été déclaré coupable, qui permettent de croire qu'il causera vraisemblablement la mort de quelque autre personne ou causera des sévices ou des dommages psychologiques graves à d'autres personnes,

(ii) soit sa conduite antérieure dans le domaine sexuel, y compris lors de la perpétration de l'infraction dont il a été déclaré coupable, laisse prévoir que vraisemblablement il causera à l'avenir de ce fait des sévices ou autres maux à d'autres personnes.

(3) Délinquant déclaré délinquant à contrôler — Sous réserve des paragraphes (3.1), (4) et (5), s'il déclare que le délinquant est un délinquant à contrôler, le tribunal lui impose une peine minimale d'emprisonnement de deux ans pour l'infraction dont il a été déclaré coupable, et ordonne qu'il soit soumis, pour une période maximale de dix ans, à une surveillance au sein de la collectivité en conformité avec l'article 753.2 et la *Loi sur le système correctionnel et la mise en liberté sous condition.*

(3.1) Exception — demande présentée après l'imposition de la peine — Le tribunal ne peut toutefois imposer la peine visée au paragraphe (3) au délinquant qu'il déclare délinquant à contrôler — et la peine qui a été imposée à celui-ci pour l'infraction dont il a été déclaré coupable demeure — si la demande a été :

a) d'une part, présentée après que le délinquant a commencé à purger sa peine dans les cas où les conditions visées aux alinéas 753(2)a) et b) sont réunies;

b) d'autre part, considérée comme demande présentée en vertu du présent article à la suite de la décision du tribunal de la considérer comme telle au titre de l'alinéa 753(5)*a*).

(4) Exception — emprisonnement à perpétuité — Le tribunal ne rend pas l'ordonnance de surveillance prévue au paragraphe (3) si le délinquant est condamné à l'emprisonnement à perpétuité.

(5) Exception — durée de la surveillance en cas de nouvelle déclaration — Si le délinquant commet une autre infraction alors qu'il est soumis à une ordonnance de surveillance aux termes du paragraphe (3) et, de ce fait, est de nouveau déclaré délinquant à contrôler, la durée maximale de la surveillance à laquelle il est soumis à tout moment en vertu de différentes ordonnances est de dix ans.

(6) Délinquant non déclaré délinquant à contrôler — S'il ne déclare pas que le délinquant est un délinquant à contrôler, le tribunal lui impose une peine pour l'infraction dont il a été déclaré coupable.

L.C. 1997, ch. 17, art. 4.

753.2 (1) Surveillance de longue durée — Sous réserve du paragraphe (2), le délinquant soumis à une ordonnance de surveillance aux termes du paragraphe 753.1(3) est surveillé au sein de la collectivité en conformité avec la *Loi sur le système correctionnel et la mise en liberté sous condition* lorsqu'il a terminé de purger :

a) d'une part, la peine imposée pour l'infraction dont il a été déclaré coupable;

b) d'autre part, toutes autres peines d'emprisonnement imposées pour des infractions dont il est déclaré coupable avant ou après la déclaration de culpabilité pour l'infraction visée à l'alinéa *a*).

(2) Concurrence des peines — Toute peine — autre que carcérale — imposée au délinquant visé au paragraphe (1) est purgée concurremment avec la surveillance ordonnée en vertu du paragraphe 753.1(3).

(3) Réduction de la période de surveillance — Le délinquant soumis à une ordonnance de surveillance peut — tout comme un membre de la Commission nationale des libérations conditionnelles ou, avec l'approbation de celle-ci, son surveillant de liberté conditionnelle au sens du paragraphe 134.2(2) de la *Loi sur le système correctionnel et la mise en liberté sous condition* — demander à la cour supérieure de juridiction criminelle de réduire la période de surveillance ou d'y mettre fin pour le motif qu'il ne présente plus un risque élevé de récidive et, de ce fait, n'est plus une menace pour la collectivité, le fardeau de la preuve incombant au demandeur.

(4) Avis au procureur général — La personne qui fait la demande au titre du paragraphe (3) en avise le procureur général lors de sa présentation.

L.C. 1997, ch. 17, art. 4.

753.3 (1) Défaut de se conformer à une ordonnance — Le délinquant qui, sans excuse raisonnable, omet ou refuse de se conformer à l'ordonnance de surveillance à laquelle il est soumis aux termes du paragraphe 753.1(3) est coupable d'un acte criminel et passible d'un emprisonnement maximal de dix ans.

(2) En quel lieu l'accusé peut être jugé et puni — Un accusé qui est inculpé d'une infraction aux termes du paragraphe (1) peut être jugé et condamné par tout tribunal ayant juridiction pour juger cette infraction au lieu où l'infraction est présumée avoir été commise, ou au lieu où l'accusé est trouvé, est arrêté ou est sous garde, mais si le lieu où l'accusé est trouvé, est arrêté ou est sous garde est à l'extérieur de la province où l'infraction est présumée avoir été commise, aucune poursuite concernant cette infraction ne devra être engagée en ce lieu sans le consentement du procureur général de cette province.

L.C. 1997, ch. 17, art. 4.

753.4 (1) Nouvelle infraction — Dans le cas où un délinquant commet une ou plusieurs infractions visées par la présente loi ou une loi quelconque alors qu'il est soumis à une ordonnance de surveillance aux termes du paragraphe 753.1(3) et où un tribunal lui impose une peine d'emprisonnement pour cette ou ces infractions, la surveillance est interrompue jusqu'à ce que le délinquant ait terminé de purger toutes les peines, à moins que le tribunal ne mette fin à la surveillance.

(2) Réduction de la durée de la surveillance — Le tribunal qui impose la peine d'emprisonnement peut ordonner la réduction de la durée de la surveillance.

L.C. 1997, ch. 17, art. 4.

754. (1) Audition des demandes — Le tribunal ne peut entendre et statuer sur une demande faite en vertu de la présente partie que dans le cas suivant :

    a) le procureur général de la province où le délinquant a été jugé y a consenti, soit avant ou après la présentation de la demande;

    b) la poursuite a donné au délinquant un préavis d'au moins sept jours francs après la présentation de la demande indiquant ce sur quoi la demande se fonde;

    c) une copie de l'avis a été déposée auprès du greffier du tribunal ou du juge de la cour provinciale.

(2) Absence de jury — La demande faite en vertu de la présente partie est entendue et décidée par la cour en l'absence du jury.

(3) Inutilité de la preuve — Aux fins d'une demande faite en vertu de la présente partie, lorsqu'un délinquant admet des allégations figurant à l'avis mentionné à l'alinéa (1)b), il n'est pas nécessaire d'en faire la preuve.

(4) Présomption de consentement — La production d'un document contenant apparemment une nomination que peut faire, ou un consentement que peut donner, le procureur général en vertu de la présente partie, et apparemment signé par le

574

procureur général fait preuve, en l'absence de preuve contraire, de cette nomination ou de ce consentement sans qu'il soit nécessaire de prouver la signature ou la qualité officielle de la personne l'ayant apparemment signé.

L.R.C. 1985, ch. 27 (1er suppl.), art. 203.

755. [Abrogé, L.C. 1997, ch. 17, art. 5.]

756. [Abrogé, L.C. 1997, ch. 17, art. 5.]

757. Preuve de sa moralité — Sans préjudice du droit pour le délinquant de présenter une preuve concernant sa moralité ou sa réputation, une preuve de ce genre peut, si le tribunal l'estime opportun, être admise sur la question de savoir si le délinquant est ou non un délinquant dangereux ou un délinquant à contrôler.

L.C. 1997, ch. 17, art. 5.

758. (1) Présence de l'accusé à l'audition de la demande — Le délinquant doit être présent à l'audition de la demande en vertu de la présente partie et, au moment où la demande doit être entendue :

    a) s'il est enfermé dans une prison, le tribunal peut ordonner, par écrit, à la personne ayant la garde de l'accusé, de le faire comparaître devant lui;

    b) s'il n'est pas enfermé dans une prison, le tribunal émet une sommation ou un mandat pour enjoindre à l'accusé d'être présent devant lui et les dispositions de la partie XVI concernant la sommation et le mandat s'appliquent, compte tenu des adaptations de circonstance.

(2) Exception — Nonobstant le paragraphe (1), le tribunal peut :

    a) faire expulser le délinquant, s'il se conduit mal en interrompant les procédures de telle sorte qu'il ne serait pas possible de continuer les procédures en sa présence;

    b) permettre au délinquant d'être absent du tribunal pendant la totalité ou une partie de l'audition, aux conditions que le tribunal estime à propos.

759. (1) Appel — délinquant dangereux — Le délinquant déclaré délinquant dangereux sous l'autorité de la présente partie peut interjeter appel d'une telle déclaration à la cour d'appel sur toute question de droit ou de fait ou toute question mixte de droit et de fait.

(1.1) Appel — délinquant à contrôler — Le délinquant déclaré délinquant à contrôler sous l'autorité de la présente partie peut interjeter appel, à la cour d'appel, à l'encontre d'une telle déclaration ou à l'encontre de la durée de la surveillance qui lui est imposée, sur toute question de droit ou de fait ou toute question mixte de droit et de fait.

(2) Appel par le procureur général — Le procureur général peut interjeter appel, à la cour d'appel, à l'encontre du rejet d'une demande d'ordonnance présentée en vertu de la présente partie ou à l'encontre de la durée de la surveillance imposée au délinquant à contrôler, sur toute question de droit.

(3) Jugement sur appel — délinquant dangereux — Sur un appel d'une déclaration portant qu'un délinquant est un délinquant dangereux, la cour d'appel peut :

a) admettre l'appel et :

(i) soit déclarer que le délinquant est un délinquant à contrôler au lieu d'un délinquant dangereux, lui imposer une peine minimale d'emprisonnement de deux ans pour l'infraction dont il a été déclaré coupable, et ordonner qu'il soit soumis, pour une période maximale de dix ans — sous réserve du paragraphe 753.1(5) — , à une surveillance au sein de la collectivité en conformité avec l'article 753.2 et la *Loi sur le système correctionnel et la mise en liberté sous condition*,

(ii) soit déclarer qu'il n'est pas un délinquant dangereux et lui imposer une peine pour l'infraction dont il a été déclaré coupable,

(iii) soit ordonner une nouvelle audience;

b) rejeter l'appel.

(3.1) Jugement sur appel — délinquant à contrôler — Sur un appel d'une déclaration portant qu'un délinquant est un délinquant à contrôler, la cour d'appel peut :

a) admettre l'appel et soit déclarer que le délinquant n'est pas un délinquant à contrôler et casser l'ordonnance de surveillance, soit ordonner une nouvelle audience;

b) rejeter l'appel.

(3.2) Jugement sur appel — délinquant à contrôler — Sur un appel interjeté par le délinquant à contrôler à l'encontre de la durée de la surveillance qui lui est imposée, la cour d'appel peut soit admettre l'appel et modifier cette durée, soit rejeter l'appel.

(4) Jugement sur appel du procureur général — Sur un appel du rejet d'une demande en vue d'obtenir une ordonnance déclarant qu'un délinquant est un délinquant dangereux aux termes de la présente partie, la cour d'appel peut :

a) admettre l'appel et :

(i) soit déclarer que le délinquant est un délinquant dangereux,

(ii) soit le déclarer délinquant à contrôler au lieu de délinquant dangereux, lui imposer une peine minimale d'emprisonnement de deux ans pour l'infraction dont il a été déclaré coupable, et ordonner qu'il soit soumis, pour une période maximale de dix ans — sous réserve du paragraphe 753.1(5) — , à une surveillance au sein de la collectivité en conformité avec l'article 753.2 et la *Loi sur le système correctionnel et la mise en liberté sous condition*,

(iii) soit ordonner une nouvelle audience;

b) rejeter l'appel.

(4.1) Jugement sur appel du procureur général — Sur un appel interjeté par le procureur général à l'encontre de la durée de la surveillance imposée au délinquant à contrôler, la cour d'appel peut soit admettre l'appel et modifier cette durée, soit rejeter l'appel.

(4.2) Jugement sur appel du procureur général — Sur un appel du rejet d'une demande en vue d'obtenir une ordonnance déclarant qu'un délinquant est un délinquant à contrôler aux termes de la présente partie, la cour d'appel peut :

a) admettre l'appel et :

(i) soit déclarer que le délinquant est un délinquant à contrôler, lui imposer une peine minimale d'emprisonnement de deux ans pour l'infraction dont il a été déclaré coupable, et ordonner qu'il soit soumis, pour une période maximale de dix ans — sous réserve du paragraphe 753.1(5) — , à une surveillance au sein de la collectivité en conformité avec l'article 753.2 et la *Loi sur le système correctionnel et la mise en liberté sous condition*,

(ii) soit ordonner une nouvelle audience;

b) rejeter l'appel.

(5) Effet du jugement — Le jugement de la cour d'appel déclarant qu'un délinquant est ou n'est pas un délinquant dangereux ou un délinquant à contrôler ou modifiant la durée de la surveillance a la même vigueur et le même effet que s'il s'agissait d'une déclaration prononcée par le tribunal de première instance ou d'un jugement de ce tribunal.

(6) Commencement de la sentence — Par dérogation au paragraphe 719(1), la sentence que la cour d'appel impose à un délinquant en conformité avec le présent article est réputée avoir commencé lorsque le délinquant a été condamné par le tribunal qui l'a déclaré coupable.

(7) La partie XXI s'applique aux appels — Les dispositions de la partie XXI relatives à la procédure sur appel s'appliquent, compte tenu des adaptations de circonstance aux appels prévus par le présent article.

L.C. 1995, ch. 22, art. 10; 1997, ch. 17, art. 6.

760. Avertissement du Service correctionnel du Canada — Le tribunal qui déclare qu'un délinquant est un délinquant dangereux ou un délinquant à contrôler doit ordonner que soit remise au Service correctionnel du Canada, à titre d'information, avec les notes sténographiques du procès, copie des rapports et témoignages des psychiatres, psychologues, criminologues et autres experts, ainsi que des observations faites par le tribunal, portant sur les motifs de la déclaration.

L.C. 1997, ch. 17, art. 7.

761. (1) Révision — Sous réserve du paragraphe (2), la Commission nationale des libérations conditionnelles examine les antécédents et la situation des personnes mises sous garde en vertu d'une sentence de détention dans un pénitencier pour une période indéterminée dès l'expiration d'un délai de sept ans à compter du jour où ces personnes ont été mises sous garde et, par la suite, tous les deux ans au plus tard, afin d'établir s'il y a lieu de les libérer conformément à la partie II de la *Loi sur le système correctionnel et la mise en liberté sous condition* et, dans l'affirmative, à quelles conditions.

(2) Idem — La Commission nationale des libérations conditionnelles examine, au moins une fois par an, les antécédents et la situation des personnes mises sous garde en vertu d'une sentence de détention dans un pénitencier pour une période indéterminée imposée avant le 15 octobre 1977 afin d'établir s'il y a lieu de les libérer conformément à la partie II de la *Loi sur le système correctionnel et la mise en liberté sous condition* et, dans l'affirmative, à quelles conditions.

L.C. 1992, ch. 20, art. 215(1); 1997, ch. 17, art. 8.

PARTIE XXV — EFFET ET MISE À EXÉCUTION DES ENGAGEMENTS

762. (1) Demande de confiscation d'engagements — Les demandes portant confiscation d'engagements sont adressées aux tribunaux, désignés dans la colonne II de l'annexe, des provinces respectives indiquées à la colonne I de l'annexe.

(2) Définitions — Les définitions qui suivent s'appliquent à la présente partie.

« annexe » L'annexe à la présente partie.

« greffier du tribunal » Le fonctionnaire désigné dans la colonne III de l'annexe en ce qui concerne le tribunal indiqué à la colonne II de l'annexe.

763. L'engagement continue à lier — Lorsqu'une personne est tenue, par engagement, de comparaître devant un tribunal, un juge de paix ou un juge de la cour provinciale pour une fin quelconque et que la session de ce tribunal ou les procédures sont ajournées, ou qu'une ordonnance est rendue pour changer le lieu du procès, cette personne et ses cautions continuent d'être liées par l'engagement de la même manière que s'il avait été contracté à l'égard des procédures reprises ou du procès aux date, heure et lieu où la reprise des procédures ou la tenue du procès est ordonnée.

L.R.C. 1985, ch. 27 (1er suppl.), art. 203.

764. (1) Responsabilité des cautions — Lorsqu'un prévenu est tenu, aux termes d'un engagement, de comparaître pour procès, son interpellation ou la déclaration de sa culpabilité ne libère pas de l'engagement, mais l'engagement continue de lier le prévenu et ses cautions, s'il en existe, pour sa comparution jusqu'à ce que le prévenu soit élargi ou condamné, selon le cas.

(2) Incarcération ou nouvelles cautions — Nonobstant le paragraphe (1), le tribunal, le juge de paix ou le juge de la cour provinciale peut envoyer un prévenu en prison ou exiger qu'il fournisse de nouvelles cautions ou des cautions supplémentaires pour sa comparution jusqu'à ce qu'il soit élargi ou condamné, selon le cas.

(3) Effet de l'envoi en prison — Les cautions d'un prévenu qui est tenu, par engagement, de comparaître pour procès sont libérées si le prévenu est envoyé en prison selon le paragraphe (2).

(4) Inscription sur l'engagement — Les dispositions de l'article 763 et des paragraphes (1) à (3) du présent article sont inscrites sur tout engagement contracté en vertu de la présente loi.

L.R.C. 1985, ch. 27 (1er suppl.), art. 203.

765. Effet d'une arrestation subséquente — Lorsqu'un prévenu est tenu, aux termes d'un engagement, de comparaître pour procès, son arrestation sur une autre inculpation n'annule pas l'engagement, mais l'engagement continue de lier le prévenu et ses cautions, s'il en est, pour sa comparution jusqu'à ce que le prévenu soit élargi ou condamné, selon le cas, à l'égard de l'infraction que vise l'engagement.

766. (1) Remise de l'accusé par les cautions — Une caution d'une personne tenue, aux termes d'un engagement, de comparaître peut, par une requête écrite à un tribunal, un juge de paix ou un juge de la cour provinciale, demander à être relevée de son obligation aux termes de l'engagement, et le tribunal, le juge de paix ou le juge de la cour provinciale émet dès lors par écrit une ordonnance pour l'envoi de cette personne à la prison la plus rapprochée de l'endroit où elle était tenue, par l'engagement, de comparaître.

(2) Arrestation — Une ordonnance prévue au paragraphe (1) est décernée à la caution et, dès sa réception, la caution ou tout agent de la paix peut arrêter la personne nommée dans l'ordonnance et la remettre en même temps que l'ordonnance au gardien de la prison y nommée; le gardien la reçoit et l'emprisonne jusqu'à ce qu'elle soit élargie en conformité avec la loi.

(3) Certificat et enregistrement de la remise — Lorsqu'un tribunal, un juge de paix ou un juge de la cour provinciale qui émet une ordonnance selon le paragraphe (I) reçoit du shérif un certificat portant que la personne nommée dans l'ordonnance a été envoyée en prison selon le paragraphe (2), il ordonne qu'une inscription de l'envoi en prison soit portée sur l'engagement.

(4) Libération des cautions — Une inscription prévue au paragraphe (3) annule l'engagement et libère les cautions.

L.R.C. 1985, ch. 27 (1er suppl.), art. 203.

767. Remise de l'accusé au tribunal, par les cautions — Une caution d'une personne tenue, par engagement, de comparaître peut l'amener devant le tribunal où elle est requise de comparaître, à tout moment pendant les sessions du tribunal et avant son procès, et la caution peut se libérer de son obligation prévue par l'engagement en remettant cette personne à la garde du tribunal qui l'envoie alors en prison jusqu'à ce qu'elle soit élargie en conformité avec la loi.

767.1 (1) Nouvelles cautions — Nonobstant le paragraphe 766(1) et l'article 767, lorsque, en conformité avec l'article 767, une caution d'une personne tenue par engagement de comparaître amène celle-ci devant le tribunal ou demande d'être dégagée de son obligation en vertu de l'engagement, en conformité avec le paragraphe 766(1), le tribunal, le juge de paix ou le juge de la cour provinciale, selon le cas, peut, au lieu de faire emprisonner la personne ou de rendre une ordonnance pour son emprisonnement, permettre qu'une autre caution soit substituée aux termes de l'engagement.

(2) Signature de l'engagement par la nouvelle caution — Lorsqu'une nouvelle caution est substituée aux termes d'un engagement en vertu du paragraphe (1) et qu'elle signe l'engagement, la première caution est libérée de son obligation mais l'engagement et l'ordonnance de mise en liberté provisoire en vertu de laquelle l'engagement a été contracté ne sont pas touchés autrement.

L.R.C. 1985, ch. 27 (1er suppl.), art. 167.

768. Sauvegarde des droits des cautions — La présente partie n'a pas pour effet de limiter ni de restreindre un droit, pour une caution, d'arrêter et de faire mettre sous garde une personne dont elle est caution aux termes d'un engagement.

769. Application des dispositions relatives à la mise en liberté provisoire par voie judiciaire — Lorsqu'une personne a été remise sous garde par sa caution et a été envoyée en prison, les dispositions des parties XVI, XXI et XXVII concernant la mise en liberté provisoire par voie judiciaire s'appliquent, compte tenu des adaptations de circonstance, à son sujet et elle doit être immédiatement conduite devant un juge de paix ou un juge comme prévenu sous l'inculpation d'infraction ou comme appelant, selon le cas, pour l'application de ces dispositions.

770. (1) Un manquement est inscrit — Lorsque, dans des procédures visées par la présente loi, une personne liée par engagement ne se conforme pas à une condition de l'engagement, un tribunal, un juge de paix ou un juge de la cour provinciale connaissant les faits inscrit ou fait inscrire sur l'engagement un certificat rédigé selon la formule 33 indiquant :

a) la nature du manquement;

b) la raison du manquement, si elle est connue;

c) si les fins de la justice ont été frustrées ou retardées en raison du manquement;

d) les noms et adresses du cautionné et des cautions.

(2) Transmission au greffier du tribunal — Un engagement sur lequel est inscrit un certificat en conformité avec le paragraphe (1) est envoyé au greffier du tribunal et conservé par lui aux archives du tribunal.

(3) Un certificat constitue une preuve — Un certificat inscrit sur un engagement en conformité avec le paragraphe (1) constitue une preuve du manquement auquel il se rapporte.

(4) Transmission du dépôt — Lorsque, dans des procédures auxquelles s'applique le présent article, le cautionné ou la caution a déposé de l'argent à titre de garantie pour l'accomplissement d'une condition d'engagement, cet argent est envoyé au greffier du tribunal avec l'engagement qui a fait l'objet du manquement, pour être traité en conformité avec la présente partie.

L.R.C. 1985, ch. 27 (1ᵉʳ suppl.), art. 203; L.C. 1997, ch. 18, art. 108.

771. (1) Procédure en cas de manquement — Lorsqu'un engagement a été endossé d'un certificat aux termes de l'article 770 et a été reçu par le greffier du tribunal en conformité avec cet article :

a) un juge du tribunal fixe, à la demande du greffier du tribunal ou du procureur général ou de l'avocat agissant en son nom, les date, heure et lieu pour l'audition d'une demande en vue de la confiscation de l'engagement;

b) le greffier du tribunal, au moins dix jours avant la date fixée en vertu de l'alinéa *a)* pour l'audition, envoie par courrier recommandé ou fait signifier de la manière prescrite par le tribunal ou par les règles de pratique, à chaque cautionné et à chaque caution que nomme l'engagement, à l'adresse indiquée dans le certificat, un avis lui enjoignant de comparaître aux lieu et date fixés par le juge afin d'exposer les raisons pour lesquelles l'engagement ne devrait pas être confisqué.

(2) Ordonnance du juge — Lorsque ont été observées les dispositions du paragraphe (1), le juge peut, après avoir donné aux parties l'occasion de se faire entendre, à sa discrétion agréer ou rejeter la demande et décerner toute ordonnance, concernant la confiscation de l'engagement, qu'il estime à propos.

(3) Débiteurs de la Couronne à la suite d'un jugement — Lorsque, en vertu du paragraphe (2), un juge ordonne la confiscation de l'engagement, le cautionné et ses cautions deviennent débiteurs, par jugement, de la Couronne, chacun au montant que le juge lui ordonne de payer.

(3.1) Ordonnance peut être déposée — Une ordonnance rendue en vertu du paragraphe (2) peut être déposée auprès du greffier de la cour supérieure et, lorsque l'ordonnance est déposée, celui-ci délivre un bref de saisie-exécution rédigé selon la formule 34 et le remet au shérif de chacune des circonscriptions territoriales dans lesquelles soit le cautionné soit l'une de ses cautions réside, exerce une activité commerciale ou a des biens.

(4) Transfert du dépôt — Lorsqu'une personne contre qui est rendue une ordonnance de confiscation d'engagement a fait un dépôt, il n'est pas émis de bref de saisie-exécution, mais le montant du dépôt est transféré par la personne qui en a la garde à celle qui, selon la loi, a le droit de le recevoir.

L.R.C. 1985, ch. 27 (1er suppl.), art. 168; L.C. 1994, ch. 44, art. 78; 1999, ch. 5, art. 43.

772. (1) Recouvrement en vertu du bref — Lorsqu'un bref de saisie-exécution est émis en conformité avec l'article 771, le shérif à qui il est remis l'exécute et en traite le produit de la même manière qu'il est autorisé à exécuter des brefs de saisie-exécution émanant des cours supérieures de la province dans des procédures civiles et à traiter leur produit.

(2) Frais — Dans les cas où le présent article s'applique, la Couronne a droit aux frais d'exécution et de procédures y accessoires qui sont fixés, dans la province de Québec, par tout tarif applicable devant la Cour supérieure dans des procédures civiles et, dans toute autre province, par un tarif applicable devant la cour supérieure de la province dans des procédures civiles, selon que le juge peut l'ordonner.

773. (1) Incarcération lorsqu'il n'est pas satisfait à un bref — Lorsqu'un bref de saisie-exécution a été décerné sous le régime de la présente partie et qu'il appert, d'un certificat dans un rapport du shérif, qu'il est impossible de trouver suffisamment de biens, effets, terrains et bâtiments pour satisfaire au bref, ou que le produit de l'exécution du bref n'est pas suffisant pour satisfaire au bref, un juge du tribunal peut, à la demande du procureur général ou de l'avocat agissant en son nom, déterminer les date, heure et lieu où les cautions devront démontrer pourquoi un mandat de dépôt ne devrait pas être émis contre eux.

(2) Avis — Il est donné aux cautions un avis de sept jours francs des date, heure et lieu déterminés pour l'audition conformément au paragraphe (1).

(3) Audition — Lors de l'audition mentionnée au paragraphe (1), le juge s'enquiert des circonstances de la cause, et, à sa discrétion, il peut :

    a) ordonner la libération du montant dont cette caution est responsable;

    b) rendre, à l'égard de cette caution, et de son emprisonnement, l'ordonnance qu'il estime appropriée aux circonstances, et émettre un mandat de dépôt rédigé d'après la formule 27.

(4) Mandat de dépôt — Un mandat de dépôt émis aux termes du présent article autorise le shérif à prendre sous garde la personne à l'égard de laquelle le mandat a été émis et à l'enfermer dans une prison de la circonscription territoriale où le bref a été décerné ou dans la prison la plus rapprochée du tribunal, jusqu'à ce que satisfaction soit faite ou jusqu'à ce qu'expire la période d'emprisonnement que le juge a déterminée.

(5) Définition de « procureur général » — Au présent article et à l'article 771, **« procureur général »** désigne, lorsque s'applique le paragraphe 734.4(2), le procureur général du Canada.

L.C. 1995, ch. 22, art. 10.

Annexe

(article 762)

Colonne I	Colonne II	Colonne III
Ontario	Un juge de la Cour d'appel, à l'égard d'un engagement pour la comparution d'une personne devant ce tribunal	Le registraire de la Cour d'appel
	La Cour supérieure de justice, à l'égard de tous les autres engagements	Un registraire de la Cour supérieure de justice
Québec	La Cour du Québec, chambre criminelle et pénale	Le greffier
Nouvelle-Écosse	La Cour suprême	Un protonotaire de la Cour suprême
Nouveau-Brunswick	La Cour du Banc de la Reine	Le registraire de la Cour du Banc de la Reine
Colombie-Britannique	La Cour suprême, à l'égard d'un engagement pour la comparution d'une personne devant ce tribunal ou la Cour d'appel	Le registraire de district de la Cour suprême
	Une cour provinciale, à l'égard d'un engagement pour la comparution d'une personne devant un juge de ce tribunal ou un juge de paix	Le greffier de la cour provinciale
Île-du-Prince-Édouard	Le Section de première instance de la Cour suprême	Le protonotaire

Colonne I	Colonne II	Colonne III
Manitoba	La Cour du Banc de la Reine	Le registraire ou le registraire adjoint de la Cour du Banc de la Reine
Saskatchewan	La Cour du Banc de la Reine	Le registraire local de la Cour du Banc de la Reine
Alberta	La Cour du Banc de la Reine	Le greffier de la Cour du Banc de la Reine
Terre-Neuve	La Cour suprême	Le registraire de la Cour suprême
Territoirie du Yukon	La Cour suprême	Le greffier de la Cour suprême
Territoires du Nord-Ouest	La Cour suprême	Le greffier de la Cour suprême
Nunavut	La Cour de justice du Nunavut	Le greffier de la Cour de justice du Nunavut

L.R.C 1985, ch. 11 (1er suppl.), art. 2;ch. 27 (1er suppl.), art. 203; ch. 27 (2e suppl.), art. 10; L.C. 1992, ch.1, art. 58; 1992, ch. 51, art. 40 à 42; 1998, ch. 30, art. 14d); 1999, ch. 3, art. 54; ch. 5, art. 44.

PARTIE XXVI — RECOURS EXTRAORDINAIRES

774. Application de la présente partie — La présente partie s'applique aux procédures pénales par voie *de certiorari*, *d'habeas corpus*, de *mandamus*, de *procedendo* et de prohibition.

L.R.C. 1985, ch. 27 (1er suppl.), art. 169.

775. Détention sur enquête quant à la légalité de l'emprisonnement — Lorsque des procédures visées par la présente partie ont été engagées devant un juge ou un tribunal compétent, par une personne détenue du fait qu'elle est accusée ou qu'elle a été déclarée coupable d'une infraction, ou à l'égard de cette personne, afin qu'il soit statué sur la légalité de son emprisonnement, le juge ou le tribunal peut, sans statuer sur la question, rendre une ordonnance en vue de la détention ultérieure de cette personne et prescrire que le juge, le juge de paix ou le juge de la cour provinciale sur le mandat duquel elle est détenue, ou que tout autre juge, juge de paix ou juge de la cour provinciale prenne les mesures, entende les témoignages ou accomplisse toute autre chose qui, de l'avis du juge ou du tribunal, serviront le mieux les fins de la justice.

L.R.C. 1985, ch. 27 (1er suppl.), art. 203.

776. Lorsque la condamnation ou l'ordonnance ne peut faire l'objet d'un nouvel examen — Aucune condamnation ou ordonnance ne peut être écartée par *certiorari* dans les cas suivants :

> a) un appel a été interjeté, que l'appel ait été ou non poursuivi jusqu'à sa conclusion;

> b) le défendeur a comparu et plaidé, l'affaire a été jugée au fond et un appel aurait pu être interjeté, mais le défendeur ne l'a pas interjeté.

777. (1) Lorsqu'il est possible de remédier à une condamnation ou ordonnance — Aucune condamnation, aucune ordonnance ou aucun mandat pour l'exécution d'une condamnation ou ordonnance ne peut, lorsqu'il est évoqué par *certiorari*, être réputé invalide pour cause d'irrégularité, vice de forme ou insuffisance, si le tribunal ou le juge devant qui la question est soulevée, après avoir examiné les dépositions, est convaincu, à la fois :

> a) qu'une infraction de la nature décrite dans la condamnation, l'ordonnance ou le mandat, selon le cas, a été commise;

> b) qu'il existait une juridiction pour prononcer la condamnation, ou rendre l'ordonnance ou émettre le mandat, selon le cas;

> c) que la peine imposée, s'il en est, n'excédait pas celle qui légalement aurait pu l'être;

toutefois, le tribunal ou le juge possède, pour agir à l'égard des procédures de la manière qu'il estime convenable, les mêmes pouvoirs que ceux qui sont conférés à un tribunal devant lequel un appel aurait pu être interjeté.

(2) Correction de la peine — Lorsque, dans des procédures auxquelles le paragraphe (1) s'applique, le tribunal ou le juge est convaincu qu'une personne a été régulièrement déclarée coupable d'une infraction, mais que la peine imposée excède celle qui aurait pu légalement être imposée, le tribunal ou le juge :

> a) ou bien corrige la sentence :

>> (i) si la peine est une amende, en imposant une amende non supérieure à l'amende maximale qui aurait pu légalement être imposée,

>> (ii) si la peine est l'emprisonnement, et que la personne n'a pas purgé un emprisonnement aux termes de la sentence qui est égal ou supérieur à l'emprisonnement qui aurait pu légalement être imposé, en imposant un emprisonnement qui n'excède pas l'emprisonnement maximal qui aurait pu être légalement imposé,

>> (iii) si la peine consiste en une amende et un emprisonnement, en imposant une peine conforme au sous-alinéa (i) ou (ii), selon les exigences de l'espèce;

> b) ou bien défère la question au juge, juge de paix ou juge de la cour provinciale qui a déclaré la personne coupable et lui ordonne d'imposer une peine non supérieure à celle qui peut être légalement imposée.

(3) Modification — Lorsqu'une décision est changée en vertu du paragraphe (1) ou (2), la condamnation et le mandat de dépôt, s'il en est, sont modifiés de manière à devenir conformes à la décision, telle qu'elle a été changée.

(4) Suffisance des énonciations — Toute énonciation qui apparaît dans une condamnation et qui est suffisante pour les objets de la condamnation l'est aux fins d'une dénonciation, sommation, ordonnance ou mandat où elle se rencontre aux procédures.

L.R.C. 1985, ch. 27 (1ᵉʳ suppl.), art. 203.

778. Irrégularités dans les limites de l'art. 777 — Sans que soit limitée la portée générale de l'article 777, cet article est réputé s'appliquer dans les cas suivants :

a) l'énonciation de la décision ou de toute autre matière ou chose est faite au temps passé plutôt qu'au temps présent;

b) la peine imposée est moindre que celle qui aurait pu être imposée, en vertu de la loi, pour l'infraction paraissant avoir été commise, d'après les témoignages;

c) il y a eu omission de nier des circonstances dont l'existence aurait rendu légal l'acte dont il est porté plainte, que ces circonstances soient énoncées par voie d'exception ou autrement dans la disposition aux termes de laquelle l'infraction est imputée, ou soient énoncées dans une autre disposition.

779. (1) Ordonnance générale de cautionnement par engagement — Un tribunal compétent pour annuler une condamnation, ordonnance ou autre procédure sur *certiorari* peut prescrire, au moyen d'une ordonnance générale, qu'aucune motion pour annuler une condamnation, ordonnance ou autre procédure de ce genre, évoquée devant le tribunal par *certiorari*, ne soit entendue à moins que le défendeur n'ait contracté un engagement avec une ou plusieurs cautions suffisantes, devant un ou plusieurs juges de paix de la circonscription territoriale où la condamnation ou l'ordonnance a été rendue, ou devant un juge ou autre fonctionnaire, ou n'ait opéré le dépôt prescrit, portant comme condition qu'il poursuivra le bref de *certiorari*, à ses propres frais, sans retard volontaire, et, s'il en est requis, qu'il paiera à la personne en faveur de qui la condamnation, l'ordonnance ou autre procédure est confirmée, tous ses frais et dépens à taxer selon la pratique du tribunal devant lequel la condamnation, l'ordonnance ou la procédure est confirmée.

(2) Les dispositions de la partie XXV — Les dispositions de la partie XXV relatives à la confiscation des engagements s'appliquent à un engagement contracté en vertu du présent article.

780. Effet d'une ordonnance rejetant une motion en annulation — Lorsqu'une motion aux fins d'annuler une condamnation, ordonnance ou autre procédure est rejetée, l'ordonnance du tribunal rejetant la demande constitue une autorisation suffisante pour que le greffier du tribunal retourne immédiatement la condamnation, l'ordonnance ou la procédure au tribunal ou à la personne dont elle a été retirée, et pour que soient exercées à cet égard des procédures en vue de leur exécution.

781. (1) Défaut de preuve d'un décret — Aucune ordonnance, condamnation ou autre procédure ne peut être annulée ni écartée, et aucun défendeur ne peut être renvoyé, pour le seul motif qu'une preuve n'a pas été donnée :

a) d'une proclamation ou d'un décret du gouverneur en conseil ou du lieutenant-gouverneur en conseil;

b) de règles établies, de règlements ou règlements administratifs pris par le gouverneur en conseil d'après une loi du fédérale ou par le lieutenant-gouverneur en conseil aux termes d'une loi provinciale;

c) de la publication, dans la *Gazette du Canada* ou la gazette officielle de la province, d'une proclamation ou règle, d'un décret, règlement ou règlement administratif.

(2) Connaissance d'office — Les proclamations, décrets, règles, règlements et règlements administratifs mentionnés au paragraphe (1) et leur publication sont admis d'office.

782. Vice de forme — Aucun mandat de dépôt ne peut, sur *certiorari* ou *habeas corpus*, être tenu pour nul du seul fait d'un défaut y contenu dans le cas suivant :

a) il est allégué dans le mandat que le défendeur a été déclaré coupable;

b) il existe une déclaration de culpabilité valide appuyer le mandat.

783. Aucune action contre le fonctionnaire lorsqu'une condamnation, etc. est annulée — Lorsqu'une demande est présentée en vue de l'annulation d'une condamnation, ordonnance ou autre procédure faite ou maintenue par un juge de la cour provinciale agissant en vertu de la partie XIX ou un juge de paix pour le motif qu'il a outrepassé sa juridiction, le tribunal ou le juge à qui la demande est présentée peut, en annulant la condamnation, ordonnance ou autre procédure, ordonner qu'aucune procédure civile ne sera prise contre le juge de paix ou le juge de la cour provinciale ou contre un fonctionnaire qui a agi en vertu de la condamnation, ordonnance ou autre procédure, ou aux termes de tout mandat décerné pour son application.

L.R.C. 1985 (1er suppl.), ch. 27, art. 203.

784. (1) Appel concernant un *mandamus*, etc. — Appel peut être interjeté à la cour d'appel contre une décision qui accorde ou refuse le secours demandé dans des procédures par voie de *mandamus*, de *certiorari* ou de prohibition.

(2) Application de la partie XXI — Sauf disposition contraire du présent article, la partie XXI s'applique, compte tenu des adaptations de circonstance, aux appels interjetés sous le régime du présent article.

(3) Rejet de la demande et appel — Lorsqu'une demande de bref d'*habeas corpus ad subjiciendum* est refusée par un juge d'un tribunal compétent, aucune demande ne peut être présentée de nouveau pour les mêmes motifs, soit au même tribunal ou au même juge, soit à tout autre tribunal ou juge, à moins qu'une preuve nouvelle ne soit fournie, mais il y a appel de ce refus à la cour d'appel et, si lors de cet appel la demande est refusée, un nouvel appel peut être interjeté à la Cour suprême du Canada, si celle-ci l'autorise.

(4) Si le bref est émis — Lorsqu'un bref d'*habeas corpus ad subjiciendum* est émis par un juge, aucun appel de cette décision ne peut être interjeté à l'instance d'une partie quelconque, y compris le procureur général de la province en cause ou le procureur général du Canada.

(5) Appel d'un jugement lors du rapport du bref — Lorsqu'un jugement est délivré au moment du rapport d'un bref d'*habeas corpus ad subjiciendum*, il peut en être interjeté appel à la cour d'appel et il y a appel d'un jugement de ce tribunal à la Cour suprême du Canada, si celle-ci l'autorise, à l'instance du demandeur ou du procureur général de la province en cause ou du procureur général du Canada, mais non à l'instance de quelque autre partie.

(6) Audition d'un appel — Un appel en matière d'*habeas corpus* est entendu par le tribunal auquel il est adressé à une date rapprochée, que ce soit pendant les sessions prescrites du tribunal ou en dehors de cette période.

L.C. 1997, ch. 18, art. 109

Partie XXVII — Déclarations de culpabilité par procédure sommaire

Définitions

785. Définitions — Les définitions qui suivent s'appliquent à la présente partie.

« cour des poursuites sommaires » Personne qui a juridiction dans la circonscription territoriale où le sujet des procédures a pris naissance, d'après ce qui est allégué, et, selon le cas :

a) à qui la disposition en vertu de laquelle les procédures sont intentées confère une juridiction à leur égard;

b) qui est un juge de paix ou un juge de la cour provinciale, lorsque la disposition en vertu de laquelle les procédures sont intentées ne confère pas expressément juridiction à une personne ou catégorie de personnes;

c) qui est un juge de la cour provinciale, lorsque la disposition en vertu de laquelle les procédures sont intentées confère juridiction, en l'espèce, à deux ou plusieurs juges de paix.

« **dénonciateur** » Personne qui dépose une dénonciation.

« **dénonciation** » Sont assimilés à une dénonciation :

a) un chef dans une dénonciation;

b) une plainte à l'égard de laquelle un juge de paix est autorisé, par une loi fédérale ou une disposition établie sous son régime, à rendre une ordonnance.

« **greffier de la cour d'appel** » S'entend notamment d'un greffier local de la cour d'appel.

« **ordonnance** » Toute ordonnance, y compris une ordonnance pour le paiement d'une somme d'argent.

« **poursuivant** » Le procureur général ou le dénonciateur lorsque le procureur général n'intervient pas, y compris un avocat ou un mandataire agissant pour le compte de l'un ou de l'autre.

« **procédures** »

a) Procédures à l'égard d'infractions qu'une loi fédérale, ou toute disposition établie sous son régime, déclare punissables sur déclaration de culpabilité par procédure sommaire;

b) procédures où un juge de paix est autorisé, par une loi fédérale ou une disposition établie sous son régime, à rendre une ordonnance.

« **procès** » ou « **instruction** » S'entend notamment de l'audition d'une plainte.

« **sentence** », « **peine** » ou « **condamnation** » Y est assimilée :

a) la déclaration faite en vertu du paragraphe 199(3);

b) les ordonnances rendues en vertu des paragraphes 110(1) ou 259(1) ou (2), de l'article 261, des paragraphes 730(1) ou 737(3) ou (5) ou des articles 738, 739 ou 742.3;

Non en vigueur — 785, « sentence », « peine » ou « condamnation », b)

À l'entrée en vigueur de l'art. 747.1 du Code criminel (L.C. 1995, ch. 22, art. 6), l'alinéa b) sera ainsi remplacé :

b) l'ordonnance rendue en vertu des paragraphes 100(2) ou 259(1) ou (2), de l'article 261, du paragraphe 730(1), des articles 737, 738, 739 ou 742.3 ou du paragraphe 747.1(1);]

L.C. 1995, ch. 22, art. 7(2).

Modification conditionnelle — 785b)

À l'entrée en vigueur de l'alinéa b) de la définition de « sentence », « peine » ou « condamnation », à l'article 785 du *Code criminel*, édicté par l'article 7(2) de la *Loi modifiant le Code criminel (détermination de la peine) et d'autres lois en conséquence*, chapitre 22 des Lois du Canada (1995) [ci-haut reproduit], ou à l'entrée en vigueur de la *Loi modifiant le Code criminel (victimes d'actes criminels) et une autre loi en conséquence*, chapitre 25 des Lois du Canada (1999) [entrée en vigueur le 1ᵉʳ décembre 1999], la dernière en date étant à retenir, l'alinéa b) sera remplacé par ce qui suit :

b) l'ordonnance rendue en vertu des paragraphes 110(1) ou 259(1) ou (2), de l'article 261, des paragraphes 730(1) ou 737(3) ou (5) ou des articles 738, 739 ou 742.3 ou du paragraphe 747.1(1);

L.C. 1999, ch. 25, art. 29(2).

c) la décision prise en vertu des articles 731 ou 732 ou des paragraphes 732.2(3) ou (5), 742.4(3) ou 742.6(9).

d) d'une ordonnance rendue en vertu du paragraphe 16(1) de la *Loi réglementant certaines drogues et autres substances*.

L.R.C. 1985, ch. 27 (1ᵉʳ suppl.), art. 170 et 203; L.C. 1992, ch. 1, art. 58; 1995, ch. 22, art. 7; ch. 39, art. 156; 1996, ch. 19, art. 76; 1999, ch. 25, art. 23.

786. (1) Application de la présente partie — Sauf disposition contraire de la loi, la présente partie s'applique aux procédures définies dans cette partie.

(2) Prescription — À moins d'une entente à l'effet contraire entre le poursuivant et le défendeur, les procédures se prescrivent par six mois à compter du fait en cause.

L.C. 1997, ch. 18, art. 110.

Peine

787. (1) Peine générale — Sauf disposition contraire de la loi, toute personne déclarée coupable d'une infraction punissable sur une déclaration de culpabilité par procédure sommaire est passible d'une amende maximale de deux mille dollars et d'un emprisonnement maximal de six mois, ou de l'une de ces peines.

(2) Emprisonnement à défaut de paiement, etc., en l'absence d'une autre disposition — Lorsque la loi autorise l'imposition d'une amende ou la prise d'une ordonnance pour le versement d'une somme d'argent, mais ne déclare pas qu'un emprisonnement peut être imposé à défaut du paiement de l'amende ou de l'observation de l'ordonnance, le tribunal peut ordonner que, à défaut du paiement de l'amende ou de l'observation de l'ordonnance, selon le cas, le défendeur soit emprisonné pendant une période maximale de six mois.

(3) - (11) [Abrogés, L.R.C. 1985, ch. 27 (1ᵉʳ suppl.), art. 171.]

L.R.C. 1985, ch. 27 (1ᵉʳ suppl.), art. 171.

Dénonciation

788. (1) Commencement des procédures — Les procédures prévues à la présente partie débutent par le dépôt d'une dénonciation rédigée selon la formule 2.

(2) Un seul juge de paix peut agir avant le procès — Nonobstant toute autre loi exigeant qu'une dénonciation soit faite devant deux ou plusieurs juges de paix ou jugée par eux, un juge de paix peut :

    a) recevoir la dénonciation;

    b) émettre une sommation ou un mandat à l'égard de la dénonciation;

    c) accomplir toutes autres choses préliminaires au procès.

789. (1) Formalités de la dénonciation — Dans les procédures auxquelles la présente partie s'applique, la dénonciation :

    a) est établie par écrit et sous serment;

    b) peut imputer plus d'une infraction ou viser plus d'un sujet de plainte, mais lorsque plus d'une infraction est imputée ou que la dénonciation vise plus d'un sujet de plainte, chaque infraction ou sujet de plainte, selon le cas, doit être énoncé sous un chef distinct.

(2) Aucune mention des condamnations antérieures — Aucune dénonciation à l'égard d'une infraction pour laquelle, en raison de condamnations antérieures, il peut être imposé une plus forte peine, ne peut contenir une mention de condamnations antérieures.

790. (1) Tout juge de paix peut agir avant ou après le procès — Les dispositions de la présente loi ou de toute autre loi n'ont pas pour effet d'exiger qu'un juge de paix devant qui des procédures sont commencées, ou qui émet des actes de procédure avant ou après le procès, soit le juge de paix ou un des juges de paix devant qui le procès a lieu.

(2) Deux ou plusieurs juges de paix — Lorsque deux ou plusieurs juges de paix ont juridiction quant à des procédures, ils doivent être présents et agir ensemble au procès, mais un seul juge de paix peut, par la suite, accomplir tout ce qui est requis ou autorisé relativement aux procédures.

(3) et (4) [Abrogés, L.R.C. 1985, ch. 27 (1ᵉʳ suppl.), art. 172.]

791. [Abrogé, L.R.C. 1985, ch. 27 (1er suppl.), art. 173.]

792. [Abrogé, L.R.C. 1985, ch. 27 (1er suppl.), art. 174.]

Irrégularités et objections

793. [Abrogé, L.R.C. 1985, ch. 27 (1er suppl.), art. 175.]

794. (1) Nier une exception, etc. — Il n'est pas nécessaire que soit énoncée ou niée, selon le cas, une exception, exemption, limitation, excuse ou réserve, prévue par le droit, dans la dénonciation.

(2) Charge de la preuve — Il incombe au défendeur de prouver qu'une exception, exemption, limitation, excuse ou réserve, prévue par le droit, joue en sa faveur; quant au poursuivant, il n'est pas tenu, si ce n'est à titre de réfutation, de prouver que l'exception, exemption, limitation, excuse ou réserve ne joue pas en faveur du défendeur, qu'elle soit ou non énoncée dans la dénonciation.

Application

795. Application des parties XVI, XVIII, XX et XX.1 — Les dispositions des parties XVI et XVIII concernant les moyens de contraindre un prévenu à comparaître devant un juge de paix, et celles de la partie XX et XX.1, dans la mesure où elles ne sont pas incompatibles avec la présente partie, s'appliquent, avec les adaptations nécessaires, aux procédures prévues par la présente partie.

L.R.C. 1985, ch. 27 (1er suppl.), art. 176; L.C. 1991, ch. 43, art. 7.

796. [Abrogé, L.R.C. 1985, ch. 27 (1er suppl.), art. 176.]

797. [Abrogé, L.R.C. 1985, ch. 27 (1er suppl.), art. 176.]

Procès

798. Juridiction — Toute cour des poursuites sommaires a juridiction pour instruire, décider et juger les procédures que vise la présente partie dans la circonscription territoriale sur laquelle s'étend la juridiction de la personne qui constitue la cour.

799. Non-comparution du poursuivant — Lorsque, dans des procédures que vise la présente partie, le défendeur comparaît pour le procès et que le poursuivant, ayant été dûment avisé, ne comparaît pas, la cour des poursuites sommaires peut rejeter la dénonciation ou ajourner le procès aux conditions qu'elle estime opportunes.

800. (1) Lorsque les deux parties comparaissent — Lorsque le poursuivant et le défendeur comparaissent, la cour des poursuites sommaires procède à la tenue du procès.

(2) Avocat ou représentant — Un défendeur peut comparaître en personne ou par l'entremise d'un avocat ou représentant, mais la cour des poursuites sommaires peut exiger que le défendeur comparaisse en personne et, si elle le juge à propos, décerner un mandat selon la formule 7 pour l'arrestation du défendeur, et ajourner le procès en attendant sa comparution en application du mandat.

(2.1) Présence à distance — Le tribunal peut, avec le consentement du défendeur enfermé dans une prison, lui permettre de comparaître en utilisant la télévision en circuit fermé ou tout autre moyen permettant, d'une part, au tribunal et au défendeur de se voir et de communiquer simultanément et, d'autre part, au défendeur de communiquer en privé avec son avocat, s'il est représenté par un avocat.

(3) Comparution d'une personne morale — Lorsque le défendeur est une personne morale, celle-ci doit comparaître par avocat ou représentant, et, si elle ne comparaît pas, la cour des poursuites sommaires peut, sur preuve de la signification de la sommation, procéder *ex parte* à la tenue du procès.

L.C. 1997, ch. 18, art. 111.

801. (1) Interpellation du défendeur — Si le défendeur comparaît, on lui expose la substance de la dénonciation déposée contre lui, et on lui demande :

a) s'il admet ou nie sa culpabilité à la dénonciation, lorsque les procédures portent sur une infraction punissable sur déclaration de culpabilité par procédure sommaire;

b) s'il a quelque raison à faire valoir pour laquelle une ordonnance ne devrait pas être rendue contre lui, dans des procédures où un juge de paix est autorisé, par la loi, à rendre une ordonnance.

(2) Déclaration de culpabilité, condamnation ou ordonnance si l'inculpation est admise — Si le défendeur plaide coupable ou n'établit aucun motif suffisant pour lequel une ordonnance ne devrait pas être rendue contre lui, selon le cas, la cour des poursuites sommaires le condamne, l'absout en vertu de l'article 730 ou rend une ordonnance contre lui en conséquence.

(3) Procédure en cas de dénégation — Lorsque le défendeur nie sa culpabilité ou déclare avoir des motifs à exposer pour lesquels une ordonnance ne devrait pas être rendue contre lui, selon le cas, la cour des poursuites sommaires procède au procès et reçoit les dépositions des témoins, tant à charge qu'à décharge, en conformité avec les dispositions de la partie XVIII relatives aux enquêtes préliminaires.

(4) et (5) [Abrogés, L.R.C. 1985, ch. 27 (1er suppl.), art. 177(2).]

L.R.C. 1985, ch. 27 (1er suppl.), art. 177; ch. 1 (4e suppl.), art. 18; L.C. 1995, ch. 22, art. 10.

802. (1) Droit à réponse et défense complète — Le poursuivant a le droit de conduire personnellement sa cause, et le défendeur a le droit d'y faire une réponse et défense complète.

(2) Interrogatoire des témoins — Le poursuivant ou le défendeur, selon le cas, peut interroger et contre-interroger les témoins personnellement ou par l'intermédiaire d'un avocat ou représentant.

(3) Sous serment — Chaque témoin à un procès, dans des procédures que vise la présente partie, est interrogé sous serment.

803. (1) Ajournement — La cour des poursuites sommaires peut, à sa discrétion, ajourner un procès, même en cours, et le faire tenir aux lieu et date déterminés en présence des parties et leurs avocats ou représentants respectifs.

(2) Non-comparution du défendeur — Lorsque le défendeur ne comparaît pas aux date, heure et lieu fixés pour le procès après en avoir été avisé ou qu'il ne comparaît pas à la reprise d'un procès ajourné en conformité avec le paragraphe (1), la cour des poursuites sommaires :

a) peut procéder *ex parte* à l'audition et à la décision des procédures, en l'absence du défendeur, aussi complètement et effectivement que s'il avait comparu;

b) peut, si elle le juge à propos, émettre un mandat rédigé selon la formule 7 pour l'arrestation du défendeur, et ajourner le procès en attendant sa comparution en application de ce mandat.

(3) Le consentement du procureur général est requis — Lorsque, lors du procès d'un défendeur, la cour des poursuites sommaires procède de la manière indiquée à l'alinéa (2)a), aucune procédure en vertu de l'article 145 résultant de l'omission par le défendeur de comparaître aux date, heure et lieu fixés pour le procès ou pour la reprise du procès ne peut être engagée ou, si elle est engagée, ne peut être continuée, sauf du consentement du procureur général.

(4) Non-comparution du poursuivant — Lorsque le poursuivant ne comparaît pas aux date, heure et lieu désignés pour la reprise d'un procès ajourné, la cour des poursuites sommaires peut rejeter la dénonciation avec ou sans frais.

(5) - (8) [Abrogés, L.C. 1991, ch. 43, art. 9.]

L.C. 1991, ch. 43, art. 9; 1994, ch. 44, art. 79; 1997, ch. 18, art. 112.

Décision

804. Déclaration de culpabilité, condamnation, ordonnance ou rejet —
Lorsque la cour des poursuites sommaires a entendu le poursuivant, le défendeur et
les témoins, elle doit, après avoir étudié l'affaire, déclarer le défendeur coupable,
l'absoudre en vertu de l'article 730, rendre une ordonnance contre lui ou rejeter la
dénonciation, selon le cas.

L.R.C. 1985, ch. 27 (1er suppl.), art. 178; ch. 1 (4e suppl.), art. 18; L.C. 1995, ch. 22, art. 10.

805. [Abrogé, L.R.C. 1985, ch. 27 (1er suppl.), art. 179.]

806. (1) Procès-verbal de la condamnation ou de l'ordonnance — Lorsqu'un défendeur est déclaré coupable ou qu'une ordonnance est rendue à son égard,
la cour des poursuites sommaires dresse, sans frais, un procès-verbal de la déclaration de culpabilité ou de l'ordonnance indiquant que l'affaire a été traitée sous le
régime de la présente partie et, à la demande du défendeur, du poursuivant ou de
toute autre personne, la cour fait rédiger une déclaration de culpabilité ou une ordonnance suivant la formule 35 ou 36, selon le cas, et en fait dresser une copie
certifiée et la remet à la personne ayant présenté la demande.

(2) Mandat de dépôt — Lorsqu'un défendeur est déclaré coupable ou qu'une ordonnance est rendue contre lui, la cour des poursuites sommaires émet un mandat
de dépôt selon la formule 21 ou 22, et l'article 528 s'applique à l'égard d'un mandat
de dépôt émis sous l'autorité du présent paragraphe.

(3) Admission en preuve de la copie — La copie du mandat de dépôt délivré,
suivant la formule 21, par le greffier du tribunal certifiée conforme par ce dernier
est admise en preuve dans toute procédure.

L.R.C. 1985, ch. 27 (1er suppl.), art. 185; L.C. 1994, ch. 44, art. 80.

807. Emploi des amendes dans le cas de codélinquants — Lorsque plusieurs personnes se joignent pour accomplir la même infraction et que, sur déclaration de culpabilité, chacune est astreinte à payer un montant à une personne lésée, il
ne peut être versé à cette dernière plus qu'un montant égal à la valeur de la propriété détruite ou endommagée ou au montant du dommage causé, avec les frais,
s'il en existe, et le reste du montant déclaré payable sera affecté de la manière dont
d'autres peines imposées par la loi sont appliquées.

808. (1) Ordonnance de rejet — Lorsque la cour des poursuites sommaires rejette une dénonciation, elle peut, si le défendeur le demande, rédiger une ordonnance de rejet, et doit en donner au défendeur une copie certifiée.

(2) Effet du certificat — Une copie d'une ordonnance de rejet, certifiée d'après le
paragraphe (1), constitue, sans autre preuve, une fin de non-recevoir à l'égard de
toutes procédures subséquentes contre le défendeur pour la même affaire.

809. (1) Frais — La cour des poursuites sommaires peut, à sa discrétion, adjuger et ordonner le paiement des frais qu'elle estime raisonnables et non incompatibles avec ceux des honoraires établis par l'article 840 qui peuvent être prélevés ou admis pour les procédures faites devant cette cour des poursuites sommaires :

　　a) au dénonciateur par le défendeur, lorsque la cour des poursuites sommaires déclare ce dernier coupable ou rend une ordonnance contre lui;

　　b) au défendeur par le dénonciateur, lorsque la cour des poursuites sommaires rejette une dénonciation.

(2) L'ordonnance est énoncée — Une ordonnance selon le paragraphe (1) est énoncée dans la déclaration de culpabilité, l'ordonnance ou l'ordonnance de rejet, selon le cas.

(3) Frais compris dans l'amende — Lorsqu'une amende ou une somme d'argent, ou les deux, sont déclarés payables par un défendeur, et qu'une période d'emprisonnement à défaut du paiement est imposée, le défendeur, faute de paiement, peut être mis dans l'obligation de purger la période d'emprisonnement imposée et, pour l'application du présent paragraphe, tous les frais adjugés contre le défendeur sont censés faire partie de l'amende ou de la somme d'argent déclarée payable.

(4) En l'absence d'amende — Lorsque aucune amende ou somme d'argent n'est déclarée payable par un défendeur, mais que des frais sont adjugés contre le défendeur ou le dénonciateur, la personne tenue de les payer est, à défaut de paiement, passible d'un emprisonnement d'un mois.

(5) Définition de « frais » — Au présent article, **« frais »** s'entend notamment des frais et charges, une fois déterminés, subis pour envoyer et conduire en prison la personne contre laquelle ils ont été adjugés.

Engagement de ne pas troubler l'ordre public

810. (1) En cas de crainte de blessures ou dommages — La personne qui craint, pour des motifs raisonnables, qu'une autre personne ne lui cause ou cause à son conjoint ou à son enfant des lésions personnelles ou n'endommage sa propriété peut déposer une dénonciation devant un juge de paix. Une autre personne peut la déposer pour elle.

Non en vigueur — 810(1)

Lors de l'entrée en vigueur de l'article 95, L.C. 2000, ch. 12, le mot « conjoint » sera remplacé par les mots « époux ou conjoint de fait », avec les adaptations grammaticales nécessaires.

L.C. 2000, ch. 12, art. 95.

(2) Devoir du juge de paix — Un juge de paix qui reçoit une dénonciation prévue au paragraphe (1) fait comparaître les parties devant lui ou devant une cour des poursuites sommaires ayant juridiction dans la même circonscription territoriale.

(3) Décision — La cour des poursuites sommaires ou le juge de paix devant lequel les parties comparaissent peut, s'il est convaincu, par la preuve apportée, que les craintes de la personne pour qui la dénonciation est déposée sont fondées sur des motifs raisonnables :

> a) ou bien ordonner que le défendeur contracte l'engagement, avec ou sans caution, de ne pas troubler l'ordre public et d'observer une bonne conduite pour toute période maximale de douze mois, ainsi que de se conformer aux autres conditions raisonnables prescrites dans l'engagement, y compris celles visées aux paragraphes (3.1) et (3.2) que la cour estime souhaitables pour assurer la bonne conduite du défendeur;

> b) ou bien envoyer le défendeur en prison pour une période maximale de douze mois, si le défendeur omet ou refuse de contracter l'engagement.

(3.1) Condition — Le juge de paix ou la cour des poursuites sommaires qui, en vertu du paragraphe (3), rend une ordonnance doit, s'il en arrive à la conclusion qu'il est souhaitable pour la sécurité du défendeur, ou pour celle d'autrui, de lui interdire d'avoir en sa possession des armes à feu, arbalètes, armes prohibées, armes à autorisation restreinte, dispositifs prohibés, munitions, munitions prohibées et substances explosives, ou l'un ou plusieurs de ces objets, ordonner que celui-ci contracte l'engagement de n'avoir aucun des objets visés en sa possession pour la période indiquée dans l'engagement.

(3.11) Remise — Le cas échéant, l'ordonnance prévoit la façon de remettre, de détenir ou d'entreposer les objets visés au paragraphe (3.1) qui sont en la possession du défendeur, ou d'en disposer, et de remettre les autorisations, permis et certificats d'enregistrement dont celui-ci est titulaire.

(3.12) Motifs — Le juge de paix ou la cour des poursuites sommaires qui n'assortit pas l'ordonnance rendue en application du paragraphe (2) de la condition prévue au paragraphe (3.1) est tenu de donner ses motifs, qui sont consignés au dossier de l'instance.

(3.2) Conditions supplémentaires — Le juge de paix ou la cour des poursuites sommaires qui, en vertu du paragraphe (3), rend une ordonnance doit considérer s'il est souhaitable pour la sécurité du dénonciateur, de la personne pour qui elle dépose la dénonciation, du conjoint de celle-ci ou de son enfant d'ajouter dans l'engagement l'une ou l'autre des conditions suivantes, ou les deux :

> a) interdiction de se trouver aux lieux, ou dans un certain rayon de ceux-ci, spécifiés dans l'engagement, où se trouve régulièrement la personne pour qui la dénonciation a été déposée, son conjoint ou son enfant;

b) interdiction de communiquer directement ou indirectement avec la personne pour qui la dénonciation a été déposée, avec son conjoint ou avec son enfant.

Non en vigueur — 810(3.2)

Lors de l'entrée en vigueur de l'article 95, L.C. 2000, c. 12, le mot « conjoint » sera remplacé par les mots « époux ou conjoint de fait », avec les adaptations grammaticales nécessaires.

L.C. 2000, c. 12, art. 95.

(4) Formules — Un engagement et un mandat d'incarcération à défaut d'engagement prévus par le paragraphe (3) peuvent être rédigés selon les formules 32, et 23, respectivement.

(4.1) Modification de l'engagement — Le juge de paix ou la cour des poursuites sommaires peut, sur demande du dénonciateur ou du défendeur, modifier les conditions fixées dans l'engagement.

(5) Procédure — La présente partie s'applique, compte tenu des adaptations de circonstance, aux procédures relevant du présent article.

L.C. 1991, ch. 40, art. 33; 1994, ch. 44, art. 81; 1995, ch. 22, art. 8; ch. 39, art. 157.

810.01 (1) Crainte d'actes de gangstérisme — Quiconque a des motifs raisonnables de craindre qu'une personne commettra un acte de gangstérisme peut, avec le consentement du procureur général, déposer une dénonciation devant un juge d'une cour provinciale.

(2) Comparution des parties — Le juge qui reçoit la dénonciation peut faire comparaître les parties devant lui.

(3) Décision — Le juge devant lequel les parties comparaissent peut, s'il est convaincu, par la preuve apportée, que les craintes du dénonciateur sont fondées sur des motifs raisonnables, ordonner que le défendeur contracte l'engagement de ne pas troubler l'ordre public et d'observer une bonne conduite pour une période maximale de douze mois, ainsi que de se conformer aux autres conditions raisonnables énoncées dans l'engagement, y compris celles visées au paragraphe (5), que le juge estime souhaitables pour prévenir la perpétration d'un acte de gangstérisme.

(4) Refus de contracter un engagement — Le juge peut infliger au défendeur qui omet ou refuse de contracter l'engagement une peine de prison maximale de douze mois.

(5) Conditions — armes à feu — Le juge qui, en vertu du paragraphe (3), rend une ordonnance doit, s'il en arrive à la conclusion qu'il est souhaitable pour la sécurité du défendeur, ou pour celle d'autrui, de lui interdire d'avoir en sa possession des armes à feu, arbalètes, armes prohibées, armes à autorisation restreinte, dispositifs prohibés, munitions, munitions prohibées et substances explosives, ou l'un ou plusieurs de ces objets, ordonner que celui-ci contracte l'engagement de n'avoir aucun des objets visés en sa possession pour la période indiquée dans l'engagement.

(5.1) Remise — Le cas échéant, l'ordonnance prévoit la façon de remettre, de détenir ou d'entreposer les objets visés au paragraphe (5) qui sont en la possession du défendeur, ou d'en disposer, et de remettre les autorisations, permis et certificats d'enregistrement dont celui-ci est titulaire.

(5.2) Motifs — Le juge qui n'assortit pas l'ordonnance rendue en application du paragraphe (3) de la condition prévue au paragraphe (5) est tenu de donner ses motifs, qui sont consignés au dossier de l'instance.

(6) Modifications des conditions — Le juge peut, sur demande du dénonciateur, du procureur général ou du défendeur, modifier les conditions fixées dans l'engagement.

(7) Autres dispositions applicables — Les paragraphes 810(4) et (5) s'appliquent, avec les adaptations nécessaires, aux engagements contractés en vertu du présent article.

L.C. 1997, ch. 23, art. 19, 26.

810.1 (1) Crainte d'une infraction d'ordre sexuel — Quiconque a des motifs raisonnables de craindre que des personnes âgées de moins de quatorze ans seront victimes d'une infraction visée aux articles 151, 152, 155 ou 159, aux paragraphes 160(2) ou (3), aux articles 170 ou 171, au paragraphes 173(2) ou aux articles 271, 272, 273 peut déposer une dénonciation devant un juge d'une cour provinciale, même si les personnes en questions n'y sont pas nommées.

(2) Devoir du juge — Le juge qui reçoit la dénonciation fait comparaître les parties devant lui.

(3) Décision — Le juge devant lequel les parties comparaissent peut, s'il est convaincu, par la preuve apportée, que les craintes du dénonciateur sont fondées sur les motifs raisonnables, ordonner que le défendeur contracte un engagement assorti des conditions que le tribunal fixe, y compris celle interdisant au défendeur, pour une période maximale de douze mois, de se livrer à des activités qui entraînent des contacts avec des personnes âgées de moins de quatorze ans et de se trouver dans un parc public ou une zone publique où l'on peut se baigner s'il y a des enfants ou s'il est raisonnable de s'attendre à ce qu'il y en ait, une garderie, un terrain d'école, un terrain de jeu ou un centre communautaire.

(3.1) Refus de contracter un engagement — Le juge de la cour provinciale peut infliger au défendeur qui omet ou refuse de contracter l'engagement une peine de prison maximale de douze mois.

(4) Modification de l'engagement — Le juge peut, sur demande du dénonciateur ou du défendeur, modifier les conditions fixées dans l'engagement.

(5) Autres dispositions applicables — Les paragraphes 810(4) et (5) s'appliquent, avec les adaptations nécessaires, aux engagements contractés en vertu du présent article.

L.C. 1993, ch. 45, art. 11; 1997, ch. 18, art. 113.

810.2 (1) En cas de crainte de sévices graves à la personne — Quiconque a des motifs raisonnables de craindre que des personnes seront victimes de sévices graves à la personne au sens de l'article 752 peut, avec le consentement du procureur général, déposer une dénonciation devant un juge d'une cour provinciale, même si les personnes en question n'y sont pas nommées.

(2) Devoir du juge — Le juge qui reçoit la dénonciation peut faire comparaître les parties devant lui.

(3) Décision — Le juge devant lequel les parties comparaissent peut, s'il est convaincu, par la preuve apportée, que les craintes du dénonciateur sont fondées sur des motifs raisonnables, ordonner que le défendeur contracte l'engagement de ne pas troubler l'ordre public et d'observer une bonne conduite pour une période maximale de douze mois, ainsi que de se conformer aux autres conditions raisonnables énoncées dans l'engagement, y compris celles visées aux paragraphes (5) et (6), que le juge estime souhaitables pour assurer la bonne conduite du défendeur.

(4) Refus de contracter un engagement — Le juge peut infliger au défendeur qui omet ou refuse de contracter l'engagement une peine de prison maximale de douze mois.

(5) Conditions — armes à feu — Le juge qui, en vertu du paragraphe (3) rend une ordonnance doit, s'il arrive à la conclusion qu'il est souhaitable pour la sécurité du défendeur, ou pour celle d'autrui, de lui interdire d'avoir en sa possession des armes à feu, arbalètes, armes prohibées, armes à autorisation restreinte, dispositifs prohibés, munitions, munitions prohibées et substances explosives, ou l'un ou plusieurs de ces objets, ordonner que celui-ci contracte l'engagement de n'avoir aucun des objets visés en sa possession pour la période indiquée dans l'engagement.

(5.1) Remise — Le cas échéant, l'ordonnance prévoit la façon de remettre, de détenir ou d'entreposer les objets visés au paragraphe (5) qui sont en la possession du défendeur, ou d'en disposer, et de remettre les autorisations, permis et certificats d'enregistrement dont celui-ci est titulaire.

(5.2) Motifs — Le juge qui n'assortit pas l'ordonnance rendue en vertu du paragraphe (3) de la condition prévue au paragraphe (5) est tenu de donner ses motifs, qui sont consignés au dossier de l'instance.

L.C. 1997, ch. 17, art. 9(2).

(6) Conditions — présentation devant une autorité et surveillance électronique — Le juge qui, en vertu du paragraphe (3), rend une ordonnance doit considérer s'il est souhaitable que le défendeur se présente devant une autorité correctionnelle d'une province ou une autorité policière compétente et, le cas échéant, ordonner que celui-ci contracte l'engagement de se présenter devant une telle autorité.

(7) Modification des conditions — Le juge peut, sur demande du dénonciateur, du procureur général ou du défendeur, modifier les conditions fixées dans l'engagement.

(8) Autres dispositions applicables — Les paragraphes 810(4) et (5) s'appliquent, avec les adaptations nécessaires, aux engagements contractés en vertu du présent article.

L.C. 1997, ch. 17, art. 9.

811. Manquement à l'engagement — Quiconque viole l'engagement prévu aux articles 810, 810.01, 810.1 ou 810.2 est coupable :

a) soit d'un acte criminel passible d'un emprisonnement maximal de deux ans;

b) soit d'une infraction punissable sur déclaration de culpabilité par procédure sommaire.

L.C. 1993, ch. 45, art. 11; 1994, ch. 44, art. 82; 1997, ch. 17, art. 10; ch. 23, art. 20 et 27.

Appel

812. (1) Définition de « cour d'appel » — Pour l'application des articles 813 à 828, « cour d'appel » désigne :

a) dans la province d'Ontario, la Cour de l'Ontario (Division générale) dans la région, le district ou le comté ou groupe de comtés où le jugement a été rendu;

812a)

a) dans la province d'Ontario, la Cour supérieure de justice dans la région, le district ou le comté ou groupe de comtés où le jugement a été rendu;

L.C. 1998, ch. 30, art. 14d).

b) dans la province de Québec, la Cour supérieure;

c) dans les provinces de la Nouvelle-Écosse et de la Colombie-Britannique, la Cour suprême;

d) dans les provinces du Nouveau-Brunswick, du Manitoba, de la Saskatchewan et d'Alberta, la Cour du Banc de la Reine;

e) [abrogé, L.C. 1992, ch. 51, art. 43.]

f) dans la province de l'Île-du-Prince-Édouard, la Section de première instance de la Cour suprême;

g) dans la province de Terre-Neuve, la Section de première instance de la Cour suprême;

h) dans le territoire du Yukon et les Territoires du Nord-Ouest, un juge de la Cour suprême.

i) au Nunavut, un juge de la Cour de justice.

(2) Juge de la Cour d'appel : Nunavut — Un juge de la Cour d'appel du Nunavut constitue la cour d'appel, pour l'application des articles 813 à 828, relativement à tout appel d'une condamnation, ordonnance ou sentence d'une cour des poursuites sommaires constituée d'un juge de la Cour de justice du Nunavut.

L.R.C. 1985, ch. 11 (1er suppl.), art. 2; ch. 27 (2e suppl.), art. 10; L.C. 1990, ch. 16, art. 7; ch. 17, art. 15; 1992, ch. 51, art. 43; 1993, ch. 28, ann III, art. 36; 1999, ch. 3, art. 54.

813. Appel du défendeur, du dénonciateur ou du procureur général — Sauf disposition contraire de la loi :

a) le défendeur dans des procédures prévues par la présente partie peut appeler à la cour d'appel :

(i) d'une condamnation ou d'une ordonnance rendue contre lui,

(ii) d'une sentence qui lui est imposée,

(iii) d'un verdict d'inaptitude à subir son procès ou de non-responsabilité criminelle pour cause de troubles mentaux;

b) le dénonciateur, le procureur général ou son agent dans des procédures prévues par la présente partie peut appeler à la cour d'appel :

(i) d'une ordonnance arrêtant les procédures sur une dénonciation ou rejetant une dénonciation,

(ii) d'une sentence prononcée contre un défendeur,

(iii) d'un verdict d'inaptitude à subir son procès ou de non-responsabilité criminelle pour cause de troubles mentaux,

et le procureur général du Canada ou son représentant jouit des mêmes droits d'appel, dans des procédures intentées sur l'instance du gouvernement du Canada et dirigées par ce gouvernement ou pour son compte, que le procureur général d'une province ou son agent possède en vertu du présent alinéa.

L.R.C. 1985, ch. 27 (1er suppl.), art. 180; L.C. 1991, ch. 43, art. 9.

814. (1) Manitoba et Alberta — Dans les provinces du Manitoba et d'Alberta, un appel prévu par l'article 813 est entendu à la session de la cour d'appel qui se tient le plus près de l'endroit où la cause des procédures a pris naissance, mais le juge de la cour d'appel peut, à la demande de l'une des parties, désigner un autre endroit pour l'audition de l'appel.

(2) Saskatchewan — Dans la province de la Saskatchewan, un appel prévu par l'article 813 est entendu à la session de la cour d'appel au centre judiciaire le plus rapproché de l'endroit où le jugement a été rendu, mais le juge de la cour d'appel peut, à la demande de l'une des parties, désigner un autre endroit pour l'audition de l'appel.

(3) Colombie-Britannique — Dans la province de la Colombie-Britannique, un appel prévu par l'article 813 est entendu à la session de la cour d'appel qui se tient le plus près de l'endroit où le jugement a été rendu, mais le juge de la cour d'appel peut, à la demande de l'une des parties, désigner un autre endroit pour l'audition de l'appel.

(4) Territoires — Dans le territoire du Yukon, les Territoires du Nord-Ouest et le territoire du Nunavut, un appel prévu par l'article 813 est entendu à l'endroit où la cause des procédures a pris naissance ou à l'endroit le plus rapproché où un tribunal a reçu instructions de se tenir.

L.C. 1993, ch. 28, ann. III, art. 37.

815. (1) Avis d'appel — Un appelant qui se propose d'introduire un recours devant la cour d'appel donne avis d'appel de la manière et dans le délai que les règles de cour peuvent prescrire.

(2) Prolongation de délai — La cour d'appel ou l'un de ses juges peut proroger le délai de l'avis d'appel.

Mise en liberté provisoire de l'appelant

816. (1) Promesse ou engagement de l'appelant — Toute personne qui était le défendeur dans des procédures devant une cour des poursuites sommaires et qui interjette appel en vertu de l'article 813 doit, si elle est sous garde, y demeurer à moins que la cour d'appel qui doit entendre l'appel n'ordonne sa mise en liberté pourvu que, selon le cas :

a) elle remette à la cour d'appel une promesse, sans condition ou aux conditions que la cour d'appel fixe, de se livrer en conformité avec l'ordonnance;

b) elle contracte, sans caution, un engagement dont le montant et les conditions, le cas échéant, sont fixés par la cour d'appel, mais sans dépôt d'argent ni d'autre valeur;

c) elle contracte, avec ou sans caution, un engagement dont le montant et les conditions, le cas échéant, sont fixés par la cour d'appel et elle dépose auprès de la cour d'appel la somme d'argent ou autre valeur que la cour d'appel fixe,

la personne ayant la garde de l'appelant doit, lorsque l'appelant se conforme à l'ordonnance, le mettre immédiatement en liberté.

(2) Certaines dispositions de l'art. 525 s'appliquent — Les dispositions des paragraphes 525(5), (6) et (7) s'appliquent, compte tenu des adaptations de circonstance, à quiconque a été mis en liberté conformément au paragraphe (1).

L.R.C. 1985, ch. 27 (1er suppl.), art. 181.

817. (1) Promesse ou engagement du poursuivant — Le poursuivant dans des procédures devant une cour des poursuites sommaires qui interjette appel en vertu de l'article 813 doit, immédiatement après le dépôt de l'avis d'appel et de la preuve de sa signification en conformité avec l'article 815, comparaître devant un juge de paix, et le juge de paix, après avoir donné au poursuivant et à l'intimé la possibilité de se faire entendre, ordonne que le poursuivant :

a) ou bien remette une promesse selon que le prescrit le présent article;

b) ou bien contracte un engagement du montant qu'il stipule, avec ou sans caution et avec ou sans dépôt d'argent ou d'autre valeur selon qu'il le stipule.

(2) Conditions — Une promesse remise ou un engagement contracté en vertu du présent article sont subordonnés à la condition que le poursuivant comparaîtra, en personne ou par l'intermédiaire de son avocat, devant la cour d'appel lors des séances au cours desquelles l'appel doit être entendu.

(3) Appels interjetés par le procureur général — Le présent article ne s'applique pas relativement à un appel interjeté par le procureur général ou par un avocat agissant en son nom.

(4) Forme de la promesse ou de l'engagement — Une promesse en vertu du présent article peut être rédigée selon la formule 14 et un engagement en vertu du présent article peut être rédigé selon la formule 32.

818. (1) Demande de révision faite à la cour d'appel — Lorsqu'un juge de paix rend une ordonnance en vertu de l'article 817, l'appelant ou l'intimé peuvent, avant l'audition de l'appel ou à tout moment au cours de celle-ci, demander à la cour d'appel la révision de l'ordonnance rendue par le juge.

(2) Suite donnée à la demande par la cour d'appel — Lors de l'audition d'une demande en vertu du présent article, la cour d'appel, après avoir donné à l'appelant et à l'intimé la possibilité de se faire entendre, doit :

a) ou bien rejeter la demande;

b) ou bien si la personne demandant la révision fait valoir des motifs justifiant de le faire, accueillir la demande, annuler l'ordonnance rendue par le juge de paix et rendre l'ordonnance qui, de l'avis de la cour d'appel, aurait dû être rendue.

(3) Effet de l'ordonnance — Une ordonnance rendue en vertu du présent article a la même force et le même effet que si elle avait été rendue par le juge de paix.

819. (1) Demande de fixation d'une date pour l'audition de l'appel — Lorsque, dans le cas d'un appelant qui a été déclaré coupable par une cour des poursuites sommaires et qui est sous garde en attendant l'audition de son appel, l'audition de son appel n'est pas commencée dans les trente jours qui suivent celui où l'avis de cet appel a été donné en conformité avec les règles mentionnées à l'article 815, la personne ayant la garde de l'appelant doit, dès l'expiration de ces trente jours, demander à la cour d'appel de fixer une date pour l'audition de l'appel.

(2) **Ordonnance fixant la date d'audition** — Sur réception d'une demande en vertu du paragraphe (1) et après avoir donné au poursuivant la possibilité de se faire entendre, la cour d'appel fixe une date pour l'audition de l'appel et donner les instructions qu'elle estime nécessaires pour hâter l'audition et l'appel de l'appelant.

820. (1) Le paiement de l'amende ne constitue pas un désistement du droit d'appel — Une personne ne se désiste pas de son droit d'appel, aux termes de l'article 813, du seul fait qu'elle paye l'amende imposée lors de sa condamnation sans indiquer, de quelque façon, une intention d'interjeter appel ou de s'en réserver le droit.

(2) **Présomption** — Jusqu'à preuve du contraire, une condamnation, ordonnance ou sentence est censée ne pas avoir fait l'objet d'une appel.

Procédure sur appel

821. (1) Avis et transmission de la déclaration de culpabilité, etc. — Lorsqu'un avis d'appel a été donné en conformité avec les règles mentionnées à l'article 815, le greffier de la cour d'appel donne avis de l'appel à la cour des poursuites sommaires qui a prononcé la déclaration de culpabilité, rendu l'ordonnance ou imposé la sentence portée en appel, et, sur réception de cet avis, la cour des poursuites sommaires transmet à la cour d'appel la déclaration de culpabilité, l'ordonnance ou l'ordonnance de rejet et tous les autres documents en sa possession concernant les procédures, avant la date où l'appel doit être entendu, ou dans tel délai supplémentaire que la cour d'appel peut fixer, et le greffier de la cour d'appel conserve les documents aux archives de ce tribunal.

(2) **Réserve** — La cour d'appel ne peut rejeter un appel du seul fait qu'une personne autre que l'appelant n'a pas observé les dispositions de la présente partie relatives aux appels.

(3) **L'appelant fournit une transcription de la preuve** — Si les dépositions, lors d'un procès devant une cour des poursuites sommaires, ont été recueillies par un sténographe dûment assermenté, ou au moyen d'un appareil d'enregistrement du son, l'appelant doit, sauf décision de la cour d'appel ou disposition des règles mentionnées à l'article 815 à l'effet contraire, faire fournir à la cour d'appel et à l'intimé une transcription de ces dépositions, certifiée par le sténographe ou en conformité avec paragraphe 540(6), pour qu'elle serve lors de l'appel.

822. (1) Articles applicables aux appels — En cas d'appel interjeté conformément à l'article 813 à la suite d'une condamnation, d'un acquittement, d'une sentence, d'une ordonnance ou d'un verdict, les articles 683 à 689, à l'exception des paragraphes 683(3) et 686(5), s'appliquent avec les adaptations nécessaires.

(2) Nouveau procès — Lorsqu'une cour d'appel ordonne un nouveau procès, celui-ci se tient devant une autre cour des poursuites sommaires que celle qui a jugé le défendeur en première instance, à moins que la cour d'appel n'en ordonne autrement.

(3) Ordonnance de détention ou de mise en liberté — Lorsqu'une cour d'appel ordonne un nouveau procès, elle peut, en attendant ce procès, rendre toute ordonnance de mise en liberté ou de détention de l'appelant que peut prendre un juge de paix conformément à l'article 515 et cette ordonnance peut s'appliquer comme si elle avait été prise par un juge de paix en vertu de cet article et la partie XVI s'applique à l'ordonnance, compte tenu des adaptations de circonstance.

(4) Procès *de novo* — Par dérogation aux paragraphes (1) à (3), lorsque, dans le cas d'un appel interjeté en vertu de l'article 813, en raison de l'état du dossier de l'affaire établi par la cour des poursuites sommaires, ou pour toute autre raison, la cour d'appel, sur demande faite en ce sens par le défendeur, le dénonciateur, le procureur général ou son représentant, estime que l'intérêt de la justice serait mieux servi par la tenue d'un appel sous forme de procès *de novo*, cette cour d'appel peut ordonner que l'appel soit entendu sous forme de procès *de novo*, conformément aux règles de cour qui peuvent être établies en vertu de l'article 482 et, à cette fin, les articles 793 à 809 s'appliquent, compte tenu des adaptations de circonstance.

(5) Témoignage antérieur — La cour d'appel peut, pour audition et décision d'un appel conformément au paragraphe (4), autoriser que soient lus devant elle les témoignages recueillis par la cour des poursuites sommaires pourvu qu'ils aient été validés conformément à l'article 540 et si, selon le cas :

    a) l'appelant et l'intimé sont consentants;

    b) la cour d'appel est convaincue que la présence du témoin ne peut vraisemblablement être obtenue;

    c) la cour d'appel est convaincue, en raison de la nature formelle de la preuve, ou pour toute autre raison, que la partie adverse n'en subit aucun préjudice,

toute déposition ainsi lue, en vertu du présent paragraphe, a la même force probante et le même effet que si le témoin avait personnellement déposé devant la cour d'appel.

(6) Appel d'une sentence — S'il est interjeté appel d'une sentence en la manière prévue au paragraphe (4), la cour d'appel considère, à moins que la sentence n'en soit une que détermine la loi, la justesse de la sentence dont appel est interjeté et peut, d'après la preuve, le cas échéant, qu'elle croit utile d'exiger ou de recevoir, par ordonnance :

    a) rejeter l'appel;

b) modifier la sentence dans les limites prescrites par la loi pour l'infraction dont l'accusé a été déclaré coupable,

en rendant une ordonnance en vertu de l'alinéa *b)*, la cour d'appel peut tenir compte de toute période que le défendeur a passée sous garde par suite de l'infraction.

(7) Appels : dispositions générales — Les dispositions suivantes s'appliquent aux appels interjetés conformément au paragraphe (4) :

a) jugement sur un appel fondé sur une objection à une dénonciation, ou autre acte judiciaire, ne peut être rendu en faveur de l'appelant dans les cas suivants :

(i) tous les cas où est imputée une irrégularité de fond ou de forme,

(ii) tous les cas de divergence entre la dénonciation, ou autre acte judiciaire, et la preuve présentée au procès,

à moins que ne soit démontré ce qui suit :

(iii) d'une part, l'objection a été présentée au procès,

(iv) d'autre part, il y a eu refus d'ajourner le procès bien que la divergence mentionnée au sous-alinéa (ii) ait trompé ou induit l'appelant en erreur;

b) jugement sur un appel fondé sur une irrégularité dans une déclaration de culpabilité ou dans une ordonnance ne peut être rendu en faveur de l'appelant; le tribunal rend alors une ordonnance pour remédier à cette irrégularité.

L.C. 1991, ch. 43, art. 9.

823. [Abrogé, L.C. 1991, ch. 43, art. 9.]

824. Ajournement — La cour d'appel peut ajourner l'audition d'un appel, selon qu'il est nécessaire.

825. Rejet pour cause d'omission de comparaître ou d'abandon de l'appel — La cour d'appel, sur preuve qu'un avis d'appel a été donné et que, selon le cas :

a) l'appelant a omis de se conformer à une ordonnance rendue en vertu de l'article 816 ou 817 ou aux conditions de toute promesse remise ou de tout engagement contracté ainsi que le prescrit l'un ou l'autre de ces articles;

b) l'appel n'a pas été poursuivi ou a été abandonné,

peut ordonner que l'appel soit rejeté.

826. Frais — Lorsqu'un appel est entendu et décidé ou est abandonné ou est rejeté faute de poursuite, la cour d'appel peut rendre, relativement aux frais, toute ordonnance qu'elle estime juste et raisonnable.

827. (1) Quand et à qui les frais sont versés — Lorsque la cour d'appel ordonne que l'appelant ou l'intimé acquitte les frais, l'ordonnance prescrit que les frais seront versés au greffier de la cour, pour qu'ils soient payés par ce dernier à celui qui y a droit, et elle est tenue de fixer le délai dans lequel les frais doivent être acquittés.

(2) Certificat établissant que les frais n'ont pas été acquittés — Lorsque les frais ne sont pas acquittés en totalité dans le délai fixé à cette fin et que la personne qui a reçu l'ordre d'en faire le versement n'a pas été liée par un engagement de les verser, le greffier de la cour d'appel émet, à la demande de celui qui y a droit, ou de toute personne agissant pour son compte, et sur paiement des honoraires que le greffier de la cour d'appel est autorisé à toucher, un certificat selon la formule 42, attestant que les frais ou une partie des frais, selon le cas, n'ont pas été payés.

(3) Envoi en prison — Un juge de paix ayant juridiction dans la circonscription territoriale où un certificat a été émis aux termes du paragraphe (2) peut, sur production du certificat, au moyen d'un mandat selon la formule 26, faire incarcérer la personne en défaut pour une période maximale d'un mois, à moins que ne soient payés plus tôt le montant des frais et, si le juge de paix estime opportun de l'ordonner, le montant des frais de l'envoi et du transport de cette personne en prison.

828. (1) Exécution de la condamnation ou de l'ordonnance de la cour d'appel — Une condamnation prononcée ou une ordonnance rendue par la cour d'appel peut être appliquée :

    a) soit de la même manière que si elle avait été prononcée ou rendue par la cour des poursuites sommaires;

    b) soit au moyen d'un acte de procédure de la cour d'appel.

(2) Application par le juge de paix — Lorsqu'un appel porté contre une condamnation ou une ordonnance décrétant le paiement d'une somme d'argent est rejeté, la cour des poursuites sommaires qui a prononcé la condamnation ou rendu l'ordonnance, ou un juge de paix pour la même circonscription territoriale, peut émettre un mandat de dépôt comme si aucun appel n'avait été interjeté.

(3) Devoir du greffier de la cour d'appel — Lorsqu'une condamnation prononcée ou ordonnance rendue par une cour d'appel doit être appliquée par un juge de paix, le greffier de la cour d'appel envoie au juge de paix la condamnation ou ordonnance et tous écrits y relatifs, sauf le préavis d'appel et tout engagement.

Appels sommaires basés sur une transcription ou un exposé conjoint des faits sur lequel les parties se sont entendues

829. (1) Définition de « cour d'appel » — Pour l'application des articles 830 à 838, « cour d'appel » vise, dans une province, la cour supérieure de juridiction criminelle pour la province.

(2) Nunavut — Au Nunavut, toutefois, pour tout appel d'une condamnation, d'un jugement ou verdict d'acquittement ou d'une autre ordonnance ou décision passée en force de chose jugée d'une cour de poursuites sommaires constituée d'un juge de la Cour de justice, « cour d'appel » s'entend d'un juge de la Cour d'appel du Nunavut.

L.R.C. 1985, ch. 27 (1er suppl.), art. 182; L.C. 1999, ch. 3, art. 56.

830. (1) Appels — Une partie à des procédures que vise la présente partie ou le procureur général peut appeler d'une condamnation, d'un jugement ou verdict d'acquittement ou d'un verdict d'inaptitude à subir son procès ou de non-responsabilité criminelle pour cause de troubles mentaux ou d'une autre ordonnance ou décision définitive d'une cour des poursuites sommaires, pour l'un des motifs suivants :

    a) erreur de droit;

    b) excès de compétence;

    c) refus ou défaut d'exercice de compétence.

(2) Motifs de l'appel — Un appel interjeté en vertu du présent article doit être entendu sur la transcription des procédures de première instance, à moins que, dans les quinze jours du dépôt de l'avis d'appel, les parties ne déposent par écrit un exposé conjoint des faits.

(3) Règles d'appel — L'appel prévu au présent article doit être interjeté dans le délai et de la manière que prescrivent les règles de cour applicables; en l'absence de telles règles, un avis d'appel écrit doit être signifié à l'intimé et une copie de cet avis, accompagnée d'une preuve de la signification, doit être déposée à la cour d'appel dans les trente jours qui suivent la condamnation, le jugement ou le verdict d'acquittement ou l'autre ordonnance ou décision finale dont il fait appel.

(4) Droits du procureur général du Canada — Le procureur général du Canada jouit des mêmes droits d'appel dans des procédures intentées à la demande du gouvernement du Canada et dirigées par ce gouvernement ou pour son compte, que ceux dont le présent article investit le procureur général d'une province.

L.R.C. 1985, ch. 27 (1er suppl.), art. 182; L.C. 1991, ch. 43, art. 9.

831. Application — Les articles 816, 817, 819 et 825 s'appliquent, compte tenu des adaptations de circonstance, à un appel interjeté en vertu de l'article 830, sauf que, sur réception d'une demande de fixation d'une date pour l'audition de l'appel

609

faite par la personne ayant la garde d'un appelant visé à l'article 819, la cour d'appel doit, après avoir donné au poursuivant la possibilité de se faire entendre, donner les instructions qu'elle estime nécessaires pour hâter l'audition de l'appel.

L.R.C. 1985, ch. 27 (1er suppl.), art. 182.

832. (1) Promesse ou engagement — Lorsqu'un avis d'appel est déposé en vertu de l'article 830, la cour d'appel peut ordonner que l'appelant comparaisse devant un juge de paix et remette une promesse ou contracte un engagement tel que prévu à l'article 816 lorsque le défendeur est l'appelant ou tel que le prévoit l'article 817 dans tout autre cas.

(2) Procureur général — Le paragraphe (1) ne s'applique pas lorsque l'appelant est le procureur général ou un avocat agissant en son nom.

L.R.C. 1985, ch. 27 (1er suppl.), art. 182.

833. Aucun bref requis — Aucun bref de *certiorari* ou autre bref n'est nécessaire pour révoquer une condamnation, un jugement, un verdict ou une autre ordonnance ou décision définitive d'une cour des poursuites sommaires pour obtenir le jugement, la décision ou l'opinion de la cour d'appel.

L.R.C. 1985, ch. 27 (1er suppl.), art. 182; L.C. 1991, ch. 43, art. 9.

834. (1) Pouvoirs de la cour d'appel — Lorsqu'un avis d'appel est déposé en vertu de l'article 830, la cour d'appel doit entendre et déterminer les motifs d'appel, et elle peut :

a) confirmer, infirmer ou modifier la condamnation, le jugement, le verdict, ou toute autre ordonnance ou décision définitive, ou

b) remettre l'affaire à la cour des poursuites sommaires avec son opinion.

Elle peut en outre rendre toute autre ordonnance, notamment à l'égard des frais, qu'elle estime pertinente.

(2) Autorité du juge — Lorsque la compétence de la cour d'appel peut être exercée par un juge de cette cour, elle peut, sous réserve des règles de cour applicables, être exercée à tout moment, lors des vacances judiciaires ou d'une session régulière, par un juge de cette cour siégeant en chambre.

L.R.C. 1985, ch. 27 (1er. suppl.), art. 182; L.C. 1991, ch. 43, art. 9.

835. (1) Exécution — Lorsque la cour d'appel rend sa décision sur un appel, la cour des poursuites sommaires d'où l'appel provient ou un juge de paix exerçant la même juridiction a la même autorité pour faire exécuter une condamnation, ordonnance ou décision qui a été confirmée, modifiée ou rendue par la cour d'appel que la cour des poursuites sommaires aurait possédée si aucun appel n'avait été interjeté.

(2) Idem — Une ordonnance de la cour d'appel est exécutoire selon la procédure qui lui est applicable.

L.R.C. 1985, ch. 27 (1er suppl.), art. 182.

836. Appel en vertu de l'article 830 — Toute personne qui interjette un appel en vertu de l'article 830 d'une condamnation, d'un jugement, d'un verdict ou de toute autre ordonnance ou décision définitive dont elle a le droit d'appeler en vertu de l'article 813 est réputée avoir renoncé à tous ses droits d'appel aux termes de l'article 813.

L.R.C. 1985, ch. 27 (1er suppl.), art. 182; L.C. 1991, ch. 43, art. 9.

837. Aucun appel — Lorsque la loi prévoit qu'une condamnation ou une ordonnance est sans appel, aucun appel en vertu de l'article 830 ne peut être interjeté contre cette condamnation ou ordonnance.

L.R.C. 1985, ch. 27 (1er suppl.), art. 182.

838. Prorogation du délai — La cour d'appel ou un juge de celle-ci peut, en tout temps, proroger les délais mentionnés aux articles 830, 831 et 832.

L.R.C. 1985, ch. 27 (1er suppl.), art. 182.

Pourvois devant la cour d'appel

839. (1) Appel sur une question de droit — Sous réserve du paragraphe (1.1), un appel à la cour d'appel, au sens de l'article 673, peut, avec l'autorisation de celle-ci ou d'un de ses juges, être interjeté, pour tout motif qui comporte une question de droit seulement :

a) de toute décision d'un tribunal relativement à un appel prévu par l'article 822;

b) d'une décision d'une cour d'appel en vertu de l'article 834, sauf lorsque ce tribunal est la cour d'appel.

(1.1) Nunavut — Un appel à la Cour d'appel du Nunavut peut, avec l'autorisation de celle-ci ou d'un de ses juges, être interjeté, pour tout motif qui comporte une question de droit seulement, de toute décision d'un juge de la Cour d'appel du Nunavut en sa qualité de cour d'appel au sens des paragraphes 812(2) ou 829(2).

(2) Articles applicables — Les articles 673 à 689 s'appliquent, compte tenu des adaptations de circonstance, à un appel prévu par le présent article.

(3) Frais — Nonobstant le paragraphe (2), la cour d'appel peut rendre toute ordonnance, quant aux frais, qu'elle estime appropriée relativement à un appel prévu par le présent article.

(4) Exécution de la décision — La décision de la cour d'appel peut être exécutée de la même manière que si elle avait été rendue par la cour des poursuites sommaires devant laquelle les procédures ont, en premier lieu, été entendues et jugées.

(5) Droit, pour le procureur général du Canada, d'interjeter appel — Le procureur général du Canada a les mêmes droits d'appel, dans les procédures intentées sur l'instance du gouvernement du Canada et dirigées par ou pour ce gouvernement, que ceux dont est investi le procureur général d'une province aux termes de la présente partie.

L.R.C. 1985, ch. 27 (1er suppl.), art. 183; L.C. 1999, ch. 3, art. 57.

Honoraires et allocations

840. (1) Honoraires et allocations — Sous réserve du paragraphe (2), les honoraires et allocations mentionnés à l'annexe de la présente partie, et nuls autres, sont les honoraires et allocations qui peuvent être prélevés ou admis dans les procédures devant les cours de poursuites sommaires et devant les juges de paix aux termes de la présente partie.

(2) Décret du lieutenant-gouverneur en conseil — Le lieutenant-gouverneur en conseil d'une province peut décréter que tout ou partie des honoraires et allocations mentionnés à l'annexe de la présente partie ne seront pas prélevés ou admis dans les procédures devant les cours des poursuites sommaires et devant les juges de paix en vertu de la présente partie dans cette province. Il peut alors décréter que d'autres honoraires et allocations pour des points semblables à ceux mentionnés à l'annexe ou pour tout autre point seront prélevés ou admis.

L.C. 1994, ch. 44, art. 85; 1997, ch. 18, art. 114.

Annexe

(article 840)

Honoraires et allocations que peuvent exiger les cours des poursuites sommaires et les juges de paix

1. Dénonciation . . . . 1,00$
2. Sommation ou mandat 0,50
3. Mandat sur sommation décernée en premier lieu 0,30
4. Chaque copie nécessaire de sommation ou de mandat 0,30
5. Chaque assignation de témoins ou mandat d'amener des témoins 0,30

(Une assignation peut renfermer n'importe quel nombre de noms. Une seule assignation peut être émise pour le compte d'une partie a quelque procédure, à moins que la cour des poursuites sommaires ou le juge de paix n'estime nécessaire ou opportune l'émission de plus d'une assignation.)

6. Dénonciation pour mandat d'amener un témoin et mandat d'amener un témoin 1,00

7. Chaque copie nécessaire d'assignation de témoin ou de mandat d'amener un témoin 0,20

8. Chaque engagement 1,00

9. Pour entendre et décider une procédure 1,00

10. Si l'audition dure plus de deux heures 2,00

11. Lorsque deux ou plusieurs juges de paix entendent et décident une procédure, chacun d'eux a droit aux honoraires qu'autorise le poste 9.

12. Chaque mandat de dépôt 0,50

13. Préparation du dossier de la déclaration de culpabilité ou de l'ordonnance à la demande d'une partie aux procédures 1,00

14. Copie d'un écrit autre qu'une déclaration de culpabilité ou ordonnance, à la demande d'une partie aux procédures : chaque folio de cent mots . . .
. . . . 0.10

15. Mémoire de frais, lorsqu'il est établi en détail à la demande d'une partie aux procédures 0,20

(Les postes 14 et 15 ne sont exigibles que lorsqu'il y a eu décision.)

16. Vacation pour faire remettre le cas d'un prisonnier 1,00

17. Vacation pour recevoir un engagement de cautionnement 1,00

Honoraires et allocations qui peuvent être accordés aux agents de la paix

18. Arrestation d'une personne avec ou sans mandat . . . . 1,50$

19. Signification de sommation ou d'assignation 0,50

20. Allocation pour signifier une sommation ou assignation ou opérer une arrestation, par mille parcouru, aller et retour 0,10

(Lorsqu'il n'est pas fait usage d'un moyen de transport public, on peut accorder des frais raisonnables de transport.)

21. Allocation lorsque la signification ne peut être faite, sur preuve de diligents efforts pour opérer cette signification, dans chaque sens, par mille
. . . . 0,10

22. Pour revenir avec un prisonnier, après arrestation, et l'amener devant une cour des poursuites sommaires ou devant un juge de paix à un endroit différent de celui ou l'agent de la paix a reçu le mandat d'arrestation, si le voyage ne peut se faire que par une route différente de celle qu'a suivie

l'agent de la paix pour opérer l'arrestation, dans chaque sens, par mille
. . . . 0,10

23. Pour conduire un prévenu en prison, sur renvoi à une autre audience ou
aux fins de procès, dans chaque sens, par mille 0,10

(Lorsqu'il n'est pas fait usage d'un moyen de transport public, on peut accorder des frais raisonnables de transport. Aucuns frais ne peuvent être réclamés au titre du présent poste à l'égard d'une signification pour laquelle des honoraires sont exigés en vertu du poste 22.)

24. Vacation auprès d'une cour des poursuites sommaires ou d'un juge de paix lors de procédures sommaires en déclaration de culpabilité, pour chaque jour nécessairement employé 2,00

(Il ne peut être exigé, pour un jour quelconque, plus de deux dollars au titre du présent poste, quel que soit le nombre des procédures auxquelles l'agent de la paix a vaqué durant ce jour devant cette cour des poursuites sommaires ou ce juge de paix.)

Honoraires et allocations qui peuvent être accordés aux témoins

25. Chaque jour de présence au procès . . . . 4,00$

26. Allocation de déplacement pour assister au procès, dans chaque sens, par mille 0,10

Honoraires et allocations qui peuvent être accordés aux interprètes

27. Chaque demi-journée de présence au procès . . . . 2,50$

28. Frais véritables de séjour lorsque l'interprète est absent de son lieu de résidence ordinaire, au plus, par jour 10,00

29. Allocation de déplacement pour assister au procès, dans chaque sens, par mille 0,10

PARTIE XXVIII — FORMULES

841. (1) Formules — Les formules reproduites dans la présente partie, variées pour convenir aux cas d'espèce, ou des formules analogues, sont censées bonnes, valables et suffisantes dans les circonstances auxquelles elles pourvoient respectivement.

(2) Sceau non requis — Aucun juge de paix n'est tenu d'apposer un sceau à quelque écrit ou acte judiciaire qu'il est autorisé à émettre et pour lequel la présente partie prévoit une formule.

(3) Langues officielles — Sont imprimés dans les deux langues officielles les textes des formules prévus à la présente partie.

L.R.C. 1985, ch. 31 (4e suppl.), art. 97.

[Formules]

Formule 1 — Dénonciation en vue d'obtenir un mandat de perquisition

(article 487)

Canada,

Province de ....,

(*circonscription territoriale*).

Les présentes constituent la dénonciation de A.B. de ...., dans ladite (*circonscription territoriale*), (*profession ou occupation*), ci-après appelé le dénonciateur, portée devant moi.

Le dénonciateur déclare que (*décrire les choses à rechercher et l'infraction qui donne lieu à la perquisition*), et qu'il a des motifs raisonnables de croire que lesdites choses ou une partie d'entre elles se trouvent dans (*l'habitation, etc.*) de C.D., de .... dans ladite (*circonscription territoriale*). (*Ajouter ici ces motifs raisonnables, quels qu'ils soient.*)

En conséquence, le dénonciateur demande qu'un mandat de perquisition soit accordé pour perquisitionner dans ladite (*habitation, etc.*) en vue de trouver lesdites choses.

Assermenté devant moi .... ce .... jour de .... en l'an de grâce .... à ....

.... (*Signature du dénonciateur*)

.... Juge de paix dans et pour ....

Formule 2 — Dénonciation

(articles 506 et 788)

Canada,

Province de ....,

(*circonscription territoriale*).

Les présentes constituent la dénonciation de C.D., de ...., (*profession ou occupation*), ci-après appelé le dénonciateur.

Le dénonciateur déclare que (*si le dénonciateur n'a pas une connaissance person-nelle de l'infraction, déclarer qu'il a des motifs raisonnables de croire qu'elle a été commise et indiquer l'infraction*).

Assermenté devant moi .... ce .... jour de .... en l'an de grâce .... à ....

.... (*Signature du dénonciateur*)

.... Juge de paix dans et pour ....

Note : *La date de naissance de l'accusé peut être indiquée sur la dénonciation ou l'acte d'accusation.*

L.R.C. 1985, ch. 27 (1er suppl.), art. 184(1).

Formule 3

[Abrogée, L.R.C. 1985, ch. 27 (1er suppl.), art. 184(2).]

Formule 4 — En-tête d'un acte d'accusation

(articles 566, 566.1, 580 et 591)

Canada,

Province de ....,

(*circonscription territoriale*).

Dans (*indiquer le nom du tribunal*)

    Sa Majesté la Reine

    contre

    (*nom de l'accusé*)

(*Nom de l'accusé*) est inculpé :

    1. D'avoir (*indiquer l'infraction*).

    2. D'avoir (*indiquer l'infraction*).

Fait le .... jour de .... en l'an de grâce .... à ....

.... (*Signature du fonctionnaire signataire, du représentant du procureur général etc., selon le cas*)

Note : *La date de naissance de l'accusé peut être indiquée sur la dénonciation ou l'acte d'accusation.*

L.R.C. 1985, ch. 27 (1er suppl.), art. 184(1); L.C. 1999, ch. 3, art. 58.

Formule 5 — Mandat de perquisition
(article 487)

Canada,

Province de ....,

(*circonscription territoriale*).

Aux agents de la paix de (*circonscription territoriale*) et à (*noms des fonctionnaires publics*) :

Attendu qu'il appert de la déposition sous serment de A.B., de ...., qu'il existe des motifs raisonnables de croire que (*décrire les choses à rechercher et l'infraction au sujet de laquelle la perquisition doit être faite*) se trouvent dans ...., à ...., ci-après appelé les lieux;

À ces causes, les présentes ont pour objet de vous autoriser et obliger à entrer, entre les heures de (*selon que le juge de paix l'indique*), dans les lieux et de rechercher ces choses et de les apporter devant moi ou devant tout autre juge de paix.

Fait le .... jour de .... en l'an de grâce .... à ....

.... Juge de paix dans et pour ....

L.C. 1999, ch. 5, art. 45.

Formules 5.01 — Dénonciation justifiant la délivrance d'un mandat autorisant le prélèvement de substances corporelles pour analyse génétique
(*paragraphe 487.05(1)*)

Canada,

Province de ....,

(*circonscription territoriale*).

La présente constitue la dénonciation de (*nom de l'agent de la paix*) (*profession*) de ...., dans (*circonscription territoriale*), ci — après appelé le dénonciateur, faite devant moi.

Le dénonciateur déclare qu'il a des motifs raisonnables de croire :

a) que (*infraction*) — qui constitue une infraction désignée au sens de l'article 487.04 du *Code criminel* — a été perpétré(e);

b) qu'une substance corporelle a été trouvée :

(i) sur le lieu de l'infraction,

(ii) sur la victime ou à l'intérieur du corps de celle-ci,

(iii) sur ce qu'elle portait ou transportait lors de la perpétration de l'infraction,

(iv) sur une personne ou à l'intérieur du corps d'une personne, sur une chose ou à l'intérieur d'une chose ou en des lieux, liés à la perpétration de l'infraction;

c) que (*nom de la personne*) a participé à l'infraction;

d) que l'analyse génétique de la substance corporelle prélevée permettra d'établir si la substance corporelle visée à l'alinéa b) provient ou non de (*nom de la personne*).

Les motifs raisonnables sont les suivants :

En conséquence, le dénonciateur demande que soit délivré un mandat autorisant, pour analyse génétique, le prélèvement — en conformité avec le paragraphe 487.06(1) du *Code criminel* — du nombre d'échantillons de substances corporelles de (nom de la personne) jugé nécessaire à cette fin, étant entendu que la personne effectuant le prélèvement doit être capable d'y procéder du fait de sa formation ou de son expérience et, si elle n'est pas un agent de la paix, qu'elle doit agir sous l'autorité d'un tel agent.

Fait sous serment devant moi ce ...... jour de ..... en l'an de grâce......, à ....

....

(*Signature du dénonciateur*)

....

(*Signature du juge du tribunal*)

L.C. 1998, ch. 37, art. 24.

Formule 5.02 — Mandat autorisant le prélèvement de substances corporelles pour analyse génétique

(*paragraphe 487.05(1)*)

Canada,

Province de ....

(*circonscription territoriale*)

Aux agents de la paix de (*circonscription territoriale*)

Attendu qu'il appert de la dénonciation faite sous serment par (*nom de l'agent de la paix*), de ...., dans (*circonscription territoriale*), qu'il existe des motifs raisonnables de croire :

a) que (*infraction*) — qui constitue une infraction désignée au sens de l'article 487.04 du Code criminel — a été perpétré(e);

b) qu'une substance corporelle a été trouvée :

(i) sur le lieu de l'infraction,

(ii) sur la victime ou à l'intérieur du corps de celle-ci,

(iii) sur ce qu'elle portait ou transportait lors de la perpétration de l'infraction,

(iv) sur une personne ou à l'intérieur du corps d'une personne, sur une chose ou à l'intérieur d'une chose ou en des lieux, liés à la perpétration de l'infraction;

c) que (*nom de la personne*) a participé à l'infraction;

d) que l'analyse génétique de la substance corporelle prélevée permettra d'établir si la substance corporelle visée à l'alinéa b) provient ou non de (*nom de la personne*);

Et attendu que je suis convaincu que l'admi nistration de la justice sera mieux servie si je délivre le mandat;

Les présentes ont pour objet de vous autoriser et obliger à procéder — ou à faire procéder sous votre autorité —, pour analyse généti que, au prélèvement, en conformité avec le paragraphe 487.06(1) du *Code criminel*, du nombre d'échantillons de substances corpo relles de (*nom de la personne*) jugé nécessaire à cette fin, pourvu que la personne effectuant le prélèvement soit capable d'y procéder du fait de sa formation ou de son expérience et, si elle n'est pas un agent de la paix, qu'elle agis se sous l'autorité d'un tel agent.

Je délivre ce mandat sous réserve des modali tés suivantes que j'estime indiquées pour assurer le caractère raisonnable du prélèvement dans les circonstances :

Fait le ...... jour de .... en l'an de grâce......, à ....

....

(*Signature du juge de la cour provinciale*)

LC. 1998, ch. 37, art. 24

Formule 5.03 — Ordonnance de prélèvement de substances corporelles pour analyse génétique

(alinéa 487.051(1)a))

Canada,

Province de ....

(*circonscription territoriale*)

Aux agents de la paix de (*circonscription territoriale*)

Attendu que (*nom du contrevenant*) a été déclaré coupable, absous en vertu de l'article 730 du *Code criminel* ou, s'il s'agit d'un adolescent, déclaré coupable sous le régime de la *Loi sur les jeunes contrevenants* de (infraction), une infraction primaire au sens de l'article 487.04 du *Code criminel*;

Vous êtes autorisé à procéder — ou à faire procéder sous votre autorité —, pour analyse génétique, au prélèvement, en conformité avec le paragraphe 487.06(1) du *Code criminel*, du nombre d'échantillons de substances corporelles de (*nom du con-*

trevenant) jugé né cessaire à cette fin, pourvu que la personne effectuant le prélèvement soit capable d'y procéder du fait de sa formation ou de son expérience et, si elle n'est pas un agent de la paix, qu'elle agisse sous l'autorité d'un tel agent.

Je rends cette ordonnance sous réserve des modalités suivantes que j'estime indiquées pour assurer le caractère raisonnable du prélèvement dans les circonstances :

Fait le ...... jour de .... en l'an de grâce......, à ....

....

(*Signature du juge du tribunal*)

LC. 1998, ch. 37, art. 24

Formule 5.04 — Ordonnance de prélèvement de substances corporelles pour analyse génétique

(alinéa 487.051(1)b) et paragraphe 487.052(1))

Canada,

Province de ....

(*circonscription territoriale*)

Aux agents de la paix de (*circonscription territoriale*)

Attendu que (*nom du contrevenant*) a été déclaré coupable, absous en vertu de l'article 730 du *Code criminel* ou, s'il s'agit d'un adolescent, déclaré coupable sous le régime de la *Loi sur les jeunes contrevenants* de (*infraction*), qui constitue selon le cas :

    a) une infraction secondaire au sens de l'article 487.04 du *Code criminel*;

    b) une infraction désignée au sens de cet article commise avant l'entrée en vigueur du paragraphe 5(1) de la *Loi sur l'identification par les empreintes génétiques*;

Attendu que j'ai pris en compte le casier judiciaire de l'intéressé et la nature de l'infraction et les circonstances de sa perpétration ainsi que l'effet que la présente ordonnance aurait sur sa vie privée et la sécurité de sa personne;

Et attendu que je suis convaincu que l'administration de la justice sera mieux servie si je rends l'ordonnance;

Vous êtes autorisé à procéder — ou à faire procéder sous votre autorité — , pour analyse génétique, au prélèvement, en conformité avec le paragraphe 487.06(1) du *Code criminel*, du nombre d'échantillons de substances corporelles de (*nom du contrevenant*) jugé nécessaire à cette fin, pourvu que la personne effectuant le prélèvement soit capable d'y procéder du fait de sa formation ou de son expérience et, si elle n'est pas un agent de la paix, qu'elle agisse sous l'autorité d'un tel agent.

Je rends cette ordonnance sous réserve des modalités suivantes que j'estime indiquées pour assurer le caractère raisonnable du prélèvement dans les circonstances :

Fait le ...... jour de .... en l'an de grâce......, à ....

....

(*Signature du juge du tribunal*)

LC. 1998, ch. 37, art. 24

Formule 5.05 — Demande d'autorisation de prélèvement de substances corporelles pour analyse génétique

(*paragraphe 487.055(1)*)

Canada,

Province de ....

(*circonscription territoriale*)

Moi, (*nom de l'agent de la paix*) (*profession*) de .... dans (*circonscription territoriale*), je présente une demande d'autorisation de prélèvement de substances corporelles pour analyse génétique. Le certificat visé à l'alinéa 667(1)a) du *Code criminel* est joint à la demande.

Attendu que (*nom du contrevenant*), selon le cas :

a) avant l'entrée en vigueur du paragraphe 487.055(1) du *Code criminel*, avait été déclaré délinquant dangereux au sens de la partie XXIV de cette loi;

b) avant cette entrée en vigueur, avait été déclaré coupable de plusieurs meurtres commis à différents moments;

avant cette même entrée en vigueur, avait été déclaré coupable de plus d'une des infractions sexuelles visées au paragraphe 487.055(3) du *Code criminel* et purge actuellement une peine d'emprisonnement de deux ans ou plus pour l'une ou plusieurs de ces infractions;

Et attendu que j'ai pris en compte le casier judiciaire de l'intéressé et la nature de l'infraction et les circonstances de sa perpétration ainsi que l'effet que la présente autorisation aurait sur sa vie privée et la sécurité de sa personne

Je demande, au titre du paragraphe 487.055(1) du *Code criminel*, que soit autorisé, pour analyse génétique, le prélèvement — en conformité avec le paragraphe 487.06(1) de cette loi — du nombre d'échantillons de substances corporelles de (*nom du contrevenant*) jugé nécessaire à cette fin, étant entendu que la personne effectuant le prélèvement doit être capable d'y procéder du fait de sa formation ou de son expérience et, si elle n'est pas un agent de la paix, qu'elle doit agir sous l'autorité d'un tel agent.

Fait le ...... jour de .... en l'an de grâce......, à ....

....

(Signature du demandeur)

LC. 1998, ch. 37, art. 24

Formule 5.06 — Autorisation de prélèvement de substances corporelles pour analyse génétique

(paragraphe 487.055(1))

Canada,

Province de ....

(circonscription territoriale)

Aux agents de la paix de *(circonscription territoriale)*:

Attendu que *(nom du contrevenant)*, selon le cas :

a) avant l'entrée en vigueur du paragraphe 487.055(1) du *Code criminel*, avait été déclaré délinquant dangereux au sens de la partie XXIV de cette loi;

b) avant cette entrée en vigueur, avait été déclaré coupable de plusieurs meurtres commis à différents moments;

avant cette même entrée en vigueur, avait été déclaré coupable de plus d'une des infractions sexuelles visées au paragraphe 487.055(3) du *Code criminel* et purge actuellement une peine d'emprisonnement de deux ans ou plus pour l'une ou plusieurs de ces infractions;

Attendu que *(nom de l'agent de la paix)*, agent de la paix de cette circonscription territoriale, a demandé que soit autorisé, pour analyse génétique, le prélèvement — en conformité avec le paragraphe 487.06(1) du *Code criminel* — du nombre d'échantillons de substances corporelles de *(nom du contrevenant)* jugé nécessaire à cette fin;

Et attendu que j'ai pris en compte le casier judiciaire de l'intéressé et la nature de l'infraction et les circonstances de sa perpétration ainsi que l'effet que la présente autorisation aurait sur sa vie privée et la sécurité de sa personne.

Les agents de la paix de la circonscription territoriale sont autorisés à procéder ou à faire procéder sous leur autorité — au prélèvement en question, pourvu que la personne effectuant celui-ci soit capable d'y procéder du fait de sa formation ou de son expérience et, si elle n'est pas un agent de la paix, qu'elle agisse sous l'autorité d'un tel agent;

Je donne cette autorisation sous réserve des modalités suivantes que j'estime indiquées pour assurer le caractère raisonnable du prélèvement dans les circonstances :

Fait le ...... jour de .... en l'an de grâce......, à ....

....

(Signature du juge de la cour provinciale)

LC. 1998, ch. 37, art. 24

Formule 5.07 — Rapport à un juge de la cour provinciale ou au tribunal

(paragraphe 487.057(1))

Canada,

Province de ....

(circonscription territoriale)

❑ À *(nom du juge)*, juge de la cour provinciale qui a délivré un mandat en vertu de l'article 487.05 — ou une autorisation au titre des articles 487.055 ou 487.091 — du *Code criminel*, ou à un autre juge de la cour :

❑ Au tribunal qui a rendu une ordonnance en vertu des articles 487.051 ou 487.052 du Code criminel :

Moi, *(nom de l'agent de la paix)*, je déclare que *(préciser si on a agi en exécution d'un mandat visé à l'article 487.05 ou d'une ordonnance visée aux articles 487.051 ou 487.052 ou en vertu d'une autorisation délivrée au titre des articles 487.055 ou 487.091)* du *Code criminel*.

J'ai *(préciser si on a procédé ou fait procéder sous son autorité)* au prélèvement, pour analyse génétique, du nombre d'échantillons de substances corporelles de *(nom du contrevenant)* que je juge nécessaire à cette fin, en conformité avec *(préciser si le prélèvement a été effectué en vertu du mandat — ou de l'autorisation — délivré par le juge ou un autre juge de la cour ou de l'ordonnance rendue par le tribunal)*.

Le prélèvement a été effectué à....... heures, le ...... jour de .... en l'an de grâce.......... .

J'ai *(ou préciser le nom de la personne qui a effectué le prélèvement)* procédé, en conformité avec le paragraphe 487.06(1) du *Code criminel*, au prélèvement des substances corporelles suivantes de *(nom du contrevenant)*, ayant la capacité de le faire du fait de *(ma/sa)* formation ou de *(mon/son)* expérience :

❑ cheveux ou poils comportant la gaine épithéliale

❑ cellules épithéliales prélevées par écouvillonnage des lèvres, de la langue ou de l'intérieur des joues

❑ sang prélevé au moyen d'une piqûre à la surface de la peau avec une lancette stérilisée.

Les modalités énoncées dans *(le mandat, l'ordonnance ou l'autorisation)* ont été respec tées.

Fait le ...... jour de .... en l'an de grâce......, à ....

....

(Signature l'agent de la paix)

LC. 1998, ch. 37, art. 24

Formule 5.08 — Demande d'autorisation de prélèvement d'échantillons supplémentaires de substances corporelles pour analyse génétique

(paragraphe 487.091(1))

Canada,

Province de ....

(circonscription territoriale)

Moi, *(nom de l'agent de la paix)* *(profession)* de .... dans *(circonscription territoriale)*, je présente une demande d'autorisation de prélèvement d'échantillons supplémentaires de substances corporelles pour analyse génétique.

Attendu que des échantillons de substances corporelles de *(nom du contrevenant)* ont été prélevés en exécution de l'ordonnance visée aux articles 487.051 ou 487.052 du *Code cri minel* ou en vertu de l'autorisation délivrée au titre de l'article 487.055 de cette loi *(joindre une copie de l'ordonnance ou de l'autorisation)*;

Et attendu que, le *(jour/mois/année)*, il a été déterminé qu'un profil d'identification génétique ne pouvait, pour les raisons suivantes, être établi à partir de ces échantillons :

Je demande, au titre du paragraphe 487.091(1) du *Code criminel*, que soit autorisé, pour analyse génétique, le prélèvement — en conformité avec le paragraphe 487.06(1) de cette loi — du nombre d'échantillons supplémentaires de substances corporelles de *(nom du contrevenant)* jugé nécessaire à cette fin, étant entendu que la personne effectuant le prélèvement doit être capable d'y procéder du fait de sa formation ou de son expérience et, si elle n'est pas un agent de la paix, qu'elle doit agir sous l'autorité d'un tel agent.

Fait le ...... jour de .... en l'an de grâce......, à ....

....

(Signature du demandeur)

LC. 1998, ch. 37, art. 24

Formule 5.09 — Autorisation de prélèvement d'échantillons supplémentaires de substances corporelles pour analyse génétique

(paragraphe 487.091(1))

Canada,

Province de ....

(circonscription territoriale)

Aux agents de la paix de *(circonscription territoriale)* :

Attendu que des échantillons de substances corporelles de (*nom du contrevenant*) ont été prélevés en exécution de l'ordonnance visée aux articles 487.051 ou 487.052 du *Code cri minel* ou en vertu de l'autorisation délivrée au titre de l'article 487.055 de cette loi;

Attendu que, le (*jour/mois/année*), il a été déterminé qu'un profil d'identification génétique ne pouvait, pour les raisons suivantes, être établi à partir de ces échantillons :

Et attendu que (*nom de l'agent de la paix*), agent de la paix de cette circonscription territoriale, a demandé que soit autorisé, pour analyse génétique, le prélèvement — en conformité avec le paragraphe 487.06(1) du *Code criminel* — du nombre d'échantillons supplémentaires de substances corporelles de (*nom du contrevenant*) jugé nécessaire à cette fin;

Les agents de la paix de cette circonscription territoriale sont autorisés à procéder — ou à faire procéder sous leur autorité — au prélè vement en question, pourvu que la personne effectuant celui-ci soit capable d'y procéder du fait de sa formation ou de son expérience et, si elle n'est pas un agent de la paix, qu'elle agisse sous l'autorité d'un tel agent;

Je donne cette autorisation sous réserve des modalités suivantes que j'estime indiquées pour assurer le caractère raisonnable du prélèvement dans les circonstances :

Fait le ...... jour de .... en l'an de grâce......., à ....

....

(*Signature du juge de la cour provinciale*)

LC. 1998, ch. 37, art. 24

Formule 5.1 — Mandat de perquisition

(article 487.1)

Canada,

Province de (*indiquer la province*).

À A.B. et aux autres agents de la paix de la (*circonscription territoriale où le mandat doit être exécuté*)

Attendu qu'il appert de la déposition sous serment de A.B., agent de la paix dans la (*circonscription territoriale où le mandat doit être exécuté*), qu'il existe des motifs raisonnables de dispenser de la présentation en personne d'une dénonciation écrite et des motifs raisonnables de croire que les objets suivants :

(*mentionner les objets à rechercher*)

nécessaires à l'enquête sur l'acte criminel suivant :

(*mentionner l'acte criminel au sujet duquel la perquisition doit être faite*) se trouvent dans les lieux suivants :

     (*mentionner les lieux à perquisitionner*);

À ces causes, les présentes ont pour objet de vous autoriser à entrer dans lesdits lieux entre les heures de (*selon que le juge de paix l'indique*) et de rechercher lesdits objets et d'en faire rapport au greffier du tribunal de la (*circonscription territoriale où le mandat doit être exécuté*) dans les plus brefs délais possible mais au plus tard sept jours après l'exécution du mandat.

Décerné à (*heure*) le (*jour*) du mois de (*mois*) de l'an de grâce .... à (*endroit*).

....

 Juge de la cour provinciale dans et pour la province de (*province*).

À *l'occupant* : le présent mandat de perquisition a été décerné par téléphone ou par un autre moyen de télécommunication. Si vous désirez connaître les raisons pour lesquelles le présent mandat a été décerné, vous pouvez demander un exemplaire de la dénonciation sous serment au greffier du tribunal pour la circonscription territoriale où le mandat a été exécuté à (*adresse*).

Vous pouvez obtenir de celui-ci un exemplaire du rapport qui a été déposé par l'agent de la paix qui a exécuté le mandat; le rapport mentionnera, s'il y a lieu, les objets saisis et l'endroit où ils sont gardés.

L.R.C. 1985, ch. 27 (1er suppl.), art. 184(3); ch. 1 (4e suppl.), art. 17.

Formule 5.2 — Rapport à un juge de paix
(article 489.1)

Canada,

Province de ....

(*circonscription territoriale*).

Au juge de paix qui a décerné un mandat au soussigné en vertu de l'article 256, 487 ou 487.1 du *Code criminel* (*ou un autre juge de paix pour la même circonscription territoriale et, si aucun mandat n'a été décerné, tout juge de paix ayant compétence en la matière*).

Je soussigné(e), (*nom de l'agent de la paix ou de l'autre personne*), (*indiquer ici si la perquisition a été fait en vertu d'un mandat décerné conformément à l'article 256, 487 ou 487.1 du Code criminel ou en vertu de l'article 489 du Code criminel, ou autrement, dans l'exercice des fonctions prévues en vertu du Code criminel ou d'une autre loi fédérale à être déterminée*) :

    1. ai perquisitionné les lieux suivants : . . . .

    2. ai saisi les biens suivants et en ai disposé de la façon suivante :

Bien saisi (décrire chaque bien saisi)	Disposition (indiquer, pour chaque bien saisi) : a) si les biens ont été remis à la personne ayant droit à leur possession, auquel cas un reçu doit être joint au présent rapport : b) si les biens sont détenus pour qu'il en soit disposé conformément à la loi l'endroit ou ils sont détenus, la personne qui les détient et les modalités de la détention).
1.	. . . .
2.	. . . .
3.	. . . .
4.	. . . .

Dans le cas d'un mandat décerné par téléphone ou par un autre moyen de télécommunication, les mentions visées au paragraphe 487.1(9) du *Code criminel* doivent faire partie du présent rapport.

Daté du . . . . jour de . . . . en l'an de grâce . . . . , à . . . .

. . . . Signature de l'agent de la paix ou de l'autre personne

L.R.C. 1985, ch. 27 (1er suppl.), art. 184(3)

Formule 5.3 — Rapport au juge

(article 462.32)

Canada,

Province de . . . . ,

(*circonscription territoriale*).

Au juge du tribunal dont émane le mandat (*préciser le nom du tribunal*)

J'ai (*nom de l'agent de la paix ou de l'autre personne*) exécuté un mandat décerné sous le régime de l'article 462.32 du *Code criminel* et j'ai :

1. perquisitionne dans les lieux suivants : . . . .

2. saisi les biens suivants :

Biens saisis (Décrire chaque bien saisi)	Endroit (Indiquer pour chaque bien saisi l'endroit où il est détenu).
1.	. . . .
2.	. . . .
3.	. . . .
4.	. . . .

Fait le . . . . jour de . . . . en l'an de grâce . . . . , à . . . .

.... Signature de l'agent de la paix ou de l'autre personne

L.R.C. 1985, ch. 42 (4e suppl.), art. 6.

Formule 6 — Sommation à une personne inculpée d'infraction

(articles 493, 508 et 512)

Canada,

Province de ....,

(*circonscription territoriale*).

À A.B., de ...., (*profession ou occupation*);

Attendu que vous avez, ce jour, été inculpé devant moi d'avoir (*énoncer brièvement l'infraction dont le prévenu est inculpé*);

À ces causes, les présentes vous enjoignent, au nom de Sa Majesté :

a) d'être présent au tribunal le .... jour de .... en l'an de grâce .... à .... heures, à .... ou devant un juge de paix pour ladite (*circonscription territoriale*) qui s'y trouve et d'être présent par la suite selon les exigences du tribunal, afin d'être traité selon la loi;

b) de comparaître le ...., ... jour de .... en l'an de grâce .... à .... heures, à .... pour l'application de la *Loi sur l'identification des criminels*. (*Ne pas tenir compte de cet alinéa s'il n'est pas rempli.*)

Vous êtes averti que l'omission, sans excuse légitime, d'être présent au tribunal en conformité avec la présente sommation, constitue une infraction en vertu du paragraphe 145(4) du *Code criminel*.

Le paragraphe 145(4) du *Code criminel* s'énonce comme suit :

(4) Est coupable :

a) soit d'un acte criminel et passible d'un emprisonnement maximal de deux ans;

b) soit d'une infraction punissable sur déclaration de culpabilité par procédure sommaire, quiconque reçoit signification d'une sommation et omet, sans excuse légitime, dont la preuve lui incombe, de comparaître aux lieu et date indiques pour l'application de la *Loi sur l'identification des criminels* ou d'être présent au tribunal en conformité avec cette sommation.

L'article 510 du *Code criminel* s'énonce comme suit :

510. Lorsqu'un prévenu à qui une sommation enjoint de comparaître aux temps et lieu y indiqués pour l'application de la *Loi sur l'identification des criminels* ne comparaît pas aux temps et lieu ainsi indiqués, un juge de paix peut décerner un mandat pour l'arrestation du prévenu pour l'infraction dont il est inculpé.

Fait le .... jour de .... en l'an de grâce .... à ....

.... Juge de paix dans et pour .... *ou* Juge

L.R.C. 1985, ch. 27 (1ᵉʳ suppl.), art. 184(4).

Formule 7 — Mandat d'arrestation

(articles 475, 493, 597, 800 et 803)

Canada,

Province de ....;

(*circonscription territoriale*).

Aux agents de la paix de (*circonscription territoriale*) :

Le présent mandat est délivré pour l'arrestation de A.B., de ...., (*profession ou occupation*), ci-après appelé le prévenu.

Attendu que le prévenu a été inculpé d'avoir (*indiquer brièvement l'infraction dont le prévenu est inculpé*);

Et attendu :[2]

    a) qu'il y a des motifs raisonnables de croire qu'il est nécessaire dans l'intérêt public de délivrer le présent mandat pour l'arrestation du prévenu [507(4), 512(1)];

    b) que le prévenu a omis d'être présent au tribunal en conformité avec la sommation qui lui a été signifiée [512(2)];

    c) qu'un(e) (citation à comparaître *ou* promesse de comparaître *ou* engagement contracté devant un fonctionnaire responsable) a été confirmé(e) et que le prévenu a omis d'être présent au tribunal en conformité avec ce document [512(2)];

    d) qu'il paraît qu'une sommation ne peut être signifiée du fait que le prévenu se soustrait à la signification [512(2)];

    e) qu'il a été ordonné au prévenu d'être présent à l'audition d'une demande de révision d'une ordonnance rendue par un juge de paix et que le prévenu n'était pas présent à l'audition [520(5); 521(5)];

    f) qu'il y a des motifs raisonnables de croire que le prévenu a violé ou est sur le point de violer (la promesse de comparaître *ou* la promesse *ou* l'engagement) en raison duquel (de laquelle) il a été mis en liberté [524(1), 525(5), 679(6)];

    g) qu'il y a des motifs raisonnables de croire que, depuis sa mise en liberté sur (promesse de comparaître *ou* promesse *ou* engagement), le prévenu a commis un acte criminel [524(1), 525(5), 679(6)];

    h) qu'un(e) (citation à comparaître *ou* promesse de comparaître *ou* engagement contracté devant un fonctionnaire responsable *ou* sommation) exigeait que le prévenu

---

[2]Parapher l'attendu qui s'applique

soit présent aux temps et lieu indiqués pour l'application de la *Loi sur l'identification des criminels* et que le prévenu n'a pas comparu aux temps et lieu ainsi indiqués [502, 510];

i) qu'une mise en accusation a été prononcée contre le prévenu et que le prévenu n'a pas comparu ou n'est pas demeuré présent devant le tribunal pour son procès [597];

j) [3]

À ces causes, les présentes ont pour objet de vous enjoindre, au nom de Sa Majesté, d'arrêter immédiatement le prévenu et de l'amener devant (*indiquer le tribunal, le juge ou le juge de paix*), pour qu'il soit traité selon la loi.

(*Ajouter s'il y a lieu*) Attendu qu'il existe des motifs raisonnables de croire que le prévenu se trouve ou se trouvera dans (*préciser la maison d'habitation*),

Le présent mandat est également délivré pour vous autoriser à pénétrer dans la maison d'habitation pour y arrêter le prévenu, sous réserve de la condition suivante : vous ne pouvez pénétrer dans la maison d'habitation que si, au moment de le faire, vous avez des motifs raisonnables de croire que le prévenu s'y trouve.

Fait le .... jour de .... en l'an de grâce ...., à ....

.... Juge, Greffier du tribunal, Juge de la cour provincial *ou* Juge de paix

L.R.C. 1985, ch. 27 (1er suppl.), art. 203; L.C. 1997, ch. 39, art. 3; 1999, ch. 5, art. 46.

Formule 7.1 — Mandat d'entrée dans une maison d'habitation

(article 529.1)

Canada,

Province de ....,

(*circonscription territoriale*).

Aux agents de la paix de (*circonscription territoriale*) :

Le présent mandat est délivré en rapport avec l'arrestation de A.B., ou de la personne correspondant au signalement suivant ( ), de ...., (*profession ou occupation*).

Attendu qu'il y a des motifs raisonnables de croire :[4]

a) que cette personne fait l'objet au Canada, en vertu de la présente loi ou d'une autre loi fédérale, d'un mandat d'arrestation;

---

[3]Pour tout cas qui n'est pas visé par les attendus a) à i), insérer un attendu reproduisant les termes de la loi qui autorise le mandat.

[4]Parapher l'attendu qui s'applique.

b) qu'il existe des motifs d'arrêter cette personne aux termes des alinéas 495(1) *a*) ou *b*) du *Code criminel*;

c) qu'il existe des motifs d'arrêter cette personne sans mandat en vertu d'une autre loi fédérale que le *Code criminel*,

et attendu qu'il existe des motifs raisonnables de croire que cette personne se trouve ou se trouvera (*préciser la maison d'habitation*),

Le présent mandat est délivré pour vous autoriser à pénétrer dans la maison d'habitation pour y arrêter cette personne.

Fait le .... jour de .... en l'an de grâce ...., à ....

.... Juge, Greffier du tribunal, Juge de la cour provincial *ou* Juge de paix

L.C. 1997, ch. 39, art. 3.

Formule 8 — Mandat de dépôt

(articles 493 et 515)

Canada,

Province de ....,

(*circonscription territoriale*).

Aux agents de la paix de (*circonscription territoriale*) et au gardien de (*prison*), à .... :

Le présent mandat est décerné pour l'internement de A.B., de .... (*profession ou occupation*), ci-après appelé le prévenu.

Attendu que le prévenu a été inculpé d'avoir (*indiquer brièvement l'infraction dont le prévenu est inculpé*);

Et attendu :[5]

a) que le poursuivant a fait valoir des motifs justifiant la détention du prévenu sous garde [515(5)];

b) qu'il a été rendu une ordonnance enjoignant que le prévenu soit mis en liberté pourvu qu'il (remettre une promesse *ou* contracte un engagement) mais que le prévenu ne s'est pas encore conformé à l'ordonnance [519(1), 520(9), 521(10), 524(12), 525(8)];[6]

---

[5]Parapher l'attendu qui s'applique

[6]Si la personne ayant la garde du prévenu est autorisé en vertu de l'alinéa 514(1)(b) à le mettre en liberté s'il se conforme à une ordonnance, inscrire l'autorisation sur le présent mandat et y annexer une copie de l'ordonnance.

c) que la demande de révision de l'ordonnance d'un juge de paix relativement à la mise en liberté provisoire du prévenu, présentée par le poursuivant, a été accueillie et ladite ordonnance annulée, et que le poursuivant a fait valoir des motifs justifiant la détention du prévenu sous garde [521];

d) que le prévenu a violé ou était sur le point de violer (sa promesse de comparaître *ou* sa promesse *ou* son engagement) et que celui-ci (celle-ci) a été annulé(e), et que la détention du prévenu sous garde est justifiée ou semble appropriée dans les circonstances [524(4); 524(8)];

e) qu'il y a des motifs raisonnables de croire que le prévenu a commis un acte criminel après sa mise en liberté sur (promesse de comparaître *ou* promesse *ou* engagement), et que la détention du prévenu sous garde est justifiée ou semble appropriée dans les circonstances [524(4), 524(8)];

f) que le prévenu a violé ou était sur le point de violer (la promesse *ou* engagement) en raison duquel (de laquelle) il a été mis en liberté, et que la détention du prévenu sous garde semble appropriée dans les circonstances [525(7), 679(6)];

g) qu'il y a des motifs raisonnables de croire que le prévenu a commis un acte criminel après sa mise en liberté sur (promesse *ou* engagement), et que la détention du prévenu sous garde semble appropriée dans les circonstances [525(7), 679(6)];

h) [7]

À ces causes, les présentes ont pour objet de vous enjoindre, au nom de Sa Majesté, d'appréhender le prévenu et de la conduire sûrement à (*prison*) à ...., et de l'y livrer au gardien de ladite prison, avec l'ordre suivant :

Je vous enjoins par les présentes à vous, ledit gardien, de recevoir le prévenu sous votre garde dans ladite prison et de l'y détenir sûrement jusqu'à ce qu'il soit livré en d'autres mains selon le cours régulier de la loi.

Fait le .... jour de .... en l'an de grâce .... à ....

.... Juge, Greffier du tribunal, Juge de la cour provinciale *ou* Juge de paix

L.R.C. 1985, ch. 27 (1er suppl.), art. 203.

Formule 9 — Citation à comparaître délivrée par un agent de la paix à une personne qui n'est pas encore inculpée d'infraction

(article 493)

Canada,

---

[7]Pour tout cas qui n'est pas visé par les attendus a) à g), insérer un attendu reproduisant les termes de la loi qui autorise le mandat.

Province de ....,

(*circonscription territoriale*).

À A.B., de ...., (*profession ou occupation*) :

Il est allégué que vous avez commis (*indiquer l'essentiel de l'infraction*).

1. Vous êtes requis d'être présent au tribunal le ...., ... jour de .... en l'an de grâce ...., à .... heures, à la salle d'audience nº ...., à (*tribunal*), dans la municipalité de ...., et d'être présent par la suite selon les exigences du tribunal, afin d'être traité selon la loi.

2. Vous êtes en outre requis de comparaître le ...., ... jour de .... en l'an de grâce ...., à .... heures, au (*poste de police*), (*adresse*), pour l'application de la *Loi sur l'identification des criminels*. (*Ne pas tenir compte de cet alinéa s'il n'est pas rempli.*)

Vous êtes averti que l'omission d'être présent au tribunal en conformité avec la présente citation à comparaître constitue une infraction en vertu du paragraphe 145(5) du *Code criminel*.

Les paragraphes 145(5) et (6) du *Code criminel* s'énoncent comme suit :

(5) Est coupable :

a) soit d'un acte criminel et passible d'un emprisonnement maximal de deux ans;

b) soit d'une infraction punissable sur déclaration de culpabilité par procédure sommaire,

quiconque est nommément désigné dans une citation à comparaître ou une promesse de comparaître ou dans un engagement contracté devant un fonctionnaire responsable ou un autre agent de la paix et qui a été confirmé par un juge de paix en vertu de l'article 508 et omet, sans excuse légitime, dont la preuve lui incombe, de comparaître aux lieu et date indiqués pour l'application de la *Loi sur l'identification des criminels* ou d'être présent au tribunal en conformité avec ce document.

(6) Pour l'application du paragraphe (5), le fait qu'une citation à comparaître, une promesse de comparaître ou un engagement indiquent d'une manière imparfaite l'essentiel de l'infraction présumée, ne constitue pas une excuse légitime.

L'article 502 du *Code criminel* s'énonce comme suit :

502. Lorsqu'un prévenu à qui une citation à comparaître, une promesse de comparaître ou un engagement contracté devant un fonctionnaire responsable ou un autre agent de la paix enjoint de comparaître aux temps et lieu y indiqués, pour l'application de la *Loi sur l'identification des criminels*, ne comparaît pas aux temps et lieu ainsi fixés, un juge de paix peut, lorsque la citation à comparaître, la promesse de comparaître où l'engagement a été confirmé par un juge de paix en vertu de l'article 508, décerner un mandat pour l'arrestation du prévenu pour l'infraction dont il est inculpé.

Délivré à .... heures, ce .... jour de .... en l'an de grâce ...., à ....
.... (*Signature de l'agent de la paix*)

.... (*Signature du prévenu*)

L.R.C. 1985, ch. 27 (1ᵉʳ suppl.), art. 184(5); L.C. 1994, ch. 44, art. 86; 1997, ch. 18, art. 115.

Formule 10 — Promesse de comparaître

(article 493)

Canada,

Province de ....,

(*circonscription territoriale*).

Je, A.B., de ...., (*profession ou occupation*), comprends qu'il est allégué que j'ai commis (*indiquer l'essentiel de l'infraction*).

Afin de pouvoir être mis en liberté :

    1. Je promets d'être présent au tribunal le ...., ... jour de .... en l'an de grâce ...., à .... heures, à la salle d'audience nº ...., à (*tribunal*), dans la municipalité de ...., et d'être présent par la suite selon les exigences du tribunal, afin d'être traité selon la loi.

    2. Je promets également de comparaître le ...., ... jour de .... en l'an de grâce ...., à .... heures, au (*poste de police*), (*adresse*), pour l'application de la *Loi sur l'identification des criminels*. (*Ne pas tenir compte de cet alinéa s'il n'est pas rempli.*)

Je comprends que l'omission sans excuse légitime d'être présent au tribunal en conformité avec la présente promesse de comparaître constitue une infraction prévue au paragraphe 145(5) du *Code criminel*.

Les paragraphes 145(5) et (6) du *Code criminel* s'énoncent comme suit :

    (5) Est coupable :

        a) soit d'un acte criminel et passible d'un emprisonnement maximal de deux ans;

        b) soit d'une infraction punissable sur déclaration de culpabilité par procédure sommaire,

quiconque est nommément désigné dans une citation à comparaître ou une promesse de comparaître ou dans un engagement contracté devant un fonctionnaire responsable ou un autre agent de la paix et qui a été confirmé par un juge de paix en vertu de l'article 508 et omet, sans excuse légitime, dont la preuve lui incombe, de comparaître aux lieu et date indiqués pour l'application de la *Loi sur l'identification des criminels* ou d'être présent au tribunal en conformité avec ce document.

    (6) Pour l'application du paragraphe (5), le fait qu'une citation à comparaître, une promesse de comparaître ou un engagement indiquent d'une manière imparfaite l'essentiel de l'infraction présumée, ne constitue pas une excuse légitime.

L'article 502 du *Code criminel* s'énonce comme suit :

> 502. Lorsqu'un prévenu à qui une citation à comparaître, une promesse de comparaître ou un engagement contracté devant un fonctionnaire responsable ou un autre agent de la paix enjoint de comparaître aux temps et lieu y indiqués, pour l'application de la *Loi sur l'identification des criminels*, ne comparaît pas aux temps et lieu ainsi fixés, un juge de paix peut, lorsque la citation à comparaître, la promesse de comparaître ou l'engagement a été confirmé par un juge de paix en vertu de l'article 508, décerner un mandat pour l'arrestation du prévenu pour l'infraction dont il est inculpé.

Fait le .... jour de .... en l'an de grâce ...., à ....

.... (*Signature du prévenu*)

L.C. 1994, ch. 44, art. 86; 1997, ch. 18, art. 115 .

Formule 11 — Engagement contracté devant un fonctionnaire responsable ou un autre agent de la paix

(article 493)

Canada,

Province de ....,

(*circonscription territoriale*).

Je, A.B., de ...., (*profession ou occupation*), comprends qu'il est allégué que j'ai commis (*indiquer l'essentiel de l'infraction*).

Afin de pouvoir être mis en liberté, je reconnais par les présentes devoir (*au plus 500 $*) à Sa Majesté la Reine, cette somme devant être prélevée sur mes biens meubles et immeubles si j'omets d'être présent au tribunal comme j'y suis ci-après requis.

(*ou, pour une personne ne résidant pas ordinairement au Canada dans la province où elle est sous garde ni dans un rayon de deux cents kilomètres du lieu où elle est sous garde*)

Afin de pouvoir être mis en liberté, je reconnais par les présentes devoir (*au plus 500 $*) à Sa Majesté la Reine et je dépose, en conséquence, (*argent ou autre valeur ne dépassant pas un montant ou une valeur de 500 $*), cette somme devant être confisquée si j'omets d'être présent au tribunal comme j'y suis ci-après requis.

1. Je reconnais que je suis requis d'être présent au tribunal le ...., ... jour de .... en l'an de grâce ...., à .... heures, à la salle d'audience no ...., à (*tribunal*), dans la municipalité de ...., et d'être présent par la suite selon les exigences du tribunal, afin d'être traité selon la loi.

2. Je reconnais que je suis également requis de comparaître le ...., ... jour de .... en l'an de grâce ...., à .... heures, à (*poste de police*), (*adresse*), pour

l'application de la *Loi sur l'identification des criminels*. (*Ne pas tenir compte de cet alinéa s'il n'est pas rempli.*)

Je comprends que l'omission sans excuse légitime d'être présent au tribunal en conformité avec le présent engagement constitue une infraction prévue au paragraphe 145(5) du *Code criminel*.

Les paragraphes 145(5) et (6) du *Code criminel* s'énoncent comme suit :

(5) Est coupable :

a) soit d'un acte criminel et passible d'un emprisonnement maximal de deux ans;

b) soit d'une infraction punissable sur déclaration de culpabilité par procédure sommaire,

quiconque est nommément désigné dans une citation à comparaître ou une promesse de comparaître ou dans un engagement contracté devant un fonctionnaire responsable ou un autre agent de la paix et qui a été confirmé par un juge de paix en vertu de l'article 508 et omet, sans excuse légitime, dont la preuve lui incombe, de comparaître aux lieu et date indiqués pour l'application de la *Loi sur l'identification des criminels* ou d'être présent au tribunal en conformité avec ce document.

(6) Pour l'application du paragraphe (5), le fait qu'une citation à comparaître, une promesse de comparaître ou un engagement indiquent d'une manière imparfaite l'essentiel de l'infraction présumée, ne constitue pas une excuse légitime.

L'article 502 du *Code criminel* s'énonce comme suit :

502. Lorsqu'un prévenu à qui une citation à comparaître, une promesse de comparaître ou un engagement contracté devant un fonctionnaire responsable ou un autre agent de la paix enjoint de comparaître aux temps et lieu y indiqués, pour l'application de la *Loi sur l'identification des criminels*, ne comparaît pas aux temps et lieu ainsi fixés, un juge de paix peut, lorsque la citation à comparaître, la promesse de comparaître ou l'engagement a été confirmé par un juge de paix en vertu de l'article 508, décerner un mandat pour l'arrestation du prévenu pour l'infraction dont il est inculpé.

Fait le .... jour de .... en l'an de grâce ...., à ....

.... (*Signature du prévenu*)

L.C. 1992, ch. 1, art. 58; 1994, ch. 44, art. 86; 1997, ch. 18, art. 115.

Formule 11.1 — Promesse remise à un agent de la paix ou à un fonctionnaire responsable

(articles 493, 499 et 503)

Canada,

Province de ....,

(circonscription territoriale).

Je, A.B., de ...., (*profession ou occupation*), comprends que j'ai été inculpé d'avoir (*énoncer brièvement l'infraction dont le prévenu est inculpé*).

Afin de pouvoir être mis en liberté, je m'engage, par (cette promesse de comparaître *ou* cet engagement) (*insérer toutes les conditions qui sont fixées*) :

a) à rester dans les limites de (*juridiction territoriale désignée*);

b) à notifier à (*nom de l'agent de la paix ou autre personne désignés*) tout changement d'adresse, d'emploi ou d'occupation;

c) à m'abstenir de communiquer, directement ou indirectement, avec (*identification de la victime, du témoin ou de toute autre personne*) ou de me rendre à (*désignation du lieu*) si ce n'est en conformité avec les conditions suivantes : (*celles que l'agent de la paix ou autre personne désignée spécifie*);

d) à déposer mon passeport auprès de (*nom de l'agent de la paix ou autre personne désignés*).

e) à m'abstenir de posséder des armes à feu et à remettre à (*nom de l'agent de la paix ou autre personne désignés*) mes armes à feu et les autorisations, permis et certificats d'enregistrement dont je suis titulaire ou tout autre document me permettant d'acquérir ou de posséder des armes à feu;

f) à me présenter à (*indiquer à quels moments*) à (*nom de l'agent de la paix ou autre personne désignés*);

g) à m'abstenir de consommer :

    (i) de l'alcool ou d'autres substances intoxicantes,

    (ii) des drogues, sauf sur ordonnances médicale.

h) (*autres conditions que l'agent de la paix ou le fonctionnaire responsable estime nécessaires pour assurer la sécurité des victimes ou des témoins de l'infraction*).

Je comprends que je ne suis pas obligé de remettre cette promesse, mais que, à défaut de le faire, je peux être détenu sous garde et amené devant un juge de paix de façon à donner au poursuivant l'occasion de démontrer pourquoi je ne devrais pas être mis en liberté sur simple promesse, sans autre condition.

Je comprends que, en promettant de me conformer aux conditions énoncées plus haut, je peux, avant de comparaître ou lors de ma comparution conformément (à une promesse de comparaître *ou* à un engagement contracté devant le fonctionnaire responsable ou un autre agent de la paix), demander l'annulation ou la modification de cette promesse, et que ma demande sera examinée comme si j'étais devant un juge de paix conformément à l'article 515 du *Code criminel*.

Je comprends que cette promesse m'est opposable jusqu'à ce qu'elle soit annulée ou modifiée.

Je comprends que l'omission sans excuse légitime d'être présent au tribunal en conformité avec le présent engagement constitue une infraction prévue au paragraphe 145(5.1) du *Code criminel*.

Le paragraphe 145(5.1) du *Code criminel* s'énonce comme suit :

> (5.1) Quiconque omet, sans excuse légitime, dont la preuve lui incombe, de se conformer à une condition d'une promesse remise aux termes des paragraphes 499(2) ou 503(2.1) est coupable :
>
>> a) soit d'un acte criminel et passible d'un emprisonnement maximal de deux ans;
>>
>> b) soit d'une infraction punissable sur déclaration de culpabilité par procédure sommaire.

Fait le .... jour de .... en l'an de grâce ...., à ....

.... (*Signature du prévenu*)

L.C. 1994, ch. 44, art. 86; 1997, ch. 18, art. 115; 1999, ch. 25, art. 24.

Formule 12 — Promesse remise à un juge de paix ou à un juge

(articles 493 et 679)

Canada,

Province de ....,

(*circonscription territoriale*).

Je, A.B., de ...., (*profession ou occupation*), comprends que j'ai été inculpé d'avoir (*énoncer brièvement l'infraction dont le prévenu est inculpé*).

Afin de pouvoir être mis en liberté, je m'engage à être présent au tribunal le .... jour de .... en l'an de grâce ...., et à être présent par la suite selon les exigences du tribunal, afin d'être traité selon la loi (*ou, lorsque les date et lieu de la comparution devant le tribunal ne sont pas connus au moment où la promesse est remise à être présent aux temps et lieu fixés par le tribunal, et par la suite, selon les exigences du tribunal afin d'être traité selon la loi.*)

(*et, le cas échéant*)

Je m'engage également (*insérer toutes les conditions qui sont fixées*) :

   a) à me présenter à (*indiquer à quels moments*) à (*nom de l'agent de la paix ou autre personne désignés*);

   b) à rester dans les limites de (*juridiction territoriale désignée*);

   c) à notifier à (*nom de l'agent de la paix ou autre personne désignés*) tout changement d'adresse, d'emploi ou d'occupation;

   d) à m'abstenir de communiquer, directement ou indirectement, avec (*identification de la victime, du témoin ou de toute autre personne*) si ce n'est en conformité avec les conditions suivantes : *(celles que le juge de paix ou le juge spécifie)*;

 e) à déposer mon passeport (*ainsi que le juge de paix ou le juge l'ordonne*);

 f) (*autres conditions raisonnables*).

Je comprends que l'omission, sans excuse légitime, d'être présent au tribunal en conformité avec la présente promesse constitue une infraction en vertu du paragraphe 145(2) du *Code criminel*.

Les paragraphes 145(2) et (3) du *Code criminel* s'énoncent comme suit :

(2) Est coupable d'un acte criminel et passible d'un emprisonnement maximal de deux ans, ou d'une infraction punissable sur déclaration de culpabilité par procédure sommaire, quiconque :

 a) soit, étant en liberté sur sa promesse remise à un juge de paix ou un juge ou son engagement contracté devant lui, omet, sans excuse légitime, dont la preuve lui incombe, d'être présent au tribunal en conformité avec cette promesse ou cet engagement;

 b) soit, ayant déjà comparu devant un tribunal, un juge de paix ou un juge, omet, sans excuse légitime, dont la preuve lui incombe, d'être présent au tribunal comme l'exige le tribunal, le juge de paix ou le juge,

ou de se livrer en conformité avec une ordonnance du tribunal, du juge de paix ou du juge selon le cas.

(3) Est coupable :

 a) soit d'un acte criminel et passible d'un emprisonnement maximal de deux ans;

 b) soit d'une infraction punissable sur déclaration du culpabilité par procédure sommaire,

quiconque, étant en liberté sur sa promesse remise ou son engagement contracté devant un juge de paix ou un juge et étant tenu de se conformer à une condition de cette promesse ou de cet engagement fixée par un juge de paix ou un juge, ou étant tenu de se conformer à une ordonnance prise en vertu du paragraphe 515(12) ou 522(2.1), omet, sans excuse légitime, dont la preuve lui incombe, de se conformer à cette condition ou ordonnance

Fait le .... jour de .... en l'an de grâce ...., à ....

.... (*Signature du prévenu*)

L.R.C. 1985, ch. 27 (1ᵉʳ suppl.), art. 184(6); L.C. 1994, ch. 44, art. 86; 1999, ch. 25, art. 25.

Formule 13 — Promesse remise par un appelant (défendeur)

(articles 816, 832 et 834)

Canada,

Province de ....,

(*circonscription territoriale*).

Je, A.B., de ...., (*profession ou occupation*), qui interjette appel de la déclaration de culpabilité (*ou* de la sentence *ou* d'une ordonnance *ou* par voie d'exposé de cause) relativement à (*indiquer l'infraction, le sujet de l'ordonnance ou la question de droit*) m'engage à comparaître en personne devant la cour d'appel lors des séances au cours desquelles l'appel doit être entendu.

(*et, le cas échéant*)

Je m'engage également (*insérer toutes les conditions qui sont fixées*) :

    a) à me présenter à (*indiquer à quels moments*) à (*nom de l'agent de la paix ou autre personne désignés*);

    b) à rester dans les limites de (*juridiction territoriale désignée*);

    c) à notifier à (*nom de l'agent de la paix ou autre personne désignés*) tout changement d'adresse, d'emploi ou d'occupation;

    d) à m'abstenir de communiquer, directement ou indirectement, avec (*identification de la victime, du témoin ou de toute autre personne*) si ce n'est en conformité avec les conditions suivantes : (*celles que le juge de paix ou le juge spécifie*);

    e) à déposer mon passeport (*ainsi que le juge de paix ou le juge l'ordonne*);

    f) (*autres conditions raisonnables*).

Fait le .... jour de .... en l'an de grâce ...., à ....

.... (*Signature de l'appelant*)

L.C. 1999, ch. 25, art. 26.

Formule 14 — Promesse remise par l'appellant (poursuivant)

(article 817)

Canada,

Province de ....,

(*circonscription territoriale*).

Je, A.B., de ...., (*profession ou occupation*), qui interjette appel d'une ordonnance de rejet (*ou* d'une sentence) relativement à l'inculpation suivante (*indiquer le nom du défendeur et l'infraction, le sujet de l'ordonnance ou la question de droit*) m'engage à comparaître en personne ou par l'intermédiaire d'un avocat, devant la cour d'appel, lors des séances au cours desquelles l'appel doit être entendu.

Fait le .... jour de .... en l'an de grâce ...., à ....

.... (*Signature de l'appelant*)

Formule 15 — Mandat de conduire un prévenu devant un juge de paix d'une autre circonscription territoriale

(article 543)

Canada,

Province de ....

(*circonscription territoriale*).

Aux agents de la paix de (*circonscription territoriale*) :

Attendu que A.B., de ...., ci-après appelé le prévenu, a été inculpé d'avoir (*indiquer le lieu de l'infraction et l'inculpation*);

Attendu que j'ai reçu la déposition de X.Y. au sujet de ladite inculpation;

Et attendu que l'inculpation vise une infraction commise dans (*circonscription territoriale*) :

Les présentes vous enjoignent, au nom de Sa Majesté, d'emmener ledit A.B. devant un juge de paix de (*circonscription territoriale en dernier lieu mentionnée*).

Fait le .... jour de .... en l'an de grâce ...., à ....

.... Juge de paix dans et pour ....

Formule 16 — Assignation à un témoin

(article 699)

Canada,

Province de ....,

(*circonscription territoriale*).

À E.F., de ...., (*profession ou occupation*) :

Attendu que A.B. a été inculpé d'avoir (*indiquer l'infraction comme dans la dénonciation*), et qu'on a donné à entendre que vous êtes probablement en état de rendre un témoignage essentiel pour (la poursuite *ou* la défense) :

À ces causes, les présentes ont pour objet de vous enjoindre de comparaître devant (*indiquer le tribunal ou le juge de paix*), le .... jour de.......... en l'an de grâce ...., à .... heures, à ...., pour témoigner au sujet de l'inculpation.[8]

---

[8]*Lorsqu'un témoin est requis de produire quelque chose, ajouter ce qui suit :*

et d'apporter avec vous toutes choses en votre possession ou sous votre contrôle qui se rattachent à ladite inculpation, et en particulier les suivantes : (*indiquer les documents, objets ou autres choses requises*).

Fait le .... jour de .... en l'an de grâce ...., à ....

....

Juge, Juge de paix *ou* Greffier du tribunal

(*Sceau, s'il est requis*)

L.R.C. 1985, ch. 27 (1er suppl.), art. 184(7); L.C. 1999, ch. 5, art. 47.

Formule 16.1 — Assignation à un témoin dans les cas des poursuites pour une infraction visée au paragraphe 278.2(1) du *Code criminel*

(paragraphes 278.3(5) et 699(7))

Canada,

Province de ....,

(*circonscription territoriale*).

À E.F., de ...., (*profession ou occupation*) :

Attendu que A.B. a été inculpé d'avoir (*indiquer l'infraction comme dans la dénonciation*), et qu'on a donné à entendre que vous êtes probablement en état de rendre un témoignage essentiel pour (la poursuite *ou* la défense) :

À ces causes, les présentes ont pour objet de vous enjoindre de comparaître devant (*indiquer le tribunal ou le juge de paix*), le .... jour de .... en l'an de grâce ...., à .... heures, à ...., pour témoigner au sujet de ladite inculpation et d'apporter avec vous toutes choses en votre possession ou sous votre contrôle qui se rattachent à ladite inculpation, et en particulier les suivantes : (*indiquer les documents, les objets ou autres choses requises*).

Veuillez noter

Cette assignation ne vous oblige qu'à apporter ces choses au tribunal à l'heure et à la date mentionnées ci-dessus. Vous n'êtes pas tenu de les remettre à quiconque ni d'en discuter le contenu avec quiconque tant que le tribunal ne vous a pas ordonné de le faire.

Si des choses constituent des dossiers au sens de l'article 278.1 du *Code criminel*, elles pourraient, en vertu des articles 278.1 à 278.91 du *Code criminel*, faire l'objet d'une décision du tribunal quant à la question de savoir si elles devraient être communiquées et quant à la mesure où elles devraient l'être.

Si des choses constituent des dossiers, au sens le l'article 278.1 du *Code criminel*, dont la communication est régie par les articles 278.1 à 278.91 du *Code criminel*, cette assignation doit être accompagnée d'une copie d'une demande de communication des dossiers formulée selon l'article 278.3 du *Code criminel* et vous aurez la possibilité de présenter des arguments au tribunal quant à cette communication.

Si des choses constituent des dossiers, au sens de l'article 278.1 du *Code criminel*, dont la communication est régie par les articles 278.1 à 278.91 du *Code criminel*, vous n'êtes pas tenu de les apporter avec vous avant qu'une décision soit rendue, en vertu de ces articles, quant à la question de savoir si elles devraient être communiquées et quant à la mesure où elles devraient l'être.

Selon l'article 278.1 du *Code criminel*, « dossier » s'entend de toute forme de document contenant des renseignements personnels pour lesquels il existe une attente raisonnable en matière de protection de la vie privée, notamment : le dossier médical, psychiatrique ou thérapeutique, le dossier tenu par les services d'aide à l'enfance, les services sociaux ou les services de consultation, le dossier relatif aux antécédents professionnels et à l'adoption, le journal intime et le document contenant des renseignements personnels et protégé par une autre loi fédérale ou une loi provinciale. N'est pas visé par la présente définition le dossier qui est produit par un responsable de l'enquête ou de la poursuite relativement à l'infraction qui fait l'objet de la procédure.

Fait le .... jour de .... en l'an de grâce ...., à ....

.... Juge, Greffier du tribunal, Juge de la Cour provincial *ou* Juge de paix

(*Sceau, s'il est requis*)

L.C. 1997, ch. 30, art. 3.

Formule 17 — Mandat d'amener un témoin

(articles 698 et 705)

Canada,

Province de ....,

(*circonscription territoriale*).

Aux agents de la paix de (*circonscription territoriale*) :

Attendu que A.B., de ...., a été inculpé d'avoir (*indiquer l'infraction comme dans la dénonciation*);

Et attendu qu'il a été déclaré que E.F., de ...., ci-après appelé le témoin, est probablement en état de rendre un témoignage essentiel pour (la poursuite *ou* la défense) et que[9]

---

[9]*Insérer celle des mentions suivantes qui est appropriée* :

    a) ledit E.F. ne comparaîtra pas sans y être contraint;

    b) ledit E.F. se soustrait à la signification d'une assignation;

    c) ledit E.F. a reçu signification régulière d'une assignation et a négligé (de se présenter aux temps et lieu y indiqués, *ou* de demeurer présent);

À ces causes, les présentes ont pour objet de vous enjoindre, au nom de Sa Majesté, d'arrêter et d'amener le témoin, sur-le-champ, devant (*indiquer le tribunal ou le juge de paix*) pour qu'il sont traité en conformité avec l'article 706 du *Code criminel*.

Fait le .... jour de .... en l'an de grâce ...., à ....

.... Juge de paix ou Greffier du tribunal

(*Sceau, s'il est requis*)

L.R.C. 1985, ch. 27 (1ᵉʳ suppl.), art. 184(8).

Formule 18 — Mandat d'arrestation contre un témoin qui s'esquive

(article 704)

Canada,

Province de ....,

(*circonscription territoriale*).

Aux agents de la paix de (*circonscription territoriale*) :

Attendu que A.B., de ...., a été inculpé d'avoir (*indiquer l'infraction comme dans la dénonciation*);

Et attendu que je suis convaincu, en me fondant sur une dénonciation par écrit et sous serment, que C.D. de .... ci-après appelé le témoin, est tenu aux termes d'un engagement de faire une déposition au procès du prévenu sur ladite inculpation, et que le témoin (s'est esquivé *ou* est sur le point de s'esquiver);

À ces causes, les présentes ont pour objet de vous enjoindre, au nom de Sa Majesté, d'arrêter le témoin et de l'amener sur-le-champ, devant (*le tribunal, le juge de paix ou le magistrat devant qui le témoin est tenu de comparaître*) pour qu'il soit traité en conformité avec l'article 706 du *Code criminel*.

Fait le .... jour de .... en l'an de grâce ...., à ....

.... Juge de paix dans et pour ....

L.R.C. 1985, ch. 27 (1ᵉʳ suppl.), art. 203.

---

d) ledit E.F. était tenu aux termes d'un engagement de se présenter et de rendre témoignage et a négligé (de se présenter ou de demeurer présent).

Formule 19 — Mandat de renvoi d'un prisonnier

(articles 516 et 537)

Canada,

Province de ....,

(*circonscription territoriale*).

Aux agents de la paix de (*circonscription territoriale*) :

Il vous est par les présentes enjoint d'arrêter, si nécessaire, et de conduire à (*prison*) à .... les personnes nommées dans le tableau qui suit, dont chacune a été renvoyée jusqu'à la date mentionnée dans ledit tableau :

Inculpé	Infraction	Renvoyé à

Et je vous enjoins par les présentes, à vous le gardien de ladite prison, de recevoir chacune desdites personnes sous votre garde dans la prison et de la détenir sûrement jusqu'au jour où doit expirer son renvoi et alors de l'amener devant moi ou tout autre juge de paix à ...., à .... heures dudit jour afin qu'elle y réponde à l'inculpation et qu'elle y soit traitée selon la loi, à moins que vous ne receviez quelque ordre différent avant ce temps.

Fait le .... jour de .... en l'an de grâce ...., à ....

.... Juge de paix dans et pour ....

L.R.C. 1985, ch. 27 (1er suppl.), art. 184(9).

Formule 20 — Mandat de dépôt contre un témoin qui refuse de prêter serment ou de témoigner

(article 545)

Canada,

Province de ....,

(*circonscription territoriale*).

Aux agents de la paix de (*conscription territoriale*) :

Attendu que A.B., de ...., ci-après appelé le prévenu, a été inculpé d'avoir (*indiquer l'infraction comme dans la dénonciation*);

Et attendu que E.F., de ...., ci-après appelé le témoin, comparaissant devant moi pour témoigner pour (la poursuite *ou* la défense) au sujet de l'inculpation contre le prévenu (a refusé de prêter serment *ou* étant dûment assermenté comme témoin a refusé de répondre à certaines questions concernant l'inculpation qui lui étaient posées ou a refusé ou négligé de produire les écrits suivants, savoir ...., ou a refusé de signer sa déposition) après avoir reçu l'ordre de le faire, sans offrir d'excuse valable de ce refus ou de cette négligence;

À ces causes, les présentes ont pour objet de vous enjoindre, au nom de Sa Majesté, d'appréhender le témoin et de le conduire sûrement à (*prison*), à ...., et de l'y livrer au gardien de ladite prison, avec l'ordre suivant :

Je vous enjoins par les présentes, à vous ledit gardien, de recevoir ledit témoin sous votre garde dans ladite prison et de l'y détenir sûrement pendant l'espace de .... jours, à moins qu'il ne consente plus tôt à faire ce qui est exigé de lui et, pour ce faire, les présentes vous sont un mandat suffisant.

Fait le .... jour de .... en l'an de grâce ...., à ....

.... Juge de paix dans et pour. ....

Formule 21 — Mandat de dépôt sur déclaration de culpabilité

(articles 570 et 806)

Canada,

Province de ....,

(*circonscription territoriale*).

Aux agents de la paix de la circonscription territoriale de (*endroit*) et au gardien de (*nom de l'établissement de détention, pénitencier ou prison*) à (*endroit*) :

Attendu que (*nom*), ci-après appelé le contrevenant a, le .... jour de .... 19.........., été déclaré coupable par (*nom du juge et du tribunal*) des infractions suivantes et que les peines suivantes lui ont été infligées :

Infraction	Peine	Remarques
(décrire l'infraction dont le contrevenant a été déclaré coupable)	(indiquer la peine d'emprisonnement et s'il s'agit d'un emprisonnement pour défaut de payer une amende dans ce dernier cas, en indiquer le montant et celui des frais et celui des frais applicables et s'ils sont payables immédiatement ou à l'intérieur d'un délai)	(Dans le cas d'une peine d'emprisonnement, indiquer si elle doit être purgée concurremment ou consecutivement à une autre peine clairement designée)
1.	....	....
2.	....	....
3.	....	....
4.	....	....

Il vous est par les présentes ordonné, au nom de Sa Majesté, d'arrêter le prévenu, si cela est nécessaire pour l'amener en détention, et de le conduire sûrement au pénitencier ou à la prison pour la province de ...., selon le cas; et de l'y remettre au gardien à qui il est par les présentes ordonné de recevoir le prévenu et de l'y incarcérer pour la durée de sa peine, sauf si une peine d'emprisonnement a été infligée seulement au cas de défaut de paiement de l'amende et des frais et si ces montants et les frais d'emprisonnement et de transport du prévenu sont payés plus tôt. Les présentes sont, pour ce faire, un mandat suffisant.

Daté du .... jour de .... en l'an de grâce ....

.... Greffier du tribunal, Juge de paix, Juge *ou* Juge de la cour provinciale

L.R.C. 1985, ch. 27 (1er suppl.), art. 184(10) et 203; L.C. 1995, ch. 22, art. 9.

Formule 22 — Mandat de dépôt sur une ordonnance de payer une somme d'argent
(article 806)

Canada,

Province de ....,

(circonscription territoriale).

Aux agents de la paix de *(circonscription territoriale)* et au gardien de *(prison)*, à ....

Attendu que A.B., ci-après appelé le défendeur, a été jugé sur une dénonciation alléguant que *(indiquer le sujet de la plainte)* et qu'il a été ordonné que *(indiquer l'ordonnance rendue)* et qu'à défaut le défendeur soit enfermé dans *(prison)*, à ...., pour une période de .... :

Je vous enjoins par les présentes, au nom de Sa Majesté, d'appréhender le défendeur et de le conduire sûrement à *(prison)*, à ...., et de le remettre au gardien de la prison, avec l'ordre suivant :

Je vous enjoins par les présentes, à vous le gardien de ladite prison, de recevoir le défendeur sous votre garde dans ladite prison et de l'y enfermer pour la période de ...., à moins que lesdites sommes et les frais et dépenses concernant le renvoi et le transport du défendeur à ladite prison ne soient plus tôt payés et, pour ce faire, les présentes vous sont un mandat suffisant.

Fait le .... jour de .... en l'an de grâce ...., à ....

.... Juge de paix dans et pour ....

Formule 23 — Mandat de dépôt pour omission de fournir un engagement de ne pas troubler l'ordre public

(article 810 et 810.1)

Canada,

Province de ....,

(*circonscription territoriale*).

Aux agents de la paix de (*circonscription territoriale*) et au gardien de (*prison*), à .... :

Attendu qu'il a été ordonné à A.B., ci-après appelé le prévenu, de contracter un engagement de ne pas troubler l'ordre public et d'observer une bonne conduite et qu'il a (refusé *ou* omis) de contracter un engagement en conséquence;

Il vous est par les présentes ordonné, au nom de Sa Majesté, d'appréhender le prévenu et de le conduire sûrement à (*prison*), à ...., et de le remettre au gardien de la prison, avec l'ordre suivant :

Il vous est par les présentes ordonné, à vous ledit gardien, de recevoir le prévenu sous votre garde dans ladite prison et de l'y enfermer jusqu'à ce qu'il contracte un engagement susdit ou qu'il en soit libéré selon le cours régulier de la loi.

Fait le .... jour de .... en l'an de grâce ...., à ....

.... Greffier du tribunal, Juge de paix *ou* Magistrat

(*Sceau, s'il est requis*)

L.C. 1993, ch. 45, art. 12.

Formule 24 — Mandat de dépôt d'un témoin pour omission de contracter un engagement

(article 550)

Canada,

Province de ....,

(*circonscription territoriale*).

Aux agents de la paix de (*circonscription territoriale*) et au gardien de (*prison*), à .... :

Attendu que A.B., ci-après appelé le prévenu, a été renvoyé pour subir son procès sur une inculpation d'avoir (*indiquer l'infraction comme dans la dénonciation*);

Et attendu que E.F., ci-après appelé le témoin, ayant comparu comme témoin à l'enquête préliminaire sur ladite inculpation et ayant été requis de contracter un engagement de comparaître comme témoin au procès du prévenu sur ladite inculpation, (n'a pas ainsi comparu *ou* refusé de comparaître ainsi);

À ces causes, les présentes vous enjoignent, au nom de Sa Majesté, d'appréhender et de conduire sûrement ledit témoin à (*prison*), à .... et de le remettre au gardien de ladite prison, avec l'ordre suivant :

Je vous enjoins par les présents, à vous ledit gardien, de recevoir le témoin sous votre garde dans ladite prison et de l'y détenir jusqu'au procès de l'accusé sur ladite inculpation, à moins que le témoin ne contracte avant cette date ledit engagement.

Fait le .... jour de .... en l'an de grâce ...., à ....

.... Juge de paix dans et pour ....

Formule 25 — **Mandat de dépôt pour outrage au tribunal**

(article 708)

Canada,

Province de ....,

(*circonscription territoriale*).

Aux agents de la paix de (circonscription territoriale) et au gardien de (*prison*), à .... :

Attendu que E.F., de.............., ci-après appelé le défaillant, a été le .... jour de .... en l'an de grâce ...., à .... déclaré coupable devant .... d'outrage au tribunal pour n'avoir pas été présent devant .... pour témoigner lors de l'instruction d'une inculpation d'avoir (*indiquer l'infraction comme dans la dénonciation*) portée contre A.B., de ...., bien qu'il ait été (dûment assigné *ou* astreint par engagement à comparaître et à témoigner à cet égard, selon le cas), et n'a pas offert d'excuse suffisante pour son manquement;

Attendu que dans et par ladite déclaration de culpabilité, il a été décidé que le défaillant (*indiquer la peine prononcée*);

Et attendu que le défaillant n'a pas payé les montants qu'il a été condamné à verser; (*retrancher ce paragraphe s'il ne s'applique pas*)

À ces causes, les présentes vous enjoignent, au nom de Sa Majesté, d'appréhender le défaillant et de le conduire sûrement à (*prison*), à .... et de l'y remettre au gardien de la prison, avec l'ordre suivant :

Je vous enjoins par les présentes, à vous ledit gardien, de recevoir le défaillant sous votre garde dans ladite prison et de l'y enfermer[10] et, pour ce faire, les présentes vous sont un mandat suffisant.

---

[10]*Insérer celle des mentions suivantes qui s'applique :*

Fait le .... jour de .... en l'an de grâce ...., à ....

.... Juge de paix *ou* Greffier du tribunal

(*Sceau, s'il est requis*)

Formule 26 — Mandat de dépôt en l'absence du paiement des frais d'appel

(article 827)

Canada,

Province de ....,

(*circonscription territoriale*).

Aux agents de la paix de (*circonscription temtoriale*) et au gardien de (*prison*), à .... :

Attendu qu'il appert qu'à l'audition d'un appel devant (*indiquer le tribunal*), il a été décidé que A.B., de ...., ci-après appelé le défaillant, devrait payer au greffier du tribunal la somme de .... dollars à l'égard des frais;

Et attendu que le greffier du tribunal a certifié que le défaillant n'a pas payé la somme dans le délai imparti à cette fin;

Je vous enjoins par les présentes, à vous lesdits agents de la paix, au nom de Sa Majesté, d'appréhender le défaillant et de le conduire sûrement à (*prison*), à ...., et de le remettre au gardien de la prison, avec l'ordre suivant :

Je vous enjoins par les présentes, à vous ledit gardien, de recevoir le défaillant sous votre garde dans ladite prison et de l'enfermer pour la période de ...., à moins que ladite somme et les frais et dépenses concernant le renvoi et le transport du défaillant à la prison ne soient plus tôt payés, et, pour ce faire, les présentes vous sont un mandat suffisant.

Fait le .... jour de .... en l'an de grâce ...., à ....

.... Juge de paix dans et pour. ....

---

a) pour la période de ....;

b) pour la période de ...., à moins que lesdits montants et les frais et dépenses de renvoi et de transport du défaillant à ladite prison ne soient plus tôt payés;

c) pour la période de .... et pour la période de (*indiquer s'il s'agit d'un emprisonnement consécutif*), à moins que lesdits montants et les frais et dépenses concernant le renvoi et le transport du défaillant à ladite prison ne soient plus tôt payés.

Formule 27 — Mandat de dépôt pour déchéance d'un engagement

(article 773)

Canada,

Province de ....,

(*circonscription territoriale*).

Au shérif de (*circonscription territoriale*) et au gardien de (*prison*) à .... :

Il vous est par les présentes enjoint d'arrêter, si nécessaire, (A.B. et C.D., *selon le cas*), ci-après appelés les défaillants, et de les conduire sûrement à (*prison*), à ...., et de les remettre au gardien de la prison, avec l'ordre suivant :

Il vous est par les présentes enjoint, à vous ledit gardien, de recevoir les défaillants sous votre garde dans ladite prison et de les enfermer durant une période de .... ou jusqu'à ce qu'il soit satisfait à une dette résultant d'un jugement, au montant de .... dollars, envers Sa Majesté la Reine, à l'égard de la déchéance d'un engagement contracté par .... le .... jour de .... en l'an de grâce ....

Fait le .... jour de .... en l'an de grâce ...., à ....

.... Greffier de

(*Sceau*)

Formule 28 — Visa du mandat

(articles 487 et 528)

Canada,

Province de ....,

(*circonscription territoriale*).

Conformément à la demande qui m'a été adressée ce jour, j'autorise par les présentes l'arrestation du prévenu (*ou* défendeur) (*ou* l'exécution du présent mandat *dans le cas d'un mandat émis conformément à l'article 487*) dans ladite (*circonscription territoriale*).

Daté du .... jour de .... en l'an de grâce ...., à ....

.... Juge de paix dans et pour ....

L.R.C. 1985, ch. 27 (1ᵉʳ suppl.), 184(12).

Formule 28.1 — Visa de l'ordonnance ou de l'autorisation

(paragraphe 487.03(2))

Canada,

Province de ....,

(*circonscription territoriale*).

Conformément à la demande qui m'a été adressée ce jour, j'autorise par les présentes l'exécution de la présente ordonnance *(dans le cas d'une ordonnance rendue au titre des articles 487.051 ou 487.052)* ou l'exécution de la présente autorisation *(dans le cas d'une autorisation délivrée au titre des articles 487.055 ou 487.091)* dans *(circonscription territoriale)*.

Fait le... jour de...... en l'an de grâce...., à......

.... Juge de la cour provinciale

L.C. 2000, ch. 10, art. 24.

Formule 29 — Visa du mandat

(article 507)

Canada,

Province de ....,

(*circonscription territoriale*).

Attendu que le présent mandat est décerné en vertu des articles 507, 508 ou 512 du *Code Criminel*, relativement à une infraction autre que celles visées à l'article 522, j'autorise par les présentes la mise en liberté du prévenu en application de l'article 499 de cette loi.

Fait le .... jour de .... en l'an de grâce ...., à ....

.... Juge de paix dans et pour. ....

L.C. 1994, ch. 44, art. 86.

Formule 30 — Ordre d'amener un prévenu devant un juge de paix avant l'expiration de la période de renvoi

(article 537)

Canada,

Province de ....,

(*circonscription territoriale*).

Au gardien de (*prison*) à .... :

Attendu que par un mandat en date du .... jour de .... en l'an de grâce ...., j'ai commis A.B., ci-après appelé le prévenu, à votre garde de vous ai enjoint de le détenir sûrement jusqu'au .... jour de .... en l'an de grâce ...., et alors de le produire devant moi ou tout autre juge de paix à .... à .... heures, pour qu'il réponde à l'inculpation formulée contre lui et qu'il soit traité selon la loi, à moins que vous ne receviez un ordre contraire avant ce temps;

À ces causes, je vous ordonne et enjoint de produire le prévenu devant .... à ...., à .... heures, pour qu'il réponde à l'inculpation formulée contre lui et soit traité selon la loi.

Fait le .... jour de .... en l'an de grâce ...., à ....

.... Juge de paix dans et pour. ....

Formule 31 — Déposition d'un témoin

(article 540)

Canada,

Province de ....,

(*circonscription territoriale*).

Les présentes sont les dépositions de X.Y., de ...., et de M.N., de ...., prises devant moi, ce .... jour de .... en l'an de grâce ...., à ...., en présence et à portée d'oreille de A.B., ci-après appelé le prévenu, inculpé d'avoir (*indiquer l'infraction comme dans la dénonciation*).

X.Y., ayant été dûment assermenté, dépose ainsi qu'il suit : (*insérer la déposition en employant autant que possible les termes mêmes du témoin*).

M.N., ayant été dûment assermenté, dépose ainsi qu'il suit :

Je certifie que les dépositions de X.Y. et de M.N., transcrites sur les diverses feuilles de papier ci-annexées, sur lesquelles ma signature est apposée, ont été prises en présence et à portée d'oreille du prévenu (et signées par eux, respectivement, en sa présence, *lorsque les dépositions doivent être signées par le témoin*).

En foi de quoi, j'ai signé mon nom aux présentes.

.... Juge de paix dans et pour ....

Formule 32 — Engagement

(articles 493, 550, 679, 706, 707, 810, 810.1 et 817)

Canada,

Province de ....,

(*circonscription territoriale*).

Sachez que, ce jour les personnes nommées dans la liste qui suit ont personnelle-ment comparu devant moi et ont chacune reconnu devoir à Sa Majesté la Reine les diverses sommes indiquées en regard de leurs noms respectifs, savoir :

Nom	Adresse	Profession ou occupation	Montant
A.B.			
C.D.			
E.F.			

Lesdites sommes devant être prélevées sur leurs biens et effets, terres et tènements, respectivement, pour l'usage de Sa Majesté la Reine, si ledit A.B. ne remplit pas la condition ci-après énoncée.

Fait et reconnu devant moi le .... jour de .... en l'an de grâce ...., à ....

.... Juge, Greffier du tribunal, Juge de la cour provinciale *ou* Juge de paix

1. Attendu que ledit ...., ci-après appelé le prévenu, a été inculpé d'avoir (*indi-quer l'infraction dont le prévenu a été inculpé*);

À ces causes, le présent engagement est subordonné à la condition que si le prévenu est présent au tribunal le .... jour de .... en l'an de grâce ...., à........ heures, et présent par la suite selon les exigences du tribunal, afin d'être traité selon la loi, (*ou lorsque la date et le lieu de la comparution devant le tribunal ne sont pas con-nus au moment où l'engagement est contracté si le prévenu est présent aux temps et lieu fixés par le tribunal et est présent par la suite, selon les exigences du tribunal, afin d'être traité selon la loi*) [515, 520, 521, 522, 523, 524, 525, 680];

Et qu'en outre si le prévenu (*insérer dans la Liste de conditions toutes conditions supplémentaires qui sont fixées*),

ledit engagement est nul mais qu'au cas contraire il a pleine force et plein effet.

2. Attendu que ledit ...., ci-après appelé l'appelant, interjette appel de la déclara-tion de culpabilité prononcée contre lui (*ou* de sa sentence) relativement à l'inculpa-tion suivante (*indiquer l'infraction dont l'appelant a été déclaré coupable*) [679, 680];

À ces causes, le présent engagement est subordonné à la condition que si l'appelant est présent selon les exigences du tribunal afin d'être traité selon la loi;

Et qu'en outre si l'appelant (*insérer dans la Liste de conditions toutes conditions supplémentaires qui sont fixées*),

ledit engagement est nul mais qu'au cas contraire il a pleine force et plein effet.

3. Attendu que ledit ...., ci-après appelé l'appelant, interjette appel de la déclara-tion de culpabilité prononcée contre lui (*ou de sa sentence ou* d'une ordonnance ou par voie d'exposé de cause) relativement à la question suivante (*indiquer l'infrac-tion, le sujet de l'ordonnance ou la question de droit*) [816, 831, 832, 834];

À ces causes, le présent engagement est subordonné à la condition que si l'appelant comparaît en personne devant la cour d'appel lors des séances au cours desquelles l'appel doit être entendu;

Et qu'en outre si l'appelant (*insérer dans la Liste de conditions toutes conditions supplémentaires qui sont fixées*),

ledit engagement est nul mais qu'au cas contraire il a pleine force et plein effet.

4. Attendu que ledit ...., ci-après appelé appelant, interjette appel d'une ordonnance de rejet (*ou* d'une sentence) relativement à l'inculpation suivante (*indiquer le nom du défendeur ainsi que l'infraction, le sujet de l'ordonnance ou la question de droit*) [817, 831, 832, 834];

À ces causes, le présent engagement est subordonné à la condition que si l'appelant comparaît en personne ou par l'intermédiaire d'un avocat, devant la cour d'appel, lors des séances au cours desquelles l'appel doit être entendu, ledit engagement est nul mais qu'au cas contraire il a pleine force et plein effet.

5. Attendu que ledit ...., ci-après appelé le prévenu, a été renvoyé pour subir son procès sur l'inculpation d'avoir (*indiquer l'infraction dont le prévenu a été inculpé*);

Et attendu que A.B. a comparu en tant que témoin à l'enquête préliminaire sur ladite inculpation [550, 706, 707];

À ces causes, le présent engagement est subordonné à la condition que si ledit A.B. comparaît aux temps et lieu fixés pour le procès du prévenu pour témoigner sur la mise en accusation prononcée contre le prévenu, ledit engagement est nul mais qu'au cas contraire il a pleine force et plein effet.

6. L'engagement écrit ci-dessus est subordonné à la condition que si A.B. garde la paix et a une bonne conduite pendant la période de .... commençant le ...., ledit engagement est nul mais qu'en cas contraire il a pleine force et plein effet [810 ou 810.1].

7. Attendu qu'un mandat a été délivré en vertu de l'article 462.32 ou qu'une ordonnance de blocage a été rendu en vertu du paragraphe 462.33(3) du *Code criminel* à l'égard de certains biens, (*insérer une description des biens et indiquer leur emplacement*).

À ces causes, le présent engagement est subordonné à la condition que ledit A.B. doit s'abstenir de faire quoi que ce soit qui aurait comme conséquence, directe ou indirecte, la disparition des biens visés, une diminution de leur valeur ou leur dissipation de telle façon qu'une ordonnance de confiscation ne pourrait plus être rendue à leur égard en vertu des articles 462.37 ou 462.38 ou d'une autre disposition du *Code criminel* ou en vertu d'une autre loi fédérale [462.34].

Liste de conditions

a) Se présente à (*indiquer à quels moments*) à (*nom de l'agent de la paix ou autre personne désignés*);

b) reste dans les limites de (*juridiction territoriale désignée*);

c) notifie à (*nom de l'agent de la paix ou autre personne désignés*) tout changement d'adresse, d'emploi ou d'occupation;

d) s'abstient de communiquer, directement ou indirectement, avec (*identification de la victime, du témoin ou de toute autre personne*) si ce n'est en conformité avec les conditions suivantes : (*celles que le juge de paix ou le juge spécifie*);

e) dépose son passeport (*ainsi que le juge de paix ou le juge l'ordonne*);

f) (*autres conditions raisonnables*).

Note : *L'article 763 et les paragraphes 764(1) à (3) du* Code criminel *se lisent comme suit :*

> *763. Lorsqu'une personne est tenue, par engagement, de comparaître devant un tribunal, un juge de paix ou un juge de la cour provinciale pour une fin quelconque et que la session de ce tribunal ou les procédures sont ajournées, ou qu'une ordonnance est rendue pour changer le lieu du procès, cette personne et ses cautions continuent d'être liées par l'engagement de la même manière que s'il avait été contracté à l'égard des procédures reprises ou du procès aux date, heure et lieu où la reprise des procédures ou la tenue du procès est ordonnée.*
>
> *764. (1) Lorsqu'un prévenu est tenu, aux termes d'un engagement, de comparaître pour procès, son interpellation ou la déclaration de sa culpabilité ne libère pas de l'engagement, mais l'engagement continue de lier le prévenu et ses cautions, s'il en existe, pour sa comparution jusqu'à ce que le prévenu soit élargi ou condamné, selon le cas.*
>
> *(2) Nonobstant le paragraphe (1), le tribunal, le juge de paix ou le juge de la cour provinciale peut envoyer un prévenu en prison ou exiger qu'il fournisse de nouvelles cautions ou des cautions supplémentaires pour sa comparution jusqu'à ce qu'il soit libéré ou condamné, selon le cas.*
>
> *(3) Les cautions d'un prévenu qui est tenu, par engagement, de comparaître pour procès sont libérées si le prévenu est envoyé en prison selon le paragraphe (2).*

L.R.C. 1985, ch. 27 (1er suppl.), art. 184(13) et 203; ch. 42 (4e suppl.), art. 7; L.C. 1993, ch. 45, art. 13 et 14; 1999, ch. 25, art. 27.

Formule 33 — Certificat de défaut à inscrire sur l'engagement

(article 770)

Je certifie par les présentes que A.B. (n'a pas comparu ainsi que l'exigeait le présent engagement *ou* ne s'est pas conformé à une des conditions prévues dans cet engagement) et que, de ce fait (la justice a été contrariée *ou* les fins de la justice ont été retardées, *selon le cas*).

Le manquement peut se décrire comme suit : .... et la raison du manquement est .... (*indiquer la raison, si elle est connue*).

Les noms et adresses du cautionné et de ses cautions sont les suivants :

....

Fait le .... jour de .... en l'an de grâce ...., à ....

.... (*Signature du greffier du tribunal, juge, juge de paix, juge de la cour provinciale, agent de la paix ou autre personne*)

(*Sceau, s'il est requis*)

L.R.C. 1985, ch. 27 (1er suppl.), art. 33; L.C. 1994, ch. 44, art. 86.

Formule 34 — Bref de saisie-exécution

(article 771)

Elizabeth II, par la grâce de Dieu, etc.

Au shérif de (*circonscription territoriale*), SALUT.

Il vous est par les présentes enjoint de prélever sur les biens et effets, terres et tènements de chacune des personnes suivantes, le montant indiqué en regard de son nom :

nom   adresse   Profession ou occupation   Montant

Et il vous est de plus enjoint de faire rapport de ce que vous avez accompli en exécution du présent bref.

Fait le .... jour de .... en l'an de grâce ...., à ....

.... Greffier de ....

(*Sceau*)

Formule 35 — Condamnation

(articles 570 et 806)

Canada,

Province de ....,

(*circonscription territoriale*).

Sachez que, le .... jour de .... à .... A.B. (*date de naissance*), ci-après appelé le prévenu, a été jugé aux termes de la partie XIX ou XXVII du *Code criminel* sur l'inculpation d'avoir (*indiquer pleinement l'infraction dont le prévenu a été déclaré coupable*), a été déclaré coupable de ladite infraction et que la peine suivante lui a été infligée, savoir :

- Utiliser celle des formules de sentence suivantes qui s'applique :

    a) que ledit prévenu soit incarcéré dans (*prison*) à .... pour la période de;

657

b) que ledit prévenu paie la somme de .... dollars à appliquer selon la loi et paie également à .... la somme de .... dollars à l'égard des frais et qu'à défaut de paiement desdites sommes immédiatement (*ou dans le délai imparti, s'il en est*), il soit incarcéré dans (*prison*) à .... pour la période de ...., à moins que lesdites sommes et les frais et dépenses concernant le renvoi et le transport du prévenu à ladite prison ne soient plus tôt payés;

c) que ledit prévenu soit incarcéré dans (*prison*) à .... pour la période de .... que, de plus, il paie la somme de .... dollars à appliquer selon la loi et paie également à la somme de .... dollars à l'égard des frais, et qu'à défaut de paiement desdites sommes immédiatement (*ou dans le délai imparti, s'il en est*) il soit incarcéré dans (*prison*) à .... pour la période de .... (*si la sentence doit être consécutive, l'indiquer en conséquence*), à moins que lesdites sommes et les frais et dépenses concernant le renvoi et le transport du prévenu à ladite pnson ne soient plus tôt payés.

Fait le .... jour de .... en l'an de grâce ...., à ....

.... Greffier du tribunal, Juge de paix *ou* Juge de la cour provinciale

(*Sceau, s'il est requis*)

L.R.C. 1985, ch. 27 (1er suppl.), art. 184(14) et 203.

Formule 36 — Ordonnance contre un contrevenant

(articles 570 et 806)

Canada,

Province de ....,

(*circonscription territoriale*).

Sachez que, le .... jour de .... en l'an de grâce .... à , ... A.B. (*date de naissance*), de ...., a été jugé sur une dénonciation (*acte d'accusation*) énonçant que (*indiquer le sujet de la plainte ou l'infraction présumée*), et qu'il a été ordonné et décidé que (*indiquer l'ordonnance rendue*).

Daté du .... jour de .... en l'an de grâce ...., à ....

.... Juge de paix *ou* Greffier du tribunal

L.R.C. 1985, ch. 27 (1er suppl.), art. 184(15).

Formule 37 — Ordonnance d'acquittement d'un prévenu

(article 570)

Canada,

Province de ....,

(*circonscription territoriale*).

Sachez que, le .... jour de .... en l'an de grâce, ... à .... A.B. de ...., (*profession ou occupation*), (*date de naissance*), a été jugé sur l'inculpation d'avoir (*indiquer pleinement l'infraction dont le prévenu a été acquitté*) et a été déclaré non coupable de ladite infraction.

Fait le .... jour de .... en l'an de grâce ...., à ....

.... Juge de la cour provinciale *ou* Greffier du tribunal

(*Sceau, s'il est requis*)

L.R.C. 1985, ch. 27 (1er suppl.), art. 184(16) et 203.

Formule 38 — Condamnation pour outrage au tribunal
(article 708)

Canada,

Province de ....,

(*circonscription territoriale*).

Sachez que, le .... jour de .... en l'an de grâce .... à ...., dans (*circonscription territoriale*), E.F., de ...., ci-après appelé le défaillant, est déclaré coupable par moi d'outrage au tribunal pour n'avoir pas comparu devant (*indiquer le tribunal ou le juge de paix*) afin de témoigner lors de l'instruction d'une inculpation d'avoir (*indiquer pleinement l'infraction dont le prévenu a été inculpé*) bien qu'il ait été (dûment assignée *ou* astreint par engagement à comparaître pour témoigner, *selon le cas*) et n'a pas offert, devant moi, d'excuse suffisante pour son manquement;

En conséquence, je condamne le défaillant, pour sondit manquement, à (*indiquer la peine autorisée et déterminée en conformité avec l'article 708 du Code criminel*).

Fait le .... jour de .... en l'an de grâce ...., à ....

.... Juge de paix *ou* Greffier du tribunal

(*Sceau, s'il est requis*)

Formule 39 — Ordonnance de libération d'une personne sous garde
(articles 519 et 550)

Canada,

Province de ....

(*circonscription territoriale*).

Au gardien de (*prison*) à .... :

Je vous ordonne par les présentes de libérer E.F., que vous détenez en vertu (d'un mandat de dépôt *ou* d'une ordonnance) daté(e) du .... jour de .... en l'an de grâce ...., si vous ne détenez pas ledit E.F. pour quelque autre motif

.... Juge, Juge de paix *ou* Greffier du tribunal

(*Sceau, s'il est requis*)

Formule 40 — Récusation du tableau des jurés

(article 629)

Canada,

Province de ....

(*circonscription territoriale*).

      La Reine

      contre

      C.D.

Le (poursuivant *ou* prévenu) récuse le tableau des jurés parce que X.Y. (shérif *ou* adjoint du shérif), qui l'a préparé, s'est rendu coupable de (partialité *ou* fraude *ou* prévarication volontaire) en le préparant.

Fait le .... jour de .... en l'an de grâce ...., à ....

.... Avocat (du poursuivant *ou* du prévenu)

Formule 41 — Récusation motivée

(article 639)

Canada,

Province de ....

(*circonscription territoriale*).

      La Reine

      contre

      C.D.

Le (poursuivant *ou* prévenu) récuse G.H. pour le motif que (*énoncer le motif de la récusation selon le paragraphe 638(1) du Code criminel*).

.... Avocat (du poursuivant *ou* du prévenu)

Formule 42 — Certificat de non-paiement des frais d'appel
(article 827)

Dans le tribunal de ....,

(Titre de la cause)

Je certifie par les présentes que A.B. (l'appelant *ou* l'intimé, *selon le cas*) dans le présent appel, ayant reçu l'ordre de payer des frais au montant de .... dollars, a omis de les payer dans le délai imparti pour leur paiement.

Fait le .... jour de .... en l'an de grâce ...., à ....

.... Greffier du tribunal de

(Sceau)

Formule 43 — Reçu du geôlier, donné à un agent de la paix et constatant la réception d'un prisonnier
(article 744)

Je certifie par les présentes que j'ai reçu de X.Y., agent de la paix pour (*circonscription territoriale*), A.B., en même temps (qu'un mandat décerné *ou* qu'une ordonnance rendue) par (*indiquer le tribunal ou le juge de paix, selon le cas*).

* *Ajouter une déclaration sur l'état du prisonnier.*

Fait le .... jour de .... en l'an de grâce ...., à ....

.... Gardien de (*prison*)

Formule 44 — Certificat du préposé aux empreintes digitales
(article 667)

Je, (*nom*), préposé aux empreintes digitales ainsi nommé aux fins de l'article 667 du *Code criminel* par le solliciteur général du Canada, certifie par les présentes que .... (*nom*) .... ainsi connu sous le(s) nom(s) de (*nom(s) d'emprunt s'il y en a*) .... numéro de S.E.D. ...., dont les empreintes digitales sont reproduites ci-dessous ou sont annexées aux présentes (*reproduction des empreintes digitales*) a été déclaré coupable, absous en vertu de l'article 730 du *Code criminel* ou a été déclaré coupable et condamné au Canada comme suit :

(casier judiciaire)

Daté du .... jour de .... en l'an de grâce ...., à ....

.... Préposé aux empreintes digitales
L.R.C. 1985, ch. 27 (1ᵉʳ suppl.), art. 184(17); ch. 1 (4ᵉ suppl.), art. 18.

Formule 45 — Certificat du préposé aux empreintes digitales

(article 667)

Je, (*nom*), préposé aux empreintes digitales ainsi nommé pour l'application de l'article 667 du *Code criminel* par le solliciteur général du Canada, certifie par les présentes que j'ai comparé les empreintes digitales reproduites ou jointes à l'exhibit « A » avec les empreintes digitales reproduites ou annexées au certificat selon la formule 44 marqué exhibit « B », et que ces empreintes digitales sont celles de la même personne.

Daté du .... jour de .... en l'an de grâce ...., à ....

.... Préposé aux empreintes digitales
L.R.C. 1985, ch. 27 (1ᵉʳ suppl.), art. 184(18).

Formule 46 — Ordonnance de probation

(article 732.1)

Canada,

Province de ....,

(*circonscription territoriale*).

Attendu que, le .... jour de .... à ...., A.B., ci-après appelé le prévenu, (a plaidé coupable *ou* a été jugé aux termes de la (*mentionner ici selon le cas : partie XIX XX ou XXVII*) du *Code criminel* et a été (*mentionner ici, selon le cas : condamné ou reconnu coupable*) après avoir été inculpé de (*énoncer ici l'infraction pour laquelle le prevenu, selon le cas, a plaidé coupable, a été condamné ou reconnu coupable*);

Et attendu que le .... jour de .... le tribunal a décidé[11]

---

[11](*Utiliser ici celle des formules de décisions suivantes qui s'appliquent*) :

    a) que le prévenu soit libéré aux conditions prescrites ci-après :

    b) que le prononcé de la sentence contre le prévenu soit suspendu et que ledit prévenu soit relâché aux conditions prescrites ci-après :

    c) que le prévenu paye la somme de .... dollars à appliquer selon la loi et qu'à défaut de paiement de ladite somme immédiatement (*ou dans le délai imparti s'il en est*), il soit incarcéré dans (*prison*), à .... pour la période de .... à moins que ladite somme et les dépenses concernant le renvoi et le transport dudit prévenu à ladite prison ne soient

À ces causes, ledit prévenu doit, pour la période de .... à compter de la date de la présente ordonnance, (*ou, lorsque l'alinéa d) est applicable* à compter de la date d'expiration de sa sentence d'emprisonnement) se conformer aux conditions suivantes, savoir, que ledit prévenu ne troublera pas l'ordre public et observera une bonne conduite et comparaîtra devant le tribunal lorsqu'il en sera requis par le tribunal, et, de plus,

(*énoncer ici toutes conditions supplémentaires prescrites en vertu du paragraphe 732.1(3) du Code criminel*).

Fait le .... jour de .... en l'an de grâce ...., à ....

.... Greffier du tribunal, Juge de paix *ou* Juge de la cour provinciale

L.R.C. 1985, ch. 27 (1er suppl.), art. 203; L.C. 1995, ch. 22, art. 10.

Formule 47 — Ordonnance de communication de renseignements fiscaux

(article 462.48)

Canada,

Province de ....,

(*circonscription territoriale*).

À A.B., de .... (*profession*) :

Attendu qu'il appert de la déclaration sous serment de C.D., de .... qu'il existe des motifs raisonnables de croire que E.F., de ...., a commis (*indication de l'infraction*) ou a bénéficié de cette infraction et que les renseignements ou documents suivants (*énumération des renseignements ou documents*) ont vraisemblablement une valeur importante pour l'enquête qui porte sur cette infraction ou sur un sujet qui s'y rattache;

Attendu qu'il y a des motifs raisonnables de croire qu'il est dans l'intérêt public de permettre l'accès aux renseignements ou documents, compte tenu des avantages pouvant vraisemblablement en résulter pour l'enquête en question;

À ces causes, les présentes ont pour objet de vous autoriser et obliger, entre les heures de (*selon ce que le juge indique*), pendant la période qui commence le .... et se temine le ...., à remettre ces renseignements ou documents à l'un des policiers suivants (*nommer ici les policiers*) et de lui permettre d'en prendre possession

---

plus tôt payées, et, de plus, que ledit prévenu se conforme aux conditions prescrites ci-après :

d) que le prévenu soit incarcéré dans (*prison*) à .... pour la période de .... et, de plus, que ledit prévenu se conforme aux conditions prescrites ci-après :

ou de lui en permettre l'accès et l'examen *en conformité avec les instructions du juge*, sous réserve des conditions suivantes (*énumération des conditions*) :

Fait le .... jour de .... en l'an de grâce ...., à ....

.... Signature du juge

L.R.C. 1985, ch. 42 (4ᵉ suppl.), art. 8.

Formule 48 — Ordonnance d'évaluation

(article 672.13)

Canada

Province de ....,

(*circonscription territoriale*)

Attendu que j'ai des motifs raisonnables de croire qu'une preuve de l'état mental de (*nom de l'accusé*) qui a été accusé de ...., peut être nécessaire en vue de :[12] :

❑ déterminer l'aptitude de l'accusé à subir son procès;

❑ déterminer si l'accusé était atteint de troubles mentaux de nature à ne pas engager sa responsabilité criminelle sous le régime du paragraphe 16(1) du *Code criminel* au moment où l'acte ou l'omission dont il est accusé est survenu;

❑ déterminer, en vertu de l'article 672.65 du *Code criminel*, si l'accusé est un accusé dangereux atteint de troubles mentaux;

❑ déterminer si l'accusée inculpée d'une infraction liée à la mort de son enfant nouveau-né était mentalement déséquilibrée au moment de la perpétration de l'infraction;

❑ dans le cas où un verdict d'inaptitude à subir son procès ou de non-responsabilité criminelle pour cause de troubles mentaux a été rendu à l'égard de l'accusé, déterminer la décision indiquée à prendre à l'égard de celui-ci en conformité avec l'article 672.54 ou 672.58 du *Code criminel*;

❑ lorsque l'accusé a été déclaré coupable de l'infraction dont il était accusé, déterminer si une ordonnance en vertu du paragraphe 747.1(1) du *Code criminel* devrait être rendue à son égard.

J'ordonne qu'une évaluation de l'état mental de (*nom de l'accusé*) soit effectuée par/à (*nom de la personne ou du service par qui l'évaluation doit être effectuée ou de l'endroit où elle doit l'être*) pour une période de .... jours.

---

[12]*Cocher l'énoncé qui s'applique.*

La présente ordonnance est en vigueur pendant .... jours, la durée des déplacements étant comprise; pendant ce temps, l'accusé doit demeurer :

❑ sous garde (*indiquer le lieu de détention*);

❑ en liberté, sous réserve des conditions suivantes :

(*donner les conditions, le cas échéant*)

Fait à .... le ....

.... (Signature du juge de paix *ou* du juge *ou* greffier du tribunal, selon le cas)

L.C. 1991, ch. 43, art. 8; 1995, ch. 22, art. 10.

Formule 49 — Mandat de dépôt décision de détention

(article 672.57)

Canada

Province de ....,

(*circonscription territoriale*)

Aux agents de la paix de (*circonscription territoriale*) et au gardien (*administrateur, directeur*) de la (*prison, hôpital ou autre établissement où l'accusé est détenu*) ....

Le présent mandat est décerné pour l'internement de A.B. de .... (*profession ou occupation*) ...., ci-après appelé l'accusé.

Attendu que l'accusé a été inculpé de (*indiquer brièvement l'infraction dont l'accusé est inculpé*),

Attendu qu'il a été décidé que l'accusé : [13]

❑ était inapte à subir son procès;

❑ n'était pas criminellement responsable pour cause de troubles mentaux.

Les présentes ont pour objet de vous enjoindre, au nom de Sa Majesté, d'appréhender l'accusé et de le conduire sûrement à (*prison, hôpital ou autre établissement*) et de le livrer au gardien (*administrateur, directeur*) avec l'ordre suivant :

Il vous est ordonné à vous, gardien (*administrateur, directeur*) de recevoir l'accusé sous votre garde à (*prison, hôpital ou autre établissement*) et de l'y détenir sûrement jusqu'à ce qu'il soit livré en d'autres mains selon l'application régulière de la loi.

Les conditions d'internement de l'accusé sont les suivantes :

---

[13]*Cocher l'énoncé qui s'applique.*

À titre de gardien (*administrateur, directeur*) de (*prison, hôpital ou autre établissement*) les pouvoirs qui suivent — à l'égard des restrictions de la liberté de l'accusé, de leurs modalités et des conditions qui s'y rattachent — vous sont délégués :

Signé le .... jour de ...., en l'an de grâce 19.........., à ....

.... (Juge, greffier de la cour, juge de la cour provinciale, juge de paix ou président de la commission d'examen).

L.C. 1991, ch. 43, art. 8.

Formule 50 — Mandat de dépôt ordonnance de placement

(paragraphe 672.7(2))

Canada

Province de ....

(*circonscription territoriale*)

Aux agents de la paix de (*circonscription territoriale*) et au gardien (*responsable*) de (*la prison, l'hôpital ou du lieu désigné*)

Le présent mandat est décerné pour l'internement de A.B. de .... (*profession*), ci-après appelé l'accusé.

Attendu que l'accusé a été inculpé de (*donner une courte description de l'infraction reprochée*).

Attendu qu'il a été décidé que l'accusé[14] :

❏ était inapte à subir son procès;

❏ n'était pas criminellement responsable pour cause de troubles mentaux.

Attendu que la commission d'examen a tenu une audition et décidé que l'accusé devrait être détenu.

Attendu que l'accusé doit être détenu en conformité avec un mandat de dépôt délivré par (*nom du juge, du greffier, du juge de la cour provinciale ou du juge de paix et désignation du tribunal et de la circonscription territoriale*) le .... à l'égard de l'infraction suivante :

    (*donner une courte description de l'infraction dont l'accusé a été inculpé ou déclaré coupable*)

---

[14]*Cocher l'énoncé qui s'applique.*

Les présentes ont pour objet de vous enjoindre, au nom de sa Majesté[15] :

❏ d'exécuter, en conformité avec ses modalités, le mandat délivré par le tribunal

❏ d'exécuter le mandat de dépôt que la commission d'examen délivre par les présentes

Fait le .... jour de .... en l'an de grâce ...., à ....

.... (Président de la commission d'examen)

L.C. 1991, ch. 43, art. 8.

Formule 51 — Ordonnance de détention dans un hôpital

(paragraphe 747.1(3))

Canada

Province de ....,

(*circonscription territoriale*)

Attendu que (*nom du contrevenant*) qui a été déclaré coupable de (*infraction*) et condamné à une peine d'emprisonnement de (*durée de la peine d'emprisonnement*), est atteint de troubles mentaux en phase aiguë et qu'un traitement immédiat s'impose d'urgence pour empêcher soit que ne survienne une détérioration sérieuse de sa santé physique ou mentale, soit qu'il n'inflige à d'autres des lésions corporelles graves;

Attendu que (*nom du contrevenant*) et le (*nom de l'hôpital*) ont consenti à ce que la présente ordonnance soit rendue et en ont accepté les conditions;

J'ordonne que (*nom du contrevenant*) soit détenu à (*nom de l'hôpital*) en vue de son traitement pendant .... jours (la période maximale étant de soixante jours), sous réserve des modalités suivantes :

(*énumérer les modalités, s'il y a lieu*)

Signé le .... jour de ...., en l'an de grâce 19.........., à ....

.... (Juge, greffier de la cour ou juge de paix selon le cas)

L.C. 1991, ch. 43, art. 8; 1995, ch. 22, art. 10.

---

[15]*Cocher l'énoncé qui s'applique.*

LOI SUR LES ALIMENTS ET DROGUES

Loi concernant les aliments, drogues, cosmétiques et instruments thérapeutiques

L.R.C. 1985, ch. F-27, telle que modifiée par : L.R.C. 1985, ch. 27 (1er suppl.); L.R.C. 1985, ch. 31 (1er suppl.); L.R.C. 1985, ch. 27(3e suppl.); L.R.C. 1985, ch. 42 (4e suppl.); L.C. 1992, ch. 1; L.C. 1993, ch. 34; L.C. 1993, ch. 37; L.C. 1993, ch. 44; L.C. 1994, ch. 26; L.C. 1994, ch. 38; L.C. 1994, ch. 47; L.C. 1995, ch. 1; L.C. 1996, ch. 8; L.C. 1996, ch. 16; L.C. 1996, ch. 19; L.C. 1997, ch. 6; L.C. 1997, ch. 18; L.C. 1999, ch. 33.

Titre abrégé

1. Titre abrégé — *Loi sur les aliments et drogues.*

Définitions

2. Définitions — Les définitions qui suivent s'appliquent à la présente loi.

« aliment » Notamment tout article fabriqué, vendu ou présenté comme pouvant servir de nourriture ou de boisson à l'être humain, la gomme à mâcher ainsi que tout ingrédient pouvant être mélangé avec un aliment à quelque fin que ce soit.

« analyste » Personne désignée à ce titre conformément à l'article 28 de la présente loi ou à l'article 13 de la *Loi sur l'Agence canadienne d'inspection des aliments* pour l'application de la présente loi.

« conditions non hygiéniques » Conditions ou circonstances de nature à contaminer des aliments, drogues ou cosmétiques par le contact de choses malpropres, ou à les rendre nuisibles à la santé.

« cosmétique » Notamment les substances ou mélanges de substances fabriqués, vendus ou présentés comme pouvant servir à embellir, purifier ou modifier le teint, la peau, les cheveux ou les dents, y compris les désodorisants et les parfums.

« drogue » Sont compris parmi les drogues les substances ou mélanges de substances fabriqués, vendus ou présentés comme pouvant servir :

a) au diagnostic, au traitement, à l'atténuation ou à la prévention d'une maladie, d'un désordre, d'un état physique anormal ou de leurs symptômes, chez l'être humain ou les animaux;

b) à la restauration, à la correction ou à la modification des fonctions organiques chez l'être humain ou les animaux;

c) à la désinfection des locaux où des aliments sont gardés.

« emballage » Notamment récipient, empaquetage ou autre conditionnement contenant, en tout ou en partie, un aliment, une drogue, un cosmétique ou un instrument.

« étiquette » Sont assimilés aux étiquettes les inscriptions, mots ou marques accompagnant les aliments, drogues, cosmétiques, instruments ou emballages.

« inspecteur » Personne désignée à ce titre conformément au paragraphe 22(1) de la présente loi ou à l'article 13 de la *Loi sur l'Agence canadienne d'inspection des aliments* pour l'application de la présente loi.

« instrument » Tout article, instrument, appareil ou dispositif, y compris tout composant, partie ou accessoire de ceux-ci, fabriqué ou vendu pour servir, ou présenté comme pouvant servir :

a) au diagnostic, au traitement, à l'atténuation ou à la prévention d'une maladie, d'un désordre, d'un état physique anormal ou de leurs symptômes, chez l'être humain ou les animaux;

b) à la restauration, à la correction ou à la modification d'une fonction organique ou de la structure corporelle de l'être humain ou des animaux;

c) au diagnostic de la gestation chez l'être humain ou les animaux;

d) aux soins de l'être humain ou des animaux pendant la gestation et aux soins prénatals et post-natals, notamment les soins de leur progéniture.

Sont visés par la présente définition les moyens anticonceptionnels, tandis que les drogues en sont exclues.

« ministère » Le ministère de la Santé.

« Ministre » Le ministre de la Santé.

« moyen anticonceptionnel » Instrument, appareil, dispositif ou substance, autre qu'une drogue, fabriqué ou vendu pour servir à prévenir la conception ou présenté comme tel.

« publicité » ou **« annonce »** S'entend notamment de la présentation, par tout moyen, d'un aliment, d'une drogue, d'un cosmétique ou d'un instrument en vue d'en stimuler directement ou indirectement l'aliénation, notamment par vente.

« **vente** » Est assimilé à l'acte de vendre le fait de mettre en vente, ou d'exposer ou d'avoir en sa possession pour la vente, ou de distribuer, que la distribution soit faite ou non pour une contrepartie.

L.R.C. 1985, ch. 27 (1ᵉʳ suppl.), art. 191 ; L.C. 1992, ch. 1, art. 145; 1993, ch. 34, art. 71; 1994, ch. 26, art. 32; ch. 38, art. 18; 1995, ch. 1, art. 63; 1996, ch. 8, art. 23.1, 32, 34; 1997, ch. 6, art. 62.

PARTIE I — ALIMENTS, DROGUES, COSMÉTIQUES ET INSTRUMENTS

Dispositions générales

3. (1) Publicité interdite — Il est interdit de faire, auprès du grand public, la publicité d'un aliment, d'une drogue, d'un cosmétique ou d'un instrument à titre de traitement ou de mesure préventive d'une maladie, d'un désordre ou d'un état physique anormal énumérés à l'annexe A ou à titre de moyen de guérison.

(2) Vente interdite — Il est interdit de vendre à titre de traitement ou de mesure préventive d'une maladie, d'un désordre ou d'un état physique anormal énumérés à l'annexe A, ou à titre de moyen de guérison, un aliment, une drogue, un cosmétique ou un instrument :

a) représenté par une étiquette;

b) dont la publicité a été faite auprès du grand public par la personne en cause.

(3) Interdiction d'annoncer des moyens anticonceptionnels sans autorisation — Sauf autorisation réglementaire, il est interdit de faire la publicité auprès du grand public d'un moyen anticonceptionnel ou d'une drogue fabriquée ou vendue pour servir à prévenir la conception ou présentée comme telle.

L.C. 1993, ch. 34, art. 72.

Aliments

4. Vente interdite — Il est interdit de vendre un aliment qui, selon le cas :

a) contient une substance toxique ou délétère, ou en est recouvert;

b) est impropre à la consommation humaine;

c) est composé, en tout ou en partie, d'une substance malpropre, putride, dégoûtante, pourrie, décomposée ou provenant d'animaux malades ou de végétaux malsains;

d) est falsifié;

e) a été fabriqué, préparé, conservé, emballé ou emmagasiné dans des conditions non hygiéniques.

5. (1) Fraude — Il est interdit d'étiqueter, d'emballer, de traiter, de préparer ou de vendre un aliment — ou d'en faire la publicité — de manière fausse, trompeuse ou mensongère ou susceptible de créer une fausse impression quant à sa nature, sa valeur, sa quantité, sa composition, ses avantages ou sa sûreté.

(2) Étiquetage ou emballage non réglementaire — L'aliment qui n'est pas étiqueté ou emballé ainsi que l'exigent les règlements ou dont l'étiquetage ou l'emballage n'est pas conforme aux règlements est réputé contrevenir au paragraphe (1).

6. (1) Importation et circulation interprovinciale d'un aliment — En cas d'établissement — par règlement — d'une norme à l'égard d'un aliment et de non-conformité à celle-ci d'un article destiné à la vente et susceptible d'être confondu avec cet aliment, sont interdites, relativement à cet article, les opérations suivantes :

    a) son importation;

    b) son expédition, son transport ou son acceptation en vue de son transport interprovincial;

    c) sa possession en vue de son expédition ou de son transport interprovincial.

(2) Non-application — Les alinéas (1)*b)* et *c)* ne s'appliquent ni à celui qui exploite un moyen de transport servant au transport d'un aliment, ni à un transporteur dont le seul lien avec l'aliment est son transport, à moins que ces personnes n'aient pu, en supposant un effort raisonnable de leur part, se rendre compte du fait que le transport de cet aliment, que l'acceptation de cet aliment pour en faire le transport ou encore que la possession de cet aliment dans le but d'en effectuer le transport constituerait une contravention au paragraphe (1).

(3) Étiquetage d'un aliment importé ou déplacé d'une province à une autre — En cas d'établissement d'une norme réglementaire à l'égard d'un aliment, il est interdit d'étiqueter, d'emballer ou de vendre un aliment — ou d'en faire la publicité — de manière qu'il puisse être confondu avec l'aliment visé par la norme, à moins qu'il ne soit conforme à celle-ci, s'il entre dans l'une ou l'autre des catégories suivantes :

    a) il a été importé;

    b) il a été expédié ou transporté d'une province à une autre;

    c) il est destiné à être expédié ou transporté d'une province à une autre.

L.R.C. 1985, ch. 27 (3ᵉ suppl.), art. 1.

6.1 (1) Spécification d'une norme ou d'un élément particulier d'une norme par le gouverneur en conseil — En cas d'établissement d'une norme réglementaire à l'égard d'un aliment, le gouverneur en conseil peut, par règlement, spécifier que cette norme ou un élément particulier de celle-ci est nécessaire à la prévention d'un préjudice à la santé des consommateurs ou acheteurs de cet aliment.

(2) Cas où un élément particulier est spécifié — Dans les cas où, en application du paragraphe (1), le gouverneur en conseil spécifie soit une norme réglementaire à l'égard d'un aliment, soit un élément d'une telle norme, il est interdit d'étiqueter, d'emballer ou de vendre un aliment — ou d'en faire la publicité — de telle manière qu'il puisse être confondu avec l'aliment visé par la norme à moins qu'il ne soit conforme à cette norme ou cet élément.

L.R.C. 1985, ch. 27 (3ᵉ suppl.), art. 1.

7. Conditions non hygiéniques — Il est interdit de fabriquer, de préparer, de conserver, d'emballer ou d'emmagasiner pour la vente des aliments dans des conditions non hygiéniques.

Drogues

8. Vente interdite — Il est interdit de vendre des drogues qui, selon le cas :

a) ont été fabriquées, préparées, conservées, emballées ou emmagasinées dans des conditions non hygiéniques;

b) sont falsifiées.

9. (1) Fraude — Il est interdit d'étiqueter, d'emballer, de traiter, de préparer ou de vendre une drogue — ou d'en faire la publicité — d'une manière fausse, trompeuse ou mensongère ou susceptible de créer une fausse impression quant à sa nature, sa valeur, sa quantité, sa composition, ses avantages ou sa sûreté.

(2) Étiquetage ou emballage non réglementaire — La drogue qui n'est pas étiquetée ou emballée ainsi que l'exigent les règlements ou dont l'étiquetage ou l'emballage n'est pas conforme aux règlements est réputée contrevenir au paragraphe (1).

10. (1) Norme réglementaire — En cas d'établissement d'une norme réglementaire à l'égard d'une drogue, il est interdit d'étiqueter, d'emballer ou de vendre une substance — ou d'en faire la publicité — de manière qu'elle puisse être confondue avec la drogue, à moins qu'elle ne soit conforme à la norme.

(2) Normes de commerce — En cas d'absence de norme réglementaire à l'égard d'une drogue mais de mention d'une norme comparable dans une publication dont le nom figure à l'annexe B, il est interdit d'étiqueter, d'emballer ou de vendre une substance — ou d'en faire la publicité — de manière qu'elle puisse être confondue avec la drogue, à moins qu'elle ne soit conforme à la norme.

(3) Normes reconnues — En cas d'absence de norme réglementaire à l'égard d'une drogue et de non-mention d'une norme comparable dans une publication dont le nom figure à l'annexe B, la vente de cette drogue est interdite sauf si celle-ci :

a) d'une part, est conforme à la norme reconnue sous laquelle elle est vendue;

b) d'autre part, ne ressemble pas, d'une manière qui puisse tromper, à une drogue à l'égard de laquelle il existe une norme réglementaire ou une norme comparable mentionnée dans une publication dont le nom figure à l'annexe B.

11. Conditions non hygiéniques — Il est interdit de fabriquer, de préparer, de conserver, d'emballer ou d'emmagasiner pour la vente des drogues dans des conditions non hygiéniques.

12. Vente d'une drogue mentionnée à l'ann. C ou D — Il est interdit de vendre une drogue mentionnée à l'annexe C ou D à moins que le ministre n'ait, selon les modalités réglementaires, attesté que les locaux où la drogue a été fabriquée, ainsi que le procédé et les conditions de fabrication, sont propres à garantir que la drogue ne sera pas d'un usage dangereux.

13. Vente d'une drogue mentionnée à l'ann. E — Il est interdit de vendre une drogue mentionnée à l'annexe E à moins que le ministre n'ait, selon les modalités réglementaires, attesté que le lot d'où a été tirée la drogue n'était pas d'un usage dangereux.

14. (1) Échantillons — La distribution d'une drogue comme échantillon est interdite.

(2) Exception — Le paragraphe (1) ne s'applique pas à la distribution, dans des conditions réglementaires, d'échantillons de drogues à des médecins, dentistes, vétérinaires ou pharmaciens.

15. Vente d'une drogue mentionnée à l'ann. F — Il est interdit de vendre une drogue mentionnée à l'annexe F.

Cosmétiques

16. Vente interdite — Il est interdit de vendre un cosmétique qui, selon le cas :

a) contient une substance — ou en est recouvert — susceptible de nuire à la santé de l'usager qui en fait usage :

(i) soit conformément au mode d'emploi accompagnant le cosmétique,

(ii) soit à des fins et de façon normales ou habituelles;

b) est composé, en tout ou en partie, d'une substance malpropre ou décomposée ou d'une matière étrangère;

c) a été fabriqué, préparé, conservé, emballé ou emmagasiné dans des conditions non hygiéniques.

17. Norme réglementaire — En cas d'établissement d'une norme réglementaire à l'égard d'un cosmétique, il est interdit d'étiqueter, d'emballer ou de vendre un article — ou d'en faire la publicité — de manière qu'il puisse être confondu avec le cosmétique, à moins qu'il ne soit conforme à la norme.

18. Conditions non hygiéniques — Il est interdit de fabriquer, de préparer, de conserver, d'emballer ou d'emmagasiner pour la vente un cosmétique dans des conditions non hygiéniques.

Instruments

19. Vente interdite — Il est interdit de vendre un instrument qui, même lorsque employé conformément au mode d'emploi ou dans des conditions normales ou habituelles, peut porter atteinte à la santé de son acheteur ou de son usager.

20. (1) Fraude — Il est interdit d'étiqueter, d'emballer, de traiter, de préparer ou de vendre des instruments — ou d'en faire la publicité — d'une manière fausse, trompeuse ou mensongère ou susceptible de créer une fausse impression quant à leur conception, leur fabrication, leur efficacité, l'usage auquel ils sont destinés, leur nombre, leur nature, leur valeur, leur composition, leurs avantages ou leur sûreté.

(2) Étiquetage ou emballage non réglementaire — L'instrument qui n'est pas étiqueté ou emballé aqinsi que l'exigent les règlements ou dont l'étiquetage ou l'emballage n'est pas conforme aux règlements est réputé contrevenir au paragraphe (1).

21. Norme réglementaire — En cas d'établissement d'une norme réglementaire à l'égard d'un instrument, il est interdit d'étiqueter, d'emballer ou de vendre un article — ou d'en faire la publicité — de manière qu'il puisse être confondu avec l'instrument, à moins qu'il ne soit conforme à la norme.

PARTIE II — ADMINISTRATION ET CONTRÔLE D'APPLICATION

Inspection, saisie et confiscation

22. (1) Inspecteurs — Le ministre peut désigner quiconque à titre d'inspecteur pour l'application de la présente loi.

(2) Production du certificat — L'inspecteur reçoit un certificat en la forme fixée par le ministre ou le président de l'Agence canadienne d'inspection des aliments. Le certificat atteste la qualité de l'inspecteur, qui le présente, sur demande, au responsable de tout lieu visé au paragraphe 23(1).

1997, ch. 6, art. 63.

23. (1) Pouvoirs de l'inspecteur — Sous réserve du paragraphe (1.1), l'inspecteur peut, à toute heure convenable, procéder à la visite de tout lieu où, à son avis, sont fabriqués, préparés, conservés, emballés ou emmagasinés des articles visés par la présente loi ou ses règlements. Il peut en outre :

a) examiner ces articles et en prélever des échantillons, et examiner tout objet qui, à son avis, est utilisé — ou susceptible de l'être — pour la fabrication, la préparation, la conservation, l'emballage ou l'emmagasinage de semblables articles;

a.1) procéder à la visite de tout moyen de transport qui, à son avis est utilisé pour le transport d'un article visé par l'article 6 ou 6.1, examiner l'article qui s'y trouve et en prélever des échantillons;

b) ouvrir tout contenant ou emballage qui, à son avis, contient un article visé par la présente loi ou ses règlements;

c) examiner tout livre, registre ou autre document trouvé sur les lieux qui, à son avis, contient des renseignements sur un article visé par la présente loi ou ses règlements, et en faire la reproduction totale ou partielle;

d) saisir et retenir aussi longtemps que nécessaire tout article qui, à son avis, a servi ou donné lieu à une infraction à la présente loi ou à ses règlements.

L'avis de l'inspecteur doit dans tous les cas être fondé sur des motifs raisonnables.

(1.1) Mandat pour maison d'habitation — Dans le cas d'une maison d'habitation, l'inspecteur ne peut toutefois procéder à la visite sans l'autorisation de l'occupant que s'il est muni du mandat prévu au paragraphe (1.2).

(1.2) Délivrance du mandat — Sur demande *ex parte*, le juge de paix peut signer un mandat autorisant, sous réserve des conditions éventuellement fixées, l'inspecteur qui y est nommé à procéder à la visite d'une maison d'habitation s'il est convaincu, sur la foi d'une dénonciation sous serment, que sont réunis les éléments suivants :

a) les circonstances prévues au paragraphe (1) existent;

b) la visite est nécessaire pour l'application de la présente loi;

c) un refus a été opposé à la visite ou il y a des motifs raisonnables de croire que tel sera le cas.

(1.3) Usage de la force — L'inspecteur ne peut recourir à la force dans l'exécution du mandat que si celui-ci en autorise expressément l'usage et que si lui-même est accompagné d'un agent de la paix.

(2) Disposition interprétative — Pour l'application du paragraphe (1), sont compris parmi les articles visés par la présente loi ou ses règlements :

    a) les aliments, drogues, cosmétiques ou instruments;

    b) les objets utilisés pour la fabrication, la préparation, la conservation, l'emballage ou l'emmagasinage des articles visés à l'alinéa *a)*;

    c) le matériel servant à l'étiquetage ou à la publicité.

(3) Assistance à l'inspecteur — Le propriétaire ou le responsable du lieu visité, ainsi que quiconque s'y trouve, sont tenus de prêter à l'inspecteur toute l'assistance possible et de lui donner les renseignements qu'il peut valablement exiger.

        L.R.C. 1985, ch. 31 (1ᵉʳ suppl.), art. 11; ch. 27 (3ᵉ suppl.), art. 2.

24. (1) Entrave et fausses déclarations — Il est interdit d'entraver l'action de l'inspecteur dans l'exercice de ses fonctions ou de lui faire en connaissance de cause, oralement ou par écrit, une déclaration fausse ou trompeuse.

(2) Interdiction — Il est interdit, sans autorisation de l'inspecteur, de déplacer les articles saisis en application de la présente partie, ou d'en modifier l'état de quelque manière que ce soit.

25. Entreposage — Les articles saisis en application de la présente partie peuvent être entreposés sur les lieux par l'inspecteur; ils peuvent également, à son appréciation, être transférés dans un autre lieu.

26. Mainlevée de saisie — L'inspecteur, après avoir constaté que les dispositions de la présente loi et de ses règlements applicables à l'article qu'il a saisi en vertu de la présente partie ont été respectées, donne mainlevée de la saisie.

27. (1) Destruction sur consentement — Le propriétaire ou le dernier possesseur de l'article saisi en application de la présente partie peut consentir à sa destruction. L'article est dès lors confisqué au profit de Sa Majesté et il peut en être disposé, notamment par destruction, conformément aux instructions du ministre ou du ministre de l'Agriculture et de l'Agroalimentaire.

(2) Confiscation — En cas de déclaration de culpabilité de l'auteur d'une infraction à la présente loi ou à ses règlements, le tribunal ou le juge peut prononcer la confiscation, au profit de Sa Majesté, de l'article ayant servi ou donné lieu à l'infraction, ainsi que les objets de nature comparable dont l'auteur est le propriétaire ou le possesseur ou qui ont été trouvés avec cet article. Il peut dès lors être disposé de l'article et des objets conformément aux instructions du ministre ou du ministre de l'Agriculture et de l'Agroalimentaire.

(3) Ordonnance de confiscation — Sans préjudice du paragraphe (2), le juge d'une cour supérieure de la province où l'article a été saisi en application de la présente partie peut, à la demande de l'inspecteur, ordonner que soient confisqués au profit de Sa Majesté l'article et les objets de nature comparable trouvés avec cet article et qu'il en soit disposé conformément aux instructions du ministre ou du ministre de l'Agriculture et de l'Agroalimentaire. Cette ordonnance est subordonnée à la transmission du préavis prescrit par le juge aux personnes qu'il désigne et à la constatation, à l'issue de l'enquête qu'il estime nécessaire, du fait que l'article a servi ou donné lieu à une infraction à la présente loi ou à ses règlements.

L.C. 1992, ch. 1, art. 145; 1994, ch. 38, art. 19; 1995, ch. 1, art. 62(1); 1996, ch. 8, art. 23.2; 1997, ch. 6, art. 64.

Analyse

28. Analystes — Le ministre peut désigner quiconque à titre d'analyste pour l'application de la présente loi.

29. (1) Analyse et examen — L'inspecteur peut soumettre à l'analyste, pour analyse et examen, les articles qu'il a saisis ou des échantillons de ces articles ou les échantillons qu'il a lui-même prélevés.

(2) Certificat ou rapport — L'analyste peut, après analyse ou examen, délivrer un certificat ou un rapport où sont donnés ses résultats.

Règlements

30. (1) Règlements — Le gouverneur en conseil peut, par règlement, prendre les mesures nécessaires à l'application de la présente loi et, notamment :

a) déclarer qu'un aliment ou une drogue, ou une catégorie d'aliments ou de drogues, est falsifié si une substance ou catégorie de substances prévue par règlement s'y trouve, y a été ajoutée ou en a été extraite, ou en est absente;

b) régir, afin d'empêcher que l'acheteur ou le consommateur d'un article ne soit trompé sur sa conception, sa fabrication, son efficacité, l'usage auquel il est destiné, son nombre, sa nature, sa valeur, sa composition, ses avantages ou sa sûreté ou de prévenir des risques pour la santé de ces personnes, les questions suivantes :

(i) l'étiquetage et l'emballage ainsi que l'offre, la mise à l'étalage et la publicité, pour la vente, d'aliments, de drogues, de cosmétiques et d'instruments,

(ii) le volume, les dimensions, le remplissage et d'autres spécifications pour l'emballage des aliments, drogues, cosmétiques et instruments,

(iii) la vente ou les conditions de vente, de tout aliment, drogue, cosmétique ou instrument,

(iv) l'emploi de toute substance comme ingrédient entrant dans la fabrication d'un aliment, d'une drogue, d'un cosmétique ou d'un instrument;

c) établir des normes de composition, de force, d'activité, de pureté, de qualité ou d'autres propriétés d'un aliment, d'une drogue, d'un cosmétique ou d'un instrument;

d) régir l'importation d'aliments, de drogues, de cosmétiques et d'instruments, afin d'assurer le respect de la présente loi et de ses règlements;

e) prévoir le mode de fabrication, de préparation, de conservation, d'emballage, d'emmagasinage et d'examen de tout aliment, drogue, cosmétique ou instrument, dans l'intérêt de la santé de l'acheteur ou du consommateur de l'article ou afin de prévenir tout risque pour la santé de ces personnes;

f) enjoindre aux personnes qui vendent des aliments, des drogues, des cosmétiques ou des instruments de tenir les livres et registres qu'il juge nécessaires pour l'application et l'administration judicieuses de la présente loi et de ses règlements;

g) prévoir les modalités selon lesquelles sera donnée l'attestation du ministre dans le cadre de l'article 12, notamment les droits à payer, ainsi que les locaux ou procédés ou conditions de fabrication, notamment la compétence du personnel technique, qui doivent ou ne doivent pas être considérés comme appropriés à l'application de cet article;

h) exiger des fabricants de toute drogue mentionnée à l'annexe E qu'ils donnent, pour examen, un échantillon de chaque lot de la drogue et fixer les modalités selon lesquelles sera donnée l'attestation du ministre dans le cadre de l'article 13, notamment les droits à payer;

i) prévoir les pouvoirs et fonctions des inspecteurs et des analystes, ainsi que le prélèvement d'échantillons et la saisie, la rétention, la confiscation et l'aliénation d'articles;

j) exempter un aliment, une drogue, un cosmétique ou un instrument de l'application, en tout ou en partie, de la présente loi et fixer les conditions de l'exemption;

k) établir des formules pour l'application de la présente loi et de ses règlements;

l) prévoir l'analyse d'aliments, de drogues ou de cosmétiques autrement que pour l'application de la présente loi ainsi que le tarif des droits à payer pour ces analyses;

l.1) régir l'évaluation de l'effet sur l'environnement ou sur la vie et la santé humaines des rejets dans l'environnement de tout aliment, drogue, cosmétique ou instrument et les mesures à prendre préalablement à leur importation ou à leur vente;

m) modifier les annexes, dans l'intérêt de la santé de l'acheteur ou du consommateur d'un article ou afin de prévenir tout risque pour la santé de ces personnes;

n) régir la distribution ou les conditions de distribution des échantillons de toute drogue;

o) prévoir, pour l'application de la présente loi, une définition de « **drogue nouvelle** » ainsi que :

(i) les méthodes de fabrication, de préparation, de conservation, d'emballage, d'étiquetage, d'emmagasinage et d'examen de toute drogue nouvelle,

(ii) la vente ou les conditions de vente de toute drogue nouvelle;

p) autoriser que soit faite auprès du grand public de la publicité relative à des moyens anticonceptionnels et des drogues fabriquées ou vendues pour servir à prévenir la conception, ou présentées comme telles, et déterminer les circonstances et les conditions dans lesquelles ces moyens et ces drogues peuvent faire l'objet d'une telle publicité, ainsi que les personnes qui peuvent en être chargées.

(2) Règlements relatifs aux drogues fabriquées à l'étranger — Sans que soit limité le pouvoir conféré par toute autre disposition de la présente loi de prendre des règlements d'application de la présente loi ou d'une partie de celle-ci, le gouverneur en conseil peut, par règlement, selon qu'il l'estime nécessaire pour la protection du public à l'égard de l'innocuité et de la qualité d'une drogue ou catégorie de drogues fabriquée à l'extérieur du pays, régir, réglementer ou interdire :

a) l'importation d'une telle drogue ou catégorie de drogues;

b) la distribution ou la vente au pays, ou l'offre, la mise à l'étalage ou la possession, pour la vente au pays, d'une telle drogue ou catégorie de drogues.

(3) Règlements relatifs à l'Accord de libre-échange nord-américain et à l'Accord sur l'OMC — Sans que soit limité le pouvoir conféré par toute autre disposition de la présente loi de prendre des règlements d'application de la présente loi ou d'une partie de celle-ci, le gouverneur en conseil peut prendre, concernant les drogues, les règlements qu'il estime nécessaires pour la mise en oeuvre de l'article 1711 de l'Accord de libre-échange nord-américain ou du paragraphe 3 de l'article 39 de l'Accord sur les aspects des droits de propriété intellectuelle qui touchent au commerce figurant à l'annexe 1C de l'Accord sur l'OMC.

(4) Définitions — Les définitions qui suivent s'appliquent au paragraphe (3).

« **Accord de libre-échange nord-américain** » S'entend de l'Accord au sens du paragraphe 2(1) de la *Loi de mise en oeuvre de l'Accord de libre-échange nord-américain*.

« **Accord sur l'OMC** » S'entend de l'Accord au sens du paragraphe 2(1) de la *Loi de mise en oeuvre de l'Accord sur l'Organisation mondiale du commerce.*
> L.C. 1993, ch. 44, art. 158; 1994, ch. 47, art. 117; 1999, ch. 33, art. 347.

Infractions et peines

31. Contravention à la loi ou aux règlements — Sous réserve de l'article 31.1, quiconque contrevient à la présente loi ou aux règlements pris sous le régime de la présente partie commet une infraction et encourt, sur déclaration de culpabilité :

a) par procédure sommaire, pour une première infraction, une amende maximale de cinq cents dollars et un emprisonnement maximal de trois mois, ou l'une de ces peines et, en cas de récidive, une amende maximale de mille dollars et un emprisonnement maximal de six mois, ou l'une de ces peines;

b) par mise en accusation, une amende maximale de cinq mille dollars et un emprisonnement maximal de trois ans, ou l'une de ces peines.
> 1996, ch. 19, art. 77; 1997, ch. 6, art. 65, 91.

31.1 Infraction se rapportant à des aliments — Quiconque contrevient à une disposition de la présente loi ou des règlements d'application de la présente partie à l'égard d'aliments commet une infraction et encourt, sur déclaration de culpabilité :

a) par procédure sommaire, une amende maximale de 50 000 $ et un emprisonnement maximal de six mois, ou l'une de ces peines;

b) par mise en accusation, une amende maximale de 250 000 $ et un emprisonnement maximal de trois ans, ou l'une de ces peines.
> 1997, ch. 6, art. 66.

32. (1) Prescription — Les poursuites visant une infraction à la présente loi ou aux règlements punissable sur déclaration de culpabilité par procédure sommaire se prescrivent par deux ans à compter de la date à laquelle le ministre ou, dans le cas où l'infraction a trait à des aliments, le ministre de l'Agriculture et de l'Agroalimentaire a eu connaissance des éléments constitutifs de celle-ci.

[Il demeure entendu que la prescription de deux ans prévue au paragraphe 32(1) ne s'applique qu'à l'égard des infractions commises après l'entrée en vigueur de L.C. 1997, ch. 6, soit après le 1er avril 1997.]

(2) Certificat du ministre — Le certificat censé délivré par le ministre visé au paragraphe (1) et attestant la date à laquelle ces éléments sont venus à sa connaissance est admis en preuve sans qu'il soit nécessaire de prouver l'authenticité de la signature qui y est apposée ou la qualité officielle du signataire; sauf preuve contraire, il fait foi de son contenu.
> 1997, ch. 6, art. 66.

33. Ressort — La poursuite d'un infraction à la présente loi ou à ses règlements peut être intentée, entendue ou jugée au lieu de la perpétration de l'infraction, au lieu où a pris naissance l'objet de la poursuite, au lieu où l'accusé est appréhendé ou en tout lieu où il se trouve.

34. (1) Manque d'information — Sous réserve du paragraphe (2), dans une poursuite couvrant la vente d'un article en contravention à la présente loi — sauf les parties III et IV — ou les règlements pris sous le régime de la présente partie, l'accusé doit être acquitté s'il convainc le tribunal ou le juge :

    a) d'une part, qu'il a acheté l'article déjà emballé d'une autre personne et l'a vendu dans le même emballage et dans le même état qu'au moment de son achat;

    b) d'autre part, qu'il ne pouvait pas, en exerçant une diligence raisonnable, acquérir la certitude que la vente de l'article constituerait pareille contravention.

(2) Préavis — Le paragraphe (1) ne s'applique pas à une poursuite à moins que l'accusé, au moins dix jours avant la date fixée pour le procès, n'ait donné au poursuivant un préavis écrit de son intention de se prévaloir des dispositions de ce paragraphe et n'ait révélé au poursuivant les nom et adresse de la personne de qui il a acheté l'article, ainsi que la date de l'achat.

35. (1) Certificat de l'analyste — Dans les poursuites pour toute infraction visée à l'article 31 et sous réserve des autres dispositions du présent article, le certificat censé signé par l'analyste, où il est déclaré que celui-ci a analysé ou examiné tel article, tel échantillon ou telle substance et où sont donnés ses résultats, est admissible en preuve et, sauf preuve contraire, fait foi de son contenu sans qu'il soit nécessaire de prouver l'authenticité de la signature qui y est apposée ou la qualité officielle du signataire.

(2) Présence de l'analyste — La partie contre laquelle est produit le certificat peut, avec l'autorisation du tribunal, exiger la présence de l'analyste pour contre-interrogatoire.

(3) Préavis — Le certificat n'est recevable en preuve que si la partie qui entend le produire donne de son intention à la partie qu'elle vise, avant le procès, un préavis suffisant, accompagné d'une copie du certificat.

(4) Preuve de signification — Pour l'application de la présente loi, la signification de tout certificat mentionné au paragraphe (1) peut être prouvée oralement sous serment, par affidavit ou par déclaration solennelle de la personne qui a effectué la signification.

(5) Présence pour interrogatoire — Malgré le paragraphe (4), le tribunal peut exiger que la personne qui a signé l'affidavit ou la déclaration solennelle se présente devant lui pour interrogatoire ou contre-interrogatoire à l'égard de la preuve de la signification.

L.R.C. 1985, ch. 27 (1er suppl.), art. 192; 1996, ch. 19, art. 78.

36. (1) Preuve de la fabrication ou de la provenance — La preuve qu'un emballage contenant un article visé par la présente loi ou ses règlements portait un nom ou une adresse censé être le nom ou l'adresse de la personne qui l'a fabriqué ou emballé en fait foi, sauf preuve contraire, dans les poursuites pour infraction à la présente loi ou aux règlements pris sous le régime de la présente partie.

(2) Contravention par des agents ou mandataires — Dans les poursuites pour toute infraction visée au paragraphe (1), il suffit, pour prouver l'infraction, d'établir qu'elle a été commise par un agent ou un mandataire de l'accusé, que cet agent ou ce mandataire ait été ou non identifié ou poursuivi.

(3) Reproduction certifiée des registres — La reproduction, totale ou partielle, d'un registre certifiée conforme par l'inspecteur qui l'a faite sous l'autorité de l'alinéa 23(1)c) est admissible en preuve dans les poursuites pour toute infraction visée au paragraphe (1) et, sauf preuve contraire, fait foi de son contenu.

(4) Possession de substances adultérantes — Dans les poursuites pour infraction à la présente partie pour fabrication, pour vente, d'un aliment ou d'une drogue falsifié, s'il est établi que la personne poursuivie avait en sa possession ou dans ses locaux une substance dont l'addition à l'aliment ou à la drogue est déclarée, par règlement, causer la falsification, l'accusé doit prouver que l'aliment ou la drogue n'a pas été falsifié par l'addition de cette substance.

1996, ch. 19, art. 79.

Exportation

37. (1) Exemption — La présente loi ne s'applique pas aux aliments, drogues, cosmétiques ou instruments emballés qui sont fabriqués et vendus pour consommation à l'extérieur du pays si l'emballage porte clairement imprimé le mot « **Exportation** » ou « **Export** » et qu'il y a eu délivrance d'un certificat réglementaire attestant que l'emballage et son contenu n'enfreignent aucune règle de droit connue du pays auquel il est expédié ou destiné.

(2) [Abrogé, L.C. 1996, ch. 19, art. 80.]

L.C. 1993, ch. 34, art. 73; 1996, ch. 19, art. 80.

PARTIE III — DROGUES CONTRÔLÉES

[La Partie III de la Loi sur les aliments et drogues *a été abrogée le 14 mai 1997 par L.C. 1996, ch. 19, art. 81 intitulée* Loi réglementant certaines drogues et autres substances. *Nous continuons cependant de reproduire le texte de la Partie III puis-*

qu'il continue de recevoir application pour les infractions commises avant le 14 mai 1997.]

38. Définitions — Les définitions qui suivent s'appliquent à la présente partie :

« **drogue contrôlée** » Toute drogue ou autre substance énumérée à l'annexe G.

« **faire le trafic** » Le fait de fabriquer, vendre, exporter, importer, transporter ou livrer une drogue contrôlée en dehors du cadre prévu par la présente partie et ses règlements.

« **ordonnance** » À l'égard d'une drogue contrôlée, recommandation faite par un praticien qu'une quantité déterminée de celle-ci soit préparée à l'intention de la personne qui y est nommée.

« **possession** » La possession au sens du paragraphe 4(3) du *Code criminel.*

« **praticien** » Personne qui, en vertu des lois d'une province, est agréée et est autorisée à exercer dans cette province la profession de médecin, de dentiste ou de vétérinaire.

L.R.C. 1985, ch. 27 (1er suppl.), art. 193; Abrogé, L.C. 1996, ch. 19, art. 81.

38.1 (1) Défaut de divulguer les ordonnances antérieures — Nul ne peut obtenir ou chercher à obtenir d'un praticien une drogue contrôlée ou une ordonnance pour une drogue contrôlée sans lui donner toutes précisions sur les drogues contrôlées ou ordonnances pour drogues controlées qui lui ont été remises par un autre praticien dans les trente jours précédents.

(2) Infraction et peine — Quiconque contrevient au paragraphe (1) :

a) soit commet un acte criminel et encourt une amende maximale de cinq mille dollars et un emprisonnement maximal de trois ans;

b) soit commet une infraction punissable sur déclaration de culpabilité par procédure sommaire et encourt :

(i) pour une première infraction, une amende maximale de mille dollars ou un emprisonnement maximal de six mois,

(ii) pour une infraction subséquente, une amende maximale de deux mille dollars ou un emprisonnement maximal de un an.

(3) Prescription — Les poursuites visant une infraction prévue au présent article et punissable sur déclaration de culpabilité par procédure sommaire se prescrivent par un an à compter de sa perpétration.

L.R.C. 1985, ch. 27 (1er suppl.), art. 194; Abrogé, L.C. 1996, ch. 19, art. 81.

39. (1) Trafic des drogues contrôlées — Il est interdit de faire le trafic d'une drogue contrôlée ou d'une substance présentée ou offerte comme telle.

(2) Possession en vue du trafic — La possession d'une drogue contrôlée en vue d'en faire le trafic est interdite.

(3) Infractions et peines — Quiconque contrevient au paragraphe (1) ou (2) commet une infraction et encourt, sur déclaration de culpabilité :

    a) par procédure sommaire, un emprisonnement maximal de dix-huit mois;

    b) par mise en accusation, un emprisonnement maximal de dix ans.

Abrogé, L.C. 1996, ch. 19, art. 81.

40. (1) Procédure pour possession en vue du trafic — Dans les poursuites pour infraction au paragraphe 39(2) où l'accusé plaide non coupable, le procès se déroule comme si la question en litige était celle de savoir si l'accusé était en possession d'une drogue contrôlée.

(2) Idem — Sous le régime du paragraphe (1), le tribunal détermine alors si l'accusé était ou non en possession d'une drogue contrôlée; dans la négative, il acquitte l'accusé; dans l'affirmative, il donne l'occasion, d'abord à l'accusé de démontrer que son intention n'était pas de faire le trafic d'une drogue contrôlée, ensuite au poursuivant de faire la preuve contraire.

(3) Idem — L'accusé qui démontre, sous le régime du paragraphe (2), que bien qu'en possession de la drogue contrôlée, il n'avait pas l'intention de se livrer au trafic, doit être acquitté de cette accusation; dans le cas contraire, il est déclaré coupable de l'infraction figurant à l'acte d'accusation et condamné à la peine correspondante.

Abrogé, L.C. 1996, ch. 19, art. 81.

41. (1) Mention d'une exception, etc. — Dans les poursuites visant l'une des infractions prévues à l'article 39 de la présente loi, ou engagées sous le régime des articles 463, 464 ou 465 du *Code criminel* et relatives à l'une de ces infractions, il n'est pas nécessaire que soit énoncée ou niée, selon le cas, une exception, exemption, excuse ou réserve, prévue par le droit, dans la dénonciation ou l'acte d'accusation.

(2) Fardeau de la preuve — Dans les poursuites sous le régime de la présente partie, il incombe à l'accusé de prouver qu'une exception, exemption, excuse ou réserve, prévue par le droit, joue en sa faveur; quant au poursuivant, il n'est pas tenu, si ce n'est à titre de réfutation, de prouver que l'exception, l'exemption, l'excuse ou la réserve ne joue pas en faveur de l'accusé, qu'elle soit ou non énoncée dans la dénonciation ou l'acte d'accusation.

Abrogé, L.C. 1996, ch. 19, art. 81.

42. (1) Perquisition — L'agent de la paix qui croit, pour des motifs raisonnables, à la présence d'une drogue contrôlée ayant servi ou donné lieu à la perpétration d'une infraction à la présente partie peut, à tout moment, perquisitionner sans mandat; toutefois, dans le cas d'une maison d'habitation, il lui faut un mandat de perquisition délivré à cet effet en vertu du paragraphe (3).

(2) Fouille et saisie — L'agent de la paix peut, dans le lieu perquisitionné en application du paragraphe (1), saisir, d'une part, une drogue contrôlée et, d'autre part, un objet susceptible de servir à prouver la perpétration d'une infraction à la présente partie. La perquisition du lieu inclut la fouille d'une personne qui s'y trouve.

(3) Mandat de perquisition — Le juge de paix qui est convaincu, sur la foi d'une dénonciation sous serment, qu'il existe des motifs raisonnables de croire à la présence, dans une maison d'habitation, d'une drogue contrôlée ayant servi ou donné lieu à la perpétration d'une infraction à la présente partie peut signer un mandat de perquisition autorisant l'agent de la paix qui y est nommé à pénétrer dans la maison d'habitation pour y chercher des drogues contrôlées.

(4) [Abrogé, L.R.C. 1985, ch. 27 (1er suppl.), art. 195.]

(5) Usage de la force — Dans l'exercice des pouvoirs que lui confère le présent article, l'agent de la paix peut, avec l'assistance qu'il estime nécessaire, forcer l'entrée du lieu perquisitionné et y fracturer tout élément de la construction ou objet s'y trouvant.

L.R.C. 1985, ch. 27 (1er suppl.), art. 195; Abrogé, L.C. 1996, ch. 19, art. 81.

43. (1) Demande de restitution — Les objets saisis peuvent être réclamés au moyen d'une demande de restitution présentée, après préavis réglementaire à la Couronne, dans les deux mois de la saisie à un juge de la cour provinciale dans le ressort duquel celle-ci a eu lieu.

(2) Ordonnance de restitution immédiate — Sous reserve de l'article 44, le juge de la cour provinciale ordonne la restitution de l'objet saisi au demandeur s'il est convaincu, après audition de la demande, que le demandeur a droit à la possession de l'objet saisi et que celui-ci n'est pas susceptible de servir de preuve dans une poursuite pour infraction à la présente partie.

(3) Ordonnance de restitution différée — S'il est convaincu que le demandeur a droit à la possession de l'objet saisi mais estime que l'objet est susceptible de servir de preuve dans une poursuite pour infraction à la présente partie, le juge de la cour provinciale ordonne de différer la restitution :

    a) soit, en l'absence de poursuite, jusqu'à l'expiration d'un délai de quatre mois après la saisie;

    b) soit, en cas contraire, jusqu'à l'issue de la poursuite.

(4) Disposition en l'absence de réclamation ou d'ordonnance — Lorsqu'il n'est pas réclamé dans les deux mois de la saisie ou ne fait pas l'objet d'une ordonnance de restitution après audition d'une demande à cet effet, l'objet saisi est :

a) dans le cas d'une drogue controlée, remis au ministre qui peut en disposer à sa guise;

b) dans les autres cas, remis, pour qu'il en soit disposé conformément à la loi :

(i) soit au procureur général ou au solliciteur général de la province où les poursuites relatives à l'infraction ont été intentées, s'il a été saisi relativement à cette infraction et si les poursuites ont été intentées à la demande du gouvernement de cette province et menées par ce dernier en son nom,

(ii) soit au ministre des Travaux publics et des Services gouvernementaux dans tout autre cas

L.R.C. 1985, ch. 27 (1ᵉʳ suppl.), art. 203; L.C. 1993, ch. 37, art. 22; 1996, ch. 16, art. 60; Abrogé, L.C. 1996, ch. 19, art. 81.

44. Confiscation sur déclaration — L'objet — drogue contrôlée ou argent ayant permis son achat — qui, ayant servi ou donné lieu à la perpétration d'une infraction à la présente partie, a été saisi en application de la présente partie est, sur déclaration de culpabilité de l'auteur de l'infraction :

a) dans la cas d'une drogue controlée, confisqué au profit de Sa Majesté du Canada pour en être remis au ministre qui peut en disposer à sa guise;

b) dans le cas de l'argent :

(i) confisqué au profit de Sa Majesté du chef de la province où les poursuites relatives à l'infraction ont été intentées et remis au procureur général ou au solliciteur général pour qu'il en dispose en conformité avec la loi, s'il a été saisi relativement à cette infraction et si les poursuites ont été intentées à la demande du gouvernement de cette province et menées par ce dernier ou en son nom,

(ii) confisqué au profit de Sa Majesté du chef du Canada et remis au ministre des Travaux publics et des Services gouvernementaux pour qu'il en dispose en conformité avec la loi, dans tout autre cas.

L.C. 1993, ch. 37, art. 23; 1996, ch. 16, art. 60; Abrogé, L.C. 1996, ch. 19, art. 81.

44.1. Règle d'interprétation — Pour l'application des articles 44.2 à 44.4, la mention d'une infraction prévue aux articles 39, 44.2 ou 44.3 vaut également mention du complot ou de la tentative de commettre une telle infraction ainsi que de la complicité après le fait à l'égard de celle-ci ou du fait de conseiller à une personne de la commettre.

L.R.C. 1985, ch. 42 (4ᵉ suppl.), art. 9; Abrogé, L.C. 1996, ch. 19, art. 81.

44.2 (1) Possession de biens obtenus par la perpétration d'une infraction — Commet une infraction quiconque a en sa possession des biens ou leurs produits sachant qu'ils ont été obtenus ou proviennent, en totalité ou en partie, directement ou indirectement :

　　a) soit de la perpétration, au Canada, d'une infraction prévue à l'article 39;

　　b) soit d'un acte ou d'une omission survenu à l'extérieur du Canada et qui, au Canada, aurait constitué une infraction prévue à l'article 39.

(2) Peine — Quiconque commet l'infraction visée au paragraphe (1) est coupable :

　　a) lorsque la valeur de l'objet à l'égard duquel l'infraction a été commise dépasse mille dollars, d'un acte criminel et est passible d'un emprisonnement maximal de dix ans;

　　b) lorsque la valeur de l'objet à l'égard duquel l'infraction a été commise ne dépasse pas mille dollars :

　　　　(i) soit d'un acte criminel et est passible d'un emprisonnement maximal de deux ans,

　　　　(ii) soit d'une infraction punissable sur déclaration de culpabilité par procédure sommaire.
　　　　　　L.R.C. 1985, ch. 42 (4ᵉ suppl.), art. 9; Abrogé, L.C. 1996, ch. 19, art. 81.

44.3 (1) Recyclage des produits de la criminalité — Commet une infraction quiconque — de quelque façon que ce soit — utilise, enlève, envoie, livre à une personne ou à un endroit, transporte, modifie ou aliène des biens ou leurs produits — ou en transfère la possession — dans l'intention de les cacher ou de les convertir sachant qu'ils ont été obtenus ou proviennent, en totalité ou en partie, directement ou indirectement :

　　a) soit de la perpétration, au Canada, d'une infraction prévue à l'article 39;

　　b) soit d'un acte ou d'une omission survenu à l'extérieur du Canada et qui, au Canada, aurait constitué une infraction prévue à l'article 39.

(2) Peine — Quiconque commet l'infraction prévue au paragraphe (1) est coupable :

　　a) soit d'un acte criminel et passible d'un emprisonnement maximal de dix ans;

　　b) soit d'une infraction punissable sur déclaration de culpabilité par procédure sommaire.
　　　　　　L.R.C. 1985, ch. 42 (4ᵉ suppl.), art. 9; Abrogé, L.C. 1996, ch. 19, art. 81.

44.4 (1) Application de la partie XII.2 du *Code criminel* — Les articles 462.3 et 462.32 à 462.5 du *Code criminel* s'appliquent, compte tenu des adaptations de circonstance, aux procédures engagées à l'égard des infractions prévues aux articles 39, 44.2 ou 44.3.

(2) Idem — Pour l'application du paragraphe (1) :

a) la mention, aux articles 462.37 ou 462.38 ou au paragraphe 462.41(2) du *Code criminel*, d'une infraction de criminalité organisée vaut mention d'une infraction prévue à l'article 39, 44.2 ou 44.3;

b) pour ce qui est de la façon de disposer des biens confisqués, la mention, aux paragraphes 462.37(1) ou 462.38(2), à l'alinéa 462.43c) ou à l'article 462.5 du *Code criminel*, du procureur général vaut mention :

(i) soit du procureur général ou du solliciteur général de la province où les poursuites relatives à l'infraction ont été intentées, si le bien a été confisqué relativement à cette infraction et si les poursuites ont été intentées à la demande du gouvernement de cette province et menées par ce dernier ou en son nom,

(ii) soit du ministre des Travaux publics et des Services gouvernementaux dans tout autre cas.

L.R.C. 1985, ch. 42 (4ᵉ suppl.), art. 9; L.C. 1993, ch. 37, art. 24; 1996, ch. 16, art. 60;
Abrogé, L.C. 1996, ch. 19, art. 81.

45. (1) Règlements — Le gouverneur en conseil peut, par règlement, prendre les mesures nécessaires à l'application de la présente partie et, notamment :

a) autoriser la fabrication, la vente, l'importation, le transport, la livraison ou autre forme de négoce de drogues contrôlées et déterminer les circonstances et les conditions dans lesquelles ces opérations peuvent être exécutées ainsi que les personnes qui peuvent les effectuer;

b) prévoir la délivrance de permis d'importation, de fabrication ou de vente de drogues contrôlées;

c) déterminer la forme, la durée et les modalités de tout permis visé à l'alinéa *b)*, ainsi que les droits y afférents, et en prévoir l'annulation et la suspension;

d) enjoindre aux personnes qui importent, fabriquent, vendent, administrent des drogues contrôlées, ou en font le négoce, de tenir les livres et registres qu'il juge nécessaires pour l'administration et l'application judicieuses de la présente partie et des règlements pris sous son régime et leur enjoindre en outre de faire les déclarations, et de fournir les renseignements, concernant ces drogues, qu'il peut exiger;

e) autoriser la communication de tout renseignement obtenu en application de la présente partie ou de ses règlements aux autorités provinciales officiellement chargées de la délivrance des permis;

f) prévoir l'imposition d'une amende maximale de cinq cents dollars et d'un emprisonnement maximal de six mois, ou de l'une de ces peines, sur déclaration de culpabilité par procédure sommaire à titre de peine pour contravention à tout règlement.

(2) Modification de l'ann. G — Le gouverneur en conseil peut modifier l'annexe G selon ce qu'il juge nécessaire dans l'intérêt public.

Abrogé, L.C. 1996, ch. 19, art. 81.

PARTIE IV — DROGUES D'USAGE RESTREINT

[La Partie IV de la Loi sur les aliments et drogues a été abrogée le 14 mai 1997 par L.C. 1996, ch. 19, art. 81 intitulée Loi réglementant certaines drogues et autres substances. Nous continuons cependant de reproduire le texte de la Partie IV puisqu'il continue de recevoir application pour les infractions commises avant le 14 mai 1997.]

46. Définitions — Les définitions qui suivent s'appliquent à la présente partie.

« drogue d'usage restreint » Toute drogue ou autre substance énumérée à l'annexe H.

« faire le trafic » Le fait de fabriquer, vendre, exporter, importer, transporter ou livrer une drogue d'usage restreint en dehors du cadre prévu par la présente partie et les règlements.

« possession » La possession au sens du paragraphe 4(3) du *Code criminel*.

« règlements » Règlements pris en application de l'article 51.

Abrogé, L.C. 1996, ch. 19, art. 81.

47. (1) Possession d'une drogue d'usage restreint — Sauf autorisation prévue par la présente partie ou les règlements, il est interdit d'avoir en sa possession une drogue d'usage restreint.

(2) Infraction et peine — Quiconque contrevient au paragraphe (1) commet une infraction et encourt, sur déclaration de culpabilité :

a) par procédure sommaire, pour une première infraction, une amende maximale de mille dollars et un emprisonnement maximal de six mois, ou l'une de ces peines et, en cas de récidive, une amende maximale de deux mille dollars et un emprisonnement maximal d'un an, ou l'une de ces peines;

b) par mise en accusation, une amende maximale de cinq mille dollars et un emprisonnement maximal de trois ans, ou l'une de ces peines.

Abrogé, L.C. 1996, ch. 19, art. 81.

48. (1) Trafic des drogues d'usage restreint — Il est interdit de faire le trafic d'une drogue d'usage restreint ou d'une substance présentée ou offerte comme telle.

(2) Possession en vue du trafic — La possession d'une drogue d'usage restreint en vue d'en faire le trafic est interdite.

(3) Infractions et peines — Quiconque contrevient au paragraphe (1) ou (2) commet une infraction et encourt, sur déclaration de culpabilité :

    a) par procédure sommaire, un emprisonnement maximal de dix-huit mois;

    b) par mise en accusation, un emprisonnement maximal de dix ans.

Abrogé, L.C. 1996, ch. 19, art. 81.

49. (1) Procédure pour possession en vue du trafic — Dans les poursuites pour infraction au paragraphe 48(2) où l'accusé plaide non coupable, le procès se déroule comme si la question en litige était celle de savoir si l'accusé était en possession d'une drogue d'usage restreint contrairement au paragraphe 47(1).

(2) Idem — Sous le régime du paragraphe (1), le tribunal détermine alors si l'accusé était ou non en possession d'une drogue d'usage restreint; dans la négative, il acquitte l'accusé; dans l'affirmative, il donne l'occasion, d'abord à l'accusé de démontrer que son intention n'était pas de faire le trafic d'une drogue d'usage restreint, ensuite au poursuivant de faire la preuve contraire.

(3) Idem — L'accusé qui démontre, sous le régime du paragraphe (2), que bien qu'en possession de la drogue d'usage restreint, il n'avait pas l'intention de se livrer au trafic, doit être acquitté de cette accusation et déclaré coupable seulement d'une infraction au paragraphe 47(1), pour laquelle il est alors condamné à la peine qui y est prévue; dans le cas contraire, il est déclaré coupable de l'infraction figurant à l'acte d'accusation et condamné à la peine correspondante.

Abrogé, L.C. 1996, ch. 19, art. 81.

50. (1) Mention d'une exception, etc. — Dans les poursuites visant l'une des infractions prévues à la présente partie, ou engagées sous le régime des articles 463, 464 ou 465 du *Code criminel* et relatives à l'une de ces infractions, il n'est pas nécessaire que soit énoncée ou niée, selon le cas, une exception, exemption, excuse ou réserve, prévue par le droit, dans la dénonciation ou l'acte d'accusation.

(2) Fardeau de la preuve — Dans les poursuites sous le régime de la présente partie, il incombe à l'accusé de prouver qu'une exception, exemption, excuse ou réserve, prévue par le droit, joue en sa faveur; quant au poursuivant, il n'est pas tenu, si ce n'est à titre de réfutation, de prouver que l'exception, l'exemption, l'excuse ou la réserve ne joue pas en faveur de l'accusé, qu'elle soit ou non énoncée dans la dénonciation ou l'acte d'accusation.

Abrogé, L.C. 1996, ch. 19, art. 81.

50.1 Règle d'interprétation — Pour l'application de l'article 44.4 dans la mesure où il s'applique, en vertu de l'article 51, à la présente partie, ainsi que des articles 50.2 à 51, la mention d'une infraction prévue aux articles 48, 50.2 ou 50.3 vaut également mention du complot ou de la tentative de commettre une telle infraction ainsi que de la complicité après le fait à l'égard de celle-ci ou du fait de conseiller à une personne de la commettre.

L.R.C. 1985, ch. 42 (4ᵉ suppl.), art. 10; Abrogé, L.C. 1996, ch. 19, art. 81.

50.2 (1) Possession de biens obtenus par la perpétration d'une infraction — Commet une infraction quiconque — de quelque façon que ce soit — a en sa possession des biens ou leurs produits sachant qu'ils ont été obtenus ou proviennent, en totalité ou en partie, directement ou indirectement :

a) soit de la perpétration, au Canada d'une infraction prévue à l'article 48;

b) soit d'un acte ou d'une omission survenu à l'extérieur du Canada et qui, au Canada, aurait constitué une infraction prévue à l'article 48.

(2) Peine — Quiconque commet l'infraction visée au paragraphe (1) est coupable :

a) lorsque la valeur de l'objet à l'égard duquel l'infraction a été commise dépasse mille dollars, d'un acte criminel et est passible d'un emprisonnement maximal de dix ans;

b) lorsque la valeur de l'objet à l'égard duquel l'infraction a été commise ne dépasse pas mille dollars :

(i) soit d'un acte criminel et est passible d'un emprisonnement maximal de deux ans,

(ii) soit d'une infraction punissable sur déclaration de culpabilité par procédure sommaire.

L.R.C. 1985, ch. 42 (4ᵉ suppl.), art. 10; Abrogé, L.C. 1996, ch. 19, art. 81.

50.3 (1) Recyclage des produits de la criminalité — Commet une infraction quiconque — de quelque façon que ce soit — utilise, enlève, envoie, livre à une personne ou à un endroit, transporte, modifie ou aliène des biens ou leurs produits — ou en transfère la possession — dans l'intention de les cacher ou de les convertir sachant qu'ils ont été obtenus ou proviennent, en totalité ou en partie, directement ou indirectement :

a) soit de la perpétration, au Canada, d'une infraction prévue à l'article 48;

b) soit d'un acte ou d'une omission survenu à l'extérieur du Canada et qui, au Canada, aurait constitué une infraction prévue à l'article 48.

(2) Peine — Quiconque commet l'infraction prévue au paragraphe (1) est coupable :

a) soit d'un acte criminel et passible d'un emprisonnement maximal de dix ans;

b) soit d'une infraction punissable sur déclaration de culpabilité par procédure sommaire.

L.R.C. 1985, ch. 42 (4ᵉ suppl.), art. 10; Abrogé, L.C. 1996, ch. 19, art. 81.

51. (1) Application de certains articles — Les articles 42 à 44, 44.4, et 45 s'appliquent à la présente partie.

(2) Idem — Pour l'application du paragraphe (1) :

a) il faut substituer « **drogue d'usage restreint** » à « **drogue contrôlée** » là où cette expression est utilisée dans les articles qui y sont indiqués;

b) de la même façon, une mention dans les articles qui y sont indiqués :

(i) de l'« **annexe G** » est censée en être une de l'annexe H,

(ii) de la « **présente partie** » est censée en être une de la partie IV;

c) la mention, à l'article 44.4 ou dans une disposition du *Code criminel* qui y est indiquée :

(i) d'une infraction prévue aux articles 39, 44.2 ou 44.3 vaut mention d'une infraction prévue aux articles 48, 50.2 ou 50.3,

(ii) de la « **présente partie** » vaut mention de la partie IV.

(3) Règlements supplémentaires — En sus des règlements prévus par le paragraphe (1), le gouverneur en conseil peut en prendre pour autoriser la possession ou l'exportation de drogues d'usage restreint et déterminer les circonstances et les conditions dans lesquelles la possession ou l'exportation de drogues d'usage restreint sont autorisées, ainsi que les personnes qui peuvent avoir en leur possession de telles drogues ou en exporter.

L.R.C. 1985, ch. 42 (4e suppl.), art. 11; Abrogé, L.C. 1996, ch. 19, art. 81.

ANNEXE A

(article 3)

Alcoolisme

Alcoholism

Alopécie

Alopecia

Appendicite

Appendicitis

Artériosclérose

Arteriosclerosis

Arthrite

Arthritis

Asthme

Asthma

Cancer

Cancer

Coeur (maladies)

Heart disease

Convulsions

Convulsions

Dépression

Depression

Diabète

Diabetes

Dysenterie

Dysentery

Épilepsie

Epilepsy

États d'angoisse

Anxiety state

Gangrène

Gangrene

Glande thyroïdienne (affections)

Thyroid disease

Glaucome

Glaucoma

Goutte

Gout

Hernie

Hernia

Hypertension

Hypertension

Hypotension

Hypotension

Impétigo

Impetigo

Impuissance sexuelle

Sexual impotence

Leucémie

Leukemia

Maladie thrombotique et embolies

Thrombotic and Embolic disorders

Maladies vénériennes

Venereal disease

Nausées et vomissements de la grossesse

Nausea and vomiting of pregnancy

Obésité

Obesity

Oedème

Edematous state

Pleurésie

Pleurisy

Prostate (maladies)

Disease of the prostate

Reins (maladies)

Kidney disease

Rhumatisme articulaire aigu

Rheumatic fever

Septicémie

Septicemia

Troubles du flot menstruel

Disorder of menstrual flow

Tumeurs

Tumor

Ulcère des voies gastro-intestinales

Ulcer of the gastro-intestinal tract

Vésicule biliaire (maladies)

Gall bladder disease

Vessie (maladies)

Bladder disease
DORS/88-252; DORS/89-503; DORS/90-655; DORS/92-198; DORS/94-287.

ANNEXE B

(articles 10 et 30)

Les éditions les plus récentes des normes suivantes, y compris leurs errata, suppléments, révisions et additions :

Article	Colonne I Nom	Colonne II Abreviation
1.	Pharmacopée européenne	(Ph.Eur.)
2.	Pharmacopée française	(Ph.f)
3.	Pharmacopoeia Internationalis	(Ph.I.)
4.	The British Pharmacopoeia	(B.P.)
5.	The Canadian Formulary	(C.F.)
6.	The National Formulary	(N.F.)
7.	The Pharmaceutical Codex: Principles and Practices of Pharmaceuticals	
8.	The United States Pharmacopeia	(U.S.P.)

DORS/85-276; DORS/89-315; DORS/90-160; DORS/94-288; DORS/95-530; DORS/96-96.

ANNEXE C

(article 12)

Drogues, autres que les radionucléides, vendues pour être employées dans la préparation de produits pharmaceutiques radioactifs ou présentées comme pouvant servir à cette fin

Produits pharmaceutiques radioactifs

ANNEXE D

(article 12)

Agents immunisants

Anticorps monoclonaux et leurs dérivés et conjugués

Aprotinine

Cholécystokinine

Disques et comprimés de sensibilité

Drogues obtenues par des procédures de recombinaison de l'ADN

Drogues, sauf les antibiotiques, préparées à partir de micro-organismes

Extraits hypophysaires (lobe antérieur)

Glucagon

Gonadotrophines

Insuline

Interféron

Plasma humain prélevé par plasmaphérèse

Sang et dérivés du sang

Sécrétine

Substance allergènes utilisées pour le traitement ou le diagnostic d'affections allergiques ou immunitaires

Urokinase

Venin de serpent

DORS/85-715; DORS/89-177; DORS/93-64.

ANNEXE E

(articles 13 et 30)

[Omis]

DORS/77-824; DORS/82-769.

ANNEXE F

(article 15)

[Omis]

DORS/84-566.

ANNEXE G

[L'Annexe G de la Loi sur les aliments et drogues *a été abrogée le 14 mai 1997 par L.C. 1996, ch. 19, art. 82 intitulée* Loi réglementant certaines drogues et autres substances. *Nous continuons cependant de reproduire le texte de l'Annexe G puisqu'il continue de recevoir application pour les infractions commises avant le 14 mai 1997.]*

(articles 30, 38, 45 et 51)

Acide barbiturique, ses sels et ses dérivés

Amphétamine et ses sels

Androisoxazole

Androstanolone

Androstènediol et ses dérivés

Benzphétamine et ses sels

Bolandiol et ses dérivés

Bolastérone

Bolazine

Boldénone et ses dérivés

Bolénol

Butorphanolet et ses sels

Calustérone

Chlorphentermine et ses sels

Clostébol et ses dérivés

Diéthylpropion et ses sels

Drostanolone et ses dérivés

Énestébol

Épitiostanol

Éthylestrénol

Fluoxymestérone

Formébolone

Furazabol

Hydroxy-4 nor-19 testostérone et ses dérivés

Mébolazine

Mésabolone

Mestérolone

Métandiénone

Méténolone et ses dérivés

Méthamphétamine et ses sels

Méthandriol

Méthaqualone et ses sels

Méthylphenidate et ses sels

Méthyltestostérone et ses dérivés

Métribolone

Mibolérone

Nalbuphine et ses sels

Nandrolone et ses dérivés

Norbolétone

Norclostébol et ses dérivés

Noréthandrolone

Oxabolone et ses dérivés

Oxandrolone

Oxymestérone

Oxymétholone

Phendimétrazine et ses sels

Phenmétrazine et ses sels

Phentermine et ses sels

Prastérone

Quinbolone

Stanozolol

Stenbolone et ses dérivés

Testostérone et ses dérivés

Thiobarbiturique (acide), ses sels et dérivés

Tibolone

Tiomestérone

Trenbolone et ses dérivés

Zéranol

DORS/92-387; Abrogée, L.C. 1996, ch. 19, art. 81.

ANNEXE H

[L'Annexe H de la Loi sur les aliments et drogues *a été abrogée le 14 mai 1997 par L.C. 1996, ch. 19, art. 82 intitulée* Loi réglementant certaines drogues et autres substances. *Nous continuons cependant de reproduire le texte de l'Annexe H puisqu'il continue de recevoir application pour les infractions commises avant le 14 mai 1997.]*

(articles 30, 46 et 51)

Diéthylamide de l'acide lysergique (LSD) ou tout sel de cette substance

N,N-Diéthyltryptamine (DET) ou tout sel de cette substance

N,N-Diméthyltryptamine (DMT) ou tout sel de cette substance

4-Méthyl-2,5-diméthoxyamphétamine (STP(DOM)) ou tout sel de cette substance

3,4-méthylènedioxyamphétamine (MDA) ou tout sel de cette substance

N-méthyl-3-pipéridyl benzilate (LBJ) ou tout sel de cette substance

2,3-diméthoxyamphétamine ou l'un de ses sels

2,4-diméthoxyamphétamine ou l'un de ses sels

2,5-diméthoxyamphétamine ou l'un de ses sels

2,6-diméthoxyamphétamine ou l'un de ses sels

3,4-diméthoxyamphétamine ou l'un de ses sels

3,5-diméthoxyamphétamine ou l'un de ses sels

4,9-dihydro-7-methoxy-1-methyl-3H-pyrido (3,4-b) indole (Harmaline) et ses sels

4,9-dihydro-1-methyl-3H-pyrido (3,4-b) indol-7-ol (Harmalol) et ses sels

4-méthoxyamphétamine ou l'un de ses sels

3-[2(diméthylamino) éthyle]-4-hydroxyindole (Psilocine) ou l'un de ses sels

Dihydrogénophosphate de 3-(diméthylamino-2 éthyle)-4-indole (Psilocybine) ou l'un de ses sels

2,4,5-Triméthoxyamphétamine ou l'un de ses sels, isomères, ou sels d'isomères

3,4-méthylènedioxy-N-méthylamphétamine ou l'un de ses sels

N-(phényl-1-cyclohexyl) éthylamine ou l'un de ses sels

4-bromo-2,5-diméthoxyamphétamine ou l'un de ses sels

[cyclohexyl (thiényl-2)-1] pipéridine-1 et ses sels

phényl-1, N-propylcyclohexanamine ou l'un de ses sels

3,4,5-triméthoxybenzèneéthanamine (mescaline) ou l'un de ses sels, sauf le peyotl (lophophora)

éthoxy-4 diméthoxy-2,5 méthyl-αbenzèneéthanamine ou l'un de ses sels, isomères ou sels d'isomères

méthoxy-7 méthyl-αbenzodioxole-1,3 éthanamine-5 (MMDA) ou l'un de ses sels, isomères ou sels d'isomères

triméthyl-N,N,αbenzodioxole-1,3 éthanamine-5 ou l'un de ses sels, isomères ou sels d'isomères

éthyl-N méthyl-αbenziodoxole-1,3 éthanamine-5 ou l'un de ses sels, isomères ou sels d'isomères

éthyl-4 diméthoxy-2,5 méthyl-αbenzèneéthanamine (DOET) ou l'un de ses sels, isomères ou sels d'isomères

éthoxy-4 méthyl-αbenzèneéthanamine ou l'un de ses sels, isomères ou sels d'isomères chloro-4 diméthoxy-2, 5 méthyl-αbenzèneéthanamine ou l'un de ses sels, isomères ou sels d'isomères

dihydro-4,5 méthyl-4 phényl-5 oxazolamine-2 (méthyl-4 aminorex) ou l'un de ses sels

éthyl-N méthyl-αbenzèneéthanamine ou l'un de ses sels

méthyl-α-propyl-N benzodioxole-1,3 éthanamine-5 ou l'un de ses sels, isomères ou sels d'isomères

[cyclohexyl (phénylméthyl)-1] pipéridine-1 ou l'un de ses sels, isomèrès ou sels d'isomères

[cyclohexyl (méthyl-4 phényl)-1] pipéridine-1 ou l'un de ses sels, isomères ou sels d'isomères

méthylamino-2 phényl-1 propanone-1 ou l'un de ses sels

DORS/86-90; DORS/86-833; DORS/87-76; DORS/87-406; DORS/87-485; DORS/87-574; DORS/87-653; DORS/89-410; DORS/90-156; DORS/94-689; DORS/95-79; Abrogée, L.C. 1996, ch. 19, art. 81.

LOI CONCERNANT LES ARMES À FEU ET CERTAINES AUTRES ARMES

L.C. 1995, c. 39, telle que modifiée par L.C. 1996, ch. 19; L.C. 1999, ch. 3; L.C. 2000, ch. 12 [non en vigueur].

Titre abrégé

1. Titre abrégé — *Loi sur les armes à feu.*

Définitions et interprétation

2. (1) Définitions — Les définitions qui suivent s'appliquent à la présente loi.

« **agent des douanes** » S'entend au sens de « agent » ou « agent des douanes » au paragraphe 2(1) de la *Loi sur les douanes.*

« **autorisation de port** » L'autorisation prévue à l'article 20.

« **autorisation d'exportation** » L'autorisation prévue à l'article 44.

« **autorisation d'importation** » L'autorisation prévue à l'article 46.

« **autorisation de transport** » L'autorisation prévue aux articles 18 ou 19.

« **bureau de douane** » S'entend au sens du paragraphe 2(1) de la *Loi sur les douanes.*

Non en vigueur — « conjoint de fait »

« **conjoint de fait** » La personne qui vit avec une autre dans une relation conjugale depuis au moins un an.

L.C. 2000, ch. 12, art. 116.

« **contrôleur des armes à feu** »

a) Particulier qu'un ministre provincial désigne par écrit pour agir en cette qualité dans la province;

b) particulier que le ministre fédéral désigne par écrit pour agir en cette qualité dans un territoire;

c) particulier que le ministre fédéral désigne par écrit pour agir en cette qualité dans une situation particulière, en l'absence du contrôleur des armes à feu
prévu aux alinéas *a*) ou *b*).

« date de référence » En ce qui concerne une disposition de la présente loi ou le
terme « loi antérieure » dans une telle disposition, la date d'entrée en vigueur de la
disposition.

« entreprise » Personne qui exploite une entreprise se livrant à des activités,
notamment :

a) de fabrication, d'assemblage, de possession, d'achat, de vente, d'importation, d'exportation, d'exposition, de réparation, de restauration, d'entretien,
d'entreposage, de modification, de prise en gage, de transport, d'expédition,
de distribution ou de livraison d'armes à feu, d'armes prohibées, d'armes à
autorisation restreinte, de dispositifs prohibés ou de munitions prohibées;

b) de possession, d'achat ou de vente de munitions;

c) d'achat d'arbalètes.

Sont visés par la présente définition les musées.

« loi antérieure » La partie III du *Code criminel* dans sa version antérieure à la date
de référence.

« ministre fédéral » Le ministre de la Justice.

« ministre provincial »

a) Membre du conseil exécutif d'une province désigné par le lieutenant-gouverneur en conseil de la province en cette qualité;

b) le ministre fédéral en ce qui concerne les territoires;

c) le ministre fédéral dans une situation particulière où le ministre provincial
ne peut agir.

« musée » Personne qui exploite un musée se livrant soit à des activités de possession, d'achat, d'exposition, de réparation, de restauration, d'entretien, d'entreposage
ou de modification d'armes à feu, d'armes prohibées, d'armes à autorisation restreinte, de dispositifs prohibés ou de munitions prohibées, soit à des activités de
possession ou d'achat de munitions.

« non-résident » Particulier qui réside habituellement à l'étranger.

« préposé aux armes à feu »

a) Particulier qu'un ministre provincial désigne par écrit pour agir en cette
qualité dans la province;

b) particulier que le ministre fédéral désigne par écrit pour agir en cette qualité dans un territoire;

c) particulier que le ministre fédéral désigne par écrit pour agir en cette qualité dans une situation particulière, en l'absence du préposé aux armes à feu prévu aux alinéas a) ou b).

« **réglementaire** » Prescrit par le ministre fédéral, pour les formulaires ou l'information à y faire figurer, ou par les règlements, dans tous les autres cas.

« **règlements** » Les règlements pris en application de l'article 117 par le gouverneur en conseil.

« **transporteur** » Personne qui exploite une entreprise de transport se livrant notamment à des activités de transport d'armes à feu, d'armes prohibées, d'armes à autorisation restreinte, de dispositifs prohibés, de munitions ou de munitions prohibées.

(2) ***Code criminel*** — Sauf disposition contraire, les termes employés dans la présente loi s'entendent au sens des articles 2 ou 84 du *Code criminel*.

(3) **Droits des autochtones** — Il est entendu que la présente loi ne porte pas atteinte aux droits — ancestraux ou issus de traités — des peuples autochtones du Canada visés à l'article 35 de la *Loi constitutionnelle de 1982*.

Sa Majesté

3. (1) **Obligation de Sa Majesté** — La présente loi lie Sa Majesté du chef du Canada ou d'une province.

(2) **Forces canadiennes** — Par dérogation au paragraphe (1), la présente loi ne s'applique pas aux Forces canadiennes.

Objet

4. **Objet** — La présente loi a pour objet :

a) de prévoir, notamment aux articles 5 à 16 et 54 à 73, la délivrance :

(i) de permis, de certificats d'enregistrement et d'autorisations permettant la possession d'armes à feu en des circonstances qui ne donnent pas lieu à une infraction aux paragraphes 91(1), 92(1), 93(1) ou 95(1) du *Code criminel*,

(ii) de permis et d'autorisations permettant la possession d'armes prohibées, d'armes à autorisation restreinte, de dispositifs prohibés et de munitions prohibées en des circonstances qui ne donnent pas lieu à une infraction aux paragraphes 91(2), 92(2) ou 93(1) du *Code criminel*,

(iii) de permis autorisant la vente, l'échange ou le don d'arbalètes en des circonstances qui ne donnent pas lieu à une infraction au paragraphe 97(1) du *Code criminel*;

705

b) de permettre, notamment aux articles 5 à 12 et 54 à 73, la fabrication ou la proposition de fabrication, et aux articles 21 à 34 et 54 à 73, la cession ou la proposition de cession, d'armes à feu, d'armes prohibées, d'armes à autorisation restreinte, de dispositifs prohibés, de munitions et de munitions prohibées, en des circonstances qui ne donnent pas lieu à une infraction aux paragraphes 99(1), 100(1) ou 101(1) du *Code criminel*;

c) de permettre, notamment aux articles 35 à 73, l'importation et l'exportation d'armes à feu, d'armes prohibées, d'armes à autorisation restreinte, de dispositifs prohibés, de munitions ou de munitions prohibées et d'éléments ou pièces conçus exclusivement pour être utilisés dans la fabrication ou l'assemblage d'armes automatiques, sans enfreindre les paragraphes 103(1) ou 104(1) du *Code criminel*.

Possession

Admissibilité

Règles générales

5. (1) Sécurité publique — Le permis ne peut être délivré lorsqu'il est souhaitable, pour sa sécurité ou celle d'autrui, que le demandeur n'ait pas en sa possession une arme à feu, une arbalète, une arme prohibée, une arme à autorisation restreinte, un dispositif prohibé, des munitions ou des munitions prohibées.

(2) Critères d'admissibilité — Pour l'application du paragraphe (1), le contrôleur des armes à feu ou, dans le cas d'un renvoi prévu à l'article 74, le juge de la cour provinciale tient compte, pour les cinq ans précédant la date de la demande, des éléments suivants :

a) le demandeur a été déclaré coupable ou absous en application de l'article 730 du *Code criminel* d'une des infractions suivantes :

(i) une infraction commise avec usage, tentative ou menace de violence contre autrui,

(ii) une infraction à la présente loi ou à la partie III du *Code criminel*,

(iii) une infraction à l'article 264 du *Code criminel* (harcèlement criminel),

(iv) une infraction aux paragraphes 5(3) ou (4) ou 6(3) ou 7(2) de la *Loi réglementant certaines drogues et autres substances;*

b) qu'il ait été interné ou non, il a été traité, notamment dans un hôpital, un institut pour malades mentaux ou une clinique psychiatrique, pour une maladie mentale caractérisée par la menace, la tentative ou l'usage de violence contre lui-même ou autrui;

c) l'historique de son comportement atteste la menace, la tentative ou l'usage de violence contre lui-même ou autrui.

5(3)

(3) Exception — Par dérogation au paragraphe (2), pour l'application du paragraphe (1) au non-résident âgé d'au moins dix-huit ans ayant déposé — ou fait déposer — une demande de permis de possession, pour une période de soixante jours, d'une arme à feu qui n'est pas une arme à feu prohibée ni une arme à feu à autorisation restreinte, le contrôleur des armes à feu ou, dans le cas d'un renvoi prévu à l'article 74, le juge de la cour provinciale peut tenir compte des critères prévus au paragraphe (2), sans toutefois y être obligé.

L.C. 1995, ch. 39, art. 5; L.C. 1996, ch. 19, art. 76.1.

L.C. 1996, ch. 19, art. 76.1.

6. (1) Ordonnances d'interdiction — Le permis ne peut être délivré lorsqu'une ordonnance d'interdiction interdit au demandeur la possession d'une arme à feu, d'une arbalète, d'une arme prohibée, d'une arme à autorisation restreinte, d'un dispositif prohibé ou de munitions prohibées.

(2) Exception — Le paragraphe (1) s'applique compte tenu des ordonnances rendues sous le régime de l'article 113 du *Code criminel* (levée de l'interdiction).

7. (1) Cours sur la sécurité des armes à feu — La délivrance d'un permis à un particulier est subordonnée à la réussite d'un des cours ou examens suivants :

a) le Cours canadien de sécurité dans le maniement des armes à feu, contrôlé par l'examen y afférent, dont est chargé un instructeur désigné par le contrôleur des armes à feu;

b) sauf dans le cas d'un particulier âgé de moins de dix-huit ans, l'examen de contrôle de ce cours que lui fait passer un instructeur désigné par le contrôleur des armes à feu;

c) avant le 1er janvier 1995, un cours agréé — au cours de la période commençant le 1er janvier 1993 et se terminant le 31 décembre 1994 — par le procureur général de la province où il a eu lieu pour l'application de l'article 106 de la loi antérieure;

d) avant le 1er janvier 1995, un examen agréé — au cours de la période commençant le 1er janvier 1993 et se terminant le 31 décembre 1994 — par le procureur général de la province où il a eu lieu pour l'application de l'article 106 de la loi antérieure.

(2) Cours sur la sécurité des armes à feu à autorisation restreinte — La délivrance d'un permis de possession d'une arme à feu à autorisation restreinte à un particulier est subordonnée à la réussite :

a) soit d'un cours sur la sécurité des armes à feu à autorisation restreinte, agréé par le ministre fédéral et contrôlé par un examen, dont est chargé un instructeur désigné par le contrôleur des armes à feu;

b) soit d'un examen sur la sécurité des armes à feu à autorisation restreinte, agréé par le ministre fédéral, que lui fait passer un instructeur désigné par le contrôleur des armes à feu.

(3) Ordonnances d'interdiction — Le particulier qui est sous le coup d'une ordonnance d'interdiction peut devenir titulaire :

a) d'un permis, s'il réussit, après l'expiration de celle-ci :

(i) le Cours canadien de sécurité dans le maniement des armes à feu donné par un instructeur désigné par le contrôleur des armes à feu,

(ii) les examens de contrôle de ce cours que lui fait passer un instructeur désigné par le contrôleur des armes à feu;

b) d'un permis de possession d'une arme à feu à autorisation restreinte, s'il réussit, après l'expiration de celle-ci :

(i) un cours sur la sécurité des armes à feu à autorisation restreinte, agréé par le ministre fédéral, donné par un instructeur désigné par le contrôleur des armes à feu,

(ii) tout examen de contrôle de ce cours que lui fait passer un instructeur désigné par le contrôleur des armes à feu.

(4) Exceptions — Les paragraphes (1) et (2) ne s'appliquent pas, selon le cas, au particulier :

a) dont la compétence en matière de législation sur les armes à feu et de règles de sécurité relatives à leur maniement et à leur usage a été certifiée conforme aux exigences réglementaires par le contrôleur des armes à feu dans les cas prévus par règlement;

b) qui, âgé de moins de dix-huit ans, a besoin d'une arme à feu pour chasser, notamment à la trappe, afin de subvenir à ses besoins ou à ceux de sa famille;

c) qui, à la date de référence, possédait une ou plusieurs armes à feu et n'a pas besoin d'un permis pour acquérir d'autres armes à feu;

d) qui n'a besoin d'un permis que pour acquérir une arbalète;

7(4)e)

e) qui est un non-résident âgé d'au moins dix-huit ans qui a déposé — ou fait déposer — une demande de permis l'autorisant à posséder, pour une période de soixante jours, une arme à feu qui n'est pas une arme à feu prohibée ni une arme à feu à autorisation restreinte.

L.C. 1995, ch. 39, art. 7.

(5) Autre exception — Le paragraphe (3) ne s'applique pas au particulier qui est sous le coup d'une ordonnance rendue sous le régime de l'article 113 du *Code criminel* (levée de l'interdiction) et qui est exempté de l'application de ce paragraphe par le contrôleur des armes à feu.

Cas particuliers : personnes

8. (1) Mineurs — Le permis ne peut être délivré au particulier âgé de moins de dix-huit ans qui répond par ailleurs aux critères d'admissibilité que dans les cas prévus au présent article.

(2) Chasse de subsistance — Le permis peut lui être délivré, quand la chasse, notamment à la trappe, constitue son mode de vie, s'il a besoin de chasser ainsi pour subvenir à ses besoins ou à ceux de sa famille.

(3) Tir à la cible, chasse, entraînement — Peut lui être également délivré, s'il a au moins douze ans, le permis de possession d'une arme à feu, conformément aux conditions précisées, pour se livrer au tir à la cible ou à la chasse, pour s'entraîner au maniement des armes à feu ou pour participer à une compétition de tir organisée.

(4) Exclusion des armes à feu prohibées et à autorisation restreinte — Ne peut lui être délivré en aucun cas un permis l'autorisant soit à posséder une arme à feu prohibée ou une arme à feu à autorisation restreinte, soit à acquérir une arbalète ou des armes à feu.

(5) Consentement des parents ou du gardien — Dans tous les cas, le permis ne peut lui être délivré qu'avec le consentement — exprimé par écrit ou de toute autre manière que le contrôleur des armes à feu juge satisfaisante — de ses père ou mère ou de la personne qui en a la garde.

9. (1) Entreprises — Pour qu'un permis autorisant une activité en particulier puisse être délivré à une entreprise, il faut que toutes les personnes liées à l'entreprise de manière réglementaire répondent aux critères d'admissibilité prévus par les articles 5 et 6 relativement à l'activité ou à l'acquisition d'armes à feu à autorisation restreinte.

(2) Cours sur la sécurité — Le permis peut être délivré à l'entreprise qui n'est pas un transporteur lorsque le contrôleur des armes à feu décide qu'il n'est pas nécessaire pour les particuliers liés à l'entreprise de manière réglementaire, ou pour ceux de ces particuliers qu'il désigne, de répondre aux exigences prévues à l'article 7.

(3) Employés — Pour qu'un permis autorisant une activité en particulier puisse être délivré à une entreprise — qui n'est pas un transporteur — , il faut que chaque employé de cette entreprise qui manie ou est susceptible de manier des armes à feu, des armes prohibées, des armes à autorisation restreinte, des dispositifs prohibés ou des munitions prohibées dans le cadre de ses fonctions soit titulaire d'un permis l'autorisant à acquérir des armes à feu à autorisation restreinte.

(4) Exception — Pour l'application du paragraphe (3), « arme à feu » exclut une arme partiellement fabriquée pourvue d'un canon qui, dans son état incomplet, n'est pas une arme pourvue d'un canon susceptible de tirer du plomb, des balles ou tout autre projectile et n'est pas capable d'infliger des lésions corporelles graves ou la mort à une personne.

(5) Exception — Le paragraphe (1) ne s'applique pas aux personnes liées à une entreprise de manière réglementaire lorsque le contrôleur des armes à feu décide qu'en tout état de cause l'entreprise peut être titulaire du permis même si l'une d'entre elles ne peut l'être.

(6) Exception pour les musées — Le paragraphe (3) ne s'applique pas aux employés d'un musée dans chacun des cas suivants :

> a) ils manient ou sont susceptibles de manier, dans le cadre de leurs fonctions, seulement des armes à feu conçues de façon à avoir l'apparence exacte d'une arme à feu historique — ou à la reproduire le plus fidèlement possible — ou auxquelles on a voulu donner cette apparence et ont reçu la formation pour le maniement et l'usage de telles armes;

> b) ils sont nominalement désignés par le ministre provincial.

10. Transporteurs internationaux et interprovinciaux — Les articles 5, 6 et 9 s'appliquent aux transporteurs se livrant à des activités, notamment de transport d'armes à feu, d'armes prohibées, d'armes à autorisation restreinte, de dispositifs prohibés ou de munitions prohibées reliant une province et une ou plusieurs autres provinces, ou débordant les limites d'une province, et, à cette fin, la mention du contrôleur des armes à feu vaut mention du directeur.

Cas particuliers : armes à feu, armes, dispositifs et munitions prohibés

11. (1) Armes à feu, armes, dispositifs et munitions prohibés : entreprises — L'entreprise admissible au permis ne peut devenir titulaire d'un permis de possession d'armes à feu prohibées, d'armes prohibées, de dispositifs prohibés ou de munitions prohibées qu'aux conditions énoncées au présent article.

(2) Fins réglementaires — Un tel permis peut être délivré à l'entreprise — autre qu'un transporteur — qui en a besoin aux fins réglementaires.

(3) Transporteurs — Les transporteurs peuvent être titulaires d'un permis de possession d'armes à feu prohibées, d'armes prohibées, de dispositifs prohibés ou de munitions prohibées.

12. (1) Armes à feu prohibées : particuliers — Le particulier admissible au permis ne peut devenir titulaire d'un permis de possession d'armes à feu prohibées qu'aux conditions énoncées au présent article.

(2) Particuliers avec droits acquis : armes automatiques (1ᵉʳ janvier 1978) — Est admissible au permis autorisant la possession des armes automatiques qui étaient, à la date de référence, enregistrées comme armes à autorisation restreinte sous le régime de la loi antérieure le particulier qui :

a) le 1ᵉʳ janvier 1978, en possédait une ou plusieurs;

b) était, à la date de référence, titulaire d'un certificat d'enregistrement prévu par la loi antérieure pour de telles armes;

c) à compter de la date de référence, a été sans interruption titulaire d'un certificat d'enregistrement pour de telles armes.

(3) Particuliers avec droits acquis : armes automatiques modifiées (1ᵉʳ août 1992) — Est admissible au permis autorisant la possession des armes automatiques — modifiées pour ne tirer qu'un seul projectile à chaque pression de la détente qui étaient, à la date de référence, enregistrées comme des armes à autorisation restreinte sous le régime de la loi antérieure — le particulier qui :

a) le 1ᵉʳ août 1992, en possédait une ou plusieurs pour lesquelles il était, au 1ᵉʳ octobre 1992, titulaire ou demandeur d'un certificat d'enregistrement prévu par la loi antérieure;

b) était, à la date de référence, titulaire d'un certificat d'enregistrement prévu par la loi antérieure pour de telles armes;

c) à compter de la date de référence, a été sans interruption titulaire d'un certificat d'enregistrement pour de telles armes.

(4) Particuliers avec droits acquis : *Décret nº 12 sur les armes prohibées* — Est admissible au permis autorisant la possession d'armes à feu — déclarées armes prohibées sous le régime de la loi antérieure par le *Décret nº 12 sur les armes prohibées*, pris par le décret C.P. 1992-1690 du 23 juillet 1992 portant le numéro d'enregistrement DORS/92-471 — le particulier qui :

a) avant le 27 juillet 1992, en possédait une ou plusieurs qui, au 1ᵉʳ octobre 1992, étaient enregistrées comme des armes à autorisation restreinte sous le régime de la loi antérieure ou faisaient l'objet d'une demande de certificat d'enregistrement sous le régime de cette loi;

b) était, à la date de référence, titulaire d'un certificat d'enregistrement prévu par la loi antérieure pour de telles armes;

c) à compter de la date de référence, a été sans interruption titulaire d'un certificat d'enregistrement pour de telles armes.

(5) Particuliers avec droits acquis : *Décret sur les armes prohibées (n° 13)* — Est admissible au permis autorisant la possession d'armes à feu — déclarées armes prohibées sous le régime de la loi antérieure par le *Décret sur les armes prohibées (n° 13)*, pris par le décret C.P. 1994-1974 du 29 novembre 1994 portant le numéro d'enregistrement DORS/94-741 — le particulier qui :

a) avant le 1er janvier 1995, en possédait une ou plusieurs qui, au 1er janvier 1995, étaient enregistrées comme des armes à autorisation restreinte sous le régime de la loi antérieure ou faisaient l'objet d'une demande de certificat d'enregistrement sous le régime de cette loi;

b) était, à la date de référence, titulaire d'un certificat d'enregistrement prévu par la loi antérieure pour de telles armes;

c) à compter de la date de référence, a été sans interruption titulaire d'un certificat d'enregistrement pour de telles armes.

(6) Particuliers avec droits acquis : armes de poing, 14 février 1995 — Est admissible au permis autorisant la possession d'armes de poing pourvues d'un canon dont la longueur ne dépasse pas 105 mm, ou conçues ou adaptées pour tirer des cartouches de calibre 25 ou 32 et pour lesquelles il — ou un autre particulier — était, au 14 février 1995, titulaire ou demandeur d'un certificat d'enregistrement prévu par la loi antérieure, le particulier qui :

a) était, au 14 février 1995 :

(i) titulaire d'un certificat d'enregistrement prévu par la loi antérieure pour une ou plusieurs de ces armes,

(ii) demandeur d'un certificat d'enregistrement, qui a été délivré après cette date, pour une ou plusieurs de ces armes;

b) était, à la date de référence, titulaire d'un certificat d'enregistrement prévu par la loi antérieure pour de telles armes;

c) à compter de la date de référence, a été sans interruption titulaire d'un certificat d'enregistrement pour de telles armes.

(7) Proches parents de particuliers avec droits acquis : arme de poing, 14 février 1995 — Est admissible au permis autorisant la possession d'une arme de poing visée au paragraphe (6) et fabriquée avant 1946, le particulier qui est le conjoint, le frère, la soeur, l'enfant ou le petit-enfant d'un particulier qui était admissible en vertu de ce paragraphe ou du présent paragraphe au permis autorisant la possession de l'arme de poing en question.

(8) Particuliers avec droits acquis : armes à feu prohibées visées par les règlements — Est admissible au permis autorisant la possession d'armes à feu, dans les situations prévues par règlement, qui sont déclarées prohibées en vertu d'une disposition des règlements d'application de l'article 117.15 du *Code criminel*, le particulier qui :

a) en possédait une ou plusieurs à l'entrée en vigueur de la disposition;

b) à compter de l'entrée en vigueur de la disposition, a été sans interruption titulaire d'un certificat d'enregistrement pour de telles armes ou, dans le cas où il était demandeur d'un certificat d'enregistrement d'une telle arme à cette date, à compter de la date de délivrance du certificat.

Certificats d'enregistrement

13. Admissibilité — Le certificat d'enregistrement d'une arme à feu ne peut être délivré qu'au titulaire du permis autorisant la possession d'une telle arme à feu.

14. Numéro de série — Le certificat d'enregistrement ne peut être délivré que pour une arme à feu qui :

a) soit porte un numéro de série qui permet de la distinguer des autres armes à feu;

b) soit encore est décrite de manière réglementaire.

15. Sa Majesté et les forces policières — Il n'est pas délivré de certificat d'enregistrement pour les armes à feu qui appartiennent à Sa Majesté du chef du Canada ou d'une province ou aux forces policières.

16. (1) Une seule personne par certificat d'enregistrement — Le certificat d'enregistrement ne peut être délivré qu'à une seule personne.

(2) Exception — Le paragraphe (1) ne s'applique pas à l'arme à feu pour laquelle le certificat d'enregistrement visé à l'article 127 a été délivré à plus d'une personne.

Transport d'armes à feu

17. Lieu de possession — Sous réserve des articles 18 à 20, une arme à feu prohibée ou une arme à feu à autorisation restreinte enregistrée au nom d'un particulier est gardée dans la maison d'habitation indiquée sur le certificat d'enregistrement y afférent ou en tout lieu autorisé par le contrôleur des armes à feu.

18. Transport et usage d'armes à feu prohibées — Le particulier titulaire d'un permis de possession d'armes à feu prohibées peut être autorisé à en transporter une en particulier entre des lieux précis :

a) dans le cas d'une arme de poing visée au paragraphe 12(6) (armes de poing : 14 février 1995), pour le tir à la cible, la participation à une compétition de tir ou l'usage à des conditions précisées ou sous les auspices d'un club de tir ou d'un champ de tir agréé conformément à l'article 29;

b) s'il :

(i) change de résidence,

(ii) désire la présenter à l'agent de la paix, au préposé aux armes à feu ou au contrôleur des armes à feu pour enregistrement ou disposition en conformité avec la présente loi ou la partie III du *Code criminel*,

(iii) désire la transporter aux fins de réparation, d'entreposage, de vente, d'exportation ou d'évaluation,

(iv) désire l'apporter à une exposition d'armes à feu.

19. (1) Transport et usage d'armes à feu à autorisation restreinte — Le particulier titulaire d'un permis de possession d'armes à feu à autorisation restreinte peut être autorisé à en transporter une en particulier entre des lieux précis pour toute raison valable, notamment :

a) pour le tir à la cible, la participation à une compétition de tir ou l'usage à des conditions précisées ou sous les auspices d'un club de tir ou d'un champ de tir agréé conformément à l'article 29;

b) s'il :

(i) change de résidence,

(ii) désire la présenter à l'agent de la paix, au préposé aux armes à feu ou au contrôleur des armes à feu pour enregistrement ou disposition en conformité avec la présente loi ou la partie III du *Code criminel*,

(iii) désire la transporter aux fins de réparation, d'entreposage, de vente, d'exportation ou d'évaluation,

(iv) désire l'apporter à une exposition d'armes à feu.

(2) Importation par un non-résident — Un non-résident peut être autorisé à transporter, en conformité avec les dispositions de l'article 35, une arme à feu à autorisation restreinte entre des lieux précisés.

20. Port d'armes à feu à autorisation restreinte et d'armes de poing — Le particulier titulaire d'un permis de possession d'armes à feu à autorisation restreinte ou d'armes de poing visées au paragraphe 12(6) (armes de poing : 14 février 1995) peut être autorisé à en posséder une en particulier en un lieu autre que celui où il est permis de la posséder, s'il en a besoin pour protéger sa vie ou celle d'autrui ou pour usage dans le cadre de son activité professionnelle légale.

Cession et prêt

Dispositions générales

21. Définition de « cession » — Pour l'application des articles 22 à 32, « cession » s'entend de la vente, de l'échange ou du don.

22. État de santé mentale, alcool et drogue — Il ne peut être cédé ou prêté d'arme à feu à un particulier si le cédant ou le prêteur a un motif de croire que soit la possession d'une arme à feu par celui-ci constituerait, vu son état de santé mentale, un danger pour lui-même ou pour autrui, soit les facultés du particulier sont affaiblies par l'alcool ou la drogue.

Cession

23. Cession d'armes à feu — La cession d'une arme à feu est permise si, au moment où elle s'opère :

    a) le cessionnaire présente au cédant un document censé être un permis l'autorisant à acquérir et à posséder une telle arme à feu;

    b) le cédant :

        (i) n'a aucun motif raisonnable de croire que le document n'autorise pas le cessionnaire à acquérir et à posséder une telle arme à feu,

        (ii) informe le contrôleur des armes à feu de la cession et obtient l'autorisation correspondante;

    c) le cessionnaire est effectivement titulaire d'un permis l'autorisant à acquérir et à posséder une telle arme à feu;

    d) un nouveau certificat d'enregistrement de l'arme à feu est délivré conformément à la présente loi;

    e) les conditions réglementaires sont remplies.

24. (1) Cession d'armes prohibées, de dispositifs prohibés et de munitions — Sous réserve de l'article 26, les armes prohibées, les dispositifs prohibés ou les munitions prohibées ne peuvent être cédés qu'à une entreprise.

(2) Conditions — La cession d'un tel objet et de munitions n'est permise que si, au moment où elle s'opère :

a) l'entreprise est titulaire d'un permis l'autorisant à acquérir et à posséder l'objet en cause;

b) l'entreprise présente au cédant un document censé être un permis l'autorisant à acquérir et à posséder l'objet en cause;

24(2)c) - d)

c) le cédant n'a aucun motif de croire que le document n'autorise pas l'entreprise à acquérir et à posséder l'objet en cause, informe le contrôleur des armes à feu de la cession et obtient l'autorisation correspondante;

d) les conditions réglementaires sont remplies.

L.C. 1995, ch. 39, art. 24.

25. Cession de munitions non prohibées aux particuliers — La cession de munitions non prohibées à un particulier n'est permise :

a) jusqu'au 1er janvier 2001, que s'il est titulaire d'un permis l'autorisant à posséder une arme à feu ou d'un document réglementaire;

b) après le 1er janvier 2001, que s'il est titulaire d'un permis l'autorisant à posséder une arme à feu.

26. (1) Sa Majesté et les forces policières : armes à feu — La cession d'armes à feu à Sa Majesté du chef du Canada ou d'une province et aux forces policières est permise si le cédant en informe le directeur et remplit les conditions réglementaires.

(2) Sa Majesté et les forces policières : armes prohibées, etc. — La cession d'armes prohibées, de dispositifs prohibés, de munitions ou de munitions prohibées à Sa Majesté du chef du Canada ou d'une province et aux forces policières est permise si le cédant en informe le contrôleur des armes à feu et remplit les conditions réglementaires.

27. Contrôleur des armes à feu — Dès qu'il est informé soit d'un projet de cession d'une arme à feu en application de l'article 23, d'un projet de cession d'une arme à feu, d'une arme prohibée, d'un dispositif prohibé, de munitions ou de munitions prohibées à une entreprise en application de l'article 24, soit d'un projet d'importation d'une arme à feu non prohibée par un particulier conformément à l'alinéa 40(1)c), le contrôleur des armes à feu :

a) vérifie, à l'égard du cessionnaire ou du particulier :

(i) s'il est titulaire d'un permis,

(ii) s'il y est toujours admissible,

(iii) si le permis autorise l'acquisition de l'objet en cause;

b) en cas de cession soit d'une arme à feu à autorisation restreinte ou d'une arme de poing visée au paragraphe 12(6) (armes de poing : 14 février 1995), soit d'importation d'une arme à feu à autorisation restreinte, vérifie la finalité de l'acquisition par le cessionnaire ou le particulier et détermine si l'arme est appropriée;

c) autorise ou refuse la cession ou l'importation et avise le directeur de sa décision;

d) prend les mesures réglementaires.

28. Finalité de l'acquisition — Le contrôleur des armes à feu ne peut autoriser la cession à un particulier d'une arme à feu à autorisation restreinte ou d'une arme de poing visée au paragraphe 12(6) (armes de poing : 14 février 1995), ou l'importation d'une arme à feu à autorisation restreinte par un particulier conformément à l'alinéa 40(1)c), que s'il est convaincu que :

a) celui-ci en a besoin pour :

(i) protéger sa vie ou celle d'autrui,

(ii) usage dans le cadre de son activité professionnelle légale;

b) celui-ci désire l'acquérir pour l'une ou l'autre des fins suivantes :

(i) tir à la cible, participation à une compétition de tir ou usage conforme à une autorisation de transport ou sous les auspices d'un club de tir ou d'un champ de tir agréé conformément à l'article 29,

(ii) collection d'armes à feu par le particulier, lorsque les conditions énoncées à l'article 30 sont remplies.

29.

29(1)

(1) Clubs de tir et champs de tir — Nul ne peut, sauf avec l'agrément du ministre provincial, exploiter un club de tir ou un champ de tir situés dans sa province.

L.C. 1995, ch. 39, art. 29.

(2) Agrément — Le ministre provincial peut conférer l'agrément aux clubs de tir ou aux champs de tir, situés dans sa province, qui se conforment aux règlements d'application de l'alinéa 117e).

(3) Révocation de l'agrément — L'agrément peut être révoqué pour toute raison valable, notamment dans le cas où le club de tir ou le champ de tir contrevient aux règlements d'application de l'alinéa 117*e*).

(4) Délégation — Le contrôleur des armes à feu, s'il est le délégué du ministre provincial pour l'application des paragraphes (2) et (3), exerce les attributions précisées dans l'acte de délégation.

(5) Notification du refus ou de la révocation de l'agrément — Le ministre provincial est tenu de notifier au club de tir ou au champ de tir intéressé sa décision de refuser ou de révoquer l'agrément nécessaire pour l'application de la présente loi.

(6) Contenu — La notification visée au paragraphe (5) comporte les motifs de la décision faisant état de la nature des renseignements sur lesquels il s'est fondé pour la prendre ainsi que le texte des articles 74 à 81.

(7) Non-communication des renseignements — Le contrôleur des armes à feu ou le directeur n'est pas tenu de communiquer des renseignements qui, de l'avis du ministre provincial, pourraient menacer la sécurité d'une personne.

30. Collectionneurs d'armes à feu — Pour l'application du sous-alinéa 28*b*)(ii), les particuliers collectionneurs doivent :

a) connaître les caractéristiques historiques, techniques ou scientifiques relatives ou particulières à leurs armes à feu à autorisation restreinte ou à leurs armes de poing;

b) consentir à une forme raisonnable de visite périodique des lieux où doivent être gardées ces armes à feu;

c) se conformer aux autres exigences réglementaires portant sur la connaissance et la sûreté de l'entreposage de ces armes à feu ainsi que sur la tenue de fichiers à leur égard.

31. (1) Directeur — Dès qu'il est informé d'un projet de cession d'une arme à feu, le directeur peut délivrer un nouveau certificat d'enregistrement de celle-ci conformément à la présente loi; le cas échéant, il révoque celui dont le cédant est titulaire.

(2) Sa Majesté et les forces policières — Dès qu'il est informé de la cession d'une arme à feu à Sa Majesté du chef du Canada ou d'une province ou aux forces policières, le directeur révoque le certificat d'enregistrement y afférent.

32. Cession par la poste — La cession d'une arme à feu par la poste est permise lorsque :

a) les vérifications, notifications, délivrances et autorisations prévues aux articles 21 à 28, 30, 31, 40 à 43 et 46 à 52 sont effectuées auparavant dans un délai raisonnable, selon les modalités réglementaires;

Non en vigueur — 32b)

b) la livraison de l'arme à feu est effectuée par une personne désignée par le contrôleur des armes à feu, laquelle s'assure alors que le cessionnaire est titulaire d'un permis l'autorisant à acquérir une telle arme à feu;

L.C. 1995, ch. 39, art. 32.

c) les conditions réglementaires sont remplies.

Prêt

33. Autorisation de prêt — Sous réserve de l'article 34, le prêt d'une arme à feu n'est permis que dans l'un ou l'autre des cas suivants :

a) le prêteur :

(i) croit, pour des motifs raisonnables, que l'emprunteur est titulaire d'un permis l'autorisant à posséder une telle arme à feu,

(ii) livre l'arme à feu à celui-ci accompagnée du certificat d'enregistrement y afférent, sauf dans les cas où l'emprunteur l'utilise pour la chasse, notamment à la trappe, pour subvenir à ses besoins ou à ceux de sa famille;

b) l'emprunteur l'utilise sous la surveillance directe du prêteur de la même manière légale que celui-ci.

34. Sa Majesté et les forces policières — Le prêt d'armes à feu, d'armes prohibées, de dispositifs prohibés, d'armes à autorisation restreinte, de munitions et de munitions prohibées à Sa Majesté du chef du Canada ou d'une province et aux forces policières est permis si :

a) dans le cas d'une arme à feu, le prêteur la livre accompagnée du certificat d'enregistrement y afférent;

b) les conditions réglementaires sont remplies.

Exportation et importation

Particuliers

35. (1) Importation : non-résidents — Le non-résident qui n'est pas titulaire d'un permis peut importer une arme à feu non prohibée si, au moment de l'importation :

a) il est âgé d'au moins dix-huit ans;

35(1)b)

b) il la déclare à l'agent des douanes selon les modalités réglementaires et, dans le cas d'une déclaration écrite, remplit le formulaire réglementaire et fournit les renseignements réglementaires;

L.C. 1995, ch. 39, art. 35.

c) il produit, s'il s'agit d'une arme à feu à autorisation restreinte, l'autorisation de transport y afférente;

35(1)d)

d) l'agent des douanes atteste, selon les modalités réglementaires, la déclaration prévue à l'alinéa *b*) et, le cas échéant, l'autorisation prévue à l'alinéa *c*).

L.C. 1995, ch. 39, art. 35.

35(2) - (4)

(2) Non-respect des conditions — Dans le cas où l'arme à feu a été déclarée sans que les conditions des alinéas (1)*b*) ou *c*) soient remplies, l'agent des douanes peut en autoriser l'exportation à partir du bureau de douane de la déclaration, ou la retenir et accorder au non-résident un délai raisonnable pour lui permettre de remplir ces conditions.

(3) Sort de l'arme à feu — Après l'expiration du délai, il est disposé, de la manière réglementaire, de l'arme à feu retenue et non exportée si les conditions ne sont toujours pas remplies.

(4) Non-conformité — Dans le cas où l'arme à feu — qui n'est pas une arme à feu prohibée ni une arme à feu à autorisation restreinte — a été déclarée au bureau de douane et que le non-résident n'a pas rempli véridiquement le formulaire réglementaire ou que l'agent des douanes a des motifs raisonnables de croire qu'il est souhaitable, pour la sécurité du non-résident ou pour celle d'autrui, que la déclaration ne soit pas attestée, celui-ci peut refuser de l'attester et autoriser l'exportation de l'arme à feu à partir du bureau de douane.

L.C. 1995, ch. 39, art. 35.

36

36. (1) Permis et certificat temporaires — Une fois attestée conformément à l'alinéa 35(1)*d*), la déclaration a valeur de permis de possession — valide à l'égard de l'arme à feu importée seulement — et de certificat d'enregistrement pour une période de soixante jours à compter de l'importation, qui ne peut dépasser, s'il s'agit d'une arme à feu à autorisation restreinte, la période de validité de l'autorisation de transport y afférente.

(2) Prorogation — Cette période de soixante jours peut être prorogée à une ou plusieurs reprises par le contrôleur des armes à feu.

(3) Moyens électroniques ou autres — Il est entendu que la demande de prorogation peut être faite soit par téléphone ou par tout autre moyen électronique soit par courrier et que le contrôleur des armes à feu peut y faire droit par les mêmes moyens.

L.C. 1995, ch. 39, art. 36.

37

37. (1) Exportation : non-résidents — Le non-résident qui n'est pas titulaire d'un permis peut exporter l'arme à feu qu'il a importée conformément à l'article 35 si, au moment de l'exportation :

a) il la déclare à l'agent des douanes;

b) il produit, selon les modalités réglementaires, la déclaration et, le cas échéant, l'autorisation de transport attestées conformément à cet article;

c) l'agent des douanes atteste la déclaration visée à l'alinéa *a*) selon les modalités réglementaires.

(2) Non-respect des conditions — Dans le cas où l'arme à feu a été déclarée sans que les conditions de l'alinéa *b*) soient remplies, l'agent des douanes peut la retenir et, avec l'agrément du contrôleur des armes à feu, accorder au non-résident un délai raisonnable pour lui permettre de remplir ces conditions.

(3) Sort de l'arme à feu — Après l'expiration du délai, il est disposé, de la manière réglementaire, de l'arme à feu retenue si les conditions ne sont toujours pas remplies.

L.C. 1995, ch. 39, art. 37.

38

38. (1) Exportation : particuliers — L'exportation d'une arme à feu par un particulier titulaire d'un permis est autorisée si, au moment où elle survient :

a) celui-ci :

(i) la déclare à l'agent des douanes selon les modalités réglementaires et, dans le cas d'une déclaration écrite, remplit le formulaire réglementaire et fournit les renseignements réglementaires,

(ii) produit son permis ainsi que le certificat d'enregistrement et, s'il s'agit d'une arme à feu prohibée ou d'une arme à feu à autorisation restreinte, l'autorisation de transport y afférents;

b) l'agent des douanes atteste les documents pertinents visés aux sous-alinéas *a*)(i) et (ii) selon les modalités réglementaires.

(2) Non-respect des conditions — Dans le cas où l'arme à feu a été déclarée sans que les conditions du sous-alinéa (1)*a*)(ii) soient remplies, l'agent des douanes peut la retenir.

(3) Sort de l'arme à feu — Le cas échéant, il en dispose de la manière réglementaire.

L.C. 1995, ch. 39, art. 38.

39

39. Exportation d'une réplique — L'exportation d'une réplique par un particulier est permise sur déclaration par celui-ci présentée à l'agent des douanes selon les modalités réglementaires.

L.C. 1995, ch. 39, art. 39.

40

40. (1) Importation : particuliers — L'importation d'une arme à feu par un particulier titulaire d'un permis est autorisée si, au moment où elle survient :

a) celui-ci la déclare à l'agent des douanes selon les modalités réglementaires;

b) dans le cas d'une arme à feu exportée conformément à l'article 38, il produit la déclaration attestée conformément à cet article et, s'il s'agit d'une arme à feu à autorisation restreinte ou d'une arme à feu prohibée, l'autorisation de transport y afférentes;

c) dans le cas d'une arme à feu non prohibée pour laquelle un certificat d'enregistrement n'a pas été délivré :

(i) il remplit, dans le cas où la déclaration prévue à l'alinéa a) est faite par écrit, le formulaire réglementaire et fournit les renseignements réglementaires,

(ii) il est titulaire d'un permis l'autorisant à acquérir et à posséder une telle arme à feu,

(iii) l'agent des douanes en informe le contrôleur des armes à feu et celui-ci l'autorise conformément à l'article 27,

(iv) s'il s'agit d'une arme à feu à autorisation restreinte, il produit l'autorisation de transport y afférente;

d) l'agent des douanes atteste les documents pertinents visés aux alinéas b) ou c) selon les modalités réglementaires.

(2) Non-respect des conditions — Dans le cas où l'arme à feu a été déclarée sans que les conditions des alinéas (1)b) ou c) soient remplies, l'agent des douanes peut en autoriser l'exportation à partir du bureau de douane de la déclaration, ou la retenir et accorder au particulier un délai raisonnable pour lui permettre de remplir ces conditions.

(3) Sort de l'arme à feu — Après l'expiration du délai, il est disposé, de la manière réglementaire, de l'arme à feu retenue et non exportée si les conditions ne sont toujours pas remplies.

(4) Restriction — L'importation d'une arme à feu prohibée par un particulier titulaire d'un permis est limitée au cas où celui-ci l'a exportée auparavant conformément à l'article 38.

(5) Arme à feu prohibée — Dans le cas où est déclarée à l'agent des douanes, à un bureau de douane, une arme à feu prohibée qui n'a pas été exportée auparavant conformément à l'article 38, celui-ci peut en autoriser l'exportation à partir du bureau de douane.

(6) Sort de l'arme à feu — Si elle n'est pas exportée immédiatement, l'arme à feu prohibée est confisquée au profit de Sa Majesté et il en est disposé de la manière réglementaire.

L.C. 1995, ch. 39, art. 40.

41

41. Certificat d'enregistrement temporaire — Une fois attestée conformément à l'alinéa 40(1)*d*), la déclaration a valeur de certificat d'enregistrement temporaire pour la période de l'attestation mentionnée.

L.C. 1995, ch. 39, art. 41.

42

42. Notification au directeur — L'agent des douanes notifie sans délai au directeur toute exportation ou importation d'arme à feu effectuée par un particulier.

L.C. 1995, ch. 39, art. 42.

43 - 53

Entreprises

43. Autorisations d'exportation ou d'importation — Pour exporter ou importer des armes à feu, des armes à autorisation restreinte, des munitions prohibées, des armes prohibées, des dispositifs prohibés ou des éléments ou pièces conçus exclusivement pour être utilisés dans la fabrication ou l'assemblage d'armes automatiques, l'entreprise doit obtenir l'autorisation correspondante.

L.C. 1995, ch. 39, art. 43.

44. Autorisation d'exportation — L'autorisation d'exportation de marchandises visées à l'article 43 ne peut être délivrée à l'entreprise qui en fait la demande que si celle-ci :

> a) est titulaire, dans le cas d'armes à feu, du certificat d'enregistrement y afférent;

> b) dans le cas d'armes à feu prohibées, d'armes prohibées, de dispositifs prohibés, d'éléments ou pièces conçus exclusivement pour être utilisés dans la fabrication ou l'assemblage d'armes automatiques ou de munitions prohibées, marque les marchandises selon les modalités réglementaires et précise la finalité réglementaire de leur exportation;

> c) est titulaire d'un permis l'autorisant à les posséder, sauf si les marchandises sont destinées à être expédiées en transit à travers le Canada par une entreprise autre qu'une entreprise canadienne;

> d) indique leur destination;

> e) communique au directeur, en plus des renseignements réglementaires, les autres renseignements que celui-ci peut raisonnablement exiger.

L.C. 1995, ch. 39, art. 44

45. (1) Production de l'autorisation d'exportation — L'entreprise est tenue de présenter l'autorisation d'exportation à l'agent des douanes au moment de l'exportation des marchandises.

(2) Attestation de l'agent des douanes — L'agent des douanes peut attester l'autorisation d'exportation.

(3) Non-respect des conditions — Si l'autorisation d'exportation n'est pas attestée, l'agent des douanes peut retenir les marchandises.

(4) Sort des marchandises — Le cas échéant, il en dispose de la manière réglementaire.

L.C. 1995, ch. 39, art. 45.

46. Autorisation d'importation — L'autorisation d'importation des marchandises visées à l'article 43 ne peut être délivrée à l'entreprise qui en fait la demande que si celle-ci :

> a) est titulaire d'un permis l'autorisant à les acquérir et les posséder, sauf si les marchandises sont destinées à être expédiées en transit à travers le Canada par une entreprise autre qu'une entreprise canadienne;

> b) marque les marchandises selon les modalités réglementaires;

> c) indique, dans le cas d'armes à feu non prohibées ou d'armes à autorisation restreinte, la finalité de leur importation;

> d) indique, dans le cas d'armes à feu prohibées, d'armes prohibées, de dispositifs prohibés, d'éléments ou pièces conçus exclusivement pour être

utilisés dans la fabrication ou l'assemblage d'armes automatiques ou de munitions prohibées, la finalité réglementaire de leur importation;

e) indique leur destination au Canada;

f) communique au directeur, en plus des renseignements réglementaires, les autres renseignements que celui-ci peut raisonnablement exiger.

L.C. 1995, ch. 39, art. 46.

47. (1) Production de l'autorisation d'importation — L'entreprise est tenue de présenter l'autorisation d'importation à l'agent des douanes au bureau de douane au moment de l'importation des marchandises.

(2) Attestation de l'agent des douanes — L'agent des douanes peut attester l'autorisation d'importation.

(3) Non-respect des conditions — Si l'autorisation d'importation n'est pas attestée, l'agent des douanes peut autoriser l'exportation des marchandises à partir du bureau de douane et celle-ci s'effectue sans autre autorisation.

(4) Sort des marchandises — Si elles ne sont pas exportées au bout de dix jours, les marchandises sont confisquées au profit de Sa Majesté et il en est disposé de la manière réglementaire.

L.C. 1995, ch. 39, art. 47.

48. Certificat d'enregistrement temporaire — L'autorisation d'importation attestée conformément au paragraphe 47(2) a valeur de certificat d'enregistrement temporaire pour la période mentionnée.

L.C. 1995, ch. 39, art. 48.

49. Autorisation distincte — Chaque exportation et chaque importation de marchandises visées à l'article 43 doivent faire l'objet d'une autorisation distincte.

L.C. 1995, ch. 39, art. 49.

50. Notification au directeur — L'agent des douanes notifie sans délai au directeur toute exportation ou importation de marchandises visées à l'article 43 effectuée par une entreprise.

L.C. 1995, ch. 39, art. 50.

51. Notification par le directeur — Le directeur notifie au membre du Conseil privé de la Reine pour le Canada chargé par le gouverneur en conseil de l'application de la *Loi sur les licences d'exportation et d'importation* toute demande d'autorisation d'exportation ou d'importation déposée par une entreprise.

L.C. 1995, ch. 39, art. 51.

52. Bureaux de douane désignés — Les entreprises sont tenues de passer par les bureaux de douane désignés par le ministre du Revenu national pour l'exportation ou l'importation de marchandises visées à l'article 43.

L.C. 1995, ch. 39, art. 52.

53. Interdiction d'importation d'armes à feu, d'armes, de dispositifs et de munitions prohibés — Aucune entreprise ne peut importer des armes à feu prohibées, des armes prohibées, des dispositifs prohibés ou des munitions prohibées qui sont destinés à être expédiés en transit à travers le Canada et exportés.

L.C. 1995, ch. 39, art. 53.

Permis, autorisations et certificats d'enregistrement

Demandes

54. (1) Dépôt d'une demande — La délivrance des permis, des autorisations et des certificats d'enregistrement est subordonnée au dépôt d'une demande en la forme et avec les renseignements réglementaires et à l'acquittement des droits réglementaires.

(2) Destinataire de la demande — La demande est adressée :

a) au contrôleur des armes à feu, dans le cas des permis et des autorisations de port et de transport;

b) au directeur, dans le cas des certificats d'enregistrement et des autorisations d'exportation ou d'importation.

(3) Armes à feu à autorisation restreinte et armes de poing antérieures — Le particulier qui possède une ou plusieurs armes à feu à autorisation restreinte ou armes de poing visées au paragraphe 12(6) (armes de poing : 14 février 1995) à la date de référence est tenu de préciser dans toute demande de permis correspondante :

a) sauf s'il s'agit d'une arme à feu visée à l'alinéa *b*), pour laquelle des fins, prévues à l'article 28, il désire continuer cette possession;

b) pour lesquelles de ces armes à feu a été délivré le certificat d'enregistrement prévu par la loi antérieure parce qu'elles sont des antiquités ou avaient une valeur de curiosité, de rareté, de commémoration ou de simple souvenir.

55. (1) Renseignements supplémentaires — Le contrôleur des armes à feu ou le directeur peut exiger du demandeur d'un permis ou d'une autorisation tout renseignement supplémentaire normalement utile pour lui permettre de déterminer si celui-ci répond aux critères d'admissibilité au permis ou à l'autorisation.

(2) Enquête — Sans que le présent paragraphe ait pour effet de restreindre le champ des vérifications pouvant être menées sur une demande de permis, le contrôleur des armes à feu peut procéder à une enquête pour déterminer si le demandeur peut être titulaire du permis prévu à l'article 5 et, à cette fin, interroger des voisins de celui-ci, des travailleurs communautaires, des travailleurs sociaux, toute personne qui travaille ou habite avec lui, son conjoint, un ex-conjoint, des membres de sa famille ou toute personne qu'il juge susceptible de lui communiquer des renseignements pertinents.

Non en vigueur — 55(2)

Lors de l'entrée en vigueur de l'article 118, L.C. 2000, ch. 12, les mots « conjoint, un ex-conjoint » seront remplacés par les mots « époux ou conjoint de fait ou son ex-époux ou ancien conjoint de fait ».

L.C. 2000, ch. 12, art. 118.

Délivrance

56. (1) Permis — Les permis sont délivrés par le contrôleur des armes à feu.

(2) Un seul permis par particulier — Il ne peut être délivré qu'un seul permis à un particulier.

(3) Permis pour chaque établissement — Un permis est délivré pour chaque établissement où l'entreprise — qui n'est pas un transporteur — exerce ses activités.

57. Autorisations de port et de transport — Les autorisations de port et de transport sont délivrées par le contrôleur des armes à feu.

58. (1) Conditions : permis et autorisations — Le contrôleur des armes à feu peut assortir les permis et les autorisations de port et de transport des conditions qu'il estime souhaitables dans les circonstances et en vue de la sécurité de leur titulaire ou d'autrui.

(2) Mineurs : consultation — Avant d'y procéder dans le cas d'un particulier âgé de moins de dix-huit ans qui n'est pas admissible au permis prévu au paragraphe 8(2) (chasse de subsistance par les mineurs), il consulte ses père ou mère ou la personne qui en a la garde.

(3) Mineurs : information des parents ou gardiens — Avant de délivrer un permis au particulier visé au paragraphe (2), le contrôleur des armes à feu veille à ce que le père ou la mère ou la personne qui en a la garde ait connaissance des conditions dont est assorti le permis en exigeant leur signature sur celui-ci.

59. Propriétaire et possesseur — Il n'est pas nécessaire que le titulaire d'une autorisation de port ou de transport d'une arme à feu prohibée ou d'une arme à feu à autorisation restreinte soit le titulaire du certificat d'enregistrement y afférent.

60. Délivrance : certificats et numéros d'enregistrement — Le certificat d'enregistrement d'une arme à feu et le numéro d'enregistrement qui est attribué à celle-ci, de même que les autorisations d'exportation et d'importation, sont délivrés par le directeur.

61. (1) Forme : permis et certificats d'enregistrement — Les permis et les certificats d'enregistrement énoncent les conditions dont ils sont assortis; ils sont délivrés en la forme et énoncent les autres renseignements réglementaires.

(2) Forme : autorisations — Les autorisations de port, de transport, d'exportation ou d'importation peuvent être délivrées en la forme réglementaire et énoncer les renseignements réglementaires, notamment les conditions dont elles sont assorties.

(3) Condition d'un permis — Les autorisations de port ou de transport peuvent aussi prendre la forme d'une condition d'un permis.

(4) Précisions pour les entreprises — Les permis délivrés aux entreprises précisent toutes les activités particulières autorisées touchant aux armes à feu — notamment aux armes à feu prohibées et aux armes à feu à autorisation restreinte — aux arbalètes, aux armes prohibées, aux armes à autorisation restreinte, aux dispositifs prohibés, aux munitions ou aux munitions prohibées.

62. Incessibilité — Les permis, les certificats d'enregistrement, les autorisations de port, de transport, d'exportation ou d'importation sont incessibles.

63. (1) Validité territoriale — Sous réserve du paragraphe (2), les permis, les certificats d'enregistrement, les autorisations de transport, d'exportation ou d'importation sont valides partout au Canada.

(2) Exception : transporteurs — Les permis délivrés aux transporteurs — qui ne sont visés à l'article 73 — ne sont pas valides à l'extérieur de la province de délivrance.

(3) Exceptions : autorisation de port — Les autorisations de port ne sont pas valides à l'extérieur de la province de délivrance.

728

Durée de validité

64. (1) Permis — Les permis délivrés aux particuliers âgés d'au moins dix-huit ans sont valides pour la période mentionnée, qui ne peut dépasser cinq ans après le premier anniversaire de naissance du titulaire suivant la date de délivrance.

(2) Mineurs — Les permis délivrés aux particuliers âgés de moins de dix-huit ans sont valides pour la période mentionnée, qui ne peut dépasser la date où le titulaire atteint l'âge de dix-huit ans.

(3) Entreprises autres que les musées — Les permis délivrés aux entreprises — autres que les musées — sont valides pour la période mentionnée, qui ne peut dépasser un an.

(4) Musées — Les permis délivrés aux musées sont valides pour la période mentionnée, qui ne peut dépasser trois ans suivant la date de délivrance.

65. (1) Autorisations — Sous réserve des paragraphes (2) à (4), les autorisations sont valides pour la période mentionnée.

(2) Autorisations de transport : permis — Sous réserve du paragraphe (3), l'autorisation de transport exprimée sous forme de condition d'un permis est valide pour la période mentionnée, qui ne peut dépasser la date d'expiration du permis.

(3) Autorisations de transport — L'autorisation de transport d'une arme à feu à autorisation restreinte ou d'une arme de poing visée au paragraphe 12(6) (armes de poing : 14 février 1995) pour le tir à la cible, la participation à une compétition de tir ou un usage conforme à des conditions précisées ou sous les auspices d'un club de tir ou d'un champ de tir agréé conformément à l'article 29 est valide :

    a) dans le cas où elle est exprimée sous forme de condition d'un permis, pour la période mentionnée — d'au moins un an et d'au plus trois ans — , qui ne peut dépasser la date d'expiration du permis;

    b) dans le cas où elle n'est pas exprimée sous forme de condition d'un permis, pour la période — d'au moins un an et d'au plus trois ans — , mentionnée.

(4) Autorisations de port — L'autorisation de port :

    a) exprimée sous forme de condition d'un permis est valide pour la période mentionnée — d'au plus deux ans — , qui ne peut dépasser la date d'expiration du permis;

    b) non exprimée sous forme de condition d'un permis est valide pour la période mentionnée, qui ne peut dépasser deux ans.

66. Certificats d'enregistrement — Le certificat d'enregistrement d'une arme à feu est valide tant que le titulaire du certificat demeure propriétaire de l'arme à feu ou que celle-ci demeure une arme à feu.

67. (1) Prorogation — Le contrôleur des armes à feu peut proroger les permis et les autorisations de port et de transport selon les modalités et les circonstances de leur délivrance.

(2) Armes de poing et armes à feu à autorisation restreinte — En cas de prorogation du permis de possession par un particulier d'une arme à feu à autorisation restreinte ou une arme de poing visée au paragraphe 12(6) (armes de poing : 14 février 1995), il détermine si celle-ci est utilisée conformément aux fins de l'acquisition prévues à l'article 28 ou, si elle était en sa possession à la date de référence, aux fins — conformes à celles prévues à cet article — précisées par le particulier dans la demande de permis.

(3) Notification au directeur — S'il détermine qu'une arme à feu à autorisation restreinte ou une arme de poing visée au paragraphe 12(6) (armes de poing : 14 février 1995) en la possession d'un particulier n'est pas utilisée aux fins indiquées, il notifie sa décision à celui-ci en la forme réglementaire et en informe le directeur.

(4) Antiquités — Les paragraphes (2) et (3) ne s'appliquent pas à une arme à feu :

    a) ayant une valeur de curiosité, de rareté, de commémoration ou de simple souvenir;

    b) pour laquelle il est précisé dans la demande de permis que le certificat d'enregistrement prévu par la loi antérieure a été délivré parce qu'elle avait une telle valeur;

    c) pour laquelle a été délivré le certificat d'enregistrement prévu par la loi antérieure parce qu'elle avait une telle valeur;

    d) pour laquelle un particulier était titulaire, à la date de référence, d'un certificat d'enregistrement délivré en application de la loi antérieure.

(5) Contenu de la notification — La notification prévue au paragraphe (3) comporte les motifs de la décision ainsi que le texte des articles 74 à 81.

Non-délivrance et révocation

68. Non-délivrance : contrôleur des armes à feu — Le contrôleur des armes à feu ne délivre pas de permis au demandeur qui ne répond pas aux critères d'admissibilité et peut refuser la délivrance des autorisations de port ou de transport pour toute raison valable.

69. Non-délivrance : directeur — Le directeur peut refuser la délivrance du certificat d'enregistrement et des autorisations d'exportation ou d'importation pour toute raison valable, notamment, dans le cas du certificat d'enregistrement, lorsque le demandeur n'y est pas admissible.

70. (1) Révocation : permis et autorisations — Le contrôleur des armes à feu peut révoquer un permis ou une autorisation de port ou de transport pour toute raison valable, notamment parce que :

a) le titulaire soit ne peut plus ou n'a jamais pu être titulaire du permis ou de l'autorisation, soit enfreint une condition du permis ou de l'autorisation, soit encore a été déclaré coupable ou absous en application de l'article 730 du *Code criminel* d'une infraction visée à l'alinéa 5(2)*a*);

b) dans le cas d'une entreprise, une personne liée de manière réglementaire à celle-ci a été déclarée coupable ou absoute en application de l'article 730 du *Code criminel* d'une telle infraction.

(2) Directeur — Le directeur peut révoquer les autorisations d'exportation ou d'importation pour toute raison valable.

71. (1) Révocation : certificats d'enregistrement — Le directeur peut révoquer le certificat d'enregistrement pour toute raison valable; il est tenu de le faire à l'égard d'une arme à feu en la possession d'un particulier dans le cas où le contrôleur des armes à feu l'informe, en application de l'article 67, que l'arme à feu n'est pas utilisée conformément aux fins de l'acquisition ou, en cas de possession d'une telle arme à feu à la date de référence, aux fins précisées par le particulier dans la demande de permis.

(2) Révocation automatique du certificat d'enregistrement — Tout changement aux modifications décrites sur la demande de certificat d'enregistrement d'une arme à feu prohibée visée au paragraphe 12(3) (armes automatiques modifiées : 1er août 1992) entraîne la révocation de plein droit du certificat.

72. (1) Notification de la non-délivrance ou de la révocation — Le contrôleur des armes à feu, dans le cas d'un permis ou d'une autorisation de transport, ou le directeur, dans le cas d'un certificat d'enregistrement ou d'une autorisation d'exportation ou d'importation, notifie à l'intéressé, en la forme réglementaire, sa décision de refus ou de révocation.

(2) Contenu — La notification comporte les motifs de la décision faisant état de la nature des renseignements sur lesquels elle est fondée ainsi que le texte des articles 74 à 81.

(3) Non-communication des renseignements — Le contrôleur des armes à feu ou le directeur n'est pas tenu de communiquer des renseignements qui, à son avis, pourraient menacer la sécurité d'une personne.

(4) Disposition des armes à feu — permis — La notification accorde un délai raisonnable pendant lequel le demandeur ou le titulaire du permis peut se départir légalement des armes à feu, armes prohibées, dispositifs prohibés ou munitions prohibées en sa possession, notamment en les remettant à un agent de la paix, au préposé aux armes à feu ou au contrôleur des armes à feu, sans qu'une poursuite puisse être intentée contre lui en vertu des articles 91, 92 ou 94 du *Code criminel*.

(5) Disposition des armes à feu — certificat d'enregistrement — La notification accorde un délai raisonnable pendant lequel le demandeur ou le titulaire d'un certificat d'enregistrement d'une arme à feu peut se départir légalement de celle-ci, notamment en la remettant à un agent de la paix, au préposé aux armes à feu ou au contrôleur des armes à feu, sans qu'une poursuite ne puisse être intentée contre lui en vertu des articles 91, 92 ou 94 du *Code criminel* ou de l'article 112 de la présente loi.

(6) Renvoi — Lorsque le demandeur ou le titulaire du permis ou du certificat d'enregistrement soumet la non-délivrance ou la révocation du document en cause à un juge de la cour provinciale en vertu de l'article 74, le délai ne commence à courir qu'après la décision finale du juge.

Transporteurs internationaux et interprovinciaux

73. Application — Les articles 54 à 72 s'appliquent aux transporteurs se livrant à des activités, notamment, de transport d'armes à feu, d'armes prohibées, d'armes à autorisation restreinte, de dispositifs prohibés ou de munitions prohibées reliant une province et une ou plusieurs autres provinces, ou débordant les limites d'une province, et, à cette fin, la mention du contrôleur des armes à feu vaut mention du directeur.

Renvoi à un juge de la cour provinciale

74. (1) Renvoi — Le demandeur ou le titulaire d'un permis, d'un certificat d'enregistrement, d'une autorisation de transport, d'exportation ou d'importation ou d'un agrément peut soumettre à un juge de la cour provinciale de la circonscription territoriale de sa résidence les cas suivants :

    a) la non-délivrance ou révocation, par le contrôleur des armes à feu ou le directeur, du document en cause;

    b) la décision du contrôleur des armes à feu, prise aux termes de l'article 67, selon laquelle l'arme à feu d'un particulier n'est pas utilisée conformément aux fins de l'acquisition ou, en cas de possession d'une telle arme à feu à la date de référence, aux fins précisées par le particulier dans la demande de permis;

    c) le refus ou la révocation de l'agrément d'un club de tir ou de champs de tir par le ministre provincial.

(2) Délai — La saisine est à effectuer par le requérant dans les trente jours suivant la réception de la notification de la décision faite par le contrôleur des armes à feu, le directeur ou le ministre provincial en vertu des articles 29, 67 ou 72 ou dans le délai supplémentaire que le juge peut lui accorder avant ou après l'expiration des trente jours.

75. (1) Audition et notification — Le juge de la cour provinciale fixe la date d'audition du cas et ordonne que notification en soit faite, de la manière qu'il précise, au requérant ainsi qu'au contrôleur des armes à feu, au directeur ou au ministre provincial.

(2) Éléments de preuve — Lors de l'audition, il est saisi des éléments de preuve pertinents déposés par le contrôleur des armes à feu, le directeur ou le ministre provincial ou par le requérant, ou pour leur compte.

(3) Charge de la preuve — Il appartient au requérant de convaincre le juge que la non-délivrance, la révocation, le refus ou la décision n'était pas justifié.

(4) Audition *ex parte* — Le juge peut entendre *ex parte* le cas et le trancher en l'absence du requérant dans les cas où les cours de poursuites sommaires peuvent, en vertu de la partie XXVII du *Code criminel*, tenir le procès en l'absence du défendeur.

76. Décision — Au terme de l'audition du cas, le juge peut, par ordonnance :

> a) confirmer la décision du contrôleur des armes à feu, du directeur ou du ministre provincial;

> b) enjoindre au contrôleur des armes à feu ou au directeur de délivrer le permis, le certificat d'enregistrement ou l'autorisation ou enjoindre au ministre provincial de conférer l'agrément au club de tir ou au champ de tir;

> c) annuler la révocation du permis, du certificat d'enregistrement, de l'autorisation, de l'agrément ou la décision du contrôleur des armes à feu prise aux termes de l'article 67.

Appels à la cour supérieure et à la cour d'appel

76.1 Définitions — S'agissant du Nunavut, les définitions qui suivent s'appliquent aux articles 77 à 81.

« **cour supérieure** » Un juge de la Cour d'appel du Nunavut.

« **juge** » Juge de la Cour de justice du Nunavut.

L.C. 1999, ch. 3, art. 64.

77. (1) Cour supérieure — Sous réserve de l'article 78, dans le cas où le juge rend la décision prévue à l'alinéa 76*a*), le demandeur ou le titulaire du permis, du certificat d'enregistrement, de l'agrément ou de l'autorisation peut appeler de l'ordonnance devant la cour supérieure.

(2) Appel par le procureur général — Sous réserve de l'article 78, dans le cas où le juge rend la décision prévue aux alinéas 76*b*) ou *c*), le procureur général du Canada ou celui de la province peuvent respectivement appeler de l'ordonnance devant la cour supérieure, selon que celle-ci :

> a) soit vise le directeur, le ministre fédéral ou le contrôleur des armes à feu désigné à ce titre par le ministre fédéral;

> b) soit porte sur toute autre ordonnance rendue aux termes des alinéas 76*b*) ou *c*).

78. (1) Avis d'appel — L'appel est formé par le dépôt d'un avis dans les trente jours suivant l'ordonnance contestée.

(2) Prorogation du délai — La cour supérieure peut, avant ou après l'expiration du délai de trente jours, proroger le délai de dépôt de l'avis.

(3) Teneur de l'avis — L'avis doit préciser les motifs de l'appel et comporter tout autre élément exigé par la cour supérieure.

(4) Signification de l'avis — Une copie de l'avis, ainsi que de tout autre élément dont la production avec celui-ci est exigée, est signifiée dans les quatorze jours suivant son dépôt, ou dans le délai prorogé par la cour supérieure avant ou après l'expiration des quatorze jours :

> a) au procureur général du Canada, lorsque l'appel porte sur l'ordonnance prévue à l'alinéa 76*a*) confirmant la décision du contrôleur des armes à feu désigné à ce titre par le ministre fédéral, du directeur ou du ministre fédéral;

> b) au procureur général de la province, lorsque l'appel porte sur toute autre ordonnance rendue aux termes de l'alinéa 76*a*);

> c) au requérant lorsque l'appel porte sur l'ordonnance prévue aux alinéas 76*b*) ou *c*);

> d) à toute autre personne précisée par la cour supérieure.

79. (1) Décision — Au terme de l'audition de l'appel, la cour supérieure peut :

> a) le rejeter;

> b) l'accueillir et, dans les cas où il porte sur l'ordonnance prévue à l'alinéa 76*a*), soit annuler la révocation ou la décision prise par le contrôleur des armes à feu aux termes de l'article 67, soit ordonner à celui-ci ou au directeur de délivrer un permis, un certificat d'enregistrement ou une autorisation ou enjoindre au ministre provincial de conférer l'agrément au club de tir ou au champ de tir.

(2) Charge de la preuve — Lors de l'audition d'un appel portant sur l'ordonnance prévue à l'alinéa 76*a*), il appartient à l'appelant de convaincre la cour supérieure qu'elle doit rendre la décision visée à l'alinéa (1)*b*).

80. Cour d'appel — Un appel à la cour d'appel portant sur la décision visée à l'article 79 peut, avec l'autorisation de celle-ci ou d'un de ses juges, être interjeté pour tout motif qui comporte une question de droit seulement.

81. Partie XXVII du *Code criminel* — La partie XXVII du *Code criminel*, sauf les articles 785 à 812, 816 à 819 et 829 à 838, s'applique, avec les adaptations nécessaires, aux appels interjetés aux termes de la présente loi et la mention de la cour d'appel dans cette partie vaut celle de la cour supérieure.

Système canadien d'enregistrement des armes à feu

Directeur

82. Nomination du directeur — Le directeur de l'enregistrement des armes à feu est nommé par le commissaire de la Gendarmerie royale du Canada, après consultation du ministre fédéral et du solliciteur général du Canada.

Registre

83. (1) Registre canadien des armes à feu — Le directeur constitue et tient un registre, dénommé le Registre canadien des armes à feu, où sont notés :

a) les permis, certificats d'enregistrement ou autorisations qu'il délivre ou révoque;

b) les demandes de permis, de certificat d'enregistrement ou d'autorisation qu'il refuse;

c) les cessions d'armes à feu qui lui sont notifiées en vertu des articles 26 ou 27;

d) les exportations et les importations d'armes à feu qui lui sont notifiées en vertu des articles 42 ou 50;

e) les pertes, vols ou destructions d'armes à feu, de même que les armes à feu trouvées, dont il est informé en application de l'article 88;

f) tout autre renseignement réglementaire.

(2) Fonctionnement — Le directeur est chargé du fonctionnement du Registre canadien des armes à feu.

84. Destruction des fichiers — Le directeur peut détruire les fichiers versés au Registre canadien des armes à feu selon les modalités de temps et dans les situations prévues par règlement.

85. (1) Autres registres du directeur — Le directeur établit un registre des armes à feu :

    a) acquises ou détenues par les personnes précisées ci-après et utilisées par celles-ci dans le cadre de leurs fonctions :

        (i) les agents de la paix,

        (ii) les personnes qui reçoivent la formation pour devenir agents de la paix ou officiers de police sous l'autorité et la surveillance :

            (A) soit d'une force policière,

            (B) soit d'une école de police ou d'une autre institution semblable désignées par le ministre fédéral ou le lieutenant-gouverneur en conseil d'une province,

        (iii) les personnes ou catégories de personnes qui sont des employés des administrations publiques fédérales, provinciales ou municipales et qui sont désignées comme fonctionnaires publics par les règlements d'application de la partie III du *Code criminel* pris par le gouverneur en conseil,

        (iv) les contrôleurs des armes à feu et les préposés aux armes à feu;

    b) acquises ou détenues par des particuliers sous les ordres et pour le compte des forces policières ou d'un ministère fédéral ou provincial.

(2) Signalement des acquisitions ou cessions — Toute personne visée au paragraphe (1) notifie au directeur toute acquisition ou tout transfert d'armes à feu qu'elle effectue.

(3) Destruction des fichiers — Le directeur peut détruire les fichiers du registre selon les modalités de temps et dans les situations prévues par règlement.

86. Transfert des fichiers — Les fichiers figurant dans le registre tenu en application de l'article 114 de la loi antérieure en ce qui concerne les certificats d'enregistrement sont transférés au directeur.

Registre des contrôleurs des armes à feu

87. (1) Registre des contrôleurs des armes à feu — Le contrôleur des armes à feu tient un registre où sont notés :

    a) les permis et autorisations qu'il délivre ou révoque;

    b) les permis et les autorisations qu'il refuse de délivrer;

c) les ordonnances d'interdiction dont il est informé aux termes de l'article 89;

d) tout autre renseignement réglementaire.

(2) Destruction des fichiers — Le contrôleur des armes à feu peut détruire les fichiers selon les modalités de temps et dans les situations prévues par règlement.

88. Notification au directeur — Le contrôleur des armes à feu qui est informé des pertes, vols ou destructions d'armes à feu, de même que des armes à feu trouvées, les fait notifier sans délai au directeur.

Notification des ordonnances d'interdiction

89. Notification au directeur — Tout tribunal, juge ou juge de paix qui rend, modifie ou révoque une ordonnance d'interdiction avise sans délai le contrôleur des armes à feu de ce fait.

Accès au registre

90. Droit d'accès — Le directeur et le contrôleur des armes à feu ont réciproquement accès aux registres qu'ils tiennent respectivement aux termes de l'article 87 et aux termes des articles 83 ou 85; le contrôleur des armes à feu a également accès aux registres tenus par les autres contrôleurs des armes à feu aux termes de l'article 87.

Transmission électronique

91. (1) Transmission électronique — Sous réserve des règlements, les avis ou documents que le directeur envoie ou reçoit aux termes de la présente loi ou de toute autre loi fédérale peuvent être transmis sur support électronique ou autre de la manière précisée par lui.

(2) Date de réception — Pour l'application de la présente loi et de la partie III du *Code criminel*, les avis et documents ainsi transmis sont réputés avoir été reçus à la date et à l'heure réglementaires.

92. (1) Forme des registres — Les registres tenus par le directeur aux termes des articles 83 ou 85 peuvent être reliés, ou conservés soit sous forme de feuilles mobiles ou de films, soit à l'aide de tout procédé mécanique ou électronique de traitement des données ou de mise en mémoire de l'information capable de restituer en clair, dans un délai raisonnable, les renseignements demandés.

(2) Mise en mémoire — Sous réserve des règlements, les documents ou renseignements reçus par le directeur en application de la présente loi sur support électronique ou autre peuvent être mis en mémoire par tout procédé, notamment mécanographique ou informatique, capable de les restituer en clair dans un délai raisonnable.

(3) Force probante — En cas de conservation de documents par le directeur sous une forme non écrite, les extraits qui en sont certifiés conformes par celui-ci ont, sauf preuve contraire, la même force probante que des originaux écrits.

Rapports

93. (1) Rapport au solliciteur général — Le directeur, dès que possible au début de chaque année civile et chaque fois que le solliciteur général du Canada lui en fait la demande par écrit, transmet à celui-ci un rapport sur l'application de la présente loi rédigé en la forme et contenant les renseignements qu'il exige.

(2) Rapport au Parlement — Le solliciteur général du Canada fait déposer chacun de ces rapports devant chaque chambre du Parlement dans les quinze premiers jours de séance de celle-ci suivant sa réception.

94. Communication de renseignements au directeur — Le contrôleur des armes à feu communique au directeur les renseignements réglementaires sur l'application de la présente loi selon les modalités de temps et de forme réglementaires afin de permettre à celui-ci d'établir les rapports visés à l'article 93.

Dispositions générales

Accords avec les provinces

95. Conclusion des accords — Le ministre fédéral peut, avec l'agrément du gouverneur en conseil, conclure des accords avec les gouvernements provinciaux :

a) prévoyant le paiement de compensation par le Canada des frais administratifs effectivement exposés par les provinces en ce qui concerne le traitement des permis, des certificats d'enregistrement et des autorisations, des demandes y afférentes ainsi que le fonctionnement du système canadien d'enregistrement des armes à feu;

b) autorisant, par dérogation aux paragraphes 17(1) et (4) de la *Loi sur la gestion des finances publiques*, ces gouvernements à prélever, conformément aux modalités des accords, le montant de ces frais sur les sommes perçues ou reçues en application de l'alinéa 117*p*).

Autres questions

96. Autres obligations — La délivrance d'un permis, d'un certificat d'enregistrement ou d'une autorisation en vertu de la présente loi ne porte pas atteinte à l'obligation de quiconque de se conformer à toute autre loi fédérale ou à ses règlements concernant les armes à feu et d'autres armes.

97. (1) Dispenses — Sous réserve du paragraphe (2), le ministre provincial peut dispenser les employés d'une entreprise titulaire d'un permis l'autorisant à acquérir des armes à feu prohibées, des armes prohibées, des dispositifs prohibés ou des munitions prohibées, agissant dans le cadre de leurs fonctions, de l'application dans sa province de toute autre disposition de la présente loi, de ses règlements ou de la partie III du *Code criminel* pour une période maximale d'un an.

(2) Sécurité publique — Le paragraphe (1) ne s'applique pas lorsqu'une telle dispense n'est pas souhaitable pour la sécurité de quiconque.

(3) Conditions — Le ministre provincial peut assortir les dispenses des conditions raisonnables qu'il estime souhaitables dans les circonstances et en vue de la sécurité de quiconque.

Délégation

98. Attributions du ministre provincial — Le contrôleur des armes à feu d'une province peut, s'il en est chargé par le ministre provincial, désigner les préposés aux armes à feu pour la province.

99. (1) Attributions du contrôleur des armes à feu — Sous réserve des paragraphes (2) et (3), le préposé aux armes à feu désigné par écrit par le contrôleur des armes à feu peut exercer les attributions de celui-ci, précisées dans la désignation, que lui confèrent la présente loi et la partie III du *Code criminel*.

(2) Exception — Seul le contrôleur des armes à feu lui-même peut délivrer les permis autorisant une entreprise à acquérir des armes à feu prohibées, des armes prohibées, des dispositifs prohibés ou des munitions prohibées.

(3) Exception — Seul le contrôleur des armes à feu lui-même peut délivrer les autorisations de port.

100. Attributions du directeur — La personne désignée par écrit par le directeur pour l'application du présent article peut exercer les attributions de celui-ci, précisées dans l'acte de délégation, que lui confèrent la présente loi et la partie III du *Code criminel*.

Visite

101. Définition de « inspecteur » — Pour l'application des articles 102 à 105, « inspecteur » s'entend d'un préposé aux armes à feu. Y est assimilé, pour une province, tout membre d'une catégorie de particuliers désignée par le ministre provincial.

102. (1) Visite — Sous réserve de l'article 104, pour l'application de la présente loi et de ses règlements, l'inspecteur peut, à toute heure convenable, procéder à la visite de tous lieux et y effectuer des inspections, s'il a des motifs raisonnables de croire que s'y déroulent les activités d'une entreprise ou que s'y trouvent soit des registres d'entreprises soit une collection d'armes à feu ou des registres y afférents, soit des armes à feu prohibées ou plus de dix armes à feu; il est aussi autorisé à :

a) ouvrir tout contenant dans lequel, à son avis, se trouvent des armes à feu ou des objets assujettis à l'application de la présente loi ou de ses règlements;

b) examiner les armes à feu ou tout objet qu'il y trouve et en prendre des échantillons;

c) effectuer des essais, des analyses et des mesures;

d) exiger de toute personne qu'elle lui fournisse pour examen ou copie les registres, documents comptables ou autres documents qui à son avis contiennent des renseignements utiles à l'application de la présente loi ou de ses règlements.

Dans tous les cas, l'avis de l'inspecteur doit être fondé sur des motifs raisonnables.

(2) Usage d'ordinateurs et de photocopieuses — Dans le cadre de sa visite, l'inspecteur peut :

a) utiliser ou faire utiliser les systèmes informatiques se trouvant sur place afin de prendre connaissance des données qui y sont contenues ou auxquelles ces systèmes donnent accès;

b) à partir de ces données, reproduire ou faire reproduire le document sous forme d'imprimé ou toute autre forme intelligible, qu'il peut emporter pour examen ou reproduction;

c) utiliser ou faire utiliser les appareils de reprographie se trouvant sur place pour faire des copies de tout registre, document comptable ou autre document.

(3) Usage de la force — Dans le cadre de la visite prévue au paragraphe (1), l'inspecteur ne peut faire usage de la force.

(4) Récépissé des objets saisis — L'inspecteur est tenu de remettre au propriétaire ou à l'occupant des lieux, au moment où il en prend possession, un récépissé qui décrit avec suffisamment de précision les objets pris dans le cadre de sa visite, notamment, s'il s'agit d'une arme à feu, par la mention du numéro de série, si celui-ci est disponible.

(5) Précision interprétative — Il est entendu qu'au présent article, « entreprise » s'entend au sens prévu au paragraphe 2(1).

103. Obligation d'assistance — Le propriétaire ou le responsable du lieu qui fait l'objet de la visite, ainsi que toute personne qui s'y trouve, sont tenus d'accorder à l'inspecteur sur demande, toute l'assistance possible dans l'exercice de ses fonctions et de lui donner les renseignements qu'il peut valablement exiger dans le cadre de l'application de la présente loi ou de ses règlements.

104. (1) Mandat pour maison d'habitation — Dans le cas d'une maison d'habitation, l'inspecteur ne peut toutefois procéder à la visite sans préavis raisonnable donné au propriétaire ou à l'occupant et sans l'autorisation de ce dernier que s'il est muni d'un mandat.

(2) Délivrance du mandat — Sur demande *ex parte*, le juge de paix peut signer un mandat autorisant, sous réserve des conditions éventuellement fixées, l'inspecteur qui y est nommé à procéder à la visite d'une maison d'habitation s'il est convaincu, sur la foi d'une dénonciation sous serment, que sont réunis les éléments suivants :

  a) les circonstances prévues à l'article 102 existent;

  b) la visite est nécessaire pour l'application de la présente loi ou de ses règlements;

  c) un refus a été opposé à la visite ou il y a des motifs raisonnables de croire que tel sera le cas.

(3) Parties visées par l'inspection — Il est entendu, que lors de l'inspection d'une maison d'habitation, l'inspecteur ne peut visiter et inspecter que les parties d'une pièce où, à son avis :

  a) se trouvent soit des armes à feu, armes prohibées, armes à autorisation restreinte, dispositifs prohibés, munitions prohibées ou des registres relatifs à une collection d'armes à feu soit tout ou partie d'un dispositif ou d'un autre objet exigé, par règlement pris en vertu de l'alinéa 117*h*), pour l'entreposage des armes à feu et des armes à autorisation restreinte;

  b) dans le cas où il a des motifs raisonnables de croire que s'y déroulent les activités d'une entreprise, se trouvent des munitions ou des registres d'entreprise.

Dans tous les cas, l'avis de l'inspecteur doit être fondé sur des motifs raisonnables.

105. Contrôle — S'il a des motifs raisonnables de croire qu'une personne possède une arme à feu, l'inspecteur peut lui ordonner de présenter, dans un délai raisonnable suivant la demande et de la manière indiquée par l'inspecteur, cette arme en vue d'en vérifier le numéro de série ou d'autres caractéristiques et de s'assurer que cette personne est titulaire du certificat d'enregistrement y afférent.

Infractions

106. (1) Fausse déclaration — Commet une infraction quiconque, afin d'obtenir, ou de faire obtenir à une autre personne, un permis, un certificat d'enregistrement ou une autorisation, fait sciemment, oralement ou par écrit, une déclaration fausse ou trompeuse ou, en toute connaissance de cause, s'abstient de communiquer un renseignement utile à cet égard.

(2) Fausse déclaration : attestation douanière — Commet une infraction quiconque, afin d'obtenir, ou de faire obtenir à une autre personne, l'attestation d'un document par l'agent des douanes en application de la présente loi, fait sciemment, oralement ou par écrit, une déclaration fausse ou trompeuse ou, en toute connaissance de cause, s'abstient de communiquer un renseignement utile à cet égard.

(3) Définition de « déclaration » — Au présent article, « déclaration » s'entend d'une assertion de fait, d'opinion, de croyance ou de connaissance, qu'elle soit essentielle ou non et qu'elle soit admissible ou non en preuve.

107. Falsification — Commet une infraction quiconque, sans excuse légitime — dont la preuve lui incombe — , modifie, maquille ou falsifie un permis, un certificat d'enregistrement, une autorisation ou l'attestation d'un document faite par un agent des douanes en application de la présente loi.

108. Possession non autorisée de munitions — Commet une infraction toute entreprise qui a en sa possession des munitions sans être titulaire d'un permis qui l'y autorise.

109. Peine — Quiconque contrevient aux articles 106, 107 ou 108 ou au paragraphe 29(1) ou à un règlement d'application des alinéas 117*d)*, *e)*, *f)*, *g)*, *i)*, *j)*, *l)*, *m)* ou *n)* dont la contravention est devenue une infraction aux termes de l'alinéa 117*o)* est coupable :

    a) soit d'un acte criminel passible d'un emprisonnement maximal de cinq ans;

    b) soit d'une infraction punissable par procédure sommaire.

110. Inobservation des conditions — Commet une infraction quiconque, sans excuse légitime, enfreint les conditions du permis, du certificat d'enregistrement ou de l'autorisation dont il est titulaire.

111. Peine — Quiconque contrevient à l'article 110 ou omet de se conformer à l'article 103 est coupable :

a) soit d'un acte criminel passible d'un emprisonnement maximal de deux ans;

b) soit d'une infraction punissable par procédure sommaire.

112. (1) Omission d'enregistrer des armes à feu — Sous réserve des paragraphes (2) et (3), commet une infraction quiconque, n'ayant pas antérieurement commis une infraction prévue au présent paragraphe ou aux paragraphes 91(1) ou 92(1) du *Code criminel*, possède une arme à feu — qui n'est pas une arme à feu prohibée ni une arme à feu à autorisation restreinte — sans être titulaire d'un certificat d'enregistrement pour cette arme à feu.

(2) Exceptions — Le paragraphe (1) ne s'applique pas :

a) au possesseur d'une arme à feu qui est sous la surveillance directe d'une personne pouvant légalement l'avoir en sa possession, et qui s'en sert de la manière dont celle-ci peut légalement s'en servir;

b) à la personne qui entre en possession d'une arme à feu par effet de la loi et qui, dans un délai raisonnable, s'en défait légalement ou obtient le certificat d'enregistrement pour cette arme;

c) au possesseur d'une arme à feu qui, sans être titulaire du certificat d'enregistrement y afférent, à la fois :

(i) l'a empruntée,

(ii) est titulaire d'un permis en autorisant la possession,

(iii) l'a en sa possession pour chasser, notamment à la trappe, afin de subvenir à ses besoins ou à ceux de sa famille.

(3) Disposition transitoire — Quiconque, à tout moment entre la date de référence et le 1er janvier 1998 — ou toute autre date fixée par règlement — possède une arme à feu qui, à ce moment, n'est pas une arme à feu prohibée ni une arme à feu à autorisation restreinte est réputé pour l'application du paragraphe (1) être, jusqu'au 1er janvier 2003 ou jusqu'à toute autre date antérieure fixée par règlement, titulaire du certificat d'enregistrement de cette arme à feu.

(4) Charge de la preuve — Dans toute poursuite intentée dans le cadre du présent article, c'est au défendeur qu'il incombe éventuellement de prouver qu'une personne est titulaire d'un certificat d'enregistrement.

113. Défaut d'obtempérer à un ordre de l'inspecteur — Commet une infraction quiconque, sans excuse légitime, n'obtempère pas à un ordre que lui donne l'inspecteur en vertu de l'article 105.

114. Non-restitution — Commet une infraction le titulaire d'un permis, d'un certificat d'enregistrement ou d'une autorisation qui ne restitue pas le document sans délai après sa révocation à l'agent de la paix ou au préposé aux armes à feu.

115. Peine — Quiconque contrevient aux articles 112, 113 ou 114 est coupable d'une infraction punissable par procédure sommaire.

116. Intervention du procureur général du Canada — Le gouvernement du Canada, ou un agent agissant en son nom, peut intenter des poursuites à l'égard de toute infraction à la présente loi.

Règlements

117. Règlements — Le gouverneur en conseil peut, par règlement :

a) régir la délivrance des permis, des certificats d'enregistrement et des autorisations, y compris les fins auxquelles ils peuvent être délivrés aux termes de la présente loi et préciser les cas d'admissibilité ou d'inadmissibilité aux permis;

b) régir la révocation des permis, des certificats d'enregistrement et des autorisations;

c) préciser les cas dans lesquels un particulier peut avoir ou non besoin d'une arme à feu pour protéger sa vie ou celle d'autrui, ou pour usage dans le cadre d'une activité professionnelle légale;

d) régir l'usage d'armes à feu pour le tir à la cible ou la participation à une compétition de tir;

e) régir :

    (i) la constitution et l'exploitation de clubs de tir et de champs de tir,

    (ii) les activités qui peuvent y être exercées,

    (iii) la possession et l'usage d'armes à feu dans leurs locaux,

    (iv) la tenue et la destruction de fichiers sur ces clubs et champs de tir ainsi que sur leurs membres;

f) régir la constitution et la conservation de collections d'armes à feu ainsi que l'acquisition et l'aliénation ou la disposition d'armes à feu en faisant partie;

g) régir les expositions d'armes à feu, les activités qui peuvent s'y dérouler et la possession et l'usage d'armes à feu dans leur cadre;

h) régir l'entreposage, le maniement, le transport, l'expédition, l'exposition, la publicité et la vente postale des armes à feu et des armes à autorisation restreinte et la définition du terme « vente postale » pour l'application de la présente loi;

i) régir l'entreposage, le maniement, le transport, l'expédition, la possession à des fins réglementaires, la cession, l'exportation et l'importation :

(i) d'armes à feu prohibées, d'armes prohibées, d'armes à autorisation restreinte, de dispositifs prohibés ou de munitions prohibées,

(ii) d'éléments ou pièces d'armes à feu prohibées, d'armes prohibées, d'armes à autorisation restreinte, de dispositifs prohibés ou de munitions prohibées;

j) régir la possession et l'usage d'armes à autorisation restreinte;

k) prévoir l'autorisation, en ce qui concerne des armes à feu, des armes prohibées, des armes à autorisation restreinte, des dispositifs prohibés, des munitions, des munitions prohibées et des éléments ou pièces conçus exclusivement pour être utilisés dans la fabrication ou l'assemblage d'armes automatiques :

(i) de la possession en tout lieu,

(ii) de la fabrication ou la cession, la proposition de fabrication ou de cession, avec ou sans contrepartie,

(iii) de l'importation ou de l'exportation;

l) régir l'entreposage, le maniement, le transport, l'expédition, l'acquisition, la possession, la cession, l'exportation, l'importation, l'usage et l'aliénation ou la disposition d'armes à feu, d'armes prohibées, d'armes à autorisation restreinte, de dispositifs prohibés, de munitions prohibées et de substances explosives :

(i) par les personnes précisées ci-après et utilisées par celles-ci dans le cadre de leurs fonctions :

(A) les agents de la paix,

(B) les personnes qui reçoivent la formation pour devenir agents de la paix ou officiers de police sous l'autorité et la surveillance soit d'une force policière, soit d'une école de police ou d'une autre institution semblable désignées par le ministre fédéral ou le lieutenant-gouverneur en conseil d'une province,

(C) les personnes ou les membres d'une catégorie de personnes qui sont des employés des administrations publiques fédérales, provinciales ou municipales et qui sont désignées comme fonctionnaires publics par les règlements d'application de la partie III du *Code criminel* pris par le gouverneur en conseil,

(D) les contrôleurs des armes à feu et les préposés aux armes à feu,

(ii) par des particuliers sous les ordres et pour le compte des forces policières ou d'un ministère fédéral ou provincial;

m) régir la tenue et la destruction de registres ou fichiers sur les armes à feu, les armes prohibées, les armes à autorisation restreinte, les dispositifs prohibés et les munitions prohibées;

n) régir la tenue et la destruction de registres ou fichiers par les entreprises en ce qui concerne les munitions;

o) créer des infractions pour contravention des règlements d'application des alinéas *d*), *e*), *f*), *g*), *i*), *j*), *l*), *m*) ou *n*);

p) fixer les droits à payer à Sa Majesté du chef du Canada pour la délivrance des permis, des certificats d'enregistrement, des autorisations, des agréments de cession et d'importation d'armes à feu et des attestations par l'agent des douanes des documents prévus par la présente loi;

q) fixer les cas et les modalités de dispense ou de réduction des droits à payer en application de l'alinéa *p*);

r) fixer les droits à payer à Sa Majesté du chef du Canada pour les frais engagés par elle pour l'entreposage de marchandises retenues par des agents de douane ou pour leur disposition;

s) régir le fonctionnement du Registre canadien des armes à feu;

t) régir la transmission des avis et documents sur support électronique ou autre, notamment quant à leurs destinataires, aux personnes ou catégories de personnes qui peuvent l'effectuer et aux modalités de signature — ou de ce qui peut en tenir lieu — sur support électronique ou autre de ces avis ou documents, ainsi que la date et l'heure réputées de leur réception;

u) prévoir selon quelles modalités et dans quelle mesure telles dispositions de la présente loi ou de ses règlements s'appliquent à tout peuple autochtone du Canada et adapter ces dispositions à cette application;

v) abroger :

(i) l'article 4 — et l'intertitre le précédant — du *Règlement sur le contrôle des chargeurs grande capacité*, pris par le décret C.P. 1992-1660 du 16 juillet 1992 portant le numéro d'enregistrement DORS/92-460,

(ii) le *Décret sur les régions désignées pour la possession d'armes à feu*, C.R.C., chapitre 430,

(iii) l'article 4 — et l'intertitre le précédant — du *Règlement sur les autorisations d'acquisition d'armes à feu*, pris par le décret C.P. 1992-1663 du 16 juillet 1992 portant le numéro d'enregistrement DORS/92-461,

(iv) l'article 7 — et l'intertitre le précédant — du *Règlement sur les véritables collectionneurs d'armes à feu*, pris par le décret C.P. 1992-1661 du 16 juillet 1992 portant le numéro d'enregistrement DORS/92-435,

(v) les articles 8 et 13 — et les intertitres les précédant — du *Règlement sur le contrôle des armes prohibées*, pris par le décret C.P. 1991-

1925 du 3 octobre 1991 portant le numéro d'enregistrement DORS/91-572,

(vi) le *Règlement sur les catégories de personnes morales admissibles à un certificat d'enregistrement d'armes à autorisation restreinte*, pris par le décret C.P. 1993-766 du 20 avril 1993 portant le numéro d'enregistrement DORS/93-200,

(vii) les articles 7, 15 et 17 — et les intertitres les précédant — du *Règlement sur le contrôle des armes à autorisation restreinte et sur les armes à feu*, pris par le décret C.P. 1978-2572 du 16 août 1978 portant le numéro d'enregistrement DORS/78-670;

w) prendre toute mesure réglementaire prévue par la présente loi.

118. (1) Dépôt des projets de règlement — Sous réserve du paragraphe (2), le ministre fédéral fait déposer tout projet de règlement devant chaque chambre du Parlement.

(2) Idem — Lorsqu'il fait déposer un projet de règlement en vertu du paragraphe (1), le ministre fédéral le fait déposer devant les deux chambres du Parlement le même jour.

(3) Étude en comité et rapport — Tout comité compétent, d'après le règlement de chacune des chambres du Parlement, est automatiquement saisi du projet de règlement et peut effectuer une enquête ou tenir des audiences publiques à cet égard et faire rapport de ses conclusions à la chambre en cause.

(4) Prise des règlements — Le règlement peut être pris :

a) soit dans un délai de trente jours de séance suivant le dépôt;

b) soit au moment, pour chaque chambre du Parlement, où, selon le cas :

(i) le comité fait rapport,

(ii) il décide de ne pas effectuer d'enquête ou de ne pas tenir d'audiences publiques.

(5) Définition de « jour de séance » — Pour l'application du présent article, « jour de séance » s'entend d'un jour où l'une ou l'autre chambre siège.

119. (1) Modification du projet de règlement — Il n'est pas nécessaire de déposer de nouveau le projet de règlement devant le Parlement même s'il a subi des modifications.

(2) Exception : modifications mineures — L'obligation de dépôt prévue à l'article 118 ne s'applique pas aux projets de règlements d'application de l'article 117, si le ministre fédéral estime que ceux-ci n'apportent pas de modification de fond notable à des règlements existants.

(3) Exception : cas d'urgence — Les règlements d'application des alinéas 117*i*), *l*), *m*), *n*), *o*), *q*), *s*) ou *t*) peuvent être pris sans avoir auparavant été déposés devant l'une ou l'autre chambre du Parlement, si le ministre fédéral estime que l'urgence de la situation justifie une dérogation à l'article 118.

(4) Notification au Parlement — Le ministre fédéral fait déposer devant chaque chambre du Parlement une déclaration énonçant les justificatifs sur lesquels il fonde, en application des paragraphes (2) ou (3), sa dérogation à l'article 118.

(5) Exception : date réglementaire — Tout règlement fixant, aux termes de l'alinéa 117*w*), une date pour l'application d'une disposition de la présente loi peut être pris sans avoir été déposé devant l'une ou l'autre chambre du Parlement.

(6) Partie III du *Code criminel* — Il est entendu que le dépôt n'est pas obligatoire pour les règlements d'application de la partie III du *Code criminel*.

Dispositions transitoires

Permis

120. (1) Autorisations d'acquisition d'armes à feu — Est réputée un permis l'autorisation d'acquisition d'armes à feu qui :

a) a été délivrée en vertu des articles 106 ou 107 de la loi antérieure;

b) n'a pas été révoquée avant la date de référence;

c) est valide à la date de référence conformément au paragraphe 106(11) de la loi antérieure ou à ce paragraphe par application du paragraphe 107(1) de celle-ci.

(2) Autorisations — Le titulaire d'une telle autorisation est habilité :

a) à acquérir et à posséder toute arme à feu non prohibée acquise par lui à compter de la date de référence et avant l'expiration ou la révocation de l'autorisation d'acquisition de l'arme à feu;

b) s'il s'agit d'un particulier visé aux paragraphes 12(2), (3), (4), (5), (6) ou (8), à acquérir et à posséder toute arme à feu visée à ces paragraphes acquise par lui à compter de la date de référence;

c) s'il s'agit d'un particulier admissible, en vertu du paragraphe 12(7), au permis l'autorisant à posséder une arme de poing visée au paragraphe 12(6) (armes de poing : 14 février 1995) dans les circonstances prévues au paragraphe 12(7), à acquérir et posséder dans ces circonstances une telle arme de poing acquise par lui à compter de la date de référence.

(3) Durée de validité — Une telle autorisation est valide jusqu'à la délivrance d'un permis à son titulaire ou pour une période maximale de cinq ans à compter de sa délivrance.

(4) Autorisations d'acquisition perdues, volées ou détruites — La personne habilitée par la présente loi à délivrer un permis peut remplacer l'autorisation perdue, volée ou détruite avant son expiration par une autorisation correspondante.

121. (1) Mineurs — Est réputé un permis délivré en vertu de l'article 56 le permis qui :

a) a été délivré en vertu des paragraphes 110(6) ou (7) de la loi antérieure à une personne âgée de moins de dix-huit ans;

b) n'a pas été révoqué avant la date de référence;

c) était valide à la date de référence conformément au paragraphe 110(8) de la loi antérieure.

(2) Autorisation — Un tel permis autorise son titulaire à posséder une arme à feu qui n'est pas une arme à feu prohibée ni une arme à feu à autorisation restreinte.

(3) Territoire de validité — Il est valide dans la province de sa délivrance seulement, sauf s'il a été visé en application du paragraphe 110(10) de la loi antérieure pour les provinces mentionnées, auquel cas il le demeure dans celles-ci.

(4) Durée de validité — Il est valide pour la période mentionnée ou une période maximale de cinq ans après le premier anniversaire de naissance du titulaire suivant la date de délivrance, dans le cas où ce cinquième anniversaire survient à compter de la date de référence, sans toutefois que cette période puisse se terminer après la date où le titulaire atteint l'âge de dix-huit ans.

122. (1) Agrément des musées — Est réputé un permis délivré en vertu de l'article 56, dans le cas d'un musée qui n'est pas établi par le chef de l'état-major de la défense, tout agrément accordé en application du paragraphe 105(1) de la loi antérieure et non révoqué avant la date de référence.

(2) Durée de validité — Il est valide pour la période pour laquelle l'agrément a été accordé, qui ne peut toutefois dépasser trois ans suivant la date de référence.

123. (1) Permis d'exploitation d'une entreprise — Est réputé un permis délivré en vertu de l'article 56 le permis d'exploitation d'une entreprise visé aux alinéas 105(1)*a*) ou *b*) ou au sous-alinéa 105(2)*b*)(i) de la loi antérieure qui :

a) a été :

(i) délivré en application du paragraphe 110(5) de la loi antérieure,

(ii) prorogé par les paragraphes 6(2) de la *Loi de 1968-69 modifiant le droit pénal*, chapitre 38 des Statuts du Canada de 1968-1969, ou 48(1) de la *Loi de 1977 modifiant le droit pénal*, chapitre 53 des Statuts du Canada de 1976-1977;

b) n'a pas été révoqué avant la date de référence;

c) n'a pas cessé d'être en vigueur le 30 octobre 1992 en application de l'article 34 de la *Loi modifiant le Code criminel et le Tarif des douanes en conséquence*, chapitre 40 des Lois du Canada (1991);

d) était valide à la date de référence conformément au paragraphe 110(5) de la loi antérieure.

(2) Durée de validité — Il est valide pour la période mentionnée, qui ne peut dépasser un an suivant la date de référence.

124. Emplacement — Le permis ou l'agrément d'un musée réputé un permis délivré en vertu de l'article 56 en application des articles 122 ou 123 est valide seulement pour l'établissement de l'entreprise ou du musée pour lequel il a été délivré.

125. (1) Désignations industrielles — Est réputée un permis la désignation d'une personne :

a) effectuée en vertu du paragraphe 90(3.1) ou de l'alinéa 95(3)b) de la loi antérieure;

b) non révoquée avant la date de référence.

(2) Territoire de validité — Une telle désignation est valide seulement dans la province où elle a été effectuée.

(3) Durée de validité — Sa durée de validité est la période mentionnée ou, dans le cas de la désignation du titulaire d'un permis réputé, en application de l'article 123, un permis délivré en vertu de l'article 56, celle du permis visé à l'article 123, qui ne peut excéder d'un an la date de référence.

126. Demandes en cours — Les demandes de délivrance des documents — qui seraient visés aux articles 120 à 125 s'ils avaient été délivrés avant la date de référence — en cours à la date de référence sont traitées conformément à la loi antérieure, à différence près que :

a) un permis remplace les anciens permis, agréments, désignations ou autorisations d'acquisition;

b) seule une personne habilitée par la présente loi à délivrer un permis peut statuer à leur égard.

Certificats d'enregistrement

127. (1) Certificats d'enregistrement — Est réputé un certificat d'enregistrement délivré en application de l'article 60 le certificat d'enregistrement qui :

a) a été :

(i) soit délivré en vertu du paragraphe 109(7) de la loi antérieure,

(ii) soit prorogé par les paragraphes 6(2) de la *Loi de 1968-69 modifiant le droit pénal*, chapitre 38 des Statuts du Canada de 1968-1969, ou 48(1) de la *Loi de 1977 modifiant le droit pénal*, chapitre 53 des Statuts du Canada de 1976-1977;

b) n'a pas été révoqué avant la date de référence.

(2) Durée de validité — Un tel certificat d'enregistrement — qui n'a pas expiré en application de l'article 66 — est valide pour la période se terminant le 31 décembre 2002 ou à la date prévue par règlement, si celle-ci est antérieure.

128. Demandes en cours — Les demandes de certificat d'enregistrement en cours à la date de référence sont traitées conformément à la loi antérieure, à la différence près que seule une personne habilitée par la présente loi à délivrer les certificats d'enregistrement peut statuer à leur égard.

Transport d'armes à feu

129. (1) Permis de port — Le permis autorisant une personne à posséder une arme à feu prohibée ou une arme à feu à autorisation restreinte en particulier est réputé une autorisation de port ou de transport s'il :

a) a été :

(i) soit délivré en application du paragraphe 110(1) de la loi antérieure,

(ii) soit prorogé par les paragraphes 6(2) de la *Loi de 1968-69 modifiant le droit pénal*, chapitre 38 des Statuts du Canada de 1968-1969, ou 48(1) de la *Loi de 1977 modifiant le droit pénal*, chapitre 53 des Statuts du Canada de 1976-1977;

b) n'a pas été révoqué avant la date de référence;

c) était valide à la date de référence conformément au paragraphe 110(1) de la loi antérieure.

(2) Territoire de validité — Un tel permis est valide dans la province de sa délivrance seulement, sauf s'il a été visé en application du paragraphe 110(10) de la loi antérieure pour les provinces mentionnées, auquel cas il le demeure dans celles-ci.

(3) Durée de validité — Il est valide pour la période mentionnée, qui ne peut excéder de plus de deux ans la date de référence.

130. Permis temporaire de port d'armes — Est réputé une autorisation de transport tout permis autorisant un non-résident à transporter et à porter au Canada une arme à feu prohibée ou une arme à feu à autorisation restreinte en particulier, s'il :

a) a été délivré en vertu du paragraphe 110(2.1) de la loi antérieure;

b) n'a pas été révoqué avant la date de référence;

c) était valide à la date de référence conformément à ce paragraphe.

131. Permis de transport — Est réputé une autorisation de transport tout permis autorisant une personne à présenter au directeur local de l'enregistrement des armes à feu une arme à feu prohibée ou une arme à feu à autorisation restreinte en particulier, s'il :

a) a été :

(i) soit délivré en vertu des paragraphes 110(3) ou (4) de la loi antérieure,

(ii) soit prorogé par les paragraphes 6(2) de la *Loi de 1968-69 modifiant le droit pénal*, chapitre 38 des Statuts du Canada de 1968-1969, ou 48(1) de la *Loi de 1977 modifiant le droit pénal*, chapitre 53 des Statuts du Canada de 1976-1977;

b) n'a pas été révoqué avant la date de référence;

c) était valide à la date de référence conformément aux paragraphes 110(3) ou (4) de la loi antérieure.

132. Durée de validité — Le permis réputé une autorisation de transport en application des articles 130 ou 131 est valide pour la période mentionnée.

133. Demandes en cours — Les demandes de délivrance des documents — qui seraient prévus aux articles 129 à 131 s'ils avaient été délivrés avant la date de référence — en cours à la date de référence sont traitées conformément à la loi antérieure, à différence près que :

a) le permis qui aurait été délivré devient une autorisation de port ou de transport ou une condition d'un permis;

b) seule une personne habilitée par la présente loi à délivrer l'autorisation de port et de transport peut statuer à leur égard.

134. (1) Approbations des clubs de tir — Est réputée l'agrément prévu par la présente loi toute approbation d'un club de tir accordée en application du sous-alinéa 109(3)c)(iii) ou de l'alinéa 110(2)c) de la loi antérieure et non révoquée avant la date de référence.

(2) Durée de validité — Une telle approbation est valide pour la période mentionnée, sans que celle-ci puisse excéder d'un an la date de référence.

135. Permis d'entreposage temporaire — Est valide pour la période mentionnée, sauf révocation par le contrôleur des armes à feu pour une raison valable, tout permis autorisant l'entreposage temporaire d'une arme à feu prohibée ou d'une arme à feu à autorisation restreinte en particulier, s'il :

a) a été délivré en vertu du paragraphe 110(3.1) de la loi antérieure;

b) n'a pas été révoqué avant la date de référence;

c) était valide à la date de référence conformément au paragraphe 110(3.3) de la loi antérieure.

Note de l'éditeur

[NOTE : Les aticles 136 et 137 concernent des modifications conditionnelles. Ces modifications ont été reproduites aux articles pertinents de la présente loi. Les articles 138 à 192 concernent des amendements corrélatifs à d'autres lois. Ces amendements ont été reproduits aux lois pertinentes.]

Entrée en vigueur

193. (1) Entrée en vigueur — Sous réserve du paragraphe (2), la présente loi ou telle de ses dispositions, ou toute disposition édictée ou modifiée par la présente loi, à l'exception des articles 136, 137 et 174, entre en vigueur à la date ou aux dates fixées par décret.

(2) Entrée en vigueur — Dans l'éventualité où aucun décret n'est pris en application du paragraphe (1) avant le 1er janvier 2003, la présente loi, à l'exception des articles 136, 137 et 174, entre en vigueur à cette date.

LOI SUR LE CASIER JUDICIAIRE

L.R.C. 1985, ch. C-47, telle que modifiée par : L.R.C. (1985), ch. 1 (4e suppl.); L.C. 1992, ch. 22; L.C. 1995, ch. 22, ch. 39; L.C. 1995, ch. 42; L.C. 1997, ch. 17; L.C. 1998, ch. 37.

Titre abrégé

1. Titre abrégé — *Loi sur le casier judiciaire.*

Définitions et interprétation

2. (1) Définitions — Les définitions qui suivent s'appliquent à la présente loi.

« **commissaire** » Le commissaire de la Gendarmerie royale du Canada.

« **Commission** » La Commission nationale des libérations conditionnelles.

« **ministre** » Le solliciteur général du Canada.

« **peine** » S'entend de la peine au sens du *Code criminel*, mais n'y sont pas assimilées les ordonnances rendues en vertu des articles 109, 110, 161 ou 259 de cette loi ou du paragraphe 147.1(1) de la *Loi sur la défense nationale.*

« **période de probation** » Selon le cas :

> a) la durée de l'engagement de ne pas troubler l'ordre public et d'avoir une bonne conduite que doit contracter le condamné mis en liberté à cette condition;

> b) la période pendant laquelle le condamné doit observer les prescriptions de l'ordonnance de probation à laquelle il doit se conformer ou dont est assortie sa mise en liberté.

« **réhabilitation** » La réhabilitation octroyée ou délivrée par suite de la décision de la Commission visée à l'article 4.1.

(2) Expiration de la période de probation — Pour l'application de la présente loi, la période de probation est réputée prendre fin au moment où l'engagement ou l'ordonnance de probation, selon le cas, cesse d'avoir effet.

(3) [Abrogé, L.C. 1992, ch. 22, art. 1(3).]

L.R.C. 1985, ch. 1, (4ᵉ suppl.), art. 45; L.C. 1992, ch. 22, art. 1; 1995, ch. 39, art. 166, 191, ch. 42, art. 77.

Commission nationale des libérations conditionnelles

2.1 Attributions — La Commission a compétence exclusive en matière d'octroi, de délivrance, de refus et de révocation des réhabilitations.

L.C. 1992, ch. 22, art. 2(1).

2.2 (1) Instruction — L'examen des demandes de réhabilitation pour les infractions visées au paragraphe 4.1(1) ainsi que des dossiers en vue d'une révocation de réhabilitation visée à l'article 7 est mené par un membre de la Commission.

(2) Comité de deux personnes ou plus — Le président peut ordonner que le nombre de membres qui forment un comité chargé de l'examen des cas visés au paragraphe (1) — ou d'une catégorie de cas — soit supérieur au nombre fixé au paragraphe (1).

L.C. 1992, ch. 22, art. 2(1).

Demande de réhabilitation

3. (1) Demandes de réhabilitation — Toute personne condamnée pour une infraction à une loi fédérale ou à ses règlements peut présenter une demande de réhabilitation à la Commission à l'égard de cette infraction et un délinquant canadien — au sens de la *Loi sur le transfèrement des délinquants* — transféré au Canada par application de cette loi peut présenter une demande de réhabilitation à l'égard de l'infraction dont il a été déclaré coupable.

(2) Transfèrement des délinquants — Pour l'application de la présente loi, l'infraction dont a été déclaré coupable, par un tribunal étranger, un délinquant canadien transféré au Canada au titre de la *Loi sur le transfèrement des délinquants* est réputée être une infraction punissable sur déclaration de culpabilité par voie de mise en accusation.

L.C. 1992, ch. 22, art. 3.

Procédure

4. Admissibilité à la réhabilitation — La période consécutive à l'expiration légale de la peine, notamment une peine d'emprisonnement ou une période de probation, et du paiement de l'amende, — ou de la dernière peine purgée si plusieurs peines ont été infligées — pendant laquelle la demande de réhabilitation ne peut être examinée est de :

> a) cinq ans pour les infractions punissables par voie de mise en accusation et pour les infractions d'ordre militaire au sens de la *Loi sur la défense nationale* en cas de condamnation à une amende de plus de deux mille dollars, à une peine de détention de plus de six mois, à la destitution du service de Sa Majesté, à l'emprisonnement de plus de six mois ou à une peine plus lourde

que l'emprisonnement pour moins de deux ans selon l'échelle des peines établie au paragraphe 139(1) de cette loi;

b) trois ans pour les infractions punissables sur déclaration de culpabilité par procédure sommaire et pour les infractions d'ordre militaire au sens de la *Loi sur la défense nationale* autres que celles visées à l'alinéa *a*).

L.R.C. 1985 (4e suppl.), ch. 1, art. 45; L.C. 1992, ch. 22, art. 4(1).

4.01 Exception — La période pendant laquelle une personne est surveillée aux termes d'une ordonnance de surveillance de longue durée, au sens du paragraphe 2(1) de la *Loi sur le système correctionnel et la mise en liberté sous condition*, n'est pas prise en considération dans la détermination de la période visée à l'article 4.

L.C. 1997, ch. 17, art. 38.

4.1 (1) Octroi — acte criminel — Pour les infractions punissables par voie de mise en accusation et pour les infractions d'ordre militaire visées à l'alinéa 4*a*), la Commission peut octroyer la réhabilitation lorsqu'elle est convaincue, pendant le délai de cinq ans, de la bonne conduite du demandeur et qu'aucune condamnation, au titre d'une loi du Parlement ou de ses règlements, n'est intervenue.

(2) Octroi — procédure sommaire — Pour les infractions punissables sur déclaration de culpabilité par procédure sommaire et pour les infractions d'ordre militaire visées à l'alinéa 4*b*), la réhabilitation est délivrée si aucune condamnation, au titre d'une loi du Parlement ou de ses règlements, n'est intervenue pendant le délai de trois ans.

L.C. 1992, ch. 22, art. 4(1).

4.2 (1) Enquêtes — Sur réception de la demande de réhabilitation dans le cas des infractions visées à l'alinéa 4*a*), la Commission fait procéder aux enquêtes pour connaître la conduite du demandeur depuis la date de sa condamnation.

(2) Droit de présenter des observations — Si elle se propose de refuser la réhabilitation, elle en avise le demandeur et lui fait part de son droit de présenter les observations qu'il estime utiles.

(3) Examen des observations — Avant de rendre sa décision, elle examine les observations qui lui sont présentées, oralement ou par écrit, par le demandeur ou pour son compte dans un délai raisonnable suivant l'avis.

L.C. 1992, ch. 22, art. 4(1).

4.3 Expiration légale de la peine — Pour l'application de l'article 4, la mention de l'expiration légale de la peine s'entend du jour d'expiration de la peine compte non tenu de la libération du délinquant suivant la date de sa libération d'office, ni des réductions de peine à son actif.

L.C. 1992, ch. 22, art. 4(2).

Effet de l'octroi de la réhabilitation

5. Effacement de la condamnation — La réhabilitation a les effets suivants :

a) d'une part, elle sert de preuve des faits suivants :

(i) dans le cas d'une réhabilitation octroyée pour une infraction visée à l'alinéa 4*a*), la Commission, après avoir mené les enquêtes, a été convaincue que le demandeur s'est bien conduit,

(ii) dans le cas de toute réhabilitation, la condamnation en cause ne devrait plus ternir la réputation du demandeur;

b) d'autre part, sauf cas de révocation ultérieure ou de nullité, elle efface les conséquences de la condamnation et, notamment, fait cesser toute incapacité — autre que celles imposées au titre des articles 109, 110, 161 et 259 du *Code criminel* ou du paragraphe 147.1(1) de la *Loi sur la défense nationale* — que celle-ci pouvait entraîner aux termes d'une loi fédérale ou de ses règlements

L.C. 1992, ch. 22, art. 5; 1995, ch. 39, art. 167, 191; ch. 42, art. 78.

Garde des dossiers

6. (1) Transmission au commissaire — Le ministre peut, par écrit, ordonner à toute personne ayant la garde ou la responsabilité du dossier judiciaire relatif à la condamnation visée par la réhabilitation de le remettre au commissaire.

(2) Protection — Tout dossier ou relevé de la condamnation visée par la réhabilitation que garde le commissaire ou un ministère ou organisme fédéral doit être classé à part des autres dossiers ou relevés relatifs à des affaires pénales et il est interdit de le communiquer, d'en révéler l'existence ou de révéler le fait de la condamnation sans l'autorisation préalable du ministre.

(3) Autorisation de communication — Pour donner l'autorisation prévue au paragraphe (2), le ministre doit être convaincu que la communication sert l'administration de la justice ou est souhaitable pour la sûreté ou sécurité du Canada ou d'un État allié ou associé au Canada.

(4) Renseignements contenus dans la banque nationale de données génétiques — Il est entendu que le dossier judiciaire relatif à la condamnation comprend tout renseignement afférent à celle-ci contenu dans le fichier des condamnés de la banque nationale de données génétiques établie sous le régime de la *Loi sur l'identification par les empreintes génétiques*.

L.C. 1998, ch. 37, art. 25.

6.1 (1) Absolutions — Nul ne peut communiquer tout dossier ou relevé attestant d'une absolution que garde le commissaire ou un ministère ou organisme fédéral, en révéler l'existence ou révéler le fait de l'absolution sans l'autorisation préalable du ministre, suivant l'écoulement de la période suivante :

a) un an suivant la date de l'ordonnance inconditionnelle;

b) trois ans suivant la date de l'ordonnance sous conditions.

(2) Retrait des relevés d'absolution — Le commissaire retire du fichier automatisé des relevés de condamnations criminelles géré par la Gendarmerie royale du Canada toute mention d'un dossier ou relevé attestant d'une absolution à l'expiration des délais visés au paragraphe (1).

L.C. 1992, ch. 22, art. 6.

[Note : L'article 6.1 de la Loi sur le casier judiciaire s'applique aux absolutions conditionnelles ou non — aux termes de l'application de l'article 730 du Code criminel — avant l'entrée en vigueur de L.C. 1992, ch. 22, soit le 24 juillet 1997, lorsque les personnes absoutes présentent à la Gendarmerie royale du Canada une demande visant l'application de cet article.]

6.2 Divulgation — services de police — Nonobstant les articles 6 et 6.1, les nom, date de naissance et domicile du réhabilité ou de la personne absoute visée à l'article 6.1 peuvent être communiqués sans délai aux services de police compétents lorsque des empreintes digitales sont identifiées comme étant les siennes dans le cadre :

a) d'une enquête criminelle, si ces empreintes sont relevées sur les lieux du crime;

b) de la recherche de l'identité d'une personne morte ou d'une personne amnésique.

L.C. 1992, ch. 22, art. 6.

Révocation

7. Cas de révocation — La Commission peut révoquer la réhabilitation dans l'un ou l'autre des cas suivants :

a) le réhabilité est condamné pour une nouvelle infraction à une loi fédérale ou à ses règlements punissable sur déclaration de culpabilité par procédure sommaire;

b) il existe des preuves convaincantes, selon elle, du fait que le réhabilité a cessé de bien se conduire;

c) il existe des preuves convaincantes, selon elle, que le réhabilité avait délibérément, à l'occasion de sa demande de réhabilitation, fait une déclaration inexacte ou trompeuse, ou dissimulé un point important.

L.C. 1992, ch. 22, art. 7.

7.1 (1) Droit de présenter des observations — Si elle se propose de révoquer la réhabilitation, la Commission en avise par écrit le réhabilité et lui fait part de son droit de présenter les observations qu'il estime utiles.

(2) Examen des observations — décision — Avant de rendre sa décision, la Commission examine les observations qui lui sont présentées, oralement ou par écrit, par le demandeur ou pour son compte dans un délai raisonnable suivant l'avis.

L.C. 1992, ch. 22, art. 7.

7.2 Réhabilitation sans effet — Toute condamnation pour une infraction à une loi fédérale ou à ses règlements punissable par voie de mise en accusation entraîne la nullité de la réhabilitation.

L.C. 1992, ch. 22, art. 7.

Dispositions générales

8. Demandes d'emploi — Nul ne peut utiliser ou permettre d'utiliser une demande d'emploi comportant une question qui, par sa teneur, obligerait un réhabilité à révéler une condamnation visée par une réhabilitation qui n'a pas été révoquée ou annulée contenue dans un formulaire ayant trait à :

a) l'emploi dans un ministère, au sens de l'article 2 de la *Loi sur la gestion des finances publiques*,

b) l'emploi auprès d'une société d'État, au sens de l'article 83 de la *Loi sur la gestion des finances publiques*,

c) l'enrôlement dans les Forces canadiennes;

d) l'emploi dans une entreprise qui relève de la compétence législative du Parlement ou en rapport avec un ouvrage qui relève d'une telle compétence.

L.C. 1992, ch. 22, art. 8.

9. Réserve — La présente loi n'a pas pour effet de faire obstacle à l'application des dispositions du *Code criminel* qui portent sur le pardon, ni de limiter ou d'atteindre, de quelque manière, la prérogative royale de clémence que possède Sa Majesté, toutefois, les articles 6 et 8 s'appliquent aux pardons octroyés en application de la prérogative royale de clémence ou de ces dispositions.

L.C. 1992, ch. 22, art. 9.

9.1 Règlements — Le gouverneur en conseil peut, par règlement, prendre toute mesure nécessaire à l'application de la présente loi.

L.C. 1992, ch. 22, art. 9.

Infraction

10. Infraction — Quiconque contrevient à la présente loi commet une infraction punissable sur déclaration de culpabilité par procédure sommaire.

ANNEXE

[Abrogée, L.C. 1992, ch. 22, art. 10.]

LOI CONSTITUTIONNELLE DE 1982

Loi de 1982 sur le Canada, Annexe B, 1982 (R.-U.), ch. 11.

PARTIE I — CHARTE CANADIENNE DES DROITS ET LIBERTÉS

Attendu que le Canada est fondé sur des principes qui reconnaissent la suprématie de Dieu et la primauté du droit :

Garantie des droits et libertés

1. Droits et libertés au Canada — La *Charte canadienne des droits et libertés* garantit les droits et libertés qui y sont énoncés. Ils ne peuvent être restreints que par une règle de droit, dans des limites qui soient raisonnables et dont la justification puisse se démontrer dans le cadre d'une société libre et démocratique.

Libertés fondamentales

2. Libertés fondamentales — Chacun a les libertés fondamentales suivantes :

    a) la liberté de conscience et de religion;

    b) liberté de pensée, de croyance, d'opinion et d'expression, y compris la liberté de la presse et des autres moyens de communication;

    c) liberté de réunion pacifique;

    d) liberté d'association.

Droits démocratiques

3. Droits démocratiques des citoyens — Tout citoyen canadien a le droit de vote et est éligible aux élections législatives fédérales ou provinciales.

4. (1) Mandat maximal des assemblées — Le mandat maximal de la Chambre des communes et des assemblées législatives est de cinq ans à compter de la date fixée pour le retour des brefs relatifs aux élections générales correspondantes.

(2) Prolongations spéciales — Le mandat de la Chambre des communes ou celui d'une assemblée législative peut être prolongé respectivement par le Parlement ou par la législature en question au-delà de cinq ans en cas de guerre, d'invasion ou d'insurrection, réelles ou appréhendées, pourvu que cette prolongation ne fasse pas l'objet d'une opposition exprimée par les voix de plus du tiers des députés de la Chambre des communes ou de l'assemblée législative.

5. Séance annuelle — Le Parlement et les législatures tiennent une séance au moins une fois tous les douze mois.

Liberté de circulation et d'établissement

6. (1) Liberté de circulation — Tout citoyen canadien a le droit de demeurer au Canada, d'y entrer ou d'en sortir.

(2) Liberté d'établissement — Tout citoyen canadien et toute personne ayant le statut de résident permanent au Canada ont le droit :

     a) de se déplacer dans tout le pays et d'établir leur résidence dans toute province;

     b) de gagner leur vie dans toute province.

(3) Restriction — Les droits mentionnés au paragraphe (2) sont subordonnés :

     a) aux lois et usages d'application générale en vigueur dans une province donnée, s'ils n'établissent entre les personnes aucune distinction fondée principalement sur la province de résidence antérieure ou actuelle;

     b) aux lois prévoyant de justes conditions de résidence en vue de l'obtention des services sociaux publics.

(4) Programmes de promotion sociale — Les paragraphes (2) et (3) n'ont pas pour objet d'interdire les lois, programmes ou activités destinés à améliorer, dans une province, la situation d'individus défavorisés socialement ou économiquement, si le taux d'emploi dans la province est inférieur à la moyenne nationale.

Garanties juridiques

7. Vie, liberté et sécurité — Chacun a droit à la vie, à la liberté et à la sécurité de sa personne; il ne peut être porté atteinte à ce droit qu'en conformité avec les principes de justice fondamentale.

8. Fouilles, perquisitions ou saisies — Chacun a droit à la protection contre les fouilles, les perquisitions ou les saisies abusives.

9. Détention ou emprisonnement — Chacun a droit à la protection contre la détention ou l'emprisonnement arbitraires.

10. Arrestation ou détention — Chacun a le droit, en cas d'arrestation ou de détention :

a) d'être informé dans les plus brefs délais des motifs de son arrestation ou de sa détention;

b) d'avoir recours sans délai à l'assistance d'un avocat et d'être informé de ce droit;

c) de faire contrôler, par *habeas corpus*, la légalité de sa détention et d'obtenir, le cas échéant, sa libération.

11. Affaires criminelles et pénales — Tout inculpé a le droit :

a) d'être informé sans délai anormal de l'infraction précise qu'on lui reproche;

b) d'être jugé dans un délai raisonnable;

c) de ne pas être contraint de témoigner contre lui-même dans toute poursuite intentée contre lui pour l'infraction qu'on lui reproche;

d) d'être présumé innocent tant qu'il n'est pas déclaré coupable, conformément à la loi, par un tribunal indépendant et impartial à l'issue d'un procès public et équitable;

e) de ne pas être privé sans juste cause d'une mise en liberté assortie d'un cautionnement raisonnable;

f) sauf s'il s'agit d'une infraction relevant de la justice militaire, de bénéficier d'un procès avec jury lorsque la peine maximale prévue pour l'infraction dont il est accusé est un emprisonnement de cinq ans ou une peine plus grave;

g) de ne pas être déclaré coupable en raison d'une action ou d'une omission qui, au moment où elle est survenue, ne constituait pas une infraction d'après le droit interne du Canada ou le droit international et n'avait pas de caractère criminel d'après les principes généraux de droit reconnus par l'ensemble des nations;

h) d'une part de ne pas être jugé de nouveau pour une infraction dont il a été définitivement acquitté, d'autre part de ne pas être jugé ni puni de nouveau pour une infraction dont il a été définitivement déclaré coupable et puni;

i) de bénéficier de la peine la moins sévère, lorsque la peine qui sanctionne l'infraction dont il est déclaré coupable est modifiée entre le moment de la perpétration de l'infraction et celui de la sentence.

12. Cruauté — Chacun a droit à la protection contre tous traitements ou peines cruels et inusités.

13. Témoignage incriminant — Chacun a droit à ce qu'aucun témoignage incriminant qu'il donne ne soit utilisé pour l'incriminer dans d'autres procédures, sauf lors de poursuites pour parjure ou pour témoignages contradictoires.

14. Interprète — La partie ou le témoin qui ne peuvent suivre les procédures, soit parce qu'ils ne comprennent pas ou ne parlent pas la langue employée, soit parce qu'ils sont atteints de surdité, ont droit à l'assistance d'un interprète.

Droits à l'égalité

15. (1) Égalité devant la loi, égalité de bénéfice et protection égale de la loi — La loi ne fait acception de personne et s'applique également à tous, et tous ont droit à la même protection et au même bénéfice de la loi, indépendamment de toute discrimination, notamment des discriminations fondées sur la race, l'origine nationale ou ethnique, la couleur, la religion, le sexe, l'âge ou les déficiences mentales ou physiques.

(2) Programmes de promotion sociale — Le paragraphe (1) n'a pas pour effet d'interdire les lois, programmes ou activités destinés à améliorer la situation d'individus ou de groupes défavorisés, notamment du fait de leur race, de leur origine nationale ou ethnique, de leur couleur, de leur religion, de leur sexe, de leur âge ou de leurs déficiences mentales ou physiques.

· Langues officielles du Canada

16. (1) Langues officielles du Canada — Le français et l'anglais sont les langues officielles du Canada; ils ont un statut et des droits et privilèges égaux quant à leur usage dans les institutions du Parlement et du gouvernement du Canada.

(2) Langues officielles du Nouveau-Brunswick — Le français et l'anglais sont les langues officielles du Nouveau-Brunswick; ils ont un statut et des droits et privilèges égaux quant à leur usage dans les institutions de la Législature et du gouvernement du Nouveau-Brunswick.

(3) Progression vers l'égalité — La présente charte ne limite pas le pouvoir du Parlement et des législatures de favoriser la progression vers l'égalité de statut ou d'usage du français et de l'anglais.

16.1 (1) Communautés linguistiques française et anglaise du Nouveau-Brunswick — La communauté linguistique française et la communauté linguistique anglaise du Nouveau-Brunswick ont un statut et des droits et privilèges égaux, notamment le droit à des institutions d'enseignement distinctes et aux institutions culturelles distinctes nécessaires à leur protection et à leur promotion.

(2) Le rôle de la législature et du gouvernement du Nouveau-Brunswick de protéger et de promouvoir le statut, les droits et les privilèges visés au paragraphe (1) est confirmé.

TR/93-54.

17. (1) Travaux du Parlement — Chacun a le droit d'employer le français ou l'anglais dans les débats et travaux du Parlement.

(2) Travaux de la Législature du Nouveau-Brunswick — Chacun a le droit d'employer le français ou l'anglais dans les débats et travaux de la Législature du Nouveau-Brunswick.

18. (1) Documents parlementaires — Les lois, les archives, les comptes rendus et les procès-verbaux du Parlement sont imprimés et publiés en français et en anglais, les deux versions des lois ayant également force de loi et celles des autres documents ayant même valeur.

(2) Documents de la Législature du Nouveau-Brunswick — Les lois, les archives, les comptes rendus et les procès-verbaux de la Législature du Nouveau-Brunswick sont imprimés et publiés en français et en anglais, les deux versions des lois ayant également force de loi et celles des autres documents ayant même valeur.

19. (1) Procédures devant les tribunaux établis par le Parlement — Chacun a le droit d'employer le français ou l'anglais dans toutes les affaires dont sont saisis les tribunaux établis par le Parlement et dans tous les actes de procédure qui en découlent.

(2) Procédures devant les tribunaux du Nouveau-Brunswick — Chacun a le droit d'employer le français ou l'anglais dans toutes les affaires dont sont saisis les tribunaux du Nouveau-Brunswick et dans tous les actes de procédure qui en découlent.

20. (1) Communications entre les administrés et les institutions fédérales — Le public a, au Canada, droit à l'emploi du français ou de l'anglais pour communiquer avec le siège ou l'administration centrale des institutions du Parlement ou du gouvernement du Canada ou pour en recevoir les services; il a le même droit à l'égard de tout autre bureau de ces institutions là où, selon le cas :

a) l'emploi du français ou de l'anglais fait l'objet d'une demande importante;

b) l'emploi du français et de l'anglais se justifie par la vocation du bureau.

(2) Communications entre les administrés et les institutions du Nouveau-Brunswick — Le public a, au Nouveau-Brunswick, droit à l'emploi du français ou de l'anglais pour communiquer avec tout bureau des institutions de la législature ou du gouvernement ou pour en recevoir les services.

21. Maintien en vigueur de certaines dispositions — Les articles 16 à 20 n'ont pas pour effet, en ce qui a trait à la langue française ou anglaise ou à ces deux langues, de porter atteinte aux droits, privilèges ou obligations qui existent ou sont maintenus aux termes d'une autre disposition de la Constitution du Canada.

22. Droits préservés — Les articles 16 à 20 n'ont pas pour effet de porter atteinte aux droits et privilèges, antérieurs ou postérieurs à l'entrée en vigueur de la présente charte et découlant de la loi ou de la coutume, des langues autres que le français ou l'anglais.

Droits à l'instruction dans la langue de la minorité

23. (1) Langue d'instruction — Les citoyens canadiens :

a) dont la première langue apprise et encore comprise est celle de la minorité francophone ou anglophone de la province où ils résident,

b) qui ont reçu leur instruction, au niveau primaire, en français ou en anglais au Canada et qui résident dans une province où la langue dans laquelle ils ont reçu cette instruction est celle de la minorité francophone ou anglophone de la province,

ont, dans l'un ou l'autre cas, le droit d'y faire instruire leurs enfants, aux niveaux primaire et secondaire, dans cette langue.

(2) Continuité d'emploi de la langue d'instruction — Les citoyens canadiens dont un enfant a reçu ou reçoit son instruction, au niveau primaire ou secondaire, en français ou en anglais au Canada ont le droit de faire instruire tous leurs enfants, aux niveaux primaire et secondaire, dans la langue de cette instruction.

(3) Justification par le nombre — Le droit reconnu aux citoyens canadiens par les paragraphes (1) et (2) de faire instruire leurs enfants, aux niveaux primaire et secondaire, dans la langue de la minorité francophone ou anglophone d'une province :

a) s'exerce partout dans la province où le nombre des enfants des citoyens qui ont ce droit est suffisant pour justifier à leur endroit la prestation, sur les fonds publics, de l'instruction dans la langue de la minorité;

b) comprend, lorsque le nombre de ces enfants le justifie, le droit de les faire instruire dans des établissements d'enseignement de la minorité linguistique financés sur les fonds publics.

[Note : L'article 23(1)a) entre en vigueur pour le Québec à la date fixée par proclamation.]

Recours

24. (1) Recours en cas d'atteinte aux droits et libertés — Toute personne, victime de violation ou de négation des droits ou libertés qui lui sont garantis par la présente charte, peut s'adresser à un tribunal compétent pour obtenir la réparation que le tribunal estime convenable et juste eu égard aux circonstances.

(2) Irrecevabilité d'éléments de preuve qui risqueraient de déconsidérer l'administration de la justice — Lorsque, dans une instance visée au paragraphe (1), le tribunal a conclu que des éléments de preuve ont été obtenus dans des conditions qui portent atteinte aux droits ou libertés garantis par la présente charte, ces éléments de preuve sont écartés s'il est établi, eu égard aux circonstances, que leur utilisation est susceptible de déconsidérer l'administration de la justice.

Dispositions générales

25. Maintien des droits et libertés des autochtones — Le fait que la présente charte garantit certains droits et libertés ne porte pas atteinte aux droits ou libertés — ancestraux, issus de traités ou autres — des peuples autochtones du Canada, notamment :

    a) aux droits ou libertés reconnus par la Proclamation royale du 7 octobre 1763;

    b) aux droits ou libertés existants issus d'accords sur des revendications territoriales ou ceux susceptibles d'être ainsi acquis.

26. Maintien des autres droits et libertés — Le fait que la présente charte garantit certains droits et libertés ne constitue pas une négation des autres droits ou libertés qui existent au Canada.

27. Maintien du patrimoine culturel — Toute interprétation de la présente charte doit concorder avec l'objectif de promouvoir le maintien et la valorisation du patrimoine multiculturel des Canadiens.

28. Égalité de garantie des droits pour les deux sexes — Indépendamment des autres dispositions de la présente charte, les droits et libertés qui y sont mentionnés sont garantis également aux personnes des deux sexes.

29. Maintien des droits relatifs à certaines écoles — Les dispositions de la présente charte ne portent pas atteinte aux droits ou privilèges garantis en vertu de la Constitution du Canada concernant les écoles séparées et autres écoles confessionnelles.

30. Application aux territoires — Dans la présente charte, les dispositions qui visent les provinces, leur législature ou leur assemblée législative visent également le territoire du Yukon, les Territoires du Nord-Ouest ou leurs autorités législatives compétentes.

31. Non-élargissement des compétences législatives — La présente charte n'élargit pas les compétences législatives de quelque organisme ou autorité que ce soit.

Application de la charte

32. (1) Application de la charte — La présente charte s'applique :

a) au Parlement et au gouvernement du Canada, pour tous les domaines relevant du Parlement, y compris ceux qui concernent le territoire du Yukon et les Territoires du Nord-Ouest;

b) à la législature et au gouvernement de chaque province, pour tous les domaines relevant de cette législature.

(2) Restriction — Par dérogation au paragraphe (1), l'article 15 n'a d'effet que trois ans après l'entrée en vigueur du présent article.

33. (1) Dérogation par déclaration expresse — Le Parlement ou la législature d'une province peut adopter une loi où il est expressément déclaré que celle-ci ou une de ses dispositions a effet indépendamment d'une disposition donnée de l'article 2 ou des articles 7 à 15 de la présente charte.

(2) Effet de la dérogation — La loi ou la disposition qui fait l'objet d'une déclaration conforme au présent article et en vigueur a l'effet qu'elle aurait sauf la disposition en cause de la charte.

(3) Durée de validité — La déclaration visée au paragraphe (1) cesse d'avoir effet à la date qui y est précisée ou, au plus tard, cinq ans après son entrée en vigueur.

(4) Nouvelle adoption — Le Parlement ou une législature peut adopter de nouveau une déclaration visée au paragraphe (1).

(5) Durée de validité — Le paragraphe (3) s'applique à toute déclaration adoptée sous le régime du paragraphe (4).

34. Titre — Titre de la présente partie : *Charte canadienne des droits et libertés.*

DÉCLARATION CANADIENNE DES DROITS

Loi ayant pour objets la reconnaissance et la protection des droits de l'homme et des libertés fondamentales

L.C. 1960 telle que modifiée par : L.C. 1985, ch. 26; L.C. 1992, ch. 1., ch. 44.

Préambule

Le Parlement du Canada proclame que la nation canadienne repose sur des principes qui reconnaissent la suprématie de Dieu, la dignité et la valeur de la personne humaine ainsi que le rôle de la famille dans une société d'hommes libres et d'institutions libres;

Il proclame en outre que les hommes et les institutions ne demeurent libres que dans la mesure où la liberté s'inspire du respect des valeurs morales et spirituelles et du règne du droit;

Et afin d'expliciter ces principes ainsi que les droits de l'homme et les libertés fondamentales qui en découlent, dans une Déclaration de droits qui respecte la compétence législative du Parlement du Canada et qui assure à sa population la protection de ces droits et de ces libertés,

Et conséquence, Sa Majesté, sur l'avis et du consentement du Sénat et de la Chambre des communes du Canada, décrète :

PARTIE I — DÉCLARATION DES DROITS

1. Reconnaissance et déclaration des droits et libertés — Il est par les présentes reconnu et déclaré que les droits de l'homme et les libertés fondamentales ci-après énoncés ont existé et continueront à exister pour tout individu au Canada quels que soient sa race, son origine nationale, sa couleur, sa religion ou son sexe :

    a) le droit de l'individu à la vie, à la liberté, à la sécurité de la personne ainsi qu'à la jouissance de ses biens, et le droit de ne s'en voir privé que par l'application régulière de la loi;

    b) le droit de l'individu à l'égalité devant la loi et à la protection de la loi;

    c) la liberté de religion;

d) la liberté de parole;

e) la liberté de réunion et d'association, et

f) la liberté de la presse.

2. Interprétation de la législation — Toute loi du Canada, à moins qu'une loi du Parlement du Canada ne déclare expressément qu'elle s'appliquera nonobstant la *Déclaration canadienne des droits*, doit s'interpréter et s'appliquer de manière à ne pas supprimer, restreindre ou enfreindre l'un quelconque des droits ou des libertés reconnus et déclarés aux présentes, ni à en autoriser la suppression, la diminution ou la transgression, et en particulier, nulle loi du Canada ne doit s'interpréter ni s'appliquer comme

a) autorisant ou prononçant la détention, l'emprisonnement ou l'exil arbitraires de qui que ce soit;

b) infligeant des peines ou traitements cruels et inusités, ou comme en autorisant l'imposition;

c) privant une personne arrêtée ou détenue

(i) du droit d'être promptement informée des motifs de son arrestation ou de sa détention,

(ii) du droit de retenir et constituer un avocat sans délai, ou

(iii) du recours par voie d'*habeas corpus* pour qu'il soit jugé de la validité de sa détention et que sa libération soit ordonnée si la détention n'est pas légale;

d) autorisant une cour, un tribunal, une commission, un office, un conseil ou une autre autorité à contraindre une personne à témoigner si on lui refuse le secours d'un avocat, la protection contre son propre témoignage ou l'exercice de toute garantie d'ordre constitutionnel;

e) privant une personne du droit à une audition impartiale de sa cause, selon les principes de justice fondamentale, pour la définition de ses droits et obligations;

f) privant une personne accusée d'un acte criminel du droit à la présomption d'innocence jusqu'à ce que la preuve de sa culpabilité ait été établie en conformité de la loi, après une audition impartiale et publique de sa cause par un tribunal indépendant et non préjugé, ou la privant sans juste cause du droit à un cautionnement raisonnable; ou

g) privant une personne du droit à l'assistance d'un interprète dans des procédures où elle est mise en cause ou est partie ou témoin, devant une cour, une commission, un office, un conseil ou autre tribunal, si elle ne comprend ou ne parle pas la langue dans laquelle se déroulent ces procédures.

3. (1) Devoirs du ministre de la Justice — Sous réserve du paragraphe (2), le ministre de la Justice doit, en conformité de règlements prescrits par le gouverneur en conseil, examiner tout règlement transmis au greffier du Conseil privé pour enregistrement, en application de la *Loi sur les textes réglementaires*, ainsi que tout projet ou proposition de loi soumis ou présentés à la Chambre des communes par un ministre fédéral en vue de rechercher si l'une quelconque de ses dispositions est incompatible avec les fins et dispositions de la présente Partie, et il doit signaler toute semblable incompatibilité à la Chambre des communes dès qu'il en a l'occasion.

(2) Exception — Il n'est pas nécessaire de procéder à l'examen prévu par le paragraphe (1) si le projet de règlement a fait l'objet de l'examen prévu à l'article 3 de la *Loi sur les textes réglementaires* et destiné à vérifier sa compatibilité avec les fins et les dispositions de la présente partie.

L.C. 1992, ch. 1, art. 144.

4. Titre abrégé — Les dispositions de la présente Partie doivent être connues sous la désignation : *Déclaration canadienne des droits*.

PARTIE II

5. (1) Clause de sauvegarde — Aucune disposition de la Partie I ne doit s'interpréter de manière à supprimer ou restreindre l'exercice d'un droit de l'homme ou d'une liberté fondamentale non énumérés dans ladite Partie et qui peuvent avoir existé au Canada lors de la mise en vigueur de la présente loi.

(2) Définition : « loi du Canada » — L'expression **« loi du Canada »**, à la Partie I, désigne une loi du Parlement du Canada, édictée avant ou après la mise en vigueur de la présente loi, ou toute ordonnance, règle ou règlement établi sous son régime, et toute loi exécutoire au Canada ou dans une partie du Canada lors de l'entrée en application de la présente loi, qui est susceptible d'abrogation, d'abolition ou de modification par le Parlement du Canada.

(3) Juridiction du Parlement — Les dispositions de la Partie I doivent s'interpréter comme ne visant que les matières qui sont de la compétence législative du Parlement du Canada.

LOI RÉGLEMENTANT CERTAINES DROGUES ET AUTRES SUBSTANCES

Loi portant réglementation de certaines drogues et de leurs précurseurs ainsi que d'autres substances, modifiant certaines lois et abrogeant la Loi sur les stupéfiants en conséquence

L.C. 1996, ch. 19, telle que modifiée par : L.C. 1995, ch. 22; L.C. 1996, ch. 8; L.C. 1997, ch. 18; L.C. 1999, ch. 5.

Titre abrégé

1. Titre abrégé — *Loi réglementant certaines drogues et autres substances.*

L.C. 1996, ch. 19, art. 1.

Définitions et interprétation

2. (1) Définitions — Les définitions qui suivent s'appliquent à la présente loi.

« **analogue** » Qualifie toute substance dont la structure chimique est essentiellement la même que celle d'une substance désignée.

« **analyste** » Personne désignée à ce titre en application de l'article 44.

« **arbitre** » Personne nommée ou employée sous le régime de la *Loi sur l'emploi dans la fonction publique* et exerçant à ce titre les attributions prévues par la présente loi et ses règlements.

« **bien infractionnel** » Bien situé au Canada ou non — à l'exception des substances désignées ou des biens immeubles, sauf si ces derniers ont été construits ou ont subi d'importantes modifications en vue de faciliter la perpétration d'une infraction désignée — qui sert ou donne lieu à la perpétration d'une infraction désignée ou qui est utilisé de quelque manière dans la perpétration d'une telle infraction, ou encore qui est destiné à servir à une telle fin.

« **fournir** » Procurer, même indirectement et notamment par don ou transfert, en échange ou non d'une contrepartie.

« **infraction désignée** » Soit toute infraction prévue par la partie I, à l'exception du paragraphe 4(1), soit le complot ou la tentative de commettre une telle infraction, la complicité après le fait à son égard ou le fait de conseiller de la commettre.

« **inspecteur** » Personne désignée à ce titre en application de l'article 30.

« **juge** » Juge au sens de l'article 552 du *Code criminel* ou tout juge d'une cour supérieure de compétence criminelle.

« **juge de paix** » S'entend au sens de l'article 2 du *Code criminel*.

« **ministre** » Le ministre de la Santé.

« **possession** » S'entend au sens du paragraphe 4(3) du *Code criminel*.

« **praticien** » Personne qui, en vertu des lois d'une province, est agréée et est autorisée à exercer dans cette province la profession de médecin, de dentiste ou de vétérinaire. Y sont assimilées toute autre personne ou catégorie de personnes désignées par règlement.

« **précurseur** » Substance inscrite à l'annexe VI.

« **procureur général** »

    a) Le procureur général du Canada et son substitut légitime;

    b) à l'égard des poursuites intentées à la demande du gouvernement d'une province et menées par ce dernier ou en son nom, le procureur général de cette province et son substitut légitime.

« **production** » Relativement à une substance inscrite à l'une ou l'autre des annexes I à IV, le fait de l'obtenir par quelque méthode que ce soit, et notamment par :

    a) la fabrication, la synthèse ou tout autre moyen altérant ses propriétés physiques ou chimiques;

    b) la culture, la multiplication ou la récolte de la substance ou d'un organisme vivant dont il peut être extrait ou provenir de toute autre façon.

Y est assimilée l'offre de produire.

« **substance désignée** » Substance inscrite à l'une ou l'autre des annexes I, II, III, IV ou V.

« **trafic** » Relativement à une substance inscrite à l'une ou l'autre des annexes I à IV, toute opération de vente — y compris la vente d'une autorisation visant son obtention — , d'administration, de don, de cession, de transport, d'expédition ou de livraison portant sur une telle substance — ou toute offre d'effectuer l'une de ces opérations — qui sort du cadre réglementaire.

« **vente** » Y est assimilé le fait de mettre en vente, d'exposer ou d'avoir en sa possession pour la vente ou de distribuer, que la distribution soit faite ou non à titre onéreux.

(2) Interprétation — Pour l'application de la présente loi :

  a) la mention d'une substance désignée vaut également mention de toute substance en contenant;

  b) la mention d'une substance désignée vaut mention :

   (i) de la substance dans ses formes synthétiques et naturelles,

   (ii) de toute chose contenant, y compris superficiellement, une telle substance et servant — ou destinée à servir ou conçue pour servir — à la produire ou à l'introduire dans le corps humain.

(3) Interprétation — Pour l'application de la présente loi, les substances figurant expressément dans l'une ou l'autre des annexes I à VI sont réputées exclues de celles de ces annexes dans lesquelles elles ne figurent pas expressément.

L.C. 1996, ch. 8, art. 35; ch. 19, art. 2.

3. (1) Interprétation — Les pouvoirs et fonctions prévus par la présente loi relativement à toute infraction à celle-ci s'appliquent tout autant à l'égard du complot ou de la tentative de commettre une telle infraction, de la complicité après le fait à son égard ou du fait de conseiller de la commettre.

(2) Interprétation — Pour l'application des articles 16 et 20, la mention d'une personne reconnue coupable d'une infraction désignée vaut également mention d'un contrevenant absous aux termes de l'article 730 du *Code criminel*.

L.C. 1995, ch. 22, art. 18, ann. IV, art. 26; 1996, ch. 19, art. 3.

PARTIE I — INFRACTIONS ET PEINES

Infractions particulières

4. (1) Possession de substances — Sauf dans les cas autorisés aux termes des règlements, la possession de toute substance inscrite aux annexes I, II, ou III est interdite.

(2) Obtention de substances — Il est interdit d'obtenir ou de chercher à obtenir d'un praticien une substance inscrite aux annexes I, II, III ou IV ou une autorisation pour obtenir une telle substance, à moins que la personne en cause ne dévoile à ce dernier toute substance inscrite à l'une de ces annexes et toute autorisation pour obtenir une telle substance qui lui ont été délivrées par un autre praticien au cours des trente jours précédents.

(3) Peine — Quiconque contrevient au paragraphe (1) commet, dans le cas de substances inscrites à l'annexe I :

  a) soit un acte criminel passible d'un emprisonnement maximal de sept ans;

b) soit une infraction punissable sur déclaration de culpabilité par procédure sommaire et passible :

(i) s'il s'agit d'une première infraction, d'une amende maximale de mille dollars et d'un emprisonnement maximal de six mois, ou de l'une de ces peines,

(ii) en cas de récidive, d'une amende maximale de deux mille dollars et d'un emprisonnement maximal d'un an, ou de l'une de ces peines.

(4) Peine — Quiconque contrevient au paragraphe (1) commet, dans le cas de substances inscrites à l'annexe II mais sous réserve du paragraphe (5) :

a) soit un acte criminel passible d'un emprisonnement maximal de cinq ans moins un jour;

b) soit une infraction punissable sur déclaration de culpabilité par procédure sommaire et passible :

(i) s'il s'agit d'une première infraction, d'une amende maximale de mille dollars et d'un emprisonnement maximal de six mois, ou de l'une de ces peines,

(ii) en cas de récidive, d'une amende maximale de deux mille dollars et d'un emprisonnement maximal d'un an, ou de l'une de ces peines.

(5) Peine — cas particuliers — Quiconque contrevient au paragraphe (1) commet, dans le cas de substances inscrites à la fois à l'annexe II et à l'annexe VIII, et ce pourvu que la quantité en cause n'excède pas celle mentionnée à cette dernière annexe, une infraction punissable sur déclaration de culpabilité par procédure sommaire et passible d'une amende maximale de mille dollars et d'un emprisonnement maximal de six mois, ou de l'une de ces peines.

(6) Peine — Quiconque contrevient au paragraphe (1) commet, dans le cas de substances inscrites à l'annexe III :

a) soit un acte criminel passible d'un emprisonnement maximal de trois ans;

b) soit une infraction punissable sur déclaration de culpabilité par procédure sommaire et passible :

(i) s'il s'agit d'une première infraction, d'une amende maximale de mille dollars et d'un emprisonnement maximal de six mois, ou de l'une de ces peines,

(ii) en cas de récidive, d'une amende maximale de deux mille dollars et d'un emprisonnement maximal d'un an, ou de l'une de ces peines.

(7) Peine — Quiconque contrevient au paragraphe (2) commet :

a) soit un acte criminel passible :

(i) dans le cas de substances inscrites à l'annexe I, d'un emprisonnement maximal de sept ans,

(ii) dans le cas de substances inscrites à l'annexe II, d'un emprisonnement maximal de cinq ans moins un jour,

(iii) dans le cas de substances inscrites à l'annexe III, d'un emprisonnement maximal de trois ans,

(iv) dans le cas de substances inscrites à l'annexe IV, d'un emprisonnement maximal de dix-huit mois;

b) soit une infraction punissable sur déclaration de culpabilité par procédure sommaire et passible :

(i) s'il s'agit d'une première infraction, d'une amende maximale de mille dollars et d'un emprisonnement maximal de six mois, ou de l'une de ces peines,

(ii) en cas de récidive, d'une amende maximale de deux mille dollars et d'un emprisonnement maximal d'un an, ou de l'une de ces peines.

(8) Interprétation — Pour l'application du paragraphe (5) et de l'annexe VIII, « quantité » s'entend du poids total de tout mélange, substance ou plante dans lequel on peut déceler la présence de la substance en cause.

L.C. 1996, ch. 19, art. 4.

5. (1) Trafic de substances — Il est interdit de faire le trafic de toute substance inscrite aux annexes I, II, III ou IV ou de toute substance présentée ou tenue pour telle par le trafiquant.

(2) Possession en vue du trafic — Il est interdit d'avoir en sa possession, en vue d'en faire le trafic, toute substance inscrite aux annexes I, II, III ou IV.

(3) Peine — Quiconque contrevient aux paragraphes (1) ou (2) commet :

a) dans le cas de substances inscrites aux annexes I ou II, mais sous réserve du paragraphe (4), un acte criminel passible de l'emprisonnement à perpétuité;

b) dans le cas de substances inscrites à l'annexe III :

(i) soit un acte criminel passible d'un emprisonnement maximal de dix ans,

(ii) soit une infraction punissable sur déclaration de culpabilité par procédure sommaire et passible d'un emprisonnement maximal de dix-huit mois;

c) dans le cas de substances inscrites à l'annexe IV :

(i) soit un acte criminel passible d'un emprisonnement maximal de trois ans,

(ii) soit une infraction punissable sur déclaration de culpabilité par procédure sommaire et passible d'un emprisonnement maximal d'un an.

(4) Peine — cas particuliers — Quiconque contrevient aux paragraphes (1) ou (2) commet, dans le cas de substances inscrites à la fois à l'annexe II et à l'annexe VII, et ce pourvu que la quantité en cause n'excède pas celle mentionnée à cette dernière annexe, un acte criminel passible d'un emprisonnement maximal de cinq ans moins un jour.

(5) Interprétation — Dans le cadre de l'application des paragraphes (3) ou (4) à l'égard d'une infraction prévue au paragraphe (1), la mention d'une substance inscrite aux annexes I, II, III ou IV vaut également mention de toute substance présentée ou tenue pour telle.

(6) Interprétation — Pour l'application du paragraphe (4) et de l'annexe VII, « quantité » s'entend du poids total de tout mélange, substance ou plante dans lequel on peut déceler la présence de la substance en cause.

L.C. 1996, ch. 19, art. 5.

6. (1) Importation et exportation — Sauf dans les cas autorisés aux termes des règlements, l'importation et l'exportation de toute substance inscrite à l'une ou l'autre des annexes I à VI sont interdites.

(2) Possession en vue de l'exportation — Sauf dans les cas autorisés aux termes des règlements, il est interdit d'avoir en sa possession, en vue de son exportation, toute substance inscrite à l'une ou l'autre des annexes I à VI.

(3) Peine — Quiconque contrevient aux paragraphes (1) ou (2) commet :

a) dans le cas de substances inscrites aux annexes I ou II, un acte criminel passible de l'emprisonnement à perpétuité;

b) dans le cas de substances inscrites aux annexes III ou VI :

(i) soit un acte criminel passible d'un emprisonnement maximal de dix ans,

(ii) soit une infraction punissable sur déclaration de culpabilité par procédure sommaire et passible d'un emprisonnement maximal de dix-huit mois;

c) dans le cas de substances inscrites aux annexes IV ou V :

(i) soit un acte criminel passible d'un emprisonnement maximal de trois ans,

(ii) soit une infraction punissable sur déclaration de culpabilité par procédure sommaire et passible d'un emprisonnement maximal d'un an.

L.C. 1996, ch. 19, art. 6.

7. (1) Production — Sauf dans les cas autorisés aux termes des règlements, la production de toute substance inscrite aux annexes I, II, III ou IV est interdite.

(2) Peine — Quiconque contrevient au paragraphe (1) commet :

a) dans le cas de substances inscrites aux annexes I ou II, à l'exception du cannabis (marihuana), un acte criminel passible de l'emprisonnement à perpétuité;

b) dans le cas du cannabis (marihuana), un acte criminel passible d'un emprisonnement maximal de sept ans;

c) dans le cas de substances inscrites à l'annexe III :

(i) soit un acte criminel passible d'un emprisonnement maximal de dix ans,

(ii) soit une infraction punissable sur déclaration de culpabilité par procédure sommaire et passible d'un emprisonnement maximal de dix-huit mois;

d) dans le cas de substances inscrites à l'annexe IV :

(i) soit un acte criminel passible d'un emprisonnement maximal de trois ans,

(ii) soit une infraction punissable sur déclaration de culpabilité par procédure sommaire et passible d'un emprisonnement maximal d'un an.

L.C. 1996, ch. 19, art. 7.

8. (1) Possession de biens d'origine criminelle — Il est interdit à quiconque d'avoir en sa possession un bien, ou son produit, dont il sait qu'il a été obtenu ou provient, en tout ou en partie, directement ou indirectement :

a) soit de la perpétration au Canada d'une infraction prévue par la présente partie, à l'exception du paragraphe 4(1) et du présent paragraphe;

b) soit d'un acte ou d'une omission survenu à l'étranger qui, au Canada, aurait constitué une telle infraction;

c) soit du complot ou de la tentative de commettre une infraction visée à l'alinéa *a)* ou un acte ou une omission visés à l'alinéa *b)*, de la complicité après le fait à leur égard ou du fait de conseiller de les commettre.

(2) Peine — Quiconque contrevient au paragraphe (1) commet :

a) si la valeur du bien ou de son produit est supérieure à mille dollars, un acte criminel passible d'un emprisonnement maximal de dix ans;

b) si la valeur du bien ou de son produit est égale ou inférieure à mille dollars :

(i) soit un acte criminel passible d'un emprisonnement maximal de deux ans,

(ii) soit une infraction punissable sur déclaration de culpabilité par procédure sommaire et passible d'une amende maximale de deux mille dollars et d'un emprisonnement maximal de six mois, ou de l'une de ces peines.

(3) Exception — N'est pas coupable de l'infraction prévue au présent article l'agent de la paix ou la personne qui agit sous la direction d'un agent de la paix qui a en sa possession le bien ou son produit dans le cadre d'une enquête ou dans l'accomplissement de ses autres fonctions.

L.C. 1996, ch. 19, art. 8; 1997, c. 18, art. 140.

9. (1) Recyclage du prétendu produit de certaines infractions — Il est interdit à quiconque d'utiliser, d'envoyer, de livrer à une personne ou à un endroit, de transporter, de modifier ou d'aliéner des biens ou leur produit — ou d'en transférer la possession — , ou d'effectuer toutes autres opérations à leur égard, et ce de quelque façon que ce soit, dans l'intention de les cacher ou de les convertir sachant ou croyant qu'ils ont été obtenus ou proviennent, en tout ou en partie, directement ou indirectement :

a) soit de la perpétration au Canada d'une infraction prévue par la présente partie, à l'exception du paragraphe 4(1);

b) soit d'un acte ou d'une omission survenu à l'étranger qui, au Canada, aurait constitué une telle infraction;

c) soit du complot ou de la tentative de commettre une infraction visée à l'alinéa *a)* ou un acte ou une omission visés à l'alinéa *b)*, de la complicité après le fait à leur égard ou du fait de conseiller de les commettre.

(2) Peine — Quiconque contrevient au paragraphe (1) commet :

a) soit un acte criminel passible d'un emprisonnement maximal de dix ans;

b) soit une infraction punissable sur déclaration de culpabilité par procédure sommaire et passible d'une amende maximale de deux mille dollars et d'un emprisonnement maximal de six mois, ou de l'une de ces peines.

(3) Exception — N'est pas coupable de l'infraction visée au paragraphe (2) l'agent de la paix ou la personne qui agit sous la direction d'un agent de la paix qui accomplit l'un des actes mentionnés au paragraphe (1) dans le cadre d'une enquête ou dans l'accomplissement de ses autres fonctions.

L.C. 1996, ch. 19, art. 9; 1997, ch. 18, art. 140; 1999, ch. 5, art. 48.

Détermination de la peine

10. (1) Objectif — Sans qu'en soit limitée la portée générale du *Code criminel*, le prononcé des peines prévues à la présente partie a pour objectif essentiel de contribuer au respect de la loi et au maintien d'une société juste, paisible et sûre tout en favorisant la réinsertion sociale des délinquants et, dans les cas indiqués, leur traitement et en reconnaissant les torts causés aux victimes ou à la collectivité.

(2) Circonstances à prendre en considération — Le tribunal qui détermine la peine à infliger à une personne reconnue coupable d'une infraction désignée est tenu de considérer toute circonstance aggravante pertinente, notamment le fait que cette personne, selon le cas :

    a) relativement à la perpétration de cette infraction :

        (i) soit portait ou a utilisé ou menacé d'utiliser une arme,

        (ii) soit a eu recours ou a menacé de recourir à la violence,

        (iii) soit a fait le trafic d'une substance inscrite aux annexes I, II, III ou IV — ou l'a eue en sa possession en vue d'en faire le trafic — à l'intérieur d'une école, sur le terrain d'une école ou près de ce terrain ou dans tout autre lieu public normalement fréquenté par des personnes de moins de dix-huit ans ou près d'un tel lieu,

        (iv) soit a fait le trafic d'une substance inscrite aux annexes I, II, III ou IV — ou l'a eue en sa possession en vue d'en faire le trafic — auprès d'une personne de moins de dix-huit ans;

    b) a déjà été reconnue coupable d'une infraction désignée;

    c) a eu recours aux services d'une personne de moins de dix-huit ans pour la perpétration de l'infraction ou l'y a mêlée.

(3) Motifs du tribunal — Le tribunal qui décide de n'imposer aucune peine d'emprisonnement à la personne visée au paragraphe (1), bien qu'il soit convaincu de l'existence d'une ou de plusieurs des circonstances aggravantes mentionnées aux alinéas (2)a) à c), est tenu de motiver sa décision.

                               L.C. 1996, ch. 19, art. 10; 1999, ch. 5, art. 49.

PARTIE II — EXÉCUTION ET MESURES DE CONTRAINTE

Perquisitions, fouilles, saisies et rétention

11. (1) Mandat de perquisition — Le juge de paix qui, sur demande *ex parte*, est convaincu sur la foi d'une dénonciation faite sous serment qu'il existe des motifs raisonnables de croire à la présence, en un lieu, d'un ou de plusieurs des articles énumérés ci-dessous peut délivrer à un agent de la paix un mandat l'autorisant, à tout moment, à perquisitionner en ce lieu et à les y saisir :

    a) une substance désignée ou un précurseur ayant donné lieu à une infraction à la présente loi;

    b) une chose qui contient ou recèle une substance désignée ou un précurseur visé à l'alinéa *a)*;

    c) un bien infractionnel;

    d) une chose qui servira de preuve relativement à une infraction à la présente loi.

(2) Application de l'article 487.1 du *Code criminel* — La dénonciation visée au paragraphe (1) peut se faire par téléphone ou tout autre moyen de télécommunication, conformément à l'article 487.1 du *Code criminel*, compte tenu des adaptations nécessaires.

(3) Exécution hors du ressort — Le juge de paix peut délivrer le mandat de perquisition dans une province où il n'a pas compétence; le mandat y est alors exécutoire une fois visé par un juge de paix ayant compétence dans la province en question.

(4) Effet du visa — Le visa confère à tout agent de la paix à qui le mandat était adressé en premier lieu, ainsi qu'à ceux de la circonscription territoriale en cause, tant le pouvoir d'exécuter le mandat que celui de disposer, selon le droit applicable, des biens saisis.

(5) Fouilles et saisies — L'exécutant du mandat peut fouiller toute personne qui se trouve dans le lieu faisant l'objet de la perquisition en vue de découvrir et, le cas échéant, de saisir des substances désignées, des précurseurs ou tout autre bien ou chose mentionnés au mandat, s'il a des motifs raisonnables de croire qu'elle en a sur elle.

(6) Saisie de choses non spécifiées — Outre ce qui est mentionné dans le mandat, l'exécutant peut, à condition que son avis soit fondé sur des motifs raisonnables, saisir :

    a) toute substance désignée ou tout précurseur qui, à son avis, a donné lieu à une infraction à la présente loi;

    b) toute chose qui, à son avis, contient ou recèle une substance désignée ou un précurseur visé à l'alinéa *a)*;

    c) toute chose qui, à son avis, est un bien infractionnel;

    d) toute chose qui, à son avis, servira de preuve relativement à une infraction à la présente loi.

(7) Perquisition sans mandat — L'agent de la paix peut exercer sans mandat les pouvoirs visés aux paragraphes (1), (5) ou (6) lorsque l'urgence de la situation rend son obtention difficilement réalisable, sous réserve que les conditions de délivrance en soient réunies.

(8) Saisie d'autres choses — L'agent de la paix qui exécute le mandat ou qui exerce les pouvoirs visés aux paragraphes (5) ou (7) peut, en plus des choses mentionnées au mandat et au paragraphe (6), saisir toute chose dont il a des motifs raisonnables de croire qu'elle a été obtenue ou utilisée dans le cadre de la perpétration d'une infraction ou qu'elle servira de preuve à l'égard de celle-ci.

L.C. 1996, ch. 19, art. 11.

12. Assistance et usage de la force — Dans l'exercice des pouvoirs que lui confère l'article 11, l'agent de la paix peut recourir à l'assistance qu'il estime nécessaire et à la force justifiée par les circonstances.

L.C. 1996, ch. 19, art. 12.

13. (1) Application des articles 489.1 et 490 du *Code criminel* — Sous réserve des paragraphes (2) et (3), les articles 489.1 et 490 du *Code criminel* s'appliquent à toute chose saisie aux termes de la présente loi.

(2) Application des articles 489.1 et 490 du *Code criminel* — Dans le cas de biens infractionnels, les articles 489.1 et 490 du *Code criminel* s'appliquent sous réserve des articles 16 à 22 de la présente loi.

(3) Dispositions applicables — La présente loi et ses règlements s'appliquent aux substances désignées saisies en vertu de la présente loi ou de toute autre loi fédérale ou d'un pouvoir spécifique reconnu par la *common law*.

(4) Rapport au juge de paix — Sous réserve des règlements, l'agent de la paix qui, aux termes de l'article 11, saisit une substance désignée est tenu, dès que les circonstances le permettent :

a) d'établir un rapport précisant le lieu de la perquisition, la substance désignée saisie et le lieu de sa rétention;

b) de faire déposer le rapport auprès du juge de paix qui a décerné le mandat ou d'un autre juge de paix de la même circonscription territoriale, ou encore, dans le cas où, en raison de l'urgence de la situation, la saisie s'est effectuée sans mandat, auprès du juge de paix qui aurait été compétent pour le décerner;

c) d'envoyer une copie du rapport au ministre.

(5) Rapport au juge de paix — Le rapport établi selon la formule 5.2 du *Code criminel* peut tenir lieu du rapport prévu au paragraphe (4).

(6) Engagement — Le juge ou juge de paix qui rend une ordonnance en vertu de l'alinéa 490(9)c) du *Code criminel* sur une demande — présentée au titre du présent article — visant la remise d'un bien infractionnel saisi en vertu de la présente loi peut exiger du demandeur qu'il contracte devant lui, avec ou sans caution, un engagement dont le montant et les conditions, le cas échéant, sont fixés par lui et, si le juge ou juge de paix l'estime indiqué, qu'il dépose auprès de lui la somme d'argent ou toute autre valeur que celui-ci fixe.

L.C. 1996, ch. 19, art. 13.

Ordonnances de blocage

14. (1) Demande d'ordonnance de blocage — Le procureur général peut, sous le régime du présent article, demander une ordonnance de blocage d'un bien infractionnel.

(2) Procédure — La demande d'ordonnance est à présenter à un juge par écrit mais peut être faite *ex parte*; elle est accompagnée de l'affidavit du procureur général ou de toute autre personne comportant les éléments suivants :

    a) désignation de l'infraction à laquelle est lié le bien;

    b) désignation de la personne que l'on croit en possession du bien;

    c) description du bien.

(3) Ordonnance de blocage — Le juge saisi de la demande peut rendre une ordonnance de blocage s'il est convaincu qu'il existe des motifs raisonnables de croire que le bien est un bien infractionnel; l'ordonnance prévoit :

    a) qu'il est interdit à toute personne de se départir du bien mentionné dans l'ordonnance ou d'effectuer des opérations sur les droits qu'elle détient sur lui, sauf dans la mesure où l'ordonnance le prévoit;

    b) dans les cas où le juge estime que les circonstances le justifient et si le procureur général le demande :

        (i) la nomination d'un administrateur de ce bien et l'ordre à cet administrateur de le prendre en charge — en totalité ou en partie — , de l'administrer ou d'effectuer toute autre opération à son égard conformément aux directives du juge,

        (ii) l'ordre à toute personne qui a la possession du bien à l'égard duquel l'administrateur a été nommé de le lui remettre.

(4) Ministre des Travaux publics et des Services gouvernementaux — Le juge nomme, à la demande du procureur général du Canada, le ministre des Travaux publics et des Services gouvernementaux à titre d'administrateur visé par le sous-alinéa (3)*b*)(i).

(5) Conditions — L'ordonnance de blocage peut être assortie des conditions raisonnables que le juge estime indiquées.

(6) Ordonnance écrite — L'ordonnance de blocage est rendue par écrit.

(7) Signification — Une copie de l'ordonnance de blocage est signifiée à la personne qu'elle vise; la signification se fait selon les règles du tribunal ou de la façon dont le juge l'ordonne.

(8) Enregistrement — Une copie de l'ordonnance de blocage est enregistrée à l'égard d'un bien conformément aux lois de la province où ce bien est situé.

(9) Validité — L'ordonnance de blocage demeure en vigueur jusqu'à ce que l'une des circonstances suivantes survienne :

a) une ordonnance est rendue à l'égard du bien conformément aux paragraphes 490(9) ou (11) du *Code criminel*;

b) une ordonnance de confiscation du bien est rendue en vertu des paragraphes 16(1) ou 17(1) de la présente loi ou de l'article 490 du *Code criminel*.

(10) Infraction — Toute personne à qui une ordonnance de blocage est signifiée en conformité avec le présent article et qui, pendant que celle-ci est en vigueur, contrevient à ses dispositions est coupable d'un acte criminel ou d'une infraction punissable par déclaration de culpabilité par procédure sommaire.

L.C. 1996, ch. 19, art. 14, 93.2.

15. (1) Application des articles 489.1 et 490 du *Code criminel* — Sous réserve des articles 16 à 22, les articles 489.1 et 490 du *Code criminel* s'appliquent, avec les adaptations nécessaires, aux biens infractionnels ayant fait l'objet d'une ordonnance de blocage en vertu de l'article 14.

(2) Engagement — Le juge ou juge de paix qui rend une ordonnance en vertu de l'alinéa 490(9)*c*) du *Code criminel* sur une demande — présentée au titre du paragraphe (1) — visant la remise d'un bien infractionnel faisant l'objet d'une ordonnance de blocage prévue à l'article 14 peut exiger du demandeur qu'il contracte devant lui, avec ou sans caution, un engagement dont le montant et les conditions, le cas échéant, sont fixés par lui et, si le juge ou juge de paix l'estime indiqué, qu'il dépose auprès de lui la somme d'argent ou toute autre valeur que celui-ci fixe.

L.C. 1996, ch. 19, art. 15.

Confiscation de biens infractionnels

16. (1) Confiscation lors de la déclaration de culpabilité — Sous réserve des articles 18 et 19 et sur demande du procureur général, le tribunal qui déclare une personne coupable d'une infraction désignée et qui est convaincu, selon la prépondérance des probabilités, que des biens infractionnels sont liés à la perpétration de cette infraction ordonne :

a) dans le cas de substances inscrites à l'annexe VI, que celles-ci soient confisquées au profit de Sa Majesté du chef du Canada pour que le ministre en dispose à sa guise;

b) que les autres biens infractionnels soient confisqués au profit :

(i) soit de Sa Majesté du chef de la province où les procédures relatives à l'infraction ont été engagées, si elles l'ont été à la demande du gouvernement de cette province et menées par ce dernier ou en son nom, pour que le procureur général ou le solliciteur général de la province en dispose en conformité avec la loi,

(ii) soit de Sa Majesté du chef du Canada pour que le membre du Conseil privé de la Reine pour le Canada chargé par le gouverneur en conseil de l'application du présent sous-alinéa en dispose en conformité avec la loi, dans tout autre cas.

(2) Biens liés à d'autres infractions — Le tribunal peut rendre une ordonnance de confiscation aux termes du paragraphe (1) à l'égard de biens dont il n'est pas convaincu qu'ils sont liés à l'infraction désignée dont la personne a été reconnue coupable, à la condition toutefois d'être convaincu, hors de tout doute raisonnable, qu'il s'agit de biens infractionnels.

(3) Appel — La personne qui a été reconnue coupable d'une infraction désignée peut, de même que le procureur général, interjeter appel devant la cour d'appel de l'ordonnance rendue aux termes du paragraphe (1) ou de la décision du tribunal de ne pas rendre une telle ordonnance, comme s'il s'agissait d'un appel interjeté à l'encontre de la peine infligée à la personne relativement à l'infraction désignée en cause.

L.C. 1996, ch. 19, art. 16.

17. (1) Demande de confiscation réelle — En cas de dépôt d'une dénonciation visant la perpétration d'une infraction désignée, le procureur général peut demander à un juge de rendre une ordonnance de confiscation aux termes du paragraphe (2).

(2) Ordonnance de confiscation — Sous réserve des articles 18 et 19, le juge saisi de la demande doit rendre une ordonnance de confiscation et de disposition à l'égard des biens en question, conformément au paragraphe (4), s'il est convaincu que les conditions suivantes sont réunies :

a) les biens sont, hors de tout doute raisonnable, des biens infractionnels;

b) des procédures ont été engagées relativement à une infraction désignée ayant trait à ces biens;

c) la personne accusée de l'infraction est décédée ou s'est esquivée.

(3) Interprétation — Pour l'application du paragraphe (2), une personne est réputée s'être esquivée lorsque les conditions suivantes sont réunies :

a) elle a fait l'objet d'une dénonciation l'accusant d'avoir commis une infraction désignée;

b) un mandat d'arrestation a été délivré contre elle à la suite de la dénonciation;

c) malgré les efforts raisonnables déployés, il n'a pas été possible de l'arrêter au cours des six mois qui ont suivi la délivrance du mandat.

La présomption vaut alors à compter du dernier jour de cette période de six mois.

(4) Disposant — Pour l'application du paragraphe (2), le juge doit ordonner :

    a) la confiscation au profit de Sa Majesté du chef du Canada des substances inscrites à l'annexe VI pour que le ministre en dispose à sa guise;

    b) la confiscation des autres biens infractionnels au profit :

        (i) soit de Sa Majesté du chef de la province où les procédures visées à l'alinéa (2)*b*) ont été engagées, si elles l'ont été à la demande du gouvernement de cette province, pour que le procureur général ou le solliciteur général de la province en dispose en conformité avec la loi,

        (ii) soit de Sa Majesté du chef du Canada pour que le membre du Conseil privé de la Reine pour le Canada chargé par le gouverneur en conseil de l'application du présent sous-alinéa en dispose en conformité avec la loi, dans tout autre cas.

L.C. 1996, ch. 19, art. 17.

18. Annulation des cessions — Avant d'ordonner la confiscation visée aux paragraphes 16(1) ou 17(2), le tribunal peut annuler toute cession d'un bien infractionnel survenue après sa saisie ou son blocage; le présent article ne vise toutefois pas les cessions qui ont été faites à titre onéreux à une personne agissant de bonne foi.

L.C. 1996, ch. 19, art. 18.

19. (1) Avis — Avant de rendre une ordonnance en vertu des paragraphes 16(1) ou 17(2) à l'égard d'un bien, le tribunal exige qu'un avis soit donné à toutes les personnes qui lui semblent avoir un droit sur le bien; il peut aussi les entendre.

(2) Modalités — L'avis mentionné au paragraphe (1) :

    a) est donné ou signifié de la façon que le tribunal l'ordonne ou que prévoient les règles de celui-ci;

    b) prévoit le délai que le tribunal estime raisonnable ou que fixent les règles de celui-ci;

    c) mentionne l'infraction désignée à l'origine de l'accusation et comporte une description du bien en question.

(3) Ordonnance de restitution — Le tribunal peut ordonner que des biens qui autrement seraient confisqués en vertu des paragraphes 16(1) ou 17(2) soient restitués en tout ou en partie à une personne — autre que celle qui est accusée d'une infraction désignée ou celle qui a obtenu un titre ou un droit de possession sur ces biens de la personne accusée d'une telle infraction dans des circonstances telles qu'elles permettent raisonnablement d'induire que l'opération a été effectuée dans l'intention d'éviter la confiscation des biens — à la condition d'être convaincu que cette personne en est le propriétaire légitime ou a droit à leur possession et semble innocente de toute complicité ou collusion à l'égard de l'infraction.

L.C. 1996, ch. 19, art. 19.

20. (1) Demandes des tiers intéressés — Quiconque prétend avoir un droit sur un bien infractionnel confisqué au profit de Sa Majesté en vertu des paragraphes 16(1) ou 17(2) peut, dans les trente jours suivant la confiscation, demander par écrit à un juge de rendre en sa faveur l'ordonnance prévue au paragraphe (4); le présent paragraphe ne s'applique pas aux personnes suivantes :

a) celle qui a été reconnue coupable de l'infraction désignée commise relativement à un bien confisqué aux termes du paragraphe 16(1);

b) celle qui a été accusée de l'infraction désignée commise relativement à un bien confisqué aux termes du paragraphe 17(2);

c) celle qui a obtenu, de l'une ou l'autre des personnes visées aux alinéas *a)* ou *b)*, un titre ou un droit de possession sur ce bien dans des circonstances telles qu'elles permettent raisonnablement d'induire que l'opération a été effectuée dans l'intention d'éviter la confiscation du bien.

(2) Date de l'audition — Le juge saisi de la demande fixe la date de l'audition, laquelle doit être postérieure d'au moins trente jours à celle du dépôt de la demande.

(3) Avis — Le demandeur fait signifier un avis de sa demande et de la date d'audition au procureur général au moins quinze jours avant celle-ci.

(4) Ordonnance protégeant le droit du demandeur — Le juge peut rendre une ordonnance portant que le droit du demandeur n'est pas modifié par la confiscation et précisant la nature et la portée ou la valeur de ce droit, s'il est convaincu lors de l'audition de la demande que l'auteur de celle-ci :

a) d'une part, n'est pas l'une des personnes visées aux alinéas (1)*a)*, *b)* ou *c)* et semble innocent de toute complicité ou collusion à l'égard de l'infraction désignée qui a donné lieu à la confiscation;

b) d'autre part, a pris bien soin de s'assurer que le bien en cause n'avait vraisemblablement pas servi à la perpétration d'un acte illicite par la personne à qui il avait permis d'en prendre possession ou de qui il en avait obtenu la possession ou, dans le cas d'un créancier hypothécaire ou d'un titulaire de privilège ou de droit semblable, par le débiteur hypothécaire ou le débiteur assujetti au privilège ou au droit en question.

(5) Appel — Le demandeur ou le procureur général peut interjeter appel à la cour d'appel d'une ordonnance rendue en vertu du paragraphe (4), auquel cas les dispositions de la partie XXI du *Code criminel* qui traitent des règles de procédure en matière d'appel s'appliquent, avec les adaptations nécessaires.

(6) Restitution — Le ministre est tenu, à la demande de toute personne à l'égard de laquelle une ordonnance a été rendue en vertu du paragraphe (4) et lorsque les délais d'appel sont expirés et que l'appel interjeté a été tranché, d'ordonner :

a) soit la restitution, au demandeur, du bien ou de la partie du bien sur laquelle porte le droit de celui-ci;

b) soit le paiement, au demandeur, d'une somme égale à la valeur de son droit déclarée dans l'ordonnance.

L.C. 1996, ch. 19, art. 20.

21. Appels — Les personnes qui s'estiment lésées par une ordonnance rendue en vertu du paragraphe 17(2) peuvent en appeler comme s'il s'agissait d'un appel interjeté à l'encontre d'une condamnation ou d'un acquittement, selon le cas, en vertu de la partie XXI du *Code criminel*, auquel cas les dispositions de celle-ci s'appliquent, avec les adaptations nécessaires.

L.C. 1996, ch. 19, art. 21.

22. Suspension d'exécution pendant un appel — Par dérogation aux autres dispositions de la présente loi, l'exécution d'une ordonnance rendue en vertu des paragraphes 16(1), 17(2) ou 20(4) est suspendue jusqu'à l'issue :

a) de toute demande de restitution ou de confiscation des biens en question présentée aux termes de l'une de ces dispositions ou d'une autre disposition de la présente loi ou d'une autre loi fédérale;

b) de tout appel interjeté à l'encontre d'une ordonnance de restitution ou de confiscation rendue à l'égard des biens.

En tout état de cause, il ne peut être disposé des biens dans les trente jours qui suivent une ordonnance rendue en vertu de l'une de ces dispositions.

L.C. 1996, ch. 19, art. 22.

Confiscation du produit de la criminalité

23. (1) Application des articles 462.3 et 462.32 à 462.5 du *Code criminel* — Les articles 462.3 et 462.32 à 462.5 du *Code criminel* s'appliquent, avec les adaptations nécessaires, aux procédures engagées relativement à une infraction désignée.

(2) Mentions — Pour l'application du paragraphe (1) :

a) la mention, aux articles 462.37 ou 462.38 ou au paragraphe 462.41(2) du *Code criminel*, d'une infraction de criminalité organisée vaut mention d'une infraction désignée;

b) pour ce qui est de la façon de disposer des biens confisqués, la mention, aux paragraphes 462.37(1) ou 462.42(6), à l'alinéa 462.43c) ou à l'article 462.5 du *Code criminel*, du procureur général vaut mention :

(i) soit du procureur général ou du solliciteur général de la province où les procédures relatives à l'infraction ont été engagées, si le bien a été confisqué relativement à cette infraction et si les procédures ont été engagées à la demande du gouvernement de cette province et menées par ce dernier ou en son nom,

(ii) soit du membre du Conseil privé de la Reine pour le Canada chargé par le gouverneur en conseil de l'application du présent sous-alinéa dans tout autre cas;

c) pour ce qui est de la façon de disposer des biens confisqués, la mention, au paragraphe 462.38(2) du *Code criminel*, du procureur général vaut mention :

(i) soit du procureur général ou du solliciteur général de la province où les procédures relatives à l'infraction ont été engagées, si le bien a été confisqué relativement à cette infraction et si les procédures ont été engagées à la demande du gouvernement de cette province,

(ii) soit du membre du Conseil privé de la Reine pour le Canada chargé par le gouverneur en conseil de l'application du présent sous-alinéa dans tout autre cas.

L.C. 1996, ch. 19, art. 23.

PARTIE III — DISPOSITION DES SUBSTANCES DÉSIGNÉES

24. (1) Demande de restitution — Toute personne peut, dans les soixante jours suivant la date où une substance désignée a été saisie, trouvée ou obtenue de toute autre manière par un agent de la paix ou un inspecteur et sur préavis donné au procureur général selon les modalités réglementaires, demander par avis écrit à un juge de paix de la circonscription territoriale où la substance est retenue de lui en ordonner la restitution.

(2) Ordonnance de restitution immédiate — S'il est convaincu, lors de l'audition de la demande, que l'auteur de celle-ci est le propriétaire légitime de la substance désignée ou a droit à sa possession et si le procureur général n'a pas indiqué que la substance pourrait, en tout ou en partie, être nécessaire dans le cadre d'une procédure — notamment d'une enquête préliminaire ou d'un procès — engagée sous le régime de la présente loi ou de toute autre loi fédérale, le juge de paix, sous réserve du paragraphe (5), ordonne qu'elle soit, en tout ou en partie, selon le cas, restituée sans délai au demandeur.

(3) Ordonnance de restitution ultérieure — Si le procureur général fait savoir que la substance désignée pourrait, en tout ou en partie, être nécessaire dans le cadre d'une procédure — notamment d'une enquête préliminaire ou d'un procès — engagée sous le régime de la présente loi ou de toute autre loi fédérale, le juge de paix, au lieu d'en ordonner la restitution immédiate, est tenu, sous réserve du paragraphe (5), d'ordonner qu'elle soit, en tout ou en partie, selon le cas, restituée au demandeur :

a) à l'expiration du cent quatre-vingtième jour suivant la date de la demande, si aucune procédure n'a encore été engagée à l'égard de la substance;

b) dans le cas contraire, à l'issue des procédures, si le demandeur n'y a été reconnu coupable d'aucune infraction perpétrée en rapport avec la substance.

(4) Ordonnance de confiscation — S'il n'est pas convaincu, lors de l'audition de la demande, que l'auteur de celle-ci est le propriétaire légitime de la substance désignée ou a droit à sa possession, le juge de paix ordonne que la substance, dans la mesure où elle n'est pas nécessaire dans le cadre d'une procédure — notamment d'une enquête préliminaire ou d'un procès — engagée sous le régime de la présente loi ou de toute autre loi fédérale, soit, en tout ou en partie, selon le cas, confisquée au profit de Sa Majesté. Il en est alors disposé conformément aux règlements applicables ou, à défaut, selon les instructions du ministre.

(5) Paiement compensatoire — S'il est convaincu, lors de l'audition de la demande, que l'auteur de celle-ci est le propriétaire légitime de la substance désignée ou a droit à sa possession, mais que la substance a fait l'objet d'une ordonnance rendue aux termes du paragraphe 26(2), le juge de paix ordonne que soit versée à cette personne une somme de valeur égale à celle de la substance désignée.

L.C. 1996, ch. 19, art. 24.

25. Défaut de demande — À défaut de demande de restitution dans le délai de soixante jours prévu au paragraphe 24(1), la substance désignée, dans la mesure où elle n'est pas nécessaire dans le cadre d'une procédure — notamment d'une enquête préliminaire ou d'un procès — engagée sous le régime de la présente loi ou de toute autre loi fédérale, est, en tout ou en partie, selon le cas, remise au ministre. Il en est alors disposé conformément aux règlements applicables ou, à défaut, selon les instructions du ministre.

L.C. 1996, ch. 19, art. 25.

26. (1) Risque d'atteinte à la sécurité ou à la santé publiques — S'il a des motifs raisonnables de croire qu'une substance désignée qui a été saisie, trouvée ou obtenue de toute autre manière par un agent de la paix ou un inspecteur risque de porter atteinte à la sécurité ou à la santé publiques, le ministre peut à tout moment, sur préavis donné au procureur général selon les modalités réglementaires, demander, par procédure *ex parte*, au juge de paix d'ordonner que la substance soit confisquée au profit de Sa Majesté pour qu'il en soit par la suite disposé conformément aux règlements applicables ou, à défaut, selon les instructions du ministre.

(2) Risque d'atteinte à la sécurité ou à la santé publiques — S'il est convaincu, lors de l'audition de la demande, qu'il y a des motifs raisonnables de croire que la substance désignée risque de porter atteinte à la sécurité ou à la santé publiques, le juge de paix ordonne que la substance, dans la mesure où elle n'est pas nécessaire dans le cadre d'une procédure — notamment d'une enquête préliminaire ou d'un procès — engagée sous le régime de la présente loi ou de toute autre loi fédérale, soit, en tout ou en partie, selon le cas, confisquée au profit de Sa Majesté pour qu'il en soit disposé conformément aux règlements applicables ou, à défaut, selon les instructions du ministre.

L.C. 1996, ch. 19, art. 26.

27. Autres cas de disposition — Sous réserve de l'article 24, s'il est convaincu que la substance désignée qui se trouve devant lui dans le cadre d'une procédure — notamment d'une enquête préliminaire ou d'un procès — dont il a été saisi aux termes de la présente loi ou de toute autre loi fédérale n'est plus nécessaire à ses travaux ou à ceux d'une autre juridiction, le tribunal :

a) en ordonne la restitution :

(i) au saisi, s'il est convaincu par ailleurs que celui-ci en avait pris possession, et avait par la suite continué à s'en servir, conformément aux règlements,

(ii) à son propriétaire légitime ou à la personne qui a droit à sa possession, si elle est connue et si le tribunal est convaincu que le saisi n'en avait pas la possession légitime;

b) peut en ordonner la confiscation au profit de Sa Majesté — et il peut alors en être disposé conformément aux règlements applicables ou, à défaut, selon les instructions du ministre — dans les cas où soit il n'est pas convaincu du bien-fondé de sa restitution, soit le saisi n'en avait pas la possession légitime et son propriétaire légitime ou la personne qui a droit à sa possession n'est pas connu.

L.C. 1996, ch. 19, art. 27.

28. Disposition sur consentement — Le propriétaire légitime de toute substance désignée qui a été saisie, trouvée ou obtenue de toute autre manière par un agent de la paix ou un inspecteur aux termes de la présente loi ou de ses règlements, de même que la personne qui a droit à sa possession, peut, dans la mesure où tout ou partie de la substance n'est pas nécessaire dans le cadre d'une procédure — notamment d'une enquête préliminaire ou d'un procès — engagée sous le régime de la présente loi ou de toute autre loi fédérale, consentir à ce qu'il en soit disposé. La substance est dès lors confisquée, en tout ou en partie, selon le cas, au profit de Sa majesté et il peut en être disposé conformément aux règlements applicables ou, à défaut, selon les instructions du ministre.

L.C. 1996, ch. 19, art. 28.

29. Destruction des plantes — Le ministre peut, sur préavis donné au procureur général, faire détruire les plantes dont peuvent être extraites les substances inscrites aux annexes I, II, III ou IV et qui sont produites sans permis réglementaire ou en violation de celui-ci.

L.C. 1996, ch. 19, art. 29.

PARTIE IV — CONTRÔLE D'APPLICATION

Inspecteurs

30. (1) Désignation d'inspecteurs — Le ministre peut, conformément aux règlements pris aux termes de l'alinéa 55(1)*n)*, désigner quiconque à titre d'inspecteur pour l'application de la présente loi et de ses règlements.

(2) Production du certificat — L'inspecteur reçoit un certificat réglementaire attestant sa qualité, qu'il présente, sur demande, au responsable du lieu visé au paragraphe 31(1).

L.C. 1996, ch. 19, art. 30.

31. (1) Pouvoirs des inspecteurs — L'inspecteur peut, pour assurer l'application des règlements, procéder, à toute heure convenable, à la visite de tout lieu où il a des motifs raisonnables de croire que le titulaire d'une autorisation ou d'une licence réglementaire — l'habilitant à se livrer à des opérations à l'égard de substances désignées ou de précurseurs — exerce son activité commerciale ou professionnelle. Il peut alors à cette fin :

a) ouvrir et examiner tout emballage ou autre contenant trouvé sur les lieux et pouvant contenir une substance désignée ou un précurseur;

b) examiner toute chose trouvée sur les lieux et servant — ou susceptible de servir — à la production, à la conservation, à l'emballage ou au stockage d'une substance désignée ou d'un précurseur;

c) examiner le matériel d'étiquetage ou publicitaire, les livres, les registres, les données électroniques et tous autres documents trouvés sur les lieux et se rapportant à une substance désignée ou à un précurseur, à l'exception des dossiers sur l'état de santé de personnes, et les reproduire en tout ou en partie;

d) utiliser ou voir à ce que soit utilisé, pour examen des données électroniques visées à l'alinéa *c)*, tout système informatique se trouvant sur les lieux;

e) reproduire ou faire reproduire, notamment sous forme d'imprimé, tout document contenu dans ces données;

f) emporter, pour examen ou reproduction, tout document visé à l'alinéa *c)*, de même que tout document tiré des données électroniques conformément à l'alinéa *e)*;

g) utiliser ou voir à ce que soit utilisé, pour reproduction de documents, tout appareil de reproduction se trouvant sur les lieux;

h) examiner toute substance trouvée sur les lieux et en prélever, en tant que de besoin, des échantillons pour analyse;

i) saisir et retenir, conformément à la présente partie, toute substance désignée ou tout précurseur dont il juge, pour des motifs raisonnables, la saisie et la rétention nécessaire.

(2) Perquisition d'un local d'habitation — Dans le cas d'un local d'habitation, l'inspecteur ne peut toutefois procéder à la visite sans le consentement de l'un de ses occupants que s'il est muni du mandat prévu au paragraphe (3).

(3) Délivrance du mandat — Sur demande *ex parte*, le juge de paix peut, s'il est convaincu sur la foi d'une dénonciation faite sous serment que sont réunis les éléments énumérés ci-dessous, délivrer un mandat autorisant, sous réserve des conditions éventuellement fixées, l'inspecteur qui y est nommé à procéder à la visite et à exercer les pouvoirs mentionnés aux alinéas (1)*a)* à *i)* :

a) le lieu est un local d'habitation, mais remplit par ailleurs les conditions de visite visées au paragraphe (1);

b) il est nécessaire de procéder à la visite pour assurer l'application des règlements;

c) un refus a été opposé à la visite ou il y a des motifs raisonnables de croire que tel sera le cas.

(4) Usage de la force — L'inspecteur ne peut recourir à la force dans l'exécution de son mandat que si celui-ci en autorise expressément l'usage et que si lui-même est accompagné d'un agent de la paix.

(5) Assistance à l'inspecteur — Le propriétaire ou le responsable du lieu visité, ainsi que quiconque s'y trouve, sont tenus de prêter à l'inspecteur toute l'assistance raisonnable et de lui donner les renseignements qu'il peut valablement exiger.

(6) Entreposage — Les substances désignées ou les précurseurs qui ont été saisis et retenus par l'inspecteur peuvent, à son appréciation, être entreposés sur les lieux mêmes de la saisie; ils peuvent également, sur ses ordres, être transférés dans un autre lieu convenable.

(7) Avis — L'inspecteur qui procède à la saisie de substances désignées ou de précurseurs prend les mesures justifiées dans les circonstances pour aviser le propriétaire ou le responsable du lieu visité de la saisie et de l'endroit où se trouvent les biens saisis.

(8) Restitution des biens saisis — L'inspecteur qui juge que la rétention des substances désignées ou des précurseurs saisis par lui aux termes de l'alinéa (1)*i)* n'est plus nécessaire pour assurer l'application des règlements en avise par écrit le propriétaire ou le responsable du lieu de la saisie, selon le cas, et, sur remise d'un reçu à cet effet, lui restitue les biens.

(9) Restitution ou disposition par le ministre — Indépendamment des articles 24, 25 et 27, les substances désignées ou précurseurs qui ont été saisis aux termes de l'alinéa (1)*i)* et qui n'ont pas, dans les cent vingt jours suivant leur saisie, été restitués par l'inspecteur aux termes du paragraphe (8) doivent, selon les instructions du ministre, être restitués ou faire l'objet d'une autre forme de disposition, conformément aux règlements applicables.

L.C. 1996, ch. 19, art. 31.

32. (1) Entrave — Lorsque l'inspecteur agit dans l'exercice de ses fonctions, il est interdit d'entraver, même par omission, son action.

(2) Fausses déclarations — Il est également interdit de lui faire, en connaissance de cause, une déclaration fausse ou trompeuse, oralement ou par écrit.

(3) Interdiction — Il est interdit, sans l'autorisation de l'inspecteur, de déplacer les biens saisis, retenus ou emportés en application de l'article 31 ou d'en modifier l'état de quelque manière que ce soit.

L.C. 1996, ch. 19, art. 32.

PARTIE V — ORDONNANCES ADMINISTRATIVES POUR VIOLATION DE RÈGLEMENTS SPÉCIAUX

33. Règlements spéciaux — Le gouverneur en conseil peut, par règlement, désigner les règlements d'application de la présente loi — appelés **« règlements spéciaux »** dans la présente partie — dont la contravention est régie par celle-ci.

L.C. 1996, ch. 19, art. 33.

34. Saisine de l'arbitre — S'il a des motifs raisonnables de croire qu'il y a eu infraction à un règlement spécial, le ministre :

a) signifie, selon les modalités réglementaires, un avis de comparution au contrevenant présumé;

b) envoie copie de cet avis à un arbitre, en lui demandant de tenir une audience pour établir s'il y a réellement eu contravention et de lui notifier sa décision.

L.C. 1996, ch. 19, art. 34.

35. (1) Ordonnance provisoire — S'il a des motifs raisonnables de croire qu'il y a eu infraction à un règlement spécial et s'il estime qu'il en découle un risque grave et imminent pour la santé ou la sécurité de quiconque, le ministre peut, sans en aviser au préalable le contrevenant présumé, prendre une ordonnance provisoire pour interdire à celui-ci toutes activités qui lui seraient normalement permises aux termes du permis, de la licence ou de l'autorisation dont il est titulaire ou pour assujettir aux conditions précisées l'exercice par celui-ci des activités envisagées par le règlement spécial en cause. À cet effet, le ministre peut suspendre, révoquer ou modifier le permis, la licence ou l'autorisation du contrevenant présumé ou prendre toute autre mesure réglementaire.

(2) Ordonnance provisoire — Le cas échéant, le ministre accomplit sans délai les formalités suivantes :

    a) il signifie l'ordonnance provisoire au contrevenant présumé selon les modalités réglementaires;

    b) il signifie, selon les modalités réglementaires, un avis de comparution au contrevenant présumé;

    c) il envoie à un arbitre copie de l'ordonnance provisoire et de l'avis de comparution, en lui demandant de tenir une audience pour établir s'il y a réellement eu contravention et de lui notifier sa décision.

L.C. 1996, ch. 19, art. 35.

36. (1) Audience — L'arbitre qui, aux termes des alinéas 34*b)* ou 35(2)*c)*, reçoit du ministre copie d'un avis de comparution tient une audience à ce sujet, à la date qu'il fixe sur demande du contrevenant présumé et moyennant préavis de deux jours; cette date doit se situer :

    a) dans le cas d'un avis signifié aux termes de l'alinéa 34*a)*, après le vingt-neuvième jour, mais avant le quarante-sixième, suivant la signification de l'avis;

    b) dans le cas d'un avis signifié aux termes de l'alinéa 35(2)*b)*, après le deuxième jour, mais avant le quarante-sixième, suivant la signification de l'avis;

(2) Changement de date — S'il lui est impossible de tenir l'audience à la date prévue, l'arbitre en avise sans délai le contrevenant présumé et fixe une nouvelle date; celle-ci doit être la plus rapprochée des dates convenant à la fois à l'arbitre et au contrevenant présumé.

(3) Défaut de comparution — Dans les cas où le contrevenant présumé omet, dans les quarante-cinq jours suivant la date à laquelle l'avis de comparution lui a été signifié, de demander à l'arbitre de fixer la date de l'audience ou, après avoir demandé la tenue d'une audience, omet de comparaître devant celui-ci à la date fixée, l'arbitre va de l'avant et rend sa décision en l'absence de l'intéressé.

(4) Dates, heures et lieux — Sous réserve des règlements, les audiences et autres procédures prévues par la présente partie ont lieu aux dates, heures et lieux déterminés par l'arbitre.

L.C. 1996, ch. 19, art. 36.

37. Avis de comparution — L'avis de comparution signifié au contrevenant présumé précise les points suivants :

    a) le règlement spécial en cause;

    b) les motifs qui portent le ministre à croire qu'il y a eu contravention;

c) le fait que l'affaire a été renvoyée à un arbitre pour audience à une date fixée conformément au paragraphe 36(1);

d) tous autres renseignements réglementaires.

L.C. 1996, ch. 19, art. 37.

38. Preuve de signification — La preuve de la signification des avis et ordonnances visés à la présente partie se fait selon les modalités réglementaires.

L.C. 1996, ch. 19, art. 38.

39. Pouvoirs de l'arbitre — Pour l'application de la présente loi, l'arbitre est investi des pouvoirs d'un commissaire nommé en vertu de la partie I de la *Loi sur les enquêtes*.

L.C. 1996, ch. 19, art. 39.

40. Procédure — Dans la mesure où les circonstances et les considérations d'équité et de justice naturelle le permettent, l'arbitre règle sans formalisme et en procédure expéditive les affaires dont il est saisi.

L.C. 1996, ch. 19, art. 40.

41. (1) Décision de l'arbitre — Dans le délai réglementaire suivant la fin de l'audience visée au paragraphe 36(1) ou de la procédure visée au paragraphe 36(3), l'arbitre se prononce sur la culpabilité du contrevenant présumé.

(2) Notification — L'arbitre notifie sans délai sa décision motivée au contrevenant présumé et au ministre. En cas de décision défavorable au contrevenant présumé, l'arbitre avise celui-ci de son droit de présenter, par écrit et selon les modalités — notamment de temps — réglementaires, des observations au ministre.

(3) Ordonnances ministérielles — Après examen de la décision — défavorable à la personne en cause — de l'arbitre et, le cas échéant, des observations visées au paragraphe (2), le ministre prend sans délai une ordonnance pour interdire à cette personne toutes activités qui lui seraient normalement permises si elle se conformait aux dispositions du règlement spécial en cause ou pour assujettir aux conditions précisées l'exercice par elle des activités envisagées par ce règlement. À cet effet, le ministre peut suspendre, révoquer ou modifier tout permis, licence ou autorisation accordé à cette personne aux termes des règlements ou prendre toute autre mesure prévue par ceux-ci.

(4) Signification — L'ordonnance est signifiée au contrevenant selon les modalités réglementaires.

L.C. 1996, ch. 19, art. 41.

42. (1) Prise d'effet — L'ordonnance prise aux termes des paragraphes 35(1) ou 41(3) est exécutoire à compter de sa signification à l'intéressé.

799

(2) **Cessation d'effet** — L'ordonnance provisoire cesse d'avoir effet lorsque, selon le cas :

a) l'ordonnance prise par le ministre aux termes du paragraphe 41(3) est signifiée au contrevenant présumé;

b) l'arbitre rend une décision favorable à celui-ci.

(3) **Demande de révocation** — La personne visée par une ordonnance prise aux termes du paragraphe 41(3) peut, selon les modalités réglementaires, en demander par écrit au ministre la révocation.

(4) **Révocation** — Le ministre peut, dans les cas prévus par règlement, procéder à la révocation de tout ou partie de l'ordonnance.

L.C. 1996, ch. 19, art. 42.

43. Infraction — Toute contravention à l'égard d'une ordonnance prise aux termes de la présente partie constitue une infraction.

L.C. 1996, ch. 19, art. 43.

Partie VI — Dispositions générales

Analyse

44. Désignation d'analystes — Le ministre peut, conformément aux règlements pris aux termes de l'alinéa 55(1)*o*), désigner quiconque à titre d'analyste pour l'application de la présente loi et de ses règlements.

L.C. 1996, ch. 19, art. 44.

45. (1) Analyse — L'inspecteur ou l'agent de la paix peut transmettre à l'analyste, pour analyse ou examen, toute substance — ou tout échantillon de celle-ci — qu'il a recueillie dans le cadre de la présente loi.

(2) **Certificat ou rapport** — L'analyste peut, après analyse ou examen, établir un certificat ou un rapport faisant état de cette analyse ou de cet examen, ainsi que de ses résultats.

L.C. 1996, ch. 19, art. 45.

Infraction et peine

46. Peine — Quiconque contrevient à une disposition de la présente loi pour laquelle aucune peine n'est spécifiquement prévue ou à un règlement — à l'exception des règlements spéciaux visés à la partie V — commet :

a) soit un acte criminel passible d'une amende maximale de cinq mille dollars et d'un emprisonnement maximal de trois ans, ou de l'une de ces peines;

b) soit une infraction punissable sur déclaration de culpabilité par procédure sommaire et passible d'une amende maximale de mille dollars et d'un emprisonnement maximal de six mois, ou de l'une de ces peines.

L.C. 1996, ch. 19, art. 46.

Preuve et procédure

47. (1) Prescription — Les poursuites par procédure sommaire pour infraction aux paragraphes 4(2) ou 32(2), à l'article 43 ou aux règlements se prescrivent par un an à compter de la perpétration.

(2) Ressort — Toute infraction à la présente loi ou à ses règlements peut être poursuivie au lieu de sa perpétration, au lieu où a pris naissance l'objet de la poursuite, au lieu où l'accusé est appréhendé ou en tout lieu où il se trouve.

L.C. 1996, ch. 19, art. 47.

48. (1) Mention des exceptions, exemptions, etc. — Dans les poursuites visant une infraction à la présente loi ou à ses règlements, ou engagées à cet égard sous le régime des articles 463, 464 ou 465 du *Code criminel*, les exceptions, exemptions, excuses ou réserves prévues par le droit n'ont pas à être, selon le cas, énoncées ou niées dans la dénonciation ou l'acte d'accusation.

(2) Fardeau de la preuve — Dans les poursuites fondées sur la présente loi, le poursuivant n'a pas, sauf pour réfutation, à établir qu'un certificat, une licence, un permis ou tout autre titre ne joue pas en faveur de l'accusé, qu'il en soit ou non fait mention dans la dénonciation ou l'acte d'accusation.

L.C. 1996, ch. 19, art. 48.

49. (1) Copies de documents — La copie — censée certifiée par le fonctionnaire qui a la garde du document ou des dossiers en question — de tout document déposé auprès d'un ministère, d'une municipalité ou d'un autre organisme constitué sous le régime d'une loi provinciale, de même que de toute déclaration contenant des renseignements tirés des dossiers tenus par l'organisme en question, est admissible en preuve dans les poursuites visées au paragraphe 48(1) et, sauf preuve contraire, fait foi de son contenu sans qu'il soit nécessaire de prouver l'authenticité de la signature qui y est apposée ou la qualité officielle du signataire.

(2) Authenticité — Pour l'application du paragraphe (1), la signature, même reproduite par procédé mécanique ou électronique, du fonctionnaire fait foi de l'authenticité de la copie sur laquelle elle est apposée.

(3) Inadmissibilité — Le paragraphe (1) n'a pas pour effet de rendre admissible en preuve, dans une procédure judiciaire engagée sous le régime de la présente loi, la partie d'un dossier qui s'avère être une pièce établie au cours d'une investigation ou d'une enquête.

L.C. 1996, ch. 19, art. 49.

50. (1) Certificats réglementaires — Sous réserve du paragraphe (2), le certificat ou autre document délivré en application des règlements pris aux termes de l'alinéa 55(2)*c)* est admissible en preuve dans le cadre d'une procédure — notamment d'une enquête préliminaire ou d'un procès — engagée sous le régime de la présente loi ou de toute autre loi fédérale et, sauf preuve contraire, fait foi de la validité de sa délivrance et de son contenu sans qu'il soit nécessaire de prouver l'authenticité de la signature qui y est apposée ou la qualité officielle du signataire.

(2) Affidavit ou comparution — La défense peut, avec l'autorisation du tribunal, exiger de la personne qui a délivré le certificat ou autre document :

a) soit qu'elle produise un affidavit ou une déclaration solennelle portant sur l'un ou l'autre des éléments dont le certificat ou autre document est censé faire foi aux termes du paragraphe (1);

b) soit qu'elle comparaisse devant le tribunal pour interrogatoire ou contre-interrogatoire sur la délivrance du certificat ou autre document.

L.C. 1996, ch. 19, art. 50.

51. (1) Certificat de l'analyste — Sous réserve des autres dispositions du présent article, le certificat ou le rapport établi par l'analyste aux termes du paragraphe 45(2) est admissible en preuve dans le cadre d'une poursuite pour infraction à la présente loi ou à ses règlements ou à toute autre loi fédérale et, sauf preuve contraire, fait foi de son contenu sans qu'il soit nécessaire de prouver l'authenticité de la signature qui y est apposée ou la qualité officielle du signataire.

(2) Présence de l'analyste — La partie contre laquelle est produit le certificat ou le rapport peut, avec l'autorisation du tribunal, exiger la présence de l'analyste pour contre-interrogatoire.

(3) Préavis — Sauf ordonnance contraire du tribunal, le certificat ou le rapport n'est reçu en preuve que si, avant de le produire au procès, la partie qui a l'intention de le produire contre une autre en donne à celle-ci un préavis suffisant, en y joignant une copie.

L.C. 1996, ch. 19, art. 51.

52. (1) Preuve de la signification — Pour l'application de la présente loi et de ses règlements, la communication — orale ou écrite — d'un avis ou la signification de tout document peut être prouvée soit par le témoignage de la personne qui prétend l'avoir effectuée, soit par l'affidavit ou la déclaration solennelle de celle-ci.

(2) Comparution — Dans le cas d'un affidavit ou d'une déclaration solennelle, le tribunal peut exiger que le signataire comparaisse pour interrogatoire ou contre-interrogatoire relativement à la communication de l'avis ou à la preuve de la signification.

L.C. 1996, ch. 19, art. 52.

53. (1) Continuité de la possession — La continuité de la possession d'une pièce présentée comme preuve dans le cadre d'une procédure fondée sur la présente loi ou ses règlements peut être établie par le témoignage de la personne qui prétend l'avoir eue en sa possession, ou par l'affidavit ou la déclaration solennelle de celle-ci.

(2) Interrogatoire ou contre-interrogatoire — Le tribunal peut exiger que le signataire de l'affidavit ou de la déclaration comparaisse devant lui pour y être interrogé ou contre-interrogé quant à la continuité de la possession de la pièce en question.

L.C. 1996, ch. 19, art. 53.

54. Copies des documents — Les livres, registres, données électroniques ou autres documents examinés ou saisis en application de la présente loi ou de ses règlements peuvent être reproduits à la demande du ministre ou de l'agent qui procède à l'examen ou à la saisie. Toute copie censée certifiée par le ministre ou son délégué est admissible en preuve et a, sauf preuve contraire, la force probante d'un original dont l'authenticité aurait été établie selon la procédure habituelle.

L.C. 1996, ch. 19, art. 54.

Règlements, exemptions et interdictions

55. (1) Règlements — Le gouverneur en conseil peut, par règlement, prendre les mesures nécessaires à l'application de la présente loi, y compris en matière d'exécution et de mesures de contrainte ainsi qu'en matière d'applications médicales, scientifiques et industrielles et de distribution des substances désignées et des précurseurs, et notamment :

a) régir, autoriser, contrôler ou restreindre l'importation et l'exportation, la production, l'emballage, l'expédition, le transport, la livraison, la vente, la fourniture, l'administration, la possession ou l'obtention de substances désignées ou de précurseurs, ou d'une de leurs catégories, ainsi que toutes autres opérations portant sur ceux-ci;

b) prévoir les circonstances et les conditions dans lesquelles peuvent se faire ces opérations et le mode d'autorisation de celles-ci, ainsi que les personnes ou catégories de personnes pouvant s'y livrer ou habilitées à les autoriser;

c) régir, aux conditions précisées, la délivrance, la suspension, la révocation et la durée de toute catégorie de licences d'importation, d'exportation, de production, d'emballage, de fourniture, d'administration ou de vente de substances inscrites aux annexes I, II, III, IV, V ou VI, ou d'une de leurs catégories;

d) régir, aux conditions précisées, la délivrance, la suspension, la révocation et la durée des permis d'importation, d'exportation ou de production en quantité limitée de substances inscrites aux annexes I, II, III, IV, V ou VI, ou d'une de leurs catégories;

e) fixer les droits exigibles pour la délivrance des licences et permis prévus aux alinéas *c*) et *d*);

f) régir les méthodes de production, la conservation, l'essai, l'emballage ou le stockage de toute substance désignée ou de tout précurseur, ou d'une de leurs catégories;

g) régir les procédés ou conditions de production ou de vente des substances désignées, ou d'une de leurs catégories, ainsi que les locaux servant à ces fins, et établir leur acceptabilité au regard des règlements;

h) régir les qualifications requises des personnes qui, sous la supervision du titulaire d'une licence réglementaire délivrée à cette fin, s'adonnent à toute opération — notamment production, conservation, essai, emballage, stockage, vente ou fourniture — portant sur toute substance désignée ou tout précurseur, ou sur une de leurs catégories;

i) fixer les normes de composition, teneur, concentration, puissance, pureté ou qualité ou toute autre propriété de toute substance désignée ou tout précurseur;

j) régir les caractéristiques des emballages servant aux opérations — notamment importation et exportation, expédition, transport, livraison, vente ou fourniture — portant sur les substances inscrites aux annexes I, II, III, IV, V ou VI, ou sur une de leurs catégories, notamment en ce qui touche l'emballage, l'étiquetage, les dimensions et le remplissage;

k) régir la distribution d'échantillons de substances inscrites aux annexes I, II, III, IV, V ou VI, ou d'une de leurs catégories;

l) contrôler ou restreindre la publicité se rapportant à la vente de toute substance désignée ou tout précurseur, ou d'une de leurs catégories;

m) régir les livres, registres, données électroniques ou autres documents que doivent tenir, établir ou fournir, en rapport avec les substances désignées ou les précurseurs, toute personne ou catégorie de personnes qui se livrent à quelque opération — notamment importation et exportation, production, emballage, expédition, transport, livraison, vente, fourniture, administration, possession ou obtention — portant sur les substances désignées ou les précurseurs ou sur une de leurs catégories;

n) régir les qualifications des inspecteurs ainsi que les pouvoirs et fonctions de ceux-ci relativement à l'exécution et au contrôle d'application des règlements;

o) régir les qualifications ainsi que les pouvoirs et fonctions des analystes;

p) régir la rétention et la disposition des substances désignées;

q) régir la disposition des précurseurs;

r) régir le prélèvement d'échantillons aux termes de l'alinéa 31(1)*h*);

s) régir la communication, à toute autorité provinciale attributive de licences en matière d'activités professionnelles ou à toute personne, ou catégorie de personnes, que le gouverneur en conseil estime nécessaire d'aviser pour l'application ou l'exécution de la présente loi ou de ses règlements, de renseignements fournis sous leur régime par une personne ou catégorie de personnes — ou relativement à elles — autorisées — ou pouvant l'être — à effectuer quelque opération — notamment importation et exportation, production, emballage, expédition, transport, livraison, vente, fourniture, administration, possession ou obtention — portant sur des substances désignées ou des précurseurs, ou sur une de leurs catégories;

t) prévoir les modalités d'établissement, de signification ou de dépôt des notifications, avis, ordonnances, rapports ou autres documents prévus par la présente loi ou ses règlements ainsi que les modalités de preuve de leur signification;

u) préciser les cas de révocation, aux termes du paragraphe 42(4), des ordonnances ministérielles prises aux termes du paragraphe 41(3);

v) déterminer les imprimés ou formules à utiliser dans le cadre de la présente loi et de ses règlements;

w) établir des catégories ou groupes de substances désignées ou de précurseurs;

x) déterminer les pouvoirs et fonctions des arbitres en ce qui touche les audiences qu'ils ont à tenir et les décisions qu'ils ont à rendre aux termes de la partie V;

y) régir la pratique et la procédure applicables aux audiences tenues et aux décisions rendues par les arbitres aux termes de la partie V;

z) soustraire, aux conditions précisées, toute personne ou catégorie de personnes ou toute substance désignée ou tout précurseur ou toute catégorie de ceux-ci à l'application de tout ou partie de la présente loi ou de ses règlements;

z.1) prendre toute mesure d'ordre réglementaire prévue par la présente loi.

(2) Règlements : activités policières — Sur recommandation du solliciteur général du Canada, le gouverneur en conseil peut prendre des règlements relativement aux enquêtes et autres activités policières menées aux termes de la présente loi par les membres d'un corps policier et toutes autres personnes agissant sous leur autorité et leur supervision, et notamment :

a) autoriser le solliciteur général du Canada ou le ministre responsable de la sécurité publique dans une province à désigner, aux fins du présent paragraphe, un ou plusieurs corps policiers relevant de sa compétence;

b) soustraire, aux conditions précisées, tout membre d'un corps policier désigné aux termes de l'alinéa a) ou toute autre personne agissant sous son autorité et sa supervision à l'application de tout ou partie de la partie I ou des règlements;

c) régir, aux conditions précisées, la délivrance, la suspension, la révocation et la durée des certificats ou autres documents — ou, en cas de situation d'urgence, des approbations en vue de leur obtention — à émettre à un membre d'un corps policier désigné aux termes de l'alinéa *a)* en vue de le soustraire à l'application de tout ou partie de la présente loi ou de ses règlements;

d) régir la rétention, l'entreposage et la disposition des substances désignées et des précurseurs;

e) régir les registres, rapport, données électroniques ou autres documents que doit tenir, établir ou fournir, en rapport avec les substances désignées ou les précurseurs, toute personne ou catégorie de personnes;

f) déterminer les imprimés ou formules à utiliser dans le cadre des règlements.

(3) Incorporation par renvoi — Il peut être précisé, dans les règlements d'application de la présente loi qui incorporent par renvoi des classifications, normes, procédures ou autres spécifications, que celles-ci sont incorporées avec leurs modifications successives.

L.C. 1996, ch. 19, art. 55.

56. Exemption par le ministre — S'il estime que des raisons médicales, scientifiques ou d'intérêt public le justifient, le ministre peut, aux conditions qu'il fixe, soustraire à l'application de tout ou partie de la présente loi ou de ses règlements toute personne ou catégorie de personnes, ou toute substance désignée ou tout précurseur ou toute catégorie de ceux-ci.

L.C. 1996, ch. 19, art. 56.

57. Exercice des attributions du ministre ou du solliciteur général du Canada — Les attributions conférées au ministre aux termes de la présente loi ou de ses règlements peuvent être exercées par la personne qu'il désigne à cet effet ou qui occupe le poste qu'il désigne à cet effet; il en va de même des attributions conférées aux termes des règlements au solliciteur général du Canada.

L.C. 1996, ch. 19, art. 57.

58. Incompatibilité — Les dispositions de la présente loi ou de ses règlements l'emportent respectivement sur les dispositions incompatibles de la *Loi sur les aliments et drogues* ou de ses règlements.

L.C. 1996, ch. 19, art. 58.

59. Déclarations fausses ou trompeuses — Nul ne peut sciemment, dans un livre, registre, rapport ou autre document — quel que soit son support matériel — à établir aux termes de la présente loi ou de ses règlements, faire ou consentir à ce que soit faite une déclaration fausse ou trompeuse, participer à une telle déclaration ou y acquiescer.

L.C. 1996, ch. 19, art. 59.

Modification des annexes

60. Pouvoir — Le gouverneur en conseil peut, par décret, modifier l'une ou l'autre des annexes I à VIII pour y ajouter ou en supprimer tout ou partie d'un article dont l'adjonction ou la suppression lui paraît nécessaire dans l'intérêt public.

L.C. 1996, ch. 19, art. 60.

PARTIE VII — DISPOSITIONS TRANSITOIRES, MODIFICATIONS CORRÉLATIVES ET CONDITIONNELLES, ABROGATION ET ENTRÉE EN VIGUEUR

Dispositions transitoires

61. Mentions — La mention, dans une désignation établie par le solliciteur général du Canada aux termes de la partie VI du *Code criminel*, soit d'une infraction à la *Loi sur les stupéfiants* ou aux parties III ou IV de la *Loi sur les aliments et drogues*, soit du complot ou de la tentative de commettre, de la complicité après le fait à son égard ou du fait de conseiller de la commettre vaut, selon le cas, mention soit d'une infraction aux articles 5 (trafic de substances), 6 (importation et exportation), 7 (production), 8 (possession de biens d'origine criminelle) ou 9 (recyclage du produit de certaines infractions) de la présente loi, soit du complot ou de la tentative de la commettre, de la complicité après le fait à son égard ou du fait de conseiller de la commettre.

L.C. 1996, ch. 19, art. 61.

62. (1) Peines pour des infractions antérieures à la présente loi — Sous réserve du paragraphe (2), la peine prononcée, après la date d'entrée en vigueur de la présente loi, contre quiconque s'est rendu coupable, avant cette date, d'une infraction à la *Loi sur les stupéfiants* ou aux parties III ou IV de la *Loi sur les aliments et drogues* est celle prévue en l'espèce par la présente loi.

(2) Mesure la plus favorable au défendeur — En cas de modification, par la présente loi, du régime de confiscation, des pénalités ou des peines prévus par la *Loi sur les stupéfiants* ou l'article 31 ou les parties III ou IV de la *Loi sur les aliments et drogues*, dans leur version antérieure à l'entrée en vigueur des articles 4 à 9 de la présente loi, c'est le régime, la pénalité ou la peine la plus favorable au défendeur qui s'applique aux infractions commises avant l'entrée en vigueur de ces articles.

L.C. 1996, ch. 19, art. 62.

63. Validation — Est confirmée la validité des autorisations accordées par le ministre, en vertu des paragraphes G.06.001(1) ou J.01.033(1) du *Règlement sur les aliments et drogues* ou du paragraphe 68(1) du *Règlement sur les stupéfiants*, avant la date d'entrée en vigueur des articles 81 et 94 de la présente loi; celles d'entre elles qui sont en application à cette date le demeurent sous le régime de la présente loi jusqu'à révocation, comme si elles faisaient l'objet d'exemptions accordées par le ministre en vertu de l'article 56 de la présente loi.

L.C. 1996, ch. 19, art. 63.

Modifications corrélatives

64. à 93.1 Modifications corrélatives — [Note : Les modifications corrélatives sont reproduites sous les articles pertinents du *Code criminel*, de la *Loi sur les aliments et drogues* et de la *Loi sur les jeunes contrevenants*.]

Modifications conditionnelles Art. 93.2, 93.3

93.2 et 93.3 Modifications conditionnelles — [Note : Les modifications conditionnelles sont reproduites sous les articles pertinents de la présente loi et du *Code criminel*.]

Abrogation

94. Abrogation de L.R., ch. N-1 — *La Loi sur les stupéfiants* est abrogée.

Entrée en vigueur

95. Entrée en vigueur — La présente loi ou telle de ses dispositions entre en vigueur à la date ou aux dates fixées par décret du gouverneur en conseil.

ANNEXE I

(articles 2 à 7, 29, 55 et 60)

1. Pavot à opium (Papaver somniferum), ainsi que ses préparations, dérivés, alcaloïdes et sels, notamment :

    (1) opium

    (2) codéine (méthylmorphine)

(3) morphine (didéhydro-7,8 époxy-4,5 méthyl-17 morphinanediol-3,6)

(4) thébaïne (paramorphine),

les sels, les dérivés, et les sels des dérivés des substances visées aux paragraphes (1) à (4), notamment :

(5) acétorphine (acétylétorphine)

(6) acétyldihydrocodéine (époxy-4,5 acétoxy-6 méthoxy-3 méthyl-17 morphinane)

(7) benzylmorphine (didéhydro-7,8 époxy-4,5 hydroxy-6 méthyl-17 (phényl-méthoxy)-3 morphinane)

(8) codoxime (O-(carboxyméthyl) oxime de dihydrocodéinone)

(9) désomorphine (dihydrodésoxymorphine)

(10) diacétylmorphine (héroïne)

(11) dihydrocodéine (époxy-4,5 hydroxy-6 méthoxy-3 méthyl-17 morphinane)

(12) dihydromorphine (époxy-4,5 méthyl-17 morphinanediol-3,6)

(13) ethylmorphine (didéhydro-7,8 époxy-4,5 éthoxy-3 hydroxy-6 méthyl-17 morphinane)

(14) étorphine ([(hydroxy-1 méthyl-1 butyl)-7α endoétheno-6,14 tétrahydro-oripavine])

(15) hydrocodone (dihydrocodéinone)

(16) hydromorphinol (hydroxy-14 dihydromorphine)

(17) hydromorphone (dihydromorphinone)

(18) méthyldésorphine (méthyl-6 delta-6 désoxymorphine)

(19) méthyldihydromorphine (méthyl-6 dihydromorphine)

(20) métopon (méthyl-5 dihydromorphinone)

(21) N-oxymorphine (oxyde de morphine)

(22) myrophine (ester myristyque de la benzylmorphine)

(23) nalorphine (N-allylnormorphine)

(24) nicocodéine (nicotinyl-6 codéine)

(25) nicomorphine (dinicotinyl-3,6 morphine)

(26) norcodéine (N-desméthylcodéine)

(27) normorphine (desméthylmorphine)

(28) oxycodone (hydroxy-14 dihydrocodéinone)

(29) oxymorphone (hydroxy-14 dihydromorphinone)

(30) pholcodine ([morpholinyl-4)-2 éthyl]-3 morphine)

(31) thébacone (acétyldihydrocodéinone)

mais non compris :

(32) apomorphine (tétrahydro-5,6,6a,7 méthyl-6 4H-dibenzo[de,g]quinoline diol-10,11)

(33) cyprénorphine (N-(cyclopropylméthyl) tétrahydro-6,7,8,14 (hydroxy-1 méthyl-1 éthyl)7α endo-6,14 éthénonororipavine)

(34) nalméfène ((cyclopropylméthyl)-17 époxy-4,5α méthylènemorphinan-6 diol-3,14)

(34.1) naloxone (époxy-4,5α dihydroxy-3,14 (propényl-2)-17 morphinanone-6)

(34.2) naltrexone ((cyclopropylméthyl)-17 époxy-4,5α dihydroxy-3,14 morphinanone-6)

(35) narcotine (diméthoxy-6,7 (tétrahydro-5,6,7,8 méthoxy-4 méthyl-6 dioxolo-1,3[4,5-g]isoquinolinyl-5)-3 1(3H)-isobenzofuranone)

(36) papavérine ([(diméthoxy-3,4 phényl) méthyl]-1 diméthoxy-6,7 isoquinoline)

(37) graine de pavot

2. Coca (érythroxylone), ainsi que ses préparations, dérivés, alcaloïdes et sels, notamment :

(1) feuilles de coca

(2) cocaïne (ester méthylique de la benzoylecgonine)

(3) ecgonine (acide hydroxy-3 tropane-2 carboxylique)

3. Phénylpipéridines, leurs sels, intermédiaires, dérivés et leurs analogues, ainsi que les sels de leurs intermédiaires, de leurs dérivés et leurs analogues, notamment:

(1) allylprodine (allyl-3 méthyl-1 phényl-4 propionoxy-4 pipéridine)

(2) alphaméprodine (α-éthyl-3 méthyl-1 phényl-4 propionoxy-4 pipéridine)

(3) alphaprodine (α-diméthyl-1,3 phényl-4 propionoxy-4 pipéridine)

(4) aniléridine (ester éthylique de l'acide p-aminophényl-2 éthyl)-1 phényl-4 pipéridine carboxylique-4)

(5) bétaméprodine (β-éthyl-3 méthyl-1 phényl-4 propionoxy-4 pipéridine)

(6) bétaprodine (β-diméthyl-1,3 phényl-4 propio- noxy-4 pipéridine)

(7) benzéthidine (ester éthylique de l'acide [(benzyloxy-2 éthyl)]-1 phényl-4 pipéridine carboxylique-4)

(8) diphénoxylate (ester éthylique de l'acide [(cyano-3 diphényl-3,3 propyl]-1 phényl-4 pipéridine carboxylique-4)

(9) difénoxine (l'acide (cyano-3 diphényl-3,3 propyl)-1 phényl-4 pipéridine carboxylique-4)

(10) étoxéridine (ester éthylique de l'acide [(hydroxy-2 éthoxy)-2 éthyl]-1 phényl-4 pipéridine carboxylique-4)

(11) furéthidine (ester éthylique de l'acide (tétrahydrofurfuryloxyéthyl-2)-1 phényl-4 pipéridine carboxylique-4)

(12) hydroxypéthidine (ester éthylique de l'acide m-hydroxyphényl-4 méthyl-1 pipéridine carboxylique-4)

(13) cétobémidone ((m-hydroxyphényl)-4 méthyl-1 propionyl-4 pipéridine)

(14) méthylphénylisonipecotonitrile (cyano-4 méthyl-1 phényl-4 pipéridine)

(15) morphéridine (ester éthylique de l'acide (morpholino-2 éthyl)-1 phényl-4 pipéridine carboxylique-4)

(16) norpéthidine (ester éthylique de l'acide phényl-4 pipéridine carboxylique-4)

(17) péthidine (ester éthylique de l'acide méthyl-1 phényl-4 pipéridine carboxylique-4)

(18) phénopéridine (ester éthylique de l'acide [(hydroxy-3 phényl-3) propyl]-1 phényl-4 pipéridine carboxylique-4)

(19) piminodine (ester éthylique de l'acide [(phénylamino)-3 propyl]-1 phényl-4 pipéridine carboxylique-4)

(20) propéridine (ester isopropylique de l'acide méthyl-1 phényl-4 pipéridine carboxylique-4)

(21) trimépéridine (triméthyl-1,2,5 phényl-4 propionoxy-4 pipéridine)

(22) péthidine intermédiaire C (l'acide méthyl-1 phényl-4 pipéridine carboxylique-4)

mais non compris :

(23) carbaméthidine (ester éthylique de l'acide (carbaméthyl-2 phényl)-4 pipéridine carboxylique-4)

(24) oxphénéridine (ester éthylique de l'acide (hydroxy-2 phényléthyl-2) phényl-4 pipéridine carboxylique-4)

4. Phénazépines, leurs sels et dérivés, ainsi que les sels de leurs dérivés, notamment :

(1) proheptazine (diméthyl-1,3 phényl-4 propionoxy-4 azacycloheptane)

mais non compris :

(2) éthoheptazine (ester ethylique de l'acide méthyl-1 phényl-4 azépine carboxylique-4)

(3) météthoheptazine (ester éthylique de l'acide (hexahydro-1,2) phényl-4 pipéridine carboxylique-4 diméthyl-1,3)

(4) métheptazine (ester éthylique de l'acide hexahydro diméthyl-1,2 phénylazépine-4 carboxylique-4)

5. Amidones, leurs sels, intermédiaires et dérivés, ainsi que les sels de leurs intermédiaires et dérivés, notamment :

(1) diméthylaminodiphénylbutanonitrile (cyano-4 diméthylamino-2 diphénylbutane-4,4)

(2) dipipanone (diphényl-4,4 pipéridino-6 heptanone-3)

(3) isométhadone (diméthylamino-6 méthyl-5 diphényl-4,4 hexanone-3)

(4) méthadone (diméthylamino-6 diphényl-4,4 heptanone-3)

(5) norméthadone (diphényl-4,4 diméthylamino-6 hexanone-3)

(6) norpipanone (diphényl-4,4 pipéridino-6 hexanone-3)

(7) phénadoxone (diphényl-4,4 morpholino-6 heptanone-3)

6. Méthadols, leurs sels et dérivés, ainsi que les sels de leurs dérivés, notamment :

(1) acétylméthadol (diméthylamino-6 diphényl-4,4 acétoxy-3 heptane)

(2) alphacétylméthadol (α-diméthylamino-6 diphényl-4,4 α-acétoxy-3 heptane)

(3) alphaméthadol (α-diméthylamino-6 diphényl-4,4 heptanol-3)

(4) bétacétylméthadol (β-diméthylamino-6 diphényl-4,4 acétoxy-3 heptane)

(5) bétaméthadol (β-diméthylamino-6 diphényl-4,4 heptanol-3)

(6) dimépheptanol (diméthylamino-6 diphényl-4,4 heptanol-3)

(7) noracyméthadol (α-méthylamino-6 diphényl-4,4 acétoxy-3 heptanol-3)

7. Phénalcoxames, leurs sels et dérivés, ainsi que les sels de leurs dérivés, notamment :

(1) diménoxadol ((diméthylamino-2 éthyl) éthoxy-1 diphényl-1,1 acétate)

(2) butyrate de dioxaphétyl (ester éthylique de l'acide butyrique morpholino-4 diphényl-2,2)

(3) dextropropoxyphène (d-diméthylamino-4 méthyl-3 diphényl-1,2 propionoxy-2 butane)

8. Thiambutènes, leurs sels et dérivés, ainsi que les sels de leurs dérivés, notamment :

(1) diéthylthiambutène (diéthylamino-3 di-(thiényl-2')-1,1 butène-1)

(2) diméthylthiambutène (diméthylamino-3 di-(thiényl-2')-1,1 butène-1)

(3) éthylméthylthiambutène (ethylméthylamino-3 di-(thiényl-2')-1,1 butène-1)

9. Moramides, leurs sels, intermédiaires et dérivés, ainsi que les sels de leurs intermédiaires et dérivés, notamment :

(1) dextromoramide (d-1-[méthyl-3 morpholino-4 (diphényl-2,2 butyryl)] pyrrolidine)

(2) acide diphénylmorpholinoisovalérique (acide méthyl-2 morpholino-3 diphényl-1,1 propionique)

(3) lévomoramide (1-1-[méthyl-3 morpholino-4 (diphényl-2,2 butyryl)] pyrrolidine)

(4) racémoramide (d,1-1-[méthyl-3 morpholino-4 (diphényl-2,2 butyryl)] pyrrolidine)

10. Morphinanes, leurs sels et dérivés, ainsi que les sels de leurs dérivés, notamment :

(1) buprénorphine ((cyclopropylméthyl-)17 α-(diméthyl-éthyl-1,1) époxy-4,5 dihydro-18,19 hydroxy-3 méthoxy-6 α-méthyléthénomorphinane-6,14 méthanol-7)

(2) drotébanol (dihydroxy-6β,14 diméthoxy-3,4 méthyl-17 morphinane)

(3) lévométhorphane (1-méthoxy-3 méthyl-17 morphinane)

(4) lévorphanol (1-hydroxy-3 méthyl-17 morphinane)

(5) lévophénacylmorphane (1-hydroxy-3 phénacyl-17 morphinane)

(6) norlévorphanol (1-hydroxy-3 morphinane)

(7) phénomorphane (hydroxy-3 (phényl-2 éthyl)-17 morphinane)

(8) racéméthorphane (d,1-méthoxy-3 méthyl-17 morphinane)

(9) racémorphane (d,1-hydroxy-3 méthyl-17 morphinane)

mais non compris :

(10) dextrométhorphane (d-méthoxy-3 N-méthylmorphinane)

(11) dextrorphane (d-hydroxy-3 N-méthylmorphinane)

(12) levallorphane (1-hydroxy-3 N-allylmorphinane)

(13) lévargorphane (1-hydroxy-3 N-propargylmorphinane)

(14) butorphanol ((cyclobutylméthyl)-17 morphinanediol-3,14)

(15) nalbuphine ((cyclobutylméthyl)-17 époxy-4,5α morphinanetriol-3, 6α, 14)

11. Benzocines, leurs sels et dérivés, ainsi que les sels de leurs dérivés, notamment :

(1) phénazocine (hexahydro-1,2,3,4,5,6 diméthyl-6,11 phénéthyl-3 méthano-2,6 benzazocin-3 ol-8)

(2) métazocine (hexahydro-1,2,3,4,5,6 triméthyl-3,6,11 méthano-2,6 benzazocin-3 ol-8)

(3) pentazocine (hexahydro-1,2,3,4,5,6 diméthyl-6,11 (méthyl-3 butényl-2)-3 méthano-2,6 benzazocin-3 ol-8)

mais non compris :

(4) cyclazocine (hexahydro-1,2,3,4,5,6 diméthyl-6,11 (cyclopropylméthyl)-3 méthano-2,6 benzazocin-3 ol-8)

12. Ampromides, leurs sels et dérivés, ainsi que les sels de leurs dérivés, notamment :

(1) diampromide (N-[(méthylphénéthylamino)-2 propyl] propionanilide)

(2) phénampromide (N-(méthyl-1 pipéridino-2 éthyl) propionanilide)

(3) propiram (N-(méthyl-1 pipéridino-2 éthyl) N-pyridyl-2 propionamide)

13. Benzimidazoles, leurs sels et dérivés, ainsi que les sels de leurs dérivés, notamment :

(1) clonitazène ((p-chlorobenzyl)-2 (diéthylaminoéthyl)-1 nitro-5 benzimidazole)

(2) étonitazène ((p-éthoxybenzyl)-2 (diéthylaminoéthyl)-1 nitro-5 benzimidazole)

(3) bézitramide ((cyano-3 diphénylpropyl-3,3)-1 (oxo-2 propionyl-3 benzimidazolinyl-1)-4 pipéridine)

14. Phencyclidine ((phényl-1 cyclohexyl)-1 pipéridine), ses sels, dérivés et analogues, ainsi que les sels de ses dérivés et analogues

15. Piritramide (amide de l'acide (cyano-3 diphénylpropyl-3,3)-1 (pipéridino-1)-4 pipéridine carboxylique-4), ses sels et dérivés, ainsi que les sels de ses dérivés

16. Fentanyls, leurs sels, leurs dérivés et leurs analogues, ainsi que les sels de leurs dérivés et leurs analogues, notamment :

(1) acétyl-α-méthylfentanyl (N-[(α-méthylphénéthyl)-1 pipéridyl-4] acétanilide)

(2) alfentanil (N-[(éthyl-4 dihydro-4,5 oxo-5 1H-tétrazolyl-1)-2 éthyl]-1 (méthoxyméthyl)-4 pipéridyl-4] propionanilide)

(3) carfentanil (méthyl [(oxo-1 propyl) phénylamino]-4 (phénéthyl-2)-1 pipéridinecarboxylate-4)

(4) p-fluorofentanyl (fluoro-4' N-(phénéthyl-1 pipéridyl-4) propionanilide)

(5) fentanyl (N-(phénéthyl-1 pipéridyl-4) propionanilide)

(6) β-hydroxyfentanyl (N-[β-hydroxyphénéthyl)-1 pipéridyl-4 propionanilide)

(7) β-hydroxy méthyl-3 fentanyl (N-[(β-hydroxyphénéthyl)-1 méthyl-3 pipéridyl-4] propionanilide)

(8) α-méthylfentanyl (N-[(α-méthylphénéthyl)-1 pipéridyl-4] propionanilide)

(9) α-méthylthiofentanyl (N-[[méthyl-1 (thiényl-2) éthyl]-1 pipéridyl-4] propionanilide)

(10) méthyl-3 fentanyl (N-(méthyl-3 phénéthyl-1 pipéridyl-4) propionanilide)

(11) méthyl-3 thiofentanyl (N-[méthyl-3 [(thiényl-2) éthyl]-1 pipéridyl-4] propionanilide)

(11.1) rémifentanil (méthyle carboxy-4 [(oxo-1 propyl) phénylamino]-4 pipé-ridinepropanoate-1)

(12) sufentanil (N-[(méthoxyméthyl)-4 [(thiényl-2)-2 éthyl]-1 pipéridinyl-4] propionanilide)

(13) thiofentanyl (N-[[(thiényl-2)-2 éthyl]-1 pipéridyl-4] propionanilide)

17. Tilidine (ester éthylique de l'acide diméthylamino-2 phényl-1 cyclohexène-3 carboxylate-1), ses sels et dérivés, ainsi que les sels de ses dérivés
L.C. 1997, ch. 19, ann. I, art. 1, 3, 5, et 6; DORS/97-230; DORS/99-371; DORS/99-421(A).

ANNEXE II

(articles 2, 3, 4 à 7, 10, 29, 55 et 60)

1. Chanvre indien (Cannabis), ainsi que ses préparations et dérivés et les préparations synthétiques semblables, notamment :

(1) résine de cannabis

(2) cannabis (marihuana)

(3) cannabidiol ([méthyl-3 (méthyl-1 éthenyl)-6 (cyclohexènyl-1)-2]-2 pentyl-5 benzènediol-1,3)

(4) cannabinol (n-amyl-3 hydroxy-1 triméthyl-6,6,9 6H-dibenzopyranne)

(5) nabilone (d,1-trans (diméthyl-1,1 heptyl)-3 hexahydro-6,6a,7,8,10,10a hydroxy-1 diméthyl-6,6 9H-dibenzo [b,d] pyrannone-9)

(6) pyrahexyl (n-hexyl-3 hydroxy-1 triméthyl-6,6,9 tétrahydro-7,8,9,10 6H-dibenzopyranne)

(7) tétrahydrocannabinol (tétrahydro hydroxy-1 triméthyl-6,6,9 pentyl-3 6H-dibenzo[b,d]pyranne)

mais non compris :

(8) graine de cannabis stérile — à l'exception des dérivés de ces graines

(9) tige de cannabis mature — à l'exception des branches, des feuilles, des fleurs et des graines — ainsi que les fibres obtenues de cette tige
L.C. 1996, ch. 19, ann. II; DORS/98-157.

ANNEXE III

(articles 2 à 7, 29, 55 et 60)

1. Les amphétamines, leurs sels, dérivés, isomères et analogues, ainsi que les sels de leurs dérivés, isomères et analogues, notamment :

(1) amphétamine (α-méthylbenzèneéthanamine)

(2) méthamphétamine (N-,α-diméthylbenzèneéthanamine)

(3) N-éthylamphétamine (N-éthyl α-méthylbenzène-éthanamine)

(4) méthyl-4 diméthoxy-2,5 amphétamine (STP) (diméthoxy-2,5 4,α-diméthylbenzèneéthanamine)

(5) méthylènedioxy-3,4 amphétamine (MDA) (α-méthyl benzodioxole-1,3 éthanamine-5)

(6) diméthoxy-2,5 amphétamine (diméthoxy-2,5 α-méthylbenzèneéthanamine)

(7) méthoxy-4 amphétamine (méthoxy-4 α-méthylbenzèneéthanamine)

(8) triméthoxy-2,4,5 amphétamine (triméthoxy-2,4,5 α-méthylbenzèneéthanamine)

(9) N-méthyl méthylènedioxy-3,4 amphétamine (N,α-diméthyl benzodioxole-1,3 éthanamine-5)

(10) éthoxy-4 diméthoxy-2,5 amphétamine (éthoxy-4 diméthoxy-2,5 α-méthylbenzèneéthanamine)

(11) méthoxy-5 méthylènedioxy-3,4 amphétamine ((N,α-diméthyl benzodioxole-1,3 éthanamine-5)

(12) N,N-diméthyl méthylènedioxy-3,4 amphétamine (N,N,α-triméthyl benzodioxole-1,3 éthanamine-5)

(13) N-éthyl méthylènedioxy-3,4 amphétamine (N-éthyl α-méthyl benzodioxole-1,3 éthanamine-5)

(14) éthyl-4 diméthoxy-2,5 amphétamine (DOET) (éthyl-4 diméthoxy-2,5 α-méthylbenzèneéthanamine)

(15) bromo-4 diméthoxy-2,5 amphétamine (bromo-4 diméthoxy-2,5 α-méthylbenzèneéthanamine)

(16) chloro-4 diméthoxy-2,5 amphétamine (chloro-4 diméthoxy-2,5 α-méthylbenzèneéthanamine)

(17) éthoxy-4 amphétamine (éthoxy-4 α-méthylbenzèneéthanamine)

(18) benzphétamine (N-benzyl N,α-diméthylbenzèneéthanamine)

(19) N-propyl méthylènedioxy-3,4 amphétamine (α-méthyl N-propyl benzodioxole-1,3 éthanamine)

(20) (hydroxy-2 éthyl)-N méthyl-α benzèneéthanamine

2. Méthylphénidate (ester méthylique de l'acide α-phénylpipéridine-2 acétique) et ses sels

3. Méthaqualone (méthyl-2 (méthyl-2 phényl)-3 (3H) quinazolinone-4) et ses sels

4. Mécloqualone (méthyl-2 (chloro-2 phényl)-3 (3H) quinazolinone-4) et ses sels

5. Diéthylamide de l'acide lysergique (LSD) (N,N-diéthyllysergamide) et ses sels

6. N,N-Diéthyltryptamine (DET) ((diéthylamino-2 éthyl)-3 indole) et ses sels

7. N,N-Diméthyltryptamine (DMT) ((diméthylamino-2 éthyl)-3 indole) et ses sels

8. N-Méthyl pipéridyl-3 benzilate (LBJ) ([(hydroxy-diphénylacétyl)oxy]-3 méthyl-1 pipéridine) et ses sels

9. Harmaline (dihydro-4,9 méthoxy-7 méthyl-1 3H-pyrido(3,4-b) indole) et ses sels

10. Harmalol (dihydro-4,9 hydroxy-7 méthyl-1 3H-pyrido(3,4-b) indole) et ses sels

11. Psilocine ((diméthylamino-2 éthyl)-3 hydroxy-4 indole) et ses sels

12. Psilocybine ((diméthylamino-2 éthyl)-3 phosphoryloxy-4 indole) et ses sels

13. N-(Phényl-1 cyclohexyl) éthylamine (PCE) et ses sels

14. [(Thiényl-2)-1 cyclohexyl]-1 pipéridine (TCP) et ses sels

15. Phényl-1 N-propylcyclohexanamine et ses sels

16. (Phényl-1 cyclohexyl)-1 pyrrolidine et ses sels

17. Mescaline (triméthoxy-3,4,5 benzèneéthanamine) et ses sels, sauf le peyote (lophophora)

18. Méthyl-4 aminorex (dihydro-4,5 méthyl-4 phényl-5 oxazolamine-2) et ses sels

19. Cathinone (1-α-aminopropiophénone) et ses sels

20. Fénétylline (d,1-dihydro-3,7 diméthyl-1,3 [[(méthyl-1 phényl-2 éthyl)amino]-2 éthyl]-7 1H-purinedione-2,6) et ses sels

21. Méthylamino-2 phényl-1 propanone-1 et ses sels

22. [Cyclohexyl (phénylméthyl)-1] pipéridine-1 et ses sels

23. [Cyclohexyl (méthyl-4 phényl)-1] pipéridine-1 et ses sels

24. bromo-4 diméthoxy-2,5 benzèneéthanamine, ses sels, isomères et sels d'isomères

25. Flunitrazépam ((o-fluorophényl)-5 dyhydro-1,3 métyl-1 nitro-7 2H-benzodiazépine-1,4 one-2)

Non en vigueur — 25

25. Flunitrazépam ((o-fluorophényl)-5 dihydro-1,3 méthyl-1 nitro-7 2H-benzodiazépine-1,4 one-2) ainsi que ses sels et dérivés

DORS/2000-220, art. 1.

26. Acide hydroxy-4 butanoïque et ses sels

L.C. 1996, ch. 19, ann. III; DORS/97-230; DORS/98-173.

ANNEXE IV

(articles 2 à 4, 5 à 7, 29, 55 et 60)

1. Barbituriques, ainsi que leurs sels et dérivés, notamment :

   (1) allobarbital (acide diallyl-5,5 barbiturique)

   (2) alphénal (acide allyl-5,5 phényl-5 barbiturique)

   (3) amobarbital (acide éthyl-5 (méthyl-3 butyl)-5 barbiturique)

   (4) aprobarbital (acide allyl-5 isopropyl-5 barbiturique)

   (5) barbital (acide diéthyl-5,5 barbiturique)

   (6) acide barbiturique ((1H,3H,5H)-pyrimidinetrione-2,4,6)

   (7) butabarbital (acide sec-butyl-5 éthyl-5 barbiturique)

   (8) butalbital (acide allyl-5 isobutyl-5 barbiturique)

   (9) butallylonal (acide (bromo-2 allyl)-5 sec-butyl-5 barbiturique)

   (10) butéthal (acide butyl-5 éthyl-5 barbiturique)

   (11) cyclobarbital (acide (cyclohexène-1 yl-1)-5 éthyl-5 barbiturique)

   (12) cyclopal (acide allyl-5 (cyclopentène-2 yl-1)-5 barbiturique)

   (13) heptabarbital (acide (cycloheptène-1 yl-1)-5 éthyl-5 barbiturique)

   (14) hexéthal (acide éthyl-5 hexyl-5 barbiturique)

   (15) hexobarbital (acide (cyclohexène-1 yl-1)-5 diméthyl-1,5 barbiturique)

   (16) méphobarbital (acide éthyl-5 méthyl-1 phényl-5 barbiturique)

   (17) méthabarbital (acide diéthyl-5,5 méthyl-1 barbiturique)

   (18) méthylphénobarbital (acide éthyl-5 méthyl-1 phényl-5 barbiturique)

   (19) propallylonal (acide (bromo-2 allyl)-5 isopropyl-5 barbiturique)

   (20) pentobarbital (acide éthyl-5 (méthyl-1 butyl)-5 barbiturique)

   (21) phénobarbital (acide éthyl-5 phényl-5 barbiturique)

   (22) probarbital (acide éthyl-5 isopropyl-5 barbiturique)

   (23) acide phénylméthylbarbiturique (acide méthyl-5 phényl-5 barbiturique)

   (24) sécobarbital (acide allyl-5 (méthyl-1 butyl)-5 barbiturique)

   (25) sigmodal (acide (bromo-2 allyl)-5 (méthyl-1 butyl)-5 barbiturique)

   (26) talbutal (acide allyl-5 sec-butyl-5 barbiturique)

   (27) vinbarbital (acide éthyl-5 (méthyl-1 butényl-1)-5 barbiturique)

   (28) vinylbital (acide (méthyl-1 butyl)-5 vinyl-5 barbiturique)

2. Thiobarbituriques, ainsi que leurs sels et dérivés, notamment :

    (1) thialbarbital (acide allyl-5 (cyclohexène-2 yl-1)-5 thio-2 barbiturique)

    (2) thiamylal (acide allyl-5 (méthyl-1 butyl)-5 thio-2 barbiturique)

    (3) acide thiobarbiturique (acide thio-2 barbiturique)

    (4) thiopental (acide éthyl-5 (méthyl-1 butyl)-5 thio-2 barbiturique)

3. Chlorphentermine (p-chlorophényl)-1 méthyl-2 amino-2 propane) et ses sels

4. Diéthylpropion ((diéthylamino)-2 propiophenone) et ses sels

5. Phendimétrazine (d-diméthyl-3,4 phényl-2 morpholine) et ses sels

6. Phenmétrazine (méthyl-3 phényl-2 morpholine) et ses sels

7. Pipradol (α,α-diphényl (pipéridyl-2)-1 méthanol) et ses sels

8. Phentermine (α,α-diméthylbenzèneéthanamine) et ses sels

9. Butorphanol (1-N-cyclobutylméthyl dihydroxy-3,14 morphinane) et ses sels

10. Nalbuphine (N-cyclobutylméthyl époxy-4,5 morphinanetriol-3,6,14) et ses sels

11. Glutéthimide (éthyl-2 phényl-2 glutarimide)

12. Clotiazépam ((o-chlorophényl)-5 éthyl-7 dihydro-1,3 méthyl-1 2H-thiéno[2,3-e]diazépine-1,4 one-2) et ses sels

13. Éthchlorvynol (éthyl chlorovinyl-2 éthynyl carbinol)

14. Éthinamate (carbamate d'éthynyl-1 cyclohexyle)

15. Mazindol ((p-chlorophényl)-5 dihydro-2,5 3H-imidazo[2,1-a]isoindolol-5)

16. Méprobamate (dicarbamate de méthyl-2 propyl-2 propanediol-1,3)

17. Méthyprylone (diéthyl-3,3 méthyl-5 pipéridinedione-2,4)

18. Benzodiazépines, ainsi que leurs sels et dérivés, notamment :

    (1) alprazolam (chloro-8 méthyl-1 phényl-6 4H-s-triazolo[4,3-a]benzodiazépine-1,4)

    (2) bromazépam (bromo-7 dihydro-1,3 (pyridyl-2)-5 2H-benzodiazépine-1,4 one-2)

Non en vigueur — (2.1)

(2.1) brotizolam (bromo-2 (o-chlorophényl)-4 méthyl-9 6H-thiéno[3,2-f]-s-triazolo[4,3-a]diazépine-1,4)

DORS/2000-220, art. 2.

    (3) camazépam (diméthylcarbamate (ester) de chloro-7 dihydro-1,3 hydroxy-3 méthyl-1 phényl-5 2H-benzodiazépine-1,4 one-2)

    (4) chlorodiazépoxide (chloro-7 méthylamino-2 phényl-5 3H-benzodiazépine-1,4 oxyde-4)

    (5) clobazam (chloro-7 méthyl-1 phényl-5 1H-benzodiazépine-1,5 (3H,5H) dione-2,4)

(6) clonazépam ((o-chlorophényl)-5 dihydro-1,3 nitro-7 2H-benzodiazépine-1,4 one-2)

(7) clorazépate (acide chloro-7 dihydro-2,3 dihydroxy-2,2 phényl-5 1H-benzodiazépine-1,4 carboxylique-3)

(8) cloxazolam (chloro-10 (o-chlorophényl)-11b tétrahydro-2,3,7,11b 5H-oxazolo [3,2-d] benzodiazépine-1,4 one-6)

(9) délorazépam (chloro-7 (o-chlorophényl)-5 dihydro-1,3 2H-benzodiazépine-1,4 one-2)

(10) diazépam (chloro-7 dihydro-1,3 méthyl-1 phényl-5 2H-benzodiazépine-1,4 one-2)

(11) estazolam (chloro-8 phényl-6 4H-s-triazolo[4,3-a]benzodiazépine-1,4)

(12) loflazépate d'éthyl (carboxylate-3 d'éthyl chloro-7 (o-fluorophényl)-5 dihydro-2,3 oxo-2 1H-benzodiazépine-1,4)

(13) fludiazépam (chloro-7 (o-fluorophényl)-5 dihydro-1,3 méthyl-1 2H-benzodiazépine-1,4 one-2)

(14) [abrogé, DORS/98-173, art. 2]

(15) flurazépam (chloro-7 [(diéthylamino)-2 éthyl]-1 (o-fluorophényl)-5 dihydro-1,3 2H-benzodia-zépine-1,4 one-2)

(16) halazépam (chloro-7 dihydro-1,3 phényl-5 (trifluoroéthyl-2,2,2)-1 2H-benzodiazépine-1,4 one-2)

(17) haloxazolam (bromo-10 (o-fluorophényl)-11b tétrahydro-2,3,7,11b oxazolo [3,2-d] (5H)-benzodiazépine-1,4 one-6)

(18) kétazolam (chloro-11 dihydro-8,12b diméthyl-2,8 phényl-12b 4H-oxazino[1,3][3,2-d]benzodiazépine-1,4 (6H)-dione-4,7)

(19) loprazolam ((o-chlorophényl)-6 dihydro-2,4 [(méthyl-4 pipérazinyl-1) méthylène]-2 nitro-8 1H-imidazo[1,2-a]benzodiazépine-1,4 one-1)

(20) lorazépam (chloro-7 (o-chlorophényl)-5 dihydro-1,3 hydroxy-3 2H-benzodiazépine-1,4 one-2)

(21) lormétazépam (chloro-7 (o-chlorophényl)-5 dihydro-1,3 hydroxy-3 méthyl-1 2H-benzodiazépine-1,4 one-2)

(22) médazépam (chloro-7 dihydro-2,3 méthyl-1 phényl-5 1H-benzodiazépine-1,4)

Non en vigueur — (22.1)

(22.1) midazolam (chloro-8 (o-fluorophényl)-6 méthyl-1 4H-imidazo[1,5-a]benzodiazépine-1,4)

DORS/2000-220, art. 2.

(23) nimétazépam (dihydro-1,3 méthyl-1 nitro-7 phényl-5 2H-benzodiazépine-1,4 one-2)

(24) nitrazépam (dihydro-1,3 nitro-7 phényl-5 2H-benzodiazépine-1,4 one-2)

(25) nordazépam (chloro-7 dihydro-1,3 phényl-5 2H-benzodiazépine-1,4 one-2)

(26) oxazépam (chloro-7 dihydro-1,3 hydroxy-3 phényl-5 2H-benzodiazépine-1,4 one-2)

(27) oxazolam (chloro-10 tétrahydro-2,3,7,11b méthyl-2 phényl-11b oxazolo [3,2-d] (5H)-benzodiazépine-1,4 one-6)

(28) pinazépam (chloro-7 dihydro-1,3 phényl-5 (propynyl-2)-1 2H-benzodiazépine-1,4 one-2)

(29) prazépam (chloro-7 (cyclopropylméthyl)-1 dihydro-1,3 phényl-5 2H-benzodiazépine-1,4 one-2)

Non en vigueur — (29.1)

(29.1) quazépam (chloro-7 (o-fluorophényl)-5 dihydro-1,3(trifluoroéthyl-2,2,2)-1 2H-benzodiazépine-1,4 thione-2)

DORS/2000-220, art. 2.

---

(30) témazépam (chloro-7 dihydro-1,3 hydroxy-3 méthyl-1 phényl-5 2H-benzodiazépine-1,4 one-2)

(31) tétrazépam (chloro-7 (cyclohexène-1 yl)-5 dihydro-1,3 méthyl-1 2H-benzodiazépine-1,4 one-2)

(32) triazolam (chloro-8 (o-chlorophényl)-6 méthyl-1 4H-s-triazolo[4,3-a]benzodiazépine-1,4)

mais non compris

Non en vigueur — (32.1)

(32.1) Clozapine (chloro-8 (méthyl-4 pipérazinyl-1)-11 5H-diabenzo[b,e]diazépine-1,4) ainsi que ses sels

DORS/2000-220, art. 2.

---

(33) flunitrazépam ((o-fluorophényl)-5 dyhydro-1,3 métyl-1 nitro-7 2H-benzodiazépine-1,4 one-2)

Non en vigueur — (33)

(33) Flunitrazépam ((o-fluorophényl)-5 dihydro-1,3 méthyl-1 nitro-7 2H-benzodiazépine-1,4 one-2), ainsi que ses sels et dérivés

DORS/2000-220, art. 2.

---

(34) olanzapine (méthyl-2 (méthyl-4 pipérazinyl-1)-4 10H-thieno[2,3-b]benzodiazépine-1,5) et ses sels

19. Catha edulis Forsk., ses préparations, dérivés, alcaloïdes et sels, notamment :

(1) cathine (d-thréo-amino-2 hydroxy-1 phényl-1 propane)

20. Fencamfamine (d,1-N-éthyl phényl-3 bicyclo[2,2,1]heptanamine-2) et ses sels

21. Fenproporex (d,1-[α-méthylphénéthyl)amino]-3 propionitrile) et ses sels

22. Méfénorex (d,1-N-(chloro-3 propyl) α-méthylbenzèneéthanamine) et ses sels

23. Stéroïdes anabolisants et leurs dérivés, notamment :

    (1) androisoxazole (hydroxy-17β méthyl-17α androstano[3,2-c]isoxazole)

    (2) androstanolone (hydroxy-17β 5α-androstanone-3)

    (3) androstènediol (androstène-5 diol-3β,17β)

    (4) bolandiol (estrène-4 diol-3β,17β)

    (5) bolastérone (hydroxy-17β diméthyl-7α,17 androstène-4 one-3)

    (6) bolazine (hydroxy-17β méthyl-2α 5α-androstanone-3 azine)

    (7) boldénone (hydroxy-17β androstadiène-1,4 one-3)

    (8) bolénol (nor-19 17α-prégnène-5 ol-17)

    (9) calustérone (hydroxy-17β diméthyl-7β,17 androstène-4 one-3)

    (10) clostébol (chloro-4 hydroxy-17β androstène-4 one-3)

    (11) drostanolone (hydroxy-17β méthyl-2α 5α-androstanone-3)

    (12) énestébol (dihydroxy-4,17β méthyl-17 androstadiène-1,4 one-3)

    (13) épitiostanol (épithio-2α,3α,5α-androstanol-17β)

    (14) éthylestrénol (nor-19 17α-prégnène-4 ol-17)

    (15) hydroxy-4 nor-19 testostérone

    (16) fluoxymestérone (fluoro-9 dihydroxy-11β,17β méthyl-17 androstène-4 one-3)

    (17) formébolone (dihydroxy-11α,17β méthyl-17 oxo-3 androstadiène-1,4 carboxaldéhyde-2)

    (18) furazabol (méthyl-17 5α-androstano[2,3-c]furazanol-17β)

    (19) mébolazine (hydroxy-17β diméthyl-2α,17 5α-androstanone-3 azine)

    (20) mésabolone ([(méthoxy-1 cyclohexyl) oxy]-17β 5α-androstène-1 one-3)

    (21) mestérolone (hydroxy-17β méthyl-1α 5α-androstanone-3)

    (22) métandiénone (hydroxy-17β méthyl-17 androstadiène-1,4 one-3)

    (23) méténolone (hydroxy-17β méthyl-1 5α-androstène-1 one-3)

    (24) méthandriol (méthyl-17α androstène-5 diol-3β,17β)

    (25) méthyltestostérone (hydroxy-17β méthyl-17 androstène-4 one-3)

    (26) métribolone (hydroxy-17β méthyl-17 estratriène-4,9,11 one-3)

    (27) mibolérone (hydroxy-17β diméthyl-7α,17 estrène-4 one-3)

    (28) nandrolone (hydroxy-17β estrène-4 one-3)

    (29) norbolétone (éthyl-13 hydroxy-17β dinor-18,19 prégnène-4 one-3)

    (30) norclostébol (chloro-4 hydroxy-17β estrène-4 one-3)

(31) noréthandrolone (éthyl-17α hydroxy-17β estrène-4 one-3)

(32) oxabolone (dihydroxy-4,17β estrène-4 one-3)

(33) oxandrolone (hydroxy-17β méthyl-17 oxa-2 5α-androstanone-3)

(34) oxymestérone (dihydroxy-4,17β méthyl-17 androstène-4 one-3)

(35) oxymétholone (hydroxy-17β (hydroxyméthylène)-2 méthyl-17 5α-androstanone-3)

(36) prastérone (hydroxy-3β androstène-5 one-17)

(37) quinbolone ((cyclopentènyl-1 oxy-1)-17β androstadiène-1,4 one-3)

(38) stanozolol (hydroxy-17β méthyl-17 5α-androstanone[3,2-c]pyrazole)

(39) stenbolone (hydroxy-17β méthyl-2 5α-androstène-1 one-3)

(40) testostérone (hydroxy-17β androstène-4 one-3)

(41) tibolone (hydroxy-17 méthyl-7α nor-19 17α-prégnène-5(10) yne-20 one-3)

(42) tiomestérone (bis(acétylthio)-1α,7α hydroxy-17β méthyl-17 androstène-4 one-3)

(43) trenbolone (hydroxy-17βestratriène-4,9,11 one-3)

24. Zéranol (trihydroxy-7,14,16 méthyl-3 décahydro-3,4,5,6,7,8,9,10,11,12 1H-benzoxa-2 cyclotétradécinone-1)

L.C. 1996, ch. 19, ann. IV; DORS/97-230; DORS/98-173; DORS/99-371; DORS/99-421(A).

ANNEXE V

(articles 2, 4, 6, 55 et 60)

1. Phénylpropanolamine (amino-2 phényl-1 propanol-1) et ses sels
2. Propylhexédrine (d,1-cyclohexyl-1 méthylamino-2 proprane) et ses sels
3. Pyrovalérone (d,1-(méthyl-4 phényl)-1 (pyrrolidinyl-1)-2 pentanone-1) et ses sels
                                                        L.C. 1996, ch. 19, ann. V.

ANNEXE VI

(articles 2, 6, 55 et 60)

1. Benzyl méthyl cétone (P2P) (phényl-1 propanone-2)
2. Éphédrine (1-érythro (méthylamino)-2 phényl-1 propanol-1)
3. Ergométrine (didéhydro-9,10 N-(hydroxy-2 méthyl-1 éthyl) méthyl-6 ergoline-carboxamide-8)
4. Ergotamine (hydroxy-12' méthyl-2' phénylméthyl-5' ergotamantrione-3',6',18)
5. Acide lysergique (acide didéhydro-9,10 méthyl-6 ergoline carboxylique-8)
6. Pseudoéphédrine (d-thréo (méthylamino)-2 phényl-1 propanol-1)
                                                        L.C. 1996, ch. 19, ann. VI.

ANNEXE VII

(articles 5 et 60)

Substance: 1. Résine de cannabis, Quantité: 3 kg
Substance: 2. Cannabis (marihuana), Quantité: 3 kg

                                                        L.C. 1996, ch. 19, ann. VII.

ANNEXE VIII

(articles 4 et 60)

Substance: 1. Résine de cannabis, Quantité: 1 g
Substance: 2. Cannabis (marihuana), Quantité: 30 g
                                        L.C. 1996, ch. 19, ann. VIII; DORS/97-230.

CHARTE DES DROITS ET LIBERTÉS DE LA PERSONNE

L.R.Q., c. C-12, telle que modifiée par : L.Q. 1982, c. 61; L.Q. 1989, c. 51; L.Q. 1992, c. 61; L.Q. 1993, c. 30; L.Q. 1995, c. 27; L.Q. 1996, c. 2; L.Q. 1996, c. 10; L.Q. 1996, c. 21; L.Q. 1996, c. 43; L.Q. 1999, c. 40; L.Q. 2000, c. 8 [non en vigueur].

Préambule

Considérant que tout être humain possède des droits et libertés intrinsèques, destinés à assurer sa protection et son épanouissement;

Considérant que tous les êtres humains sont égaux en valeur et en dignité et ont droit à une égale protection de la loi;

Considérant que le respect de la dignité de l'être humain et la reconnaissance des droits et libertés dont il est titulaire constituent le fondement de la justice et de la paix;

Considérant que les droits et libertés de la personne humaine sont inséparables des droits et libertés d'autrui et du bien-être général;

Considérant qu'il y a lieu d'affirmer solennellement dans une Charte les libertés et droits fondamentaux de la personne afin que ceux-ci soient garantis par la volonté collective et mieux protégés contre toute violation;

À ces causes, Sa Majesté, de l'avis et du consentement de l'Assemblée nationale du Québec, décrète ce qui suit :

PARTIE I — LES DROITS ET LIBERTÉS DE LA PERSONNE

Chapitre I — Libertés et droits fondamentaux

1. Droit à la vie — Tout être humain a droit à la vie, ainsi qu'à la sûreté, à l'intégrité et à la liberté de sa personne.

Personnalité juridique — Il possède également la personnalité juridique.

L.Q. 1975, c. 6, art. 1; 1982, c. 61, art. 1.

2. Droit au secours — Tout être humain dont la vie est en péril a droit au secours.

Secours à une personne dont la vie est en péril — Toute personne doit porter secours à celui dont la vie est en péril, personnellement ou en obtenant du secours, en lui apportant l'aide physique nécessaire et immédiate, à moins d'un risque pour elle ou pour les tiers ou d'un autre motif raisonnable.

L.Q. 1975, c. 6, art. 2.

3. Libertés fondamentales — Toute personne est titulaire des libertés fondamentales telles la liberté de conscience, la liberté de religion, la liberté d'opinion, la liberté d'expression, la liberté de réunion pacifique et la liberté d'association.

L.Q. 1975, c. 6, art. 3.

4. Sauvegarde de la dignité — Toute personne a droit à la sauvegarde de sa dignité, de son honneur et de sa réputation.

L.Q. 1975, c. 6, art. 4.

5. Respect de la vie privée — Toute personne a droit au respect de sa vie privée.

L.Q. 1975, c. 6, art. 5.

6. Jouissance paisible des biens — Toute personne a droit à la jouissance paisible et à la libre disposition de ses biens, sauf dans la mesure prévue par la loi.

L.Q. 1975, c. 6, art. 6.

7. Demeure inviolable — La demeure est inviolable.

L.Q. 1975, c. 6, art. 7.

8. Respect de la propriété privée — Nul ne peut pénétrer chez autrui ni y prendre quoi que ce soit sans son consentement exprès ou tacite.

L.Q. 1975, c. 6, art. 8.

9. Secret professionnel — Chacun a droit au respect du secret professionnel.

Divulgation de renseignements confidentiels — Toute personne tenue par la loi au secret professionnel et tout prêtre ou autre ministre du culte ne peuvent, même en justice, divulguer les renseignements confidentiels qui leur ont été révélés en raison de leur état ou profession, à moins qu'ils n'y soient autorisés par celui qui leur a fait ces confidences ou par une disposition expresse de la loi.

Devoir du tribunal — Le tribunal doit, d'office, assurer le respect du secret professionnel.

L.Q. 1975, c. 6, art. 9.

9.1 Exercice des libertés et droits fondamentaux — Les libertés et droits fondamentaux s'exercent dans le respect des valeurs démocratiques, de l'ordre public et du bien-être général des citoyens du Québec.

Rôle de la loi — La loi peut, à cet égard, en fixer la portée et en aménager l'exercice.

L.Q. 1982, c. 61, art. 2.

Chapitre I.1 — Droit à l'égalité dans la reconnaissance et l'exercice des droits et libertés

10. Discrimination interdite — Toute personne a droit à la reconnaissance et à l'exercice, en pleine égalité, des droits et libertés de la personne, sans distinction, exclusion ou préférence fondée sur la race, la couleur, le sexe, la grossesse, l'orientation sexuelle, l'état civil, l'âge sauf dans la mesure prévue par la loi, la religion, les convictions politiques, la langue, l'origine ethnique ou nationale, la condition sociale, le handicap ou l'utilisation d'un moyen pour pallier ce handicap.

Motif de discrimination — Il y a discrimination lorsqu'une telle distinction, exclusion ou préférence a pour effet de détruire ou de compromettre ce droit.

L.Q. 1975, c. 6, art. 10; 1977, c. 6, art. 1; 1978, c. 7, art. 112; 1982, c. 61, art. 3.

10.1 Harcèlement interdit — Nul ne doit harceler une personne en raison de l'un des motifs visés dans l'article 10.

L.Q. 1982, c. 61, art. 4.

11. Publicité discriminatoire interdite — Nul ne peut diffuser, publier ou exposer en public un avis, un symbole ou un signe comportant discrimination ni donner une autorisation à cet effet.

L.Q. 1975, c. 6, art. 11.

12. Discrimination dans formation d'acte juridique — Nul ne peut, par discrimination, refuser de conclure un acte juridique ayant pour objet des biens ou des services ordinairement offerts au public.

L.Q. 1975, c. 6, art. 12.

13. Clause interdite — Nul ne peut, dans un acte juridique, stipuler une clause comportant discrimination.

Nullité — Une telle clause est sans effet.

L.Q. 1975, c. 6, art. 13; 1999, c. 40, art. 47.

14. Bail d'une chambre dans local d'habitation — L'interdiction visée dans les articles 12 et 13 ne s'applique pas au locateur d'une chambre située dans un local d'habitation, si le locateur ou sa famille réside dans le local, ne loue qu'une seule chambre et n'annonce pas celle-ci, en vue de la louer, par avis ou par tout autre moyen public de sollicitation.

L.Q. 1975, c. 6, art. 14.

15. Lieux publics accessibles à tous — Nul ne peut, par discrimination, empêcher autrui d'avoir accès aux moyens de transport ou aux lieux publics, tels les établissements commerciaux, hôtels, restaurants, théâtres, cinémas, parcs, terrains de camping et de caravaning, et d'y obtenir les biens et les services qui y sont disponibles.

L.Q. 1975, c. 6, art. 15.

16. Non-discrimination dans l'embauche — Nul ne peut exercer de discrimination dans l'embauche, l'apprentissage, la durée de la période de probation, la formation professionnelle, la promotion, la mutation, le déplacement, la mise à pied, la suspension, le renvoi ou les conditions de travail d'une personne ainsi que dans l'établissement de catégories ou de classifications d'emploi.

L.Q. 1975, c. 6, art. 16.

17. Discrimination par association d'employeurs ou de salariés interdite — Nul ne peut exercer de discrimination dans l'admission, la jouissance d'avantages, la suspension ou l'expulsion d'une personne d'une association d'employeurs ou de salariés ou de tout ordre professionnel ou association de personnes exerçant une même occupation.

L.Q. 1975, c. 6, art. 17; 1994, c. 40, art. 457.

18. Discrimination par bureau de placement interdite — Un bureau de placement ne peut exercer de discrimination dans la réception, la classification ou le traitement d'une demande d'emploi ou dans un acte visant à soumettre une demande à un employeur éventuel.

L.Q. 1975, c. 6, art. 18.

18.1 Renseignements relatifs à un emploi — Nul ne peut, dans un formulaire de demande d'emploi ou lors d'une entrevue relative à un emploi, requérir d'une personne des renseignements sur les motifs visés dans l'article 10 sauf si ces renseignements sont utiles à l'application de l'article 20 ou à l'application d'un programme d'accès à l'égalité existant au moment de la demande.

L.Q. 1982, c. 61, art. 5.

18.2 Culpabilité à une infraction — Nul ne peut congédier, refuser d'embaucher ou autrement pénaliser dans le cadre de son emploi une personne du seul fait qu'elle a été déclarée coupable d'une infraction pénale ou criminelle, si cette infraction n'a aucun lien avec l'emploi ou si cette personne en a obtenu le pardon.

L.Q. 1982, c. 61, art. 5; 1990, c. 4, art. 133.

19. Égalité de traitement pour travail équivalent — Tout employeur doit, sans discrimination, accorder un traitement ou un salaire égal aux membres de son personnel qui accomplissent un travail équivalent au même endroit.

Différence basée sur expérience non discriminatoire — Il n'y a pas de discrimination si une différence de traitement ou de salaire est fondée sur l'expérience, l'ancienneté, la durée du service, l'évaluation au mérite, la quantité de production ou le temps supplémentaire, si ces critères sont communs à tous les membres du personnel.

Ajustements non discriminatoires — Les ajustements salariaux ainsi qu'un programme d'équité salariale sont, eu égard à la discrimination fondée sur le sexe, réputés non discriminatoires, s'ils sont établis conformément à la *Loi sur l'équité salariale* (chapitre E-12.001).

L.Q. 1975, c. 6, art. 19; 1996, c. 43, art. 125.

20. Distinction fondée sur aptitudes non discriminatoire — Une distinction, exclusion ou préférence fondée sur les aptitudes ou qualités requises par un emploi, ou justifiée par le caractère charitable, philanthropique, religieux, politique ou éducatif d'une institution sans but lucratif ou qui est vouée exclusivement au bien-être d'un groupe ethnique est réputée non discriminatoire.

L.Q. 1975, c. 6, art. 20; 1982, c. 61, art. 6; 1996, c. 10, art. 1.

20.1 Utilisation non discriminatoire — Dans un contrat d'assurance ou de rente, un régime d'avantages sociaux, de retraite, de rentes ou d'assurance ou un régime universel de rentes ou d'assurance, une distinction, exclusion ou préférence fondée sur l'âge, le sexe ou l'état civil est réputée non discriminatoire lorsque son utilisation est légitime et que le motif qui la fonde constitue un facteur de détermination de risque, basé sur des données actuarielles.

État de santé — Dans ces contrats ou régimes, l'utilisation de l'état de santé comme facteur de détermination de risque ne constitue pas une discrimination au sens de l'article 10.

L.Q. 1996, c. 10, art. 2.

Chapitre II — Droits politiques

21. Pétition à l'Assemblée — Toute personne a droit d'adresser des pétitions à l'Assemblée nationale pour le redressement de griefs.

L.Q. 1975, c. 6, art. 21.

22. Droit de voter et d'être candidat — Toute personne légalement habilitée et qualifiée a droit de se porter candidat lors d'une élection et a droit d'y voter.

L.Q. 1975, c. 6, art. 22.

Chapitre III — Droits judiciaires

23. Audition impartiale par tribunal indépendant — Toute personne a droit, en pleine égalité, à une audition publique et impartiale de sa cause par un tribunal indépendant et qui ne soit pas préjugé, qu'il s'agisse de la détermination de ses droits et obligations ou du bien-fondé de toute accusation portée contre elle.

Huis clos — Le tribunal peut toutefois ordonner le huis clos dans l'intérêt de la morale ou de l'ordre public.

L.Q. 1975, c. 6, art. 23; 1982, c. 17, art. 42; 1993, c. 30, art. 17.

24. Motifs de privation de liberté — Nul ne peut être privé de sa liberté ou de ses droits, sauf pour les motifs prévus par la loi et suivant la procédure prescrite.

L.Q. 1975, c. 6, art. 24.

24.1 Abus interdits — Nul ne peut faire l'objet de saisies, perquisitions ou fouilles abusives.

L.Q. 1982, c. 61, art. 7.

25. Traitement de personne arrêtée — Toute personne arrêtée ou détenue doit être traitée avec humanité et avec le respect dû à la personne humaine.

L.Q. 1975, c. 6, art. 25.

26. Régime carcéral distinct — Toute personne détenue dans un établissement de détention a droit d'être soumise à un régime distinct approprié à son sexe, son âge et sa condition physique ou mentale.

L.Q. 1975, c. 6, art. 26.

27. Séparation des détenus attendant l'issue de leur procès — Toute personne détenue dans un établissement de détention en attendant l'issue de son procès a droit d'être séparée, jusqu'au jugement final, des prisonniers qui purgent une peine.

L.Q. 1975, c. 6, art. 27.

28. Information sur motifs d'arrestation — Toute personne arrêtée ou détenue a droit d'être promptement informée, dans une langue qu'elle comprend, des motifs de son arrestation ou de sa détention.

L.Q. 1975, c. 6, art. 28.

28.1 Information à l'accusé — Tout accusé a le droit d'être promptement informé de l'infraction particulière qu'on lui reproche.

L.Q. 1982, c. 61, art. 8.

29. Droit de prévenir les proches — Toute personne arrêtée ou détenue a droit, sans délai, d'en prévenir ses proches et de recourir à l'assistance d'un avocat. Elle doit être promptement informée de ces droits.

L.Q. 1975, c. 6, art. 29; 1982, c. 61, art. 9.

30. Comparution — Toute personne arrêtée ou détenue doit être promptement conduite devant le tribunal compétent ou relâchée.

L.Q. 1975, c. 6, art. 30; 1982, c. 61, art. 10.

31. Liberté sur engagement — Nulle personne arrêtée ou détenue ne peut être privée, sans juste cause, du droit de recouvrer sa liberté sur engagement, avec ou sans dépôt ou caution, de comparaître devant le tribunal dans le délai fixé.

L.Q. 1975, c. 6, art. 31.

32. Habeas corpus — Toute personne privée de sa liberté a droit de recourir à l'*habeas corpus*.

L.Q. 1975, c. 6, art. 32.

32.1 Délai raisonnable — Tout accusé a le droit d'être jugé dans un délai raisonnable.

L.Q. 1982, c. 61, art. 11.

33. Présomption d'innocence — Tout accusé est présumé innocent jusqu'à ce que la preuve de sa culpabilité ait été établie suivant la loi.

L.Q. 1975, c. 6, art. 33.

33.1 Témoignage interdit — Nul accusé ne peut être contraint de témoigner contre lui-même lors de son procès.

L.Q. 1982, c. 61, art. 12.

34. Assistance d'avocat — Toute personne a droit de se faire représenter par un avocat ou d'en être assistée devant tout tribunal.

L.Q. 1975, c. 6, art. 34.

35. Défense pleine et entière — Tout accusé a droit à une défense pleine et entière et a le droit d'interroger et de contre-interroger les témoins.

L.Q. 1975, c. 6, art. 35.

36. Assistance d'un interprète — Tout accusé a le droit d'être assisté gratuitement d'un interprète s'il ne comprend pas la langue employée à l'audience ou s'il est atteint de surdité.

L.Q. 1975, c. 6, art. 36; 1982, c. 61, art. 13.

37. Non-rétroactivité des lois — Nul accusé ne peut être condamné pour une action ou une omission qui, au moment où elle a été commise, ne constituait pas une violation de la loi.

L.Q. 1975, c. 6, art. 37.

37.1 Chose jugée — Une personne ne peut être jugée de nouveau pour une infraction dont elle a été acquittée ou dont elle a été déclarée coupable en vertu d'un jugement passé en force de chose jugée.

L.Q. 1982, c. 61, art. 14.

37.2 Peine moins sévère — Un accusé a droit à la peine la moins sévère lorsque la peine prévue pour l'infraction a été modifiée entre la perpétration de l'infraction et le prononcé de la sentence.

L.Q. 1982, c. 61, art. 14.

38. Protection de la loi — Aucun témoignage devant un tribunal ne peut servir à incriminer son auteur, sauf le cas de poursuites pour parjure ou pour témoignages contradictoires.

L.Q. 1975, c. 6, art. 38; 1982, c. 61, art. 15.

Chapitre IV — Droits économiques et sociaux

39. Protection de l'enfant — Tout enfant a droit à la protection, à la sécurité et à l'attention que ses parents ou les personnes qui en tiennent lieu peuvent lui donner.

L.Q. 1975, c. 6, art. 39; 1980, c. 39, art. 61.

40. Instruction publique gratuite — Toute personne a droit, dans la mesure et suivant les normes prévues par la loi, à l'instruction publique gratuite.

L.Q. 1975, c. 6, art. 40.

41. Enseignement religieux ou moral — Les parents ou les personnes qui en tiennent lieu ont le droit d'exiger que, dans les établissements d'enseignement publics, leurs enfants reçoivent un enseignement religieux ou moral conforme à leurs convictions, dans le cadre des programmes prévus par la loi.

L.Q. 1975, c. 6, art. 41.

42. Établissements d'enseignement privés — Les parents ou les personnes qui en tiennent lieu ont le droit de choisir pour leurs enfants des établissements d'enseignement privés, pourvu que ces établissements se conforment aux normes prescrites ou approuvées en vertu de la loi.

L.Q. 1975, c. 6, art. 42.

43. Vie culturelle des minorités — Les personnes appartenant à des minorités ethniques ont le droit de maintenir et de faire progresser leur propre vie culturelle avec les autres membres de leur groupe.

L.Q. 1975, c. 6, art. 43.

44. Droit à i'information — Toute personne a droit à l'information, dans la mesure prévue par la loi.

L.Q. 1975, c. 6, art. 44.

45. Assistance financière — Toute personne dans le besoin a droit, pour elle et sa famille, à des mesures d'assistance financière et à des mesures sociales, prévues par la loi, susceptibles de lui assurer un niveau de vie décent.

L.Q. 1975, c. 6, art. 45.

46. Conditions de travail — Toute personne qui travaille a droit, conformément à la loi, à des conditions de travail justes et raisonnables et qui respectent sa santé, sa sécurité et son intégrité physique.

L.Q. 1975, c. 6, art. 46; 1979, c. 63, art. 275.

47. Égalité des époux — Les époux ont, dans le mariage, les mêmes droits, obligations et responsabilités.

Direction conjointe de la famille — Ils assurent ensemble la direction morale et matérielle de la famille et l'éducation de leurs enfants communs.

L.Q. 1975, c. 6, art. 47.

48. Protection des personnes âgées — Toute personne âgée ou toute personne handicapée a droit d'être protégée contre toute forme d'exploitation.

Protection de la famille — Telle personne a aussi droit à la protection et à la sécurité que doivent lui apporter sa famille ou les personnes qui en tiennent lieu.

L.Q. 1975, c. 6, art. 48; 1978, c. 7, art. 113.

Chapitre V — Dispositions spéciales et interprétatives

49. Réparation de préjudice pour atteinte illicite à un droit — Une atteinte illicite à un droit ou à une liberté reconnu par la présente Charte confère à la victime le droit d'obtenir la cessation de cette atteinte et la réparation du préjudice moral ou matériel qui en résulte.

Dommages exemplaires — En cas d'atteinte illicite et intentionnelle, le tribunal peut en outre condamner son auteur à des dommages-intérêts punitifs.

L.Q. 1975, c. 6, art. 49; 1999, c. 40, art. 27.

49.1 Règlement des plaintes — Les plaintes, différends et autres recours dont l'objet est couvert par la *Loi sur l'équité salariale*(chapitre E-12.001) sont réglés exclusivement suivant cette loi.

Entreprise de moins de 10 salariés — En outre, toute question relative à l'équité salariale entre une catégorie d'emplois à prédominance féminine et une catégorie d'emplois à prédominance masculine dans une entrprise qui compte moins de 10 salariés doit être résolue par la Commission de l'équité salariale en application de l'article 19 de la présente Charte.

L.Q. 1996, c. 43, art. 126.

50. Droit non supprimé — La Charte doit être interprétée de manière à ne pas supprimer ou restreindre la jouissance ou l'exercice d'un droit ou d'une liberté de la personne qui n'y est pas inscrit.

L.Q. 1975, c. 6, art. 50.

51. Portée de disposition non augmentée — La Charte ne doit pas être interprétée de manière à augmenter, restreindre ou modifier la portée d'une disposition de la loi, sauf dans la mesure prévue par l'article 52.

L.Q. 1975, c. 6, art. 51.

52. Dérogation interdite — Aucune disposition d'une loi, même postérieure à la Charte, ne peut déroger aux articles 1 à 38, sauf dans la mesure prévue par ces articles, à moins que cette loi n'énonce expressément que cette disposition s'applique malgré la Charte.

L.Q. 1975, c. 6, art. 52; 1982, c. 61, art. 16.

53. Doute d'interprétation — Si un doute surgit dans l'interprétation d'une disposition de la loi, il est tranché dans le sens indiqué par la Charte.

L.Q. 1975, c. 6, art. 53.

54. État lié — La Charte lie l'État.

L.Q. 1975, c. 6, art. 54; 1999, c. 40, art. 27.

55. Matières visées — La Charte vise les matières qui sont de la compétence législative du Québec.

L.Q. 1975, c. 6, art. 55.

56. 1. « tribunal » — Dans les articles 9, 23, 30, 31, 34 et 38, dans le chapitre III de la partie II ainsi que dans la partie IV, le mot **« tribunal »** inclut un coroner, un commissaire-enquêteur sur les incendies, une commission d'enquête et une personne ou un organisme exerçant des fonctions quasi-judiciaires.

2. traitement » et « salaire » — Dans l'article 19, les mots **« traitement »** et **« salaire »** incluent les compensations ou avantages à valeur pécuniaire se rapportant à l'emploi.

3. « loi » — Dans la Charte, le mot **« loi »** inclut un règlement, un décret, une ordonnance ou un arrêté en conseil pris sous l'autorité d'une loi.

L.Q. 1975, c. 6, art. 56; 1989, c. 51, art. 2.

PARTIE II — LA COMMISSION DES DROITS DE LA PERSONNE ET DES DROITS DE LA JEUNESSE

Chapitre I — Constitution

57. Constitution — Est constituée la Commission des droits de la personne et des droits de la jeunesse.

Responsabilité — La Commission a pour mission de veiller au respect des principes énoncés dans la présente Charte ainsi qu'à la protection de l'intérêt de l'enfant et au respect des droits qui lui sont reconnus par la *Loi sur la protection de la jeunesse* (chapitre P-34.1); à ces fins, elle exerce les fonctions et les pouvoirs que lui attribuent cette Charte et cette loi.

L.Q. 1975, c. 6, art. 57; 1995, c. 27, art. 1, 2.

58. Composition — La Commission est composée de 15 membres, dont un président et deux vice-présidents.

Membres — Les membres de la Commission sont nommés par l'Assemblée nationale sur proposition du premier ministre. Ces nominations doivent être approuvées par les deux tiers des membres de l'Assemblée.

L.Q. 1975, c. 6, art. 58; 1989, c. 51, art. 3; 1995, c. 27, art. 3.

58.1 Choix des membres — Sept membres de la Commission, dont un vice-président, doivent être choisis parmi des personnes susceptibles de contribuer d'une façon particulière à l'étude et à la solution des problèmes relatifs aux droits et libertés de la personne.

Choix des membres — Sept autres membres, dont un vice-président, doivent être choisis parmi des personnes susceptibles de contribuer d'une façon particulière à l'étude et à la solution des problèmes relatifs à la protection des droits de la jeunesse.

L.Q. 1995, c. 27, art. 3.

58.2 Décisions — Les décisions prises par la Commission en vertu de la présente Charte doivent l'être également à la majorité des membres nommés en application du premier alinéa de l'article 58.1.

Décisions — Celles prises en vertu de la *Loi sur la protection de la jeunesse* (chapitre P-34.1) doivent l'être également à la majorité des membres nommés en application du deuxième alinéa de cet article.

L.Q. 1995, c. 27, art. 3.

58.3 Mandat — La durée du mandat des membres de la Commission est d'au plus dix ans. Cette durée, une fois fixée, ne peut être réduite.

L.Q. 1995, c. 27, art. 3.

59. Traitement — Le gouvernement fixe le traitement et les conditions de travail ou, s'il y a lieu, le traitement additionnel, les honoraires ou les allocations de chacun des membres de la Commission.

Aucune réduction — Le traitement, le traitement additionnel, les honoraires et les allocations, une fois fixés, ne peuvent être réduits.

L.Q. 1975, c. 6, art. 59; 1989, c. 51, art. 4.

60. Fonctions continuées — Les membres de la Commission restent en fonction jusqu'à leur remplacement, sauf en cas de démission.

L.Q. 1975, c. 6, art. 60; 1989, c. 51, art. 5.

61. Comité des plaintes — La Commission peut constituer un comité des plaintes formé de 3 de ses membres qu'elle désigne par écrit, et lui déléguer, par règlement, des responsabilités.

L.Q. 1975, c. 6, art. 61; 1989, c. 51, art. 5.

62. Membre du personnel — La Commission nomme les membres du personnel requis pour s'acquitter de ses fonctions; leur nombre est déterminé par le gouvernement; ils peuvent être destitués par décret de celui-ci, mais uniquement sur recommandation de la Commission.

Non en vigueur — 62

Le premier alinéa de l'article 62 sera modifié par la suppression des mots « leur nombre est déterminé par le gouvernement; » et par le remplacement des mots « de celui-ci » par les mots « du gouvernement » lors de l'entrée en vigueur de L.Q. 2000, ch. 8, art. 108.

Enquête — La Commission peut, par écrit, confier à une personne qui n'est pas membre de son personnel soit le mandat de faire une enquête, soit celui de rechercher un règlement entre les parties, dans les termes des paragraphes 1 et 2 du deuxième alinéa de l'article 71, avec l'obligation de lui faire rapport dans un délai qu'elle fixe.

Arbitrage — Pour un cas d'arbitrage, la Commission désigne un seul arbitre parmi les personnes qui ont une expérience, une expertise, une sensibilisation et un intérêt marqués en matière des droits et libertés de la personne et qui sont inscrites sur la liste dressée périodiquement par le gouvernement suivant la procédure de recrutement et de sélection qu'il prend par règlement. L'arbitre agit suivant les règles prévues au Livre VII du *Code de procédure civile* (chapitre C-25), à l'exclusion du chapitre II du Titre I, compte tenu des adaptations nécessaires.

Restriction — Une personne qui a participé à l'enquête ne peut se voir confier le mandat de rechercher un règlement ni agir comme arbitre, sauf du consentement des parties.

L.Q. 1975, c. 6, art. 62; 1989, c. 51, art. 5.

63. Rémunération ou allocations — Le gouvernement établit les normes et barèmes de la rémunération ou des allocations ainsi que les autres conditions de travail qu'assume la Commission à l'égard des membres de son personnel, de ses mandataires et des arbitres.

L.Q. 1975, c. 6, art. 63; 1989, c. 51, art. 5.

64. Serment — Avant d'entrer en fonction, les membres et mandataires de la Commission, les membres de son personnel et les arbitres prêtent les serments prévus à l'annexe I; les membres de la Commission, devant le Président de l'Assemblée nationale et les autres, devant le président de la Commission.

L.Q. 1975, c. 6, art. 64; 1989, c. 51, art. 5; 1999, c. 40, art. 27.

65. Président et vice-présidents — Le président et les vice-présidents doivent s'occuper exclusivement des devoirs de leurs fonctions.

Responsabilités — Ils doivent tout particulièrement veiller au respect de l'intégralité des mandats qui sont confiés à la Commission tant par la présente Charte que par la *Loi sur la protection de la jeunesse* (chapitre P-34.1).

L.Q. 1975, c. 6, art. 65; 1989, c. 51, art. 5; 1995, c. 27, art. 4.

66. Direction et administration — Le président est chargé de la direction et de l'administration des affaires de la Commission, dans le cadre des règlements pris pour l'application de la présente Charte. Il peut, par délégation, exercer les pouvoirs de la Commission prévus à l'article 61, aux deuxième et troisième alinéas de l'article 62 et au premier alinéa de l'article 77.

Présidence — Il préside les séances de la Commission.

L.Q. 1975, c. 6, art. 66; 1989, c. 51, art. 5.

67. Remplaçant — D'office, le vice-président désigné par le gouvernement remplace temporairement le président en cas d'absence ou d'empêchement de celui-ci ou de vacance de sa fonction. Si ce vice-président est lui-même absent ou empêché ou que sa fonction est vacante, l'autre vice-président le remplace. À défaut, le gouvernement désigne un autre membre de la Commission dont il fixe, s'il y a lieu, le traitement additionnel, les honoraires ou les allocations.

L.Q. 1975, c. 6, art. 67; 1982, c. 61, art. 17; 1989, c. 51, art. 5; 1995, c. 27, art. 5.

68. Immunité — La Commission, ses membres, les membres de son personnel et ses mandataires ne peuvent être poursuivis en justice pour une omission ou un acte accompli de bonne foi dans l'exercice de leurs fonctions.

Pouvoirs d'enquête — Ils ont de plus, aux fins d'une enquête, les pouvoirs et l'immunité des commissaires nommés en vertu de la *Loi sur les commissions d'enquête* (chapitre C-37), sauf le pouvoir d'ordonner l'emprisonnement.

L.Q. 1975, c. 6, art. 68; 1989, c. 51, art. 5; 1995, c. 27, art. 6.

69. Siège de la Commission — La Commission a son siège à Québec ou à Montréal selon ce que décide le gouvernement par décret entrant en vigueur sur publication dans la *Gazette officielle du Québec*; elle a aussi un bureau sur le territoire de l'autre ville.

Lieu des bureaux — Elle peut établir des bureaux à tout endroit du Québec.

Lieu des séances — La Commission peut tenir ses séances n'importe où au Québec.

L.Q. 1975, c. 6, art. 69; 1989, c. 51, art. 5; 1996, c. 2, art. 117.

70. Régie interne — La Commission peut faire des règlements pour sa régie interne.

L.Q. 1975, c. 6, art. 70; 1989, c. 51, art. 5.

70.1 [Remplacé, L.Q. 1989, c. 51, art. 5.]

Chapitre II — Fonctions

71. Fonctions — La Commission assure, par toutes mesures appropriées, la promotion et le respect des principes contenus dans la présente Charte.

Responsabilités — Elle assume notamment les responsabilités suivantes :

1° faire enquête selon un mode non contradictoire, de sa propre initiative ou lorsqu'une plainte lui est adressée, sur toute situation, à l'exception de celles prévues à l'article 49.1, qui lui paraît constituer soit un cas de discrimination au sens des articles 10 à 19, y compris un cas visé à l'article 86, soit un cas de violation du droit à la protection contre l'exploitation des personnes âgées ou handicapées énoncé au premier alinéa de l'article 48;

2° favoriser un règlement entre la personne dont les droits auraient été violés ou celui qui la représente, et la personne à qui cette violation est imputée;

3° signaler au curateur public tout besoin de protection qu'elle estime être de la compétence de celui-ci, dès qu'elle en a connaissance dans l'exercice de ses fonctions;

4° élaborer et appliquer un programme d'information et d'éducation, destiné à faire comprendre et accepter l'objet et les dispositions de la présente Charte;

5° diriger et encourager les recherches et publications sur les libertés et droits fondamentaux;

6° relever les dispositions des lois du Québec qui seraient contraires à la Charte et faire au gouvernement les recommandations appropriées;

7° recevoir les suggestions, recommandations et demandes qui lui sont faites touchant les droits et libertés de la personne, les étudier, éventuellement en invitant toute personne ou groupement intéressé à lui présenter publiquement ses observations lorsqu'elle estime que l'intérêt public ou celui d'un groupement le requiert, pour faire au gouvernement les recommandations appropriées;

8° coopérer avec toute organisation vouée à la promotion des droits et libertés de la personne, au Québec ou à l'extérieur;

9° faire enquête sur une tentative ou un acte de représailles ainsi que sur tout autre fait ou omission qu'elle estime constituer une infraction à la présente Charte, et en faire rapport au procureur général.

L.Q. 1975, c. 6, art. 71; 1989, c. 51, art. 5; 1996, c. 43, art. 127.

72. Assistance — La Commission, ses membres, les membres de son personnel, ses mandataires et un comité des plaintes doivent prêter leur assistance aux personnes, groupes ou organismes qui en font la demande, pour la réalisation d'objets qui relèvent de la compétence de la Commission suivant le chapitre III de la présente partie, les parties III et IV et les règlements pris en vertu de la présente Charte.

Assistance — Ils doivent, en outre, prêter leur concours dans la rédaction d'une plainte, d'un règlement intervenu entre les parties ou d'une demande qui doit être adressée par écrit à la Commission.

L.Q. 1975, c. 6, art. 72; 1989, c. 51, art. 5.

73. Rapport d'activités — La Commission remet au Président de l'Assemblée nationale, au plus tard le 31 mars, un rapport portant, pour l'année civile précédente, sur ses activités et ses recommandations tant en matière de promotion et de respect des droits de la personne qu'en matière de protection de l'intérêt de l'enfant ainsi que de promotion et de respect des droits de celui-ci.

Dépôt devant l'Assemblée nationale — Ce rapport est déposé devant l'Assemblée nationale si elle est en session ou, si elle ne l'est pas, dans les 30 jours de l'ouverture de la session suivante. Il est publié et distribué par l'Éditeur officiel du Québec, dans les conditions déterminées par décret du gouvernement.

L.Q. 1975, c. 6, art. 73; 1989, c. 51, art. 5; 1995, c. 27, art. 7.

Chapitre III — Plaintes

74. Plainte — Peut porter plainte à la Commission toute personne qui se croit victime d'une violation des droits relevant de la compétence d'enquête de la Commission. Peuvent se regrouper pour porter plainte, plusieurs personnes qui se croient victimes d'une telle violation dans des circonstances analogues.

Plainte écrite — La plainte doit être faite par écrit.

Plainte par un organisme — La plainte peut être portée, pour le compte de la victime ou d'un groupe de victimes, par un organisme voué à la défense des droits et libertés de la personne ou au bien-être d'un groupement. Le consentement écrit de la victime ou des victimes est nécessaire, sauf s'il s'agit d'un cas d'exploitation de personnes âgées ou handicapées prévu au premier alinéa de l'article 48.

L.Q. 1975, c. 6, art. 74; 1989, c. 51, art. 5.

75. Protecteur du citoyen — Toute plainte reçue par le Protecteur du citoyen et relevant de la compétence d'enquête de la Commission lui est transmise à moins que le plaignant ne s'y oppose.

Transmission — La plainte transmise à la Commission est réputée reçue par celle-ci à la date de son dépôt auprès du Protecteur du citoyen.

L.Q. 1975, c. 6, art. 75; 1989, c. 51, art. 5.

76. Prescription de recours civil — La prescription de tout recours civil, portant sur les faits rapportés dans une plainte ou dévoilés par une enquête, est suspendue de la date du dépôt de la plainte auprès de la Commission ou de celle du début de l'enquête qu'elle tient de sa propre initiative, jusqu'à la première des éventualités suivantes :

1° La date d'un règlement entre les parties;

2° la date à laquelle la victime et le plaignant ont reçu notification que la Commission soumet le litige à un tribunal;

3° la date à laquelle la victime ou le plaignant a personnellement introduit l'un des recours prévus aux articles 49 et 80;

4° la date à laquelle la victime et le plaignant ont reçu notification que la Commission refuse ou cesse d'agir.

L.Q. 1975, c. 6, art. 76; 1989, c. 51, art. 5.

77. Refus d'agir — La Commission refuse ou cesse d'agir en faveur de la victime lorsque :

1° la victime ou le plaignant en fait la demande, sous réserve d'une vérification par la Commission du caractère libre et volontaire de cette demande;

2° la victime ou le plaignant a exercé personnellement, pour les mêmes faits, l'un des recours prévus aux articles 49 et 80.

Refus d'agir — Elle peut refuser ou cesser d'agir en faveur de la victime, lorsque :

1° la plainte a été déposée plus de deux ans après le dernier fait pertinent qui y est rapporté;

2° la victime ou le plaignant n'a pas un intérêt suffisant;

3° la plainte est frivole, vexatoire ou faite de mauvaise foi;

4° la victime ou le plaignant a exercé personnellement, pour les mêmes faits, un autre recours que ceux prévus aux articles 49 et 80.

Décision motivée — La décision est motivée par écrit et elle indique, s'il en est, tout recours que la Commission estime opportun; elle est notifiée à la victime et au plaignant.

L.Q. 1975, c. 6, art. 77; 1989, c. 51, art. 5.

78. Éléments de preuve — La Commission recherche, pour toutes situations dénoncées dans la plainte ou dévoilées en cours d'enquête, tout élément de preuve qui lui permettrait de déterminer s'il y a lieu de favoriser la négociation d'un règlement entre les parties, de proposer l'arbitrage du différend ou de soumettre à un tribunal le litige qui subsiste.

Preuve insuffisante — Elle peut cesser d'agir lorsqu'elle estime qu'il est inutile de poursuivre la recherche d'éléments de preuve ou lorsque la preuve recueillie est insuffisante. Sa décision doit être motivée par écrit et elle indique, s'il en est, tout recours que la Commission estime opportun; elle est notifiée à la victime et au plaignant. Avis de sa décision de cesser d'agir doit être donné, par la Commission, à toute personne à qui une violation de droits était imputée dans la plainte.

L.Q. 1975, c. 6, art. 78; 1989, c. 51, art. 5.

79. Entente écrite — Si un règlement intervient entre les parties, il doit être constaté par écrit.

Arbitrage — S'il se révèle impossible, la Commission leur propose de nouveau l'arbitrage; elle peut aussi leur proposer, en tenant compte de l'intérêt public et de celui de la victime, toute mesure de redressement, notamment l'admission de la violation d'un droit, la cessation de l'acte reproché, l'accomplissement d'un acte, le paiement d'une indemnité ou de dommages-intérêts punitifs, dans un délai qu'elle fixe.

L.Q. 1975, c. 6, art. 79; 1989, c. 51, art. 5; 1999, c. 40, art. 27.

80. Refus de négocier — Lorsque les parties refusent la négociation d'un règlement ou l'arbitrage du différend, ou lorsque la proposition de la Commission n'a pas été, à sa satisfaction, mise en oeuvre dans le délai imparti, la Commission peut s'adresser à un tribunal en vue d'obtenir, compte tenu de l'intérêt public, toute mesure appropriée contre la personne en défaut ou pour réclamer, en faveur de la victime, toute mesure de redressement qu'elle juge alors adéquate.

L.Q. 1975, c. 6, art. 80; 1989, c. 51, art. 5.

81. Mesures d'urgence — Lorsqu'elle a des raisons de croire que la vie, la santé ou la sécurité d'une personne visée par un cas de discrimination ou d'exploitation est menacée, ou qu'il y a risque de perte d'un élément de preuve ou de solution d'un tel cas, la Commission peut s'adresser à un tribunal en vue d'obtenir d'urgence une mesure propre à faire cesser cette menace ou ce risque.

L.Q. 1975, c. 6, art. 81; 1989, c. 51, art. 5.

82. Discrimination ou exploitation — La Commission peut aussi s'adresser à un tribunal pour qu'une mesure soit prise contre quiconque exerce ou tente d'exercer des représailles contre une personne, un groupe ou un organisme intéressé par le traitement d'un cas de discrimination ou d'exploitation ou qui y a participé, que ce soit à titre de victime, de plaignant, de témoin ou autrement.

Réintégration — Elle peut notamment demander au tribunal d'ordonner la réintégration, à la date qu'il estime équitable et opportune dans les circonstances, de la personne lésée, dans le poste ou le logement qu'elle aurait occupé s'il n'y avait pas eu contravention.

L.Q. 1975, c. 6, art. 82; 1989, c. 51, art. 5.

83. Consentement préalable — Lorsqu'elle demande au tribunal de prendre des mesures au bénéfice d'une personne en application des articles 80 à 82, la Commission doit avoir obtenu son consentement écrit, sauf dans le cas d'une personne visée par le premier alinéa de l'article 48.

L.Q. 1975, c. 6, art. 83; 1989, c. 51, art. 5.

83.1 et 83.2 [Remplacés, L.Q. 1989, c. 51, art. 5.]

84. Discrétion de la Commission — Lorsque, à la suite du dépôt d'une plainte, la Commission exerce sa discrétion de ne pas saisir un tribunal, au bénéfice d'une personne, de l'un des recours prévus aux articles 80 à 82, elle le notifie au plaignant en lui en donnant les motifs.

Recours aux frais du plaignant — Dans un délai de 90 jours de la réception de cette notification, le plaignant peut, à ses frais, saisir le Tribunal des droits de la personne de ce recours, pour l'exercice duquel il est substitué de plein droit à la Commission avec les mêmes effets que si celle-ci l'avait exercé.

L.Q. 1975, c. 6, art. 84; 1982, c. 61, art. 20; 1989, c. 51, art. 5.

85. Intervention de la victime — La victime peut, dans la mesure de son intérêt et en tout état de cause, intervenir dans l'instance à laquelle la Commission est partie en application des articles 80 à 82. Dans ce cas, la Commission ne peut se pourvoir seule en appel sans son consentement.

Recours personnels — La victime peut, sous réserve du deuxième alinéa de l'article 111, exercer personnellement les recours des articles 80 à 82 ou se pourvoir en appel, même si elle n'était pas partie en première instance.

Accès au dossier — Dans tous ces cas, la Commission doit lui donner accès à son dossier.

L.Q. 1975, c. 6, art. 85; 1989, c. 51, art. 5.

PARTIE III — LES PROGRAMMES D'ACCÈS À L'ÉGALITÉ

86. Accès à l'égalité — Un programme d'accès à l'égalité a pour objet de corriger la situation de personnes faisant partie de groupes victimes de discrimination dans l'emploi, ainsi que dans les secteurs de l'éducation ou de la santé et dans tout autre service ordinairement offert au public.

Programme non discriminatoire — Un tel programme est réputé non discriminatoire s'il est établi conformément à la Charte.

L.Q. 1982, c. 61, art. 21; 1989, c. 51, art. 11.

Non en vigueur — 87

87. Approbation — Tout programme d'accès à l'égalité doit être approuvé par la Commission à moins qu'il ne soit imposé par un tribunal.

[Le premier alinéa entrera en vigueur à la date fixée par décret du gouvernement.]

L.Q. 1982, c. 61, art. 21.

Assistance — La Commission, sur demande, prête son assistance à l'élaboration d'un tel programme.

L.Q. 1982, c. 61, art. 21; 1989, c. 51, art. 6 et 11.

88. Propositions — La Commission peut, après enquête, si elle constate une situation de discrimination prévue par l'article 86, proposer l'implantation, dans un délai qu'elle fixe, d'un programme d'accès à l'égalité.

Recours au tribunal — La Commission peut, lorsque sa proposition n'a pas été suivie, s'adresser à un tribunal et, sur preuve d'une situation visée dans l'article 86, obtenir dans le délai fixé par ce tribunal l'élaboration et l'implantation d'un programme. Le programme ainsi élaboré est déposé devant ce tribunal qui peut, en conformité avec la Charte, y apporter les modifications qu'il juge adéquates.

L.Q. 1982, c. 61, art. 21; 1989, c. 51, art. 7 et 11.

89. Surveillance — La Commission surveille l'application des programmes d'accès à l'égalité. Elle peut effectuer des enquêtes et exiger des rapports.

L.Q. 1982, c. 61, art. 21; 1989, c. 51, art. 11.

90. Retrait de l'approbation — Lorsque la Commission constate qu'un programme d'accès à l'égalité n'est pas implanté dans le délai imparti ou n'est pas observé, elle peut, s'il s'agit d'un programme qu'elle a approuvé, retirer son approbation ou, s'il s'agit d'un programme dont elle a proposé l'implantation, s'adresser à un tribunal conformément au deuxième alinéa de l'article 88.

L.Q. 1982, c. 61, art. 21; 1989, c. 51, art. 8 et 11.

91. Faits nouveaux — Un programme visé dans l'article 88 peut être modifié, reporté ou annulé si des faits nouveaux le justifient.

Accord écrit — Lorsque la Commission et la personne requise ou qui a convenu d'implanter le programme s'entendent, l'accord modifiant, reportant ou annulant le programme d'accès à l'égalité est constaté par écrit.

Désaccord — En cas de désaccord, l'une ou l'autre peut s'adresser au tribunal auquel la Commission s'est adressée en vertu du deuxième alinéa de l'article 88, afin qu'il décide si les faits nouveaux justifient la modification, le report ou l'annulation du programme.

Modification — Toute modification doit être établie en conformité avec la Charte.

L.Q. 1982, c. 61, art. 21; 1989, c. 51, art. 9 et 11.

92. Exigences du gouvernement — Le gouvernement doit exiger de ses ministères et organismes l'implantation de programmes d'accès à l'égalité dans le délai qu'il fixe.

Dispositions applicables — Les articles 87 à 91 ne s'appliquent pas aux programmes visés dans le présent article. Ceux-ci doivent toutefois faire l'objet d'une consultation auprès de la Commission avant d'être implantés.

L.Q. 1982, c. 61, art. 21; 1989, c. 51, art. 10 et 11.

PARTIE IV — CONFIDENTIALITÉ

93. Renseignement ou document confidentiel — Malgré les articles 9 et 83 de la *Loi sur l'accès aux documents des organismes publics et sur la protection des renseignements personnels* (chapitre A-2.1), un renseignement ou un document fourni de plein gré à la Commission et détenu par celle-ci aux fins de l'élaboration, l'implantation ou l'observation d'un programme d'accès à l'égalité est confidentiel et réservé exclusivement aux fins pour lesquelles il a été transmis; il ne peut être divulgué ni utilisé autrement, sauf du consentement de celui qui l'a fourni.

Consentement préalable — Un tel renseignement ou document ne peut être révélé par ou pour la Commission devant un tribunal, ni rapporté au procureur général malgré le paragraphe 9° de l'article 71, sauf du consentement de la personne ou de l'organisme de qui la Commission tient ce renseignement ou ce document et de celui des parties au litige.

Programme d'accès à l'égalité — Le présent article n'a pas pour effet de restreindre le pouvoir de contraindre par assignation, mandat ou ordonnance, la communication par cette personne ou cet organisme d'un renseignement ou d'un document relatif à un programme d'accès à l'égalité.

L.Q. 1989, c. 51, art. 12.

94. Confidentialité — Rien de ce qui est dit ou écrit à l'occasion de la négociation d'un règlement prévue à l'article 78 ne peut être révélé, même en justice, sauf du consentement des parties à cette négociation et au litige.

L.Q. 1989, c. 51, art. 12.

95. Contrôle de confidentialité — Sous réserve de l'article 61 du *Code de procédure pénale* (chapitre C-25.1), un membre ou un mandataire de la Commission ou un membre de son personnel ne peut être contraint devant un tribunal de faire une déposition portant sur un renseignement qu'il a obtenu dans l'exercice de ses fonctions ni de produire un document contenant un tel renseignement, si ce n'est aux fins du contrôle de sa confidentialité.

L.Q. 1989, c. 51, art. 12; 1990, c. 4, art. 134.

96. Action civile — Aucune action civile ne peut être intentée en raison ou en conséquence de la publication d'un rapport émanant de la Commission ou de la publication, faite de bonne foi, d'un extrait ou d'un résumé d'un tel rapport.

L.Q. 1989, c. 51, art. 12.

PARTIE V — RÉGLEMENTATION

97. Réglementation — Le gouvernement, par règlement :

1° [abrogé, L.Q. 1996, c. 10, art. 3]

2° peut fixer les critères, normes, barèmes, conditions ou modalités concernant l'élaboration, l'implantation ou l'application de programmes d'accès à l'égalité, en établir les limites et déterminer toute mesure nécessaire ou utile à ces fins;

3° édicte la procédure de recrutement et de sélection des personnes aptes à être désignées à la fonction d'arbitre ou nommées à celle d'assesseur au Tribunal des droits de la personne.

Règlement — Le règlement prévu au paragraphe 3°, notamment :

1° détermine la proportionnalité minimale d'avocats que doit respecter la liste prévue au troisième alinéa de l'article 62;

2° détermine la publicité qui doit être faite afin de dresser cette liste;

3° détermine la manière dont une personne peut se porter candidate;

4° autorise le ministre de la Justice à former un comité de sélection pour évaluer l'aptitude des candidats et lui fournir un avis sur eux ainsi qu'à en fixer la composition et le mode de nomination des membres;

5° détermine les critères de sélection dont le comité tient compte, les renseignements qu'il peut requérir d'un candidat ainsi que les consultations qu'il peut faire;

6° prévoit que la liste des personnes aptes à être désignées à la fonction d'arbitre ou nommées à celle d'assesseur au Tribunal des droits de la personne, est consignée dans un registre établi à cette fin au ministère de la Justice.

Remboursement des dépenses — Les membres d'un comité de sélection ne sont pas rémunérés, sauf dans le cas, aux conditions et dans la mesure que peut déterminer le gouvernement. Ils ont cependant droit au remboursement des dépenses faites dans l'exercice de leurs fonctions, aux conditions et dans la mesure que détermine le gouvernement.

L.Q. 1982, c. 61, art. 21; 1989, c. 51, art. 14; 1996, c. 10, art. 3.

98. Projet de règlement à la G.O.Q. — Le gouvernement, après consultation de la Commission, publie son projet de règlement à la *Gazette officielle du Québec* avec un avis indiquant le délai après lequel ce projet sera déposé devant la Commission des institutions et indiquant qu'il pourra être pris après l'expiration des 45 jours suivant le dépôt du rapport de cette Commission devant l'Assemblée nationale.

Modification au projet — Le gouvernement peut, par la suite, modifier le projet de règlement. Il doit, dans ce cas, publier le projet modifié à la *Gazette officielle du Québec* avec un avis indiquant qu'il sera pris sans modification à l'expiration des 45 jours suivant cette publication.

L.Q. 1982, c. 61, art. 21; 1982, c. 62, art. 143; 1989, c. 51, art. 15.

99. Règlement de la Commission — La Commission, par règlement :

1° peut déléguer à un comité des plaintes constitué conformément à l'article 61, les responsabilités qu'elle indique;

2° prescrit les autres règles, conditions et modalités d'exercice ou termes applicables aux mécanismes prévus aux chapitres II et III de la partie II et aux parties III et IV, y compris la forme et les éléments des rapports pertinents.

Approbation — Un tel règlement est soumis à l'approbation du gouvernement qui peut, en l'approuvant, le modifier.

L.Q. 1982, c. 61, art. 21; 1989, c. 51, art. 15.

PARTIE VI — LE TRIBUNAL DES DROITS DE LA PERSONNE

Chapitre I — Constitution et organisation

100. Institution — Est institué le Tribunal des droits de la personne, appelé le « **Tribunal** » dans la présente partie.

L.Q. 1989, c. 51, art. 16.

101. Composition — Le Tribunal est composé d'au moins 7 membres, dont le président et les assesseurs, nommés par le gouvernement. Le président est choisi, après consultation du juge en chef de la Cour du Québec, parmi les juges de cette cour qui ont une expérience, une expertise, une sensibilisation et un intérêt marqués en matière des droits et libertés de la personne; les assesseurs le sont parmi les personnes inscrites sur la liste prévue au troisième alinéa de l'article 62.

Mandat — Leur mandat est de 5 ans, renouvelable. Il peut être prolongé pour une durée moindre et déterminée.

Rémunération — Le gouvernement établit les normes et barèmes régissant la rémunération, les conditions de travail ou, s'il y a lieu, les allocations des assesseurs.

L.Q. 1989, c. 51, art. 16.

102. Serment — Avant d'entrer en fonction, les membres doivent prêter les serments prévus à l'annexe II; le président, devant le juge en chef de la Cour du Québec et tout autre membre, devant le président.

L.Q. 1989, c. 51, art. 16; 1999, c. 40, art. 27.

103. Juge de la Cour du Québec — Le gouvernement peut, à la demande du président et après consultation du juge en chef de la Cour du Québec, désigner comme membre du Tribunal, pour entendre et décider d'une demande ou pour une période déterminée, un autre juge de cette cour qui a une expérience, une expertise, une sensibilisation et un intérêt marqués en matière des droits et libertés de la personne.

L.Q. 1989, c. 51, art. 16.

104. Audition — Le Tribunal siège, pour l'audition d'une demande, par divisions constituées chacune de 3 membres, soit le juge qui la préside et les 2 assesseurs qui l'assistent, désignés par le président. Celui qui préside la division décide seul de la demande.

Demande préliminaire ou incidente — Toutefois, une demande préliminaire ou incidente ou une demande présentée en vertu de l'article 81 ou 82 est entendue et décidée par le président ou par le juge du Tribunal auquel il réfère la demande; cette demande est cependant déférée à une division du Tribunal dans les cas déterminés par les règles de procédure et de pratique ou si le président en décide ainsi.

L.Q. 1989, c. 51, art. 16.

105. Coopération de la cour — Le greffier et le personnel de la Cour du Québec du district dans lequel une demande est produite ou dans lequel siège le Tribunal, l'une de ses divisions ou l'un de ses membres, sont tenus de lui fournir les services qu'ils fournissent habituellement à la Cour du Québec elle-même.

Huissiers — Les huissiers sont d'office huissiers du Tribunal et peuvent lui faire rapport, sous leur serment d'office, des significations faites par eux.

L.Q. 1989, c. 51, art. 16.

106. Président — Le président s'occupe exclusivement des devoirs de ses fonctions.

Fonctions — Il doit notamment :

1° favoriser la concertation des membres sur les orientations générales du Tribunal;

2° coordonner et répartir le travail entre les membres qui, à cet égard, doivent se soumettre à ses ordres et directives, et veiller à leur bonne exécution;

3° édicter un code de déontologie, et veiller à son respect. Ce code entre en vigueur le quinzième jour qui suit la date de sa publication à la *Gazette officielle du Québec* ou à une date ultérieure qui y est indiquée.

L.Q. 1989, c. 51, art. 16.

107. Remplaçant — Un juge désigné en vertu de l'article 103 remplace le président en cas d'absence, d'empêchement ou de vacance de sa fonction.

L.Q. 1989, c. 51, art. 16.

108. Expiration du mandat — Malgré l'expiration de son mandat, un juge décide d'une demande dont il a terminé l'audition. Si la demande n'a pu faire l'objet d'une décision dans un délai de 90 jours, elle est déférée par le président, du consentement des parties, à un autre juge du Tribunal ou instruite de nouveau.

L.Q. 1989, c. 51, art. 16.

109. Recours prohibés — Sauf sur une question de compétence, aucun des recours prévus aux articles 33 et 834 à 850 du *Code de procédure civile* (chapitre C-25) ne peut être exercé ni aucune injonction accordée contre le Tribunal, le président ou un autre membre agissant en sa qualité officielle.

Annulation par la Cour d'appel — Un juge de la Cour d'appel peut, sur requête, annuler sommairement toute décision, ordonnance ou injonction délivrée ou accordée à l'encontre du premier alinéa.

L.Q. 1989, c. 51, art. 16.

110. Règles de procédure et de pratique — Le président, avec le concours de la majorité des autres membres du Tribunal, peut adopter des règles de procédure et de pratique jugées nécessaires à l'exercice des fonctions du Tribunal.

L.Q. 1989, c. 51, art. 16.

Chapitre II — Compétence et pouvoirs

111. Emploi, logement, biens et services — Le Tribunal a compétence pour entendre et disposer de toute demande portée en vertu de l'un des articles 80, 81 et 82 et ayant trait, notamment, à l'emploi, au logement, aux biens et services ordinairement offerts au public, ou en vertu de l'un des articles 88, 90 et 91 relativement à un programme d'accès à l'égalité.

Exercice des recours — Seule la Commission peut initialement saisir le Tribunal de l'un ou l'autre des recours prévus à ces articles, sous réserve de la substitution prévue à l'article 84 en faveur d'un plaignant et de l'exercice du recours prévu à l'article 91 par la personne à qui le Tribunal a déjà imposé un programme d'accès à l'égalité.

L.Q. 1989, c. 51, art. 16.

112. Pouvoirs et immunité — Le Tribunal, l'une de ses divisions et chacun de ses juges ont, dans l'exercice de leurs fonctions, les pouvoirs et l'immunité des commissaires nommés en vertu de la *Loi sur les commissions d'enquête* (chapitre C-37), sauf le pouvoir d'ordonner l'emprisonnement.

L.Q. 1989, c. 51, art. 16.

113. C.p.c. applicable — Le Tribunal peut, en s'inspirant du *Code de procédure civile* (chapitre C-25), rendre les décisions et ordonnances de procédure et de pratique nécessaires à l'exercice de ses fonctions, à défaut d'une règle de procédure ou de pratique applicable.

Règles par le Tribunal — Le Tribunal peut aussi, en l'absence d'une disposition applicable à un cas particulier et sur une demande qui lui est adressée, prescrire avec le même effet tout acte ou toute formalité qu'auraient pu prévoir les règles de procédure et de pratique.

L.Q. 1989, c. 51, art. 16.

Chapitre III — Procédure et preuve

114. Demande écrite et signifiée — Toute demande doit être adressée par écrit au Tribunal et signifiée conformément aux règles du *Code de procédure civile* (L.R.Q., chapitre C-25), à moins qu'elle ne soit présentée en cours d'audition. Lorsque ce Code prévoit qu'un mode de signification requiert une autorisation, celle-ci peut être obtenue du Tribunal.

Lieu d'introduction de la demande — La demande est produite au greffe de la Cour du Québec du district judiciaire où se trouve le domicile ou, à défaut, la résidence ou le principal établissement d'entreprise de la personne à qui les conclusions de la demande pourraient être imposées ou, dans le cas d'un programme d'accès à l'égalité, de la personne à qui il est ou pourrait être imposé.

L.Q. 1989, c. 51, art. 16; 1999, c. 40, art. 27.

115. Mémoire du demandeur — Dans les 15 jours de la production d'une demande qui n'est pas visée au deuxième alinéa de l'article 104, le demandeur doit produire un mémoire exposant ses prétentions, que le Tribunal signifie aux intéressés. Chacun de ceux-ci peut, dans les 30 jours de cette signification, produire son propre mémoire que le Tribunal signifie au demandeur.

Défaut — Le défaut du demandeur peut entraîner le rejet de la demande.

L.Q. 1989, c. 51, art. 16.

116. Parties à la demande — La Commission, la victime, le groupe de victimes, le plaignant devant la Commission, tout intéressé à qui la demande est signifiée et la personne à qui un programme d'accès à l'égalité a été imposé ou pourrait l'être, sont de plein droit des parties à la demande et peuvent intervenir en tout temps avant l'exécution de la décision.

Intérêt d'une partie — Une personne, un groupe ou un organisme autre peut, en tout temps avant l'exécution de la décision, devenir partie à la demande si le Tribunal lui reconnaît un intérêt suffisant pour intervenir; cependant, pour présenter, interroger ou contre-interroger des témoins, prendre connaissance de la preuve au dossier, la commenter ou la contredire, une autorisation du Tribunal lui est chaque fois nécessaire.

L.Q. 1989, c. 51, art. 16.

117. Modification — Une demande peut être modifiée en tout temps avant la décision, aux conditions que le Tribunal estime nécessaires pour la sauvegarde des droits de toutes les parties. Toutefois, sauf de leur consentement, aucune modification d'où résulterait une demande entièrement nouvelle, n'ayant aucun rapport avec la demande originale, ne peut être admise.

L.Q. 1989, c. 51, art. 16.

118. Récusation d'un membre — Toute partie peut, avant l'audition, ou en tout temps avant décision si elle justifie de sa diligence, demander la récusation d'un membre. Cette demande est adressée au président du Tribunal qui en décide ou la réfère à un juge du Tribunal, notamment lorsque la demande le vise personnellement.

Déclaration écrite — Un membre qui connaît en sa personne une cause valable de récusation, est tenu de la déclarer par un écrit versé au dossier.

L.Q. 1989, c. 51, art. 16.

119. District judiciaire — Le Tribunal siège dans le district judiciaire au greffe duquel a été produite la demande.

Lieu — Toutefois, le président du Tribunal et celui qui préside la division qui en est saisie peuvent décider, d'office ou à la demande d'une partie, que l'audition aura lieu dans un autre district judiciaire, lorsque l'intérêt public et celui des parties le commandent.

L.Q. 1989, c. 51, art. 16.

120. Date d'audition — D'office ou sur demande, le président ou celui qu'il désigne pour présider l'audition en fixe la date.

Avis d'audition — Le Tribunal doit transmettre, par écrit, à tout partie et à son procureur, à moins qu'elle n'y ait renoncé, un avis d'audition d'un jour franc s'il s'agit d'une demande visée au deuxième alinéa de l'article 104 et de 10 jours francs dans les autres cas. Cet avis précise :

1° l'objet de l'audition;

2° le jour, l'heure et le lieu de l'audition;

3° le droit d'y être assisté ou représenté par avocat;

4° le droit de renoncer à une audition orale et de présenter ses observations par écrit;

5° le droit de demander le huis clos ou une ordonnance interdisant ou restreignant la divulgation, la publication ou la diffusion d'un renseignement ou d'un document;

6° le pouvoir du Tribunal d'instruire la demande et de rendre toute décision ou ordonnance, sans autre délai ni avis, malgré le défaut ou l'absence d'une partie ou de son procureur.

L.Q. 1989, c. 51, art. 16.

121. Protection des renseignements — Le Tribunal peut, d'office ou sur demande et dans l'intérêt de la morale ou de l'ordre public, interdire ou restreindre la divulgation, la publication ou la diffusion d'un renseignement ou d'un document qu'il indique, pour protéger la source de tel renseignement ou document ou pour respecter les droits et libertés d'une personne.

L.Q. 1989, c. 51, art. 16.

122. Absence d'une partie ou de son procureur — Le Tribunal peut instruire la demande et rendre toute décision ou ordonnance, même en l'absence d'une partie ou de son procureur qui, ayant été dûment avisé de l'audition, fait défaut de se présenter le jour de l'audition, à l'heure et au lieu de celle-ci, refuse de se faire entendre ou ne soumet pas les observations écrites requises.

Excuse valable — Il est néanmoins tenu de reporter l'audition si l'absent lui a fait connaître un motif valable pour excuser l'absence.

L.Q. 1989, c. 51, art. 16.

123. Preuve utile — Tout en étant tenu de respecter les principes généraux de justice, le Tribunal reçoit toute preuve utile et pertinente à une demande dont il est saisi et il peut accepter tout moyen de preuve.

Règles particulières — Il n'est pas tenu de respecter les règles particulières de la preuve en matière civile, sauf dans la mesure indiquée par la présente partie.

L.Q. 1989, c. 51, art. 16.

124. Enregistrement des dépositions — Les dépositions sont enregistrées, à moins que les parties n'y renoncent expressément.

L.Q. 1989, c. 51, art. 16.

Chapitre IV — Décision et exécution

125. Décision écrite — Une décision du Tribunal doit être rendue par écrit et déposée au greffe de la Cour du Québec où la demande a été produite. Elle doit contenir, outre le dispositif, toute interdiction ou restriction de divulguer, publier ou diffuser un renseignement ou un document qu'elle indique et les motifs à l'appui.

Copie ou extrait — Toute personne peut, à ses frais mais sous réserve de l'interdiction ou de la restriction, obtenir copie ou extrait de cette décision.

L.Q. 1989, c. 51, art. 16.

126. Frais et déboursés — Le Tribunal peut, dans une décision finale, condamner l'une ou l'autre des parties qui ont comparu à l'instance, aux frais et déboursés ou les répartir entre elles dans la proportion qu'il détermine.

L.Q. 1989, c. 51, art. 16.

127. Correction d'une erreur — Le Tribunal peut, sans formalité, rectifier sa décision qui est entachée d'une erreur d'écriture, de calcul ou de quelque autre erreur matérielle, tant qu'elle n'a pas été exécutée ni portée en appel.

L.Q. 1989, c. 51, art. 16.

128. Révision ou rétractation — Le Tribunal peut, d'office ou sur demande d'un intéressé, réviser ou rétracter toute décision qu'il a rendue tant qu'elle n'a pas été exécutée ni portée en appel :

    1° lorsqu'est découvert un fait nouveau qui, s'il avait été connu en temps utile, aurait pu justifier une décision différente;

    2° lorsqu'un intéressé n'a pu, pour des raisons jugées suffisantes, se faire entendre;

    3° lorsqu'un vice de fond ou de procédure est de nature à invalider la décision.

Restriction — Toutefois, dans le cas du paragraphe 3°, un juge du Tribunal ne peut réviser ni rétracter une décision rendue sur une demande qu'il a entendue.

                           L.Q. 1989, c. 51, art. 16.

129. Signification aux parties — Le greffier de la Cour du Québec du district où la demande a été produite fait signifier toute décision finale aux parties qui ont comparu à l'instance et à celles que vise le premier alinéa de l'article 116, dès son dépôt au greffe.

Signification présumée — Une décision rendue en présence d'une partie, ou de son procureur, est réputée leur avoir été signifiée dès ce moment.

                           L.Q. 1989, c. 51, art. 16.

130. Décision exécutoire — Une décision du Tribunal condamnant au paiement d'une somme d'argent devient exécutoire comme un jugement de la Cour du Québec ou de la Cour supérieure, selon la compétence respective de l'une et l'autre cour, et en a tous les effets à la date de son dépôt au greffe de la Cour du Québec ou de celle de son homologation en Cour supérieure.

Homologation — L'homologation résulte du dépôt, par le greffier de la Cour du Québec du district où la décision du Tribunal a été déposée, d'une copie conforme de cette décision au bureau du protonotaire de la Cour supérieure du district où se trouve le domicile ou, à défaut, la résidence ou le principal établissement d'entreprise de la personne condamnée.

Décision finale — Une décision finale qui n'est pas visée au premier alinéa est exécutoire à l'expiration des délais d'appels, suivant les conditions et modalités qui y sont indiquées, à moins que le Tribunal n'en ordonne l'exécution provisoire dès sa signification ou à une autre époque postérieure qu'il fixe.

Décision exécutoire — Toute autre décision du Tribunal est exécutoire dès sa signification et nonobstant appel, à moins que le tribunal d'appel n'en ordonne autrement.

                    L.Q. 1989, c. 51, art. 16; 1999, c. 40, art. 27.

131. Outrage au tribunal — Quiconque contrevient à une décision du Tribunal qui lui a été dûment signifiée, et qui n'a pas à être homologuée en Cour supérieure, se rend coupable d'outrage au Tribunal et peut être condamné, avec ou sans emprisonnement pour une durée d'au plus un an, et sans préjudice de tous recours en dommages-intérêts, à une amende n'excédant pas 50 000 $.

Amende — Quiconque contrevient à une interdiction ou à une restriction de divulgation, de publication ou de diffusion imposée par une décision du Tribunal rendue en vertu de l'article 121, est passible de la même sanction sauf quant au montant de l'amende qui ne peut excéder 5 000 $.

L.Q. 1989, c. 51, art. 16.

Chapitre V — Appel

132. Permission d'appeler — Il y a appel à la Cour d'appel, sur permission de l'un de ses juges, d'une décision finale du Tribunal.

L.Q. 1989, c. 51, art. 16.

133. C.p.c. applicable — Sous réserve de l'article 85, les règles du *Code de procédure civile* (chapitre C-25) relatives à l'appel s'appliquent, avec les adaptations nécessaires, à un appel prévu par le présent chapitre.

L.Q. 1989, c. 51, art. 16.

PARTIE VII — LES DISPOSITIONS FINALES

134. Infractions — Commet une infraction :

1° quiconque contrevient à l'un des articles 10 à 19 ou au premier alinéa de l'article 48;

2° un membre ou un mandataire de la Commission ou un membre de son personnel qui révèle, sans y être dûment autorisé, toute matière dont il a eu connaissance dans l'exercice de ses fonctions;

3° quiconque tente d'entraver ou entrave la Commission, un comité des plaintes, un membre ou un mandataire de la Commission ou un membre de son personnel, dans l'exercice de ses fonctions;

4° quiconque enfreint une interdiction ou une restriction de divulgation, de publication ou de diffusion d'un renseignement ou d'un document visé à la partie IV ou à un règlement pris en vertu de l'article 99;

5° quiconque tente d'exercer ou exerce des représailles visées à l'article 82.

L.Q. 1975, c. 6, art. 87; 1982, c. 61, art. 23; 1989, c. 51, art. 18.

135. Dirigeant de la personne morale, réputé partie à l'infraction — Si une personne morale commet une infraction prévue par l'article 134, tout dirigeant, administrateur, employé ou agent de cette personne morale qui a prescrit ou autorisé l'accomplissement de l'infraction ou qui y a consenti, acquiescé ou participé, est réputé être partie à l'infraction, que la personne morale ait ou non été poursuivie ou déclarée coupable.

L.Q. 1975, c. 6, art. 88; 1989, c. 51, art. 19 et 21; 1999, c. 40, art. 27.

136. Poursuite pénale — Une poursuite pénale pour une infraction à une disposition de la présente loi peut être intentée par la Commission.

Propriété des frais — Les frais qui sont transmis à la Commission par le défendeur avec le plaidoyer appartiennent à cette dernière, lorsqu'elle intente la poursuite pénale.

L.Q. 1975, c. 6, art. 89; 1982, c. 61, art. 24; 1989, c. 51, art. 20, 21; 1992, c. 61, art. 101.

137. [Abrogé, L.Q. 1996, c. 10, art. 4.]

138. Application de la loi — Le ministre de la Justice est chargé de l'application de la présente Charte, à l'exception des articles 57 à 96, du paragraphe 2° du premier alinéa de l'article 97 et de l'article 99 dont le ministre des Relations avec les citoyens et de l'Immigration est chargé de l'application.

L.Q. 1975, c. 6, art. 99; 1989, c. 51, art. 21; 1996, c. 21, art. 34.

139. [Cet article a cessé d'avoir effet le 17 avril 1987.]

L.Q. 1982, c. 21, art. 1; R.-U., 1982, c. 11, ann. B, ptie I, art. 33.

ANNEXE I — SERMENTS D'OFFICE ET DE DISCRÉTION

(article 64)

« Je, (*désignation de la personne*), déclare sous serment que je remplirai mes fonctions avec honnêteté, impartialité et justice et que je n'accepterai aucune autre somme d'argent ou considération quelconque, pour ce que j'aurai accompli ou accomplirai dans l'exercice de mes fonctions, que ce qui me sera alloué conformément à la loi.

De plus, je jure (*ou* affirme solennellement) que je ne révélerai et ne laisserai connaître, sans y être dûment autorisé, aucun renseignement ni document dont j'aurai eu connaissance, dans l'exercice de mes fonctions.

L.Q. 1975, c. 6, ann. A; 1989, c. 51, art. 22; 1999, c. 40, art. 27.

ANNEXE II — SERMENTS D'OFFICE ET DE DISCRÉTION
(article 102)

« Je, (*désignation de la personne*), déclare sous serment de remplir fidèlement, impartialement, honnêtement et en toute indépendance, au meilleur de ma capacité et de mes connaissances, tous les devoirs de ma fonction, d'en exercer de même tous les pouvoirs.

De plus, je déclare sous serment que je ne révélerai et ne laisserai connaître, sans y être dûment autorisé, aucun renseignement ni document dont j'aurai eu connaissance, dans l'exercice de ma fonction.

L.Q. 1975, c. 6, ann. B; 1989, c. 51, art. 22; 1999, c. 40, art. 27.

LOI SUR L'EXTRADITION [1985]

Loi concernant l'extradition des criminels fugitifs

L.R.C. 1985, ch. E-23, telle que modifiée par : L.R.C. 1985, ch. 27 (1er suppl.); L.C. 1992, ch. 13; L.C. 1993, ch. 28; L.C. 1999, ch. 18.

[La *Loi sur l'extradition* a été abrogée par l'article 129 de la *Loi concernant l'extradition, modifiant la Loi sur la preuve au Canada, le Code criminel, la Loi sur l'immigration et la Loi sur l'entraide juridique en matière criminelle, et modifiant ou abrogeant d'autres lois en conséquence* (chapitre 18 des Lois du Canada de 1999). Nous continuons cependant de reproduire le texte de la *Loi sur l'extradition* (L.R.C. 1985, ch. E-23) puisqu'en vertu de l'article 84 du chapitre 18 des Lois du Canada de 1999, la *Loi sur l'extradition* continue de s'appliquer — comme si elle n'avait pas été abrogée par l'article 129 — à toute question en matière d'extradition dans le cas où l'audition de la demande d'extradition est en cours devant le juge à la date d'entrée en vigueur de la présente loi, soit le 17 juin 1999.]

Titre abrégé

1. Titre abrégé — *Loi sur l'extradition.*

Définitions

2. Définitions — Les définitions qui suivent s'appliquent à la présente loi.

« **condamnation** » Le terme ne s'applique pas à la condamnation par contumace prononcée en vertu d'une loi étrangère, mais l'individu qui a été ainsi condamné est assimilé à un accusé.

« **cour d'appel** »

    a) Dans la province d'Ontario, la Cour d'appel;

    b) dans la province de Québec, la Cour d'appel;

    c) dans la province de la Nouvelle-Écosse, la division d'appel de la Cour suprême;

    d) dans la province du Nouveau-Brunswick, la Cour d'appel;

    e) dans la province du Manitoba, la Cour d'appel;

    f) dans la province de la Colombie-Britannique, la Cour d'appel;

    g) dans la province de l'Île-du-Prince-Édouard, la Section d'appel de la Cour suprême;

    h) dans la province de la Saskatchewan, la Cour d'appel;

    i) dans la province d'Alberta, la Cour d'appel;

    j) dans la province de Terre-Neuve, la Cour d'appel;

    k) dans le territoire du Yukon, la Cour d'appel;

    l) dans les Territoires du Nord-Ouest, la Cour d'appel;

    m) dans le territoire du Nunavut, la Cour d'appel.

L.C. 1993, ch. 28, ann. III, art. 56.

« crime donnant lieu à l'extradition »

    a) Tout crime qui constituerait l'un des crimes figurant à l'annexe I s'il ressortissait à la compétence du Canada en matière de poursuites;

    b) pour l'application de la présente loi à un traité d'extradition déterminé, tout crime prévu par celui-ci, que le crime en question figure à cette annexe ou non.

« État étranger » Sont assimilées aux États étrangers les colonies, dépendances et subdivisions de ceux-ci; les navires d'un État étranger sont réputés ressortir à la compétence de celui-ci et en faire partie.

« fugitif » ou **« criminel fugitif »** Individu qui se trouve au Canada ou qu'on soupçonne de s'y trouver et qui soit est accusé d'un crime donnant lieu à l'extradition et commis dans le ressort d'un État étranger, soit a été condamné pour ce crime.

« juge » Toute personne autorisée à se prononcer en matière d'extradition.

« mandat » Dans le cas d'un État étranger, sont compris parmi les mandats tous les documents judiciaires autorisant l'arrestation d'un accusé ou d'un condamné.

« traité d'extradition » ou **« traité »** Traité, convention ou arrangement conclus par Sa Majesté avec un État étranger et liant le Canada en matière d'extradition de criminels fugitifs.

L.C. 1992, ch. 13, art. 1.

PARTIE I — EXTRADITION PRÉVUE PAR TRAITÉ

Champ d'application

3. Existence de traités — La présente partie s'applique dans les cas où l'État étranger est partie à un traité d'extradition; elle a pour effet de suppléer aux dispositions d'un tel traité et non d'y déroger.

4. Décrets restreignant l'application de la loi britannique et de la présente partie — Dans les cas où, par décret de Sa Majesté en conseil, l'application au Royaume-Uni de la loi du Parlement du Royaume-Uni intitulée *The Extradition Act, 1870*, 33-34 Victoria, chapitre 52, ainsi que de toute loi modifiant celle-ci, à un État étranger donné est assortie de prescriptions, conditions, restrictions ou exceptions, le gouverneur en conseil est tenu, par décret, d'assortir l'application de la présente partie à cet État des mêmes prescriptions, conditions, restrictions ou exceptions.

5. Annulation et modification — Le gouverneur en conseil peut, par décret et sous réserve des restrictions prévues à la présente partie, annuler ou modifier tout décret qu'il a pris en application de l'article 4; les dispositions de la présente partie applicables au décret primitif s'appliquent, dans la mesure du possible et compte tenu des adaptations de circonstance, au nouveau décret.

6. Date de prise d'effet — Tout décret pris aux termes de l'article 4 ou 5 et touchant l'application de la présente partie à un État étranger donné prend effet après le moment qui y est fixé ou, à défaut, le jour qui suit sa publication dans la *Gazette du Canada*.

7. Publication obligatoire dans la Gazette du Canada — Les traités d'extradition, les décrets de Sa Majesté en conseil visés à l'article 4 et les décrets du gouverneur en conseil pris en application des articles 4 ou 5 sont, le plus tôt possible, publiés dans la *Gazette du Canada* et déposés devant les deux chambres du Parlement.

8. Effet de la publication — La publication visée à l'article 7 fait foi de l'existence et du contenu du traité ou du décret en cause et emporte application des dispositions de la présente partie non incompatibles avec ceux-ci. Le tribunal ou le juge admettent d'office le traité ou le décret, sans preuve formelle et sans que puissent être contestés leur validité ou l'application des dispositions de la présente partie qui sont compatibles avec eux.

Compétence d'attribution

9. (1) Juges et commissaires — Les juges des cours supérieures et des cours de comtés d'une province, ainsi que les commissaires nommés à cette fin au titre de la présente partie par le gouverneur en conseil sous le grand sceau, peuvent, sous le régime de cette partie, se prononcer en matière d'extradition dans leur province respective et sont investis à cet égard des attributions des juges ou des juges de la cour provinciale de la province.

(2) Habeas corpus — Le présent article n'a pas pour effet d'attribuer une compétence quelconque en matière d'*habeas corpus*.

(3) Compétence du juge — Dans le cadre de la *Loi constitutionnelle de 1982*, un juge de cour supérieure ou de cour de comté conserve les compétences qu'il a en cette qualité, dans l'exercice des fonctions qu'il est tenu d'accomplir en appliquant la présente loi.

L.R.C. 1985, ch. 27 (1ᵉʳ suppl.), art. 203; L.C. 1992, ch. 13, art. 2.

Extradition du Canada

10. (1) Motifs — Le juge peut, sur présentation d'un mandat d'arrestation étranger ou sur une dénonciation ou plainte portée devant lui, délivrer un mandat d'arrestation contre le fugitif en cause en se fondant sur les éléments de preuve ou en suivant la procédure qui, selon lui, justifieraient la délivrance d'un mandat d'arrestation si le crime dont le fugitif est accusé ou pour lequel il est censé avoir été condamné avait été commis au Canada.

(2) Rapport au ministre de la Justice — Le juge informe aussitôt le ministre de la Justice de la délivrance du mandat et lui transmet une copie certifiée conforme des éléments de preuve, ainsi que du mandat étranger ou de la dénonciation ou plainte.

11. Exécution du mandat — Le mandat d'arrestation délivré aux termes de la présente partie peut être exécuté sur tout le territoire canadien comme s'il avait été délivré ou visé ultérieurement par un juge de paix du ressort où il s'exécute.

12. Rétroactivité du traité — L'antériorité de la perpétration ou de la condamnation par rapport à la conclusion du traité avec l'État étranger en cause ou à l'application de la présente partie à celui-ci, non plus que l'absence de compétence des tribunaux des royaumes ou territoires de Sa Majesté quant au fugitif pour le crime en question ne font obstacle à ce que le fugitif soit arrêté, incarcéré ou livré sous le régime de la présente partie.

13. Comparution du fugitif — Le fugitif doit comparaître devant un juge; l'audition se déroule, dans la mesure du possible et sous réserve des autres dispositions de la présente partie, comme s'il comparaissait devant un juge de paix pour un acte criminel commis au Canada.

14. Témoignages — Le juge reçoit, sous serment — ou affirmation solennelle si celle-ci est admissible en droit — , les témoignages visant à établir la véracité de l'accusation ou l'existence de la condamnation.

15. Témoignages — Le juge reçoit, dans les mêmes conditions, les témoignages visant à établir que le crime dont le fugitif est accusé ou pour lequel il est censé avoir été condamné est une infraction à caractère politique ou, pour quelque autre raison, ne constitue pas un crime donnant lieu à l'extradition, ou que l'objet de la procédure est de le poursuivre ou de le punir pour une infraction à caractère politique.

16. Dépositions prises à l'étranger — Sont admissibles en preuve, dans les procédures prévues par la présente partie, les dépositions ou déclarations faites dans un État étranger — sous serment ou sous affirmation solennelle si celle-ci est autorisée par la loi de cet État — , ainsi que, dûment authentifiées, les copies ou transcriptions de ces dépositions ou déclarations et les certificats de condamnation ou autres documents judiciaires constatant l'existence de la condamnation.

17. Authentification des pièces — Les documents mentionnés à l'article 16 sont réputés dûment authentifiés s'ils l'ont été suivant la loi ou si :

a) d'une part, la qualité officielle du signataire — du mandat ou du certificat ou, s'il s'agit de dépositions ou déclarations, de la certification d'authenticité des originaux ou de conformité des copies ou transcriptions — est censée être celle de juge, magistrat ou fonctionnaire de l'État étranger;

b) d'autre part, ils sont authentifiés par le serment ou l'affirmation solennelle d'un témoin, ou par le sceau officiel — qui doit être admis d'office, sans preuve formelle — du ministre de la Justice ou d'un autre ministre de l'État étranger, ou d'une colonie, dépendance ou subdivision de celui-ci.

L.R.C. 1985, ch. 27 (1er suppl.), art. 203.

18. (1) Incarcération — Le juge délivre un mandat de dépôt portant incarcération du fugitif dans la prison appropriée la plus rapprochée en attendant la remise de celui-ci à l'État étranger ou sa libération conformément à la loi :

a) dans le cas où le fugitif est censé avoir été condamné pour le crime donnant lieu à l'extradition, lorsque les éléments de preuve produits établiraient en droit canadien, sous réserve des autres dispositions de la présente partie, l'existence de la condamnation;

b) dans le cas où le fugitif n'est qu'accusé d'un crime donnant lieu à l'extradition, lorsque les éléments de preuve produits justifieraient en droit canadien, sous réserve des autres dispositions de la présente partie, sa citation à procès si le crime avait été commis au Canada.

(2) Libération — À défaut des éléments de preuve visés au paragraphe (1), le juge ordonne la libération.

19. Renseignements à fournir au fugitif — En ordonnant l'incarcération pour extradition du fugitif, le juge :

a) informe le fugitif qu'il ne sera pas livré avant l'expiration de trente jours et lui fait part de son droit d'en appeler de l'ordonnance d'incarcération;

b) transmet au ministre de la Justice un certificat d'incarcération et une copie des pièces ou transcriptions de témoignages qu'il n'a pas déjà transmises, ainsi que tout rapport qu'il juge utile.

L.C. 1992, ch. 13, art. 3.

19.1 (1) Déclarations de la part du fugitif — Le fugitif visé par une demande en extradition peut, au plus tard trente jours après l'ordonnance d'incarcération ou ultérieurement si le ministre de la Justice le juge indiqué, présenter à celui-ci des déclarations sur tout motif à faire valoir auprès de lui touchant sa remise éventuelle à l'État étranger.

(2) Droit d'être informé — Au début des procédures visées à l'article 13, le juge informe le fugitif de son droit de présenter au ministre de la Justice des déclarations au titre du paragraphe (1).

L.C. 1992, ch. 13, art. 3.

19.2 Appel — Le fugitif peut interjeter appel de son incarcération et l'État étranger à l'origine de la demande en extradition peut interjeter appel du refus d'extradition ou de l'arrêt de la procédure visée à l'article 13 devant la cour d'appel de la province où, selon le cas, l'ordonnance d'incarcération, de libération ou d'arrêt des procédures a été rendue :

a) soit sur une question de droit;

b) soit, avec l'autorisation de la cour d'appel ou de l'un de ses juges, sur une question de fait, ou de droit et de fait;

c) soit, avec l'autorisation de la cour d'appel, sur toute autre question jugée suffisamment fondée par la cour d'appel.

L.C. 1992, ch. 13, art. 3.

19.3 (1) Avis d'appel — L'appel ou l'autorisation d'interjeter appel est formé par le dépôt d'un avis, selon les règles de pratique et de procédure de la cour d'appel, dans les trente jours suivant la décision du juge d'ordonner l'incarcération ou la libération du fugitif ou d'arrêter la procédure.

(2) Prorogation du délai — La cour d'appel ou l'un de ses juges peut, avant ou après l'expiration des trente jours, proroger le délai du dépôt de l'avis.

L.C. 1992, ch. 13, art. 3.

19.4 (1) Instruction de l'appel — L'appel est inscrit pour audition dans le meilleur délai au cours ou en dehors des sessions régulières de la cour.

(2) Appel différé — La cour d'appel peut reporter l'audition de l'appel d'une décision portant sur l'ordonnance d'incarcération du fugitif ou de tout autre appel fondé sur la présente loi jusqu'à ce que le ministre de la Justice rende une décision en application de l'article 25.

L.C. 1992, ch. 13, art. 3.

19.5 (1) Application du *Code criminel* — Les articles 677, 678.1, 679, 682 à 685 et 688 du *Code criminel* s'appliquent, avec les adaptations nécessaires, aux appels interjetés en application de la présente loi.

(2) Règles — Sauf incompatibilité avec la présente loi, les règles établies par la cour d'appel au titre de l'article 482 du *Code criminel* s'appliquent, avec les adaptations nécessaires, aux appels interjetés au titre de la présente loi.

L.C. 1992, ch. 13, art. 3.

19.6 Pouvoirs de la cour d'appel en matière d'incarcération — Dans le cas d'un appel à l'encontre d'une ordonnance d'incarcération du fugitif, la cour d'appel peut :

a) à l'égard de tout crime donnant lieu à l'extradition pour lequel le fugitif a fait l'objet de cette ordonnance, accueillir l'appel au motif, selon le cas :

(i) que l'ordonnance est déraisonnable ou ne peut s'appuyer sur les éléments de preuve,

(ii) qu'une décision erronée a été rendue sur une question de droit,

(iii) que, pour un motif quelconque, il y a eu erreur judiciaire;

b) rejeter l'appel dans les cas suivants :

(i) elle n'accepte aucun des motifs invoqués au titre de l'alinéa *a)*,

(ii) bien qu'elle estime que, pour un motif mentionné au sous-alinéa *a)*(ii), la décision pourrait être en faveur de l'appelant, elle est d'avis qu'aucun tort grave ni déni de justice n'a été causé et que l'ordonnance devrait être maintenue.

L.C. 1992, ch. 13, art. 3.

19.7 Accueil de l'appel — Sur décision d'accueillir l'appel visé à l'alinéa 19.6*a)*, la cour d'appel, selon le cas :

a) annule l'ordonnance et :

(i) soit ordonne la libération du fugitif,

(ii) soit ordonne la tenue d'une nouvelle audition;

b) modifie l'ordonnance afin d'exclure tout crime donnant lieu à l'extradition pour lequel elle estime que, pour un motif mentionné aux sous-alinéas 19.6*a)*(i), (ii) ou (iii), le fugitif n'aurait pas dû être incarcéré.

L.C. 1992, ch. 13, art. 3.

19.8 Pouvoirs de la cour d'appel en matière de libération — Dans le cas d'un appel à l'encontre de la libération d'un fugitif à l'égard d'un crime donnant lieu à l'extradition ou de l'arrêt des procédures visées à l'article 13, la cour d'appel peut :

  a) accueillir l'appel et annuler l'ordonnance de libération ou d'arrêt lorsqu'elle estime :

   (i) que l'ordonnance de libération devrait être annulée au motif qu'elle est déraisonnable vu l'insuffisance des éléments de preuve,

   (ii) qu'une décision erronée, concernant la libération ou l'arrêt des procédures, a été rendue sur une question de droit,

   (iii) que, pour un motif quelconque, il y a eu erreur judiciaire;

  b) rejeter l'appel.

En outre, si elle annule l'arrêt, elle peut ordonner une nouvelle audition, et, si elle annule la libération, une nouvelle audition ou l'incarcération pour le crime en question.

L.C. 1992, ch. 13, art. 3.

19.9 Appel différé — La Cour suprême du Canada peut reporter l'audition d'une demande d'autorisation d'appel, ou de l'appel, d'une décision de la cour d'appel au titre de l'article 19.2 ou relativement à tout autre appel fondé sur la présente loi jusqu'à ce que le ministre de la Justice rende une décision en application de l'article 25 ou, en cas de demande de contrôle judiciaire présentée en vertu de l'article 25.2 ou autrement, jusqu'à ce que la cour d'appel rende sa décision.

L.C. 1992, ch. 13, art. 3.

20. (1) Demande en extradition — La demande en extradition d'un criminel fugitif peut être présentée au ministre de la Justice par :

  a) toute personne qu'il reconnaît comme agent consulaire de l'État demandeur résidant à Ottawa;

  b) tout ministre de cet État communiquant avec lui par l'intermédiaire des agents diplomatiques de Sa Majesté dans cet État.

(2) Cas spéciaux — Dans les cas où ces moyens ne sont pas appropriés, la demande se fait par tout mode convenu par arrangement.

21. Cas où l'extradition n'est pas accordée — Le fugitif ne peut être livré dans le cadre de la présente partie s'il ressort :

  a) soit que l'infraction pour laquelle son extradition est demandée a un caractère politique;

  b) soit que l'extradition est demandée dans le but de le poursuivre ou de le punir pour une infraction à caractère politique.

22. (1) Refus du ministre de la Justice — Le ministre de la Justice peut refuser de prendre un arrêté d'extradition s'il en vient à la conclusion, à quelque moment :

    a) soit que l'infraction en cause a un caractère politique;

    b) soit que la procédure est engagée dans le but de juger ou de punir le fugitif pour une infraction à caractère politique;

    c) soit que l'État étranger n'a pas l'intention de demander l'extradition du fugitif.

(2) Libération du fugitif — Dans les cas de refus visés au paragraphe (1), le ministre peut, par un arrêté pris sous ses seing et sceau, révoquer tout arrêté qu'il a déjà pris ou tout mandat délivré par un juge en vertu de la présente partie, et ordonner que le fugitif soit libéré des effets de tout mandat de dépôt délivré en vertu de la présente partie; le fugitif est libéré en conséquence.

23. Délai préalable à l'extradition — Le fugitif ne peut être livré :

    a) soit avant l'expiration de trente jours suivant la date de l'ordonnance d'incarcération à cette fin;

    b) soit, lorsque sont en instance un appel ou une demande de contrôle judiciaire fondés sur la présente loi ou tout appel des décisions rendues sur cet appel ou cette demande, avant la date de la décision définitive de la cour.

L.C. 1992, ch. 13, art. 4.

24. [Abrogé, L.C. 1992, ch. 13, art. 4.]

25. (1) Remise du fugitif — Sous réserve des autres dispositions de la présente partie et sur demande d'un État étranger, le ministre de la Justice, dans les quatre-vingt-dix jours suivant la date de l'ordonnance d'incarcération du fugitif, peut, par arrêté, ordonner que celui-ci soit livré à l'agent ou aux agents de cet État qui, à son avis, sont autorisés à agir au nom de celui-ci dans l'affaire.

(2) Délai additionnel — Le ministre peut proroger d'une période de soixante jours le délai de quatre-vingt-dix jours mentionné au paragraphe (1), s'il est d'avis qu'un délai supplémentaire est nécessaire pour rendre une décision à l'égard des déclarations présentées en vertu de l'article 19.1 par le fugitif.

(3) Avis de prorogation — En cas d'appel interjeté en vertu de l'article 19.2 et de prorogation du délai de quatre-vingt-dix jours, le ministre dépose un avis de prorogation à la cour d'appel avant l'expiration de ce délai.

(4) Fugitif accusé ou puni au Canada — L'arrêté pris en vertu du paragraphe (1) à l'égard d'un fugitif accusé sous le régime d'une loi canadienne ou subissant une peine au Canada et pour lequel l'extradition est demandée en raison d'une infraction différente ne prend effet, sauf arrêté contraire du ministre, qu'après l'acquittement du fugitif, l'expiration de sa peine ou toute autre forme de libération.

(5) Primauté de l'arrêté contraire — L'arrêté contraire visé au paragraphe (4) peut prévoir l'extradition d'un fugitif à tout moment avant sa libération et l'emporte sur tous mandat d'arrêt ou ordonnance antérieurs portant détention ou liberté conditionnelle du fugitif.

L.C. 1992, ch. 13, art. 5.

25.1 (1) Appel en instance — Malgré l'article 25, le ministre peut reporter la prise de l'arrêté visé au paragraphe 25(1), aux conditions suivantes :

   a) un appel a été interjeté en vertu de l'article 19.2;

   b) lui-même dépose un avis de report à la cour d'appel avant l'expiration des quatre-vingt-dix jours mentionnés au paragraphe 25(1);

   c) l'arrêté est pris dans les quarante-cinq jours suivant la décision de la cour d'appel.

(2) Appel non différé — En cas de dépôt, par le ministre, de l'avis mentionné à l'alinéa (1)*b*), la cour d'appel ne peut reporter, en vertu du paragraphe 19.4(2), l'audition de l'appel.

L.C. 1992, ch. 13, art. 5.

25.2 (1) Contrôle judiciaire — Malgré la *Loi sur la Cour fédérale*, la cour d'appel de la province où l'incarcération du fugitif a été ordonnée a compétence exclusive pour connaître, conformément aux paragraphes (2) à (10), des demandes de contrôle judiciaire relatives à une décision prise par le ministre de la Justice au titre de l'article 25.

(2) Demande — Une demande de contrôle judiciaire peut être présentée par un fugitif.

(3) Délai de présentation — La demande de contrôle judiciaire est à présenter, selon les règles de pratique et de procédure de la cour d'appel, dans les trente jours suivant la première communication au fugitif par le ministre de la Justice de la décision mentionnée au paragraphe (1), ou dans le délai supérieur que la cour d'appel peut, avant ou après l'expiration de ces trente jours, fixer ou accorder.

(4) Article 679 du *Code criminel* — L'article 679 du *Code criminel* s'applique, avec les adaptations nécessaires, aux demandes de contrôle judiciaire présentées en application du présent article.

(5) Audition de la demande — La demande de contrôle judiciaire est inscrite pour audition dans le meilleur délai au cours ou en dehors des sessions régulières de la cour.

(6) Pouvoirs de la cour d'appel — Sur présentation de la demande de contrôle judiciaire, la cour d'appel peut :

a) ordonner au ministre de la Justice d'accomplir tout acte qu'il a illégalement omis ou refusé d'accomplir ou dont il a retardé l'exécution de manière déraisonnable;

b) déclarer nulle ou illégale, annuler, infirmer, ou infirmer et renvoyer pour décision suivant ses instructions, prohiber ou restreindre la décision mentionnée au paragraphe (1).

(7) Motifs — La cour d'appel peut prendre les mesures prévues au paragraphe (4) pour les mêmes motifs que la Section de première instance de la Cour fédérale peut le faire en application du paragraphe 18.1(4) de la *Loi sur la Cour fédérale*.

(8) Vice de forme — La cour d'appel peut rejeter toute demande de contrôle judiciaire fondée uniquement sur un vice de forme si elle estime qu'en l'occurrence le vice n'entraîne aucun tort grave ni déni de justice et, le cas échéant, valider la décision entachée de vice et lui donner effet selon les modalités qu'elle estime indiquées.

(9) Réunion d'appels — En cas d'appel en instance en application de l'article 19.2 ou fondé sur la présente loi, la cour d'appel peut joindre l'audition de cet appel à celle d'une demande de contrôle judiciaire présentée en vertu du présent article ou autrement.

(10) Règles applicables — Sauf incompatibilité avec la présente loi, les lois ou règles relatives au contrôle judiciaire en vigueur dans une province s'appliquent, avec les adaptations nécessaires, aux demandes présentées au titre du présent article.

L.C. 1992, ch. 13, art. 5.

26. Prise en charge — Le destinataire de l'arrêté prévu à l'article 25 peut livrer le fugitif et l'agent de l'État étranger qui y est autorisé peut prendre celui-ci en charge, le détenir et le transférer dans le ressort de l'État étranger. En cas d'évasion, le fugitif peut être repris comme toute personne accusée d'un crime contre les lois canadiennes, ou condamnée pour ce crime, et qui s'est évadée.

27. Biens trouvés sur le fugitif — Les biens que le fugitif avait en sa possession lors de son arrestation et qui sont susceptibles de servir de pièces à conviction de son crime peuvent être livrés en même temps que lui sans préjudice des droits des tiers à cet égard.

28. Recours en cas de délai — Tout juge de la cour supérieure de la province d'incarcération ayant compétence en matière d'*habeas corpus* peut, sur demande faite par le fugitif ou en son nom et sur preuve qu'un préavis suffisant de l'intention en ce sens a été donné au ministre de la Justice, ordonner, sauf s'il est démontré que des motifs valables y font obstacle, que le fugitif soit élargi dès que se réalise l'une des conditions suivantes :

    a) le ministre n'a pas pris l'arrêté d'extradition prévu à l'article 25 :

        (i) dans le délai mentionné au paragraphe 25(1) ou (2),

        (ii) en cas d'avis déposé en vertu de l'alinéa 25.1(1)*b*), dans les quarante-cinq jours de la décision de la cour d'appel visée à l'alinéa 25.1(1)*c*);

    b) le fugitif n'est pas livré et emmené hors du Canada, compte non tenu du temps nécessaire à son transfèrement au point de départ du Canada le plus approprié :

        (i) soit dans les quarante-cinq jours suivant l'arrêté d'extradition pris par le ministre de la Justice au titre de l'article 25,

        (ii) soit dans les quarante-cinq jours suivant la décision définitive de la cour sur un appel ou une demande de contrôle judiciaire fondés sur la présente loi ou sur tout appel des décisions rendues sur ces appels ou ces demandes.

L.C. 1992, ch. 13, art. 6.

29. Formules — Les formules figurant à l'annexe II, ou des formules qui s'en rapprochent autant que les circonstances le permettent, peuvent être utilisées dans les cas qu'elles visent et si elles le sont, elles sont réputées valides.

Extradition d'un État étranger

30. (1) Demande du Canada — Le ministre de la Justice peut demander l'extradition d'un criminel qui s'est enfui du Canada et qui se trouve ou qu'on soupçonne de se trouver dans un État étranger qui est partie à un traité d'extradition auprès :

    a) soit d'un agent consulaire de cet État résidant à Ottawa;

    b) soit du ministre de la Justice ou d'un autre ministre de cet État, par l'intermédiaire du représentant diplomatique de Sa Majesté dans cet État.

(2) Cas spéciaux — Dans les cas où ces moyens ne sont pas appropriés, la demande se fait par tout mode convenu par arrangement.

31. (1) Dépositions destinées à servir dans un État étranger — Tout juge de paix et quiconque a compétence pour délivrer un mandat d'arrestation et ordonner l'incarcération par mandat de dépôt peuvent, pour l'application de la présente loi, recueillir des témoignages destinés à servir de preuve dans un État étranger contre une personne accusée d'un crime donnant lieu à l'extradition en l'absence de celle-ci, tout comme si elle était présente et accusée de ce crime devant eux.

(2) Assignation de témoins — La personne saisie au titre du paragraphe (1) peut, par assignation ou ordonnance, enjoindre à des témoins de comparaître aux date, heure et lieu indiqués et de déposer sur le crime donnant lieu à l'extradition qui fait l'objet d'une accusation sous le régime de la présente loi, et exiger la production de documents ou autres pièces utiles à l'affaire dont ils ont la possession ou la responsabilité.

(3) Exécution de l'assignation — L'assignation ou ordonnance visée au paragraphe (2) s'exécute de la même manière que celle qui émane d'une cour supérieure, une fois qu'elle a été signifiée et que les frais de déplacement — les mêmes que pour les témoins convoqués devant la cour supérieure pour un procès relatif à un acte criminel — ont été versés ou offerts à la personne assignée.

32. Transport du fugitif livré — Le mandat d'extradition délivré dans l'État étranger constitue une autorisation de ramener le fugitif livré par cet État au Canada et de le remettre aux autorités compétentes pour que la justice suive son cours.

33. Principe de spécialité — La personne livrée par un État étranger en application d'un traité d'extradition ne peut, en violation du traité, être poursuivie ou punie au Canada pour une autre infraction commise avant son extradition et non prévue au traité, tant qu'elle n'est pas rentrée dans l'État étranger ou qu'il ne lui a pas été possible de le faire aux termes du traité.

Annexe I

34. Interprétation de l'annexe I — La liste figurant à l'annexe I s'interprète selon l'état du droit canadien — *common law* ou textes législatifs — au moment de la perpétration du crime imputé et n'est censée comprendre que les crimes qui y figurent et qui sont des actes criminels.

PARTIE II — EXTRADITION SANS TRAITÉ

35. (1) Prise d'effet — La présente partie ne s'applique aux criminels fugitifs d'un État étranger donné qu'après la date fixée par une proclamation du gouverneur général la déclarant applicable à cet État.

(2) Annulation — Le gouverneur général peut, par proclamation, déclarer que la présente partie n'est plus applicable à un État étranger; le cas échéant, les dispositions de celle-ci cessent d'avoir effet, à l'égard des criminels fugitifs de cet État, après la date fixée dans cette proclamation.

36. Application — La présente partie ne s'applique qu'aux crimes figurant à l'annexe III et commis après la prise d'effet de la présente partie à l'égard de l'État étranger en cause.

37. (1) Extradition — En l'absence de traité d'extradition entre Sa Majesté et un État étranger, ou si le traité conclu entre Sa Majesté et un État étranger et s'appliquant au Canada ne couvre pas les crimes figurant à l'annexe III, le ministre de la Justice peut délivrer un mandat d'extradition contre un criminel fugitif de cet État étranger s'il est accusé d'un crime figurant à cette annexe ou s'il a été condamné pour ce crime.

(2) Procédure — Les règles concernant l'arrestation, l'incarcération, la détention, la remise et le transport hors du Canada du criminel fugitif visé au paragraphe (1) sont régies par la partie I comme si les crimes figurant à l'annexe III étaient mentionnés dans un traité d'extradition conclu entre Sa Majesté et l'État étranger et s'appliquant au Canada.

38. Paiement des dépenses — Les dépenses liées à l'arrestation, à l'incarcération, à la détention, à la remise et au transport hors du Canada du criminel fugitif visé par la présente partie sont supportées par l'État étranger qui en demande l'extradition.

39. Interprétation de l'annexe III — La liste figurant à l'annexe III s'interprète selon l'état du droit canadien — *common law* ou textes législatifs — au moment de la perpétration du crime imputé et n'est censée comprendre que les crimes qui y figurent et qui sont des actes criminels.

40. Condition préalable dans certains cas — Dans les cas où la loi de l'État ou du pays étranger permet de juger l'extradé pour une autre infraction que celle qui a fait l'objet de la demande d'extradition, le mandat prévu à la présente partie pour la remise du fugitif à cet État ou pays ne peut être délivré que si le gouvernement de celui-ci a donné l'assurance que le fugitif ne sera pas jugé pour une autre infraction que celle qui a fait l'objet de la demande.

[Note : Le processus d'appel et de révision dans les causes d'extradition est entré en vigueur le 1ᵉʳ décembre 1992.]

ANNEXE I — LISTE DES CRIMES

(articles 2 et 34)

1. Meurtre, ou tentative ou complot de meurtre

2. Homicide involontaire coupable

3. Contrefaçon ou altération de monnaie, et mise en circulation de monnaie contrefaite ou altérée

4. Faux, contrefaçon ou altération, ou mise en circulation de ce qui est falsifié, contrefait ou altéré

5. Vol

6. Détournement de fonds

7. Obtention d'argent, de valeurs ou de marchandises sous de faux prétextes

8. Crimes en matière de faillite ou d'insolvabilité

9. Fraude qualifiée criminelle aux termes de la loi de la part d'un dépositaire, banquier, mandataire, facteur, fiduciaire, ou d'un administrateur, membre ou dirigeant d'une compagnie

10. Agression sexuelle, agression sexuelle armée, menaces à une tierce personne, fait d'infliger des lésions corporelles ou agression sexuelle grave

11. Rapt

12. Vol d'enfant

13. Enlèvement

14. Emprisonnement illégal

15. Effraction dans une maison d'habitation ou dans un établissement commercial

16. Incendie criminel

17. Vol qualifié

18. Menaces par lettres ou autrement faites en vue d'une extorsion

19. Parjure ou subornation de témoins

20. Actes de piraterie prévus par le droit interne ou international, commis à bord d'un navire d'un État étranger ou dirigés contre lui

21. Destruction ou sabordage criminels, en haute mer ou sur les Grands Lacs, d'un navire d'un État étranger, ou tentative ou complot à cet effet

22. Voies de fait à bord d'un navire d'un État étranger, en haute mer ou sur les Grands Lacs, avec intention de tuer ou d'infliger des blessures corporelles graves

23. Révolte ou complot de révolte par plusieurs personnes à bord d'un navire d'un État étranger, en haute mer ou sur les Grands Lacs, contre l'autorité du capitaine

24. Toute infraction, non mentionnée ci-dessus, prévue par :

a) les articles 52, 57, 58, 79 à 81, 153, 154, 178, 280 à 283, 385 à 391, 393 à 396, le paragraphe 397(1), les articles 398, 400, 401, 405 et l'alinéa 465(1)a) du *Code criminel*

b) la partie VIII du *Code criminel*, sauf les articles 249, 250, 252, 253, 255 et 259 à l'égard d'un bateau et sauf les articles 264.1 et 290 à 317

c) la partie IX du *Code criminel*, sauf le paragraphe 339(2)

d) la partie XI du *Code criminel*, sauf les articles 438, 440, 441, 446 et 447

e) la partie XII du *Code criminel*, sauf l'article 454

25. Complicité dans la perpétration de l'une des infractions figurant à la présente annexe dans la mesure où le complice peut être poursuivi ou condamné comme s'il était l'auteur principal de l'infraction.

L.R.C. 1985, ch. 27 (1ᵉʳ suppl.), art. 187.

ANNEXE II

(article 29)

Formule 1 — Mandat d'arrestation

.............;

À tout agent de police de .... :

Attendu qu'il a été démontré au soussigné, juge au sens de la *Loi sur l'extradition*, que ...., de ...., est accusé(e) du (*ou* a été condamné(e) pour le) crime de .... dans le ressort de ....

À ces causes, les présentes vous enjoignent, au nom de Sa Majesté, d'arrêter immédiatement cette personne et de l'amener devant moi, ou devant tout autre juge au sens de la même loi, pour qu'elle soit ultérieurement traitée selon la loi; les présentes constituent votre mandat.

Donné sous mes seing et sceau à ...., le .... 19..........

Formule 2 — Mandat de dépôt

............;

À ...., l'un des agents de police de ...., et au gardien de .... à .... :

Sachez que le .... 19.......... à .... a été amené(e) devant moi ...., juge au sens de la *Loi sur l'extradition*, ... qui a été arrêté(e) sous le régime de la même loi, pour être traité(e) selon la loi; attendu que j'ai décidé que cette personne serait livrée conformément à la même loi, en raison de l'accusation de (*ou* de la condamnation pour) .... dans le ressort de ....

À ces causes, les présentes enjoignent, à vous, agent de police, au nom de Sa Majesté, de conduire immédiatement cette personne devant le gardien de .... à.......... et de la lui livrer et à vous, gardien, de la recevoir sous votre garde, et de l'y détenir en sûreté jusqu'à ce qu'elle soit livrée en d'autres mains suivant les dispositions de la même loi; les présentes constituent votre mandat.

Donné sous mes seing et sceau à ...., le .... 19..........

Formule 3 — Arrêté d'extradition

Au gardien de .... à.......... et à.......... :

Attendu que ...., de ...., accusé(e) du (ou condamné(e) pour le) crime de .... dans le ressort de .... a été confié(e) à votre garde en votre qualité de gardien de .... à .... par mandat daté du .... conformément à la *Loi sur l'extradition*.

Je vous ordonne par les présentes, conformément à la même loi, à vous, gardien, de livrer cette personne à la garde de ...., et, à vous, ..., de la recevoir sous votre garde, et de la conduire dans le ressort de .... et de la confier ensuite à la garde de la ou des personnes (*ou* de ....) chargé(e)(s) par cet État de la recevoir; les présentes constituent votre mandat.

Donné sous les seing et sceau du soussigné, ministre de la Justice du Canada, le .... 19..........

ANNEXE III — LISTE DES CRIMES

(articles 36, 37 et 39)

1. Meurtre, ou tentative ou complot de meurtre

2. Homicide involontaire coupable

3. Contrefaçon ou altération de monnaie, et mise en circulation de monnaie contrefaite ou altérée

4. Faux, contrefaçon ou altération, ou mise en circulation de ce qui est falsifié, contrefait ou altéré

5. Vol

6. Détournement de fonds

7. Obtention d'argent, de valeurs ou de marchandises sous de faux prétextes

8. Agression sexuelle, agression sexuelle armée, menaces à une tierce personne, fait d'infliger des lésions corporelles ou agression sexuelle grave

9. Rapt

10. Vol d'enfant

11. Enlèvement

12. Effraction dans une maison d'habitation ou dans un établissement commercial

13. Incendie criminel

14. Vol qualifié

15. Fraude qualifiée criminelle aux termes de la loi de la part d'un dépositaire, banquier, mandataire, facteur, fiduciaire, ou d'un membre ou fonctionnaire public d'une compagnie ou d'une municipalité

16. Actes malicieux commis avec intention de mettre en danger la vie de personnes se trouvant dans un train de chemin de fer

17. Actes de piraterie prévus par le droit interne ou international, commis à bord d'un navire d'un État étranger ou dirigés contre lui

18. Destruction ou sabotage criminels, en haute mer ou sur les Grands Lacs, d'un navire d'un État étranger, ou tentative ou complot à cet effet

19. Voies de fait à bord d'un navire d'un État étranger, en haute mer ou sur les Grands Lacs, avec intention de tuer ou d'infliger des blessures corporelles graves

20. Révolte ou complot de révolte par plusieurs personnes à bord d'un navire d'un État étranger, en haute mer ou sur les Grands Lacs, contre l'autorité du capitaine

21. Administration de drogues ou usages d'instruments en vue d'un avortement

22. Complicité dans la perpétration de l'une des infractions figurant à la présente annexe dans la mesure où le complice peut être poursuivi ou condamné comme s'il était l'auteur principal de l'infraction

S.R.C. 1970, ch. E-21, annexe III; S.C. 1980–81–82–83, ch. 125, art. 31.

Loi sur l'extradition [1999]

Loi concernant l'extradition, modifiant la Loi sur la preuve au Canada, le Code criminel, la Loi sur l'immigration et la Loi sur l'entraide juridique en matière criminelle, et modifiant ou abrogeant d'autres lois en conséquence

L.C. 1999, ch. 18; L.C. 2000, ch. 24 [non en vigueur]

Titre abrégé

1. Titre abrégé — *Loi sur l'extradition.*

Partie 1 — Définitions

2. Définitions — Les définitions qui suivent s'appliquent à la présente loi.

« **accord** » Accord en vigueur auquel le Canada est partie, qui porte en tout ou en partie sur l'extradition, à l'exception de tout accord spécifique.

« **accord spécifique** » Accord visé à l'article 10 et qui est en vigueur.

« **cour d'appel** »

    a) Dans la province de l'Île-du-Prince-Édouard, la Section d'appel de la Cour suprême;

    b) dans les autres provinces, la Cour d'appel.

Non en vigueur — « Cour pénale internationale »

« **Cour pénale internationale** » La Cour pénale internationale au sens du paragraphe 2(1) de la *Loi sur les crimes contre l'humanité et les crimes de guerre.*
L.C. 2000, ch. 24, art. 47.

« **État ou entité** »

    a) Un État étranger, ses provinces, États ou autres subdivisions politiques, ses colonies, dépendances, possessions, territoires gérés en condominium ou placés sous son protectorat, sa tutelle ou, d'une façon générale, sa dépendance;

b) tout tribunal pénal international;

c) un territoire.

« juge » Juge du tribunal.

« juge de paix » S'entend au sens de l'article 2 du *Code criminel*.

« ministre » Le ministre de la Justice.

« partenaire » État ou entité qui est soit partie à un accord d'extradition, soit signataire d'un accord spécifique avec le Canada ou dont le nom figure à l'annexe.

« procureur général » Le procureur général du Canada.

« tribunal »

a) En Ontario, la Cour de l'Ontario (Division générale);

b) au Québec, la Cour supérieure;

c) au Nouveau-Brunswick, au Manitoba, en Alberta et en Saskatchewan, la Cour du Banc de la Reine;

d) en Nouvelle-Écosse, en Colombie-Britannique, au Yukon, dans les Territoires du Nord-Ouest et au Nunavut, la Cour suprême;

e) dans l'Île-du-Prince-Édouard et à Terre-Neuve, la Section de première instance de la Cour suprême.

PARTIE 2 — EXTRADITION VERS L'ÉTRANGER

Situations donnant lieu à extradition

3. (1) Principe général — Toute personne peut être extradée du Canada, en conformité avec la présente loi et tout accord applicable, à la demande d'un partenaire pour subir son procès dans le ressort de celui-ci, se faire infliger une peine ou y purger une peine si:

a) d'une part, l'infraction mentionnée dans la demande est, aux termes du droit applicable par le partenaire, sanctionnée, sous réserve de l'accord applicable, par une peine d'emprisonnement ou une autre forme de privation de liberté d'une durée maximale de deux ans ou plus ou par une peine plus sévère;

b) d'autre part, l'ensemble de ses actes aurait constitué, s'ils avaient été commis au Canada, une infraction sanctionnée aux termes du droit canadien:

(i) dans le cas où un accord spécifique est applicable, par une peine d'emprisonnement maximale de cinq ans ou plus ou par une peine plus sévère,

(ii) dans le cas contraire, sous réserve de l'accord applicable, par une peine d'emprisonnement maximale de deux ans ou plus ou par une peine plus sévère.

(2) Primauté des faits sur les appellations — Il est entendu que la concordance entre l'appellation juridique, la désignation, la classification ou la définition donnée à l'ensemble des actes de l'intéressé par le droit canadien et celle donnée par le droit applicable par le partenaire n'est pas prise en compte.

(3) Extradition des personnes condamnées — Sous réserve de l'accord applicable, l'extradition de la personne déjà condamnée à une peine d'emprisonnement ou autre forme de privation de liberté ne peut être accordée que s'il reste au moins six mois de la peine à purger ou s'il reste une peine plus sévère à purger.

4. Nouvelle procédure — Il est entendu que la libération sans conditions d'une personne en application de la présente loi ou de l'une des lois abrogées par les articles 129 ou 130 ne fait pas obstacle à une nouvelle procédure d'extradition, contre la même personne, fondée ou non sur les mêmes actes, en application de la présente loi sauf si un juge est d'avis que l'introduction de la nouvelle procédure équivaut à un abus de procédure.

5. Territorialité et extraterritorialité — L'extradition peut avoir lieu, que les actes de l'intéressé — à l'origine de la demande d'extradition — aient été ou non commis dans le ressort du partenaire, et que le Canada puisse exercer ou non sa compétence dans des circonstances semblables.

6. Application dans le temps — Sous réserve de l'accord applicable, l'antériorité des actes reprochés ou de la condamnation par rapport à l'entrée en vigueur d'un accord ou d'un accord spécifique, ou de la présente loi, ne fait pas obstacle à l'extradition.

Non en vigueur — 6.1

6.1 Immunité — Par dérogation à toute autre loi ou règle de droit, quiconque fait l'objet d'une demande de remise présentée par la Cour pénale internationale, ou par tout tribunal pénal international établi par résolution du Conseil de sécurité des Nations Unies et dont le nom figure à l'annexe, ne peut bénéficier de l'immunité qui existe en vertu du droit statutaire ou de la common law relativement à l'arrestation ou à l'extradition prévues par la présente loi.

L.C. 2000, ch. 24, art. 48.

Rôle du ministre

7. Rôle du ministre — Le ministre est chargé de la mise en oeuvre des accords, de l'application de la présente loi et du traitement des demandes d'extradition procédant de ces textes.

Publication des accords

8. (1) Gazette du Canada — À moins qu'ils ne soient publiés en conformité avec le paragraphe (2), les accords et les dispositions d'un accord multilatéral qui traitent de l'extradition sont publiés dans la *Gazette du Canada*, dans les soixante jours suivant leur entrée en vigueur.

(2) Recueil des traités du Canada — Les accords ou les dispositions d'un accord multilatéral peuvent être publiés dans le *Recueil des traités du Canada*, auquel cas la publication est faite dans les soixante jours suivant leur entrée en vigueur.

(3) Notoriété publique — Les accords et dispositions ainsi publiés dans la *Gazette du Canada* ou dans le *Recueil des traités du Canada* sont de notoriété publique.

États ou entités désignés

9. (1) Désignation — Les membres du Commonwealth dont les noms apparaissent à l'annexe et les États ou entités y figurant sont désignés partenaires.

(2) Modification de l'annexe — Le ministre des Affaires étrangères peut par arrêté, avec l'accord du ministre, radier tout nom de l'annexe ou y ajouter d'autres membres du Commonwealth ou d'autres États ou entités.

Accords spécifiques

10. (1) Accords spécifiques — Le ministre des Affaires étrangères peut, avec l'accord du ministre, conclure avec un État ou une entité un accord spécifique pour donner effet à une demande d'extradition dans un cas déterminé.

(2) Prééminence de la présente loi — Il est entendu que les dispositions de la présente loi l'emportent sur les dispositions incompatibles d'un accord spécifique.

(3) Preuve — Fait foi de façon concluante du contenu d'un accord spécifique le certificat délivré sous l'autorité du ministre des Affaires étrangères auquel est jointe une copie de l'accord; le certificat est recevable en preuve sans qu'il soit nécessaire de prouver l'authenticité de la signature ou la qualité officielle du signataire du certificat ou de l'accord.

Traitement des demandes par le ministre

11. (1) Demandes d'extradition — Les demandes d'extradition et d'arrestation provisoire d'un partenaire sont adressées au ministre.

(2) Arrestation provisoire — Les demandes d'arrestation provisoire peuvent aussi être adressées au ministre par l'intermédiaire d'Interpol.

Arrestation provisoire

12. Satisfaction du ministre — Le ministre peut, lorsqu'un partenaire demande l'arrestation provisoire d'une personne, autoriser le procureur général à présenter la demande visée à l'article 13 s'il est convaincu que:

a) d'une part, l'infraction à l'origine de la demande est sanctionnée de la façon prévue à l'alinéa 3(1)a);

b) d'autre part, le partenaire demandera l'extradition de l'intéressé.

13. (1) Mandat d'arrestation provisoire — Le juge peut, sur demande *ex parte* du procureur général, lancer un mandat d'arrestation provisoire contre une personne s'il a des motifs raisonnables de croire que les conditions suivantes sont réunies:

a) son arrestation est nécessaire dans l'intérêt public, notamment afin de prévenir sa fuite ou la perpétration d'une infraction;

b) elle réside habituellement au Canada, s'y trouve ou se dirige vers le Canada;

c) elle fait l'objet d'une condamnation ou son arrestation a été ordonnée.

(2) Teneur du mandat — Le mandat comporte les éléments suivants:

a) le nom ou description de l'intéressé;

b) une courte description de l'infraction mentionnée dans la demande d'arrestation provisoire;

c) l'ordre de l'arrêter sans délai et de l'amener devant le juge qui a délivré le mandat ou un autre juge au Canada.

(3) Exécution du mandat — Le mandat ainsi lancé peut être exécuté sur tout le territoire canadien sans avoir à être visé.

14. (1) Délai — La personne arrêtée en vertu d'un mandat d'arrestation provisoire est, qu'elle soit détenue ou en liberté provisoire, libérée sans conditions:

a) dès que le ministre informe le tribunal qu'il ne délivrera pas l'arrêté introductif d'instance prévu à l'article 15;

b) si l'arrestation provisoire a été faite par suite d'une demande présentée en application d'un accord, à l'expiration du délai prévu par l'accord pour présenter une demande d'extradition et fournir les documents à l'appui, lorsque:

(i) soit le partenaire ne s'est pas acquitté de ses obligations dans ce délai,

(ii) soit le ministre n'a pas pris l'arrêté dans les trente jours suivant l'expiration de ce délai, malgré que la demande ait été faite et les documents fournis dans le délai;

c) à défaut d'accord ou de délai pour présenter une demande d'extradition et fournir les documents à l'appui:

(i) soit à l'expiration des soixante jours suivant l'arrestation si le partenaire ne s'est pas acquitté de ses obligations dans ce délai,

(ii) soit lorsque le ministre n'a pas pris l'arrêté dans les trente jours suivant l'expiration de ce délai, malgré que la demande ait été faite et les documents fournis dans ce délai.

(2) Prorogation des délais — Un juge peut, sur demande du procureur général, proroger les délais mentionnés au paragraphe (1).

Non en vigueur — 14(2)

(2) Prorogation des délais — Sur demande du procureur général, un juge :

a) peut proroger les délais mentionnés au paragraphe (1);

b) dans le cadre d'une affaire dont est saisie la Cour pénale internationale, doit proroger les délais mentionnés au paragraphe (1) pour la période prévue par le procureur général, sans dépasser trente jours.

L.C. 2000, ch. 24, art. 49.

---

(3) Mise en liberté provisoire — Le cas échéant, il peut remettre la personne en liberté provisoire ou, si elle l'est déjà, modifier les conditions de celle-ci.

Arrêté introductif d'instance

15. (1) Pouvoir du ministre — Le ministre peut, après réception de la demande d'extradition, s'il est convaincu qu'au moins une infraction satisfait aux conditions prévues à l'alinéa 3(1)a) et au paragraphe 3(3), prendre un arrêté introductif d'instance autorisant le procureur général à demander au tribunal, au nom du partenaire, la délivrance de l'ordonnance d'incarcération prévue à l'article 29.

(2) Demandes concurrentes — En cas de demandes concurrentes visant l'extradition d'une même personne, le ministre détermine l'ordre dans lequel elles seront traitées.

(3) Teneur de l'arrêté — L'arrêté comporte les éléments suivants:

    a) le nom ou description de l'intéressé;

    b) le nom du partenaire;

    c) la désignation des infractions qui, du point de vue du droit canadien, correspondent à l'ensemble des actes reprochés à l'intéressé ou pour lesquels il a été condamné et dont au moins l'une d'entre elles serait sanctionnée de la façon prévue à l'alinéa 3(1)b).

(4) Copie — La copie de l'arrêté reproduite par un moyen de télécommunication qui rend la communication sous forme écrite a, pour l'application de la présente partie, la même force probante que l'original.

Mandat d'arrestation ou sommation

16. (1) Délivrance du mandat d'arrestation ou d'une sommation — Le procureur général peut, une fois que le ministre a délivré l'arrêté introductif d'instance, présenter à un juge compétent dans la province où it croit que se trouve la personne recherchée, dans celle où l'on croit qu'elle se trouvait ou dans celle vers laquelle elle se dirige, une demande *ex parte* en vue de la délivrance d'une sommation ou d'un mandat d'arrestation.

(2) Arrestation provisoire — S'il y a eu déjà arrestation en exécution d'un mandat d'arrestation provisoire, le procureur général n'a pas à présenter une nouvelle demande.

(3) Conditions de délivrance — Le juge saisi de la demande délivre, avec les adaptations nécessaires, la sommation ou le mandat d'arrestation prévus au paragraphe 507(4) du *Code criminel*.

(4) Exécution du mandat — Le mandat d'arrestation peut être exécuté et la sommation signifiée sur tout le territoire canadien sans avoir à être visés.

(5) Sommation: date de comparution — La sommation, d'une part, fixe la date de la comparution de l'intéressé devant le juge, celle-ci ne pouvant suivre de plus de quinze jours celle de la délivrance de la sommation, et, d'autre part, lui ordonne de se présenter aux lieu, heure et date qu'elle précise pour l'application de la *Loi sur l'identification des criminels*.

(6) Présomption — La personne qui se conforme au paragraphe (5) est assimilée, pour l'application de la *Loi sur l'identification des criminels*, à une personne légalement détenue sous une inculpation d'acte criminel.

Comparution

17. (1) Comparution — Dans les vingt-quatre heures suivant son arrestation en application des articles 13 ou 16, l'intéressé est amené devant un juge ou un juge de paix. Toutefois si aucun juge ou juge de paix n'est disponible dans un tel délai, l'intéressé est amené devant un de ceux-ci dans les meilleurs délais après son arrestation.

(2) Comparution devant le juge de paix — Le juge de paix devant lequel il comparaît est tenu d'ordonner son incarcération et sa comparution devant un juge.

18. (1) Décision lors de la comparution — Le juge devant lequel comparaît la personne arrêtée en application des articles 13 ou 16 ordonne soit son incarcération, soit sa mise en liberté provisoire avec ou sans conditions.

Non en vigueur — 18(1)

(1) Décision du juge — Le juge devant lequel comparaît la personne arrêtée en application des articles 13 ou 16 :

a) si celle-ci a été arrêtée à la demande de la Cour pénale internationale, ordonne son incarcération, à moins que les conditions suivantes ne soient réunies :

(i) la personne fait valoir, aux termes du paragraphe 522(2) du *Code criminel*, l'absence de fondement de cette mesure,

(ii) il est convaincu, considérant la gravité de l'infraction reprochée, que des circonstances urgentes et exceptionnelles justifient la mise en liberté provisoire - avec ou sans conditions - et que la personne se présentera devant le tribunal à la date prévue;

b) dans les autres cas, ordonne soit son incarcération, soit sa mise en liberté avec ou sans conditions.

(1.1) Ajournement obligatoire — L'audition de la requête de mise en liberté provisoire d'une personne visée à l'alinéa (1)a) est ajournée à la demande du procureur général pour permettre à la Chambre préliminaire de la Cour pénale internationale de présenter ses recommandations. Si les recommandations ne sont pas reçues dans les six jours, le juge peut procéder à l'audition de la requête.

(1.2) Recommandations prises en considération — Le juge prend en considération les recommandations de la Chambre préliminaire de la Cour pénale internationale avant de se prononcer sur la requête de mise en liberté.

L.C. 2000, ch. 24, art. 50.

(2) Révision par la cour d'appel — La décision d'accorder ou de refuser la mise en liberté provisoire peut faire l'objet d'une révision par un juge de la cour d'appel; celui-ci peut confirmer la décision, la modifier ou y substituer toute décision qui, à son avis, aurait dû être tendue.

19. Application du Code criminel — La partie XVI du *Code criminel* s'applique, avec les adaptations nécessaires, à la personne arrêtée en application des articles 13 ou 16 ou sommée de comparaître en application de l'article 16.

20. Article 679 du Code criminel — Pour décider de la mise en liberté provisoire d'une personne, l'article 679 du *Code criminel* s'applique, avec les adaptations nécessaires, jusqu'à, selon le cas:

a) décision définitive sur l'appel de son incarcération au titre de l'article 29;

b) décision du ministre de prendre ou non un arrêté d'extradition la concernant au titre de l'article 40;

c) décision définitive sur la révision judiciaire de cet arrêté.

21. (1) Comparution arrestation provisoire — Le juge devant lequel comparaît la personne arrêtée en exécution d'un mandat d'arrestation provisoire lui ordonne de comparaître devant le tribunal à une date n'excédant pas les délais prévus aux alinéas 14(1)b) et c); si le ministre a délivré l'arrêté introductif d'instance, il fixe la date pour l'audition de la demande.

(2) Arrestation ou sommation — Dans le cas de la personne arrêtée ou sommée de comparaître aux termes de l'article 16, le juge fixe la date pour l'audition de la demande.

(3) Audition dans les meilleurs délais — L'audition de la demande a lieu dans les meilleurs délais que la cour soit ou non en session.

22. (1) Transfèrement dans un autre ressort — S'il est convaincu que cela est dans l'intérêt de la justice, le juge ordonne, sur demande du procureur général ou de la personne arrêtée ou sommée de comparaître aux termes de l'article 16, le renvoi de la procédure dans un autre ressort au Canada et la comparution de la personne devant le juge compétent. Si elle est incarcérée, son transfèrement est effectué par un agent de la paix; si elle n'est pas incarcérée ou est en liberté provisoire, le juge la somme de comparaître à l'endroit qu'il désigne dans cet autre ressort.

(2) Exécution de l'assignation — La sommation délivrée en application du paragraphe (1) peut être exécutée sur tout le territoire canadien sans avoir à être visée.

(3) Frais — Si c'est à la demande du procureur général qu'il ordonne le transfèrement le juge peut ordonner que les frais raisonnables ainsi exposés lui soient imputés.

Remplacement et modification de l'arrêté

23. (1) Remplacement de l'arrêté — Le ministre peut, à tout moment avant le début de l'audition de la demande d'extradition, remplacer l'arrêté introductif d'instance par un autre; tous les documents et décisions judiciaires établis sur la foi de l'arrêté remplacé demeurent valables sous réserve d'une ordonnance à l'effet contraire que peut rendre le tribunal sur demande du procureur général ou de la personne visée par

(1.1) Nouvelle date d'audition — Lorsqu'en vertu du paragraphe (1) le ministre remplace l'arrêté introductif d'instance par un autre et que l'intéressé lui en fait la demande, le juge peut fixer une autre date pour le début de l'audition afin de permettre à l'intéressé de prendre connaissance du nouvel arrêté.

(2) Modification par le juge — Le juge peut, après le début de l'audition de la demande, modifier, sur demande du procureur général, l'arrêté en fonction de la preuve faite durant l'audition.

(3) Annulation de l'arrêté — Le ministre peut à tout moment annuler l'arrêté; le tribunal est alors tenu d'ordonner la mise en liberté de la personne et d'annuler les ordonnances relatives à la liberté provisoire et l'incarcération.

Audition de la demande d'extradition

24. (1) Audition — Saisi d'un arrêté introductif d'instance, le juge procède à l'audition de la demande d'extradition.

(2) Partie XVIII du Code criminel — Il est pour ce faire investi, sous réserve des autres dispositions de la présente loi, des mêmes pouvoirs qu'un juge de paix en application de la partie XVIII du *Code criminel*, compte tenu des adaptations nécessaires.

25. Compétence du juge — Dans le cadre de la *Loi constitutionnelle de 1982*, le juge dispose, dans l'exécution de ses fonctions d'application de la présente loi, des compétences d'un juge de la cour supérieure.

26. Ordonnance de non-publication — Avant le début de l'audition de la demande ou de toute audience tenue pour décider de la mise en liberté provisoire de la personne, le juge peut, sur demande de celle-ci ou du procureur général, rendre une ordonnance de non-publication des éléments de preuve, s'il est convaincu que leur publication ou leur radiodiffusion risquerait de nuire à la tenue d'un procès juste par le partenaire; l'ordonnance est en vigueur jusqu'à ce que la personne soit libérée ou, si l'extradition est accordée, ait subi son procès.

27. Huis clos — Le juge qui préside à l'audition de la demande ou à l'audience peut ordonner le huis clos ou l'exclusion de personnes déterminées pour tout ou partie de l'audition ou de l'audience s'il est d'avis que la moralité publique, le maintien de l'ordre ou la bonne administration de la justice l'exige.

28. Assignation des témoins — Le juge qui préside à l'audition de la demande ou à l'audience peut assigner des témoins à comparaître, les articles 698 à 708 du *Code criminel* s'appliquant alors avec les adaptations nécessaires.

29. (1) Ordonnance d'incarcération — Le juge ordonne dans les cas suivants l'incarcération de l'intéressé jusqu'à sa remise:

a) si la personne est recherchée pour subir son procès, la preuve — admissible en vertu de la présente loi — des actes justifierait, s'ils avaient été commis au Canada, son renvoi à procès au Canada relativement à l'infraction mentionnée dans l'arrêté introductif d'instance et le juge est convaincu que la personne qui comparaît est celle qui est recherchée par le partenaire;

b) si la personne est recherchée pour se faire infliger une peine ou pour la purger, le juge est convaincu qu'elle est celle qui a été déclarée coupable des actes et que ceux-ci correspondent à l'infraction mentionnée dans l'arrêté.

(2) Teneur de l'ordonnance d'incarcération — L'ordonnance d'incarcération indique le nom de l'intéressé, le lieu où il sera détenu, le nom du partenaire et l'infraction — énoncée dans l'arrêté introductif d'instance — pour laquelle il sera incarcéré.

(3) Libération — S'il n'ordonne pas son incarcération, le juge doit libérer l'intéressé.

(4) Date critique — La date à prendre en compte pour l'application du paragraphe 29(1) est la date de l'arrêté introductif d'instance.

(5) Absence de la personne — Sous réserve de l'accord applicable, l'alinéa (1)a) s'applique aussi lorsqu'il y a eu procès et condamnation en l'absence de l'intéressé.

30. (1) Autorisation d'incarcérer — L'ordonnance visée au paragraphe 29(1) autorise l'incarcération de l'intéressé à moins qu'il ne soit remis en liberté provisoire.

(2) Durée de validité de l'ordonnance d'incarcération — Elle demeure en vigueur jusqu'à la libération de l'intéressé, son extradition ou la décision de la cour d'appel ordonnant une nouvelle audition aux termes de l'alinéa 54a).

Règles de preuve

31. Interprétation — Pour l'application des articles 32 à 38, tout document est valable quel que soit le support utilisé, y compris en ce qui touche les photographies et les copies.

32. (1) Règle générale — Sont admis comme faisant preuve au cours de l'audition de la demande, sous réserve du paragraphe (2), les éléments de preuve admissibles en vertu du droit canadien ainsi que les éléments de preuve suivants même si le droit canadien ne prévoit pas par ailleurs leur admissibilité:

a) le contenu des documents qui font partie du dossier d'extradition certifié en conformité avec le paragraphe 33(3);

b) le contenu des documents présentés en conformité avec un accord;

c) les éléments de preuve présentés par l'intéressé qui sont pertinents pour l'application du paragraphe 29(1) et que le juge estime dignes de foi.

(2) Éléments de preuve canadiens — Les éléments de preuve obtenus au Canada sont admis en conformité avec le droit canadien.

33. (1) Dossier d'extradition — Le dossier d'extradition comporte obligatoirement:

a) dans le cas d'une extradition en vue d'un procès, un résumé des éléments de preuve dont dispose le partenaire aux fins de poursuite;

b) dans le cas d'une extradition en vue d'infliger une peine à l'intéressé ou de la lui faire purger, les éléments suivants:

(i) une copie de la déclaration de culpabilité,

(ii) la description des actes qui ont donné lieu à la déclaration de culpabilité.

(2) Éléments facultatifs — Le dossier peut aussi comprendre des documents établissant l'identité de l'intéressé et tout autre document pertinent.

(3) Certification — Le dossier n'est admissible en preuve que si:

a) dans le cas d'une extradition en vue d'un procès, une autorité judiciaire ou un pour-suivant du partenaire certifie, d'une part, que les éléments de preuve résumés au dossier ou contenus dans celui-ci sont disponibles pour le procès et, d'autre part, soit que la preuve est suffisante pour justifier la poursuite en vertu du droit du partenaire, soit qu'elle a été recueillie conformément à ce droit;

b) dans le cas d'une extradition en vue d'infliger une peine à l'intéressé ou de la lui faire purger, l'autorité judiciaire, un fonctionnaire du système correctionnel ou un poursuivant du partenaire certifie que les documents au dossier sont exacts.

(4) Authentification — Sauf disposition contraire d'un accord, les documents n'ont pas à être authentifiés.

(5) Documents du dossier — Font partie du dossier les documents qui y sont ajoutés par la suite.

34. Serment ou affirmation solennelle — Il n'est pas nécessaire que les documents présentés en preuve soient accompagnés d'un serment ou d'une affirmation solennelle.

35. Authenticité présumée — Il n'est pas nécessaire de faire la preuve de l'authenticité de la signature ni de la qualité officielle de l'autorité judiciaire, du poursuivant, du fonctionnaire du système correctionnel ou de tout fonctionnaire relevant du partenaire qui signe ou qui est censé avoir signé des documents admis en preuve.

36. Traduction — La traduction française ou anglaise de tout document est admise sans autre formalité.

37. Caractère probant des similitudes — Le fait que le nom inscrit sur les documents étayant la demande est semblable à celui de l'intéressé, que le sujet photographié dans ces documents lui ressemble ou que les empreintes digitales ou les éléments d'identification y figurant sont semblables aux siens est admis en preuve pour établir qu'il s'agit de la personne visée par le mandat d'arrestation, la déclaration de culpabilité ou tout autre document.

Rapport du juge

38. (1) Rapport lors de l'incarcération — Le juge qui ordonne l'incarcération de l'intéressé en vue de son extradition transmet au ministre:

a) une copie de son ordonnance;

b) une copie des pièces ou transcriptions des témoignages que le ministre n'a pas déjà;

c) les observations qu'il estime indiquées.

(2) Information de l'intéressé — Il informe l'intéressé qu'il ne sera pas extradé avant trente jours et qu'il a le droit de faire appel de l'ordonnance d'incarcération et de demander sa mise en liberté provisoire.

Biens saisis

39. (1) Ordonnance de remise — Sous réserve de l'accord applicable, le juge qui ordonne l'incarcération de l'intéressé peut aussi ordonner que les biens saisis lors de l'arrestation et qui peuvent servir dans le cadre de la poursuite de l'infraction à l'origine de la demande d'extradition soient remis au partenaire lors de l'extradition.

(2) Modalités — L'ordonnance est assortie des modalités qu'il estime indiquées, notamment en vue de la conservation des biens saisis et de leur retour au Canada, ainsi que de la protection des droits des tiers.

Pouvoirs du ministre

40. (1) Arrêté d'extradition — Dans les quatre-vingt-dix jours qui suivent l'ordonnance d'incarcération, le ministre peut, par un arrêté signé de sa main, ordonner l'extradition vers le partenaire.

(2) Consultation — Si l'intéressé revendique le statut de réfugié au sens de la Convention aux termes de l'article 44 de la *Loi sur l'immigration*, le ministre consulte le ministre responsable de l'application de cette loi avant de prendre l'arrêté.

(3) Assurances et conditions — Avant d'extrader, le ministre peut demander au partenaire de lui fournir les assurances qu'il estime indiquées ou poser les conditions qui lui paraissent appropriées, y compris celle voulant que l'intéressé ne soit poursuivi, se fasse infliger une peine ou la purge qu'en rapport avec les infractions pour lesquelles l'extradition est accordée.

(4) Suspension de l'extradition — Le cas échéant, l'extradition est retardée jusqu'à ce que le ministre soit satisfait des assurances reçues ou qu'il estime que les conditions sont acceptées.

(5) Prorogation de délai — Le ministre peut proroger d'au maximum soixante jours le délai qui lui est imparti au paragraphe (1) s'il est d'avis qu'un délai supplémentaire est nécessaire pour rendre une décision par suite des observations que lui présente l'intéressé en vertu de l'article 43.

Non en vigueur — 40(5)

(5) Prorogation de délai — Le ministre, s'il est d'avis qu'un délai supplémentaire est nécessaire pour rendre une décision par suite des observations que lui présente l'intéressé en vertu de l'article 43, peut proroger le délai qui lui est imparti au paragraphe (1) :

a) dans le cas où l'intéressé fait l'objet d'une demande de remise par la Cour pénale internationale et qu'il doit se pencher sur une question de recevabilité ou de compétence, d'au maximum quarante-cinq jours après que la Cour pénale internationale a rendu une décision sur la remise;

b) dans les autres cas, d'au maximum soixante jours.

L.C. 2000, ch. 24, art. 51.

(6) Avis de prorogation — En cas d'appel interjeté conformément à l'article 50 et de prorogation du délai de quatre-vingt-dix jours, le ministre dépose un avis de prorogation à la cour d'appel avant l'expiration de ce délai.

41. (1) Appel en instance — Le ministre peut reporter la prise de l'arrêté d'extradition lorsque sont réunies les conditions suivantes:

a) un appel a été interjeté conformément à l'article 50;

b) il dépose à la cour d'appel un avis de report dans le délai prévu au paragraphe 40(1);

c) l'arrêté est pris au plus tard quarante-cinq jours après la décision de la cour d'appel.

(2) Report impossible — Le dépôt de l'avis visé à l'alinéa (1)b) empêche la cour d'appel d'exercer son pouvoir de reporter l'audition de tout appel de l'ordonnance d'incarcération conféré par le paragraphe 51(2).

42. Modification de l'arrêté — Le ministre peut modifier l'arrêté d'extradition tant qu'il n'est pas mis à exécution.

Observations de l'intéressé

43. (1) Observations — L'intéressé peut, au plus tard trente jours après la délivrance d'une ordonnance d'incarcération, présenter ses observations au ministre sur toute question touchant son extradition éventuelle vers le partenaire.

(2) Délai supplémentaire — Le ministre peut toutefois, si à son avis les circonstances le justifient, accepter les observations après l'expiration du délai de trente jours.

Motifs de refus

44. (1) Motifs de refus — Le ministre refuse l'extradition s'il est convaincu que:

a) soit l'extradition serait injuste ou tyrannique compte tenu de toutes les circonstances;

b) soit la demande d'extradition est présentée dans le but de poursuivre ou de punir l'intéressé pour des motifs fondés sur la race, la nationalité, l'origine ethnique, la langue, la couleur, la religion, les convictions politiques, le sexe, l'orientation sexuelle, l'âge, le handicap physique ou mental ou le statut de l'intéressé, ou il pourrait être porté atteinte à sa situation pour l'un de ces motifs.

(2) Pouvoir de refuser — Il peut refuser d'extrader s'il est convaincu que les actes à l'origine de la demande d'extradition sont sanctionnés par la peine capitale en vertu du droit applicable par le partenaire.

45. (1) Primauté des accords — Les motifs de refus prévus à l'accord applicable — sauf à un accord multilatéral — l'emportent sur ceux prévus aux articles 46 et 47 et l'absence de tels motifs également.

(2) Accord multilatéral — Ceux prévus dans un accord multilatéral l'emportent sur les dispositions incompatibles des articles 46 et 47.

46. (1) Refus obligatoire dans certains cas — Le ministre refuse l'extradition s'il est convaincu que:

    a) toute poursuite à l'endroit de l'intéressé est prescrite en vertu du droit du partenaire;

    b) les actes reprochés constituent une infraction militaire sans constituer par ailleurs une infraction criminelle;

    c) les actes reprochés constituent une infraction à caractère politique.

(2) Infraction à caractère politique — Ne peuvent être considérés comme une infraction à caractère politique les actes qui aux termes d'un accord multilatéral auquel le Canada est partie constituent une infraction pour laquelle l'extradition — ou le renvoi de l'affaire aux autorités compétentes au Canada pour intenter la poursuite — est obligatoire, ni les actes suivants:

    a) le meurtre ou l'homicide involontaire coupable;

    b) l'infliction de lésions corporelles graves;

    c) l'agression sexuelle;

    d) l'enlèvement, le rapt, la prise d'otage ou l'extorsion;

    e) l'utilisation d'explosifs, d'engins incendiaires, de substances ou d'appareils qui est susceptible de mettre en danger la vie ou de causer des lésions corporelles graves ou des dommages considérables à la propriété;

    f) la tentative, le complot, la complicité après le fait, le conseil, l'aide ou l'encouragement à l'égard des actes visés aux alinéas a) à e).

47. Autres cas de refus — Le ministre peut refuser d'extrader s'il est convaincu que:

    a) l'intéressé, s'il subissait son procès au Canada, bénéficierait d'une libération du fait d'une condamnation ou d'un acquittement antérieurs;

b) l'intéressé a été condamné par défaut et ne pourrait, une fois extradé, obtenir une révision de son procès;

c) l'intéressé avait moins de dix-huit ans au moment de la perpétration de l'infraction et le droit applicable par le partenaire est incompatible avec les principes fondamentaux mis en oeuvre par la *Loi sur les jeunes contrevenants*;

d) l'intéressé fait l'objet d'une poursuite criminelle au Canada pour les actes à l'origine de la demande d'extradition;

e) aucun des actes à l'origine de la demande d'extradition n'a été commis dans le ressort du partenaire.

47.1

47.1 Non-application des motifs de refus — Les motifs de refus prévus aux articles 44, 46 et 47 ne s'appliquent pas dans le cas d'une demande de remise de la Cour pénale internationale.

L.C. 2000, ch. 24, art. 52.

48. (1) Libération à défaut d'arrêté — S'il ne prend pas un arrêté d'extradition, le ministre ordonne la libération de l'intéressé.

(2) Copie — Le cas échéant, il fait parvenir copie de tout document pertinent au ministre responsable de la *Loi sur l'immigration* dans les cas où l'intéressé revendique le statut de réfugié au sens de la Convention aux termes de l'article 44 de cette loi.

Droit d'appel de l'intéressé et du partenaire

49. Appel — L'intéressé peut faire appel de son incarcération et le procureur général — au nom du partenaire — , du refus de délivrer une ordonnance d'incarcération ou de l'arrêt de la procédure. L'appel est entendu par la cour d'appel de la province où la décision a été rendue et se fonde:

a) soit sur une question de droit;

b) soit, avec l'autorisation de la cour d'appel ou de l'un de ses juges, sur une question de fait, ou de droit et de fait;

c) soit, avec l'autorisation de la cour d'appel, sur tout autre motif qu'elle estime suffisant.

50. (1) Avis d'appel — L'appel ou la demande d'autorisation d'interjeter appel sont formés par le dépôt d'un avis, selon les règles de pratique et de procédure de la cour d'appel, dans les trente jours suivant la décision attaquée.

(2) Prorogation du délai — La cour d'appel ou l'un de ses juges peut proroger ce délai avant ou après son expiration.

51. (1) Audition dans les meilleurs délais — L'appel est inscrit pour audition dans les meilleurs délais que la cour soit ou non en session.

(2) Appel différé — La cour d'appel peut reporter l'audition de l'appel concernant une ordonnance d'incarcération jusqu'à ce que le ministre rende une décision en application de l'article 40.

52. (1) Application du Code criminel — Les articles 677, 678.1, 682 à 685 et 688 du *Code criminel* s'appliquent, avec les adaptations nécessaires, aux appels interjetés au titre de la présente loi.

(2) Règles — Il en est de même, sauf incompatibilité avec les autres dispositions de la présente loi, pour les règles établies par la cour d'appel au titre de l'article 482 du *Code Criminel*.

53. Pouvoirs de la cour d'appel en matière d'incarcération — La cour d'appel peut, pour statuer sur l'appel concernant une ordonnance d'incarcération:

a) soit accueillir l'appel relativement à toute infraction pour laquelle l'intéressé a été incarcéré, au motif, selon le cas:

(i) que l'ordonnance est déraisonnable ou n'est pas justifiée par les éléments de preuve,

(ii) qu'une décision erronée a été rendue sur une question de droit,

(iii) que, pour un motif quelconque, il y a eu erreur judiciaire;

b) soit le rejeter lorsqu'elle n'accepte aucun des motifs invoqués au titre de l'alinéa a) ou si, tout en estimant que l'appel pourrait être accueilli au titre du sous-alinéa a)(ii), elle est d'avis qu'aucun tort grave ni déni de justice n'a été causé et que l'ordonnance devrait être confirmée.

54. Accueil de l'appel — Si elle accueille l'appel, la cour d'appel, selon le cas:

a) annule l'ordonnance et ordonne soit la libération de l'appelant, soit la tenue d'une nouvelle audition;

b) modifie l'ordonnance afin d'exclure toute infraction pour laquelle elle estime que, pour l'un des motifs mentionnés aux sous-alinéas 53a)(i), (ii) ou (iii), l'appelant n'aurait pas dû être incarcéré.

55. (1) Pouvoirs de la cour d'appel en matière de libération — Dans le cas d'un appel de la décision de libérer l'intéressé ou d'arrêter la procédure, la cour d'appel peut:

   a) accueillir l'appel et annuler l'ordonnance lorsqu'elle estime:

   (i) qu'elle est déraisonnable ou n'est pas justifiée par les éléments de preuve,

   (ii) qu'une décision erronée, concernant la libération ou l'arrêt, a été rendue sur une question de droit,

   (iii) que, pour un motif quelconque, il y a eu erreur judiciaire;

   b) sinon, rejeter l'appel.

(2) Nouvelle audition ou incarcération — La cour peut en outre, si elle annule l'arrêt de la procédure, ordonner une nouvelle audition, et, si elle annule la libération, une nouvelle audition ou l'incarcération de l'intéressé.

56. (1) Report de l'audition: appel — La Cour suprême du Canada peut reporter l'audition soit d'une demande d'autorisation d'interjeter appel ou de l'appel d'une décision de la cour d'appel au titre de l'article 49, soit de tout autre appel fondé sur la présente loi jusqu'à ce que le ministre rende une décision en application de l'article 40.

(2) Report de l'audition: révision — Dans le cas d'une demande de révision judiciaire présentée en vertu de l'article 57 ou autrement, elle peut reporter l'audition jusqu'à ce que la cour d'appel rende sa décision.

Révision judiciaire de la décision du ministre

57. (1) Révision judiciaire — Malgré la *Loi sur la Cour fédérale*, la cour d'appel de la province où l'incarcération a été ordonnée a compétence exclusive pour connaître, conformément au présent article, de la demande de révision judiciaire de l'arrêté d'extradition pris au titre de l'article 40.

(2) Demande — La demande peut être présentée par l'intéressé.

(3) Délai de présentation — La demande est faite, en conformité avec les règles de pratique et de procédure de la cour d'appel, dans les trente jours suivant la première communication de l'arrêté à l'intétessé par le ministre, ou dans le délai supérieur que la cour d'appel peut, avant ou après l'expiration de ces trente jours, fixer.

(4) Article 679 du Code Criminel — L'article 679 du *Code criminel* s'applique, avec les adaptations nécessaires, aux demandes présentées en application du présent article.

(5) Audition dans les meilleurs délais — La demande est inscrite pour audition dans les meilleurs délais que la cour soit ou non en session.

(6) Pouvoirs de la cour d'appel — Saisie de la demande, la cour d'appel peut:

a) ordonner au ministre d'accomplir tout acte qu'il a illégalement omis ou refusé d'accomplir ou dont il a retardé l'exécution de manière déraisonnable;

b) déclarer nul ou illégal, annuler, infirmer, ou infirmer et renvoyer pour décision suivant ses instructions, l'arrêté d'extradition, en restreindre la portée ou en interdire la prise.

(7) Motifs — Elle peut prendre les mesures prévues au présent article pour les mêmes motifs que la Section de première instance de la Cour fédérale peut le faire en application du paragraphe 18.1(4) de la *Loi sur la Cour fédérale*.

(8) Vice de forme — Elle peut rejeter toute demande fondée uniquement sur un vice de forme si elle estime qu'en l'occurrence le vice n'entraîne aucun tort grave ni déni de justice et, le cas échéant, valider la décision entachée de vice et lui donner effet selon les modalités qu'elle estime indiquées.

(9) Jonction d'instances — En cas d'appel en instance interjeté dans le cadre de l'article 49 ou fondé sur la présente loi, elle peut joindre l'audition de l'appel à celle d'une demande de révision judiciaire.

(10) Règles applicables — Sauf incompatibilité avec la présente loi, les lois ou règles relatives à la révision judiciaire en vigueur dans la province s'appliquent, avec les adaptations nécessaires, aux demandes présentées au titre du présent article.

Arrêté d'extradition

58. Teneur de l'arrête — L'arrêté a'extradition énonce les points suivants:

a) le nom de l'extradé;

b) soit la désignation de l'infraction à l'origine de la demande d'extradition ou figurant à l'ordonnance d'incarcération, soit les actes ayant donné lieu à l'extradition;

c) le nom du partenaire auquel l'extradé est remis;

d) l'ordre au responsable de sa garde de le placer sous la garde des personnes visées à l'alinéa e);

e) la désignation de la personne ou de la catégorie de personnes autorisées à remplir les fonctions visées à l'article 60;

f) les assurances et les conditions y afférentes;

g) en cas de report au titre de l'article 64, le délai à l'expiration duquel la remise doit avoir lieu;

h) en cas de remise temporaire au titre de l'article 66, le délai à l'expiration duquel l'extradé doit être retourné au Canada et la période à l'expiration de laquelle la remise définitive doit avoir lieu.

59. Extradition étendue — Sous réserve de l'accord applicable, le ministre peut, si la demande d'extradition est fondée sur plusieurs infractions, prendre un arrêté ordonnant l'extradition pour toutes les infractions même si elles ne satisfont pas toutes aux conditions énumérées à l'article 3 pourvu que, à la fois:

a) au moins l'une d'elles satisfasse à ces conditions;

b) toutes les infractions se rapportent à des actes qui auraient constitué, s'ils avaient été commis au Canada, des infractions sanctionnées par le droit canadien.

60. Autorisation — Les personnes désignées à l'alinéa 58e) sont autorisées pour l'exécution de l'arrêté d'extradition à prendre en charge l'intéressé, à le maintenir sous garde et à l'amener dans le ressort du partenaire.

61. (1) Évasion — S'il s'évade pendant la garde, l'intéressé est traité de la même façon qu'une personne accusée d'une infraction à une règle de droit en vigueur au Canada ou déclarée coupable d'une telle infraction, et qui s'évade.

(2) Pouvoirs des personnes désignées — La personne chargée de la garde au titre de l'alinéa 58e) peut arrêter l'évadé lors d'une poursuite immédiate.

62. (1) Délai préalable à la remise — Nul ne peut être remis au partenaire avant:

a) l'expiration d'un délai de trente jours suivant la date de l'ordonnance d'incarcéra;tion;

b) la date de la décision définitive de la cour lorsque sont en instance un appel ou une demande de révision judiciaire fondés sur la présente loi ou tout appel des décisions rendues sur cet appel ou cette demande.

(2) Renonciation de l'intéressé — L'intéressé peut par écrit renoncer au délai de trente jours.

63. Lieu de remise — La remise est effectuée au lieu, au Canada ou ailleurs, dont conviennent le Canada et le partenaire.

64. (1) Report de remise — L'arrêté d'extradition visant une personne par ailleurs accusée sous le régime d'une loi canadienne d'avoir commis une infraction qui ne se fonde pas sur les mêmes actes que ceux à l'origine de la demande d'extradition ou qui purge une peine au Canada pour une telle infraction ne prend effet, sauf instruction contraire du ministre, qu'après l'acquittement de la personne, l'expiration de sa peine ou toute autre forme de libération.

(2) Date de l'accusation — Il est entendu que le paragraphe (1) s'applique même quand l'accusation est postérieure à la prise de l'arrêté d'extradition.

65. Exécution du reste de la peine — L'extradé de retour au Canada après son extradition doit purger le reste de la peine, s'il y lieu, qu'il purgeait au Canada au moment de son extradition.

Extradition temporaire

66. (1) Arrêté d'extradition temporaire — Le ministre peut, pour permettre que des poursuites soient intentées contre elle par le partenaire ou qu'elle puisse être présente lors de la procédure d'appel la concernant, prendre un arrêté d'extradition temporaire visant une personne qui est incarcérée au titre de l'article 29 et qui purge par ailleurs une peine d'emprisonnement au Canada si le partenaire prend les engagements visés aux paragraphes (3) et (4).

(2) Délais — Les délais prévus aux paragraphes 40(1) et (5) et à l'alinéa 41(1)c) s'appliquent, avec les adaptations nécessaires, à la prise de l'arrêté d'extradition temporaire.

(3) Engagement — L'engagement de maintenir l'intéressé sous garde pendant la durée de l'extradition temporaire et de le ramener au Canada dans les trente jours — sous réserve du délai prévu par l'accord applicable — suivant la fin de son procès ou la conclusion de la procédure d'appel ayant nécessité sa présence est une condition préalable à la prise de l'arrêté d'extradition.

(4) Engagement spécifique — Le ministre peut en outre exiger du partenaire qu'il s'engage à ramener l'extradé au Canada à sa demande ou à la date qu'il fixe.

(5) Engagements prévus par accord — Les paragraphes (3) et (4) ne s'appliquent qu'à défaut de dispositions au même effet dans l'accord applicable.

(6) Conditions — Sous réserve du paragraphe (7), est remise au partenaire sans que celui-ci n'ait à présenter une autre demande, la personne qui, à la fois:

    a) a été extradée temporairement;

    b) a été déclarée coupable par le partenaire et s'est vu infliger une peine d'emprisonnement;

    c) a été ramenée au Canada en application du paragraphe (4);

    d) a fini de purger sa peine d'incarcération au Canada au moment de son extradition temporaire, à moins que le ministre n'ordonne son extradition avant la fin de son incarcération.

(7) Nouvelle décision du ministre — Le ministre peut, s'il l'estime indiqué à la lumière des circonstances de l'affaire, révoquer l'arrêté d'extradition et remettre l'intéressé en liberté.

(8) Avis — La personne chargée de la garde de l'intéressé à extrader aux termes du paragraphe (6) donne au ministre un préavis raisonnable de la date à laquelle l'incarcération prendra fin.

(9) Concomitance — Si cette date tombe pendant l'extradition temporaire, celle-ci devient définitive.

(10) Renonciation — Le ministre peut, après avoir consulté le solliciteur général du Canada ou le ministre provincial responsable des services correctionnels compétents, renoncer au retour au Canada de l'extradé.

(11) Extradition définitive — L'intéressé peut être extradé en application du paragraphe (6) même si la durée de la peine imposée par le partenaire ou de ce qui lui en reste à purger est inférieure à ce qui est prévu au paragraphe 3(3).

67. Préséance — L'arrêté d'extradition l'emporte sur tout arrêté, ordonnance ou mandat antérieur ayant entraîné la détention ou la liberté sous condition de l'intéressé.

68. Calcul de la durée d'emprisonnement — Les règles qui suivent s'appliquent au calcul de la peine d'emprisonnement de la personne qui a été extradée temporairement:

> a) toute période d'incarcération purgée à l'étranger est portée à son crédit;

> b) elle demeure admissible aux remises de peine conformément aux lois et règlements qui régissent le système correctionnel responsable de l'exécution de sa peine au Canada.

Recours

69. Élargissement — Tout juge de la cour supérieure de la province d'incarcération de l'intéressé ayant compétence en matière d'*habeas corpus* peut, sur demande faite par celui-ci ou en son nom et sur preuve qu'un préavis suffisant de l'intention en ce sens a été donné au ministre, ordonner, sauf s'il est établi que des motifs valables y font obstacle, qu'il soit élargi dès que se réalise l'une des conditions suivantes:

> a) le ministre n'a pas pris l'arrêté d'extradition visé à l'article 40:

> > (i) dans le délai mentionné aux paragraphes 40(1) ou (5),

> > (ii) en cas d'avis déposé en vertu de l'alinéa 41(1)b), dans les quarante-cinq jours suivant la décision de la cour d'appel visée à l'alinéa 41(1)c);

> b) l'intéressé n'est pas extradé et remis au partenaire, compte non tenu du temps nécessaire à son transfèrement au point de départ du Canada le plus approprié:

> > (i) soit dans les quarante-cinq jours suivant l'arrêté d'extradition,

> > (ii) soit dans les quarante-cinq jours suivant la décision définitive sur un appel ou une demande de révision judiciaire fondés sur la présente

loi ou sur tout appel des décisions rendues sur ces appels ou ces demandes.

Consentement

70. (1) Consentement à l'incarcération — L'intéressé peut, à tout moment après la délivrance de l'arrêté introductif d'instance, consentir — par écrit et devant un juge — à son incarcération.

(2) Décision du juge — Le cas échéant, le juge ordonne son incarcération jusqu'à extradition et fait parvenir une copie du consentement au ministre.

71. (1) Consentement après arrestation — L'intéressé peut, à tout moment après son arrestation ou sa comparution, consentir — par écrit et devant un juge — à son extradition.

(2) Décision du juge — Le cas échéant, le juge ordonne son incarcération jusqu'à ce qu'il soit extradé et fait parvenir une copie du consentement au ministre.

(3) Remise — Dans les meilleurs délais après avoir reçu la copie du consentement, le ministre peut, par un arrêté signé de sa main, ordonner l'extradition de l'intéressé.

(4) Dispositions inapplicables — Les dispositions suivantes cessent de s'appliquer à l'égard de l'intéressé dès que celui-ci consent à son extradition:

     a) l'article 43 (observations de l'intéressé);

     b) l'article 44 (motifs de refus);

     c) l'article 48 (libération de l'intéressé);

     d) l'article 57 (révision judiciaire);

     e) l'alinéa 62(1)a) (délai pour l'extradition).

Renonciation

72. (1) Renonciation — L'intéressé peut, à tout moment après son arrestation ou sa comparution, renoncer — par écrit et devant un juge — à l'extradition.

(2) Conséquences de la renonciation — Le juge informe l'intéressé des conséquences de sa renonciation, notamment du fait que celle-ci emporte renonciation de la protection conférée par le principe de spécialité et qu'il sera transféré sans délai vers le partenaire.

(3) Obligations du juge — Le juge ordonne son transfèrement vers le partenaire et fait parvenir l'ordonnance et une copie de la renonciation au ministre.

(4) Teneur de l'ordonnance — L'ordonnance de transfèrement énonce le nom de l'intéressé et du partenaire.

73. (1) Évasion — S'il s'évade pendant la garde en vue du transfèrement, l'intéressé est traité de la même façon qu'une personne accusée d'une infraction à une règle de droit au Canada ou déclarée coupable d'une telle infraction, et qui s'évade.

(2) Poursuite immédiate — La personne chargée de la garde en vue du transfèrement peut arrêter l'évadé lors d'une poursuite immédiate.

Transit

74. (1) Autorisation — Sous réserve des modalités qu'il juge indiquées, le ministre peut autoriser le transit au Canada d'une personne extradée par un État ou entité à destination d'un autre État ou entité.

(2) Habilitation — L'autorisation de transit permet le maintien sous garde au Canada de l'extradé par les autorités de l'État ou entité requérant ou procédant à l'extradition.

(3) Articles applicables — Les articles 58 (teneur de l'arrêté), 60 (autorisation des personnes désignées), 61 (évasion) et 69 (élargissement) s'appliquent, avec les adaptations nécessaires, à l'autorisation de transit.

75. (1) Autorisation spéciale — Le ministre peut, pour donner suite à une demande de transit, autoriser une personne qui se trouve dans un État ou entité et qui fait partie d'une catégorie non admissible, au sens de l'article 19 de la *Loi sur l'immigration*, à entrer au Canada en un lieu désigné, à se rendre en un lieu désigné et à y demeurer pendant la période qu'il précise; il peut assortir l'autorisation des conditions qu'il estime indiquées.

(2) Modification — Il peut modifier les termes de l'autorisation et, notamment, en prolonger la durée de validité.

(3) Sanction — Le titulaire d'une autorisation qui se trouve au Canada ailleurs qu'au lieu désigné ou après l'expiration de celle-ci ou qui ne se conforme pas à une autre condition de celle-ci est présumé, pour l'application de la *Loi sur l'immigration*, être une personne entrée au Canada en qualité de visiteur et y être restée après avoir perdu cette qualité.

76. Escales imprévues — Si une personne extradée d'un État ou entité vers un autre arrive au Canada sans qu'il y ait eu consentement au transit, un agent de la paix peut, à la demande du fonctionnaire qui a la garde de la personne, détenir celle-ci pendant une période maximale de vingt-quatre heures jusqu'à ce qu'une demande d'autorisation de transit ait été reçue par le ministre.

Non en vigueur — 76

76. Escales imprévues — Si une personne extradée ou remise d'un État ou entité vers un autre arrive au Canada sans qu'il y ait eu consentement au transit, un agent de la paix peut, à la demande du fonctionnaire qui a la garde de la personne, détenir celle-ci :

> a) dans le cas d'une personne remise à la Cour pénale internationale, pendant une période maximale de quatre-vingt-seize heures jusqu'à ce qu'une demande d'autorisation de transit ait été reçue de la Cour pénale internationale par le ministre;

> b) dans les autres cas, pendant une période maximale de vingt-quatre heures jusqu'à ce qu'une demande d'autorisation de transit ait été reçue de l'État ou entité par le ministre.

L.C. 2000, ch. 24, art. 53.

PARTIE 3 — DEMANDES D'EXTRADITION DU CANADA

77. Autorités compétentes — Pour l'application de la présente partie, l'autorité compétente relativement à une demande d'extradition est selon qu'elle est faite:

> a) pour procès ou infliction d'une peine ou pour qu'une décision, au sens de la *Loi sur les jeunes contrevenants*, soit prise contre l'intéressé, le procureur général — du Canada ou de la province — responsable de la poursuite;

> b) pour exécution d'une peine ou d'une décision, au sens de la *Loi sur les jeunes contrevenants*:

>> (i) le solliciteur général du Canada si l'intéressé doit purger sa peine dans un pénitencier,

>> (ii) le ministre provincial responsable des services correctionnels dans tout autre cas.

78. (1) Demande d'extradition — Le ministre peut, à la demande de l'autorité compétente, demander à un État ou entité — appelé « partie requise » dans la présente partie — l'extradition d'une personne pour qu'elle subisse son procès au Canada, se fasse infliger une peine ou la purge, ou se fasse imposer une décision, au sens de la *Loi sur les jeunes contrevenants*, ou qu'il l'exécute, relativement à une infraction sanctionnée par le droit canadien.

(2) Arrestation provisoire — Il peut également demander l'arrestation provisoire de cette personne à la demande de l'autorité compétente.

79. (1) Éléments de preuve au Canada — S'il est nécessaire, pour permettre la présentation d'une demande d'extradition, de recueillir des éléments de preuve, un juge, sur demande *ex parte* de l'autorité compétente, peut ordonner:

> a) d'assigner les témoins au lieu qu'il désigne;

> b) de produire en preuve des données, sous quelque forme que ce soit;

> c) de recueillir et consigner les éléments de preuve;

> c) de les certifier ou authentifier sous la forme exigée par la partie requise.

(2) Application de certaines autres dispositions — La partie XXII du *Code criminel* s'applique avec les adaptations nécessaires à la prise de l'ordonnance.

80. Principe de spécialité — Sous réserve de l'accord applicable, la personne extradée au Canada ne peut, sauf si elle a par la suite quitté volontairement le Canada ou eu la possibilité de le faire:

> a) être détenue, poursuivie, se faire infliger ou purger une peine, se faire imposer une décision, au sens de la *Loi sur les jeunes contrevenants*, ou l'exécuter au Canada que pour l'une des infractions suivantes qu'elle a ou aurait commise avant son extradition:

>> (i) l'infraction pour laquelle elle a été remise ou toute autre infraction incluse,

>> (ii) toute autre infraction pour laquelle la partie requise consent au procès ou à la détention,

>> (iii) toute autre infraction pour laquelle l'extradé consent à son procès ou à sa détention;

> b) être détenue au Canada pour êtré remise à un État ou entité tiers pour subir son procès dans le ressort de celui-ci, se faire infliger une peine ou la purger pour une infraction qu'elle a ou aurait commise avant son extradition au Canada que si la partie requise y consent.

81. (1) Remise de l'extradé aux autorités canadiennes — La personne extradée au Canada peut, avec l'autorisation du ministre, être amenée au Canada par un agent de la partie requise pour y être remise à l'autorité concernée et jugée selon la loi.

(2) Autorisation — L'agent est autorisé à maintenir l'intéressé sous garde au Canada jusqu'à ce qu'il soit remis.

(3) Évasion — S'il s'évade pendant la garde, l'intéressé est traité de la même façon qu'une personnel accusée d'une infraction à une règle de droit au Canada ou déclarée coupable d'une telle infraction, et qui s'évade.

(4) Pouvoir de l'agent — S'il s'évade, l'agent de la partie requise peut l'arrêter lors d'une poursuite immédiate.

82. (1) Extradition temporaire au Canada — Sur demande de l'autorité compétente faite à tout moment avant l'extradition temporaire, le juge ordonne la détention sous garde de la personne qui purge une peine d'emprisonnement ou est assujettie légalement à une autre forme de privation de liberté dans le ressort de la partie requise et dont l'extradition temporaire a été demandée par le Canada pour qu'elle y subisse son procès ou assiste à son appel.

(2) Date limite — La détention ne peut toutefois se prolonger au-delà:

a) soit de la date qui est fixée dans l'ordonnance;

b) soit de quarante-cinq jours après la fin du procès, si la personne est extradée pour subir son procès;

c) soit de trente jours après la conclusion de la procédure d'appel ayant nécessité la présence de l'intéressé.

(3) Primauté — L'ordonnance l'emporte sur toute autre ordonnance, à l'égard d'un fait survenu avant le transfèrement au Canada, rendue par un juge de paix ou un tribunal canadien — ou un juge de ce tribunal — ou par toute autre personne compétente au Canada pour ordonner la comparution d'un tiers.

(4) Modification — Le juge qui a rendu l'ordonnance ou un autre juge peut en modifier les modalités et, notamment, en prolonger la durée de validité.

(5) Renvoi — Sous réserve du paragraphe (6), l'intéressé est renvoyé dans le ressort de la partie requise à l'expiration de la période fixée dans l'ordonnance ou, si cette date est antérieure, au terme de la procédure à l'origine de l'extradition temporaire.

(6) Appels — Ne peut être renvoyée avant l'expiration d'un délai de trente jours:

a) après sa déclaration de culpabilité, la personne déclarée coupable au Canada, à moins qu'elle — ou l'autorité compétente — ne fasse connaître son intention de ne pas interjeter appel;

b) après son acquittement, la personne qui a été acquittée au Canada, à moins que l'autorité compétente ne fasse connaître son intention de ne pas interjeter appel.

(7) Recommandation de la cour d'appel — La cour d'appel peut, à la demande d'une partie, recommander que le ministre demande une nouvelle extradition temporaire de la personne qu'il a renvoyée après son procès dans le ressort de la partie requise si elle est convaincue que sa présence est nécessaire aux fins de l'appel dans l'intérêt de la justice.

83. (1) Commencement de la peine ou de la décision — Sous réserve du paragraphe (3), la personne extradée temporairement au Canada qui soit y a été déclarée coupable d'une infraction et a reçu une peine en conséquence, soit s'est fait imposer une décision, au sens de la *Loi sur les jeunes contrevenants*, ne commence à purger sa peine qu'à la date de son extradition définitive au Canada.

(2) Mandat de dépôt — Le mandat de dépôt lancé contre la personne en application du *Code criminel* précise qu'elle doit être incarcérée dès son extradition définitive au Canada.

(3) Mention de la portion — Le juge peut ordonner que la peine soit purgée ou la décision exécutée concurremment avec la peine infligée par la partie requise, auquel cas le mandat de dépôt ou la décision précise que la personne ne peut être incarcérée ou ne peut exécuter la décision, après extradition définitive, que pour la portion de la peine ou décision restant à purger ou à exécuter au Canada.

PARTIE 4 — DISPOSITIONS TRANSITOIRES, MODIFICATIONS CORRÉLATIVES ET CONNEXES ET ABROGATIONS

Dispositions transitoires

84. Affaires en instance: ancienne Loi sur l'extradition — La *Loi sur l'extradition* continue de s'appliquer — comme si elle n'avait pas été abrogée par l'article 129 — à toute question en matière d'extradition dans le cas où l'audition de la demande d'extradition est en cours devant le juge à la date d'entrée en vigueur de la présente loi.

85. Affaires en instance: Loi sur les criminels fugitifs — La *Loi sur les criminels fugitifs* continue de s'appliquer — comme si elle n'avait pas été abrogée par l'article 130 — à toute question de renvoi faisant l'objet d'une audition déjà en cours devant le juge de la cour provinciale à la date d'entrée en vigueur de la présente loi.

[Note de l'éditeur : Les articles 86 à 128 visent des modifications corrélatives et connexes. Ces modifications ont été reproduites aux articles des lois pertinentes.]

Abrogations

129. Abrogation de L.R., ch. E-23 — La *Loi sur l'extradition* est abrogée.

130. Abrogation de L.R., ch. F-32 — La *Loi sur les criminels fugitifs* est abrogée.

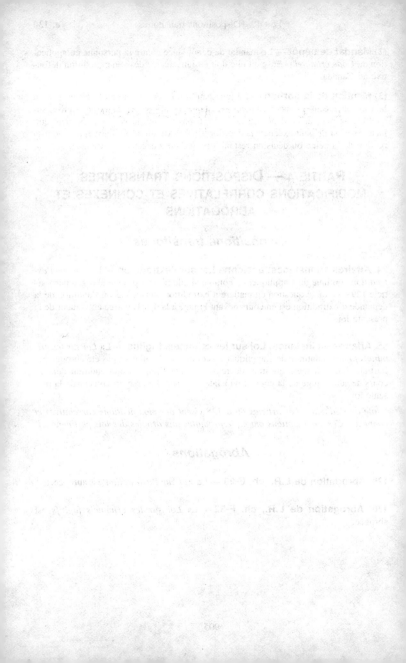

LOI SUR L'IDENTIFICATION DES CRIMINELS

L.R.C. 1985, ch. I-1, telle que modifiée par : L.C. 1992, ch. 47; L.C. 1996, ch. 7; L.C. 1999, ch. 18.

Titre abrégé

1. Titre abrégé — *Loi sur l'identification des criminels.*

Sa Majesté

1.1 Obligation de Sa Majesté — La présente loi lie Sa Majesté du chef du Canada ou d'une province.

L.C. 1992, ch. 47, art. 73.

Identification des criminels

2. (1) Empreintes digitales et photographies — Est autorisée la prise des empreintes digitales, des photographies et de toute autre mensuration — ainsi que toute autre opération anthropométrique approuvée par décret du gouverneur en conseil — sur les personnes suivantes :

a) les personnes qui sont légalement détenues parce qu'elles sont inculpées — ou qu'elles ont été déclarées coupables — de l'une des infractions suivantes :

(i) un acte criminel, autre qu'une infraction qualifiée de contravention en vertu de la *Loi sur les contraventions* et au titre de laquelle le procureur général, au sens de cette loi, se prévaut du choix prévu à l'article 50 de la même loi,

(ii) une infraction prévue par la *Loi sur les secrets officiels*;

b) les personnes qui ont été arrêtées en application de la *Loi sur l'extradition*;

c) les personnes qui auraient commis un acte criminel autre qu'une infraction qualifiée de contravention en vertu de la *Loi sur les contraventions* et au titre de laquelle le procureur général, au sens de cette loi, se prévaut du choix prévu à l'article 50 de la même loi, et qui, en vertu des paragraphes 501(3) ou 509(5) du *Code criminel*, sont tenues de comparaître en conformité avec une citation à comparaître, un engagement, une promesse de comparaître ou une sommation.

(2) Recours à la force — Il est permis de recourir à la force dans la mesure où elle est nécessaire pour mener à bien les mensurations et autres opérations mentionnées au paragraphe (1).

(3) Publication des résultats — Les résultats des mensurations et autres opérations effectuées à des fins d'identification peuvent être publiés à l'usage des personnes chargées de l'exécution ou de la mise en oeuvre de la loi.

L.C. 1992, ch. 47, art 74; 1996, ch. 7, art. 39; 1999, ch. 18, art. 88.

3. Immunité — Bénéficie de l'immunité, au civil et au pénal, pour toute action accomplie en conformité avec la présente loi quiconque :

　　a) a la garde d'une personne visée au paragraphe 2(1);

　　b) assiste une personne remplissant la fonction mentionnée à l'alinéa *a)* ou agit sur son ordre;

　　c) participe à la publication des résultats visés au paragraphe 2(3).

L.C. 1992, ch. 47, art. 75.

Destruction des empreintes digitales et des photographies

4. Destruction des empreintes digitales et des photographies — Les empreintes digitales et les photographies sont détruites dans le cas où une personne, soumise à la prise de celles-ci, est inculpée d'une infraction qualifiée de contravention en vertu de la *Loi sur les contraventions* et au titre de laquelle le procureur général, au sens de cette loi, se prévaut du choix prévu à l'article 50 de la même loi.

L.C. 1992, ch. 47, art. 76; 1996, ch. 7, art. 40.

LOI SUR L'IDENTIFICATION PAR LES EMPREINTES GÉNÉTIQUES

L.C. 1998, ch. 37; L.C. 2000, ch. 10

Titre abrégé

1. Titre abrégé — Loi sur l'identification par les empreintes génétiques.

Définitions

2. Définitions — Les définitions qui suivent s'appliquent à la présente loi.

« **ADN** » Acide désoxyribonucléique.

« **adolescent** » S'entend au sens du paragraph 2(1) de la *Loi sur les jeunes contrevenants*.

« **analyse génétique** » Analyse, à des fins médicolégales, de l'ADN de substances corporelles.

« **commissaire** » Le commissaire de la Gendarmerie royale du Canada.

« **infraction désignée** » S'entend au sens de l'article 487.04 du *Code criminel* ou de l'article 196.11 de la *Loi sur la défense nationale*.

« **profil d'identification génétique** » Résultats de l'analyse génétique.

L.C. 2000, ch. 10, art. 4.

Objet

3. Objet — La présente loi a pour objet l'établissement d'une banque nationale de données génétiques destinée à aider les organismes chargées du contrôle d'application de la loi à identifier les auteurs présumés d'infractions désignées, y compris de celles commises avant l'entrée en vigueur de la présente loi.

Principes

4. Principes — Les principes suivants sont reconnus et proclamés :

    a) la protection de la société et l'administration de la justice sont bien servies par la découverte, l'arrestation et la condamnation rapides des contrevenants, lesquelles peuvent être facilitées par l'utilisation de profils d'identification génétique;

    b) ces profils, de même que les substances corporelles prélevées en vue de les établir, ne doivent servir qu'à l'application de la présente loi, à l'exclusion de toute autre utilisation qui n'y est pas autorisée;

    c) afin de protéger les renseignements personnels, doivent faire l'objet de protections:

        (i) l'utilisation et la communication de l'information contenue dans la banque de données — notamment des profils — , de même que son accessibilité,

        (ii) l'utilisation des substances corporelles qui sont transmises au commissaire pour l'application de la présente loi, de même que leur accessibilité.

L.C. 2000, ch. 10, art. 5.

Banque nationale de données génétiques

5. (1) Établissement — Le solliciteur général du Canada établit, à des fins d'identification de criminels, une banque national de données génétiques — composée d'un fichier de criminalistique et d'un fichier des condamnés — qui sera tenue par le commissaire.

(2) Exercice des fonctions du commissaire — Les fonctions que la présente loi confère au commissaire peuvent être exercées en son nom par toute personne qu'il habilite à cet effet.

(3) Fichier de criminalistique — Le fichier de criminalistique contient les profils d'identification génétique établis à partir de substances corporelles trouvées :

    a) sur le lieu d'une infraction désignée;

    b) sur la victime de celle-ci ou à l'intérieur de son corps;

    c) sur ce qu'elle portait ou transportait lors de la perpétration de l'infraction;

    d) sur toute personne ou chose — ou à l'intérieur de l'une ou l'autre — ou en tout lieu liés à la perpétration de l'infraction.

(4) Fichier des condamnés — Le fichier des condamnés contient les profils d'identification génétique établis à partir des substances corporelles visées au paragraphe 487.071(1) du *Code criminel* ou au paragraphe 196.22(1) de la *Loi sur la défense nationale*.

(5) Renseignements supplémentaires — Outre les profils d'identification génétique visés aux paragraphes (3) et (4), la banque de données contient, à l'égard de chacun d'entre eux, des renseignements à partir desquels peuvent être retrouvés, dans le cas des premiers, le numéro attribué à l'enquête au cours de laquelle a été trouvée la substance corporelle ayant servi àétablir le profil et, dans le cas des seconds, l'identité de la personne sur laquelle a été prélevée la substance corporelle ayant servi à établir le profil.

L.C. 2000, ch. 10, art. 6.

6. (1) Communication de renseignements — Lorsqu'il reçoit, pour dépôt à la banque de données, un profil d'identification génétique qui lui est transmis en application du paragraphe 487.071(1) du *Code criminel*, du paragraphe 196.22(1) de la *Loi sur la défense nationale* ou du paragraphe 10(3), le commissaire le compare avec les profils enregistrés afin de vérifier s'il n'y est pas déjà; il peut ensuite communiquer, aux fins d'une enquête ou d'une poursuite relative à une infraction criminelle, l'information suivante à tout laboratoire ou organisme canadien chargé du contrôle d'application de la loi qu'il estime indiqué :

a) la présence ou non du profil dans la banque;

b) le cas échéant, les renseignements y afférents — à l'exception du profil lui-même — contenus dans la banque.

(2) Utilisateurs autorisés — Les utilisateurs autorisés du fichier automatisé des relevés de condamnations criminelles géré par la Gendarmerie royale du Canada peuvent être informés du fait que le profil d'identification génétique d'un individu se trouve ou non dans le fichier des condamnés.

(3) Organisme d'un État étranger — Lorsqu'il reçoit un profil d'identification génétique d'un gouvernement d'un État étranger, d'une organisation internationale de gouvernements, ou d'un de leurs organismes, le commissaire peut le comparer avec les profils enregistrés dans la banque afin de vérifier s'il n'y est pas déjà; il peut ensuite communiquer au gouvernement, à l'organisation ou à l'organisme l'information visée au paragraphe (1).

(4) Communication d'un profil — Il peut aussi, sur demande présentée, dans le cadre d'une enquête relative à une infraction désignée, par un organisme chargé du contrôle d'application de la loi, communiquer au gouvernement d'un État étranger, à une organisation internationale de gouvernements, ou à un de leurs organismes, tout profil d'identification génétique contenu dans le fichier de criminalistique.

(5) Accord ou entente — Les paragraphes (3) et (4) s'appliquent dans les cas où le gouvernement du Canada ou un de ses organismes, en conformité avec l'alinéa 8(2)(f) de la *Loi sur la protection des renseignements personnels*, a conclu, avec le gouvernement, l'organisation ou l'organisme étranger en question, un accord ou une entente autorisant la communication de l'information aux seules fins d'une enquête ou d'une poursuite relative à une infraction criminelle.

(6) Utilisation interdite — Il est interdit, sauf pour l'application de la présente loi, d'utiliser ou de laisser utiliser un profil d'identification génétique reçu pour dépôt à la banque de données.

(7) Communication interdite — Il est interdit, sauf en conformité avec le présent article, de communiquer ou de laisser communiquer les profils d'identification génétique enregistrés dans la banque ou l'information visée au paragraphe (1).

L.C. 2000, ch. 10, art. 7.

7. Accès à l'information contenue dans la banque — Le personnel de tout laboratoire et toute personne — ou catégorie de personnes — que le commissaire estime indiqués peuvent avoir accès à l'information contenue dans la banque de données respectivement à des fins de formation et pour assurer le bon fonctionnement et l'entretien de la banque.

8. Utilisation restreinte de l'information — Le destinataire de l'information communiquée en application du paragraphe 6(1) ou la personne qui a accès à l'information contenue dans la banque de données en vertu de l'article 7 ne peut l'utiliser que conformément à ce paragraphe ou cet article.

8.1 Fichier de criminalistique — Tout renseignement contenu dans le fichier de criminalistique doit, en conformité avec d'éventuels règlements, être rendu inaccessible une fois pour toutes s'il concerne un profil d'identification génétique établi à partir d'une substance corporelle :

a) de la victime d'une infraction désignée qui a fait l'objet de l'enquête;

b) d'une personne qui, dans le cadre de l'enquête, n'est plus considérée comme un suspect.

9. (1) Durée de conservation - règle générale — Sous réserve du paragraphe (2), de l'article 9.1 et de la *Loi sur le casier judiciaire*, tout renseignement contenu dans le fichier des condamnés y est conservé pour une période indéterminée.

(2) Exception — Il doit être rendu inaccessible une fois pour toutes :

a) s'il concerne une personne déclarée coupable d'une infraction désignée, dès que la déclaration de culpabilité est annulée et qu'un verdict d'acquittement définitif est consigné;

b) s'il concerne une personne absoute, en vertu de l'article 730 du *Code criminel*, d'une infraction désignée :

(i) un an après son absolution inconditionnelle, si elle n'a pas été déclarée coupable d'une autre infraction au cours de cette année,

(ii) trois ans après son absolution sous conditions, si elle n'a pas été déclarée coupable d'une autre infraction au cours de ces trois années;

c) [Abrogé, L.C. 2000, c. 10, art. 8.]

d) [Abrogé, L.C. 2000, c. 10, art. 8.]

e) [Abrogé, L.C. 2000, c. 10, art. 8.]

L.C. 2000, ch. 10, art. 8.

9.1 (1) Durée de conservation - jeunes contrevenants — Tout renseignement contenu dans le fichier des condamnés qui concerne un adolescent déclaré coupable, sous le régime de la *Loi sur les jeunes contrevenants*, d'une infraction désignée doit être rendu définitivement inaccessible au moment où les derniers éléments du dossier de l'adolescent qui ont trait à cette infraction doivent être détruits au titre des paragraphes 45(2), 45.02(3) ou 45.03(3) de cette loi.

(2) Exception — Toutefois, l'article 9 s'applique à tout renseignement contenu dans ce fichier et qui concerne le dossier d'un adolescent auquel s'applique l'article 45.01 ou le paragraphe 45.02(2) de la *Loi sur les jeunes contrevenants*.

Non en vigueur — Modification conditionnelle - 9.1

À l'entrée en vigueur du paragraphe 127(3) de la *Loi sur le système de justice pénale pour les adolescents* (Projet de loi C-3), ou à celle de l'article 9 de la *Loi modifiant la Loi sur la défense nationale, la Loi sur l'identification par les empreintes génétiques et le Code criminel* (L.C. 2000, ch. 10) [entrée en vigueur le 30 juin 2000], la dernière en date étant à retenir, l'article 9.1 sera remplacé par ce qui suit :

9.1 (1) Durée de conservation - jeunes contrevenants — Tout renseignement contenu dans le fichier des condamnés qui concerne un adolescent déclaré coupable, sous le régime de la *Loi sur les jeunes contrevenants*, chapitre Y-1 des Lois révisées du Canada (1985), ou de la *Loi sur le système de justice pénale pour les adolescents*, d'une infraction désignée doit être rendu définitivement inaccessible au moment où le dossier de l'adolescent qui a trait à cette infraction doit être détruit ou transmis à l'archiviste national au titre du paragraphe 127(3) de la *Loi sur le système de justice pénale pour les adolescents*.

(2) Exception — Toutefois, l'article 9 s'applique à tout renseignement contenu dans ce fichier qui a trait :

a) soit à une infraction désignée, au sens du paragraphe 2(1) de la *Loi sur le système de justice pénale pour les adolescents*;

b) soit au dossier d'un adolescent auquel s'applique le paragraphe 119(6) de cette loi.

L.C. 2000, ch. 10, art. 25(3).

L.C. 2000, ch. 10, art. 9.

10. (1) Entreposage — Lorsque des substances corporelles lui sont transmises conformément au paragraphe 487.071(2) du *Code criminel* ou au paragraphe

196.22(2) de la *Loi sur la défense nationale*, le commissaire doit, sous réserve des autres dispositions du présent article ou de l'article 10.1, entreposer en lieu sûr, aux fins de l'analyse génétique, les parties d'échantillons qu'il juge utiles et détruire sans délai les autres.

(2) Progrès technique — L'analyse génétique des substances corporelles ainsi entreposées peut être effectuée lorsque le commissaire estime qu'elle est justifiée en raison des progrès techniques importants intervenus depuis que le profil d'identification génétique de la personne qui a fourni les substances ou sur qui elles ont été prélevées a été établi pour la dernière fois.

(3) Transmission et utilisation des profils — Les profils d'identification génétique établis à partir des substances corporelles entreposées sont transmis au commissaire pour dépôt au fichier des condamnés; ils ne peuvent être utilisés qu'à cette seule fin.

(4) Accès — Toute personne — ou catégorie de personnes — que le commissaire estime indiquée peut avoir accès aux substances corporelles en question pour assurer leur conservation.

(5) Utilisation et transmission des substances — Il est interdit de les utiliser à d'autres fins qu'une analyse génétique ou de les transmettre à quiconque.

(6) Destruction des substances — Le commissaire peut les détruire en tout ou en partie lorsqu'il estime qu'elles ne sont plus nécessaires pour analyse génétique.

(7) Destruction obligatoire dans certaines circonstances — Il est cependant tenu de les détruire dans les délais mentionnés ci-dessous :

a) dès l'annulation de la déclaration de culpabilité et la consignation du verdict d'acquittement définitif, dans le cas où la personne dont elles proviennent a été déclarée coupable d'une infraction désignée;

b) dans le cas où elle a été absoute, en vertu de l'article 730 du *Code criminel*, d'une infraction désignée,

(i) un an après son absolution inconditionnelle, si elle n'a pas été déclarée coupable d'une autre infraction au cours de cette année,

(ii) trois ans après son absolution sous conditions, si elle n'a pas été déclarée coupable d'une autre infraction au cours de ces trois années,

c) [Abrogé, L.C. 2000, c. 10, art. 10.]

d) [Abrogé, L.C. 2000, c. 10, art. 10.]

e) [Abrogé, L.C. 2000, c. 10, art. 10.]

(8) Réhabilitation — Malgré toute autre disposition du présent article, dans le cas où elles proviennent d'une personne ayant bénéficié d'une réhabilitation au sens de la *Loi sur le casier judiciaire*, les substances corporelles entreposées doivent être conservées à part et il est interdit d'en révéler l'existence ou de les utiliser pour analyse génétique.

L.C. 2000, ch. 10, art. 10.

10.1 (1) Destruction des substances - jeunes contrevenants — Les substances corporelles d'un adolescent déclaré coupable, sous le régime de la *Loi sur les jeunes contrevenants*, d'une infraction désignée doivent être détruites au moment où les derniers éléments du dossier de l'adolescent qui ont trait à cette infraction doivent être détruits au titre des paragraphes 45(2), 45.02(3) ou 45.03(3) de cette loi.

(2) Exception — Toutefois, les paragraphes 10(6) et (7) s'appliquent à la destruction des substances corporelles qui ont trait au dossier d'un adolescent auquel s'applique l'article 45.01 ou le paragraphe 45.02(2) de la *Loi sur les jeunes contrevenants*.

Non en vigueur — Modification conditionnnelle - 10.1

À l'entrée en vigueur du paragraphe 127(3) de la *Loi sur le système de justice pénale pour les adolescents* (Projet de loi C-3), ou à celle de l'article 11 de la *Loi modifiant la Loi sur la défense nationale, la Loi sur l'identification par les empreintes génétiques et le Code criminel* (L.C. 2000, ch. 10) [entrée en vigueur le 30 juin 2000], la dernière en date étant à retenir, l'article 10.1 sera remplacé par ce qui suit :

10.1 (1) Destruction des substances - jeunes contrevenants — Les substances corporelles d'un adolescent déclaré coupable, sous le régime de la *Loi sur les jeunes contrevenants*, chapitre Y-1 des Lois révisées du Canada (1985), ou de la *Loi sur le système de justice pénale pour les adolescents*, d'une infraction désignée doivent être détruites au moment où le dossier de l'adolescent qui a trait à cette infraction doit être détruit ou transmis à l'archiviste national au titre du paragraphe 127(3) de cette loi.

(2) Exception — Toutefois, les paragraphes 10(6) et (7) s'appliquent à la destruction des substances corporelles qui ont trait :

a) soit à une infraction désignée, au sens du paragraphe 2(1) de la *Loi sur le système de justice pénale pour les adolescents*;

b) soit au dossier d'un adolescent auquel s'applique le paragraphe 119(6) de cette loi.

L.C. 2000, ch. 10, art. 25(5).

L.C. 2000, ch. 10, art. 11.

11. Infraction — Quiconque contrevient aux paragraphes 6(6) ou (7), à l'article 8 ou aux paragraphes 10(3) ou (5) est coupable, selon le cas :

a) d'un acte criminel et passible d'un emprisonnement maximal de deux ans;

b) d'une infraction punissable sur déclaration de culpabilité par procédure sommaire et passible d'une amende maximale de 2 000 $ et d'un emprisonnement maximal de six mois, ou de l'une de ces peines.

Règlements

12. Règlements — Le gouverneur en conseil peut prendre des règlements pour l'application de la présente loi.

Examen

13. — Dans les 5 ans suivant l'entrée en vigueur de la présente loi, un comité du Sénat, de la Chambre des communes, ou mixte, désigné ou établi à cette fin procède à un examen des dispositions et de l'application de la présente loi.

L.C. 2000, ch. 10, art. 12.

Rapport au Parlement

13.1 (1) Rapport annuel — Dans les 3 mois suivant la fin de chaque exercice, le commissaire présente au solliciteur général du Canada un rapport sur l'activité de la banque nationale de données génétiques au cours de l'exercice.

(2) Dépôt devant le Parlement — Le solliciteur général du Canada dépose le rapport devant chaque chambre du Parlement dans les 15 premiers jours de séance de celle-ci suivant sa réception.

L.C. 2000, ch. 10, art. 12.

LOI D'INTERPRÉTATION

L.R.C. 1985, c. I-21, telle que modifiée par : L.R.C. 1985, c. 11 (1er suppl.); L.R.C. 1985, c. 27 (2e suppl.); L.C. 1990, c. 17; L.C. 1992, c. 1; L.C. 1992, c. 47; L.C. 1992, c. 51; L.C. 1993, c. 28; L.C. 1993, c. 34; L.C. 1993, c. 38; L.C. 1995, c. 39; L.C. 1996, c. 31; L.C. 1997, c. 39; L.C. 1998, c. 15; L.C. 1999, c. 3; L.C. 1999, c. 28; L.C. 1999, c. 31, art. 71; DORS/99-408.

TITRE ABRÉGÉ

1. Titre abrégé — *Loi d'interprétation.*

DÉFINITIONS ET INTERPRÉTATION

2. (1) Définitions — Les définitions qui suivent s'appliquent à la présente loi.

« **fonctionnaire public** » Agent de l'administration publique fédérale dont les pouvoirs ou obligations sont prévus par un texte.

« **loi** » Loi fédérale.

« **règlement** » Règlement proprement dit, décret, ordonnance, proclamation, arrêté, règle judiciaire ou autre, règlement administratif, formulaire, tarif de droits, de frais ou d'honoraires, lettres patentes, commission, mandat, résolution ou autre acte pris :

    a) soit dans l'exercice d'un pouvoir conféré sous le régime d'une loi fédérale;

    b) soit par le gouverneur en conseil ou sous son autorité.

« **texte** » Tout ou partie d'une loi ou d'un règlement.

(2) Abrogation — Pour l'application de la présente loi, le remplacement d'un texte emporte son abrogation; vaut aussi abrogation du texte sa cessation d'effet par caducité ou autrement.

L.C. 1993, c. 34, art. 88; L.C. 1999, c. 31, art. 146.

CHAMP D'APPLICATION

3. (1) Ensemble des textes — Sauf indication contraire, la présente loi s'applique à tous les textes, indépendamment de leur date d'édiction.

(2) Présente loi — La présente loi s'applique à sa propre interprétation.

(3) Autres règles d'interprétation — Sauf incompatibilité avec la présente loi, toute règle d'interprétation utile peut s'appliquer à un texte.

FORMULE D'ÉDICTION

4. (1) Présentation — La formule d'édiction des lois peut être ainsi conçue :

« Sa Majesté, sur l'avis et avec le consentement du Sénat et de la Chambre des communes du Canada, édicte : ».

(2) Disposition — En cas de préambule, la formule d'édiction s'y rattache; viennent ensuite, en énoncés succincts, les articles du dispositif.

EFFET

Sanction royale

5. (1) Inscription de la date — Le greffier des Parlements inscrit sur chaque loi, immédiatement après son titre, la date de sa sanction au nom de Sa Majesté. L'inscription fait partie de la loi.

(2) Entrée en vigueur — Sauf disposition contraire y figurant, la date d'entrée en vigueur d'une loi est celle de sa sanction.

(3) Report de l'entrée en vigueur — Entre en vigueur à la date de la sanction d'une loi la disposition de cette loi qui prévoit pour l'entrée en vigueur de celle-ci ou de telle de ses dispositions une date ultérieure à celle de la sanction.

(4) Absence d'indication de date — Lorsqu'une loi prévoit pour l'entrée en vigueur de certaines de ses dispositions une date antérieure ou postérieure à celle de la sanction, ses autres dispositions entrent en vigueur à la date de la sanction.

Prise et cessation d'effet

6. (1) Cas où la date est fixée — Un texte prend effet à zéro heure à la date fixée pour son entrée en vigueur; si la date de cessation d'effet est prévue, le texte cesse d'avoir effet à vingt-quatre heures à cette date.

(2) Absence d'indication de date — En l'absence d'indication de date d'entrée en vigueur, un texte prend effet :

a) s'il s'agit d'une loi, à zéro heure à la date de sa sanction au nom de Sa Majesté;

b) s'il s'agit d'un règlement non soustrait à l'application du paragraphe 5(1) de la *Loi sur les textes réglementaires*, à zéro heure à la date de l'enregistrement prévu à l'article 6 de cette loi, et, s'il s'agit d'un règlement soustrait à cette application, à zéro heure à la date de sa prise.

(3) Admission d'office — La date d'entrée en vigueur d'un texte fixée par règlement publié dans la *Gazette du Canada* est admise d'office.

L.C. 1992, c. 1, art. 87.

Règlement antérieur à l'entrée en vigueur

7. Mesures préliminaires — Le pouvoir d'agir, notamment de prendre un règlement, peut s'exercer avant l'entrée en vigueur du texte habilitant; dans l'intervalle, il n'est toutefois opérant que dans la mesure nécessaire pour permettre au texte de produire ses effets dès l'entrée en vigueur.

Portée territoriale

8. (1) Règle générale — Sauf disposition contraire y figurant, un texte s'applique à l'ensemble du pays.

(2) Texte modificatif — Le texte modifiant un texte d'application limitée à certaines parties du Canada ne s'applique à une autre partie du Canada ou à l'ensemble du pays que si l'extension y est expressément prévue.

(2.1) Zone économique exclusive du Canada — Le texte applicable, au Canada, à l'exploration et à l'exploitation, la conservation et la gestion des ressources naturelles biologiques ou non biologiques s'applique également, à moins que le contexte n'exprime une intention différente, à la zone économique exclusive du Canada.

(2.2) Plateau continental du Canada — S'applique également au plateau continental du Canada, à moins que le contexte n'exprime une intention différente, le texte applicable, au Canada, à l'exploration et à l'exploitation :

a) des ressources minérales et autres ressources naturelles non biologiques des fonds marins et de leur sous-sol;

b) des organismes vivants qui appartiennent aux espèces sédentaires, c'est-à-dire les organismes qui, au stade où ils peuvent être pêchés, sont soit immobiles sur le fond ou au-dessous du fond, soit incapables de se déplacer autrement qu'en restant constamment en contact avec le fond ou le sous-sol.

(3) Extra-territorialité — Dans le cas de lois fédérales encore en vigueur, édictées avant le 11 décembre 1931 et dont la portée extra-territoriale était, en tout ou en partie, expressément prévue ou susceptible de se déduire logiquement de leur objet, le Parlement est réputé avoir été investi, à la date de leur édiction, du pouvoir conféré par le *Statut de Westminster de 1931* de faire des lois à portée extra-territoriale.

1996, c. 31, art. 86.

RÈGLES D'INTERPRÉTATION

Lois d'intérêt privé

9. Effets — Les lois d'intérêt privé n'ont d'effet sur les droits subjectifs que dans la mesure qui y est prévue.

Permanence de la règle de droit

10. Principe général — La règle de droit a vocation permanente; exprimée dans un texte au présent intemporel, elle s'applique à la situation du moment de façon que le texte produise ses effets selon son esprit, son sens et son objet.

Obligation et pouvoirs

11. Expression des notions — L'obligation s'exprime essentiellement par l'indicatif présent du verbe porteur de sens principal et, à l'occasion, par des verbes ou expressions comportant cette notion. L'octroi de pouvoirs, de droits, d'autorisations ou de facultés s'exprime essentiellement par le verbe « pouvoir » et, à l'occasion, par des expressions comportant ces notions.

Solution de droit

12. Principe et interprétation — Tout texte est censé apporter une solution de droit et s'interprète de la manière la plus équitable et la plus large qui soit compatible avec la réalisation de son objet.

Préambules et notes marginales

13. Préambule — Le préambule fait partie du texte et en constitue l'exposé des motifs.

14. Notes marginales — Les notes marginales ainsi que les mentions de textes antérieurs apparaissant à la fin des articles ou autres éléments du texte ne font pas partie de celui-ci, n'y figurant qu'à titre de repère ou d'information.

Dispositions interprétatives

15. (1) Application — Les définitions ou les règles d'interprétation d'un texte s'appliquent tant aux dispositions où elles figurent qu'au reste du texte.

(2) Restriction — Les dispositions définitoires ou interprétatives d'un texte :

a) n'ont d'application qu'à défaut d'indication contraire;

b) s'appliquent, sauf indication contraire, aux autres textes portant sur un domaine identique.

16. Terminologie des règlements — Les termes figurant dans les règlements d'application d'un texte ont le même sens que dans celui-ci.

Sa Majesté

17. Non-obligation, sauf indication contraire — Sauf indication contraire y figurant, nul texte ne lie Sa Majesté ni n'a d'effet sur ses droits et prérogatives.

Proclamations

18. (1) Auteur — Les proclamations dont la prise est autorisée par un texte émanent du gouverneur en conseil.

(2) Prise sur décret — Les proclamations que le gouverneur général est autorisé à prendre sont considérées comme prises au titre d'un décret du gouverneur en conseil; toutefois il n'est pas obligatoire, dans ces proclamations, de faire état de leur rattachement au décret.

(3) Date de prise d'effet — La date de la prise d'une proclamation sur décret du gouverneur en conseil peut être considérée comme celle du décret même ou comme toute date ultérieure; le cas échéant, la proclamation prend effet à la date ainsi considérée.

(4) [Abrogé, L.C. 1992, c. 1, art. 88.]

L.C. 1992, c. 1, art. 88.

Serments

19. (1) Prestation — Dans les cas de dépositions sous serment ou de prestations de serment prévues par un texte ou par une règle du Sénat ou de la Chambre des communes, peuvent faire prêter le serment et en donner attestation :

a) les personnes autorisées par le texte ou la règle à recevoir les dépositions;

b) les juges, notaires, juges de paix ou commissaires aux serments compétents dans le ressort où s'effectue la prestation.

(2) Exercice des pouvoirs d'un juge de paix — Le pouvoir conféré à un juge de paix de faire prêter serment ou de recevoir des déclarations ou affirmations solennelles, ou des affidavits, peut être exercé par un notaire ou un commissaire aux serments.

Rapports au Parlement

20. Dépôt unique — Une loi imposant le dépôt d'un rapport ou autre document au Parlement n'a pas pour effet d'obliger à ce dépôt au cours de plus d'une session.

Personnes morales

21. (1) Pouvoirs — La disposition constitutive d'une personne morale comporte :

a) l'attribution du pouvoir d'ester en justice, de contracter sous sa dénomination, d'avoir un sceau et de le modifier, d'avoir succession perpétuelle, d'acquérir et de détenir des biens meubles dans l'exercice de ses activités et de les aliéner;

b) l'attribution, dans le cas où sa dénomination comporte un libellé français et un libellé anglais, ou une combinaison des deux, de la faculté de faire usage de l'un ou l'autre, ou des deux, et d'avoir soit un sceau portant l'empreinte des deux, soit un sceau distinct pour chacun d'eux;

c) l'attribution à la majorité de ses membres du pouvoir de lier les autres par leurs actes;

d) l'exonération de toute responsabilité personnelle à l'égard de ses dettes, obligations ou actes pour ceux de ses membres qui ne contreviennent pas à son texte constitutif.

(2) Dénomination bilingue — La dénomination d'une personne morale constituée par un texte se compose de son libellé français et de son libellé anglais même si elle ne figure dans chaque version du texte que selon le libellé correspondant à la langue de celle-ci.

(3) Commerce de banque — Une personne morale ne peut se livrer au commerce de banque que si son texte constitutif le prévoit expressément.

Majorité et quorum

22. (1) Majorité — La majorité d'un groupe de plus de deux personnes peut accomplir les actes ressortissant aux pouvoirs ou obligations du groupe.

(2) Quorum — Les dispositions suivantes s'appliquent à tout organisme — tribunal, office, conseil, commission, bureau ou autre — d'au moins trois membres constitué par un texte :

a) selon que le texte attribue à l'organisme un effectif fixe ou variable, le quorum est constitué par la moitié de l'effectif ou par la moitié du nombre de membres en fonctions, pourvu que celui-ci soit au moins égal au minimum possible de l'effectif;

b) tout acte accompli par la majorité des membres de l'organisme présents à une réunion, pourvu que le quorum soit atteint, vaut acte de l'organisme;

c) une vacance au sein de l'organisme ne fait pas obstacle à son existence ni n'entrave son fonctionnement, pourvu que le nombre de membres en fonctions ne soit pas inférieur au quorum.

Nominations, cessation des fonctions et pouvoirs

23. (1) Amovibilité — Indépendamment de leur mode de nomination et sauf disposition contraire du texte ou autre acte prévoyant celle-ci, les fonctionnaires publics sont réputés avoir été nommés à titre amovible.

(2) Actes de nomination revêtus du grand sceau — La date de la prise d'un acte de nomination revêtu du grand sceau peut être considérée comme celle de l'autorisation de la prise de l'acte ou une date ultérieure, la nomination prenant effet à la date ainsi considérée.

(3) Autres actes de nomination — Les actes portant nomination à un poste ou louage de services et dont un texte prévoit qu'ils n'ont pas à être revêtus du grand sceau peuvent fixer, pour leur date de prise d'effet, celle de l'entrée en fonctions du titulaire du poste ou du début de la prestation des services, ou une date ultérieure; la date ainsi fixée est, sauf si elle précède de plus de soixante jours la date de prise de l'acte, celle de la prise d'effet de la nomination ou du louage.

(4) Rémunération — L'autorité investie du pouvoir de nomination peut fixer ou modifier la rémunération de la personne nommée ou y mettre fin.

(5) Entrée en fonctions ou cessation de fonctions — La nomination ou la cessation de fonctions qui sont prévues pour une date déterminée prennent effet à zéro heure à cette date.

24. (1) Pouvoirs implicites des fonctionnaires publics — Le pouvoir de nomination d'un fonctionnaire public à titre amovible comporte pour l'autorité qui en est investie les autres pouvoirs suivants :

a) celui de mettre fin à ses fonctions, de le révoquer ou de le suspendre;

b) celui de le nommer de nouveau ou de le réintégrer dans ses fonctions;

c) celui de nommer un remplaçant ou une autre personne chargée d'agir à sa place.

(2) Exercice des pouvoirs ministériels — La mention d'un ministre par son titre ou dans le cadre de ses attributions, que celles-ci soient d'ordre administratif, législatif ou judiciaire, vaut mention :

a) de tout ministre agissant en son nom ou, en cas de vacance de la charge, du ministre investi de sa charge en application d'un décret;

b) de ses successeurs à la charge;

c) de son délégué ou de celui des personnes visées aux alinéas *a)* et *b)*;

d) indépendamment de l'alinéa *c)*, de toute personne ayant, dans le ministère ou département d'État en cause, la compétence voulue.

(3) Restriction relative aux fonctionnaires — Les alinéas (2)*c)* ou *d)* n'ont toutefois pas pour effet d'autoriser l'exercice du pouvoir de prendre des règlements au sens de la *Loi sur les textes réglementaires*.

(4) Successeurs et délégué d'un fonctionnaire public — La mention d'un fonctionnaire public par son titre ou dans le cadre de ses attributions vaut mention de ses successeurs à la charge et de son ou leurs délégués ou adjoints.

(5) Pouvoirs du titulaire d'une charge publique — Les attributions attachées à une charge peuvent être exercées par son titulaire effectivement en poste.

L.C. 1992, c. 1, art. 89.

Preuve

25. (1) Preuve documentaire — Fait foi de son contenu en justice sauf preuve contraire le document dont un texte prévoit qu'il établit l'existence d'un fait sans toutefois préciser qu'il l'établit de façon concluante.

(2) Imprimeur de la Reine — La mention du nom ou du titre de l'imprimeur de la Reine et contrôleur de la papeterie ou de l'imprimeur de la Reine, portée sur les exemplaires d'un texte, est réputée être la mention de l'imprimeur de la Reine pour le Canada.

Calcul des délais

26. Jours fériés — Tout acte ou formalité peut être accompli le premier jour ouvrable suivant lorsque le délai fixé pour son accomplissement expire un jour férié.

L.C. 1999, c. 31, art. 147.

27. (1) Jours francs — Si le délai est exprimé en jours francs ou en un nombre minimal de jours entre deux événements, les jours où les événements surviennent ne comptent pas.

(2) Délais non francs — Si le délai est exprimé en jours entre deux événements, sans qu'il soit précisé qu'il s'agit de jours francs, seul compte le jour où survient le second événement.

(3) Début et fin d'un délai — Si le délai doit commencer ou se terminer un jour déterminé ou courir jusqu'à un jour déterminé, ce jour compte.

(4) Délai suivant un jour déterminé — Si le délai suit un jour déterminé, ce jour ne compte pas.

(5) Acte à accomplir dans un délai — Lorsqu'un acte doit être accompli dans un délai qui suit ou précède un jour déterminé, ce jour ne compte pas.

28. Délai exprimé en mois — Si le délai est exprimé en nombre de mois précédant ou suivant un jour déterminé, les règles suivantes s'appliquent :

    a) le nombre de mois se calcule, dans un sens ou dans l'autre, exclusion faite du mois où tombe le jour déterminé;

    b) le jour déterminé ne compte pas;

    c) le jour qui, dans le dernier mois obtenu selon l'alinéa a), porte le même quantième que le jour déterminé compte; à défaut de quantième identique, c'est le dernier jour de ce mois qui compte.

29. Heure — La mention d'une heure est celle de l'heure normale.

30. Mention de l'âge — En cas de mention d'un âge, il faut entendre le nombre d'années atteint à l'anniversaire correspondant, à zéro heure.

Divers

31. (1) Ressort — Les actes auxquels sont tenus ou autorisés soit des juges, juges de cour provinciale, juges de paix, fonctionnaires ou agent, soit quiconque devant eux, ne peuvent être accomplis que par ou devant ceux dans le ressort desquels se trouve le lieu de l'accomplissement.

(2) Pouvoirs complémentaires — Le pouvoir donné à quiconque, notamment à un agent ou fonctionnaire, de prendre des mesures ou de les faire exécuter comporte les pouvoirs nécessaires à l'exercice de celui-ci.

(3) Modalités d'exercice des pouvoirs — Les pouvoirs conférés peuvent s'exercer, et les obligations imposées sont à exécuter, en tant que de besoin.

(4) Pouvoir réglementaire — Le pouvoir de prendre des règlements comporte celui de les modifier, abroger ou remplacer, ou d'en prendre d'autres, les conditions d'exercice de ce second pouvoir restant les mêmes que celles de l'exercice du premier.

L.R.C. 1985, c. 27 (1er suppl.), art. 203.

32. Formulaires — L'emploi de formulaires, modèles ou imprimés se présentant différemment de la présentation prescrite n'a pas pour effet de les invalider, à condition que les différences ne portent pas sur le fond ni ne visent à induire en erreur.

33. (1) Genre grammatical — Le masculin ou le féminin s'applique, le cas échéant, aux personnes physiques de l'un ou l'autre sexe et aux personnes morales.

(2) Nombre grammatical — Le pluriel ou le singulier s'appliquent, le cas échéant, à l'unité et à la pluralité.

(3) Famille de mots — Les termes de la même famille qu'un terme défini ont un sens correspondant.

L.C. 1992, c. 1, art. 90.

Infractions

34. (1) Mise en accusation ou procédure sommaire — Les règles suivantes s'appliquent à l'interprétation d'un texte créant une infraction :

a) l'infraction est réputée un acte criminel si le texte prévoit que le contrevenant peut être poursuivi par mise en accusation;

b) en l'absence d'indication sur la nature de l'infraction, celle-ci est réputée punissable sur déclaration du culpabilité par procédure sommaire;

c) s'il est prévu que l'infraction est punissable sur déclaration de culpabilité soit par mise en accusation soit par procédure sommaire, la personne déclarée coupable de l'infraction par procédure sommaire n'est pas censée avoir été condamnée pour un acte criminel.

(2) Application du Code criminel — Sauf disposition contraire du texte créant l'infraction, les dispositions du *Code criminel* relatives aux actes criminels s'appliquent aux actes criminels prévus par un texte et celles qui portent sur les infractions punissables sur déclaration de culpabilité par procédure sommaire s'appliquent à toutes les autres infractions créées par le texte.

(3) Application aux documents — Dans tout document, notamment commission, proclamation ou mandat, relatif au droit pénal ou à la procédure pénale :

a) la mention d'une infraction punissable sur déclaration de culpabilité par mise en accusation équivaut à celle d'un acte criminel;

b) la mention de toute autre infraction équivaut à celle d'une infraction punissable sur déclaration de culpabilité par procédure sommaire.

Entrée dans une maison d'habitation pour arrestation

34.1 Autorisation de pénétrer dans une maison d'habitation — Toute personne habilitée à délivrer un mandat pour l'arrestation d'une personne en vertu d'une autre loi fédérale que le *Code criminel* est investie, avec les mêmes réserves, des pouvoirs que le *Code criminel* confère aux juges ou juges de paix pour autoriser quiconque est chargé de l'exécution du mandat :

a) à pénétrer dans une maison d'habitation désignée en vue de l'arrestation, si elle est convaincue, sur la foi d'une dénonciation sous serment, qu'il existe des motifs raisonnables de croire que la personne à arrêter s'y trouve ou s'y trouvera;

b) à ne pas prévenir au préalable, pourvu que l'exigence posée au paragraphe 529.4(1) du *Code criminel* soit remplie.

L.C. 1997, c. 39, art. 4.

Définitions

35. (1) Définitions d'application générale — Les définitions qui suivent s'appliquent à tous les textes.

« agent diplomatique ou consulaire » Sont compris parmi les agents diplomatiques ou consulaires les ambassadeurs, envoyés, ministres, chargés d'affaires, conseillers, secrétaires, attachés, les consuls généraux, consuls, vice-consuls et leurs suppléants, les suppléants des agents consulaires, les hauts-commissaires et délégués permanents et leurs suppléants.

« banque » Banque figurant aux annexes I ou II de la *Loi sur les banques*.

L.C. 1999, ch. 28, art. 168.

« Canada » Il est entendu que les eaux intérieures et la mer territoriale du Canada font partie du territoire de celui-ci.

« caution » ou **« cautionnement »** L'emploi de « caution », de « cautionnement » ou de termes de sens analogue implique que la garantie correspondante est suffisante et que, sauf disposition expresse contraire, il suffit d'une seule personne pour la fournir.

« Commonwealth », **« Commonwealth britannique »**, **« Commonwealth des nations »** ou **« Commonwealth des nations britanniques »** Association des pays figurant à l'annexe.

« Commonwealth et dépendances » Les pays du Commonwealth et leurs colonies ou possessions, ainsi que les États ou territoires placés sous leur protectorat, leur condominium, leur tutelle ou, d'une façon générale, leur dépendance.

« comté » Peut s'entendre de plusieurs comtés réunis pour les besoins de l'application d'un texte.

« contravention » Est assimilé à la contravention le défaut de se conformer à un texte.

« Cour de comté » [Abrogée, L.C. 1990, c. 17, art. 26.]

« cour fédérale » La Cour fédérale du Canada.

« déclaration solennelle » Déclaration faite aux termes de l'article 41 de la *Loi sur la preuve au Canada*.

« deux juges de paix » Au moins deux titulaires de cette fonction réunis ou agissant ensemble.

« eaux canadiennes » Notamment la mer territoriale et les eaux intérieures du Canada.

« eaux intérieures »

a) S'agissant du Canada, les eaux intérieures délimitées en conformité avec la *Loi sur les océans*, y compris leur fond ou leur lit, ainsi que leur sous-sol et l'espace aérien correspondant;

b) s'agissant de tout autre État, les eaux situées en deçà de la ligne de base de la mer territoriale de cet État.

« écrit » Mots pouvant être lus, quel que soit leur mode de présentation ou de reproduction, notamment impression, dactylographie, peinture, gravure, lithographie ou photographie. La présente définition s'applique à tout terme de sens analogue.

« États-Unis » Les États-Unis d'Amérique.

« force de réserve » S'entend au sens de la *Loi sur la défense nationale*.

« force régulière » S'entend au sens de la *Loi sur la défense nationale*.

« gouverneur », « gouverneur du Canada » ou **« gouverneur général »** Le gouverneur général du Canada ou tout administrateur ou autre fonctionnaire de premier rang chargé du gouvernement du Canada au nom du souverain, quel que soit son titre.

« gouverneur en conseil » ou **« gouverneur général en conseil »** Le gouverneur général du Canada, agissant sur l'avis ou sur l'avis et avec le consentement du Conseil privé de la Reine pour le Canada ou conjointement avec celui-ci.

« **grand sceau** » Le grand sceau du Canada.

« **greffier du Conseil privé** » ou« **greffier du Conseil privé de la Reine** » Le greffier du Conseil privé et secrétaire du Cabinet.

« **heure locale** » L'heure observée au lieu considéré pour la détermination des heures ouvrables.

« **heure normale** » Sauf disposition contraire d'une proclamation du gouverneur en conseil destinée à s'appliquer à tout ou partie d'une province, s'entend :

a) à Terre-Neuve, de l'heure normale de Terre-Neuve, en retard de trois heures et demie sur l'heure de Greenwich;

b) en Nouvelle-Écosse, au Nouveau-Brunswick, dans l'Île-du-Prince-Édouard, dans les régions du Québec situées à l'est du soixante-troisième méridien de longitude ouest et dans les régions du territoire du Nunavut situées à l'est du soixante-huitième méridien de longitude ouest, de l'heure normale de l'Atlantique, en retard de quatre heures sur l'heure de Greenwich;

c) dans les régions du Québec situées à l'ouest du soixante-troisième méridien de longitude ouest, dans les régions de l'Ontario situées entre les soixante-huitième et quatre-vingt-dixième méridiens de longitude ouest, dans l'Île Southampton et les îles voisines, et dans les régions du territoire du Nunavut situées entre les soixante-huitième et quatre-vingt-cinquième méridiens de longitude ouest, de l'heure normale de l'Est, en retard de cinq heures sur l'heure de Greenwich;

d) dans les régions de l'Ontario situées à l'ouest du quatre-vingt-dixième méridien de longitude ouest, au Manitoba, et dans les régions du territoire du Nunavut, sauf l'Île Southampton et les îles voisines, situées entre les quatre-vingt-cinquième et cent deuxième méridiens de longitude ouest, de l'heure normale du centre, en retard de six heures sur l'heure de Greenwich;

e) en Saskatchewan, en Alberta, dans les Territoires du Nord-Ouest et dans les régions du territoire du Nunavut situées à l'ouest du cent deuxième méridien de longitude ouest, de l'heure normale des Rocheuses, en retard de sept heures sur l'heure de Greenwich;

f) en Colombie-Britannique, de l'heure normale du Pacifique, en retard de huit heures sur l'heure de Greenwich;

g) dans le territoire du Yukon, de l'heure normale du Yukon, en retard de neuf heures sur l'heure de Greenwich.

« **jour férié** » Outre les dimanches, le 1er janvier, le vendredi saint, le lundi de Pâques, le jour de Noël, l'anniversaire du souverain régnant ou le jour fixé par proclamation pour sa célébration, la fête de Victoria, la fête du Canada, le premier lundi de septembre, désigné comme fête du Travail, le 11 novembre ou jour du

Souvenir, tout jour fixé par proclamation comme jour de prière ou de deuil national ou jour de réjouissances ou d'action de grâces publiques :

a) pour chaque province, tout jour fixé par proclamation du lieutenant-gouverneur comme jour férié légal ou comme jour de prière ou de deuil général ou jour de réjouissances ou d'action de grâces publiques, et tout jour qui est un jour non juridique au sens d'une loi provinciale;

b) pour chaque collectivité locale — ville, municipalité ou autre circonscription administrative — , tout jour fixé comme jour férié local par résolution du conseil ou autre autorité chargée de l'administration de la collectivité.

« juridiction supérieure » ou **« cour supérieure »** Outre la Cour suprême du Canada et la Cour fédérale :

a) la Cour suprême de l'Île-du-Prince-Édouard ou de Terre-Neuve;

a.1) la Cour d'appel de l'Ontario et la Cour supérieure de justice de l'Ontario;

b) la Cour d'appel et la Cour supérieure du Québec;

c) la Cour d'appel et la Cour du Banc de la Reine du Nouveau-Brunswick, du Manitoba, de la Saskatchewan ou de l'Alberta;

d) la Cour d'appel et la Cour suprême de la Nouvelle-Écosse et de la Colombie-Britannique;

e) la Cour suprême du Yukon, la Cour suprême des Territoires du Nord-Ouest ou la Cour de justice du Nunavut.

« législature », **« assemblée législative »** ou **« conseil législatif »** Y sont assimilés l'ensemble composé du lieutenant-gouverneur en conseil et de l'Assemblée législative des Territoires du Nord-Ouest, en leur état avant le 1er septembre 1905, le commissaire en conseil du territoire du Yukon, le commissaire en conseil des Territoires du Nord-Ouest et la Législature du Nunavut.

« lieutenant-gouverneur » Le lieutenant-gouverneur d'une province ou tout autre administrateur ou autre fonctionnaire de premier rang chargé du gouvernement de la province, quel que soit son titre, ainsi que le commissaire du territoire du Yukon, celui des Territoires du Nord-Ouest et celui du territoire du Nunavut.

« lieutenant-gouverneur en conseil » Le lieutenant-gouverneur d'une province agissant sur l'avis ou sur l'avis et avec le consentement du conseil exécutif de la province ou conjointement avec celui-ci, ainsi que le commissaire du territoire du Yukon, celui des Territoires du Nord-Ouest et celui du territoire du Nunavut.

« loi provinciale » Y sont assimilées les ordonnances du territoire du Yukon et des Territoires du Nord-Ouest, ainsi que les lois de la Législature du Nunavut.

« mer territoriale »

a) S'agissant du Canada, la mer territoriale délimitée en conformité avec la *Loi sur les océans*, y compris les fonds marins et leur sous-sol, ainsi que l'espace aérien correspondant;

b) s'agissant de tout autre État, la mer territoriale de cet État, délimitée en conformité avec le droit international et le droit interne de ce même État.

« **militaire** » S'applique à tout ou partie des Forces canadiennes.

« **mois** » Mois de l'année civile.

« **Parlement** » Le Parlement du Canada.

« **personne** » Personne physique ou morale; l'une et l'autre notions sont visées dans des formulations générales, impersonnelles ou comportant des pronoms ou adjectifs indéfinis.

« **personne morale** » Entité dotée de la personnalité morale, à l'exclusion d'une société de personnes à laquelle le droit provincial reconnaît cette personnalité.

« **plateau continental** »

a) S'agissant du Canada, le plateau continental délimité en conformité avec la *Loi sur les océans*;

b) s'agissant de tout autre État, le plateau continental de cet État, délimité en conformité avec le droit international et le droit interne de ce même État.

« **proclamation** » Proclamation sous le grand sceau.

« **province** » Province du Canada, ainsi que le territoire du Yukon, les Territoires du Nord-Ouest et le territoire du Nunavut.

« **radiocommunication** » ou « **radio** » Toute transmission, émission ou réception de signes, de signaux, d'écrits, d'images, de sons ou de renseignements de toute nature, au moyen d'ondes électromagnétiques de fréquences inférieures à 3000 GHz transmises dans l'espace sans guide artificiel.

« **radiodiffusion** » Toute radiocommunication dont les émissions sont destinées à être reçues directement par le public en général.

« **royaume et territoires de Sa Majesté** » Tous les royaumes et territoires placés sous la souveraineté de Sa Majesté.

« **Royaume-Uni** » Le Royaume-Uni de Grande-Bretagne et d'Irlande du Nord.

« **Sa Majesté** », « **la Reine** », « **le Roi** » ou « **la Couronne** » Le souverain du Royaume-Uni, du Canada et de Ses autres royaumes et territoires, et chef du Commonwealth.

« **Section d'appel de la Cour fédérale** » ou « **Cour d'appel fédérale** » S'entend au sens de la *Loi sur la Cour fédérale*.

« **Section de première instance de la Cour fédérale** » S'entend au sens de la *Loi sur la Cour fédérale*.

« **serment** » Ont valeur de serment la déclaration ou l'affirmation solennelle dans les cas où il est prévu qu'elles peuvent en tenir lieu et où l'intéressé a la faculté de les y substituer; les formulations comportant les verbes « déclarer » ou « affirmer » équivalent dès lors à celles qui comportent l'expression « sous serment ».

« **télécommunication** » La transmission, l'émission ou la réception de signes, signaux, écrits, images, sons ou renseignements de toute nature soit par système électromagnétique, notamment par fil, câble ou système radio ou optique, soit par tout procédé technique semblable.

« **territoires** » S'entend du territoire du Yukon, des Territoires du Nord-Ouest et, après l'entrée en vigueur de l'article 3 de la *Loi sur le Nunavut*, du Nunavut.

« **zone contiguë** »

     a) S'agissant du Canada, la zone contiguë délimitée en conformité avec la *Loi sur les océans*;

     b) s'agissant de tout autre État, la zone contiguë de cet État, délimitée en conformité avec le droit international et le droit interne de ce même État.

« **zone économique exclusive** »

     a) S'agissant du Canada, la zone économique exclusive délimitée en conformité avec la *Loi sur les océans*, y compris les fonds marins et leur sous-sol;

     b) s'agissant de tout autre État, la zone économique exclusive de cet État, délimitée en conformité avec le droit international et le droit interne de ce même État.

(2) Modification de l'annexe — Le gouverneur en conseil peut, par décret, reconnaître l'acquisition ou la perte, par un pays, de la qualité de membre du Commonwealth et, selon le cas, inscrire ce pays à l'annexe ou l'en radier.

L.R.C. 1985, c. 11 (1er suppl.), art. 2(1); c. 27 (2e suppl.), art. 10; L.C. 1990, c. 17, art. 26; 1992, c. 1, art. 91; c. 47, art. 79; c. 51, art. 56; 1993, c. 28, ann. III, art. 82, 1993, c. 38, art. 87; 1995, c. 39, art. 174; 1996, c. 31, art. 87; 1998, c. 15, art. 28; 1999, c. 3, art. 71.

36. Télégraphe et téléphone — Le terme « télégraphe » et ses dérivés employés, à propos d'un domaine ressortissant à la compétence législative du Parlement, dans un texte ou dans des lois provinciales antérieures à l'incorporation de la province au Canada ne sont pas censés s'appliquer au terme « téléphone » ou à ses dérivés.

37. (1) Notion d'année — La notion d'année s'entend de toute période de douze mois, compte tenu des dispositions suivantes :

     a) « année civile » s'entend de l'année commençant le 1er janvier;

     b) « exercice » s'entend, en ce qui a trait aux crédits votés par le Parlement, au Trésor, aux comptes et aux finances du Canada ou aux impôts fédéraux, de la période commençant le 1ᵉʳ avril et se terminant le 31 mars de l'année suivante;

c) la mention d'un millésime s'applique à l'année civile correspondante.

(2) Précision de la notion — Le gouverneur en conseil peut préciser la notion d'année pour l'application des textes relatifs au Parlement ou au gouvernement fédéral et où figure cette notion sans que le contexte permette de déterminer en toute certitude s'il s'agit de l'année civile, de l'exercice ou d'une période quelconque de douze mois.

38. Langage courant — La désignation courante d'une personne, d'un groupe, d'une fonction, d'un lieu, d'un pays, d'un objet ou autre entité équivaut à la désignation officielle ou intégrale.

39. (1) Résolutions de ratification ou de rejet — Dans les lois, l'emploi des expressions ci-après, à propos d'un règlement, comporte les implications suivantes :

a) « sous réserve de résolution de ratification du Parlement » : le règlement est à déposer devant le Parlement dans les quinze jours suivant sa prise ou, si le Parlement ne siège pas, dans les quinze premiers jours de séance ultérieurs, et son entrée en vigueur est subordonnée à sa ratification par résolution des deux chambres présentée et adoptée conformément aux règles de celles-ci;

b) « sous réserve de résolution de ratification de la Chambre des communes » : le règlement est à déposer devant la Chambre des communes dans les quinze jours suivant sa prise ou, si la chambre ne siège pas, dans les quinze premiers jours de séance ultérieurs, et son entrée en vigueur est subordonnée à sa ratification par résolution de la chambre présentée et adoptée conformément aux règles de celle-ci;

c) « sous réserve de résolution de rejet du Parlement » : le règlement est à déposer devant le Parlement dans les quinze jours suivant sa prise ou, si le Parlement ne siège pas, dans les quinze premiers jours de séance ultérieurs, et son annulation peut être prononcée par résolution des deux chambres présentée et adoptée conformément aux règles de celles-ci;

d) « sous réserve de résolution de rejet de la Chambre des communes » : le règlement est à déposer devant la Chambre des communes dans les quinze jours suivant sa prise ou, si la chambre ne siège pas, dans les quinze premiers jours de séance ultérieurs, et son annulation peut être prononcée par résolution de la chambre présentée et adoptée conformément aux règles de celle-ci.

(2) Effet d'une résolution de rejet — Le règlement annulé par résolution du Parlement ou de la Chambre des communes est réputé abrogé à la date d'adoption de la résolution; dès lors toute règle de droit qu'il abrogeait ou modifiait est réputée rétablie à cette date, sans que s'en trouve toutefois atteinte la validité d'actes ou omissions conformes au règlement.

MENTIONS ET RENVOIS

40. (1) Désignation des textes — Dans les textes ou des documents quelconques :

a) les lois peuvent être désignées par le numéro de chapitre qui leur est donné dans le recueil des lois révisées ou dans le recueil des lois de l'année ou de l'année du règne où elles ont été édictées, ou par leur titre intégral ou abrégé, avec ou sans mention de leur numéro de chapitre;

b) les règlements peuvent être désignés par leur titre intégral ou abrégé, par la mention de leur loi habilitante ou par leur numéro ou autre indication d'enregistrement auprès du greffier du Conseil privé.

(2) Modifications — Les renvois à un texte ou ses mentions sont réputés se rapporter à sa version éventuellement modifiée.

41. (1) Renvois à plusieurs éléments d'un texte — Dans un texte, le renvoi par désignation numérique ou littérale à un passage formé de plusieurs éléments — parties, sections, articles, paragraphes, alinéas, sous-alinéas, divisions, subdivisions, annexes, appendices, formulaires, modèles ou imprimés — vise aussi les premier et dernier de ceux-ci.

(2) Renvoi aux éléments du même texte — Dans un texte, le renvoi à un des éléments suivants : partie, section, article, annexe, appendice, formulaire, modèle ou imprimé constitue un renvoi à un élément du texte même.

(3) Renvoi aux éléments de l'article — Dans un texte, le renvoi à un élément de l'article — paragraphe, alinéa, sous-alinéa, division ou subdivision — constitue, selon le cas, un renvoi à un paragraphe de l'article même ou à une sous-unité de l'élément immédiatement supérieur.

(4) Renvoi aux règlements — Dans un texte, le renvoi aux règlements, ou l'emploi d'un terme de la même famille que le mot « règlement », constitue un renvoi aux règlements d'application du texte.

(5) Renvoi à un autre texte — Dans un texte, le renvoi à un élément — notamment par désignation numérique ou littérale d'un article ou de ses sous-unités ou d'une ligne — d'un autre texte constitue un renvoi à un élément de la version imprimée légale de ce texte.

ABROGATION ET MODIFICATION

42. (1) Pouvoir d'abrogation ou de modification — Il est entendu que le Parlement peut toujours abroger ou modifier toute loi et annuler ou modifier tous pouvoirs, droits ou avantages attribués par cette loi.

(2) Interaction en cours de session — Une loi peut être modifiée ou abrogée par une autre loi adoptée au cours de la même session du Parlement.

(3) Incorporation des modifications — Le texte modificatif, dans la mesure compatible avec sa teneur, fait partie du texte modifié.

43. Effet de l'abrogation — L'abrogation, en tout ou en partie, n'a pas pour conséquence :

a) de rétablir des textes ou autres règles de droit non en vigueur lors de sa prise d'effet;

b) de porter atteinte à l'application antérieure du texte abrogé ou aux mesures régulièrement prises sous son régime;

c) de porter atteinte aux droits ou avantages acquis, aux obligations contractées ou aux responsabilités encourues sous le régime du texte abrogé;

d) d'empêcher la poursuite des infractions au texte abrogé ou l'application des sanctions — peines, pénalités ou confiscations — encourues aux termes de celui-ci;

e) d'influer sur les enquêtes, procédures judiciaires ou recours relatifs aux droits, obligations, avantages, responsabilités ou sanctions mentionnés aux alinéas *c*) et *d*).

Les enquêtes, procédures ou recours visés à l'alinéa *e*) peuvent être engagés et se poursuivre, et les sanctions infligées, comme si le texte n'avait pas été abrogé.

44. Abrogation et remplacement — En cas d'abrogation et de remplacement, les règles suivantes s'appliquent :

a) les titulaires des postes pourvus sous le régime du texte antérieur restent en place comme s'ils avaient été nommés sous celui du nouveau texte, jusqu'à la nomination de leurs successeurs;

b) les cautions ou autres garanties fournies par le titulaire d'un poste pourvu sous le régime du texte antérieur gardent leur validité, l'application des mesures prises et l'utilisation des livres, imprimés ou autres documents employés conformément à ce texte se poursuivant, sauf incompatibilité avec le nouveau texte, comme avant l'abrogation;

c) les procédures engagées sous le régime du texte antérieur se poursuivent conformément au nouveau texte, dans la mesure de leur compatibilité avec celui-ci;

d) la procédure établie par le nouveau texte doit être suivie, dans la mesure où l'adaptation en est possible :

(i) pour le recouvrement des amendes ou pénalités et l'exécution des confiscations imposées sous le régime du texte antérieur,

(ii) pour l'exercice des droits acquis sous le régime du texte antérieur,

(iii) dans toute affaire se rapportant à des faits survenus avant l'abrogation;

e) les sanctions dont l'allégement est prévu par le nouveau texte sont, après l'abrogation, réduites en conséquence;

f) sauf dans la mesure où les deux textes diffèrent au fond, le nouveau texte n'est pas réputé de droit nouveau, sa teneur étant censée constituer une refonte et une clarification des règles de droit du texte antérieur;

g) les règlements d'application du texte antérieur demeurent en vigueur et sont réputés pris en application du nouveau texte, dans la mesure de leur compatibilité avec celui-ci, jusqu'à abrogation ou remplacement;

h) le renvoi, dans un autre texte, au texte abrogé, à propos de faits ultérieurs, équivaut à un renvoi aux dispositions correspondantes du nouveau texte; toutefois, à défaut de telles dispositions, le texte abrogé est considéré comme étant encore en vigueur dans la mesure nécessaire pour donner effet à l'autre texte.

45. (1) Absence de présomption d'entrée en vigueur — L'abrogation, en tout ou en partie, d'un texte ne constitue pas ni n'implique une déclaration portant que le texte était auparavant en vigueur ou que le Parlement, ou toute autre autorité qui l'a édicté, le considérait comme tel.

(2) Absence de présomption de droit nouveau — La modification d'un texte ne constitue pas ni n'implique une déclaration portant que les règles de droit du texte étaient différentes de celles de sa version modifiée ou que le Parlement, ou toute autre autorité qui l'a édicté, les considérait comme telles.

(3) Absence de déclaration sur l'état antérieur du droit — L'abrogation ou la modification, en tout ou en partie, d'un texte ne constitue pas ni n'implique une déclaration sur l'état antérieur du droit.

(4) Absence de confirmation de l'interprétation judiciaire — La nouvelle édiction d'un texte, ou sa révision, refonte, codification ou modification, n'a pas valeur de confirmation de l'interprétation donnée, par décision judiciaire ou autrement, des termes du texte ou de termes analogues.

DÉVOLUTION DE LA COURONNE

46. (1) Absence d'effet — La dévolution de la Couronne n'a pas pour effet :

a) de porter atteinte à l'occupation d'une charge publique fédérale;

b) d'obliger à nommer de nouveau le titulaire d'une telle charge ou de lui imposer la prestation d'un nouveau serment professionnel ou d'allégeance.

(2) Procédures judiciaires — La dévolution de la Couronne n'a pour effet, ni au civil ni au pénal, de porter atteinte aux actes émanant des tribunaux constitués par une loi ou d'interrompre les procédures engagées devant eux, ni d'y mettre fin, ces actes demeurant valides et exécutoires et ces procédures pouvant être menées à leur terme sans solution de continuité.

S.R., c. I-23, art. 38.

ANNEXE

(article 35 « Commonwealth »)

Afrique du Sud

Antigua et Barbuda

Australie

Bahamas

Bangladesh

Barbade

Belize

Botswana

Brunéi Darussalam

Canada

Chypre

Dominique

Fidji

Gambie

Ghana

Grenade

Guyane

Îles Salomon

Inde

Jamaïque

Kenya

Kiribati

Lesotho

Malaisie

Malawi

Maldives

Malte

Maurice

Nauru

Nigeria

Nouvelle-Zélande

Ouganda

Pakistan

Papouasie-Nouvelle-Guinée

Royaume-Uni

Saint-Christophe-et-Nevis

Sainte-Lucie

Saint-Vincent-et-Grenadines

Samoa occidental

Seychelles

Sierra Leone

Singapour

Sri Lanka

Swaziland

Tanzanie

Tonga

Trinité et Tobago

Tuvalu

Vanuatu

Zambie

Zimbabwe

DORS/86-532; DORS/93-140; DORS/95-366.

LOI SUR LES JEUNES CONTREVENANTS

L.R.C. 1985, ch. Y-1, telle que modifiée par : L.R.C. 1985, ch. 27 (1er suppl.); L.R.C. 1985, ch. 24 (2e suppl.); L.R.C. 1985, ch. 1 (3e suppl.); L.R.C. 1985, ch. 1 (4e suppl.); L.C. 1991, ch. 43; L.C. 1992, ch. 1; L.C. 1992, ch. 11; L.C. 1992, ch. 47; L.C. 1993, ch. 28; L.C. 1993, ch. 45; L.C. 1994, ch. 26; L.C. 1995, ch. 19; L.C. 1995, ch. 22; L.C. 1995, ch. 27; L.C. 1995, ch. 39; L.C. 1996, ch. 19; L.C. 1998, ch. 15; L.C. 1999, ch. 3.

TITRE ABRÉGÉ

1. Titre abrégé — *Loi sur les jeunes contrevenants.*

DÉFINITIONS

2. (1) Définitions — Les définitions qui suivent s'appliquent à la présente loi.

« **adolescent** » Toute personne qui, étant âgée d'au moins douze ans, n'a pas atteint l'âge de dix-huit ans ou qui, en l'absence de preuve contraire, paraît avoir un âge compris entre ces limites, ainsi que, lorsque le contexte l'exige, toute personne qui, sous le régime de la présente loi, est soit accusée d'avoir commis une infraction durant son adolescence, soit déclarée coupable d'une infraction.

« **adulte** » Toute personne qui n'est plus dans l'adolescence.

« **commission d'examen** » La commission d'examen établie ou désignée par une province pour l'application de l'article 30.

« **décision** » Toute mesure visée aux articles 20, 20.1 et 28 à 32, ou qui confirme ou modifie une telle mesure.

« **délégué à la jeunesse** » La personne nommée ou désignée à titre de délégué à la jeunesse, d'agent de probation ou à tout autre titre, soit sous le régime de la loi d'une province, soit par le lieutenant-gouverneur en conseil de la province ou le délégué de celui-ci, pour y exercer, d'une manière générale ou pour un cas déterminé, certaines attributions que la présente loi confère aux délégués à la jeunesse.

« **directeur provincial** » ou « **directeur** » Personne, groupe ou catégorie de personnes ou organisme, nommé ou désigné soit en vertu de la loi d'une province, soit par le lieutenant-gouverneur en conseil de la province ou le délégué de celui-ci, pour y exercer, d'une manière générale ou pour un cas déterminé, certaines attributions que la présente loi confère au directeur provincial.

« **enfant** » Toute personne âgée de moins de douze ans ou qui, en l'absence de preuve contraire, paraît ne pas avoir atteint cet âge.

« **infraction** » Toute infraction créée par une loi fédérale ou par ses textes d'application : règlement, règle, ordre, décret, arrêté, règlement administratif ou ordonnance, à l'exclusion des ordonnances du Yukon ou des Territoires du Nord-Ouest et des lois de la Législature du Nunavut.

« **juge du tribunal pour adolescents** » Toute personne nommée juge du tribunal pour adolescents.

« **juridiction normalement compétente** » Le tribunal qui, en l'absence de la présente loi, aurait été compétent pour connaître d'une infraction.

« **mesures de rechange** » Mesures, autres que les procédures judiciaires prévues par la présente loi, utilisées à l'endroit des adolescents auxquels une infraction est imputée.

« **père ou mère** » ou « **père et mère** » Leur est assimilée toute personne qui est légalement tenue de subvenir aux besoins d'une autre personne, ou qui assume, en droit ou en fait, la garde ou la surveillance de celle-ci, à l'exclusion d'une personne qui assume cette garde ou cette surveillance uniquement en raison de procédures intentées au titre de la présente loi.

« **rapport d'évolution** » Le rapport établi en vertu de l'article 28 sur l'évolution de l'adolescent qui a fait l'objet d'une décision.

« **rapport prédécisionnel** » Le rapport établi en vertu de l'article 14 sur les antécédents et la situation actuelle de l'adolescent et de sa famille.

« **tribunal pour adolescents** » Le tribunal établi ou désigné soit sous le régime d'une loi provinciale, soit par le gouverneur en conseil ou par le lieutenant-gouverneur en conseil, pour exercer les attributions du tribunal pour adolescents pour l'application de la présente loi.

(2) Terminologie — Sauf indication contraire, les termes de la présente loi s'entendent au sens du *Code criminel*.

L.R.C. 1985, ch. 24 (2ᵉ suppl.), art. 1; L.C. 1993, ch. 28, art. 78, ann. III, art. 144; 1995, ch. 39, art. 177; 1998, ch. 15, art. 41.

2.1 Pouvoirs et fonctions des directeurs provinciaux — Un directeur provincial peut autoriser toute personne à exercer les pouvoirs et fonctions que lui attribue la présente loi et, le cas échéant, les pouvoirs et fonctions exercés par la personne ainsi autorisée sont réputés l'avoir été par celui-ci.

L.R.C. 1985, ch. 24 (2ᵉ suppl.), art. 2.

DÉCLARATION DE PRINCIPES

3. (1) Politique canadienne à l'égard des jeunes contrevenants — Les principes suivants sont reconnus et proclamés :

a) la prévention du crime est essentielle pour protéger la société à long terme et exige que l'on s'attaque aux causes sous-jacentes de la criminalité des adolescents et que l'on élabore un cadre d'action multidisciplinaire permettant à la fois de déterminer quels sont les adolescents et les enfants susceptibles de commettre des actes délictueux et d'agir en conséquence;

a.1) les adolescents ne sauraient, dans tous les cas, être assimilés aux adultes quant à leur degré de responsabilité et aux conséquences de leurs actes; toutefois, les jeunes contrevenants doivent assumer la responsabilité de leurs délits;

b) la société, bien qu'elle doive prendre les mesures raisonnables qui s'imposent pour prévenir la conduite criminelle chez les adolescents, doit pouvoir se protéger contre toute conduite illicite;

c) la situation des jeunes contrevenants requiert surveillance, discipline et encadrement; toutefois, l'état de dépendance où ils se trouvent, leur degré de développement et de maturité leur créent des besoins spéciaux qui exigent conseils et assistance;

c.1) la protection de la société, qui est l'un des buts premiers du droit pénal applicable aux jeunes, est mieux servie par la réinsertion sociale du jeune contrevenant, chaque fois que cela est possible, et le meilleur moyen d'y parvenir est de tenir compte des besoins et des circonstances pouvant expliquer son comportement;

d) il y a lieu, dans le traitement des jeunes contrevenants, d'envisager, s'il est décidé d'agir, la substitution de mesures de rechange aux procédures judiciaires prévues par la présente loi, compte tenu de la protection de la société;

e) les adolescents jouissent, à titre propre, de droits et libertés, au nombre desquels figurent ceux qui sont énoncés dans la *Charte canadienne des droits et libertés* ou dans la *Déclaration canadienne des droits*, et notamment le droit de se faire entendre au cours du processus conduisant à des décisions qui les touchent et de prendre part à ce processus, ces droits et libertés étant assortis de garanties spéciales;

f) dans le cadre de la présente loi, le droit des adolescents à la liberté ne peut souffrir que d'un minimum d'entraves commandées par la protection de la société, compte tenu des besoins des adolescents et des intérêts de leur famille;

g) les adolescents ont le droit, chaque fois que la présente loi est susceptible de porter atteinte à certains de leurs droits et libertés, d'être informés du contenu de ces droits et libertés;

h) les père et mère assument l'entretien et la surveillance de leurs enfants; en conséquence les adolescents ne sauraient être entièrement ou partiellement soustraits à l'autorité parentale que dans les seuls cas où les mesures comportant le maintien de cette autorité sont contre-indiquées.

(2) Souplesse d'interprétation — La présente loi doit faire l'objet d'une interprétation large garantissant aux adolescents un traitement conforme aux principes énoncés au paragraphe (1).

L.C 1995, ch. 19, art. 1

MESURES DE RECHANGE

4. (1) Mesures de rechange — Le recours à des mesures de rechange à l'endroit d'un adolescent à qui une infraction est imputée, plutôt qu'aux procédures judiciaires prévues par la présente loi, peut se faire si les conditions suivantes sont réunies :

a) ces mesures sont dans le cadre d'un programme de mesures de rechange autorisé soit par le procureur général ou son délégué, soit par une personne ou une personne faisant partie d'une catégorie de personnes désignée par le lieutenant-gouverneur en conseil d'une province;

b) la personne qui envisage de recourir à ces mesures est convaincue qu'elles sont appropriées, compte tenu des besoins de l'adolescent et de l'intérêt de la société;

c) l'adolescent, informé des mesures de rechange, a librement manifesté sa ferme volonté de collaborer à leur mise en oeuvre;

d) l'adolescent, avant de manifester sa volonté de collaborer à leur mise en oeuvre, a été avisé de son droit aux services d'un avocat et s'est vu donner la possibilité d'en consulter un;

e) l'adolescent se reconnaît responsable de l'acte ou de l'omission à l'origine de l'infraction qui lui est imputée;

f) le procureur général ou son représentant estiment qu'il y a des preuves suffisantes justifiant des poursuites relatives à l'infraction;

g) aucune règle de droit ne fait obstacle à la mise en oeuvre de poursuites relatives à l'infraction.

(2) Restriction à la mise en oeuvre des mesures de rechange — L'adolescent à qui une infraction est imputée ne peut faire l'objet de mesures de rechange dans les cas suivants :

a) il a dénié toute participation à la perpétration de l'infraction;

b) il a manifesté le désir de voir déférer au tribunal pour adolescents toute accusation portée contre lui.

(3) Non-admissibilité des aveux — Les aveux de culpabilité ou les déclarations par lesquels l'adolescent, à qui une infraction est imputée, se reconnaît responsable d'un acte ou d'une omission déterminés ne sont pas, lorsqu'il les a faits pour pouvoir bénéficier de mesures de rechange, admissibles en preuve dans les poursuites civiles ou pénales dirigées contre lui.

(4) Possibilité de mesures de rechange et poursuites — Le recours aux mesures de rechange à l'endroit d'un adolescent à qui une infraction est imputée n'empêche pas la mise en oeuvre de poursuites dans le cadre de la présente loi; toutefois, lorsque le tribunal pour adolescents est convaincu, selon la prépondérance des probabilités :

> a) que l'adolescent a entièrement accompli les modalités des mesures de rechange, il doit rejeter les accusations portées contre lui;

> b) lorsque l'adolescent a partiellement accompli les modalités des mesures de rechange, il peut, s'il estime que les poursuites sont injustes eu égard aux circonstances, rejeter les accusations portées contre l'adolescent; le tribunal peut, avant de rendre une décision dans le cadre de la présente loi, tenir compte du comportement de l'adolescent dans l'application des mesures de rechange.

(5) Dépôt d'une plainte — Sous réserve du paragraphe (4), le présent article ne doit pas être interprété pour empêcher une personne de déposer une plainte, d'obtenir un acte judiciaire, la confirmation d'un tel acte ou de continuer des poursuites, conformément aux règles de droit.

COMPÉTENCE

5. (1) Compétence exclusive du tribunal pour adolescents — Nonobstant toute autre loi fédérale mais sous réserve de la *Loi sur la défense nationale* et de l'article 16, le tribunal pour adolescents a compétence exclusive pour toute infraction imputée à une personne et qu'elle aurait commise en cours d'adolescence; cette personne bénéficie des dispositions de la présente loi.

Non en vigueur — 5(1)

(1) Par dérogation à toute autre loi fédérale mais sous réserve de la *Loi sur les contraventions* et de la *Loi sur la défense nationale* ainsi que de l'article 16, le tribunal pour adolescents a compétence exclusive pour toute infraction imputée à une personne qui l'aurait commise au cours de son adolescence; cette personne bénéficie dès lors des dispositions de la présente loi.

L.C. 1992, ch. 47, art. 81.

(2) Prescription — L'infraction, dont le délai de prescription fixé par une autre loi fédérale ou par les règlements d'application de celle-ci est expiré, ne peut donner lieu à des poursuites sous le régime de la présente loi.

(3) Continuation des poursuites — Les poursuites intentées sous le régime de la présente loi contre un adolescent peuvent, à tous égards, se continuer après qu'il a atteint l'âge adulte, comme s'il était demeuré adolescent.

(4) Pouvoirs du juge du tribunal pour adolescents — Pour la mise en oeuvre des dispositions de la présente loi, le juge du tribunal pour adolescents est juge de paix et juge de la cour provinciale et a les attributions que le *Code criminel* confère à la cour des poursuites sommaires.

(5) Cour d'archives — Le tribunal pour adolescents est une cour d'archives.

L.R.C. 1985, ch. 27 (1er suppl.), art. 203(1); ch. 24 (2er suppl.), art. 3.

6. Compétence du juge de paix — Le juge de paix est, à l'occasion de toute infraction imputée à un adolescent, compétent pour toute procédure qui aurait pu être portée devant lui sous le régime du *Code criminel*, à l'exception des plaidoyers, procès et décisions; à cette occasion, il peut faire tous les actes judiciaires qui relèvent des pouvoirs du juge de paix en vertu du *Code criminel*.

L.R.C. 1985, ch. 24 (2e suppl.), art. 4.

DÉTENTION AVANT DÉCISION

7. (1) Lieu désigné pour la détention provisoire — Sous réserve du paragraphe (4), l'adolescent doit, dans les cas suivants, être détenu dans un local désigné comme lieu de détention provisoire par le lieutenant-gouverneur en conseil de la province concernée, ou son délégué, ou dans un local relevant de l'une des catégories de lieux ainsi désignés :

a) il est arrêté et détenu en attendant qu'une décision soit prise à son endroit conformément à l'article 20;

b) il est détenu en vertu d'un mandat délivré au titre du paragraphe 32(6).

(1.1) Exception — L'adolescent détenu en un lieu de détention provisoire en application du paragraphe (1) peut, pendant qu'il est transféré de ce lieu au tribunal ou qu'il est ramené du tribunal à ce lieu, être placé sous la surveillance d'un agent de la paix.

(2) Détention à l'écart des adultes — L'adolescent visé au paragraphe (1) doit être tenu à l'écart de tout adulte détenu ou placé sous garde à moins qu'un juge du tribunal pour adolescents ou un juge de paix ne soit convaincu :

a) que la sûreté de l'adolescent ou celle d'autres personnes n'est pas garantie si l'adolescent est détenu dans un lieu de détention pour adolescents;

b) qu'aucun lieu de détention pour adolescents n'est disponible à une distance raisonnable.

(3) Transfèrement par le directeur provincial — L'adolescent détenu sous garde conformément au paragraphe (1) peut, durant la période pour laquelle il est placé sous garde, être transféré par le directeur provincial d'un lieu de détention provisoire à un autre.

(4) Exception en cas de détention provisoire — Les paragraphes (1) et (2) ne s'appliquent pas au cas où un adolescent se trouve temporairement sous la surveillance d'un agent de la paix après son arrestation, mais l'adolescent doit être transféré dans les meilleurs délais pratiquement possible en un lieu de détention provisoire visé au paragraphe (1); ce transfèrement doit s'effectuer au plus tard à la première occasion raisonnable suivant la comparution de l'adolescent devant un juge du tribunal pour adolescents ou un juge de paix, en application de l'article 503 du *Code criminel.*

(5) Détention nécessitant l'autorisation des responsables provinciaux — Dans les provinces où le lieutenant-gouverneur en conseil a désigné une personne ou un groupe de personnes dont l'autorisation est requise pour que l'adolescent en état d'arrestation puisse, en toutes circonstances ou dans les circonstances prévues par le lieutenant-gouverneur en conseil, être détenu, conformément au présent article, il est interdit de détenir l'adolescent sans cette autorisation.

(6) Détermination par l'autorité provinciale d'un lieu de détention — Dans les provinces où le lieutenant-gouverneur en conseil a désigné une personne ou un groupe de personnes pouvant déterminer le lieu où un adolescent qui a été arrêté peut être détenu conformément au présent article, il est interdit de détenir l'adolescent dans un lieu autre que celui qui a été ainsi déterminé.

L.R.C. 1985, ch. 24 (2e suppl.), art. 5.

7.1 (1) Placement de l'adolescent aux soins d'une personne — L'adolescent peut être confié aux soins d'une personne digne de confiance au lieu d'être placé sous garde si un juge du tribunal pour adolescents ou un juge de paix est convaincu que :

a) l'adolescent en état d'arrestation serait, en l'absence du présent paragraphe, placé sous garde;

b) la personne en cause est désireuse et capable de s'occuper de l'adolescent et d'en assumer la garde;

c) l'adolescent consent à être confié aux soins de cette personne.

(2) Conditions du placement — Le placement visé au paragraphe (1) ne peut s'effectuer que si les conditions suivantes sont réunies :

a) la personne en cause s'engage par écrit à assumer les soins de l'adolescent, se porte garante de la comparution de celui-ci au tribunal lorsque celle-ci sera requise et s'engage à respecter toutes autres conditions que peut fixer le juge du tribunal pour adolescents ou le juge de paix;

b) l'adolescent s'engage par écrit à respecter cet arrangement et toutes autres conditions que peut fixer le juge du tribunal pour adolescents ou le juge de paix.

(3) Cessation du placement — L'adolescent, la personne à laquelle celui-ci a été confié en application du paragraphe (1) ou toute autre personne peuvent, dans les cas suivants, demander par écrit au juge du tribunal pour adolescents ou à un juge de paix de rendre une ordonnance en application du paragraphe (4) :

a) la personne à laquelle l'adolescent a été confié n'est plus désireuse ou n'est plus capable de s'en occuper ou d'en assumer la surveillance;

b) il n'est plus indiqué, pour toute autre raison que ce soit, que l'adolescent soit confié aux soins de la personne en cause.

(4) Ordonnance — Le juge du tribunal pour adolescents ou le juge de paix qui est convaincu qu'il ne convient pas que l'adolescent demeure sous la garde de la personne à laquelle il avait été confié doit :

a) rendre une ordonnance en vue de dégager cette personne ainsi que l'adolescent des obligations contractées en application du paragraphe (2);

b) délivrer un mandat visant l'arrestation de l'adolescent.

(5) Effet de l'arrestation — L'adolescent arrêté en vertu d'un mandat délivré en application de l'alinéa (4)*b)* doit être amené sans délai devant le juge du tribunal pour adolescents ou le juge de paix et traité conformément à l'article 515 du *Code criminel.*

L.R.C. 1985, ch. 24 (2e suppl.), art. 5.

7.2 Infraction et peine — Quiconque omet sciemment de se conformer à l'article 7, ou à l'engagement pris au titre du paragraphe 7.1(2), commet une infraction punissable sur déclaration de culpabilité par procédure sommaire.

L.R.C. 1985, ch. 24 (2e suppl.), art. 5.

8. (1) [Abrogé, L.R.C. 1985, ch. 24 (2e suppl.), art. 6.]

(2) Demande au tribunal pour adolescents — Lorsqu'un juge de paix qui n'est pas juge d'un tribunal pour adolescents a rendu à l'endroit d'un adolescent une ordonnance en vertu de l'article 515 du *Code criminel,* une demande de détention sous garde ou de mise en liberté de l'adolescent peut, à tout moment, être présentée à un tribunal pour adolescents qui l'entend comme affaire nouvelle.

(3) Avis au poursuivant — La demande de mise en liberté présentée en vertu du paragraphe (2) ne peut être entendue que si l'adolescent en a donné par écrit un avis d'au moins deux jours francs au poursuivant.

(4) Avis à l'adolescent — La demande visant la détention sous garde présentée en vertu du paragraphe (2) ne peut être entendue que si le poursuivant en a donné par écrit un avis d'au moins deux jours francs à l'adolescent.

(5) Renonciation à l'avis — Le poursuivant, l'adolescent ou son avocat peuvent respectivement renoncer à leur droit de recevoir l'avis visé aux paragraphes (3) ou (4).

(6) Demande de révision fondée sur les articles 520 ou 521 du *Code criminel* — La demande fondée sur les articles 520 ou 521 du *Code criminel* en vue de la révision de l'ordonnance rendue à l'endroit d'un adolescent par un juge du tribunal pour adolescents qui est juge à une cour supérieure, à une cour de comté ou à une cour de district, est portée devant un juge de la cour d'appel.

(6.1) Nunavut — Toutefois, si l'ordonnance a été rendue par un juge qui est juge de la Cour de justice du Nunavut, la demande de révision est portée devant un juge de ce tribunal.

(7) Idem — Nul ne peut se fonder sur les articles 520 ou 521 du *Code criminel* pour demander la révision d'une ordonnance rendue à l'endroit d'un adolescent par un juge de paix qui n'est pas juge d'un tribunal pour adolescents.

(8) Mise en liberté provisoire par un juge du tribunal pour adolescents — Seul un juge du tribunal pour adolescents, à l'exclusion de tout autre tribunal, juge ou juge de paix, peut, en vertu de l'article 522 du *Code criminel*, mettre en liberté un adolescent poursuivi sous le régime de la présente loi pour une infraction visée à cet article.

(9) Révision par la cour d'appel — La décision rendue par un juge du tribunal pour adolescents en vertu du paragraphe (8) peut faire l'objet d'une révision conformément à l'article 680 du *Code criminel*, cet article s'appliquant, compte tenu des adaptations de circonstance, à ladite décision.

L.R.C. 1985, ch. 24 (2ᵉ suppl.), art. 6; L.C. 1999, ch. 3, art. 86.

AVIS AUX PÈRE ET MÈRE

9. (1) Avis au père ou à la mère en cas d'arrestation — Sous réserve des paragraphes (3) et (4), lorsqu'un adolescent est arrêté et détenu sous garde en attendant sa comparution devant le tribunal, le fonctionnaire responsable lors de sa mise en détention doit, dans les meilleurs délais, donner ou faire donner au père ou à la mère de l'adolescent un avis oral ou écrit, de l'arrestation, de ses motifs et du lieu de détention.

(2) Avis au père ou à la mère en cas de sommation ou de citation à comparaître — Sous réserve des paragraphes (3) et (4), la personne qui a décerné un sommation ou une citation à comparaître destinée à un adolescent, ou, en cas de mise en liberté de l'adolescent consécutive à sa promesse de comparaître ou à la signature d'un engagement, le fonctionnaire responsable doit, dans les meilleurs délais, donner ou faire donner au père ou à la mère de l'adolescent un avis de la sommation ou de la citation à comparaître, de la promesse de comparaître ou de l'engagement.

Non en vigueur — 9(2.1)

(2.1) Sous réserve des paragraphes (3) et (4), la personne qui signifie un procès-verbal de contravention — autre que celui signifié pour une contravention qui résulte du stationnement illégal d'un véhicule — sous le régime de la *Loi sur les contraventions* à un adolescent doit, dans les meilleurs délais, donner ou faire donner au père ou à la mère de l'adolescent un avis du procès-verbal.

L.C. 1992, ch. 47, art. 82.

(3) Avis à un parent ou à un autre adulte — L'avis visé au présent article peut être donné à un parent adulte de l'adolescent, connu de lui et susceptible de l'aider ou, à défaut, à un autre adulte, connu de lui et susceptible de l'aider, que le donneur de l'avis estime approprié, lorsque ni le père ni la mère ne semblent être disponibles ou qu'il n'est pas possible, faute de connaître leur adresse, de les joindre, et lorsque l'adolescent :

　　a) est détenu sous garde à la suite de son arrestation;

　　b) s'est vu décerner une sommation ou une citation à comparaître;

　　c) a été mis en liberté contre la promesse de comparaître ou la signature d'un engagement.

Non en vigueur — 9(3)d)

d) s'est vu signifier un procès-verbal de contravention — autre que celui signifié pour une contravention qui résulte du stationnement illégal d'un véhicule — sous le régime de la *Loi sur les contraventions*.

L.C. 1992, ch. 47, art. 82.

(4) Avis au conjoint — Dans les situations visées aux alinéas (3)*a*), *b*) ou *c*) si l'adolescent est marié, l'avis prévu par le présent article peut être donné à son conjoint plutôt qu'à ses père ou mère.

Non en vigueur — 9(4)

(4) Dans les situations visées aux alinéas (3)*a*), *b*), *c*) ou *d*), l'avis prévu par le présent article peut être donné à son conjoint plutôt qu'à ses père ou mère.

L.C. 1992, ch. 47, art. 82.

(5) Directives judiciaires concernant l'avis — En cas de doute sur la personne fondée à recevoir l'avis visé au présent article, un juge du tribunal pour adolescents ou, si celui-ci n'est pas normalement disponible eu égard aux circonstances, un juge de paix peut déterminé à qui l'avis doit être donné; l'avis donné conformément à ces directives est adéquat aux fins du présent article.

(6) Contenu de l'avis — Tout avis donné conformément au présent article doit, en sus de toute autre exigence prévue au présent article, contenir :

　　a) le nom de l'adolescent en cause;

b) l'indication de l'accusation portée contre l'adolescent, ainsi que les date, heure et lieu de la comparution;

Non en vigueur — 9(6)b)

b) l'indication de l'accusation portée contre l'adolescent, ainsi que — sauf en ce qui a trait à l'avis de procès-verbal en application de la *Loi sur les contraventions* — les date, heure et lieu de la comparution;

L.C. 1992, ch. 47, art. 82.

c) une mention faisant état du droit de l'adolescent aux services d'un avocat.

Non en vigueur — 9(6.1)

(6.1) L'avis prévu au paragraphe (2.1) doit contenir une copie du procès-verbal.

L.C. 1992, ch. 47, art. 82.

(7) Signification de l'avis — Sous réserve des paragraphes 9 et 10, tout avis donné par écrit dans le cadre du présent article peut être signifié à personne ou envoyé par la poste.

(8) Validité de la procédure — Sous réserve des paragraphes (9) et (10), le défaut de donner l'avis conformément au présent article ne vicie pas les procédures engagées sous le régime de la présente loi.

(9) Exception — Le défaut, dans toute cause, de donner l'avis mentionné au paragraphe (2) conformément au présent article vicie les procédures relatives à cette cause engagées sous le régime de la présente loi, sauf dans les cas suivants :

a) le père ou la mère de l'adolescent poursuivi se présente au tribunal avec celui-ci;

b) le juge du tribunal pour adolescents ou le juge de paix saisi de l'affaire :

(i) soit ajourne l'affaire et ordonne qu'avis soit donné selon les modalités indiquées et aux personnes désignées par le tribunal pour adolescents,

(ii) passe outre à l'avis s'il l'estime non indispensable eu égard aux circonstances.

(10) Cas de non-signification de l'avis — Au cas où, l'avis mentionné au paragraphe (1) n'ayant pas été donné conformément au présent article, aucune des personnes auxquelles il aurait pu être donné ne s'est présentée au tribunal avec l'adolescent, le juge du tribunal pour adolescents ou le juge de paix saisi de l'affaire peut :

Non en vigueur — 9(10) - préambule

(10) Au cas où, l'avis mentionné aux paragraphes (1) ou (2.1) n'ayant pas été donné conformément au présent article, aucune des personnes auxquelles il aurait pu être donné ne s'est présentée au tribunal avec l'adolescent, le juge du tribunal pour adolescents ou le juge de paix saisi de l'affaire peut :

L.C. 1992, ch. 47, art. 82.

a) soit ajourner l'affaire et ordonner qu'avis soit donné selon les modalités indiquées, à la personne qu'il désigne;

b) soit passer outre à l'avis s'il l'estime non indispensable eu égard aux circonstances.

(11) [Abrogé, L.R.C. 1985, ch. 24 (2ᵉ suppl.), art. 7(2).]

L.R.C. 1985, ch. 24 (2ᵉ suppl.), art. 7(1), 44; L.C. 1991, ch. 43, art. 31.

10. (1) Ordonnance enjoignant la présence des père et mère — Lorsque le père ou la mère n'a pas suivi le déroulement de l'instance devant le tribunal pour adolescents dans le cadre des poursuites dont l'adolescent fait l'objet, le tribunal, s'il estime sa présence nécessaire ou qu'elle s'impose dans l'intérêt de l'adolescent, peut par ordonnance écrite lui enjoindre d'être présent à n'importe quelle phase de l'instance.

Non en vigueur — 10(1.1)

(1.1) Le paragraphe (1) ne s'applique pas aux procédures introduites par dépôt d'un procès-verbal en vertu de la *Loi sur les contraventions*.

L.C. 1992, ch. 47, art. 83.

(2) Signification d'une ordonnance — Une copie de toute ordonnance rendue au titre du paragraphe (1) est signifiée par un agent de la paix ou par une personne désignée par le tribunal pour adolescents, en la remettant en mains propres à celui des père et mère qui en est le destinataire, sauf si le tribunal pour adolescents a autorisé la signification par courrier recommandé.

(3) Non-présence — Le père ou la mère qui, après en avoir reçu l'ordre conformément au paragraphe (1), ne s'est pas présenté au tribunal pour adolescents et ne peut justifier d'une excuse valable à cet égard :

a) est coupable d'outrage au tribunal;

b) peut faire l'objet d'une procédure sommaire de la part du tribunal;

c) est passible de la peine prévue au *Code criminel* en matière de déclaration de culpabilité par procédure sommaire.

(4) Appel — L'article 10 du *Code criminel* s'applique en cas de déclaration de culpabilité d'une personne pour outrage au tribunal dans le cadre du paragraphe (3).

(5) Mandat d'arrêt — Lorsque le père ou la mère dont la présence au tribunal pour adolescents est requise conformément à l'ordonnance visée au paragraphe (1) ne se présente pas aux date, heure et lieu indiqués dans l'ordonnance ou ne reste pas présent comme requis, le juge du tribunal pour adolescents peut, sur preuve qu'une copie de l'ordonnance lui a été signifiée, décerner un mandat pour l'obliger à être présent.

(6) [Abrogé, L.R.C. 1985, ch. 24 (2ᵉ suppl.), art. 8(2).]

L.R.C. 1985, ch. 24 (2ᵉ suppl.), art. 8 et 44.

DROIT AUX SERVICES D'UN AVOCAT

11. (1) Droit aux services d'un avocat — L'adolescent a le droit d'avoir recours sans délai, et ce personnellement, à l'assistance d'un avocat à toute phase des poursuites intentées contre lui sous le régime de la présente loi, ainsi qu'avant et pendant l'analyse de l'opportunité de recourir aux mesures de rechange au lieu d'intenter ou de continuer des poursuites dans le cadre de la présente loi.

(2) Avis, par l'agent, relatif au droit à un avocat — L'adolescent qui a été arrêté ou détenu doit, dès son arrestation ou sa mise en détention, être avisé par l'agent qui a procédé à l'arrestation ou par le fonctionnaire responsable, selon le cas, de son droit aux services d'un avocat; il lui sera donné l'occasion de retenir les services d'un avocat.

(3) Avis, par le tribunal, le juge de paix ou la commission d'examen, relatif au droit à un avocat — Le tribunal pour adolescents, le juge de paix ou la commission d'examen, saisi de l'affaire, doit aviser l'adolescent de son droit d'être représenté par un avocat et lui fournir la possibilité d'en obtenir les services, lorsqu'il n'est pas représenté par un avocat :

a) soit à une audition au cours de laquelle doit être tranchée la question de sa mise en liberté ou de sa détention sous garde avant qu'il soit statué sur son cas;

b) soit à une audition tenue conformément à l'article 16;

c) soit à son procès;

c.1) soit aux procédures intentées en vertu des paragraphes 26.1(1), 26.2(1) ou 26.6(1);

d) soit à l'examen d'une décision effectué dans le cadre de la présente loi par le tribunal pour adolescents ou la commission d'examen;

e) soit à l'examen effectué en vertu du paragraphe 28.1(1).

(4) Procès, audition ou examen devant le tribunal pour adolescents ou la commission d'examen — Lorsque l'adolescent au cours des procès, audition ou examen visés au paragraphe (3) désire obtenir les services d'un avocat et n'y arrive pas, le tribunal pour adolescents saisi de l'audition, du procès ou de l'examen, ou la commission saisie de l'examen :

a) doit, s'il existe un service d'aide juridique ou d'assistance juridique dans la province où se déroule l'audition, le procès ou l'examen, soumettre le cas de l'adolescent à ce service pour qu'il lui soit désigné un avocat;

b) peut, et, à la demande de l'adolescent, doit ordonner qu'un avocat lui soit désigné, s'il n'existe pas de service d'aide juridique ou d'assistance juridique ou si l'adolescent n'a pu obtenir un avocat par l'intermédiaire d'un tel service.

(5) Désignation d'un avocat — Lorsqu'une ordonnance est rendue en vertu de l'alinéa (4)b) à l'égard d'un adolescent, le procureur général de la province où est rendue cette ordonnance lui désigne un avocat ou veille à ce qu'un avocat lui soit désigné.

(6) Audition pour cautionnement devant un juge de paix — À toute audition tenue devant un juge de paix qui n'est pas juge au tribunal pour adolescents et au cours de laquelle sera tranchée la question de savoir si un adolescent doit être libéré ou détenu sous garde avant qu'il ne soit statué sur son cas, si l'adolescent désire obtenir les services d'un avocat et n'y arrive pas, le juge de paix doit :

a) s'il existe un service d'aide juridique ou d'assistance juridique dans la province où se déroule l'audition :

(i) soit soumettre le cas de l'adolescent à ce service pour qu'il lui soit désigné un avocat,

(ii) soit soumettre le cas au tribunal pour adolescents pour qu'il soit statué conformément à l'alinéa (4)a) ou b);

b) en cas d'absence de service d'aide juridique ou d'assistance juridique ou si l'adolescent n'a pu obtenir un avocat par l'intermédiaire d'un tel service, soumettre le cas au tribunal pour adolescents pour qu'il soit statué conformément à l'alinéa (4)b).

(7) Possibilité pour l'adolescent de se faire assister d'un adulte — Lorsque l'adolescent n'est pas représenté par un avocat soit à son procès soit à une audition ou à l'examen visés au paragraphe (3), le juge de paix, le tribunal pour adolescents ou la commission d'examen saisi de la procédure peut permettre à l'adolescent, s'il en a fait la demande, de se faire assister par un adulte jugé idoine.

(8) Avocat autre que celui des père et mère — Dans le cas où le juge du tribunal pour adolescents ou le juge de paix estime qu'il y a conflit entre les intérêts de l'adolescent et ceux de ses père ou mère ou qu'il serait préférable pour l'adolescent qu'il soit représenté par son propre avocat, le juge ou le juge de paix doit s'assurer que l'adolescent est représenté par un avocat n'ayant aucun lien avec les père ou mère.

(9) Déclaration faisant état du droit aux services d'un avocat — Une déclaration attestant que l'adolescent a le droit d'être représenté par un avocat doit figurer dans les pièces suivantes :

a) la citation à comparaître ou sommation destinée à l'adolescent;

b) le mandat visant son arrestation;

c) la promesse de comparaître donnée par l'adolescent;

d) l'engagement souscrit par l'adolescent devant un fonctionnaire responsable;

e) l'avis donné à l'adolescent de procédures intentées en vertu des paragraphes 26.1(1), 26.2(1) ou 26.6(1);

f) l'avis d'examen d'une décision donné à l'adolescent.

L.R.C. 1985, ch. 24 (2ᵉ suppl.), art. 9; L.C. 1992, ch. 11, art. 1; 1995, ch. 19, art. 2.

COMPARUTION

12. (1) Comparution de l'adolescent — L'adolescent qui fait l'objet d'une dénonciation doit d'abord comparaître devant un juge du tribunal pour adolescents ou un juge de paix, lequel :

a) fait lire la dénonciation à l'adolescent;

b) l'informe, s'il n'est pas représenté par un avocat, qu'il a droit aux services d'un avocat;

c) dans le cas où une infraction visée au paragraphe 16(1.01) est imputée à l'adolescent, l'informe qu'il sera jugé par la juridiction normalement compétente conformément aux règles normalement applicables en la matière, à moins que, sur demande présentée au tribunal pour adolescents par lui, son avocat, le procureur général ou le représentant de celui-ci, le tribunal n'ordonne qu'il soit jugé par le tribunal pour adolescents.

(2) Renonciation — L'adolescent représenté par un avocat peut renoncer aux exigences prévues à l'alinéa (1)*a*).

(3) Cas où l'adolescent n'est pas représenté par un avocat — Dans le cas où un adolescent n'est pas représenté par un avocat devant le tribunal pour adolescents, le juge du tribunal pour adolescents, avant d'accepter un plaidoyer, doit :

a) s'assurer que l'adolescent a bien compris l'accusation dont il fait l'objet;

b) lui expliquer qu'il peut plaider coupable ou non coupable.

(3.1) Idem — Dans le cas où l'adolescent visé au paragraphe 16(1.01) n'est pas représenté par un avocat, le tribunal pour adolescents doit s'assurer que l'adolescent a bien compris l'accusation dont il fait l'objet, qu'il a bien saisi les conséquences qu'aurait un procès devant la juridiction normalement compétente et qu'il sait qu'il a le droit de présenter une demande en vue d'être jugé par le tribunal pour adolescents.

(4) Cas où le tribunal n'est pas convaincu que l'accusation est bien comprise — Dans le cas où, en application de l'alinéa (3)*a*), le tribunal pour adolescents n'est pas convaincu que l'adolescent a bien compris l'accusation dont il fait l'objet, le tribunal inscrit un plaidoyer de non-culpabilité au nom de celui-ci et le procès suit son cours conformément aux paragraphes 19(2) ou, dans le cas d'une procédure au Nunavut, 19.1(2).

(5) Idem — Lorsque le tribunal pour adolescents n'est pas convaincu que l'adolescent comprend bien les points énoncés au paragraphe (3.1), il doit ordonner qu'un avocat lui soit désigné.

L.C. 1995, ch. 19, art. 3; 1999, ch. 3, art. 87.

RAPPORTS MÉDICAUX ET PSYCHOLOGIQUES

13. (1) Évaluation médicale — Le tribunal pour adolescents, à toute phase des poursuites intentées contre un adolescent, peut exiger, par ordonnance, que l'adolescent soit évalué par une personne compétente chargée de faire un rapport écrit au tribunal :

a) soit avec le consentement de l'adolescent et du poursuivant;

b) soit d'office ou à la demande de l'adolescent ou du poursuivant, lorsque soit le tribunal a des motifs raisonnables de croire que l'adolescent pourrait souffrir d'une maladie ou de troubles d'ordre physique ou mental, d'un dérèglement d'ordre psychologique, de troubles émotionnels, de troubles d'apprentissage ou de déficience mentale, soit plusieurs déclarations de culpabilité ont été prononcées contre lui dans le cadre de la présente loi, soit une infraction ayant comporté des sévices graves à la personne lui est reprochée, et lorsqu'un rapport médical, psychologique ou psychiatrique concernant l'adolescent pourrait lui être utile à l'une des fins visées aux alinéas (2)a) à f).

(2) Buts de l'évaluation — Le tribunal pour adolescents peut rendre l'ordonnance visée au paragraphe (1) à l'égard d'un adolescent afin de, selon le cas :

a) statuer sur une demande présentée en vertu de l'article 16;

b) prendre ou réviser une décision dans le cadre de la présente loi, à l'exception d'une décision prise en vertu de l'article 672.54 ou 672.58 du *Code criminel*;

c) statuer sur une demande faite en vertu du paragraphe 26.1(1);

d) prévoir les conditions visées au paragraphe 26.2(1);

e) rendre l'ordonnance visée au paragraphe 26.6(2);

f) autoriser la communication visée au paragraphe 38(1.5).

(3) Garde aux fins de l'évaluation — Sous réserve des paragraphes (3.1) et (3.3), pour les besoins de l'évaluation visée au présent article, le tribunal pour adolescents peut renvoyer l'adolescent sous garde pour une période maximale de trente jours.

(3.1) Priorité à la mise en liberté — Un adolescent ne peut être envoyé sous garde en conformité avec une ordonnance visée au paragraphe (1) que dans les cas suivants :

  a) le tribunal pour adolescents est convaincu :

  (i) soit que, compte tenu des éléments de preuve présentés, la détention de l'adolescent est nécessaire pour les fins de l'évaluation,

  (ii) soit que l'adolescent y consent et que, à la lumière du témoignage d'une personne compétente, la détention est souhaitable pour les fins de l'évaluation;

  b) l'adolescent doit être détenu à l'égard d'une autre affaire ou en application d'une disposition du *Code criminel.*

(3.2) Rapport écrit — Pour l'application de l'alinéa (3.1)*a)*, le témoignage de la personne compétente peut, si le poursuivant et l'adolescent y consentent, être présenté sous la forme d'un rapport écrit.

(3.3) Demande de modification — Lorsque la nécessité lui en est démontrée, le tribunal pour adolescents peut, pendant que l'ordonnance rendue en vertu du paragraphe (1) est en cours de validité, modifier les modalités de celle-ci de la façon qu'il le juge indiqué dans les circonstances.

(4) Communication du rapport — Sur réception du rapport concernant un adolescent et établi conformément au paragraphe (1), le tribunal pour adolescents :

  a) doit, sous réserve du paragraphe (6), faire remettre une copie du rapport,

  (i) à l'adolescent,

  (ii) au père ou à la mère qui suit les procédures menées contre l'adolescent,

  (iii) à l'avocat qui, le cas échéant, représente l'adolescent,

  (iv) au poursuivant;

  b) peut faire remettre une copie du rapport au père ou à la mère qui n'a pas suivi les procédures menées contre l'adolescent mais qui, de l'avis du tribunal, s'y intéresse activement.

(5) Contre-interrogatoire — Il est, sous réserve du paragraphe (6) et sur demande présentée au tribunal pour adolescents, donné à l'adolescent, à son avocat, à l'adulte qui l'assiste en vertu du paragraphe 11(7), ainsi qu'au poursuivant, l'occasion de contre-interroger l'auteur du rapport concernant l'adolescent, établi en application du paragraphe (1).

(6) Non-communication dans certains cas — Le tribunal pour adolescents est tenu de refuser de communiquer le rapport concernant un adolescent, établi en vertu du paragraphe (1) ou une partie de ce rapport au poursuivant à titre privé, s'il estime que cette communication n'est pas nécessaire aux fins des poursuites intentées contre l'adolescent et pourrait nuire à celui-ci.

(7) Idem — Le tribunal pour adolescents est tenu de refuser de communiquer le rapport concernant un adolescent, établi en vertu du paragraphe (1), ou une partie de ce rapport à l'adolescent, à ses père et mère ou au poursuivant à titre privé, lorsque après l'avoir examiné il est convaincu à la lumière du rapport ou du témoignage donné en l'absence de l'adolescent, de ses père ou mère ou du poursuivant à titre privé, par l'auteur de celui-ci, que cette communication nuirait sérieusement au traitement ou à la guérison de l'adolescent ou risquerait de mettre en danger la vie ou la sécurité d'un tiers ou de lui causer des dommages psychologiques graves.

(8) Idem — Par dérogation au paragraphe (7), le tribunal pour adolescents peut communiquer la totalité ou une partie des renseignements visés à ce paragraphe à l'adolescent, à ses père ou mère ou au poursuivant à titre privé lorsque, à son avis, l'intérêt de la justice l'exige.

(9) Inclusion du rapport dans le dossier — Le rapport visé au paragraphe (1) est versé au dossier de l'affaire pour laquelle il a été demandé.

(10) Communication de renseignements par une personne compétente — Nonobstant les autres dispositions de la présente loi, la personne compétente, si elle estime qu'un adolescent placé en détention ou renvoyé sous garde est susceptible d'attenter à sa vie ou à sa sécurité ou d'attenter à la vie d'un tiers ou de lui causer des lésions corporelles, peut en aviser toute personne qui assume les soins et la garde de l'adolescent, que ce renseignement figure ou non au rapport visé au paragraphe (1).

(11) Définition de « personne compétente » — Au présent article, « personne compétente » désigne une personne qui remplit les conditions requises par la législation d'une province pour pratiquer la médecine, la psychiatrie ou pour accomplir des examens ou évaluations psychologiques, selon le cas, ou, en l'absence d'une telle législation, une personne que le tribunal estime compétente en la matière. Est en outre une **« personne compétente »** celle qui est désignée comme telle, à titre individuel ou comme membre d'une catégorie de personnes, par le lieutenant-gouverneur en conseil d'une province ou son délégué.

(12) [Abrogé, L.R.C. 1985, ch. 24 (2ᵉ suppl.), art. 10.]
L.R.C. 1985, ch. 24 (2ᵉ suppl.), art. 10; L.C. 1991, ch. 43, art. 32 et 35; 1995, ch. 19, art. 4.

13.1 (1) Inadmissibilité des déclarations — Sous réserve du paragraphe (2), lorsque l'évaluation d'un adolescent est ordonnée en vertu du paragraphe 13(1), ni les déclarations faites par l'adolescent à la personne désignée dans l'ordonnance ou responsable de l'examen — ou à un préposé de cette personne — pendant et dans le cadre de cet examen ni les mentions de ces déclarations ne sont admissibles en preuve; aucune mention d'une telle déclaration n'est admissible en preuve sans le consentement de l'adolescent dans toute procédure devant un tribunal, une cour, un organisme ou une personne qui a compétence pour exiger des éléments de preuve.

(2) Exceptions — Une déclaration visée au paragraphe (1) est admissible pour :

    a) trancher une demande présentée en vertu de l'article 16;

    b) déterminer l'aptitude de l'adolescent à subir son procès;

    c) déterminer si l'adolescente inculpée d'une infraction liée à la mort de son enfant nouveau-né était mentalement déséquilibrée au moment de la perpétration de l'infraction;

    d) rendre ou réviser une décision en vertu de la présente loi;

    e) déterminer si l'adolescent était atteint de troubles mentaux de nature à ne pas engager sa responsabilité criminelle sous le régime du paragraphe 16(1) du *Code criminel* — ou s'il souffrait d'automatisme — au moment de la perpétration de l'infraction dont il est accusé, à la condition que l'adolescent ait lui-même mis en doute sa capacité mentale à former l'intention criminelle nécessaire ou que le poursuivant soulève la question après le verdict;

    f) mettre en doute la crédibilité de l'adolescent lorsque le témoignage qu'il rend dans des procédures est incompatible sur un point important avec une déclaration qu'il a faite antérieurement par celui-ci;

    g) prouver le parjure d'un adolescent accusé de parjure à l'égard d'une déclaration qu'il a faite lors de quelque procédure que ce soit;

    h) statuer sur une demande présentée en vertu du paragraphe 26.1(1);

    i) prévoir les conditions visées au paragraphe 26.2(1);

    j) procéder à la révision visée au paragraphe 26.6(1);

    k) statuer sur une demande présentée en vertu du paragraphe 38(1.5).

    L.C. 1991, ch. 43, art. 33 et 35; 1994, ch. 26, art. 76; 1995, ch. 19, art. 5.

APPLICATION DE LA PARTIE XX.1 DU CODE CRIMINEL (TROUBLES MENTAUX)

13.2 (1) Application du *Code criminel* — Sauf dans la mesure où ils sont incompatibles avec la présente loi ou dans la mesure où celle-ci les exclut, l'article 16 et la partie XX.1, sauf les articles 672.65 et 672.66, du *Code criminel* s'appliquent, avec les adaptations nécessaires, aux infractions reprochées aux adolescents.

(2) Avis aux parents et à l'avocat — Pour l'application du paragraphe (1), les renvois dans la partie XX.1 du *Code criminel* :

    a) aux copies qui doivent être remises ou envoyées à l'accusé ou aux parties s'entendent également des copies qui doivent être envoyées ou remises aux personnes suivantes :

        (i) l'avocat qui, le cas échéant, représente l'adolescent,

        (ii) le père ou la mère qui suit la procédure menée contre l'adolescent,

(iii) tout autre parent de l'adolescent qui, de l'avis du tribunal pour adolescents ou de la commission d'examen, s'intéresse activement aux
procédures;

b) aux avis qui doivent être envoyés à un accusé ou aux parties s'entendent
également des avis à l'avocat qui, le cas échéant, représente l'adolescent et au
père ou à la mère de celui-ci.

(3) Validité des procédures — Sous réserve du paragraphe (4), le défaut d'envoyer un avis mentionné à l'alinéa (2)*b)* au père ou à la mère d'un adolescent ne
porte pas atteinte à la validité des procédures intentées sous le régime de la présente
loi.

(4) Exception — Le défaut d'envoyer un avis mentionné à l'alinéa (2)*b)* au père
ou à la mère d'un adolescent annule les procédures subséquentes intentées à l'égard
de l'adolescent sous le régime de la présente loi, sauf dans les cas suivants :

a) le père ou la mère de l'adolescent est présent au tribunal ou à la commission d'examen avec l'adolescent;

b) un juge du tribunal pour adolescents ou la commission d'examen saisi des
procédures intentées contre l'adolescent :

(i) soit ajourne les procédures et ordonne que l'avis soit donné aux personnes et de la manière qu'il précise,

(ii) soit accorde l'autorisation de ne pas donner l'avis si, compte tenu
des circonstances, il est d'avis que tel devrait être le cas.

(5) Renvoi — Un tribunal pour adolescents ne peut rendre une ordonnance en
vertu de l'article 672.11 du *Code criminel* à l'égard d'un adolescent dans le cas
mentionné à l'alinéa *e)* de cet article.

(6) Observations du père ou de la mère — Avant de rendre ou de réviser une
décision à l'égard d'un adolescent en vertu de la partie XX.1 du *Code criminel*, le
tribunal pour adolescents ou la commission d'examen, en plus de prendre en considération l'âge et les besoins spéciaux de l'adolescent, est aussi tenu de prendre en
considération les observations que présente le père ou la mère de l'adolescent.

(7) Durée maximale des décisions — Sous réserve du paragraphe (9), pour
l'application du paragraphe 672.64(3) du *Code criminel* à légard d'une infraction
reprochée à un adolescent, la durée maximale visée à cet alinéa s'entend de la période maximale d'emprisonnement pour cette infraction qui pourrait être infligée à
l'adolescent s'il était déclaré coupable.

(8) Exception : cas de renvoi — Lorsqu'une demande concernant un adolescent
est présentée en vertu de l'article 16 et qu'un verdict d'inaptitude à subir son procès
est rendu à l'égard de l'adolescent, le procureur général ou son représentant peut,
avant que le tribunal pour adolescents n'ait rendu — ou refusé de rendre — une ordonnance sous le régime de cet article, demander au tribunal d'augmenter la durée
maximale de détention applicable à l'adolescent.

(9) Pouvoir du tribunal pour adolescents — Le tribunal pour adolescents, après avoir accordé au procureur général, à l'avocat et aux parents de l'adolescent visé par la demande présentée en vertu du paragraphe (8) la possibilité, d'être entendu, prend en compte les éléments suivants :

a) la gravité de l'infraction reprochée et les circonstances entourant sa perpétration;

b) l'âge, la maturité, le caractère et les antécédents de l'adolescent ainsi que toute autre déclaration de culpabilité qui ont pu être rendue contre lui sous le régime d'une loi fédérale;

c) la possibilité que l'adolescent cause des blessures sérieuses à une autre personne s'il est mis en liberté à l'expiration de la durée maximale qui s'applique dans son cas;

d) les durées maximales qui s'appliqueraient à l'adolescent sous le régime de la présente loi et du *Code criminel*.

S'il est convaincu que la demande présentée en vertu de l'article 16 aurait vraisemblablement été accueillie si l'accusé avait été déclaré apte à subir son procès, le tribunal pour adolescents doit augmenter la durée maximale de détention qui s'applique à l'adolescent jusqu'à la période équivalente qui s'appliquerait à un adulte pour la même infraction.

(10) Preuve prima facie — Pour l'application du paragraphe 672.33(1) du *Code criminel* aux procédures intentées sous le régime de la présente loi à l'égard d'une infraction reprochée à un adolescent, les renvois à deux ans dans ce paragraphe sont remplacés par des renvois à un an.

(11) Désignation d'hôpitaux pour les adolescents — Un renvoi dans la partie XX.1 du *Code criminel* à un hôpital dans une province s'entend d'un renvoi à un hôpital désigné par le ministre de la Santé de la province en vue de la garde, du traitement et de l'évaluation des adolescents.

L.C. 1991, ch. 43, art. 33.

RAPPORT PRÉDÉCISIONNEL

14. (1) Rapport prédécisionnel — Avant de prendre une décision visée à l'article 20 concernant un adolescent trouvé coupable d'une infraction, le tribunal pour adolescents peut, s'il l'estime approprié, et doit, lorsque la présente loi l'oblige à prendre connaissance d'un rapport prédécisionnel avant de rendre une ordonnance ou de prendre une décision concernant un adolescent, demander au directeur provincial de faire établir et de lui remettre un rapport prédécisionnel concernant l'adolescent.

(2) Contenu du rapport — Le rapport prédécisionnel relatif à un adolescent est, sous réserve du paragraphe (3), présenté par écrit et comprend :

a) le résultat d'une entrevue avec l'adolescent et, autant que possible, celui d'une entrevue avec ses père et mère et, s'il y a lieu et autant que possible, celui d'une entrevue avec des membres de sa famille étendue;

b) s'il y a lieu et autant que possible, le résultat d'une entrevue avec la victime de l'infraction;

c) les renseignements pertinents comportant, s'il y a lieu, les éléments suivants :

(i) l'âge, le degré de maturité, le caractère et le comportement de l'adolescent et son désir de réparer le tort,

(ii) les projets de l'adolescent en vue de modifier sa conduite et de participer à des activités et prendre des dispositions en vue de s'amender,

(iii) les antécédents de l'adolescent en ce qui concerne les déclarations de culpabilité pour actes de délinquance prévus par la *Loi sur les jeunes délinquants*, chapitre J-3 des Statuts revisés du Canada de 1970, ou pour infractions prévues par la présente loi, par toute autre loi fédérale ou par leurs règlements d'application, par toute loi provinciale ou ses règlements d'application ou par un règlement ou une ordonnance municipaux, les services rendus à l'adolescent notamment par la collectivité à l'occasion de ces déclarations de culpabilité, et les effets produits sur l'adolescent par les condamnations ou décisions et par les services qui lui ont été rendus,

(iv) les antécédents de l'adolescent en ce qui concerne les mesures de rechange qui lui ont été appliquées et leurs effets sur lui,

(v) l'existence de services communautaires et installations adaptés aux adolescents, et le désir de l'adolescent de profiter de ces services et installations,

(vi) les rapports entre l'adolescent et ses père et mère, ainsi que le degré de surveillance et d'influence qu'ils peuvent exercer sur lui, et, s'il y a lieu et autant que possible, les rapports entre l'adolescent et les membres de sa famille étendue ainsi que le degré de surveillance et d'influence qu'ils peuvent exercer sur lui,

(vii) l'assiduité et les résultats scolaires de l'adolescent, ainsi que ses antécédents professionnels.

d) tout autre renseignement que le directeur provincial estime pertinent, y compris les recommandations que ce dernier croit opportun de faire.

(3) Possibilité d'un rapport oral, avec permission — Dans les cas où le rapport prédécisionnel ne peut, pour des raisons valables, être présenté par écrit, le tribunal peut permettre qu'il soit fait oralement.

(4) Inclusion du rapport dans le dossier — Le rapport prédécisionnel est versé au dossier de l'instance pour laquelle il a été demandé.

(5) Copies du rapport — Lorsqu'il est saisi d'un rapport prédécisionnel écrit concernant un adolescent, le tribunal pour adolescents :

    a) doit, sous réserve du paragraphe (7), en faire remettre une copie :

        (i) à l'adolescent,

        (ii) au père ou à la mère qui suit les procédures menées contre l'adolescent,

        (iii) à l'avocat qui, le cas échéant, représente l'adolescent,

        (iv) au poursuivant;

    b) peut en faire remettre une copie au père ou à la mère qui n'a pas suivi les procédures menées contre l'adolescent mais qui, de l'avis du tribunal, s'y intéresse activement.

(6) Contre-interrogatoire — Lorsque le rapport prédécisionnel concernant un adolescent a été présenté au tribunal pour adolescents conformément au présent article, l'adolescent, son avocat ou l'adulte qui l'assiste conformément au paragraphe 11(7) ainsi que le poursuivant doivent, sous réserve du paragraphe (7) et sur demande au tribunal pour adolescents, avoir l'occasion de contre-interroger l'auteur du rapport.

(7) Cas où la communication du rapport risquerait d'avoir un mauvais effet sur l'adolescent — Le juge du tribunal pour adolescents saisi d'un rapport prédécisionnel concernant un adolescent peut, s'il estime que la communication du rapport ou de certaines parties du rapport au poursuivant, lorsqu'il s'agit d'un poursuivant privé, porterait préjudice à l'adolescent et n'est pas nécessaire aux fins des poursuites exercées contre celui-ci :

    a) ne pas communiquer le rapport ou certaines parties du rapport, au poursuivant, s'il s'agit d'un rapport écrit;

    b) faire sortir le poursuivant de la salle d'audience durant la présentation au tribunal du rapport ou de certaines parties du rapport, s'il s'agit d'un rapport oral.

(8) Communication du rapport à d'autres personnes — Le tribunal pour adolescents saisi d'un rapport prédécisionnel concernant un adolescent :

    a) doit, sur demande, en faire fournir une copie ou une transcription :

        (i) à tout tribunal saisi de questions concernant l'adolescent,

        (ii) à tout délégué à la jeunesse auquel le cas d'un adolescent a été confié;

    b) peut, sur demande, en faire fournir une copie ou une transcription intégrale ou partielle à toute personne qui autrement ne serait pas fondée à la recevoir en vertu du présent article, s'il estime que cette personne a un intérêt légitime dans l'instance.

(9) Communication faite par le directeur provincial — Le directeur provincial qui présente au tribunal pour adolescents un rapport prédécisionnel concernant un adolescent peut communiquer l'intégralité ou une partie du rapport, à toute personne qui a la garde ou la surveillance de l'adolescent ou à toute personne qui participe directement à l'entretien ou au traitement de celui-ci.

(10) Déclarations non admissibles — Les déclarations faites par un adolescent au cours de l'établissement du rapport prédécisionnel le concernant ne sont pas admissibles à titre de preuve contre lui dans des procédures civiles ou pénales, à l'exception de celles visées aux articles 16, 20 ou 28 à 32.

L.R.C. 1985, ch. 24 (2ᵉ suppl.), art. 11; L.C. 1995, ch. 19, art. 6.

DESSAISISSEMENT DU JUGE

15. (1) Déssaisissement du juge — Sous réserve du paragraphe (2), le juge du tribunal pour adolescents qui, avant de rendre un jugement concernant un adolescent à qui est imputée une infraction, a, au sujet de cet adolescent et de ladite infraction, pris connaissance d'un rapport prédécisionnel ou entendu une demande dans le cadre de l'article 16 ne peut, à aucun titre, continuer à connaître de la cause et doit s'en dessaisir au profit d'un autre juge.

(2) Exception — Le juge du tribunal pour adolescents peut, dans les cas prévus au paragraphe (1) et avec l'accord de l'adolescent et du poursuivant, continuer à connaître de la cause de l'adolescent, pourvu qu'il soit convaincu de n'avoir pas été influencé par les renseignements contenus dans le rapport prédécisionnel ou les observations faites dans le cadre de la demande visée à l'article 16.

RENVOI

16. (1) Renvoi à la juridiction normalement compétente — Sous réserve du paragraphe (1.01), dans les cas où un adolescent, à la suite d'une dénonciation, se voit imputer un acte criminel autre que celui visé à l'article 553 du *Code criminel*, qu'il aurait commis après avoir atteint l'âge de quatorze ans, le tribunal pour adolescents doit, en tout état de cause avant de rendre son jugement, sur demande de l'adolescent ou de son avocat, du procureur général ou de son représentant, décider, conformément au paragraphe (1.1), si l'adolescent doit être jugé par la juridiction normalement compétente.

(1.01) Procès devant la juridiction normalement compétente — Dans le cas où il se voit imputer une infraction visée aux articles du *Code criminel* énumérés ci-dessous, qu'il aurait commise à l'âge de seize ou dix-sept ans, l'adolescent doit être jugé par la juridiction normalement compétente conformément aux règles normalement applicables en la matière, à moins que, sur sa demande, celle de son avocat ou celle du procureur général ou du représentant de celui-ci, le tribunal pour adolescents n'ordonne, en application des paragraphes (1.04) ou (1.05) ou de l'alinéa (1.1)*a*), que l'adolescent soit jugé par le tribunal :

    a) article 231 (meurtre au premier ou au deuxième degré);

    b) article 239 (tentative de meurtre);

    c) articles 232 ou 234 (homicide involontaire coupable);

    d) article 273 (agression sexuelle grave).

(1.02) Demande — La demande visée au paragraphe (1.01) doit être présentée, si elle est faite oralement, en présence de l'autre partie et, si elle est faite par écrit, avec avis signifié à l'autre partie.

(1.03) Opposition à la demande — Si, dans les vingt et un jours suivant la présentation de la demande orale ou de la signification de l'avis, selon le cas, l'autre partie dépose un avis d'opposition au tribunal pour adolescents, celui-ci doit décider si l'adolescent doit être jugé par le tribunal.

(1.04) Non-opposition à la demande — Si l'autre partie dépose, dans le délai mentionné au paragraphe (1.03), un avis de non-opposition au tribunal pour adolescents, celui-ci doit ordonner que l'adolescent soit jugé par le tribunal.

(1.05) Présomption — Si l'autre partie ne dépose pas, dans le délai mentionné au paragraphe (1.03), l'avis visé à ce paragraphe ou au paragraphe (1.04), le tribunal pour adolescents doit ordonner que l'adolescent soit jugé par le tribunal.

(1.06) Prorogation — Les parties peuvent, d'un commun accord, proroger le délai mentionné au paragraphe (1.03) en déposant au tribunal pour adolescents un avis à cet effet.

(1.1) Ordonnance — Pour prendre la décision visée aux paragraphes (1) ou (1.03), le tribunal pour adolescents, après avoir donné aux deux parties et aux père et mère de l'adolescent l'occasion de se faire entendre, doit tenir compte de l'intérêt de la société, notamment la protection du public et la réinsertion sociale de l'adolescent, et déterminer s'il est possible de concilier ces deux objectifs en plaçant celui-ci sous sa compétence; ainsi il doit :

    a) s'il estime que cela est possible, refuser d'ordonner le renvoi de l'adolescent visé par une demande présentée en vertu du paragraphe (1) devant la juridiction normalement compétente, ou ordonner le renvoi de l'adolescent visé par une demande présentée en vertu du paragraphe (1.01) devant le tribunal pour adolescents;

    b) s'il estime que cela n'est pas possible, la protection du public ayant priorité, ordonner le renvoi de l'adolescent visé par une demande présentée en vertu du paragraphe (1) devant la juridiction normalement compétente pour qu'il y soit jugé en conformité avec les règles normalement applicables en la matière, ou refuser d'ordonner le renvoi de l'adolescent visé par une demande présentée en vertu du paragraphe (1.01) devant le tribunal pour adolescents.

(1.11) Fardeau — Il incombe au demandeur de démontrer que les conditions énoncées au paragraphe (1.1) sont remplies.

(2) Éléments dont le tribunal pour adolescents doit tenir compte — Pour prendre la décision visée aux paragraphes (1) ou (1.03) à l'égard d'un adolescent, le tribunal pour adolescents doit tenir compte des éléments suivants :

a) la gravité de l'infraction et ses circonstances;

b) l'âge, le degré de maturité, le caractère et les antécédents de l'adolescent, de même que tout résumé des délits antérieurs relevant de la *Loi sur les jeunes délinquants*, chapitre J-3 des Statuts revisés du Canada de 1970, ou des déclarations de culpabilités antérieures intervenues dans le cadre de la présente loi, de toute autre loi du Parlement ou de leurs règlements d'application;

c) l'opportunité, compte tenu des circonstances de l'espèce, de soumettre l'adolescent à la présente loi ou au *Code criminel* ou à une autre loi fédérale, si une ordonnance était rendue en conformité avec le présent article;

d) l'existence de moyens de traitement ou de réadaptation;

e) les observations qui lui ont été présentées par l'adolescent ou en son nom, par le procureur général ou par le représentant de celui-ci;

f) tous autres éléments qu'il considère pertinents.

(3) Rapport préalable à la décision — Pour prendre la décision visée aux paragraphes (1) ou (1.03) à l'égard d'un adolescent, le tribunal pour adolescents doit examiner le rapport prédécisionnel.

(4) Cas où l'adolescent est déjà devant la juridiction compétente — Par dérogation aux paragraphes (1) et (3), le tribunal pour adolescents saisi, en application du paragraphe (1), d'une demande par le procureur général ou son représentant, à l'égard d'une infraction qu'un adolescent aurait commise alors qu'une instance est déjà engagée contre lui devant la juridiction normalement compétente à la suite d'une ordonnance fondée sur le présent article ou qu'il est, en conséquence d'une telle instance, à purger sa sentence, peut rendre une autre ordonnance en application de cet article sans tenir une audience ou sans prendre connaissance d'un rapport prédécisionnel.

(5) Motifs de l'ordonnance — Le tribunal pour adolescents, lorsqu'il rend une ordonnance ou refuse de rendre une ordonnance en vertu du présent article, en indique les motifs, qui sont consignés dans le dossier de l'instance.

(6) Demande unique — Lorsque, à l'occasion d'une infraction, le tribunal pour adolescents refuse de rendre une ordonnance fondée sur le présent article, aucune autre demande ne peut être présentée en vertu de cet article pour la même infraction.

(7) Effet de l'ordonnance — Le prononcé d'une ordonnance sur le fondement du paragraphe (1) entraîne l'abandon de l'instance engagée en vertu de la présente loi et le renvoi de l'adolescent visé devant la juridiction normalement compétente.

(7.1) Idem — Lorsqu'une ordonnance est prononcée sur le fondement du paragraphe (1.01), la poursuite doit être intentée devant le tribunal pour adolescents.

(8) Limite de la compétence de la juridiction normalement compétente — Lorsqu'un adolescent est jugé par la juridiction normalement compétente en raison du paragraphe (1.01), si aucune demande n'a été présentée en vertu de ce paragraphe, ou par suite d'une décision visée à l'alinéa (1.1)*b*), la juridiction n'est compétente que pour connaître de l'infraction en cause ou d'une infraction incluse.

(9) Révision de la décision du tribunal pour adolescents — L'ordonnance concernant un adolescent rendue en vertu du présent article ainsi que le refus de rendre une telle ordonnance sont, sur demande présentée dans les trente jours de la décision par l'adolescent, son avocat, le procureur général ou le représentant de celui-ci, examinés par la cour d'appel. La cour d'appel dispose d'un pouvoir discrétionnaire pour confirmer ou infirmer la décision du tribunal pour adolescents.

(10) Prorogation — La cour d'appel peut, à tout moment, prolonger le délai prévu pour faire la demande visée au paragraphe (9).

(11) Avis de la demande — Toute personne qui se propose de demander la révision en vertu du paragraphe (9) doit donner un avis de sa demande selon les modalités et dans les délais prévus par les règles de la cour.

(12) Déclarations non admissibles — Les déclarations faites par un adolescent au cours d'une audience tenue dans le cadre du présent article ne sont pas admissibles à titre de preuve contre lui dans des procédures civiles ou pénales postérieures à cette audience.

(13) [Abrogé, L.C. 1992, ch. 11, art. 2.]

(14) [Abrogé, L.R.C. 1985, ch. 24 (2ᵉ suppl.), art. 12.]
L.R.C. 1985, ch. 24 (2ᵉ suppl.), art. 12; L.C. 1992, ch. 11, art. 2; 1995, ch. 19, art. 7, 8.

16.1 (1) Détention : adolescent de moins de dix-huit ans — Par dérogation à toute autre disposition de la présente loi ou à toute autre loi fédérale, l'adolescent de moins de dix-huit ans qui doit être jugé par la juridiction normalement compétente en raison du paragraphe 16(1.01), si aucune demande n'est présentée en vertu de ce paragraphe, ou par suite d'une décision visée à l'alinéa 16(1.1)*b*), et qui doit demeurer sous garde pendant la durée des procédures devant celle-ci, doit être tenu à l'écart de tout adulte détenu ou placé sous garde, à moins que, sur demande présentée avant le prononcé de l'ordonnance, le juge du tribunal pour adolescents estime que l'adolescent, dans son propre intérêt et pour la sécurité d'autres personnes, ne peut être placé sous garde dans un lieu de garde pour adolescents.

(2) Détention : adolescent de plus de dix-huit ans — Par dérogation à toute autre disposition de la présente loi ou à toute autre loi fédérale, l'adolescent de plus de dix-huit ans qui doit être jugé par la juridiction normalement compétente en raison du paragraphe 16(1.01), si aucune demande n'est présentée en vertu de ce paragraphe, ou par suite d'une décision visée à l'alinéa 16(1.1)*b*), et qui doit demeurer sous garde pendant la durée des procédures devant celle-ci, doit être placé sous garde dans un lieu de garde pour adultes, à moins que, sur demande présentée avant le prononcé de l'ordonnance, le juge du tribunal pour adolescents estime que l'adolescent, dans son propre intérêt et pour la sécurité d'autres personnes, doit être placé sous garde dans un lieu de garde pour adolescents.

(3) Examen — Le tribunal pour adolescents doit, sur demande, examiner le placement sous garde de l'adolescent en vertu du présent article; s'il estime, après avoir donné à l'adolescent, au directeur provincial et au représentant du ministère provincial responsable des installations correctionnelles pour adultes la possibilité de présenter des observations, que l'adolescent, dans son propre intérêt et pour la sécurité d'autres personnes, devrait être maintenu sous garde au lieu où il se trouve ou transféré dans un lieu de détention pour adolescents ou pour adultes, selon le cas, il peut rendre une ordonnance en ce sens.

(4) Demande — L'adolescent, ses père ou mère, le directeur provincial et le procureur général ou son représentant peuvent présenter la demande visée au présent article.

(5) Avis — Avis de la demande visée au présent article est donné aux personnes suivantes :

    a) si l'auteur en est l'adolescent ou ses père ou mère, au directeur provincial et au procureur général;

    b) si l'auteur en est le procureur général ou son représentant, à l'adolescent, à ses père ou mère et au directeur provincial;

    c) si l'auteur en est le directeur provincial, à l'adolescent, à ses père ou mère et au procureur général.

(6) Déclaration relative au droit à un avocat — L'avis donné conformément au paragraphe (5) par le procureur général ou le directeur provincial doit contenir une déclaration précisant que l'adolescent a le droit de présenter des observations et d'être représenté par avocat.

(7) Limite d'âge — Par dérogation à toute autre disposition du présent article, aucun adolescent ne peut demeurer sous garde dans un lieu de garde pour adolescents après qu'il a atteint l'âge de vingt ans.

L.C. 1992, ch. 11, art. 2; 1995, ch. 19, art. 9.

16.2 (1) Placement après condamnation — Par dérogation à toute autre disposition de la présente loi ou à toute autre loi fédérale, en cas de renvoi de l'adolescent devant la juridiction normalement compétente en raison du paragraphe 16(1.01), si aucune demande n'est présentée en vertu de ce paragraphe, ou par suite d'une décision visée à l'alinéa 16(1.1)*b*), de déclaration de culpabilité et de condamnation à l'emprisonnement de celui-ci, la juridiction doit, après avoir donné la possibilité de présenter des observations à l'adolescent, à ses parents, au procureur général, au directeur provincial et aux représentants des systèmes correctionnels fédéral et provinciaux, ordonner que l'adolescent purge toute partie de sa peine :

a) soit dans un lieu de garde pour adolescents à l'écart de tout adulte qui y est détenu ou sous garde;

b) soit dans une installation correctionnelle provinciale pour adultes;

c) soit, dans le cas d'une peine d'emprisonnement supérieure à deux ans, dans un pénitencier.

(2) Facteurs à prendre en compte — Pour rendre l'ordonnance prévue au paragraphe (1), la juridiction doit prendre en compte les facteurs suivants :

a) la sécurité de l'adolescent;

b) la sécurité du public;

c) la facilité d'accès à la famille de l'adolescent;

d) la sécurité des autres adolescents en cas de placement sous garde de l'adolescent dans un lieu de garde pour adolescents;

e) l'éventuel effet négatif de l'adolescent sur les autres adolescents en cas de placement sous garde de celui-ci dans un tel lieu;

f) le degré de maturité de l'adolescent;

g) l'existence de moyens de traitement, de programmes d'éducation ou d'autres ressources et le bénéfice qu'en retirerait l'adolescent;

h) les périodes sous garde antérieures de l'adolescent et son comportement pendant celles-ci;

i) les recommandations des responsables des lieux de garde pour adolescents et pour adultes;

j) tout autre facteur qu'elle estime pertinent.

(3) Rapport obligatoire — La juridiction, avant le prononcé de l'ordonnance visée au paragraphe (1), doit exiger la préparation d'un rapport pour l'aider à rendre celle-ci.

(4) Examen — La juridiction doit, sur demande, examiner le placement sous garde de l'adolescent en vertu du présent article; si elle estime que les circonstances qui ont donné lieu au prononcé de l'ordonnance originelle ont changé de façon importante, elle peut, après avoir donné la possibilité de présenter des observations à l'adolescent, au directeur provincial et aux représentants des systèmes correctionnels fédéral et provinciaux, ordonner que l'adolescent soit incarcéré :

a) soit en un lieu de garde pour adolescents à l'écart de tout adulte qui y est détenu ou sous garde;

b) soit dans une installation correctionnelle provinciale pour adultes;

c) soit, dans le cas d'une peine d'emprisonnement supérieure à deux ans, dans un pénitencier.

(5) Demande — L'adolescent, ses père ou mère, le directeur provincial, les représentants des systèmes correctionnels fédéral et provinciaux et le procureur général ou son représentant peuvent présenter la demande visée au présent article.

(6) Avis — Avis de la demande visée au présent article est donné aux personnes suivantes :

a) si l'auteur en est l'adolescent ou ses père ou mère, au directeur provincial, aux représentants des systèmes correctionnels fédéral et provinciaux et au procureur général;

b) si l'auteur en est le procureur général ou son représentant, à l'adolescent, à ses père et mère, au directeur provincial et aux représentants des systèmes correctionnels fédéral et provinciaux;

c) si l'auteur en est le directeur provincial, à l'adolescent, à ses père et mère, au procureur général et aux représentants des systèmes correctionnels fédéral et provinciaux.

L.C. 1992, ch. 11, art. 2; 1994, ch. 26, art. 77; 1995, ch. 19, art. 10.

17. (1) Interdiction de publier les éléments d'information présentés à l'audience — Le tribunal pour adolescents, saisi conformément à l'article 16 d'une demande de renvoi, doit :

a) si l'adolescent n'est pas représenté par un avocat;

b) ou, s'il l'est, sur demande faite par le poursuivant, par l'adolescent ou au nom de l'un ou l'autre,

rendre une ordonnance interdisant la publication par les journaux ou la presse parlée des éléments d'information présentés à l'audition jusqu'à :

c) en cas de rejet de la demande de renvoi ou de son annulation en révision, l'expiration de tous les délais de révision de la décision ou la fin de toutes procédures dans le cadre de la révision;

d) la fin du procès, en cas de renvoi de l'affaire à la juridiction normalement compétente.

(2) Infraction — Commet une infraction punissable sur déclaration sommaire de culpabilité, quiconque n'a pas obtempéré à une ordonnance rendue en vertu du paragraphe (1).

(3) Définition de « journal » — Au présent article, **« journal »** s'entend au sens de l'article 297 du *Code criminel*.

L.C. 1995, ch. 19, art. 11.

TRANSFERT DE COMPÉTENCE

18. Transfert de compétence — Nonobstant les paragraphes 478(1) et (3) du *Code criminel*, l'adolescent inculpé d'une infraction qui aurait été commise dans une province donnée peut, avec le consentement du procureur général de cette province, comparaître devant le tribunal pour adolescents de toute autre province. Il est entendu que :

> a) dans les cas où, après avoir manifesté son intention de le faire, il plaide coupable, le tribunal doit, s'il est convaincu que les faits justifient l'accusation, le déclarer coupable de l'infraction visée dans la dénonciation;

> b) dans les cas où, n'ayant pas manifesté l'intention de plaider coupable, il ne plaide pas coupable, ou lorsque le tribunal n'est pas convaincu que les faits justifient l'accusation, l'adolescent doit, s'il était détenu sous garde avant sa comparution, être renvoyé sous garde et traité conformément aux dispositions de loi applicables.

JUGEMENT

19. (1) Cas où l'adolescent plaide coupable — Lorsque l'adolescent plaide coupable de l'infraction dont il est accusé, le tribunal pour adolescents, s'il est convaincu que les faits justifient l'accusation, doit le déclarer coupable de l'infraction.

(2) Cas où l'adolescent plaide non coupable — Lorsque l'adolescent accusé d'une infraction plaide non coupable ou lorsqu'il plaide coupable sans que le juge soit convaincu que les faits justifient l'accusation, le procès doit, sous réserve du paragraphe (4), suivre son cours; le juge, après avoir délibéré de l'affaire, déclare l'adolescent coupable ou non coupable, ou rejette l'accusation, selon le cas.

(3) Demande de renvoi à la juridiction normalement compétente — Le tribunal ne peut rendre sa décision, dans le cadre du présent article, à l'endroit d'un adolescent pouvant faire l'objet, en application de l'article 16, d'une demande de renvoi à la juridiction normalement compétente, à moins de s'informer si les parties désirent présenter une telle demande et de donner, le cas échéant, à toute partie intéressée, l'occasion de la présenter en vue d'obtenir l'ordonnance de renvoi à la juridiction normalement compétente.

(4) Choix en cas de meurtre — Par dérogation à l'article 5, lorsqu'un adolescent est accusé de meurtre au premier ou au deuxième degré, au sens de l'article 231 du *Code criminel*, le tribunal pour adolescents lui demande, avant le procès, de décider s'il choisit d'être jugé soit par un juge du tribunal pour adolescents, soit par un juge d'une cour supérieure de juridiction criminelle et un jury; s'il choisit d'être jugé par un juge d'une cour supérieure de juridiction criminelle et un jury, la présente loi est celle qui lui est applicable.

(5) Défaut d'exercice du choix — Par dérogation à l'article 5, l'adolescent est réputé, à défaut de choix, avoir choisi d'être jugé par un juge d'une cour supérieure de juridiction criminelle et un jury, auquel cas la présente loi est celle qui lui est applicable.

(5.1) Enquête préliminaire — Lorsque l'adolescent a choisi ou est réputé avoir choisi d'être jugé par un juge d'une cour supérieure de juridiction criminelle et un jury, le tribunal pour adolescents tient une enquête préliminaire; dans le cas où il est renvoyé pour subir son procès, le procès a lieu devant celle-ci.

(5.2) Application des dispositions du *Code criminel* relatives à l'enquête préliminaire — L'enquête préliminaire est régie, dans la mesure où elles sont compatibles avec celles de la présente loi, par les dispositions de la partie XVIII du *Code criminel*.

(6) Application des parties XIX et XX du *Code criminel* — Les poursuites intentées sous le régime de la présente loi devant un juge d'une cour supérieure de juridiction criminelle et un jury sont régies par les dispositions des parties XIX et XX du *Code criminel*, avec les adaptations de circonstance, sauf que :

a) les dispositions de la présente loi relatives à la protection de la vie privée des adolescents l'emportent sur les dispositions du *Code criminel*;

b) l'adolescent a le droit d'être représenté par un avocat si le tribunal le fait éloigner en application du paragraphe 650(2) du *Code criminel*.

L.R.C. 1985, ch. 24 (2ᵉ suppl.), art. 13; L.C. 1995, ch. 19, art. 12.

19.1 (1) Cas où l'adolescent plaide coupable : Nunavut — Lorsque l'adolescent plaide coupable de l'infraction dont il est accusé, le tribunal pour adolescents, s'il est convaincu que les faits justifient l'accusation, doit le déclarer coupable de l'infraction.

(2) Cas où l'adolescent plaide non coupable : Nunavut — Lorsque l'adolescent accusé d'une infraction plaide non coupable ou lorsqu'il plaide coupable sans que le juge soit convaincu que les faits justifient l'accusation, le procès doit, sous réserve du paragraphe (4), suivre son cours; le juge, après avoir délibéré, déclare l'adolescent coupable ou non coupable, ou rejette l'accusation, selon le cas.

(3) Demande de renvoi à la juridiction normalement compétente : Nunavut — Le tribunal ne peut rendre sa décision, dans le cadre du présent article, à l'endroit d'un adolescent pouvant faire l'objet, conformément à l'article 16, d'une demande de renvoi à la juridiction normalement compétente, à moins de s'informer si les parties désirent présenter une telle demande et de donner, le cas échéant, à toute partie intéressée l'occasion de la présenter.

(4) Choix en cas de meurtre : Nunavut — Lorsqu'un adolescent est accusé de meurtre au premier ou au deuxième degré, au sens de l'article 231 du *Code criminel*, le tribunal pour adolescents lui demande, avant le procès, de décider s'il choisit d'être jugé par un juge de la Cour de justice du Nunavut agissant comme tribunal pour adolescents, ou bien seul, ou bien après une enquête préliminaire et avec un jury; peu importe le choix, la présente loi est celle qui lui est applicable.

(5) Défaut d'exercice du choix : Nunavut — Par dérogation à l'article 5, l'adolescent est réputé, à défaut de choix, avoir choisi d'être jugé par un juge de la Cour de justice du Nunavut, agissant comme tribunal pour adolescents, après enquête préliminaire et avec jury.

(6) Enquête préliminaire : Nunavut — Lorsque l'adolescent a choisi ou est réputé avoir choisi d'être jugé par un juge de la Cour de justice du Nunavut, agissant comme tribunal pour adolescents, après enquête préliminaire et avec jury, le tribunal pour adolescents tient une enquête préliminaire; le cas échéant, le procès a lieu devant celui-ci.

(7) Application de la partie XVIII du *Code criminel* : Nunavut — L'enquête préliminaire est régie, dans la mesure où elles sont compatibles avec celles de la présente loi, par les dispositions de la partie XVIII du *Code criminel*.

(8) Application des parties XIX et XX du *Code criminel* : Nunavut — Les poursuites intentées sous le régime de la présente loi devant un juge de la Cour de justice du Nunavut agissant comme tribunal pour adolescents, après enquête préliminaire et avec jury, sont régies par les dispositions des parties XIX et XX du *Code criminel*, avec les adaptations nécessaires, sauf que :

a) les dispositions de la présente loi relatives à la protection de la vie privée des adolescents l'emportent sur les dispositions du *Code criminel*;

b) l'adolescent a le droit d'être représenté par avocat si le tribunal le fait éloigner au titre du paragraphe 650(2) du *Code criminel*.

(9) Application : Nunavut — Le présent article s'applique, contrairement à l'article 19, aux poursuites intentées sous le régime de la présente loi au Nunavut.

L.R.C. 1985, ch. 24 (2ᵉ suppl.), art. 13; L.C. 1995, ch. 19, art. 12; 1999, ch. 3, art. 88.

DÉCISIONS

20. (1) Décisions possibles — Dans le cas où il trouve l'adolescent coupable d'une infraction, le tribunal pour adolescents doit tenir compte de tout rapport prédécisionnel qu'il aura exigé, des observations faites à l'instance par les parties, leurs représentants ou avocats et par les père et mère de l'adolescent et de tous éléments d'information pertinents qui lui ont été soumis; il prononce ensuite l'une des décisions suivantes, à l'exception de celle prévue à l'alinéa *k*.1), en la combinant éventuellement avec une ou plusieurs autres compatibles entre elles; dans le cas où l'infraction est le meurtre au premier degré ou le meurtre au deuxième degré au sens de l'article 231 du *Code criminel*, le tribunal prononce la décision visée à l'alinéa *k*.1) et, le cas échéant, toute autre disposition qu'il estime indiquée :

a) la libération inconditionnelle, décrétée par ordonnance, s'il estime que cette mesure est préférable pour l'adolescent et non contraire à l'intérêt public;

a.1) la libération, décrétée par ordonnance, aux conditions que le tribunal estime indiquées;

b) l'imposition à l'adolescent d'une amende maximale de mille dollars dont il fixe éventuellement les dates et les modalités de paiement;

c) le versement par l'adolescent d'une somme au profit d'une personne, aux dates et selon les modalités éventuellement fixées par le tribunal, à titre d'indemnité soit pour perte de biens ou dommages causés à ceux-ci, soit pour perte de revenu ou de soutien, soit pour dommages spéciaux afférents à des lésions corporelles résultant de l'infraction et dont le montant peut être aisément déterminé, les dommages-intérêts généraux étant exclus dans le cadre de la décision;

d) la restitution soit à leur propriétaire soit à leur possesseur légitime au moment de l'infraction, dans les délais qui peuvent être fixés par le tribunal, des biens obtenus à la suite de l'infraction;

e) en cas de vente à un acquéreur de bonne foi des biens obtenus par suite de l'infraction, le remboursement par l'adolescent à l'acquéreur, aux dates et selon les modalités qui peuvent être fixées par le tribunal, d'une somme ne dépassant pas le prix que celui-ci en avait payé, lorsque la restitution des biens à leur propriétaire ou à toute autre personne a été faite ou ordonnée;

f) l'obligation pour l'adolescent, sous réserve de l'article 21, d'indemniser toute personne qui a droit aux mesures visées à l'alinéa *c*) ou *e*) soit en nature soit en services, au titre des dommages, pertes ou blessures découlant de l'infraction, aux dates et selon les modalités qui peuvent être fixées par le tribunal;

g) l'obligation pour l'adolescent, sous réserve de l'article 21, d'exécuter un travail bénévole au profit de la collectivité, aux dates et selon les modalités qui peuvent être fixées par le tribunal;

h) sous réserve de l'article 20.1, l'interdiction, la saisie ou la confiscation, concernant des biens, prévues par une loi fédérale ou ses textes d'application au cas où un accusé est trouvé coupable de l'infraction qui y est visée;

i) [abrogé, L.C. 1995, ch. 19, art. 13(2).];

j) une période déterminée de probation ne dépassant pas deux ans, en conformité avec l'article 23;

k) sous réserve des articles 24 à 24.5, l'envoi de l'adolescent sous garde, cette mesure pouvant être exécutée de façon continue ou discontinue, pour une période déterminée ne dépassant pas, selon le cas :

(i) deux ans à compter de sa mise à exécution,

(ii) trois ans à compter de sa mise à exécution lorsque l'adolescent est reconnu coupable d'une infraction passible de l'emprisonnement à vie prévue par le *Code criminel* ou par toute autre loi fédérale;

k.1) l'imposition par ordonnance :

(i) dans le cas d'un meurtre au premier degré, d'une peine maximale de dix ans consistant, d'une part, en une mesure de placement sous garde, exécutée de façon continue, pour une période maximale de six ans à compter de sa date d'exécution, sous réserve du paragraphe 26.1(1), et, d'autre part, en la mise en liberté sous condition, au sein de la collectivité conformément à l'article 26.2,

(ii) dans le cas d'un meurtre au deuxième degré, d'une peine maximale de sept ans consistant, d'une part, en une mesure de placement sous garde, exécutée de façon continue, pour une période maximale de quatre ans à compter de sa date d'exécution, sous réserve du paragraphe 26.1(1), et, d'autre part, en la mise en liberté sous condition, au sein de la collectivité conformément à l'article 26.2;

l) l'imposition, à l'adolescent, de toutes autres conditions raisonnables et accessoires qu'il estime pertinentes et conformes aux intérêts de l'adolescent et de la société.

(2) Application de la décision — La décision prise dans le cadre du présent article est exécutoire à compter de sa date ou de la date ultérieure qui y est indiquée par le tribunal pour adolescents.

(3) Durée d'application de la décision — En dehors des cas d'application des alinéas (1)*h)*, *k)* ou *k*.1), aucune décision prise dans le cadre du présent article ne peut rester en vigueur plus de deux ans, et lorsque le tribunal en impose plusieurs pour la même infraction, leur durée totale ne doit pas dépasser deux ans, sauf dans les cas d'application des alinéas (1)*h)*, *k)* ou *k*.1).

(4) Durée totale des décisions — Sous réserve du paragraphe (4.1), lorsque plusieurs décisions sont prises dans le cadre du présent article à l'endroit d'un adolescent pour des infractions différentes, leur durée totale continue ne doit pas dépasser trois ans, sauf dans le cas où l'une de ces infractions est le meurtre au premier degré ou le meurtre au deuxième degré au sens de l'article 231 du *Code criminel*, auquel cas leur durée totale continue ne peut être supérieure, dans le cas d'un meurtre au premier degré, à dix ans et, dans le cas d'un meurtre au deuxième degré, à sept ans.

(4.1) Durée des décisions prononcées à des dates différentes — Les règles suivantes s'appliquent dans le cas où une décision est prise au titre du présent article relativement à une infraction commise par l'adolescent pendant la durée d'application de décisions relatives à des infractions antérieures commises par celui-ci :

    a) la durée de la décision est déterminée en conformité avec les paragraphes (3) et (4);

    b) les effets qu'elle comporte peuvent s'ajouter à ceux des décisions antérieures;

    c) la durée totale d'application des décisions peut être supérieure à trois ans, sauf dans le cas où cette nouvelle infraction ou l'une des infractions antérieures est le meurtre au premier degré ou le meurtre au deuxième degré au sens de l'article 231 du *Code criminel*, auquel cas leur durée totale continue peut être supérieure, dans le cas d'un meurtre au premier degré, à dix ans et, dans le cas d'un meurtre au deuxième degré, à sept ans.

(4.2) Priorité — Sous réserve du paragraphe (4.3), lorsqu'un adolescent qui purge une peine en vertu d'une décision prise aux termes de l'alinéa (1)*k*.1) est placé sous garde pour une infraction commise après le commencement de cette peine mais avant son expiration, l'adolescent doit purger la période de garde imposée à l'égard de cette infraction subséquente avant d'être mis en liberté sous condition.

(4.3) Suspension de la liberté sous condition — Lorsque l'adolescent visé au paragraphe (4.2) est en liberté sous condition au moment où il est placé sous garde pour une infraction subséquente, la liberté sous condition est suspendue jusqu'à ce que l'adolescent soit mis en liberté.

(5) Durée d'application des mesures — Sous réserve de l'article 743.5 du *Code criminel*, toute décision prononcée à l'endroit d'un adolescent en vertu du présent article continue à produire ses effets après qu'il a atteint l'âge adulte.

(6) Motifs — Le tribunal pour adolescents qui prononce une décision dans le cadre du présent article en consigne les motifs au dossier de l'instance et doit :

    a) fournir ou faire fournir une copie de la décision;

    b) sur demande, fournir ou faire fournir une transcription ou copie des motifs de la décision,

à l'adolescent qui en fait l'objet, à son avocat, à ses père et mère, au directeur provincial éventuellement intéressé par la décision, au poursuivant et, s'il s'agit d'une décision comportant la garde conformément aux alinéas (1)*k*) ou *k*.1), à la commission d'examen qui a été éventuellement établie ou désignée.

(7) Restriction quant à la peine — Les décisions prononcées à l'endroit d'un adolescent en vertu du présent article ne doivent en aucun cas aboutir à une peine plus grave que la peine maximale dont est passible l'adulte qui commet la même infraction.

(8) Application de la partie XXIII du *Code criminel* — La partie XXIII du *Code criminel* ne s'applique pas aux poursuites intentées sous le régime de la présente loi; toutefois, l'article 722, le paragraphe 730(2) et les articles 748, 748.1 et 749 s'appliquent, avec les adaptations nécessaires.

[Il est entendu que la conduite qui constituait une infraction prévue par le Code criminel *avant la date d'entrée en vigueur du présent article constitue la même infraction après cette date. L.C. 1995, ch. 22, art. 26.]*

(9) Non-application de l'article 787 du *Code criminel* — L'article 787 du *Code criminel* ne s'applique pas aux poursuites intentées sous le régime de la présente loi.

(10) Contenu de l'ordonnance de probation — Le tribunal pour adolescents doit indiquer dans toute ordonnance de probation qu'il prend dans le cadre de l'alinéa (1)*j)* la période pendant laquelle elle sera exécutoire.

(11) Ordonnance prévue à l'article 161 du *Code criminel* — Malgré l'alinéa (1)*h)*, le tribunal pour adolescents ne peut rendre une ordonnance d'interdiction prévue à l'article 161 du *Code criminel* contre un adolescent.

L.R.C. 1985, ch. 27 (1er suppl.), art. 187; ch. 24 (2e suppl.), art. 14; ch. 1 (4e suppl.), art. 38; L.C. 1992, ch. 11, art. 3; 1993, ch. 45, art. 15; 1995, ch. 19, art. 13; ch. 22, art. 10, 16, 25; ch. 39, art. 178

20.1 (1) Ordonnance d'interdiction obligatoire — Par dérogation au paragraphe 20(1), dans le cas où il déclare l'adolescent coupable d'une infraction prévue à l'un des alinéas 109(1)*a)* à *d)* du *Code criminel*, le tribunal pour adolescents doit, en plus de toute autre décision qu'il prononce en vertu du paragraphe 20(1), rendre une ordonnance lui interdisant d'avoir en sa possession des armes à feu, arbalètes, arme prohibées, armes à autorisation restreinte, dispositifs prohibés, munitions, munitions prohibées et substances explosives pour la période fixée en application du paragraphe (2).

(2) Durée de l'ordonnance — La période d'interdiction commence à la date de l'ordonnance et se termine au plus tôt deux ans après la mise en liberté de l'adolescent ou, s'il n'est pas placé sous garde ni susceptible de l'être, après sa déclaration de culpabilité ou sa libération.

(3) Ordonnance d'interdiction discrétionnaire — Par dérogation au paragraphe 20(1), dans le cas où il déclare l'adolescent coupable d'une infraction prévue aux alinéas 110(1)*a)* ou *b)* du *Code criminel*, le tribunal pour adolescents doit, s'il en arrive à la conclusion qu'il est souhaitable pour la sécurité de l'adolescent ou pour celle d'autrui de le faire, en plus de toute décision qu'il prononce en vertu du paragraphe 20(1), rendre une ordonnance lui interdisant d'avoir en sa possession des armes à feu, arbalètes, armes prohibées, armes à autorisation restreinte, dispositifs prohibés, munitions, munitions prohibées ou substances explosives, ou l'un ou plusieurs de ces objets.

(4) Durée de l'ordonnance — Le cas échéant, la période d'interdiction — commençant sur-le-champ — expire au plus tard deux ans après la mise en liberté de l'adolescent ou, s'il n'est pas placé sous garde ni susceptible de l'être, après sa déclaration de culpabilité ou sa libération.

(5) Définition de « mise en liberté » — Aux paragraphes (2) et (4), **« mise en liberté »** s'entend de la mise en liberté aux termes de la présente loi d'un adolescent placé sous garde — autre que celle visée au paragraphe 35(1) — , y compris le début soit de la mise en liberté sous condition soit de la période de probation.

(6) Motifs de l'ordonnance d'interdiction — Lorsqu'il rend une ordonnance en vertu du présent article, le tribunal pour adolescents est tenu de donner ses motifs, qui sont consignés au dossier de l'instance. Il doit aussi fournir ou faire fournir une copie de l'ordonnance et sur demande, une transcription ou copie des motifs à l'adolescent qui en fait l'objet, à son avocat, à ses père et mère et au directeur provincial.

(7) Motifs — S'il ne rend pas l'ordonnance prévue au paragraphe (3) ou s'il en rend une dont l'interdiction ne vise pas tous les objets visés à ce paragraphe, le tribunal pour adolescents est tenu de donner ses motifs, qui sont consignés au dossier de l'instance.

(8) Application du *Code criminel* — Les articles 113 à 117 du *Code criminel* s'appliquent à l'ordonnance rendue en application du présent article.

(9) Rapport — Le tribunal pour adolescents peut, avant de rendre une ordonnance visée à l'article 113 du *Code criminel* à l'égard de l'adolescent, demander au directeur provincial de faire établir et de lui présenter un rapport à son sujet.

L.C. 1995, ch. 39, art. 179.

21. (1) Amende ou autre peine pécuniaire — Le tribunal pour adolescents, lorsqu'il impose une amende en vertu de l'alinéa 20(1)*b*) ou rend une ordonnance visée aux alinéas 20(1)*c*) ou *e*), doit tenir compte des ressources pécuniaires, actuelles ou futures, de l'adolescent.

(2) Programme de crédits — L'adolescent à qui une amende est imposée en vertu de l'alinéa 20(1)*b*) peut s'en acquitter, en totalité ou en partie, en accumulant des crédits pour le travail effectué dans le cadre d'un programme établi à cette fin :

a) soit par le lieutenant-gouverneur en conseil de la province où l'amende a été imposée;

b) soit par le lieutenant-gouverneur en conseil de la province où l'adolescent réside, s'il existe un accord en vigueur à cet effet entre le gouvernement de cette province et celui de la province où l'amende a été imposée.

(3) Taux, imputation, etc. — Le programme visé au paragraphe (2) doit fixer le taux auquel les crédits sont accumulés et peut prévoir la façon dont les sommes gagnées sont affectées au paiement de l'amende ainsi que toute autre mesure nécessaire ou accessoire à la réalisation du programme.

(4) Observations concernant les ordonnances rendues dans le cadre des alinéas 20(1)*c*) à *f*) — Lorsqu'il examine s'il y a lieu de rendre une ordonnance dans le cadre des alinéas 20(1)*c*) à *f*), le tribunal pour adolescents peut tenir compte des observations qui lui ont été présentées par la personne à indemniser éventuellement ou celle à qui une somme est éventuellement à verser ou une restitution à faire.

(5) Avis des ordonnances rendues dans le cadre des alinéas 20(1)*c*) à *f*) — Le tribunal pour adolescents fait donner avis des dispositions de l'ordonnance qu'il rend dans le cadre des alinéas 20(1)*c*) à *f*) à la personne à indemniser ou à celle à qui une somme est à verser ou une restitution à faire.

(6) Consentement de la personne à indemniser — Le tribunal pour adolescents ne peut ordonner la mesure visée à l'alinéa 20(1)*f*) que s'il a obtenu le consentement de la personne à indemniser.

(7) Ordonnance d'indemnisation ou de service bénévole — Le tribunal pour adolescents ne peut rendre une ordonnance en vertu des alinéas 20(1)*f*) et *g*) que s'il :

    a) est convaincu que la mesure prise convient à l'adolescent;

    b) est convaincu que l'ordonnance ne perturbe pas les heures normales de travail ou de classe de l'adolescent.

(8) Durée de validité de l'ordonnance — L'ordonnance rendue dans le cadre des alinéas 20(1)*f*) ou *g*) ne peut imposer des services que dans la mesure où ils sont réalisables en deux cent quarante heures et dans les douze mois qui suivent la date de l'ordonnance.

(9) Ordonnance de travail bénévole — Le tribunal pour adolescents ne peut ordonner la mesure visée à l'article 20(1)*g*) à moins, selon le cas :

    a) que le travail bénévole à exécuter ne fasse partie d'un programme approuvé par le directeur provincial;

    b) d'être convaincu que la personne ou l'organisme au profit duquel le travail bénévole doit être exécuté a donné son accord.

(10) Prolongation du délai pour se conformer aux décisions — Le tribunal pour adolescents peut, relativement à une décision rendue en application des alinéas 20(1)*b*) à *g*) concernant l'adolescent, sur demande faite par l'adolescent ou en son nom, prolonger le délai pour se conformer à cette décision, sous réserve des règlements pris en application de l'alinéa 67*b*) et des règles établies en application du paragraphe 68(1).

L.R.C. 1985, ch. 24 (2ᵉ suppl.), art. 15.

22. [Abrogé, L.C. 1995, ch. 19, art. 14.]

23. (1) Conditions nécessaires figurant dans les ordonnances de proba-tion — L'ordonnance de probation rendue en vertu de l'alinéa 20(1)*j*) doit compor-ter pour l'adolescent les conditions suivantes :

a) l'obligation de ne pas troubler l'ordre public et de bien se conduire;

b) l'obligation de comparaître devant le tribunal pour adolescents lorsqu'il en est requis par le tribunal;

c) [abrogé, L.R.C. 1985, ch. 24 (2ᵉ suppl.), art. 16(1).]

(2) Conditions pouvant figurer dans une ordonnance de probation — L'ordonnance de probation rendue en vertu de l'alinéa 20(1)*j*) peut être assortie d'une ou de plusieurs des conditions suivantes, que le tribunal pour adolescents considère appropriées en l'espèce, exigeant de l'adolescent assujetti à l'ordonnance :

a) l'obligation de se présenter au directeur provincial ou à la personne dési-gnée par le tribunal pour adolescents et de se soumettre à sa surveillance;

a.1) l'obligation d'aviser le greffier du tribunal pour adolescents, le directeur provincial ou le délégué à la jeunesse responsable de son cas de tout change-ment soit d'adresse soit de lieu de travail, de scolarité ou de formation;

b) la présence constante dans le ressort du ou des tribunaux mentionnés dans l'ordonnance;

c) l'obligation de faire les efforts voulus en vue de trouver et de conserver un emploi approprié;

d) la fréquentation de l'école ou de tout établissement d'enseignement, de formation ou de loisirs approprié, si le tribunal estime qu'il y existe, pour l'adolescent, un programme convenable;

e) la résidence chez l'un de ses père ou mère ou chez un autre adulte prêt à assurer son entretien que le tribunal juge idoine;

f) la résidence à l'endroit fixé par le directeur provincial;

g) l'observation des autres conditions raisonnables, prévues à l'ordonnance et que le tribunal estime souhaitables et notamment des conditions visant à assu-rer sa bonne conduite et à empêcher la récidive.

(3) Communication de l'ordonnance de probation à l'adolescent et au père ou à la mère — Le tribunal pour adolescents qui, en vertu de l'alinéa 20(1)*j*), rend une ordonnance de probation doit :

a) la faire lire par l'adolescent ou lui en faire donner lecture;

b) en expliquer, ou en faire expliquer, le but et les effets à l'adolescent assu-jetti à l'ordonnance, et s'assurer qu'il les a compris;

c) en faire donner une copie à l'adolescent et, le cas échéant, au père ou à la mère qui suit les procédures menées contre l'adolescent.

(4) Copie de l'ordonnance de probation au père ou à la mère — Le tribunal pour adolescents qui, en vertu de l'alinéa 20(1)*j*), rend une ordonnance de probation peut en faire donner une copie au père ou à la mère de l'adolescent qui n'a pas suivi les procédures menées contre celui-ci mais qui, de l'avis du tribunal, s'intéresse activement à ces procédures.

(5) Assentiment de l'adolescent — Après lecture et explication de l'ordonnance de probation effectuées conformément au paragraphe (3), l'adolescent appose sa signature sur l'ordonnance, attestant qu'il en a reçu copie et que la teneur lui en a été expliquée.

(6) Validité de l'ordonnance de probation — Le défaut par l'adolescent d'apposer sa signature sur l'ordonnance de probation conformément au paragraphe (5) ne porte aucune atteinte à la validité de l'ordonnance.

(7) Prise d'effet de l'ordonnance de probation — L'ordonnance de probation rendue en vertu de l'alinéa 20(1)*j*) devient exécutoire, selon le cas, à compter de :

a) sa date;

b) la date d'expiration de la période de garde lorsque l'adolescent a été renvoyé sous garde de façon continue.

(8) Avis de comparaître — L'avis de comparaître devant le tribunal pour adolescents conformément à l'alinéa (1)*b*) peut être donné oralement ou par écrit à l'adolescent.

(9) Mandat d'arrestation visant l'adolescent — Si l'adolescent à qui a été donné par écrit un avis de comparaître devant le tribunal pour adolescents conformément à l'alinéa (1)*b*) ne comparaît pas aux date, heure et lieu indiqués dans l'avis, et s'il est prouvé qu'il a reçu signification de l'avis, le tribunal pour adolescents peut décerner un mandat pour l'obliger à comparaître.

L.R.C. 1985, ch. 24 (2e suppl.), art. 16; ch. 1 (4e suppl.), art. 39.

24. (1) Conditions du placement sous garde — Le tribunal pour adolescents n'impose le placement sous garde en vertu de l'alinéa 20(1)*k*) que s'il estime cette mesure nécessaire pour la protection de la société, compte tenu de la gravité de l'infraction et de ses circonstances, ainsi que des besoins de l'adolescent et des circonstances dans lesquelles il se trouve.

(1.1) Facteurs — Pour prendre sa décision, le tribunal pour adolescents doit tenir compte des facteurs suivants :

a) l'ordonnance de placement sous garde ne doit pas se substituer à des services de santé ou d'aide à la jeunesse ou à d'autres mesures sociales plus appropriées;

b) l'adolescent qui a commis une infraction ne comportant pas des sévices graves à la personne doit assumer la responsabilité de ses actes à l'égard de la victime et de la société dans le cadre de décisions ne comportant pas le placement sous garde lorsque cela convient;

c) le placement sous garde ne doit être imposé que lorsque toutes les mesures, raisonnables dans les circonstances, de substitution à la garde ont été envisagées.

(2) Rapport prédécisionnel — Sous réserve du paragraphe (3), avant de rendre une ordonnance de placement sous garde, le tribunal pour adolescents examine le rapport prédécisionnel.

(3) Renonciation à l'examen du rapport prédécisionnel — Le tribunal pour adolescents peut, avec le consentement du poursuivant et de l'adolescent ou de son avocat, ne pas exiger le rapport prédécisionnel visé par le paragraphe (2) s'il est convaincu, compte tenu des circonstances, que ce rapport est inutile ou qu'il n'est pas dans l'intérêt de l'adolescent d'exiger un tel rapport.

(4) Décision motivée — Toute ordonnance rendue en vertu de l'alinéa 20(1)*k)* doit donner les motifs pour lesquels les décisions visées au paragraphe 20(1), exception faite de cet alinéa, ne conviennent pas en l'espèce.

L.R.C. 1985, ch. 24 (2ᵉ suppl.), art. 17; L.C. 1995, ch. 19, art. 15.

24.1 (1) Définitions — Les définitions qui suivent s'appliquent au présent article et aux articles 24.2, 24.3, 28 et 29.

« garde en milieu ouvert » Garde en tout lieu ou établissement désigné à ce titre, pour l'application de la présente loi, par le lieutenant-gouverneur en conseil d'une province ou son délégué. Peuvent être ainsi désignés les centres résidentiels locaux, les foyers collectifs, les établissements d'aide à l'enfance, les camps forestiers ou les camps de pleine nature, ainsi que les lieux ou établissements qui en constituent des sous-catégories.

« garde en milieu fermé » Garde en un lieu ou établissement désigné par le lieutenant-gouverneur en conseil d'une province pour le placement ou l'internement sécuritaires des adolescents. Peuvent être ainsi désignés les lieux ou établissements qui en constituent des sous-catégories.

(2) Cas où le tribunal fixe le type de garde — Sous réserve du paragraphe (3), lorsque le tribunal pour adolescents rend une ordonnance de placement sous garde en application des alinéas 20(1)*k)* ou *k.*1) ou lorsqu'il rend une ordonnance en application du paragraphe 26.1(1) ou de l'alinéa 26.6(2)*b)*, la mention du type de garde imposé est indiquée : en milieu ouvert ou en milieu fermé.

(3) Cas où le directeur provincial fixe le type de garde — Le directeur provincial, dans le cas d'une province où le lieutenant-gouverneur en conseil lui en a attribué la compétence, fixe le type de garde — en milieu ouvert ou en milieu fermé — à imposer à l'adolescent placé sous garde en application des alinéas 20(1)k) ou k.1) ou sous le régime d'une ordonnance rendue en application du paragraphe 26.1(1) ou de l'alinéa 26.6(2)b).

(4) Facteurs à considérer — Il est tenu compte des facteurs suivants pour décider si le type de garde imposé est en milieu ouvert ou en milieu fermé :

a) le type de garde imposé à l'adolescent doit constituer un minimum d'interférence et d'internement compte tenu de la gravité de l'infraction et des circonstances dans lesquelles celle-ci a été commise, des besoins de l'adolescent et de sa situation personnelle — notamment proximité de la famille, d'une école, d'un emploie et de services sociaux — , de la sécurité des autres adolescents sous garde et de l'intérêt de la société;

b) le type de garde doit permettre la meilleure adéquation possible entre le programme, d'une part, et les besoins et la conduite de l'adolescent, d'autre part, compte tenu des résultats de son évaluation;

c) les risques d'évasion si l'adolescent est placé en milieu ouvert;

d) la recommandation, le cas échéant, du tribunal pour adolescents ou du directeur provincial, selon le cas.
L.R.C. 1985, ch. 24 (2ᵉ suppl.), art. 17; L.C. 1992, ch. 11, art. 4; 1995, ch. 19, art. 16.

24.2 (1) Lieu de garde — Sous réserve des autres dispositions du présent article et des articles 24.3 et 24.5, l'adolescent placé sous garde doit être envoyé en milieu ouvert ou fermé, selon la mention prévue en application des paragraphes 24.1(2) ou (3), au lieu ou à l'établissement fixé par le directeur provincial.

(2) Mandat de dépôt — Lorsqu'un adolescent est placé sous garde, le tribunal pour adolescents délivre ou fait délivrer un mandat de dépôt.

(3) Exception — L'adolescent placé sous garde peut, pendant qu'il est transféré du lieu de garde au tribunal ou qu'il est ramené du tribunal au lieu de garde, être placé sous la surveillance d'un agent de la paix ou en un lieu de détention provisoire visé au paragraphe 7(1) selon les directives du directeur provincial.

(4) Séparation des adolescents et des adultes — Sous réserve des autres dispositions du présent article et de l'article 24.5, l'adolescent placé sous garde doit être tenu à l'écart de tout adulte détenu ou placé sous garde.

(5) Application du paragraphe 7(2) — Le paragraphe 7(2) s'applique, compte tenu des adaptations de circonstance, à une personne placée en un lieu de détention provisoire en application du paragraphe (3).

(6) Transfèrement — L'adolescent placé sous garde peut, pendant la durée de la garde, être transféré, par le directeur provincial, d'un lieu ou d'un établissement de garde en milieu ouvert à un autre ou d'un lieu ou d'un établissement de garde en millieu fermé à un autre.

(7) Transfèrement en milieu ouvert — tribunal pour adolescents — L'adolescent placé en milieu fermé en application du paragraphe 24.1(2) ne peut être transféré en un lieu ou établissement de garde en milieu ouvert que conformément aux articles 28 à 31.

(8) Non-transfèrement en milieu fermé — tribunal pour adolescents — Sous réserve du paragraphe (9), l'adolescent placé en milieu ouvert en application au paragraphe 24.1(2) ne peut être transféré en un lieu ou établissement de garde en milieu fermé.

(9) Exception — transfèrement en milieu fermé — tribunal pour adolescents — Le directeur provincial peut, dans le cas où l'adolescent est placé en milieu ouvert en application du paragraphe 24.1(2), le transférer d'un lieu ou établissement de garde en milieu ouvert à un lieu ou établissement de garde en milieu fermé pour une période maximale de quinze jours si :

a) celui-ci s'évade d'une garde légale ou tente de le faire;

b) le directeur provincial estime le transfèrement nécessaire pour la sécurité de l'adolescent ou de toute autre personne dans le lieu ou l'établissement de garde en milieu ouvert.

(10) Transfèrement en milieu ouvert — directeur provincial — Le directeur provincial peut transférer l'adolescent d'un lieu ou d'un établissement de garde en milieu fermé à un lieu ou un établissement de garde en milieu ouvert lorsqu'il est convaincu que cette mesure est dans l'intérêt de la société et qu'elle répond aux besoins de l'adolescent.

(11) Transfèrement en milieu fermé — directeur provincial — Après avoir pris en considération les facteurs prévus au paragraphe 24.1(4) et avoir constaté qu'il y a eu changement important dans la situation matérielle de l'adolescent depuis le placement sous garde de celui-ci, le directeur provincial peut transférer l'adolescent d'un lieu ou d'un établissement de garde en milieu ouvert à un lieu ou un établissement de garde en milieu fermé lorsqu'il est convaincu que cette mesure est dans l'intérêt de la société et qu'elle répond aux besoins de l'adolescent.

(12) Avis — Le directeur provincial fait donner un avis écrit exposant les motifs de la décision prise en application du paragraphe (11) à l'adolescent et à ses père et mère.

(13) Demande d'examen — Lorsque l'examen de la décision prise en application du paragraphe (11) est demandé en vertu de l'article 28.1, le directeur provincial fait donner l'avis qui peut être requis par les règles de pratique applicables au tribunal pour adolescents ou, en l'absence de règle, fait donner un avis écrit d'au moins cinq jours francs à l'adolescent et à ses père et mère, et, une fois l'avis donné, le tribunal examine sans délai la décision.

(14) Maintien de l'adolescent en milieu fermé — Lorsque l'examen de la décision prise en application du paragraphe (11) est demandé en vertu de l'article

28.1, l'adolescent demeure en milieu fermé jusqu'à l'audition de la demande, à moins que le directeur provincial n'en décide autrement.

L.R.C. 1985, ch. 24 (2ᵉ suppl.), art. 17; L.C. 1995, ch. 19, art. 17.

24.3 (1) Décisions comportant des durées consécutives — Dans le cas où, en application du paragraphe 24.1(2), des décisions comportent des périodes de placement consécutives à purger en milieu ouvert et en milieu fermé, l'adolescent doit d'abord être placé en milieu fermé indépendamment de l'ordre des décisions.

(2) Concurrence des décisions comportant la garde — Dans le cas où, en application du paragraphe 24.1(2), des décisions comportent des périodes de placement concurrentes à purger en milieu ouvert et en milieu fermé, l'adolescent doit les purger en milieu fermé.

L.R.C. 1985, ch. 24 (2ᵉ suppl.), art. 17; L.C. 1995, ch. 19, art. 18.

24.4 (1) Garde réputée continue — L'adolescent placé sous garde en vertu de l'alinéa 20(1)k) est réputé, sauf indication contraire du tribunal pour adolescents, placé sous garde de façon continue.

(2) Disponibilité d'un lieu de garde discontinue — Avant de rendre une ordonnance de placement sous garde discontinue en vertu de l'alinéa 20(1)k), le tribunal pour adolescents demande au poursuivant de lui remettre un rapport du directeur provincial sur la disponibilité d'un lieu de garde indiqué à cet effet. Au cas où le rapport conclut à la non-disponibilité d'un tel lieu, le tribunal ne prononce pas la mise sous garde discontinue.

L.R.C. 1985, ch. 24 (2ᵉ suppl.), art. 17.

24.5 (1) Transfèrement à des établissements pour adultes — Le tribunal pour adolescents, sur demande présentée par le directeur provincial à tout moment après que l'adolescent placé sous garde en vertu des alinéas 20(1)k) ou k.1) a atteint l'âge de dix-huit ans, peut, après avoir accordé à l'adolescent la possibilité d'être entendu, autoriser le directeur provincial à ordonner que la garde ou le temps à courir sur la période de garde s'effectue dans un centre correctionnel provincial pour adultes, s'il estime que cette mesure est préférable pour l'adolescent ou dans l'intérêt public, auquel cas les dispositions de la présente loi continuent à s'appliquer à la personne visée.

(2) Concurrence du placement sous garde et d'une peine d'emprisonnement — L'adolescent placé sous garde en vertu des alinéas 20(1)k) ou k.1) et qui se trouve simultanément sous le coup d'une peine d'emprisonnement imposée par un tribunal de juridiction normalement compétente peut, en tout ou en partie, à la discrétion du directeur provincial, purger son temps de garde et son temps de peine dans un lieu de garde pour adolescents, dans un centre correctionnel provincial pour adultes ou, s'il reste au moins deux ans à purger, dans un pénitencier.

L.R.C. 1985, ch. 24 (2ᵉ suppl.), art. 17; L.C. 1992, ch. 11, art. 5.

25. (1) Changement de ressort — Lorsque l'adolescent a fait l'objet d'une décision en vertu des alinéas 20(1)*b*) à *g*) ou 20(1)*j*) ou *l*) et que l'adolescent ou l'un de ses père ou mère avec qui il réside est ou devient résident d'un district judiciaire situé hors du ressort du tribunal qui a rendu la décision — que ce soit ou non dans la même province — , un juge du tribunal pour adolescents du district judiciaire où la décision a été rendue peut, sur demande du procureur général ou de son représentant ou sur demande de l'adolescent ou de ses père ou mère, avec le consentement du procureur général ou de son représentant, transférer la décision et la partie pertinente du dossier au tribunal pour adolescents du district judiciaire de la résidence; toute autre procédure relative à la cause relève dès lors de la compétence de ce tribunal.

(2) Transfert d'une province à une autre et appel — Aucune décision ne peut, sous le régime du présent article, être transférée d'une province à une autre, avant l'expiration du délai d'appel de la décision ou des conclusions sur lesquelles elle est fondée ou avant la fin de toutes les procédures découlant de l'appel.

(3) Transfert à une province où la personne a le statut d'adulte — Lorsqu'une demande a été présentée dans le cadre du paragraphe (1) en vue du transfert de la décision dont un adolescent fait l'objet, à une province où il a le statut d'adulte, le tribunal pour adolescents peut, avec le consentement du procureur général, transférer la décision et le dossier au tribunal pour adolescents de la province en question. Le tribunal pour adolescents auquel l'affaire est transférée a pleine compétence en ce qui concerne la décision, comme s'il l'avait rendue, la personne restant soumise à la présente loi.

L.R.C. 1985, ch. 24 (2ᵉ suppl.), art. 18; L.C. 1995, ch. 19, art. 19.

25.1 (1) Accords interprovinciaux relatifs à la probation ou à la garde — La décision prise en vertu des alinéas 20(1)*j*) à *k*.1) dans une province peut être exécutée dans toute autre province qui a conclu avec la première un accord à cet effet.

(2) Maintien de la compétence du tribunal pour adolescents — Sous réserve du paragraphe (3), lorsqu'une décision prononcée relativement à un adolescent est exécutée dans le cadre du présent article, dans une province autre que celle où la décision a été prononcée, le tribunal pour adolescents de la province où la décision a été prononcée conserve, pour l'application de la présente loi, une compétence exclusive à l'égard de l'adolescent comme si la décision était exécutée dans cette dernière province; tout mandat ou acte de procédure décerné à l'égard de l'adolescent peut être exécuté ou signifié au Canada, hors de la province où la décision a été prononcée, comme si l'exécution ou la signification s'effectuait dans cette province.

(3) Renonciation à la compétence — Lorsque, aux termes d'une décision prononcée dans le cadre du présent article, un adolescent est soumis à des mesures dans une province autre que celle où la décision a été prononcée, le tribunal pour adolescents de la province où la décision a été prononcée peut, avec le consentement écrit du procureur général de cette dernière province ou de son délégué et de l'adolescent, renoncer à exercer sa compétence pour toute procédure prévue à la présente loi en faveur d'un tribunal pour adolescents siégeant dans la province où la décision est exécutée, auquel cas le tribunal pour adolescents de la province où celle-ci est exécutée aura pleine compétence en ce qui concerne la décision, comme s'il l'avait rendue.

L.R.C. 1985, ch. 24 (2ᵉ suppl.), art. 19; L.C. 1992, ch. 11, art. 6; 1995, ch. 19, art. 20.

26. Défaut de se conformer à une décision — Toute personne qui fait l'objet d'une décision rendue en vertu des alinéas 20(1)*b*) à *g*) ou 20(1)*j*) ou *l*) et qui néglige ou refuse de s'y conformer commet une infraction punissable sur déclaration de culpabilité par procédure sommaire.

L.R.C. 1985, ch. 24 (2ᵉ suppl.), art. 19.

26.1 (1) Prolongation de la garde — Dans le cas où un adolescent est placé sous garde en application de l'alinéa 20(1)*k*.1) et où le procureur général ou son représentant présente une demande en ce sens au tribunal pour adolescents dans un délai raisonnable avant l'expiration de la période de garde, le directeur de la province où l'adolescent est placé sous garde doit le faire amener devant le tribunal; celui-ci, après avoir fourni aux parties et aux père et mère de l'adolescent l'occasion d'être entendus, peut, s'il est convaincu qu'il existe des motifs raisonnables de croire que l'adolescent commettra vraisemblablement, avant l'expiration de sa peine, une infraction causant la mort ou un tort considérable à autrui, ordonner son maintien sous garde pour une période n'excédant pas le reliquat de sa peine.

(1.1) Idem — Dans le cas où l'audition de la demande visée au paragraphe (1) ne peut être terminée avant l'expiration de la période de garde, le tribunal peut, s'il est convaincu que la demande a été présentée dans un délai raisonnable, compte tenu de toutes les circonstances, et qu'il existe des motifs impérieux pour le maintien sous garde de l'adolescent, ordonner son maintien sous garde pendant la durée de l'audition.

(2) Facteurs — Pour décider de la demande visée au paragraphe (1), le tribunal doit tenir compte de tous les facteurs utiles, notamment :

a) l'existence d'un schème continuel de comportement violent démontré par divers éléments de preuve, y compris :

(i) le nombre d'infractions commises par l'adolescent ayant causé des blessures ou des problèmes psychologiques à autrui,

(ii) les difficultés de l'adolescent à maîtriser ses impulsions violentes au point de mettre en danger la sécurité d'autrui,

(iii) l'utilisation d'armes lors de la perpétration des infractions,

(iv) les menaces explicites de recours à la violence,

(v) le degré de brutalité dans la perpétration des infractions,

(vi) une grande indifférence de la part de l'adolescent quant aux conséquences de ses actes sur autrui;

b) les rapports de psychiatres ou de psychologues indiquant qu'à cause de
maladie ou de désordre physique ou mental, l'adolescent est susceptible de
commettre, avant l'expiration de sa peine, une infraction causant la mort ou
un tort considérable à autrui;

c) l'existence de renseignements sûrs qui convainquent le tribunal que l'adolescent projette de commettre, avant l'expiration de sa peine, une infraction
causant la mort ou un tort considérable à autrui;

d) l'existence de programmes de surveillance au sein de la communauté qui
protégeraient suffisamment le public contre le risque que présenterait l'adolescent jusqu'à l'expiration de sa peine.

(3) Comparution ordonnée par le tribunal pour adolescents — Faute par
le directeur provincial d'avoir, comme le lui exigeait le paragraphe (1), fait amener
l'adolescent devant le tribunal, celui-ci doit ordonner au directeur provincial de
faire amener sans délai l'adolescent devant lui.

(4) Rapport — Pour décider de la demande visée au paragraphe (1), le tribunal
pour adolescents demande au directeur provincial de faire établir et de lui présenter
un rapport faisant état de tous les éléments d'information dont il est au courant
concernant les facteurs visés au paragraphe (2) et qui peuvent s'avérer utiles au
tribunal.

(5) Rapport oral ou écrit — Le rapport mentionné au paragraphe (4) est établi
par écrit; s'il ne peut, pour des motifs raisonnables, l'être sous forme écrite, il peut,
avec la permission du tribunal pour adolescents, être présenté oralement à
l'audience.

(6) Application de dispositions — Les paragraphes 14(4) à (10) s'appliquent,
compte tenu des adaptations de circonstance, au rapport mentionné au paragraphe
(4).

(7) Avis d'audition — Lorsqu'une demande visant un adolescent est présentée en
vertu du paragraphe (1), le procureur général ou son représentant fait donner l'avis
qui peut être requis par les règles de pratique applicables au tribunal pour adolescents ou, en l'absence d'une règle à cette fin, fait donner un avis écrit d'au moins
cinq jours francs à l'adolescent, à ses père et mère et au directeur provincial.

(8) Déclaration relative au droit à un avocat — L'avis donné aux parents
conformément au paragraphe (7), doit contenir une déclaration précisant que l'adolescent a le droit d'être représenté par un avocat.

(9) Signification de l'avis — L'avis visé au paragraphe (7) est signifié à personne ou adressé par courrier recommandé.

(10) Défaut d'avis — Dans les cas où l'avis visé au paragraphe (7) n'a pas été donné conformément au présent article, le tribunal pour adolescents peut :

a) soit ajourner l'instance et ordonner que l'avis soit donné selon les modalités et aux personnes qu'il indique;

b) soit passer outre à l'avis s'il estime que, compte tenu des circonstances, l'avis n'est pas indispensable.

(11) Motifs — Le tribunal pour adolescents qui rend une ordonnance dans le cadre du paragraphe (1) en consigne les motifs au dossier de l'instance et doit :

a) fournir ou faire fournir une copie de l'ordonnance,

b) sur demande, fournir ou faire fournir une transcription ou copie des motifs de l'ordonnance,

à l'adolescent qui en fait l'objet, à son avocat, à ses père et mère, au procureur général ou à son représentant, au directeur provincial et à la commission d'examen qui a été éventuellement établie ou désignée.

(12) Idem — Les paragraphes 16(9) à (11) s'appliquent, compte tenu des adaptations de circonstance, à l'ordonnance visée au paragraphe (1) ainsi qu'au refus de rendre une telle ordonnance.

(13) Cas de rejet — En cas de rejet de la demande prévue au paragraphe (1), le tribunal peut, avec le consentement de l'adolescent, du procureur général et du directeur provincial, procéder comme si l'adolescent avait été amené devant lui conformément au paragraphe 26.2(1).

L.C. 1992, ch. 11, art. 7.

26.2 (1) Liberté sous condition — Le directeur de la province où l'adolescent est tenu sous garde en vertu d'une décision visée à l'alinéa 20(1)*k*.1) ou, le cas échéant, d'une ordonnance visée au paragraphe 26.1(1), doit faire amener ce dernier devant le tribunal pour adolescents au moins un mois avant l'expiration de la période de garde de sa peine pour que le tribunal fixe, par ordonnance, après avoir donné à l'adolescent l'occasion de se faire entendre, les conditions dont est assortie la période de liberté sous condition de sa peine.

(2) Conditions obligatoires — Le tribunal doit prévoir dans l'ordonnance visée au paragraphe (1) les conditions suivantes à l'égard de l'adolescent :

a) l'obligation de ne pas troubler l'ordre public et de bien se conduire;

b) l'obligation de comparaître devant le tribunal pour adolescents lorsqu'il en est requis par le tribunal;

c) l'obligation de se rapporter à son directeur provincial dès sa mise en liberté et ensuite de demeurer sous la surveillance de celui-ci ou de la personne désignée par le tribunal;

d) l'obligation d'informer immédiatement son directeur provincial s'il est arrêté ou interrogé par la police;

e) l'obligation de se présenter à la police ou à la personne nommément désignée, tel qu'il est indiqué par son directeur provincial;

f) l'obligation, dès sa mise en liberté, de communiquer immédiatement à son directeur provincial son adresse résidentielle et d'informer immédiatement celui-ci ou le greffier du tribunal de tout changement :

(i) d'adresse résidentielle,

(ii) d'occupation habituelle, tel qu'un changement d'emploi rémunéré ou bénévole ou un changement de formation,

(iii) dans sa situation familiale ou financière,

(iv) qui, selon ce qui peut être raisonnablement prévu, est susceptible de modifier sa capacité de respecter les modalités de l'ordonnance;

g) l'interdiction d'être en possession d'une arme, d'un dispositif prohibé, de munitions, de munitions prohibées ou de substances explosives, ou d'en avoir le contrôle ou la propriété, sauf en conformité avec l'ordonnance;

h) l'observation de toutes instructions raisonnables que le directeur provincial estime nécessaires concernant les conditions de la liberté sous condition pour empêcher la violation de celles-ci ou pour protéger la société.

(3) Autres conditions — Le tribunal peut prévoir dans l'ordonnance visée au paragraphe (1) les conditions suivantes à l'égard de l'adolescent :

a) l'obligation, dès sa mise en liberté de se rendre directement à sa résidence ou à tout autre lieu dont l'adresse est indiquée dans l'ordonnance;

b) l'obligation de faire les efforts raisonnables en vue de trouver et de conserver un emploi approprié;

c) la fréquentation de l'école ou de tout établissement d'enseignement, de formation ou de loisirs approprié, si le tribunal estime qu'il y existe, pour l'adolescent, un programme convenable;

d) la résidence chez l'un de ses père ou mère ou chez un autre adulte prêt à assurer son entretien que le tribunal juge idoine;

e) la résidence à l'endroit fixé par le directeur provincial;

f) l'obligation de demeurer sur le territoire de la compétence d'une ou plusieurs juridictions mentionnées dans l'ordonnance;

g) l'observation des autres conditions raisonnables prévues à l'ordonnance et que le tribunal estime souhaitables et notamment des conditions visant à assurer sa bonne conduite et à empêcher la récidive.

(4) Conditions temporaires — Si la comparution de l'adolescent s'avère impossible pour des raisons indépendantes de sa volonté, le directeur provincial en informe le tribunal; ce dernier assortit, par ordonnance, la liberté sous condition des conditions temporaires qu'il estime adaptées dans les circonstances.

(5) Conditions dans les meilleurs délais — En cas de prononcé de l'ordonnance visée au paragraphe (4), le directeur provincial amène aussitôt que possible l'adolescent devant le tribunal, lequel assortit de conditions sa liberté.

(6) Rapport — Le tribunal doit, pour fixer les conditions en vertu du présent article, exiger du directeur provincial qu'il fasse préparer et lui présente un rapport contenant les éléments d'information qui pourraient lui être utiles.

(7) Dispositions applicables — Les paragraphes 26.1(3) et (5) à (10) s'appliquent, compte tenu des adaptations de circonstance, aux procédures intentées en vertu du paragraphe (1).

(8) Idem — Les paragraphes 16(9) à (11) et 23(3) à (9) s'appliquent, compte tenu des adaptations de circonstance, à l'ordonnance visée au paragraphe (1).

L.C. 1992, ch. 11, art. 7; 1995, ch. 39, art. 180.

26.3 Suspension de la liberté sous condition — S'il a des motifs raisonnables de croire qu'un adolescent enfreint, ou est sur le point d'enfreindre, une condition de l'ordonnance rendue en vertu du paragraphe 26.2(1), le directeur provincial peut, par écrit :

a) suspendre la liberté sous condition;

b) ordonner la mise sous garde de l'adolescent au lieu que le directeur estime indiqué jusqu'à ce que soit effectué l'examen visé à l'article 26.5 et, le cas échéant, à l'article 26.6.

L.C. 1992, ch. 11, art. 7.

26.4 (1) Arrestation — Le directeur provincial peut, par mandat écrit, autoriser l'arrestation de l'adolescent dont la liberté sous condition est suspendue conformément à l'article 26.3; l'adolescent est réputé, jusqu'à son arrestation, ne pas purger sa peine.

(2) Mandats d'arrêt — Le mandat délivré en vertu du paragraphe (1) est exécuté par l'agent de la paix destinataire et il peut l'être sur tout le territoire canadien comme s'il avait été initialement décerné ou postérieurement visé par un juge de la cour provinciale ou une autre autorité légitime du ressort où il est exécuté.

(3) Arrestation sans mandat — L'agent de la paix peut arrêter un adolescent sans mandat sur tout le territoire canadien s'il a des motifs raisonnables de croire qu'un mandat d'arrêt délivré en vertu du paragraphe (1) est en vigueur à l'égard de cet adolescent.

(4) Comparution devant une personne désignée — L'agent de la paix qui a arrêté et détient un adolescent en vertu du paragraphe (3) le fait conduire devant le directeur provincial ou une personne désignée par lui :

a) soit dans les meilleurs délais dans les vingt-quatre heures suivant l'arrestation, si le directeur ou cette personne est disponible pendant cette période;

b) soit le plus tôt possible, dans le cas contraire.

(5) Mise en liberté ou détention — Le directeur ou la personne devant qui l'adolescent est conduit en vertu du paragraphe (4) :

a) le remet en liberté s'il n'est pas convaincu qu'il existe des motifs raisonnables de croire qu'il est l'adolescent visé par le mandat mentionné au paragraphe (1);

b) dans le cas contraire, peut le mettre sous garde en attendant l'exécution du mandat; si celui-ci n'est pas exécuté dans les six jours suivant la mise sous garde, la personne qui en a alors la garde met l'adolescent en liberté.

L.C. 1992, ch. 11, art. 7.

26.5 Examen par le directeur — Aussitôt après la mise sous garde de l'adolescent dont la liberté sous condition a été suspendue conformément à l'article 26.3 ou aussitôt après avoir été informé de l'arrestation de l'adolescent, le directeur provincial réexamine le cas, et, dans les quarante-huit heures, soit annule la suspension, soit renvoie l'affaire devant le tribunal pour adolescents pour examen au titre de l'article 26.6.

L.C. 1992, ch. 11, art. 7.

26.6 (1) Examen par le tribunal — Dans le cas du renvoi visé à l'article 26.5, le directeur doit dans les meilleurs délais possible faire amener l'adolescent devant le tribunal; celui-ci, après avoir donné à l'adolescent l'occasion de se faire entendre, doit :

a) soit annuler la suspension de la liberté sous condition s'il n'est pas convaincu qu'il existe des motifs raisonnables de croire que l'adolescent en a enfreint, ou était sur le point d'en enfreindre, une condition;

b) soit examiner la décision du directeur provincial de suspendre la liberté sous condition et rendre une décision en vertu du paragraphe (2) s'il est convaincu qu'il existe des motifs raisonnables de croire que l'adolescent a enfreint, ou était sur le point d'enfreindre, une condition de sa liberté sous condition.

(2) Ordonnance du tribunal — Au terme de son examen, le tribunal pour adolescents doit, par ordonnance :

a) soit annuler la suspension de la liberté sous condition, auquel cas il peut en modifier les conditions ou en imposer de nouvelles;

b) soit maintenir la suspension de la liberté sous condition de l'adolescent pour la période qu'il estime indiquée ne dépassant pas le reliquat de sa peine, auquel cas il doit ordonner son maintien sous garde de l'adolescent.

(3) Motifs — Le tribunal pour adolescents qui rend une ordonnance dans le cadre du paragraphe (2) en consigne les motifs au dossier de l'instance et doit :

a) fournir ou faire fournir une copie de l'ordonnance,

b) sur demande, fournir ou faire fournir une transcription ou copie des motifs de l'ordonnance,

à l'adolescent qui en fait l'objet, à son avocat, à ses père et mère, au procureur général ou à son représentant, au directeur provincial et à la commission d'examen qui a été éventuellement établie ou désignée.

(4) Application de dispositions — Les paragraphes 26.1(3) et (5) à (10) et 26.2(6) s'appliquent, compte tenu des adaptations de circonstance, à l'examen visé au présent article.

(5) Idem — Les paragraphes 16(9) à (11) s'appliquent, compte tenu des adaptations de circonstance, à l'ordonnance visée au paragraphe (2).

L.C. 1992, ch. 11, art. 7.

APPELS

27. (1) Appels dans le cas d'actes criminels — En vertu de la présente loi, il peut être interjeté appel relativement à un acte criminel ou à une infraction que le procureur général ou son représentant choisit de poursuivre par mise en accusation, conformément à la partie XXI du *Code criminel*, laquelle s'applique compte tenu des adaptations de circonstance.

(1.1) Appels dans le cas de déclaration sommaire de culpabilité — En vertu de la présente loi, il peut être interjeté appel relativement à une infraction punissable sur déclaration de culpabilité par procédure sommaire ou à une infraction que le procureur général ou son représentant choisit de poursuivre par procédure sommaire conformément à la partie XXVII du *Code criminel*, laquelle s'applique compte tenu des adaptations de circonstance.

(1.2) Appel en cas de jugement conjoint ou de décisions conjointes — Il peut être interjeté appel des actes criminels et des infractions punissables sur déclaration de culpabilité par procédure sommaire qui ont été jugés conjointement et des décisions conjointes y afférentes, conformément à la partie XXI du *Code criminel*, laquelle s'applique compte tenu des adaptations de circonstance.

(2) Choix présumé — En matière d'appel dans le cadre de la présente loi, si le procureur général ou son représentant n'a pas, à l'occasion d'une infraction, fait le choix entre les poursuites par mise en accusation et par procédure sommaire, il est réputé avoir choisi de considérer l'infraction comme une infraction punissable sur déclaration de culpabilité par procédure sommaire.

(3) Cas où le tribunal pour adolescents est une cour supérieure — Dans toute province où le tribunal pour adolescents est une cour supérieure, l'appel visé au paragraphe (1.1) est porté devant la cour d'appel de la province.

(3.1) Nunavut — Malgré le paragraphe (3), si la Cour de justice du Nunavut agit comme tribunal pour adolescents, l'appel est porté devant un juge de la Cour d'appel du Nunavut; cette décision est susceptible d'appel à la Cour d'appel du Nunavut conformément à l'article 839 du *Code criminel.*

(4) Cas où le tribunal pour adolescents est une cour de comté ou de district — Dans toute province où le tribunal pour adolescents est une cour de comté ou une cour de district, l'appel visé au paragraphe (1.1) est porté devant la cour supérieure de la province.

(5) Appel à la Cour suprême du Canada — Les jugements de la cour d'appel portant sur la déclaration de culpabilité ou sur l'ordonnance ayant rejeté une dénonciation ne sont pas susceptibles d'appel à la Cour suprême du Canada en vertu du paragraphe (1), sauf si celle-ci a donné une autorisation d'appel dans les vingt et un jours du prononcé du jugement ou dans un délai plus long qu'elle ou un de ses juges a accordé pour des motifs spéciaux.

(6) Décisions non susceptibles d'appel — Les décisions rendues en vertu des articles 28 à 32 ne sont pas susceptibles d'appel.

L.R.C. 1985, ch. 24 (2ᵉ suppl.), art. 20; L.C. 1995, ch. 19, art. 21; 1999, ch. 3, art. 89.

EXAMEN DES DÉCISIONS

28. (1) Examen annuel obligatoire des décisions comportant des mesures de garde — Lorsque l'adolescent est, à l'occasion d'une infraction, placé sous garde en vertu d'une décision pour une période de plus d'un an, le directeur de la province où l'adolescent est sous garde doit, aux fins d'examen de la décision, faire amener l'adolescent devant le tribunal pour adolescents dès l'expiration d'un délai d'un an à compter de la dernière décision relative à l'infraction.

(2) Idem — Lorsque l'adolescent est, à l'occasion de plusieurs infractions, placé sous garde en vertu de décisions pour une période totale de plus d'un an, le directeur de la province où l'adolescent est sous garde doit, aux fins d'examen des décisions, faire amener l'adolescent devant le tribunal pour adolescents dès l'expiration d'un délai d'un an à compter de la première décision relative à ces infractions. Le tribunal est tenu de procéder à cet examen.

(3) Examen des décisions comportant le placement sous garde — Lorsqu'un adolescent est, à l'occasion d'une infraction, placé sous garde en vertu d'une décision prononcée en vertu du paragraphe 20(1), le directeur provincial peut, de sa propre initiative, et doit, sur demande fondée sur l'un des motifs visés au paragraphe (4) et présentée par l'adolescent, ses père ou mère ou le procureur général ou le représentant de celui-ci, faire amener l'adolescent, aux fins d'examen de la décision de placement sous garde, devant le tribunal pour adolescents :

a) s'il est placé sous garde pour une période maximale d'un an, une seule fois, n'importe quand après un délai de trente jours suivant la décision prononcée en vertu du paragraphe 20(1) relativement à l'infraction ou, si cette période est plus longue, après l'expiration du tiers de la période prévue par la décision prononcée en vertu de ce paragraphe relativement à l'infraction, à moins que, à tout autre moment, un juge du tribunal pour adolescents ne permette qu'il soit amené devant le tribunal;

b) s'il est placé sous garde pour une période de plus d'un an, n'importe quand à compter de l'expiration d'un délai de six mois depuis la date de la dernière décision relative à l'infraction, à moins que, à tout autre moment, un juge du tribunal pour adolescents ne permette qu'il soit amené devant le tribunal.

S'il constate l'existence de l'un des motifs visés au paragraphe (4), le tribunal procède à l'examen de la décision.

(4) Motifs de l'examen visé au paragraphe (3) — La décision dont fait l'objet un adolescent peut être examinée en vertu du paragraphe (3) pour les motifs suivants :

a) les progrès suffisants accomplis par l'adolescent et justifiant une modification de la décision;

b) la survenance de modifications importantes dans les circonstances qui ont conduit au placement sous garde;

c) la possibilité pour l'adolescent de bénéficier de services et de programmes qui n'existaient pas au moment de la décision;

c.1) le fait que les possibilités de réinsertion sociale sont maintenant plus grandes au sein de la collectivité;

d) tout autre motif que le tribunal pour adolescents estime approprié.

(5) Pas d'examen en cour d'appel — Il n'y a pas examen, dans le cadre du présent article, d'une décision qui a été portée en appel tant que ne sont pas vidées les procédures de cet appel.

(6) Comparution ordonnée par le tribunal pour adolescents aux fins d'examen — Faute par le directeur provincial d'avoir, comme le lui exigeaient les paragraphes (1) à (3), fait amener l'adolescent devant le tribunal pour adolescents, ce tribunal peut, soit sur demande de l'adolescent, du père ou de la mère de celui-ci, du procureur général ou du représentant de celui-ci, soit de sa propre initiative, ordonner au directeur provincial de faire amener l'adolescent devant lui.

(7) Rapport d'évolution — Avant de procéder conformément au présent article, à l'examen d'une décision concernant un adolescent, le tribunal pour adolescents demande au directeur provincial de la province où l'adolescent est sous garde de faire établir et de présenter au tribunal pour adolescents un rapport d'évolution sur le comportement de l'adolescent depuis la prise d'effet de la décision.

(8) Renseignements complémentaires — L'auteur du rapport d'évolution peut y insérer les renseignements complémentaires qu'il estime utiles sur les antécédents et la situation actuelle de l'adolescent et de sa famille.

(9) Rapport oral ou écrit — Le rapport d'évolution est établi par écrit; s'il ne peut, pour des raisons valables, l'être sous forme écrite, il pourra, avec la permission du tribunal pour adolescents, être présenté oralement à l'audience.

(10) Application des par. 14(4) à (10) — Les dispositions des paragraphes 14(4) à (10) s'appliquent, compte tenu des adaptations de circonstance, aux rapports d'évolution.

(11) Avis d'examen à donner par le directeur provincial — Lorsqu'une décision visant un adolescent doit être examinée en vertu du paragraphe (1) ou (2), le directeur provincial fait donner l'avis qui peut être requis par les règles de pratique applicables au tribunal pour adolescents ou en l'absence d'une règle à cette fin, fait donner un avis écrit d'au moins cinq jours francs à l'adolescent, à ses père et mère et au procureur général ou à son représentant.

(12) Avis d'examen à donner par la personne qui demande l'examen — Lorsque l'examen d'une décision visant un adolescent est demandé en vertu du paragraphe (3), l'auteur de la demande doit faire donner l'avis qui peut être requis par les règles de pratique applicables au tribunal pour adolescents ou, en l'absence d'une règle à cette fin, doit faire donner un avis écrit d'au moins cinq jours francs à l'adolescent, à ses père et mère et au procureur général ou à son représentant.

(13) Déclaration relative au droit à un avocat — L'avis d'examen d'une décision destiné à un parent conformément aux paragraphes (11) ou (12) doit contenir une déclaration précisant que l'adolescent visé par la décision à examiner a le droit d'être représenté par un avocat.

(14) Signification de l'avis — L'avis visé aux paragraphes (11) ou (12) est signifié à personne ou adressé par courrier recommandé.

(15) Renonciation à l'avis — Le destinataire d'un avis visé aux paragraphes (11) ou (12) peut y renoncer.

(16) Défaut d'avis — Dans les cas où l'avis visé aux paragraphes (11) ou (12) n'a pas été donné conformément au présent article, le tribunal pour adolescents peut :

a) soit ajourner l'instance et ordonner que l'avis soit donné selon les modalités et aux personnes qu'il indique;

b) soit passer outre à l'avis s'il estime que, compte tenu des circonstances, l'avis n'est pas indispensable.

(17) Décision du tribunal après l'examen — Saisi, dans le cadre du présent article, de l'examen d'une décision concernant un adolescent, le tribunal pour adolescents, après avoir d'une part donné à l'adolescent, à ses père ou mère, au procureur général ou à son représentant et au directeur provincial, l'occasion de se faire entendre et, d'autre part, pris en considération les besoins de l'adolescent et les intérêts de la société, peut :

a) soit confirmer la décision initiale;

b) soit décréter, par ordonnance, que l'adolescent placé en garde fermée en application du paragraphe 24.1(2) soit placé en garde ouverte;

c) soit libérer l'adolescent et le placer en probation conformément à l'article 23 pour une période ne dépassant pas le terme de la période de garde ou le mettre en liberté sous condition conformément aux règles établies à l'article 26.2, compte tenu des adaptations de circonstance, pour une période ne dépassant pas le reliquat de sa peine.

(18) [Abrogé, L.R.C. 1985, ch. 24 (2ᵉ suppl.), art 21(3).]

L.R.C. 1985, ch. 24 (2ᵉ suppl.), art. 21; L.C. 1992, ch. 11, art. 8; 1995, ch. 19, art. 22.

28.1 (1) Demande d'examen du type de garde — Lorsqu'un adolescent est placé en milieu fermé en application du paragraphe 24.1(3) ou qu'il est transféré en milieu fermé en application du paragraphe 24.2(11), le tribunal pour adolescents doit, sur demande présentée par l'adolescent ou par ses père ou mère, procéder à l'examen de la mesure en question.

(2) Rapport — Avant de procéder à l'examen visé au paragraphe (1), le tribunal pour adolescents demande au directeur provincial de faire établir et de lui soumettre un rapport exposant les motifs sur lesquels est fondée la mesure en question.

(3) Dispositions applicables — Les paragraphes 14(4) à (10) et les paragraphes 28(11) à (16) s'appliquent respectivement au rapport visé au paragraphe (2) et à l'examen effectué en vertu du présent article, compte tenu des adaptations de circonstance.

(4) Décision du tribunal — Au terme de l'examen, le tribunal pour adolescents peut, après avoir donné l'occasion de se faire entendre à l'adolescent, à ses père ou mère et au directeur provincial, confirmer la mesure ou modifier le type de garde, compte tenu des besoins de l'adolescent et de l'intérêt de la société.

(5) Décision définitive — Sous réserve de toute ordonnance rendue en vertu des articles 28 ou 29, la décision est définitive.

L.C. 1995, ch. 19, art. 23.

29. (1) Recommandation par le directeur provincial — S'il est convaincu que, dans l'intérêt de la société et eu égard aux besoins de l'adolescent qui est sous garde en vertu d'une décision, celui-ci devrait faire l'objet d'une des mesures suivantes, le directeur fait informer, par avis écrit, l'adolescent, ses père ou mère, le procureur général ou le représentant de celui-ci, qu'il recommande :

a) le transfèrement de celui-ci d'un lieu ou établissement de garde en milieu fermé à un lieu ou établissement de garde en milieu ouvert, lorsqu'il est sous garde en milieu fermé en application du paragraphe 24.1(2);

b) la mise en liberté et la mise en probation de l'adolescent ou, dans le cas où l'adolescent est sous garde en vertu d'une décision visée à l'alinéa 20(1)*k*.1), sa mise en liberté sous condition.

Le directeur remet copie de cet avis au tribunal pour adolescents.

(1.1) Contenu de l'avis — Le directeur provincial indique dans l'avis donné en application du paragraphe (1) les motifs justifiant sa recommandation et :

a) si celle-ci vise la probation, les conditions dont devrait être assortie l'ordonnance de probation;

b) si celle-ci vise la mise en liberté sous condition, les conditions dont elle devrait être assortie en vertu de l'article 26.2.

(2) Demande d'examen de la recommandation — Lorsque l'avis d'une recommandation prévue au paragraphe (1) a été donné, le tribunal pour adolescents doit, sur demande présentée par l'adolescent en question, par ses père ou mère, par le procureur général ou son représentant dans les dix jours de la signification de l'avis, procéder sans délai à l'examen de la décision.

(3) Application des paragraphes 28(5), (7) à (10) et (12) à (17) — Sous réserve du paragraphe (4), les paragraphes 28(5), (7) à (10) et (12) à (17) s'appliquent, compte tenu des adaptations de circonstance, aux examens effectués en vertu du présent article; tout avis requis en vertu du paragraphe 28(12) devra être donné au directeur provincial.

(4) Absence de demande d'examen de la décision — Le tribunal pour adolescents saisi d'un avis visé au paragraphe (1) doit, à défaut de la demande d'examen prévue au paragraphe (2) :

a) s'il s'agit d'une recommandation de transfèrement de l'adolescent d'un lieu ou établissement de garde en milieu fermé à un lieu ou établissement de garde en milieu ouvert, ordonner ce transfèrement;

b) s'il s'agit d'une recommandation de mise en liberté et de probation, mettre l'adolescent en liberté et le placer en probation conformément à l'article 23;

b.1) s'il s'agit d'une recommandation de mise en liberté sous condition, mettre l'adolescent en liberté sous condition conformément à l'article 26.2, compte tenu des recommandations du directeur provincial;

c) s'il l'estime indiqué, ne faire aucune détermination dans le cadre du présent paragraphe.

Il est entendu que les mesures — ordonnances et déterminations — peuvent être prises sans qu'il y ait d'audition.

(4.1) Conditions de l'ordonnance de probation — Dans le cas où il ordonne la mise en probation en application de l'alinéa (4)*b*), le tribunal pour adolescents assortit son ordonnance des conditions énumérées à l'article 23 qu'il estime indiquées compte tenu des recommandations du directeur provincial.

(4.2) Avis en l'absence d'une détermination — Le tribunal pour adolescents qui, en application de l'alinéa (4)*c*), ne fait aucune détermination fait donner sans délai un avis de sa décision au directeur provincial.

(4.3) Demande d'examen — Lorsqu'il reçoit l'avis visé au paragraphe (4.2), le directeur provincial peut demander un examen en vertu du présent article.

(5) Cas où le directeur provincial demande un examen — Lorsque le directeur provincial demande un examen en application du paragraphe (4.3) :

> a) il doit faire donner l'avis qui peut être requis par les règles de pratique applicables au tribunal pour adolescents ou en l'absence d'une règle à cette fin, doit en faire donner un avis écrit d'au moins cinq jours francs à l'adolescent, à ses père et mère et au procureur général ou à son représentant;

> b) le tribunal pour adolescents doit sans délai examiner la décision une fois que l'avis requis en vertu de l'alinéa a) est donné.

(6) [Abrogé, L.R.C. 1985, ch. 24 (2e suppl.), art. 22(4).]

> L.R.C. 1985, ch. 24 (2e suppl.), art. 22; ch. 1 (4e suppl.), art. 40; L.C. 1992, ch. 11, art. 9; 1995, ch. 19, art. 24.

30. (1) Commission d'examen — Au cas où une commission d'examen est établie ou désignée par une province aux fins d'application du présent article, elle doit, sous réserve du présent article, exercer sur le territoire de cette province les attributions du tribunal pour adolescents prévues aux articles 28 et 29. Elle ne peut toutefois mettre un adolescent en liberté et le placer en probation ou le mettre en liberté sous condition.

(2) Autres attributions de la commission — Sous réserve des autres dispositions de la présente loi, la commission d'examen peut assumer les fonctions et responsabilités qui lui sont conférées par la province qui l'a établie ou désignée.

(3) Avis prévu à l'art. 29 — Le directeur provincial doit, en donnant l'avis prévu au paragraphe 29(1), en faire remettre une copie à la commission d'examen qui a été établie ou désignée par la province pour l'application du présent article.

(4) Avis de la décision de la commission — La commission d'examen fait remettre sans délai un avis écrit de toute décision qu'elle aura rendue à l'endroit d'un adolescent en vertu des articles 28 ou 29 à l'adolescent, à ses père et mère, au procureur général ou à son représentant, au directeur provincial, et une copie de l'avis au tribunal pour adolescents.

(5) Prise d'effet de la décision en l'absence d'une demande d'examen — Sous réserve du paragraphe (6), toute décision de la commission d'examen, prise en vertu du présent article et qui n'a pas fait l'objet d'une demande d'examen dans le cadre de l'article 31, prend effet dix jours à compter de sa date.

(6) Homologation de la décision — Lorsque la commission d'examen décide qu'un adolescent doit être mis en liberté et placé en probation, elle doit faire une recommandation en ce sens au tribunal pour adolescents et si une demande d'examen de la décision n'est pas présentée dans le cadre de l'article 31, le tribunal doit, dès l'expiration de la période de dix jours visée au paragraphe (5), mettre l'adolescent en liberté et le placer en probation conformément à l'article 23; l'ordonnance de probation est assortie des conditions visées à cet article que le tribunal estime appropriées, compte tenu des recommandations de la commission d'examen.

(7) Homologation de la décision — Lorsque la commission d'examen décide qu'un adolescent doit être mis en liberté sous condition, elle doit faire une recommandation en ce sens au tribunal pour adolescents et si une demande d'examen de la décision n'est pas présentée dans le cadre de l'article 31, le tribunal doit, dès l'expiration de la période de dix jours visée au paragraphe (5), mettre l'adolescent en liberté sous condition conformément à l'article 26.2; l'ordonnance de mise en liberté sous condition prévoit les conditions visées à cet article que le tribunal estime appropriées, compte tenu des recommandations de la commission d'examen.

L.R.C. 1985, ch. 24 (2e suppl.), art. 23; L.C. 1992, ch. 11, art. 10.

31. (1) Examen par le tribunal pour adolescents — Sur demande de l'adolescent visé par l'examen effectué par la commission d'examen en vertu de l'article 30, de ses père ou mère, du procureur général ou le représentant de celui-ci ou du directeur provincial, présentée dans un délai de dix jours à compter de la décision rendue par la commission d'examen, le tribunal pour adolescents doit sans délai examiner la décision.

(2) Applicabilité des par. 28(5), (7) à (10) et (12) à (17) — Les paragraphes 28(5), (7) à (10) et (12) à (17) s'appliquent, compte tenu des adaptations de circonstance, aux examens effectués en vertu du présent article; tout avis requis en vertu du paragraphe 28(12) doit être donné au directeur provincial.

L.R.C. 1985, ch. 1 (4e suppl.), art. 41.

32. (1) Examen d'autres décisions — Après avoir rendu, relativement à un adolescent, une décision autre que celle visée à l'alinéa 20(1)*k*) ou *k*.1) ou à l'article 20.1, le tribunal pour adolescents, saisi d'une demande par l'adolescent, ses père ou mère, le procureur général ou le représentant de celui-ci ou le directeur provincial, soit à n'importe quel moment après un délai de six mois suivant la décision, soit antérieurement avec la permission d'un juge du tribunal pour adolescents, doit examiner la décision s'il constate l'existence de l'un des motifs d'examen visés au paragraphe (2).

(2) Motifs d'examen — L'examen d'une décision peut être effectué en vertu du présent article, pour les motifs suivants :

a) la survenance de modifications importantes dans les circonstances qui ont conduit à la décision;

b) l'impossibilité pour l'adolescent visé par l'examen à effectuer d'observer les conditions de la décision ou les sérieuses difficultés que cette observation lui cause;

c) l'existence d'obstacles découlant des modalités de la décision, qui compromettent les chances de l'adolescent de bénéficier de certains services, de cours de formation ou d'un emploi;

d) tout autre motif que le tribunal pour adolescents estime approprié.

(3) Rapport d'évolution — Le tribunal pour adolescents peut, avant d'examiner en vertu du présent article une décision visant un adolescent, exiger du directeur provincial qu'il fasse préparer et lui présente un rapport d'évolution sur le comportement de l'adolescent depuis la prise d'effet de la décision.

(4) Applicabilité des par. 28(8) à (10) — Les paragraphes 28(8) à (10) s'appliquent, compte tenu des adaptations de circonstance, au rapport d'évolution dans les cas où il est requis en vertu du paragraphe (3).

(5) Applicabilité des par. 28(5) et (12) à (16) — Les paragraphes 28(5) et (12) à (16) s'appliquent, compte tenu des adaptations de circonstance, aux examens effectués en vertu du présent article; tout avis requis en vertu du paragraphe 28(12) doit être donné au directeur provincial.

(6) Comparution obligatoire de l'adolescent — Le tribunal pour adolescents peut, par sommation ou mandat, obliger l'adolescent visé par un examen à effectuer en vertu du présent article, à comparaître aux fins de l'examen.

(7) Décision du tribunal après l'examen — Lorsqu'il effectue dans le cadre du présent article l'examen d'une décision concernant un adolescent, le tribunal pour adolescents peut, après avoir donné l'occasion de se faire entendre à l'adolescent, à ses père ou mère, au procureur général ou à son représentant et au directeur provincial, prendre l'une des mesures suivantes :

a) confirmer la décision;

b) annuler la décision et délier pour l'avenir l'adolescent de toute obligation qui en découle;

c) modifier la décision ou rendre une nouvelle décision prévue à l'article 20, autre que le placement sous garde, et dont la durée d'application ne saurait excéder celle de l'ancienne décision, compte tenu des circonstances de l'espèce.

(8) Interdiction d'une nouvelle décision plus lourde — Sous réserve du paragraphe (9), en cas d'examen dans le cadre du présent article d'une décision concernant un adolescent, aucune décision prononcée conformément au paragraphe (7) ne saurait, sans l'accord de l'adolescent, être plus lourde pour celui-ci que le reste des obligations imposées par la décision examinée.

(9) Exception — Le tribunal pour adolescents peut, s'il est convaincu qu'il faut plus de temps à l'adolescent pour exécuter une décision prononcée en application des alinéas 20(1)*b*) à *g*), prolonger, dans le cadre du présent article, la durée d'application de la décision, étant entendu qu'en aucun cas la période de prolongation ne peut dépasser un délai de douze mois à compter de la date où la décision aurait autrement cessé de s'appliquer.

(10) et (11) [Abrogés, L.R.C, 1985, ch. 24 (2e suppl.), art. 24(3).]

L.R.C. 1985, ch. 24 (2e suppl.), art. 24; L.C. 1992, ch. 11, art. 11; 1995, ch. 39, art. 181

33. (1) Examen des ordonnances rendues en application de l'article 20.1 — Le tribunal pour adolescents ou autre tribunal peut, sur demande, procéder à l'examen de l'ordonnance rendue en application de l'article 20.1 dès que les circonstances prévues au paragraphes 45(1) s'appliquent au dossier relatif à l'infraction à l'origine de l'ordonnance.

(2) Critères — Il procède à l'examen en tenant compte :

a) de la nature de l'infraction à l'origine de l'ordonnance et des circonstances dans lesquelles elle a été commise;

b) de la sécurité de toute personne.

(3) Décision — Lorsqu'il effectue dans le cadre du présent article l'examen d'une ordonnance, le tribunal peut, après avoir donné l'occasion de se faire entendre à l'adolescent, à ses père ou mère, au procureur général ou à son représentant et au directeur provincial, prendre l'une des mesures suivantes :

a) confirmer l'ordonnance;

b) la révoquer;

c) la modifier, compte tenu des circonstances de l'espèce.

(4) Interdiction d'une nouvelle ordonnance plus sévère — L'ordonnance modifiée en vertu de l'alinéa (3)c) ne peut être plus sévère que celle ayant fait l'objet de l'examen.

(5) Application — Les paragraphes 32(3) à (5) s'appliquent à l'examen prévu au présent article, avec les adaptations nécessaires.

L.R.C. 1985, ch. 24 (2e suppl.), art. 25; L.C. 1995, ch. 39, art. 182.

34. (1) Application des articles 20 à 26 aux décisions relatives aux examens — Sauf disposition contraire des articles 28 à 32, les paragraphes 20(2) à (8) ainsi que les articles 21 à 25.1 s'appliquent, compte tenu des adaptations de circonstance, aux décisions prises en vertu des articles 28 à 32.

(2) Assimilation — Les ordonnances prévues aux paragraphes 26.1(1) et 26.2(1) et à l'alinéa 26.6(2)b) sont réputées être des décisions pour l'application de l'article 28.

L.R.C. 1985, ch. 24 (2e suppl.), art. 25; L.C. 1992, ch. 11, art. 12.

MISE EN LIBERTÉ PROVISOIRE

35. (1) Congé provisoire ou libération de jour — Le directeur provincial peut, selon les modalités qu'il juge indiquées, autoriser que l'adolescent placé sous garde en exécution d'une décision rendue dans le cadre de la présente loi :

a) soit mis en liberté provisoire pour une période maximale de quinze jours, si, à son avis, il est souhaitable que l'adolescent s'absente, accompagné ou non, soit pour des raisons médicales, humanitaires ou de compassion, soit en vue de sa réhabilitation ou de sa réinsertion sociale;

b) soit mis en liberté durant les jours et les heures qu'il fixe, de manière que l'adolescent puisse :

(i) soit fréquenter l'école ou tout autre établissement d'enseignement ou de formation,

(ii) soit obtenir ou conserver un emploi ou effectuer, pour sa famille, des travaux ménagers ou autres,

(iii) soil participer à un programme qu'il indique et qui, à son avis, permettra à l'adolescent de mieux exercer les fonctions de son poste ou d'accroître ses connaissances ou ses compétences,

(iv) soit suivre un traitement externe ou prendre part à un autre type de programme offrant des services adaptés à ses besoins.

(2) Restriction — La mise en liberté dont bénéficie l'adolescent en vertu du paragraphe (1) n'est valable que pour la période requise pour atteindre le but qui l'a motivée.

(3) Révocation de l'autorisation de mise en liberté — Le directeur provincial peut, en tout temps, révoquer l'autorisation visée au paragraphe (1).

(4) Arrestation et renvoi sous garde — Lorsque le directeur provincial révoque l'autorisation visant à mettre un adolescent en liberté dans le cadre du paragraphe (3) ou lorsqu'un adolescent n'obtempère pas aux conditions dont est assortie sa mise en liberté en vertu du présent article, l'adolescent peut être arrêté sans mandat et renvoyé sous garde.

(5) Interdiction — L'adolescent placé sous garde en vertu de la présente loi ne peut être mis en liberté avant l'expiration de la période pour laquelle il avait été placé sous garde, si ce n'est en conformité avec le paragraphe (1). La règle susmentionnée ne s'applique pas aux cas de mise en liberté ordonnée dans le cadre des articles 28 à 31 ou d'autres règles de droit par un tribunal compétent.

L.R.C. 1985, ch. 24 (2ᵉ suppl.), art. 26; ch. 1 (4ᵉ suppl.), art. 42; L.C. 1995, ch. 19, art. 25.

CONSÉQUENCES DE LA CESSATION D'EFFET DES DÉCISIONS

36. (1) Effet d'une libération inconditionnelle ou de l'expiration de la période d'application des décisions — Sous réserve de l'article 12 de la *Loi sur la preuve au Canada*, la déclaration de culpabilité visant un adolescent est réputée n'avoir jamais existé dans les cas suivants :

a) le tribunal pour adolescents a ordonné la libération inconditionnelle de l'adolescent en vertu de l'alinéa 20(1)*a*);

b) les décisions, ainsi que toutes leurs conditions, rendues sous le régime du paragraphe 20(1) à l'occasion de l'infraction, ont cessé de produire leurs effets.

Toutefois, il demeure entendu que :

c) l'adolescent peut invoquer la défense *d'autrefois convict* à l'occasion de toute accusation subséquente se rapportant à l'infraction;

d) le tribunal pour adolescents peut tenir compte de la déclaration de culpabilité lorsqu'il examine une demande de renvoi devant une juridiction normalement compétente visée à l'article 16;

e) tout tribunal ou juge de paix peut tenir compte de la déclaration de culpabilité dans le cadre d'une demande de mise en liberté provisoire par voie judiciaire ou lorsqu'il doit rendre une décision ou une sentence à l'occasion d'une infraction;

f) la Commission nationale des libérations conditionnelles ou une commission provinciale des libérations conditionnelles peut tenir compte de la déclaration de culpabilité dans le cadre d'une demande de libération conditionnelle ou de pardon.

(2) Fin de l'incapacité — Il est en outre précisé, sans qu'il soit porté atteinte à la portée générale du paragraphe (1), que la libération inconditionnelle visée à l'alinéa 20(1)*a*) ou la cessation des effets des décisions prises à l'occasion de l'infraction dont l'adolescent a été reconnu coupable met fin à toute incapacité dont ce dernier, en raison de cette culpabilité, était frappé en application d'une loi fédérale.

(3) Demande d'emploi — Aucune question dont le libellé exige du postulant la révélation d'une accusation ou d'une déclaration de culpabilité concernant une infraction pour laquelle il a, sous le régime de la présente loi, obtenu une libération inconditionnelle, ou exécuté toutes les décisions imposées sous le régime du paragraphe 20(1), ne peut figurer dans les formules de :

a) demande d'emploi à tout ministère au sens de l'article 2 de la *Loi sur la gestion des finances publiques*;

b) demande d'emploi à toute société d'État au sens de l'article 83 de la *Loi sur la gestion des finances publiques*;

c) demande d'enrôlement dans les Forces canadiennes;

d) demande d'emploi ou de demande visant l'exploitation de tout ouvrage, entreprise ou affaire relevant de la compétence du Parlement.

(4) Infraction — Quiconque, en violation du paragraphe (3), utilise une formule ou autorise l'utilisation d'une formule commet une infraction punissable sur déclaration de culpabilité par procédure sommaire.

(5) Inexistence de la matière de récidive — À l'occasion de toute infraction à une autre loi fédérale pour laquelle il est prévu une peine plus sévère en cas de récidive, il n'est pas tenu compte de la déclaration de culpabilité intervenue sous le régime de la présente loi.

L.R.C. 1985, ch. 24 (2ᵉ suppl.), art. 27, 44; L.C. 1995, ch. 19, art. 26; ch. 39, art. 183, 189.

DÉLÉGUÉS À LA JEUNESSE

37. Fonctions du délégué à la jeunesse — Les fonctions que le délégué à la jeunesse exerce auprès de l'adolescent dont le cas lui a été confié par le directeur provincial comportent notamment les attributions suivantes :

a) il assume la surveillance requise pour s'assurer que l'adolescent se conforme à l'ordonnance de probation dont il a fait l'objet et à toute autre décision accompagnant l'ordonnance;

a.1) il assume la surveillance requise pour s'assurer que l'adolescent en liberté sous condition en vertu d'une ordonnance rendue aux termes de l'article 26.2 se conforme à l'ordonnance;

b) il apporte à l'adolescent reconnu coupable d'une infraction l'aide qu'il estime appropriée jusqu'au moment où celui-ci se trouve délié de toute obligation ou jusqu'à l'expiration de la période d'application de la décision rendue à son égard;

c) il assiste aux séances du tribunal lorsqu'il l'estime opportun ou lorsque le tribunal pour adolescents requiert sa présence;

d) il fait, à la demande du directeur provincial, le rapport prédécisionnel ou le rapport d'évolution;

e) il exerce toutes autres attributions qui lui sont confiées par les directives du directeur provincial.

L.R.C. 1985, ch. 24 (2ᵉ suppl.), art. 28; L.C. 1992, ch. 11, art. 13.

PROTECTION DE LA VIE PRIVÉE DES ADOLESCENTS

38. (1) Publication — Sous réserve des autres dispositions du présent article, il est interdit de diffuser, par quelque moyen que ce soit, le compte rendu :

a) d'une infraction commise par un adolescent ou imputée à celui-ci, à moins qu'une ordonnance n'ait été rendue à cet égard en vertu de l'article 16;

b) d'une audition, d'un jugement, d'une décision, ou d'un appel concernant un adolescent qui a commis une infraction ou à qui elle est imputée.

La présente interdiction ne s'applique, toutefois, que lorsque le compte rendu fait état du nom de l'adolescent, de celui d'un enfant ou d'un adolescent victime de l'infraction ou appelé à témoigner à l'occasion de celle-ci ou dans lequel est divulgué tout renseignement permettant d'établir l'identité de cet adolescent ou enfant.

(1.1) Restriction — Le paragraphe (1) ne s'applique pas relativement à la communication de renseignements dans le cours de l'administration de la justice — notamment pour l'application de la *Loi sur les armes à feu* et de la partie III du *Code criminel* — , si la communication ne vise pas à renseigner la collectivité.

(1.11) Préparation de rapports — Le paragraphe (1) ne s'applique pas à la communication de renseignements par un directeur provincial ou un délégué à la jeunesse lorsqu'il est nécessaire de les communiquer pour obtenir des renseignements utiles à la préparation d'un rapport prévu par la présente loi.

(1.12) Interdiction de communiquer les renseignements — Il est interdit de communiquer les renseignements visés au paragraphe (1.11), à moins que leur communication ne soit nécessaire pour établir le rapport pour lequel ils sont communiqués.

(1.13) Écoles et autres institutions — Le paragraphe (1) ne s'applique pas à la communication de renseignements faite par un directeur provincial, un délégué à la jeunesse, un agent de la paix ou toute autre personne qui fournit des services aux adolescents lorsqu'elle est destinée à un professionnel ou toute autre personne chargée de surveiller l'adolescent ou de s'en occuper, notamment au représentant d'une commission scolaire, d'une école ou de tout autre établissement d'enseignement ou de formation, en vue :

a) de faire en sorte que l'adolescent se conforme à toute décision rendue par un tribunal relativement à sa mise en liberté, à sa probation, à sa liberté sous condition ou à toute autorisation visée à l'article 35;

b) d'assurer la sécurité du personnel, des étudiants ou d'autres personnes, selon le cas.

(1.14) Interdiction de communiquer les renseignements — Il est interdit de communiquer les renseignements visés au paragraphe (1.13), à moins que leur communication ne soit nécessaire à l'une des fins mentionnées à ce paragraphe.

(1.15) Renseignements conservés à part — Toute personne à qui sont communiqués des renseignements en application des paragraphes (1.13) et (1.14) doit :

a) les conserver sans les joindre au dossier scolaire de l'adolescent auquel ils se rapportent;

b) veiller à ce qu'aucune autre personne n'y ait accès, sous réserve du paragraphe (1.14);

c) les détruire dès qu'ils ne sont plus nécessaires aux fins auxquelles ils ont été communiqués.

(1.2) Demande ex parte d'autorisation de publication — Sur demande *ex parte* présentée par un agent de la paix, le tribunal pour adolescents doit rendre une ordonnance autorisant la publication d'un compte rendu visé au paragraphe (1) contenant le nom de l'adolescent ou tout renseignement permettant d'établir l'identité d'un adolescent qui a commis un acte criminel ou à qui un acte criminel est imputé s'il est convaincu des faits suivants :

a) il y a des raisons de croire que l'adolescent est dangereux pour autrui;

b) la publication du compte rendu s'impose pour appuyer les efforts en vue de l'arrestation de l'adolescent.

(1.3) Durée d'application de l'ordonnance — La durée d'application d'une ordonnance rendue en application du paragraphe (1.2) est de deux jours suivant celui où elle a été rendue.

(1.4) Demande d'autorisation de publication — Le tribunal pour adolescents peut autoriser toute personne visée au paragraphe (1), sur demande de celle-ci, à publier un compte rendu contenant le nom de cette personne ou tout renseignement permettant de l'identifier, s'il convaincu que la publication de ce compte rendu n'est pas contraire à l'intérêt de cette personne.

(1.5) Autorisation du tribunal — À leur demande, le tribunal pour adolescents peut autoriser, par ordonnance, le directeur provincial, le procureur général ou son représentant ou un agent de la paix à communiquer aux personnes qui y sont mentionnées les renseignements sur l'adolescent qui y sont précisés s'il est convaincu que la communication est nécessaire, compte tenu des facteurs suivants :

a) l'adolescent a été déclaré coupable d'une infraction comportant des lésions corporelles graves;

b) l'adolescent pourrait causer un tort considérable à autrui;

c) la communication vise à empêcher l'adolescent de causer un tel tort.

(1.6) Audition — Sous réserve du paragraphe (1.7), le tribunal pour adolescents donne, avant de prendre sa décision, l'occasion de se faire entendre à l'adolescent, à ses père ou mère et au procureur général ou au représentant de celui-ci.

(1.7) Demande *ex parte* — La demande visée au paragraphe (1.5) peut être présentée *ex parte* par le procureur général ou son représentant si le tribunal pour adolescents est convaincu que des mesures raisonnables ont été prises pour trouver l'adolescent et qu'elles ont été infructueuses.

(1.8) Délai — Il est interdit de communiquer les renseignements visés au paragraphe (1.5) après que le dossier auquel ils se rapportent n'est plus accessible pour consultation en vertu du paragraphe 45(1).

(2) Contravention — Quiconque contrevient aux dispositions des paragraphes (1), (1.12), (1.14) ou (1.15) commet :

a) soit un acte criminel et est passible d'un emprisonnement d'au plus deux ans;

b) soit une infraction punissable sur déclaration de culpabilité par procédure sommaire.

(3) Compétence absolue du juge de la cour provinciale — Lorsqu'une personne est accusée d'une infraction visée à l'alinéa (2)*a*), le juge de la cour provinciale a compétence absolue pour instruire l'affaire, indépendamment du consentement de l'accusé.

L.R.C. 1985, ch. 24 (2ᵉ suppl.), art. 29; L.C. 1995, ch. 19, art. 27; ch. 39, art. 184.

39. (1) Exclusion de la salle d'audience — Sous réserve du paragraphe (2), tout tribunal ou juge de paix saisi des poursuites intentées en vertu de la présente loi peut exclure de la salle d'audience, pour une partie ou la totalité des procédures, toute personne dont la présence, à son avis, n'est pas nécessaire à la conduite de celles-ci, lorsqu'il estime que l'une des deux conditions suivantes existe :

a) les preuves ou éléments d'information qui lui sont présentés auraient un effet néfaste ou très préjudiciable pour :

(i) l'adolescent poursuivi,

(ii) l'enfant ou l'adolescent appelé comme témoin,

(iii) l'enfant ou l'adolescent victime de l'infraction ou lésé par celle-ci;

b) les bonnes moeurs, le maintien de l'ordre ou la saine administration de la justice exigent l'exclusion de la salle d'audience de certains assistants ou de toute l'assistance.

(2) Exception — Sous réserve de l'article 650 du *Code criminel* et sauf si cette mesure s'impose pour l'application du paragraphe 13(6) de la présente loi, un tribunal ou un juge de paix ne peut, en vertu du paragraphe (1), exclure de la salle d'audience les personnes suivantes :

a) le poursuivant;

b) l'adolescent poursuivi, ses père et mère, son avocat ou tout adulte qui l'assiste conformément au paragraphe 11(7);

c) le directeur provincial ou son représentant;

d) le délégué à la jeunesse chargé du dossier de l'adolescent.

(3) Exclusion de la salle d'audience après jugement ou en cours d'examen — Le tribunal pour adolescents, après avoir déclaré un adolescent coupable d'une infraction, ainsi que ce même tribunal ou la commission d'examen, au cours de l'examen d'une décision dans le cadre des articles 28 à 32, jouissent d'un pouvoir discrétionnaire pour exclure de la salle d'audience ou d'une séance en cas d'audition par la commission d'examen selon le cas, toute personne autre que :

a) l'adolescent ou son avocat;

b) le directeur provincial ou son représentant;

c) le délégué à la jeunesse chargé du dossier de l'adolescent;

d) le procureur général ou son représentant.

Cette exclusion ne vaut que pour la durée de présentation au tribunal ou à la commission d'éléments d'information qui, à leur avis, pourraient avoir sur l'adolescent un effet néfaste ou très préjudiciable.

(4) Exception — L'exception visée à l'alinéa (3)*a*) est assujettie au paragraphe 13(6) de la présente loi et à l'article 650 du *Code criminel*.

L.R.C. 1985, ch. 24 (2ᵉ suppl.), art. 30.

TENUE ET UTILISATION DES DOSSIERS

Dossiers dont la tenue est autorisée

40. (1) Tribunal pour adolescents, commission d'examen et autres tribunaux — Les tribunaux pour adolescents, commissions d'examen ou tribunaux saisis de questions relatives à des procédures prises dans le cadre de la présente loi peuvent tenir un dossier de toute affaire portée devant eux dans le cadre de la présente loi.

(2) Exception — Il demeure entendu que le présent article ne s'applique pas aux procédures engagées devant la juridiction normalement compétente en vertu d'une ordonnance rendue en application de l'article 16.

(3) Dossier relatif à une infraction entraînant une ordonnance visée à l'article 20.1 — Par dérogation aux autres dispositions de la présente loi, lorsque l'adolescent est reconnu coupable d'une infraction qui entraîne une ordonnance visée à l'article 20.1, le tribunal pour adolescents peut tenir un dossier qui se rapporte à la condamnation et à l'ordonnance jusqu'à l'expiration de celle-ci.

(4) Communication — Tout dossier tenu en application du paragraphe (3) ne peut être communiqué qu'aux seules fins d'établir l'existence de l'ordonnance en cas d'infraction contrevenant à celle-ci.

L.R.C. 1985, ch. 24 (2ᵉ suppl.), art. 31; L.C. 1995, ch. 39, art. 185.

41. (1) Répertoire central — Le dossier relatif à l'infraction dont un adolescent a été inculpé peut, dans les cas où un adulte l'ayant commise aurait pu être soumis aux mensurations et autres opérations prévues par la *Loi sur l'identification des criminels*, être déposé à tout répertoire central désigné par le commissaire de la Gendarmerie royale du Canada aux fins de conservation, soit d'antécédents criminels ou dossiers sur des contrevenants, soit des renseignements permettant de les identifier.

(2) Dépôt du dossier de police — Lorsqu'un adolescent est inculpé d'une infraction visée au paragraphe (1), le corps de police qui a mené l'enquête peut déposer à tout répertoire central désigné en application de ce paragraphe le dossier relatif à l'infraction comportant, notamment, l'original ou une reproduction des empreintes digitales ou palmaires, de toute photographie et du résultat des mensurations et autres opérations prévues par la *Loi sur l'identification des criminels* effectuées par le corps de police ou pour le compte de celui-ci.

(3) Dépôt du dossier de police — Lorsqu'un adolescent a été déclaré coupable d'une infraction visée au paragraphe (1), le corps de police qui a mené l'enquête est tenu de déposer à tout répertoire central désigné en application de ce paragraphe le dossier relatif à l'infraction comportant, notamment, l'original ou une reproduction des empreintes digitales ou palmaires, de toute photographie ou du résultat des mensurations et autres opérations prévues par la *Loi sur l'identification des criminels* effectuées par le corps de police ou pour le compte de celui-ci.

L.R.C. 1985, ch. 24 (2e suppl.), art. 31; L.C. 1995, ch. 19, art. 28.

42. Dossier de police — Le dossier relatif à une infraction imputée à un adolescent comportant, notamment, l'original ou une reproduction des empreintes digitales ou de toute photographie de l'adolescent peut être tenu par le corps de police qui a mené l'enquête à ce sujet ou qui a participé à cette enquête.

L.R.C. 1985, ch. 24 (2e suppl.), art. 31.

43. (1) Dossiers tenus par le gouvernement — Tout ministère ou organisme public canadien peut conserver le dossier des éléments d'information en sa possession :

    a) aux fins d'enquête sur une infraction imputée à un adolescent;

    b) aux fins d'utilisation dans le cadre des poursuites intentées contre un adolescent en vertu de la présente loi;

    c) aux fins de veiller à l'exécution d'une décision;

    d) pour déterminer si, au lieu d'intenter ou de continuer des poursuites contre un adolescent dans le cadre de la présente loi, le recours aux mesures de rechange est opportun, à l'endroit de l'adolescent;

    e) à la suite de l'utilisation de mesures de rechange à l'endroit d'un adolescent.

(2) Dossiers privés — Toute personne ou tout organisme peut conserver les dossiers contenant des éléments d'information qui sont en sa possession :

    a) à la suite de la mise en oeuvre de mesures de rechange à l'endroit d'un adolescent auquel une infraction est imputée;

b) aux fins de veiller à l'application d'une décision ou de participer à cette application.

(3) et (4) [Abrogés, L.R.C. 1985, ch. 24 (2ᵉ suppl.), art. 32(2).]

L.R.C. 1985, ch. 24 (2ᵉ suppl.), art. 32.

Empreintes digitales et photographies

44. (1) Application de la *Loi sur l'identification des criminels* — Sous réserve des autres dispositions du présent article, la *Loi sur l'identification des criminels* s'applique aux adolescents.

(2) Restriction — Il est interdit de relever les empreintes digitales ou palmaires, de procéder aux mensurations et autres opérations prévues par la *Loi sur l'identification des criminels* ou de prendre la photographie d'un adolescent accusé d'une infraction, si ce n'est dans les cas où un adulte peut y être soumis en vertu de cette loi.

(3) à (5) [Abrogés, L.R.C. 1985, ch. 24 (2ᵉ suppl.), art. 33.]

L.R.C. 1985, ch. 24 (2ᵉ suppl.), art. 33; L.C. 1995, ch. 19, art. 29.

Communication des dossiers

44.1 (1) Demande de communication — Sous réserve des paragraphes (2) et (2.1), lorsqu'elles en font la demande, les personnes suivantes ont, pour le consulter, accès à tout dossier tenu en application de l'article 40 et peuvent avoir accès à tout dossier tenu en application des articles 41 à 43 :

a) l'adolescent qui en fait l'objet;

b) l'avocat de l'adolescent ou son représentant;

c) le procureur général ou son représentant;

d) les père ou mère de l'adolescent ou tout adulte qui assiste l'adolescent en application du paragraphe 11(7) pendant les procédures relatives à l'infraction visée par le dossier ou pendant la durée d'application de toute décision prise en l'espèce;

e) tout juge, tribunal ou commission d'examen, relativement à des poursuites intentées contre un adolescent en vertu de la présente loi, ou à des poursuites intentées devant la juridiction normalement compétente relatives à des infractions commises par celui-ci au cours de son adolescence ou après qu'il a atteint l'âge adulte ou qui lui sont imputées;

f) un agent de la paix :

(i) lorsque l'accès est nécessaire dans le cadre d'une enquête portant sur une infraction que l'on soupçonne, pour des motifs raisonnables, avoir été commise par l'adolescent, ou relativement à laquelle l'adolescent a été arrêté ou inculpé, même si l'arrestation ou l'inculpation surviennent après qu'il a atteint l'âge adulte;

(ii) pour des fins liées à l'administration de l'affaire visée par le dossier pendant l'instance concernant l'adolescent ou pendant la durée d'application de toute décision;

(iii) en vue d'enquêter au sujet d'une infraction qu'une autre personne est, pour des motifs raisonnables, soupçonnée d'avoir commise à l'égard de l'adolescent pendant que celui-ci purge ou purgeait sa peine,

(iv) en vue d'appliquer la loi;

g) tout membre du personnel ou mandataire d'un ministère ou d'un organisme fédéral ou provincial chargé :

(i) de l'administration de mesures de rechange concernant l'adolescent,

(ii) de préparer un rapport concernant l'adolescent dans le cadre de la présente loi ou pour aider un tribunal à déterminer la peine qu'il doit imposer à l'adolescent après qu'il a atteint l'âge adulte ou après son renvoi à la juridiction normalement compétente au titre de l'article 16,

(iii) soit de surveiller l'adolescent ou de s'en occuper même devenu adulte, soit de l'administration d'une décision ou d'une sentence le concernant, même à l'âge adulte,

(iv) d'examiner une demande de libération conditionnelle ou de pardon présentée par l'adolescent devenu adulte;

h) toute personne, ou toute personne faisant partie d'une catégorie de personnes, désignée par le gouverneur en conseil ou le lieutenant-gouverneur en conseil d'une province pour une fin déterminée et dans la mesure autorisée par l'un ou l'autre, selon le cas;

i) toute personne aux fins de déterminer s'il y a lieu d'accorder les habilitations sécuritaires exigées par le gouvernement du Canada ou d'une province ou par une municipalité en matière de recrutement de personnel ou de fourniture de services;

i.1) toute personne pour l'application de la *Loi sur les armes à feu*;

j) tout employé ou mandataire du gouvernement fédéral, pour des fins statistiques prévues par la *Loi sur la statistique*;

k) toute autre personne, ou personne faisant partie d'une catégorie de personnes, que le juge du tribunal pour adolescents estime avoir un intérêt valable dans le dossier, selon la mesure qu'il autorise s'il est convaincu que la communication est :

(i) souhaitable, dans l'intérêt public, pour des fins de recherche ou de statistiques,

(ii) souhaitable dans l'intérêt de la bonne administration de la justice.

(2) Exception — Lorsque le tribunal pour adolescents a refusé en vertu des paragraphes 13(6) ou 14(7) de communiquer à une personne la totalité ou une partie d'un rapport, le paragraphe (1) ne permet pas à celle-ci d'y avoir accès aux fins de consultation.

(2.1) Communication des dossiers — analyses génétiques — Par dérogation aux paragraphes (1) et (5), les dossiers tenus en application des articles 40 à 43 et visant les résultats de l'analyse génétique d'une substance corporelle prélevée sur un adolescent, en exécution d'un mandat décerné en application de l'article 487.05 du *Code criminel*, ne sont susceptibles de consultation qu'au titre des alinéas (1)*a*), *b*), *c*), *d*), *e*), *f*) ou *h*) ou du sous-alinéa (1)*k*)(ii).

(3) Production en preuve — L'alinéa (1)*e*) n'autorise pas la production en preuve des pièces d'un dossier qui, autrement, ne seraient pas admissibles en preuve.

(4) Révélation à des fins de recherches et de statistiques — La personne qui, en vertu de l'alinéa (1)*j*) ou du sous-alinéa (1)*k*)(i), a accès à un dossier peut postérieurement communiquer les renseignements qui y sont contenus, étant entendu que cette communication ne peut se faire d'une manière qui permettrait normalement d'identifier l'adolescent en cause.

(5) Consultation du dossier par la victime — Accès pour consultation à tout dossier tenu en application des articles 40 à 43 peut, sur demande, être donné à la victime de l'infraction visée par le dossier.

(6) Communication de renseignements et copies — Les personnes à qui l'accès pour consultation à un dossier doit ou peut, en application du présent article, être accordé peuvent obtenir tous renseignements contenus dans le dossier ou tout extrait de celui-ci.

L.R.C. 1985, ch. 24 (2ᵉ suppl.), art. 34; L.C. 1995, ch. 19, art. 30; ch. 27, art. 2; ch. 39, art. 186.

44.2 (1) Communication par un agent de la paix — Un agent de la paix peut communiquer à toute personne les renseignements contenus dans un dossier tenu en application de l'article 42 dont la communication s'impose pour la conduite d'une enquête relative à une infraction.

(2) Communication à une compagnie d'assurance — Un agent de la paix peut communiquer à une compagnie d'assurance des renseignements contenus dans un dossier tenu en application de l'article 42 pour l'investigation d'une réclamation découlant d'une infraction commise par l'adolescent visé par le dossier ou qui lui est imputée.

L.R.C. 1985, ch. 24 (2ᵉ suppl.), art. 34.

Non-communication et destruction des dossiers

45. (1) Non-communication — Sous réserve des articles 45.01, 45.1 et 45.2, l'accès pour consultation prévu par les articles 44.1 ou 44.2 ne peut, dans les circonstances suivantes, être donné relativement aux dossiers tenus en application des articles 40 à 43 :

a) l'acquittement de l'adolescent accusé de l'infraction et visé par le dossier, pour une raison autre qu'un verdict de non-responsabilité criminelle pour cause de troubles mentaux, à l'expiration de deux mois suivant l'expiration du délai d'appel ou à l'expiration de trois mois suivant l'issue de toutes les procédures d'appel;

b) l'accusation est rejetée autrement que par acquittement ou est retirée, à l'expiration d'une année suivant le rejet ou le retrait;

c) l'accusation est suspendue, sans qu'aucune procédure ne soit prise contre l'adolescent pendant un an, à l'expiration de l'année;

d) le recours à des mesures de rechange à l'endroit de l'adolescent, à l'expiration de deux ans suivant le consentement de celui-ci à collaborer à leur mise en oeuvre conformément à l'alinéa 4(1)*c*);

d.1) l'adolescent est déclaré coupable de l'infraction et libéré inconditionnellement, à l'expiration d'une année suivant la déclaration de culpabilité;

d.2) l'adolescent est déclaré coupable de l'infraction et libéré sous condition, à l'expiration de trois ans suivant la déclaration de culpabilité;

e) sous réserve de l'alinéa *g*), l'adolescent est déclaré coupable d'une infraction punissable sur déclaration de culpabilité par procédure sommaire, à l'expiration de trois ans suivant l'exécution complète des décisions relatives à cette infraction;

f) sous réserve de l'alinéa *g*), l'adolescent est déclaré coupable d'un acte criminel, à l'expiration de cinq ans suivant l'exécution complète des décisions relatives à cet acte criminel;

g) au cours de la période visée aux alinéas *e*) ou *f*), l'adolescent est déclaré coupable :

(i) soit d'une infraction punissable sur déclaration de culpabilité par procédure sommaire, à l'expiration de trois ans suivant l'exécution complète des décisions relatives à cette infraction,

(ii) soit d'un acte criminel, à l'expiration de cinq ans suivant l'exécution complète des décisions relatives à cet acte criminel.

[Les alinéas 45(1)d.1) à e), dans leur version édictée par L.C. 1995, ch. 19, art. 31, s'appliquent au dossier relatif aux déclarations de culpabilité prononcées avant le 1ᵉʳ décembre 1995, date d'entrée en vigueur de la loi, si la personne faisant l'objet du dossier présente, après cette date, à la Gendarmerie royale du Canada une demande visant l'application de ces alinéas. L.C. 1995, ch. 19, art. 31(4).]

(2) Destruction des dossiers — Dès que les circonstances énoncées au paragraphe (1) s'appliquent à un dossier tenu en vertu de l'article 41, celui-ci doit, sous réserve des paragraphes (2.1) et (2.2), être détruit sans délai.

(2.1) Transfert de dossiers — Les dossiers du répertoire visé au paragraphe 41(1) qui se rapportent aux condamnations pour meurtre au premier ou au deuxième degré au sens de l'article 231 du *Code criminel,* aux condamnations pour une infraction visée à l'annexe et à une ordonnance rendue en application de l'article 20.1 doivent être transférés, dès que les circonstances énoncées au paragraphe (1) s'appliquent, au répertoire spécial constitué en application du paragraphe 45.02(1).

(2.2) Empreintes digitales — Les empreintes digitales et les renseignements afférents du répertoire visé au paragraphe 41(1) qui sont nécessaires pour identifier la personne en cause doivent être versés, dès que les circonstances énoncées au paragraphe (1) s'appliquent, au répertoire spécial des empreintes digitales constitué en application de l'article 45.03.

(2.3) Définition de « destruction » — Pour l'application du paragraphe (2), **« destruction »** s'entend :

a) dans le cas des dossiers qui ne sont pas sur support électronique, de leur déchiquetage, de leur brûlage ou de tout autre mode de destruction matérielle;

b) dans le cas des dossiers qui sont sur support électronique, de leur élimination, y compris par effacement pour substitution, ou de tout autre moyen empêchant d'y avoir accès.

(3) Destruction d'autres dossiers — Tout dossier tenu en application des articles 40 à 43 peut, à la discrétion de la personne ou de l'organisme qui le tient, être détruit en tout temps, même avant que les circonstances énoncées au paragraphe (1) ne s'y appliquent.

(4) Suppression de l'infraction — L'adolescent est réputé n'avoir jamais commis l'infraction visée par un dossier tenu en application des articles 40 à 43 dans les cas où les circonstances énoncées aux alinéas (1)*d), e)* ou *f)* s'appliquent à ce dossier.

(5) Choix présumé — Pour l'application des alinéas (1)*e)* et *f),* si le procureur général ou son représentant n'a pas, à l'occasion d'une infraction, fait le choix entre les poursuites par mise en accusation et procédure sommaire, il est réputé avoir choisi de traiter l'infraction comme une infraction punissable sur déclaration de culpabilité par procédure sommaire.

(5.1) Ordonnance rendue en application de l'article 20.1 — Pour l'application du présent article, il n'est pas tenu compte des ordonnances rendues en application de l'article 20.1 pour déterminer la période mentionnée au paragraphe (1).

(6) Application relative à la délinquance — Le présent article s'applique, compte tenu des adaptations de circonstance, aux dossiers relatifs à l'infraction de délinquance prévue par la *Loi sur les jeunes délinquants*, chapitre J-3 des Statuts revisés du Canada de 1970, telle qu'elle était libellée avant le 2 avril 1984.

L.R.C. 1985, ch. 24 (2ᵉ suppl.), art. 35; L.C. 1991, ch. 43, art. 34; 1995, ch. 19, art. 31; ch. 39, art. 187, 189.

Conservation des dossiers

45.01 Conservation de dossiers — Lorsque, avant l'expiration de la période visée aux alinéas 45(1)*e*) ou *f*) ou aux sous-alinéas 45(1)*g*)(i) ou (ii), l'adolescent devenu adulte est déclaré coupable d'une infraction, le dossier conservé en application des articles 40 à 43 peut être consulté en vertu des articles 44.1 ou 44.2, auquel cas les dispositions applicables aux dossiers judiciaires des adultes s'appliquent.

L.C. 1995, ch. 19, art. 32.

Répertoire spécial

45.02 (1) Répertoire spécial — Le commissaire de la Gendarmerie royale du Canada peut constituer un répertoire spécial au sujet des dossiers visés au paragraphe 45(2.1).

(2) Dossier relatif à un meurtre — Le dossier relatif à une condamnation pour meurtre au premier ou au deuxième degré au sens de l'article 231 du *Code criminel* ou à une condamnation pour une infraction visée aux alinéas 16(1.01)*b*) à *d*) peut être conservé indéfiniment au répertoire spécial.

(3) Dossier relatif à une infraction grave — Le dossier relatif à une condamnation pour une infraction visée à l'annexe est conservé au répertoire spécial pendant une période de cinq ans et doit être détruit après celle-ci, à moins que l'adolescent en cause n'ait été par la suite déclaré coupable d'une infraction visée à l'annexe, auquel cas le dossier est traité comme celui d'un adulte.

(4) Communication du dossier — Les personnes suivantes ont, pour le consulter, accès au dossier conservé au répertoire spécial dans la mesure et dans les cas suivants :

    a) en tout temps, l'adolescent qui en fait l'objet ou l'avocat de l'adolescent ou son représentant;

    b) dans le cas où l'adolescent est ultérieurement inculpé de meurtre au premier ou au deuxième degré au sens de l'article 231 du *Code criminel* ou d'une infraction visée à l'annexe, un agent de la paix lorsque l'accès est nécessaire dans le cadre d'une enquête portant sur une infraction que l'on soupçonne avoir été commise par l'adolescent, ou relativement à laquelle l'adolescent — en tant que tel ou à l'âge adulte — a été arrêté ou inculpé;

c) dans le cas où l'adolescent est ultérieurement déclaré coupable d'une infraction visée à l'annexe :

(i) le procureur général ou son représentant,

(ii) les père et mère de l'adolescent ou tout adulte qui assiste l'adolescent,

(iii) tout juge, tout tribunal ou toute commission d'examen, relativement à des poursuites intentées contre l'adolescent en vertu de la présente loi, ou à des poursuites intentées devant la juridiction normalement compétente relativement à des infractions commises par celui-ci — en tant que tel ou à l'âge adulte — ou qui lui sont imputées,

(iv) tout membre du personnel ou mandataire d'un ministère ou d'un organisme fédéral ou provincial chargé :

(A) de l'administration de mesures de rechange concernant l'adolescent,

(B) de préparer un rapport concernant l'adolescent dans le cadre de la présente loi ou pour aider un tribunal à déterminer la peine qu'il doit imposer à l'adolescent après qu'il a atteint l'âge adulte ou après son renvoi à la juridiction normalement compétente au titre de l'article 16,

(C) de surveiller l'adolescent ou de s'en occuper même devenu adulte, ou de l'administration d'une décision ou d'une peine le concernant, même à l'âge adullte,

(D) d'examiner une demande de libération conditionnelle ou de pardon présentée par l'adolescent devenu adulte;

c.1) pour établir l'existence d'une ordonnance en cas d'infraction entraînant la contravention de celle-ci;

c.2) pour l'application de la *Loi sur les armes à feu*;

d) en tout temps, tout employé ou mandataire du gouvernement fédéral, à des fins de statistiques prévues par la *Loi sur la statistique*;

e) en tout temps, toute autre personne, ou toute personne faisant partie d'une catégorie de personnes, que le juge du tribunal pour adolescents estime avoir un intérêt valable dans le dossier, selon la mesure qu'il autorise s'il est convaincu que la communication est souhaitable, dans l'intérêt public, à des fins de recherche ou de statistiques.

L.C. 1995, ch. 19, art. 32; ch. 39, art. 189.

Répertoire spécial des empreintes digitales

45.03 (1) Répertoire spécial des empreintes digitales — Le commissaire de la Gendarmerie royale du Canada peut constituer un répertoire spécial des empreintes digitales au sujet des empreintes digitales et des renseignements visés au paragraphe 45(2.2).

(2) Communication aux fins d'identification — Les empreintes digitales et les renseignements sont conservés au répertoire pendant une période de cinq ans durant laquelle le nom, la date de naissance et la dernière adresse connue de l'adolescent peuvent être communiqués aux fins d'identification si, à l'occasion d'une enquête relative à un crime ou à une personne décédée ou atteinte d'amnésie, on relève des empreintes digitales de l'adolescent.

(3) Destruction — Les empreintes digitales et les renseignements doivent être détruits à l'expiration de la période de cinq ans.

(3.1) Dossier qui se rapporte à une ordonnance visée à l'article 20.1 — Les dossiers qui se rapportent à une ordonnance rendue en application de l'article 20.1 sont conservés au répertoire spécial jusqu'à la date d'expiration de l'ordonnance et doivent être détruits sans délai après cette date.

L.C. 1995, ch. 19, art. 32; ch. 39, art. 189.

Communication des dossiers dans certains cas

45.1 (1) Circonstances justifiant l'accès — Sous réserve du paragraphe (1.1), le juge du tribunal pour adolescents peut, sur demande de toute personne, ordonner qu'accès pour consultation à la totalité ou à une partie d'un dossier visé par le paragraphe 45(1) soit donné à cette personne, ou que des renseignements contenus au dossier ou des copies de la totalité ou d'une partie de celui-ci soient donnés à celle-ci, s'il est convaincu des faits suivants :

   a) la personne a un intérêt légitime et important dans ce dossier ou dans une partie de celui-ci;

   b) dans l'intérêt de la bonne administration de la justice, l'accès à la totalité ou à une partie du dossier ou à une copie de celui-ci doit être donné;

   c) la communication de la totalité ou d'une partie du dossier ou des renseignements qu'il contient n'est pas interdite par une autre loi fédérale ni par une loi provinciale.

(1.1) Dossiers — Le paragraphe (1) s'applique au dossier d'un adolescent ou au dossier d'une catégorie d'adolescents lorsque l'identité des adolescents de la catégorie ne peut, au moment où la demande visée à ce paragraphe est faite, être raisonnablement déterminée et que la communication est nécessaire pour enquêter au sujet d'une infraction qu'une autre personne est, pour des motifs raisonnables, soupçonnée d'avoir commise à l'égard de l'adolescent pendant que celui-ci purge ou purgeait sa peine.

(2) Avis — Sous réserve du paragraphe (2.1), il ne peut être procédé à l'audition d'une demande présentée en application du paragraphe (1) à moins que le demandeur ne donne à l'adolescent visé par le dossier ainsi qu'à la personne ou à l'organisme qui est en possession de celui-ci un avis écrit d'au moins cinq jours de la demande et que l'adolescent ainsi que la personne ou l'organisme aient eu la possibilité de se faire entendre.

(2.1) Avis non requis — Un juge du tribunal pour adolescents peut toutefois supprimer l'obligation d'avis s'il estime que, selon le cas, son maintien aurait pour effet de nuire à la demande ou que des efforts raisonnables pour retrouver l'adolescent ont échoué.

(3) Utilisation du dossier — Le juge du tribunal pour adolescents précise, dans l'ordonnance qu'il rend en application du paragraphe (1), les fins auxquelles le dossier peut être utilisé.

L.R.C. 1985, ch. 24 (2e suppl.), art. 35; 1995, ch. 19, art. 33, 34.

45.2 Dossiers entre les mains d'archivistes — L'archiviste national ou un archiviste provincial peut, si les conditions suivantes sont réunies, communiquer les renseignements contenus dans tout dossier qui ont initialement été tenus en application des articles 40, 42 ou 43 et qui sont en sa possession, si :

a) le procureur général ou son représentant est convaincu que la communication est souhaitable dans l'intérêt public pour des fins de recherche ou de statistique;

b) l'autre personne s'engage à éviter de communiquer les renseignements d'une manière qui pourrait normalement permettre d'identifier l'adolescent visé par le dossier.

L.R.C. 1985, ch. 24 (2e suppl.), art. 35; ch. 1 (3e suppl.), art. 12(5).

Infractions

46. (1) Interdiction de communication — Sauf autorisation ou obligation prévue par la présente loi, il est interdit de donner accès pour consultation à un dossier tenu en application des articles 40 à 43 ou de remettre des reproductions, épreuves ou négatifs de celui-ci ou des renseignements qu'il contient lorsque l'accès ou la remise permettrait de constater que l'adolescent visé par le dossier fait l'objet de procédures prévues par la présente loi.

(2) Exception pour les employés — Les personnes affectées à la tenue des dossiers visés au paragraphe (1) peuvent déroger à l'interdiction visée à ce paragraphe en faveur des personnes affectées aux mêmes fonctions.

(3) Interdiction d'utilisation — Sous réserve de l'article 45.1, dès que les circonstances mentionnées au paragraphe 45(1) s'appliquent à un dossier tenu en application des articles 40 à 43, aucune utilisation du dossier, des reproductions, épreuves ou négatifs de celui-ci, pouvant permettre de constater que l'adolescent visé par le dossier fait l'objet de procédures prévues par la présente loi, ne peut être faite.

(4) Infraction — Toute personne qui néglige de se conformer au présent article ou au paragraphe 45(2) est coupable :

   a) soit d'un acte criminel et passible d'un emprisonnement de deux ans;

   b) soit d'une infraction punissable sur déclaration de culpabilité par procédure sommaire.

(5) Compétence absolue du juge de la cour provinciale — La compétence d'un juge de la cour provinciale pour juger un accusé est absolue et ne dépend pas du consentement de celui-ci, lorsque ce dernier est inculpé de l'infraction prévue à l'alinéa (4)*a*).

L.R.C. 1985, ch. 24 (2e suppl.), art. 36.

OUTRAGE AU TRIBUNAL

47. (1) Outrage au tribunal pour adolescents — Tout tribunal pour adolescents exerce, en matière d'outrage au tribunal, les attributions — y compris les pouvoirs et la compétence — conférées à la cour supérieure de juridiction criminelle de la province où siège ce tribunal.

(2) Compétence exclusive du tribunal pour adolescents — Le tribunal pour adolescents a compétence exclusive pour connaître de tout outrage au tribunal commis par un adolescent soit envers le tribunal pour adolescents au cours de ses audiences ou en dehors de ses audiences, soit envers tout autre tribunal en dehors des audiences de celui-ci.

(3) Compétence concurrente — Le tribunal pour adolescents est compétent pour connaître de tout outrage au tribunal commis soit par un adolescent envers un autre tribunal au cours des audiences de celui-ci, soit par un adulte envers le tribunal pour adolescents au cours des audiences de celui-ci. Toutefois, le présent paragraphe ne porte aucune atteinte aux attributions — y compris les pouvoirs et la compétence — conférées à tout autre tribunal pour statuer et imposer une peine en matière d'outrage au tribunal.

(4) Décision — Le tribunal pour adolescents ou tout autre tribunal qui déclare un adolescent coupable d'outrage au tribunal peut rendre une ou plusieurs des décisions prévues à l'article 20, compatibles entre elles, à l'exclusion de toute autre décision ou sentence.

(5) Application de l'art. 708 du Code criminel — L'article 708 du *Code criminel* s'applique, compte tenu des adaptations de circonstance, aux poursuites contre des adultes, se déroulant devant le tribunal pour adolescents dans le cadre du présent article.

(6) Appel — La déclaration de culpabilité pour outrage au tribunal prononcée en vertu du présent article et la décision ou la sentence rendue à ce sujet sont susceptibles d'appel, la déclaration de culpabilité, la décision ou la sentence étant assimilées à une sentence prononcée à l'issue de poursuites par voie de mise en accusation devant une juridiction normalement compétente.

CONFISCATION DU MONTANT DES ENGAGEMENTS

48. Demandes aux fins de confiscation du montant des engagements — Les demandes aux fins de confiscation du montant des engagements contractés par des adolescents sont portées devant le tribunal pour adolescents.

49. (1) Cas de manquement — Lorsqu'un certificat a été, conformément au paragraphe 710(1) du *Code criminel*, inscrit au verso de l'engagement qui lie un adolescent, le juge du tribunal pour adolescents doit :

a) à la demande du procureur général ou de son représentant, fixer les date, heure, et lieu de l'audition de la demande de confiscation du montant de l'engagement;

b) après fixation des date, heure et lieu de l'audition, faire envoyer, au plus tard dix jours avant la date de l'audition, sous pli recommandé, à chacun des cautionnés et cautions mentionnés dans l'engagement, à sa dernière adresse connue, un avis lui enjoignant de comparaître aux date, heure et lieu fixés par le juge afin d'exposer les raisons susceptibles de justifier la non-confiscation du montant de l'engagement.

(2) Ordonnance de confiscation — À la suite de l'accomplissement des formalités prévues au paragraphe (1), le juge du tribunal pour adolescents dispose, après avoir donné aux parties l'occasion de se faire entendre, d'un pouvoir discrétionnaire pour accueillir ou rejeter la demande et rendre, à propos de la confiscation du montant de l'engagement, l'ordonnance qu'il estime appropriée.

(3) Débiteurs de la Couronne — Lorsque le juge du tribunal pour adolescents ordonne, en vertu du paragraphe (2), la confiscation du montant de l'engagement, le cautionné et ses cautions deviennent débiteurs, par jugement, de la Couronne, chacun pour la somme que le juge lui ordonne de payer.

(4) Saisie-exécution — L'ordonnance rendue en vertu du paragraphe (2) peut être déposée auprès du greffier de la cour supérieure ou du protonotaire dans la province de Québec; le greffier ou le protonotaire doit décerner un bref de saisie-exécution selon la formule 34 du *Code criminel* et le remettre au shérif des circonscriptions territoriales où le cautionné ou ses cautions résident, exploitent un commerce ou ont des biens.

(5) Cas où un dépôt a été fait — Le bref de saisie-exécution n'est pas décerné lorsque la personne contre laquelle est rendue une ordonnance de confiscation d'engagement a fait un dépôt; toutefois, le dépositaire doit en transférer le montant à la personne légalement habilitée à le recevoir.

(6) Non-applicabilité des par. 770(2) et (4) du Code criminel — Les paragraphes 770(2) et (4) du *Code criminel* ne s'appliquent pas aux procédures faites en vertu de la présente loi.

(7) Applicabilité des art. 772 et 773 du Code criminel — Les articles 772 et 773 du *Code criminel* s'appliquent aux brefs de saisie-exécution décernés en application du présent article, comme s'ils avaient été décernés en application de l'article 771 de ce Code.

Entrave à l'exécution d'une décision

50. (1) Incitation — Commet soit un acte criminel et est passible d'un emprisonnement maximal de deux ans, soit une infraction punissable sur déclaration sommaire de culpabilité, toute personne qui :

    a) incite ou aide un adolescent à quitter illicitement le lieu de garde ou tout autre lieu où il est placé en application d'une décision;

    b) retire illicitement un adolescent d'un lieu visé à l'alinéa *a)*;

    c) héberge ou cache sciemment un adolescent qui a illicitement quitté un lieu visé à l'alinéa *a)*;

    d) incite ou aide sciemment un adolescent à enfreindre ou à ne pas respecter une clause de la décision visant celui-ci;

    e) empêche sciemment un adolescent d'exécuter une clause de la décision visant celui-ci ou fait obstacle à cette exécution.

(2) Compétence absolue du juge de la cour provinciale — La compétence d'un juge de la cour provinciale pour juger tout adulte accusé d'un acte criminel dans le cadre du présent article est absolue et ne dépend nullement du consentement de celui-ci.

L.R.C. 1985, ch. 24 (2e suppl.), art. 37 et 44.

Applicabilité du Code criminel

51. Applicabilité du *Code criminel* — Dans la mesure où elles ne sont pas incompatibles avec la présente loi ou écartées par celle-ci, les dispositions du *Code criminel* s'appliquent, compte tenu des adaptations de circonstance, aux infractions imputées à un adolescent.

L.R.C. 1985, ch. 24 (2e suppl.), art. 44.

PROCÉDURE

52. (1) Applicabilité de la partie XXVII et des dispositions du *Code criminel* en matière de déclaration de culpabilité par procédure sommaire — Sous réserve des autres dispositions du présent article et dans la mesure où elles sont compatibles avec la présente loi :

    a) les dispositions de la partie XXVII du *Code criminel*;

    b) les autres dispositions du *Code criminel* applicables en matière d'infraction punissable sur déclaration de culpabilité par procédure sommaire et qui concernent les poursuites en première instance,

s'appliquent aux poursuites intentées dans le cadre de la présente loi et relatives :

    c) aux infractions punissables sur déclaration de culpabilité par procédure sommaire;

    d) aux actes criminels, comme si les dispositions qui prévoient ceux-ci les avaient classés au rang des infractions punissables sur déclaration de culpabilité par procédure sommaire.

(2) Actes criminels — Il est entendu que, nonobstant le paragraphe (1) ou les autres dispositions de la présente loi, l'acte criminel commis par un adolescent est considéré comme tel aux fins d'application de la présente loi ou de toute autre loi.

(3) Présence de l'accusé — L'article 650 du *Code criminel* s'applique aux poursuites intentées en vertu de la présente loi, qu'il s'agisse d'un acte criminel ou d'une infraction punissable sur déclaration de culpabilité par procédure sommaire.

(4) Prescriptions — Dans les poursuites intentées dans le cadre de la présente loi, le paragraphe 786(2) du *Code criminel* ne s'applique pas aux actes criminels.

(5) Frais — L'article 809 du *Code criminel* ne s'applique pas aux poursuites intentées dans le cadre de la présente loi.

53. Chefs de dénonciation — La même dénonciation peut viser des actes criminels et des infractions punissables sur déclaration de culpabilité par procédure sommaire; les uns et les autres peuvent être jugés conjointement dans le cadre de la présente loi.

54. (1) Assignation — L'assignation enjoignant un témoin à comparaître devant le tribunal pour adolescents peut émaner d'un juge du tribunal pour adolescents, même si le témoin ne se trouve pas dans la province où siège ce tribunal.

(2) Signification à personne — L'assignation émanant du tribunal pour adolescents et destinée à un témoin qui ne se trouve pas dans la province où siège le tribunal est signifiée à personne au destinataire.

55. Mandat — Le mandat émanant du tribunal pour adolescents peut être exécuté sur toute l'étendue du territoire canadien.

PREUVE

56. (1) Régime de la preuve — Sous réserve des autres dispositions du présent article, les règles de droit concernant l'admissibilité des déclarations faites par des personnes inculpées s'appliquent aux adolescents.

(2) Cas où les déclarations sont admissibles — La déclaration orale ou écrite faite par l'adolescent à un agent de la paix ou à toute autre personne en autorité d'après la loi au moment de son arrestation ou de sa détention ou dans des circonstances où l'agent ou la personne a des motifs raisonnables de croire que l'adolescent a commis une infraction n'est pas admissible en preuve contre l'adolescent, sauf si les conditions suivantes sont remplies :

    a) la déclaration est volontaire;

    b) la personne à qui la déclaration a été faite a, avant de la recueillir, expliqué clairement à l'adolescent, en des termes adaptés à son âge et à sa compréhension, que :

        (i) il n'est obligé de faire aucune déclaration,

        (ii) toute déclaration par lui faite pourra servir de preuve dans les poursuites intentées contre lui,

        (iii) il a le droit de consulter son avocat et ses père ou mère ou une tierce personne conformément à l'alinéa c),

        (iv) toute déclaration faite par lui doit l'être en présence de son avocat et de toute autre personne consultée conformément à l'alinéa c), le cas échéant, sauf s'il en décide autrement;

    c) l'adolescent s'est vu donner, avant de faire la déclaration, la possibilité de consulter son avocat et soit son père ou sa mère, soit en l'absence du père ou de la mère, un parent adulte, soit, en l'absence du père ou de la mère et du parent adulte, tout autre adulte idoine qu'il aura choisi;

    d) l'adolescent s'est vu donner, au cas où il a consulté une personne conformément à l'alinéa c), la possibilité de faire sa déclaration en présence de cette personne.

(3) Exceptions relatives à certaines déclarations orales — Les conditions prévues aux alinéas (2)b), c) et d) ne s'appliquent pas aux déclarations orales spontanées faites par l'adolescent à un agent de la paix ou à une autre personne en autorité avant que l'agent ou cette personne n'ait eu la possibilité de se conformer aux dispositions de ces alinéas.

(4) Renonciation — L'adolescent peut renoncer à son droit de consultation prévu aux alinéas (2)c) ou d); la renonciation doit soit être orale et enregistrée sur bande magnétoscopique, soit être faite par écrit et comporter une déclaration signée par l'adolescent, attestant qu'il a été informé du droit auquel il renonce.

(5) Déclarations faites sous la contrainte — Dans les poursuites intentées sous le régime de la présente loi, le juge du tribunal pour adolescents peut déclarer inadmissible une déclaration faite par l'adolescent poursuivi, si celui-ci l'a convaincu que la déclaration lui a été extorquée par contrainte exercée par une personne qui n'est pas en autorité selon la loi.

(5.1) Déclaration relative à l'âge — Il peut également déclarer admissible toute déclaration ou renonciation de l'adolescent si, au moment où elle est faite, les conditions suivantes sont remplies :

a) l'adolescent prétendait avoir dix-huit ans ou plus;

b) la personne ayant reçu la déclaration ou la renonciation avait pris des mesures raisonnables pour vérifier cet âge et avait des motifs raisonnables de croire que l'adolescent avait effectivement dix-huit ans ou plus;

c) en toutes autres circonstances, la déclaration ou la renonciation serait par ailleurs admissible.

(6) Exclusion — Pour l'application du présent article, l'adulte consulté en application de l'alinéa 56(2)c) est réputé, sauf preuve contraire, ne pas être une personne en autorité.

L.R.C. 1985, ch. 24 (2ᵉ suppl.), art. 38; L.C. 1995, ch. 19, art. 35.

57. (1) Témoignage du père ou de la mère — Dans les poursuites intentées sous le régime de la présente loi, le témoignage du père ou de la mère de l'adolescent sur l'âge de celui-ci est admissible en preuve pour déterminer l'âge en question.

(2) Preuve de l'âge par certificat ou mention — Dans les poursuites intentées sous le régime de la présente loi :

a) le certificat de naissance ou de baptême ou la copie certifiée conforme par le préposé à la conservation des actes de naissance ou de baptême font foi de l'âge de la personne qui y est mentionnée;

b) l'inscription ou la mention consignée par un organisme doté de la personnalité morale ayant assumé la surveillance et l'entretien, au moment de son entrée au Canada ou vers cette époque, de la personne à qui une infraction est imputée et qui fait l'objet des poursuites, fait foi de l'âge de cette personne, pourvu que l'inscription ou la mention soit antérieure à la perpétration des faits reprochés.

(3) Autres éléments de preuve — Le tribunal pour adolescents peut, soit à défaut des documents mentionnés au paragraphe (2), soit en vue de les corroborer, accepter et prendre en considération tous autres renseignements relatifs à l'âge, qu'il estime dignes de foi.

(4) Détermination de l'âge par déduction — Dans les poursuites intentées sous le régime de la présente loi, le tribunal pour adolescents peut déterminer l'âge d'une personne par déduction à partir de son apparence physique ou des déclarations qu'elle a faites au cours de son interrogatoire ou de son contre-interrogatoire.

58. (1) Admissions — Toute partie à des poursuites intentées sous le régime de la présente loi peut admettre tous faits ou autre élément pertinents en l'espèce pour qu'il n'y ait pas lieu d'en faire la preuve, y compris les faits ou éléments dont l'admissibilité dépend d'une décision portant sur un point de droit ou un point mixte de droit et de fait.

(2) Possibilité pour l'autre partie de produire des preuves — Le présent article n'interdit pas à une partie aux poursuites de produire des preuves sur des faits ou autre élément admis par une autre partie.

59. Preuve pertinente — Toute preuve pertinente se rapportant à des procédures intentées sous le régime de la présente loi, qui ne serait pas admissible en l'absence du présent article, peut, avec l'accord des parties aux poursuites et si l'adolescent en cause est représenté par avocat, y être admise.

60. Déposition d'un enfant ou d'un adolescent — Dans les poursuites intentées dans le cadre de la présente loi, la déposition d'un enfant ou d'un adolescent ne peut être recueillie qu'après que le juge du tribunal pour adolescents ou le juge de paix a informé le témoin de son devoir de dire la vérité et des conséquences de tout manquement à ce devoir; le présent article s'applique :

     a) dans tous les cas où le témoin est un enfant;

     b) lorsque le juge du tribunal ou le juge de paix l'estime nécessaire, si le témoin est un adolescent.

(2) et (3) [Abrogés, L.R.C. 1985, ch. 24 (2ᵉ suppl.), art. 39(2).]

                                   L.R.C. 1985, ch. 24 (2ᵉ suppl.), art. 39.

61. [Abrogé, L.R.C. 1985, ch. 24 (2ᵉ suppl.), art. 40.]

62. (1) Preuve de signification — Pour l'application de la présente loi, la signification d'un document peut être prouvée par témoignage oral fait sous serment, par affidavit ou par déclaration solennelle, de la personne qui affirme avoir elle-même signifié le document ou l'avoir envoyé par la poste.

(2) Preuve de la signature et de l'identité du signataire — Lorsque preuve de signification d'un document est faite par affidavit ou par déclaration solennelle, il n'est pas nécessaire de prouver l'authenticité de la signature ni de la qualité du déclarant ou de la personne qui reçoit la déclaration si cette qualité y figure.

63. Sceau — Il n'est pas nécessaire, pour la validité des dénonciations, sommations, mandats, minutes, décisions, condamnations, ordonnances ou autres actes de procédure ou documents utilisés dans les poursuites intentées sous le régime de la présente loi, qu'un sceau y soit apposé.

REMPLACEMENT DE JUGES

64. (1) Pouvoirs du juge du tribunal pour adolescents qui remplace un autre juge — Le juge du tribunal pour adolescents qui en remplace un autre conformément au paragraphe 669.2(1) du *Code criminel* doit :

    a) lorsqu'un jugement a déjà été rendu, prononcer la décision ou rendre toute ordonnance autorisée par la loi en l'espèce;

    b) lorsque aucun jugement n'a été rendu, recommencer le procès comme si aucune preuve n'avait été déposée.

(2) Transcription des témoignages déjà reçus — Lorsqu'il recommence un procès en vertu de l'alinéa (1)*b*), le juge du tribunal pour adolescents peut, avec l'accord des parties, admettre en preuve la transcription des témoignages déjà reçus en l'espèce.

L.R.C. 1985, ch. 27 (1er suppl.), art. 187.

FONCTIONS DES GREFFIERS DU TRIBUNAL

65. Pouvoirs du greffier — En plus des pouvoirs que lui attribue le *Code criminel*, le greffier du tribunal pour adolescents peut exercer les pouvoirs normalement dévolus au greffier d'un tribunal; il peut notamment :

    a) recevoir les serments ou affirmations solennelles dans toute question relative aux activités du tribunal pour adolescents;

    b) en l'absence du juge du tribunal pour adolescents, exercer les pouvoirs de celui-ci en matière d'ajournement.

FORMULES, RÈGLEMENTS ET RÈGLES DE COUR

66. (1) Formules — Dans les circonstances pour lesquelles elles ont été déterminées sous le régime de l'article 67, les formules peuvent valablement être remplacées par des versions modifiées en fonction de l'espèce ou par des formules différentes visant la même fin.

(2) Absence de formule — Dans les cas où aucune formule n'est déterminée sous le régime de l'article 67, il y a lieu d'utiliser les formules prévues à la partie XXVIII du *Code criminel*, compte tenu des adaptations de circonstance, ou d'autres formules appropriées.

L.R.C. 1985, ch. 1 (4e suppl.), art. 43.

67. Règlements — Le gouverneur en conseil peut, par règlement :

a) déterminer les formules à utiliser pour l'application de la présente loi;

b) établir des règles de cour uniformes pour tous les tribunaux pour adolescents du Canada, et notamment les règles sur la pratique et la procédure à suivre par les tribunaux pour adolescents;

c) prendre toutes autres mesures pour l'application de la présente loi.

L.R.C. 1985, ch. 24 (2ᵉ suppl.), art. 41.

68. (1) Pouvoir de réglementation du tribunal pour adolescents — Tout tribunal pour adolescents siégeant dans une province peut, à tout moment avec l'accord de la majorité de ses juges présents à une réunion tenue à cette fin, et sous réserve de l'approbation du lieutenant-gouverneur en conseil, établir des règles de cour compatibles avec la présente loi et les autres lois fédérales ainsi qu'avec les règlements d'application de l'article 67, en vue de réglementer les procédures relevant de la compétence du tribunal.

(2) Règles de cour — Les règles visées au paragraphe (1) peuvent être établies aux fins de :

a) réglementer de manière générale les fonctions du personnel du tribunal pour adolescents et toute autre question jugée opportune pour la bonne administration de la justice et la mise en oeuvre des dispositions de la présente loi;

b) fixer, sous réserve des règlements pris en vertu de l'alinéa 67b) les règles régissant la pratique et la procédure devant le tribunal;

c) prescrire, dans le silence de la présente loi à cet égard, les formules à utiliser devant le tribunal pour adolescents.

(3) Publication des règles — Les règles de cour établies sous le régime du présent article doivent être publiées dans le journal provincial approprié.

COMITÉS DE JUSTICE POUR LA JEUNESSE

69. Comités de justice pour la jeunesse — Le procureur général d'une province ou tout autre ministre désigné par le lieutenant-gouverneur en conseil de la province, ou leur délégué, peut établir des comités de citoyens dits comités de justice pour la jeunesse et prévoir leurs fonctions et le mode de nomination de leurs membres. Ces comités ont pour mission de prêter leur concours, à titre bénévole, à la mise en oeuvre de la présente loi ainsi qu'à tout service ou programme pour jeunes contrevenants.

ACCORD AVEC LES PROVINCES

70. Accord avec les provinces — Tout ministre peut, avec l'approbation du gouverneur en conseil, conclure avec le gouvernement de toute province un accord prévoyant le paiement par le Canada à la province de subventions au titre des dépenses que celle-ci ou une municipalité a effectuées pour fournir des soins et des services aux adolescents dans le cadre de la présente loi.

L.R.C. 1985, ch. 24 (2ᵉ suppl.), art. 42.

ANNEXE
[Paragraphes 45(2.1), 45.02(3) et (4)]

1. Une infraction prévue par l'une des dispositions suivantes du *Code criminel* :

    a) alinéa 81(2)*a* (causer intentionnellement des blessures);

    b) paragraphe 85(1) (usage d'une arme à feu lors de la perpétration d'une infraction);

    c) article 151 (contacts sexuels);

    d) article 152 (incitation à des contacts sexuels);

    e) article 153 (personnes en situation d'autorité);

    f) article 155 (inceste);

    g) article 159 (relations sexuelles anales);

    h) article 170 (père, mère ou tuteur qui sert d'entremetteur);

    i) paragraphe 212(2) (vivre des produits de la prostitution d'un enfant);

    j) paragraphe 212(4) (obtenir les services sexuels d'un enfant);

    k) article 236 (homicide involontaire coupable);

    l) article 239 (tentative de meurtre);

    m) article 267 (agression armée ou infliction de lésions corporelles);

    n) article 268 (voies de fait graves);

    o) article 269 (infliction illégale de lésions corporelles);

    p) article 271 (agression sexuelle);

    q) article 272 (agression sexuelle armée, menaces à une tierce personne ou infliction de lésions corporelles);

    r) article 273 (agression sexuelle grave);

    s) article 279 (enlèvement, séquestration);

    t) article 344 (vol qualifié);

    u) article 433 (incendie criminel : danger pour la vie humaine);

    v) article 434.1 (incendie criminel : biens propres);

w) article 436 (incendie criminel par négligence).

2. Une infraction prévue par l'une des dispositions suivantes du *Code criminel*, dans leur version antérieure au 1er juillet 1990 :

    a) article 433 (incendie criminel);

    b) article 434 (incendie : dommages matériels);

    c) article 436 (incendie par négligence).

3. Une infraction prévue par l'une des dispositions suivantes du *Code criminel*, chapitre C-34 des Statuts revisés du Canada de 1970, dans leur version antérieure au 4 janvier 1983 :

    a) article 144 (viol);

    b) article 145 (tentative de viol);

    c) article 149 (attentat à la pudeur d'une personne du sexe féminin);

    d) article 156 (attentat à la pudeur d'une personne du sexe masculin);

    e) article 246 (voies de fait avec intention).

4. Une infraction prévue par l'une des dispositions suivantes de la *Loi réglementant certaines drogues et autres substances* :

    a) article 5 (trafic);

    b) article 6 (importation et exportation);

    c) article 7 (production).

L.C. 1995, ch. 19, art. 36, 42; 1996, ch. 19, art. 93.1.

LOI SUR LA PROTECTION DE LA JEUNESSE

L.Q., c. P-34.1

telle que modifiée par : L.Q. 1979, c. 42; L.Q. 1981, c. 2; L.Q. 1982, c. 17; L.Q. 1983, c. 50; L.Q. 1984, c. 4; L.Q. 1985, c. 21; c. 23; L.Q. 1986, c. 95; c. 104; L.Q. 1987, c. 44; L.Q. 1988, c. 41; L.Q. 1989, c. 53; L.Q. 1990, c. 4; c. 29; L.Q. 1991, c. 33; c. 43; L.Q. 1992, c. 21; c. 57; c. 61; L.Q. 1993, c. 51; L.Q. 1994, c. 16; L.Q. 1994, c. 23; L.Q. 1994, c. 35; L.Q. 1995, c. 27; L.Q. 1996, c. 21; L.Q. 1997, c. 43; L.Q. 1999, c. 40.

Chapitre I — Interprétation et application

1. Interprétation — Dans la présente loi, à moins que le contexte n'indique un sens différent, on entend par :

a) **« Commission »** — « Commission » : la Commission des droits de la personne et des droits de la jeunesse constituée par la *Charte des droits et libertés de la personne* (chapitre C-12);

b) **« Directeur »** — « directeur » : un directeur de la protection de la jeunesse nommé pour un établissement qui exploite un centre de protection de l'enfance et de la jeunesse ;

c) **« Enfant »** — « enfant » : une personne âgée de moins de dix-huit ans;

d) **« Organisme »** — « organisme » : tout organisme constitué en vertu d'une loi du Québec qui s'occupe notamment de la défense des droits, de la promotion des intérêts et de l'amélioration des conditions de vie des enfants et tout organisme du milieu scolaire;

d.1) **« Organisme »** — « organisme du milieu scolaire » : tout établissement dispensant l'enseignement au niveau primaire, secondaire ou collégial;

e) **« Parents »** — « parents » : le père et la mère d'un enfant ou toute autre personne agissant comme titulaire de l'autorité parentale, le cas échéant;

f) **« Règlement »** — « règlement » : un règlement adopté en vertu de la présente loi par le gouvernement;

g) **« Tribunal »** — « tribunal » : la Cour du Québec établie par la *Loi sur les tribunaux judiciaires* (chapitre T-16);

h) [abrogé.]

« **Interprétation** » — Les expressions « **centre hospitalier** », « **centre local de services communautaires** », « **établissement** » et « **famille d'accueil** » ont le sens que leur donne la *Loi sur les services de santé et les services sociaux* (chapitre S-4.2) ou la *Loi sur les services de santé et les services sociaux pour les autochtones cris* (chapitre S-5), selon le cas.

« **Interprétation** » — Les expressions « **centre de protection de l'enfance et de la jeunesse** », « **centre de réadaptation** » et « **régie régionale** » ont le sens que leur donne la *Loi sur les services de santé et les services sociaux* et signifient également, respectivement, au sens de la *Loi sur les services de santé et les services sociaux pour les autochtones cris*, un « **centre de services sociaux** », un « **centre d'accueil** » et un « **conseil régional** »

« **Greffier** » — « **greffier** » Dans la présente loi, partout où il se trouve, le mot « **greffier** » comprend le greffier adjoint.

L.Q. 1977, c. 20, art. 1; 1981, c. 2, art. 1; 1984, c. 4, art. 2; 1988, c. 21, art. 118; 1989, c. 53, art. 1; 1992, c. 21, art. 210; c. 68, art. 157; 1994, c. 23, art. 23; c. 35, art. 1; 1995, c. 27, art. 8.

2. Application — La présente loi s'applique à un enfant dont la sécurité ou le développement est ou peut être considéré comme compromis.

L.Q. 1977, c. 20, art. 2; 1984, c. 4, art. 3.

2.1 Orientation — Les mesures de rechange et le mécanisme d'orientation relatif aux enfants qui ont commis une infraction à une loi ou à un règlement du Canada sont établis dans le programme de mesures de rechange autorisé conformément à la *Loi sur les jeunes contrevenants* (Lois révisées du Canada, 1985, chapitre Y-1).

L.Q. 1984, c. 4, art. 3.

Chapitre II — Principes généraux et droits des enfants

2.2 Responsabilités — La responsabilité d'assumer le soin, l'entretien et l'éducation d'un enfant et d'en assurer la surveillance incombe en premier lieu à ses parents.

L.Q. 1984, c. 4, art. 4; 1994, c. 35, art. 2.

2.3 Prévention — Toute intervention auprès d'un enfant et de ses parents doit viser à mettre fin à la situation qui compromet la sécurité ou le développement de l'enfant et à éviter qu'elle ne se reproduise. À cette fin, une personne, un organisme ou un établissement à qui la présente loi confie des responsabilités envers l'enfant et ses parents doit favoriser la participation des parents et l'implication de la communauté.

Implication des parents — Les parents doivent, dans la mesure du possible, participer activement à l'application des mesures pour mettre fin à la situation qui compromet la sécurité ou le développement de leur enfant et pour éviter qu'elle ne se reproduise.

L.Q. 1984, c. 4, art. 4; 1994, c. 35, art. 3.

2.4 Personnes en autorité — Les personnes à qui la présente loi confie des responsabilités envers l'enfant ainsi que celles appelées à prendre des décisions à son sujet en vertu de cette loi tiennent compte, lors de leurs interventions, de la nécessité :

1° de traiter l'enfant et ses parents avec courtoisie, équité et compréhension, dans le respect de leur dignité et de leur autonomie;

2° de s'assurer que les informations et les explications qui doivent être données à l'enfant dans le cadre de la présente loi doivent l'être en des termes adaptés à son âge et à sa compréhension;

3° de s'assurer que les parents ont compris les informations et les explications qui doivent leur être données dans le cadre de la présente loi;

4° de permettre à l'enfant et à ses parents de faire entendre leurs points de vue, d'exprimer leurs préoccupations et d'être écoutés au moment approprié de l'intervention;

5° de favoriser des mesures auprès de l'enfant et de ses parents en prenant en considération qu'il faut agir avec diligence pour assurer la protection de l'enfant, compte tenu que la notion de temps chez l'enfant est différente de celle des adultes, ainsi qu'en prenant en considération les facteurs suivants :

    a) la proximité de la ressource choisie;

    b) les caractéristiques des communautés culturelles;

    c) les caractéristiques des communautés autochtones.

L.Q. 1994, c. 35, art. 3.

3. Intérêt de l'enfant — Les décisions prises en vertu de la présente loi doivent l'être dans l'intérêt de l'enfant et dans le respect de ses droits.

Éléments importants — Sont pris en considération, outre les besoins moraux, intellectuels, affectifs et physiques de l'enfant, son âge, sa santé, son caractère, son milieu familial et les autres aspects de sa situation.

L.Q. 1977, c. 20, art. 3; 1984, c. 4, art. 5; 1994, c. 35, art. 4.

4. Maintien dans milieu familial — Toute décision prise en vertu de la présente loi doit tendre à maintenir l'enfant dans son milieu familial. Si, dans l'intérêt de l'enfant, un tel maintien ou le retour dans son milieu familial n'est pas possible, la décision doit tendre à lui assurer la continuité des soins et la stabilité des conditions de vie appropriées à ses besoins et à son âge et se rapprochant le plus d'un milieu familial normal.

L.Q. 1977, c. 20, art. 4; 1984, c. 4, art. 5; 1994, c. 35, art. 5.

5. Information complète — Les personnes à qui la présente loi confie des responsabilités envers l'enfant doivent l'informer aussi complètement que possible, ainsi que ses parents, des droits que leur confère la présente loi et notamment du droit de consulter un avocat et des droits d'appel prévus à la présente loi.

Protection et réadaptation — Lors d'une intervention en vertu de la présente loi, un enfant ainsi que ses parents doivent obtenir une description des moyens de protection et de réadaptation ainsi que des étapes prévues pour mettre fin à cette intervention.

L.Q. 1977, c. 20, art. 5; 1984, c. 4, art. 6.

6. Occasion d'être entendus — Les personnes et les tribunaux appelés à prendre des décisions au sujet d'un enfant en vertu de la présente loi doivent donner à cet enfant, à ses parents et à toute personne qui veut intervenir dans l'intérêt de l'enfant l'occasion d'être entendus.

L.Q. 1977, c. 20, art. 6.

7. Transfert d'un enfant — Avant qu'un enfant ne soit transféré d'une famille d'accueil ou d'une installation maintenue par un établissement qui exploite un centre de réadaptation à une autre famille d'accueil ou à une installation maintenue par un autre établissement qui exploite un centre de réadaptation, les parents de l'enfant et celui-ci, s'il est en mesure de comprendre, doivent être consultés.

Préparation — L'enfant doit recevoir l'information et la préparation nécessaires à son transfert.

L.Q. 1977, c. 20, art. 7; 1992, c. 21, art. 211; 1994, c. 35, art. 6.

8. Droit aux services — L'enfant a droit de recevoir des services de santé, des services sociaux ainsi que des services d'éducation adéquats, sur les plans à la fois scientifique, humain et social, avec continuité et de façon personnalisée, compte tenu des dispositions législatives et réglementaires relatives à l'organisation et au fonctionnement de l'établissement ou de l'organisme du milieu scolaire qui dispense ces services ainsi que des ressources humaines, matérielles et financières dont il dispose.

L.Q. 1977, c. 20, art. 8; 1981, c. 2, art. 2; 1994, c. 35, art. 7.

9. Droit aux communications confidentielles — L'enfant hébergé par une famille d'accueil ou par un établissement qui exploite un centre de réadaptation a droit de communiquer en toute confidentialité avec son avocat, le directeur qui a pris sa situation en charge, la Commission, les juges et greffiers du Tribunal.

Droit aux communications confidentielles — Il peut également communiquer en toute confidentialité avec ses parents, frères et soeurs, à moins que le Tribunal n'en décide autrement.

Droit aux communications confidentielles — Il peut aussi communiquer en toute confidentialité avec toute autre personne à moins que le tribunal n'en décide autrement ou que le directeur général de l'établissement qui exploite le centre de réadaptation ou la personne qu'il autorise par écrit n'estime qu'il y va de l'intérêt de l'enfant de l'empêcher de communiquer avec cette personne. La décision du directeur général doit être motivée, rendue par écrit et remise à l'enfant de même que, dans la mesure du possible, à ses parents.

Appel au tribunal — L'enfant ou ses parents peut saisir le tribunal d'une telle décision du directeur général. Cette demande est instruite et jugée d'urgence.

Décision du tribunal — Le tribunal confirme ou infirme la décision du directeur général. Il peut, en outre, ordonner au directeur général de prendre certaines mesures relativement au droit de l'enfant de communiquer à l'avenir avec la personne visée dans la décision du directeur général ou toute autre personne.

L.Q. 1977, c. 20, art. 9; 1981, c. 2, art. 3; 1984, c. 4, art. 7; 1988, c. 21, art. 119; 1989, c. 53, art. 11, 12; 1992, c. 21, art. 212; 1994, c. 35, art. 8.

10. Mesure disciplinaire — Toute mesure disciplinaire prise par un établissement qui exploite un centre de réadaptation à l'égard d'un enfant doit l'être dans l'intérêt de celui-ci conformément à des règles internes qui doivent être approuvées par le conseil d'administration et affichées bien en vue à l'intérieur de ses installations. L'établissement doit s'assurer que ces règles sont expliquées à l'enfant de même qu'à ses parents.

Règles internes — Une copie des règles internes doit être remise à l'enfant, s'il est en mesure de comprendre, de même qu'aux parents de l'enfant. Une copie de ces règles doit également être transmise à la Commission, au ministre de la Santé et des Services sociaux, à la régie régionale et à l'établissement qui exploite un centre de protection de l'enfance et de la jeunesse.

L.Q. 1977, c. 20, art. 10; 1984, c. 4, art. 8; 1985, c. 23, art. 24; 1989, c. 53, art. 12; 1992, c. 21, art. 213; 1994, c. 35, art. 9.

11. Interdiction d'hébergement — Aucun enfant ne peut être hébergé dans un établissement de détention au sens de la *Loi sur les services correctionnels* (chapitre S-4.01) ou dans un poste de police.

L.Q. 1977, c. 20, art. 11; 1991, c. 43, art. 22.

11.1 Hébergement — L'enfant, s'il est hébergé par un établissement en vertu de la présente loi, doit l'être dans un lieu approprié à ses besoins et au respect de ses droits, compte tenu des dispositions législatives et réglementaires relatives à l'organisation et au fonctionnement de l'établissement ainsi que des ressources humaines, matérielles et financières dont il dispose.

L.Q. 1984, c. 4, art. 9; 1992, c. 21, art. 214; 1994, c. 35, art. 10.

11.2 Renseignements confidentiels — Les renseignements recueillis dans le cadre de l'application de la présente loi concernant un enfant ou ses parents et permettant de les identifier sont confidentiels et ne peuvent être divulgués par qui que ce soit, sauf dans la mesure prévue au chapitre IV.1.

L.Q. 1984, c. 4, art. 9; 1994, c. 35, art. 11.

11.3. Dispositions applicables — Les articles 7 à 10 s'appliquent également à un enfant qui a commis une infraction à une loi ou à un règlement en vigueur au Québec.

L.Q. 1984, c. 4, art. 9.

Chapitre III — Organisme et personnes chargés de la protection de la jeunesse

Section I — Commission des droits de la personne et des droits de la jeunesse

12 à 22. [Abrogés, L.Q. 1995, c. 27, art. 10.]

23. Responsabilités de la Commission — La Commission exerce les responsabilités suivantes, conformément aux autres dispositions de la présente loi :

a) elle assure, par toutes mesures appropriées, la promotion et le respect des droits de l'enfant reconnus par la présente loi et par la *Loi sur les jeunes contrevenants* (Lois révisées du Canada, 1985, chapitre Y-1);

b) sur demande ou de sa propre initiative, elle enquête sur toute situation où elle a raison de croire que les droits d'un enfant ou d'un groupe d'enfants ont été lésés par des personnes, des établissements ou des organismes, à moins que le tribunal n'en soit déjà saisi;

c) elle prend les moyens légaux qu'elle juge nécessaires pour que soit corrigée la situation où les droits d'un enfant sont lésés;

d) elle élabore et applique des programmes d'information et d'éducation destinés à renseigner la population en général et les enfants en particulier sur les droits de l'enfant;

e) elle peut, en tout temps, faire des recommandations notamment au ministre de la Santé et des Services sociaux, au ministre de l'Éducation et au ministre de la Justice;

f) elle peut faire ou faire effectuer des études et des recherches sur toute question relative à sa compétence, de sa propre initiative ou à la demande du ministre de la Santé et des Services sociaux et du ministre de la Justice.

L.Q. 1977, c. 20, art. 23; 1981, c. 2, art. 5; 1984, c. 4, art. 10; 1985, c. 21, art. 81; 1985, c. 23, art. 24; 1988, c. 21, art. 119; 1988, c. 41, art. 88; 1989, c. 53, art. 11, art. 12; 1993, c. 51, art. 45; 1994, c. 16, art. 50; 1995, c. 27, art. 11.

23.1 Exercice des responsabilités — La responsabilité prévue par le paragraphe *b)* de l'article 23 doit être exercée par un groupe d'au moins trois membres de la Commission. Ce groupe est composé du président ou du vice-président nommé en application du deuxième alinéa de l'article 58.1 de la *Charte des droits et libertés de la personne* (chapitre C-12) ainsi que des membres désignés par le président majoritairement parmi les personnes également nommées en application de cet alinéa.

Enquête — Toutefois, la décision de tenir une enquête, de présenter une demande de divulgation de renseignements conformément aux dispositions du deuxième alinéa de l'article 72.5 ou de divulguer un renseignement conformément aux dispositions du deuxième alinéa de l'article 72.6 ou de l'article 72.7 est prise par le président ou par une personne désignée par ce dernier parmi les membres de la Commission, y compris le vice-président, nommés en application du deuxième alinéa de l'article 58.1 de la Charte ou parmi les membres du personnel de la Commission.

Vice-président — D'office, le vice-président visé au premier alinéa remplace temporairement, aux fins du présent article, le président en cas d'absence ou d'empêchement de celui-ci ou de vacance de sa fonction.

Révision des décisions — Les membres nommés en application du deuxième alinéa de l'article 58.1 de la Charte peuvent réviser les décisions prises en vertu du deuxième alinéa du présent article, à l'exception des décisions relatives à la présentation d'une demande de divulgation de renseignements prises en vertu du deuxième alinéa de l'article 72.5 ou de celles relatives à la divulgation d'un renseignement prises en vertu du deuxième alinéa de l'article 72.6 ou de l'article 72.7.

L.Q. 1981, c. 2, art. 6; 1984, c. 4, art. 10; 1989, c. 53, art. 3; 1994, c. 35, art. 14; 1995, c. 27, art. 12.

24. Exercice des responsabilités — Les responsabilités prévues au paragraphe *c)* de l'article 23 et aux articles 25.2 et 25.3 peuvent être exercées, au nom de la Commission, par un groupe de membres désignés en vertu du premier alinéa de l'article 23.1.

L.Q. 1977, c. 20, art. 24; 1984, c. 4, art. 11; 1989, c. 53, art. 12; 1995, c. 27, art. 13.

25. Pouvoirs des membres de la Commission — Un membre de la Commission ou toute personne à son emploi peut, s'il obtient l'autorisation écrite d'un juge de paix, pénétrer dans un lieu où il a un motif raisonnable de croire qu'il s'y trouve un enfant dont la sécurité ou le développement est ou peut être considéré comme compromis et qu'il est nécessaire d'y pénétrer aux fins d'une enquête de la Commission.

Autorisation préalable — Un juge de paix peut accorder cette autorisation aux conditions qu'il y indique, s'il est convaincu, sur la foi d'une déclaration sous serment du membre de la Commission ou de la personne à l'emploi de la Commission, qu'il existe un motif raisonnable de croire qu'il s'y trouve un enfant dont la sécurité ou le développement est ou peut être considéré comme compromis et qu'il est nécessaire d'y pénétrer aux fins d'une enquête. L'autorisation doit être rapportée au juge qui l'a accordée, qu'elle ait été exécutée ou non, dans les 15 jours de sa délivrance.

Urgence — Toutefois, cette autorisation n'est pas requise si les conditions de sa délivrance sont remplies et si le délai pour l'obtenir, compte tenu de l'urgence de la situation, risque de compromettre la sécurité d'un enfant.

L.Q. 1977, c. 20, art. 25; 1984, c. 4, art. 12; 1986, c. 95, art. 246; 1989, c. 53, art. 12.

25.1 [Abrogé, L.Q. 1995, c. 27, art. 14.]

25.2 Recommandation — La Commission peut recommander la cessation de l'acte reproché ou l'accomplissement, dans le délai qu'elle fixe, de toute mesure visant à corriger la situation.

L.Q. 1984, c. 4, art. 12; 1989, c. 53, art. 12.

25.3 Tribunal — La Commission peut saisir le tribunal lorsque sa recommandation n'a pas été suivie dans le délai imparti.

L.Q. 1984, c. 4, art. 12; 1988, c. 21, art. 119; 1989, c. 53, art. 11, 12.

26. Consultation de dossiers — Malgré l'article 19 de la *Loi sur les sevices de santé et les services sociaux* (chapitre S-4.2) ou malgré l'article 7 de la *Loi sur les services de santé et les services sociaux pour les autochtones cris* (chapitre S-5), un membre de la Commission ou une personne à l'emploi de la Commission peut, à toute heure raisonnable ou en tout temps dans les cas d'urgence, pénétrer dans une installation maintenue dans un établissement afin de consulter sur place le dossier pertinent au cas d'un enfant et tirer des copies de ce dossier.

Transmission — Sur demande, l'établissement doit transmettre à la Commission une copie de ce dossier.

L.Q. 1977, c. 20, art. 26; 1984, c. 4, art. 12; 1986, c. 95, art. 247; 1989, c. 53, art. 12; 1992, c. 21, art. 215; 1994, c. 23, art. 23.

26.1. Identification — Une personne qui agit en vertu des articles 25 ou 26 doit, sur demande, s'identifier et exhiber un certificat attestant sa qualité.

L.Q. 1986, c. 95, art. 248.

27. Fichier — La Commission tient un fichier des informations qui lui sont communiquées. Le nom de l'enfant, de ses parents et toute autre information permettant de les identifier est retiré du fichier au plus tard lorsque l'enfant atteint l'âge de 18 ans.

L.Q. 1977, c. 20, art. 27; 1984, c. 4, art. 12; 1989, c. 53, art. 12; 1994, c. 35, art. 15.

28 à 30. [Abrogés, L.Q. 1995, c. 27, art. 15.]

SECTION II — DIRECTEUR DE LA PROTECTION DE LA JEUNESSE

31. Nomination du directeur — Un directeur de la protection de la jeunesse est nommé pour chacun des établissements qui exploitent un centre de protection de l'enfance et de la jeunesse.

Nomination du directeur — Le directeur est nommé par le conseil d'administration de l'établissement sur recommandation du directeur général, après consultation auprès de la régie régionale, des organismes et des établissements qui exploitent soit un centre local de services communautaires, soit un centre de réadaptation et qui opèrent sur le territoire desservi par l'établissement qui exploite le centre de protection de l'enfance et de la jeunesse. Le directeur agit sous l'autorité directe du directeur général.

L.Q. 1977, c. 20, art. 31; 1984, c. 4, art. 13; 1992, c. 21, art. 216; 1994, c. 35, art. 16.

31.1 Remplacement du directeur — En cas d'absence ou d'empêchement du directeur, il est remplacé par une personne désignée par le conseil d'administration qui l'a nommé.

L.Q. 1981, c. 2, art. 7; 1994, c. 35, art. 17; 1999, c. 40, art. 229.

31.2 Destitution du directeur — Le conseil d'administration d'un établissement qui exploite un centre de protection de l'enfance et de la jeunesse ne peut destituer un directeur ou réduire son traitement que par une résolution adoptée à une assemblée convoquée à cette fin par le vote d'au moins les deux tiers de l'ensemble de ses membres.

L.Q. 1984, c. 4, art. 14; 1992, c. 21, art. 217; 1994, c. 36, art. 18.

32. Responsabilités du directeur — Le directeur et les membres de son personnel qu'il autorise à cette fin exercent, en exclusivité, les responsabilités suivantes :

a) déterminer la recevabilité du signalement de la situation d'un enfant dont la sécurité ou le développement est ou peut être considéré comme compromis;

b) décider si la sécurité ou le développement d'un enfant est compromis;

c) décider de l'orientation d'un enfant;

d) réviser la situation d'un enfant;

e) décider de fermer le dossier;

f) exercer la tutelle;

g) recevoir les consentements généraux requis pour l'adoption;

h) demander au tribunal de déclarer un enfant admissible à l'adoption;

i) décider de présenter une demande de divulgation de renseignements conformément aux dispositions du deuxième alinéa de l'article 72.5 ou de divulguer un renseignement conformément aux dispositions du deuxième alinéa de l'article 72.6 ou de l'article 72.7.

Mesures volontaires — Lorsque la décision sur l'orientation de l'enfant implique l'application de mesures volontaires, le directeur peut, personnellement, décider de convenir d'une entente sur ces mesures avec un seul parent conformément au deuxième alinéa de l'article 52.1.

L.Q. 1977, c. 20, art. 32; 1984, c. 4, art. 15; 1988, c. 21, art. 119; 1989, c. 53, art. 11; 1994, c. 35, art. 19.

33. Exercice des responsabilités — Le directeur peut, par écrit et dans la mesure qu'il indique, autoriser une personne physique à exercer une ou plusieurs de ses responsabilités à l'exception de celles qu'énumère l'article 32.

L.Q. 1977, c. 20, art. 33; 1982, c. 17, art. 62; 1984, c. 4, art. 15.

33.1 Reprise de responsabilité — Le directeur peut en tout temps mettre fin à une autorisation.

L.Q. 1984, c. 4, art. 15; 1985, c. 23, art. 15.

33.2 Signature — L'autorisation doit être signée par le directeur ou, en son nom, par toute personne qu'il autorise à cette fin. La signature requise peut toutefois être apposée au moyen d'un fac-similé de la signature du directeur, à la condition que le document soit contresigné par une personne relevant de l'autorité du directeur et autorisée à cette fin.

L.Q. 1984, c. 4, art. 15.

33.3 Attributions du « directeur provincial » — Le directeur exerce les attributions conférées au **« directeur provincial »** par la *Loi sur les jeunes contrevenants* (Lois révisées du Canada, 1985, chapitre Y-1).

L.Q. 1984, c. 4, art. 15.

34. Accessibilité — Dans le cadre de la présente loi, les services fournis par un établissement qui exploite un centre de protection de l'enfance et de la jeunesse doivent être accessibles tous les jours de la semaine et vingt-quatre heures par jour.

L.Q. 1977, c. 20, art. 34; 1992, c. 21, art. 218; 1994, c. 35, art. 20.

35. Immunité — Le directeur et toute personne qui agit en vertu des articles 32 ou 33 ne peuvent être poursuivis en justice pour des actes accomplis de bonne foi dans l'exercice de leurs fonctions.

L.Q. 1977, c. 20, art. 35; 1984, c. 4, art. 16.

35.1 Enquêtes — Le directeur ou toute personne qui agit en vertu des articles 32 ou 33 peut enquêter sur toute matière relevant de la compétence du directeur.

L.Q. 1984, c. 4, art. 16; 1986, c. 95, art. 249.

35.2 Autorisation d'amener — Sur demande d'une personne visée à l'article 35.1 ou d'un agent de la paix, un juge de paix peut autoriser par écrit le directeur, une personne qui agit en vertu des articles 32 ou 33 ou tout agent de la paix à rechercher et amener devant le directeur un enfant.

Conditions — Le juge peut accorder cette autorisation, aux conditions qu'il y indique, s'il est convaincu, sur la foi d'une déclaration sous serment de la personne qui en fait la demande, que la situation de cet enfant est signalée ou qu'il existe un motif raisonnable de croire que la sécurité ou le développement de cet enfant est ou peut être considéré comme compromis et qu'il est nécessaire de le rechercher et de l'amener devant le directeur.

Rapport — L'autorisation doit être rapportée au juge qui l'a accordée.

L.Q. 1986, c. 95, art. 249.

35.3 Autorisation d'amener — Une personne visée à l'article 35.1 ou un agent de la paix peut, s'il obtient l'autorisation écrite d'un juge de paix, pénétrer dans un lieu afin de rechercher et d'amener devant le directeur un enfant, s'il a un motif raisonnable de croire que cet enfant s'y trouve et que sa situation est signalée ou que sa sécurité ou son développement est ou peut être considéré comme compromis.

Conditions — Un juge de paix, peut accorder cette autorisation, aux conditions qu'il y indique, s'il est convaincu, sur la foi d'une déclaration sous serment du directeur, de la personne qui agit en vertu des articles 32 ou 33 ou de l'agent de la paix, qu'il existe un motif raisonnable de croire qu'il s'y trouve un enfant dont la situation est signalée ou dont la sécurité ou le développement est ou peut être considéré comme compromis et qu'il est nécessaire d'y pénétrer afin de rechercher cet enfant et de l'amener devant le directeur. L'autorisation doit être rapportée au juge qui l'a accordée, qu'elle ait été exécutée ou non, dans les 15 jours de sa délivrance.

Urgence — Toutefois, cette autorisation n'est pas requise si les conditions de sa délivrance sont remplies et si le délai pour l'obtenir, compte tenu de l'urgence de la situation, risque de compromettre la sécurité d'un enfant.

L.Q. 1986, c. 95, art. 249; 1999, c. 40, art. 229(A).

36. Consultation de dossiers — Malgré l'article 19 de la *Loi sur les services de santé et les services sociaux* (chapitre S-4.2) ou malgré l'article 7 de la *Loi sur les services de santé et les services sociaux pour les autochtones cris* (chapitre S-5), lorsque le directeur retient le signalement de la situation d'un enfant victime d'abus sexuels ou soumis à des mauvais traitements physiques ou dont la santé physique est menacée par l'absence de soins appropriés, il peut, de même que toute personne qui agit en vertu des articles 32 ou 33, pénétrer, à toute heure raisonnable ou en tout temps dans les cas d'urgence, dans une installation maintenue par un établissement afin de consulter sur place le dossier constitué sur cet enfant et tirer des copies de ce dossier.

Transmission au directeur — Sur demande, l'établissement doit transmettre au directeur une copie de ce dossier.

L.Q. 1977, c. 20, art. 36; 1984, c. 4, art. 16; 1986, c. 95, art. 250; 1992, c. 21, art. 219; 1994, c. 23, art. 23.

36.1 Identification — Sur demande, le directeur ou une personne qui agit en vertu des articles 32 ou 33 doit, lorsqu'il exerce les pouvoirs prévus aux articles 35.1, 35.2, 35.3 ou 36, s'identifier et exhiber un certificat attestant sa qualité.

L.Q. 1986, c. 95, art. 251.

37. Copie d'un règlement interne — Copie d'un règlement interne d'un établissement qui exploite un centre de protection de l'enfance et de la jeunesse concernant la protection de la jeunesse et l'application de la présente loi doit être transmise à la Commission, à la régie régionale, au ministre de la Santé et des Services sociaux et, sur demande, à l'enfant et à ses parents.

L.Q. 1977, c. 20, art. 37; 1985, c. 23, art. 24; 1989, c. 53, art. 12; 1992, c. 21, art. 220; 1994, c. 35, art. 21.

37.1 Sécurité ou développement compromis — Le directeur consigne l'information dès qu'il reçoit un signalement à l'effet que la sécurité ou le développement d'un enfant est ou peut être considéré comme compromis. Cette information peut être conservée pour une période d'au plus 6 mois lorsque le directeur décide de ne pas retenir le signalement.

L.Q. 1984, c. 4, art. 17; 1994, c. 35, art. 22.

37.2 Information conservée — L'information contenue dans un signalement peut être conservée pour une période d'au plus un an lorsque le directeur, après l'avoir retenue, constate que la sécurité ou le développement d'un enfant n'est pas compromis.

L.Q. 1984, c. 4, art. 17.

37.3 Information conservée — L'information doit être conservée pendant un an à compter de la décision finale du tribunal infirmant la décision du directeur à l'effet que la sécurité ou le développement d'un enfant est compromis.

L.Q. 1984, c. 4, art. 17; 1988, c. 21, art. 119; 1989, c. 53, art. 11.

37.4 Information conservée — Lorsque le directeur ou le tribunal décide que la sécurité ou le développement d'un enfant est compromis, l'information doit être conservée pendant cinq ans à compter de la décision finale ou jusqu'à ce que l'enfant ait atteint 18 ans, selon la période la plus courte.

L.Q. 1984, c. 4, art. 17; 1988, c. 21, art. 119; 1989, c. 53, art. 11.

Chapitre IV — Intervention sociale

SECTION I — SÉCURITÉ ET DÉVELOPPEMENT D'UN ENFANT

38. Sécurité ou développement compromis — Aux fins de la présente loi, la sécurité ou le développement d'un enfant est considéré comme compromis :

a) si ses parents ne vivent plus ou n'en assument pas de fait le soin, l'entretien ou l'éducation;

b) si son développement mental ou affectif est menacé par l'absence de soins appropriés ou par l'isolement dans lequel il est maintenu ou par un rejet affectif grave et continu de la part de ses parents;

c) si sa santé physique est menacée par l'absence de soins appropriés;

d) s'il est privé de conditions matérielles d'existence appropriées à ses besoins et aux ressources de ses parents ou de ceux qui en ont la garde;

e) s'il est gardé par une personne dont le comportement ou le mode de vie risque de créer pour lui un danger moral ou physique;

f) s'il est forcé ou incité à mendier, à faire un travail disproportionné à ses capacités ou à se produire en spectacle de façon inacceptable eu égard à son âge;

g) s'il est victime d'abus sexuels ou est soumis à des mauvais traitements physiques par suite d'excès ou de négligence;

h) s'il manifeste des troubles de comportement sérieux et que ses parents ne prennent pas les moyens nécessaires pour mettre fin à la situation qui compromet la sécurité ou le développement de leur enfant ou n'y parviennent pas.

Santé et sécurité — Toutefois, la sécurité ou le développement d'un enfant n'est pas considéré comme compromis bien que ses parents ne vivent plus, si une personne qui en tient lieu assume de fait le soin, l'entretien et l'éducation de cet enfant, compte tenu de ses besoins.

L.Q. 1977, c. 20, art. 38; 1981, c. 2, art. 81; 1984, c. 4, art. 18; 1994, c. 35, art. 23.

38.1 Sécurité ou développement compromis — La sécurité ou le développement d'un enfant peut être considéré comme compromis :

a) s'il quitte sans autorisation son propre foyer, une famille d'accueil, ou une installation maintenue par un établissement qui exploite un centre de réadaptation ou un centre hospitalier alors que sa situation n'est pas prise en charge par le directeur de la protection de la jeunesse;

b) s'il est d'âge scolaire et ne fréquente pas l'école ou s'en absente fréquemment sans raison;

c) si ses parents ne s'acquittent pas des obligations de soin, d'entretien et d'éducation qu'ils ont à l'égard de leur enfant ou ne s'en occupent pas d'une façon stable, alors qu'il est confié à un établissement ou à une famille d'accueil depuis un an.

L.Q. 1984, c. 4, art. 18; 1992, c. 21, art. 221; 1994, c. 35, art. 24.

39. Signalement obligatoire — Tout professionnel qui, par la nature même de sa profession, prodigue des soins ou toute autre forme d'assistance à des enfants et qui, dans l'exercice de sa profession, a un motif raisonnable de croire que la sécurité ou le développement d'un enfant est ou peut être considéré comme compromis au sens de l'article 38 ou au sens de l'article 38.1, est tenu de signaler sans délai la situation au directeur; la même obligation incombe à tout employé d'un établissement, à tout enseignant ou à tout policier qui, dans l'exercice de ses fonctions, a un motif raisonnable de croire que la sécurité ou le développement d'un enfant est ou peut être considéré comme compromis au sens de ces dispositions.

Signalement obligatoire — Toute personne autre qu'une personne visée au premier alinéa qui a un motif raisonnable de croire que la sécurité ou le développement d'un enfant est considéré comme compromis au sens du paragraphe g de l'article 38 est tenue de signaler sans délai la situation au directeur.

Signalement discrétionnaire — Toute personne autre qu'une personne visée au premier alinéa qui a un motif raisonnable de croire que la sécurité ou le développement d'un enfant est ou peut être considéré comme compromis au sens des paragraphes a), b), c), d), e), f) ou h) de l'article 38 ou au sens de l'article 38.1, peut signaler la situation au directeur.

Secret professionnel — Les premier et deuxième alinéas s'appliquent même à ceux liés par le secret professionnel, sauf à l'avocat qui, dans l'exercice de sa profession, reçoit des informations concernant une situation visée à l'article 38 ou 38.1.

L.Q. 1977, c. 20, art. 39; 1981, c. 2, art. 9; 1984, c. 4, art. 19; 1994, c. 35, art. 25.

40. [Abrogé, L.Q. 1984, c. 4, art. 20.]

41. Abus sexuels, mauvais traitements — Le directeur doit aviser la Commission dans le cas d'un enfant victime d'abus sexuels ou soumis à des mauvais traitements physiques par suite d'excès ou de négligence.

L.Q. 1977, c. 20, art. 41; 1989, c. 53, art. 12.

42. Obligation d'un adulte d'aider un enfant — Un adulte est tenu d'apporter l'aide nécessaire à un enfant qui désire saisir les autorités compétentes d'une situation compromettant sa sécurité ou son développement, ceux de ses frères et soeurs ou ceux de tout autre enfant.

L.Q. 1977, c. 20, art. 42.

43. Immunité — Une personne ne peut être poursuivie en justice pour des actes accomplis de bonne foi en vertu des articles 39 ou 42.

L.Q. 1977, c. 20, art. 43.

44. Divulgation d'identité — Nul ne peut dévoiler ou être contraint de dévoiler l'identité d'une personne qui a agi conformément aux articles 39 ou 42, sans son consentement.

L.Q. 1977, c. 20, art. 44.

SECTION II — MESURES D'URGENCE

45. Signalement transmis au directeur — Tout signalement à l'effet que la sécurité ou le développement d'un enfant est ou peut être considéré comme compromis est transmis au directeur. Celui-ci détermine s'il est recevable et si des mesures d'urgence s'imposent.

L.Q. 1977, c. 20, art. 45; 1984, c. 4, art. 21.

46. Mesures d'urgence — À titre de mesures d'urgence, le directeur peut :

a) retirer immédiatement l'enfant du lieu où il se trouve;

b) confier l'enfant sans délai à un établissement qui exploite un centre de réadaptation ou un centre hospitalier, à une famille d'accueil, à un organisme approprié ou à toute autre personne;

c) [abrogé.]

Accueil obligatoire — Lorsque la mesure retenue est de confier l'enfant à un établissement visé au paragraphe b) du premier alinéa, le directeur doit préciser si la mesure comporte un hébergement. L'établissement désigné est tenu de recevoir l'enfant.

L.Q. 1977, c. 20, art. 46; 1981, c. 2, art. 11; 1984, c. 4, art. 22; 1992, c. 21, art. 222; 1994, c. 35, art. 26.

47. Consultation sur les mesures d'urgence — L'enfant doit être consulté sur l'application des mesures d'urgence; ses parents doivent l'être également dans toute la mesure du possible.

Opposition — Si les parents ou l'enfant s'opposent à l'application des mesures d'urgence, le directeur peut les y contraindre. Il doit toutefois soumettre le cas au tribunal dans les plus brefs délais. Le directeur ne peut jamais appliquer des mesures d'urgence pendant plus de vingt-quatre heures, sans obtenir une ordonnance du tribunal qui en constate la nécessité. Une telle ordonnance peut être rendue par le greffier lorsque le juge est absent ou empêché d'agir et qu'un retard risquerait de causer un préjudice sérieux à l'enfant. La décision du tribunal ou du greffier ne peut avoir d'effet pour une durée supérieure à cinq jours ouvrables.

Prolongation de l'application des mesures d'urgence — Lorsque le délai de vingt-quatre heures se termine un samedi ou un jour non juridique, que le juge et le greffier sont absents ou empêchés d'agir et que leur interruption risque de causer un préjudice sérieux à l'enfant, le directeur peut, sans ordonnance, prolonger l'application des mesures d'urgence qui se terminent alors le premier jour juridique qui suit.

L.Q. 1977, c. 20, art. 47; 1979, c. 42, art. 12; 1984, c. 4, art. 23; 1988, c. 21, art. 119; 1989, c. 53, art. 11; 1994, c. 35, art. 27; 1999, c. 40, art. 229.

48. Frais de transport, gîte et couvert — Les frais de transport, gîte ou couvert d'un enfant confié à titre provisoire à une famille d'accueil ou à une institution autre qu'un établissement sont à la charge de l'établissement qui exploite le centre de protection de l'enfance et de la jeunesse de qui relève le directeur qui a pris charge de la situation de l'enfant.

Soins médicaux et autres soins en cas d'urgence — Durant la période où des mesures d'urgence sont appliquées, le directeur peut autoriser, en cas d'urgence, la prestation des services médicaux et d'autres soins qu'il juge nécessaires sans le consentement des parents ni ordonnance du tribunal. Tout établissement qui exploite un centre hospitalier est alors tenu de recevoir l'enfant que le directeur lui confie.

L.Q. 1977, c. 20, art. 48; 1984, c. 4, art. 24; 1988, c. 21, art. 119; 1989, c. 53, art. 11; 1992, c. 21, art. 223.1; 1994, c. 35, art. 28.

48.1 Avis de congé — Aux fins de la présente section, un établissement qui exploite un centre hospitalier et à qui le directeur a confié un enfant doit aviser le directeur avant que l'enfant n'obtienne son congé conformément à la *Loi sur les services de santé et les services sociaux* (chapitre S-4.2) ou à la *Loi sur les services de santé et les services sociaux pour les autochtones cris* (chapitre S-5).

L.Q. 1984, c. 4, art. 25; 1992, c. 21, art. 224; 1994, c. 23, art. 23.

SECTION III — ÉVALUATION DE LA SITUATION ET ORIENTATION DE L'ENFANT

49. Décision du directeur — Si le directeur juge recevable le signalement à l'effet que la sécurité ou le développement d'un enfant est ou peut être considéré comme compromis, il procède à une évaluation de sa situation et de ses conditions de vie. Il décide si sa sécurité ou son développement est compromis.

L.Q. 1977, c. 20, art. 49; 1984, c. 4, art. 26.

50. Avis aux parties intéressées — Si le directeur constate que la sécurité ou le développement de l'enfant n'est pas compromis, il doit en informer l'enfant et ses parents et en faire part à la personne qui avait signalé la situation.

Ressources disponibles — Le directeur doit, en outre, informer l'enfant et ses parents des services et des ressources disponibles dans leur milieu ainsi que des modalités d'accès à ces services et à ces ressources. Il peut, s'ils y consentent, les diriger vers les établissements, les organismes ou les personnes les plus aptes à leur venir en aide. À cette fin, il peut, le cas échéant, les conseiller sur le choix des personnes ou des organismes pouvant les accompagner et les assister dans leur démarche.

L.Q. 1977, c. 20, art. 50; 1994, c. 35, art. 30.

51. Orientation de l'enfant — Lorsque le directeur est d'avis que la sécurité ou le développement d'un enfant est compromis, il prend la situation de l'enfant en charge et décide de son orientation. À cette fin, le directeur propose l'application de mesures volontaires ou saisit le tribunal de la situation.

Prise en charge — Le directeur, s'il l'estime à propos, informe la personne visée au premier alinéa de l'article 39 qui avait signalé la situation de l'enfant que celle-ci est prise en charge.

L.Q. 1977, c. 20, art. 51; 1981, c. 2, art. 12; 1984, c. 4, art. 27; 1988, c. 21, art. 119; 1989, c. 53, art. 11; 1994, c. 35, art. 31.

52. Refus des mesures — Le directeur, lorsqu'il propose à l'enfant et à ses parents l'application de mesures volontaires, doit, avant de convenir d'une entente avec eux, les informer que l'enfant de 14 ans et plus et ses parents ont le droit de refuser l'application de mesures volontaires. Il doit cependant favoriser l'adhésion de l'enfant de moins de 14 ans à l'entente lorsque ses parents acceptent l'application de mesures volontaires.

Entente — L'entente sur les mesures volontaires doit contenir les mesures les plus appropriées pour mettre fin à la situation qui compromet la sécurité ou le développement de l'enfant et pour éviter qu'elle ne se reproduise.

Demande au tribunal — Le directeur doit saisir le tribunal de la situation de l'enfant si aucune entente n'est intervenue dans les 10 jours et que la sécurité ou le développement de l'enfant demeure compromis.

L.Q. 1977, c. 20, art. 52; 1984, c. 4, art. 27; 1988, c. 21, art. 119; 1989, c. 53, art. 11; 1994, c. 35, art. 32.

52.1 Entente avec un parent — Le directeur peut convenir d'une entente sur les mesures volontaires avec un seul des parents lorsque l'autre parent est décédé ou est déchu de l'autorité parentale.

Entente avec un parent — Il peut également décider de convenir d'une telle entente avec un seul des parents lorsque l'autre parent n'est pas en mesure de manifester sa volonté ou ne peut être retrouvé, malgré des efforts sérieux qui ont été faits, ou lorsque celui-ci, n'assumant de fait ni le soin, l'entretien ou l'éducation de l'enfant, s'abstient d'intervenir en raison de son indifférence. Cette décision ne peut être prise que par le directeur personnellement. Elle doit être écrite et motivée.

Modifications — Toutefois, si au cours de l'application de l'entente l'autre parent se manifeste, le directeur doit lui permettre de présenter ses observations. Le directeur peut, à la suite de ces observations, avec le consentement des parents et de l'enfant de 14 ans et plus, apporter certaines modifications à l'entente si l'intérêt de l'enfant le justifie.

L.Q. 1994, c. 35, art. 32.

53. Entente écrite — L'entente sur les mesures volontaires doit être consignée dans un écrit. La durée de l'entente ne peut excéder un an.

Nouvelle entente — Toutefois, le directeur peut convenir d'une nouvelle entente s'il estime, compte tenu de l'évolution de la situation de l'enfant, que celle-ci mettra vraisemblablement fin à la situation qui compromet la sécurité ou le développement de l'enfant dans un délai raisonnable. La nouvelle entente ne peut être renouvelée et sa durée ne peut excéder un an.

L.Q. 1977, c. 20, art. 53; 1984, c. 4, art. 27; 1994, c. 35, art. 32.

53.0.1 Durée — Malgré le deuxième alinéa de l'article 53, la durée de la nouvelle entente ne peut excéder six mois si celle-ci contient une mesure d'hébergement volontaire d'un enfant par une famille d'accueil ou un établissement qui exploite un centre de réadaptation. Cette nouvelle entente peut être renouvelée pour une seule période d'au plus six mois si, à la date du début de son renouvellement, l'enfant a atteint l'âge de 14 ans.

Prolongation — Toutefois, lorsqu'une nouvelle entente contenant une mesure d'hébergement volontaire se termine en cours d'année scolaire, celle-ci peut être prolongée jusqu'à la fin de l'année scolaire si l'enfant, âgé de 14 ans et plus, y consent; lorsque l'enfant est âgé de moins de 14 ans, la nouvelle entente peut être prolongée avec l'accord des parents et du directeur.

Centre de réadaptation — Un établissement qui exploite un centre de réadaptation et qui est désigné par le directeur est tenu de recevoir l'enfant.

L.Q. 1994, c. 35, art. 32.

53.1 Sécurité de l'enfant compromise — Le directeur doit saisir le tribunal lorsque l'enfant âgé de 14 ans et plus ou l'un de ses parents parties à l'entente se retire de celle-ci et que la sécurité ou le développement de l'enfant demeure compromis.

Demande au tribunal — Le directeur doit également saisir le tribunal lorsque l'entente ou la nouvelle entente est expirée et que la sécurité ou le développement de l'enfant demeure compromis.

Information aux parents — Le directeur doit, avant de convenir d'une entente avec l'enfant et ses parents, les informer des situations prévues au présent article pour lesquelles il doit saisir le tribunal.

L.Q. 1984, c. 4, art. 27; 1985, c. 23, art. 16; 1988, c. 21, art. 119; 1989, c. 53, art. 11; 1994, c. 35, art. 33.

54. Mesures volontaires — Le directeur peut proposer que l'entente porte notamment sur les mesures volontaires suivantes :

a) que l'enfant soit maintenu dans son milieu familial et que les parents fassent rapport périodiquement au directeur sur les mesures qu'ils appliquent à eux-mêmes ou à leur enfant pour mettre fin à la situation qui compromet la sécurité ou le développement de l'enfant;

b) que l'enfant et ses parents s'engagent à participer activement à l'application de mesures qui ont pour but de mettre fin à la situation qui compromet la sécurité ou le développement de l'enfant;

c) que les parents s'assurent que l'enfant n'entre pas en contact avec certaines personnes ou que certaines personnes n'entrent pas en contact avec l'enfant;

d) que l'enfant s'engage à ne pas entrer en contact avec certaines personnes;

e) que les parents confient l'enfant à d'autres personnes;

f) qu'une personne qui travaille pour un établissement ou un organisme apporte aide, conseil ou assistance à l'enfant et à sa famille;

g) que les parents confient l'enfant à un établissement qui exploite un centre hospitalier ou un centre local de services communautaires ou à un organisme afin qu'il y reçoive les soins et l'aide dont il a besoin;

h) que l'enfant ou ses parents se présentent à intervalles réguliers chez le directeur pour lui faire part de l'évolution de la situation;

i) que les parents s'assurent que l'enfant reçoive des services de santé requis par sa situation;

j) que les parents confient l'enfant pour une période déterminée à un établissement qui exploite un centre de réadaptation ou à une famille d'accueil, choisi par l'établissement qui exploite le centre de protection de l'enfance et de la jeunesse;

k) que les parents s'assurent que l'enfant fréquente un milieu d'apprentissage autre qu'un milieu scolaire et que l'enfant s'engage à fréquenter un tel milieu.

Exécution — Pour l'application du présent article, le directeur doit, dans la mesure du possible, faire appel aux personnes ou organismes oeuvrant dans le milieu de vie de l'enfant. Il doit également s'assurer que les services requis sont dispensés à l'enfant ou à ses parents aux fins de l'exécution des mesures volontaires.

Hébergement — Lorsqu'il propose que les parents confient l'enfant à un établissement qui exploite un centre de réadaptation ou un centre hospitalier, le directeur doit préciser si un hébergement est requis.

L.Q. 1977, c. 20, art. 54; 1981, c. 2, art. 13; 1984, c. 4, art. 28; 1992, c. 21, art. 225; 1994, c. 35, art. 34.

55. Collaboration — Tout établissement et tout organisme du milieu scolaire doivent collaborer par tous les moyens à leur disposition à l'exécution des mesures volontaires. Il en est de même des personnes et des autres organismes qui consentent à appliquer de telles mesures.

L.Q. 1977, c. 20, art. 55; 1981, c. 2, art. 14; 1984, c. 4, art. 29.; 1994, c. 35, art. 34.

56. [Abrogé, L.Q. 1994, c. 35, art. 35.]

57. Révision périodique — Le directeur doit réviser périodiquement le cas de chaque enfant dont il a pris la situation en charge. Il doit, le cas échéant, vérifier que toutes les mesures sont prises pour assurer un retour de l'enfant chez ses parents, si un tel retour est dans son intérêt, ou pour assurer que l'enfant bénéficie de conditions de vie appropriées à ses besoins et à son âge.

L.Q. 1977, c. 20, art. 57; 1984, c. 4, art. 31.

57.1 Révision d'une situation — Le directeur doit réviser la situation de tout enfant placé en vertu de la *Loi sur les services de santé et les services sociaux* (chapitre S-4.2) ou en vertu de la *Loi sur les services de santé et les services sociaux pour les autochtones cris* (chapitre S-5), dont il n'a pas pris la situation en charge et qui, depuis un an, est confié à une famille d'accueil ou à un établissement qui exploite un centre de réadaptation sans avoir fait l'objet d'une décision quant à un retour possible chez ses parents.

Décision du directeur — Le directeur doit alors décider si la sécurité ou le développement de cet enfant est compromis au sens des articles 38 ou 38.1.

L.Q. 1984, c. 4, art. 32; 1992, c. 21, art. 227; 1994, c. 23, art. 23; 1994, c. 35, art. 36.

57.2 But de la révision — La révision a pour fin de déterminer si le directeur doit :

a) maintenir l'enfant dans la même situation;

b) proposer d'autres mesures d'aide à l'enfant ou à ses parents;

c) proposer des mesures d'aide aux parents en vue d'un retour de l'enfant chez ses parents;

d) saisir le tribunal, notamment en vue d'obtenir une ordonnance d'hébergement pour la période que ce dernier déterminera;

e) adresser une demande pour se faire nommer tuteur ou faire nommer tuteur de l'enfant toute personne qu'il recommande;

f) agir en vue de faire adopter l'enfant;

g) mettre fin à l'intervention.

Renseignements — Le directeur doit, lorsqu'il met fin à l'intervention, informer l'enfant et ses parents des services et des ressources disponibles dans leur milieu ainsi que des modalités d'accès à ces services et à ces ressources. Il peut, s'ils y consentent, les diriger vers les établissements, les organismes ou les personnes les plus aptes à leur venir en aide. À cette fin, il peut, le cas échéant, les conseiller sur le choix des personnes ou des organismes pouvant les accompagner et les assister dans leur démarche.

L.Q. 1984, c. 4, art. 32; 1985, c. 23, art. 17; 1988, c. 21, art. 119; 1989, c. 53, art. 11; 1994, c. 35, art. 37.

57.3 Conclusion — Si le directeur conclut que l'enfant doit être maintenu dans la même situation, il doit déterminer le moment où se fera une nouvelle révision.

L.Q. 1984, c. 4, art. 32.

58 à 61. [Abrogés, L.Q. 1984, c. 4, art. 33.]

SECTION IV — HÉBERGEMENT OBLIGATOIRE

62. Désignation d'établissement — Lorsque le tribunal ordonne l'hébergement obligatoire d'un enfant, il charge le directeur de désigner un établissement qui exploite un centre de réadaptation ou une famille d'accueil à qui l'enfant peut être confié et de voir à ce que l'hébergement s'effectue dans des conditions adéquates.

Obligation de recevoir l'enfant — Tout établissement qui exploite un centre de réadaptation ou un centre hospitalier, désigné par un directeur conformément aux dispositions du présent article ou du paragraphe *b)* de l'article 46, est tenu de recevoir l'enfant visé par l'ordonnance. Celle-ci peut être exécutée par tout agent de la paix.

Copie du dossier — L'établissement qui exploite un centre de protection de l'enfance et de la jeunesse doit transmettre une copie du dossier de l'enfant au directeur général de l'établissement désigné qui exploite un centre de réadaptation.

L.Q. 1977, c. 20, art. 62; 1988, c. 21, art. 119; 1989, c. 53, art. 11; 1992, c. 21, art. 228; 1994, c. 35, art. 38.

63. Avis du directeur à la Commission — Le directeur chargé d'exécuter une mesure d'hébergement obligatoire doit transmettre sans délai à la Commission un avis donnant le nom de l'enfant, la date du début de l'hébergement et le lieu de l'hébergement.

Nouvel avis — Le directeur doit transmettre un nouvel avis à la Commission trois mois après le début de l'hébergement obligatoire.

Hébergement de plus de trois mois — Lorsqu'elle constate qu'un hébergement obligatoire se poursuit depuis au moins trois mois, la Commission peut charger une personne de rencontrer l'enfant ou ses parents, ainsi que le directeur chargé du cas.

L.Q. 1977, c. 20, art. 63; 1989, c. 53, art. 12.

64. Hébergement en cours d'année scolaire — Lorsqu'une période d'hébergement obligatoire se termine en cours d'année scolaire, l'établissement qui exploite un centre de réadaptation doit continuer à héberger l'enfant jusqu'à la fin de l'année scolaire si l'enfant, âgé de 14 ans et plus, y consent; lorsque l'enfant est âgé de moins de quatorze ans, l'hébergement se poursuit avec l'accord des parents et du directeur.

Hébergement en cours d'année scolaire — Lorsqu'une période d'hébergement obligatoire se termine en cours d'année scolaire, la famille d'accueil peut, aux mêmes conditions, continuer à héberger l'enfant.

Durée de l'ordonnance — Une ordonnance d'hébergement cesse d'avoir effet lorsque la personne qui y est visée atteint l'âge de 18 ans. Toutefois, l'hébergement peut se poursuivre conformément à la *Loi sur les services de santé et les services sociaux* (chapitre S-4.2) ou à la *Loi sur les services de santé et les services sociaux pour les autochtones cris* (chapitre S-5), si cette personne y consent.

Prolongation de l'hébergement — Un établissement doit continuer d'héberger une personne qui a atteint l'âge de 18 ans si cette personne consent à ce que l'hébergement se poursuive et si l'état de celle-ci ne permet pas son retour ou son intégration à domicile. Cet hébergement doit alors continuer jusqu'à ce qu'une place lui soit assurée auprès d'un autre établissement ou de l'une de ses ressources intermédiaires ou d'une ressource de type familial où elle pourra recevoir les services que requiert son état.

L.Q. 1977, c. 20, art. 64; 1981, c. 2, art. 17; 1988, c. 21, art. 119; 1989, c. 53; art. 11; 1992, c. 21, art. 229; 1994, c. 35, art. 39.

Section V — Contribution des parents

65. Contribution des parents — Lorsqu'un enfant est en hébergement en vertu de la présente loi, les parents sont soumis à la contribution fixée par règlement adopté conformément à l'article 159 de la *Loi sur les services de santé et les services sociaux pour les autochtones cris* (chapitre S-5) ou à l'article 512 de la *Loi sur les services de santé et les services sociaux* (chapitre S-4.2).

L.Q. 1977, c. 20, art. 65; 1992, c. 21, art. 230; 1994, c. 23, art. 23.

SECTION VI — CONTINUATION DES MESURES DE PROTECTION

66. Avis au directeur et aux parents — Lorsqu'un enfant dont la situation est prise en charge par le directeur quitte sans autorisation ses parents, l'établissement ou la personne à qui il a été confié, ceux-ci doivent en aviser le directeur. Ce dernier est tenu d'aviser les parents d'un enfant dont il a pris la situation en charge et qui quitte sans autorisation l'établissement ou la personne à qui il a été confié.

L.Q. 1977, c. 20, art. 66; 1984, c. 4, art. 34.

67. Prise en charge d'un enfant interdite — Un directeur ne peut confier la prise en charge de la situation d'un enfant à un autre directeur, sauf si le domicile des parents de l'enfant se trouve sur le territoire desservi par l'établissement qui exploite le centre de protection de l'enfance et de la jeunesse pour lequel oeuvre cet autre directeur. Toutefois, le cas d'un enfant ne peut être ainsi confié à un autre directeur si l'enfant est hébergé dans un endroit situé sur le territoire desservi par l'établissement qui exploite le centre de protection de l'enfance et de la jeunesse pour lequel oeuvre le directeur qui a pris sa situation en charge.

L.Q. 1977, c. 20, art. 67; 1984, c. 4, art. 35; 1992, c. 21, art. 231; 1994, c. 35, art. 40.

68. Copie du dossier de l'enfant — Copie du dossier de l'enfant doit alors être remise à l'établissement qui exploite le centre de protection de l'enfance et de la jeunesse pour lequel oeuvre le directeur qui se voit confier le cas d'un enfant en vertu de l'article 67.

L.Q. 1977, c. 20, art. 68; 1992, c. 21, art. 232; 1994, c. 35, art. 40.

69. Communication avec l'enfant et sa famille — Pour remplir adéquatement ses fonctions, le directeur doit communiquer régulièrement avec l'enfant et sa famille et s'assurer une connaissance des conditions de vie de l'enfant en se rendant sur les lieux le plus souvent possible.

L.Q. 1977, c. 20, art. 69; 1984, c. 4, art. 36.

70. Dispositions applicables — Les articles 490 à 502 de la *Loi sur les services de santé et les services sociaux* (chapitre S-4.2) s'appliquent à tout établissement visé par cette loi qui ne remplit pas adéquatement l'une ou l'autre des tâches, fonctions et obligations qui lui sont dévolues par la présente loi. L'article 489 de la *Loi sur les services de santé et les services sociaux* s'applique également, compte tenu des adaptations nécessaires, à tout établissement visé par cette loi afin de constater si la présente loi et les règlements édictés en vertu de celle-ci sont respectés.

Autochtones cris — La section VIII de la *Loi sur les services de santé et les services sociaux pour les autochtones cris* (chapitre S-5) s'applique à un établissement qui exploite un centre de services sociaux qui ne remplit pas adéquatement l'une ou l'autre des tâches, fonctions et obligations qui lui sont dévolues par la présente loi.

L.Q. 1977, c. 20, art. 70; 1992, c. 21, art. 233; 1994, c. 23, art. 23; 1994, c. 35, art. 41.

SECTION VII — ADOPTION

71 et 72. [Abrogés, L.Q. 1992, c. 57, art. 658.]

72.1 Moyens pour faciliter l'adoption — Le directeur doit, s'il considère que l'adoption est la mesure la plus susceptible d'assurer le respect des droits de l'enfant, prendre tous les moyens raisonnables pour la faciliter dont, notamment :

a) examiner, au fur et à mesure des besoins, les demandes d'adoption;

b) recevoir les consentements généraux requis pour l'adoption;

c) prendre charge de l'enfant qui lui est confié en vue de l'adoption;

d) le cas échéant, faire déclarer l'enfant judiciairement admissible à l'adoption;

e) assurer le placement de l'enfant.

L.Q. 1982, c. 17, art. 65; 1994, c. 35, art. 42.

72.1.1 Conseils aux adoptants — Le ministre de la Santé et des Services sociaux conseille les adoptants et les organismes agréés afin de faciliter leurs démarches en vue de l'adoption d'un enfant domicilié hors du Québec, notamment en les informant des services qui sont disponibles.

Démarches — Il peut également, à la demande de l'adoptant, effectuer pour lui les démarches d'adoption.

L.Q. 1987, c. 44, art. 10; 1990, c. 29, art. 8.

72.2 Enfants domiciliés hors Québec — Le ministre de la Santé et des Services sociaux peut, conformément à la loi, conclure un accord avec un autre gouvernement ou avec l'un de ses ministères ou organismes, dans les matières relatives à l'adoption d'enfants domiciliés hors du Québec.

L.Q. 1982, c. 17, art. 65; 1983, c. 50, art. 11; 1985, c. 23, art. 24; 1987, c. 44, art. 11.

72.3 Évaluation psychosociale — L'évaluation psychosociale de la personne qui veut adopter un enfant domicilié hors du Québec est effectuée par le directeur de la protection de la jeunesse. Elle porte notamment sur la capacité des adoptants de répondre aux besoins physiques, psychiques et sociaux de l'enfant.

Adoption hors Québec — Dans le cas où l'adoption doit être prononcée judiciairement hors du Québec, l'évaluation peut aussi être effectuée, aux frais de l'adoptant, par un membre de la Corporation professionnelle des psychologues du Québec ou de l'Ordre professionnel des travailleurs sociaux du Québec, choisi par l'adoptant sur une liste de noms fournie par l'ordre concerné et transmise au ministre.

Critères d'évaluation — L'évaluation est effectuée sur la base des critères convenus entre les deux ordres professionnels et les directeurs de la protection de la jeunesse. Une liste des endroits où il peut être pris connaissance des critères servant de base à l'évaluation est publiée à la *Gazette officielle du Québec*.

L.Q. 1982, c. 17, art. 65; 1983, c. 50, art. 12; 1985, c. 23, art. 24; 1986, c. 104, art. 1; 1987, c. 44, art. 12; 1990, c. 29, art. 9; 1994, c. 40, art. 457.

72.3.1 Examen des demandes — Le directeur reçoit et examine, au fur et à mesure des besoins, les demandes d'adoption d'un enfant domicilié hors du Québec. Lorsque l'enfant doit être placé au Québec, il prend charge de l'enfant et assure son placement. Dans tous les cas, il intervient selon les conditions et les modalités déterminées par règlement.

Urgence — En cas d'urgence ou d'inconvénients sérieux, le directeur peut également être saisi par le tribunal ou par toute personne qui agit dans l'intérêt de l'enfant, de la situation d'un enfant visé par une requête en reconnaissance d'un jugement étranger d'adoption. Il prend charge de la situation de l'enfant et veille à l'application des mesures nécessaires prévues à la loi en vue d'assurer la protection de cet enfant.

L.Q. 1987, c. 44, art. 12; 1990, c. 29, art. 10.

72.3.2 Démarches — Lorsque l'adoptant choisit d'effectuer lui-même les démarches en vue de l'adoption d'un enfant domicilié hors du Québec, en application de l'article 564 du *Code civil du Québec*, il doit consulter le ministre, qui vérifie, compte tenu des renseignements dont il dispose, si la procédure proposée est régulière. Ce dernier consulte, s'il y a lieu, les autorités compétentes du Québec ou celles de l'État où l'enfant a son domicile.

L.Q. 1990, c. 29, art. 11; 1994, c. 35, art. 43.

72.3.3 Agrément permanent ou temporaire — Le ministre peut, sous les conditions déterminées par arrêté publié à la *Gazette officielle du Québec*, et sous toutes autres conditions qu'il estime nécessaires pour assurer l'application des dispositions relatives à l'adoption d'un enfant domicilié hors du Québec, délivrer sur demande un agrément permanent ou temporaire à un organisme qui a pour mission de défendre les droits de l'enfant, de promouvoir ses intérêts ou d'améliorer ses conditions de vie, afin qu'il effectue pour l'adoptant ses démarches d'adoption.

L.Q. 1990, c. 29, art. 11.

72.3.4 Suspension — Le ministre peut suspendre ou révoquer l'agrément, à défaut par l'organisme agréé de se conformer aux obligations qui lui sont imposées.

L.Q. 1990, c. 29, art. 11.

72.3.5 Décision écrite — Sauf en cas d'urgence, le ministre, avant de refuser de délivrer un agrément, de le suspendre ou de le révoquer, notifie par écrit à l'organisme en cause le préavis prescrit par l'article 5 de la *Loi sur la justice administrative* (L.Q. 1996, c. 54) et lui accorde un délai d'au moins 10 jours pour présenter ses observations. La décision du ministre doit être écrite et motivée; une copie certifiée conforme en est transmise à l'organisme.

L.Q. 1990, c. 29, art. 11; 1997, c. 43, art. 454.

72.3.6 Appel — Tout organisme dont l'agrément est suspendu ou révoqué peut interjeter appel devant le tribunal, par requête formée dans les trente jours qui suivent la réception par l'organisme de la décision dont il y a appel. La décision peut être renversée si les motifs de fait ou de droit qui y sont invoqués sont manifestement erronés ou si la procédure suivie est entachée de quelque irrégularité grave.

Instruction — La requête est instruite et jugée d'urgence, et le jugement est sans appel.

Exécution — L'appel ne suspend pas l'exécution de la décision du ministre, à moins que le tribunal n'en ordonne autrement.

Jugement — Le jugement doit être écrit et motivé. Le greffier en transmet copie à chacune des parties.

L.Q. 1990, c. 29, art. 11.

72.4 Aide financière — Un établissement qui exploite un centre de protection de l'enfance et de la jeunesse peut, dans le cas et selon les critères et conditions prévus par règlement, accorder une aide financière pour favoriser l'adoption d'un enfant.

L.Q. 1982, c. 17, art. 65; 1985, c. 23, art. 24; 1994, c. 35, art. 44.

Chapitre IV.1 — Renseignements confidentiels

72.5 Confidentialité — Malgré le paragraphe 1° du premier alinéa de l'article 53 de la *Loi sur l'accès aux documents des organismes publics et sur la protection des renseignements personnels* (chapitre A-2.1), les renseignements recueillis dans le cadre de l'application de la présente loi concernant un enfant ou ses parents et permettant de les identifier ne peuvent être divulgués qu'avec l'autorisation de l'enfant de 14 ans et plus, dans la mesure où les renseignements le concernent, ou celle de l'un des parents s'ils concernent un enfant de moins de 14 ans. Toutefois, ces renseignements, dans la mesure où ils ne concernent que les parents, ne peuvent être divulgués qu'avec l'autorisation de la personne qu'ils concernent.

Divulgation — Ces renseignements peuvent également, sur demande, être divulgués sur l'ordre du tribunal, lorsque la divulgation vise à assurer la protection de l'enfant concerné par ces renseignements ou celle d'un autre enfant. Cette demande de divulgation de renseignements ne peut être présentée au tribunal que par le directeur ou la Commission, suivant leurs attributions respectives.

Ordonnance — Le présent article n'a pas pour effet de restreindre le pouvoir d'un tribunal judiciaire d'ordonner d'office ou sur demande la divulgation de ces renseignements dans l'exercice de ses attributions.

L.Q. 1994, c. 35, art. 45.

72.6 Nécessité de divulguer — Malgré les dispositions de l'article 72.5, les renseignements confidentiels peuvent être divulgués sans l'autorisation de la personne concernée ou l'ordre du tribunal à toute personne, organisme ou établissement à qui la présente loi confie des responsabilités ainsi qu'aux tribunaux appelés, suivant cette loi, à prendre des décisions au sujet d'un enfant, lorsque cette divulgation est nécessaire à l'application de cette loi.

Personnes autorisées — Malgré les dispositions de l'article 72.5, les renseignements confidentiels peuvent également être divulgués par le directeur ou la Commission, chacun suivant ses attributions respectives, et sans qu'il ne soit nécessaire d'obtenir l'autorisation de la personne concernée ou l'ordre du tribunal :

1° aux membres du personnel du ministère de la Justice à qui le ministre de la Justice délègue l'exercice de ses pouvoirs en vertu de la *Loi sur l'aide et l'indemnisation des victimes d'actes criminels* (L.Q. 1993, chapitre 54), lorsque la divulgation est nécessaire à l'application de cette loi aux fins d'une réclamation relative à un enfant faisant l'objet d'un signalement en vertu de la présente loi;

2° au procureur général, lorsque les renseignements sont requis aux fins d'une poursuite pour infraction à une disposition de la présente loi.

Confidentialité — La divulgation des renseignements doit être faite de manière à assurer leur caractère confidentiel.

L.Q. 1994, c. 35, art. 45.

72.7 Divulgation au corps de police — S'il existe un motif raisonnable de croire que la sécurité ou le développement d'un enfant est compromis pour l'un des motifs prévus aux paragraphes *c* ou *g* de l'article 38, le directeur ou la Commission, chacun suivant ses attributions respectives, peut, en vue d'assurer la protection de cet enfant ou celle d'un autre enfant et sans qu'il ne soit nécessaire d'obtenir l'autorisation de la personne concernée ou l'ordre du tribunal, rapporter la situation au procureur général ou à un corps de police, malgré les dispositions de l'article 72.5, dans l'un ou l'autre des cas suivants :

1° la divulgation est nécessaire en raison de l'urgence ou de la gravité de la situation;

2° il existe un motif raisonnable de croire que la sécurité ou le développement de l'enfant est compromis par une personne autre que les parents de l'enfant.

Dispositions applicables — Les dispositions du présent article s'appliquent malgré les paragraphes 1°, 3° et 4° du deuxième alinéa de l'article 59 de la *Loi sur l'accès aux documents des organismes publics et sur la protection des renseignements personnels* (chapitre A-2.1).

L.Q. 1994, c. 35, art. 45.

Chapitre V — Intervention judiciaire

SECTION I — JURIDICTION

§1. — Déclaration et audition

73. Audition de la cause — Le tribunal entend la cause d'un enfant dans le district où est situé le domicile ou la résidence de l'enfant, à moins que, vu les circonstances, le tribunal ne décide qu'il est préférable de l'entendre dans un autre district.

Absence de domicile — Lorsque l'enfant n'a ni domicile ni résidence connus au Québec, les demandes sont portées devant le Tribunal où le directeur qui a reçu le signalement exerce ses responsabilités.

L.Q. 1977, c. 20, art. 73; 1984, c. 4, art. 37; 1988, c. 21, art. 119; 1989, c. 53, art. 11.

74. Mesure d'urgence — Le directeur saisit le tribunal relativement à l'application d'une mesure d'urgence lorsque les parents ou l'enfant s'y opposent.

L.Q. 1977, c. 20, art. 74; 1979, c. 42, art. 14; 1981, c. 2, art. 18; 1984, c. 4, art. 38; 1988, c. 21, art. 119; 1989, c. 53, art. 11.

74.1 Sécurité ou développement compromis — Le directeur ou la Commission peut saisir le tribunal du cas d'un enfant dont la sécurité ou le développement est considéré comme compromis.

Droits lésés — La Commission peut également saisir le tribunal de toute situation où elle a raison de croire que les droits de l'enfant ont été lésés par des personnes, des organismes ou des établissements.

L.Q. 1981, c. 2, art. 18; 1984, c. 4, art. 38; 1988, c. 21, art. 119; 1989, c. 53, art. 11, 12.

74.2 Désaccord sur une décision — Un enfant ou ses parents peuvent saisir le tribunal lorsqu'ils ne sont pas d'accord avec :

a) la décision du directeur à l'effet que la sécurité ou le développement de l'enfant est compromis ou non;

b) la décision du directeur quant à l'orientation de l'enfant;

c) la décision de prolonger ou non la durée de l'hébergement volontaire par une famille d'accueil ou un établissement qui exploite un centre de réadaptation;

d) la décision du directeur lors d'une révision;

e) la décision du directeur général, conformément à l'article 9.

L.Q. 1981, c. 2, art. 18; 1984, c. 4, art. 38; 1988, c. 21, art. 119; 1989, c. 53, art. 11; 1992, c. 21, art. 234; 1994, c. 35, art. 46.

75. Déclaration assermentée — Le tribunal est saisi par le dépôt d'une déclaration assermentée indiquant, si possible, le nom de l'enfant et de ses parents, leur adresse, leur âge et, sommairement, les faits qui peuvent justifier l'intervention du tribunal.

Aide — Un fonctionnaire du tribunal ou une personne travaillant pour un établissement doit, lorsqu'il en est requis, venir en aide à une personne qui désire produire une déclaration en vertu du présent chapitre.

L.Q. 1977, c. 20, art. 75; 1984, c. 4, art. 38; 1988, c. 21, art. 119; 1989, c. 53, art. 11; 1992, c. 21, art. 235.

76. Avis requis — Si elle est faite par une personne autre que l'enfant ou ses parents, la déclaration accompagnée d'un avis de la date fixée pour l'enquête et l'audition doit être signifiée par courrier recommandé ou certifié, au moins dix et pas plus de soixante jours avant l'enquête et l'audition, aux parents, à l'enfant lui-même, s'il est âgé de 14 ans et plus, au directeur, à la Commission et aux avocats des parties.

Signification — Si la déclaration est faite par un parent ou un enfant, la signification prévue à l'alinéa précédent doit être faite au directeur, à la Commission et aux avocats des parties.

Avis non requis — L'expédition de l'avis n'est pas nécessaire lorsque :

a) toutes les parties sont présentes au tribunal et renoncent à l'avis;

b) le tribunal, en cas d'urgence, prescrit une façon spéciale d'aviser les intéressés.

L.Q. 1977, c. 20, art. 76; 1988, c. 21, art. 119; 1989, c. 53, art. 5, 11, 12; 1994, c. 35, art. 67.

76.1 Ordonnance pendant l'instance — Le tribunal peut, s'il l'estime nécessaire pour la sécurité ou le développement de l'enfant, rendre toute ordonnance pour l'exécution, pendant l'instance, de l'une ou de plusieurs des mesures applicables en vertu de l'article 91.

Révision de la décision — Le tribunal peut, à tout moment, réviser cette décision.

L.Q. 1981, c. 2, art. 19; 1984, c. 4, art. 39; 1988, c. 21, art. 119; 1989, c. 53, art. 11.

77. Enquête — Le tribunal doit procéder lui-même à toute l'enquête qui donne ouverture à sa décision.

Témoignages — Les témoignages sont pris en sténographie ou enregistrés de quelque autre manière autorisée par le gouvernement.

Frais — Les frais encourus en vertu du deuxième alinéa sont à la charge du ministre de la Justice.

Traduction des notes sténographiques — Les notes du sténographe ne sont traduites que si le juge le requiert ou s'il y a appel; le coût de cette traduction est à la charge du ministre de la Justice.

Interprète — Pour faciliter l'interrogatoire d'un témoin, le tribunal peut requérir les services d'un interprète dont la rémunération est assumée par le ministre de la Justice.

L.Q. 1977, c. 20, art. 77; 1988, c. 21, art. 119; 1989, c. 53, art. 11; 1994, c. 35, art. 47.

78. Représentation par avocat — Le tribunal doit informer les parents et l'enfant de leur droit d'être représentés par un avocat.

L.Q. 1977, c. 20, art. 78; 1988, c. 21, art. 119; 1989, c. 53, art. 11.

79. Hébergement obligatoire provisoire — En application de l'article 76.1, le tribunal ordonne l'hébergement obligatoire provisoire de l'enfant par une famille d'accueil ou un établissement qui exploite un centre de réadaptation si, après étude de la situation, il en vient à la conclusion que le maintien ou le retour de l'enfant chez ses parents ou à son lieu de résidence, risque de lui causer un tort sérieux.

Avis aux parents — Le tribunal avise sans délai les parents de l'enfant qui fait l'objet d'une mesure prise en vertu du présent article.

Hébergement obligatoire provisoire — Une mesure d'hébergement obligatoire provisoire ne peut excéder 30 jours. Cependant, si les faits le justifient, le tribunal peut ordonner une seule prolongation pour une période d'au plus trente jours.

L.Q. 1977, c. 20, art. 79; 1981, c. 2, art. 20; 1984, c. 4, art. 40; 1988, c. 21, art. 119; 1989, c. 53, art. 11; 1992, c. 21, art. 236; 1994, c. 35, art. 48.

80. Avocat assigné à l'enfant — Lorsque le tribunal constate que l'intérêt de l'enfant est opposé à celui de ses parents, il doit s'assurer qu'un avocat soit spécifiquement chargé de défendre l'enfant et que cet avocat ne joue en même temps aucun rôle de conseiller ou de procureur auprès des parents.

L.Q. 1977, c. 20, art. 80; 1988, c. 21, art. 119; 1989, c. 53, art. 11.

81. Audition — Le tribunal entend les personnes intéressées ainsi que les avocats qui les représentent.

Intervention à l'enquête — Le directeur, la Commission ou le procureur général peuvent, d'office, intervenir à l'enquête et à l'audition comme s'ils y étaient parties; toute autre personne peut y intervenir si elle démontre au tribunal qu'elle agit dans l'intérêt de l'enfant.

L.Q. 1977, c. 20, art. 81; 1984, c. 4, art. 41; 1988, c. 21, art. 119; 1989, c. 53, art. 11, 12.

82. Audiences — Nonobstant l'article 23 de la *Charte des droits et libertés de la personne* (chapitre C-12), les audiences se tiennent à huis clos.

Personnes admises — Toutefois, le tribunal doit, en tout temps, admettre à ses audiences un membre de la Commission ainsi que toute autre personne que la Commission autorise par écrit à y assister.

Journaliste — Le tribunal doit également admettre tout journaliste qui en fait la demande, à moins qu'il ne juge que cette présence cause un préjudice à l'enfant.

L.Q. 1977, c. 20, art. 82; 1988, c. 21, art. 119; 1989, c. 53, art. 11, 12.

83. Interdiction — Nul ne peut publier ou diffuser une information permettant d'identifier un enfant ou ses parents parties à une instance ou un enfant témoin à une instance dans le cadre de la présente loi, à moins que le tribunal ne l'ordonne ou que la publication ou la diffusion ne soit nécessaire pour permettre l'application de la présente loi ou d'un règlement édicté en vertu de celle-ci.

Interdiction — En outre, le tribunal peut, dans un cas particulier, interdire ou restreindre, aux conditions qu'il fixe, la publication ou la diffusion d'informations relatives à une audience du tribunal.

L.Q. 1977, c. 20, art. 83; 1988, c. 21, art. 119; 1989, c. 53, art. 11; 1994, c. 35, art. 49.

84. Enfant ou autre personne exclu de la cour — Le juge peut exclure l'enfant ou une autre personne de l'enceinte de la cour lorsqu'on y présente des informations qui, de l'avis du juge, pourraient être préjudiciables à l'enfant, si elles étaient présentées en sa présence ou celle de cette autre personne. L'avocat de l'enfant doit toutefois demeurer dans l'enceinte pour l'y représenter. Si l'enfant n'a pas d'avocat, le tribunal doit lui en nommer un d'office.

Représentation par avocat — L'avocat de toute autre personne exclue peut également demeurer à l'audience pour l'y représenter.

L.Q. 1977, c. 20, art. 84; 1984, c. 4, art. 42; 1988, c. 21, art. 119; 1989, c. 53, art. 6, 11.

85. Dispositions applicables — Les articles 2, 14 à 17, 19, 20, 46, 49 à 54, 279 à 292, 294 à 299, 302 à 304, 306 à 318 et 321 à 331 du *Code de procédure civile* (chapitre C-25) s'appliquent devant le tribunal en autant qu'ils ne sont pas incompatibles avec les dispositions de la présente loi.

L.Q. 1977, c. 20, art. 85; 1984, c. 4, art. 43; 1988, c. 21, art. 119; 1989, c. 53, art. 7, 11;
1994, c. 35, art. 50.

85.1 Enfant apte à déposer — L'enfant âgé de 14 ans et plus est apte à déposer sous serment sauf si, en raison de sa condition physique ou mentale, il n'est pas en état de rapporter des faits dont il a eu connaissance. Il en est de même de l'enfant âgé de moins de 14 ans qui, de l'avis du tribunal, comprend la nature du serment.

L.Q. 1989, c. 53, art. 8; 1994, c. 35, art. 51.

85.2 Témoignage d'un enfant — L'enfant âgé de moins de 14 ans qui, de l'avis du tribunal, ne comprend pas la nature du serment peut être admis à rendre témoignage sans cette formalité, si le tribunal est d'opinion qu'il est capable de rapporter les faits dont il a eu connaissance et qu'il comprend le devoir de dire la vérité.

Corroboration non requise — Il n'est pas nécessaire que ce témoignage soit corroboré.

L.Q. 1989, c. 53, art. 8; 1994, c. 35, art. 52.

85.3 Contrainte — L'enfant apte à témoigner peut être contraint à le faire.

Dispense — Toutefois, le tribunal peut, à titre exceptionnel, dispenser un enfant de témoigner s'il considère que le fait de rendre témoignage pourrait porter préjudice au développement mental ou affectif de cet enfant.

L.Q. 1989, c. 53, art. 8.

85.4 Audition ex parte — Le tribunal peut, à titre exceptionnel et s'il considère que les circonstances le justifient, entendre l'enfant hors la présence de toute personne partie à l'instance, après avoir avisé celle-ci.

Représentation par avocat — Toutefois, l'avocat de toute personne exclue peut demeurer présent lors du témoignage pour y représenter cette personne.

Confidentialité — Toute personne en l'absence de qui ce témoignage est rendu peut en prendre connaissance. Le tribunal peut cependant rendre toute ordonnance qui lui apparaît nécessaire afin que soit respecté le caractère confidentiel des informations dont cette personne peut prendre connaissance.

L.Q. 1989, c. 53, art. 8.

85.5 Déclaration recevable — La déclaration faite par un enfant inapte à témoigner à l'instance ou qui en est dispensé par le tribunal est recevable pour faire preuve de l'existence des faits qui y sont allégués.

Corroboration — Toutefois, le tribunal ne peut décider que la sécurité ou le développement de l'enfant est compromis, sur la foi de cette déclaration, que s'il considère qu'elle est corroborée par d'autres éléments de preuve qui en confirment la fiabilité.

L.Q. 1989, c. 53, art. 8; 1994, c. 35, art. 53.

85.6 Preuve personnelle — La déclaration visée à l'article 85.5 peut être prouvée par la déposition de ceux qui en ont eu personnellement connaissance.

Preuve par enregistrement — Si elle a été enregistrée sur ruban magnétique ou par une autre technique d'enregistrement à laquelle on peut se fier, elle peut également être prouvée par ce moyen, à la condition qu'une preuve distincte en établisse l'authenticité.

L.Q. 1989, c. 53, art. 8.

86. Étude sur la situation sociale de l'enfant — Avant de rendre une décision sur les mesures applicables, le tribunal doit demander au directeur de faire une étude sur la situation sociale de l'enfant.

Études connexes — Le directeur peut, à sa discrétion, ou doit, si le tribunal le requiert, y joindre une évaluation psychologique ou médicale de l'enfant et des membres de sa famille ou toute autre expertise qui peut être utile.

Coût — Le coût de ces études, évaluations ou expertises est à la charge de l'établissement qui exploite le centre de protection de l'enfance et de la jeunesse.

L.Q. 1977, c. 20, art. 86; 1981, c. 2, art. 21; 1984, c. 4, art. 44; 1988, c. 21, art. 119; 1989, c. 53, art. 11; 1992, c. 21, art. 237; 1994, c. 35, art. 54.

87. Refus de se soumettre à une étude, évaluation ou expertise — Les parents de l'enfant ou celui-ci, s'il est âgé de 14 ans et plus, peuvent refuser de se soumettre à une étude, à une évaluation ou à toute autre expertise visée à l'article 86. En cas de refus de l'enfant, l'étude, l'évaluation ou l'expertise n'a pas lieu et le refus de l'enfant ainsi que, le cas échéant, le refus des parents sont constatés dans un rapport transmis au tribunal. Lorsque l'enfant, s'il est âgé de 14 ans et plus, consent à se soumettre à une telle étude, évaluation ou expertise, celle-ci a lieu même si les parents refusent de s'y soumettre; en tel cas, le refus des parents est constaté dans un rapport soumis au tribunal.

Exception — Toutefois, ni les parents ni l'enfant ne peuvent refuser de se soumettre à une telle étude, évaluation ou expertise lorsque celle-ci est requise à l'égard d'une situation visée au paragraphe *g*) de l'article 38.

L.Q. 1977, c. 20, art. 87; 1984, c. 4, art. 45; 1988, c. 21, art. 119; 1989, c. 53, art. 11; 1994, c. 35, art. 67.

88. Transmission de l'étude aux parties — Le contenu d'une étude, d'une évaluation ou d'une expertise visée à l'article 86 doit être transmis aux parties, qui peuvent en contester les données ou les conclusions.

Transmission de l'étude interdite — Toutefois, lorsque l'auteur de l'étude, de l'évaluation ou de l'expertise est d'avis que le contenu ou partie du contenu ne devrait pas être communiqué à l'enfant, le juge peut, exceptionnellement, en interdire la transmission. Le juge doit alors s'assurer que l'enfant est représenté par avocat, lequel peut prendre connaissance de l'étude, de l'évaluation ou de l'expertise et la contester.

Nouvelle étude, évaluation ou expertise — Lorsqu'il y a contestation de l'étude, de l'évaluation ou de l'expertise, le tribunal peut exiger que le directeur en fasse faire une autre. Le tribunal détermine qui doit payer les frais de cette autre étude, évaluation ou expertise.

L.Q. 1977, c. 20, art. 88; 1988, c. 21, art. 119; 1989, c. 53, art. 11.

89. Rôle du juge — Le juge doit expliquer à l'enfant la nature des mesures envisagées et les motifs les justifiant; il doit s'efforcer d'obtenir l'adhésion de l'enfant.

L.Q. 1977, c. 20, art. 89.

§2. — Décision

90. Décision écrite et motivée — Une décision ou ordonnance du tribunal doit être écrite et motivée.

L.Q. 1977, c. 20, art. 90; 1988, c. 21, art. 119; 1989, c. 53, art. 11.

91. Ordonnance du tribunal — Si le tribunal en vient à la conclusion que la sécurité ou le développement de l'enfant est compromis, il peut, pour la période qu'il détermine, ordonner l'exécution de l'une ou de plusieurs des mesures suivantes :

a) que l'enfant soit maintenu dans son milieu familial et que les parents fassent rapport périodiquement au directeur sur les mesures qu'ils appliquent à eux-mêmes ou à leur enfant pour mettre fin à la situation qui compromet la sécurité ou le développement de l'enfant;

b) que l'enfant et ses parents participent activement à l'application de l'une ou l'autre des mesures qu'il ordonne;

c) que certaines personnes qu'il désigne n'entrent pas en contact avec l'enfant;

d) que l'enfant n'entre pas en contact avec certaines personnes qu'il désigne;

e) que l'enfant soit confié à d'autres personnes;

f) qu'une personne qui travaille pour un établissement ou un organisme apporte aide, conseil ou assistance à l'enfant et à sa famille;

g) que l'enfant soit confié à un établissement qui exploite un centre hospitalier ou un centre local de services communautaires ou à un organisme afin qu'il y reçoive les soins et l'aide dont il a besoin;

h) que l'enfant ou ses parents se présentent à intervalles réguliers chez le directeur pour lui faire part de l'évolution de la situation;

i) que l'enfant reçoive certains services de santé;

j) que l'enfant soit confié à un établissement qui exploite un centre de réadaptation ou à une famille d'accueil, choisi par l'établissement qui exploite le centre de protection de l'enfance et de la jeunesse;

k) que l'enfant fréquente un milieu d'apprentissage autre qu'un milieu scolaire.

Autres pouvoirs — Le tribunal peut, en outre :

a) ordonner qu'une personne s'assure que l'enfant et ses parents respectent les conditions qui leur sont imposées et fasse rapport périodiquement au directeur;

b) retirer aux parents l'exercice de certains droits de l'autorité parentale;

c) recommander que des mesures soient prises en vue de faire nommer un tuteur à l'enfant;

d) faire toute autre recommandation qu'il estime dans l'intérêt de l'enfant.

Ordonnance du tribunal — Si le tribunal en vient à la conclusion que les droits d'un enfant en difficulté ont été lésés par des personnes, des organismes ou des établissements, il peut ordonner que soit corrigée la situation.

L.Q. 1977, c. 20, art. 91; 1981, c. 2, art. 22; 1984, c. 4, art. 46; 1988, c. 21, art. 119; 1989, c. 53, art. 11; 1994, c. 35, art. 55.

92. Enfant confié au directeur — Lorsque le tribunal ordonne l'exécution d'une mesure à l'égard d'un enfant, il confie la situation de l'enfant au directeur qui voit alors à l'exécution de la mesure.

L.Q. 1977, c. 20, art. 92; 1984, c. 4, art. 46; 1988, c. 21, art. 119; 1989, c. 53, art. 11.

93. Exécution d'une décision ou ordonnance du tribunal — Une décision ou ordonnance du tribunal est exécutoire à compter du moment où elle est rendue et toute personne qui y est visée doit s'y conformer sans délai.

L.Q. 1977, c. 20, art. 93; 1988, c. 21, art. 119; 1989, c. 53, art. 11.

94. Copie de la décision — Copie d'une décision ou ordonnance du tribunal relative à une affaire concernant un enfant est adressée sans délai au directeur, à la Commission, aux parents, à l'enfant lui-même, s'il est âgé de 14 ans et plus, et aux avocats des parties.

Original — L'original est versé au dossier du tribunal et est conservé par le greffier.

L.Q. 1977, c. 20, art. 94; 1988, c. 21, art. 119; 1989, c. 53, art. 11, 12; 1994, c. 35, art. 67.

95. Révision d'une décision — L'enfant, ses parents, le directeur et toute partie à l'instance peuvent demander au tribunal de réviser une décision ou une ordonnance, lorsque des faits nouveaux sont survenus depuis que celle-ci a été rendue.

Prolongation — Ils peuvent également demander au tribunal la prolongation d'une décision ou d'une ordonnance, lorsque la situation de l'enfant l'exige.

L.Q. 1977, c. 20, art. 95; 1984, c. 4, art. 47; 1988, c. 21, art. 119; 1989, c. 53, art. 11.

95.1 Demande au juge — La demande de révision ou de prolongation est présentée au juge qui a prononcé le jugement initial. Si le juge est absent ou empêché d'agir, la demande est présentée devant un autre juge du tribunal.

Tribunal du domicile — Lorsque l'enfant ne demeure plus dans le district où la décision ou l'ordonnance a été rendue, la demande peut être portée devant le tribunal de son domicile ou de sa résidence.

L.Q. 1984, c. 4, art. 47; 1988, c. 21, art. 119; 1989, c. 53, art. 11; 1994, c. 35, art. 56.

95.2 Décision versée au dossier — Lorsque la décision ou l'ordonnance initiale et celle qui accueille une demande de révision ou de prolongation sont rendues dans des districts différents, le greffier du district où est rendue la décision ou l'ordonnance de révision ou de prolongation en transmet copie au greffier de l'autre district pour qu'il la verse au dossier.

L.Q. 1984, c. 4, art. 47.

96. Confidentialité du dossier — Un dossier du tribunal est confidentiel. Nul ne peut en prendre connaissance ou en recevoir une copie ou un exemplaire à l'exception de :

a) l'enfant, s'il est âgé de 14 ans et plus;

b) les parents de l'enfant;

c) les avocats des parties, le procureur général ou une personne que celui-ci autorise;

d) le juge saisi du dossier et le greffier;

e) le directeur qui a pris la situation de l'enfant en charge;

f) [abrogé];

g) la Commission;

h) le directeur général de l'établissement qui héberge l'enfant à la suite d'une décision ou ordonnance du tribunal;

i) [abrogé].

Exception — Toutefois, aucune personne exclue de l'enceinte du tribunal en vertu de l'article 84 ne peut prendre connaissance du dossier, à moins que le tribunal ne limite cette interdiction aux documents qu'il spécifie.

L.Q. 1977, c. 20, art. 96; 1981, c. 2, art. 23; 1981, c. 7, art. 536; 1984, c. 4, art. 48; 1988, c. 21, art. 119; 1989, c. 53, art. 11, 12; 1992, c. 21, art. 238; 1994, c. 35, art. 67.

96.1 Confidentialité du dossier — Une personne autorisée à prendre connaissance d'un dossier en vertu du troisième alinéa de l'article 85.4 ou de l'article 96 est tenue de respecter le caractère confidentiel des informations qu'elle a ainsi obtenues. Elle doit, en outre, si une copie ou un extrait d'un document versé au dossier du tribunal lui a été délivré, détruire cette copie ou cet extrait dès qu'il ne lui est plus utile.

L.Q. 1981, c. 2, art. 24; 1988, c. 21, art. 119; 1989, c. 53, art. 9, 11.

97. Anonymat — Néanmoins le tribunal peut permettre que les dossiers soient accessibles aux fins d'études, d'enseignement et de recherches à la condition que soit respecté l'anonymat de l'enfant et de ses parents.

Outrage au tribunal — Une personne qui contrevient aux dispositions du premier alinéa se rend coupable d'outrage au tribunal.

L.Q. 1977, c. 20, art. 97; 1988, c. 21, art. 119; 1989, c. 53, art. 11; 1992, c. 61, art. 467.

98. Conservation du dossier — Un dossier est conservé par le tribunal jusqu'à ce que la personne visée ait atteint l'âge de dix-huit ans. Il doit ensuite être détruit.

Expiration des délais d'appel — Toutefois, le dossier ne peut en aucun cas être détruit avant l'expiration des délais d'appel.

L.Q. 1977, c. 20, art. 98; 1988, c. 21, art. 119; 1989, c. 53, art. 11; 1994, c. 35, art. 57; 1999, c. 40, art. 229.

98.1 [Abrogé, L.Q. 1984, c. 4, art. 49.]

SECTION II — APPEL À LA COUR SUPÉRIEURE

99. Interprétation — Pour les fins de la présente section, le mot « Cour » désigne la Cour supérieure.

L.Q. 1977, c. 20, art. 99.

100. Appel à la Cour — Il peut être interjeté appel à la Cour d'une décision ou d'une ordonnance du tribunal rendue sous l'autorité de la présente loi.

Tribunal compétent — L'appel est interjeté à la Cour siégeant dans le district judiciaire où la décision ou ordonnance du tribunal a été rendue.

L.Q. 1977, c. 20, art. 100; 1984, c. 4, art. 50; 1988, c. 21, art. 119; 1989, c. 53, art. 11.

101. Appelants et intervenants — L'appel peut être interjeté par l'enfant, ses parents, le directeur, la Commission, le Procureur général ou toute partie en première instance. Ils peuvent en outre, s'ils ne sont pas partie à l'appel, y intervenir d'office, pour participer à l'enquête et à l'audition comme s'ils y étaient parties. Avis d'au moins un jour franc doit être donné aux parties à l'appel.

L.Q. 1977, c. 20, art. 101; 1984, c. 4, art. 51; 1989, c. 53, art. 12.

102. Instruction de l'appel — La Cour instruit l'appel sur transmission du dossier et des dépositions des témoins; elle peut cependant entendre des témoins, si elle le désire, et même recueillir toute preuve additionnelle.

L.Q. 1977, c. 20, art. 102.

103. Avis d'appel — L'appel est formé dans les trente jours de la date de la décision ou ordonnance par le dépôt au greffe du tribunal d'un avis d'appel signifié à l'intimé ou à son avocat.

L.Q. 1977, c. 20, art. 103; 1988, c. 21, art. 119; 1989, c. 53, art. 11.

104. Contenu — L'avis d'appel contient la désignation des parties, les motifs d'appel, les conclusions recherchées, l'indication du tribunal qui a rendu la décision ou ordonnance et la date de celle-ci.

L.Q. 1977, c. 20, art. 104.

105. Exécution de la décision — Le dépôt de l'avis d'appel ne suspend pas l'exécution de la décision ou ordonnance à moins qu'un juge de la Cour sur requête n'en ordonne autrement.

L.Q. 1977, c. 20, art. 105.

106. Copie de l'avis et du dossier — Le greffier du tribunal qui reçoit l'avis d'appel transmet au greffe de la Cour copie de l'avis d'appel et le dossier original de la cause avec un inventaire des pièces qui le composent et une copie des entrées faites au registre.

L.Q. 1977, c. 20, art. 106; 1988, c. 21, art. 119; 1989, c. 53, art. 11.

107. Instruction d'urgence — L'appel est instruit et jugé d'urgence.

L.Q. 1977, c. 20, art. 107.

108. Ajournement — La Cour peut ajourner à l'occasion l'audition d'un appel aux conditions qu'elle estime nécessaires.

L.Q. 1977, c. 20, art. 108.

109. Désistement — L'appelant peut, avant que la cause ne soit entendue, se désister de son appel en produisant au greffe un acte de désistement avec la preuve de sa signification à l'intimé. L'appelant assume alors les frais de l'appel.

L.Q. 1977, c. 20, art. 109.

110. Signification d'un acte de procédure — Un acte de procédure requis ou autorisé dans la présente section est signifié de la manière prévue au *Code de procédure civile*.

L.Q. 1977, c. 20, art. 110.

111. Dispositions applicables — Les règles contenues aux articles 73 à 98 de la présente loi s'appliquent, en les adaptant, à la présente section.

L.Q. 1977, c. 20, art. 111.

112. Décision — En décidant de l'appel, la Cour peut :

   a) confirmer la décision ou ordonnance frappée d'appel;

   b) rendre la décision ou ordonnance que le tribunal aurait dû rendre; ou

   c) rendre toute autre ordonnance qu'elle considère appropriée.

L.Q. 1977, c. 20, art. 112; 1988, c. 21, art. 119; 1989, c. 53, art. 11.

113. Frais — La Cour peut statuer sur les frais de l'appel et les frais devant le tribunal.

L.Q. 1977, c. 20, art. 113; 1988, c. 21, art. 119; 1989, c. 53, art. 11.

114. Exécution du jugement — Le jugement de la Cour est exécutoire de la même manière que s'il avait été rendu par le tribunal.

L.Q. 1977, c. 20, art. 114; 1988, c. 21, art. 119; 1989, c. 53, art. 11.

SECTION III — APPEL À LA COUR D'APPEL

115. Motifs d'appel — Il peut être interjeté appel à la Cour d'appel, avec la permission de cette Cour ou de l'un de ses juges, d'un jugement de la Cour supérieure rendu sous l'autorité de la présente loi, si la partie qui présente la demande démontre un intérêt suffisant à faire décider d'une question de droit seulement.

L.Q. 1977, c. 20, art. 115; 1984, c. 4, art. 52.

116. Tribunal compétent — L'appel est interjeté devant la Cour d'appel siégeant à Montréal ou à Québec selon l'endroit où est porté l'appel d'une décision en matière civile.

L.Q. 1977, c. 20, art. 116.

117. Demande de permission d'appeler — La demande de permission d'appeler est présentée par requête dans les quinze jours de la date du jugement ou dans un délai n'excédant pas trente jours que fixe la Cour d'appel ou l'un de ses juges, soit avant, soit après l'expiration dudit délai de quinze jours.

L.Q. 1977, c. 20, art. 117; 1999, c. 40, art. 229.

118. Requête — La requête est accompagnée d'une copie du jugement et d'un avis précisant la date de sa présentation.

L.Q. 1977, c. 20, art. 118.

119. Signification de la requête — La requête est signifiée à l'intimé ou à son avocat ainsi qu'au juge qui a rendu le jugement au moins cinq jours avant la date de sa présentation.

L.Q. 1977, c. 20, art. 119.

120. Frais — La Cour d'appel, en décidant de la requête pour permission d'appeler, prononce quant aux frais sauf, si elle autorise l'appel, à n'adjuger sur les frais qu'au moment où elle décide de l'appel.

L.Q. 1977, c. 20, art. 120.

121. Délai pour en appeler — Si la requête est accueillie, l'appel est formé dans les quinze jours du jugement qui l'autorise.

L.Q. 1977, c. 20, art. 121.

122. Avis d'appel — L'appel est formé par le dépôt, au greffe de la Cour supérieure, d'un avis d'appel accompagné d'une copie certifiée du jugement qui l'autorise et d'une preuve de signification de l'avis à l'intimé ou à son avocat.

L.Q. 1977, c. 20, art. 122.

123. Acte de comparution — Dans les dix jours qui suivent la signification de l'avis d'appel, l'appelant et l'intimé produisent au greffe des appels un acte de comparution.

L.Q. 1977, c. 20, art. 123.

124. Mémoire de l'appelant — Dans les trente jours qui suivent le dépôt de l'avis d'appel, l'appelant produit au greffe, en dix exemplaires, un mémoire exposant ses prétentions et en signifie deux exemplaires à l'intimé ou à son avocat. Ce mémoire reproduit le jugement frappé d'appel avec les notes produites par le juge.

L.Q. 1977, c. 20, art. 124.

125. Mémoire de l'intimé — L'intimé, dans les quinze jours qui suivent le dépôt du mémoire de l'appelant au greffe, produit au greffe son propre mémoire en dix exemplaires et en signifie deux exemplaires à l'appelant.

L.Q. 1977, c. 20, art. 125; 1999, c. 40, art. 229(A).

126. Rejet de l'appel — Si l'appelant ne produit pas son mémoire dans le délai fixé, un juge de la Cour d'appel peut, sur requête, rejeter l'appel; si c'est l'intimé qui est en défaut, la Cour d'appel peut refuser de l'entendre.

L.Q. 1977, c. 20, art. 126; 1999, c. 40, art. 229.

127. Transcription de la preuve — L'appelant produit, sauf s'il en est dispensé par la Cour d'appel ou l'un de ses juges, la transcription de la preuve recueillie devant la Cour supérieure.

L.Q. 1977, c. 20, art. 127.

128. Ordonnance — La Cour d'appel peut rendre une ordonnance qu'elle juge appropriée aux fins d'exercer sa compétence, d'office ou sur demande de l'une des parties.

L.Q. 1977, c. 20, art. 128; 1994, c. 35, art. 58.

129. Dispositions applicables — Les articles 96 à 98, 104 à 110 et 112 à 114 de la présente loi s'appliquent, en les adaptant, à la présente section.

L.Q. 1977, c. 20, art. 129; 1994, c. 35, art. 59.

SECTION IV — DISPOSITIONS DIVERSES

130. [Abrogé, L.Q. 1994, c. 35, art. 60.]

131. Jugement considéré exécutoire au Québec — Lorsque, par jugement d'un tribunal compétent n'ayant pas juridiction au Québec, les droits des parents et d'un enfant ont été établis, précisés, modifiés, annulés ou de quelque manière visés, ce jugement est exécutoire au Québec à moins que n'intervienne, sur le même objet, une décision ou ordonnance du tribunal.

Décision — De même, une décision ou ordonnance rendue par le tribunal dans un district judiciaire au Québec est exécutoire dans tous les autres districts à moins que n'intervienne, sur le même objet, une autre décision ou ordonnance du tribunal.

L.Q. 1977, c. 20, art. 131; L.Q. 1988, c. 21, art. 119; 1989, c. 53, art. 11; 1999, c. 40, art. 229.

131.1 Antécédents de l'enfant — Dès que l'ordonnance de placement est prononcée, le directeur remet à l'adoptant qui en fait la demande un sommaire des antécédents de l'enfant.

Antécédents de l'adoptant — Il remet également aux parents qui en font la demande un sommaire des antécédents de l'adoptant.

Sommaire remis à l'enfant — Un enfant a droit d'obtenir, sur demande, un sommaire de ses antécédents, s'il est âgé de 14 ans et plus.

L.Q. 1982, c. 17, art. 66; 1994, c. 35, art. 67.

131.2 Anonymat — Tout sommaire doit respecter l'anonymat des parents ou de l'adoptant et doit être conforme aux normes prévues par règlement.

L.Q. 1982, c. 17, art. 66.

Chapitre VI — Réglementation et directives

132. Règlements — Le gouvernement peut faire des règlements pour :

a) [abrogé, L.Q. 1994, c. 35, art. 61];

b) déterminer les éléments que doit contenir une entente sur les mesures volontaires;

c) déterminer les normes relatives à la révision de la situation d'un enfant par le directeur;

d) déterminer les rapports ou les documents nécessaires à la révision et les délais dans lesquels ils doivent être transmis au directeur;

e) prescrire les normes relatives au contenu du sommaire des antécédents d'un enfant et d'un adoptant;

f) déterminer dans quels cas, selon quels critères et à quelles conditions un établissement qui exploite un centre de protection de l'enfance et de la jeunesse peut accorder une aide financière pour favoriser l'adoption d'un enfant;

g) déterminer les conditions et les modalités selon lesquelles le directeur peut intervenir en vertu de l'article 72.3.1.

Publication — Le ministre de la Santé et des Services sociaux publie à la *Gazette officielle du Québec* un projet de règlement avec avis qu'à l'expiration d'au moins 60 jours suivant cette publication, il pourra être adopté par le gouvernement avec ou sans modification.

L.Q. 1977, c. 20, art. 132; 1981, c. 2, art. 26; 1982, c. 17, art. 67; 1984, c. 4, art. 54; 1985, c. 23, art.24; 1986, c. 104, art. 2; 1987, c. 44, art. 13; 1994, c. 35, art. 61.

133. Entrée en vigueur — Un règlement adopté ou approuvé par le gouvernement en vertu de la présente loi entre en vigueur à la date de sa publication dans la *Gazette officielle du Québec* ou à toute date ultérieure qui y est fixée.

L.Q. 1977, c. 20, art. 133.

133.1 Directives du ministre — Le ministre de la Santé et des Services sociaux peut, avec l'approbation préalable du gouvernement, donner des directives aux établissements pour assurer l'atteinte des objectifs de l'intervention sociale.

Obligation — Ces établissements sont tenus de s'y conformer.

L.Q. 1984, c. 4, art. 55; 1985, c. 23, art. 24.

Chapitre VII — Dispositions pénales

134. Interdiction — Nul ne peut :

a) refuser de se conformer à une décision ou à une ordonnance rendue en vertu de la présente loi ou conseiller, encourager ou inciter une personne à ne pas s'y conformer;

b) refuser de répondre au directeur, à toute personne autorisée en vertu des articles 32 ou 33 ou à toute personne à l'emploi de la Commission agissant en vertu du paragraphe *b)* de l'article 23 ou de l'article 25, l'entraver ou tenter de l'entraver, le tromper par réticence ou fausse déclaration ou tenter de le faire, lorsque le directeur ou cette personne agit dans l'exercice de ses fonctions;

c) entraver ou tenter d'entraver un membre de la Commission agissant dans l'exercice de ses fonctions;

d) étant tenu de le faire, omettre de signaler au directeur la situation d'un enfant dont il a un motif raisonnable de croire que la sécurité ou le développement est ou peut être considéré compromis ou conseiller, encourager ou inciter une personne qui est tenue de le faire à ne pas faire de signalement au directeur;

e) conseiller, encourager ou inciter un enfant à quitter un établissement qui l'héberge en vertu de la présente loi;

f) retenir ou tenter de retenir un enfant lorsqu'une personne agissant en vertu de la présente loi demande qu'on lui remette cet enfant;

g) sciemment, donner accès à un renseignement confidentiel contrairement aux dispositions de la présente loi.

Infraction et peine — Quiconque contrevient à une disposition du présent article commet une infraction et est passible d'une amende de 250 $ à 2 500 $.

L.Q. 1977, c. 20, art. 134; 1984, c. 4, art. 56; 1989, c. 53, art. 10, 12; 1990, c. 4, art. 690; 1991, c. 33, art. 105; 1992, c. 21, art. 239; 1994, c. 35, art. 62.

135. Infraction et peine — Quiconque contrevient à une disposition du premier alinéa de l'article 83 ou omet, refuse ou néglige de protéger un enfant dont il a la garde ou pose des actes de nature à compromettre la sécurité ou le développement d'un enfant commet une infraction et est passible d'une amende de 625 $ à 5 000 $.

L.Q. 1977, c. 20, art. 135; 1984, c. 4, art. 56; 1990, c. 4, art. 691; 1991, c. 33 art. 106; 1994, c. 35, art. 63.

135.1 Infraction et peine — Que le placement ou l'adoption ait lieu au Québec ou ailleurs et qu'il s'agisse d'un enfant domicilié au Québec ou non, quiconque

a) donne ou reçoit ou accepte de donner ou de recevoir, directement ou indirectement, un paiement ou un avantage, soit pour procurer un placement ou contribuer à un placement en vue d'adoption, soit pour obtenir l'adoption d'un enfant;

b) contrairement à la présente loi, place, tente de placer, contribue à placer un enfant en vue de son adoption ou contribue à le faire adopter; ou

c) contrairement à la présente loi, adopte ou tente d'adopter un enfant;

d) [abrogé].

commet une infraction et est passible d'une amende de 2 450 $ à 6 075 $, s'il s'agit d'une personne physique, ou d'une amende de 6 075 $ à 12 150 $, s'il s'agit d'une personne morale.

L.Q. 1982, c. 17, art. 68; 1983, c. 50, art. 13; 1984, c. 4, art. 57; 1986, c. 104, art. 3; 1987, c. 44, art. 14; 1990, c. 4, art. 692; 1990, c. 29, art. 12; 1991, c. 33, art. 107; 1994, c. 35, art. 64.

135.1.1 Entrée illégale — Nul ne peut faire entrer ou contribuer à faire entrer au Québec un enfant domicilié hors du Québec en vue de son adoption par un tiers, contrairement à la procédure d'adoption prévue aux articles 563 et 564 du *Code civil du Québec* et aux articles 72.3 et 72.3.2 de la présente loi.

L.Q. 1990, c. 29, art. 13; 1994, c. 35, art. 65.

135.1.2 Fausse représentation — Nul ne peut se représenter faussement comme étant un organisme agréé, ni laisser croire faussement qu'un organisme est agréé par le ministre pour l'application des dispositions de la présente loi relatives à l'adoption d'un enfant domicilié hors du Québec.

L.Q. 1990, c. 29, art. 13.

135.1.3 Infraction et peine — Quiconque contrevient à une disposition de l'article 135.1.1 ou de l'article 135.1.2 commet une infraction et est passible d'une amende de 2 000 $ à 5 000 $, s'il s'agit d'une personne physique, ou d'une amende de 5 000 $ à 10 000 $ s'il s'agit d'une personne morale.

Partie à l'infraction — Lorsqu'une personne morale a commis une des infractions visées au présent article, l'administrateur ou le dirigeant de cette personne morale qui, sciemment, l'a autorisée ou conseillée, commet une infraction et est passible d'une amende de 2 000 $ à 5 000 $.

L.Q. 1990, c. 29, art. 13; 1994, c. 35, art. 66.

135.2 Récidive — Pour chaque récidive, les montants des amendes prévues aux articles 134, 135, 135.1 à 135.1.3 sont doublés.

L.Q. 1984, c. 4, art. 58; 1990, c. 4, art. 693; 1990, c. 29, art. 14.

136. [Abrogé, L.Q. 1990, c. 4, art. 694.]

Chapitre VIII — Dispositions transitoires et finales

137. [Omis, L.Q. 1977, c. 20, art. 137.]

138. [Omis, L.Q. 1977, c. 20, art. 138.]

139. [Modification intégrée au c. T-16, art. 110. L.Q. 1977, c. 20, art. 139.]

140. [Modification intégrée au c. T-16, art. 114. L.Q. 1977, c. 20, art. 140.]

141. [Modification intégrée au c. T-16, art. 116-116.1. L.Q. 1977, c. 20, art. 141.]

142. [Modification intégrée au c. T-16, art. 117. L.Q. 1977, c. 20, art. 142.]

143. [Modification intégrée au c. T-16, art. 120. L.Q. 1977, c. 20, art. 143.]

144. [Modification intégrée au c. T-16, art. 121.1. L.Q. 1977, c. 20, art. 144.]

145. [Omis, L.Q. 1977, c. 20, art. 145.]

146. [Omis, L.Q. 1977, c. 20, art. 146.]

147. [Omis, L.Q. 1977, c. 20, art. 147.]

148. [Modification intégrée au c. C-68, art. 19. L.Q. 1977, c. 20, art. 148.]

149. [Modification intégrée au c. E-8, art. 18. L.Q. 1977, c. 20, art. 149.]

150. [Modification intégrée au c. A-7, art. 6. L.Q. 1977, c. 20, art. 150.]

151. [Modification intégrée au c. A-7, art. 7. L.Q. 1977, c. 20, art. 151.]

152. [Abrogé, L.Q. 1984, c. 4, art. 60.]

153. Décision, ordonnance ou recommandation continuée — Une décision, ordonnance ou recommandation d'un juge ou du ministre de la Santé et des Services sociaux en vertu de la *Loi de la protection de la jeunesse* (Statuts refondus, 1964, chapitre 220) remplacée par la présente loi continue à avoir effet et peut être modifiée comme si elle avait été émise en vertu de la présente loi.

L.Q. 1977, c. 20, art. 153; 1985, c. 23, art. 24.

154. [Omis. L.Q. 1977, c. 20, art. 154.]

155. Fichier central du Comité — Le fichier central tenu par le Comité pour la protection de la jeunesse en vertu de la *Loi de la protection de la jeunesse* remplacée par la présente loi appartient à la Commission.

L.Q. 1977, c. 20, art. 155; 1989, c. 53, art. 12.

156. Ministres responsables — Le ministre de la Justice est chargé de l'application des articles 47, 73 à 131, 134 à 136, 154 et 155. Le ministre des Relations avec les citoyens et de l'Immigration est chargé de l'application des articles 23 à 27. Le ministre de la Santé et des Services sociaux est chargé de l'application des autres articles de la présente loi.

L.Q. 1977, c. 20, art. 156; 1984, c. 4, art. 61; 1985, c. 23, art. 24; 1996, c. 21, art. 62.

157. Sommes requises — Les sommes requises pour la mise en application de la présente loi sont prises, pour les années financières 1977/1978 et 1978/1979, à même le fonds consolidé du revenu et, pour les années financières subséquentes, à même les deniers accordés annuellement à cette fin par la Législature.

L.Q. 1977, c. 20, art. 157.

158. Entrée en vigueur — La présente loi entrera en vigueur à la date qui sera fixée par proclamation du gouvernement, à l'exception des articles exclus par cette proclamation, lesquels entreront en vigueur à une date ultérieure qui pourra être fixée par proclamation du gouvernement.

L.Q. 1977, c. 20, art. 158.

159. [Cet article a cessé d'avoir effet le 17 avril 1987.]

L.Q. 1982, c. 21, art. 1; R.-U., 1982, c. 11, ann. B, ptie I, art. 33.

LOI SUR LA PREUVE AU CANADA

Loi concernant les témoins et la preuve

L.R.C. 1985, ch. C-5, telle que modifiée par : L.R.C. 1985, ch. 19 (3e suppl.); L.C. 1992, ch. 1; L.C. 1992, ch. 47; L.C. 1993, ch. 28; L.C. 1993, ch. 34; L.C. 1994, ch. 44; L.C. 1995, ch. 28; L.C. 1997, ch. 18; L.C. 1998, ch. 9; L.C. 1999, ch. 18; 1999, ch. 28; L.C. 2000, ch. 5.

Titre abrégé

1. Titre abrégé — *Loi sur la preuve au Canada.*

PARTIE I

Application

2. Application — La présente partie s'applique à toutes les procédures pénales et civiles ainsi qu'à toutes les autres matières de compétence fédérale.

Témoins

3. Intérêt ou crime — Nul n'est inhabile à témoigner pour cause d'intérêt ou de crime.

4. (1) Accusé et conjoint — Toute personne accusée d'infraction, ainsi que, sauf disposition contraire du présent article, le conjoint de la personne accusée, est habile à témoigner pour la défense, que la personne ainsi accusée le soit seule ou conjointement avec une autre personne.

(2) Idem — Le conjoint d'une personne accusée soit d'une infraction visée au paragraphe 50(1) de la *Loi sur les jeunes contrevenants*, ou à l'un des articles 151, 152, 153, 155 ou 159, des paragraphes 160(2) ou (3) ou des articles 170 à 173, 179, 212, 215, 218, 271 à 273, 280 à 283, 291 à 294 ou 329 du *Code criminel*, soit de la tentative d'une telle infraction, est un témoin habile à témoigner et contraignable pour le poursuivant sans le consentement de la personne accusée.

(3) Communications faites durant le mariage — Nul ne peut être contraint de divulguer une communication que son conjoint lui a faite durant leur mariage.

(4) Infractions à l'égard des jeunes — Le conjoint d'une personne accusée d'une infraction visée à l'un des articles 220, 221, 235, 236, 237, 239, 240, 266, 267, 268 ou 269 du *Code criminel*, lorsque le plaignant ou la victime est âgé de moins de quatorze ans, est un témoin habile à témoigner et contraignable pour le poursuivant sans le consentement de la personne accusée.

(5) Réserve — Le présent article n'est pas applicable au cas où le conjoint d'une personne accusée d'une infraction peut, d'après la *common law*, être appelé à témoigner sans le consentement de cette personne.

(6) Défaut de témoigner — Le défaut de la personne accusée, ou de son conjoint, de témoigner ne peut faire le sujet de commentaires par le juge ou par l'avocat du poursuivant.

L.R.C. 1985, ch. 19 (3e suppl.), art. 17.

5. (1) Questions incriminantes — Nul témoin n'est exempté de répondre à une question pour le motif que la réponse à cette question pourrait tendre à l'incriminer, ou pourrait tendre à établir sa responsabilité dans une procédure civile à l'instance de la Couronne ou de qui que ce soit.

(2) Réponse non admissible contre le témoin — Lorsque, relativement à une question, un témoin s'oppose à répondre pour le motif que sa réponse pourrait tendre à l'incriminer ou tendre à établir sa responsabilité dans une procédure civile à l'instance de la Couronne ou de qui que ce soit, et si, sans la présente loi ou toute loi provinciale, ce témoin eût été dispensé de répondre à cette question, alors, bien que ce témoin soit en vertu de la présente loi ou d'une loi provinciale forcé de répondre, sa réponse ne peut être invoquée et n'est pas admissible en preuve contre lui dans une instruction ou procédure pénale exercée contre lui par la suite, sauf dans le cas de poursuite pour parjure en rendant ce témoignage ou pour témoignage contradictoire.

L.C. 1997, ch. 18, art. 116.

6. (1) Témoignage de personnes ayant une déficience physique — Le tribunal peut ordonner la mise à la disposition du témoin qui éprouve de la difficulté à communiquer en raison d'une déficience physique, des moyens de communication par lesquels il peut se faire comprendre.

(2) Capacité mentale du témoin — Le tribunal peut rendre la même ordonnance à l'égard du témoin qui, aux termes de l'article 16, a la capacité mentale pour témoigner mais qui éprouve de la difficulté à communiquer.

(3) Enquête — Le tribunal peut procéder à une enquête pour déterminer si les moyens mis à la disposition du témoin visé par le présent article sont nécessaires et fiables.

L.C. 1998, ch. 9, art. 1.

6.1 Identification de l'accusé — Il est entendu qu'un témoin peut témoigner quant à l'identité d'un accusé en se fondant sur sa perception sensorielle — visuelle ou autre.

L.C. 1998, ch. 9, art. 1.

7. Témoins experts — Lorsque, dans un procès ou autre procédure pénale ou civile, le poursuivant ou la défense, ou toute autre partie, se propose d'interroger comme témoins des experts professionnels ou autres autorisés par la loi ou la pratique à rendre des témoignages d'opinion, il ne peut être appelé plus de cinq de ces témoins de chaque côté sans la permission du tribunal, du juge ou de la personne qui préside.

8. Comparaison d'écriture — Il est permis de faire comparer par témoins une écriture contestée avec toute écriture dont l'authenticité a été établie à la satisfaction du tribunal. Ces écritures, ainsi que les dépositions des témoins à cet égard, peuvent être soumises au tribunal et au jury comme preuve de l'authenticité ou non-authenticité de l'écriture contestée.

9. (1) Témoins opposés — La partie qui produit un témoin n'a pas la faculté d'attaquer sa crédibilité par une preuve générale de mauvaise moralité. Toutefois, si le témoin est, de l'avis du tribunal, opposé à la partie en cause, cette dernière partie peut le réfuter par d'autres témoignages, ou, avec la permission du tribunal, peut prouver que le témoin a en d'autres occasions fait une déclaration incompatible avec sa présente déposition. Avant de pouvoir établir cette dernière preuve, les circonstances dans lesquelles a été faite la prétendue déclaration doivent être exposées au témoin de manière à désigner suffisamment l'occasion en particulier, et il faut lui demander s'il a fait ou non cette déclaration.

(2) Déclarations faites antérieurement par un témoin qui n'a pas été jugé opposé — Lorsque la partie qui produit un témoin invoque qu'il a fait à d'autres moments une déclaration par écrit, qui a été prise par écrit ou qui a été enregistrée sur bande audio ou vidéo ou autrement, et qui est incompatible avec sa présente déposition, le tribunal peut, sans que la preuve soit établie que le témoin est opposé à la partie en cause, accorder à cette partie la permission de le contre-interroger quant à la déclaration et le tribunal peut tenir compte de ce contre-interrogatoire pour décider si, à son avis, le témoin est opposé à la partie en cause.

L.C. 1994, ch. 44, art. 85.

10. (1) Contre-interrogatoire au sujet de déclarations antérieures — Lors de tout procès, un témoin peut être contre-interrogé au sujet des déclarations antérieures qu'il a faites par écrit, qui ont été prises par écrit ou qui ont été enregistrées sur bande audio ou vidéo, ou autrement, relativement au sujet de la cause, sans qu'il lui soit permis d'en prendre connaissance. Cependant, si l'on entend mettre le témoin en contradiction avec lui-même au moyen de cette pièce, l'on doit, avant de pouvoir établir cette preuve contradictoire, appeler son attention sur les parties de celle-ci qui doivent servir à le mettre ainsi en contradiction. Le juge peut toujours, au cours du procès, exiger la production de la pièce dans le but de l'examiner et en faire, dans la poursuite de la cause, l'usage qu'il croit convenable.

(2) Déposition du témoin lors de l'enquête — La déposition du témoin, donnée comme ayant été prise devant un juge de paix lors de l'enquête sur une accusation criminelle et signée par le témoin et par le juge de paix, confiée à la garde du fonctionnaire compétent et par lui produite, est présumée, jusqu'à preuve contraire, avoir été signée par le témoin.

L.C. 1994, ch. 44, art. 86.

11. Contre-interrogatoire au sujet de déclarations antérieures orales — Si un témoin, contre-interrogé au sujet d'une déclaration antérieure faite par lui relativement au sujet de la cause et incompatible avec sa présente déposition, n'admet pas clairement qu'il a fait cette déclaration, il est permis de prouver qu'il l'a réellement faite. Avant de pouvoir établir cette preuve, les circonstances dans lesquelles a été faite la prétendue déclaration doivent être exposées au témoin de manière à désigner suffisamment l'occasion en particulier, et il faut lui demander s'il a fait ou non cette déclaration.

12. (1) Interrogatoire sur condamnations antérieures — Un témoin peut être interrogé sur la question de savoir s'il a déjà été déclaré coupable d'une infraction autre qu'une infraction qualifiée de contravention en vertu de la *Loi sur les contraventions*, mais incluant une telle infraction si elle aboutit à une déclaration de culpabilité par mise en accusation.

(1.1) Preuve de condamnations antérieures — Si le témoin nie le fait ou refuse de répondre, la partie adverse peut prouver cette déclaration de culpabilité.

(2) Comment s'établit la déclaration de culpabilité — La déclaration de culpabilité peut être prouvée par la production des éléments suivants :

a) un certificat contenant le fond et l'effet seulement, et omettant la partie formelle, de l'acte d'accusation et de la déclaration de culpabilité, en cas de mise en accusation, ou une copie de la déclaration de culpabilité, si l'infraction est punissable par procédure sommaire, donnés comme étant signés par le greffier du tribunal ou un autre fonctionnaire préposé à la garde des archives du tribunal devant lequel la déclaration de culpabilité a été obtenue, en cas de mise en accusation, ou auquel la déclaration de culpabilité a été renvoyée, en cas de procédure sommaire;

b) une preuve d'identité.

L.C. 1992, ch. 47, art. 66.

Serments et affirmations solennelles

13. Qui peut recevoir le serment — Tout tribunal et tout juge, ainsi que toute personne autorisée par la loi ou par le consentement des parties à entendre et à recevoir des témoignages, peuvent faire prêter serment à tout témoin légalement appelé à déposer devant ce tribunal, ce juge ou cette personne.

14. (1) Affirmation solennelle au lieu du serment — Tout témoin peut, au lieu de prêter serment, choisir de faire l'affirmation solennelle qui suit :

J'affirme solennellement que le témoignage que je vais rendre sera la vérité, toute la vérité et rien que la vérité.

(2) Effet — Lorsque cette personne a fait cette affirmation solennelle, sa déposition est reçue et a le même effet que si elle avait prêté serment.

L.C. 1994, ch. 44, art. 87.

15. (1) Affirmation solennelle par le déposant — Si une personne tenue ou désireuse de faire un affidavit ou une déposition, dans une procédure, ou en une circonstance dans laquelle, ou au sujet d'une affaire à propos de laquelle, un serment est exigé ou permis, soit en entrant en fonctions soit autrement, préfère ne pas prêter serment, le tribunal ou le juge, ou tout autre fonctionnaire ou personne autorisé à recevoir des affidavits ou des dépositions, permet à cette personne, au lieu d'être assermentée, de faire une affirmation solennelle dans les termes suivants : « J'affirme solennellement, etc. ». Cette affirmation solennelle a la même valeur et le même effet que si cette personne avait prêté serment suivant la formule ordinaire.

(2) Effet — Tout témoin dont le témoignage est admis ou qui a fait une affirmation solennelle en vertu du présent article ou de l'article 14 est passible de mise en accusation et de punition pour parjure, à tous égards, comme s'il avait été assermenté.

L.C. 1994, ch. 44, art. 88.

16. (1) Témoin dont la capacité est mise en question — Avant de permettre le témoignage d'une personne âgée de moins de quatorze ans ou dont la capacité mentale est mise en question, le tribunal procède à une enquête visant à déterminer si :

a) d'une part, celle-ci comprend la nature du serment ou de l'affirmation solennelle;

b) d'autre part, celle-ci est capable de communiquer les faits dans son témoignage.

(2) Témoignage sous serment — La personne visée au paragraphe (1) qui comprend la nature du serment ou de l'affirmation solennelle et qui est capable de communiquer les faits dans son témoignage témoigne sous serment ou sous affirmation solennelle.

(3) Témoignage sur promesse de dire la vérité — La personne visée au paragraphe (1) qui, sans comprendre la nature du serment ou de l'affirmation solennelle, est capable de communiquer les faits dans son témoignage peut, malgré qu'une disposition d'une loi exige le serment ou l'affirmation, témoigner en promettant de dire la vérité.

(4) Inaptitude à témoigner — La personne visée au paragraphe (1) qui ne comprend pas la nature du serment ou de l'affirmation solennelle et qui n'est pas capable de communiquer les faits dans son témoignage ne peut témoigner.

(5) Charge de la preuve — La partie qui met en question la capacité mentale d'un éventuel témoin âgé d'au moins quatorze ans doit convaincre le tribunal qu'il existe des motifs de douter de la capacité de ce témoin de comprendre la nature du serment ou de l'affirmation solennelle.

L.R.C. 1985, ch. 19 (3e suppl.), art. 18; L.C. 1994, ch. 44, art. 89.

Admission d'office

17. Lois impériales, etc. — Sont admises d'office les lois du Parlement impérial, les ordonnances rendues par le gouverneur en conseil ou par le lieutenant-gouverneur en conseil de toute province ou colonie qui fait, ou dont une partie fait, ou pourra faire, partie du Canada, et les lois de la législature d'une telle province ou colonie, qu'elles aient été édictées avant ou après la sanction de la *Loi constitutionnelle de 1867*.

18. Lois fédérales — Sont admises d'office les lois fédérales, d'intérêt public ou privé, sans que ces lois soient spécialement plaidées.

Preuve documentaire

19. Exemplaires de l'imprimeur de la Reine — Tout exemplaire d'une loi fédérale, qu'elle soit publique ou privée, publiée par l'imprimeur de la Reine, fait preuve de cette loi et de son contenu. Tout exemplaire donné comme publié par l'imprimeur de la Reine est réputé avoir été ainsi publié, sauf preuve contraire.

L.C. 2000, ch. 5, art. 52.

20. Proclamations impériales, etc. — Les proclamations, décrets, traités, ordonnances, arrêtés, mandats, licences, certificats, règles, règlements ou autres pièces officielles, lois ou documents impériaux peuvent être prouvés :

a) soit de la même manière qu'ils peuvent l'être devant les tribunaux en Angleterre;

b) soit par la production d'un exemplaire de la *Gazette du Canada* ou d'un volume des lois fédérales, donné comme en contenant une copie ou un avis;

c) soit par la production d'un exemplaire de ces documents donné comme publié par l'imprimeur de la Reine.

L.C. 2000, ch. 5, art. 53.

21. Proclamations, etc. du gouverneur général — La preuve de toute proclamation, de tout décret ou règlement pris, ou de toute nomination faite par le gouverneur général ou par le gouverneur en conseil, ou par un ministre ou chef de tout ministère du gouvernement du Canada, ou sous leur autorité, de même que la preuve d'un traité auquel le Canada est partie, peut être faite par les moyens ou l'un des moyens suivants :

a) la production d'un exemplaire de la *Gazette du Canada*, ou d'un volume des lois fédérales, présenté comme contenant une copie ou un avis du traité, de la proclamation, du décret, du règlement ou de la nomination;

b) la production d'un exemplaire de la proclamation, du décret, du règlement ou de l'acte de nomination, donné comme publié par l'imprimeur de la Reine;

c) la production d'un exemplaire du traité, donné comme publié par l'imprimeur de la Reine;

d) s'il s'agit d'une proclamation, d'un décret ou règlement pris par le gouverneur général ou le gouverneur en conseil, ou d'une nomination faite par lui, la production d'une expédition ou d'un extrait présenté comme certifié conforme par le greffier, le greffier adjoint ou le greffier suppléant du Conseil privé de la Reine pour le Canada;

e) s'il s'agit d'un décret ou d'un règlement pris, ou d'une nomination faite par l'autorité ou sous l'autorité d'un tel ministre ou chef de ministère, la production d'une expédition ou d'un extrait donné comme certifié conforme par le ministre, ou son sous-ministre ou sous-ministre suppléant, ou par le secrétaire ou le secrétaire suppléant du ministère qu'il préside.

L.C. 2000, ch. 5, art. 54.

22. (1) Proclamations, etc. des lieutenants-gouverneurs — La preuve de toute proclamation, de tout décret ou règlement pris, ou de toute nomination faite par le lieutenant-gouverneur ou le lieutenant-gouverneur en conseil d'une province, ou par un des membres du conseil exécutif qui est aussi chef d'un ministère du gouvernement de la province, ou sous l'autorité de ce membre, peut se faire par les moyens ou l'un des moyens suivants :

　　a) la production d'un exemplaire de la gazette officielle de la province, donné comme contenant une copie ou un avis de la proclamation, du décret, du règlement ou de la nomination;

　　b) la production d'un exemplaire de la proclamation, du décret, du règlement ou de l'acte de nomination, donné comme publié par l'imprimeur de la Reine ou du gouvernement pour cette province;

　　c) la production d'une expédition ou d'un extrait de la proclamation, du décret, du règlement ou de l'acte de nomination, donné comme certifié conforme par le greffier, le greffier-adjoint ou le greffier suppléant du conseil exécutif, ou par le chef d'un ministère du gouvernement d'une province, ou son sous-ministre ou sous-ministre suppléant.

(2) Pour les territoires — La preuve de toute proclamation, de tout décret ou règlement pris, ou de toute nomination faite par le lieutenant-gouverneur ou par le lieutenant-gouverneur en conseil des Territoires du Nord-Ouest, tels qu'ils étaient constitués antérieurement au 1er septembre 1905, ou par le commissaire en conseil du Yukon, le commissaire en conseil des Territoires du Nord-Ouest ou la Législature du Nunavut, peut aussi être faite par la production d'un exemplaire de la *Gazette du Canada* donné comme contenant une copie ou un avis de cette proclamation, de ce décret, de ce règlement ou de cette nomination.

L.C. 1993, ch. 28, art. 78, ann. III, art. 8; 2000, ch. 5, art. 55.

23. (1) Preuve des procédures judiciaires, etc. — La preuve d'une procédure ou pièce d'un tribunal de la Grande-Bretagne, ou de la Cour suprême ou de la Cour fédérale du Canada, ou de la Cour canadienne de l'impôt, ou d'un tribunal d'une province, ou de tout tribunal d'une colonie ou possession britannique, ou d'un tribunal d'archives des États-Unis, ou de tout État des États-Unis, ou d'un autre pays étranger, ou d'un juge de paix ou d'un coroner dans une province, peut se faire, dans toute action ou procédure, au moyen d'une ampliation ou copie certifiée de la procédure ou pièce, donnée comme portant le sceau du tribunal, ou la signature ou le sceau du juge de paix, du coroner ou du sténographe judiciaire, selon le cas, sans aucune preuve de l'authenticité de ce sceau ou de la signature du juge de paix, du coroner ou du sténographe judiciaire, ni autre preuve.

(2) Certificat si le tribunal n'a pas de sceau — Si un de ces tribunaux, ce juge de paix, ce coroner ou ce sténographe judiciaire n'a pas de sceau, ou certifie qu'il n'en a pas, la preuve peut se faire au moyen d'une copie donnée comme certifiée sous la signature d'un juge ou du juge de la cour provinciale présidant ce tribunal, ou de ce juge de paix, de ce coroner ou de ce sténographe judiciaire, sans aucune preuve de l'authenticité de cette signature, ni autre preuve.

L.R.C. 1985, ch. 27 (1er suppl.), art. 203; L.C. 1993, ch. 34, art. 15; 1997, ch. 18, art. 117.

24. Documents officiels — Sont admissibles en preuve, dans tous les cas où la pièce originale pourrait l'être sans qu'il soit nécessaire de prouver le sceau de la personne morale, non plus que la signature et le caractère officiel de la ou des personnes qui paraissent l'avoir signée, et sans autre preuve de ces actes :

> a) la copie de tout document officiel ou public du Canada ou d'une province, donnée comme attestée sous la signature du fonctionnaire compétent ou de la personne qui a la garde de ce document officiel ou public;

> b) la copie d'un document, règlement administratif, règle, règlement ou procédure, ou la copie d'une écriture dans un registre ou dans un autre livre d'une municipalité ou autre personne morale, créée par une charte ou par une loi fédérale ou provinciale, donnée comme attestée sous le sceau de cette municipalité ou autre personne morale et revêtue de la signature du fonctionnaire présidant, du greffier ou du secrétaire de celle-ci.

25. Livres et documents — Quand un registre ou livre ou un autre document est d'une nature assez publique pour être admissible en preuve sur simple production par le fonctionnaire qui en a la garde, et s'il n'existe pas d'autre loi permettant d'en prouver le contenu au moyen de copie, une copie ou un extrait de ce livre ou document est admissible en preuve devant tout tribunal judiciaire, ou devant toute personne qui a, en vertu de la loi ou avec le consentement des parties, le pouvoir d'entendre, de recueillir ou d'examiner la preuve, s'il est prouvé que c'est une copie ou un extrait donné comme étant certifié conforme par le fonctionnaire à la garde de qui l'original a été confié.

26. (1) Livres tenus dans les bureaux du gouvernement du Canada — La copie de toute écriture passée dans un livre tenu par un organisme ou ministère du gouvernement du Canada, ou par une commission, un conseil ou un autre secteur de l'administration publique fédérale est admise comme preuve de cette écriture, et des affaires, opérations et comptes qui s'y trouvent consignés, s'il est prouvé par le serment ou l'affidavit d'un fonctionnaire de cet organisme, ministère, commission, conseil ou autre secteur de l'administration publique fédérale, que ce livre était à l'époque où l'écriture a été passée un des livres ordinaires tenus par cet organisme, ministère, commission, conseil ou autre secteur de l'administration publique fédérale, que l'écriture a été passée dans le cours usuel et ordinaire des affaires de cet organisme, ministère, commission, conseil ou autre secteur de l'administration publique fédérale, et que cette copie en est une copie conforme.

(2) Preuve d'absence d'un permis — Lorsqu'une loi fédérale ou un règlement pris sous son régime prévoit l'émission, par un ministère, une commission, un conseil ou autre secteur de l'administration publique fédérale, d'un permis requis pour l'exécution d'un acte ou la possession d'une chose ou prévoit l'émission de tout autre document, un affidavit d'un fonctionnaire du ministère, de la commission, du conseil ou autre secteur de l'administration publique fédérale, reçu par un commissaire ou une autre personne autorisée à recevoir les affidavits, portant qu'il a la garde des archives ou dossiers appropriés et qu'après avoir minutieusement examiné et fouillé ces archives ou dossiers il a été incapable de constater, dans un cas particulier, l'émission d'un pareil permis ou autre document, établit, en l'absence de preuve contraire, qu'en ce cas aucun permis ou autre document n'a été émis.

(3) Preuve de l'envoi par la poste de tout document ministériel — Lorsqu'une loi fédérale ou un règlement pris sous son régime prévoit l'envoi par la poste d'une demande de renseignements, d'un avis ou d'une réquisition formulée par un ministère ou autre secteur de l'administration publique fédérale, un affidavit d'un fonctionnaire du ministère ou de cet autre secteur de l'administration publique fédérale, reçu par un commissaire ou une autre personne autorisée à recevoir les affidavits, énonçant qu'il a la charge des archives appropriées, qu'il est au courant des faits relatifs au cas particulier, que cette demande, cet avis ou cette réquisition a été expédié par courrier recommandé, à une date déterminée, à la personne ou firme à laquelle elle était adressée (indiquant l'adresse) et qu'il identifie, comme pièces jointes à cet affidavit, le certificat postal de recommandation de la lettre et une copie authentique de la demande, de l'avis ou de la réquisition en question, fait foi sur la production et la preuve du récépissé postal décerné pour la livraison de la lettre recommandée au destinataire, jusqu'à preuve contraire, de l'envoi et de la demande, de l'avis ou de la réquisition en question.

(4) Preuve de la qualité officielle — Si la preuve est produite sous forme d'affidavit en conformité avec le présent article, il n'est pas nécessaire de prouver la qualité officielle de la personne souscrivant l'affidavit, si ce renseignement est énoncé dans le corps de l'affidavit.

27. Actes notariés dans la province de Québec — Tout document donné comme étant une copie d'un acte ou d'une pièce notarié, fait, déposé ou enregistré dans la province de Québec, et comme étant certifié, par un notaire ou un protonotaire, copie conforme de l'original en sa possession à titre de notaire ou protonotaire, est admissible en preuve aux lieu et place de l'original et a la même valeur et le même effet que si l'original avait été produit et prouvé. Cependant, il peut être établi en contre-preuve qu'il n'en existe pas d'original, ou que cette copie n'est pas une copie conforme de l'original sous un rapport essentiel, ou que l'original n'est pas un document susceptible, en vertu du droit de la province de Québec, d'être reçu par un notaire, ou d'être déposé ou enregistré par un notaire dans cette province.

28. (1) Avis de production d'un livre ou d'une pièce — Aucune copie d'un livre ou d'un autre document n'est admissible en preuve, sous l'autorité de l'article 23, 24, 25, 26 ou 27, dans un procès, à moins que la partie qui a l'intention de la produire n'ait donné, avant le procès, à la partie contre laquelle elle veut la produire, avis raisonnable de son intention.

(2) Au moins 7 jours — Le tribunal, le juge ou l'autre personne qui préside décide ce qui constitue un avis raisonnable, mais l'avis ne peut dans aucun cas être de moins de sept jours.

29. (1) Copies des inscriptions — Sous réserve des autres dispositions du présent article, une copie de toute inscription dans un livre ou registre tenu dans une institution financière fait foi dans toutes procédures judiciaires, jusqu'à preuve contraire, de cette inscription, ainsi que des affaires, opérations et comptes y inscrits.

(2) Admissibilité en preuve — Une copie d'une inscription dans ce livre ou registre n'est pas admise en preuve sous le régime du présent article à moins qu'il n'ait préalablement été établi que le livre ou registre était, lors de l'inscription, l'un des livres ou registres ordinaires de l'institution financière, que l'inscription a été effectuée dans le cours ordinaire des affaires, que le livre ou registre est sous la garde ou la surveillance de l'institution financière, et que cette copie en est une copie conforme. Cette preuve peut être fournie par le gérant ou par le comptable de l'institution financière ou par tout employé qui connaît le contenu du livre ou du registre et peut être donnée de vive voix ou par affidavit devant un commissaire ou une autre personne autorisée à recevoir les affidavits.

(3) Preuve de l'absence de compte quant aux chèques — Lorsqu'une personne a tiré un chèque sur une institution financière ou une succursale d'une institution financière, un affidavit du gérant ou comptable de cette institution financière ou succursale, reçu par un commissaire ou une autre personne autorisée à recevoir les affidavits, énonçant qu'il en est le gérant ou le comptable, qu'il a consulté et examiné attentivement les livres et registres en vue de constater si cette personne avait ou non un compte à l'institution financière ou à la succursale et qu'il a été incapable de découvrir un pareil compte, établit, en l'absence de preuve contraire, que cette personne n'avait aucun compte à cette institution financière ou succursale.

(4) Preuve de la qualité officielle — Lorsque la preuve est produite sous forme d'affidavit en conformité avec le présent article, il n'est pas nécessaire de prouver la signature ou la qualité officielle de la personne souscrivant l'affidavit, si la qualité officielle de cette personne est énoncée dans le corps de l'affidavit.

(5) Production ou comparution obligatoires — Dans les procédures judiciaires auxquelles l'institution financière n'est pas partie, l'institution financière ou un officier de l'institution financière ne peut être contraint à produire un livre ou registre dont le contenu peut être prouvé sous le régime du présent article, ni à comparaître comme témoin afin de prouver les affaires, opérations et comptes y inscrits, sauf par ordonnance du tribunal rendue pour un motif spécial.

(6) Ordonnance : examen et copie — À la demande d'une partie à une procédure judiciaire, le tribunal peut ordonner que cette partie soit libre d'examiner les inscriptions dans les livres ou registres d'une institution financière pour les fins de cette procédure, et d'en prendre copie. La personne dont le compte doit être examiné doit recevoir avis de la demande deux jours francs au moins avant l'audition de la demande, et, s'il est démontré au tribunal que l'avis ne peut pas être donné à la personne elle-même, cet avis peut être donné à l'adresse de l'institution financière.

(7) Mandat de perquisition — Le présent article n'a pas pour effet d'interdire la perquisition dans les locaux d'une institution financière sur l'autorisation d'un mandat de perquisition émis en vertu d'une autre loi fédérale, mais, à moins qu'il ne soit mentionné expressément sur le mandat, par la personne sous la signature de laquelle il a été émis, que ce mandat n'est pas limité par le présent article, l'autorisation, conférée par un tel mandat, de perquisitionner dans les locaux d'une institution financière, de saisir et d'emporter tout ce qui peut s'y trouver, est, en ce qui concerne les livres ou registres de cette institution, interprétée comme limitée à la perquisition dans ces locaux aux fins d'examiner les inscriptions dans ces livres ou registres et d'en prendre copie; les copies effectuées en exécution de ce mandat ne tombent pas sous le régime de l'article 490 du *Code criminel.*

(8) Calcul des délais — Dans le calcul des délais prévus au présent article, les jours fériés ne sont pas comptés.

(9) Définitions — Les définitions qui suivent s'appliquent au présent article.

« institution financière » La Banque du Canada, la Banque de développement du Canada et toute institution qui accepte au Canada des dépôts d'argent de ses membres ou du public. Sont inclus dans la présente définition une succursale, une agence ou un bureau d'une telle banque ou institution.

« procédure judiciaire » Toute procédure ou enquête, en matière civile ou pénale, dans laquelle une preuve est ou peut être donnée, y compris l'arbitrage.

« tribunal » Le tribunal, le juge, l'arbitre ou la personne devant qui une procédure judiciaire est exercée ou intentée.

L.C. 1994, ch. 44, art. 90; 1995, ch. 28, art. 47; 1999, ch. 28, art. 149.

30. (1) Les pièces commerciales peuvent être admises en preuve — Lorsqu'une preuve orale concernant une chose serait admissible dans une procédure judiciaire, une pièce établie dans le cours ordinaire des affaires et qui contient des renseignements sur cette chose est, en vertu du présent article, admissible en preuve dans la procédure judiciaire sur production de la pièce.

(2) Présomption à tirer du défaut de renseignements — Lorsqu'une pièce établie dans le cours ordinaire des affaires ne contient pas de renseignements sur une chose dont on peut raisonnablement s'attendre à trouver la survenance ou l'existence consignées dans cette pièce, le tribunal peut, sur production de la pièce, admettre celle-ci aux fins d'établir ce défaut de renseignements et peut en conclure qu'une telle chose ne s'est pas produite ou n'a pas existé.

(3) Copie des pièces — Lorsqu'il n'est pas possible ou raisonnablement commode de produire une pièce décrite au paragraphe (1) ou (2), une copie de la pièce accompagnée d'un premier document indiquant les raisons pour lesquelles il n'est pas possible ou raisonnablement commode de produire la pièce et d'un deuxième document préparé par la personne qui a établi la copie indiquant d'où elle provient et attestant son authenticité, est admissible en preuve, en vertu du présent article, de la même manière que s'il s'agissait de l'original de cette pièce pourvu que les documents satisfassent aux conditions suivantes : que leur auteur les ait préparés soit sous forme d'affidavit reçu par une personne autorisée, soit sous forme de certificat ou de déclaration comportant une attestation selon laquelle ce certificat ou cette déclaration a été établi en conformité avec les lois d'un État étranger, que le certificat ou l'attestation prenne ou non la forme d'un affidavit reçu par un fonctionnaire de l'État étranger.

(4) Cas où la pièce est établie sous une forme nécessitant des explications — Lorsque la production d'une pièce ou d'une copie d'une pièce décrite au paragraphe (1) ou (2) ne révélerait pas au tribunal les renseignements contenus dans la pièce, du fait qu'ils ont été consignés sous une forme qui nécessite des explications, une transcription des explications de la pièce ou copie, préparée par une personne qualifiée pour donner les explications, accompagnée d'un document de cette personne indiquant ses qualités pour les donner et attestant l'exactitude des explications est admissible en preuve, en vertu du présent article, de la même manière que s'il s'agissait de l'original de cette pièce. Le document prend la forme soit d'un affidavit reçu par une personne autorisée, soit d'un certificat ou d'une déclaration comportant une attestation selon laquelle ce certificat ou cette déclaration a été établi en conformité avec les lois d'un État étranger, que le certificat ou l'attestation prenne ou non la forme d'un affidavit reçu par un fonctionnaire de l'État étranger.

(5) Le tribunal peut ordonner qu'un autre fragment de la pièce soit produit — Lorsque seul un fragment d'une pièce est produit en vertu du présent article par une partie, le tribunal peut examiner tout autre fragment de la pièce et ordonner que, avec le fragment de la pièce ainsi produit précédemment, l'ensemble ou tout fragment de cet autre fragment de la pièce soit produit par cette partie en tant que pièce produite par elle.

(6) Le tribunal peut examiner la pièce et entendre des témoins — Aux fins de déterminer si l'une quelconque des dispositions du présent article s'applique, ou aux fins de déterminer la valeur probante, le cas échéant, qui doit être accordée aux renseignements contenus dans une pièce admise en preuve en vertu du présent article, le tribunal peut, sur production d'une pièce, examiner celle-ci, admettre toute preuve à son sujet fournie de vive voix ou par affidavit, y compris la preuve des circonstances dans lesquelles les renseignements contenus dans la pièce ont été écrits, consignés, conservés ou reproduits et tirer toute conclusion raisonnable de la forme ou du contenu de la pièce.

(7) Avis de l'intention de produire une pièce ou un affidavit — Sauf si le tribunal en décide autrement, aucune pièce ou aucun affidavit n'est admissible en preuve en vertu du présent article, à moins que la partie qui produit la pièce ou l'affidavit n'ait, au moins sept jours avant sa production, donné à chacune des autres parties à la procédure judiciaire un avis de son intention de le produire et ne l'ait, dans les cinq jours qui suivent la réception d'un avis à cet effet donné par l'une de ces parties, produit aux fins d'examen par cette partie.

(8) La preuve de la signature et de la qualité officielle n'est pas nécessaire — Si la preuve est produite sous forme d'affidavit, en vertu du présent article, il n'est pas nécessaire de prouver la signature ou la qualité officielle de la personne souscrivant l'affidavit si la qualité officielle de la personne est énoncée dans le corps de l'affidavit.

(9) Interrogatoire sur la pièce avec autorisation du tribunal — Sous réserve de l'article 4, lorsqu'une personne a connaissance de l'établissement ou du contenu d'une pièce produite ou admise en preuve en vertu du présent article, ou lorsqu'on peut raisonnablement s'attendre à ce qu'elle en ait connaissance, cette personne peut, avec la permission du tribunal, être interrogée ou contre-interrogée à ce sujet par toute partie à la procédure judiciaire.

(10) Preuve qui ne peut être admise aux termes de l'article — Le présent article n'a pas pour effet de rendre admissibles en preuve dans une procédure judiciaire :

a) un fragment de pièce, lorsqu'il a été prouvé que le fragment est, selon le cas :

(i) une pièce établie au cours d'une investigation ou d'une enquête,

(ii) une pièce établie au cours d'une consultation en vue d'obtenir ou de donner des conseils juridiques ou établie en prévision d'une procédure judiciaire,

(iii) une pièce relativement à la production de laquelle il existe un privilège qui est invoqué,

(iv) une pièce reproduisant une déclaration ou faisant allusion à une déclaration faite par une personne qui n'est pas ou ne serait pas, si elle était vivante et saine d'esprit, habile et contraignable à divulguer dans la procédure judiciaire une chose divulguée dans la pièce;

b) une pièce dont la production serait contraire à l'ordre public;

c) une transcription ou un enregistrement de témoignages recueillis au cours d'une autre procédure judiciaire.

(11) Interprétation de l'article — Les dispositions du présent article sont réputées s'ajouter et non pas déroger :

a) à toute autre disposition de la présente loi ou de toute autre loi fédérale concernant l'admissibilité en preuve d'une pièce ou concernant la preuve d'une chose;

b) à tout principe de droit existant en vertu duquel une pièce est admissible en preuve ou une chose peut être prouvée.

(12) Définitions — Les définitions qui suivent s'appliquent au présent article.

« **affaires** » Tout commerce ou métier ou toute affaire, profession, industrie ou entreprise de quelque nature que ce soit exploités ou exercés au Canada ou à l'étranger, soit en vue d'un profit, soit à d'autres fins, y compris toute activité exercée ou opération effectuée, au Canada ou à l'étranger, par un gouvernement, par un ministère, une direction, un conseil, une commission ou un organisme d'un gouvernement, par un tribunal ou par un autre organisme ou une autre autorité exerçant une fonction gouvernementale.

« **copie** » Relativement à une pièce, est assimilée à une copie, une épreuve, agrandie ou non, tirée d'une pellicule photographique représentant cette pièce, et « **pellicule photographique** » s'entend notamment d'une plaque photographique, d'une pellicule microphotographique et d'un cliché au photostat.

« **pièce** » Sont assimilés à une pièce l'ensemble ou tout fragment d'un livre, d'un document, d'un écrit, d'une fiche, d'une carte, d'un ruban ou d'une autre chose sur ou dans lesquels des renseignements sont écrits, enregistrés, conservés ou reproduits, et, sauf pour l'application des paragraphes (3) et (4), toute copie ou transcription admise en preuve en vertu du présent article en conformité avec le paragraphe (3) ou (4).

« **procédure judiciaire** » Toute procédure ou enquête, en matière civile ou pénale, dans laquelle une preuve est ou peut être faite, y compris l'arbitrage.

« **tribunal** » Le tribunal, le juge, l'arbitre ou la personne devant qui une procédure judiciaire est exercée ou est intentée.

L.C. 1994, ch. 44, art. 91.

31. (1) Définitions — Les définitions qui suivent s'appliquent au présent article.

« **gouvernement** » Le gouvernement du Canada ou d'une province, y compris tout ministère, commission, conseil ou service de ce gouvernement.

« **pellicule photographique** » Sont assimilés à une pellicule photographique une plaque photographique, une pellicule microphotographique et un cliché au photostat.

« **personne morale** » Toute banque, y compris la Banque du Canada et la Banque de développement du Canada, toute banque étrangère autorisée, au sens de l'article 2 de la *Loi sur les banques*, et chacune des compagnies ou sociétés suivantes faisant des affaires au Canada, savoir : compagnie de chemin de fer, de messagerie, de télégraphe et de téléphone (sauf une compagnie de tramway), société d'assurances ou société de secours, société de fiducie et société de prêt.

(2) Admissibilité d'une épreuve tirée d'une pellicule photographique — Une épreuve, agrandie ou non, tirée d'une pellicule photographique :

    a) d'une inscription dans un livre ou registre tenu par un gouvernement ou une personne morale et détruite, perdue ou remise à un client après la prise de la pellicule;

b) d'une lettre de change, d'un billet à ordre, d'un chèque, d'un récépissé, d'un instrument ou document détenu par un gouvernement ou une personne morale et détruit, perdu ou remis à un client après la prise de la pellicule;

c) d'un dossier, document, plan, livre ou papier appartenant ou confié à un gouvernement ou une personne morale,

est admissible en preuve dans tous les cas et pour toutes les fins où l'objet photographié aurait été admis s'il est établi que :

d) d'une part, lorsque ce livre, registre, lettre de change, billet à ordre, chèque, récépissé, instrument ou document, dossier, plan, livre ou papier était sous la garde ou l'autorité du gouvernement ou de la personne morale, la pellicule photographique en a été prise afin d'en garder une preuve permanente;

e) d'autre part, l'objet photographié a été subséquemment détruit par un ou plusieurs employés du gouvernement ou de la personne morale, ou en leur présence, ou a été perdu ou remis à un client.

(3) Preuve de l'observation des conditions — Un ou plusieurs employés du gouvernement ou de la personne morale, ayant eu connaissance de la prise de la pellicule photographique, de cette destruction, de cette perte ou de cette remise à un client, ou de l'impression de l'épreuve, selon le cas, peuvent fournir la preuve, soit oralement, soit par affidavit souscrit dans toute partie du Canada devant un notaire public ou un commissaire aux serments, que les conditions prescrites au présent article ont été remplies.

(4) Preuve par copie notariée — Sauf si le tribunal en ordonne autrement, une copie notariée d'un affidavit prévu au paragraphe (3) est admissible en preuve au lieu de l'affidavit original.

L.C. 1992, ch. 1, art. 142; 1995, ch. 28, art. 47; 1999, ch. 28, art. 150.

31.1 Authentification de documents électroniques — Il incombe à la personne qui cherche à faire admettre en preuve un document électronique d'établir son authenticité au moyen d'éléments de preuve permettant de conclure que le document est bien ce qu'il paraît être.

L.C. 2000, ch. 5, art. 56.

31.2 (1) Règle de la meilleure preuve — documents électroniques — Tout document électronique satisfait à la règle de la meilleure preuve dans les cas suivants :

a) la fiabilité du système d'archivage électronique au moyen duquel ou dans lequel le document est enregistré ou mis en mémoire est démontrée;

b) une présomption établie en vertu de l'article 31.4 s'applique.

(2) Sorties imprimées — Malgré le paragraphe (1), sauf preuve contraire, le document électronique sous forme de sortie imprimée satisfait à la règle de la meilleure preuve si la sortie imprimée a de toute évidence ou régulièrement été utilisée comme document relatant l'information enregistrée ou mise en mémoire.

L.C. 2000, ch. 5, art. 56.

31.3 Présomption de fiabilité — Pour l'application du paragraphe 31.2(1), le système d'archivage électronique au moyen duquel ou dans lequel un document électronique est enregistré ou mis en mémoire est réputé fiable, sauf preuve contraire, si, selon le cas :

a) la preuve permet de conclure qu'à l'époque en cause, le système informatique ou autre dispositif semblable fonctionnait bien, ou, dans le cas contraire, son mauvais fonctionnement n'a pas compromis l'intégrité des documents électroniques, et qu'il n'existe aucun autre motif raisonnable de mettre en doute la fiabilité du système d'archivage électronique;

b) il est établi que le document électronique présenté en preuve par une partie a été enregistré ou mis en mémoire par une partie adverse;

c) il est établi que le document électronique a été enregistré ou mis en mémoire dans le cours ordinaire des affaires par une personne qui n'est pas partie à l'instance et qui ne l'a pas enregistré ni ne l'a mis en mémoire sous l'autorité de la partie qui cherche à le présenter en preuve.

L.C. 2000, ch. 5, art. 56.

31.4 Signatures électroniques sécurisées — présomptions — Le gouverneur en conseil peut prendre des règlements établissant des présomptions relativement aux documents électroniques portant une signature électronique sécurisée, notamment des règlements visant :

a) l'association de signatures électroniques sécurisées à des personnes;

b) l'intégrité de l'information contenue dans un document électronique portant une signature électronique sécurisée.

L.C. 2000, ch. 5, art. 56.

31.5 Normes à considérer — Afin de déterminer si, pour l'application de toute règle de droit, un document électronique est admissible, il peut être présenté un élément de preuve relatif à toute norme, toute procédure, tout usage ou toute pratique touchant la manière d'enregistrer ou de mettre en mémoire un document électronique, eu égard au type de commerce ou d'entreprise qui a utilisé, enregistré ou mis en mémoire le document électronique ainsi qu'à la nature et à l'objet du document.

L.C. 2000, ch. 5, art. 56.

31.6 (1) Preuve par affidavit — La preuve des questions visées au paragraphe 31.2(2) et aux articles 31.3 et 31.5 ainsi que dans les règlements pris en vertu de l'article 31.4 peut être faite par affidavit.

(2) Contre-interrogatoire — Toute partie peut contre-interroger l'auteur d'un affidavit visé au paragraphe (1) et déposé en preuve :

    a) de plein droit, dans le cas où l'auteur de l'affidavit est une partie adverse ou est sous l'autorité d'une telle partie;

    b) avec l'autorisation du tribunal, dans les autres cas.

L.C. 2000, ch. 5, art. 56.

31.7 Application — Les articles 31.1 à 31.4 n'ont pas pour effet de restreindre l'application des règles de droit relatives à l'admissibilité de la preuve, à l'exception des règles de droit régissant l'authentification et la meilleure preuve.

L.C. 2000, ch. 5, art. 56.

31.8 Définitions — Les définitions qui suivent s'appliquent aux articles 31.1 à 31.6.

« **document électronique** » Ensemble de données enregistrées ou mises en mémoire sur quelque support que ce soit par un système informatique ou un dispositif semblable et qui peuvent être lues ou perçues par une personne ou par un tel système ou dispositif. Sont également visés tout affichage et toute sortie imprimée ou autre de ces données.

« **données** » Toute forme de représentation d'informations ou de notions.

« **signature électronique sécurisée** » Signature électronique sécurisée au sens du paragraphe 31(1) de la *Loi sur la protection des renseignements personnels et les documents électroniques*.

« **système d'archivage électronique** » Sont assimilés au système d'archivage électronique le système informatique et tout dispositif semblable qui enregistre ou met en mémoire des données ainsi que les procédés relatifs à l'enregistrement ou à la mise en mémoire de documents électroniques.

« **système informatique** » Dispositif ou ensemble de dispositifs connectés ou reliés les uns aux autres, dont l'un ou plusieurs :

    a) contiennent des programmes d'ordinateur ou d'autres données;

    b) conformément à des programmes d'ordinateur, exécutent des fonctions logiques et de commande et peuvent exécuter toute autre fonction.

L.C. 2000, ch. 5, art. 56.

32. (1) Décret signé par le secrétaire d'État — Tout décret, signé par le secrétaire d'État du Canada, et donné comme ayant été écrit par ordre du gouverneur général, est admis en preuve comme étant le décret du gouverneur général.

(2) Copies publiées dans la *Gazette du Canada* — Toutes copies d'avis, d'annonces et de documents officiels et autres, publiées dans la *Gazette du Canada*, sont admissibles en preuve et font foi, jusqu'à preuve contraire, des originaux et de leur contenu.

L.C. 2000, ch. 5, art. 57.

33. (1) Preuve de l'écriture de celui qui certifie — Nulle preuve n'est requise de l'écriture non plus que de la fonction officielle de la personne qui atteste, en conformité avec la présente loi, l'authenticité d'une copie ou d'un extrait d'une proclamation, d'un décret, d'un règlement, d'une nomination, d'un livre ou d'une autre pièce.

(2) Imprimé ou manuscrit — Cette pièce ou cet extrait peut être imprimé ou manuscrit, ou en partie imprimé et en partie manuscrit.

34. (1) Témoin instrumentaire — Il n'est pas nécessaire de prouver, par le témoin instrumentaire, une pièce pour la validité de laquelle l'attestation n'est pas requise.

(2) Preuve de la pièce — Cette pièce peut être prouvée par admission ou autrement, tout comme si elle n'avait pas été souscrite en présence d'un témoin instrumentaire.

35. Dépôt des documents fabriqués — Lorsqu'une pièce fabriquée ou frauduleusement altérée a été admise en preuve, le tribunal ou le juge, ou la personne qui l'a admise, peut, à la requête de la personne contre laquelle elle a été admise en preuve, ordonner qu'elle soit déposée au greffe et confiée à la garde d'un fonctionnaire du tribunal ou de toute autre personne, pendant la période et aux conditions que le tribunal, le juge ou la personne qui l'a admise juge convenables.

36. Interprétation — La présente partie est réputée ajouter et non pas déroger aux pouvoirs, que donne toute loi existante, ou qui existent en droit, de prouver des documents.

Divulgation de renseignements administratifs

37. (1) Opposition à divulgation — Un ministre fédéral ou toute autre personne intéressée peut s'opposer à la divulgation de renseignements devant un tribunal, un organisme ou une personne ayant le pouvoir de contraindre à la production de renseignements, en attestant verbalement ou par écrit devant eux que ces renseignements ne devraient pas être divulgués pour des raisons d'intérêt public déterminées.

(2) Opposition devant une cour supérieure — Sous réserve des articles 38 et 39, dans les cas où l'opposition visée au paragraphe (1) est portée devant une cour supérieure, celle-ci peut prendre connaissance des renseignements et ordonner leur divulgation, sous réserve des restrictions ou conditions qu'elle estime indiquées, si elle conclut qu'en l'espèce, les raisons d'intérêt public qui justifient la divulgation l'emportent sur les raisons d'intérêt public invoquées lors de l'attestation.

(3) Opposition devant une autre instance — Sous réserve des articles 38 et 39, dans les cas où l'opposition visée au paragraphe (1) est portée devant le tribunal, un organisme ou une personne qui ne constituent pas une cour supérieure, la question peut être décidée conformément au paragraphe (2), sur demande, par :

a) la Section de première instance de la Cour fédérale, dans les cas où l'organisme ou la personne investis du pouvoir de contraindre à la production de renseignements en vertu d'une loi fédérale ne constituent pas un tribunal régi par le droit d'une province;

b) la division ou cour de première instance de la cour supérieure de la province dans le ressort de laquelle le tribunal, l'organisme ou la personne ont compétence, dans les autres cas.

(4) Délai — Le délai dans lequel la demande visée au paragraphe (3) peut être faite est de dix jours suivant l'opposition, mais le tribunal saisi peut modifier ce délai s'il l'estime indiqué dans les circonstances.

(5) Appels devant les cours d'appel — L'appel des décisions rendues en vertu des paragraphes (2) ou (3) se fait :

a) devant la Cour d'appel fédérale, pour ce qui est de celles de la Section de première instance de la Cour fédérale;

b) devant la cour d'appel d'une province, pour ce qui est de celles de la division ou cour de première instance d'une cour supérieure d'une province.

(6) Délai d'appel — Le délai dans lequel l'appel prévu au paragraphe (5) peut être interjeté est de dix jours suivant la date de la décision frappée d'appel, mais la cour d'appel peut le proroger si elle l'estime indiqué dans les circonstances.

(7) Délai de demande d'autorisation d'en appeler à la Cour suprême du Canada — Nonobstant toute autre loi fédérale :

a) le délai de demande d'autorisation d'en appeler à la Cour suprême du Canada est de dix jours suivant le jugement frappé d'appel, visé au paragraphe (5), mais le tribunal compétent pour autoriser l'appel peut proroger ce délai s'il l'estime indiqué dans les circonstances;

b) dans les cas où l'autorisation est accordée, l'appel est interjeté conformément au paragraphe 60(1) de la *Loi sur la Cour suprême*, mais le délai qui s'applique est celui qu'a fixé le tribunal qui a autorisé l'appel.

38. (1) Opposition relative aux relations internationales ou à la défense ou à la sécurité nationales — Dans les cas où l'opposition visée au paragraphe 37(1) se fonde sur le motif que la divulgation porterait préjudice aux relations internationales ou à la défense ou à la sécurité nationales, la question peut être décidée conformément au paragraphe 37(2), sur demande, mais uniquement par le juge en chef de la Cour fédérale ou tout autre juge de ce tribunal qu'il charge de l'audition de ce genre de demande.

(2) Délai — Le délai dans lequel la demande visée au paragraphe (1) peut être faite est de dix jours suivant l'opposition, mais le juge en chef de la Cour fédérale ou le juge de ce tribunal qu'il charge de l'audition de ce genre de demande peut modifier ce délai s'il l'estime indiqué.

(3) Appel devant la Cour d'appel fédérale — Il y a appel de la décision visée au paragraphe (1) devant la Cour d'appel fédérale.

(4) Application des par. 37(6) et (7) — Le paragraphe 37(6) s'applique aux appels prévus au paragraphe (3) et le paragraphe 37(7) s'applique aux appels des jugements rendus en vertu du paragraphe (3), compte tenu des adaptations de circonstance.

(5) Règles spéciales — Les demandes visées au paragraphe (1) font, en premier ressort ou en appel, l'objet d'une audition à huis clos; celle-ci a lieu dans la région de la capitale nationale définie à l'annexe de la *Loi sur la capitale nationale* si la personne qui s'oppose à la divulgation le demande.

(6) Présentation d'arguments en l'absence d'une partie — La personne qui a porté l'opposition qui fait l'objet d'une demande ou d'un appel a, au cours des auditions, en première instance ou en appel et sur demande, le droit de présenter des arguments en l'absence d'une autre partie.

39. (1) Opposition relative à un renseignement confidentiel du Conseil privé de la Reine pour le Canada — Le tribunal, l'organisme ou la personne qui ont le pouvoir de contraindre à la production de renseignements sont, dans les cas où un ministre ou le greffier du Conseil privé s'opposent à la divulgation d'un renseignement, tenus d'en refuser la divulgation, sans l'examiner ni tenir d'audition à son sujet, si le ministre ou le greffier attestent par écrit que le renseignement constitue un renseignement confidentiel du Conseil privé de la Reine pour le Canada.

(2) Définition — Pour l'application du paragraphe (1), un **« renseignement confidentiel du Conseil privé de la Reine pour le Canada »** s'entend notamment d'un renseignement contenu dans :

a) une note destinée à soumettre des propositions ou recommandations au Conseil;

b) un document de travail destiné à présenter des problèmes, des analyses ou des options politiques à l'examen du Conseil;

c) un ordre du jour du Conseil ou un procès-verbal de ses délibérations ou décisions;

d) un document employé en vue ou faisant état de communications ou de discussions entre ministres sur des questions liées à la prise des décisions du gouvernement ou à la formulation de sa politique;

e) un document d'information à l'usage des ministres sur des questions portées ou qu'il est prévu de porter devant le Conseil, ou sur des questions qui font l'objet des communications ou discussions visées à l'alinéa *d*);

f) un avant-projet de loi ou projet de règlement.

(3) Définition de « Conseil » — Pour l'application du paragraphe (2), **« Conseil »** s'entend du Conseil privé de la Reine pour le Canada, du Cabinet et de leurs comités respectifs.

(4) Exception — Le paragraphe (1) ne s'applique pas :

a) à un renseignement confidentiel du Conseil privé de la Reine pour le Canada dont l'existence remonte à plus de vingt ans;

b) à un document de travail visé à l'alinéa (2)*b*), dans les cas où les décisions auxquelles il se rapporte ont été rendues publiques ou, à défaut de publicité, ont été rendues quatre ans auparavant.

L.C. 1992, ch. 1, art. 144.

Lois provinciales concernant la preuve

40. Mode d'application — Dans toutes les procédures qui relèvent de l'autorité législative du Parlement du Canada, les lois sur la preuve qui sont en vigueur dans la province où ces procédures sont exercées, y compris les lois relatives à la preuve de la signification d'un mandat, d'une sommation, d'une assignation ou d'une autre pièce s'appliquent à ces procédures, sauf la présente loi et les autres lois fédérales.

Déclarations solennelles

41. Déclaration solennelle — Tout juge, notaire public, juge de paix, juge de la cour provinciale, recorder, maire ou commissaire autorisé à recevoir les affidavits destinés à servir dans les tribunaux provinciaux ou fédéraux, ou autre fonctionnaire autorisé par la loi à faire prêter serment en quelque matière que ce soit, peut recevoir la déclaration solennelle de quiconque la fait volontairement devant lui, selon la formule qui suit, pour attester soit l'exécution d'un écrit, d'un acte ou d'une pièce, soit la vérité d'un fait, soit l'exactitude d'un compte rendu par écrit :

Je, ..., déclare solennellement que (*exposer le fait ou les faits déclarés*), et je fais cette déclaration solennelle, la croyant consciencieusement vraie et sachant qu'elle a la même force et le même effet que si elle était faite sous serment.

Déclaré devant moi à .... ce .... jour de ....
19..........

L.R.C. 1985, ch. 27 (1er suppl.), art. 203.

Preuves des assurances

42. Affidavits, etc. — Tout affidavit, affirmation solennelle ou déclaration, qu'exige une compagnie d'assurance autorisée par la loi à faire des opérations au Canada, relativement à quelque perte ou avarie d'un bien, ou décès ou blessure d'une personne, faisant l'objet d'une assurance consentie par cette compagnie, peut se faire devant tout commissaire ou autre personne autorisée à recevoir les affidavits, ou devant tout juge de paix ou notaire public pour une province; ces fonctionnaires sont requis de recevoir ces affidavits, affirmations solennelles ou déclarations.

PARTIE II

Application

43. Tribunaux étrangers — La présente partie s'applique à la preuve à recueillir se rapportant aux procédures devant les tribunaux étrangers.

Définitions et interprétation

44. Définitions — Les définitions qui suivent s'appliquent à la présente partie.

« **cause** » Est assimilée à une cause une procédure intentée contre un criminel.

« **juge** » Juge d'une cour supérieure dans une province.

« **serment** » Est assimilée à un serment une affirmation solennelle dans les cas où par le droit fédéral ou provincial, selon le cas, une affirmation solennelle est permise pour tenir lieu d'un serment.

« **tribunal** » Toute cour supérieure dans une province.

45. Interprétation — La présente partie n'a pas pour effet de porter atteinte au droit de législation de la législature d'une province, nécessaire ou désirable pour en exécuter les objets.

Procédure

46. (1) Ordre d'interroger un témoin au Canada — Lorsque, sur requête à cette fin, il est prouvé à un tribunal ou à un juge qu'un tribunal étranger compétent, devant lequel est pendante une affaire civile, commerciale ou pénale, désire avoir, dans cette affaire, le témoignage de quelque partie ou témoin qui est dans le ressort du tribunal en premier lieu mentionné, ou du tribunal auquel appartient le juge, ou de ce juge, ce tribunal ou ce juge peut, à discrétion, ordonner en conséquence que la partie ou le témoin soit interrogé sous serment, par questions écrites ou autrement, devant la ou les personnes dénommées à l'ordonnance, et peut assigner, par la même ordonnance ou par une ordonnance subséquente, cette partie ou ce témoin à comparaître pour témoigner, et lui enjoindre de produire tous écrits ou documents mentionnés dans l'ordonnance, et tous autres écrits ou documents relatifs à l'affaire dont il s'agit et qui sont en la possession ou sous le contrôle de la partie ou du témoin.

(2) Témoin virtuel — Il est entendu que le témoignage de la personne fait au moyen d'un instrument qui retransmet, devant tout tribunal étranger compétent, sur le vif, son image et sa voix — ou celle-ci seulement — et qui permet de l'interroger est admissible au titre du paragraphe (1).

L.C. 1999, ch. 18, art. 89.

47. Exécution de l'ordonnance — Après notification à la partie ou au témoin de l'ordonnance mentionnée à l'article 46, ainsi que de l'avis de fixation d'un jour et d'un lieu pour son audition, signé par la personne commise par cette ordonnance pour entendre son témoignage, ou, si plus d'une personne est commise, alors signé par l'une d'elles, et après le paiement ou l'offre de frais de déplacement égaux à ceux qui peuvent être ordinairement payés dans le cas de comparution pendant une instruction, cette ordonnance peut être exécutée de la manière dont s'exécuterait une ordonnance rendue par ce tribunal ou par ce juge dans une affaire relevant de ce tribunal ou de ce juge.

48. Frais des témoins — Quiconque est cité ainsi en témoignage aux termes de l'article 47 a droit, pour ses dépenses, perte de temps et frais de déplacement, à l'indemnité qui est accordée dans le cas de comparution au cours d'un procès.

49. Prêter serment — Lors de l'interrogatoire des parties ou des témoins sur l'autorité d'une ordonnance rendue en application de la présente partie, le serment est administré par la personne qui est autorisée à recueillir les témoignages, ou, s'il y a plusieurs personnes ainsi autorisées, par l'une d'elles.

50. (1) Le témoin a droit de refuser de répondre ou de produire une pièce — Toute personne interrogée sous l'autorité d'une ordonnance rendue en vertu de la présente partie a le même droit de refuser de répondre aux questions qui tendraient à l'incriminer, ou à toutes autres questions, qu'aurait une partie ou un témoin, selon le cas, dans une cause pendante devant le tribunal par lequel, ou par un juge duquel, cette ordonnance a été rendue.

(1.1) Droit étranger et renseignements protégés — Malgré le paragraphe (1), la personne qui dépose conformément au paragraphe 46(2) le fait, pour l'application du droit de la preuve et de la procédure, comme si elle se trouvait dans le ressort étranger en question, mais seulement dans la mesure où son témoignage ne révèle pas de renseignements protégés par le droit canadien relatif à la non-divulgation de renseignements ou à l'existence de privilèges.

(1.2) Outrage au tribunal — Le droit canadien en matière d'outrage au tribunal s'applique à la personne qui, déposant conformément au paragraphe 46(2), refuse de répondre à une question ou de produire les écrits ou documents visés par l'ordonnance du tribunal ou du juge canadien.

(2) Nature de ce droit — Nul n'est obligé de produire, en conformité avec cette ordonnance, un écrit ou autre document qu'il ne pourrait être contraint de produire à l'instruction d'une pareille cause.

L.C. 1999, ch. 18, art. 90.

51. (1) Règles de pratique — Le tribunal peut établir des règles et ordonnances concernant la procédure à suivre et la preuve à produire à l'appui d'une requête demandant que soit rendue une ordonnance pour faire interroger des parties et des témoins sous le régime de la présente partie, et, de façon générale, l'application de la présente partie.

(2) Lettres rogatoires — En l'absence de toute ordonnance au sujet de la preuve à produire à l'appui de la requête visée au paragraphe (1), les lettres rogatoires d'un tribunal étranger, devant lequel une affaire civile, commerciale ou pénale est pendante, sont réputées et considérées comme une preuve suffisante à l'appui de la requête.

L.C. 1999, ch. 18, art. 91.

PARTIE III

Application

52. Application — La présente partie s'applique aux catégories suivantes de personnes :

    a) les fonctionnaires de l'un des services diplomatiques ou consulaires de Sa Majesté, lorsqu'ils exercent leurs fonctions dans tout pays étranger, y compris les ambassadeurs, envoyés, ministres, chargés d'affaires, conseillers, secrétaires, attachés, consuls généraux, consuls, vice-consuls, proconsuls, agents consulaires, consuls généraux suppléants, consuls suppléants, vice-consuls suppléants et agents consulaires suppléants;

b) les fonctionnaires des services diplomatiques, consulaires et représentatifs du Canada lorsqu'ils exercent leurs fonctions dans tout pays étranger ou dans toute partie du Commonwealth et territoires sous dépendance autre que le Canada, y compris, outre les fonctionnaires diplomatiques et consulaires mentionnés à l'alinéa *a*), les hauts commissaires, délégués permanents, hauts commissaires suppléants, délégués permanents suppléants, conseillers et secrétaires;

c) les délégués commerciaux du gouvernement canadien et les délégués commerciaux adjoints du gouvernement canadien lorsqu'ils exercent leurs fonctions dans un pays étranger ou dans toute partie du Commonwealth et territoires sous dépendance autre que le Canada;

d) les fonctionnaires consulaires honoraires lorsqu'ils exercent leurs fonctions dans tout pays étranger ou dans toute partie du Commonwealth et territoires sous dépendance autre que le Canada;

e) les fonctionnaires judiciaires d'un État étranger autorisés, à des fins internes, à recevoir les serments, les affidavits, les affirmations solennelles, les déclarations ou autres documents semblables;

f) les employés engagés sur place et désignés par le sous-ministre des Affaires étrangères ou toute autre personne autorisée par lui à procéder à une telle désignation lorsqu'ils exercent leurs fonctions dans tout pays étranger ou dans toute partie du Commonwealth et des territoires sous sa dépendance autre que le Canada.

L.C. 1994, ch. 44, art. 92; 1997, ch. 18, art. 118.

Serments et affirmations solennelles

53. Serments déférés à l'étranger — Les serments, affidavits, affirmations solennelles ou déclarations déférés, recueillis ou reçus à l'étranger par toute personne mentionnée à l'article 52 sont aussi valides et efficaces et possèdent la même vigueur et le même effet, à toutes fins, que s'ils avaient été déférés, recueillis ou reçus au Canada par une personne autorisée à y déférer, recueillir ou recevoir les serments, affidavits, affirmations solennelles ou déclarations qui sont valides ou efficaces en vertu de la présente loi.

Preuve documentaire

54. (1) Les documents doivent être admis en preuve — Tout document donné comme portant la signature, y apposée, empreinte ou souscrite, de toute personne autorisée par un des alinéas 52*a*) à *d*) à recevoir des serments, affidavits, affirmations solennelles ou déclarations, ainsi que son sceau ou le sceau ou le timbre de son bureau ou du bureau auquel elle est attachée, pour établir qu'un serment, un affidavit, une affirmation solennelle ou une déclaration a été reçu par elle, est admis en preuve sans prouver le sceau, le timbre ou sa signature ou son caractère officiel.

(2) Présomption quant au contenu — L'affidavit, l'affirmation solennelle ou toute autre déclaration semblable reçu à l'étranger et censément signé par le fonctionnaire visé à l'alinéa 52e) est admis en preuve sans qu'il soit nécessaire de prouver la signature ou la qualité du fonctionnaire.

L.C. 1994, ch. 44, art. 93.

Loi sur les stupéfiants

Loi prévoyant la réglementation des stupéfiants

L.R.C. 1985, ch. N-1, telle que modifiée par : L.R.C. 1985, ch. 27 (1er suppl.); L.R.C. 1985, ch. 27 (2e suppl.); L.R.C. 1985, ch. 42 (4e suppl.); L.C. 1990, ch. 16; L.C. 1990, ch. 17; L.C. 1992, ch. 1; L.C. 1992, ch. 20; L.C. 1992, ch. 51; L.C. 1993, ch. 28; L.C. 1993, ch. 37; L.C. 1996, ch. 19.

[La Loi sur les stupéfiants a été abrogée le 14 mai 1997 par L.C. 1996, ch. 19, art. 94 intitulée Loi réglementant certaines drogues et autres substances. Nous continuons cependant de reproduire le texte de la Loi sur les stupéfiants puisqu'il continue de recevoir application pour les infractions commises avant le 14 mai 1997.]

Titre abrégé

1. Titre abrégé — *Loi sur les stupéfiants.*

Définitions

2. Définitions — Les définitions qui suivent s'appliquent à la présente loi.

« **analyste** » Personne désignée à ce titre conformément à la présente loi ou à la *Loi sur les aliments et drogues.*

« **chanvre indien** » ou « **marihuana** » Le *Cannabis sativa* L.

« **faire le trafic** » Le fait de fabriquer, vendre, donner, administrer, transporter, expédier, livrer ou distribuer un stupéfiant — ou encore de proposer l'une de ces opérations — en dehors du cadre prévu par la présente loi et ses règlements.

« **ministre** »

    a) En ce qui touche la partie I, le ministre de la Santé;

    b) en ce qui a trait à la partie II, le ministre de la Justice.

« **moyen de transport** » Tout moyen de transport, notamment les aéronefs, les bateaux et les véhicules à moteur.

« **ordonnance** » À l'égard d'un stupéfiant, recommandation faite par un praticien qu'une quantité déterminée du stupéfiant soit préparée à l'intention de la personne qui y est nommée.

« **pavot somnifère** » Le *Papaver somniferum* L.

« **possession** » La possession au sens du *Code criminel*.

« **praticien** » Personne qui, en vertu des lois d'une province, est agréée et est autorisée à exercer dans cette province la profession de médecin, de dentiste ou de vétérinaire.

« **stupéfiant** » Substance énumérée à l'annexe, ou toute préparation en contenant.

« **toxicomane** » Personne chez qui l'usage des stupéfiants a :

a) soit fait naître le désir ou le besoin de continuer à en prendre;

b) soit créé un état de dépendance psychique ou physique à l'égard de leurs effets.

L.R.C. 1985, ch. 27 (1er suppl.), art. 196; L.C. 1996, ch. 8, art. 32.

PARTIE I — INFRACTIONS ET APPLICATION DE LA LOI

Infractions particulières

3. (1) Possession de stupéfiant — Sauf exception prévue par la présente loi ou ses règlements, il est interdit d'avoir un stupéfiant en sa possession.

(2) Infraction et peine — Quiconque enfreint le paragraphe (1) commet une infraction et encourt, sur déclaration de culpabilité :

a) par procédure sommaire, pour une première infraction, une amende maximale de mille dollars et un emprisonnement maximal de six mois, ou l'une de ces peines, et, en cas de récidive, une amende maximale de deux mille dollars et un emprisonnement maximal d'un an, ou l'une de ces peines;

b) par mise en accusation, un emprisonnement maximal de sept ans.

3.1 (1) Défaut de divulguer les ordonnances antérieures — Nul ne peut obtenir ou chercher à obtenir d'un praticien un stupéfiant ou une ordonnance pour un stupéfiant sans donner à celui-ci toutes précisions sur les stupéfiants ou ordonnances pour stupéfiants qui lui ont été remis par un autre praticien dans les trente jours précédents.

(2) Infraction et peine — Quiconque contrevient au paragraphe (1) :

a) soit commet un acte criminel et encourt un emprisonnement maximal de sept ans;

b) soit commet une infraction punissable sur déclaration de culpabilité par procédure sommaire et encourt :

(i) pour une première infraction, une amende maximale de mille dollars ou un emprisonnement maximal de six mois,

(ii) pour une infraction subséquente, une amende maximale de deux mille dollars ou un emprisonnement maximal de un an.

(3) Prescription — Les poursuites visant une infraction prévue au présent article et punissable sur déclaration de culpabilité par procédure sommaire se prescrivent par un an à compter de sa perpétration.

L.R.C. 1985, ch. 27 (1ᵉʳ suppl.), art. 197.

4. (1) Trafic de stupéfiant — Le trafic de stupéfiant est interdit, y compris dans le cas de toute substance que le trafiquant prétend ou estime être tel.

(2) Possession en vue du trafic — La possession de stupéfiant en vue d'en faire le trafic est interdite.

(3) Infraction et peine — Quiconque enfreint le paragraphe (1) ou (2) commet un acte criminel et encourt l'emprisonnement à perpétuité.

5. (1) Importation et exportation — Sauf exception prévue par la présente loi ou ses règlements, l'importation et l'exportation de stupéfiant sont interdites.

(2) Infraction et peine — Quiconque enfreint le paragraphe (1) commet un acte criminel et encourt une peine d'emprisonnement d'au moins sept ans et pouvant aller jusqu'à perpétuité.

6. (1) Culture du pavot somnifère ou du chanvre indien — Il est interdit de cultiver le pavot somnifère ou le chanvre indien sans un permis réglementaire et autrement qu'en conformité avec celui-ci.

(2) Infraction et peine — Quiconque enfreint le paragraphe (1) commet un acte criminel et encourt un emprisonnement maximal de sept ans.

(3) Destruction des plants — Le ministre peut ordonner la destruction de plants de pavot somnifère ou de chanvre indien cultivés sans permis réglementaire ou en violation de celui-ci.

Poursuites

7. (1) Mention d'une exception, etc. — Dans les poursuites visant toute infraction à la présente loi, ou engagées sous le régime des articles 463, 464 ou 465 du *Code criminel* et relatives à une telle infraction, il n'est pas nécessaire que soit énoncée ou niée, selon le cas, une exception, exemption, excuse ou réserve, prévue par le droit, dans la dénonciation ou l'acte d'accusation.

(2) Fardeau de la preuve — Dans les poursuites sous le régime de la présente loi, il incombe à l'accusé de prouver qu'une exception, exemption, excuse ou réserve, prévue par le droit, joue en sa faveur; quant au poursuivant, il n'est pas tenu, si ce n'est à titre de réfutation, de prouver que l'exception, l'exemption, l'excuse ou la réserve ne joue pas en faveur de l'accusé, qu'elle soit ou non énoncée dans la dénonciation ou l'acte d'accusation.

8. (1) Poursuites pour possession en vue du trafic — Dans les poursuites pour infraction au paragraphe 4(2) où l'accusé plaide non coupable, le procès se déroule comme s'il s'agissait d'une poursuite pour infraction à l'article 3.

(2) Idem — Après que le poursuivant a terminé son exposé et que l'accusé a eu l'occasion de présenter une réplique et une défense complètes, le tribunal détermine si l'accusé était ou non en possession de stupéfiant. Dans la négative, il acquitte l'accusé; dans l'affirmative, il donne l'occasion, d'abord à l'accusé de démontrer que son intention n'était pas de faire le trafic de stupéfiant, ensuite au poursuivant de faire la preuve contraire.

(3) Condamnation pour possession simple ou en vue du trafic — Dans les cas où le tribunal détermine qu'il était en possession de stupéfiant, l'accusé, selon qu'il démontre ou non qu'il n'avait pas l'intention de se livrer au trafic :

> a) soit est acquitté de cette accusation et déclaré coupable seulement de possession, pour laquelle il est alors condamné à la peine prévue par l'article 3.

> b) soit est déclaré coupable de l'infraction figurant à l'acte d'accusation et condamné à la peine correspondante.

9. (1) Certificat de l'analyste — Sous réserve des autres dispositions du présent article, le certificat d'un analyste, où il est déclaré que celui-ci a étudié telle substance et où sont donnés ses résultats, est admissible en preuve dans les poursuites engagées pour infraction visée au paragraphe 7(1) sans qu'il soit nécessaire de prouver l'authenticité de la signature qui y est apposée ou la qualité officielle du signataire; sauf preuve contraire, le certificat fait foi de son contenu.

(2) Présence de l'analyste — La partie contre laquelle est produit le certificat peut, avec l'autorisation du tribunal, exiger la présence de l'analyste pour contre-interrogatoire.

(3) Préavis — Le certificat n'est admis en preuve que si la partie qui entend le produire donne de son intention à la partie adverse un préavis suffisant, accompagné d'une copie du certificat.

(4) Preuve de signification — Pour l'application de la présente loi, la signification de tout certificat mentionné au paragraphe (1) peut être prouvée oralement sous serment, par affidavit ou par déclaration solennelle de la personne qui a effectué la signification.

(5) Présence pour interrogatoire — Malgré le paragraphe (4), le tribunal peut exiger que la personne qui a signé l'affidavit ou la déclaration solennelle se présente devant lui pour interrogatoire ou contre-interrogatoire afin de déterminer la preuve de la signification.

L.R.C. 1985, ch. 27 (1ᵉʳ suppl.), art. 198.

Perquisitions et saisies

10. Perquisition — L'agent de la paix qui croit, pour des motifs raisonnables, à la présence d'un stupéfiant ayant servi ou donné lieu à la perpétration d'une infraction à la présente loi peut, à tout moment, perquisitionner sans mandat; toutefois, dans le cas d'une maison d'habitation, il lui faut un mandat de perquisition délivré à cet effet en vertu de l'article 12.

L.R.C. 1985, ch. 27 (1ᵉʳ suppl.), art. 199.

11. Fouille et saisie — L'agent de la paix peut, dans le lieu qu'il perquisitionne en application de l'article 10, saisir, d'une part, un stupéfiant ou un objet qu'il soupçonne, pour des motifs raisonnables, de contenir ou de cacher un stupéfiant et, d'autre part, un objet qu'il croit, pour des motifs raisonnables, relié à la perpétration d'une infraction à la présente loi ou susceptible de servir à prouver la perpétration d'une telle infraction. La perquisition du lieu inclut la fouille d'une personne qui s'y trouve.

12. Mandat de perquisition — Le juge de paix qui est convaincu, sur la foi d'une dénonciation sous serment, qu'il existe des motifs raisonnables de croire à la présence, dans une maison d'habitation, d'un stupéfiant ayant servi ou donné lieu à la perpétration d'une infraction à la présente loi peut signer un mandat de perquisition autorisant l'agent de la paix qui y est nommé à pénétrer dans la maison d'habitation pour y chercher le stupéfiant.

13. [Abrogé, L.R.C. 1985, ch. 27 (1ᵉʳ suppl.), art. 200.]

14. Usage de la force — Dans l'exercice des pouvoirs que lui confèrent les articles 10 à 13, l'agent de la paix peut, avec l'assistance qu'il estime nécessaire, forcer l'entrée du lieu perquisitionné et y fracturer tout élément de la construction ou objet s'y trouvant.

15. (1) Demande de restitution — Les objets saisis peuvent être réclamés au moyen d'une demande de restitution présentée, après préavis réglementaire à la Couronne, dans les deux mois de la saisie à un juge de la cour provinciale dans le ressort duquel celle-ci a eu lieu.

(2) Ordonnance de restitution immédiate — Sous réserve de l'article 16, le juge de la cour provinciale ordonne la restitution immédiate de l'objet saisi au demandeur s'il est convaincu, après audition de la demande, que le demandeur a droit à la possession de l'objet saisi et que celui-ci n'est pas susceptible de servir de preuve dans une poursuite pour infraction à la présente loi.

(3) Ordonnance de restitution différée — S'il est convaincu que le demandeur a droit à la possession de l'objet saisi mais estime que l'objet est susceptible de servir de preuve dans une poursuite pour infraction à la présente loi, le juge de la cour provinciale ordonne de différer la restitution :

a) soit, en l'absence de poursuite, jusqu'à l'expiration d'un délai de quatre mois après la saisie;

b) soit, en cas contraire, jusqu'à l'issue de la poursuite.

(4) Disposition en l'absence de réclamation ou d'ordonnance — Losrqu'il n'est pas réclamé dans les deux mois de la saisie ou ne fait pas l'objet d'une ordonnance après audition d'une demande à cet effet, l'objet saisi est :

a) dans le cas d'un stupéfiant, remis au ministre qui peut en disposer à sa guise;

b) dans les autres cas, remis, pour qu'il en soit disposé conformément à la loi :

(i) soit au procureur général ou au solliciteur général de la province où les poursuites relatives à l'infraction ont été intentées, s'il a été saisi relativement à cette infraction et si les poursuites ont été intentées à la demande du gouvernement de cette province et menées par ce dernier ou en son nom,

(ii) soit au ministre des Travaux publics et des Services gouvernementaux dans tout autre cas.

L.R.C. 1985, ch. 27 (1er suppl.), art. 203(1); L.C. 1993, ch. 37, art. 25; 1996, ch. 16, art. 60.

16. (1) Confiscation sur déclaration de culpabilité — L'objet — stupéfiant, aiguille pour injections hypodermiques, seringue, capsuleuse ou tout appareil — qui, ayant servi ou donné lieu à la perpétration d'une infraction aux articles 3, 4 ou 5, a été saisi en application de l'article 11 est, sur déclaration de culpabilité de l'auteur de l'infraction, confisqué au profit de Sa Majesté, et il en est disposé conformément aux instructions du ministre.

(1.1) Idem — L'argent qui a permis l'achat d'un stupéfiant et qui, ayant servi ou donné lieu à la perpétration d'une infraction aux articles 3, 4 ou 5, a été saisi en application de l'article 11 est, sur déclaration de culpabilité de l'auteur de l'infraction :

a) confisqué au profit de Sa Majesté du chef de la province où les poursuites relatives à l'infraction ont été intentées lorsqu'elles l'ont été à la demande du gouvernement de cette province et menées par ce dernier ou en son nom, pour que le procureur général ou le solliciteur général de cette province en dispose en conformité avec la loi;

b) confisqué au profit de Sa Majesté du chef du Canada dans tout autre cas pour que le ministre des Travaux publics et des Services gouvernementaux en dispose en conformité avec la loi.

(2) Confiscation d'un moyen de transport sur demande — Sur déclaration de culpabilité de l'auteur d'une infraction aux articles 4 ou 5 et à la demande de la Couronne, le tribunal peut prononcer la confiscation d'un moyen de transport saisi sous le régime de l'article 11 et dont il a été prouvé qu'il a servi ou donné lieu à l'infraction :

a) soit au profit de Sa Majesté du chef de la province où les poursuites relatives à l'infraction ont été intentées lorsqu'elles l'ont été à la demande du gouvernement de cette province et menées par ce dernier ou en son nom;

b) soit au profit de Sa Majesté du chef du Canada dans tout autre cas.

Sous réserve de l'application des articles 17 à 19 et à l'expiration d'un délai de trente jours à compter de la confiscation, il doit en être disposé en conformité avec la loi soit par le procureur général ou le solliciteur général de la province, soit par le ministre des Travaux publics et des Services gouvernementaux.

L.C. 1993, ch. 37, art. 26; 1996, ch. 16, art. 60.

17. (1) Demande formulée par celui qui revendique un intérêt — Quiconque — à l'exception de l'auteur de l'infraction ayant entraîné la confiscation et de la personne qui était en possession du moyen de transport lors de la saisie — revendique un droit sur le moyen de transport confisqué, à titre de propriétaire, créancier hypothécaire, titulaire d'un privilège ou d'un autre droit semblable peut, dans les trente jours qui suivent la confiscation, demander par écrit à un juge de rendre une ordonnance établissant ce droit.

(2) Date de l'audition — Le juge saisi de la demande d'ordonnance visée au paragraphe (1) fixe une date pour l'audition; celle-ci ne peut avoir lieu qu'après l'expiration de trente jours suivant le dépôt de la demande.

(3) Préavis — Le demandeur adresse notification de la demande et de l'audition au moins quinze jours avant la date fixée pour cette dernière soit au procureur général ou au solliciteur général, selon le cas, de la province où les poursuites relatives à l'infraction ont été intentées lorsque les poursuites ont été intentées à la demande du gouvernement de cette province et menées par ce dernier ou en son nom, soit au ministre des Travaux publics et des Services gouvernementaux dans tout autre cas.

(4) Conditions requises pour l'ordonnance déclaratoire et contenu — Le demandeur a droit à l'obtention d'une ordonnance déclaratoire lorsque le juge est convaincu, à la suite de l'audition, que :

a) d'une part, il n'est coupable ni de complicité ni de collusion dans l'infraction reliée à la confiscation;

b) d'autre part, il a pris bien soin de s'assurer que le moyen de transport saisi ou confisqué ne servirait pas à la perpétration d'un acte illégal par la personne qui s'en est vu attribuer la possession ou, dans le cas d'un créancier hypothécaire ou d'un titulaire de privilège ou de droit semblable, le débiteur hypothécaire ou le débiteur assujetti au privilège ou droit en question.

L'ordonnance précise la nature et l'étendue du droit du demandeur et le déclare intact.

(5) Appel — Le demandeur, le procureur général ou le solliciteur général de la province ou le ministre des Travaux publics et des Services gouvernementaux, selon le cas, peut interjeter appel, auprès de la juridiction compétente, d'une ordonnance rendue sous le régime du paragraphe (4). L'exercice de ce droit ainsi que l'audition de l'appel et la décision en l'espèce suivent la procédure ordinaire régissant les appels d'ordonnances ou de jugements d'un juge.

L.C. 1993, ch. 37, art. 27; 1996, ch. 16, art. 60.

18. Définitions — Les définitions qui suivent s'appliquent à l'article 17.

« Juge »

a) dans la province d'Ontario, un juge de la Cour de l'Ontario (Division générale);

b) dans la province de Québec, un juge de la Cour supérieure du district où a été saisi le moyen de transport faisant l'objet d'une demande d'ordonnance, aux termes de l'article 17;

c) [abrogé, L.C. 1992, ch. 51, art. 59.]

d) dans les provinces du Nouveau-Brunswick, du Manitoba, de la Saskatchewan et de l'Alberta, un juge de la Cour du Banc de la Reine;

e) dans les provinces de la Nouvelle-Écosse et de la Colombie-Britannique, le territoire du Yukon et les Territoires du Nord-Ouest, un juge de la Cour suprême;

e) dans les provinces de la Nouvelle-Écosse et de la Colombie-Britannique, le territoire du Yukon, les Territoires du Nord-Ouest et le territoire du Nunavut, un juge de la Cour suprême;

L.C. 1993, ch. 28, art. 78, ann. III, art. 113.

f) dans les provinces de l'Île-du-Prince-Édouard et de Terre-Neuve, un juge de la Section de première instance de la Cour suprême.

« juridiction compétente » Cour d'appel — au sens de l'article 2 du *Code criminel* — de la province où l'ordonnance visée par l'article 17 est rendue.

L.R.C. 1985, ch. 27 (2ᵉ suppl.), art. 10, annexe, nᵒ 17; L.C. 1990, ch. 16, art. 18; ch. 17, art. 36; 1992, ch. 1, art. 98; ch. 51, art. 59.

19. Restitution du moyen de transport — À la demande de la personne qui a obtenu une ordonnance définitive établissant son droit sur le moyen de transport confisqué, le ministre des Travaux publics et des Services gouvernementaux ou le procureur général ou le solliciteur général de la province, selon le cas, ordonne la restitution de celui-ci ou le versement d'une indemnité équivalant au droit en question.

L.C. 1993, ch. 37, art. 28; 1996, ch. 16, art. 60.

Produits de la criminalité

19.1 (1) Possession de biens obtenus par la perpétration d'une infraction — Commet une infraction quiconque a en sa possession des biens ou leurs produits sachant qu'ils ont été obtenus ou proviennent, en totalité ou en partie, directement ou indirectement :

a) soit de la perpétration, au Canada, d'une infraction prévue aux articles 4, 5 ou 6;

b) soit d'un acte ou d'une omission survenu à l'extérieur du Canada et qui, au Canada, aurait constitué une telle infraction.

(2) Peine — Quiconque commet l'infraction visée au paragraphe (1) est coupable :

a) lorsque la valeur de l'objet à l'égard duquel l'infraction a été commise dépasse mille dollars, d'un acte criminel et est passible d'un emprisonnement maximal de dix ans;

b) lorsque la valeur de l'objet à l'égard duquel l'infraction a été commise ne dépasse pas mille dollars :

(i) soit d'un acte criminel et est passible d'un emprisonnement maximal de deux ans,

(ii) soit d'une infraction punissable sur déclaration de culpabilité par procédure sommaire.

L.R.C. 1985, ch. 42 (4ᵉ suppl.), art. 12.

19.2 (1) Recyclage des produits de la criminalité — Commet une infraction quiconque — de quelque façon que ce soit — utilise, enlève, envoie, livre à une personne ou à un endroit, transporte, modifie ou aliène des biens ou leurs produits — ou en transfère la possession — dans l'intention de les cacher ou de les convertir sachant qu'ils ont été obtenus ou proviennent, en totalité ou en partie, directement ou indirectement :

a) soit de la perpétration, au Canada, d'une infraction prévue aux articles 4, 5 ou 6;

b) soit d'un acte ou d'une omission survenu à l'extérieur du Canada et qui, au Canada, aurait constitué une telle infraction.

(2) Peine — Quiconque commet l'infraction prévue au paragraphe (1) est coupable :

   a) soit d'un acte criminel et passible d'un emprisonnement maximal de dix ans;

   b) soit d'une infraction punissable sur déclaration de culpabilité par procédure sommaire.

L.R.C. 1985, ch. 42 (4e suppl.), art. 12.

19.3 (1) Application de la partie XII.2 du Code criminel — Les articles 462.3 et 462.32 à 462.5 du *Code criminel* s'appliquent, compte tenu des adaptations de circonstance, aux procédures engagées à l'égard :

   a) d'une infraction prévue aux articles 4, 5, 6, 19.1 ou 19.2;

   b) d'un complot ou d'une tentative de commettre une infraction prévue à l'alinéa *a)* ainsi que d'une complicité après le fait à l'égard d'une telle infraction ou du fait de conseiller à une personne de la commettre.

(2) Idem — Pour l'application du paragraphe (1) :

   a) la mention, aux articles 462.37 ou 462.38 ou au paragraphe 462.41(2) du *Code criminel*, d'une infraction de criminalité organisée vaut mention d'une infraction visée à l'alinéa (1)*a)* ou *b)*;

   b) pour ce qui est de la façon de disposer des biens confisqués, la mention, aux paragraphes 462.37(1) ou 462.38(2), à l'alinéa 462.43*c)* ou à l'article 462.5 du *Code criminel*, du procureur général vaut mention :

      (i) soit du procureur général ou du solliciteur général de la province où les poursuites relatives à l'infraction ont été intentées, si le bien a été confisqué relativement à cette infraction et si les poursuites ont été intentées à la demande du gouvernement de cette province et menées par ce dernier ou en son nom,

      (ii) soit du ministre des Travaux publics et des Services gouvernementaux dans tout autre cas.

L.R.C. 1985, ch. 42 (4e suppl.), art. 12; L.C. 1993, ch. 37, art. 29; 1996, ch. 16, art. 60.

Dispositions générales

20. Réglementation — Le gouverneur en conseil peut, par règlement :

   a) fixer les modalités de délivrance, de suspension et d'annulation des licences ou permis d'importation, d'exportation, de vente, de fabrication, de production ou de distribution d'un stupéfiant et, dans le cas du chanvre indien ou du pavot somnifère, de culture;

   b) prescrire la forme, la durée et les conditions de ces permis ou licences, notamment les droits exigibles, de même que leur annulation et leur suspension;

c) autoriser dans certains cas la possession et la vente de stupéfiants ainsi que d'autres opérations portant sur ceux-ci, en prescrire les conditions et préciser les personnes autorisées;

d) imposer aux personnes autorisées à faire le commerce de stupéfiants — médecins, dentistes, vétérinaires, pharmaciens et autres — l'obligation de tenir des registres et de faire des déclarations;

e) autoriser la communication des renseignements obtenus sous le régime de la présente loi, ou de ses règlements, aux autorités provinciales chargées de la délivrance des permis et licences;

f) prévoir, en cas de déclaration de culpabilité par procédure sommaire pour infraction aux règlements, l'imposition d'une amende maximale de cinq cents dollars et d'un emprisonnement maximal de six mois, ou de l'une de ces peines;

g) prendre toute autre mesure d'application de la présente loi.

21. [Abrogé, L.R.C. 1985, ch. 27 (1er suppl.), art. 200.]

22. Modification de l'annexe — Le gouverneur en conseil peut, s'il l'estime nécessaire dans l'intérêt public, modifier l'annexe.

PARTIE II

Détention préventive et détention aux fins de traitement

23. Détention préventive — Le tribunal condamne, à l'exclusion de toute autre peine, à la détention préventive dans un pénitencier, pour une période indéterminée, quiconque est déclaré coupable d'une infraction à l'article 4 ou 5, si cette personne, selon le cas :

a) a déjà été déclarée coupable de l'une de ces infractions ou d'une infraction au paragraphe 4(3) de la *Loi sur l'opium et les drogues narcotiques*, chapitre 201 des Statuts revisés du Canada de 1952;

b) a déjà fait l'objet d'une ordonnance de détention préventive sous le régime du présent article.

24. Renvoi pour observation et examen — À la demande de la personne accusée de possession, de trafic, de possession en vue d'en faire le trafic, d'importation ou d'exportation d'un stupéfiant, ou de son procureur ou à celle de la Couronne, le tribunal ou le juge compétent pour connaître de l'infraction peut, avant le prononcé de la peine, ordonner l'envoi en détention, pour observation et examen, de cette personne. L'ordonnance indique, par écrit, le type et la durée de la détention, laquelle ne peut excéder sept jours.

25. (1) Examen des témoignages et dépositions — Lorsqu'une personne est déclarée coupable de l'infraction ayant justifié son envoi en détention pour observation et examen, le tribunal étudie, avant de prononcer la peine, les témoignages et dépositions résultant de l'observation et de l'examen, y compris la déposition d'au moins un médecin compétent en la matière.

(2) Détention pour traitement — Nonobstant l'article 23, si le tribunal est convaincu que cette personne est un toxicomane, il la condamne, à l'exclusion de toute autre peine, à la détention aux fins de traitement pour une période indéterminée.

(3) Appel — La personne condamnée à la détention aux fins de traitement peut en appeler devant la cour d'appel sur toute question de droit, de fait ou mixte.

(4) Application du Code criminel — Les dispositions de l'article 759 du *Code criminel* relatives aux recours formés contre une sentence de détention dans un pénitencier pour une période indéterminée s'appliquent, compte tenu des adaptations de circonstance, à l'appel prévu au présent article.

26. (1) Application de la Loi sur système correctionnel — Les personnes condamnées à la détention aux fins de traitement pour une période indéterminée sont détenues dans un établissement régi par la partie I de la *Loi sur le système correctionnel et la mise en liberté sous condition.*

(2) Application de la Loi sur le système correctionnel — Pour l'application de la partie II de la *Loi sur le système correctionnel et la mise en liberté sous condition*, à laquelle elles sont par ailleurs assujetties, ces personnes sont, pendant l'incarcération, assimilées à des détenus et, dès leur libération aux termes d'un certificat de la Commission nationale des libérations conditionnelles, à des libérés conditionnels.

(3) Durée de la détention pour traitement — Sauf dans le cas d'une personne qui, avant la déclaration de culpabilité ayant entraîné sa détention, avait déjà été déclarée coupable d'une infraction à la présente loi ou à la *Loi sur l'opium et les drogues narcotiques*, chapitre 201 des Statuts revisés du Canada de 1952, la détention aux fins de traitement pour une période indéterminée prend fin, à condition qu'il n'y ait eu ni révocation ni déchéance de la libération conditionnelle, au terme de la période que fixe la Commission nationale des libérations conditionnelles jusqu'à concurrence de dix ans à compter de la date de libération stipulée par le certificat correspondant.

L.C. 1992, ch. 20, art. 215 et 216.

27. (1) Accord avec les provinces — Après que, dans une province, la législature a édicté une loi prévoyant la détention aux fins de traitement de toxicomanes sans qu'il y ait accusation de possession d'un stupéfiant, le ministre peut, avec l'approbation du gouverneur en conseil, conclure avec cette province un accord portant sur l'incarcération et le traitement de ces personnes dans un établissement régi par la partie I de la *Loi sur le système correctionnel et la mise en liberté sous condition*, ainsi que sur leur libération et surveillance sous le régime de la partie II de la *Loi sur le système correctionnel et la mise en liberté sous condition.*

(2) Détention sous l'autorité d'une loi provinciale — Le toxicomane qui est détenu aux fins de traitement sous le régime d'une loi provinciale est, pour l'application de la partie I de la *Loi sur le système correctionnel et la mise en liberté sous condition* et de la partie II de la *Loi sur le système correctionnel et la mise en liberté sous condition*, réputé l'être en vertu de la présente loi.

L.C. 1992, ch. 20, art. 215 et 216.

Entrée en vigueur

28. Entrée en vigueur — La partie II ou telle de ses dispositions entre en vigueur à la date ou aux dates fixées par proclamation.

ANNEXE
(articles 2 et 22)

1. Pavot somnifère (*Papaver somniferum*), ses préparations, dérivés, alcaloïdes et sels, y compris :

    (1) Opium,

    (2) Codéine (méthylmorphine),

    (3) Morphine,

    (4) Thébaïne,

et leurs préparations, dérivés et sels, y compris :

    (5) Acétorphine,

    (6) Acétyldihydrocodéine,

    (7) Benzylmorphine,

    (7.1) Buprénorphine,

    (8) Codoxime,

    (9) Désomorphine (dihydrodésoxymorphine),

    (10) Diacétylmorphine (héroïne),

    (11) Dihydrocodéine,

    (12) Dihydromorphine,

    (13) Éthylmorphine,

    (14) Étorphine,

    (15) Hydrocodone (dihydrocodéinone),

    (16) Hydromorphone (dihydromorphinone),

(17) Hydromorphinol (dihydro-14-hydroxymorphine),

(18) Méthyldésorphine (méthyl-6-δ⁶-désoxymorphine),

(19) Méthyldihydromorphine (méthyl-6-dihydromorphine),

(20) Métopon (méthyl-7-dihydromorphine),

(21) N-oxymorphine (N-oxymorphine),

(22) Myrophine (ester myristique de la benzylmorphine),

(23) Nalorphine (N-allylnormorphine),

(24) Nicocodéine (6-nicotinylcodéine),

(25) Nicomorphine (dinicotinylmorphine),

(26) Norcodéine,

(27) Normorphine,

(28) Oxycodone (dihydrooxycodéinone),

(29) Oxymorphone (dihydrooxymorphinone),

(30) Pholcodine (morpholinyl éthyl morphine),

(31) Thébacone (acétyldihydrocodéinone),

mais à l'exclusion de :

(32) Apomorphine,

(33) Cyprénorphine,

(34) Naloxone,

(34.1) Naltrexone,

(35) Narcotine,

(36) Papavérine,

(37) Graine de pavot.

2. Coca (érythrolxylone), ses préparations, dérivés, alcaloïdes et sels, notamment :

(1) Feuilles de coca,

(2) Cocaïne,

(3) Ecgonine (acide hydroxy-3 tropane-2 carboxylique).

3. Chanvre indien (*Cannabis sativa*), ses préparations, dérivés et préparations synthétiques semblables, notamment :

(1) Résine de cannabis,

(2) Cannabis (marihuana),

(3) Cannabidiol,

(4) Cannabinol (n-amyl-3 triméthyl-6,6,9 dibenzo-6 pyran-1-ol),

(4.1) Nabilone ((±)-trans-diméthylheptyl-1,1)-3 hexa-hydro-6, 6a, 7, 8, 10, 10a hydroxy-1 diméthyl-6,6 9H-dibenzo [b,d] pyrannone-9),

(5) Pyrahexyl (n-hexyl-3 triméthyl-6,6,9 tétrahydro-7,8,9,10 dibenzo-6 pyran-1-ol),

(6) Tétrahydrocannabinol,

mais à l'exclusion de :

(7) Graine de cannabis stérile.

4. Phénylpipéridines, leurs préparations, intermédiaires, dérivés et sels, y compris :

(1) Alpéridine (méthyl-1 allyl-3 phényl-4 propionoxy-4 pipéridine),

(2) Alphaméprodine (α-méthyl-1 éthyl-3 phényl-4 propionoxy-4 pipéridine),

(3) Alphaprodine (α-diméthyl-1,-3 phényl-4 propionoxy-4 pipéridine),

(4) Aniléridine (ester éthylique de l'acide (p-aminophényl)-2-éthyl-1 phényl-4 pipéridine carboxylique-4),

(5) Bêtaméprodine (β-méthyl-1 éthyl-3 propionoxy-4 pipéridine),

(6) Bêtaprodine (β-diméthyl-1,3 phényl-4 propionoxyy-4 pipéridine),

(7) Benzéthidine (ester éthylique de l'acide [(benzyloxyéthyl-2)]-1 phényl-4 pipéridine carboxylique-4),

(8) Diphénoxylate (ester éthylique de l'acide [(cyano-3)-diphénylpropyl-3,3 phényl-4 pipéridine carboxylique-4),

(9) Etoxéridine (ester éthylique de l'acide [(hydroxyéthoxy-2)-2 éthyl]-1 phényl-4 pipéridine carboxylique-4),

(10) Furéthidine (ester éthylique de l'acide [(tétrahydrofurfuryloxyéthyl-2)]-1 phényl-4 pipéridine carboxylique-4),

(11) Hydroxypéthidine (ester éthylique de l'acide méthyl-1 métahy droxy phényl-4 pipéridine carboxylique-4),

(12) Cétobémidone (éthyl cétone (hydroxyphényl-3)-4 méthyl-1 pipéridyl-4),

(13) Méthylphénylisonipecotonitrile (cyano-4 méthyl-1 phényl-4 pipéridine),

(14) Morphéridine (ester éthylique de l'acide (morpholinoéthyl-2)-1 phényl-4 pipéridine carboxylique-4),

(15) Norpéthidine (ester éthylique de l'acide phényl-4 pipéridine carboxylique-4),

(16) Péthidine (ester éthylique de l'acide méthyl-1 phényl-4 pipéridine carboxylique-4),

(17) Phénopéridine (ester éthylique de l'acide [(hydroxy-3 phényl-3) propyl]-1 phényl-4 pipéridine carboxylique-4),

(18) Piminodine (ester éthylique de l'acide [(phénylamino)-propyl-3]-1 phényl-4 pipéridine carboxylique-4),

(19) Propéridine (ester isopropylique de l'acide méthyl-1 phényl-4 pipéridine carboxylique-4),

(20) Trimépéridine (triméthyl-1,2,5 phényl-4 propionoxy-4 pipéridine),

mais à l'exclusion de :

(21) Carbaméthidine (ester éthylique de l'acide (carbaméthyl-2) phényl-4 pipéridine carboxylique-4),

(22) Oxphénéridine (ester éthylique de l'acide (hydroxy-2 phényléthyl-2) phényl-4 pipéridine carboxylique-4).

5. Phénazépines, leurs préparations, dérivés et sels, y compris :

(1) Proheptazine (diméthyl-1,3 phényl-4 proprionoxy-4 hexaméthylènimine),

mais à l'exclusion de :

(2) Ethoheptazine (ester éthylique de l'acide méthyl-1 phényl-4 azépine carboxylique-4),

(3) Météthoheptazine (ester éthylique de l'acide (hexahydrol-1,2) phényl-4 pipéridine carboxylique-4) diméthyl,

(4) Méthéptazine (ester éthylique de l'acide (hexahydro-1,2) diméthyl phénylazépine-4 carboxylique-4).

6. Amidones, leurs préparations, intermédiaires, dérivés et sels, notamment :

(1) Diméthylaminodiphénylbutanonitrile (cyano-4 diméthylamino-2 diphénylbutane-4,4),

(2) Dipipanone (diphényl-4,4 pipéridine-6 heptanone-3),

(3) Isométhadone (diphényl-4,4 méthyl-5 diméthylamino-6 hexanone-3),

(4) Méthadone (diméthylamino-6 diphényl-4,4 heptanone-3),

(5) Norméthadone (diphényl-4,4 diméthylamino-6 hexanone-3), et

(6) Phénadoxone (diphényl-4,4 morpholino-6 heptanone-3).

7. Méthadols, leurs préparations, dérivés et sels, notamment :

(1) Acétylméthadol (diméthylamino-6, diphényl-4,4 acétoxy-3 heptane),

(2) Alphacétylméthadol (α-diméthylamino-6 diphényl-4,4 acétoxy-3 heptane),

(3) Alphaméthadol (α-diméthylamino-6 diphényl-4,4 heptanol-d),

(4) Bêtacétylméthadol (β-diméthylamino-6 diphényl-4,4 acétoxy-3 heptane),

(5) Bêtaméthadol (β-diméthylamino-6 diphényl-4,4 heptanol-3),

(6) Dimépheptanol (diméthylamino-6 diphényl-4,4 heptanol-3), et

(7) Noracyméthadol (α-diméthylamino-6 diphényl-4,4 acétoxy-3 heptane).

8. Phénalcoxames, leurs préparations, dérivés et sels, notamment :

(1) Diménoxadol (ester diméthylaminoéthylique de l'acide éthoxyl-1 di-phényl-1,1 acétique),

(2) Butyrate de dioxyphétyl (morpholino-4 diphényl-2,2 butyrate éthylique),

(3) Dextropropoxyphène ((±)-diméthylamino-4 méthyl-3 diphényl-1, 2 propionoxy-2 butane).

9. Thiambutènes, leurs préparations, dérivés et sels, notamment :

    (1) Diéthylthiambutène (diéthylamino-3 di-(thiényl-2')-1,1 butène-1),

    (2) Diméthylthiambutène (diméthylamino-3 di-(thiényl-2')-1 butène-1), et

    (3) Éthylméthylthiambutène (éthylméthylamino-3 di-(thiényl-2')-1,1 butène-1).

10. Moramides, leurs préparations, intermédiaires, dérivés et sels, notamment :

    (1) Dextromoramide (d-méthyl-3 diphényl-2,2 morpholino-4 butyryl pyrrolidine),

    (2) Acide diphénylmorpholinoisovalérique (acide méthyl-2 morpholino-3 diphényl-1, 1 propionique),

    (3) Lévomoramide (l-méthyl-3 diphényl-2,2 morpholino-4 butyryl pyrrolidine),

    (4) Racémoramide (dl-méthyl-3 diphényl-2,2 morpholino-4 butyryl pyrrolidine).

11. Morphinanes, leurs préparations, dérivés et sels, y compris :

    (1) Lévométhorphane (l-méthoxy-3 N-méthylmorphinane),

    (2) Lévorphanol (l-hydroxy-3 N-méthylmorphinane),

    (3) Lévophénacylmorphane (α-hydroxy-3 N-phénylmorphinane),

    (4) Norlévorphanol (l-hydroxy-3 N-morphinane),

    (5) Phénomorphane (hydroxy-3 N-phénéthylmorphinane),

    (6) Racéméthorphane (dl-méthoxy-3 N-méthylmorphinane),

    (7) Racémorphane (dl-hydroxy-3 N-méthylmorphinane),

mais à l'exclusion de :

    (8) Dextrométhorphane (d-méthoxy-3 N-méthylmorphinane),

    (9) Dextrorphane (d-hydroxy-3 N-méthylmorphinane),

    (10) Levallorphane (l-hydroxy-3 N-allylmorphinane),

    (11) Levargorphane (l-hydroxy-3 N-propargylmorphinane),

    (12) Butorphanol et ses sels,

    (13) Nalbuphine ((cyclobutylméthyl)-17 époxy-4,5α morphinanetriol-3, 6α, 14).

12. Benzazocines, leurs préparations, dérivés et sels, y compris :

    (1) Phénazocine (hexahydro-1,2,3,4,5,6, diméthyl-6,11 phénéthyl-3 méthano-2,6 benzo-3 azocin-8-ol),

    (2) Méthazocine (hexahydro-1,2,3,4,5,6, triméthyl-3,6,11 méthano-2,6 benzo-3 azocin-8-ol),

    (3) Pentazocine (hexahydro-1,2,3,4,5,6 diméthyl-6,11 (méthyl-3 butényl-2)3 méthano-2,6 benzo-3 azocin-8-ol),

mais à l'exclusion de :

(4) Cyclazocine (cyclopropylméthyl-3)(hexahydro-1 ,2,3,4,5,6 diméthyl-6,11 (hexahydro-1 ,2,3,4,5,6) méthano-2,6 (benzazocin-3ol-8).

13. Ampromides, leurs préparations, dérivés et sels, notamment :

(1) Diampromide (N-[2-méthylphényléthylamino)-propyl]-propionanilide),

(2) Phénampromide (N-[2-1-méthyl-2-pipéridino éthyl]-propionanilide),

(3) Propiram (N-(1-méthyl-2-pipéridinoéthyl)-N-2-pyridylpropionamide).

14. Benzimidazoles, leurs préparations, dérivés et sels, notamment :

(1)   Clonitazène   (2-(p-chlorobenzyl)-1-diéthylaminoéthyl-5-nitrobenzimidazole),

(2)   Étonitazène   (2-(p-éthoxybenzyl)-1-diéthylaminoéthyl-5-nitrobenzimidazole).

15. Phencyclidine, ses sels et dérivés.

16. Fentanyl (phényléthyl-1 (phénylproprionylamino)-4 pipéridine), ses sels et dérivés.

17. Sufentanil (N-[(méthoxyméthyl)]-4 [(thiényl-2)-2 éthyl]-1 pipéridinyl-4] propionanilide, ses sels et dérivés.

18. Tilidine ((±)-trans-diméthyamino-2 phényl-1 cyclohexène-3 carboxylate-1 d'é-thyle), ses préparations, sels et dérivés.

19. Carfentanil ((phényl-2 éthyl)-1 (N-phényl propionamido)-4 pipéridinecarboxy-late-4 de méthyle), ses sels et dérivés.

20. Alfentanil (N[[(éthyl-4 oxo-5 dihydro-4,5 l H-tétrazolyl-1)-2 éthyl]-1(méthoxy-méthyl)-4 pipéridyl-4] propionanilide), ses sels et dérivés.

TR/86-61; DORS/87-517; DORS/88-280; DORS/96-258.

RÈGLES DE PRATIQUE DE LA COUR DU QUÉBEC, CHAMBRE CRIMINELLE ET PÉNALE

TR/81-32, (1981) 115 Gaz.Can., Partie II, 784, telles que modifiées par L.C. 1988, ch. 49, art. 2

PARTIE I — RÈGLES DE PRATIQUE APPLICABLES À TOUS LES DISTRICTS JUDICIAIRES DU QUÉBEC

Chapitre 1 — Définitions

1. Un mot ou une expression employé dans les présentes règles a le même sens que celui qui est donné par une définition du *Code criminel* ou de la *Loi sur les tribunaux judiciaires*, s'il y a lieu.

2. À moins que le contexte n'indique un sens différent, les mots suivants signifient :

    a) « parties » : la Reine, le poursuivant, l'accusé, le défendeur ou leur représentant;

    b) « Cour » : la Cour du Québec (Chambre criminelle et pénale);

    c) « juge » : un juge de la Cour du Québec.

Chapitre 2 — De l'accès aux dossiers

3. Le bureau du greffier est ouvert les jours juridiques.

4. Un dossier ou une pièce produite ne peut être consulté qu'en présence du greffier ou de son représentant autorisé.

5. Un dossier ne peut être retiré du bureau du greffier qu'à la demande ou avec l'autorisation d'un juge.

Chapitre 3 — Des rôles d'audience

6. Un rôle d'audience général est confectionné sous l'autorité du juge en chef ou de son représentant ainsi qu'un rôle d'audience spécial où la nature et la durée d'une enquête ou d'un procès peuvent être prévues.

7. Un rôle mentionne le nom du juge présidant l'audience, le numéro du dossier, le nom des parties et de leurs avocats, la nature de l'infraction et la date et l'endroit de l'audience.

8. La veille de l'audience, des exemplaires du rôle sont disponibles pour les parties et au moins deux copies sont remises au juge devant présider la Cour.

9. Le juge en chef ou son représentant, le greffier ou le maître des rôles, sous son autorité, peuvent ajouter un dossier à un rôle d'audience.

10. Le maître des rôles voit à l'affichage, dans le Palais de Justice, d'exemplaires du rôle d'une salle d'audience.

Chapitre 4 — De la distribution des causes et des séances d'audience

11. Les séances de la Cour sont fixées par le juge en chef ou son représentant.

12. Le juge en chef ou son représentant distribue les causes parmi les juges soumis à sa surveillance et à son contrôle.

Chapitre 5 — De la remise

13. Lorsqu'une partie prévoit ne pas pouvoir procéder à la date fixée par la Cour, elle doit immédiatement prévenir la partie adverse et le juge en chef ou son représentant, et demander la remise par écrit en indiquant la raison, à moins d'en être dispensée par le juge.

14. La demande de remise est présentable devant le juge avec un avis raisonnable à la partie adverse.

15. Quand une demande de remise est accordée, le juge doit motiver sa décision, qui est consignée au procès-verbal.

Chapitre 6 — De l'audience

16. L'audience de la Cour commence à l'heure déterminée par le juge en chef ou son représentant.

17. Toutes les personnes présentes se lèvent quand le juge entre dans la salle et demeurent debout jusqu'à ce qu'il ait pris son siège. Quand l'audience est suspendue ou terminée, elles se lèvent de nouveau et y demeurent jusqu'à la sortie du juge.

18. Toute personne s'adressant à la Cour ou à un témoin doit se lever à moins d'en être dispensée par le juge.

19. Une séance de la Cour commence par l'appel du rôle fait par le greffier audiencier à la demande du juge.

20. Pendant que la Cour siège, nul n'est admis à s'entretenir avec qui que ce soit ou à s'adresser au greffier audiencier ou à consulter un dossier, sauf avec la permission du juge.

21. À moins de permission du juge, l'accusé doit, pendant la durée de l'enquête ou du procès, demeurer au banc des accusés.

22. L'accusé se lève pendant la lecture de l'acte d'accusation et demeure debout pendant que le juge rend son jugement ou prononce une sentence.

23. Celui qui requiert le transfert d'un dossier à un autre juge en audience doit d'abord démontrer à la satisfaction de la Cour que le juge concerné accepte de se saisir du dossier.

24. Seul le greffier audiencier peut, avec la permission de la Cour ou du juge, voir à ce qu'un dossier, qui n'est pas sur le rôle, soit devant la Cour.

25. Le personnel de la Cour est tenu de se rendre dans la salle d'audience pour l'heure d'ouverture de la séance, et y demeurer durant les heures d'audience.

26. Sauf dans le cas d'une remise, le greffier audiencier fait rapport au juge en chef des autres raisons pour lesquelles une cause n'a pas procédé.

27. Le sténographe, le sténotypiste ou le secrétaire judiciaire est tenu d'enregistrer les dépositions, les admissions qui sont dictées, les objections à la preuve, les plaidoiries et les décisions.

28. Lorsque la transcription des notes est requise par le juge, le sténographe, le sténotypiste ou le secrétaire judiciaire doit la fournir dans les trente jours à moins que le juge n'en décide autrement selon les circonstances.

Chapitre 7 — De l'ordre et du costume

29. Est interdit à l'audience tout ce qui porte atteinte au décorum et au bon ordre de la Cour.

30. La lecture des journaux, la photographie, la prise de croquis, la cinématographie, la radiodiffusion et la télévision sont prohibées à l'audience.

31. Nul n'est admis à se présenter à la Cour que s'il est convenablement vêtu.

32. Lors d'une enquête préliminaire ou d'un procès, à moins que le juge en ordonne autrement, nul avocat n'est admis à s'adresser à la Cour s'il n'est revêtu de l'une des tenues suivantes :

     a) toge noire, veston noir et pantalon foncé avec chemise, collet et rabat blancs, ou

     b) toge noire et complet foncé avec chemise blanche et cravate foncée.

L'avocate doit revêtir la toge noire sur un vêtement foncé à manches longues, avec ou sans rabat.

Le stagiaire doit porter une toge noire et un complet foncé.

Chapitre 8 — Des divisions de la Cour

33. Le juge en chef ou son représentant fixe les divisions de la Cour et détermine le nombre de salles d'audience.

34. Le juge en chef ou son représentant désigne le juge devant présider une division de la Cour.

Chapitre 9 — De la comparution et du retrait de l'avocat

35. L'avocat au dossier peut être représenté par l'un de ses associés ou par un autre avocat mandaté à cette fin.

36. Un avocat sachant que son client fera défaut d'être présent dans une salle d'audience à l'appel de son nom doit se présenter devant la Cour.

37. L'avocat qui a comparu pour un accusé qui attend son procès ne peut se retirer du dossier à moins d'en obtenir la permission du juge sur présentation d'une requête à cette fin.

Chapitre 10 — Des requêtes

38. Toute requête est faite par écrit et énonce les faits et moyens invoqués à son soutien, et doit être assermentée.

39. À moins qu'il n'en soit autrement décidé par le juge, une requête est signifiée à la partie adverse ou à son avocat avec un avis de présentation d'au moins trois jours francs.

40. Toute requête qui n'est pas produite au greffe au moins un jour franc avant la date prévue pour sa présentation, peut voir sa mise au rôle refusée par le juge.

41. Toute signification à un avocat se fait, dans le cas de la poursuite, au bureau du représentant du procureur général du district concerné et, dans le cas de l'avocat de l'accusé, à son domicile élu.

Chapitre 11 — Des demandes à la Cour

42. Chaque fois qu'une disposition de la loi prévoit qu'une partie peut, sur demande à la Cour, obtenir que cette dernière statue sur une ordonnance après audition de l'accusé et du poursuivant, une telle demande doit être entendue et décidée dans une salle d'audience lors d'une séance de la Cour.

43. Dans le cas prévu à l'article 738[16] du *Code criminel*, une telle demande se formule par requête présentable à la Cour qui a émis l'ordonnance. Le requérant communique avec le bureau du juge concerné pour obtenir la date et l'heure de la présentation d'une telle requête.

Dès qu'une requête est contestée, le greffier avise les parties de la date, de l'heure et de l'endroit de l'audition déterminés par la Cour, à moins que les parties puissent être entendues séance tenante.

---

[16]Une référence à l'article 738 du *Code criminel* doit maintenant se lire comme une référence à l'article 732.2 (L.C. 1995, ch. 22, art. 18).

44. Dans le cas prévu à l'article 739[17] du *Code criminel*, une telle demande se fait par requête présentable à la Cour.

PARTIE II — RÈGLES DE PRATIQUE ADDITIONNELLES, APPLICABLES AUX DISTRICTS JUDICIAIRES DE MONTRÉAL ET DE QUÉBEC

Chapitre 1 — Dispositions générales

45. Les règles de pratique de la présente partie s'appliquent aux districts judiciaires de Montréal et de Québec et complètent celles qui sont prévues à la Partie I.

Chapitre 2 — De l'annulation de l'assignation des témoins

46. Seuls le représentant du procureur général, l'accusé ou son avocat, peuvent demander l'annulation de l'assignation des témoins dans une cause inscrite au rôle pour procès ou pour enquête.

47. Nonobstant les articles 39 et 40, une telle demande se fait par requête présentable en division de pratique, au moins huit jours francs avant la date fixée pour le procès ou l'enquête, avec dépôt d'une copie de la requête au bureau du juge en chef ou son représentant, dans les mêmes délais.

Chapitre 3 — De la comparution et du retrait de l'avocat du dossier

48. Pour avoir droit de parler pour ou au nom d'un accusé, un avocat doit produire une comparution écrite au dossier à moins d'en être dispensé par le juge lors de la comparution.

49. Une requête pour se retirer d'un dossier doit être signifiée à l'accusé et au représentant du procureur général avec un avis de présentation d'au moins dix jours, à moins que le juge n'en décide autrement.

---

[17]Une référence à l'article 739 du *Code criminel* doit maintenant se lire comme une référence à l'article 733 (1995, ch. 22, art. 18).

50. Copie de toute requête doit être remise au juge en chef ou son représentant, à moins que le juge devant qui elle est présentable n'en décide autrement.

51. Aucune remise de cause ne peut être accordée par le juge sur le seul consentement des parties.

PARTIE III

52. Les présentes règles entrent en vigueur le 21 mars 1981.

RÈGLES DE PRATIQUE DE LA COUR SUPÉRIEURE DU QUÉBEC, CHAMBRE CRIMINELLE

TR/74-53, (1974) 108, Gaz. Can., Partie II, 1535; mod. par TR/76-15, (1976) 110 Gaz. Can., Partie II, 386; TR/76-65, (1976) 110 Gaz. Can., Partie II, 1577; TR/77-238, (1977) 111 Gaz. Can., Partie II, 5231; TR/86-81, (1986) 120 Gaz. Can., Partie II, 2400; TR/89-52, (1989) 123 Gaz. Can., Partie II, 1016.

I — PRÉLIMINAIRES

1. Les règles de pratique antérieures de la Cour du Banc de la Reine (juridiction criminelle) du Québec sont abrogées à compter du 1er juin 1974.

Les présentes règles entrent en vigueur le 1er juin 1974 et s'appliquent à tous les districts judiciaires du Québec.

II — DE L'AUDIENCE, DE L'ORDRE ET DU COSTUME

2. Toutes les personnes présentes à l'audience se lèvent quand le juge et les jurés entrent dans la salle et demeurent debout jusqu'à ce qu'ils aient pris leur siège. Quand l'audience est terminée, elles se lèvent de nouveau, mais personne ne laisse sa place avant la sortie du juge et des jurés.

3. Aucun membre du Barreau n'est admis à s'adresser au tribunal sans être revêtu d'une toge noire avec veston noir, pantalon foncé et chemise, col et rabat blancs, soit d'une toge fermée devant, à encolure relevée, manches longues et rabat blanc.

L'avocate peut porter, au lieu de ce qui précède, toge noire et rabat blanc avec robe noire à manches longues ou jupe foncée et chemisier blanc à manches longues.

3A. Les stagiaires ne sont pas admis à s'adresser au tribunal sans être revêtus soit d'une toge noire avec complet foncé, chemise blanche et cravate foncée, soit d'une toge noire fermée devant, à encolure relevée et manches longues.

La stagiaire peut porter, au lieu de ce qui précède, toge noire avec jupe foncée et chemisier blanc à manches longues ou vêtements foncés.

4. Pendant les séances du tribunal, les greffiers et huissiers audienciers portent en tout temps, l'une des tenues décrites à la Règle 3A.

5. Est interdit à l'audience tout ce qui porte atteinte au décorum et au bon ordre de la Cour.

Sont également prohibées à l'audience la lecture des journaux, la photographie, la cinématographie, la radiodiffusion et la télévision.

L'enregistrement sonore par les médias des débats et de la décision, le cas échéant, est permis, sauf interdiction du juge. La diffusion sonore d'un tel enregistrement est interdite.

6. À moins de permission du juge, l'accusé doit, pendant la durée du procès, demeurer au banc des accusés.

7. Pour la composition du jury, aucun juré assermenté ne peut servir comme vérificateur avec une personne choisie par le juge dans la salle et qui n'est pas elle-même assermentée comme juré. Tant que deux jurés n'ont pas été assermentés, les vérificateurs doivent être d'autres personnes désignées par le juge.

III — AVOCATS

8. L'avocat qui agit pour l'accusé lors de la citation à procès est réputé le représenter devant la Chambre criminelle de la Cour supérieure, à moins qu'au moment de la citation, il ne déclare que son mandat prend fin et ne fasse insérer cette mention au procès verbal de l'audience.

Après la citation au procès, l'avocat qui désire se retirer, en fait signifier avis écrit à l'accusé et au procureur de la poursuite et dépose l'original avec les rapports de signification auprès du greffier de la Couronne et de la Paix.

Toutefois, dans les 14 jours qui précèdent l'ouverture de la session ou au cours de celle-ci, l'avocat, pour se retirer, doit obtenir l'autorisation du juge après avoir fait signifier, avec avis d'un jour franc à l'accusé, ... au greffier et à la Couronne, une requête exposant ses motifs.

Si l'accusé est détenu, le greffier prend les dispositions pour assurer sa présence lors de la présentation de la requête.

9. Lors d'un procès par jury, une partie peut être représentée par plus d'un avocat; cependant, sauf permission spéciale du juge, un seul avocat pour chacune des parties est admis à agir à chacun des stades suivants :

    la formation du jury,
    l'interrogatoire ou le contre-interrogatoire d'un témoin,
    la discussion de toute objection,
    la plaidoirie devant les jurés.

10. Abrogée.

IV — OUTRAGE AU TRIBUNAL

11. Toute procédure relative à un outrage au tribunal qui n'a pas été commis en face du tribunal peut commencer par une enquête motivée, qui doit être signifiée à l'auteur de l'outrage, l'assignant à comparaître devant le tribunal au jour et à l'heure indiqués. Subséquemment, il suffit d'une ordonnance verbale de la Cour pour enjoindre à l'accusé de comparaître de nouveau.

V — APPEL

12. Abrogée.

VI — CAUTIONNEMENT

13. Toute demande faite en vertu des articles 520, 521 et 522 doit contenir les motifs allégués à son soutien et indiquer, dans les conclusions la nature de l'ordonnance demandée.

14. La demande faite en vertu de l'article 522 doit être accompagnée d'un avis de deux jours francs, par écrit, au poursuivant.

15. Toute demande faite en vertu des articles 520 ou 522 doit être appuyée d'un affidavit du prévenu indiquant :

    a) la date et l'endroit de l'arrestation du prévenu;

    b) l'(les) adresse(s) où le prévenu a résidé au cours des dix années précédant son arrestation;

    c) l'état matrimonial du prévenu, s'il vit en commun avec toute autre personne et, le cas échéant, depuis combien de temps;

    d) l'occupation ou le genre de travail du prévenu au moment de son arrestation et, le cas échéant, le nom de son employeur et la durée de son emploi;

    e) tous les antécédents judiciaires du prévenu, s'il en a;

    f) si le prévenu est sous le coup d'autres inculpations et, le cas échéant, les détails;

    g) si le prévenu est détenteur d'un passeport, et, le cas échéant, les détails.

VII — RECOURS EXTRAORDINAIRES

16. Toute demande sous forme de *certiorari, mandamus* ou prohibition, est faite par requête au Tribunal ou au juge appuyée d'un ou de plusieurs affidavits affirmant la vérité des faits allégués et conclut au remède recherché.

17. La requête doit être signifiée au tribunal, au juge ou au fonctionnaire qui a été saisi de l'affaire ainsi qu'aux parties et doit être accompagnée d'un avis de la date de sa présentation. Celle-ci doit avoir lieu pas moins de cinq jours et pas plus de quinze jours après la date de la signification.

18. Aucune requête n'est recevable après trente jours de la date du jugement, de l'ordonnance ou de la procédure attaqués, à moins qu'un juge n'ait prolongé ce délai avant ou après son expiration.

19. La signification de la requête opère sursis de toutes les procédures devant le tribunal inférieur mais le juge peut, en tout temps, même sur demande *ex parte*, rendre une ordonnance permettant la continuation des procédures.

20. Immédiatement après signification de la requête, le tribunal, le juge ou le fonctionnaire intimé transmet au greffier de la Couronne tout le dossier de l'affaire, incluant toutes les preuves et toutes les pièces.

21. Lors de la présentation de la requête, le juge peut accorder une remise, permettre la contestation écrite ou recueillir une preuve par affidavit ou autrement.

22. Le jugement rendu sur la requête est final. Si la requête est accueillie, le jugement contient une ordonnance à l'intimé qui doit y obtempérer dès sa signification sans qu'il soit nécessaire d'émettre un bref à cet effet.

23. Les articles 851 à 856 du Code de procédure civile régissent *mutatis mutandis* le bref d'*habeas corpus* en matière criminelle.

VIII — APPELS SOUS L'AUTORITÉ DES ARTICLES 812 À 828 DU CODE CRIMINEL (APPELS EN MATIÈRE DE POURSUITES PAR DÉCLARATION SOMMAIRE DE CULPABILITÉ).

Interprétation

24. Dans le présent chapitre, sauf si le contexte s'y oppose, le mot ou l'expression

a) « Code » désigne le *Code criminel*;

b) « Décision » comprend toute condamnation, ordonnance ou sentence prévues à l'article 813;

c) « Greffier » désigne le greffier de la Couronne et de la paix, son suppléant ou assistant pour le district où l'appel doit être interjeté;

d) « Greffier de la cour de première instance » désigne la personne qui a la garde légale des procédures mues devant la Cour des poursuites sommaires qui a rendu la décision attaquée;

e) « Juge » désigne un juge de la Cour supérieure.

Lieu de l'introduction de l'appel

25. L'appel est interjeté à la Cour supérieure du district où la décision frappée d'appel a été rendue.

Avis d'appel

26.

a) En cas d'appel d'une déclaration de culpabilité, d'une ordonnance ou d'une sentence, l'avis d'appel décrit l'infraction dont l'appelant a été trouvé coupable et, le cas échéant, la sentence prononcée contre lui; il mentionne aussi la date de la déclaration de culpabilité et, le cas échéant, celle de la sentence, l'endroit du procès, le nom des avocats de chaque partie en première instance et le nom de la personne qui constituait le Cour des poursuites sommaires. L'avis énonce de plus, avec précision et concision, les motifs d'appel et les conclusions recherchées; la Cour peut cependant rendre toute ordonnance permise par la loi, bien qu'il n'en soit pas fait mention dans l'avis d'appel.

b) L'avis d'appel par le poursuivant décrit l'infraction reprochée, et le cas échéant, la sentence prononcée contre l'accusé, la date de l'ordonnance rejetant la dénonciation ou du prononcé de la sentence, le nom des avocats de chaque partie en première instance et le nom de la personne qui constituait la Cour des poursuites sommaires. L'avis énonce de plus, avec précision et concision, les motifs d'appel et les conclusions recherchées; la Cour peut cependant rendre toute ordonnance permise par la loi, bien qu'il n'en soit pas fait mention dans l'avis d'appel.

c) L'avis d'appel est signé par l'appelant ou son avocat et donne l'adresse où toute communication peut lui être transmise.

d) L'appelant qui désire invoquer des motifs autres que ceux énoncés dans son avis d'appel doit déposer auprès du greffier, au plus tard dans les dix jours du dépôt de la transcription complète des procédures avant l'audition de l'appel, un avis les énonçant avec précision et concision avec preuve de signification à la partie adverse ou à son procureur.

27. Sous réserve de l'article 815(2), tout avis d'appel est signifié dans les trente jours de la décision qu'il attaque.

La signification se fait par le dépôt de l'avis d'appel auprès du greffier, dans le délai imparti. De plus, en cas d'appel par le poursuivant, signification est faite à l'intimé personnellement, à moins qu'un juge n'en ordonne autrement.

Cette dernière ordonnance ne peut être émise qu'après avis à l'avocat qui agissait en première instance. Sur réception de l'avis d'appel, le greffier en transmet copie aux avocats qui agissaient en première instance ainsi qu'au juge qui a prononcé la décision attaquée et au greffier de la Cour de première instance.

Comparution

28. Aura comparu pour une partie, devant la Cour supérieure, l'avocat qui, dans les quatorze (14) jours du dépôt de l'avis d'appel, a produit un acte de comparution.

Tout avocat, qu'il ait ou non représenté une partie avant le dépôt de l'avis d'appel devra, s'il désire la représenter à la Cour supérieure, loger un acte de comparution, conformément au paragraphe précédent, sauf le pouvoir du juge de proroger ou d'abréger ces délais.

Mise en liberté provisoire

29. Il est suffisant que la demande formulée sous l'article 816(1) soit faite verbalement, mais avis écrit d'un jour franc de sa présentation doit être donné au poursuivant et déposé auprès du greffier.

Constitution du dossier

30. Par dérogation aux dispositions de l'article 821(3), le dossier est constitué de la façon suivante :

a) Dès la réception d'une copie de l'avis d'appel, sauf dispense accordée par la cour sur requête de l'appelant, le greffier de la cour de première instance fait les démarches nécessaires pour obtenir aussitôt que possible la transcription complète des procédures; cette transcription doit comprendre non seulement la preuve mais aussi toute plaidoirie soumise et décision rendue tant au cours de l'instance qu'au moment du jugement final et de la sentence, le cas échéant.

b) Dès que la transcription est complétée, le greffier de la cour de première instance en informe le greffier par écrit; il en informe aussi l'appelant et l'intimé ou leurs procureurs par lettre recommandée. Quand il semble impossible d'obtenir la transcription complète, il en prévient le greffier et les parties de la même façon en indiquant les raisons.

c) Dès la réception de l'avis prévu au paragraphe précédent, l'appelant doit sans délai acquitter les frais de la transcription s'il en est; aussitôt après, le greffier de la cour de première instance doit en transmettre l'original à la cour d'appel et une copie aux parties ou à leurs procureurs.

d) Le juge peut donner les directives qu'il estime nécessaires à l'application des dispositions des paragraphes *a*), *b*) et *c*) de même que celles de l'article 821 du Code.

Inscription au rôle

31. Sur réception de l'avis d'appel, le greffier inscrit l'appel au plus prochain rôle de la Cour et en donne avis aux parties ou à leurs avocats. Dans le cas où le juge a autorisé une signification spéciale à l'intimé aux termes de la règle 27, l'avis est donné en la même manière ou de toute autre façon que le juge peut ordonner.

Plaidoirie écrite

32. Toute partie qui désire soumettre une plaidoirie écrite sous l'autorité des articles 688(3) et 822(1) du Code doit la faire signifier et la produite dans les trente jours du dépôt de la transcription complète des procédures; cette plaidoirie écrite doit, le cas échéant, exposer les faits de la cause avec les renvois appropriés à la transcription et énoncer les arguments avec autorités à l'appui.

Pouvoirs de la Cour

33. La Cour peut :

    a) débouter de son pourvoi l'appelant qui n'est pas prêt à procéder quand la cause est appelée;

    b) permettre à l'appelant de procéder *ex parte* contre l'intimé qui n'est pas prêt à procéder quant la cause est appelée;

    c) sur demande, ou de son propre chef, débouter de son appel celui qui contrevient aux formalités prescrites par la loi ou les règles de Cour.

Demandes et requêtes

34. Toute demande ou requête est signifiée à la partie adverse ou à son avocat avec avis de présentation d'au moins un jour juridique franc. Le juge peut toutefois modifier ce délai pour une raison suffisante.

Jugement

35. Le greffier communique tout jugement aux parties ou à leurs avocats de même qu'au juge qui a prononcé la décision attaquée ainsi qu'au greffier de la cour de première instance.

Disposition générale

36. La Cour peut rendre toute ordonnance conforme aux exigences de la justice.

IX — ABROGÉE.

37-50. Abrogées.

18* — conférence préparatoire en vertu de l'article 625.1(2) du Code criminel

(Conférence obligatoire dans le cas de procès par jury)

1. La conférence préparatoire est tenue par un juge de la Cour supérieure à l'ouverture du terme suivant le renvoi à procès ou à tout autre moment qu'il juge opportun.

2. La conférence se tient en cour, en présence de l'accusé, de son avocat, s'il est représenté et du poursuivant, en l'absence de tout candidat-juré.

3. L'acte d'accusation est signé et déposé avant la tenue de cette conférence.

4. Le contenu de cette conférence est recueilli en conformité des dispositions de l'article 646 du *Code criminel*.

18* Les dispositions concernant la conférence préparatoire en vertu de l'article 625.1(2) du Code criminel ont été ajoutées par le TR/86-81.

5. Les matières et les renseignements suivants font l'objet de la conférence :

a) le nom du procureur du poursuivant;

b) le nom de l'avocat de l'accusé, s'il est représenté;

c) le poursuivant entend-il soulever des questions préliminaires; si oui, lesquelles?

d) la défense entend-elle soulever des questions préliminaires, soit :

(i) requête pour faire annuler l'acte d'accusation ou un chef d'accusation,

(ii) requête pour détails,

(iii) requête pour procès séparé,

(iv) requête pour séparation des chefs d'accusation,

(v) requête pour changement de venue,

(vi) autre requête à spécifier?

e) entend-on soulever l'aptitude de l'accusé à subir son procès?

f) durée prévue pour l'audition des requêtes mentionnées aux sous-paragraphes *c*), *d*) et *e*);

g) autres questions de droit susceptibles d'être soulevées lors du procès visant l'admissibilité d'une preuve; spécifier nature et durée prévue de l'audition;

h) y a-t-il lieu de décider ces questions avant la constitution du jury?

i) la chaîne de possession des pièces est-elle admise?

j) liste des faits admis par les parties;

k) durée prévue du procès;

l) date du procès.

6. Le juge peut, lorsque les fins de la justice l'exigent, prononcer une ordonnance de non-publication pour valoir jusqu'à ce que le jury se retire pour délibérer.

7. Aucune question de droit n'est décidée au cours de cette conférence préparatoire.

RÈGLES DE PROCÉDURE DE LA COUR D'APPEL DU QUÉBEC EN MATIÈRE CRIMINELLE

(Article 482 du *Code criminel*), TR/99-10.

I — Le greffe

1. Le greffe est tenu à Québec et à Montréal. Il est ouvert les jours juridiques du lundi au vendredi, de huit heures trente à seize heures trente.

TR/99-10.

2. La greffière ou le greffier ne se dessaisit d'un document d'un dossier que sur récépissé donné par l'avocate ou l'avocat de l'une des parties.

Elle ou il en délivre des copies aux frais de la partie qui en fait la demande.

TR/99-10.

3. La greffière ou le greffier tient à jour un registre dans lequel elle ou il consigne, pour chaque cause, les indications suivantes

- le nom et l'adresse des parties et de leurs avocates ou leurs avocats;
- la date du dépôt de l'avis d'appel ou de la requête en autorisation d'appel et du jugement qui statue sur cette dernière et, le cas échéant, la date de l'ordonnance de mise en liberté provisoire;
- la date de comparution de la partie intimée;
- la date de production du mémoire de chaque partie;
- la date de production du certificat de mise en état;
- la date de la mise en délibéré et celle de l'arrêt, ainsi que le numéro d'ordre attribué à celui-ci;
- la date de tout autre acte de procédure et, le cas échéant, celle de la décision intervenue;
- le renseignement pertinent relatif à l'exigence du deuxième alinéa de la règle 19.

TR/99-10.

II — L'avis d'appel, la requête en autorisation d'appel et les autres requêtes

A. — Les actes de procédure

4. L'avis d'appel et, le cas échéant, la requête en autorisation d'appel sont signés par la partie appelante ou son avocate ou son avocat et contiennent les renseignements suivants :

- l'infraction en cause;
- la peine imposée, s'il y a lieu;
- la date du verdict, du jugement et de la sentence, selon le cas;
- le lieu du procès;
- le tribunal de première instance et le numéro de dossier;
- de façon concise mais précise, les moyens d'appel et les conclusions recherchées;
- l'adresse de la partie appelante et de son avocate ou avocat;
- les nom et adresse de la partie intimé et, le cas échéant, des autres parties et de leurs avocates ou avocats en première instance.

TR/99-10.

5. La partie appelante qui sollicite sa mise en liberté provisoire annexe à sa requête une déclaration sous serment attestant :

- les endroits où elle a résidé durant les trois années avant sa condamnation et celui où elle entend résider si elle est mise en liberté;
- son emploi, s'il y a lieu, avant sa condamnation et le nom de l'employeur et l'emploi qu'elle compte prendre si elle est mise en liberté;
- le cas échéant, ses antécédents judiciaires, y compris les condamnations intervenues à l'extérieur du Canada;
- le cas échéant, les accusations portées contre elle au Canada ou à l'extérieur du Canada, au moment de la demande;
- le fait qu'elle est titulaire ou non d'un passeport.

La ou le juge à qui est présentée la requête peut accorder une dispense de la déclaration sous serment et s'en remettre à un exposé écrit des faits signé par l'avocate ou l'avocat de la partie appelante et le substitut du procureur général.

TR/99-10.

6. La requête de mise en liberté pendant l'appel à la Cour suprême du Canada est accompagnée d'un certificat du registraire de celle-ci attestant qu'une requête en autorisation de pourvoi ou qu'un avis de pourvoi a été produit.

TR/99-10.

7. Toute requête qui comporte des allégations portant sur des faits qui n'apparaissent pas au dossier est appuyée d'une déclaration sous serment d'une personne qui a une connaissance personnelle de ces faits.

TR/99-10.

8. Le format du papier est de 21,5 cm x 35,5 cm.

TR/99-10.

9. Dans tout acte de procédure, l'intitulé comprend, dans l'ordre, les noms de la partie appelante, de la partie intimée et, le cas échéant, des autres parties. Sous le nom de chaque partie, il faut indiquer sa position en instance d'appel, en lettres majuscules, et en première instance, en lettres minuscules.

L'intitulé demeure identique dans tous les actes de procédure en cours d'instance d'appel.

TR/99-10.

10. Le titre de la requête, porté à l'endos et en première page de l'acte, indique la position en instance d'appel de la partie qui la présente, suivie de la référence précise aux textes législatifs ou réglementaires sur lesquels elle s'appuie.

TR/99-10.

11. Toute requête est accompagnée d'une copie pour chaque juge qui compose la Cour.

La même règle s'applique aux actes de procédure, pièces, dépositions, procès-verbaux ou aux extraits de ces documents et aux jugements déjà intervenus, sur lesquels s'appuie la partie requérante.

TR/99-10.

11a. En cas d'amendement à un acte de procédure, les additions ou substitutions doivent être soulignées ou signalées dans la marge au moyen d'un trait vertical, et les suppressions doivent être indiquées au moyen de pointillés entre parenthèses.

TR/99-10.

B. — Formation de l'appel

12. L'appel et, le cas échéant, la requête en autorisation d'appel d'une condamnation, d'un acquittement ou d'une sentence sont inscrits dans les trente jours de la décision.

TR/99-10.

13. L'original de l'avis d'appel ou de la requête en autorisation d'appel, une copie pour la greffière ou le greffier, deux copies pour le greffe du tribunal de première instance, une copie pour la partie intimée, et, le cas échéant, une copie pour chacune des autres parties sont déposés au greffe d'appel approprié.

TR/99-10.

14. En cas d'appel par le procureur général, l'avis d'appel, ou la requête en autorisation d'appel, est signifié à la partie intimée personnellement, avant ou après le dépôt, à moins qu'une ou un juge de la Cour n'en ordonne autrement.

TR/99-10.

15. Lorsqu'elle est accueillie, la requête en autorisation d'appel tient lieu d'avis d'appel sans autres formalités.

TR/99-10.

16. Dès le dépôt d'un avis d'appel ou d'une requête en autorisation d'appel dans une affaire où le procureur général est la partie intimée, la greffière ou le greffier en transmet copie au bureau des substituts du procureur général du district d'appel où le procès a eu lieu ou au bureau de l'avocate ou l'avocat qui a agi pour la partie intimée en première instance et, le cas échéant, aux autres parties; elle ou il transmet aussi au greffe du tribunal de première instance deux copies de l'avis d'appel ou de la requête en autorisation d'appel, une fois celle-ci accueillie.

TR/99-10.

C. — *Signification, production et présentation des requêtes*

17. Sauf les dispositions contraires ci-haut, les requêtes sont signifiées de la manière ordinaire ou par lettre recommandée; dans ce dernier cas, la signification est réputée faite le quatrième jour juridique après la mise à la poste.

TR/99-10.

18. Pour la requête en rejet d'appel faite par le procureur général, la signification est faite à la partie appelante personnellement, à moins qu'une ou un juge de la Cour n'en ordonne autrement.

TR/99-10.

19. Les requêtes présentées à la Cour sont signifiées et produites au moins cinq jours juridiques francs avant le jour fixé pour leur présentation.

Avant de signifier et de produire une requête destinée à la Cour, la partie détermine avec la greffière ou le greffier la date de sa présentation.

Pour une requête destinée à la ou au juge unique, un avis de sa présentation d'au moins deux jours juridiques francs est donné, un jour juridique franc séparant le jour de la production du jour de la présentation, laquelle a lieu au plus tard huit jours après la signification.

TR/99-10.

20. Abrogé.

TR/99-10.

III — Comparution

21. L'avocate ou l'avocat d'une partie, sauf celle ou celui de la partie appelante, produit un acte de comparution dans les 10 jours qui suivent celui où l'appel a été formé.

TR/99-10.

IV — Constitution du dossier

22. Dès la réception des copies de l'avis d'appel ou de la requête en autorisation d'appel, une fois celle-ci accueillie, la greffière ou le greffier du tribunal de première instance :

- transmet une copie de l'avis d'appel à la ou au juge qui a instruit le procès ou prononcé la décision frappée d'appel;
- après consultation avec les parties ou leurs avocates ou avocats et sauf renonciation des deux parties ou de leurs avocates ou avocats, fait les démarches nécessaires pour obtenir aussitôt que possible la transcription complète du dossier, en omettant toutefois :
  - les procédures relatives à la récusation du tableau du jury et à la récusation des jurées ou jurés;
  - les instructions préliminaires de la juge ou du juge du procès;
  - les remarques préliminaires et la plaidoirie des avocates ou des avocats;
  - toute opposition à la recevabilité d'une preuve, sauf à noter l'opposition faite, la décision de la juge ou du juge et, le cas échéant, ses motifs;
  - les procès-verbaux.

La greffière ou le greffier du tribunal de première instance, sur demande d'une ou d'un juge de la Cour d'appel, transmet sans délai le dossier de la cause au greffe des appels, y compris un inventaire des pièces qui le composent et une copie des entrées faites au registre.

Une partie peut demander à une ou à un juge la transcription ou la traduction de l'un ou l'autre des éléments ordinairement omis.

TR/99-10.

23. La greffière ou le greffier du tribunal de première instance informe les parties et la greffière ou le greffier de la Cour d'appel que le dossier est complet, permettant ainsi à la partie appelante d'en prendre possession pour confectionner son mémoire.

TR/99-10.

24. Quand la transcription ou la traduction comporte des frais, la greffière ou le greffier du tribunal de première instance peut en exiger le paiement à l'avance et, en tout état de cause, la partie appelante n'y a pas droit tant que les frais n'ont pas été acquittés.

TR/99-10.

V — Le mémoire

25. Dans les soixante jours de la mise à la poste de l'avis prévu à la règle 23, la partie appelante produit au greffe son mémoire, en sept exemplaires, et elle en signifie deux autres exemplaires à la partie intimée.

TR/99-10.

26. Dans les soixante jours de la production du mémoire de la partie appelante, la partie intimée produit au greffe son mémoire, en sept exemplaires, et elle en signifie deux autres exemplaires à la partie appelante.

TR/99-10.

27. Si la partie appelante ne produit pas son mémoire dans le délai imparti, la Cour, sur requête, peut rejeter l'appel. À l'expiration du délai pour la production du mémoire de la partie intimée, les dispositions des règles 36, 37 et 38 trouvent application.

TR/99-10.

28. Le contenu du mémoire est divisé en cinq parties, identifiées par des chiffres romains. Sauf avec la permission d'une ou d'un juge obtenue sur requête, l'ensemble des quatre premières parties ne peut excéder cinquante pages.

TR/99-10.

PARTIE I — LES FAITS

La partie appelante y expose succinctement les faits. La partie intimée indique sa position vis-à-vis de l'exposé des faits de la partie appelante et, au besoin, expose les autres faits qu'elle estime pertinents.

TR/99-10.

PARTIE II — LES QUESTIONS EN LITIGE ET LES MOYENS

La partie appelante énumère les questions en litige et ses moyens; la partie intimée indique sa position à cet égard en suivant l'ordre adopté par la partie appelante et énumère, au besoin, les autres points qu'elle entend débattre.

La partie appelante qui désire invoquer des moyens non énoncés dans son avis d'appel doit en faire mention dans son mémoire et les y exposer clairement. Si ces moyens ou l'un d'entre eux ne peuvent être proposés qu'avec la permission d'une ou d'un juge, la partie appelante note le fait.

TR/99-10.

PARTIE III — L'ARGUMENTATION

Les parties y développent chacun des moyens de fait et de droit énoncés, avec références précises aux annexes.

TR/99-10.

PARTIE IV — LES CONCLUSIONS

Les parties formulent de façon précise les conclusions recherchées.

TR/99-10.

PARTIE V — LES AUTORITÉS

Les parties donnent, pour la jurisprudence et pour la doctrine, une liste des autorités citées, dressée selon l'ordre du mémoire, avec renvoi aux pages où elles sont mentionnées.

TR/99-10.

Annexes

29. Le mémoire de la partie appelante comporte en outre des annexes groupées en deux parties.

La première comprend :

    a) l'avis d'appel et, le cas échéant, l'autorisation d'appel avec la requête l'ayant sollicitée;

    b) le libellé de l'accusation;

c) la décision frappée d'appel et, le cas échéant, les motifs de la décision et l'exposé de la juge ou du juge;

d) le rapport que la ou le juge de première instance a pu rédiger en application de l'article 682 du *Code criminel*.

La seconde comprend les seules pièces et les seules dépositions ou les extraits de pièces ou de dépositions nécessaires à l'examen des questions en litige.

TR/99-10.

30. Le mémoire de la partie intimée ne retient dans les annexes que les éléments qu'elle estime nécessaires à l'examen des questions en litige et qui n'ont pas été retenus par la partie appelante.

TR/99-10.

31. À la fin des annexes, l'avocate ou l'avocat atteste que le mémoire et les annexes sont conformes aux présentes règles.

TR/99-10.

32. La présentation du mémoire et des annexes obéit aux règles suivantes :

(1)   La couleur de la couverture varie selon les parties; jaune pour la partie appelante, vert pour la partie intimée et gris pour les autres parties.

(2)   Le plat supérieur de la couverture présente les indications suivantes :

- le numéro de dossier attribué par la greffière ou le greffier;

- le tribunal qui a rendu le jugement frappé d'appel, le district judiciaire, le nom de la juge ou du juge, la page du jugement, ainsi que le numéro du dossier;

- les noms de la partie appelante, de la partie intimée et, le cas échéant, des autres parties, dans cet ordre; sous le nom de chaque partie, il faut indiquer sa position en appel, en lettres majuscules, et en première instance, en lettres minuscules;

- l'identification du mémoire par la position de la partie qui le produit;

- le nom de l'avocate ou l'avocat.

(3)   Chaque volume du mémoire et des annexes comporte, au début, une table générale des matières. La pagination est faite dans le coin supérieur gauche de chaque page. S'il y a plusieurs volumes, le numéro de chacun et la séquence des pages contenues dans chaque volume sont indiqués sur le plat supérieur de la couverture et la tranche inférieure des volumes.

(4)   Dans les annexes, chaque pièce ou extrait de pièce commence sur une page nouvelle, portant en titre la date, dans les cas qui le permettent, la nature et la cote de la pièce. Les pièces sont reproduites, autant que possible, selon l'ordre chronologique plutôt que selon l'ordre de production en première instance.

(5)   Dans les annexes, les dépositions ou extraits de dépositions commencent sur
       une page nouvelle, portant en titre le nom du témoin en lettres majuscules,
       suivi, la première fois seulement et entre parenthèses, de ses prénom, âge,
       profession et résidence.

Ce titre est complété par diverses mentions, données en abréviation :

- le nom de la partie qui a fait entendre le témoin;
- le fait que le témoignage n'a pas été rendu à l'audience, le cas échéant;
- le stade de l'instruction (preuve principale, défense, contre-preuve);
- le stade de l'interrogatoire (interrogatoire principal, contre-interrogatoire,
  réinterrogatoire).

                                                                    TR/99-10.

33. Le mémoire et les annexes sont reliés de façon que les feuilles ne soient imprimées que sur la page de gauche. Le texte est présenté à au moins un interligne et
demi, à l'exception des citations qui doivent être à interligne simple et en retrait. Le
caractère à la machine à écrire est de dix points, ni inférieur au type « élite », ni
supérieur au standard pica; le caractère à l'ordinateur est de douze points.

Ils sont présentés sur un papier blanc de bonne qualité, de format 21,5 cm x 28 cm.
Chaque page renferme environ cinquante lignes, numérotées dans la marge de
gauche à toutes les dix lignes.

                                                                    TR/99-10.

34. La partie qui invoque des dispositions réglementaires ou des dispositions législatives autres que celles de la *Loi constitutionnelle de 1982*, du *Code criminel*, de la
Loi sur la preuve au Canada, de la *Loi sur les stupéfiants*, de la *Loi sur les aliments
et drogues* et de la *Loi sur les jeunes contrevenants* les reproduit dans son mémoire
ou en fournit un exemplaire à chaque juge saisi de l'affaire.

Il est loisible à toute partie de produire un cahier d'autorités où les passages pertinents sont marqués. Un tel cahier doit être signifié à chacune des autres parties et
produit en trois exemplaires au greffe aussitôt que possible avant la date fixée pour
l'audition du pourvoi ou de la requête; si la requête est destinée à la ou au juge
unique, il suffit de produire le cahier d'autorités en un seul exemplaire.

                                                                    TR/99-10.

35. Tout mémoire non conforme à la loi ou aux présentes règles est refusé par la
greffière ou le greffier, qui en avise aussitôt par courrier recommandé les avocates
ou les avocats ou les parties non représentées. Le mémoire refusé est tenu pour non
avenu.

La décision de la greffière ou du greffier peut être révisée sur requête présentée à
une ou un juge dans les quinze jours de l'avis dont la signification est réputée faite
le quatrième jour juridique après la mise à la poste.

                                                                    TR/99-10.

PARTIE VI — LE CERTIFICAT DE MISE EN ÉTAT

36. Le certificat de mise en état dont le modèle figure à l'annexe A, est produit par la partie appelante au greffe dans les quinze jours de l'expiration du délai pour la production du mémoire de la partie intimée. Il est signé par les avocates ou les avocats des parties ou par les parties non représentées. Il indique le nom de l'avocate ou de l'avocat en charge du dossier.

TR/99-10.

37. Si l'une des parties ne signe pas le certificat, l'autre peut demander à la greffière ou au greffier la mise au rôle de la cause. Cette demande est faite par écrit, accompagnée du certificat signé par la partie qui l'a préparé, et elle est signifiée à la partie adverse.

TR/99-10.

38. La demande de mise au rôle, déposée au moins un jour juridique franc à l'avance, est présentée à la greffière ou au greffier le mardi en matinée, à compter de dix heures.

TR/99-10.

PARTIE VII — LE RÔLE D'AUDIENCE

39. La greffière ou le greffier dresse le rôle d'audience en respectant le plus possible l'ordre de production des certificats de mise en état, sous réserve des priorités prévues par la loi ou accordées par le ou la juge en chef ou une ou un juge désigné par lui ou elle.

TR/99-10.

40. Seules sont portées au rôle les causes en état depuis au moins cinquante jours avant l'ouverture de la session.

TR/99-10.

41. Pour chaque cause, la greffière ou le greffier indique, sous la direction du ou de la juge en chef ou d'une ou un juge désigné par lui ou elle, le temps alloué pour la plaidoirie de chacune des parties.

TR/99-10.

42. Au moins trente jours avant l'ouverture de la session, la greffière ou le greffier fait parvenir un exemplaire du rôle aux avocates ou avocats des parties ou aux parties non représentées, à l'adresse indiquée au certificat. En outre, elle ou il en affiche un exemplaire au greffe. Ces deux formalités valent avis de la date fixée pour l'audience.

TR/99-10.

42.1 Les parties et leurs avocates ou avocats doivent aviser la greffière ou le greffier sans délai de tout changement d'adresse.

TR/99-10.

Partie VIII — Désistement

43. La partie appelante qui veut se désister de son appel produit un acte de désistement signé par elle-même ou son avocate ou avocat; dans le premier cas, la signature de la partie appelante est attestée par un serment écrit ou contresigné par une avocate ou un avocat, ou si la partie appelante est détenue, par une officière ou un officier de l'établissement de détention.

Une ou un juge peut donner acte du désistement même en l'absence des parties ou de leurs avocates ou avocats.

TR/99-10.

Partie IX — Appels abandonnés

44. Si l'appel n'est pas en état dans l'année qui suit la production de l'avis d'appel, la greffière ou le greffier donne aux parties et à leurs avocates ou avocats, à l'adresse indiquée dans l'avis d'appel ou dans l'avis prévu à l'article 57, par courrier recommandé ou certifié, un avis les prévenant au moins soixante jours à l'avance que la cause a été portée sur un rôle spécial. Si l'appel n'est pas en état à la date fixée dans l'avis, la Cour, après avoir donné aux parties l'occasion de se faire entendre, déclare l'appel abandonné à moins qu'une partie ne fournisse une justification valable, auquel cas la Cour rend l'ordonnance qu'elle juge appropriée.

TR/99-10.

Partie X — L'audience

45. L'audience débute à dix heures ou à toute autre heure fixée par la Cour.

TR/99-10

46. À chaque session, les causes sont plaidées dans l'ordre du rôle, à moins que la Cour n'en décide autrement.

TR/99-10.

47. À l'appel d'une cause, si aucune des parties n'est prête à plaider, la Cour radie la cause du rôle ou en prononce la remise.

Si seule la partie appelante est prête à plaider, la Cour l'entend ou prononce la remise de la cause.

1149

Si seule la partie intimée est prête à plaider, la Cour radie la cause du rôle, en prononce la remise ou peut rejeter l'appel.

TR/99-10.

48. Une ou un juge de la Cour, à la demande d'une partie, ou la greffière ou le greffier, avec le consentement de toutes les parties, peut en tout temps radier une affaire du rôle et en prononcer la remise à une session ultérieure.

TR/99-10.

49. Sur le fond de l'appel, chaque partie peut faire entendre deux avocates ou avocats, un seul pouvant répliquer pour la partie appelante. Sur une requête, chaque partie ne peut faire entendre qu'une avocate ou un avocat, sauf permission.

TR/99-10.

50. À l'audience de la Cour, la tenue suivante est de rigueur :

   a) Pour l'avocate et l'avocat : toge, rabat, col blanc et costume foncé;

   b) Pour la stagiaire ou le stagiaire : toge et costume foncé;

   c) Pour la greffière ou le greffier et pour l'huissière ou l'huissier : toge et costume foncé.

TR/99-10.

51. L'ouverture et la clôture des séances de la Cour et de celles tenues par une ou un juge sont déclarées par l'huissière-audiencière ou l'huissier-audiencier dont la présence est requise pendant toute la durée de l'audience, à moins d'autorisation de la Cour ou de la juge ou du juge.

TR/99-10.

PARTIE XI — APPEL DE SENTENCE

52. La ou le juge unique peut déférer à la Cour une requête en autorisation d'appel d'une sentence.

Quand la Cour accueille cette requête, elle peut entendre immédiatement les parties sur le fond et, dans ce cas, aucun mémoire n'est nécessaire; si elle le juge à propos, elle peut ordonner que l'appel soit inscrit au rôle d'une prochaine session.

La ou le juge unique, qui accueille une requête en autorisation d'appel d'une sentence, peut également déférer le pourvoi à la Cour, sous réserve du consentement des parties, pour qu'il soit entendu sans mémoire, selon les règles 52.1 et 52.2.

TR/99-10.

52.1 En fixant la date d'audition, la ou le juge unique établit une échéance pour la production des documents qui tiennent lieu des première et seconde parties des annexes du mémoire. L'expiration du délai fixé pour la production de ces documents emporte déchéance.

À l'expiration du délai, si les documents ne sont pas produits, la greffière ou le greffier dépose au dossier un certificat constatant le défaut et refuse par la suite toute documentation émanant de la partie défaillante. Un avis de ce dépôt est immédiatement remis à la ou au juge en chef et aux juges qui doivent entendre le pourvoi.

Au jour fixé pour l'audition du pourvoi, la Cour peut refuser d'entendre la partie défaillante et statuer sur le pourvoi.

TR/99-10.

52.2 Les documents dont il est question à la règle 52.1 et que la partie appelante doit produire au greffe en trois exemplaires, après signification à la partie intimée, sont :

    a) la requête en autorisation d'appel;

    b) l'acte d'accusation;

    c) la sentence;

    d) les dépositions sur sentence, le cas échéant;

    e) le rapport de la ou du juge de première instance, le cas échéant;

    f) toute autre remarque pertinente formulée par la ou le juge de première instance et les avocates ou avocats au cours des observations sur sentence;

    g) un questionnaire dûment rempli, conforme à l'annexe B.

TR/99-10.

52.3 Au moins trois semaines avant la date fixée pour l'audition du pourvoi, la partie intimée doit également signifier à la partie appelante le questionnaire dûment rempli par elle et en produire trois exemplaires au greffe.

TR/99-10.

PARTIE XII — DISPOSITIONS DIVERSES

53. Quand la Cour ou une ou un de ses juges demande à la ou au juge qui a présidé le procès de faire un rapport relatif à ce procès, la greffière ou le greffier, sur réception de ce rapport, en transmet une copie à chacune des parties en cause.

TR/99-10.

54. Les présentes règles s'appliquent, compte tenu des adaptations nécessaires, à toutes les procédures portées devant la Cour et qui sont visées par l'article 482 du *Code criminel*.

TR/99-10.

55. Lorsqu'un arrêt est déposé, la greffière ou le greffier de la Cour en adresse une copie, accompagnée, le cas échéant, des opinions écrites des juges, à toutes les parties en cause ou à leurs avocates ou avocats ainsi qu'à la juge ou au juge de première instance.

TR/99-10.

56. Tout délai imparti par les présentes règles peut être prorogé ou abrégé par la Cour ou par une ou un juge, avant ou après son expiration.

TR/99-10.

57. Les parties avisent la greffière ou le greffier de la Cour de tout changement d'adresse.

TR/99-10.

58. La Cour peut rendre toute ordonnance conforme aux exigences de la justice.

TR/99-10.

59. Sauf en cas d'incompatibilité avec le *Code criminel* ou les présentes règles, les dispositions du *Code de procédure civile* s'appliquent aux appels en matière criminelle.

TR/99-10.

PARTIE XIII — DISPOSITIONS TRANSITOIRES

60. Les règles antérieures aux présentes continuent à s'appliquer aux appels interjetés avant l'entrée en vigueur des présentes règles en ce qui a trait à la constitution du dossier, à la production du dossier conjoint et à la production des mémoires.

Les parties peuvent, toutefois, convenir de suivre les présentes règles; dans ce cas, elles déposent au greffe un écrit l'attestant.

TR/99-10.

61- 62. Omis.

TR/99-10.

ANNEXE A — COUR D'APPEL

Certificat de mise en état

C.A. N°

Rôle N°

....
....

Partie appelante Partie intimée

Nature du litige :...

Sont produits :

  Motifs du jugement attaqué

  Mémoire de la partie appelante

  Mémoire de la partie intimée

  Mémoire des autres parties

Les avocats soussignés attestent que la cause est en état d'être plaidée au jour fixé.

Durée des plaidoiries :

  Partie appelante..

  Partie intimée...

  Autres...

  Total...

À...

le..

Signature de l'avocate ou de l'avocat de la partie appelante

....

Adresse...

Tél...

Signature de l'avocate ou de l'avocat de la partie intimée

....

Adresse...

Tél...

Signature de l'avocate ou de l'avocat

....

Adresse...

Tél...

TR/99-10.

ANNEXE B — COUR D'APPEL

Questionnaire relatif aux sentences

1. Dans quel district la sentence fut-elle prononcée?

. . . .

2. Quel juge l'a prononcée?

. . . .

3. Quel fut le type de procès (devant juge seul ou juge et jury)?

. . . .

4. Description de l'infraction ou des infractions sur lesquelles il y a eu condamnation (au besoin présenter sur une feuille additionnelle) :

. . . .

5. Les articles du *Code criminel* (ou d'une autre loi) violés :

. . . .

6. Quelle est la date de l'enquête préliminaire, le cas échéant?

. . . .

7. Quel plaidoyer fut enregistré au procès?

. . . .

8. Quelle fut la durée du procès?

. . . .

9. Quelle fut la peine imposée?

. . . .

10. Quelle est la date de la condamnation?

. . . .

11. Quelle est la date de la sentence?

. . . .

12. Où l'accusé est-il incarcéré?

. . . .

13. L'accusé a-t-il été mis en liberté en attendant la décision de l'appel?

. . . .

14. Quelle fut la durée de la détention sous garde de l'accusé (en première instance comme en appel)?

. . . .

15. Préciser l'identité du ou des coaccusés, s'ils furent trouvés coupables et à quelle peine furent-ils condamnés :

. . . .

16. Détailler le dossier judiciaire de l'accusé :

. . . .

17.

a) L'accusé a-t-il un emploi actuellement ?

. . . .

b) En avait-il un au moment de sa mise en accusation ?

. . . .

18. Situation personnelle de l'accusé (marié(e), divorcé(e), personnes à charge, etc.) :

. . . .

19. Date de naissance de l'accusé :

. . . .

20. Y a-t-il eu préparation d'un rapport présentenciel ? Si oui, l'annexer.

. . . .

21. Y a-t-il eu préparation de rapports médicaux ou psychiatriques ? Si oui, les annexer.

. . . .

22.

a) Quelle fut la peine suggérée par la Couronne ?

. . . .

b) Quelle fut la peine suggérée par la défense ?

. . . .

24. Y a-t-il eu déclaration écrite de la victime ? Si oui, l'annexer.

. . . .

25. Y a-t-il une nouvelle preuve ? Si oui, l'annexer.

. . . .

Note de l'éditeur : Veuillez noter que dans la version française de l'Annexe B, il semble y avoir une erreur de numérotation et un article manquant. En effet, il n'y a aucun article numéroté 23. À titre informatif seulement, veuillez noter que l'article 22 de la version française de l'Annexe B correspond à l'article 23 de la version anglaise. Advenant que l'actuel article 22 soit renuméroté, le texte du nouvel article 22 de la version française devrait se lire comme suit (le texte que nous vous proposons correspond au texte de la version antérieure des Règles *et est conforme au texte de la version anglaise des* Règles*) :*

> *22. Le cas échéant, quelle fut la peine proposée conjointement par le poursuivant et l'avocat de l'accusé en première instance ?*

TR/99-10.

INDEX

L'index porte à la fois sur le *Code criminel* et les lois connexes. Sont mentionnés en premier lieu le ou les numéros d'articles du *Code criminel* qui s'appliquent, ensuite, ceux des articles de chacune des lois connexes pertinentes, précédés du sigle approprié: la *Loi sur les aliments et drogues*, LAD; la *Loi sur les armes à feu*, LAF; la *Loi sur le casier judiciaire*, LCJ; la *Loi constitutionnelle*, LC; la *Déclaration canadienne des droits*, DCD; la *Loi réglementant certaines drogues et autres substances*, LD; la *Loi sur l'extradition (1985)*, LE; la *Loi sur l'extradition (1999)*, LEX; la *Loi sur l'identification des criminels*, LIC; la *Loi d'interprétation*, LI; la *Loi sur la protection de la jeunesse*, LPJ; la *Loi sur les jeunes contrevenants*, LJC; la *Loi sur la preuve au Canada*, LPC; la *Charte des droits et libertés de la personne*, CDLP; la *Loi sur l'identification par les empreintes génétiques*, LEG.

A

Abandon
- « abandonner », 214
- animal en captivité, 446(1)c)
- « enfant », 214
- enfant de moins de 10 ans, 218

Absence
- prévenu
- • enquête préliminaire, 544
- • prévenu réputé présent, 715(3)
- procès, 475
- témoin
- • arrestation, 704
- • détention ou libération, 706
- • mandat, 704
- visa dans d'autres juridictions, 528

Absolution, *voir aussi* **Probation**
- appel, 730(3)
- citation à comparaître, effet, 730(2)
- conditionnelle, 730(1)
- conséquence, 730(3)
- inconditionnelle, 730(1)
- ordonnance de probation
- • déclaration de culpabilité, 730(4)
- • annulation de l'absolution, 730(4)
- sommation, effet, 730(2)
- sous conditions, 730(1)

Abus de confiance
- employé public, 337
- fiduciaire, 336
- fonctionnaire public, 122

Accident
- causer la mort par accident, 229b)
- défaut d'arrêter lors d'un accident, 252

Acte d'accusation, *voir aussi* **Chef d'accusation**
- complice après le fait, 592
- divergences avec la preuve recueillie, 601(4.1)
- • ajournement lorsque divergence, 601(5)
- erreur dans l'en-tête, 601(8)
- forme et contenu, 580, 581, 584
- haute trahison et meurtre au premier degré, 582
- modifications, 601(2)–(6), (7), 625
- objections
- • présentées par requête, 601(1)
- omissions ne constituant pas des motifs d'opposition, 583
- plusieurs personnes inculpées dans un même acte
- • receleurs conjoints, 593
- pouvoir restreint du tribunal, 601(9)
- présentation
- • aucune présentation sauf cas prévus, 576(1)
- • qui peut présenter, 574, 577

M

Termes et locutions *(suite)*
- « commonwealth des nations britanniques », LI 35
- « commonwealth et dépendances », LI 35
- « communication privée », 183
- « communiquer », 319(7)
- « compagnie », 400(2)
- « comté », LI 35
- « condamnation », 673, 785, LE 2
- « conditions non hygiéniques », LAD 2
- « conduire », 214
- « conseil », 22(3), 287(6)
- « conseil régional », LPJ 1
- « conseiller », 22(3)
- « consommer », 462.1
- « contenant approuvé », 254(1)
- « contrevenant », 2
- « contrevenant à double statut », 672.1
- « contrôleur des armes à feu », 84(1), LAF 2
- « cosmétique », LAD 2
- « cour d'appel », 2, 673, 812, 829, LEX 2
- « cour d'appel fédérale », LI 35
- « cour de comté », LI 35
- « cour de juridiction criminelle », 2
- « cour des poursuites sommaires », 785
- « cour fédérale », LI 35
- « cour supérieure », 84(1), LI 35
- « cour supérieure de juridiction criminelle », 2
- « courant », 448
- « la couronne », LI 35
- « crime contre l'humanité », 7(3.76)
- « crime de guerre », 7(3.76)
- « crime donnant lieu à l'extradition », LE 2
- « criminel fugitif », LE 2
- « date de référence », LAF 2
- « décision », 672.1, LJC 2(1)
- « déclaration », 118
- « déclarations », 319(7)
- « déclaration solennelle », LI 35
- « déclarations protégées », 672.21 (1)
- « délégué à la jeunesse », LJC 2(1)

- « demande d'emploi relevant d'une autorité fédérale », 672.37(1)
- « dénonciateur », 785
- « dénonciation », 785
- « déposition », 118, 136(2)
- « dépôt de garantie », 347(2)
- « deux juges de paix », LI 35
- « devoir », 219(2)
- « directeur », 84(1), LJC 2(1), LPJ 1
- « directeur de la protection de la jeunesse », LJC 2(1)
- « directeur du bureau des véhicules automobiles », 260(7)
- « directeur provincial », LJC 2(1)
- « dispositif électromagnétique, acoustique, mécanique ou autre », 183
- « dispositif électromagnétique, acoustique, 1 mécanique ou autre », 342.1(2)
- « dispositif prohibée », 84(1)
- « disposition », 6(3)
- « document », 321
- « document », 488(1)
- « documentation pour l'utilisation de drogues illicites », 462.1
- « document d'élection », 377(2)
- « document électronique », LPC 31.8
- « données », 342.1(2), 430(8), LPC 31.8
- « drogue », LAD 2
- « drogue illicite », 462.1
- « droit international conventionnel », 7(3.76)
- « durée maximale », 672.64
- « eaux côtières du Canada », 339(6)
- « écrit », 2, LI 35, LIQ 61
- « effet appréciable », 2
- « effraction », 321
- « élément de vol », 7(2.34)
- « emballage », LAD 2
- « emploi », 118
- « endroit », 197(1), 348(4)
- « endroit public », 150, 197(1), 319(7), 213(2)
- « enfant », 214, LJC 2(1), LPJ 1
- « enfant nouveau-né », 2
- « engagement », 493
- « entente industrielle », 467(2)
- « entreprise », LAF 2